आर. गुप्ता® कृत

वस्तुनिष्ठ

वनस्पति विज्ञान

(Objective Botany)

विशिष्ट अध्ययन सामग्री

एवं

वस्तुनिष्ठ प्रश्नोत्तर सहित

सी.पी.एम.टी., सी.बी.एस.ई., बी.एच.यू. पी.एम.टी., एवं अन्य राज्यों के सभी मेडिकल कॉलेजों की प्रवेश परीक्षाओं तथा विभिन्न प्रतियोगी/प्रवेश परीक्षाओं हेतु सर्वश्रेष्ठ पुस्तक

लेखक

डॉ. बी. बी. सिंह

M.Sc., Ph.D.

रमेश पब्लिशिंग हाउस, नई दिल्ली

प्रकाशक

ओ॰पी॰ गुप्ता, **रमेश पब्लिशिंग हाउस**

प्रशासनिक कार्यालय

12-H, न्यू दरियागंज रोड, ऑफिसर्स मेस के सामने,

नई दिल्ली-110002 ✆ 23275224, 23245124

E-mail: info@rameshpublishinghouse.com

For Online Shopping: www.rameshpublishinghouse.com

विक्रय केन्द्र

- बालाजी मार्किट, नई सड़क, दिल्ली-110006 ✆ 23282525 📱 9354373464
- 4457, नई सड़क, दिल्ली-110006

9th Edition: May, 2026

Book Code: R-1378

ISBN: 978-93-5012-076-7

मूल्यः ₹ 470

मुद्रकः दीपक ऑफसैट, दिल्ली

अनुक्रमणिका

वस्तुनिष्ठ

वनस्पति विज्ञान

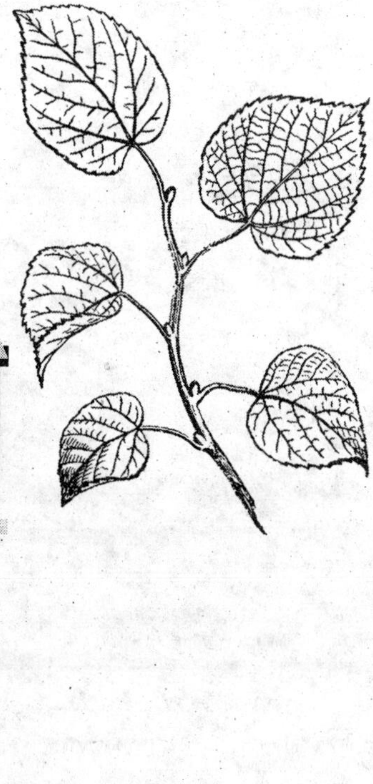

CHAPTER 1

वनस्पति विज्ञानः एक परिचय
BOTANY: AN INTRODUCTION

वनस्पति विज्ञान (Botany)

- जीव विज्ञान की वह शाखा है जिसके अन्तर्गत पौधों के रुप, आकार, सरंचना, इनके अंगो का कार्य तथा प्रजनन का अध्ययन किया जाता है।
- जीव विज्ञान की इस शाखा के अन्तर्गत केवल पौधों का अध्ययन किया जाता है। यह ग्रीक शब्द ***Botane*** बोटेन (-herb; शाक) से लिया गया है।
- थियोफ्रास्टस (Theophrastus) को वनस्पति विज्ञान का जनक कहा जाता है।

पौधों तथा प्राणियों में अन्तर
(Differences between Plants and Animals)

- जीवधारी दो प्रकार के होते हैं– पौधे (Plants) और प्राणी (animals)।
- उच्च श्रेणी के पौधों तथा प्राणियों में स्पष्ट अन्तर होता है।
- निम्न श्रेणी के पौधों में तथा विशेषरुप से एक कोशिकीय-जीवधारियों में तुलना करना कठिन होता है।

तालिका 1.1: पौधे तथा प्राणियों में प्रमुख अन्तर

लक्षण (Characters)	पौधे (Plants)	प्राणी (Animals)
1. कोशिका भित्ति (Cell wall)	कोशिका भित्ति निर्जीव होती है तथा सेलुलोज की बनी होती है। यह जीव द्रव्य एवं कोशिका कला के बाहर एक निश्चित दृढ़परत के रुप में पायी जाती है।	इसमें कोशिका भित्ति अनुपस्थित होती है तथा जीव द्रव्य के बाहर केवल कोशिका कला पायी जाती है।
2. पर्णहरित (Chlorophyll)	लगभग सभी पौधों में पर्णहरित पाया जाता है। पर्णहरित की सहायता से पौधे अपना भोजन स्वयं बनाते हैं और पूर्णतयाः स्वपोषित होते हैं। कुछ पौधो के वर्गों में पर्णहरित नहीं पाया जाता है। जैसे-परजीवी, कवक आदि।	प्राणियों में पर्णहरित नहीं पाया जाता है जिसके कारण प्राणी भोजन के लिए, दूसरे जीवधारियों पर निर्भर होते हैं, फलस्वरूप प्राणी परपोषित होता है।
3. प्रकाश-संश्लेषण (Photosynthesis)	पौधे सौर ऊर्जा को रासायनिक ऊर्जा में बदल देते हैं। पर्णहरित द्वारा अवशोषित सौर ऊर्जा का उपयोग कार्बन डाई ऑक्साइड और जल की सहायता से मण्ड बनाने में होता है। जिसे पौधे तथा अन्य जीवधारी भोजन के रुप में प्रयोग करते हैं।	सभी प्राणी अपने भोजन के लिए पौधों में संचयित रासायनिक पदार्थों पर निर्भर रहते हैं।

4. सेन्ट्रोसोम (Centrosome)	पौधों में यह प्रायः अनुपस्थित होता है।	प्राणियों में कोशिका विभाजन की क्रिया में भाग लेता है।
5. रसधानी (Vacuole)	पादप कोशिका के मध्य में एक बड़ी-सी रसधानी पायी जाती है।	प्राणी कोशिका में यह अनुपस्थित होता है।
6. खनिजों का अवशोषण (Mineral Nutrition)	पादप अपने जैविक क्रियाओं के लिए मिट्टी से खनिजों का अवशोषण घोल के रुप में करते हैं।	प्राणी सामान्यतः ठोस (Solid) भोजन ग्रहण करते हैं।
7. वृद्धि (Growth)	पादप में वृद्धि केवल विभाज्योतकों (Meristems) में होती है जो कि शीर्षस्थ (apical), पार्श्व (lateral) तथा अन्तर्वेशी (intercalary) होते हैं। पादप में वृद्धि मृत्यु से कुछ समय पूर्व रुक जाती है।	पौधों की तरह प्राणियों में स्थानीय (localised) वृद्धि नहीं होती है। प्राणी में शरीर की सभी कोशिकाएँ वृद्धि करती हैं। प्राणियों में मृत्यु से काफी समय पहले, एक विशेष अवस्था में वृद्धि रुक जाती है।
8. गति (Movements)	पौधे जड़ों द्वारा मिट्टी में स्थिर होते हैं। परन्तु तने, पत्ती इत्यादि अपने ही स्थान पर गति करते रहते हैं।	प्राणियों में एक स्थान से दूसरे स्थान तक जाने की क्षमता होती है जिसे गमन (locomotion) कहते हैं।

वनस्पति विज्ञान की प्रमुख शाखायें (Branches of Botany)

वनस्पति विज्ञान के अन्तर्गत पौधों से सम्बधित सभी प्रकार का विस्तृत अध्ययन किया जाता है। जिससे इसे अनेक शाखाओं में विभाजित किया गया है।

अध्ययन की सुविधा के लिए इन शाखाओं को निम्नलिखित चार श्रेणियों में विभक्त किया गया है।

(A) मौलिक वनस्पति विज्ञान (Fundamental Botany)

1. **वर्गिकी (Taxonomy):** इसमें पौधों की पहचान (Identification), नामकरण (Nomenclature) तथा वर्गीकरण (Classification) का अध्ययन किया जाता है।
2. **आकारिकी (Morphology):** इसमें पौधों तथा उनके विभिन्न अंगों के बाहरी रुप, आकार और संरचना का अध्ययन किया जाता है।
3. **शारीरिकी (Anatomy):** इसमें विभिन्न सेक्शन काट कर पौधों के अंगों की बाहरी रुप, आकार एवं संरचना का अध्ययन किया जाता है।
4. **औतिकी (Histology):** इसके अन्तर्गत पौधों में पाये जाने वाले विभिन्न प्रकार के ऊतकों का अध्ययन किया जाता है।
5. **शरीर क्रिया विज्ञान (Physiology):** इसके अन्तर्गत पौधों में होने वाली सभी जैविक क्रियाओं का अध्ययन किया जाता है।
6. **कोशिका विज्ञान (Cytology):** इसके अन्तर्गत कोशिका की कोशिकांगों और उनके कार्यों (Function) का अध्ययन किया जाता है।
7. **आनुवंशिकी (Genetics):** इसके अन्तर्गत माता-पिता के गुणों (hereditary characters) का सन्तानों में स्थानान्तरण तथा उनमें पायी जाने वाली विभिन्नताओं (Variation) का अध्ययन किया जाता है।
8. **पारिस्थितिकी (Ecology):** इसके अन्तर्गत जीवधारी और उनके वातावरण के बीच पारस्परिक (reciprocal) सम्बंधों का अध्ययन किया जाता है।
9. **भ्रूण विज्ञान (Embryology):** इसमें पौधों की जनन क्रियाओं (reproductive processes) एवं भ्रूण (embryo) विकास का अध्ययन किया जाता है।
10. **पादप प्रजनन (Plant Breeding):** इसमें संकरण की विधि का अध्ययन किया जाता है।

11. **वनस्पति भूगोल (Phytogeography or Plant Geography):** इसके अन्तर्गत पृथ्वी पर पौधों का वितरण (distribution) और सम्बंधित कारणों का अध्ययन किया जाता है।
12. **पुरावनस्पति विज्ञान (Palaeobotany):** इसमें पौधों के जीवाश्मों (Fossils) का बनना और उनके वाह्य तथा आन्तरिक संरचना का अध्ययन किया जाता है।
13. **पादप रोग-विज्ञान (Plant Pathology):** इसके अन्तर्गत पौधों में रोग उत्पन्न लक्षण (symptoms), रोग उत्पन्न करने वाले जीवधारी (Pathogens) तथा रोगों के रोकथाम (Control) का अध्ययन किया जाता है।
14. **भेषजगुण विज्ञान (Pharmacology):** इसमें दवाइयों से औषधियाँ बनाने की विधियों का अध्ययन किया जाता है।
15. **आर्थिक वनस्पति विज्ञान (Economic Botany):** इसके अन्तर्गत पौधों से मिलने वाली अनेक प्रकार की उपयोगी वस्तुएं और पदार्थ जैसे- अनाज, दालें, तेल, औषधियाँ, इत्यादि तथा इन पौधों का वितरण, उन्हें उगाने (Cultivation) की विधियाँ आदि का अध्ययन किया जाता है।

[B] विशिष्ट वनस्पति शास्त्र (Specialized Botany)

1. **शैवाल विज्ञान (Phycology):** इसके अन्तर्गत शैवालों (algae) का अध्ययन करते हैं।
2. **कवक विज्ञान (Mycology):** इसके अन्तर्गत कवकों (Fungi) का अध्ययन करते हैं।
3. **ब्रायोलाजी (Bryology):** इसके अन्तर्गत ब्रायोफाइट का अध्ययन किया जाता है।
4. **टेरिडोफाइटा विज्ञान (Pteridogy):** इसके अन्तर्गत टेरिडोफाइटा का अध्ययन करते हैं।
5. **जीवाणु विज्ञान (Bacteriology):** इसके अन्तर्गत जीवाणुओं का (Bacteria) का अध्ययन करते हैं।
6. **विषाणु विज्ञान (Virology):** विषाणुओं (Viruses) का अध्ययन करते हैं।

[C] जीव विज्ञान से सम्बंधित शाखायें (Branches Related to Biology)

1. **जैव रसायन (Biochemistry):** इसमें जीवधारियों के रासायनिक घटक तथा रासायनिक प्रक्रियाओं का अध्ययन करते हैं।
2. **जैव सांख्यिकी (Biometrics):** इसमें जैविक क्रियाओं और उनके परिणामों का गणित तथा सांख्यिकी द्वारा विश्लेषण करते हैं।
3. **जीव भौतिकी (Biophysics):** भौतिक सिद्धान्तों (Principles) तथा विधियों (Methods) के आधार पर जैविक क्रियाओं और संरचनाओं का अध्ययन करते हैं।
4. **सूक्ष्म जैविकी (Microbiology):** इसमें सूक्ष्म जीवों (Micro-organisms) का अध्ययन करते हैं।
5. **आण्विक जीव-विज्ञान (Molecular Biology):** जीवधारियों में पाये जाने वाले अणुओं का रासायनिक स्तर पर अध्ययन करते हैं।
6. **आनुवंशिकी इंजीनियरी (Genetic Engineering):** आनुवंशिक पदार्थो को तोड़कर/जोड़कर, अलग कर, अथवा बदल करके नये संयोजन (recombination) बनाकर नये आनुवंशिक लक्षणों वाले जीवधारियों के कृत्रिम रुप से निर्माण का अध्ययन करते हैं।

[D] कुछ अन्य सम्बंधित शाखायें (Some Other Related Branches)

1. **शस्य विज्ञान (Agronomy):** इसमें फसलों के उगाने से सम्बंधित (Field crops) तथा मृदा प्रबन्धन (Soil management) का अध्ययन करते हैं।
2. **वृक्ष संवर्धन (Arboriculture):** इसमें सजावटी वृक्ष (Ornamental trees) तथा झाड़ियों (Shrubs) के उगाने (Cultivations) का अध्ययन करते हैं।
3. **उद्यान कृषि (Horticulture):** उद्यानों में फलों, सब्जियाँ, सजावटी पुष्प तथा पौधों के संवर्धन का अध्ययन करते हैं।
4. **पुष्प कृषि (Floriculture):** इसमें सजावटी पुष्पों (Ornamental flowers) के संवर्धन का अध्ययन करते हैं।

5. **फल संवर्धन (Pomology):** इसमें फलों के संवर्धन का अध्ययन करते हैं।
6. **सब्जियों की कृषि (Olericulture):** इसमें सब्जियों का अध्ययन करते हैं।
7. **वानिकी (Forestry):** इसमें वनों का विकास (development), देख-रेख (Care) तथा संवर्धन का अध्ययन करते हैं।
8. **वन वर्धन (Silviculture):** इसमें वनों के विकास तथा देख-रेख का अध्ययन करते है।
9. **पोलेनोलॉजी (Polenology):** इसमें परागकणों का अध्ययन करते हैं।

उपकरण एवं तकनीक (Tools and Techniques)

विभेदन क्षमता (Resolving Power): दो बिन्दुओं को अलग-अलग पहचानना विभेदन क्षमता कहलाती है।

सामान्य मनुष्य के आँख की विभेदन क्षमता 100μ होती है।

संयुक्त सूक्ष्मदर्शी (Compound Microscope)

ए. वी. ल्यूवनहाक (A.V. Leeuwenhoek) ने सन् 1672 में एक लेन्स के साथ जीवाणु व लाल रुधिर कणिकाओं को देखने हेतु एक सूक्ष्मदर्शी बनाया। संयुक्त सूक्ष्मदर्शी की विभेदन क्षमता (Resolving power) 1–1.4μ तथा आवर्धन क्षमता 14 x से 42 x होती हैं।

प्रकाश सूक्ष्मदर्शी (Light Microscope)

प्रकाश सूक्ष्मदर्शी की आवर्धन क्षमता 100x से 200x तथा विभेदन क्षमता 3000Å या 0.3μ होती है।

इलेक्ट्रॉन सूक्ष्मदर्शी (Electron Microscope)

इलेक्ट्रॉन सूक्ष्मदर्शी किसी संरचना को 250,000 गुना आवर्धित कर सकता है। इसकी विभेदन क्षमता 10–20Å होती है। इसमें प्रकाश का स्रोत इलेक्ट्रानों का पुँज होता है।

एक्स-रे सूक्ष्मदर्शी (X-rays Microscope)

एक्स-रे सूक्ष्मदर्शी के द्वारा किसी पदार्थ को 3D आण्विक संरचना (Molecular structure) को पढ़ा जा सकता है।

ऑटोरेडियोग्राफी (Autoradiography)

इसके द्वारा अणुओं के सृजन तथा कोशिका की उपापचय की घटनाओं का रेडियोधर्मी आइसोटोप के द्वारा अध्ययन किया जाता है। उदाहरण- H^3, O^{18}, C^{14} आदि।

क्रोमैटोग्राफी (Chromatography)

इसके द्वारा पदार्थो के अणुओं को पृथक करते हैं तथा इसकी सहायता से उसके प्रकार तथा मात्रा दोनों का पता लगाया जाता है। उदाहरण- पर्णहरित के विभिन्न प्रकार।

डी. एन. ए. फिंगर प्रिन्टिंग (DNA Finger printing)

इस विधि को ए. जैफ्रे (A. Jaffrey) ने 1985 में विकसित किया। सभी मनुष्यों के डी. एन. ए. में कुछ अस्थिर भाग होते हैं।

सी. सी. एम. बी. हैदराबाद के वैज्ञानिक डा. लाल जी सिंह डी. एन. ए. फिगर प्रिंटिंग पर कार्य करने वाले प्रथम भारतीय वैज्ञानिक हैं।

पोलीमरेज चेन रिएक्शन (PCR)

PCR से TB, AIDS, हिपेटाइटिस आदि रोगों की पहचान की जाती है। जिसमें डी. एन. ए. की मात्रा कम होती है उसमें डी. एन. ए. बड़ी मात्रा में PCR की सहायता से प्राप्त किया जाता है। उदाहरण- बाल।

वनस्पति विज्ञान के क्षेत्र में कुछ महत्वपूर्ण खोजें (Some Important Discoveries in the Field of Botany)

ऐरिस्टॉटल (Aristotle 384 – 322 B C):

ऐरिस्टॉटल (Aristotle 384-322 B C) को जीवधारियों का अध्ययन आरंभ करने का श्रेय दिया जाता है। इन्हें जीव विज्ञान का पिता (Father of Biology) माना जाता है।

थियोफ्रास्टस (Theophrastus 370 – 285 BC):

थियोफ्रास्टस (Theophrastus 370-285 BC) ने *हिस्टोरिया प्लैन्टेरम* (*Historia Plantarum*) और *दि कॉजेज ऑफ प्लान्टस* (*The Causes of Plants*) नाम की पुस्तकों में पौधों का वर्णन

किया तथा अन्य सूचनायें दीं। इन्हें वनस्पति विज्ञान का पिता (Father of Botany) माना जाता है।

जैकेरियस जैन्सन और हैन्स जैन्सन (Zaccharias Janssen and Hans Janssen)

जैकेरियस जैन्सन और हैन्स जैन्सन (Zaccharias Janssen and Hans Janssen) ने 1590 में प्रथम संयुक्त माइक्रोस्कोप (Compound microscope) बनाया।

रॉबर्ट हुक (Robert Hooke)

रॉबर्ट हुक (Robert Hooke) 1665 में कोशिका देखने वाले सर्वप्रथम व्यक्ति थे। इन्होंने कार्क कोशिकाओं का अध्ययन किया तथा सेल (cell) अथवा कोशिका शब्द का सर्वप्रथम प्रयोग किया। इन्होंने माइक्रोस्कोप से देखी हुई संरचनाओं को माइक्रोग्रैफिया (*Micrographia*) पुस्तक में प्रकाशित किया और संयुक्त माइक्रोस्कोप बनाया।

एन्टोनी वॉन ल्युवेनहॉक (Antony van Leeuwenhoek)

एन्टोनी वॉन ल्युवेनहॉक (Antony van Leeuwenhoek) जो डच (हॉलैन्ड अथवा नीदरलैन्ड के रहने वाले) थे, ने 1674 में जीवित वस्तुओं (बैक्टीरिया इत्यादि) को सर्वप्रथम देखा। ये बहुभ्रूणता (Polyembryony) बताने वाले प्रथम व्यक्ति थे।

नेहेमिहा ग्रीयू (Nehemiah Grew)

नेहेमिहा ग्रीगू (Nehemiah Grew) ने 1682 में पौधों की शारीरिकी (anatomy) का अध्ययन किया। ये पादप शारीरिकी के पिता (Father of Plant Anatomy) माने जाते हैं।

कामेरेरियस (R. J. Camerarius)

कामेरेरियस (R.J. Camerarius) ने 1694 में पौधों में लैंगिक जनन (sexual reproduction) का वर्णन किया।

थामस फेअर चाइल्ड (Thomas Fair Child)

थामस फेअर चाइल्ड (Thomas Fair child) को 1717 में पौधों में प्रथम सफल संकर (hybrid) बनाने का श्रेय दिया जाता है।

स्टीफन हेल्स (Stephan Hales)

स्टीफन हेल्स (Stephan Hales) ने 1727, में पत्तियों और सूर्य का प्रकाश संश्लेषण में महत्व बताया। इन्हें पादप शरीर-क्रिया विज्ञान का पिता (Father of Plant Physiology) माना जाता है।

कैरोलस लीनियस (Carolus Linnaeus)

कैरोलस लीनियस (Carolus Linnaeus) नें जो स्वीडिश वनस्पति वैज्ञानिक थे, अपनी पुस्तक 'सिस्टेमा नेचुरी' 1735 (*Systema Naturae*) में द्विपद-नाम पद्धति (Binomial nomenclature) प्रतिपादित की तथा अपनी एक अन्य पुस्तक 'स्पीशीज प्लैन्टेरम' 1753 (*Species Plantarum*) में वर्गीकरण की लैंगिक पद्धति (Sexual System of Classificatiom) का वर्णन किया। इन्हें आधुनिक वनस्पति-विज्ञान के पिता (Father of Modern Botany) अथवा प्रथम विद्धान पादप वर्गिकीविज्ञ (First Great Plant Taxonomist) कहा जाता है।

जीन बेप्टिस्ट डी लैमार्क (Jean Baptiste de Lamarck)

जीन बैप्टिस्ट डी लैमार्क (Jean Baptiste de Lamarck) जो फ्रांसिसी जीवाश्म वैज्ञानिक थे, ने 1809 में 'फिलॉस्फी जूलॉजिक' (*Philosphie Zoologique*) नामक पुस्तक में उपार्जित लक्षणों की वंशागति (Inheritance of Acquired Characters) के सिद्धान्त को प्रकाशित किया।

अमीसी (G.B. Amici)

अमीसी (G.B. Amici) ने 1824 में पराग नलिका (Pollen tube) को सर्वप्रथम देखा।

रॉबर्ट ब्राउन (Robert Brown)

रॉबर्ट ब्राउन (Robert Brown) ने 1828 में ब्राउनियन गति (Brownian movement) का वर्णन, तथा 1831 में पादप कोशिकाओं में केन्द्रक (nucleus) का खोज किया।

श्लीडेन और श्वान (M.J. Schleiden-Botanist और T. Schwann-Zoologist)

श्लीडेन और श्वान (M.J. Schleiden-Botanist और T. Schwann-Zoologist) ने 1838-1839 में कोशिका वाद (Cell theory) को प्रस्तुत किया।

परकिन्जे (J.E. Purkinje)

परकिन्जे (J.E. Purkinje) ने 1840 में प्रोटोप्लाज्म (Protoplasm) शब्द दिया।

ह्यूगो डी व्रीज (Hugo de Vries)

ह्यूगो डी व्रीज (Hugo de Vries) ने 1840 में *ईनोथीरा लेमार्कियाना* (*Oenothera lamarckiana*) अथवा ईवीनिंग प्रिमरोज (Evening Primrose) पर काम के आधार पर उत्परिवर्तन वाद (Mutation Theory) का प्रस्ताव किया।

ह्यूगो वॉन मोल (Hugo von Mohl)

ह्यूगो वॉन मोल (Hugo von Mohl) ने 1846 में कोशिका विभाजन (Cell divison) का वर्णन किया तथा प्रोटोप्लाज्म (protoplasm) का महत्व बताया।

हॉफमीस्टर (W. Hofmeister)

हॉफमीस्टर (W. Hofmeister) ने 1848 में केन्द्रक विभाजन का ट्राडेस्कन्शिया (*Tradescantia*) में अध्ययन किया। 1849 में भ्रूण कोष (embryo sac) की संरचना तथा 1851 में पीढ़ी एकान्तरण (Alternation of Generations) का वर्णन किया।

रूडॉल्फ विरशॉ (Rudolph Virchow)

रूडॉल्फ विरशॉ (Rudolph Virchow) ने 1858 में बताया कि सभी कोशिकायें पूर्ववर्ती कोशिकाओं से बनती हैं (*Omnis cellula e cellula*)।

चार्ल्स रॉबर्ट डार्विन (Charles Robert Darwin)

चार्ल्स रॉबर्ट डार्विन (Charles Robert Darwin) ने 1859 में दी आरीजिन ऑफ स्पीशीज (The Origin of Species) नामक पुस्तक में प्राकृतिक चयनवाद (Theory of Natural Selection) प्रस्तुत किया। यह वाद उनके H.M.S Beagle नामक जहाज से समुद्रयात्रा के दौरान अवलोकन पर आधारित था।

1881 में कैनरी घास के प्ररोह शीर्ष पर प्रकाशानुवर्तन (Phototropism) का प्रदर्शन किया।

जॉर्ज बेन्थम, और जोसेफ डाल्टन हुकर (George Bentham and Joseph Dalton Hooker)

जॉर्ज बेन्थम, और जोसेफ डाल्टन हुकर (George Bentham and Joseph Dalton Hooker) ने 1862-1863 में जेनेरा प्लैन्टेरम (*Genera Plantarum*) के तीन ग्रंथ लिखे तथा पौधों की सर्वाधिक स्वीकृत प्राकृतिक वर्गीकरण पद्धति (Natural System of Classification) का वर्णन किया।

लुई पाश्चर (Louis Pasteur)

लुई पाश्चर (Louis Pasteur) ने 1864 में जो फ्रांसिसी रसायनज्ञ थे रोग का रोगाणु वाद (Germ Theory of Disease) प्रस्तुत किया। इन्होंने चिकिन कॉलरा (chicken cholera) उत्पन्न करने वाले जीवाणु का आविष्कार किया तथा किण्वन (fermentation) पर काम करते हुये स्वतः जनन (Spontaneous generation) का खण्डन किया।

अर्नेस्ट हेकल (Ernst Haeckel)

अर्नेस्ट हेकल (Ernst Haeckel) 1864 में प्लास्टिड (Plastid) शब्द का प्रयोग किया। इन्होंने एककोशिकीय पौधो और प्राणियों को 'प्रोटिस्टा' (Protista) के अन्तर्गत रखा।

ग्रेगर जॉन मेण्डल Gregor Johann Mendel)

ग्रेगर जॉन मेण्डल Gregor Johann Mendel) ने 1866 में उद्यान मटर (Garden Pea) पर संकरण संबधी प्रयोग किये जिनके आधार पर आनुवंशिकता के नियमों (Laws of Heredity) की उत्पत्ति हुई। इन्हें 'आनुवंशिकता का पिता' (Father of Genetics) माना जाता है।

फ्रेडरिक मीशर (Fredrick Miescher)

फ्रेडरिक मीशर (Fredrick Miescher) ने 1874 में न्यूक्लिक अम्ल (Nucleic Acids) को न्यूक्लिन (Nuclein) नाम देकर सर्वप्रथम पहचाना।

जोसेफ लिस्टर (Joseph Lister)

जोसेफ लिस्टर (Joseph Lister) ने 1878 में जीवाणुओं के शुद्ध संवर्धन (pure culture) का विकास और कार्बोलिक अम्ल (Carbolic Acid) का रोगाणुनाशी (disinfectant) के रूप में उपयोग किया।

वाल्टर फ्लेमिंग (Walter Flemming)

वाल्टर फ्लेमिंग (Walter Flemming) ने 1879 में क्रोमेटिन शब्द का प्रयोग किया। इन्होंने माइटोसिस (Mitosis) शब्द दिया। अस्टर (aster) और माइटोकॉन्ड्रिया की उपस्थिति बतायी। इन्होंने क्रोमोसोम के अलग होने का वर्णन किया।

स्ट्रासबर्गर (E. Strasbruger)

स्ट्रासबर्गर (E. Strasbruger) ने 1879 में पौधों में कोशिका विभाजन (cell division) का वर्णन किया तथा साइटोप्लाज्म (cytoplasm) और केन्द्रकद्रव्य (nucleoplasm) में अन्तर

बताया। इन्होंने क्रोमोसोम का अवलोकन किया। पॉलीगोनम प्रकार (Polygonum type) के भ्रूण कोष (embryo sac) का वर्णन भी इन्होंने किया। पौधों में निषेचन Fertilization) का वर्णन किया तथा प्लैज्मोडेस्मा (Plasmodesma) नाम दिया।

वाल्डेयर (W. Waldeyer)

वाल्डेयर (W. Waldeyer) ने 1888 में क्रोमोसोम (chromosome) शब्द का सर्वप्रथम उपयोग किया।

बोवेरी (T. Boveri)

बोवेरी (T. Boveri) ने 1888 में सेन्ट्रोसोम (centrosome) नाम दिया।

बेन्डा (C. Benda)

बेन्डा (C. Benda) ने 1897 में माइटोकॉन्ड्रिया (mitochondria) शब्द को प्रचलित किया।

कैमीलिओ गॉल्जी (Camilio Golgi)

कैमीलिओ गॉल्जी (Camilio Golgi) ने 1898 में गॉल्जी उपकरण का वर्णन किया। 1906 में नोबेल पुरस्कार से सम्मानित हुए।

बुकनर (E. Buchner)

बुकनर (E. Buchner) ने 1898 में यीस्ट में उपस्थित जायमेज (Zymase) नामक एन्जाइम का पता लगाया। इन्हें 1907 में नोबेल पुरस्कार दिया गया।

कौरेन्स, व्रीज और शरमाक (Carl Correns, Hugo de Vries and Erich von Tschermak)

कौरेन्स, व्रीज और शरमाक (Carl Correns, Hugo de Vries and Erich von Tschermak) ने 1900 में मेण्डल के आनुवंशिकता के सिद्धान्तों का पुनः आविष्कार (rediscovery) किया।

सटन और बोवेरी (W. S. Sutton and T. Boveri)

सटन और बोवेरी (W. S. Sutton and T. Boveri) ने 1902 में आनुवंशिकता का क्रोमोसोम सिद्धान्त (Chromosome Theory of Heredity) दिया।

फार्मर और मूर (J. B. Former and J.E. Moore)

फार्मर और मूर (J. B. Former and J.E. Moore) ने 1905 में अर्धसूत्री विभाजन (reduction divison) को मिआसिस (meiosis) नाम दिया।

विलियम बेटसन (William Bateson)

विलियम बेटसन (William Bateson) ने 1905 में जेनेटिक्स (Genetics) शब्द का सर्वप्रथम उपयोग किया और सहलग्नता (linkage) का पता लगाया।

रॉबर्ट काच (Robert Koch)

रॉबर्ट काच (Robert Koch) जर्मन शल्यचिकित्सक (German Surgeon) थे। इन्होंने1905 में ट्यूबरकुलासिस (Tuberculosis: क्षय रोग), ऐन्थ्रैक्स (Anthrax) को उत्पन्न करने वाले बैक्टीरिया (bacteria) का आविष्कार किया। कॉच अभिगृहित (Koch's Postulates) के लिये 1905 में उन्हें नोबेल पुरस्कार दिया गया।

जोहेनसन (W.L. Johannson)

जोहेनसन (W.L. Johannson) ने 1909 में जीन (Gene) शब्द दिया।

रौस (P. Rous)

रौस (P. Rous) ने 1911 में रौस सारकोमा वाइरस (Rous Sarcoma Virus) का आविष्कार किया और रिवर्स ट्रान्सक्रिप्शन (Reverse transcription) बताया। इसलिये इन्हें 1966 में नोबेल पुरस्कार दिया गया।

गार्नर और एलार्ड (W.W. Garner and H.A. Allard)

गार्नर और एलार्ड (W.W. Garner and H.A. Allard) ने 1920 में दीप्तिकालिता (Photoperiodism) का आविष्कार किया।

फ्यूलजेन और रौसेनबेक (R. Feulgen and H. Rosenbeck)

फ्यूलजेन और रौसेनबेक (R. Feulgen and H. Rosenbeck) ने 1924 में डी. एन. ए. को अभिरंजित (stain) करने की विशिष्ट विधि का आविष्कार किया।

जॉन हचिन्सन (John Hutchinson)

जॉन हचिन्सन (John Hutchinson) बीजधारी पौधों (Seed Plants) के जातिवृत्तीय (Phylogenetic) वर्गीकरण के लिये प्रसिद्ध हैं। यह वर्गीकरण उन्होंने 'फैमिलीज ऑफ फ्लावरिंग प्लान्टस' (British Flowering Plants), नामक पुस्तक में 1948 में दिया था।

वेन्ट (F. W. Went)

वेन्ट (F. W. Went) ने 1926 में आविना वक्रता परीक्षण (Avena Curvature Test) और ऑक्सिन (auxin) के लिए बायोऐसे (Bioassay-जैव आमापन) बताया।

वेडबर्ग (T. Svedberg)

वेडबर्ग (T. Svedberg) ने 1926 में अल्ट्रासेन्ट्रीफ्यूज (Ultracentrifuge) का आविष्कार किया जिसके लिए इन्हें नोबेल पुरस्कार मिला।

एलेक्जेंडर फ्लेमिंग (Alexander Fleming)

एलेक्जेंडर फ्लेमिंग (Alexander Fleming) ने 1929 में *पेनिसिलियम नोटेटम* (*Penicillium notatum*) नामक कवक (fungus) से पेनिसिलिन (Penicillin) का आविष्कार किया। 1945 में फ्लोरी (Florey) और चेन (Chain) के साथ इन्हें नोबेल पुरस्कार से सम्मानित किया गया।

वारबर्ग (Otto H. Warburg)

वारबर्ग (Otto H. Warburg) ने 1931 में श्वसन एन्जाइम और उनके कार्यों का पता लगाया जिसके लिये इन्हें नोबेल पुरस्कार दिया गया।

नॉल और रस्का (M. Knoll and E. Ruska)

नॉल और रस्का (M. Knoll and E. Ruska) ने 1932 में प्रथम इलेक्ट्रॉन माइक्रोस्कोप बनाया। रस्का को 1986 में इस काम के लिये भौतिकी (Physics) के क्षेत्र में नोबेल पुरस्कार दिया गया।

मॉर्गन (Thomas Hunt Morgan)

मॉर्गन (Thomas Hunt Morgan) ने 1933 में ड्रोसोफिला (*Drosophila*) में लिंग-सहलग्नता (Sex-linkage) का पता लगाया तथा आनुवंशिकता में जीन का महत्व बताया। इन्हें नोबेल पुरस्कार दिया गया।

कोग्ल, हाजेन-स्पिट और इर्क्सलेबेन (F. Kogl, A.J. Haagen-Smit and H. Erxleben)

कोग्ल, हाजेन-स्पिट और इर्क्सलेबेन (F. Kogl, A.J. Haagen-Smit and H. Erxleben) ने 1934 में IAA को मानव मूत्र (human urine) से अलग किया (IAA की खोज, ई. और एच. साल्कोवस्की-E. and H. Salkowski ने 1885 में की)।

टैन्सले (A.G Tansley)

टैन्सले (A.G Tansley) ने 1935 में इकोसिस्टम (Ecosystem-पारिस्थितिक तन्त्र) शब्द और परिकल्पना दी।

कजलाचजन (M.C. Cajlachjan)

कजलाचजन (M.C. Cajlachjan) ने 1936 में ने फूल को बनाने में सहायक हार्मोन (hormone) की उपस्थिति बतायी और उसे फ्लोरीजन (florigen) नाम दिया।

गुस्टाफसन (F. Gustafson)

गुस्टाफसन (F. Gustafson) ने 1936 में IAA के उपयोग द्वारा अनिषेकफलनी (Parthenocarpic) फलों का निर्माण सर्वप्रथम किये।

क्रेब्स (Hans Krebs)

क्रेब्स (Hans Krebs) ने 1937 में सिट्रिक-एसिड चक्र (Citric Acid Cycle) अथवा ट्राइ कार्बोक्सिलिक-एसिड चक्र (TCA Cycle), जिसे अब क्रेब्स चक्र कहते हैं, की खोज इन्होंने की। इस काम के लिये 1953 में इन्हें नोबेल पुरस्कार दिया गया।

ऐवेरी, मैकलियोड और मैककार्थी (O.T.Avery, C.H. MacLeod and H. McCarty)

ऐवेरी, मैकलियोड और मैककार्थी (O.T.Avery, C.H. MacLeod and H. McCarty) ने 1944 में बैक्टीरिया के रूपान्तरण (transformation) द्वारा DNA आनुवांशिक पदार्थ (hereditary material) होता है यह सिद्ध किया।

वाक्समैन (Selaman Waksman)

वाक्समैन (Selaman Waksman) ने 1944 में ऐन्टिबायोटिक (antibiotic) स्ट्रेप्टोमाइसिन (Streptomycin) की खोज की। इसलिये 1952 में नोबेल पुरस्कार दिया गया।

समनर (J. B. Sumner)

समनर (J. B. Sumner) ने 1946 में एन्जाइम-यूरिएस (Urease) का क्रिस्टलन (Crystallisation) किया। यह क्रिस्टलन किया जाने वाला पहला एन्जाइम है। इन्होंने यह भी बताया कि एन्जाइम प्रोटीन होते हैं। इन्हें नोबेल पुरस्कार से सम्मानित किया गया।

हर्शे और चेज (A.D. Hershey and M.J. Chase)

हर्शे और चेज (A.D. Hershey and M.J. Chase) ने 1952 में सिद्ध किया कि वाइरस का संक्रमण (infective) करने वाला भाग DNA होता है और DNA आनुवांशिक पदार्थ है।

वाटसन और क्रिक (J.D. Watson and F.H.C Crick)

वाटसन और क्रिक (J.D. Watson and F.H.C Crick) ने 1953 में बताया कि DNA द्विकुंडलित (double helical) होता है। 1962 में विलकिन्स (M.H.F Wilkins) के साथ इन्हें नोबेल पुरस्कार दिया गया।

आर्नन (D.I. Arnon)

आर्नन (D.I. Arnon) ने 1954 में प्रकाश संश्लेषण (Photosynthesis) की क्रिया में प्रकाश फॉस्फेटीकरण (Photophosphatization) की खोज की।

मिलर और स्कूग (C.O. Miller and F.S. Skoog)

मिलर और स्कूग (C.O. Miller and F.S. Skoog) ने 1955 में साइटोकाइनिन (Cytokinin) की खोज की।

फ्रेकेल-कॉनरेट (H. Fraenkel-Conrat)

फ्रेकेल-कॉनरेट (H. Fraenkel-Conrat) ने 1957 में TMV (तम्बाकू किर्मीर वायरस) का आनुवंशिक पदार्थ RNA होता है, यह सिद्ध किया।

बीडल, टेटम और लेडरबर्ग (G.W. Beadle, E.L. Tatum and J. Lederberg)

बीडल, टेटम और लेडरबर्ग (G.W. Beadle, E.L. Tatum and J. Lederberg) को 1958 में एक जीन-एक एन्ज़ाइम (One gene-one enzyme theory) सिद्धान्त के खोज हेतु नोबेल पुरस्कार दिया गया।

ओकोआ (Severo Ochoa)

ओकोआ (Severo Ochoa) ने 1959 में पॉलिराइबो न्यूक्लीओटाइड (RNA) का *इन विट्रो* (*in vitro* पात्रे अथवा कृत्रिग) संश्लेषण किया। इन्हें नोबेल पुरस्कार से सम्मानित किया गया।

आर्थर कॉर्नबर्ग (Arthur Kornberg)

आर्थर कॉर्नबर्ग (Arthur Kornberg) 1959 ने पॉलिडिओक्सीराइबोन्यूक्लीओटाइड (DNA) का *इन विट्रो* (*in virto* = पात्रे अथवा कृत्रिम) संश्लेषण किया। जिसके लिए इन्हें नोबेल पुरस्कार दिया गया।

मेलवीन काल्विन (Melvin Calvin)

मेलवीन काल्विन (Melvin Calvin) ने 1961 में प्रकाश संश्लेषण में कार्बन स्थिरीकरण (Carbon fixation अथवा dark reaction) की खोज की, अब इसे काल्विन चक्र (Calvin Cycle) कहा जाता है। इस काम के लिए इन्हें नोबेल पुरस्कार दिया गया।

जेकब, मोनाड और लौफ (F. Jacob, J. Monod and A. L. Lwoff)

जेकब, मोनाड और लौफ (F. Jacob, J. Monod and A. L. Lwoff) को 1965 में जीन नियंत्रण के ऑपेरॉन मॉडल (Operon model) के लिये नोबेल पुरस्कार से सम्मानित किया गया।

हैच और स्लैक (M. D. Hatch and C.R. Slack)

हैच और स्लैक (M. D. Hatch and C.R. Slack) ने 1967 में प्रकाश संश्लेषण में होने वाले C_4 चक्र को बताया।

नीरेनबर्ग, खुराना और हॉली (M.W. Nirenberg, H.G. Khorana and R.H. Holley)

नीरेनबर्ग, खुराना और हॉली (M.W. Nirenberg, H.G. Khorana and R.H. Holley) ने 1968 में जेनेटिक कोड (Genetic Code) का पता लगाया तथा हॉली ने t-RNA की संरचना का वर्णन किया। इन्हें नोबेल पुरस्कार दिया गया।

हैरीस (H. Harris)

हैरीस (H. Harris) ने 1770 में DNA-RNA संकरण (hybrid) की तकनीक बतायी।

क्लाडे (A.Claude)

क्लाडे (A.Claude) ने 1974 में कैन्सर के अर्बुद (tumour) में वाइरस कणों की उपस्थिति बतायी। इन्हें नोबल पुरस्कार मिला।

पैलेडे (G.E. Palade)

पैलेडे (G. E.Palade) ने 1974 में राइबोसोम की खोज की और नोबेल पुरस्कार प्राप्त किया।

डवे (Christain de Duve)

डवे (Christain de Duve) ने 1974 में लाइसोसोम का आविष्कार एवं पृथक्करण किया। इस काम के लिये इन्हें नोबेल पुरस्कार दिया गया।

बाल्टीमोर, डुलबेको और टेमीन (D. Baltimore, R. Dulbecco and H.M. Temin)

बाल्टीमोर, डुलबेको और टेमीन (D. Baltimore, R. Dulbecco and H.M. Temin) ने 1975 में RNA अर्बुद (tumour) वाइरस में उस विशिष्ट एन्जाइम की खोज की जो RNA से DNA की नकल बनाता है। इस प्रक्रिया को रिवर्स ट्रान्सक्रिप्शन (reverse transcription) कहते हैं। इस काम के लिये उन्हें नोबेल पुरस्कार दिया गया।

आर्बर, नथान्स और स्मिथ

(W. Arber, D. Nathans and H.O. Smith)

आर्बर, नथान्स और स्मिथ (W. Arber, D. Nathans and H.O. Smith) ने 1978 में रेस्ट्रिकशन एन्जाइम (restriction enzyme) का आविष्कार किया। यह DNA का जल अपघटन (hydrolysis) करके उसे टुकड़ों में तोड़ देता है। यह आनुवंशिक इन्जीनियरी के लिये अत्यंत उपयोगी है। इन्हें नोबेल पुरस्कार से सम्मानित किया गया।

क्लुग (A. Klug)

क्लुग (A. Klug) ने 1982 में न्यूक्लीक अम्ल और प्रोटीन के जटिलों का वर्णन किया। इन्हें नोबेल पुरस्कार दिया गया।

बार्बरा मैकलिन्टॉक (Barbara McClintock)

बार्बरा मैकलिन्टॉक (Barbara McClintock) ने 1983 में 'जंपिग जीन' अथवा 'ट्रान्सपोसोन्स' (= परिवर्तनशील जीन) की उपस्थिति बतायी। इन्हें नोबेल पुरस्कार से सम्मानित किया गया।

लुक मौन्ट्रग्नियर (Luc Montagnier)

लुक मौन्ट्रग्नियर (Luc Montagnier) ने 1984 में एड्स (AIDS) वाइरस अथवा HTLV III (अथवा HIV) वाइरस को अलग किया।

डीइसेनहॉफर, हबेर और माइकेल

(Deisenhoffer, Robert Huber and Hartmut Michel)

डीइसेनहॉफर, हबेर और माइकेल (Deisenhoffer, Robert Huber and Hartmut Michel) को 1988 में प्रकाश संश्लेषण के क्रिया केन्द्र (photosynthesis reaction centre) की त्रिविम संरचना (three dimensional structure) का वर्णन करने के लिये नोबेल पुरस्कार दिया गया।

बिशप और वारमस (J.M. Bishop and H.E. Varmus)

बिशप और वारमस (J.M. Bishop and H.E. Varmus) ने 1989 में कैन्सर उत्पन्न करने वाली जीन की उत्पत्ति बतायी, इन्हें नोबेल पुरस्कार दिया गया।

मूलीस (Kary B. Mullis)

मूलीस (Kary B. Mullis) नै 1993 में पॉलिमेरेज चेन रिएक्शन (PCR) विधि की खोज की जिसके द्वारा डी. एन. ए. की दस लाख (Million) से अधिक प्रतियाँ (copies) केवल कुछ ही घंटों में बनायी जा सकती हैं।

रॉबर्ट और शार्प

(Richard J. Roberts and Philip Sharp)

रॉबर्ट और शार्प (Richard J. Roberts and Philip Sharp) ने 1993 में उच्च वर्ग के तथा यूकेरियोटिक प्राणियों की जीन की संरचना बतायी। इन्होंने स्प्लिट जीन (Split gene) अथवा विभक्त जीन का वर्णन किया।

वेन्टर (J. Craig Venter)

वेन्टर (J. Craig Venter) तथा अन्य वैज्ञानिकों ने 1985 में मिलकर *हिमोफाइलस इन्फ्लूएन्जी* (*Hemophilus influenzae*) नामक बैक्टीरिया के डी.एन.ए. में उपस्थित 1, 830, 121 नाइट्रोजनी बेसेज (nitrogenous bases) का पता लगाया। इसी प्रकार इन्होंने यह भी बताया कि *माइकोप्लाज्मा जेनिटैलियम* (*Mycoplasma genitalium*) में 580,067 बेस जोड़ियाँ (base pairs) उपस्थित होती हैं।

तालिका 1.2: महत्त्वपूर्ण दिवस (Important Days)

फरवरी प्रथम सप्ताह	:	वन महोत्सव (वृक्षारोपण महोत्सव)
28 फरवरी	:	राष्ट्रीय विज्ञान दिवस
21 मार्च	:	विश्व वन दिवस
22 मार्च	:	विश्व जल दिवस
23 मार्च	:	विश्व पृथ्वी दिवस
3 मई	:	अन्तर्राष्ट्रीय सौर दिवस (गैर-परम्परागत ऊर्जा स्रोत दिवस)
31 मई	:	विश्व तम्बाकू निषेध दिवस
5 जून	:	विश्व पर्यावरण दिवस
जुलाई प्रथम सप्ताह	:	वन महोत्सव (वृक्षारोपण महोत्सव)
11 जुलाई	:	विश्व जनसंख्या दिवस
16 सितम्बर	:	ओजोन दिवस
16 अक्टूबर	:	विश्व खाद्य दिवस
1 दिसम्बर	:	विश्व एड्स दिवस
2 दिसम्बर	:	राष्ट्रीय प्रदूषण नियन्त्रण दिवस
3 दिसम्बर	:	विश्व संरक्षण दिवस
23 दिसम्बर	:	किसान दिवस
29 दिसम्बर	:	विश्व जैव-विविधता दिवस

बहुविकल्पीय प्रश्न

1. पादप रोग विज्ञान के अंतर्गत निम्नलिखित का अध्ययन किया जाता हैं?
(a) पौधों के रोग (b) रोगों के लक्षण
(c) रोगों का नियंत्रण (d) उपरोक्त सभी

2. कोशिका कला सबसे बाहरी सीमा है?
(a) वाइरस में (b) प्राणी कोशिकाओं में
(c) शैवाल में (d) बैक्टीरिया में

3. निम्नलिखित में से कौन क्रिप्टोगैम नहीं है?
(a) आम (b) मास
(c) फर्न (d) शैवाल

4. जीवन का उद्‌गम किससे हुआ?
(a) भौतिक क्रियाएँ (b) पौराणिक कथाएँ
(c) बाइबिल (d) रसायन

5. पर्णहरित पाया जाता है?
(a) सभी पौधों में (b) जीवधारियों में
(c) केवल पौधों में (d) मुख्यतः पौधों में

6. उद्यान कृषि में किन अध्ययनों का समावेश किया जाता है?
(a) सब्जियों का (b) फलों का
(c) फूलों का (d) उपरोक्त सभी का

7. जीवधारी, निर्जीवो से भिन्न है क्योंकि उनमें
(a) प्रजजन होता है
(b) अणु एक विशिष्ट संगठन बनाते हैं
(c) प्रकाश संश्लेषण होता है
(d) वृद्धि होती है

8. अभिक्रिया जिसमें जटिल पदार्थ सरल पदार्थों में तोड़े जाते हैं?
(a) अपचय (b) पोषण
(c) उपचय (d) प्रकाश संश्लेषण

9. जीवधारियों के अध्ययन के लिए जीव विज्ञान शब्द किसने दिया था?
(a) लिनियस (b) लेमार्क और ट्रेविरेनस
(c) हक्सले (d) पुरकिंजे और वान मोल

10. प्राणी पौधे की भाति होते हैं क्योंकि वह श्वसन करते हैं?
(a) केवल रात में (b) केवल दिन में
(c) दिन और रात में (d) आवश्यकतानुसार

11. वनस्पति शास्त्र के संस्थापक कौन माने जाते हैं?
(a) थियोफ्रेस्टस (b) प्लेटो
(c) मेण्ड़ल (d) एरिस्टोटल

12. वह वनरोपण आन्दोलन जिसमें राष्ट्र की जनता का सहयोग और सक्रिय भागीदारी आवश्यक है, को कहा जाता है?
(a) पारिस्थितिकी (b) प्रदूषण
(c) उद्यान कृषि (d) सामाजिक वानिकी

13. निम्नलिखित में से किन्हें आधुनिक पादप शरीरक्रिया विज्ञान का संस्थापक कहा जाता है?
(a) कैरोलिस लिनीयस (b) ओटो ब्रूनफेल्स
(c) स्टीफन हेल्स (d) नेहेमिहा ग्रीयू

14. पौधों से प्राणी भिन्न होते हैं क्योंकि पौधों में होता है?
(a) तारककाय (b) उपापचय
(c) गमन (d) स्थानियत वृद्धि

15. प्रथम महान आनुवंशिकीविज्ञ थे?
(a) लिनियस (b) ल्युवेनहाक
(c) थियोफ्रेस्टस (d) मेण्डल

16. जीवाश्म पौधों का अध्ययन किस शाखा के अन्तर्गत किया जाता है?
(a) पुरावनस्पति विज्ञान
(b) जीवाश्म विज्ञान
(c) भ्रूण विज्ञान
(d) पुरापारिस्थितिकी

17. पौधे प्राणियों से भिन्न है?
(a) गतियों की अनुपस्थिति में
(b) स्थानीय वृद्धि के अभाव में
(c) स्वपोषित होने के कारण
(d) कोशिका कला की उपस्थिति में

18. नाइट्रोजन स्थिरीकरण करने वाले मुक्त रूप से रहने वाले जीवाणु पाये जाते हैं?

(*a*) वायु में (*b*) जड़ ग्रन्थियों में
(*c*) मृदा में (*d*) उपरोक्त में से कोई नहीं

19. नाइट्रीकारी बैक्टीरिया होते हैं?
(*a*) स्वपोषित (*b*) मृतजीवी
(*c*) परजीवी (*d*) रसायन संश्लेषी

20. वृद्धि से तात्पर्य है?
(*a*) कोशिका दीर्घन (*b*) कोशिका विभेदन
(*c*) कोशिका विभाजन (*d*) उपरोक्त सभी से

21. निम्नलिखित में से किस एक जोड़े में विशिष्ट पारिभाषिक शब्दों/नामों का एक ही अर्थ है?
(*a*) जीन पूल—जीनोम
(*b*) कोडान—जीन
(*c*) सिस्ट्रॉन—ट्रिप्लेट
(*d*) DNA फिंगरप्रिंटिंग—DNA प्रोफाइलिंग

22. थैनेटोलॉजी नामक विज्ञान में किसका अध्ययन किया जाता है?
(*a*) मृत्यु के सभी पहलुओं का
(*b*) बच्चे की पैतृकता सुलझाने का
(*c*) सजीव की पहचान करने का
(*d*) झूठ का पता लगाने का

23. वह कौन-सा जर्मन भौतिकीविद् था जिसने इलेक्ट्रॉन माइक्रोस्कोप का आविष्कार किया था और उसके लिए उसे सन् 1986 में भौतिकी में नोबेल पुरस्कार मिला था?
(*a*) अर्न्सट रस्का (*b*) वांट हॉफ
(*c*) एच.जे.डी. जेन्सन (*d*) यूजीन पी. विग्नोर

24. बड़े अणुओं जैसे DNA तथा RNA के परमाणुओं तथा आण्विक समूहों की व्यवस्था को पढ़ा जा सकता है?
(*a*) अपकेन्द्रिता (*b*) स्पेक्ट्रोफोटोमीटर
(*c*) एक्सरे डिफरेक्शन (*d*) इलेक्ट्रॉन माइक्रोस्कोप

25. फ्युल्जेन प्रतिक्रिया उपयोग की जाती है, उपस्थिति संसूचित करने के लिए?
(*a*) डी. एन. ए. की (*b*) आर. एन. ए. की
(*c*) प्रोटीन की (*d*) वसा की

26. हमारी आँख की resolving limit हैं?
(*a*) 1″ (*b*) 1′
(*c*) 1/60′ (*d*) 1/60″

27. संयुक्त सूक्ष्मदर्शी में लेंस के प्रकार हैं?
(*a*) 3 (*b*) 4
(*c*) 2 (*d*) 1

28. SEM(स्कैन इलेक्ट्रॉन माइक्रोस्कोप) में प्रकाश का स्रोत होता है?
(*a*) अवरक्त (Infrared)
(*b*) सामान्य दिवसीय प्रकाश
(*c*) इलेक्ट्रोन्स का पुँज (Beam of electrons)
(*d*) पराबैंगनी प्रकाश

29. जैनस ग्रीन बी एक अभिरंजक है जो अभिरंजन में उपयुक्त होता है?
(*a*) केन्द्रकों के (*b*) माइटोकॉन्ड्रिया के
(*c*) रिक्तिका के (*d*) कोशिका द्रव्य के

30. यदि माइटोकॉन्ड्रिया का जीव रासायनिक विश्लेषण करना पड़े तो इसकी सर्वश्रेष्ठ विधि क्या होगी?
(*a*) कोशिका को पीसकर एवं मिश्रण को छानकर कचरे को अलग करना
(*b*) कोशिकाओं से कोशिका के खण्ड करके माइटोकॉन्ड्रिया प्राप्त करना
(*c*) उन कोशिकाओं को चुनना जिनमें बड़ी संख्या में माइटोकॉन्ड्रिया होते हैं
(*d*) कोशिका का जीवद्रव्य कुंचित करके इसे छानना तथा कचरे को अलग करना

31. कोशिका के अध्ययन के लिये सूक्ष्मदर्शिकी (Microscopy) के अतिरिक्त प्रयुक्त अन्य तकनीक का नाम होता है?
(*a*) ओब्लीटरेशन (*b*) प्लाज्मोलाइसिस
(*c*) ऑटोरेडियोग्राफी (*d*) इनमें से कोई नहीं

32. इलेक्ट्रो एनसिफेलोग्राम (EEG) एक परीक्षण तकनीक है जो प्रयोग की जाती है पहचानने के लिए?
(*a*) मस्तिष्क संक्रमण
(*b*) मृगी तथा दूसरे मस्तिष्क के असन्तुलन
(*c*) ड्रग्स का मस्तिष्क पर प्रभाव
(*d*) निद्रा असन्तुलन

33. फेज कंट्रास्ट सूक्ष्मदर्शी का प्रयोग होता है?
(*a*) फ्लूरोक्रोम्स से अभिरंजित कोशिकीय संरचना को ज्ञात करने में

(*b*) प्रकाश रश्मियों की उपस्थिति में प्रावस्था अन्तर का प्रयोग करके सजीव अवस्था में कोशिकाओं एवं उनके घटकों का अध्ययन करने के लिये
(*c*) रिजोल्विंग क्षमता को बढ़ाने के लिये
(*d*) डी. एन. ए. का एक्स-रे डिफ्रेक्शन का क्रम प्राप्त करने के लिये

34. एक प्रकाश सूक्ष्मदर्शी द्वारा दर्शनीय प्रकाश में ऑयल इमरसन सहित तथा ऑयल इमरमन रहित अति, उत्तम रिजोल्यूशन प्राप्त होता है? क्रमशः
(*a*) 3.0 μ m और 3.0 μ m
(*b*) 0.3 μ m और 10 μ m
(*c*) 3.0 μ m और 2.0 μ m
(*d*) 0.2 μ m और 0.3 μ m

35. प्रकाश सूक्ष्मदर्शी का रिजोल्यूशन 1.5 गुना अधिक किया जा सकता है इस्तेमाल के द्वारा
(*a*) लाल प्रकाश + स्पेसीमेन और अभिदृश्यक के मध्य ऑयल इमरसन के
(*b*) नीला प्रकाश + स्पेसीमेन और अभिदृश्यक के मध्य ग्लिसरीन के
(*c*) नीला प्रकाश + स्पेसीमेन और अभिदृश्यक के मध्य ऑयल इमरसन के
(*d*) दिन का प्रकाश + स्पेसीमेन और अभिदृश्यक के मध्य हवा के

36. ऊतकों के कौन-से तत्वों को सैफ्रेनिन अभिरंजित करती है?
(*a*) मण्ड तत्व (*b*) सेल्युलोज
(*c*) प्रोटीन तत्व (*d*) लिग्निनयुक्त तत्व

37. पेक्टिनयुक्त पदार्थो को सामान्यतः अभिरंजित किया जाता है?
(*a*) हल्का हरा से (*b*) आयोडीन से
(*c*) मिथाइलीन ब्ल्यू से (*d*) कॉटन ब्ल्यू से

38. फ्यूलजिन (और रोजेनबेक) अभिक्रिया का प्रयोग होता है पता लगाने में?
(*a*) केवल डी. एन. ए.
(*b*) केवल आर. एन. ए.
(*c*) डी. एन. ए. और आर. एन. ए.
(*d*) प्रोटीन्स

39. संचरण इलेक्ट्रॉन सूक्ष्मदर्शी का वियोजन है?
(*a*) 2000 नैनो मीटर (*b*) 200 नैनो मीटर
(*c*) 2 नैनो मीटर (*d*) 0.2 नैनो मीटर

40. AIDS Day मनाया जाता है?
(*a*) 20 दिसम्बर को (*b*) 1 मई को
(*c*) 1 दिसम्बर को (*d*) 1 जून को

41. किसी optical instrument की विभेदन क्षमता है किन्हीं दो पास रखे हुए object को अलग करके पहचानना यह निर्भर करती है?
(*a*) Numerical aperture पर
(*b*) प्रकाश की तरंग दैर्ध्य पर
(*c*) दोनों (*a*) व (*b*)
(*d*) किसी पर नही

42. किसको बताने के लिये आयोडीन से परीक्षण किया जाता है?
(*a*) टाइफाइड (*b*) मलेरिया
(*c*) वसा (*d*) कार्बोहाइड्रेट्स

43. इलेक्टॉन सूक्ष्मदर्शी का निर्माण होता है?
(*a*) आब्जेक्टिव तथा औक्यूलर लेन्सों से
(*b*) पोलराइजर तथा एनेलाइजर फिल्टर्स से
(*c*) इलेक्ट्रोमेग्नेटिक लेन्सों से
(*d*) फजूरोक्रोम्स से

44. एक प्रकाश सूक्ष्मदर्शी की रिजोल्विंग क्षमता होती है?
(*a*) 0.1 माइक्रोमीटर्स (*b*) 0.2 माइक्रोमीटर्स
(*c*) 0.3 माइक्रोमीटर्स (*d*) 0.4 माइक्रोमीटर्स

45. यदि कोशिकाएँ टूट जायें और सेण्ट्रीफ्यूगेशन द्वारा पर्तें बन जायें तो एक खण्ड में बनी नयी रांरचना होगी?
(*a*) लाइसोसोम (*b*) राइबोसोम
(*c*) माइक्रोसोम (*d*) सेण्ट्रोसोम

46. निम्न में से किस यंत्र को जीवित कोशा में गुणसूत्र देखने के लिए प्रयोग किया जाता है?
(*a*) साधारण लेंस
(*b*) इलेक्ट्रॉन माइक्रोस्कोप
(*c*) फेज कंट्रास्ट माइक्रोस्कोप
(*d*) प्रकाश माइक्रोस्कोप

47. एंग्स्ट्राम जो इलेक्ट्रॉन सूक्ष्मदर्शी में माप की इकाई है बराबर होती है?

(*a*) 0.0001μ m (*b*) 0.01μ m

(*c*) 0.001μ m (*d*) 0.00001μ m

48. इलेक्ट्रॉन सूक्ष्मदर्शी में सजीव कोशिकाएँ नहीं देखी जा सकती हैं क्योंकि

(*a*) इनमें से जल वाष्प निकल जाती है और सूक्ष्मदर्शी का निर्वातक अव्यवस्थित हो जाता है

(*b*) इलेक्ट्रोन्स में उत्पन्न ऊष्मा कोशिका के लिये घातक होती है

(*c*) ये पारदर्शक होती है और इसलिये दिखायी नहीं देती है

(*d*) ये इलेक्ट्रोन्स के दण्ड (Beams) द्वारा मर जाती हैं

49. एक कोशिका में पदार्थों के मात्रात्मक अनुमापन हेतु निम्न में से कौन-सी तरकीब है?

(*a*) एक्सरे क्रिस्टलोग्राफी

(*b*) माइक्रोस्पेक्ट्रोफोटोमीट्री

(*c*) ऑटोरेडियोग्राफी

(*d*) क्रोमेटोग्राफी

50. फ्लूओरेसेन्स सूक्ष्मदर्शी का प्रयोग होता है?

(*a*) कोशिका की संरचना का पता लगाने में

(*b*) प्रकाश किरणों में प्रावस्था अन्तर का प्रयोग करके कोशिकाओं और उनके घटकों का सजीव अवस्था में अध्ययन करना

(*c*) रिजोल्विंग क्षमता को बढ़ाने के लिये

(*d*) डी0 एन0 ए0 का एक्स रश्मि डिफ्रेक्शन क्रम प्राप्त करने के लिये

51. बिना अभिरंजित सजीव ऊतकों को देखने के लिए अधिकतर किसका प्रयोग किया जाता है?

(*a*) अल्ट्रासेण्ट्रीफ्यूग का

(*b*) इलेक्ट्रॉन सूक्ष्मदर्शी का

(*c*) फेज कण्ट्रास्ट सूक्ष्मदर्शी का

(*d*) फ्लूओरेसेन्स सूक्ष्मदर्शी का

52. इलेक्ट्रॉन सूक्ष्मदर्शी की खोज की–

(*a*) नील तथा रस्का ने

(*b*) फ्लेमिंग तथा ब्राउन ने

(*c*) श्लीडेन और स्वान ने

(*d*) उपरोक्त मे से किसी ने नही

53. गुणसूत्री जाल को अभिरंजित नहीं किया जा सकता है

(*a*) हीमेटौक्सिलीन से (*b*) कार्मीन से

(*c*) फ्यूलजिन स्टेन से (*d*) क्रिस्टल वायलट से

54. इलेक्ट्रान सूक्ष्मदर्शी द्वारा उपस्थिति ज्ञात होती है?

(*a*) राइबोसोम्स की (*b*) केन्द्रक की

(*c*) केन्द्रिका की (*d*) गुणसत्रों की

55. इलेक्ट्रॉन माइक्रोस्कोप से अधिकतम आवर्धन सम्भावित है?

(*a*) 200 गुना (*b*) 20,000 गुना

(*c*) 2,000 गुना (*d*) 2,00,000 गुना

56. कोशिका अंगक की सूक्ष्म रचना के लिये निम्न में से कौन-सी विधि प्रयोग की जाती है?

(*a*) ऑटोरेडियोग्राफी

(*b*) फेज कण्ट्रास्ट माइक्रोस्कोपी

(*c*) माइक्रोडिसेक्शन

(*d*) इलेक्ट्रान माइक्रोस्कोपी

57. निम्न में से कौन-सी विधि अणुओं के संश्लेषण तथा उपापचयी क्रियाओं को ज्ञात करने लिये प्रयोग की जाती है?

(*a*) क्रोमेटोग्राफी

(*b*) ऑटोरेडियोग्राफी

(*c*) माइक्रोस्पेक्ट्रोफोटोमीटरी

(*d*) कैलोरीमीटरी

58. निम्न में से कौन-सा माइक्रोस्कोप निम्न तरंगदैर्ध्य की पराबैंगनी किरणें प्रयोग करता है?

(*a*) पराबैंगनी सूक्ष्मदर्शी (*b*) पोलेराइजिंग सूक्ष्मदर्शी

(*c*) इलेक्ट्रॉन सूक्ष्मदर्शी (*d*) फ्लोरीसेन्ट सूक्ष्मदर्शी

59. इलेक्टॉन माइक्रोस्कोप में प्रयोग होने वाली तरंगदैर्ध्य है?

(*a*) प्रकाश से कम

(*b*) प्रकाश से ज्यादा

(*c*) प्रकाश के समान

(*d*) एक्स-रे जैसी (0.005nm)

60. इलेक्टॉन माइक्रोस्कोप एक साधारण प्रकाश माइक्रोस्कोप से अधिक विभेदन क्षमता रखने के कारण भिन्न है क्योंकि इसमें प्रयोग होते है?

(*a*) तेज इलेक्ट्रॉन, जिनकी तरंगदैर्ध्य साधारण प्रकाशीय किरणों से कम है, प्रकाशीय स्रोत की तरह
(*b*) इलेक्ट्रॉन जिनकी तरंगदैर्ध्य साधारण प्रकाशीय किरणों से अधिक है, प्रकाशीय स्रोत की तरह
(*c*) पराबैंगनी प्रकाशीय स्रोत की तरह
(*d*) गामा किरणें, प्रकाशीय स्रोत की तरह

61. इलेक्ट्रॉन माइक्रोस्कोप प्रकाश माइक्रोस्कोप से लाभदायक है क्योंकि?
(*a*) इसमें आवर्धन क्षमता अधिक होती है
(*b*) इसमे प्रकाश की आवश्यकता नहीं है
(*c*) अधिक फोकस होता है
(*d*) लाभदायक नहीं होता है

62. अभिरंजक रहित जीवित ऊतकों को देखने के लिये अधिकतर प्रयोग किया जाता है?
(*a*) पोलेराइजिंग माइक्रोस्कोप
(*b*) फेज कण्ट्रास्ट माइक्रोस्कोप
(*c*) रेडियो ऑटोग्राम
(*d*) अल्ट्रासेन्ट्रीफ्यूज

63. निम्न में से किसमें सबसे अधिक विभेदन क्षमता है?
(*a*) इलेक्ट्रॉन माइक्रोस्कोप
(*b*) यू. वी. माइक्रोस्कोप
(*c*) फ्लोरोसेन्ट माइक्रोस्कोप
(*d*) पोलेराइजिंग माइक्रोस्कोप

64. कुछ वर्षो से डी. एन. ए. प्रोटीन बन्धन की ओर अधिक ध्यान दिया जा रहा है क्योंकि जीन का लक्षणों को दिखाना डी. एन. ए. व प्रोटीन के बंधकों पर निर्भर करता है। डी. एन. ए. के साथ प्रोटीन की व्यवस्था को पढ़ सकते है?
(*a*) अल्ट्रासेन्ट्रीफ्यूगेशन रो
(*b*) एक्स-रे क्रिस्टैलोग्राफी से
(*c*) प्रकाश माइक्रोस्कोप से
(*d*) इलेक्ट्रॉन माइक्रोस्कोप से

65. भिन्नित अभिकेन्द्रक (Differential centrifugation) के समय उपकोशिकीय के नीचे बैठने का क्रम होता है?
(*a*) लाइसोसोम, माइटोकॉण्ड्रिया, राइबोसोम
(*b*) माइटोकॉण्ड्रिया, केन्द्रक, लाइसोसोम
(*c*) केन्द्रक, माइटोकॉण्ड्रिया, लाइसोसोम
(*d*) राइबोसोम, केन्द्रक, माइटोकॉण्ड्रिया

66. वह मुख्य विधि जिससे एक कोशिका में एक निश्चित यौगिक की स्थिति ज्ञात होती है, वह है
(*a*) फेज कन्ट्रास्ट सूक्ष्मदर्शी
(*b*) इलेक्ट्रॉन सूक्ष्मदर्शी की
(*c*) सूक्ष्म विच्छेदन
(*d*) ऑटोरेडियोग्राफी

67. यदि कोई नये डी. एन. ए. के संश्लेषण और स्थिति के विषय में सही जानकारी चाहता है, तो कौन-सी विधि का प्रयोग उचित होगा?
(*a*) फ्रक्शेनेशन/कार्बन डेटिंग
(*b*) रेडियोऐक्टिव पदार्थों का प्रयोग और ऑटोरेडियोग्राफी
(*c*) इलेक्ट्रॉन सूक्ष्मदर्शी
(*d*) डी. एन. ए. रेडियोऐक्टिव प्रीकर्सर्स का प्रयोग

68. C^{14} यूरिडिन का प्रयोग होता है ज्ञात करने में–
(*a*) कार्बोहाइड्रेट संश्लेषण
(*b*) प्रकाश संश्लेषण
(*c*) आर. एन. ए. संश्लेषण
(*d*) डी. एन. ए. संश्लेषण

69. निम्न में से कौन-सा आइसोटोप अरेडियोधर्मी (non-radioactive) है–
(*a*) C^{14} (*b*) H^3
(c) P^{32} (*d*) O^{18}

70. एक्स-रे डिफ्रेक्शन विधि का प्रयोग किया जाता है ज्ञात करने में–
(*a*) मैक्रोमोलिक्यूल की त्रिविग संरचना को,
(*b*) एक जैव रसायन पथ के उपापचयी घटनाओं को
(*c*) एक कोशिका में मैक्रोमोलिक्यूल की स्थिति को
(*d*) राइबोसोम्स के विन्यास को

71. एक एंगस्ट्राम (Å) बराबर होता है?
(*a*) 10^{-5}cm (*b*) 10^{-6}cm
(*c*) 10^{-7}cm (*d*) 10^{-8}cm

72. निम्न में से कौन-सा जीन्स के स्थानान्तरण के लिए कारक के रुप में कार्य करता है?
(*a*) प्लास्टिड्स (*b*) प्लाज्मिड्स
(*c*) उत्परिवर्तन (*d*) हाइब्रिड विगर

73. प्रकृति निम्न में से कौन-सा जीन्स के स्थानान्तरण के लिए कारक के रुप में कार्य करता है?

(*a*) *एग्रोबैक्टीरियम ट्यूमीफेसियन्स*

(*b*) *राइजोबियम लेग्यूमिनेसेरम*

(*c*) टोबेको मोजाइक वायरस

(*d*) माइक्रोप्लाज्मा

74. एक कोशिका के समांग का अतिसूक्ष्मनिस्पंद (Utracentrifugation) किया जाता है। 10,000 ग्राम × 20 मिनट पर कौन-सा भाग पृथक् होगा?

(*a*) राइबोसोम और माइक्रोसोम

(*b*) माइटोकॉण्ड्रिया और लाइसोसोम

(*c*) न्यूक्लियस और न्यूक्लिओलस

(*d*) एण्डोप्लाज्मिक रेटिकुलम

75. ऑटोरेडियोग्राफी विधि का प्रयोग किया जाता है–

(*a*) हरितलवक रंगकों का महत्तम अवशोषण ज्ञात करने में

(*b*) कुछ पौधे में प्रकाश श्वसन का अध्ययन करने में

(*c*) प्रकाश संश्लेषण में कार्बन पथ जानने में

(*d*) यह सिद्ध करने के लिए कि प्रकाश संश्लेषण के दौरान ऑक्सीजन जल के अणुओं के प्रकाश अपघटन से निकलती है

76. क्रोमेटोग्राफी की तकनीक को किसने खोजा था–

(*a*) स्वेट (Tswett)

(*b*) जेरनिक (Zernicke)

(*c*) विलकिन्स (Wilkins)

(*d*) स्वेडबर्ग (Swedberg)

77. कार्बन संश्लेषण के पथ का इसके द्वारा पता चलाया गया?

(*a*) क्रोमेटोग्राफी (*b*) इलेक्ट्रोफोरेसिस

(*c*) रेडियो आइसोटोप (*d*) प्रभाजर्न

78. इलेक्ट्रॉन माइक्रोस्कोप की विभेदन क्षमता–

(*a*) 0.2μm (*b*) 2.0 μm

(*c*) 0.000005 μm (*d*) 0.0000005mm

79. जीवित कोशिका को, बिना अभिरंजित किये, देखने के लिये माइक्रोस्कोप है?

(*a*) SEM

(*b*) TEM

(*c*) फ्लोरीसेन्ट माइक्रोस्कोप

(*d*) फेस कॉन्ट्रास्ट माइक्रोस्कोप

80. ट्रेसर (Tracer) तत्व है–

(*a*) विटामिन्स (*b*) रेडियोधर्मी आइसोटोप

(*c*) सूक्ष्म तत्व (*d*) बृहत तत्व

81. इलेक्ट्रॉन माइक्रोस्कोप का प्रयोग किया जाता है–

(*a*) कोशिका की संरचना को देखने के लिये

(*b*) पूरे जीव को पढ़ने के लिये

(*c*) कोशिका विभाजन के लिये

(*d*) पराग कण के संरचना के लिये

82. निम्नलिखित में से कौन-सी एक पृथक्करण तकनीक प्रोटीन के अणु के आमाप पर निर्भर करती है–

(*a*) कार्बोक्सीमीथेन (CM) सेलुलोज कॉलम पर क्रोमेटोग्राफी

(*b*) आइसो इलेक्ट्रिक फोकसिंग

(*c*) जेल फिल्ट्रेशन क्रोमेटोग्राफी

(*d*) डाइ इथाइल ऐमीनो इथाइल (DEAE) सेलुलोज कॉलम पर क्रोमैटोग्राफी

83. इस विधि में शरीर के जलतत्व के आधार पर बनी प्रतिबिम्ब का प्रयोग किया जाता है–

(*a*) सोनोग्राफी (*b*) एम आर आई (MRI)

(*c*) रेडियोधर्मी तत्व (*d*) थर्मोग्राफी

84. निम्न में से किस विधि, से पितृत्व सम्बन्धी मामले सुलझाये जाते हैं, जो (DNA) बहुरुपकता पर आधारित है?

(*a*) DNA लड़ी (*b*) DNA फिन्गरप्रिन्टिंग

(*c*) क्लोनिंग (*d*) कोशिका कल्चर

85. एक कोशिकांगक की परासंरचना (Ultrastructure) को जानने हेतु अच्छी विधि होगी ?

(*a*) इलेक्ट्रॉन सूक्ष्मदर्शी

(*b*) सूक्ष्मविच्छेदन

(*c*) ऑटोरेडियोग्राफी

(*d*) फेज कण्ट्रास्ट सूक्ष्मदर्शिकी

86. एक सजीव कोशिका का अध्ययन किया जा सकता है–

(*a*) इलेक्ट्रॉन सूक्ष्मदर्शी द्वारा

(*b*) फेज कण्ट्रास्ट सूक्ष्मदर्शी द्वारा

(*c*) संयुक्त सूक्ष्मदर्शी द्वारा

(*d*) इण्टरफरेन्स सूक्ष्मदर्शी द्वारा

87. इलेक्ट्रॉन सूक्ष्मदर्शी का उच्चतम आवर्धन होता है?

(*a*) प्रकाश स्रोत के रुप में पराबैंगनी विकिरण की निम्न तरंग दैर्ध्य के कारण

(*b*) काँच के तालों की श्रृंखला के उच्च संख्यात्मक द्वार के कारण
(*c*) शक्तिशाली विद्युत चुम्बकीय तालों के कारण
(*d*) प्रकाश स्रोत के रुप में प्रयुक्त इलेक्ट्रॉन दण्ड की बहुत ही कम तरंग दैर्ध्य (0.005) मि0 मी0 के कारण

88. एक संयुक्त सूक्ष्मदर्शी का आवर्धन (magnification) आश्रित नहीं होता है–
(*a*) औब्जेक्टिव की फोकस दूरी पर
(*b*) आई पीस की फोकस दूरी पर
(*c*) सूक्ष्मदर्शी की नाल लम्बाई पर
(*d*) औब्जेक्टिव के संख्यात्मक छिद्र पर

89. हरितलवक की आन्तरिक संरचना का भली भाँति अध्ययन किया जा सकता है, प्रयोग करके–
(*a*) फेज कण्ट्रास्ट सूक्ष्मदर्शी
(*b*) इण्टरफरेन्स सूक्ष्मदर्शी
(*c*) इलेक्ट्रॉन सूक्ष्मदर्शी
(*d*) संयुक्त सूक्ष्मदर्शी

90. संचरण इलेक्ट्रॉन माइक्रोस्कोप में संरचना को देखने के लिये लेन्स होता है?
(*a*) विद्युत चुम्बकीय (*b*) विद्युत स्थैतिक
(*c*) विद्युतीय (*d*) क्वार्ट्ज का बना होता है

91. इलेक्ट्रोइनसिफेलोग्राफ (Electroencephalograph or E.E.G.) का प्रयोग किया जाता है?
(*a*) हृदयक पेशियों के लिये
(*b*) फेफड़े की बीमारी के लिये
(*c*) एपीलेप्सी को पहचानने के लिये
(*d*) उपरोक्त में से कोई नहीं

92. ऊतकों में उपस्थित हाइड्रोजन परमाणु का केन्द्रक एक चुम्बकीय प्रतिध्वनि प्रेषित करता है, जिसे कहते हैं?
(*a*) NMR प्रतीक (*b*) अल्ट्रासाउण्ड चित्रीकरण
(*c*) PET (*d*) C.T.

93. रेडियोएक्टिव आइसोटोप रखने वाले अणुओं का प्रयोग किया जाता है?
(*a*) क्रोमेटोग्राफी में (*b*) ऑटोरेडियोग्राफी में
(*c*) इलेक्ट्रोफोरेसिस में (*d*) स्पेक्ट्रोस्कोपी में

94. सेलूलोज की कोशाभित्ति का अभिरंजन किया जाता है?
(*a*) मिलाइलीन ब्लू
(*b*) सूडान IV
(*c*) जिंक क्लोर आयोडाइड
(*d*) फ्लोरोग्लूसीनोल

95. एक सजीव कोशिका का अध्ययन नहीं किया जा सकता?
(*a*) प्रकाश सूक्ष्मदर्शी में
(*b*) संयुक्त सूक्ष्मदर्शी में
(*c*) इलेक्ट्रॉन सूक्ष्मदर्शी में
(*d*) इन सभी में

96. कोशिका की सीमा (Boundary) को तोड़ने के लिए उत्तकों के एक सार (homogenized) किया जाता है?
(*a*) 1.0 M नमक के घोल में
(*b*) 1.0 M सुक्रोज के घोल में
(*c*) 0.25 M सुक्रोज के घोल में
(*d*) 0.25 M NaCl के घोल में

97. यदि एक पर्णऊतक के घटकों को ध्यानपूर्वक भिन्नित किया जाए तो कौन-सा खण्ड जीवित कहलायेगा?
(*a*) अन्तःप्रद्रव्यी जालक
(*b*) कोशिका भित्ति
(*c*) राइबोसोम
(*d*) माइटोकॉण्ड्रिया

98. एक माइक्रोन (Micron) बराबर होता है–
(*a*) एक मि.मी. के 1/10 के
(*b*) एक मि.मी. के 1/100 के
(*c*) एक मि.मी. के 1/1,000 के
(*d*) एक मि.मी. के 1/10,000 के

99. एक्सरे क्रिस्टैलोग्राफी का प्रयोग किया जाता है?
(*a*) प्रोटीन की व्यवस्था को जानने के लिये
(*b*) प्रोटीन तथा न्यूक्लिक अम्ल के संगठन में
(*c*) प्रोटीन की त्रिविम रचना को जानने के लिये
(*d*) लिपिड की रचना को जानने के लिये

100. फ्यूलजन अभिरंजक एक विशेष अभिरंजक है डी0 एन0 ए0 के लिये जिसमें होता है?
(*a*) कॉटन ब्लू (*b*) एक्राडीन
(*c*) न्यूटरल लाल (*d*) बेसिक फचसिन

उत्तरमाला

1	2	3	4	5	6	7	8	9	10
(d)	(b)	(a)	(d)	(d)	(d)	(b)	(a)	(b)	(c)
11	**12**	**13**	**14**	**15**	**16**	**17**	**18**	**19**	**20**
(a)	(d)	(c)	(d)	(d)	(a)	(c)	(c)	(a)	(d)
21	**22**	**23**	**24**	**25**	**26**	**27**	**28**	**29**	**30**
(d)	(a)	(a)	(c)	(a)	(d)	(c)	(c)	(b)	(b)
31	**32**	**33**	**34**	**35**	**36**	**37**	**38**	**39**	**40**
(b)	(b)	(b)	(d)	(c)	(d)	(c)	(a)	(c)	(c)
41	**42**	**43**	**44**	**45**	**46**	**47**	**48**	**49**	**50**
(c)	(d)	(c)	(c)	(c)	(c)	(a)	(a)	(b)	(a)
51	**52**	**53**	**54**	**55**	**56**	**57**	**58**	**59**	**60**
(c)	(a)	(d)	(a)	(d)	(d)	(b)	(d)	(d)	(a)
61	**62**	**63**	**64**	**65**	**66**	**67**	**68**	**69**	**70**
(a)	(b)	(a)	(a)	(c)	(d)	(b)	(c)	(d)	(a)
71	**72**	**73**	**74**	**75**	**76**	**77**	**78**	**79**	**80**
(d)	(b)	(a)	(b)	(c)	(a)	(c)	(d)	(d)	(b)
81	**82**	**83**	**84**	**85**	**86**	**87**	**88**	**89**	**90**
(a)	(c)	(b)	(b)	(a)	(b)	(d)	(d)	(c)	(a)
91	**92**	**93**	**94**	**95**	**96**	**97**	**98**	**99**	**100**
(c)	(a)	(b)	(c)	(c)	(c)	(d)	(c)	(c)	(d)

□□□

CHAPTER 2

कोशिका तथा कोशिकांग
CELL AND ITS ORGANELLES

कोशिका (Cell)

- कोशिकीय जीवधारी (1) स्वतंत्र अस्तित्व यापन व (2) जीवन के सभी आवश्यक कार्य करने में सक्षम होते हैं।
- कोशिका के बिना किसी का भी स्वतंत्र जीव का अस्तित्व नहीं हो सकता। जीव के लिए कोशिका ही मूलभूत रूप से संरचनात्मक व क्रियात्मक इकाई होती है।
- पहली बार कोशिका को एन्टोवान लिवेनहाक ने देखा व इसका वर्णन किया तथा राबर्ट ब्राउन ने बाद में केंद्रक की खोज की।

कोशिका का सिद्धान्त (Cell Theory)

जर्मनी के वनस्पति वैज्ञानिक मैल्थीयस स्लाइडेन ने 1838 में बहुत सारे पौधों के अध्ययन के फलस्वरूप पाया कि ये पौधे विभिन्न प्रकार की कोशिकाओं से मिलकर बने होते हैं, जो पौधों में ऊतकों का निर्माण करते हैं। 1839 में एक ब्रिटिश प्राणि वैज्ञानिक थियोडोर श्वान ने विभिन्न जंतु कोशिकाओं के अध्ययन के बाद पाया कि कोशिकाओं के बाहर एक पतली परत (layer) मिलती है जिसे 'जीवद्रव्य झिल्ली' कहते हैं। इस वैज्ञानिक ने पादप ऊतकों के अध्ययन के बाद पाया कि पादप कोशिकाओं में कोशिका भित्ति पायी जाती है जो इसकी विशेषता है। उपरोक्त आधार पर श्वान ने अपनी परिकल्पना प्रस्तुत करते हुए बताया कि प्राणियों और वनस्पतियों का शरीर कोशिकाओं और उनके उत्पाद से मिलकर बना है।

श्लाइडेन व श्वान ने संयुक्त रूप से कोशिका सिद्धांत का प्रतिपादन किया। यद्यपि इनका सिद्धांत यह बताने में असफल रहा कि नई कोशिकाओं का निर्माण कैसे होता है। रूडोल्फ बिर्चो ने पहली बार सन् 1885 में स्पष्ट किया कि कोशिका विभाजित होती है और नई कोशिकाओं का निर्माण पूर्व स्थित कोशिकाओं के विभाजन से होता है (ओमनिस सेलुल–इ सेलुला)। इन्होंने स्लाइडेन व श्वान की कल्पना को रूपांतरित कर नई कोशिका सिद्धांत को प्रतिपादित किया। कोशिका सिद्धांत निम्नवत् हैः

(*i*) सभी जीव कोशिका व कोशिका उत्पाद से बने होते हैं।

(*ii*) सभी कोशिकाएं पूर्व स्थित कोशिकाओं से निर्मित होती हैं।

कोशिकांग (Cell Organelles)

जिस कोशिका में झिल्लीयुक्त केंद्रक होता है, उसे यूकैरियोट व जिसमें झिल्लीयुक्त केंद्रक नहीं पाया जाता है उसे प्रोकैरियोट कहते हैं। दोनों यूकैरियोटिक व प्रोकैरियोटिक कोशिकाओं में एक अर्द्धतरल आव्यूह मिलता हैं जिसे कोशिकाद्रव्य कहते हैं। दोनों पादप व जंतु कोशिकाओं में कोशिकीय क्रियाओं हेतु कोशिकाद्रव्य एक प्रमुख स्थल होता है।

यूकैरियोटिक कोशिका में केंद्रक के अतिरिक्त अन्य झिल्लीयुक्त विभिन्न संरचनाएं मिलती हैं, जो **कोशिकांग** कहलाती हैं जैसे– अंतःप्रद्रव्यी जालिका (ऐन्डोप्लाजमिक रेटीकुलम), सूत्र कणिकाएं (माइटोकांन्ड्रिया), सूक्ष्मकाय (गाइक्रोबॉडी), गाल्जीकाय, लयनकाय (लायसोसोम) व रसधानी। प्रोकैरियोटिक कोशिका में झिल्लीयुक्त कोशिकाओं का अभाव होता है।

सामान्य यूकेरियोटिक पादप कोशिका (General Eukaryotic Plant Cells)

एक सामान्य यूकेरियोटिक कोशिका में कलायुक्त कोशिकांग होते हैं। कोशिका का सबसे बाहरी आवरण कोशिका कला है जो पादप कोशिका में कोशिका भित्ति में सुरक्षित रहता है। कोशिका भित्ति सेल्यूलोस की बनी संरचना है। कोशिका कला लिपोप्रोटीन की बनी **विभेदी पारगम्य** (differentially permeable) संरचना है। यह पदार्थो के आवागमन का नियन्त्रण करती है तथा प्रत्यास्थ होती है। कोशिका कला के अन्दर जीवद्रव्य मिलते हैं। (चित्र 2.1)

कोशिकाद्रव्य (Cytoplasm)

इसमें सभी कोशिकांग; जैसे क्लोरोप्लास्ट, माइटोकॉन्ड्रिया, एण्डोप्लाज्मिक रेटीकुलम, गॉल्जीकाय, लाइसोसोम, राइबोसोम आदि मिलते हैं। इनके अतिरिक्त प्रोटीन, कार्बोहाइड्रेट, कार्बनिक व अकार्बनिक पदार्थ मिलते हैं। कोशिकाद्रव्य एक कोलॉइडी पदार्थ है। कोशिकाद्रव्य में विभिन्न प्रकार के उपापचयी (metabolic) पदार्थ भी मिलते है। ये **संचित पदार्थ** (reserve material) जैसे कार्बोहाइड्रेट, प्रोटीन, वसा, तेल आदि; **स्रावी पदार्थ** (secretory material); जैसे विकर (enzyme), मकरन्द, रंजक पदार्थ आदि तथा **उत्सर्जी पदार्थ** (excretory material); जैसे एल्कैलॉइड, लेटेक्स, राल, टैनिन, ग्लूकोसाइड्स, कार्बनिक अम्ल, खनिज क्रिस्टल, गोंद तथा सुगन्धित तेल आदि मिलते हैं।

केन्द्रक (Nucleus)

यह एक दोहरी कला की संरचना है जिसमें केन्द्रकद्रव्य मिलता है। इस केन्द्रकद्रव्य में **क्रोमेटिन** तथा केन्द्रिका (nucleolus) मिलते हैं। केन्द्रक कोशिका के प्रत्येक कार्य का नियन्त्रण करता है।

जन्तु कोशिका में सेन्ट्रोसोम तथा वनस्पति कोशिका में लवक मिलता है। जीव एककोशिकीय अथवा बहुकोशिकीय होते हैं। कोशिकाएँ आकार में भिन्न हो सकती हैं; जैसे– चपटी, घनाकार, बेलनाकार, डिस्काकार, छड़ाकार, कॉमाकार, सर्पिलाकार तथा नाशपाती आदि के आकार की।

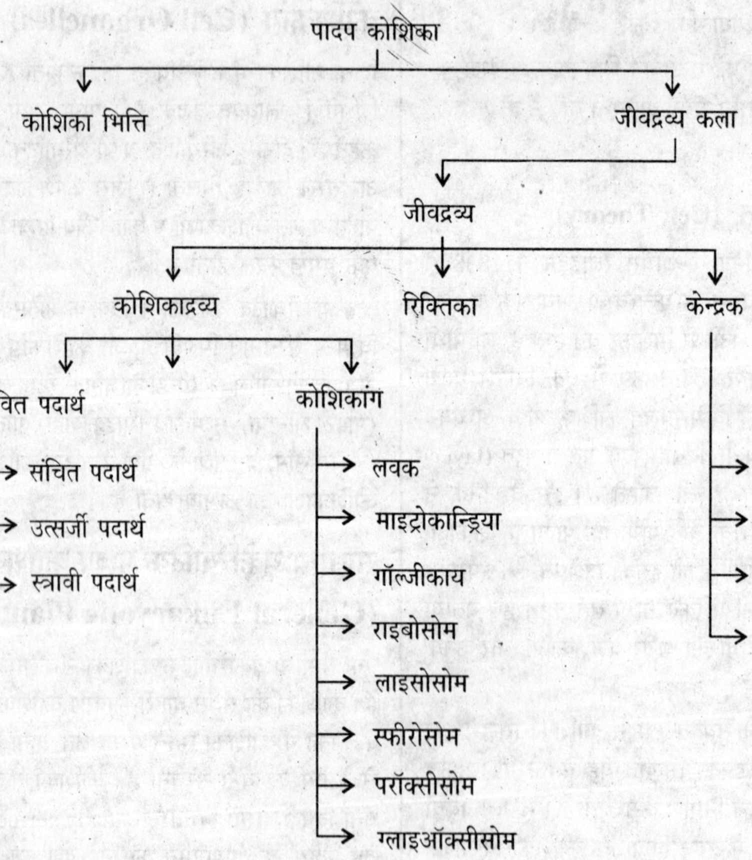

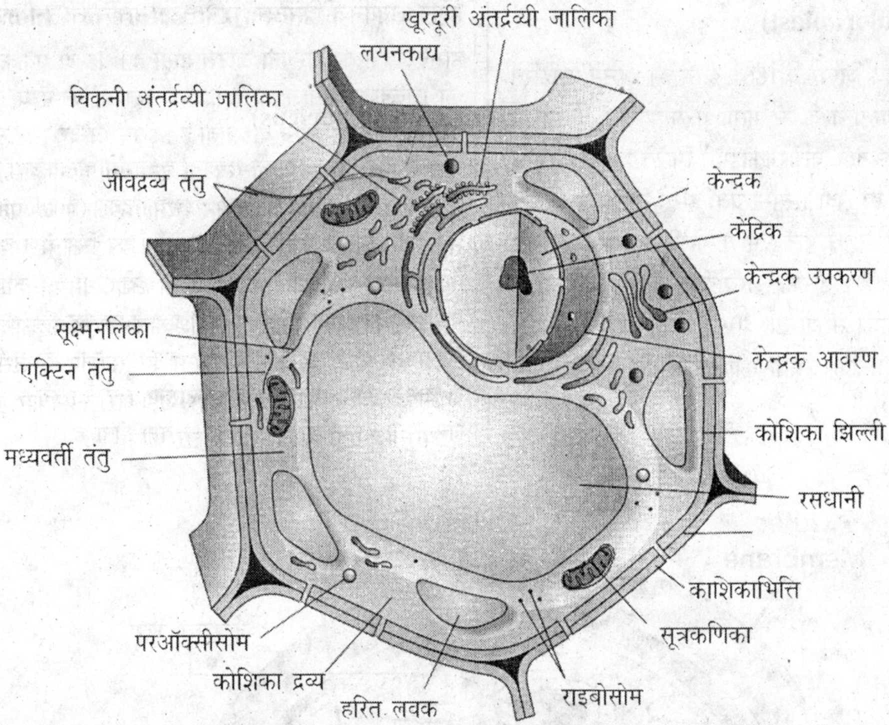

(A)

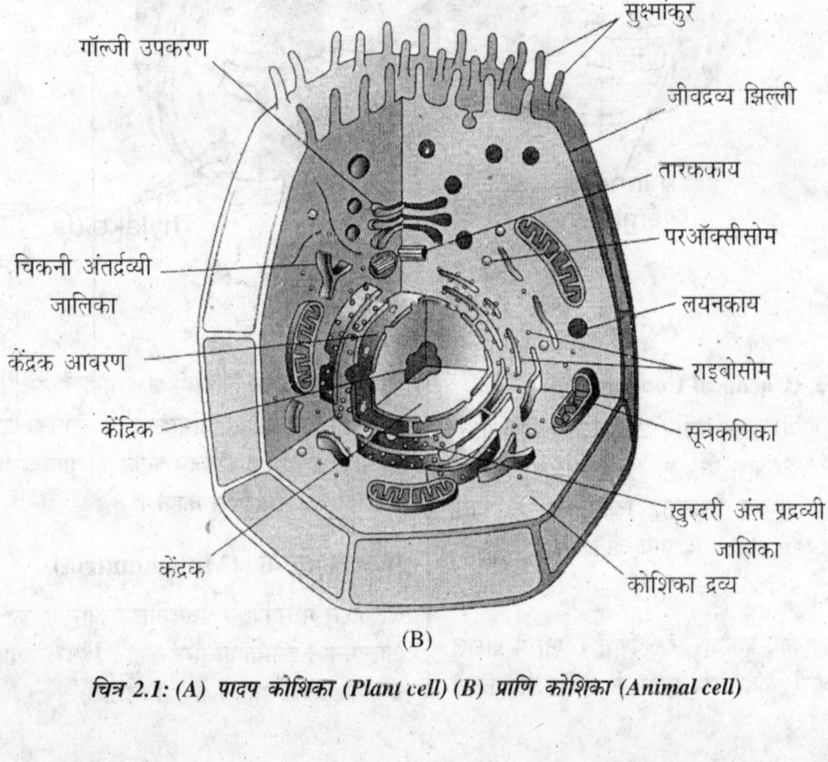

(B)

चित्र 2.1: (A) पादप कोशिका (Plant cell) (B) प्राणि कोशिका (Animal cell)

हरितलवक (Chloroplast)

हरित लवक की खोज शिम्पर ने 1864 ई. में की। इनमें पर्णहरित मिलता है। ये लवक पौधे के हरे भागों में सामान्यतः पत्तियों में (मीसोफिल, खम्भ ऊतक, क्लोरेनकाइमा) मिलते हैं। ये विभिन्न आकार के होते हैं। हरे शैवाल सामान्यतः हरित लवक के आकार से पहचाने जाते हैं। उच्च पादप में ये गोल, अण्डाकार, चपटे, दीर्घवृत्ताकार होते हैं। इनकी लम्बाई 2-5μ तथा चौड़ाई 3-4μ होती है। इनकी संख्या 28-40/ कोशिका तक हो सकती है। सामान्यतः ये केन्द्रक अथवा कोशिका भित्ति के पास पाये जाते हैं। (चित्र 2.2)

हरित लवक की संरचना (Structure of Chloroplast)

हरित लवक की संरचना जटिल होती है। यह दो एकक कलाओं की झिल्ली से बना होता है। दोनों कलाओं के मध्य का स्थान **पेरीप्लास्टीडियल स्थान** कहलाता है। इसके अन्दर रंगहीन मैट्रिक्स होता है। मैट्रिक्स में कलातन्त्र का बना ग्रैना होता है। यह अनेक (40-50) प्लेट समूह के समान रचनाएँ होती हैं जो पटलिकाओं से जुड़ी रहती हैं, जिसे **लैमिली** कहते हैं। ग्रैना में थाइलाकॉइड एक–दूसरे के ऊपर स्थित होती है। दो ग्रैना को जोड़ने वाली पटलिका को स्ट्रोमा लैमिली अथवा फ्रेट चैनल कहते हैं। थाइलाकॉइड की प्रत्येक कला पर पर्णहरित के अणु पाए जाते हैं। प्रत्येक सतह दानेदार होती है। इन दानों को **क्वान्टासोम** कहते हैं। प्रत्येक क्वान्टासोम लगभग 230 पर्णहरित अणुओं का बना होता है।

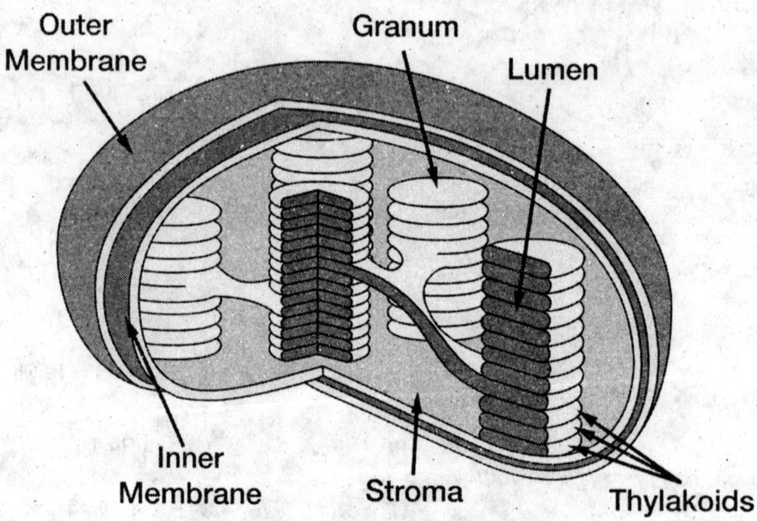

चित्र 2.2: क्लोरोप्लास्ट की संरचना

रासायनिक संघटन (Chemical Composition)

प्रत्येक क्लोरोप्लास्ट में 40-50% प्रोटीन, 23-25% फॉस्फोलिपिड; 3-10% पर्णहरिम, 5% आर. एन. ए. , 0.02-01% डी. एन. ए., 1-2% केरोटीन, विभिन्न एन्जाइम, विटामिन्स E, K. धातु; जैसे Mg, Fe, Cu, Mn, Zn आदि पाये जाते हैं।

कार्य (Functions)

हरितलवक का मुख्य कार्य प्रकाश–संश्लेषण है। ग्रैना में प्रकाश संश्लेषण की प्रकाशीय क्रिया तथा स्ट्रोमा में अप्रकाशीय क्रिया होती है। प्रकाशीय क्रिया में जल के अपघटन से ऊर्जा निकलती है तथा अप्रकाशीय अभिक्रिया में कार्बन डाईआक्साइड का स्वांगीकरण होता है। भोजन बनाने का दायित्व होने के कारण इसे कोशिका का **रसोई घर** कहते हैं।

माइटोकॉन्ड्रिया (Mitochondria)

कालीकार ने सर्वप्रथम प्रथम माइटोकॉन्ड्रिया को देखा। 1894 में आल्टमैन ने इसे वायोब्लास्ट कहा। 1897 में बेण्डा ने इन्हें प्रथम बार माइटोकॉन्ड्रिया कहा। (चित्र 2.3)

यह शलाका, गोल अथवा कणिकारूपी संरचना है। एक चयापचयी कोशिका में इनकी संख्या असंख्य होती है। इनकी लम्बाई 40μ तक तथा व्यास 3-5μ होता है।

संरचना (Structure)

यह दोहरी परत वाली संरचना है। बाह्य परत चिकनी तथा अन्दर की परत में अँगुलियों के समान अन्तर्वलन मिलते हैं जिन्हें क्रिस्टी कहते हैं। दोनों परतों के मध्य के स्थान को पेरीमाइटोकॉन्ड्रियल स्थान कहते हैं। अन्दर की कला में माइटोकॉन्ड्रिया के बाहर की ओर बाह्य कोष्ठक तथा अन्दर की ओर अन्तःकोष्ठक होता है। अन्तःकोष्ठक में मैट्रिक्स होता है। पेरीमाइटोकॉन्ड्रियल स्थान में तरल पदार्थ होता है जिनमें बहुत से एन्जाइम पाये जाते हैं। क्रिस्टी की सतह पर छोटे–छोटे कण मिलते हैं, जिन्हें F_1 **पार्टिकल** अथवा **ऑक्सीसोम** कहते हैं। ये ऑक्सीसोम ऑक्सीकरणीय फॉस्फेटीकरण (श्वसन) की क्रिया में ATP निर्माण में भाग लेते हैं। माइटोकॉन्ड्रिया के अन्दर की परत में क्रिस्टी के अन्दर की ओर श्वसन की इलेक्ट्रॉन अभिगमन शृंखला मिलती है। इसके मैट्रिक्स में DNA, राइबोसोम, जल, लवण, क्रेब्स चक्र सम्बन्धी एन्जाइम आदि मिलते हैं।

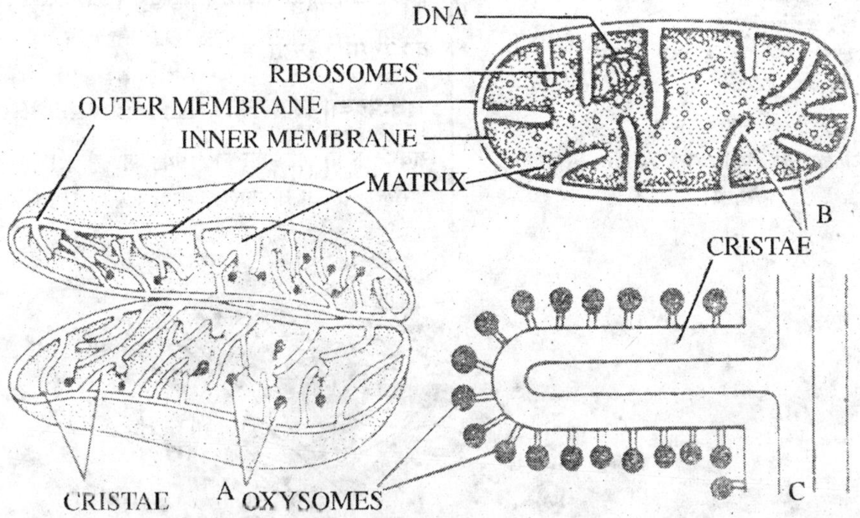

चित्र 2.3: माइटोकॉन्ड्रिया की इलेक्ट्रॉन सूक्ष्मदर्शीय संरचना–A तथा B अर्द्धांशों में आन्तरिक संरचना तथा C एक क्रिस्टी की अति सूक्ष्म संरचना।

रासायनिक संघटन (Chemical Composition)

इनमें 65-70% प्रोटीन, 25% लिपिड, डी एन ए, आर एन ए आदि मिलते हैं। अन्दर की कला में श्वसन तन्त्र शृंखला सम्बन्धी सभी साइटोक्रोम; जैसे Cyt b, c, a, a_3, क्वीनोन, NAD, FAD, FMN आदि पाये जाते हैं।

कार्य (Functions)

माइटोकॉन्ड्रिया में क्रेब्स चक्र श्वसन शृंखला का इलेक्ट्रॉन अभिगमन तन्त्र आदि मिलता है। इससे ऊर्जा ATP के रूप में मुक्त होती है। ऊर्जा उत्पादन क्षमता के कारण इसे कोशिका का ऊर्जा गृह भी कहते हैं। माइटोकॉन्ड्रिया का डी. एन. ए. आवश्यकतानुसार अपने लिए एन्जाइम बना सकता है।

गॉल्जीकाय (Golgi body)

गॉल्जीकाय की खोज **केमीलो गॉल्जी** ने 1898 ई. में तन्त्रिका कोशिकाओं में की। पौधों में इसकी विस्तृत संरचना के कारण इन्हें **डिक्टियोसोम** कहते हैं। ये प्रोकेरियोटिक कोशिकाओं में नहीं मिलते हैं। इन्हें लिपोकॉन्ड्रिया भी कहा जाता है। ये स्रावी कोशिकाओं में अधिक संख्या में पायी जाती है। (चित्र 2.4)

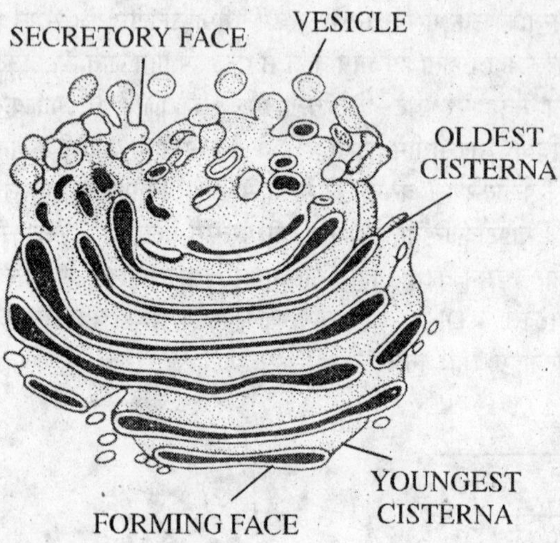

चित्र 2.4: गॉल्जीकाय की त्रिविम (Three dimensional) संरचना

रासायनिक संघटन (Chemical Composition)

इसमें लिपोप्रोटीन, लेसीथीन, केरोटीन, सिफेलिन, आर. एन. ए. एन्जाइम तथा विटामिन E आदि मुख्य रूप से पाया जाता है।

कार्य (Functions)

गॉल्जीकाय का प्रमुख कार्य स्रावण है। पादप कोशिकाओं में विभाजन के समय पुटिकाओं से कोशिका पट्ट बनता है, जिसे फ्रेग्मोसोम कहते हैं। पादप कोशिकाओं में कोशिका–भित्ति बनाने में सहायता करते हैं। अन्तराकला स्थान में विकर; जैसे जाइमोजन, का निर्माण होता है। हारमोन जैसे थाइरॉक्सिन का स्रावण करते हैं। शुक्रजनन के समय शुक्र के अग्रपिण्डक (acrosome) का निर्माण करते हैं।

अंतःप्रद्रव्यी जालिका (Endoplasmic Reticulum)

सर्वप्रथम पोर्टर आदि ने 1945 ई. में झिल्ली की बनी इस असंख्य नलियों के जाल की खोज की। (चित्र 2.5)

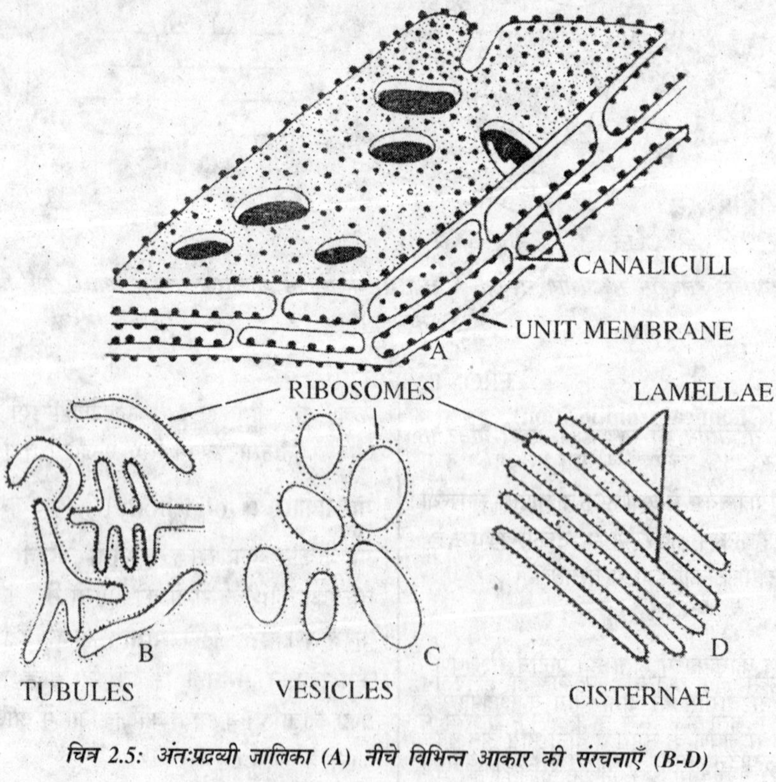

चित्र 2.5: अंतःप्रद्रव्यी जालिका (A) नीचे विभिन्न आकार की संरचनाएँ (B-D)

कार्य (Functions)

कणिकामय ER पर प्रोटीन संश्लेषण की क्रिया सम्पन्न होती है। सारकोप्लाज्म अथवा चिकना ER ग्लाइकोजन संश्लेषण तथा संचयन का कार्य करता है। यह अभिगमन तन्त्र है जो पदार्थ तथा संदेश केन्द्रक से कोशिका तथा कोशिका से केन्द्रक में पहुँचाता है। यह कोशिका को निश्चित आकार देता है। कोशिका विभाजन के समय केन्द्रक आवरण निर्माण में सहायक होता है।

राइबोसोम (Ribosome)

क्लाउड ने 1943 ई. में कोशिका समांग मिश्रण के पेरासेन्ट्रीफ्यूगेशन से कुछ क्षाररागी कण (basophilic granules) प्राप्त किए। इन्हें **माइक्रोसोम प्रभाज** (microsome fraction) नाम दिया। RNA की अधिक मात्रा होने के कारण इन्हें राइबोसोम कहते हैं। इनका व्यास लगभग 23 nm होता है। बहुत–से राइबोसोम जुड़कर **पोलीसोम** बनाते हैं। इनकी खोज सर्वप्रथम **वासर** व उनके साथियों ने की। उन्होंने कहा कि पोलीसोम प्रोटीन संश्लेषण में बनते हैं तथा राइबोसोम इसमें m-RNA की सहायता से जुड़े रहते हैं। (चित्र 2.6)

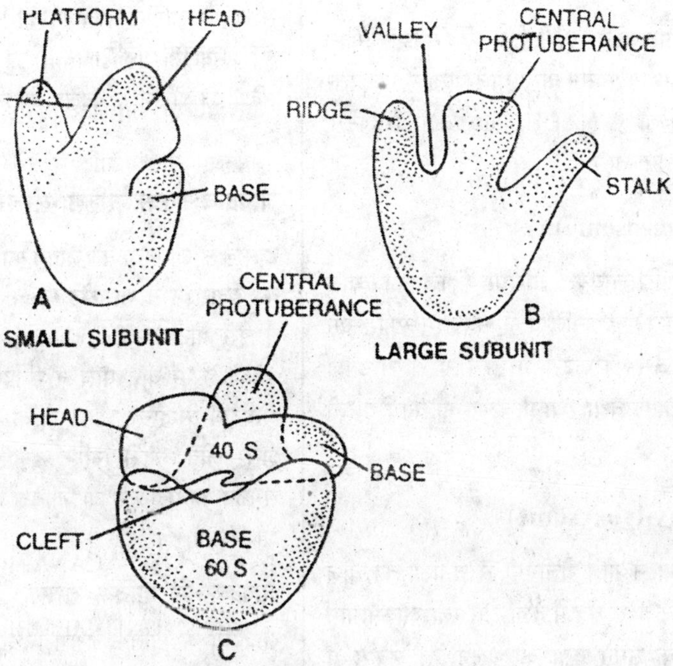

चित्र 2.6: राइबोसोम की संरचनाः A. छोटी यूनिट, B. बड़ी यूनिट, C. राइबोसोम की यूनिट का सामने से जुड़ना।

70S राइबोसोम प्रोकैरियोट में तथा 80S राइबोसोम यूकेरियोट में मिलते हैं। 77S राइबोसोम कवक के माइटोकॉन्ड्रिया में तथा 60S राइबोसोम जन्तु माइटोकॉन्ड्रिया में मिलते हैं।

कार्य (Functions)

राइबोसोम का निर्माण केन्द्रिका में होता है। प्रोटीन संश्लेषण से पूर्व स्वतन्त्र रूप से राइबोसोम के दोनों भाग कोशिकाद्रव्य में बिखरे होते हैं। प्रोटीन संश्लेषण के समय ये दोनों भाग अंतःप्रद्रव्यी जालिका पर जुड़ते हैं। बड़ा भाग अंतःप्रद्रव्यी जालिका की सतह से रिबोफोरिन के द्वारा जुड़ता है। राइबोसोम का प्रमुख कार्य प्रोटीन संश्लेषण के समय अमीनो अम्ल को स्थान देना तथा जोड़ना होता है।

लाइसोसोम (Lysosome)

लाइसोसोम की खोज **डी डुवे** ने 1955 ई. में की। ये जल अपघटनीय विकर से भरी थैलियाँ हैं। ये पाचक काय हैं। इन्हें **आत्मघाती थैलियाँ** (suicidal bags) भी कहते हैं।

कार्य (Functions)

मुख्य कार्य पाचन (digestion) है। यह कोशिका में बाहर से प्रवेश करने वाले ठोस पदार्थों का पाचन करता है जिसे भक्षण अथवा फेगोसाइटोसिस कहते हैं अथवा आने वाले तरल कणों का भी पाचन करता है जिसे पाचन अथवा पिनोसाइटोसिस कहते हैं। इसके अतिरिक्त लाइसोसोम का एक मुख्य कार्य नष्टप्रायः कोशिकांगों का भक्षण भी है, जिसे **स्वनष्टीकरण** (autolysis) कहते हैं।

परऑक्सीसोम (Peroxisome)

सर्वप्रथम इसकी खोज **टालबर्ट** ने 1969 ई. में की। ये झिल्लीयुक्त सूक्ष्म थैलियाँ हैं जो प्रकाशीय श्वसन करने वाले पौधों में ज्यादातर मिलती हैं। इनकी झिल्ली में NADH, साइटोक्रोम रिडक्टेस, एन्टीमायसिन A आदि मिलता है।

स्फीरोसोम (Sphaerosome)

ये सूक्ष्म काय हैं। ये झिल्लीयुक्त थैलियाँ हैं जिनका व्यास 0.2-2μm तक होता है। इन्हें **डेनजियर्ड** ने सर्वप्रथम स्फीरोसोम कहा। इनमें एन्जाइम जैसे-फास्फेट्स, एस्टरस, प्रोटीएस आदि पाया जाता है। ये संग्रहण तथा स्थानान्तरण का कार्य करती हैं।

ग्लाइऑक्सीसोम (Glyoxysome)

सन् 1961 ई. में बीवर्स ने गोल थैलीनुमा संरचनाओं को बीज में वसा तथा कार्बोहाइड्रेट बहुल क्षेत्र में देखा और **ग्लाइऑक्सीसोम** नाम दिया। अंकुरण के समय वसा को घुलनशील शर्करा में परिवर्तन करना इनका मुख्य कार्य है।

कोशिका भित्ति के कार्य (Functions of Cell Wall)

कोशिका भित्ति एक निर्जीव परत है जो केवल पादप कोशिकाओं में पाई जाती है। सामान्यतः यह सेल्यूलोस की बनी होती है। इसका प्रमुख कार्य कोशिका को दृढ़ता प्रदान करना है। पौधों में कंकाल तन्त्र के अभाव में भित्ति दृढ़ता प्रदान करती है। यह सजीव कोशिका के अवयवों से निर्मित होती है। कोशिका की सुरक्षा तथा जल का अवशोषण भी करती है। यह कोशिका को आकार प्रदान करती है। कोशिका भित्ति में सेल्यूलोस के अतिरिक्त अन्य प्रकार के पदार्थ; जैसे **लिग्निन, क्यूटिन, सुबेरिन** आदि के स्थूलन पाये जाते हैं, जिनके कारण कोशिका दृढ़ होती है। जाइलम की वाहिका तथा वाहिनिकाओं में लिग्निन जमा होने से भित्ति कठोर हो जाती है। ये स्थूलन जाइलम में विभिन्न प्रकार के होते हैं; जैसे–**छल्लेदार** (annular), **सर्पिल** (spiral), **सीढ़ीनुमा** (scalariform), **जालिकावत्** (reticulate), **गर्तमय** (pitted) आदि।

राइबोसोम के कार्य (Functions of Ribosome)

राइबोसोम प्रोटीन संश्लेषण की क्रिया में प्रमुख रूप से भाग लेते हैं। **अनुवादन** (translation) की अवस्था में mRNA द्वारा प्राप्त संदेश को प्रोटीन में बदलने का कार्य राइबोसोम में सम्पन्न होता है।

जीवद्रव्यः एक जटिल संरचना

हक्सले ने जीवद्रव्य को **जीवन का भौतिक आधार** कहा। जीवद्रव्य को **डुजारडिन** ने **सारकोडे** (Sarcode) नाम दिया, परन्तु **पुरकिंजे** ने इसे प्रोटोप्लाज्म (protoplasm) कहा। पादप कोशिका में 1864 ई. में वान मॉल ने सर्वप्रथम इसे देखा। **मैक्स शुल्ज** के जीवद्रव्य सिद्धान्त 1861 ई. के अनुसार समस्त जीवधारियों का शरीर जीवद्रव्य से निर्मित इकाइयों का समूह है। यह जटिल संगठन का पदार्थ है जो जीवित अवस्था में विश्लेषित नहीं किया जा सकता है।

जीवद्रव्य के भौतिक लक्षण

जीवद्रव्य के भौतिक लक्षण निम्नलिखित हैं-

(1) यह रंगहीन, चिकना, लसलसा तरल पदार्थ है।

(2) यह अर्द्धपारदर्शी (translucent) है।

(3) यह कणिकामय, लचीला, श्लेष्मी, जेलीनुमा होता है।

(4) उत्तेजनशीलता के प्रति अनुक्रिया इसका अभिलक्षणीय लक्षण है।

(5) इसमें अनेक प्रकार के तरल बूँद के रूप में तैरते रहते हैं जिससे यह फेनयुक्त दिखाई देता है।

(6) यह प्रत्यास्थ होता है।

(7) यह एक कलिलीय विलयन (colloidal solution) है तथा इसमें कणों की **ब्राउनियन गति** (Brownian movement)

के कारण **टिण्डल परिघटना** (Tyndal phenomenon) का प्रदर्शन होता है।

(8) जीवद्रव्य में विभिन्न गतियाँ पायी जाती हैं; जैसे जीवद्रव्य भ्रमण (cyclosis), घूर्णन (rotation), परिसंचरण (circulation), पक्ष्माभिकीय गति (ciliary movement), तथा अमीबीय गति (amoeboid movement) आदि।

(9) जीवद्रव्य अपनी भौतिक प्रकृति को **जेल** (gel) तथा **सॉल** (sol) में बदलता रहता है।

(10) जीवद्रव्य में **स्कन्दन** (coagulation) का गुण होता है। यह कार्य ताप के परिवर्तन, विद्युत प्रवाह, pH परिवर्तन आदि के कारण हो सकता है।

(11) यह दो कलाओं, **सतत कला** (continuous phase) तथ **परिक्षेपण माध्यम** (dispersion medium) का बना होता है।

जीवद्रव्य का रासायनिक संघटन तथा गुण

जीवद्रव्य का रासायनिक संघटन तथा गुण निम्नानुसार है:

(1) जीवित अवस्था में जीवद्रव्य का रासायनिक विश्लेषण नहीं किया जा सकता है।

तालिकाः 2.1 जीवद्रव्य का रासायनिक संघटन

पदार्थ	मात्रा (लगभग) प्रतिशत में
जल	85-95
प्रोटीन	10-15
लिपिड	2-3
कार्बोहाइड्रेट	1
अकार्बनिक पदार्थ	1
डी. एन. ए.	0.5
आर. एन. ए.	0.7

(2) इसमें विभिन्न तत्व मिलते हैं; जैसे C, H, O, N, जिनकी मात्रा लगभग 95% तक होती है। इनके अतिरिक्त बहुत कम मात्रा में मिलने वाले अन्य तत्व हैं-P, K, S, Cl, Mg, Ca, Na, Fe आदि।

(3) जीवद्रव्य में सभी पदार्थ आणविक इकाइयों के रूप में मिलते हैं। यह एक सुव्यवस्थित, विशिष्ट संयोजन है।

(4) जीवद्रव्य में पाए जाने वाले अन्य पदार्थ हैं-वर्णक, हारमोन, विकर, लेटेक्स, वृद्धि नियामक, विटामिन, एल्कैलॉइड आदि।

बहुविकल्पीय प्रश्न

1. कोशिका सिद्धान्त प्रतिपादित किया था–
(*a*) डार्विन ने
(*b*) रॉबर्टकाच ने
(*c*) श्लीडेन तथा श्वान ने
(*d*) रॉबर्ट हुक ने

2. पादप कोशिका में मध्य पटलिका (Middle Lamella) का मुख्य संगठन होता है?
(*a*) कैल्सियम (*b*) पोटैशियम
(*c*) सोडियम (*d*) मैग्नीशियम

3. एक कोशिका से दूसरी कोशिका में कोशिका द्रव्य की निरन्तरता बनी रहती है–
(*a*) कोशिका कला तन्त्र के माध्यम से
(*b*) मध्य पटलिका के माध्यम से
(*c*) प्लाज्मोडेस्मेटा के माध्यम से
(*d*) अन्तः प्रद्रव्यी जालिका के माध्यम से

4. प्लाज्मालेमा दूसरा शब्द है जो प्रयुक्त होता है–
(*a*) कोशिका कला के लिये
(*b*) सूक्ष्म तन्तुकों के लिये
(*c*) मध्य पटलिका के लिये
(*d*) कोशिका भित्ति के लिये

5. जीवद्रव्य कला की संरचना को बताने हेतु सर्वाधिक आधुनिक मॉडल कौन-सा है?
(*a*) फ्लूड मोजैक मॉडल (Fluid mosaic model)
(*b*) आणविक मॉडल
(*c*) इकाई कला मॉडल
(*d*) इनमें से कोई नहीं

6. निम्न में से कौन-सी संरचना माइटोकॉण्ड्रिया में उपस्थित होती है?
(*a*) क्वाण्टासोम (*b*) ऑक्सोसोम
(*c*) डिक्ट्रयोसोम (*d*) पॉलीसोम

7. माइटोकॉण्ड्रिया की लम्बाई होती है–
(*a*) 0.5- 2μ (*b*) 0.5 -10μ
(*c*) 50-100μ (*d*) 50-300μ

8. पादप कोशिका की कौन-सी रचना का सम्बन्ध ऑक्सी श्वसन (aerobic respiration) की ऊर्जा परिवर्तक अभिक्रियाओं से होता है?
(*a*) केन्द्रक (*b*) माइटोकॉण्ड्रिया
(*c*) राइबोसोम (*d*) हरित लवक

9. निम्नलिखित में किसको कोशिका का ऊर्जा गृह (power house) कहते हैं?
(*a*) हरित लवक (*b*) केन्द्रिका
(*c*) माइटोकॉण्ड्रिया (*d*) गॉल्जीकाय

10. वह कौन-सा कोशिकांग है जिसमें इलेक्ट्रॉन परिवहन तन्त्र पाया जाता है?
(*a*) केन्द्रिका (*b*) माइटोकॉण्ड्रिया
(*c*) केन्द्रक (*d*) सेण्ट्रिओल

11. माइटोकॉण्ड्रिया अनुपस्थित होते हैं–
(*a*) हरे शैवालों में
(*b*) नीले हरे शैवालों में
(*c*) लाल शैवालों में
(*d*) स्तनियों के लाल रुधिराणुओं में

12. यदि एक पर्णऊतक के घटकों को ध्यानपूर्वक भिन्नित (Fractionation) किया जाये तो कौन-सा खण्ड जीवित कहलायेगा?
(*a*) अन्तःप्रद्रव्यी जालिका (*b*) राइबोसोम
(*c*) कोशिकाभित्ति (*d*) माइटोकॉण्ड्रिया

13. जलीय अपघटनकारी एन्जाइम्स (Hydrolases) युक्त कोशिकांगक कहलाते हैं?
(*a*) राइबोसोम्स (*b*) मीसोसोम्स
(*c*) माइक्रोसोम्स (*d*) लाइसोसोम्स

14. लाइसोसोम्स प्रायः मिलते हैं–
(*a*) पादप कोशिकाओं में
(*b*) प्राणि कोशिकाओं में
(*c*) पादप तथा प्राणि दोनों की कोशिकाओं में
(*d*) जीवाणु कोशिकाओं में

15. गाल्जीकाय सर्वाधिक होते हैं–
(*a*) कैलिप्ट्रोजन में (*b*) मूल गोप में
(*c*) मूल शीर्ष में (*d*) इनमें से नही

16. प्रोटीन संश्लेषण का केन्द्र होता है–
(*a*) राइबोसोम्स (*b*) माइटोकॉण्ड्रिया
(*c*) केन्द्रक (*d*) डी. एन. ए.

17. गॉल्जीकाय में निम्न में से कौन-सी रचना क्रियात्मक इकाई होती है?
(*a*) क्रिस्टी (*b*) सिस्टर्नी
(*c*) थायलैकोइड (*d*) आर्कोप्लाज्म

18. निम्न में से एक अकेली कला वाली रचना होती है?
(*a*) माइटोकॉण्ड्रिया (*b*) हरितलवक
(*c*) लाइसोसोम (*d*) केन्द्रक

19. अधिक राइबोसोम्स पाये जाते हैं–
(*a*) लिग्नीभूत कोशिकाओं में
(*b*) मृत कोशिकाओं में
(*c*) विभाज्योतिकी कोशिकाओं में
(*d*) मृदूतकीय कोशिकाओं में

20. प्लाज्मा झिल्ली की आधारीय इकाई होती है–
(*a*) प्रोटीन तथा फॉस्फोलिपिड
(*b*) प्रोटीन तथा कार्बोहाइड्रेट
(*c*) प्रोटीन तथा सेल्यूलोज
(*d*) सेल्यूलोज तथा कार्बोहाइड्रेट

21. जो जीवद्रव्यी तन्तु समीपवर्ती संलग्न कोशिकाओं के बीच में सम्पर्क बनाते हैं, होते है–
(*a*) एक्टोडर्मेटा (*b*) प्लाज्मालेमा
(*c*) प्लाज्मोडेस्मेटा (*d*) तर्कु तन्तु

22. माइटोकॉण्ड्रिया का भीतरी वलन होता है–
(*a*) मैट्रिक्स (*b*) माइक्रोसोम
(*c*) क्रिस्टी (*d*) ऑक्सीसोम

23. प्लाज्मा झिल्ली का Fluid mosaic model प्रस्तुत किया था–
(*a*) नगेली तथा क्रेमर ने
(*b*) गॉर्टर तथा ग्रेण्डलन ने
(*c*) श्लीडेन तथा श्वान ने
(*d*) सिंगर तथा निकोल्सन ने

24. कोशिका भित्ति होती है?

(*a*) पारगम्य (*b*) अर्द्धपारगय

(*c*) चयनात्मक पारगम्य (*d*) अपारगम्य

25. राइबोसोम्स में पूर्णरुप से बहुधा होते हैं?

(*a*) प्रोटीन एवं आर. एन. ए.

(*b*) आर. एन. ए. तथा डी. एन. ए.

(*c*) प्रोटीन तथा आर. एन. ए.

(*d*) प्रोटीन, आर. एन. ए. तथा अमीनो अम्ल

26. राइबोसोम्स केन्द्र होते हैं?

(*a*) प्रोटीन संश्लेषण के लिये

(*b*) वसा संश्लेषण के लिये

(*c*) श्वसन के लिये

(*d*) प्रकाश संश्लेषण के लिये

27. 70 S राइबोसोम टूटता है?

(*a*) 40S तथा 30S में (*b*) 50S तथा 30S में

(*c*) 45S तथा 25S में (*d*) 50S तथा 20S में

28. एक सुकेन्द्रकीय कोशिका में अपरिपक्व राइबोसोमल उपइकाइयों के निर्माण का केन्द्र होता है?

(*a*) कोशिका द्रव्य (Cytoplasm)

(*b*) केन्द्रक (Nucleus)

(*c*) केन्द्रिका (Nucleolus)

(*d*) केन्द्रीय रन्ध्र कम्प्लेक्स

29. माइटोकॉण्ड्रिया की अंतःकला के वलन कहलाते हैं?

(*a*) क्रिस्टी (Cristate)

(*b*) ग्रैना (grana)

(*c*) कैल्शियम ओक्जेलेट क्रिस्टल

(*d*) थैलियाँ (Sacs)

30. लवकों के राइबोसोम्स के विषय में अवसादन गुणांक (*Sedimentation coefficient*) होता है?

(*a*) 10S (*b*) 50S

(*c*) 70S (*d*) 80S

31. राइबोसोम्स अंतःप्रद्रव्यी जालिका से लगे रहते हैं?

(*a*) हाइड्रोफोबिक अंतःप्रक्रिया द्वारा

(*b*) राइबोफोरिन्स द्वारा

(*c*) r-RNA द्वारा

(*d*) t-RNA द्वारा

32. जीवद्रव्य शब्द को सर्वप्रथम बताया?

(*a*) रॉबर्ट हुक ने (*b*) रॉबर्ट ब्राउन

(*c*) डुजार्डिन ने (*d*) पुरकिंजे ने

33. परिपक्व पादप कोशिकाओं में अधिकांश जल मुख्य रुप से पाया जाता है?

(*a*) केन्द्रिका में (*b*) रिक्तिकाओं में

(*c*) कोशिका भित्तियों में (*d*) कोशिका द्रव्य में

34. चुकन्दर (Beet root) की जड़ का रंग नष्ट नहीं होता है। ऐसा इसलिये होता है कि

(*a*) जीवद्रव्य कला पारगम्य होती है

(*b*) जीवद्रव्य कला अपारगम्य होती है

(*c*) जीवद्रव्य कला तथा कोशिका भित्ति अपारगम्य है

(*d*) जीवद्रव्य कला तथा कोशिका भित्ति दोनों ही पारगम्य होती हैं

35. एक कोशिका में माइटोकॉण्ड्रिया की संख्या होती है–

(*a*) 10 (*b*) 100

(*c*) 1,000 (*d*) अनिश्चित

36. निम्नलिखित में से कौन-सा प्रेक्षण (Observation) इस बात का समर्थन करता है कि माइटोकॉण्ड्रिया में सघन सहयोजन में समूहित इलेक्टॉन परिवहन तन्त्र के एन्जाइम पाये जाते है?

(*a*) ए. टी. पी. को उपयोगित करने में सक्षम एक संकुचनशील प्रोटीन माइटोकॉण्ड्रिया से प्राप्त हुयी है।

(*b*) माइटोकॉण्ड्रिया में अत्यधिक वलित (Folded) अन्तः भित्ति होती है।

(*c*) माइटोकॉण्ड्रिया की टूट-फूट (Disruption) से कला से खण्ड़ बनते है जो ए. टी. पी. को संश्लेषित करने में समर्थ होते हैं।

(*d*) प्राणि भ्रूणों में माइटोकॉण्डिया की प्रवृत्ति (Tendency) कोशिकाओं में सान्द्रण की होती है जो गमनक रचनाएँ (Locomotory structure) बन जाती है।

37. कला में अंतर्निहित प्रोटीन्स सरलापूर्वक हटायी जा सकती है क्योंकि?

(*a*) इनमें लिपिड्स के साथ दुर्बल हाइड्रोफोबिक बौण्ड् होते हैं

(*b*) इनमें लिपिड्स के साथ दुर्बल हाइड्रोफिलिक बन्ध होते हैं

(*c*) ये दोनों होते हैं

(*d*) इनमें से कोई नहीं

38. निम्नलिखित में से कौन-सी संरचना पादप तथा जन्तु दोनों कोशिकाओं में समान कार्य करती है?

(*a*) हरितलवक (*b*) सेण्ट्रोसोम
(*c*) कोशिका कला (*d*) कोशिका भित्ति

39. वह पदार्थ जो पादप कोशिकाओं के कोशिका द्रव्य का लगभग 80% भाग बनाता है?
(*a*) खनिज (*b*) जल
(*c*) प्रोटीन (*d*) वसा

40. मध्य पटलिका में अधिकता में मिलने वाला रासायनिक पदार्थ होता है?
(*a*) पेक्टिन (*b*) क्यूटिन
(*c*) सुबेरिन (*d*) लिग्निन

41. कोशिका कलायें प्रमुख रुप से बनी होती हैं?
(*a*) शर्करा एवं लिपिड्स की
(*b*) शर्करा तथा प्रोटीन्स की
(*c*) लिपिड्स तथा प्रोटीन्स की
(*d*) मण्ड तथा लिपिड्स की

42. कोशिका शब्द को प्रतिपादित किया था–
(*a*) रॉबर्ट ब्राउन ने (*b*) फ्लेमिंग ने
(*c*) ल्यूवेन हॉक ने (*d*) रॉबर्ट हुक ने

43. एक पादप कोशिका की रिक्तिका(vacuole) में मिलते हैं?
(*a*) केवल जल
(*b*) कोशिका द्रव्य
(*c*) जल तथा इसमें घुले हुये पदार्थ
(*d*) केवल वायु

44. अधिकांश पादप कोशिकायें कोशिका भित्ति से घिरी होती हैं। इसके कुछ अपवाद(execptions) भी हैं। जैसे—
(*a*) स्तम्भ रोम (*b*) युग्मक
(*c*) जीवाणु (*d*) मूलरोम

45. एक अंगक में अन्तःभित्ति अत्यधिक वलित(folded) होती है। इस अंगक के अल्ट्रासोनिक डिसरप्शन से खण्ड बनते हैं, जो ATP का संश्लेषण कर सकते हैं। यह अंगक होता है?
(*a*) सेण्ट्रोसोम (*b*) राइबोसोम
(*c*) माइटोकॉण्ड्रिओन (*d*) हरित लवक

46. निम्न में से कौन-सा तत्व पटलिका के निर्माण में भाग लेता है?
(*a*) सोडियम (*b*) लौह
(*c*) पोटेशियम (*d*) कैल्शियम

47. क्वाण्टासोम मिलते हैं?
(*a*) केन्द्रक में (*b*) लाइसोसोम में
(*c*) हरित लवक में (*d*) माइटोकॉण्ड्रिया में

48. मध्य पटलिका भाग है?
(*a*) कोशिका कला का (*b*) कोशिका भित्ति का
(*c*) कोशिका द्रव्य का (*d*) केन्द्रक द्रव्य का

49. यूकैरिओटिक कोशिका में होता है?
(*a*) क्रोमेटिन तन्तु (*b*) निश्चित केन्द्रक
(*c*) प्रारम्भी केन्द्रक (*d*) इनमें से कोई नहीं

50. किसी कोशिका में कोशिकीय पहचान तथा ससंजन जीव कलाओं के संगठकों के कारण होता है। ये संगठक होते हैं?
(*a*) अकेले प्रोटीन अणु
(*b*) अकेले वसीय अणु
(*c*) प्रोटीन्स तथा वसीय अणु दोनों
(*d*) ग्लाइको प्रोटीन्स तथा ग्लाइकोलिपिड्स

51. दीर्घ अणुओं (macromlecules) के अन्तराकोशिकीय पाचन के लिये प्रयुक्त जल अपघटक विकारों की कलात्मक थैली (membranous bag) होती है?
(*a*) फैगोसोम्स (*b*) अन्तःप्रद्रव्यीजाल
(*c*) न्यूक्लियोसोम (*d*) लाइसोसोम्स

52. श्वान तथा श्लीडेन सम्बन्धित हैं?
(*a*) केन्द्रक के महत्व के प्रदर्शन से
(*b*) कोशिका वाद से
(*c*) जीवद्रव्य जीवन का भौतिक आधार है
(*d*) डी. एन. ए. आनुवंशिक पदार्थ होता है

53. निम्न में से कौन-सा हरितलवक की द्विरुपता का प्रदर्शन करता है?
(*a*) चुकन्दर (*b*) गेहूँ
(*c*) गन्ना (*d*) चावल

54. ट्यूबूलिन प्रोटीन नहीं मिलती है?
(*a*) सूक्ष्म नलिकाओं में (*b*) रोमाभि में
(*c*) जीवकला में (*d*) कशाभिकाओं में

55. ग्लाइऑक्सीसोम जन्तु कोशिका से भिन्न होती है?
(*a*) वसाओं के (*b*) कार्बोहाइड्रेट्स के
(*c*) प्रोटीन्स के (*d*) इन सभी के

56. कणिकीय अन्तःप्रद्रव्यी जाल अकणिकीय अन्तःप्रद्रव्यी जाल से भिन्न है?

(*a*) सतह पर राइबोसोम के रखने में
(*b*) सतह पर राइबोसोम की अनुपस्थिति में
(*c*) स्टीरॉयड संश्लेषण में
(*d*) उपरोक्त में से कोई नहीं

57. क्रिस्टी सम्बन्धित है?
(*a*) प्रकाश संश्लेषण से (*b*) श्वसन से
(*c*) प्रोटीन संश्लेषण से (*d*) वसा संश्लेषण से

58. प्लाज्मा झिल्ली किसकी बनी होती है?
(*a*) प्रोटीन की
(*b*) लिपिड की
(*c*) कार्बोहाइड्रेट की
(*d*) प्रोटीन तथा लिपिड दोनों की

59. रेफाइड बने होते हैं?
(*a*) स्टार्च (*b*) सिलिका
(*c*) कैल्सियम कार्बोनेट (*d*) कैल्सियम ऑक्जेलेट

60. रेफाइड्स किसमें मिलते हैं?
(*a*) नींबू (*b*) कोलोकेसिया
(*c*) कनेर (*d*) आम

61. कोशिकांग पाये जाते हैं–
(*a*) जीवाणु कोशिका में
(*b*) साइनो जीवाणु कोशिका में
(*c*) प्रोकैरियोटिक कोशिका में
(*d*) यूकैरियोटिक कोशिका में

62. लाइसोसोमों में निम्न में से किसकी बड़ी मात्रा पाई जाती है—
(*a*) जल अपघटनी एन्जाइमों की
(*b*) लाइपो प्रोटीनों की
(*c*) पॉली राइबोसोमों की
(*d*) DNAलाइगोजो की

63. गॉल्जीकाय संलग्न है—
(*a*) प्रोटीन संश्लेषण में
(*b*) कोशिका स्रावी प्रक्रिया में
(*c*) एक भाग से दूसरे भाग में कण चलन में
(*d*) सिनेप्सिस में

64. मोम क्या है?
(*a*) ईथर (*b*) अम्ल
(*c*) एस्टर (*d*) ऐल्कोहॉल

65. ऊर्जा स्थानान्तरण में अत्यधिक भाग लेने वाला न्यूक्लि ओटाइड व्युत्पन्न है?
(*a*) NAD (*b*) ATP
(*c*) FAD (*d*) FMN

66. लैसिथीन है–
(*a*) कोमालिपिड (*b*) ग्लाइकोलिपिड
(*c*) अमीनो लिपिड (*d*) फॉस्फोलिपिड

67. वनस्पति घी है–
(*a*) असंतृप्त वसा (*b*) संतृप्त वसा
(*c*) व्युत्पन्न लिपिड (*d*) मोनोसैकेराइड

68. कोशिका में विद्यमान विभिन्न प्रकार के समस्त अणुओं के संग्रह को कहते हैं?
(*a*) कोशिकीय पदार्थ (*b*) कोशिकीय कुण्ड
(*c*) कोशिकीय ऊर्जा (*d*) उपरोक्त में से कोई नहीं

69. हीमोग्लोबिन तथा मायोग्लोबिन के संश्लेषण के लिये आवश्यक तत्व है?
(*a*) लौह (*b*) कॉपर
(*c*) फॉस्फोरस (*d*) कैल्सियम

70. ऐल्डिहाइड या कीटोन के स्वतन्त्र समूह होते हैं?
(*a*) संयुक्त शर्कराओं में (*b*) अपचयी शर्कराओं में
(*c*) अपचयी वसाओं में (*d*) अपचयी प्रोटीन्स में

71. स्टेरायड हार्मोन तथा विटामिन डी का निर्माण होता है?
(*a*) अमीनो अम्लों से (*b*) स्टेरॉल से
(*c*) वसाओं से (*d*) प्रोटीन्स से

72. मोम बनती है?
(*a*) छोटी श्रृंखला वाले वसीय अम्लों से
(*b*) लम्बी श्रृंखला वाले वसीय अम्लों से
(*c*) एल्कोहॉल से
(*d*) उपरोक्त (*b*) तथा (*c*) दोनों से

73. राइबोसोम निर्मित होते हैं?
(*a*) डी. एन. ए. और प्रोटीन से
(*b*) केवल डी. एन. ए. से
(*c*) आर. एन. ए. और प्रोटीन से
(*d*) आर. एन. ए. और डी. एन. ए. से

74. राइबोसोमों की उत्पत्ति होती है?
(*a*) केन्द्रिका से (*b*) केन्द्रकीय पुटिकाओं से
(*c*) स्वप्रतिकृति द्वारा (*d*) डी नोवो से

75. गॉल्जीकाय उत्पन्न होते हैं?
(*a*) जीव द्रव्य कला से
(*b*) माइटोकॉण्ड्रिया से

(c) अन्तः प्रद्रव्यी जालिका से
(d) कोशिका द्रव्य से

76. गॉल्जीकाय सम्बन्धित होता है?
(a) नाइट्रोजन उपापचय से
(b) न्यूक्लिक अम्ल उपापचय से
(c) फॉस्फोरस उपापचय से
(d) सल्फर उपापचय से

77. गॉल्जी पुटिकाओं में प्रोटीन-लिपिड का लगभग अनुपात होता है–
(a) 80 : 20 (b) 70 : 30
(c) 60 : 40 (d) 50 : 50

78. निम्न में से कौन-सा कथन सही नही हैं?
(a) जीवित व अजीवित एक ही प्रकार के तत्वों से बने हैं
(b) जीवन आण्विक आधार है
(c) एक जीवित कोशिका में ऊर्जा का स्थानान्तरण तथा रुप बदलना एक साथ लगातार नहीं होते
(d) ए. टी. पी. को कोशिका का ऊर्जा स्रोत मानते है

79. सबसे जरुरी आवश्यक वसा अम्ल है?
(a) लिनोलेयिक अम्ल
(b) लिनोलेनिक अम्ल
(c) अरेचिडोनिक अम्ल
(d) उपरोक्त में से कोई नहीं

80. काइटिन संरचनात्मक पॉलिसैकेराइड है तथा बनता है–
(a) ग्लूकोस से
(b) राइबोस से
(c) डिऑक्सी राइबोस से
(d) उपरोक्त किसी से नही

81. निम्न में से कौन ग्लासको प्रोटीन का उदाहरण है?
(a) हीमोग्लोबिन (b) लेसिथीन
(c) म्यूसीन (d) केसीन

82. अंगक जो प्रोकैरियोटिक तथा यूकैरियोटिक दोनों प्रकार की कोशिकाओं में पाया जाता है?
(a) सेन्ट्रोसोम (b) राइबोसोम
(c) परऑक्सीसोम (d) ग्लाइऑक्सिसोम

83. माइक्रोट्यूबूल (Microtubules) का व्यास है?
(a) 4-5nm (b) 10nm
(c) 15nm (d) 20nm

84. निम्न में से कौन-सा कथन सही है?
(a) मध्य पट्टलिका नीली/काली दीवार है
(b) मध्य पट्टलिका दीवार है जो दो कोशिकाओं को जोड़े रखती है
(c) मध्य पट्टलिका दो कोशिकाओं के बीच की दीवार है
(d) मध्य पट्टलिका एक पदार्थ है जो दो करीबी कोशिकाओं को जोड़े रखता है

85. नानरिड्यूसिंग शर्करा रखती है?
(a) स्वतन्त्र CO समूह (b) स्वतन्त्र CHO
(c) दोनों (a) तथा (b) (d) इनमें से कोई भी नहीं

86. सबसे मीठी शर्करा है?
(a) ग्लूकोस (b) फ्रक्टोस
(c) मेनोस (d) लेक्टोस

87. जल शरीर की क्रियाविधि के लिये आवश्यक है?
(a) यह एक अच्छा विलायक है
(b) यह ऊर्जा उत्पन्न करता है
(c) यह H^+ देता है
(d) यह सूक्ष्मजीवों को मारता है

88. कौन-सा डाइसैकेराइड है?
(a) फ्रक्टोस (b) ग्लूकोस
(c) सुक्रोस (d) गेलेक्टोस

89. फूलों व फलों का पीला नारंगी रंग किसके कारण होता है?
(a) एल्यूरोप्लास्ट (b) ल्यूकोप्लास्ट
(c) क्लोरोप्लास्ट (d) क्रोमोप्लास्ट

90. हमारे शरीर में B कोशिकाओं से बनने वाले इन्सूलिन में अमीनो अम्ल होते हैं?
(a) 52 (b) 51
(c) 53 (d) 50

91. इन्यूलिन जो पादप कोशिकाओं में पाया जाता हैं?
(a) लिपिड (b) प्रोटीन
(c) विटामिन (d) पॉलीसैकेराइड

92. प्लाज्मोडेस्मेटा संयोजन किसमें सहायता करते है?
(a) साइटोप्लाज्मिक धारा प्रवाह में
(b) समकालिक माइटोसिस समसूत्रण विभाजनों में
(c) एक कोशिकाओं जीवों में गमन में
(d) कोशिकाओं के बीच पदार्थों की गति में

93. ग्लूकोस व गैलेक्टोस से क्या बनता है?
(a) लेक्टोस (b) सुक्रोस
(c) माल्टोस (d) फ्रक्टोस

94. क्षारीय अमीनो अम्ल है?
(*a*) लाइसिन (*b*) सिस्टीन
(*c*) ऐलेनाइन (*d*) एस्पारटिक अम्ल

95. जल अपघटनी एन्जाइम किसमें पाये जाते हैं?
(*a*) लाइसोसोम (*b*) राइबोसोम
(*c*) माइटोकॉण्ड्रिया (*d*) परॉक्सीसोम

96. निम्न में से किसमें हाइड्रोलायटिक एन्जाइम प्रचुर मात्रा में पाया जाता है?
(*a*) प्लास्टिड्स (*b*) लाइसोसोम
(*c*) माइक्रोसोम्स (*d*) क्रोमोसोम्स

97. आधारी अंग (Basal body) शब्द किससे सम्बंधित है?
(*a*) सेन्ट्रियोल के आधार से
(*b*) सभी सेन्ट्रोसोम्स से
(*c*) सभी सेन्ट्रियोल्स से
(*d*) पक्षाभ सेन्ट्रियोल से

98. प्लाज्मा भित्ति में लिपिड अणु व्यवस्थित होते हैं?
(*a*) बिखरे हुये (*b*) सिर समानान्तर से
(*c*) एकान्तरित (*d*) पूँछ आमने-सामने

99. लिपिड जल में अघुलनशील है क्योंकि लिपिड अणु है
(*a*) जल प्रेमी (hydrophilic)
(*b*) जल विरोधी (hydrophobic)
(*c*) जविटर आयन (zwitter ions)
(*d*) न्यूट्रल (neutral)

100. राइबोसोम्स बनते हैं
(*a*) न्यूक्लियोलस में (*b*) कोशिका द्रव्य में
(*c*) माइटोकॉण्ड्रिया में (*d*) गॉल्जीकाय में

उत्तरमाला

1	2	3	4	5	6	7	8	9	10
(*c*)	(*a*)	(*c*)	(*a*)	(*a*)	(*b*)	(*b*)	(*b*)	(*c*)	(*b*)
11	**12**	**13**	**14**	**15**	**16**	**17**	**18**	**19**	**20**
(*b*)	(*d*)	(*d*)	(*b*)	(*c*)	(*a*)	(*b*)	(*c*)	(*c*)	(*a*)
21	**22**	**23**	**24**	**25**	**26**	**27**	**28**	**29**	**30**
(*c*)	(*c*)	(*d*)	(*a*)	(*c*)	(*a*)	(*b*)	(*c*)	(*a*)	(*c*)
31	**32**	**33**	**34**	**35**	**36**	**37**	**38**	**39**	**40**
(*b*)	(*d*)	(*b*)	(*b*)	(*d*)	(*c*)	(*d*)	(*c*)	(*b*)	(*a*)
41	**42**	**43**	**44**	**45**	**46**	**47**	**48**	**49**	**50**
(*c*)	(*d*)	(*c*)	(*b*)	(*c*)	(*d*)	(*c*)	(*b*)	(*b*)	(*d*)
51	**52**	**53**	**54**	**55**	**56**	**57**	**58**	**59**	**60**
(*d*)	(*b*)	(*c*)	(*c*)	(*a*)	(*a*)	(*b*)	(*d*)	(*d*)	(*b*)
61	**62**	**63**	**64**	**65**	**66**	**67**	**68**	**69**	**70**
(*d*)	(*a*)	(*b*)	(*c*)	(*b*)	(*d*)	(*b*)	(*b*)	(*a*)	(*b*)
71	**72**	**73**	**74**	**75**	**76**	**77**	**78**	**79**	**80**
(*b*)	(*d*)	(*c*)	(*a*)	(*c*)	(*b*)	(*b*)	(*c*)	(*a*)	(*a*)
81	**82**	**83**	**84**	**85**	**86**	**87**	**88**	**89**	**90**
(*c*)	(*b*)	(*d*)	(*d*)	(*d*)	(*b*)	(*a*)	(*c*)	(*d*)	(*c*)
91	**92**	**93**	**94**	**95**	**96**	**97**	**98**	**99**	**100**
(*b*)	(*d*)	(*a*)	(*a*)	(*a*)	(*b*)	(*d*)	(*d*)	(*b*)	(*a*)

❏❏❏

CHAPTER 3

केन्द्रक, गुणसूत्र तथा न्यूक्लिक अम्ल
NUCLEUS, CHROMOSOME AND NUCLEIC ACIDS

केन्द्रक (Nucleus)

- केन्द्रक कोशिका का सबसे बड़ा, तथा महत्त्वपूर्ण कोशिकांग है।
- इसकी खोज सर्वप्रथम **रॉबर्ट ब्राउन** ने 1831 ई. में की।
- यह एक सघन, गोल अथवा अण्डाकार संरचना है। एक कोशिका में इनकी संख्या सामान्यतः (एक केन्द्रकीय uninuclei) होती है। कभी-कभी इनकी संख्या दो (द्विकेन्द्रकी-binucleate) अथवा बहुत (बहुकेन्द्रकी-multinucleate) होती है। पादप कोशिका के परिपक्वन के साथ-साथ रिक्तिका के केन्द्र में स्थित होने से यह **कोशिकाद्रृति** में एक ओर आ जाता है।

संरचना (Structure)

केन्द्रक के चारों ओर दोहरी **केन्द्रक कला** (nuclear memebrane) मिलती है। उक्त कला एकक कला (unit membrane) के समान ही लिपोप्रोटीन की बनी होती है। दोनों कलाओं के मध्य **परिकेन्द्रीय स्थान** (periiuclear space) मिलता है। (चित्र 3.1)

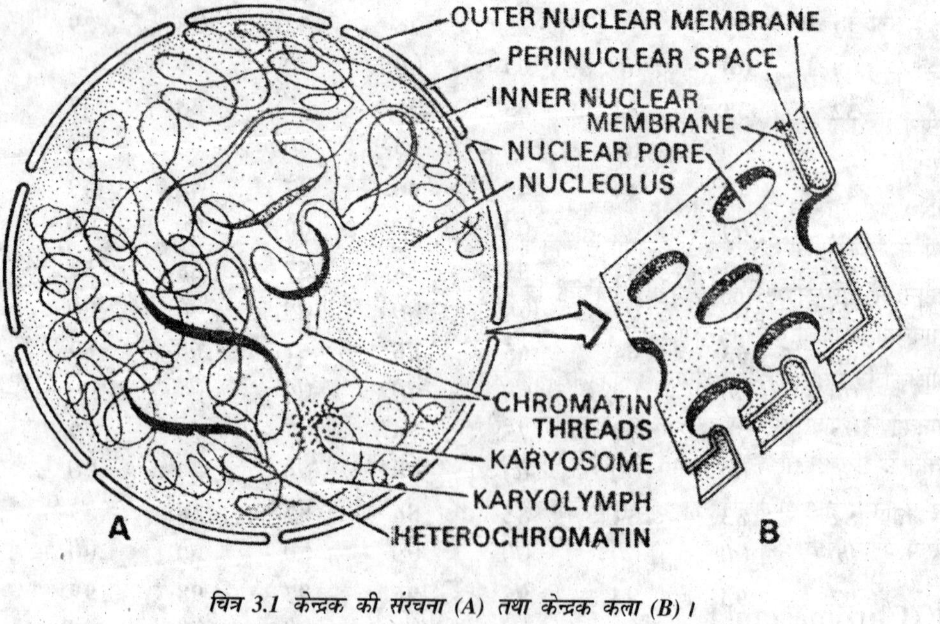

चित्र 3.1 केन्द्रक की संरचना (A) तथा केन्द्रक कला (B)।

केन्द्र कला के बीच-बीच में छिद्र होते हैं जिसे केन्द्रकीय छिद्र (nuclear pore) कहते हैं। केन्द्रकीय छिद्र का व्यास लगभग 400Å होता है। ये केन्द्रक के अन्दर तथा कोशिकाद्रव्य में सम्बन्ध बनाये रखते हैं। केन्द्रक कला का सम्बन्ध सीधे छिद्रों द्वारा अन्तःप्रद्रव्यी जालिका से होता है। बाहरी केन्द्रक कला पर राइबोसोम भी चिपके रहते हैं। केन्द्रक कला के अन्दर प्रोटीनयुक्त सघन तरल होता है, जिसे केन्द्रक द्रव्य (nucleoplasm) कहते हैं। केन्द्रक द्रव्य में प्रोटीन तथा फॉस्फोरस की मात्रा अधिक होती है। इसमें न्यूक्लिओप्रोटीन (nucleoprotein) मिलते हैं। केन्द्रक द्रव्य में **केन्द्रिका** (nucleolus) तथा **क्रोमेटिन** (chromatin) सूत्र मिलते हैं।

केन्द्रिका में r-RNA का संश्लेषण होता है जो राइबोसोम के लिए आवश्यक है। केन्द्रिका कोशिका विभाजन के समय लुप्त हो जाती हैं।

क्रोमेटिन सूत्र (Chromatin Threads)

क्रोमेटिन सूत्र अवस्था में जाल के रूप में रहते हैं। इसका कुछ भाग अभिरंजन में गहरा रंग लेता है जिसे **हेटेरोक्रोमेटिन** कहते हैं तथा जो भाग हल्का रंग लेता है उसे **यूक्रोमेटिन** (euchromatin) कहते हैं। ये संघनित होकर गुणसूत्र बनाते हैं।

केन्द्रक के कार्य (Functions of Nucleus)

1. सम्पूर्ण कोशिका की संरचना, संगठन व कार्यों का नियन्त्रण करना।
2. DNA पर उपस्थित संदेश m-RNA के रूप में कोशिका द्रव्य में जाकर प्रोटीन के रूप में अनुवादित होते हैं।
3. प्रोटीन से विभिन्न एन्जाइम बनते हैं जो कि विभिन्न उपापचयी क्रियाओं का नियन्त्रण करते हैं।
4. कोशिका विभाजन का उत्तरदायित्व केन्द्रक पर होता है।
5. आनुवांशिक पदार्थ DNA केन्द्रक में पाया जाता है। संतति में लक्षण इसी के द्वारा जाते हैं।
6. नई संतति में जीन ही लक्षणों को पहुँचाते हैं तथा संगठित स्वरूप प्रदान करते हैं।

गुणसूत्र (Chromosome)

गुणसूत्र क्रोमेटिन की बनी सूत्राकार संरचना है। यह केन्द्रकप्रव्य में पाए जाते हैं। किसी भी जाति विशेष के लिए गूणसूत्रों की संख्या निश्चित होती है। कोशिका में इनकी खोज **स्ट्रासबर्गर** ने 1875 ई. में की। ये क्षारीय रंजकों से रँगी जाती हैं। **सटन** तथा **बोवरी** के अनुसार गुणसूत्र आनुवंशिक लक्षणों को एक पीढ़ी से दूसरी पीढ़ी में पहुँचाते हैं।

गुणसूत्र छड़ के आकार की धागेनुमा पतली तथा कुण्डलित संरचना है। जिसकी लम्बाई 0.1μ – 30μ तथा व्यास 0.2μ से 2μ तक होती है। मक्का में गुणसूत्र की लम्बाई 12μ तक होती है। **गुणसूत्र बिन्दु** (centromere) की ऐनाफेस में स्थिति के अनुसार गुणसूत्र I, J, L तथा V आकार का होता है। (चित्र 3.2)

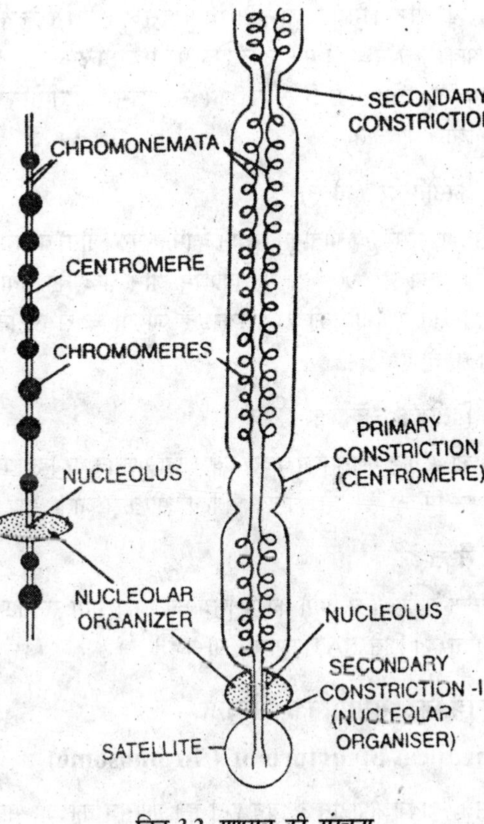

चित्र 3.2 गुणसूत्र की संरचना

(*a*) क्रोमोनिमेटा

यह दो समान लक्षणों वाली धागेनुमा संरचना है। प्रत्येक को **अर्द्धगुणसूत्र (क्रोमेटिड)** कहते हैं। कभी-कभी एक गुणसूत्र में 16-32 तक क्रोमोनिमेटा पाये जाते हैं जो संघनित होकर क्रोमेटिड कहलाते हैं। क्रोमोनीमा कुण्डलित होते हैं। ये कुण्डली पेरानीमिक अथवा प्लेक्टोनीमिक प्रकार की हो सकती हैं।

(b) मैट्रिक्स

क्रोमोनिमेटा मैट्रिक्स में पाये जाते हैं। सूक्ष्मदर्शी से देखने पर मैट्रिक्स नहीं दिखाई देता है।

(c) गुणसूत्र बिन्दु

यह बहुत ही महत्त्वपूर्ण भाग है। इससे तर्कु बनते हैं। यह गुणसूत्र को निश्चित आकार प्रदान करता है। इसे गुणसूत्र का **प्राथमिक संकीर्णन** भी कहते हैं। गुणसूत्र पर गुणसूत्र बिन्दु अथवा सेन्ट्रोमियर अनुपस्थित होने पर गुणसूत्र **एसेन्ट्रिक,** दो होने पर **डाइसेन्ट्रिक** अथवा बहुत से होने पर **पॉलीसेन्ट्रिक** कहलाता है। गुणसूत्र के मध्य में सेन्ट्रोमियर होने पर गुणसूत्र **मेटासेन्ट्रिक,** (V आकार) ने मध्य से एक ओर होन पर **एक्रोसेन्ट्रिक** (J तथा L आकार) तथा एक सिरे पर होने से गुणसूत्र **टीलोसेन्ट्रिक** (I आकार) कहलाता है।

(d) क्रोमोमियर (जीन्स)

गुणसूत्र पर उभरे हुए मोतीनुमा स्थान क्रोमोमियर (जीन) कहलाते हैं। **जोहनसन** ने 1909 ई. में सर्वप्रथम **जीन** शब्द का प्रयोग किया। जीन वंशागति की प्रथम इकाई है जो जैविक लक्षण निधारित करती है।

(e) द्वितीयक संकीर्णन

कोशिका के कुल गुणसूत्रों में केवल एक जोड़ा गुणसूत्र पर द्वितीयक संकीर्णन मिलता है। इसे केन्द्रिक संघटक भी कहा जाता है।

(f) सेटेलाइट

द्वितीयक संकीर्णन से आगे का गुणसूत्र का छोटा भाग सेटेलाइट कहलाता है। जिसे SAT गुणसूत्र भी कहते हैं।

गुणसूत्र की रासायनिक संरचना (Chemical Structure of Chromosome)

गुणसूत्र न्यूक्लिओप्रोटीन के बने होते हैं। गुणसूत्र का वह भाग जो निष्क्रिय होता है तथा गहरा रंग लेता है हेटेरोक्रोमेटिन कहलाता है। तथा वह भाग जो अभिरंजन से हल्का रँगता है तथा क्रियाशील होता है एवं विभाजन में भाग लेता है, **यूक्रोमेटिन** कहलाता है। गुणसूत्र में मिलने वाले प्रोटीन निम्नलिखित हैं–

(*i*) **हिस्टोन प्रोटीन**–लगभग 11%

(*ii*) **सरल प्रोटीन**–लगभग 14%

(*iii*) **अम्लीय प्रोटीन**–लगभग 65%

(*iv*) **न्यूक्लियक प्रोटीन**–DNA 10% तथा RNA 2.3%

गुणसूत्र के कार्य (Functions of Chromosome)

गुणसूत्र में उपस्थित जीन्स DNA के बने होते हैं। आनुवंशिक पदार्थ को एक पीढ़ी से दूसरी पीढ़ी में पहुंचाने का प्रमुख कार्य डी.एन.ए का है। ये वंशागति का भौतिक आधार हैं।

रिबोन्यूक्लिक अम्ल (Ribonucleic Acid)

आर. एन. ए. राइबोस शर्करा, नाइट्रोजन क्षारक तथा फॉस्फेट के अणुओं से बनी न्यूक्लिओटाइड की सरल शृंखला है। रिबोन्यूक्लिक अम्ल पॉलीन्यूक्लिओटाइड क्रम है। प्रत्येक राइबोस शर्करा एक पेन्टोस शर्करा है। इसमें चार प्रकार के नाइट्रोजनी क्षारकः यूरेसिल व साइटोसीन (पिरिमिडीन) तथा एडीनीन तथा ग्वानीन (प्यूरीन) मिलते हैं।

नाइट्रोजनी क्षारक + राइबोस शर्करा = न्यूक्लिओसाइड

न्यूक्लिओसाइड + फॉस्फेट अणु = न्यूक्लिओटाइड

आर. एन. ए. अणु का निर्माण डी. एन. ए. अणु से **अनुलेखन** (transcription) द्वारा होता है। डी. एन. ए. में थायमीन पिरिमिडीन मिलता है परन्तु आर. एन. ए. में थायमीन की जगह पर यूरेसिल पाया जाता है। सामान्यतः यह आनुवंशिक नहीं होता है। परन्तु कुछ वाइरस में RNA आनुवंशिक होता है; जैसे TMV वाइरस में। आर. एन. ए. का मुख्य कार्य DNA पर उपस्थित संदेश का **अनुवादन** (translation) करना है। RNA तीन प्रकार के होते हैं– r-RNA, t-RNA तथा m-RNA।

1. राइबोसोमल आर. एन. ए. (*r* RNA)

राइबोसोमल आर. एन. ए. राइबोसोम में पाये जाते हैं। इसकी खोज **टीसियर्स** तथा **वाटसन** ने 1958 ई. में की। इसमें क्षारक का अनुपात A : U तथा G : C हो, ऐसा आवश्यक नहीं है। r-RNA केन्द्रीय संघटक में उपस्थित जीन के द्वारा निर्मित होकर केन्द्रिका में पूर्ण होता है। राइबोसोम के दोनों भाग में RNA अलग-अलग भार का होता है। उदाहरण 30S भाग में 16S r-RNA(5,60,000 डाल्टन) तथा 50S भाग में 23S r-RNA (1.1×10^6 डाल्टन) होता है। r-RNA का आकार हेयरपिन (चिमटी) के आकार का होता है (चित्र 3.3)।

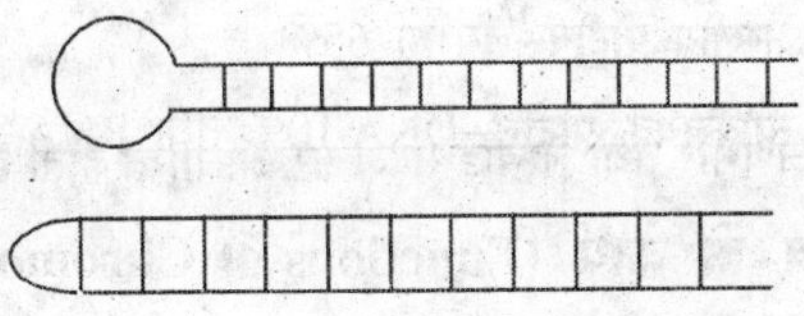

चित्र 3.3 आर. एन. ए. का हेयरपिन (चिमटी) मॉडल

2. ट्रान्सफर आर. एन. ए. (*t*-RNA)

यह कोशिकाद्रव्य में पाये जाते हैं। इनकी संरचना **क्लोवर की पत्ती** (clover leaf) के समान होती है। इसके दो छोर, तीन लूप तथा एक लम्प होता है। इसकी एक भुजा (C3') को ग्राही भुजा कहते हैं। इसका अन्त C-C-A क्रम में होता है। इससे अमीनो अम्ल जुड़ता है। तीन लूप TΨC लूप, एन्टीकोडोन लूप तथा DHU लूप होते हैं। TΨC लूप तथा एन्टीकोडोन लूप के मध्य एक लम्प मिलता है। *t*-RNA की त्रिविम रचना 'L' आकार की है। इसमें A, U, C, G के अतिरिक्त इनोसीन, स्यूडोयूरीडीन आदि क्षारक भी मिलते हैं। इसका मुख्य कार्य *m*-RNA के कूट को पहचानकर उसके अनुरूप अमीनो अम्ल को राइबोसोम पर लाकर छोड़ना है। *t*-RNA अमीनो अम्ल विशिष्ट होते हैं। *t*-RNA 70-75 न्यूक्लिओटाइड की शृंखला है जिसका भार 25,000 डाल्टन के बराबर (लगभग) होता है। (चित्र 3.4)

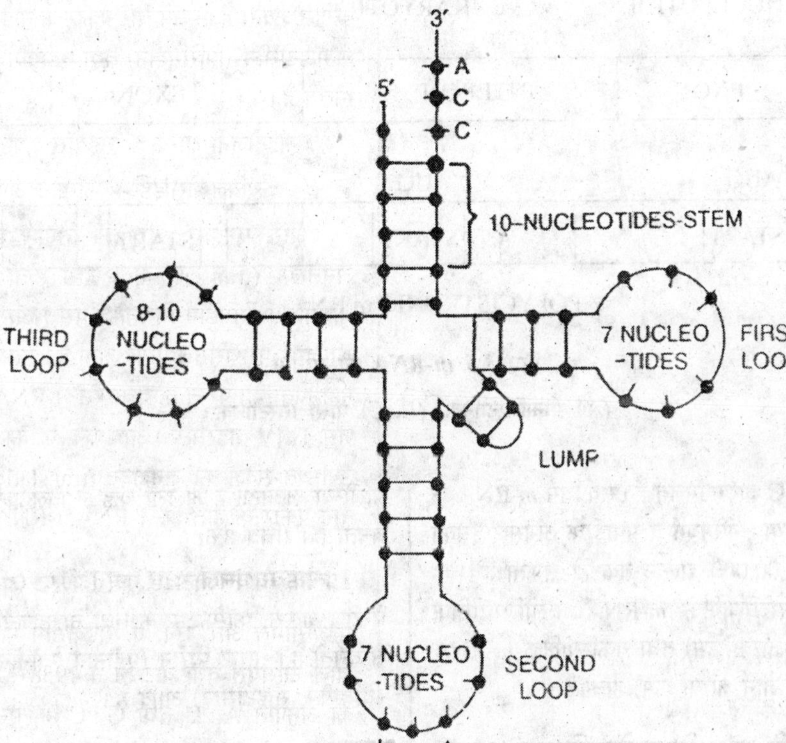

चित्र 3.4 टी. आर. एन. ए. का क्लोवर लीफ (Clover leaf) मॉडल

3. संदेशवाहक या मैसेन्जर आर. एन. ए. (*m*-RNA)

संदेशवाहक RNA (m-RNA) का संश्लेषण DNA के ऊपर होता है। इसका अणुभार तथा लम्बाई संदेश पर आधारित होती है। यह अल्पायु तथा एकरज्जुकी होता है। (चित्र 3.5)

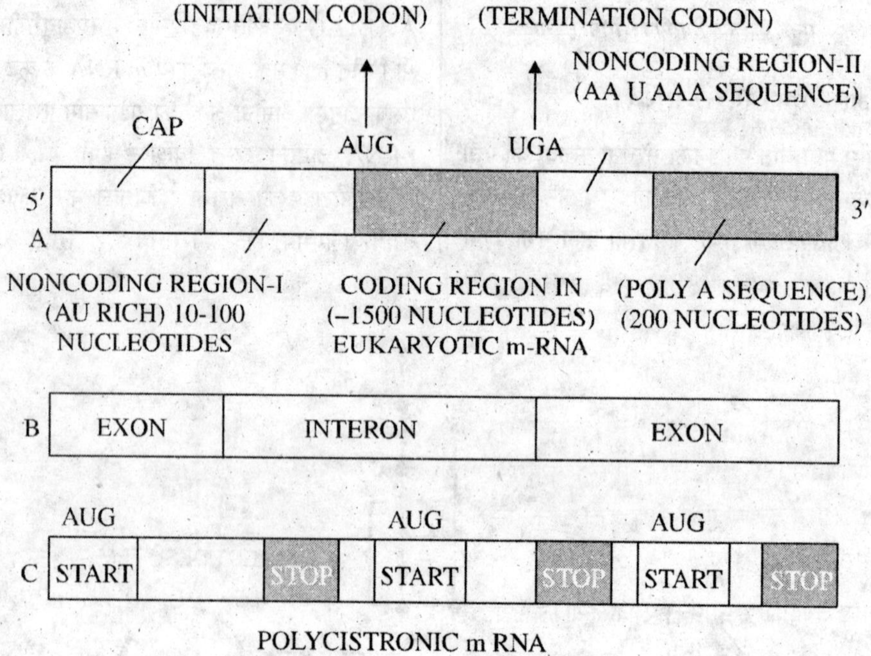

चित्र *3.5 m-RNA* की संरचना

***(A)* मोनोसिस्ट्रोनिक, *(B, C)* पॉली सिस्ट्रोनिक।**

इसमें A, U, G, C क्षारक मिलते हैं। सर्वप्रथम *m*-RNA के विषय में **ब्रेनर** ने बताया। **नीरेनबर्ग** व **मथाई** के अनुसार इसका अणुभार 50,000 - 2,00,000 डाल्टन तक हो सकता है। यह एक रज्जुकी है। प्रोकेरियोटिक *m*-RNA पॉलीसिस्ट्रोनिक (दो से अधिक, जीन क्षारक क्रम) तथा यूकेरियोटिक *m*-RNA मोनोसिस्ट्रोनिक (एक जीन क्षारक क्रम) होता है।

डी. एन. ए. (डी-ऑक्सीराइबोन्यूक्लिक अम्ल) (DNA = Deoxyribonucleic Acid)

संरचना (Structure)

डी. एन. ए. दो पॉली न्यूक्लिओटाइड शृंखला के antiparallel क्रम में जुड़कर एक कुण्डलित (helix) रचना से बनता है। उक्त पॉलीन्यूक्लिओटाइड शृंखला कई न्यूक्लिओटाइड के जुड़ने से बनती है। (चित्र 3.6)

प्रत्येक न्यूक्लिओटाइड एक विशिष्ट जटिल संरचना है जो पेन्टोज शर्करा, फॉस्फेटमूलक तथा नाइट्रोजनी क्षारक के मिलने से बनती है। क्षारक प्यूरीन (एडीनीन, ग्वानीन) तथा पिरिमिडीन (थायमीन, साइटोसीन) आदि हैं।

शर्करा

पेन्टोस शर्करा डी-ऑक्सीराइबोस शर्करा है। इसमें C2' स्थान पर एक ऑक्सीजन अणु कम होता है।

फॉस्फेट मूलक

यह फॉस्फेट अणु दो न्यूक्लिओटाइड को आपस में जोड़ता है। जिसके फलस्वरूप फॉस्फोडाइएस्टर बन्ध का निर्माण होता है।

क्षारक

ये दो प्रकार के प्यूरीन तथा पिरिमिडीन होते हैं।

प्यूरीन

प्यूरीन (purine) में एक षट्भुजी वलय तथा एक पंचभुजी इमिडाजोल वलय होती है। DNA में एडीनीन (Adenine = A) तथा ग्वानीन (Guanine = G) पाया जाता हैं।

पिरिमिडीन

पिरिमिडीन (pyrimidine) में एक हेटेरोसाइक्लिक षट्भुजी वलय मिलती है। इसमें 4C तथा 2N होते हैं। थायमीन (Thymine = T) तथा साइटोसीन (Cytosine = C) क्षारक DNA में मिलते हैं।

क्षारक तथा शर्करा मिलकर **न्यूक्लिओसाइड** (nucleoside) बनाते हैं। जैसे–डी.-ऑक्सीथायमिडीन, डी-ऑक्सीसाइटीडीन, डी-ऑक्सीएडीनोसीन तथा डी-ऑक्सीगुआनोसीन है।

न्यूक्लिओसाइड तथा फॉस्फेट मूलक मिलकर न्यूक्लिओटाइड बनाते हैं; जैसे–

डी-ऑक्सीराइबोथाइमिडाइलिक अम्ल,

डी-ऑक्सीराइबोसाइटीडाइलिक अम्ल,

डी-ऑक्सीराइबोएडिनाइलिक अम्ल,

डी-ऑक्सीराइबोग्वानाइलिक अम्ल आदि।

डी. एन. ए. की संरचना **वाटसन** तथा **क्रिक** ने 1953 ई. में दिया। इनके अनुसार यह एक **द्विक कुण्डलीय** संरचना है। सामान्यतः मिलने वाला डी. एन. ए. B-DNA है जो कि दक्षिणावर्त होता है। इसमें A तथा T की मात्रा व C तथा G की मात्रा समान होती है। C के अणु G से जुड़ते हैं। A के अणु T से जुड़ते हैं अर्थात् A = T, C ≡ G आदि। यह जरूरी नहीं है कि A की संख्या G के बराबर हो अथवा T की मात्रा C के बराबर। कुण्डली का व्यास 20Å तथा पिच 34Å है। प्रति समानान्तर (antiparallel) शृंखला में क्षारक क्रम सम्पूरक होते हैं।

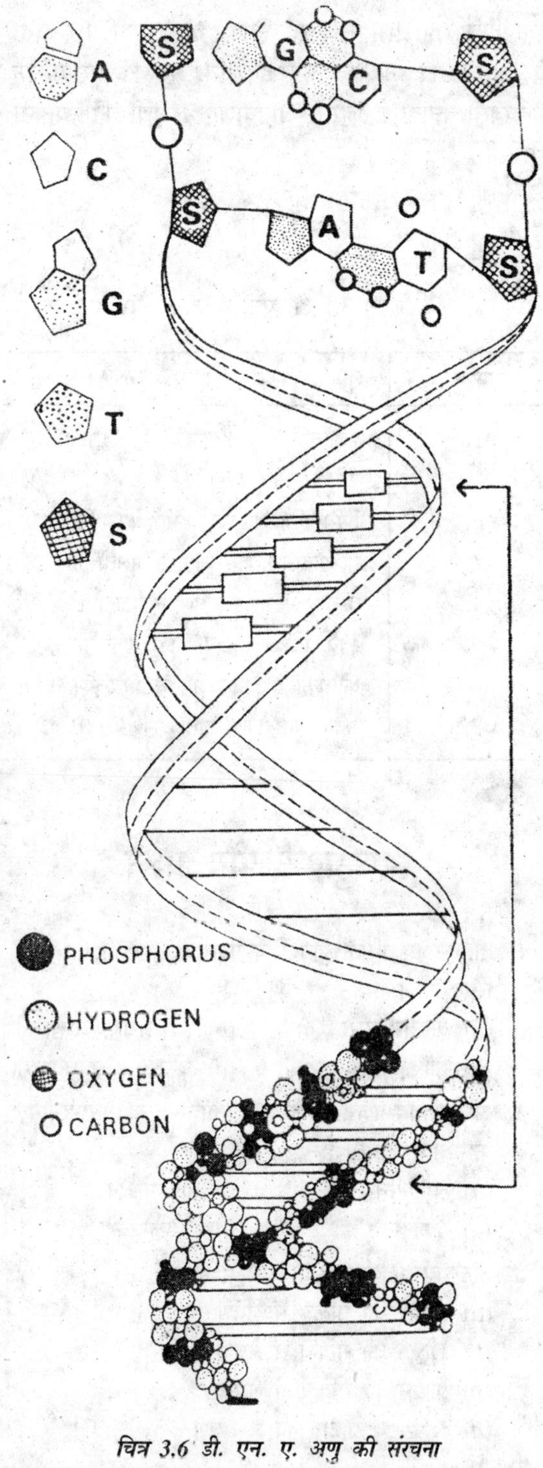

चित्र 3.6 डी. एन. ए. अणु की संरचना

दो निकटस्थ क्षारक जोड़ों के मध्य दूरी 3.4Å तथा एक पिच (pitch) में क्षारक जोड़ों की संख्या 10 होती है। क्षारक का निश्चित क्रम डी. एन. ए. की रासायनिक शब्दावली बनाता है जिससे आनुवंशिक लक्षणों की स्थापना होती है।

डी. एन. ए. के कार्य (Functions of DNA)

यह आनुवंशिक सूचनाओं को पहली पीढ़ी से दूसरी पीढ़ी में पहुँचाता है। इसका स्वरूप स्थायी होने के कारण दूसरी पीढ़ी में लक्षण नहीं बदलते हैं। केवल उत्परिवर्तन की दशा में ही डी.एन.ए. में परिवर्तन आता है जिसके फलस्वरूप लक्षण बदल जाते हैं। डी. एन. ए. में प्रतिकृति (replication) के कारण पुत्री कोशिकाओं में DNA की संरचना समान होती है।

तालिका 3.1 डी. एन. ए. तथा आर. एन. ए. में अन्तर (Difference between DNA and RNA)

क्रमांक	डी. एन. ए. (DNA)	आर. एन. ए. (RNA)
1.	पॉलीन्यूक्लिओटाइड की दो शृंखलाओं से बनता है जो प्रति समानान्तर होती है।	पॉलीन्यूक्लिओटाइड की एक शृंखला है।
2.	पिरिमिडीन क्षारक थाइमीन (T) मिलता है।	पिरिमिडीन क्षारक यूरेसिल (U) मिलता है।
3.	डी-ऑक्सीराइबोस शर्करा मिलती है।	राइबोस शर्करा मिलती है।
4.	केन्द्रक में गुणसूत्रों पर मिलता है।	कोशिकाद्रव्य में तथा केन्द्रिका में मिलता है।
5.	स्वंय प्रतिकृत (replicate) होता है।	अनुलेखन (*transcription*) से बनता है।
6.	कोशिका की क्रियाओं पर नियन्त्रण करता है।	प्रोटीन संश्लेषण में सहायता करता है।
7.	सदैव आनुवंशिक होता है।	केवल कुछ विषाणुओं में आनुवंशिक होता है।

बहुविकल्पीय प्रश्न

1. डी. एन. ए. बेसिक आनुवंशिक पदार्थ है यह conclusively सिद्ध किया गया–

(*a*) वाटसन द्वारा (*b*) हर्शे तथा चेज द्वारा

(*c*) ग्रिफिथ द्वारा (*d*) बोवेरी व सटन द्वारा

2. अर्धसूत्री विभाजन की किस उप-अवस्था मे सिनेप्टीनीमल कॉम्पलैक्स बनता है–

(*a*) लैप्टोटीन (*b*) जाइगोटीन

(*c*) पैकीटीन (*d*) डिप्लोटीन

3. अन्तरावस्था की G_1 अवस्था में होता है–

(*a*) RNA का सक्रिय संश्लेषण

(*b*) DNA का सक्रिय संश्लेषण

(*c*) प्रोटीन का सक्रिय संश्लेषण

(*d*) RNA व प्रोटीन का संश्लेषण

4. प्लास्मिड है–

(*a*) एक लवक

(*b*) एक कवक

(*c*) प्लाज्मा झिल्ली का एक भाग

(*d*) जीवाणु कोशिका में बर्हिः केन्द्रक DNA

5. नये न्यूक्लिओटाइड के साथ RNA किस बंध द्वारा जुड़ता हैं–

(*a*) पॉलीपेप्टाइड बंध (*b*) पॉली डाइएस्टर बंध

(*c*) सह संयोजक बंध (*d*) हाइड्रोजन बंध

6. अर्द्धसूत्री विभाजन का महत्त्व है–

(*a*) जीवों में गुणसूत्रों की संख्या में स्थिरता रखना

(*b*) किसी भी जाति की जनसंख्या में आनुवंशिक विविधता उत्पन्न करना

(*c*) गुणसूत्रों की द्विगुणित संख्या को अगुणित संख्या में अपघटित करना
(*d*) उपर्युक्त सभी

7. सूत्री विभाजन की वह प्रावस्था जबकि केन्द्रिका एवं केन्द्रक कला लुप्त हो जाते हैं और गुणसूत्र साफ स्पष्ट दिखाई देते हैं, होती है–
(*a*) पश्चावस्था (*b*) मध्यावस्था
(*c*) पूर्वावस्था (*d*) अंत्यावस्था

8. एक बैक्टीरियम से दूसरे में जेनेटिक सूचना का चलन ट्राँसडक्शन विधि के द्वारा होता है–
(*a*) दाता तथा प्राप्तकर्ता के बीच फिजिकल सम्बन्ध होने पर
(*b*) कॉन्जुगेशन
(*c*) दाता वैक्टीरियल स्ट्रेन द्वारा बैक्टीरियोफेज के रिलीज होने पर
(*d*) दूसरा बैक्टीरियम

9. यूकैरियोटिक जिनोम, प्रोकेरियोटिक जिनोम से भिन्न है चूँकि–
(*a*) प्रोकेरियोट्स में डी. एन. ए. एकसूत्रीय तथा वलयाकार होता है
(*b*) पहले वाले में जीन्स ओपेरोन्स (operons) में स्थित होते हैं
(*c*) प्रोकेरियोट्स में डी. एन. ए. जटिल तथा हिस्टोन्स से जुड़ा रहता है
(*d*) यूकैरियोट्स में रीपीटिटिव सीक्वैन्स (repetitive sequence) होती है

10. रेडियोएक्टिव थाइमिडीन को यदि स्तनधारी कोशिकाओं में मिलाया जाये तो उनमें नया DNA अणु संश्लेषित हो जाता है। निम्न में से कौन-सा क्रोमेटिन बनेगा जब कोशिकाओं को रेडियोएक्टिव थाइमिडीन से एक्सपोज करेंगे, जबकि वे एस अवस्था में प्रवेश करती हैं?
(*a*) न तो हेटेरोक्रोमेटिन और न ही यूक्रोमेटिन बल्कि केवल न्यूक्लिओलग
(*b*) हेटेरोक्रोमेटिन
(*c*) यूक्रोमेटिन
(*d*) दोनों ही हेटेरोक्रोमेटिन व यूक्रोमेटिन

11. न्यूक्लियेज एंजाइम में क्षमता होती है–
(*a*) सभी प्रकार के आबंधों को तोड़ देने की
(*b*) फॉस्फोडाइएस्टर आबंध को तोड़ने की
(*c*) डाइसल्फाइड आबंध को तोड़ने की
(*d*) अंत्य न्यूक्लिओटाइड को निकाल देने की

12. डी. एन. ए. का वृत्ताकार अणु पाया जाता है–
(*a*) विषाणुओं में
(*b*) जीवाणुओं, हरित लवकों एवं सूत्रकणिकाओं में
(*c*) केवल जीवाणुओं एवं हरित लवकों में
(*d*) केवल जीवाणुओं में

13. डी. एन. ए., आर. एन. ए. से भिन्न होता है–
(*a*) साइटोसीन की उपस्थिति, पर गुएनीन की अनुपस्थिति में
(*b*) थायमीन की उपस्थिति, पर साइटोसीन की अनुपस्थिति में
(*c*) यूरेसिल की उपस्थिति, पर थायमीन की अनुपस्थिति में
(*d*) थायमीन की उपस्थिति, पर यूरेसिल की अनुपस्थिति में

14. शब्द संजीन का अभिप्राय जीन की पूर्ण संख्या से है जो अन्तर्विष्ट होती है–
(*a*) तने के शीर्ष की कोशिका के केन्द्रक में
(*b*) गुरुबीजाणु मातृ कोशिका के केन्द्रक में
(*c*) गुणसूत्रों के अगुणित समूह पर
(*d*) गुणसूत्रों के द्विगुणित समूह पर

15. कोशिका चक्र में विविध कालांशों का क्रम होता है–
(*a*) संश्लेषण, अन्तराल-1, अन्तराल-2, समसूत्री विभाजन अवस्था
(*b*) अन्तराल-1, संश्लेषण, अन्तराल-2, समसूत्री विभाजन अवस्था
(*c*) समसूत्री विभाजन अवस्था, संश्लेषण, अन्तराल-1, अन्तराल-2
(*d*) संश्लेषण, समसूत्री विभाजन अवस्था, अन्तराल-1, अन्तराल-2

16. डी. एन. ए. उपस्थित होता है–
(*a*) केवल केन्द्रक एवं हरित लवक में
(*b*) केवल केन्द्रक में
(*c*) केवल सूत्रकणिकाओं में
(*d*) उपर्युक्त सभी में

17. पादप जगत का असीम केन्द्रकी एवं ससीम केन्द्रकी में विभाजन आधारित है लक्षणों पर–
(*a*) केवल गुणसूत्रों के (*b*) केवल कोशिकांगों के
(*c*) केवल केन्द्रक के (*d*) उपर्युक्त सभी के

18. सिस्ट्रोन (Cistron) क्या है–
(*a*) DNA की प्रकार्यात्मक इकाई
(*b*) RNA की प्रकार्यात्मक इकाई
(*c*) DNA की अप्रकार्यात्मक इकाई
(*d*) RNA की अप्रकार्यात्मक इकाई

19. कैंसर (Cancer) निम्नलिखित में से किस एक के कारण होता है–
(*a*) समसूत्री विभाजन द्वारा निर्मित कोशिकाओं में DNA की मात्रा असमान होने से
(*b*) अनियन्त्रित एवं तीव्र अर्धसूत्री (meiosis) विभाजन द्वारा
(*c*) समसूत्री (mitosis) विभाजन को नियन्त्रित करने की प्रक्रिया के बन्द होने से
(*d*) उपर्युक्त में से कोई नहीं

20. बिना रुकावट के सामान्यतः कोशिका का सूत्री विभाजन होगा–
(*a*) जब यह S चरण में प्रवेश करती है
(*b*) जब यह G_2 चरण में प्रवेश करती है
(*c*) कोशिका विभाजन गति विधि के दौरान किसी समय
(*d*) किसी भी चरण में

21. लिंकर डी. एन. ए. (linker DNA) वह है जो–
(*a*) गुणसूत्रों का संलयन करता है
(*b*) दो न्यूक्लियोसोम का संलयन होता है
(*c*) दो डी. एन. ए. को जोड़ता है
(*d*) उपरोक्त सभी

22. लक्जरी जीन (luxury gene) वह है–
(*a*) जो कोशिका द्रव्य में स्थापित रहते हैं
(*b*) जो विश्राम काल में पड़े रहते हैं
(*c*) जो विशिष्ट कार्यों के लिये कोडिंग का कार्य करते हैं
(*d*) उपरोक्त सभी

23. हेटेरोक्रोमेटिन (heterochromatin) के लिये सत्य कथन है–
(*a*) यह अन्तरावस्था में हल्के अभिरंजित होते हैं
(*b*) इनमें DNA की मात्रा कम व RNA की मात्रा अधिक पायी जाती है
(*c*) आनुवंशिक रूप से सक्रिय होते हैं
(*d*) उपरोक्त सभी

24. निम्न में से कौन-सा डी. एन. ए. का अणु सबसे कम ताप पर पिघल जायेगा–
(*a*) 5′ A – A – T – G – C – T – G – C 3′
3′ T – T – A – C – G – A – C – G 5′
(*b*) 5′ A – A – T – A – A – A – G – C 3′
3′ T – T – A – T – T – T – C – G 3′
(*c*) 5′ G – C – A – T – A – G – C – T 3′
3′ C – G – T – A – T – C – G – A 5′
(*d*) 5′ A – T – T – C – T – G – A – T 3′
3′ T – A – A – G – A – C – T – A 5′

25. कॉलम I में पौधों का, कॉलम II में उपस्थित द्विगुणित गुणसूत्र संख्या से सही मेल कीजिये तथा उत्तर दीजिये–

कॉलम I (पौधा)	**कॉलम II द्विगुणित गुणसूत्र संख्या**
A. *Allium cepa* (प्याज)	p. 20
B. *Arachis hypogea* (मूँगफली)	q. 14
C. *Pisum sativum* (मटर)	r. 40
D. *Zea mays* (मक्का)	s. 16
	t. 46

(*a*) A = r, B = s, C = p, D = q
(*b*) A = p, B = q, C = r, D = s
(*c*) A = s, B = r, C = t, D = q
(*d*) A = s, B = r, C = q, D = p

26. कॉलम I की त्रिक कोडान को कॉलम II के अमीनो अम्ल से मेल कीजिये तथा alphabets को चुनकर सही उत्तर दीजिये–

कॉलम I त्रिक कोडोन	**कॉलम II (अमीनो अम्ल)**
A. UUU	p. ऐलेनिन
B. CCC	q. ग्लाइसिन
C. AAA	r. लाइसिन
D. GGG	s. प्रोलीन
	t. फिनाइल ऐलेनाइन

(*a*) A = q, B = r, C = s, D = t
(*b*) A = p, B = r, C = s, D = t
(*c*) A = t, B = s, C = r, D = q
(*d*) A = s, B = t, C = q, D = r

27. फेजों का सही क्रम है—
(*a*) लेप्टोटीन, पेकीटीन, जाइगोटीन, डिप्लोटीन तथा डाइकाइनेसिस
(*b*) लेप्टोटीन, डाइकाइनेसिस, पेकीटनी, डिप्लोटीन जाइगोटीन
(*c*) लेप्टोटीन, जाइगोटीन, पेकीटीन, डिप्लोटीन, डाइकाइनेसिस
(*d*) डाइकाइनेसिस, डिप्लोटीन, पेकीटीन, जाइगोटीन, लेप्टोटीन

28. निम्न में से मिओसिस की किस अवस्था में bivalents तथा DNA replication मिलेगा–
(*a*) पेकीटीन तथा इन्टरफेज (दो मीओटिक विभाजन के बीच में)
(*b*) पेकीटीन तथा इन्टरफेज (प्रोफेज I के एकदम पहले)
(*c*) पेकीटीन तथा इन्टरफेज की S फेज (मीओसिस I से एकदम पहले)
(*d*) पेकीटीन तथा G_1 फेज (प्रोफेज I की इन्टर फेज से पहले)

29. नीचे दिये गये कथनों में से कौन सही है—
(*a*) डी. एन. ए. क्षार में होते हैं एडेनीन, ग्वानीन, साइटोसीन,यूरेसिल तथा आर. एन. ए. में होते हैं एडेनीन ग्वानीन, साइटोसीन, थाइमीन
(*b*) डी. एन. ए., आर. एन. ए. बना सकता है लेकिन प्रायः आर. एन. ए., डी. एन. ए. नहीं बना सकता
(*c*) आर. एन. ए. केवल एक प्रकार का होता है जबकि डी. एन. ए. एक से अधिक प्रकार का होता है
(*d*) डी.एन. ए. एक रज्जुकीय है जबकि आर. एन. ए. द्विरज्जुकीय है

30. माइटोटिक विभाजन G_1 फेज में रूक जाता है, इस अवस्था को कहते हैं-
(*a*) G_0 फेज (*b*) G_2 फेज
(*c*) M फेज (*d*) उच्च पादप

31. कोलचीसिन कोशिका विभाजन को रोकता है, क्योंकि–
(*a*) यह गुणसूत्र को तोड़ता है
(*b*) यह गुणसूत्र के युग्म को रोकता है
(*c*) गुणसूत्रों को दोगुना कर देता है
(*d*) स्पिन्डिल को नहीं बनने देता है

32. निम्न में से गलत मेल है–
(*a*) कोड – गेमाव
(*b*) चारगॉफ – complementarity नियम
(*c*) विलिकन्स – X-ray क्रिस्टैलोग्राफी
(*d*) वॉटसन – रिवर्स ट्रान्सक्रिप्शन

33. बाह्य केन्द्रक की जीन पाये जाते हैं–
(*a*) क्लोरोप्लास्ट तथा माइटोकोण्ड्रिया में
(*b*) राइबोसोम्स तथा माइटोकोण्ड्रिया में
(*c*) लाइसोसोम तथा क्लोरोप्लास्ट में
(*d*) गॉल्जी कॉम्पलेक्स तथा राइबोसोम्स में

34. डी. एन. ए. तथा आर. एन. ए. में समानता है कि दोनों–
(*a*) न्यूक्लियोटाइड के पॉलीमर हैं
(*b*) द्विगुणन में सक्षम हैं
(*c*) समान शर्करा रखते हैं
(*d*) समान पाइरीमीडिन क्षार रखते हैं

35. निम्न में से कौन-सी mRNA की शृंखला DNA के टुकड़े से बनी है जिसमें क्षार युग्म हैं–

G A G C G C A C A
| | | | | | | | |
C T C G C G T G T

(*a*) G A G C G C A C A
(*b*) G U C C G C U G C
(*c*) C T C G C G T G T
(*d*) G U G C G C U C C

36. DNA के 50 अणु जिनमें भारी N^{15} है, दो बार स्वप्रतिकरित (replicated) ऐसे माध्यम में होते हैं जिनमें N^{15} है तब हमें मिलेंगे–
(*a*) 100 अणु आधे N^{15} आधे N^{14} तथा 100 अणु N^{14} वाले
(*b*) 100' भारी (N^{15}) तथा 100 हल्के (N^{14}) DNA अणु
(*c*) 50 भारी तथा 50 हल्के DNA अणु
(*d*) 50 भारी तथा 100 हल्के DNA अणु

37. न्यूक्लियोड है–
(*a*) एक अक्रियाशील केन्द्रक जिसमें द्विरज्जुकीय DNA प्रोटीन के साथ होता है

(*b*) क्रोमोसोम्स का समूह जो प्रोटीन से जुड़ा हो
(*c*) बिना केन्द्रिका तथा केन्द्रक झिल्ली वाला केन्द्रक
(*d*) एक गुणसूत्र जो प्रोटीन से जुड़ा हो

38. केरियोटाइप से आशय है–
(*a*) सम्पूर्ण गुणसूत्र-समुच्चय की आकारिकी
(*b*) गुणसूत्रों में विद्यमान कुल डी. एन. ए. की मात्रा
(*c*) गुणसूत्रों का आण्विक भार
(*d*) गुणसूत्रों की संख्या

39. यदि एक पूर्णतः रेडियोऐक्टिव द्विसूत्री DNA अणु को अरेडियोऐक्टिव माध्यम में रखने पर उसमें दो बार प्रतिकृति चक्र सम्पन्न हुआ हो तो चार परिणामी अणुओं में रेडियो ऐक्टिविटी की स्थिति क्या होगी?
(*a*) आधी संख्या में कोई रेडियो ऐक्टिविटी नहीं होगी
(*b*) सभी चार में अब भी रेडियो ऐक्टिविटी होगी
(*c*) चार में से तीन में रेडियो ऐक्टिविटी होगी
(*d*) सभी चार में से रेडियो ऐक्टिविटी समाप्त हो जायेगी

40. निम्नलिखित में से कौन-सी भिन्नता प्रोकैरियोटिक कोशिकाओं और यूकैरियोटिक कोशिकाओं में विभेद करने के लिये सबसे अधिक उपयुक्त होगी–
(*a*) डी. एन. ए. और केन्द्रक का अभाव
(*b*) परिक्षित डी. एन. ए. का बिना सीमक केन्द्रक झिल्ली के होना और सीमक झिल्लियों वाले अंगकों जैसे प्लास्टिड और माइटोकॉण्ड्रिया का अभाव होना
(*c*) राइबोसोमों का अभाव
(*d*) जीव रसायन का मूल रूप से भिन्न होना

41. समसूत्री विभाजन भिन्न है अर्द्धसूत्री विभाजन से–
(*a*) चार अगुणित कोशिकाओं के निर्माण में
(*b*) इस क्रिया के प्रारम्भ में प्रत्येक गुणसूत्र अपने को द्विगुणित कर लेता है और अनुलिपियाँ तर्कु के ध्रुवों में अलग हो जाती हैं
(*c*) प्रत्येक गुणसूत्र प्रत्यक्ष में द्विगुण होता है और उनके युग्मों में चार-बार अर्द्धगुणसूत्र दिखाई देते हैं
(*d*) एक-दूसरे की बगल में स्थित होकर (साइनेप्सिस) समजात गुणसूत्रों का युग्मन तथा उसके पश्चात् समजात गुणसूत्रों का अलग केन्द्रकों में विभाजित होना

42. खुराना को निम्नलिखित के अन्वेषण का श्रेय जाता है–
(*a*) डी. एन. ए. की दोहरी सूत्र रचना
(*b*) न्यूक्लिक अम्लों में बेसों का आयोजन
(*c*) कृत्रिम जीन का संश्लेषण
(*d*) कृत्रिम निषेचन

43. जब पृथक किये गये डी. एन. ए. के घोल को 82-90°C पर रखा जाता है तो–
(*a*) यह अप्रभावित रहता है
(*b*) यह आर. एन. ए. में परिवर्तित हो जाता है
(*c*) यह दस लाख टुकड़ों में टुट जाता है
(*d*) उसकी द्विचक्राकार कुण्डली दो सूत्रों में खुल जाती है

44. DNA आर. एन. ए. से भिन्न है–
(*a*) केवल पिरिमिडिनों के स्वरूप में
(*b*) शर्करा तथा पिरिमिडिनों के स्वरूप में
(*c*) केवल प्यूरीनों के स्वरूप में
(*d*) केवल शर्करा के स्वरूप में

45. माइटोकॉण्ड्रिया तथा क्लोरोप्लास्ट में DNA की उपस्थिति की परिकल्पना बताती है कि–
(*a*) माइटोकॉण्ड्रिया तथा क्लोरोप्लास्ट स्वतन्त्रजीवी की तरह उत्पन्न होती हैं
(*b*) ग्लाइकोलिसिस माइटोकॉण्ड्रिया तथा क्लोरोप्लास्ट में होती है
(*c*) ATP माइटोकॉण्ड्रिया तथा क्लोरोप्लास्ट में बनते हैं
(*d*) माइटोकॉण्ड्रिया तथा क्लोरोप्लास्ट दोनों में सूत्री तथा अर्द्धसूत्री विभाजन केन्द्रक से स्वतन्त्र होता है

46. एसिटेबुलेरिया पर प्रयोग सिद्ध करता है कि–
(*a*) केन्द्रक-कोशिकाद्रव्यी अनुपात स्थिर होता है
(*b*) गुणसूत्र आनुवंशिकता के धारक होते हैं
(*c*) केन्द्रक एक व्यक्ति की आनुवंशिकता को निर्धारित करता है
(*d*) कोशिकाद्रव्य विभेदन में महत्वपूर्ण भूमिका निभाता है

47. डी. एन. ए. प्रायः एक सांच (Template) की भाँति कार्य करता है, संश्लेषण के लिए–
(*a*) केवल प्रोटीन के
(*b*) केवल डी. एन. ए. के
(*c*) केवल आर. एन. ए. के
(*d*) डी. एन. ए. तथा आर. एन. ए. दोनों के

48. सन् 1838 में अपने तथा दूसरों के प्रेक्षणों पर आधारित, श्वान ने एक कथन प्रस्तुत किया कि सभी जीवधारी

कोशिकाओं के बने होते हैं। जब सन् 1838 में इसका प्रतिपादन हुआ तो यह कथन था–

(*a*) एक धारणा (*b*) एक प्रेक्षण
(*c*) एक सामान्य बात (*d*) एक नियम

49. एक न्यूक्लियोटाइड में होते हैं–
(*a*) नाइट्रोजन क्षारक, पेण्टोज शर्करा तथा फॉस्फेट
(*b*) नाइट्रोजन क्षारक तथा पेण्टोज शर्करा
(*c*) नाइट्रोजन क्षारक तथा फॉस्फेट
(*d*) पेण्टोज शर्करा तथा फॉस्फेट

50. अधिकतर कौन–सी तीन कोशिकीय संरचनाएँ प्रत्यक्ष रूप से जातियों की निरंतरता (Continuation) से सम्बन्धित होती हैं?
(*a*) कोशिका कला, केन्द्रक, माइटोकॉण्ड्रिया
(*b*) कोशिकाद्रव्य, कोशिका कला, रिक्तिकाएँ
(*c*) कोशिकाद्रव्य, कोशिका भित्ति, लवक
(*d*) केन्द्रक, गुणसूत्र, जीन्स

51. निम्नलिखित में से कौन-सा अवरोधी क्रम में आनुपातिक माप की सही तरतीब को प्रदर्शित करता है?
(*a*) केन्द्रक, जल अणु, कोशिका गुणसूत्र, ऑक्सीजन परमाणु
(*b*) कोशिका, केन्द्रक, गुणसूत्र, जल अणु, ऑक्सीजन परमाणु
(*c*) गुणसूत्र, कोशिका, केन्द्रक, जल अणु, ऑक्सीजन परमाणु
(*d*) कोशिका, केन्द्रक, जल अणु, ऑक्सीजन परमाणु, गुणसूत्र

52. केन्द्रक कला तथा माइटोकॉण्ड्रिया के अभाव वाली कोशिका का उदाहरण होता है–
(*a*) शैवाल की कोशिका (*b*) कवक की कोशिका
(*c*) जीवाणु की कोशिका (*d*) प्रोटोजोआ की कोशिका

53. गलत कथन को बताइये–
(*a*) सभी सजीव पादप कोशिका में क्लोरोफिल होता है
(*b*) सभी कोशिकाओं में वास्तविक केन्द्रक नहीं होता है
(*c*) श्वसन माइटोकॉण्ड्रिया में होता है
(*d*) कोशिका भित्तियाँ प्रायः सेल्यूलोज की बनी होती हैं

54. प्रोकैरियोटा जीवधारियों का एक समूह होता है–
(*a*) सुविकसित केन्द्रक युक्त
(*b*) जिनमें क्लोरोफिल का अभाव होता है
(*c*) जिनमें केन्द्रक कला, केन्द्रिका एवं गुणसूत्री मैट्रिक्स का अभाव होता है
(*d*) जिनमें कोशिका बिना कोशिका भित्ति वाली होती है

55. प्रोकैरियोटा का अभिप्राय है–
(*a*) एक केन्द्रक युक्त एक कोशिका
(*b*) हरितलवक रहित एक कोशिका
(*c*) अनेक केन्द्रकों युक्त एक कोशिका
(*d*) विसरित केन्द्रक युक्त एक कोशिका

56. सजीव कोशिका में निम्नलिखित स्थलों में से किसमें संदेशवाहक आर. एन. ए. बनता है?
(*a*) अंतःप्रद्रव्यी जालिका के अन्दर
(*b*) माइट्रोकॉण्ड्रिया के भीतर
(*c*) केन्द्रक के भीतर किन्तु केन्द्रिका के बाहर
(*d*) केन्द्रिका के भीतर

57. केन्द्रिका (Nucleolus) मुख्यतः बने होते हैं–
(*a*) आर. एन. ए. द्वारा
(*b*) आर. एन. ए. व प्रोटीन द्वारा
(*c*) डी. एन. ए. द्वारा
(*d*) डी. एन. ए. व आर. एन. ए. द्वारा

58. केन्द्रक कला की संरचना सुविधा प्रदान करती है–
(*a*) तर्कुओं के संगठन को
(*b*) संतति गुणसूत्रों के पश्चावस्थीय प्रकथन को
(*c*) पदार्थों के केन्द्रक-कोशिका द्रव्यी विनिमय को
(*d*) अर्द्धसूत्री विभाजन में समजात गुणसूत्रों की सिनेप्सिम को

59. कलायें पायी जाती हैं–
(*a*) कोशिका द्रव्य, हरित लवकों एवं माइटोकॉण्ड्रिया में
(*b*) गुणसूत्रों, हरित लवकों एवं मण्ड कणों में
(*c*) कोशिका द्रव्य, केन्द्रकों तथा मण्ड कणों में
(*d*) गुणसूत्रों, केन्द्रकों तथा माइटोकॉण्ड्रिया में

60. सेण्ट्रोमीयर सम्बन्धित होता है–
(*a*) गुणसूत्रों की स्प्लिटिंग (Splitting) से
(*b*) तर्कु तन्तुओं के निर्माण से
(*c*) ध्रुवों की ओर गुणसूत्रों की गति से
(*d*) डी. एन. ए. के द्विगुणन से

61. केन्द्राभ या न्यूक्लियोइड्स (nucleoids) पाये जाते हैं, सभी–
(*a*) जीवाणु कोशिकाओं में
(*b*) पादप कोशिकाओं में
(*c*) जीवाणु कोशिकाओं तथा नीले हरे शैवालों में
(*d*) पादप कोशिकाओं, जीवाणु कोशिकाओं एवं नीले हरे शैवालों में

62. अर्द्धसूत्री विभाजन 1 के प्रोफेज में उपयुक्त क्रम कौन-सा है–
(*a*) डिप्लोटीन, जाइगोटीन, लेप्टोटीन, डायकाइनेसिस, पेक्राइटीन
(*b*) जाइगोटीन, लेप्टोटीन, पेकाइटीन, डायकाइनेसिस, डिप्लोटीन
(*c*) पेकाइटीन, लेप्टोटीन, जाइगोटीन, डिप्लोटीन, डायकाइनेसिस
(*d*) लेप्टोटीन, जाइगोटीन, पेकाइटीन, डिप्लोटीन, डायकाइनेसिस

63. डिसजन्कशन एक ऐसी क्रिया है, जिसमें–
(*a*) गुणसूत्र का ऐनाफेज स्थिति में अलग होना
(*b*) गुणसूत्रीय अनियमितता (क्रोमोसोमल एब्रेशन) का ऐसा प्रकार जिसमें कि गुणसूत्र का हिस्सा निकल जाता है
(*c*) फफूँद और अन्य थैलोफाइट में असामंजस्यता का पाया जाना
(*d*) नानऐलीलिक जीन के द्वारा जीन की क्रिया में परिवर्तन

64. निम्न लक्षण प्रोकेरियोटी व यूकेरियोटी दोनों प्रकार की कोशिकाओं में पाया जाता है–
(*a*) DNA एवं RNA की उपस्थिति
(*b*) माइटोकॉण्ड्रिया की उपस्थिति
(*c*) एक से अधिक गुणसूत्रों की उपस्थिति
(*d*) सूक्ष्म नलिकाओं की उपस्थिति

65. एक DNA शृंखला जो mRNA के संश्लेषण में टेम्पलेट का काम करती हैं, उसमें बेस क्रम निम्नलिखित है–
AGCTTCGA,
mRNA में बेस क्रम क्या होगा?
(*a*) TCGAAGCT (*b*) UCGAAGCU
(*c*) UCGUAGCT (*d*) UCGAAGCT

66. विषमसूत्रक (meiosis) में दो विभाजन हैं, ये विभाजन हैं–
(*a*) एक केन्द्रकीय विभाजन और एक कायिक विभाजन
(*b*) एक मध्यवर्ती विभाजन और एक केन्द्रीय विभाजन
(*c*) एक लघुकरण विभाजन और एक समसूत्री विभाजन
(*d*) एक लघुकरण विभाजन और एक कोशिका विभाजन

67. आनुवंशिक विनिमय (crossing over) में होता है–
(*a*) गुणसूत्रों का विलोचन
(*b*) गुणसूत्रों का जुड़ना
(*c*) आनुवंशिक पदार्थ का विनिमय
(*d*) गुणसूत्रों का द्विगुणन

68. जीन नियन्त्रण करती है–
(*a*) प्रोटीन संश्लेषण का, किन्तु आनुवंशिकता का नहीं
(*b*) प्रोटीन संश्लेषण तथा आनुवंशिकता का
(*c*) आनुवंशिकता का किन्तु प्रोटीन संश्लेषण का नहीं
(*d*) कुछ एन्जाइमों की जीव रासायनिक अभिक्रियाओं का

69. यदि किसी जीव की कोशिकाओं से DNA हटाकर उसी जाति के अन्य जीव की कोशिकाओं में जोड़ दिया जाये तो ग्राही कोशिका प्रायः दाता कोशिकाओं के लक्षण दर्शाती है, इस तथ्य से सबसे सुरक्षित निष्कर्ष निकाला जा सकता है–
(*a*) दोनों कोशिकाओं के DNA ने नवीन लक्षण उत्पन्न करने के लिये प्रतिक्रिया की है
(*b*) डी. एन. ए. आनुवंशिक सूचना ले जाता है
(*c*) दोनों कोशिकाओं का DNA समरूप है
(*d*) दोनों कोशिकाओं का DNA संयुक्त कर दिया गया है

70. सही कथन यह है कि–
(*a*) RNA एकसूत्रीय है
(*b*) अधिकांश कोशिकीय RNA एकसूत्रीय है
(*c*) RNA द्विसूत्रीय है
(*d*) दोनों RNA (एकसूत्रीय और द्वि-सूत्रीय) बराबर भात्रा में मिलते हैं

71. डी. एन. ए. के बारे में गलत कथन है कि–
(*a*) बेसेज में थाइमीन शामिल है
(*b*) यह केवल एक प्रकार का होता है
(*c*) पेन्टोज शुगर-डि ऑक्सीराइबोज है
(*d*) डी. एन. ए. के न्यूक्लियोटाइड्स की संख्या आर.एन. ए. से कम होती है

72. एक जीवित कोशिका में कोशिका-विभाजन एक सामान्य क्रिया है, परन्तु किसी अंग में अचानक एवं असामान्य विभाजन का फल होगा–

(*a*) एक नवीन अंग (*b*) कैंसर

(*c*) विदलन (*d*) गैस्ट्रूला

73. जीन है–

(*a*) डी. एन. ए. का एक भाग

(*b*) डी. एन. ए. और हिस्टोन का एक भाग

(*c*) डी. एन. ए., आर. एन. ए. और हिस्टोन का एक भाग

(*d*) ऊपर के सभी

74. सूची I और सूची II का मेल कीजिये और संकेतावली का प्रयोग करते हुये सही उत्तर चुनिये–

सूची I	**सूची II**
1. लाइगेस	डी. एन. ए. के छोटे खण्डों को जोड़ता है।
2. डी. एन. ए. पोलीमेरेस	विशिष्ट डी. एन. ए. क्रम पर डी. एन. ए. को काटता है
3. हेलीकेस	डी. एन. ए. नियमन के समय पूरक युग्मों के बीच हाइड्रोजन बंधन को तोड़ता है

संकेतावली

(*a*) 1, 2 और 3 सत्य हैं

(*b*) 1 और 2 सत्य हैं, 3 असत्य है

(*c*) 1 सत्य है, 2 और 3 असत्य हैं

(*d*) 1 और 3 सत्य हैं, 2 असत्य है

75. निम्नलिखित में से कौन-सी जाति के गुणसूत्र प्रारूप की परिभाषा में प्रयोग किये जाते हैं–इस विषय वस्तु में एक या उससे अधिक दिये हुए उत्तर सत्य हो सकते हैं निर्णय कीजिये कि कौन से सत्य हैं।

1. गुणसूत्रों की संख्या
2. गुणसूत्रों की लम्बाई
3. गुणसूत्र विन्दु की स्थिति

(*a*) 1, 2 और 3 सत्य हैं

(*b*) केवल 1 और 2 सत्य हैं

(*c*) केवल 2 और 3 सत्य हैं

(*d*) केवल 1 और 3 असत्य हैं

76. **कथन अः** ससीमकेन्द्रकी कोशिकाओं में असीम केन्द्रकी कोशिकाओं से डी. एन. ए. अधिक होता है

कारण रः ससीमकेन्द्रकी आनुवंशिक रूप से असीम केन्द्रकी से अधिक जटिल है।

(*a*) दोनों, (अ) और (र) सत्य हैं और (र) सही स्पष्टीकरण है (अ) का

(*b*) दोनों, (अ) और (र) सत्य हैं किन्तु (र) सही स्पष्टीकरण नहीं है (अ) का

(*c*) (अ) सत्य है परन्तु (र) असत्य है

(*d*) (अ) असत्य है परन्तु (र) सत्य है

77. एक चतुष्क में पाये जाते हैं–

(*a*) चार असमजात अर्ध गुण सूत्र

(*b*) चार असमजात गुणसूत्र

(*c*) दो समजात गुणसूत्रों का समुच्चय, हर में दो अर्ध गुणसूत्र

(*d*) चार समजात युग्म गुणसूत्रों के

78. माइटोसिस की क्रिया 4 भागों में विभक्त है। उस ठीक क्रम को पहचानिये जो माइटोसिस में पाई जाती है–

(*a*) पश्चावस्था, मध्यावस्था, अंत्यावस्था और पूर्वावस्था

(*b*) अंत्यावस्था, पश्चावस्था, मध्यावस्था और पूर्वावस्था

(*c*) मध्यावस्था, पूर्वावस्था, पश्चावस्था और अंत्यावस्था

(*d*) पूर्वावस्था, मध्यावस्था, पश्चानस्था और अंत्यावस्था

79. निम्नलिखित में से किस युग्म का सही मेल नहीं मिलाया गया है–

(*a*) पुनर्योजन डी. एन. ए. – डी. एन.ए. जो विभिन्न स्त्रोतों से प्राप्त डी. एन. ए. के खण्डों को मिलाने से बना है।

(*b*) प्यूरिन–नाइट्रोजन क्षारक, साइटोसिन, थाइमिन और यूरेसिल

(*c*) ए. टी. पी.–कोशिका में मुख्य ऊर्जा वाहक यौगिक

(*d*) आर. एन. ए.–आर. एन. ए. अणु राइबोसोम में होता है

80. सूची I और सूची II का मेल कीजिये और नीचे दी गयी संकेतावली का प्रयोग करके उत्तरों को छाँटिये–

सूची I (वैज्ञानिक)	सूची II (खोज)
1. फ्रेडरिक ग्रिफिथ	रूपान्तरण की परिघटना
2. गैमोव	एक अमीनो अम्ल के लिये तीन न्यूक्लिओटाइड संकेतावली का अनुक्रम
3. फ्रेडरिक मिशनर	डी. एन. ए. शब्द को प्रथम बार प्रयुक्त किया

संकेतावली

(*a*) 1, 2, और 3 सत्य हैं
(*b*) 1 और 2 सत्य हैं, 3 असत्य है
(*c*) 1 सत्य है, 2 और 3 असत्य हैं
(*d*) 1 और 3 सत्य हैं, 2 असत्य है

81. निम्नलिखित में से कौन-सा युग्म ठीक प्रकार से मिलाया गया है–

(*a*) फ्रेडरिक ग्रिफिथ	रूपान्तरण की परिघटना की खोज की
(*b*) लाइनस पॉलिंग	डी. एन. ए. का प्रथम बार पृथक्करण किया
(*c*) फ्रांसिस क्रिक	एक जीन एक पॉलीपेप्टाइड परिकल्पना का प्रस्ताव रखा
(*d*) जॉर्ज बीडले	आन्तर्जात त्रुटि की धारणा का प्रस्ताव रखा

82. सन् 1970 में हरगोविन्द खुराना द्वारा कृत्रिम रूप से संश्लेषित प्रथम जीन था–
(*a*) यीस्ट ऐलेनिन t- आर. एन. ए. सिन्थेज का जीन
(*b*) नाइट्रोजन यौगिकीकरण का जीन
(*c*) रेस्ट्रिक्शन एण्डोन्यूक्लियेज का जीन
(*d*) डी. एन. ए. पौलीमरेज का जीन

83. कवक न्यूरोस्पोरा का अत्यधिक उपयोग प्रायोगिक पदार्थ के रूप में हुआ है, अध्ययन में–
(*a*) आनुवंशिकी के
(*b*) श्वसन के
(*c*) राइजोस्फीयर के
(*d*) पोषद परजीवी अंतर्अभिक्रिया (Interaction) के

84. बीडल तथा टाटम ने न्यूरोस्पोरा के जीवरासायनिक उत्परिवर्तनों की आनुवंशिकी पर कार्य करके एक नये विज्ञान (Science) का विकास किया जिसे कहते हैं–
(*a*) आनुवंशिक अभियांत्रिक (Genetic Engineering)
(*b*) जीव-रासायनिक आनुवंशिकी (Biochemical Genetics)
(*c*) जीव तकनीक विज्ञान (Biotechnology)
(*d*) डेण्ड्रोक्रोनोलॉजी (Dendrochronology)

85. जीन की जीव रासायनिक प्रकृति को बताया था–
(*a*) एच. जी. खुराना ने
(*b*) जैकब तथा मोनाड ने
(*c*) हौजी तथा निरेनबर्ग ने
(*d*) एवरी, मैक लियोड तथा मैक कार्टी ने

86. बारबैरा मैक क्लिन्टौक के कार्य ने प्रदर्शित किया कि मक्का में–
(*a*) जीनों में अनुलेखित आर. एन. ए. परिपक्व m-आर. एन. ए. के निर्माण हेतु रिपोर्ट होता है
(*b*) जीन्स स्थिर रूप में गुणसूत्रों के विशिष्ट केन्द्रों पर स्थित होते हैं
(*c*) कुछ विशेष जीन्स एक गुणसूत्र से दूसरे में अथवा उसी गुणसूत्र के भीतर गति करते हैं
(*d*) गुणसूत्रों के बीच में कायज्मेटा निर्माण के दौरान जीनों का विनिमय होता है

87. प्लियोट्रोपिक जीन वह होता है जो–
(*a*) एक लक्षण को प्रभावित करता है
(*b*) एक से अधिक लक्षणों को प्रभावित करता है
(*c*) पाँच से अधिक लक्षणों को प्रभावित करता है
(*d*) दस से अधिक लक्षणों को प्रभावित करता है

88. जीन्स गुणसूत्रों पर स्थित होते हैं यह प्रतिपादित किया था–
(*a*) जैकब तथा मोनाड ने
(*b*) मार्गन तथा ब्रिजेज ने
(*c*) वाट्सन तथा क्रिक ने
(*d*) एवरी, मैक लियोड तथ मैक कार्टी ने

89. इनमें से कौन-सा ओन्कोजीन (Oncogene) होने के लिये प्रोटोन्कोजीन (protoncogene) उत्पन्न करेगा?
(*a*) कोशिका का विषाणु द्वारा संक्रमण
(*b*) विकिरण के लिये कोशिका का खुलाव (Exposure)

(*c*) विशेष रसायनों के लिये कोशिका का खुलाव
(*d*) उपरोक्त सभी

90. एक कोशिका कैंसर वाली (Cancerous) हैं तो आपको असामान्यता (Abnormality) कहाँ पर मिलेगी?
(*a*) केवल कोशिकाद्रव्यी अभिक्रियाओं में
(*b*) केवल केन्द्रक में
(*c*) केवल जीव-कला ग्राही रचनाओं में
(*d*) वृद्धि एवं कोशिका विभाजन से सम्बन्धित कोशिका के किसी भाग में

91. पोलीपेप्टाइड के संश्लेषण में कोड स्थानान्तरण की सही तरकीब होती है–
(*a*) t- आर. एन. ए., m- आर. एन. ए., डी. एन. ए. पोलीपेप्टाइड।
(*b*) m- आर. एन. ए., t- आर. एन. ए., डी. एन. ए, अमीनो अम्ल
(*c*) अमीनो अम्ल,टी-आर. एन. एन., m- आर. एन. ए, r- आर. एन. ए.
(*d*) डी. एन. ए., m- आर. एन. ए., t- आर. एन. ए, अमीनो अम्ल

92. एक अज्ञात (Nonsense) कोडोन का कार्य होता है–
(*a*) एक अविशेषीकृत अमीनों अम्ल का निर्माण करना
(*b*) जीन नियंत्रित प्रोटीन संश्लेषण की सूचना को टर्मीनेट करना
(*c*) ज्ञात डी. एन. ए. को अज्ञात डी. एन. ए. में बदलना
(*d*) टी-आर. एन. ए. से पोलीपेप्टाइड शृंखला को मुक्त करना

93. निरेनबर्ग ने 34 पौली-एडेनिन (A-A-A-A-A-A) वाले एक m- आर. एन. ए. को संश्लेषित किया और 11 पौली-लायसिन के बने एक पौलीपेप्टाइड को प्राप्त किया, इसने सिद्ध किया कि लाइसिन के लिये आनुवंशिक कोड था–
(*a*) अनेक एडेनिन (*b*) अकेला एडेनिन
(*c*) A-A डब्लेट (*d*) A-A-A ट्रिप्लेट

94. इसके वृद्धि विभव द्वारा आंकी गयी पूर्वकेन्द्रकीय कोशिका का कौन-सा प्रकार अधिक सफल होगा?
(*a*) वह जो थोड़े समय में अपने थोड़े से जीनों को प्रकट करती है
(*b*) वह जो किसी भी समय अपने किन्हीं जीनों को प्रकट करने में असमर्थ होती है
(*c*) वह जो केवल उस समय विभाजित होती है जब माध्यम से सभी प्रकार के अमीनो अम्ल तथा शर्कराएँ उपस्थिति होती हैं
(*d*) वह जो पूरे समय अपने सभी जीनों को प्रकट करने में समर्थ होती है

95. वोबिल की परिकल्पना ने क्या बताया?
(*a*) पेप्टाइड शृंखला के प्रारम्भन की क्रिया को
(*b*) पेप्टाइड शृंखला के टर्मीनेशन की क्रिया को
(*c*) पेप्टाइड शृंखला के दीर्घीकरण की क्रिया को
(*d*) t- आर. एन. ए. अणुओं की संख्या की आर्थिकी (Economy) को

96. यूकैरियोट्स डी. एन. ए. द्विगुणन की क्रिया विधि में प्रोकैरियोट्स से भिन्न होते हैं–
(*a*) लैगिंग तथा लीण्डिग तन्तुओं के संश्लेषण हेतु विभिन्न एन्जाइमों (उसी एन्जाइम के बदले में) के कारण
(*b*) अर्द्धसतत् (Semi-discontinuous) द्विगुणन की अपेक्षा असतत् द्विगुणन के कारण
(*c*) आर. एन. ए. प्राइमर्स की अपेक्षा डी. एन. ए. प्राइमर्स के प्रयोग के कारण
(*d*) द्विदिशीय द्विगुणन की अपेक्षा एकदिशीय द्विगुणन के कारण

97. पूर्वकेन्द्रीय कोशिकाओं को पहचान सकते हैं–
(*a*) विशेष केन्द्रक-कला की उपस्थिति द्वारा
(*b*) क्रोमैटिन पदार्थ की अनुपस्थिति द्वारा
(*c*) विशेष गुणसूत्रों की उपस्थिति द्वारा
(*d*) केन्द्रक कला की अनुपस्थिति द्वारा

98. यूकैरियोटिक गुणसूत्र बने होते हैं–
(*a*) डी. एन. ए. तथा प्रोटीनों के
(*b*) डी. एन. ए. तथा लिपिड्स के
(*c*) डी. एन. ए. के
(*d*) आर. एन. ए. के

99. ए. कोर्नबर्ग तथा एस. ओकोआ को नोबेल पुरस्कार दिया गया–

(*a*) उत्परिवर्तन वाद के लिये

(*b*) एक जीन एक एन्जाइम सिद्धान्त के लिये

(*c*) प्राकृतिक वरण के सिद्धान्त के लिये

(*d*) डी. एन. ए. तथा आर. एन. ए. के कृत्रिम संश्लेषण के लिए

100. अकेले अर्द्धसूत्री विभाजन से उत्पन्न चार संतति कोशिकायें एक दूसरे से भिन्न होती हैं–

(*a*) गुणसूत्र संख्या में अन्तर के कारण

(*b*) केवल पारगमन (crossing over) के कारण

(*c*) केवल गुणसूत्रों के स्वतन्त्र अपव्यूहन के कारण

(*d*) पारगमन के साथ-साथ गुणसूत्रों के स्वतन्त्र अपव्यूहन के कारण

उत्तरमाला

1	2	3	4	5	6	7	8	9	10
(*b*)	(*b*)	(*d*)	(*d*)	(*b*)	(*d*)	(*b*)	(*c*)	(*d*)	(*c*)
11	**12**	**13**	**14**	**15**	**16**	**17**	**18**	**19**	**20**
(*b*)	(*b*)	(*d*)	(*c*)	(*b*)	(*d*)	(*c*)	(*a*)	(*c*)	(*a*)
21	**22**	**23**	**24**	**25**	**26**	**27**	**28**	**29**	**30**
(*c*)	(*c*)	(*b*)	(*b*)	(*d*)	(*c*)	(*c*)	(*c*)	(*b*)	(*a*)
31	**32**	**33**	**34**	**35**	**36**	**37**	**38**	**39**	**40**
(*d*)	(*d*)	(*a*)	(*a*)	(*a*)	(*a*)	(*c*)	(*a*)	(*a*)	(*b*)
41	**42**	**43**	**44**	**45**	**46**	**47**	**48**	**49**	**50**
(*b*)	(*c*)	(*c*)	(*b*)	(*a*)	(*c*)	(*d*)	(*a*)	(*a*)	(*d*)
51	**52**	**53**	**54**	**55**	**56**	**57**	**58**	**59**	**60**
(*b*)	(*c*)	(*a*)	(*c*)	(*d*)	(*c*)	(*b*)	(*c*)	(*a*)	(*c*)
61	**62**	**63**	**64**	**65**	**66**	**67**	**68**	**69**	**70**
(*c*)	(*d*)	(*a*)	(*a*)	(*b*)	(*c*)	(*c*)	(*b*)	(*b*)	(*b*)
71	**72**	**73**	**74**	**75**	**76**	**77**	**78**	**79**	**80**
(*d*)	(*b*)	(*a*)	(*d*)	(*c*)	(*a*)	(*c*)	(*d*)	(*b*)	(*a*)
81	**82**	**83**	**84**	**85**	**86**	**87**	**88**	**89**	**90**
(*a*)	(*a*)	(*a*)	(*b*)	(*d*)	(*c*)	(*b*)	(*b*)	(*d*)	(*d*)
91	**92**	**93**	**94**	**95**	**96**	**97**	**98**	**99**	**100**
(*d*)	(*d*)	(*d*)	(*c*)	(*d*)	(*a*)	(*d*)	(*a*)	(*d*)	(*d*)

❑❑❑

CHAPTER 4

आनुवंशिकता
GENETICS

- आनुवंशिकता के अन्तर्गत, एक पीढ़ी से दूसरी पीढ़ी में लक्षणों का स्थानांतरण तथा आनुवंशिकी विभिन्नताओं (Hereditary Variations) के निर्माण का अध्ययन किया जाता है।
- मेण्डल को आनुवंशिकी का पिता कहा जाता हैं।

संकरण की विधि (Method of Hybridisation)

संकरण के लिये विशिष्ट लक्षण वाले दो पौधे चुने जाते हैं। इनके बीच पर-परागण (cross pollination) किया जाता है। मटर के पुष्प स्वपरागणी होने के कारण एक ही पौधे के परागकोश (anther) और बीजाण्ड (ovule) के बीच परागण हो सकता है। इसे रोकने के लिए मादा जनक (female parent) के पुष्प का **परागकोश (anther) परिपक्व होने से पूर्व काट दिया जाता है** जिसे **विपुंसन (emasculation)** कहते हैं। वर्तिकाग्र (stigma) को बाहरी पराग कणों (pollen grains) से सुरक्षित रखने के लिए फूल को प्लास्टिक की थैली से ढ़क देते हैं। यह पौधा तथा पुष्प मादा जनक होता है।

नर जनक के पराग कण (pollen grains) जब परिपक्व हो जाते हैं तब मादा जनक के वर्तिकाग्र पर डालकर कृत्रिम परागण किया जाता है। इसके पश्चात् पुष्प में निषेचन (fertilization) होता है और बीज बनने दिये जाते हैं। इन बीजों से बनी संतति को **प्रथम संतानीय पीढ़ी** या F_1 पीढ़ी (first filial generation) कहते हैं। प्रथम संतानीय पीढ़ी के दो पौधों के (नर तथा मादा जनक की भाँति उपयोग करके) संकरण द्वारा उत्पन्न अगली पीढ़ी को **द्वितीय संतानीय पीढ़ी** या F_2 पीढ़ी (second filial generation) कहते हैं।

मेण्डल के कार्य और परिणाम (Mendel's Work and Results)

मेण्डल द्वारा मटर पर किये गये प्रयोगों के परिणामों का विश्लेषण किया गया। जिसके फलस्वरूप कुछ मुख्य और मूलभूत विचार तथा तथ्य सामने आये। इनका वर्णन निम्नलिखित शीर्षकों में किया गया है।

[I] प्रभाविता (Dominance)

जब दो विपरीत ऐलील (opposite alleles) जीवधारी में साथ आते हैं, तब उनमें से केवल एक बाह्य रूप से दिखाई पड़ता है (visible expression) और दूसरा दबा हुआ (latent), इस तथ्य को **प्रभाविता** (dominance) कहते हैं। दिखाई देने वाले लक्षण को **प्रभावी** (dominant) तथा न दिखाई देने वाले लक्षण को **अप्रभावी** (recessive) कहा जाता है।

तालिका 4.1 मेण्डल के काम से सम्बन्धित कुछ शब्दावली (Some Terminology Related to Mendelism)

शब्द (Term)	व्याख्या (Explanation)	उदाहरण (Example)
1	2	3
जीन (gene)	विशेष लक्षण के लिये आनुवंशिकी की मूलभूत इकाई (basic unit of inheritance)	बीज का आकार (seed shape)
ऐलील अथवा युग्मविकल्पी (allele)	एक ही जीन के दो वैकल्पिक (alternative) प्रकार।	T अथवा t

1	2	3
समयुग्मजी (homozygous)	द्विगुणित अवस्था (diploid stage) जिसमें दोनों ऐलील एक से (identical) होते हैं। इन्हें शुद्ध (pure) लक्षणी अथवा शुद्ध पौधे (true breeding) भी कहते हैं।	TT अथवा tt
विषमयुग्मजी (heterozygous)	द्विगुणित अवस्था, जिसमें दोनों ऐलील (alleles) अलग-अलग (different) होते हैं।	Tt
समलक्षणी (phenotype)	किसी भी लक्षण का बाहरी या दृश्य रूप से दिखाई देना।	लम्बा अथवा बौना
समजीनी (genotype)	किसी भी लक्षण की ऐलील के जोड़ों का संकेत (symbol) अथवा सांकेतिक रूप।	TT, Tt, tt
प्रभावी (dominant)	वह ऐलील जो समयुग्मजी अथवा विषमयुग्मजी अवस्था में बाह्य रूप से (phenotypically) दिखाई पड़ती है।	T
अप्रभावी (recessive)	वह ऐलील जो केवल समयुग्मजी स्थिति में बाहर से दिखाई देती है तथा विषमयुग्मजी स्थिति में दिखाई नहीं देती।	t
एकसंकर (monohybrid)	जिस संकर में केवल एक जोड़ी ऐलील अथवा केवल एक लक्षण का उपयोग किया जाता है।	Tall (TT) × Dwarf (tt)
F_1 पीढ़ी (First filial generation)	दो जनकों (parents) के संकरण अथवा क्रॉस से बनायी गयी पीढ़ी।	TT × tt.......... Tt.........F_1
F_2 पीढ़ी (Second filial generation)	यह F_1 पीढ़ी के दो जीवधारियों के संकरण द्वारा बनायी जाती है।	Tt × Tt .... (F_1) F_2.........
परीक्षार्थ संकरण (test cross)	अप्रभावी जनक (recessive parent) के साथ F_1 पीढ़ी का संकरण।	tt (P) × Tt (F_1)

[II] मेण्डल का विसंयोजन का नियम अथवा युग्मकों की शुद्धता का नियम (Mendel's Law of Segregation or Purity of Gametes)

F_1 पीढ़ी विषमयुग्मजी (Tt) होने के कारण इसमें प्रभावी (T) और अप्रभावी (t) दोनों ऐलील होते हैं। परन्तु केवल प्रभावी लक्षण ही दिखाई देते हैं। क्या यह स्थिति अगली पीढ़ी में भी इसी प्रकार बनी रहेगी अथवा प्रभावी और अप्रभावी ऐलील पुनः अलग होकर दिखाई देंगे। इसे देखने के लिये F_1 पीढ़ी के पौधे में स्वपरागण (self pollination) द्वारा F_2 पीढ़ी का निर्माण किया गया। इस पीढ़ी में मिलने वाले 4 संभावित पौधों में से 3 पौधों में प्रभावी और 1 पौधे में अप्रभावी लक्षण दिखाई पड़े। इससे यह पता चला कि F_1 पीढ़ी में पाये जाने वाले प्रभावी और अप्रभावी दोनों लक्षण अलग होकर F_2 पीढ़ी में दिखाई देते हैं।

इस प्रकार विसंयोजन (segregation) के नियम से यह स्पष्ट होता है कि एक जोड़ी के ऐलील युग्मक (gamete) बनते समय एक दूसरे से अलग (segregate) हो जाते हैं। फलस्वरूप प्रत्येक युग्मक में दो में से केवल एक ऐलील होता है। यह युग्मक उन सभी लक्षणों के लिये, जिनके एक-एक ऐलील होते हैं, शुद्ध (pure) होता है। प्रत्येक लक्षण के दोनों ऐलील, युग्मकों के संगलन (fusion) अथवा निषेचन (fertilization) द्वारा पुनः जोड़ी बना लेते हैं। इसलिये द्विगुणित जीवधारी में प्रत्येक लक्षण के लिये दो ऐलील (pair) होते हैं।

इस प्रकार F_2 पीढ़ी में मिलने वाले पौधों का समलक्षणी अनुपात (phenotypic ratio) 3:1 होता है अर्थात् तीन पौधे प्रभावी और एक पौधा अप्रभावी लक्षण दिखाता है। 3 प्रभावी लक्षण दिखाने वाले पौधों में एक शुद्ध (pure) अथवा समयुग्मजी प्रभावी (homozygous dominant, TT) और दो विषमयुग्मजी (heterozygous, Tt) होते हैं। शेष एक अप्रभावी लक्षण दिखाने वाला पौधा शुद्ध (pure अथवा true breeding) अथवा समयुग्मजी अप्रभावी (homozygous recessive, tt) होता है।

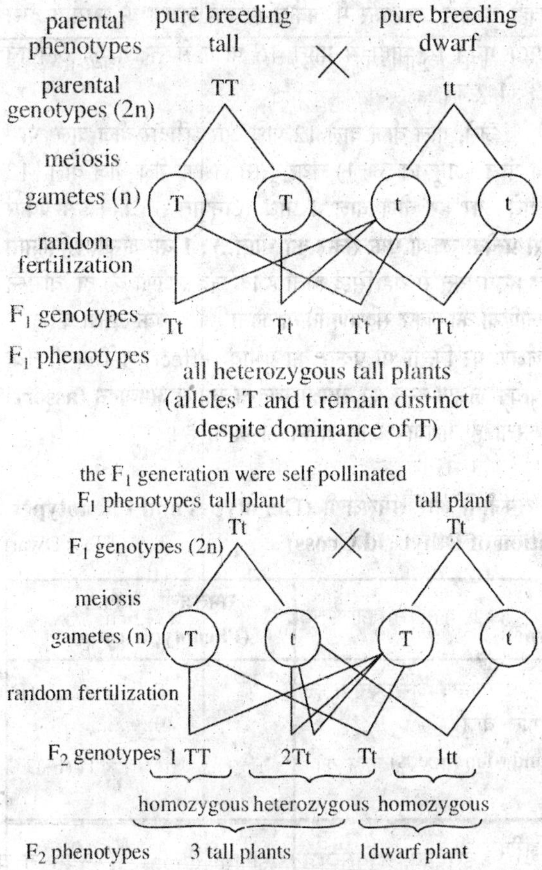

चित्र 4.1: मेण्डल का विसंयोजन का नियम (Law of Segregation) प्रदर्शित करने के लिए किया गया एकसंकर संकरण (monohybrid cross) ।

[III] मेण्डल का स्वतंत्र अपव्यूहन का नियम (Mendel's Law of Independent Assortment)

एक अन्य प्रयोग में मेण्डल ने ऐलील की दो जोड़ियों (two pairs of alleles) को लेकर क्रॉस किया। इसे द्विसंकर क्रॉस कहा जाता है। उदाहरण बीज के आकार (seed shape) की ऐलील (round और wrinkled) क्या बीज के रंग (seed colour) की ऐलील (yellow और green) को प्रभावित करती है अथवा पहले जैसे ही विसंयोजन (segregation) दिखाती है?

मेण्डल ने द्विसंकर प्रयोग किया। उन्होंने दो शुद्ध प्रजननी (true breeding अथवा homozygous) पौधों के बीच क्रॉस (संकरण) किया। उदाहरण के लिए उन्होंने पीले और गोल बीज वाले समयुग्मजी प्रभावी (homozygous dominant) पौधों के साथ हरे और झुर्रीदार बीज वाले समयुग्मजी अप्रभावी (homozygous recessive) पौधों का संकरण (क्रॉस) किया। पीले (yellow seed colour) और गोल (round shape) बीज वाले पौधे के समजीनी (genotype) YYRR तथा हरे (green) और झुर्रीदार (wrinkled) बीज वाले पौधे के समजीनी yyrr से प्रदर्शित किया जाता है।

इस क्रॉस से बने सभी F_1 पौधे (hybrid plants) पीले और गोल बीज वाले होते हैं। इस प्रकार यह भी एकसंकर क्रॉस की भाँति विषमयुग्मजी (YyRr) होते हैं तथा प्रभावी लक्षण प्रदर्शित करते हैं।

F_1 पीढ़ी के पौधों में स्वपरागण द्वारा F_2 पीढ़ी बनायी गयी। F_1 पीढ़ी के पौधों के बीच संकरण से उत्पन्न F_2 पीढ़ी में निम्नलिखित चार संयोजन पाये गये।

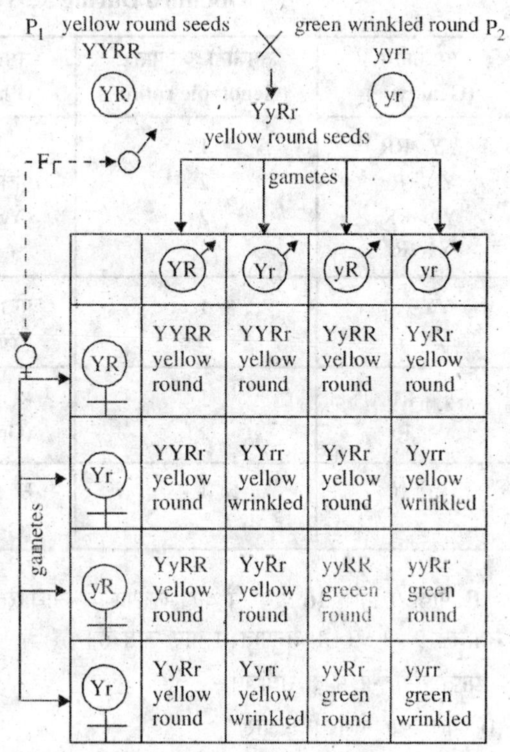

चित्र 4.2: मेण्डल का द्विसंकरण प्रयोग। यह स्वतन्त्र अपव्यूहन का नियम (Law of Independent Assortment) प्रदर्शित करता है।

(1) पीले तथा गोल बीज, 9

(2) पीले तथा झुर्रीदार बीज, 3

(3) हरे तथा गोल बीज, 3

(4) हरे तथा झुर्रीदार बीज, 1

प्रायिकता का नियम (Law of Probability)

इस नियम के अनुसार यदि दो या दो से अधिक स्वतन्त्र घटनायें (events) एक साथ होती हैं, तब परिणाम वही होते हैं जो एक अकेली स्वतन्त्र घटना के होते हैं। इसी प्रकार द्विसंकर में, जब दो स्वतन्त्र लक्षणों का एक साथ उपयोग किया गया तब परिणाम वही थे जैसे एकसंकर में अकेले स्वतन्त्र लक्षण के उपयोग द्वारा पाये गये। F_2 पीढ़ी में प्राप्त 16 पौधों में लक्षण का अनुपात 3 : 1 रहा।

जैसे, गोल बीज वाले 12 पौधे और झुर्रीदार बीज वाले पौधे 4 पौधे (अनुपात 3 : 1) तथा दूसरा लक्षण पीले बीज वाले 12 पौधे और हरे बीज वाले 4 पौधे (अनुपात 3 : 1)। **इस प्रकार से प्रत्येक लक्षण एक संकर की भाँति 3 : 1 का अनुपात दिखाता है।** उपरोक्त से यह सिद्ध होता है कि जब लक्षणों की दो विभिन्न जोड़ियों को लेकर संकरण किया जाता है तब एक लक्षण का दूसरे लक्षण पर किसी भी प्रकार का प्रभाव (effect) नहीं होता, तथा प्रत्येक लक्षण दूसरे की अपेक्षा स्वतन्त्र रूप से **अपव्यूहन (assort)** करता है अथवा अलग-अलग हो जाता है।

तालिकाः 4.2 द्विसंकरण प्रयोगों के F_2 पीढ़ी में प्राप्त परिणामों का समजीनी और समलक्षणी (Genotypes and Phenotypes Obtained During F_2 Generation of Dihybrid Cross)

समजीनीय (Genotype)	समजीनी अनुपात (Genotypic ratio)	समलक्षणी (Phenotype)	समलक्षणी अनुपात (Phenotypic ratio)
YY RR YY Rr Yy RR Yy Rr	1 2 2 4	पीले और गोल बीज (Yellow and round seeds)	9
YY rr Yy rr	1 2	पीले और झुर्रीदार बीज (Yellow and wrinkled seeds)	3
yy RR yy Rr	1 2	हरे और गोल बीज (Green and round seeds)	3
yy rr	1	हरे और झुर्रीदार बीज (Green and wrinkled seeds)	1

F_2 पीढ़ी में प्राप्त 16 पौधों में बाह्य लक्षणों पर आधारित 4 संयोजन 9 : 3 : 3 : 1 अनुपात में पाए जाते हैं।

प्राप्त संयोजनों में दो संयोजन -

(I) पीले तथा गोल बीज और

(II) हरे तथा झुर्रीदार बीज या तो जनकीय पीढ़ी अथवा प्रथम संतानीय पीढ़ी में दिखाई देते हैं।

शेष दो संयोजन -

(I) पीले तथा झुर्रीदार बीज और

(II) हरे तथा गोल बीज, नये हैं तथा पहली बार F_2 पीढ़ी में दिखाई देते हैं। इन्हें **पुनर्योजन (recombinants)** कहते हैं और ये तभी बनते हैं जब प्रत्येक लक्षण के ऐलील स्वतन्त्र रूप से अलग होकर दूसरे लक्षण के ऐलील के साथ संयोजन (combination) करते हैं।

इस प्रकार स्वतंत्र अपव्यूहन के नियमानुसार दो या दो से अधिक जोड़ी ऐलील की प्रत्येक ऐलील एक ही समय पर अलग होकर दूसरी जोड़ी के ऐलील के साथ नया संयोजन बनाने के लिये स्वतंत्र होती है।

मटर में सहलग्नता (Linkage) और स्वतंत्र अपव्यूहन (Independent Assortment)

मटर में क्रोमोसोम की सात जोड़ियाँ होती हैं। मेण्डल ने जिन सात जोड़ी लक्षणों का अध्ययन किया था वे अलग-अलग सात क्रोमोसोमों पर नहीं होते हैं। **लेम्परेक्ट (H. Lamprecht, 1961)** ने बताया कि वे केवल चार क्रोमोसोमों पर ही स्थित होते हैं। अतः यह स्वाभाविक है कि इनमें से कुछ क्रोमोसोमों पर एक से अधिक लक्षण होंगे। इनमें एक ही क्रोमोसोम पर पाये जाने वाले संयोजन (combinations) निम्नानुसार हैं-

(I) बीजपत्रों का रंग (cotyledon colour) और बीजचोल का रंग (seed coat colour), क्रोमोसोम क्रमांक 1 पर,

(II) फली का रूप (pod form) और फूल का स्थान (flower position) क्रोमोसोम क्रमांक 4 पर और

(III) फूल का स्थान और तने की लम्बाई (stem length) क्रोमोसोम क्रमांक 4 पर।

इस प्रकार उपरोक्त जोड़ियाँ सहलग्न (linked) होती हैं। फिर भी ये सहलग्नता (linkage) नहीं दिखाती क्योंकि प्रत्येक जोड़ी एक दूसरे से काफी अधिक दूरी पर स्थित होती है। अतः ये जोड़ियाँ भी स्वतंत्र अपव्यूहन (Independent Assortment) दिखाती हैं।

फली (पॉड) का रूप (pod form) और तने की लम्बाई (stem length), ये दो लक्षण भी एक क्रोमोसोम पर पाये जाते है और ये सहलग्न भी होते हैं। परन्तु मेण्डल ने इस जोड़ी के बारे में अपने अनुसंधान पत्र में कुछ भी नहीं वर्णन किया।

परीक्षार्थ संकरण (Test Cross)

प्रभावी लक्षण बाहरी रूप से दो विभिन्न समजीनियों के कारण दिखाई दे सकता है। ये समजीनी निम्नानुसार है-

(I) विषमयुग्मजी (heterozygous) जैसे Tt और

(II) समयुग्मजी प्रभावी (homozygous dominant) जैसे TT। इन दो स्थितियों को केवल बाह्य लक्षणों के आधार पर पहचानना असंभव है। इसलिये, इन दोनों स्थितियों का पता चलाने के लिये मेण्डल ने परीक्षार्थ संकरण (test cross) की विधि का उपयोग किया।

1. प्रथम स्थिति

(परीक्षार्थ संकरण = Test cross) में विषमयुग्मजी F_1 के संकर (hybrid) का समयुग्मजी अप्रभावी (homozygous recessive) जनक के साथ क्रॉस किया जाता है। इस एक संकर में मिलने वाले पौधों में 50% विषमयुग्मजी (homozygous) और 50% समयुग्मजी (homozygous) अप्रभावी पौधे होते हैं। उदाहरण के लिए F_1 के लम्बे (Tt) पौधे का समयुग्मजी अप्रभावी बौने जनक (tt) के साथ क्रॉस करते हैं। फलस्वरूप 50% विषमयुग्मजी (Tt) पौधे लम्बे होते हैं तथा शेष 50% पौधे समयुग्मजी अप्रभावी (tt) पौधे बौने होते हैं। इस प्रकार प्रभावी और अप्रभावी लक्षण 1 : 1 के अनुपात में दिखाई देते हैं। (चित्र 4.3)

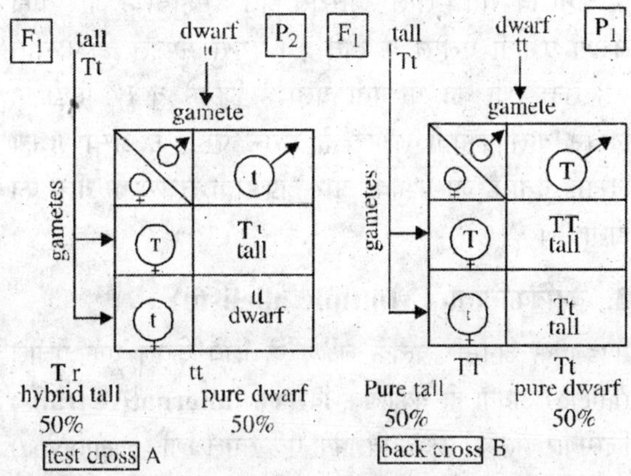

चित्र 4.3: एकसंकर परीक्षार्थ संकरण (monohybrid test cross): A. परीक्षार्थ संकरण (test cross), B. संकर पूर्वज संकरण (back cross)।

2. दूसरी स्थिति

(प्रतीप संकरण = Back cross) में विषमयुग्मजी F_1 के संकर का समयुग्मजी प्रभावी (homozygous dominant) जनक (TT) के साथ क्रॉस करते हैं तब F_2 पीढ़ी में मिलने वाले सभी पौधे लम्बे होते हैं तथा केवल प्रभावी लक्षण दिखाते हैं।

द्विसंकर परीक्षार्थ संकरण (dihybrid test cross) के फलस्वरूप F_2 पीढ़ी में चार संयोजन 1 : 1 : 1 : 1 अनुपात में पाये जाते हैं।

मेण्डलवाद के अपवाद (Exceptions to Mendelism)

1. जीनी अन्योन्यक्रिया (Interaction of genes)

मेण्डल के अनुसार प्रत्येक लक्षण एक जीन द्वारा नियन्त्रित होता है, परन्तु अब यह पता चला है कि कुछ लक्षण एक से अधिक जीन द्वारा प्रभावित होते हैं। इस प्रकार के अनेक उदाहरण भी ज्ञात हैं।

2. अपूर्ण प्रभाविता (Incomplete dominance):

मेण्डल ने अपने प्रयोगों में सात जोड़ी लक्षणें का उपयोग किया। इनमें से प्रत्येक जोड़ी में एक ऐलील प्रभावी तथा दूसरा अप्रभावी था। F_1 पीढ़ी में संकर विषमयुग्मजी (जोड़ी के दोनों विपरीत ऐलील उपस्थित होते हैं) होता है और बाह्य लक्षण प्रभावी ऐलील के होते हैं। परन्तु मेण्डल के पश्चात ऐसे उदाहरणों का भी पता चला है जिनमें वे F_1 पीढ़ी के दिखने वाले प्रभावी लक्षण के स्थान पर एक अन्य लक्षण दिखाई देता है जो प्रभावी और अप्रभावी लक्षण के बीच का होता है।

3. बहुविकल्पिता (Multiple allelism)

मेण्डल के अनुसार प्रत्येक लक्षण के लिये केवल एक ऐलील (allele) अथवा दो **वैकल्पिक विशेषक (alternative traits)** जिम्मेवार होते हैं। प्रत्येक विशेषक एक समलक्षणी (phenotype) व्यक्त करता है।

मेण्डल के पश्चात किये गये अध्ययनों द्वारा यह पता चला है कि प्रत्येक लक्षण के लिये दो से अधिक वैकल्पिक ऐलील होना भी सम्भव है।

4. सहलग्नता (Linkage)

स्वतन्त्र अपव्यूहन (Independent Assortment) के नियमानुसार युग्मक में वितरण के समय ऐलील स्वतन्त्र रूप से अलग होते हैं। उदाहरणार्थ, समजीनीय (genotype) AaBb, स्वतन्त्र अपव्यूहन के समय चार प्रकार के युग्मक (AB, Ab, aB, तथा ab) समान अनुपात (1 : 1 : 1 : 1) में बनाता है, तथा F_2 पीढ़ी में 9 : 3 : 3 : 1 अनुपात और परीक्षार्थ संकरण में 1 : 1 : 1 : 1 अनुपात प्राप्त होता है। ऐलील का स्वतंत्र रूप से अलग होना तभी संभव है जब लक्षणों की जोड़ियाँ अलग-अलग असमजात क्रोमोसोम (non-homologous chromosomes) पर स्थित होती हैं। एक ही क्रोमोसोम पर स्थित अनेक जीन (लक्षण) अथवा ऐलील एक दूसरे से सहलग्न (linked) होती हैं और स्वतन्त्र रूप से अलग नहीं हो पातीं।

मेण्डलवाद का महत्व (Importance of Mendelism)

(i) इनके द्वारा प्रभावी तथा अप्रभावी लक्षणों का पता चलाया जा सकता है।

(ii) लक्षणों का संकरण में उपयोग करके उपयुक्त लक्षण वाली सन्तति का निर्माण करना सम्भव है। रोगमुक्त तथा **रोग प्रतिरोधी** (disease resistant) पौधों का निर्माण, अधिक दाने उत्पन्न करने वाले गेहूँ की किस्मों (जैसे **नार्मन बोरलोग** Norman Borlaug नोबेल पुरस्कार विजेता ने बनायी), इत्यादि का निर्माण किया जाता है।

(iii) कृषि सम्बन्धी उपयुक्त पौधों का निर्माण भी सम्भव है।

(iv) शुद्ध (pure) पौधों का निर्माण, अप्रभावी परन्तु उपयुक्त लक्षणों का उपयोग करते हुए, किया जा सकता है।

(v) संकरणों द्वारा सम्भावित सन्तति के लक्षणों का अनुमान लगाना सरल है।

बहुविकल्पीय प्रश्न

1. आनुवंशिकी वह शाखा है जिसमें अध्ययन किया जाता है–
(*a*) पौधों तथा वातावरण के पारस्परिक सम्बन्ध का
(*b*) वंशागति एवं विभिन्नता का
(*c*) कोशिकीय संरचना का
(*d*) तापीय संरचनाओं का

2. निम्नलिखित में से किसको आनुवंशिकी का पिता कहा जाता है?
(*a*) सी. डार्विन
(*b*) बेंजामीन
(*c*) मेण्डल
(*d*) ह्यूगो डी व्रीज

3. आनुवंशिकता के नियमों के अध्ययन को लागू किया–
(*a*) डार्विन ने (*b*) ह्यूगो डी व्रीज ने
(*c*) लैमार्क ने (*d*) मेण्डल ने

4. एक रंगान्ध पुरुष का विवाह एक रंगान्ध पुरुष की सामान्य पुत्री से हो जाता है बताइये कि इस दम्पत्ति की सन्तानें कैसी होंगी–
(*a*) पुत्रों में से आधे रंगान्ध होंगे
(*b*) सभी पुत्र रंगान्ध होंगे
(*c*) सभी पुत्रियाँ रंगान्ध होंगी
(*d*) कोई भी पुत्री रंगान्ध नहीं होगी

5. बहुगुणित (यूपॉलीप्लोयडी) में–
(*a*) एक गुणित (हैपलायड) संख्या का गुणन होता है
(*b*) गुणसूत्र की संरचना में परिवर्तन होता है
(*c*) जीन्स की स्थिति में परिवर्तन होता है
(*d*) उपरोक्त में से कोई नहीं

6. कोलचीसीन निम्न में से कौन-सा प्रभाव डालता है?
(*a*) DNA का द्विगुणन
(*b*) गुणसूत्रों का द्विगुणन
(*c*) स्पिंडल तन्तुओं का बनना
(*d*) मध्य पट्टलिका के बनने में अवरोधक

7. न्यूक्लिक अम्ल पस कोशिकाओं में से पहली बार किसने अलग किया?
(*a*) रॉबर्ट ब्राउन ने (*b*) फ्लेमिग ने
(*c*) रॉबर्ट हुक ने (*d*) एफ. मिशर ने

8. DNA टेम्पलेट में RNA का निर्माण किस प्रकिण्व द्वारा उत्प्रेरित होता है–
(*a*) रिवर्स ट्रान्सक्रिप्टेस (*b*) RNA पालीमेरेज
(*c*) DNA पालीमेरेज (*d*) न्यूक्लियेज

9. किस एन्जाइम द्वारा आर. एन. ए., डी. एन. ए. बना सकती हैं–
(*a*) रेस्ट्रिकंशन एन्जाइम
(*b*) डी. एन. ए. पालीमेरेज
(*c*) आर. एन. ए. पालीमेरेज
(*d*) रिवर्स ट्रान्सक्रिप्टेज

10. गुणसूत्रों पर अपनी स्थिति बदलते रहने वाले तनित जीन्स (Transposon) को क्या कहते हैं?
(*a*) निवेशन जीन्स (*b*) कुदान (Jumping) जीन्स
(*c*) विभक्त जीन्स (*d*) अति व्यापन जीन्स

11. रंग वर्णान्ध पुत्री उत्पन्न हो सकती है जब–
(*a*) माता रंगवर्णान्ध तथा पिता वाहक हो लेकिन रंग वर्णान्ध न हो
(*b*) माता वाहक हो तथा पिता रंग वर्णान्ध हो
(*c*) माता एवं पिता वाहक हो लेकिन रंग वर्णान्ध न हो
(*d*) माता सामान्य हो और वाहक भी न हो लेकिन पिता रंग वर्णान्ध हो

12. अर्द्धसूत्री विभाजन में विनिमय चार सूत्रीय अवस्था में होता है यह किस प्रेक्षण द्वारा सिद्ध होती है?
(*a*) कायजमेटा केवल चार सूत्री अवस्था में देखा जा सकता है
(*b*) अर्द्धसूत्री विभाजन से बने चारों युग्मक पुर्नसंयोजक होते हैं
(*c*) अधिकतर अर्द्धसूत्री विभाजन से बने दो युग्मक पुर्नसंयोजक होते हैं
(*d*) अर्द्धसूत्री विभाजन से बने चारों युग्मक में से कोई एक मुश्किल से पुर्नसंयोजक होता है

13. ऐसिटाबुलेरिया का उपयोग एक प्रयोगात्मक जीव की तरह यह सिद्ध करने के लिये किया गया था कि–
(*a*) जीन्स गुणसूत्रों पर स्थित होते हैं
(*b*) गुणसूत्र आनुवंशिक लक्षणों के वाहक होते हैं
(*c*) जीव के लक्षण कोशिका के केन्द्रक द्वारा नियन्त्रित किये जाते हैं
(*d*) एक जीन एक एन्जाइम से सम्बन्धित होता है

14. मेण्डल के नियम केवल तब आरोपित होते हैं जब–
(*a*) जब माता-पिता शुद्ध ब्रीडिंग (Pure breeding) होते हैं
(*b*) लक्षण आपरा गें जुड़े होते हैं
(*c*) एक युग्म के विपरीत लक्षण दूसरे युग्म के लक्षणों पर निर्भर होते हैं
(*d*) एक संकरीय क्रास में F_1 दो प्रकार के प्रतिनिधियों को दर्शाता है

15. द्विसंकर क्रॉस AABB × aabb में F_2 पीढ़ी में जीनोटाइप AABB, AABb, AaBB और aabb किस अनुपात में होंगे–
(*a*) 1 : 1 : 1 : 1 (*b*) 9 : 3 : 3 : 1
(*c*) 3 : 3 : 1 : 1 (*d*) 1 : 2 : 2 : 1

16. यदि एक द्विसंकर संकरण में मेण्डल दो ऐसे लक्षण प्रयोग करते जो सहलग्न हों तब किस नियम का परिणाम बताना कठिन होता–

(*a*) पृथक्करण का नियम
(*b*) स्वतन्त्र अपव्यूहन का नियम
(*c*) प्रभाविता का नियम
(*d*) उपरोक्त सभी

17. दो सहलग्न जीन्स के बीच होने वाले क्रासिंग ओवर (विनिमय) की प्रतिशतता को जानना अति आवश्यक है क्योंकि–

(*a*) यह जनसंख्या में विषमजातता के सन्तुलन में सहायता करती है
(*b*) गुणसूत्र पर जीन्स की सापेक्षिक स्थिति को बताता है
(*c*) यह जीव में विषमता का स्थितिकरण करता है
(*d*) यह युग्मता और प्रतिकर्षण के तथ्य को समझाती है

18. जब जनक पीढ़ी के किसी भी जनक पौधे का प्रथम सन्तानीय पीढ़ी के पौधे के साथ संकरण कराया जाता है, तो उसे कहते हैं–

(*a*) एक संकर क्रास
(*b*) द्विसंकर क्रास
(*c*) प्रतीप क्रास (संकर पूर्वज क्रास)
(*d*) पारम्परिक क्रास

19. द्विसंकर क्रास फीनोटाइप को 9 : 3 : 3 : 1 के अनुपात में प्रस्तुत करता है क्योंकि–

(*a*) प्रत्येक लक्षणों के युग्म में एक फीनोटाइप प्रभावी होता है
(*b*) दो जोड़े लक्षणों का नियन्त्रण करने वाले कारकों का स्वतन्त्र अपव्यूहन के कारण
(*c*) प्रभाविता और स्वतन्त्र अपव्यूहन संयुक्त प्रभाव रखते हैं
(*d*) विनिमय के कारण

20. सूची-I को सूची-II से मिलाकर नीचे दिये कूट का प्रयोग करते हुए सही उत्तर का चयन करिये–

सूची-I (संलक्षण)	सूची-II (गुणसूत्र अपसभा न्याता)
i. पटाउ संलक्षण	(*a*) 44 + XXY = 47
ii. क्लाइन फेल्टर संलक्षण	(*b*) 44 + X = 45
iii. डाउन संलक्षण	(*c*) 46 + 1 = 47 गुणसूत्र 13
iv. टर्नर संलक्षण	(*d*) 46 + 1 = 47 गुणसूत्र 21

(*a*) i ii iii iv
a b c d
(*b*) i ii iii iv
d c b a
(*c*) i ii iii iv
c b d a
(*d*) i ii iii iv
c a d b

21. यदि घुंघराले बालों वाले व्यक्ति का विवाह सीधे बालों वाली स्त्री से होता है और यदि उनके 8 बच्चे हुए तो बच्चों में घुंघराले बाल व सीधे बाल किस अनुपात में होंगे?

(*a*) 1 : 2
(*b*) 3 : 5
(*c*) 5 : 3
(*d*) 3 : 1

22. हाइबीडोमा शिल्प विज्ञान विकसित किया–

(*a*) टेगार्ट ने 1982 में
(*b*) प्राई एवं सेक्सटन ने 1987 में
(*c*) विटेला एवं साथियों ने 1982 में
(*d*) व्युएलियो या मिल्सटाईन ने 1982 में

23. मानव में सन्तान का लिंग निर्धारण होता है–

(*a*) माँ के लिंग गुणसूत्र से
(*b*) पिता के लिंग गुणसूत्र से
(*c*) अंडाणु के माप से
(*d*) शुक्राणु के माप से

24. कोशिका में किसी प्रोटीन का संश्लेषण निर्धारित होता है–

(*a*) राइबोसोम के प्रकार से
(*b*) माइटोकॉण्ड्रिया से
(*c*) डी. एन. ए. में न्यूक्लियोटाइडों के क्रम से
(*d*) डी. एन. ए. में शर्कराओं और फॉस्फेटों से

25. गुणसूत्री भागों के आदान-प्रदान की क्रिया कहलाती है–

(*a*) सहलग्नता
(*b*) विनिमय
(*c*) पृथक्करण
(*d*) पुनः संयोजन

26. F_1 पीढ़ी का पौधा, जिसका जिनोटाइप AA Bb CC है, के स्वपरागण से प्राप्त F_2 पीढ़ी का अनुपात है–

(*a*) 3 : 1
(*b*) 1 : 1
(*c*) 9 : 3 : 3 : 1
(*d*) 27 : 9 : 9 : 9 : 3 : 3 : 3 : 1

27. यदि एक वर्णान्ध पुरुष का विवाह एक सामान्य स्त्री से किया जाता है, तब रोग के दृष्टिकोण से उनकी संतानें होंगी–

(*a*) सभी पुत्र वर्णान्ध होंगे
(*b*) सभी पुत्रियाँ वर्णान्ध होंगी
(*c*) सभी पुत्र एवं पुत्रियाँ सामान्य होंगे, परन्तु पुत्रियाँ वाहक होंगी
(*d*) सभी पुत्र एवं पुत्रियाँ वर्णान्ध होंगे

28. एम्नियोसेंटोसिस के द्वारा भ्रूण कोशिकाओं का संवर्धन किया जा सकता है और भ्रूण की अनेक व्याधियों के संसूचन के परीक्षण किये जा सकते हैं–
(*a*) गुणसूत्र प्रारूप द्वारा
(*b*) एन्जाइम उत्पादन द्वारा
(*c*) डी. एन. ए. विश्लेषण द्वारा
(*d*) इन सभी विधियों द्वारा

29. लैम्ब्रश गुणसूत्र विशेष प्रकार के गुणसूत्र होते हैं, जो पाये जाते हैं–
(*a*) डिप्टेरा की लार-ग्रन्थि कोशिकाओं में
(*b*) सरीसृप की जनन कोशिकाओं में
(*c*) उभयचारियों के अण्डक में
(*d*) मस्तिष्कीय आदि कोशिकाओं में

30. वह सिद्धान्त, जिसमें X गुणसूत्रों की संख्या और आटोसोमों के पूर्ण समुच्चय की संख्या के अनुपात से लिंग निर्धारित होता है, कहलाता है–
(*a*) लिंग निर्धारण का गुणसूत्रीय सिद्धान्त
(*b*) लिंग निर्धारण का जीनी समन्वय सिद्धान्त
(*c*) लिंग निर्धारण का हार्मोनी समन्वय सिद्धान्त
(*d*) पर्यावरणीय लिंग निर्धारण सिद्धान्त

31. यदि मटर के संकर लाल पुष्पों के पौधों को शुद्ध पौधों के जनकों के साथ क्रास कराया जाये तो सन्तानों में–
(*a*) सभी लाल पुष्पों के पौधे होंगे
(*b*) सभी सफेद पुष्पों के पौधे होंगे
(*c*) 50% लाल तथा 50% सफेद पुष्पों के पौधे होंगे
(*d*) 3 लाल, 1 सफेद अनुपात में होंगे

32. मनुष्यों में रक्त समूह के वंशागत लक्षण दर्शाते हैं–
(*a*) गुणात्मक लक्षणों को
(*b*) संख्यात्मक लक्षण को
(*c*) बहु लक्षणों को (मल्टीपल)
(*d*) पोलीजीनिक लक्षणों को

33. मानव में पाई जाने वाली एक अपसामान्यता, जिसे टर्नर संलक्षण कहते हैं, जिसमें प्रभावित व्यक्ति समलक्षणी रूप से मादा होते हैं परन्तु उनके जननांग व स्तन अल्पवर्धित होते हैं, का कारण होता है–
(*a*) एक X गुणसूत्र की कमी
(*b*) एक Y गुणसूत्र की कमी
(*c*) दोनों X गुणसूत्रों की कमी
(*d*) XY गुणसूत्रों की कमी

34. पुरुषों में होने वाली एक अपसामान्यता, जिसमें वृषण के ठीक से परिवर्धन न होने के कारण, वे सदैव बांझ होते हैं, क्योंकि उनमें एक अतिरिक्त X गुणसूत्र (47-XXY) होता है कहलाती है–
(*a*) हंटिंगटन व्याधि
(*b*) मार्फन संलक्षण
(*c*) क्लाइनफेल्टर संलक्षण
(*d*) टर्नर संलक्षण

35. निम्न में से कौन RNA Splicing के बाद exon टुकड़ों को जोड़ता है–
(*a*) RNA पॉलिमरेज (*b*) RNA प्राइमेज
(*c*) RNA लाइगेज (*d*) RNA प्रोटीयेज

36. एक गैमीट में होता है–
(*a*) एक जीन के सभी युग्मविकल्पी
(*b*) एक जीन के बहुत से युग्मविकल्पी
(*c*) एक जीन एक युग्मविकल्पी
(*d*) एक जीन का दो युग्मविकल्पी

37. प्रथम स्तनधारी क्लोन डॉली को बनाया था–
(*a*) मेण्डल ने (*b*) थामस किंग ने
(*c*) राबर्ट ब्रिग्स ने (*d*) आयन विल्मट ने

38. मानव में त्वचा के रंग की आनुवंशिकता है–
(*a*) मोनोजेनिक (*b*) पॉलीजेनिक (Polygenic)
(*c*) लिंग सहलग्न (*d*) बहुविकल्पी

39. 21वें गुणसूत्र की एकाधिसूत्रता मनुष्यों में उत्पन्न करती है–
(*a*) क्लाइनेफेल्टर सिन्ड्रोम
(*b*) टर्नर सिन्ड्रोम
(*c*) सिकिल कोशिका एनिमिया
(*d*) डाउनसिन्ड्रोम

40. निम्न में कौन सही मेल है–

(*a*) डाउन सिन्ड्रोम - 21 गुणसूत्र

(*b*) सिकिल कोशिका एनिमिया - X गुणसूत्र

(*c*) होमोफिलिया - Y गुणसूत्र

(*d*) पारकिन्सन रोग - X तथा Y गुणसूत्र

41. निकट भूत में मानव गुणसूत्रों का अध्ययन एक ऐसी तकनीक द्वारा किया गया है जिसमें विशेष रंजक का प्रयोग करते हैं, जो बहुधा प्रतिदीप्तिकारी होती है, इसे कहते हैं–

(*a*) रंजक तकनीक

(*b*) बैडिंग तकनीक

(*c*) अतिसूक्ष्म रंजक तकनीक

(*d*) गुणसूत्र प्रारूपीय तकनीक

42. गुणसूत्र केन्द्रक में एक धागे जैसी संरचना होते हैं इसका वर्णन सर्वप्रथम किया था–

(*a*) मेण्डल ने (*b*) स्ट्रासबर्गर ने

(*c*) डार्विन ने (*d*) लेविंजकी ने

43. गुणसूत्र की जीनी सूचना को एक कोशिका पीढ़ी से दूसरी पीढ़ी में ले जाने का कार्य प्रतिपादित होता है–

(*a*) आर. एन. ए. द्वारा (*b*) डी. एन. ए. द्वारा

(*c*) हिस्टोन द्वारा (*d*) कैल्शियम द्वारा

44. जीन नियन्त्रण का ऑपरेशन मॉडल किसने प्रस्तावित किया?

(*a*) खुराना (*b*) मोनाड

(*c*) जैकब (*d*) जैकब तथा मोनोड

45. मेण्डल को किसका जनक (पिता) कहा जाता है–

(*a*) पादापाश्म विज्ञान (*b*) आनुवंशिकी

(*c*) वर्गिकी (*d*) उपर्युक्त में से कोई नहीं

46. इनमें से कौन सूत्री विभाजन का लक्षण नहीं है?

(*a*) लेप्टोटीन (*b*) जाइगोटीन

(*c*) पैकीटीन (*d*) उपर्युक्त सभी

47. अपूर्ण प्रभाविता पायी जाती है–

(*a*) *पाइसम सेटाइवम* में

(*b*) *एन्टिराइनम मेजस* में

(*c*) *पाइसम सेटाइवम* एवं *एन्टिराइनम मेजस* दोनों में

(*d*) इनमें से कोई नहीं

48. गुणसूत्र बाह्य आनुवंशिक पदार्थ जीवाणु होता है–

(*a*) प्लास्मिड में (*b*) माइक्रोसोम में

(*c*) राइबोसोम में (*d*) इनमें से कोई नहीं

49. स्थानान्तरण प्रक्रिया है जिसमें–

(*a*) डी. एन. ए. का निर्माण होता है डी. एन. ए. के टेम्पलेट पर

(*b*) आर. एन. ए. का निर्माण होता है डी. एन. ए. के टेम्पलेट पर

(*c*) डी. एन. ए. का निर्माण होता है आर. एन. ए. के टेम्पलेट पर

(*d*) प्रोटीन का निर्माण होता है आर. एन. ए. के संदेश पर

50. अनुलेखन के लिये कौन-से प्रकिण्व जिम्मेदार हैं–

(*a*) डी. एन. ए. पॉलीमरेज

(*b*) आर. एन. ए. पॉलीमरेज

(*c*) उल्टा ट्रांसक्रिप्टेज

(*d*) डी. एन. ए. पॉलीमरेज II

51. संरचनात्मक जीन्स के कार्य का नियन्त्रण होता है–

(*a*) आपरेटर द्वारा (*b*) प्रोमोटर द्वारा

(*c*) लाइगेस द्वारा (*d*) रेग्यूलेटरी जीन द्वारा

52. एक उत्परिवर्तित सूक्ष्मजीवी जो अपनी वृद्धि के लिये आवश्यक किसी पदार्थ का संश्लेषण न कर सकता हो परन्तु पदार्थ बाहर से माध्यम में दे दिये जाने पर वृद्धि की क्षमता रखता हो, कहलाता है–

(*a*) असर्व संश्लेषी (*b*) सर्व संश्लेषी

(*c*) स्वपोषी (*d*) इनमें से कोई नहीं

53. ओपेरॉन मॉडल सर्वप्रथम किसने व्याख्यायित किया था?

(*a*) फ्रेन्काई जैकब

(*b*) जैकस मोनाड

(*c*) फ्रेन्काई जैकब एवम् जैकस मोनाड

(*d*) इनमें से कोई नहीं

54. आनुवंशिक इन्जीनियरिंग सम्भव है–

(*a*) जीवाणुओं में ट्रांसडक्शन की क्रिया का ठीक-ठीक ज्ञान होता है

(*b*) DNA को इलेक्ट्रॉन सूक्ष्मदर्शी द्वारा देखा जा सकता है

(*c*) DNA को विशिष्ट स्थानों से एन्डोन्यूक्लिएजेज जैसे डी. एन. ए. I (DNAse I) काट सकते हैं

(*d*) जीवाणुओं से विशिष्ट रूप से प्राप्त रेसट्रिक्शन एन्डोन्यूक्लिएजेज का प्रयोगशाला में उपयोग किया जा सकता है

55. रेस्ट्रिक्शन एन्डोन्यूक्लिएजेज–

(*a*) स्तनधारी जीवों की कोशिकाओं में उपस्थित होते हैं जिनके द्वारा कोशिकाओं की मृत्यु के पश्चात DNA का विखंडन होता है

(*b*) जीवाणुओं द्वारा स्वयं की आत्महत्या के लिए संश्लेषित होते हैं

(*c*) प्रयोगशाला में DNA संश्लेषण में काम आते हैं

(*d*) आनुवंशिक इंजीनियरिंग में DNA को दो अणुओं में तोड़ने में सहायक होते हैं

56. स्वतः बिन्दु उत्परिवर्तन (spontaneous point mutation) किस क्षारक के कारण होता है–

(*a*) ग्वानिन (*b*) एडिनिन

(*c*) 5-ब्रोमोयूरेसिल (*d*) 5-मिथाइल साइटोसिन

57. यदि मेण्डल ने सात लक्षणों का अध्ययन एक ऐसे पौधे को लेकर किया होता जिसमें 14 की बजाय 12 गुणसूत्र होते, तो किस प्रकार से उनकी व्याख्या वर्तमान व्याख्या से भिन्न होती–

(*a*) वह गुणसूत्रों पर जीन की स्थिति अंकित कर सकते थे

(*b*) वह जीन के मिश्रित होने की अथवा अपूर्ण प्रभाविता (Incomplete dominance) के नियम की स्थापना कर सकते थे

(*c*) वह स्वतन्त्र अपव्यूहन के नियम (Law of Independent assortment) की खोज नहीं कर सकते थे

(*d*) वह लिंग-सहलग्नता का पता लगा सकते थे

58. वे जीन समूह जो रचनात्मक जीन्स की अनुलेखन (Transcription) क्रिया को प्रारम्भ अथवा निष्क्रिय कर देते हैं, कहलाते हैं–

(*a*) पॉलीमोर्फिक जीन्स (*b*) ओपरेटर जीन्स

(*c*) अतिरिक्त जीन्स (*d*) रेगुलेटरी जीन्स

59. आनुवंशिक इन्जीनियरिंग के प्रयोगों में निम्नलिखित में से कौन से बैक्टीरिया बहुत अधिक उपयोगी होते हैं?

(*a*) *नाइट्रोसोमोनास* तथा *क्लेबीसिथेला*

(*b*) *एशीरिशिया* तथा *एग्रोबैक्टीरिया*

(*c*) *एशीरिशिया* तथा *एजोटोबेक्टर*

(*d*) *राइजोबियम* तथा *डिप्लोकोकस*

60. जेनेटिक ड्रिफ्ट (Genetic drift) कार्य करती है केवल–

(*a*) आइलैण्ड जनसंख्या में

(*b*) छोटी जनसंख्या में

(*c*) बड़ी जनसंख्या में

(*d*) मैडेलियन जनसंख्या में

61. ट्रांसजीनिक प्राणी की सही-सही परिभाषा क्या होगी?

(*a*) ऐसा प्राणी जिसकी समस्त कोशिकाओं में बाहरी DNA आ गया है क्योंकि उसके बयस्कपन में कुछ कोशिकाओं के केन्द्रक में DNA का इंजेक्शन दिया गया था

(*b*) ऐसा प्राणी जिसकी कुछ कोशिकाओं में बाहरी DNA इसलिये आ गया है क्योंकि ब्लास्टो सिस्ट की कुछ कोशिकाओं के केन्द्रकों में यह DNA इंजेक्ट किया गया था

(*c*) ऐसा प्राणी जिसकी समस्त कोशिकाओं में बाहरी DNA का इंजेक्शन दिया गया था

(*d*) ऐसा प्राणी जिसकी कुछ कोशिकाओं में बाहरी DNA तथा RNA आये हों क्योंकि उस युग्मनज जिससे वह परिवर्धित हुआ है केन्द्रक में DNA तथा RNA का इंजेक्शन दिया गया था

62. अप्रभावी लक्षण प्रदर्शित होता है–

(*a*) केवल जब नर के X गुणसूत्र पर पाया जाता है

(*b*) केवल जब मादा के X गुणसूत्र पर पाया जाता है

(*c*) जब किसी ऑटोसोम पर पाया जाता है

(*d*) जब मादा के दोनों गुणसूत्रों पर पाया जाता है

63. *ट्रिटिकम ऐस्टीवम* (*Triticum aestivum*) है–

(*a*) ऑटो पॉलीप्लायड

(*b*) ऐलोहेक्साप्लायड

(*c*) एक द्वितीयक पॉलीप्लायड

(*d*) उपरोक्त सभी

64. मेण्डल के वंशागति के नियम पहले से लागू होते हैं–

(*a*) ऐसे पौधे में जो ऊतक संवर्द्धन से उत्पन्न किये गये हों

(*b*) केवल लैंगिक जननीय पौधों में

(*c*) केवल मिक्टिक पौधों में

(*d*) दोनों लैंगिक जननीय तथा ऐपोमिक्टिक पौधों में

65. एक परीक्षार्थ संकरण है–

(*a*) जिसमें F_1 पीढ़ी के पौधों को उनके अप्रभावी जनक से संकरित कराया जाता है

(*b*) जिसमें F_1 संकरित कराया जाता है

(*c*) जिसमें F_1 पीढ़ी के पौधों को किसी भी जनक से संकरित कराया जाता है

(*d*) जिसमें F_1 पीढ़ी के पौधों को संकरित नहीं कराया जाता

66. हेटरोसिस का अर्थ है–

(*a*) हाइब्रिड विगर (hybrid vigour)

(*b*) संकर कमजोर होते हैं

(*c*) संकर कमजोर तथा तेज होते हैं

(*d*) संकर न तो कमजोर होते हैं न तेज

67. किसी रोग से पीड़ित एक पुरुष एक सामान्य स्त्री से विवाह करता है। उनके आठ सन्तानें होते ही (3 पुत्रियाँ तथा 5 पुत्र) सभी पुत्रियाँ अपने पिता वाले रोग से पीड़ित हैं लेकिन पुत्र एक भी पीड़ित नहीं है। इस रोग की वंशागति के बारे में आप क्या अनुमान लगाते हैं कि यह किस प्रकार का लक्षण है?

(*a*) लिंग सहलग्न अप्रभावी

(*b*) लिंग सहलग्न प्रभावी

(*c*) ऑटो प्रभावी

(*d*) लिंग सीमित अप्रभावी

68. DNA की फिंगर प्रिटिंग का क्या आधार है?

(*a*) रेस्ट्रिक्शन फ्रेगमैंट्र लेन्थ पौलिमॉर्फिज्म (RFLP) का पाया जाना

(*b*) अलग-अलग व्यक्तियों में फीनोटाइप अन्तरों का होना

(*c*) क्लोनित DNA की उपलब्धता

(*d*) मानव कैरियोटाइप की जानकारी

69. एच. जे. मुलेर को नोबेल पुरस्कार किसके लिये दिया गया था–

(*a*) ड्रोसोफिला में जीनमान चित्रण पर किये गये काम के लिये

(*b*) नाभिकीय शस्त्रों के उपयोग को रोकने के प्रयासों के लिये

(*c*) इस खोज हेतु कि आयनकारी-किरणों से जीन अपरिवर्तन प्रेरित किये जा सकते हैं

(*d*) प्रोटीन संश्लेषण हेतु

70. आनुवंशिक इंजीनियरी से बनाये गये जीवाणुओं को निम्न में से किस एक के व्यापारिक उत्पादन के लिये सफलतापूर्वक इस्तेमाल किया गया है?

(*a*) मानव इंसुलिन (*b*) टेस्टोस्टेरॉन

(*c*) थाइरॉक्सिन (*d*) मेलेटोनिन

71. ट्रांसजेनिक पौधे पैदा होते हैं–

(*a*) जीन म्यूटेशन को प्रेरित करके

(*b*) स्पिण्डल फाइबर के बनने में रुकावट उत्पन्न करके

(*c*) लिंग गुणसूत्रों को निकाल देने से

(*d*) अन्तर्जीवीय जीन्स के प्रत्यारोपण से

72. रिप्रेसर प्रोटीन बनता है–

(*a*) स्ट्रक्चरल जीन से (*b*) प्रोमोटर जीन से

(*c*) ऑपरेटर जीन से (*d*) रेगुलेटर जीन से

73. उत्परिवर्तन प्रेरित किये जा सकते हैं–

(*a*) X-किरणों द्वारा (*b*) UV किरणों द्वारा

(*c*) नाइट्रस अम्ल द्वारा (*d*) उपरोक्त सभी के द्वारा

74. यह पुष्टि करने के लिये कि दो उत्परिवर्तन उसी एक फलनीय एकक में स्थित हैं अथवा दो विभिन्न फलनीय एककों में, अन्तर करना होता है

(*a*) संपूरण परीक्षण (*b*) परीक्षार्थ संकरण

(*c*) व्युत्क्रम संकरण (*d*) प्रतीप संकरण

75. प्रोटीन संश्लेषण में प्रथम कोडॉन हमेशा AUG होता है। प्रोकैरियोट्स में ट्रान्सलेशन के समय इस कोडॉन की पहचान करने वाला अणु है–

(*a*) प्राइमर आर. एन. ए.

(*b*) आर. आर. एन. ए.

(*c*) एफ-मेट-टी-आर. एन. ए.

(*d*) मेट-टी-आर. एन. ए.

76. मेण्डल के द्वारा दिया हुआ बैक क्रास पादप जनन को पादप अभिजनक (Plant breeder) द्वारा प्रयोग किया जाता है-

(*a*) स्वतन्त्र अपव्यूहन के नियम को प्रदर्शित करने के लिये

(*b*) हाइब्रिड विगर के लिये

(*c*) पॉलीजोनिक लक्षणों को प्रदर्शित करने के लिये

(*d*) लाभदायक सम युग्मजी लक्षणों के द्वारा एक जाति को सुधारने के लिये

77. कोशिका द्रव्यी नर नपुंसकता पुष्पी पादपों में प्रदान की जाती है–

(*a*) नर युग्मक द्वारा (*b*) मादा युग्मक द्वारा

(*c*) दोनों (*a*) तथा (*b*) (*d*) उपरोक्त में से कोई नहीं

78. कृत्रिम साधनों का उपयोग करके (बिना प्रजनन कराये) किसी जीवधारी में ऐसे एक या अधिक जीनों को डाल

देना जो उसमें सामान्यतः नहीं होते या उसमें से एक या अधिक जीनों को बाहर निकाल देना किसके अन्तर्गत आता है?
(*a*) आंण्विक जीव विज्ञान
(*b*) कोशिका आनुवंशिकी
(*c*) आनुवंशिक संकरण
(*d*) आनुवंशिक इंजीनियर्स

79. प्रथम मियोसिस विभाजन के दौरान युग्मित समजात क्रोमोसोमों के क्रोमेटिडों के बीच आनुवंशिक पदार्थ के विनिमय को क्या कहते हैं–
(*a*) ट्रांसफॉर्मेशन (*b*) बाराज्मैटा
(*c*) क्रॉसिंग ओवर (*d*) साइनेप्सिस

80. एक व्यक्ति जिसमें एक अतिरिक्त Y क्रोमोसोम के कारण कुल 47 क्रोमोसोम हो गये हों किस दशा से पीड़ित हुआ कहा जाता है?
(*a*) डाऊन सिंड्रोम (*b*) सुपर फीमेल
(*c*) टर्नर सिंड्रोम (*d*) क्लाइन फेल्टर सिंड्रोम

81. किस एक कथन के द्वारा मियोसिस का क्रम विकासीय लाभ सबसे अच्छा स्पष्ट होता है?
(*a*) पीढ़ी दर पीढ़ी एक ही आनुवंशिक तंत्र चलता जाता है
(*b*) लैंगिक जनन के लिये मियोसिस आवश्यक है
(*c*) आनुवंशिक पुनर्संयोजन पीढ़ी दर पीढ़ी होते रह सकते हैं
(*d*) पीढ़ी दर पीढ़ी मियोसिस से माइटोसिस में एकांतरण होता रहता है

82. वे जीन जो Y-क्रोमोसोम के केवल विभेदनी क्षेत्र तक सीमित होते हैं, क्या कहलाते हैं?
(*a*) ऑटोसोमीजीन
(*b*) पूर्णतः लिंग सहलग्न जीन
(*c*) होलेंडिक जीन
(*d*) म्यूटेंट जीन

83. यदि एक रंगांध स्त्री एक सामान्य दृष्टि वाले पुरुष (XY) से विवाह करती है तो-
(*a*) सभी पुत्र सामान्य होंगे
(*b*) पुत्र तथा पुत्रियाँ दोनों ही रंगाध होंगे
(*c*) सभी पुत्रियाँ रंगांध होंगी
(*d*) सभी पुत्र रंगांध हो

84. ऐसी व्यष्टियों के संगमन को, जो अपनी समष्टि के औसत की अपेक्षा आपस में अधिक निकटतः सम्बन्धित हो, क्या कहते हैं?
(*a*) हेटेरोसिस (*b*) स्वप्रजनन
(*c*) अंतः प्रजनन (*d*) संकरण

85. एक बच्चे का रक्त समूह 'O' है। उसके माता-पिता के रक्त समूह कौन से नहीं हो सकते–
(*a*) B तथा O (*b*) A तथा A
(*c*) AB तथा O (*d*) A तथा B

86. आनुवंशिक ड्रिफ्ट (Genetic drift) होता है परिवर्तन–
(*a*) एक पीढ़ी से दूसरी में जीन आवृत्ति का
(*b*) उसी पीढ़ी में जीन आवृत्ति का
(*c*) सुप्त जीन का
(*d*) उपरोक्त में से कोई नहीं

87. डी. एन. ए. टेम्पलेट पर आर. एन. ए. निर्माण में संलग्न क्रिया होती हैं–
(*a*) ट्रान्सडक्शन (*b*) ट्रान्सलेशन
(*c*) ट्रान्सक्रिप्शन (*d*) ट्रान्सफोर्मेशन

88. विपरीत ट्रान्सक्रिप्टेज होता है–
(*a*) आर. एन. ए. पर आश्रित आर. एन. ए. पौलीमरेज
(*b*) डी. एन. ए. पर आश्रित आर. एन. ए. पौलीमरेज
(*c*) डी. एन. ए. पर आश्रित डी. एन. ए. पौलीमरेज
(*d*) आर. एन. ए. पर आश्रित डी. एन. ए. पौलीमरेज

89. सन् 1992 में औषधि के लिए एडमण्ड फिशर तथा एडविन क्रेब्स को नोबेल पुरस्कार मिला था अपने कार्य के लिए–
(*a*) मानव जीनोम के प्रोजेक्ट पर
(*b*) रोगजनक के डी. एन. ए. संश्लेषण के संदमन से सम्बन्धित औषधि के बनाने पर
(*c*) उत्क्रमणीय फॉस्फोरसीकरण के कारण कोशिकीय प्रक्रियाओं के नियमन पर
(*d*) मानव रोग के लिए जीन के पृथक्करण पर

90. प्रोटीन संश्लेषण के अन्तर्गत, अमीनो अम्लों के बहुलीकरण में तीन पद सम्मिलित होते हैं, निम्नलिखित में से कौन-सा प्रोटीन संश्लेषण में सम्मिलित नहीं है?
(*a*) विवर्धन (*b*) अनुलेखन
(*c*) टर्मिनेशन (*d*) इनीशियेशन

91. लैंगिक जनन करने वाले जीवों में गुणसूत्र संख्या बनी रहती है–
(*a*) समसूत्री विभाजन तथा निषेचन द्वारा
(*b*) अर्द्धसूत्री विभाजन एवं सूत्री विभाजन द्वारा
(*c*) अर्द्धसूत्री विभाजन तथा निषेचन द्वारा
(*d*) केन्द्रक विभाजन तथा कोशिका द्रव्य विभाजन द्वारा

92. जब 40 गुणसूत्रों युक्त एक कोशिका में अर्द्धसूत्री विभाजन होता है, तो बनी हुई चारों कोशिकाओं में से प्रत्येक में होंगे–
(*a*) 20 गुणसूत्र (*b*) 40 गुणसूत्र
(*c*) 80 गुणसूत्र (*d*) 10 गुणसूत्र

93. जब मादा मक्का का एक रंजकहीन (Albino) पौधा सामान्य हरे नर पौधे के साथ क्रास कराया जाता है, तो आने वाली पीढ़ी में सभी पौधे रंजकहीन होते हैं क्योंकि–
(*a*) माताओं (Maternal parents) के माध्यम से लवकों की आनुवंशिकता होती है
(*b*) रंजकहीनता हरे लक्षण पर प्रबल होती है
(*c*) हरे लवकों में क्रोसिंग से संरचनात्मक परिवर्तन होते हैं
(*d*) नर पितरों के हरित लवक उत्परिवर्तित हो जाते हैं

94. समसूत्री विभाजन (Mitosis) अर्द्धसूत्री विभाजन (Meiosis) से भिन्न होता है–
(*a*) चार अगुणित कोशिकाएँ बनाने में
(*b*) क्रिया के प्रारम्भ में प्रत्येक गुणसूत्र के द्विगुणन तथा तर्कु के ध्रुवों की ओर डुप्लीकेट्स के पृथकन में
(*c*) प्रत्येक व्यक्तिगत गुणसूत्र के द्विगुणित होने तथा जोड़ों (Pairs) में चार अर्द्धगुणसूत्रों (Chromatids) के प्रदर्शन में
(*d*) अगल बगल लगे रहकर (युग्मानुबन्धन) समजात गुणसूत्रों के युग्मनज (Pairing) तथा पृथक केन्द्रकों में समजात् गुणसूत्रों के क्रमिक पृथकन में

95. डी. एन. ए. एक आनुवंशिक पदार्थ है इसके बारे में निस्संदेह प्रमाण आया था–
(*a*) डिप्लोकोकस न्यूमोनी के खुरदरे आवरण वाले विभेद (Strain) के चिकने आवरण वाले विभेद में रूपान्तरण से
(*b*) गुणसूत्रों के डी. एन. ए. के मुख्य रासायनिक संगठक के रूप में ज्ञान से
(*c*) स्व-द्विगुणनकारी पदार्थ के रूप में डी. एन. ए. के ज्ञान से
(*d*) जीवाणुभोजी (Bacteriophage) की क्रिया द्वारा जीवाणुओं के अनुक्रमण (Transduction) से

96. निम्नलिखित में से कौन-सा कथन इस बात की व्याख्या करता है कि लाल बालों तथा फ्रेकिल्स (Freckles) के लिए नौन-एलीलिक जीन्स प्रायः साथ-साथ क्यों वंशागत होते हैं?
(*a*) लाल बाल तथा फ्रेकिल्स दोनों एक ही जीन द्वारा नियंत्रित होते हैं
(*b*) विनिमय प्रायः असमजात गुणसूत्रों (Non-homologous chromosomes) के बीच होता है
(*c*) लाल बालों तथा फ्रेकिल्स के लिए जीन्स एक ही गुणसूत्र पर स्थित होते हैं
(*d*) उपरोक्त में से कोई नहीं

97. जब एक लम्बे पौधे को छोटे पौधे से क्रॉस कराते हैं और F_1 पीढ़ी में उत्पन्न पौधों में स्वपरागण कराते हैं ताकि F_2 पीढ़ी में लम्बे और छोटे पौधों का अनुपात प्राप्त हो सके तो F_2 अनुपात होगा–
(*a*) 3 : 1 (*b*) 3 : 2
(*c*) 2 : 3 (*d*) 1 : 3

98. यदि एक आबादी में एलील B की आवृत्ति 0.70 है, तो एलील *b* की आवृत्ति होगी–
(*a*) 0.30 (*b*) 0.35
(*c*) 0.70 (*d*) 0.45

99. त्वचा के रंग की वंशागति एक उदाहरण है–
(*a*) सम्पूरक जीनों का
(*b*) मोनोजीनिक वंशागति का
(*c*) पौलीजीनिक वंशागति का
(*d*) मेण्डल की वंशागति का

100. "एक पीढ़ी से दूसरी में निश्चित रासायनिक, और सबसे ऊपर आणविक संगठन वाले एक पदार्थ का स्थानान्तरण आनुवंशिकता कहलाता है" यह कथन था–
(*a*) ह्यूगो डी ब्रीज का (*b*) हट्विग का
(*c*) वीजमान का (*d*) मेण्डल का

उत्तरमाला

1	2	3	4	5	6	7	8	9	10
(b)	(c)	(d)	(a)	(a)	(d)	(d)	(b)	(d)	(b)
11	**12**	**13**	**14**	**15**	**16**	**17**	**18**	**19**	**20**
(b)	(c)	(c)	(a)	(d)	(b)	(b)	(c)	(c)	(d)
21	**22**	**23**	**24**	**25**	**26**	**27**	**28**	**29**	**30**
(d)	(d)	(b)	(c)	(b)	(a)	(c)	(d)	(a)	(b)
31	**32**	**33**	**34**	**35**	**36**	**37**	**38**	**39**	**40**
(c)	(c)	(a)	(c)	(c)	(c)	(d)	(b)	(d)	(a)
41	**42**	**43**	**44**	**45**	**46**	**47**	**48**	**49**	**50**
(b)	(b)	(b)	(d)	(b)	(d)	(b)	(a)	(d)	(b)
51	**52**	**53**	**54**	**55**	**56**	**57**	**58**	**59**	**60**
(a)	(a)	(c)	(d)	(d)	(d)	(c)	(b)	(b)	(b)
61	**62**	**63**	**64**	**65**	**66**	**67**	**68**	**69**	**70**
(a)	(a)	(b)	(b)	(a)	(a)	(b)	(a)	(c)	(a)
71	**72**	**73**	**74**	**75**	**76**	**77**	**78**	**79**	**80**
(c)	(d)	(d)	(b)	(c)	(d)	(b)	(d)	(c)	(d)
81	**82**	**83**	**84**	**85**	**86**	**87**	**88**	**89**	**90**
(d)	(c)	(d)	(c)	(c)	(a)	(c)	(d)	(c)	(b)
91	**92**	**93**	**94**	**95**	**96**	**97**	**98**	**99**	**100**
(c)	(a)	(a)	(b)	(a)	(c)	(a)	(a)	(c)	(c)

CHAPTER 5

वनस्पति जगत का वर्गीकरण
CLASSIFICATION OF PLANT KINGDOM

वर्गीकरण (Classification)

- वनस्पति जगत में अनेक भिन्न-भिन्न प्रकार के पौधे हैं। आकार, संरचना, प्रजनन की पद्धतियाँ आदि में ये पौधे एक दूसरे से भिन्न-भिन्न होते हैं।
- वनस्पति जगत के पौधों को कुछ समानताओं के आधार पर विभिन्न समूहों में विभाजित करके रखा गया हैं। जिसे वर्गीकरण कहा जाता है।

वनस्पति जगत के वर्गीकरण की श्रेणियाँ

- कृत्रिम (Artificial)
- प्राकृतिक (Natural)
- जातिवृत्तीय (Phylogenetic)

I. कृत्रिम (Artificial)

ये पादप समूहों की स्वेच्छाचारी व्यवस्था है जो कि अपूर्ण ज्ञान पर आधारित है।

II. प्राकृतिक (Natural)

यह पौधों के वास्तविक अथवा काल्पनिक सम्बन्धों पर आधारित होता है।

III. जातिवृत्तीय (Phylogenetic)

यह पौधों के जातिवृत्त (Phylogeny) पर आधारित होता है।

इलिनोइस विश्वविद्यालय के प्रोफेसर ओसवाल्ड टिप्पो (Professor Oswald Tippo) ने 1942 में आधुनिक जातिवृत्तीय वर्गीकरण का प्रतिपादन किया। उक्त वर्गीकरण पादप जातिवृत्त की सभी शाखाओं में हुई नवीनतम जानकारी पर आधारित है।

ओसवाल्ड टिप्पो द्वारा प्रस्तावित पादप जगत का वर्गीकरण निम्नानुसार है।

पादप जगत का ऑसवाल्ड टिप्पो (1942) द्वारा प्रस्तावित वर्गीकरण
(Classification of Plant Kingdom as Proposed by Oswald Tippo, 1942)

पादप जगत (Kingdom Plantae)

- उपजगत 1. थैलोफाइटा (Sub-Kingdom 1. Thallophyta)
  - फाइलम 1. साइनोफाइटा (Cyanophyta)
  - 2. युग्लीनोफाइटा (Euglenophyta)
  - 3. क्लोरोफाइटा (Chlorophyta)
  - 4. क्राइसोफाइटा (Chrysophyta)
- उपजगत 2. एम्ब्रियोफाइटा (Sub-Kingdom 2. Embryophyta)
  - फाइलम 1. ब्रायोफाइटा अथवा ट्रैकिएटा (Phylum 1. Bryophyta or Atracheata)
    - वर्ग 1. मसाई (Class 1. Musci)
    - वर्ग 2. हेपेटेसी (Class 2. Hepaticae)
    - वर्ग 3. ऐन्थोसिरोटी (Class 3. Anthocerotae)
  - फाइलम 2- ट्रैकिओफाइटा अथवा ट्रैकिएटा (Phylum 2. Tracheophyta or Tracheata)

5. **पाइरोफाइटा** (Pyrrophyta)

6. **फीओफाइटा** (Phaeophyta)

7. **रोडोफाइटा** (Rhodophyta)

8. **शाइजोमाइकोफाइटा** (Scehizomycophyta)

9. **मिक्सोमाइकोफाइटा** (Myxomycophyta)

10. **यूमाइकोफाइटा** (Eumycophyta)

उपफाइलम 1. साइलोप्सिडा (Subphylum 1. Psilopsida)
- **वर्ग साइलोफाइटिनी** (Class Psilophytineae)
- **गण 1. साइलोफाइटेलीज** (Order 1. Psilophtyales)
- **गण 2. साइलोटेलीज** (Order 1. Psilotales)

उपफाइलम 2. लाइकोप्सिडा (Lycopsida)
- **वर्ग लाइकोपोडिनी** (Class Lycopodineae)
- **गण 1. लाइकोपोडिएलीज** (Order 1. Lycopodiales)
- **गण 2. सिलेजिनैलेलीज** (Order 2. Selaginellales)
- और अन्य 3 गण (and other 3 orders)

उपफाइलम 3. स्फीनोप्सिडा (Sphenopsida)
- **वर्ग इक्वीसीटनी** (Class Equisetineae)
- **गण 1. इक्वीसीटेलीज** (Order 1. Equisetales)
- और अन्य 2 गण (and other 2 orders)

उपफाइलम 4. टेरोप्सिडा (Pteropsida)

वर्ग 1. फिलीसिनी (Class 1. Filicineae)
- **गण 1. फिलिकेलीज** (Order 1. Filicales)
- और अन्य 3 गण (and 3 other order)

वर्ग 2. जिम्नोस्पर्मी (Class 2. Gemnospermeae)
- **उपवर्ग 1. साइकैडोफाइटी** (Sub-class 1. Cycadophytae)
  - **गण 1. साइकैडेलीज** (Order 1. Cycadales)
  - अन्य 2 गण (and 2 other orders)
- **उपवर्ग 2. कोनीफेरोफाइटी** (Sub-class 2. Coniferophytae)
  - **गण 1. कोनीफेरेलीज** (Order 1. Coniferales)
  - और अन्य 3 गण (and 3 other orders)

वर्ग 3. एन्जियोस्पर्मी (Class 3. Angiospermae)
- **उपवर्ग 1. डाइकॉटिलिडनी** (Sub-class 1. Dicotyledonae)
- **उपवर्ग 2. मोनोकॉटिलिडनी** (Sub-class 2. Monocotyledonae)

वनस्पति जगत
(Kingdom Plantac)

उपजगत् (Subkingdom) **I. थैलोफाइटा** (Thallophyta) पौधे जिनमें भ्रूण नहीं बनता।

फाइलम (Phylum) **1. साइनोफाइटा** (Cyanophyta): नीली-हरी शैवाल, जैसे नॉस्टाक (*Nostoc*), आदि।

फाइलम (Phylum) **2. युग्लीनोफाइटा** (Euglenophyta): जैसे युग्लीना (*Euglena*), आदि।

फाइलम (Phylum) **3. क्लोरोफाइटा** (Chlorophyta): हरी शैवाल, जैसे यूलोथ्रिक्स (*Ulothrix*), स्पाइरोगायरा (*Spirogyra*), आदि।

फाइलम (Phylum) **4. क्राइसोफाइटा** (chrysophyta): पीली-हरी शैवाल, जैसे वौकैरिया (*Vaucheria*), सुनहरी-भूरी शैवाल व डायेटम्स (diatoms), आदि।

फाइलम (Phylum) **5. पाइरोफाइटा** (Pyrrophyta): जैसे क्रिप्टोमोनेड्स (*Cryptomonads*), और डाइनोफ्लैजेलेट्स (dinoflagellates)।

फाइलम (Phylum) **6. फीओफाइटा** (Phaeophyta): भूरी शैवाल, जैसे सारगैसम (*Sargassum*), फ्यूकस (*Fucus*) आदि।

फाइलम (Phylum) **7. रोडोफाइटा** (Rhodophyta): लाल शैवाल, जैसे बेट्रेकोस्पर्मम (*Batrachospermum*), आदि।

} पुरानी वर्गीकरण पद्धति के शैवाल (Algae) !

फाइलम (Phylum)	**8. शाहजोमाइकोफाइटा** (Schizomycophyta): जीवाणु, जैसे नाइट्रोसोमोनास (*Nitrosomonas*), आदि।
फाइलम (Phylum)	**9. मिक्सोमाइकोफाइटा** (Myxomycophyta): स्लाइम मोल्ड्स (slime moulds), जैसे प्लास्मोडियोफोरा (*Plasmodiophora*), आदि।
फाइलम (Phylum)	**10. यूमाइकोफाइटा** (Eumycophyta): वास्तविक कवक (true fungi), जैसे राइजोपस (*Rhizopus*), आदि।

(पुरानी वर्गीकरण पद्धति के कवक (Fungi)।)

उपजगत (Subkingdom)	**II. एम्ब्रियोफाइटा** (Embryophyta) पौधे जिनमें भ्रूण बनता है।
फाइलम (Phylum)	**1. ब्रायोफाइटा अथवा एट्रैकिएटा** (Bryophyta or Atracheata) संवहन ऊतक अनुपस्थित।
क्लास (Class)	**A. मसाई** (Musci): मॉस जैसे फ्यूनेरिया (Funaria), आदि।
क्लास (Class)	**B. हेपेटिसी** (Hepaticae): लिवरवर्टस् (Liverworts), जैसे रिक्सिया (*Riccia*), आदि।
क्लास (Class)	**C. ऐन्थोसिरोटी** (Anthocerotae): हॉर्नवर्टस् (hornworts) जैसे ऐन्थोसिरोस (*Anthoceros*), आदि।

(पुरानी वर्गीकरण पद्धति के ब्रायोफाइट्स (Bryophytes)।)

फाइलम (Phylum)	**2. ट्रैकिओफाइटा अथवा ट्रैकिएटा** (Tracheophyta or Tracheata) संवहन ऊतक उपस्थित।
उपफाइलम (Subphylum)	**2*a*. साइलोप्सिडा** (Psilopsida) पर्ण रहित, मूल रहित पौधे।
क्लास (Class)	**साइलोफाइटिनी** (Psilophytineae)
आर्डर (Order)	(*i*) साइलोफाइटेलीज़ (Psilophytales) जैसे राइनिया (*Rhynia*), आदि।
आर्डर (Order)	(*ii*) साइलोटेलीज (Psilotales) जैसे साइलोटम (*Psilotum*)।
उपफाइलम (Subphylum)	**2*b*. लाइकोप्सिडा** (Lycopsida) लघुपर्णी पत्तियों व साधारण संवहन ऊतक वाले पौधे।
क्लास (Class)	**लाइकोपोडिनी** (Lycopodineae)।
आर्डर (Order)	(*i*) लाइकोपोडिएलीज (Lycopodiales): क्लब मॉसेज (Club mosses) जैसे लाइकोपोडियम (Lycopodium), आदि।
आर्डर (Order)	(*ii*) सिलेजिनैलेलीज (*Selaginallales*): छोटे क्लब मासेज (Small club mosses), जैसे सिलेजिनेला (*Selaginella*), आदि।
आर्डर (Order)	(*iii*) लेपिडोडेन्ड्रेलीज (Lepidodendrales)*: बड़े क्लब मॉसेज (giant club mosses), जैसे लेपिडोडेन्ड्रान (*Lepidodendron*), आदि।
आर्डर (Order)	(*iv*) प्ल्यूरोमिएलीज (Pleuromeiales)* जैसे प्लूरोमिया (*Pleuromeia*), आदि।
आर्डर (Order)	(*v*) आइसोइटेलीज (Isoetales), क्विलवर्टस् (Quillworts), जैसे आइसॉइटीस (Isoetes), आदि।

(पुरानी वर्गीकरण पद्धति के टेरिडोफाइट्स (Pteridphytes)।)

उपफाइलम (Subphylum)	**2*c*.**	**स्फीनोप्सिडा** (Sphenopsida) संधित तने व लघुपर्णी वाले पौधे।
क्लास (Class)		**इक्वीसीटिनी** (Equisetineae):
आर्डर (Order)	(*i*)	हाइनिएलीज* (Hyeniales), जैसे हाइनिया (*Hyenia*), आदि।
आर्डर (Order)	(*ii*)	स्फीनोफिल्लेलीज* (Sphenophyllales), जैसे स्फीनोफिल्लम (Sphenophyllum), आदि।
आर्डर (Order)	(*iii*)	इक्वीसीटेलीज (Equisetales): हॉर्स टेल्स् (horse tails), जैसे इक्वीसीटम (*Equisetum*), आदि।
उपफाइलम (Subphylum)	**2*d*.**	**टेरोप्सिडा** (Pteropsida) गुरूपर्णी पत्तियों व जटिल संवहन ऊतक वाले पौधे।
क्लास (class)	**A.**	**फिलीसिनी** (Filicineae): फर्नस् (ferns)।
आर्डर (Order)	(*i*)	सीनोप्टेरिडेलीज* (Coenopteridales), जैसे बोट्रियोप्टैरिस (*Botryopteries*), आदि।
आर्डर (Order)	(*ii*)	ओफियोग्लौसेलीज (*Ophioglossales*), जैसे (*Ophioglossum*), आदि।
आर्डर (Order)	(*iii*)	मैरेटिएलीज (Marattiales), जैसे मैरेटिया (*Marattia*), आदि।
आर्डर (Order)	(*iv*)	फिलिकेलीज (Filicales), जैसे पॉलिपोडियम (*Polypodium*), आदि।
क्लास (Class)	**B.**	**जिम्नोस्पर्मी** (Gymnospermae) या अनावृतबीजी
उप-क्लास (Sub-Class)	**B_1.**	**साइकैडोफाइटी** (*Cycadophytae*)
आर्डर (Order)	(*i*)	साइकैडोफिलिकेलीज या टेरिडोस्पर्मी* (Cycadofilicales or Pteridospermae):सीड फर्नस् (seed ferns), जैसे लाइजिनोप्टैरिस (*Lyginopteris*), आदि।
आर्डर (Order)	(*ii*)	बेनीटाइटैलीज* (Bennettitales): जैसे विलयमसोनिया (*Williamsonia*), आदि।
आर्डर (Order)	(*iii*)	साइकैडेलीज (Cycadales): साइकैड्स (cycads) जैसे साइकैस (*Cycas*), आदि।
उप-क्लास (Sub-Class)	**B_2.**	**कोनीफेरोफाइटी** (Coniferophytae)
आर्डर (Order)	(*i*)	कार्डेटेलीज* (Cordaitales), जैसे कार्डेटीस (Cordaties), आदि।
आर्डर (Order)	(*ii*)	गिंगोएलीज (Ginkgoales): जैसे गिंगो मेडन हेयर ट्री (Ginkgo-maiden hair tree) आदि।
आर्डर (Order)	(*iii*)	कोनीफेरेलीज (Coniferales): कोनिकर्स (conifers), जैसे पाइनस (*Pinus*), आदि।
आर्डर (Order)	(*iv*)	नीटेलीज (Gnetales), जैसे नीटम (Gnetum), आदि।
क्लास (Class)	**C.**	**एन्जियोस्पर्मी** (Angiospermae) या **आवृतबीजी।**
उप-क्लास (Sub-class)	**C_1.**	**डाइकॉटिलिडनी** (Dicotyledoneae)।
उप-क्लास (Sub-class)	**C_2.**	**मोनोकॉटिलिडनी** (Monocotyledoneae)।

पुरानी वर्गीकरण पद्धति के स्पर्मेटोफाइट्स (Spermatphytes)।

* **जीवाश्म** आर्डर (Fossil Order)।

बहुविकल्पीय प्रश्न

1. विज्ञान की वह शाखा जिसमें पादप का नाम दिया जाता है, कहलाती है–
(*a*) नाम पद्धति (*b*) वर्गिकी
(*c*) वर्गीकरण (*d*) पहचान करना

2. निम्न में से कौन-सी जीव विज्ञान की शाखा पादपों तथा जन्तुओं दोनों से सम्बन्धित हैं–
(*a*) बैक्टिरियोलोजी (*b*) वर्गीकी
(*c*) विषाणु विज्ञान (*d*) कीट

3. समान पादपों का समूह जो परस्पर जनन करते हैं,
(*a*) कुल (*b*) जाति
(*c*) वंश (*d*) ईकोटाइप

4. निम्न में से कौन-से पादप पेलिओजोइक महाकल्प में थे?
(*a*) जलीय पादप (*b*) शैवाल
(*c*) थल पादप (*d*) कवक

5. प्रोटिस्टा कड़ी है–
(*a*) जीवाणु तथा हरी शैवाल की
(*b*) विषाणु तथा जीवाणु की
(*c*) प्रोकैरियोटिक तथा बहुकोशिकीय यूकैरियोटिक प्राणियों की
(*d*) डायनोफ्लैजिलैट्स तथा जूफ्लेजिलैट्स की

6. बहुकोशिकी यूकैरियोटिक अपघटक सम्बन्धित है–
(*a*) जगत प्रोटिस्टा से (*b*) जगत कवक से
(*c*) जगत प्लान्टी से (*d*) जगत एनिमेलिया से

7. निम्न में से किन पौधों में सबसे अधिक अनुकूलता की क्षमता होती है?
(*a*) ब्रायोफाइटा (*b*) टेरिडोफाइटा
(*c*) जिम्नोस्पर्म (*d*) एंजियोस्पर्म

8. बहुकोशिकीय यूकैरियोटिक उपभोक्ता सम्बन्धित है-
(*a*) प्रोटिस्टा से (*b*) कवक से
(*c*) प्लान्टी से (*d*) एनीमेलिया से

9. प्राचीनतम जीवित जीवाश्म है–
(*a*) विषाणु (*b*) साइनोबैक्टीरिया
(*c*) आर्केबेक्टी (*d*) जीवाणु

10. शैवाल तथा कवक को किस समूह में रखा जाता है–
(*a*) ब्रायोफाइट्स (*b*) थैलोफाइट्स
(*c*) आवृतबीजी (*d*) अनावृतबीजी

11. वनस्पतिज्ञों के अनुसार पृथ्वी पर सर्वप्रथम उत्पन्न हुए–
(*a*) शैवाल तथा कवक
(*b*) मॉसेस तथा उनके सम्बन्धी
(*c*) विषाणु तथा जीवाणु
(*d*) फर्न तथा लाइकोपाडस

12. पादप जगत का वह डिवीजन जिसमें अब मुख्य थलीय वनस्पति को रखा जाता है–
(*a*) थैलोफाइटा (*b*) ब्रायोफाइटा
(*c*) टेरिडोफाइटा (*d*) स्पर्मेटोफाइटा

13. ऐसी जातियाँ जिनमें अकारिकी समानताएँ होती हैं परन्तु इनमें परस्पर जनन नहीं होता, कहलाती हैं–
(*a*) बायो स्पीशिज (*b*) सिबलिंग स्पीशिज
(*c*) ऐलोपेट्रिक स्पीशिज (*d*) मोरफो स्पीशिज

14. ऐसा जगत जिसमें सबसे अधिक विभिन्नताएँ पायी जाती हैं–
(*a*) प्रोटिस्टा (*b*) कवक
(*c*) प्लान्टी (*d*) ऐनिमेलिया

15. विटाकर प्रसिद्ध हैं–
(*a*) जीवाणु तथा नील हरी शैवाल में अन्तर के लिए
(*b*) दो जगत वर्गीकरण के लिए
(*c*) पाँच जगत वर्गीकरण के लिए
(*d*) चार जगत वर्गीकरण के लिए

16. दो जातियों को जनित विलगित कह सकते हैं यदि उनमें–
(*a*) परस्पर जनन होता है
(*b*) परस्पर जनन न होता हो
(*c*) एक ही परिस्थिति में नहीं उगती हों
(*d*) एक ही परिस्थिति में उगती हों

17. किस वर्गीकी शब्द को वर्गीकरण के किसी भी समूह के लिए प्रयोग किया जा सकता है–

(*a*) जाति (*b*) वर्ग
(*c*) गण (*d*) टेक्सान

18. जाति (species) के लिए स्टेटिक कल्पना (Static concept) किसने दिया था–
(*a*) थियोफ्रास्टस (*b*) डार्विन
(*c*) डी. कण्डोले (*d*) लिनियस

19. वंश का वह समूह, जो पुष्पीय लक्षणों में अकारिकी समानताएँ रखते हैं, कहलाता है–
(*a*) गण (*b*) वर्ग
(*c*) कुल (*d*) उपकुल

20. स्पीशिज शब्द जीव विज्ञान के विचार से प्रयोग किया–
(*a*) जे. रे (*b*) अरस्तु
(*c*) बफन (*d*) ई. मेयर

21. वंश एक समूह है, समान तथा सम्बन्धित–
(*a*) जातियों का (*b*) वंश का
(*c*) गण का (*d*) कुल का

22. वर्गीकृत श्रेणियाँ हैं, जो गण से नीचे कोटियों (ranks) की हैं–
(*a*) किस्म, वर्ग, कुल (*b*) प्रभाग, वंश, किस्म
(*c*) कुल, वंश, जाति (*d*) वर्ग, प्रभाग, जाति

23. सबसे अधिक मान्य जाति कल्पना (Species concept) है–
(*a*) टाइपोलोजिकल (Typological)
(*b*) जैनेटिक (Genetic)
(*c*) पॉलीटाइपिक (Polytypic)
(*d*) नोमिनेलिस्टिक (Nominalistic)

24. किसी पादप जाति का नाम दिया जाता है–
(*a*) जीव वैज्ञानिकों की अन्तर्राष्ट्रीय यूनियन (International Union of Biologists)
(*b*) बॉटनीकल नामकरण की अन्तर्राष्ट्रीय कोड (International Code of Botanical Nomenclature)
(*c*) अन्तर्राष्ट्रीय एसोसियेशन ऑफ प्लान्ट ब्रीडर (International Assosiation of Plant Breeder)
(*d*) अन्तर्राष्ट्रीय कोड ऑफ नामनक्लेचर ऑफ कल्टीवेटेड प्लाण्ट (International Code of Nomenclature of Cultivated Plants)

25. पौधों के नाम लैटिन में दिए जाते हैं क्योंकि–
(*a*) अधिकतर नाम किसी और भाषा में सही नहीं होते
(*b*) लैटिन आसान भाषा है
(*c*) पूरे संसार में एक पौधे का केवल एक नाम होता है
(*d*) यह लिखने में आसान होती है

26. निम्न में से किस जगत में प्रोकैरियोटिक प्राणी होते हैं–
(*a*) प्लान्टी (*b*) मोनेरा
(*c*) प्रोटिस्टा (*d*) कवक

27. ऐसे वैज्ञानिक, जिन्होंने प्रोटिस्टा समूह पौधों तथा जन्तुओं जैसे एककोशिकीय प्राणियों को वर्गीकृत करने के लिए बनाया था, है–
(*a*) एल. पाश्चर (*b*) इ. एफ. हेक्ल
(*c*) जे. लिस्टर (*d*) आर. कोच

28. निम्न प्राणियों में से किसमें रिक्तिका विहीन कोशिकायें पायी जाती हैं–
(*a*) विषाणु (*b*) प्रोकैरियोट
(*c*) शैवाल (*d*) कवक

29. वर्गीकरण की सबसे बड़ी इकाई है–
(*a*) कुल (*b*) वर्ग
(*c*) फाइलम (*d*) जगत

30. निम्न में कौन सी वर्गीकृत श्रेणी है जिसमें अकारिकीय समानता है तथा जो आनुवंशिक विलगनता को स्थिर रखती है–
(*a*) जाति (*b*) वंश
(*c*) कुल (*d*) गण

31. टेक्सा की व्यवस्था को कहते हैं–
(*a*) वर्गीकी (*b*) हिरारची (hierarchy)
(*c*) कुँजी (*d*) वर्गीकरण

32. दो पादप क तथा ख जो अकारिकीय लक्षणों में अलग हैं, उन्हें कहना चाहिए–
(*a*) एक वर्गिकी जाति
(*b*) दो वर्गिकी जाति
(*c*) एक जीव वैज्ञानिक जाति
(*d*) दो जीव वैज्ञानिक जाति

33. किन प्राणियों को मुख्यतः प्रोटिस्ट की तरह वर्गीकृत करते हैं–

(*a*) शैवाल, कवक, जीवाणु तथा ब्रायोफाइट्स
(*b*) प्रोटोजोआ, जीवाणु, शैवाल तथा कवक
(*c*) प्रोटोजोआ, कुछ शैवाल तथा कवक
(*d*) कवक, स्लाइम मोल्ड तथा ट्रेकिओफाइटस

34. निम्न में कौन-सा प्राणी पादप तथा जन्तु दोनों के गुण रखता है?
(*a*) माइकोप्लाज्मा (*b*) यूग्लीना
(*c*) जीवाणु (*d*) पैरामीशियम

35. निम्न में कौन-सा वर्गीकरण श्रेणियों का सही अवरोही क्रम है–
(*a*) कुल, उपकुल, वंश, गण, डिवीजन, वर्ग
(*b*) वर्ग, गण, डिवीजन. उपकुल, कुल, वंश
(*c*) डिवीजन, वर्ग, गण, कुल, उपकुल, वंश
(*d*) वर्ग, डिवीजन, गण, वंश, उपकुल, कुल

36. एक जाति वाले वंश को कहते हैं–
(*a*) प्रारूपिक (*b*) आप्रारूपिक
(*c*) बहुप्रारूपिक (*d*) एक प्रारूपिक

37. स्पीशिज है–
(*a*) समान फिनोटाइपिक तथा जीनोटाइपिक लक्षणों वाले प्राणियों की जनसंख्या
(*b*) एक प्रकार की जनसंख्या
(*c*) परस्पर जनन करने वाले प्राणियों की जनसंख्या
(*d*) एक भोगौलिक स्थान पर पाए जाने वाले प्राणियों का समूह

38. निओटाइप है–
(*a*) नामकरंण के लिए प्रकार जब वास्तविक पादप नहीं हो
(*b*) वैज्ञानिकों द्वारा खोजी गयी गई जातियाँ
(*c*) वास्तविक पादप नामकरण के लिए
(*d*) लेखक के द्वारा दिया गया दो या अधिक प्रारूप में से एक

39. समप्रारूप एक प्रारूप है–
(*a*) नाम प्रारूप का प्रतिरूप
(*b*) लेखक द्वारा दिया गया जब नाम प्रारूप न हो
(*c*) नाम प्रारूप के साथ दिया गया हो
(*d*) नामकरण के लिए प्रारूप जब वास्तविक प्रारूप न हो

40. जाति की 'जैविक धारणा' मुख्यतः निम्न पर आधारित है–
(*a*) केवल आकृतिक लक्षण
(*b*) केवल जनन विधि
(*c*) आकृति व जनन विधि
(*d*) जननात्मक पृथक्करण

41. विटाकर (Whittakar) के पाँच जगत वाले वर्गीकरण के अन्तर्गत् यूकैरियोट्स को निम्न जगत में रखा गया था–
(*a*) पाँच में से दो जगत
(*b*) पाँच में से तीन जगत
(*c*) पाँच में से चार जगत
(*d*) सभी पाँच जगत

42. दो एक सी जनसंख्या (Populations) एक ही जगह उगी है पर वे इंटर स्टराइल (Inter-sterile) हैं। वायोलोजिकल स्पीशीज के हिसाब से ये क्या होंगी?
(*a*) एक जातिय (One species)
(*b*) दो भिन्न जातियाँ (Distinct species)
(*c*) दो सिबलिंग जातियाँ (Sibling species)
(*d*) इसमें से कोई नहीं

43. प्रोटिस्टों में क्या होता है?
(*a*) जीन युक्त न्यूक्लियोप्रोटीनों का मिला हुआ संघनित अद्रण समूह
(*b*) कोशिका के अन्य पदार्थों से प्रत्यक्ष सम्पर्क रखने वाला न्यूक्लियो प्रोटीन
(*c*) केवल स्वतन्त्र न्यूक्लिक अम्ल का समूह
(*d*) झिल्ली बन्द न्यूक्लियो प्रोटीन जो कोशिका द्रव्य के अन्दर गड़े होते हैं

44. वर्गीकरण विज्ञान की दृष्टि से स्पीशीज (species) क्या होती है–
(*a*) विकास की दृष्टि से सम्बन्धित समष्टियों का एक समूह
(*b*) ऐसी समष्टि जिसमें समान विशिष्टताएँ होती हैं जो विभिन्नता का विकासीय आधार होती हैं
(*c*) जीवधारियों के जाति वृत्तीय इतिहास में एक आधारभूत इकाई
(*d*) एक आधारीय श्रेणी जिसमें अधिकांश वर्गीकरण सूचना जुड़ी होती हैं

45. निकटतम सम्बन्धित आकारिकीय दृष्टि से समान समस्थानिक समष्टियों को जो अन्यथा जननतः विलगित होती हैं, क्या कहते हैं?

(a) क्लोन (b) डीम
(c) क्लाइन (d) सिबलिंग स्पीशिज

46. जीवों के वर्गीकरण में टेक्सान (Taxon) का अर्थ है–
(a) समान प्रजातियों का समूह
(b) गुणसूत्रों की संख्या के आधार पर बनाया गया जीवों का समूह
(c) जीवों की किसी भी एक कोटि का समूह
(d) समान वंशों का समूह

47. सबसे छोटा वर्गक है–
(a) वर्ग (b) गण
(c) जाति (d) श्रेणी

48. विटाकर (1969) के वर्गीकरण में अकेंद्रिक एक कोशकीय जन्तु सम्मिलित किए गए हैं–
(a) प्रोटिस्टा में (b) मोनेरा में
(c) ऐनीमेलिया में (d) प्लान्टी में

49. आकृति में समान किन्तु जनन में पृथक्कृत जाति कहलाती है–
(a) उपजाति (b) सहोदर जाति
(c) समस्थानिक जाति (d) एलोपैट्रिक जाति

50. किस टेक्सोनोमिक वर्ग में सर्वाधिक समानता एवं आनुवंशिक पार्थक्य पाया जाता है–
(a) गण (b) कुल
(c) वंश (d) जाति

51. कौन-सी दो जातियाँ प्रजनन वियुक्त कहलायेंगी जो कि–
(a) परस्पर निषेच्य नहीं है
(b) परस्पर बंध्य है
(c) परस्पर निषेच्य है
(d) समान आवास होते हुए भी अनिषेच्य है

52. स्पीशीज की जैविक धारणा सर्वप्रथम किसने प्रस्तुत की–
(a) बुफोन ने (b) अरस्तु ने
(c) जाने रे ने (d) अनर्स्ट मेयर ने

53. स्पीशीज की स्थैतिक धारणा किसने प्रस्तुत की–
(a) डीकूडोल ने (b) डार्विन ने
(c) लीनियस ने (d) थियोफ्रास्टस ने

54. *नॉस्टाक* जैसा नीला-हरा शैवाल ओसवाल्ड टिप्पो ने किस फाइलग गें रखा है?
(a) साइनोफाइटा (b) पांइरोफाइटा
(c) क्लोरोफाइटा (d) क्राइसोफाइटा

55. दो पौधों में असमान आकृतिक गुण हैं उन्हें–
(a) एक जैविक स्पीशीज मानेंगे
(b) एक टेक्सोनोमिक स्पीशीज मानेंगे
(c) दो टेक्सोनोमिक स्पीशीज मानेंगे
(d) दो जैविक स्पीशीज मानेंगे

56. ऐसा जीव जो जन्तुओं तथा पादपों में संयुक्त कड़ी है–
(a) यूग्लीना (b) जीवाणु
(c) विषाणु (d) पैरामीशियम

57. वर्गीकरण के पाँच जगत तन्त्र प्रणाली (Five kingdom system) में निम्नलिखित में से किस एक जगत में नील हरित शैवाल, नाइट्रोजन स्थिरीकरण बैक्टीरिया तथा मीथेनोजिनिक बैक्टीरिया रखे जाते हैं–
(a) मोनेरा (b) फन्जाई
(c) प्लाण्टी (d) प्रोटिस्टा

58. पाँच जगत वर्गीकरण प्रणाली प्रतिपादित किया–
(a) बीरबल साहनी (b) विटाकर (Whittakar)
(c) एरिसटोटिल (d) ओसवाल्ड टिप्पो

59. निकट सम्बन्धित स्पीशीज का युग्म जो जननात्मक पृथक लेकिन अकारिकी में समान है कहलाता है–
(a) मार्फोस्पीशीज (b) सिस्पैट्रिक
(c) ऐलोपेट्रिक (d) सिबलिंग

60. विटाकर के वर्गीकरण में मुख्य उत्पादक किरा जगत के हैं–
(a) प्लान्टी (b) प्रोटिस्टा
(c) माइकोटा (d) मोनेरा

61. बहुकोशिकीय उत्पादक किस जगत के हैं–
(a) प्लान्टी
(b) प्रोटिस्टा
(c) प्लान्टी तथा माइकोटा
(d) प्रोटिस्टा तथा प्लान्टी

62. Absorptive पोषण विधि किस जगत में है–
(a) प्लान्टी (b) कवक
(c) एनिमेलिया (d) उपरोक्त सभी

63. बिहटकर के वर्गीकरण के किस जगत में उत्पादक होते हैं–
(a) प्रोटिस्टा तथा प्लान्टी दोनों में
(b) केवल प्रोटिस्टा में

(*c*) प्रोटिस्टा, प्लान्टी तथा मोनेरा में
(*d*) सभी पाँच जगत में

64. निम्न में से कौन बिहटकर के पाँच जगत वर्गीकरण में सम्मिलित नहीं है–
(*a*) विषाणु
(*b*) वायरॉयड तथा प्रयोन्स (Viroids and Prions)
(*c*) बैक्टीरियोफेज
(*d*) उपरोक्त सभी

65. निम्न किस जगत में decomposers सम्मिलित हैं–
(*a*) प्रोटिस्टा तथा कवक
(*b*) मोनेरा, प्रोटिस्टा तथा कवक
(*c*) मोनेरा तथा प्रोटिस्टा
(*d*) प्रोटिस्टा, कवक तथा एनीमेलिया

66. निम्न कौन-सा प्रोटिस्ट flexible life style दर्शाता है–
(*a*) स्लाइम मोल्ड्स
(*b*) यूग्लीनॉयडफस
(*c*) उपरोक्त (*a*) व (*b*) दोनों
(*d*) डायनोफ्लैजिलैट्स

67. व्हिटकर पाँच जगत में से किस जगत में जीवित जीव सम्मिलित हैं–
(*a*) तीसरे, चौथे व पाँचवें जगत में
(*b*) दूसरे जगत में
(*c*) तीसरे तथा चौथे जगत में
(*d*) सभी जगत में

68. नाम प्रारूप (Holotype) है–
(*a*) दूसरी जगह से नमूना
(*b*) नामकरण के लिये लेखक द्वारा दिया नमूना
(*c*) अधूरा प्रारूप
(*d*) असुरक्षित प्रारूप

69. व्हिटकर के पाँच जगत वर्गीकरण में प्रोटिस्टा बना है–
(*a*) सभी यूकैरियोट्स
(*b*) सभी प्रोकैरियोट्स का
(*c*) एक कोशिकीय यूकैरियोट्स का
(*d*) दोनों एक कोशिकीय व बहु कोशिकीय यूकैरियोट्स का

70. सम प्रारूप नकल है–
(*a*) सिनटाइप की (*b*) नाम प्रारूप की
(*c*) नियो टाइप की (*d*) लेक्टो टाइप की

71. दो समान होलोटाइप कहलाते हैं–
(*a*) समप्रारूप (*b*) सिनटाइप
(*c*) मीसोटाइप (*d*) मियोटाइप

72. लेक्टोटाइप (lectotype) आधारित है–
(*a*) समप्रारूप (*b*) आइकोनोटाइप
(*c*) नियोटाइप (*d*) पैराटाइप

73. नियोटाइप (Neotype) प्रयोग किया गया है–
(*a*) जब सभी मूल प्रारूप समाप्त हो गये
(*b*) सिनटाइप उपस्थित नहीं था
(*c*) नाम प्रारूप समाप्त हो गया था
(*d*) सम प्रारूप उपस्थित था

74. पोषण की absorptive विधि पायी जाती है–
(*a*) मोनेरा में
(*b*) कवक में
(*c*) दोनों (*a*) व (*b*) में
(*d*) कवक, मोनेरा व प्रोटिस्टा में

75. व्हिटकर की वर्गीकरण प्रणाली में प्लान्टी के अन्तर्गत आते हैं–
(*a*) ब्रायोफाइट्स, टेरिडोफाइट्स, जिम्नोस्पर्म एवं एंजियोस्पर्म
(*b*) शैवाल (एल्गी) एवं ब्रायोफाइट्स
(*c*) टेरिडोफाइट्सज जिम्नोस्पर्म एवं एंजियोस्पर्स
(*d*) जिम्नोस्पर्म स्पर्म एवं एंजियोस्पर्म

76. व्हिटकर की वर्गीकरण प्रणाली में मोनेरा के अन्तर्गत आते हैं–
(*a*) जीवाणु, सायनोबैक्टीरिया एवं कवक
(*b*) जीवाणु, शैवाल एवं कवक
(*c*) जीवाणु एवं साइनोबैक्टीरिया
(*d*) जीवाणु, शैवाल, कवक एवं लाइकेन्स

77. द्विपद-नाम पद्धति के जन्मदाता हैं?
(*a*) लारेंस
(*b*) लिनीयस
(*c*) ऑगस्टिन डी कैडोल
(*d*) अलफॉन्डो डी कैंडोल

78. जीवों का 'पाँच जगत वर्गीकरण' किसने प्रस्तावित किया?
(*a*) व्हिटकर (*b*) बेन्थम
(*c*) लिनीयस (*d*) रिविनम

79. कितने प्रकार के लक्षणों पर जीवों को पाँच जगतों में वर्गीकृत किया गया हैं–

(*a*) दो (*b*) तीन

(*c*) चार (*d*) पाँच

80. पाँच जगत वर्गीकरण प्रणाली में, वर्गीकरण का मुख्य आधार है–

(*a*) केन्द्रक की संरचना

(*b*) पोषण

(*c*) कोशिका भित्ति की संरचना

(*d*) अलैंगिक जनन

81. पाँच जगत वर्गीकरण प्रणाली प्रस्तावित की गयी, में–

(*a*) 1859 (*b*) 1758

(*c*) 1862 (*d*) 1969

82. पाँच जगत वर्गीकरण के किस जगत में आर्की तथा नाइट्रोजन स्थिरीकारक जीवाणु को रखा गया है–

(*a*) एनिमेलिया (*b*) प्लाण्टी

(*c*) मोनेरा (*d*) प्रोटिस्टा

उत्तरमाला

1	2	3	4	5	6	7	8	9	10
(*b*)	(*b*)	(*b*)	(*b*)	(*c*)	(*b*)	(*d*)	(*d*)	(*c*)	(*b*)
11	**12**	**13**	**14**	**15**	**16**	**17**	**18**	**19**	**20**
(*c*)	(*d*)	(*b*)	(*d*)	(*c*)	(*b*)	(*d*)	(*d*)	(*c*)	(*d*)
21	**22**	**23**	**24**	**25**	**26**	**27**	**28**	**29**	**30**
(*a*)	(*c*)	(*a*)	(*b*)	(*c*)	(*b*)	(*b*)	(*b*)	(*d*)	(*a*)
31	**32**	**33**	**34**	**35**	**36**	**37**	**38**	**39**	**40**
(*b*)	(*b*)	(*c*)	(*b*)	(*c*)	(*d*)	(*c*)	(*a*)	(*a*)	(*d*)
41	**42**	**43**	**44**	**45**	**46**	**47**	**48**	**49**	**50**
(*c*)	(*c*)	(*d*)	(*a*)	(*d*)	(*c*)	(*c*)	(*b*)	(*a*)	(*d*)
51	**52**	**53**	**54**	**55**	**56**	**57**	**58**	**59**	**60**
(*a*)	(*d*)	(*c*)	(*a*)	(*c*)	(*a*)	(*a*)	(*b*)	(*d*)	(*b*)
61	**62**	**63**	**64**	**65**	**66**	**67**	**68**	**69**	**70**
(*a*)	(*b*)	(*c*)	(*d*)	(*b*)	(*c*)	(*d*)	(*b*)	(*c*)	(*b*)
71	**72**	**73**	**74**	**75**	**76**	**77**	**78**	**79**	**80**
(*a*)	(*a*)	(*a*)	(*d*)	(*a*)	(*c*)	(*b*)	(*a*)	(*c*)	(*b*)
81	**82**								
(*d*)	(*c*)								

❑❑❑

CHAPTER 6

विषाणु
VIRUS

- विषाणु अकोशिकीय अतिसूक्ष्म जीव हैं, जो आकार में 15μ से 350μ तक होते हैं तथा ये केवल जीवित कोशिका में ही वंश वृद्धि कर सकते हैं। ये नाभिकीय अम्ल और प्रोटीन से मिलकर गठित होते हैं, शरीर के बाहर तो ये मृत-समान होते हैं परंतु शरीर के अंदर जीवित हो जाते हैं।
- इन्हें क्रिस्टल के रूप में इकट्ठा किया जा सकता है। एक विषाणु बिना किसी सजीव माध्यम के पुनरुत्पादन नहीं कर सकता है।
- यह सैकड़ों वर्षों तक सुसुप्तावस्था में रह सकता है और जब भी एक जीवित माध्यम या धारक के सम्पर्क में आता है उस जीव की कोशिका को भेद कर आच्छादित कर देता है और जीव बीमार हो जाता है।

- एक बार जब विषाणु जीवित कोशिका में प्रवेश कर जाता है, वह कोशिका के मूल आरएनए एवं डीएनए की जेनेटिक संरचना को अपनी जेनेटिक सूचना से बदल देता है और संक्रमित कोशिका अपने जैसे संक्रमित कोशिकाओं का पुनरुत्पादन शुरू कर देती है।
- विषाणु जीवन के सरलतम प्रकार हैं। ये अकोशिकीय या अवकोशिकीय (acellular or subcellular) होते हैं। क्योंकि विषाणु कोशिका के नहीं बने होते अतः ये कोशिका सिद्धान्त के अपवाद हैं।
- विषाणु का अंग्रेजी शब्द वाइरस का शाब्दिक अर्थ विष होता है। सर्वप्रथम 1796 में डाक्टर एडवर्ड जेनर ने पता लगाया कि चेचक, विषाणु के कारण होता है। उन्होंने चेचक के टीके का आविष्कार भी किया। इसके बाद सन् 1886 में एडोल्फ मेयर ने बताया कि तम्बाकू में मोजेक रोग एक विशेष प्रकार के वाइरस के द्वारा होता है।
- रूसी वनस्पति शास्त्री इवानोवस्की (Ivanowsky) ने भी 1882 में तम्बाकू में होने वाले मोजेक रोग का अध्ययन करते समय विषाणु के अस्तित्व का पता लगाया। बेजेर्निक और बोर ने भी तम्बाकू के पत्ते पर इसका प्रभाव देखा और उसका नाम टोबेको मोजेक रखा।
- मोजेक शब्द रखने का कारण इनका मोजेक के समान तम्बाकू के पत्ते पर चिन्ह पाया जाना था। इस चिन्ह को देखकर इस विशेष विषाणु का नाम उन्होंने टोबेको मोजेक वाइरस (TMV) रखा।
- विषाणु लाभप्रद एवं हानिकारक दोनों प्रकार के होते हैं। जीवाणुभोजी विषाणु एक लाभप्रद विषाणु है, यह हैजा, पेचिश, टायफायड आदि रोग उत्पन्न करने वाले जीवाणुओं को नष्ट कर मानव की रोगों से रक्षा करता है।
- कुछ विषाणु पौधे या जन्तुओं में रोग उत्पन्न करते हैं एवं हानिप्रद होते हैं। एचआईवी, इन्फ्लूएन्जा वाइरस, पोलियो वाइरस रोग उत्पन्न करने वाले प्रमुख विषाणु हैं।
- सम्पर्क द्वारा, वायु द्वारा, भोजन एवं जल द्वारा तथा कीटों द्वारा विषाणुओं का संचरण होता है परन्तु विशिष्ट प्रकार के विषाणु विशिष्ट विधियों द्वारा संचरण करते हैं।
  - कोलीफेज F_2 सबसे छोटा विषाणु है।
  - 'सैटेलाइट टोबेको न्रेकोसिस' सबसे छोटा पादप विषाणु हैं। इसका आकार 17nm होता है।
  - मैक्स डेलबुक, एल्फ्रेड डी. हारशे तथा सेल्वेडोर ई. लॉरिया (Max Delbruck, Alfred D. Harshey and Salvador E. Luria) को 1969 में जीवाणुभोजियों की आनुवंशिक संरचना तथा गुणन प्रक्रिया के अध्ययन हेतु नोबेल पुरस्कार मिला।
  - डेविड बाल्टीमोर, रेनेटी डल्बेको तथा टेमिन डेबेको (David Baltimore, Renato Dulbecco and Temin Debacco) को 1975 में रिवर्स ट्रांसक्रिप्टेज की खोज तथा ट्यूमर विषाणु तथा कोशिका के आनुवंशिक

पदार्थ के बीच होने वाली क्रियाओं के अध्ययन के लिए नोबेल पुरस्कार मिला।

- स्टेनले प्रुसिनर (Stanley Prusiner) को सन् 1997 में प्रिऑन (Prion) की खोज करने हेतु नोबेल पुरस्कार मिला।

विषाणुः सजीव या निर्जीव (Virus : Living or Non-living)

विषाणुओं की स्थिति अतिसूक्ष्म एवं सरल होने के कारण यह कहना कठिन है कि ये सजीव हैं या निर्जीव। इसी लिए विषाणुओं को सजीव एवं निर्जीव के बीच की कड़ी कहा जाता है।

विषाणुओं के सजीव लक्षण (Living Character of Viruses)

(*i*) विषाणु में न्यूक्लिक अम्ल का द्विगुणन होता हैं।

(*ii*) किसी जीवित कोशिका में पहुंचते ही ये सक्रिय हो जाते हैं और एन्जाइमों का संश्लेषण करने लगते हैं।

(*iii*) सजीव कोशिकाओं की भाँति इनमें आर.एन.ए. तथा डी.एन.ए. पाया जाता है।

विषाणुओं के निर्जीव लक्षण (Non-Living Character of Viruses)

(*i*) विषाणु कोशिकीय रूप में नहीं होते हैं तथा इनमें बहुत से कोशिकीय अंग नहीं पाये जाते हैं।

(*ii*) विषाणुओं में पोषण, श्वसन, वृद्धि, उत्सर्जन और उपापचय क्रियाएं नहीं होती हैं।

(*iii*) इनके रवे को क्रिस्टल बनाकर निर्जीव पदार्थ की भांति बोतलों में भरकर वर्षों तक सुरक्षित रखा जा सकता है।

(*iv*) प्रत्येक वाइरस प्रोटीन-खोल में बंद एक आर.एन.ए. या डी.एन.ए का अणु होता है।

विषाणु की संरचना (Structure of Virus)

इलेक्टॉन सूक्ष्मदर्शी की सहायता से विषाणु की संरचना को देखा जा सकता है। विषाणु रचना में प्रोटीन के आवरण से घिरा न्यूक्लिक अम्ल होता है। इसके बाहरी आवरण या Capsid में बहुत सी प्रोटीन इकाइयां (Capsomeres) होती हैं। सम्पूर्ण विषाणुओं को 'विरियान' (Virion) कहते हैं।

इनका आकार 10-500 मिलीमाइक्रोन होता है।

परपोषी प्रकृति के आधार पर विषाणु का वर्गीकरणः

(*i*) पादप विषाणु (Plant Virus)

पादप विषाणु में न्यूक्लिक अम्ल आर.एन.ए. (RNA) के रूप में होता हैं, जैसे-टी. एम. वी. (TMV), पीला मोजैक विषाणु (YMV) आदि।

(*ii*) जन्तु विषाणु (Animal Virus)

जन्तु विषाणु में डी.एन.ए. (DNA) या कभी-कभी आर.एन.ए. (RNA) भी पाया जाता है। ये प्रायः गोल आकृति के होते हैं। जैसे-इन्फ्लूऐंजा, मम्पस वाइरस आदि।

(*iii*) बैक्टीरियोफेज (Bacteriophage) या जीवाणु भोजी

ये केवल जीवाणुओं के ऊपर आश्रित रहते हैं। इनमें डी. एन. ए. (DNA) पाया जाता है, जैसे-टी-2 फेज (T_2-phage)।

तालिका 6.1 पौधों में विषाणु जनित रोग (Viral Diseases in Plants)

रोग	पादप	विषाणु
1. टोबेको मोजेक (Tobacco Mosaic)	तम्बाकू, टमाटर	तम्बाकू मोजेक विषाणु (TMV)
2. बंकी टाप (Bunchy Top)	केला	बनाना विषाणु-I
3. पोटेटो मोजेक (Potato Mosaic)	आलू	पोटेटो विषाणु-X
1. लीफ कर्ल (Leaf Curl)	तम्बाकू, टमाटर पपीता	टोबेको विषाणु-16
5. कैरट् रेड लीफ (Carrot Red Leaf)	गाजर	कैरट् रेड लीफ विषाणु
6. कॉलीफ्लावर मोजेक (Cauliflower Mosaic)	फूलगोभी	कॉलीफ्लावर मोजेक विषाणु
7. पोटेटो लीफ रोल (Potato Leaf Role)	आलू	सोलेनम् विषाणु-14

मनुष्यों में विषाणु जनित रोग (Viral Diseases in Humans)

(*i*) **रोग का नाम-चेचक** (Chicken Pox)

विषाणु का नाम-(Varicella-zoster virus)

संचरण-ग्रसित व्यक्ति के कपड़ों तथा अन्य चीजों के संपर्क से।

संक्रमण अवधि-12 से 16 दिन।

मुख्य लक्षण-इसके मुख्य लक्षण संक्रमण के 14 दिन बाद प्रकट होते हैं। बुखार हो जाना, ठंड लगना, त्वचा पर लाल रंग के गोल-गोल दाने के समान फुंसियों का निकल आना तथा उनमें खुंटियों का पड़ जाना।

उपचार-त्वचा पर कैलामाईन मलहम (Calamine Lotion) लगाना, रोगी को अलग रखना।

(*ii*) **रोग का नाम**-खसरा (Measles)

विषाणु का नाम-Myxo virus

संचरण-हवा के द्वारा, प्रत्यक्ष संपर्क के द्वारा बातचीत करने, खांसने से।

संक्रमण अवधि-12 से 21 दिन।

लक्षण-शुरू में नाक बहना तथा छींके आना, सिर दर्द, पीठ दर्द, ठंड लगना तथा बुखार हो जाना, फिर उसके पश्चात् श्वसन श्लेषमा झिल्ली में सूजन तथा प्रवाह का होना, शरीर पर चकत्तों का होना, भूख नहीं लगना, उल्टी होना, प्रकाश के प्रति संवेदनशील होना आदि लक्षण होते हैं।

उपचार-गामा ग्लोबुलीन (Gamma Globulin) का टीका लेना।

(*iii*) **रोग का नाम**-रेबीज या हाईड्रोफोबिया (Rabies or Hydrophobia)

विषाणु का नाम-Rhabdovirus

संचरण-पागल कुत्ते का काटना।

संक्रमण अवधि-2 से 16 सप्ताह या इससे भी अधिक दर्द।

मुख्य लक्षण-सिर में भयंकर-बुखार तथा उत्तेजना का होना, निगलने (Swallowing) में परेशानी का होना, लकवा हो जाना, पानी को देखकर डरना, आवाज बदल जाना आदि।

उपचार-14 दिन तक लगातार टीका (Vaccine) लेना।

तालिका 6.2 विषाणु से सम्बन्धित कुछ रोचक तथ्य

1. आरबो विषाणु	कीट विषाणु, कीटों को वेक्टर की तरह उपयोग करते हैं। उदाहरण-डेंगू विषाणु।
2. ऐडेनो विषाणु	सामान्यतया जन्तुओं के श्वसनतन्त्र में पाये जाते हैं। ये डी. एन. ए. विषाणु होते हैं।
3. पोक्स विषाणु	आयताकार आकृति के अत्यधिक जटिल विषाणु होते हैं। इनका आनुवंशिक पदार्थ डमरू आकृति का दोहरा डी. एन. ए. अणु होता है।
4. विषाणु आकार	0.02 से 0.25 माइक्रोन का व्यास
5. सूक्ष्मतम पादप विषाणु	सेटेलाइट टोबेको नेक्रोसिस विषाणु (STNV) 8nm
6. सूक्ष्मतम जन्तु विषाणु	फुट एवं माउथ रोग वायरस, चौपायों में
7. विशालतम पादप विषाणु	साइट्रस ट्रिसटेज विषाणु, 200nm लम्बा
8. विशालतम जन्तु	पॉज विषाणु- 300 × 230nm
9. विरियोन	विषाणु जो पोषक कोशिका के बाहर होते हैं।
10. विरिओइड	सूक्ष्मतम रोगजनक, आर. एन. ए. 300 न्यूक्लियोटाइड का होता है। पादप रोग कारक। उदाहरण-पोटेटो स्पिन्डल ट्यूबर।
11. प्रियोन	सूक्ष्म प्रोटीन जो रोग कारक बन जाते हैं उदाहरण-कुरू रोग (मानव में Laughing Death), मैड काउ रोग।
12. विरूसोआइड्स	सूक्ष्म लम्बा या वृत्तीय (रोग जनक नहीं) आर. एन. एन. मुख्य RNA के अन्दर विद्यमान।

(*iv*) **रोग का नाम**-कनपेड़ा (Mumps)

विषाणु का नाम-Paramyxo virus

संचरण-प्रत्यक्ष संपर्क के द्वारा

संक्रमण अवधि-12 से 21 दिन

मुख्य लक्षण-बुखार होना, विषाणु के जमा होने वाले अंग अथवा ग्रंथि का फूल जाना (Parotid), ग्रंथि के फूलने की स्थिति में व्यक्ति को मुंह खोलने में काफी दर्द होता है।

उपचार-टीके (Vaccine) के प्रयोग द्वारा।

(*v*) **रोग का नाम**-इन्फ्लूएन्जा या फ्लू (Influenza or Flu)

विषाणु का नाम-Orthomix virus

संचरण-रोग से ग्रसित व्यक्ति के श्वसन संस्थान के प्रवाह द्वारा। (Discharges of respiratory Tract)।

संक्रमण अवधि-1 से 2 दिन।

मुख्य लक्षण-बुखार, मांसपेशियों में दर्द, ठंड लगना, सूखी खांसी, श्वसन क्षेत्र में प्रदाह।

उपचार-टीका लगाना।

(*vi*) **रोग का नाम**-पोलियो (Poliomyelitis)

विषाणु का नाम-Enterovirus

संचरण-संपर्क, घरेलू मक्खियों, पिस्सुओं, दूषित भोजन तथा जल के द्वारा।

संक्रमण अवधि-शुरू से सिर दर्द, पेट में गड़बड़ी, उल्टी, अत्यधिक बुखार, गले का रूग्ण होना आदि होता है। बाद में कमजोरी, गर्दन तथा पीठ का अकड़ना तथा शरीर का एक अथवा अधिक भाग लकवाग्रस्त हो जाता है।

उपचार-पोलियो के टीके का प्रयोग।

(*vii*) **रोग का नाम**-डेंगू बुखार (Dengue Fever)

विषाणु का नाम-Arbovirus

संचरण-मच्छर (Aedes) के काटने से।

संक्रमण अवधि-4 से 8 दिन।

मुख्य लक्षण-सिर दर्द तथा बुखार होना, जोड़ों (Joints) में तथा पीठ की मांस पेशियों में दर्द होना। कुछ दिनों के लिए शरीर पर चकत्ते हो जाना।

तालिका 6.3: जन्तुओं में विषाणु जनित रोग
(Viral Diseases in Animals)

क्र. सं.	रोग	जन्तु	विषाणु
1	2	3	4
1.	अफ्रीकन हॉर्स सिकनेस	घोड़ा, कुत्ता	ऑरवी विषाणु
2.	ब्लू टँग	भेड़, गाय, भैस, बकरी	रीओवायरीडी
3.	बॉर्डर रोग	भेड़	पेस्टीजीवाणु
4.	हॉक कोलेरा या स्वाइन फीवर	सुअर	पेस्टीजीवाणु
5.	काउपोक्स	गाय	आरथोपोक्स विषाणु
6.	बोवाइन बाइरल डायरिया	गाय, भैंस	पेस्टीविषाणु
7.	फुट एण्ड माऊथ रोग	गाय, भेड़ बकरी, सुअर	ऐपथो विषाणु
8.	गोट पोक्स	गाय, भेड़, बकरी	केप्रियो विषाणु
9.	ल्यूपिंग इल	भेड़	प्लेवी विषाणु
10.	स्यूडोरेबिज या ओजस्की रोग	सुअर	ऐल्फेहर पेस्वाइरीनी
11.	रेबीज	गाय, घोड़ा भेड़, बकरी सुअर, मानव	लाइसा विषाणु या रैब्डो विषाणु
12.	रिन्डरपेस्ट	गाय, भेड़, बकरी	मोरबिली विषाणु
13.	केनाइन डिस्टेम्पर या केरिज रोग	बिल्ली, कुत्ता	पेनट्रोपिक विषाणु
14.	इन्फेक्शियस केनाइन हिपेट्राइटिस या रूबर्थ रोग	कुत्ता	ऐडेनो विषाणु

1	2	3	4
15.	इक्वाइन एन्सिफेलो मिलिट्सि या ब्लाइंड स्टैगर्स	घोड़ा, पौनी	जापानी बी-एन्सिफेलेटिस विषाणु
16.	रानीखेत रोग या न्यू केसल रोग या डोयल्स रोग	मुर्गा	
17.	एवियन मोनोसिटोसिस/ पुलेट रोग या ब्लू कोम्ब	मुर्गा	
18.	गम्बोरो रोग	मुर्गा	

(*viii*) रोग का नाम-छोटी माता (Small pox)

विषाणु का नाम-Variola virus

संचरण-छोटी बूंदो (Droplets) के प्रत्यक्ष संपर्क अथवा संक्रमित वस्तुओं के प्रत्यक्ष संपर्क द्वारा।

संक्रमण-12 दिन।

मुख्य लक्षण-अत्यधिक बुखार होना, सिर तथा पीठ में दर्द होना, तीसरे दिन त्वचा पर चकत्तों (Rash) का निकल आना। चकत्तों में पीब भर जाना तथा खुंटिया पड़ जाना। कुछ समय पश्चात् खुंटियों का निकल जाना, परंतु घावों का रह जाना।

उपचार-चेचक के टीके का प्रयोग

(*ix*) **रोग का नाम**-एड्स (Acquired Immuno Deficiency Syndrome)

विषाणु का नाम-HIV (Human Immuno Virus)।

संचरण-संक्रमित व्यक्ति से लैंगिक संबंध के कारण तथा शुक्राणु के द्वारा, संक्रमित रक्त के शरीर में डाले जाने से।

मुख्य लक्षण-शरीर के वजन में 10% या उससे अधिक की कमी, अज्ञात कारण से बुखार हो जाना, मुंह में फोड़े निकल आना।

विषाणु विज्ञान में कुछ महत्त्वपूर्ण खोज और खोजकर्त्ताओं के नाम (Some Important Inventions in Virology)

वर्ष	वैज्ञानिक	खोज
1	2	3
1892	इवानोस्की (Iwanosky)	तम्बाकू में मोजेक रोग का कारण विषाणुओं को बताया।
1898	बेज़रनिक	पादप रस को जीवित तरल संक्रामक कहा।
1892 -1906	गोर्नरी और पाश्चर	स्मॉल-पॉक्स विषाणु (Small Pox Virus) की खोज की।
1901	रीड (Reed)	पीतज्वर विषाणु (Yellow Fever Virus)
1908	पॉपर (Popper)	पोलियो वाइरस की खोज की।
1906	साबिन (Sabin)	पोलियो का टीका (Polio Vaccine)
1915	ट्वार्ट और डी हैरेली	बैक्टिरियोफाज़ (Bacteriophage)
1933	स्मिथ (Smith)	इन्फ्लूएंजा (Influenza) विषाणु की खोज।
1938	प्लाज (Platz)	मीजल्स (Measles) विषाणु की खोज।
1935	डब्लू.स्टेनले (W.Stanley)	विषाणु को क्रिस्टल के रूप में बनाया और प्रोटीन माना। इस कार्य के लिए सन् 1946 ई. में नोबेल पुरस्कार से सम्मानित किया गया।
1938	बावडेन (Bauwden)	विषाणु में प्रोटीन और न्यूक्लिक अम्ल की खोज की।
1942	हर्शे और चेस	विषाणु का केवल डी. एन. ए. अथवा आर. एन. ए. परपोषी कोशिका में प्रवेश करता है।

1	2	3
1953	ए. वाँफ तथा ई. वालमान (A. Lwoff and E. Wallman)	टेम्परेट फेज या प्रोफेज
1957	ए. आइसेकस (A. Issacs)	इन्टरफेरोन (Interferon)
1955-57	आर. फ्रेंकलिन, ए. क्लग तथा के.सी. होम्स। (R. Franklin, A. Klug and K.C. Holms)	टी. एम. वी. सूक्ष्म संरचना।
1959	आर. एल. सिनशिमर (R.L. Sinsheimer	एक कुण्डलित डी. एन.ए. के साथ कोली फेज $\phi \times 174$ की खोज।
1959	एस. बरेनर तथा उनका साथी (S.Brenner *et. al.*)	जीवाणु भोजी विषाणु T_2 की सूक्ष्म संरचना।
1963	सेफरमेन तथा मोरिस (Saff erman and Morris)	नीलहरित शैवाल भोजी (Cyanophage)
1975	डिबेको (Deb ecco)	कैंसर के जनक विषाणु
1984	लू मोंटेगनियर आर.गैलो (Lu montagnier, Ro Gallo *et. al.*)	एड्स विषाणु (Aids virus)

बहुविकल्पीय प्रश्न

1. निम्न जीवों में से सूक्ष्मतम कौन से हैं?

(*a*) जीवाणु (*b*) कवकद्रव्य

(*c*) नॉस्टॉक (*d*) विषाणु

2. निम्नलिखित में से कौन ओनकोजेनिक (कैंसर उत्पन्न करने वाला) विषाणु नहीं है?

(*a*) मिक्सोवाइरस (*b*) पॉलीमा

(*c*) SV-40 (*d*) रुबिओला

3. निम्नलिखित में कौन-सा सायनोफेज (Cyanophage) है?

(*a*) $\phi \times 174$ (*b*) λ फाज

(*c*) LPP-1 (*d*) S_{13}

4. निम्न में कौन से विषाणु अथवा विषाणुतुल्य रचनायें चोल रहित RNA की बनी होती हैं?

(*a*) TMV (*b*) कोलीमा वाइरस

(*c*) चेचक विषाणु (*d*) PSTV या वाइराइड्स

5. अमरबेल (*Cuscuta*) के द्वारा संचरण हो सकता है?

(*a*) विषाणु जनित रोगों का

(*b*) माइको प्लाज्मा जनित रोगों का

(*c*) जीवाणु जनित रोगों का

(*d*) दोनों (*a*) तथा (*b*)

6. निम्न में से कौन-सा प्रोटीन प्रियोन (Prion) रोग से सम्बन्धित होता है?

(*a*) इन्टरफेरोन (*b*) $P_r Pc$

(*c*) $P_r P^s c$ (*d*) $P_r P$

7. निम्नलिखित में से कौन एक बैक्टीरियोफाज होता है?

(*a*) वाइरस जो बैक्टीरिया को ग्रसित करे

(*b*) विब्रीयो बैक्टीरिया

(*c*) बैक्टीरिया जो वाइरस को ग्रसित करे

(*d*) सायनो बैक्टीरिया

8. आलू में लीफ रोल और पपीता में लीफ कर्ल रोग किस के द्वारा होता है?

(*a*) बैक्टीरिया (*b*) कवक

(*c*) वाइरस (*d*) निमेटोड

9. PPLO निम्न में किस प्रकार का जीव है?

(*a*) वाइरस (*b*) वाइराइड

(*c*) माइकोप्लाज्मालाइक (*d*) बैक्टीरिया

10. वाइरॉइडों में–

(*a*) एकलसूत्री RNAहोता है जो प्रोटीन आवरण से घिरा नहीं होता

(*b*) एकलसूत्री DNA होता है जो प्रोटीन आवरण से घिरा नहीं होता

(*c*) द्विसूत्री DNA होता है जो प्रोटीन आवरण से घिरा होता है

(*d*) द्विसूत्री RNA होता है जो प्रोटीन आवरण से घिरा होता है

11. एड्स के लिये उत्तरदायी विषाणु किस विषाणु का उदाहरण है?

(*a*) ग्रन्थि विषाणु (*b*) मीर विषाणु

(*c*) टी. ईवेन विषाणु (*d*) रीट्रो विषाणु

12. विषाणुओं द्वारा आनुवंशिक स्थानान्तरण को कहते हैं?

(*a*) सेक्सडक्शन (*b*) ट्रांसडक्शन

(*c*) संयुग्मन (*d*) रुपान्तरण

13. तम्बाकू मोजेक विषाणु का सर्वप्रथम क्रिस्टलीकरण किया था?

(*a*) डब्ल्यू. आर. स्टेन (*b*) लूई पाश्चर ने

(*c*) एडवर्ड जेनर ने (*d*) एन्डेल्वोफ ने

14. एड्स विषाणु में होता है?

(*a*) एक रज्जु की आर.एन. ए.

(*b*) द्वि रज्जु की आर. एन. ए.

(*c*) एक रज्जु की डी. एन. ए.

(*d*) द्वि रज्जु की डी. एन. ए.

15. आलू का लीफ रोल रोग होता है?

(*a*) जीवाणु द्वारा (*b*) पक्सिनिया द्वारा

(*c*) विषाणु द्वारा (*d*) म्यूकर द्वारा

16. आर. एन. ए. के कण जो विषाणु रोग जैसे लक्षण उत्पन्न करते हैं, कहलाते हैं-

(*a*) वाइरा (*b*) वायराइड

(*c*) माइकोप्लाज्मा (*d*) वाइरिओन

17. पोटेटो मॉजेक होता है–

(*a*) कवक द्वारा (*b*) जीवाणु द्वारा

(*c*) विषाणु द्वारा (*d*) माइकोप्लाज्मा

18. टी. एम. वी. (TMV) का क्रिप्टोग्राम है-

(*a*) R/2:2/5:E/E:*/S (*b*) R/1:2/7:E/E:S/*

(*c*) R/1:2/5:E/E:S/* (*d*) R/1:1/8:S/S:S/A_p

19. एड्स का कारण है–

(*a*) टी.4 लिम्फोसाइट्स की कमी से

(*b*) जीवाणु के संक्रमण से

(*c*) राइबोफ्लेविन की कमी से

(*d*) उच्च रक्त दाब से

20. वायराइड्स (Viroids) में है–

(*a*) प्रोटीन आवरण से घिरा हुआ द्विसूत्री डी. एन.ए.

(*b*) प्रोटीन आवरण से घिरा हुआ द्विसूत्री आर. एन. ए.

(*c*) प्रोटीन आवरण रहित एक सूत्री आर.एन. ए.

(*d*) प्रोटीन आवरण रहित एक सूत्री डी. एन. ए.

21. कोशिका सिद्धान्त का अपवाद है?

(*a*) कवक (*b*) लाइकेन

(*c*) शैवाल (*d*) विषाणु

22. लेटेन्सी का एक सर्वोच्च उदाहरण जिसमें भोजी का डी.एन. ए. पोषद कोशिका के गुणसूत्र के डी.एन. ए. से मिल जाता है, होता है?

(*a*) प्रोफेज

(*b*) लहरियेदार (Attenuated) वाइरस

(*c*) लाइसिस

(*d*) लाइसोजेनी

23. विषाणु निर्जीव मालूम पड़ते हैं क्योंकि पोषद के बाहर ये–

(*a*) वृद्धि कर सकते हैं

(*b*) जनन कर सकते हैं

(*c*) उत्परिवर्तन कर सकते हैं

(*d*) इनमें से कोई नहीं

24. स्थान जहाँ विषाणु के प्रोटीन कोट के लिए प्रोटीन का संश्लेषण होता है?

(*a*) पोषद की प्लाज्मा झिल्ली होती है

(*b*) पोषद की माइटोकॉण्ड्रिया होती है

(*c*) विषाणु का आर.एन.ए. होता है

(*d*) पोषद का राइबोसोम होता है

25. निम्न में से किस एक का जीव वैज्ञानिक स्टेटस संदिग्ध है?

(*a*) जीवाणुओं का (*b*) विषाणुओं का

(*c*) नीले हरे शैवालों (*d*) इनमें से किसी का नहीं

26. एन्जाइम्स अनुपस्थित होते हैं?

(*a*) कवकों में (*b*) जीवाणुओं में

(*c*) स्लाइम मोल्ड्स में (*d*) विषाणुओं में

27. पोषद कोशिका में गुणन करने वाला डी.एन.ए. कहलाता है?

(*a*) प्रोवाइरस (*b*) वेनीफेज

(*c*) वाइरुलेण्ट फेज (*d*) विषाणुओं में

28. ट्रान्सडक्शन की खोज की?

(*a*) लेडरबर्ग तथा जिण्डर ने

(*b*) सेफरमैन तथा मौरिस ने

(c) स्मिथ तथा नाइट ने
(d) इनमें से किसी ने नहीं

29. सायनोफेजेज की खोज की–
(a) जैकब तथा मोनेड ने
(b) लेडरबर्ग तथा टाटम ने
(c) लेडरबर्ग तथा जिन्डर ने
(d) सैफरमैन तथा मौरिस ने

30. संरचनात्मक दृष्टि से पूर्ण विषाणु कहलाता है?
(a) विरिऔन (b) वाइराइड
(c) वाइरस (d) वाइरा

31. शैवाल विषाणु कहलाते हैं?
(a) फायकोफेजेज (b) सायनोफेजेज
(c) माइकोफेजेज (d) बाइनल विषाणु

32. जीवाणुभोजियों (Bacteriophages) की खोज की गयी?
(a) ट्वौर्ट द्वारा (b) मौरिस द्वारा
(c) इवानोवस्की द्वारा (d) स्टैनले द्वारा

33. नग्न डी. एन. ए. विषाणु कहलाते हैं?
(a) राइबोविरा (b) एडीनोवाइरसेज
(c) हर्पीज वाइरसेज (d) डीऔक्सीविरा

34. अनेक कशेरुकियों (Vertebrates) में विषाणुओं के संक्रमण से प्रतिक्रिया हेतु बने विषाणुओं के गुणन का प्रतिरोध करने वाले प्रतिविषाणु (Antiviral) पदार्थ को कहते हैं?
(a) इण्टरफैरौन (b) विरिऔन
(c) एण्टीजन (d) एण्टीवाइरिन

35. सबसे बड़े विषाणु की माप होती है?
(a) 300एन एम (b) 200एन एम
(c) 400एन एम (d) 100एन एम

36. सबसे छोटे विषाणु की माप होती है?
(a) 2एन एम (b) 10एन एम
(c) 1एन एम (d) 6एन एम

37. प्रथम बार क्रिस्टलाइज किया गया विषाणु था?
(a) इन्फ्लूएन्जा का विषाणु
(b) फूलगोभी का चितेरा विषाणु
(c) तम्बाकू का चितेरा विषाणु
(d) टमाटर का चितेरा विषाणु

38. विषाणु रासायनिक रुप से बने होते हैं?
(a) ग्लाइकोपेप्टाइड्स से (b) लिपोपौलीसैकराइड्स से
(c) न्यूक्लियोप्रोटीन्स से (d) कार्बोहाइड्रेट्स से

39. पादप विषाणुओं में प्रायः होते हैं?
(a) डी. एन. ए.
(b) डी. एन. ए. एवं आर.एन.ए.
(c) आर. एन. ए.
(d) डी. एन. ए. अथवा आर. एन. ए.

40. पूर्वभोजी (Prophage) की खोज की?
(a) स्मिथ तथा नाइट (b) लेडरबर्ग एवं जिण्डर ने
(c) सैफरमैन एवं मौरिस (d) इनमें से किसी ने नहीं

41. रिबोविरा (Ribovira) विषाणुओं का एक समूह है जिसमें होता है-
(a) आर. एन. ए. (b) डी. एन. ए.
(c) लिपिड्स (d) वसीय अम्ल

42. निम्नलिखित में से एक का प्रयोग हर्शे तथा चेज ने इसे सिद्ध करने के लिए किया कि डी. एन. ए. आनुवंशिकता का रासायनिक आधार है?
(a) डहेलिया मोजैक विषाणु
(b) फूलगोभी का मोजैक विषाणु
(c) टी.2 जीवाणुभोजी
(d) टोबैको मोजैक विषाणु

43. एक जीवाणु कॉलोनी में विषाणु की क्रिया के कारण एक स्पष्ट क्षेत्र बन जाता है जिसे कहते हैं?
(a) फेज (Phage) (b) स्ट्रीक (Streak)
(c) क्रैन्ज (Kranz) (d) प्लक (Plaque)

44. भारत में विषाणु संक्रमित पादप को बाहर से नहीं लाया जा सकता है जबकि विषाणु सक्रमित बीजों को बाहर से लाया जा सकता है क्योंकि?
(a) विषाणु बीज के भ्रूणपोष को प्रभावित करते हैं, भ्रूण को नहीं
(b) विषाणुओं को बीजों से आसानी से समाप्त किया जा जा सकता है
(c) विषाणु अंकुरण के समय शीर्ष को प्रभावित नहीं करते हैं
(d) उपरोक्त में से कोई नहीं

45. द्विगुणन में एक अवस्था जिसके अंतर्गत् विषाणु का कण संक्रमित कोशिका में नहीं डिटेक्ट किया जा सकता है, कहलाती है?
(a) परिपक्वन अवस्था (b) लाइसिन
(c) अवशोपण (d) एक्लिप्स अवस्था

46. निम्न के अतिरिक्त जीव विज्ञान के सभी क्षेत्रों में ऊतक संवर्धन का प्रयोग व्यापक रुप से खोज की विधि में होता है?
(*a*) बैक्टीरियोलॉजी (*b*) प्रकाश संश्लेषण
(*c*) वाइरालॉजी (*d*) एम्ब्रियोलोजी

47. विषाणुओं की उत्पत्ति की रिट्रोग्रसिव थ्योरी के अनुसार इनकी उत्पत्ति समझी जाती है?
(*a*) शैवालों से (*b*) कवकों से
(*c*) जीवाणुओं से (*d*) इनमें से किसी से नहीं

48. रैबीज रेग उत्पन्न होता है?
(*a*) जीवाणु द्वारा (*b*) स्लाइम मोल्ड द्वारा
(*c*) विषाणुओं द्वारा (*d*) कवक द्वारा

49. एक पदार्थ जो विषाणु को मारता है कहलाता है?
(*a*) जर्मीसाइड (*b*) एण्टीबायोटिक
(*c*) वाइरीसाइड (*d*) विरिऔन

50. यदि वाइरल डी. एन. ए. पोषद डी. एन. ए. के भीतर मिल जाये तो इसे कहते हैं?
(*a*) वेजीफेज (Vegephage)
(*b*) सायनोफेज (Cyanophage)
(*c*) प्रोफेज (Prophage)
(*d*) फाइकोफेज (Phycophage)

51. विषाणु गुणन करते हैं?
(*a*) केवल जीवाणुओं में
(*b*) सभी सजीव कोशिकाओं में
(*c*) विशिष्ट सजीव कोशिकाओं में
(*d*) नष्ट हुए भोजन में

52. जीवाणुभोजी बने होते हैं?
(*a*) केवल प्रोटीन्स के (*b*) प्रोटीन्स तथा लिपिड के
(*c*) न्यूक्लियोप्रोटीन्स के (*d*) केवल डी. एन. ए. के

53. निम्नलिखित में से किस वाइरस का पूर्ण काय केवल आर. एन. ए. का बना होता है और इसमें प्रोटीन खोल का अभाव होता है?
(*a*) टोबैको मोजैक विषाणु (TMV)
(*b*) पोटेटो स्पिण्डिल ट्यूबर विषाणु (PSTV)
(*c*) पोलियोमा विषाण
(*d*) कर्णफेर विषाणु

54. हमारी फसलें अनेक रोगों से पीड़ित होती हैं, एक विषाणु जनित रोग बताइए?
(*a*) पोटेटो मोजैक (*b*) साइट्रस केंकर
(*c*) आलू का ब्राउन रोट (*d*) कपास का लीफ स्पॉट

55. पादप विषाणु को प्रथम बार पृथक् करने वाले थे?
(*a*) डब्यू. एम. स्टैनले (*b*) आर. एम. स्मिथ
(*c*) डी. इवानोवस्की (*d*) एफ. सी. स्टैकमैन

56. प्रथम बार विषाणुओं को क्रिस्टलाइज करने का श्रेय जाता है?
(*a*) लुई पाश्चर को (*b*) डी. इवानोवस्की को
(*c*) एस. लुविया को (*d*) डब्ल्यू. एम. स्टैनले को

57. चेचक विषाणु में होता है?
(*a*) एक सूत्री डी. एन. ए.
(*b*) द्विसूत्री डी. एन. ए.
(*c*) डी. एन. ए., आर. एन. ए. संकर
(*d*) एक सूत्री आर. एन. ए.

58. निम्न में से कौन विषाणु जनित बीमारी है?
(*a*) पोलियो, हाइड्रोफोबिया (*b*) इन्फ्लूएंजा, खसरा, मम्पस
(*c*) चेचक, छोटी चेचक (*d*) उपरोक्त सभी

59. विषाणु होते हैं?
(*a*) पूर्ण परजीवी (*b*) पूर्ण मृतोपजीवी
(*c*) अपूर्ण मृतोपजीवी (*d*) अपूर्ण परजीवी

60. निम्न में से कौन-सा कथन सत्य है?
(*a*) सभी विषाणु में आर.एन. ए. होता है
(*b*) कुछ विषाणु में आर. एन. ए. तथा कुछ में डी. एन.ए. होता है
(*c*) विषाणुओं में न्यूक्लिक अम्ल नहीं होता
(*d*) सभी विषाणुओं में डी. एन. ए. होता है

61. टी-2 जीवाणु भोजी विषाणु का प्रयोग करके किसने सिद्ध किया कि इसके संक्रमक भाग डी. एन. ए. हैं?
(*a*) स्टेनले (*b*) इवानोवस्की
(*c*) हर्शे तथा चेज (*d*) डी. हैरेल

62. कुछ विषाणुओं में केवल आर. एन. ए. होता है डी. एन. ए. नहीं होता, इससे क्या संकेत मिलता है?
(*a*) ये विषाणु प्रतिकृति नहीं बना सकते
(*b*) आर. एन. ए. से भी आनुवंशिक सूचना का प्रेषण हो सकता है
(*c*) विषाणुओं से वंशागति शील सूचना नहीं होती है
(*d*) विषाणु की प्रतिकृति के लिये उसका न्यूक्लिक अम्ल परपोषी के डी. एन. ए. के साथ जुड़ना आवश्यक है

63. वायराइ्स में न्यूक्लिक अक्ल की प्रकृति है?
(*a*) एक रज्जुकीय डी. एन. ए.
(*b*) एक रज्जुकीय आर. एन. ए.
(*c*) द्विरज्जुकीय डी. एन. ए.
(*d*) द्विरज्जुकीय आर. एन. ए.

64. ऐसा पदार्थ 'कम आण्विक भार' जो विषाणु संक्रमण से परपोषी कोशिकाओं द्वारा उत्पन्न होता है तथा अन्य कोशिकाओं को भविष्य में विषाणु संक्रमण से बचाता है कहलाता है?
(*a*) फाइटोट्राक्सिन (*b*) एन्टीबॉडी
(*c*) इन्टरफेरोन (*d*) हार्मोन

65. रेबीज विषाणु में है?
(*a*) एक सूत्रीय आर. एन. ए.
(*b*) द्विसूत्रीय डी. एन. ए.
(*c*) द्विसूत्रीय आर. एन.ए.
(*d*) एकसूत्रीय डी. एन. ए.

66. सायनोफेज ऐसे विषाणु हैं जो नीलहरित शैवाल को संक्रमित करते हैं। इन सायनोफेज में आनुवंशिक पदार्थ हैं?
(*a*) द्वि सूत्री आर. एन. ए. (*b*) द्वि सूत्री डी. एन. ए.
(*c*) उपरोक्त दोनों (*d*) प्रोटीन

67. कॉलीमो विषाणु कॉली फ्लावर मोजेक विषाणु में पाया जाता है?
(*a*) एक सूत्री डी. एन. ए.
(*b*) द्वि सूत्री आर. एन. ए.
(*c*) द्वि सूत्री डी. एन. ए.
(*d*) एक सूत्री आर. एन. ए.

68. निम्न में से कौन-सा पदार्थ कोशिकाओं को विषाणु की वृद्धि के विरुद्ध प्रतिरोध बनाता है?
(*a*) एन्टीबॉडीज (*b*) इन्टर फेरोन
(*c*) प्रतिजैविक (*d*) एन्जाइम संदमक

69. माइकोप्लाज्मा जीवाणु से भिन्न है क्योंकि उसमें निम्न नहीं पाया जाता है?
(*a*) कोशिका कला (*b*) राइबोसोम
(*c*) कोशिका भित्ति (*d*) डी. एन. ए.

70. पादप रोग नियन्त्रण में परपोषी की रोग जनक से सुरक्षा कहलाती है?
(*a*) चिकित्सीय उपाय (*b*) रोग हर उपाय
(*c*) रोग निरोधी उपाय (*d*) अपवांछन

71. जो नियम रोगग्रस्त पौधों को एक स्थान से दूसरे स्थान पर ले जाने पर प्रतिबन्ध लगाते हैं उन्हें क्या कहते हैं?
(*a*) पादप नियमन (*b*) क्वारन्टाइन
(*c*) पादप संरक्षण (*d*) शस्यावर्तन

72. निम्नलिखित में से कौन-सा माइकोप्लाज्मा रोग है?
(*a*) पपीते का पर्ण संकुचन (*b*) गेहूँ का काला किट्ट
(*c*) गन्ने का लाल विगलन (*d*) बैंगन की छोटी पत्ती

73. निम्न में से कौन-सा एक विषाणु रोग है?
(*a*) गन्ने का लाल विलगन (*b*) आलू का पर्ण वेल्लन
(*c*) पत्ता गोभी म्लानि (*d*) आर्दपतन रोग

74. प्रायोन्स (Prions) या सबसे छोटे रोग जनक बने होते हैं?
(*a*) केवल लिपिड के (*b*) केवल प्रोटीन के
(*c*) केवल न्यूक्लिक अम्ल (*d*) उपरोक्त सभी

75. पादप रोग जो विषाणु के समूह से होते हैं, कहलाते हैं?
(*a*) मोजेक (*b*) माल्डस
(*c*) रस्टस (*d*) फेजज

76. डी. एन. ए. युक्त नग्न विषाणु है?
(*a*) हरपिस विषाणु (*b*) राइबोविरा
(*c*) एडिनोवाइरस (*d*) डिओक्सी विरा

77. गंगा नदी का पानी शुद्ध तथा जीवाणु रोगों से छुटाकारा दिलाने वाला कहा गया है क्योंकि इसमें?
(*a*) बैक्टीरिया नहीं पाये जाते है
(*b*) इसकी बी. ओ. डी. अधिक होती है
(*c*) इसमें बैक्टीरियाफेज अवस्था पायी जाती है
(*d*) यह हिमालय पर्वत से निकलती है

78. अधिकतर प्रति जैविक विषाणु पर प्रभाव नहीं दिखाते क्योंकि?
(*a*) यह सभी जीवाणुओं को मार देते हैं जिन पर विषाणु पाये जाते हैं
(*b*) विषाणु बहुत छोटे होते है
(*c*) विषाणु में अपना कोई जैविक क्रिया नहीं होती
(*d*) विषाणु प्रतिजैविक से बचने के लिए मोटा आचरण बनाते है

79. अधिकांशतः विषाणु पूरे पौधे को संक्रमण देते हैं केवल निम्न को छोड़कर या पादप का कौन-सा भाग विषाणु रो

संक्रमित नही होता है या निम्न से विषाणु रहित क्लोन्स बनाये जा सकते है?

(*a*) जड़ (*b*) पत्तियाँ

(*c*) तना (*d*) शीर्ष मेरिस्टम

80. निम्न में से कौन कृत्रिम पोषक माध्यम पर वृद्धि नहीं करेंगे?

(*a*) यीस्ट (*b*) बैसिलस

(*c*) पैनिसिलियम (*d*) तम्बाकू मोजेक विषाणु

81. माइकोप्लाज्मा में उपस्थित प्राथमिक संरचनाओं (Elementary bodies) का कार्य क्या है?

(*a*) जनन (*b*) श्वसन

(*c*) उत्सर्जन (*d*) चलन

82. वायराइड (Viroids), विषाणुओं से निम्न संरचना के कारण भिन्न है?

(*a*) केवल नग्न आर. एन. ए. अणु

(*b*) केवल नग्न डी. एन. ए. अणु

(*c*) विषाणु के जीनोम के साथ संशलिष्ट नग्न डी.एन.ए.

(*d*) विषाणु के जीनोम के साथ संविष्ट सैटेलाइट आर. एन. ए.

83. अधिकतर प्राणि विषाणुओं के संक्रमण के प्रभाव से कोशिका कोडित (coded) प्रोटीन को क्या कहते हैं?

(*a*) हिस्टोन (*b*) एंटीजन

(*c*) एंटीबाडी (*d*) इंटरफेरोन

84. मम्पस है?

(*a*) जीवाणु रोग (*b*) प्रोटोजोआ रोग

(*c*) विषाणु रोग (*d*) कवक रोग

85. मनुष्य में रिट्रोवाइरस को कैंसर का कारक माना जाता है क्योंकि?

(*a*) उनके जीनोन मे V ओकोजीन हो सकती है

(*b*) उनके आनुवंशिक पदार्थ आर. एन.ए. के एकल रज्जुक का बना होता है

(*c*) उनमें रिवर्स ट्राँसक्रिप्टेज का जीन पाया जाता है

(*d*) इनके जीनोम में कोशिकीय प्रोटो ओंकोजीन हो सकते हैं

86. सबसे सूक्ष्म स्वतन्त्र रहने वाला जीव है?

(*a*) विषाणु (*b*) माइकोप्लाज्मा

(*c*) डायटम (*d*) सायनो बैक्टीरियम

87. जन्तु कोशिका में उत्पन्न विरोधी विषाणु पदार्थ या रसायन है?

(*a*) विरियॉन (*b*) इन्टरफेरोन

(*c*) रिप्रेसर प्रोटीन (*d*) हॉर्मोन

88. विषाणु में उपस्थित होता है?

(*a*) केवल डी. एन. ए.

(*b*) केवल आर. एन. ए.

(*c*) या तो डी. एन. ए. या आर. एन. ए.

(*d*) दोनों डी. एन. ए. और आर. एन. ए.

89. इन्टरफेरॉन उपयोगी होते है नियन्त्रण करने में?

(*a*) टी. बी. (*b*) कैंसर

(*c*) मलेरिया (*d*) रक्तदाब

90. टोबेको मोजेक बाइरस (TMV) का छनित लक्षण किसने दिखाया था ?

(*a*) इवानोवस्की (*b*) वेजरिन्क

(*c*) स्टैनले (*d*) विनोग्रेडस्की

91. माइकोप्लाज्मा की प्रारम्भिक पिंडों का मुख्य कार्य है?

(*a*) प्रजनन (*b*) पोषण

(*c*) स्रवण (*d*) श्वसन

92. पवित्र गंगा नदी का पानी स्वच्छ है क्योंकि उसमें उपस्थित है?

(*a*) साइनोभोजी (*b*) जलोद्भिद्

(*c*) जीवाणु (*d*) जीवाणुभोजी

93. ह्यमन इम्यूनों डेफिशिएन्सी वाइरस (Human Immuno Deficiency Virus) में एक प्रोटीन का कोट व जैनेटिक मैटिरियल होता है, जो है?

(*a*) दो सूत्रीय आर. एन. ए.

(*b*) एक सूत्रीय डी. एन. ए.

(*c*) दो सूत्रीय डी. एन. ए.

(*d*) एक सूत्रीय आर. एन. ए.

94. AIDS का पूर्णरुप है?

(*a*) ऐन्टीइम्यून डेफिशिएन्सी सिन्ड्रोम

(*b*) ऑटोइम्यून डेफिशिएन्सी सिन्ड्रोम

(*c*) एक्वायर्ड इम्यून डेफिशिएन्सी सिन्ड्रोम

(*d*) एक्वायर्ड इम्यून डिजीज सिम्पटम

95. एड्स (AIDS) पैदा करने वाले में कारक सम्बन्धित होते हैं?

(*a*) RNA वाइरस से (*b*) DNA वाइरस

(*c*) बैक्टीरिया से (*d*) प्रोटोजोआ से

96. माइकोप्लाज्मा के लिये निम्नलिखित में से कौन-सा कथन सत्य है?
(*a*) कोशिका भित्ति की उपस्थिति
(*b*) केन्द्रक की उपस्थिति
(*c*) कोशिका भित्ति की अनुपस्थिति
(*d*) निश्चित आकार

97. पादप विषाणुओं में होता है?
(*a*) डी. एन. ए.
(*b*) आर. एन. ए.
(*c*) दोनों ही डी. एन. ए. तथा आर. एन. ए.
(*d*) कुंडलित केन्द्रक

98. आलू में पूर्ण वेल्लन रोग किसके द्वारा होता है?
(*a*) माइकोप्लाज्मा (*b*) विषाणु
(*c*) सूक्ष्म बीजाणु (*d*) जीवाणु

99. वह प्रक्रम जो विषाणुओं में अनुपस्थित होता है?
(*a*) उत्परिवर्तन (*b*) ऊर्जा उत्पादन
(*c*) द्विगुणन (*d*) प्रोटीन संश्लेषण

100. सर्वप्रथम वेक्सिन बनायी थी?
(*a*) एडवर्ड जैनर (*b*) लुइस पाश्चर
(*c*) जॉन साल्क (*d*) संश्लेषण

उत्तरमाला

1	2	3	4	5	6	7	8	9	10
(*b*)	(*a*)	(*c*)	(*d*)	(*d*)	(*c*)	(*a*)	(*c*)	(*c*)	(*a*)
11	**12**	**13**	**14**	**15**	**16**	**17**	**18**	**19**	**20**
(*d*)	(*b*)	(*a*)	(*a*)	(*c*)	(*b*)	(*c*)	(*c*)	(*a*)	(*c*)
21	**22**	**23**	**24**	**25**	**26**	**27**	**28**	**29**	**30**
(*d*)	(*d*)	(*d*)	(*d*)	(*b*)	(*d*)	(*c*)	(*a*)	(*d*)	(*a*)
31	**32**	**33**	**34**	**35**	**36**	**37**	**38**	**39**	**40**
(*a*)	(*a*)	(*b*)	(*a*)	(*a*)	(*a*)	(*c*)	(*c*)	(*c*)	(*d*)
41	**42**	**43**	**44**	**45**	**46**	**47**	**48**	**49**	**50**
(*a*)	(*c*)	(*d*)	(*b*)	(*d*)	(*c*)	(*c*)	(*c*)	(*c*)	(*c*)
51	**52**	**53**	**54**	**55**	**56**	**57**	**58**	**59**	**60**
(*c*)	(*c*)	(*b*)	(*a*)	(*c*)	(*d*)	(*b*)	(*d*)	(*a*)	(*b*)
61	**62**	**63**	**64**	**65**	**66**	**67**	**68**	**69**	**70**
(*c*)	(*b*)	(*b*)	(*c*)	(*a*)	(*b*)	(*c*)	(*b*)	(*c*)	(*c*)
71	**72**	**73**	**74**	**75**	**76**	**77**	**78**	**79**	**80**
(*b*)	(*d*)	(*b*)	(*b*)	(*a*)	(*c*)	(*c*)	(*c*)	(*d*)	(*d*)
81	**82**	**83**	**84**	**85**	**86**	**87**	**88**	**89**	**90**
(*a*)	(*a*)	(*d*)	(*c*)	(*c*)	(*b*)	(*b*)	(*c*)	(*b*)	(*a*)
91	**92**	**93**	**94**	**95**	**96**	**97**	**98**	**99**	**100**
(*a*)	(*d*)	(*d*)	(*c*)	(*a*)	(*c*)	(*c*)	(*b*)	(*b*)	(*a*)

□□□

CHAPTER 7

जीवाणु
BACTERIA

- जीवाणु को क्लोरोफिल 'ए' रहित प्रोकैरियोट कहते हैं। जीवाणुओं के अध्ययन को जीवाणु विज्ञान (Bacteriology) कहते हैं।
- जीवाणु सबसे प्राचीन, छोटे, सरल तथा बहुतायत में पाए जाने वाले प्रोकैरियोटी किंगडम मोनेरा के सूक्ष्म जीव हैं।
- मोनेरा किंगडम में विभिन्न प्रकार के जीवाणु होते हैं। जहां पर भी जीवन संभव है, जैसे–गरम झरनों में, बर्फ के नीचे, समुद्र की गहरी तलहटी में, सबसे गरम तथा शुष्क मरूस्थल में और अन्य जीवों के शरीर में मोनेरा के सदस्य पाए जाते हैं। उन्हें हवा उड़ा कर ले जा सकती हैं। वे बहुत अधिक संख्या में होते हैं।
- सन् 1683 में हॉलैंड के एण्टोनी वान ल्यूवेनहोंक (Antony Van Leeuwenhock) ने अपने द्वारा बनाये हुए सूक्ष्मदर्शी की सहायता से दांत की खुरचन में जीवाणुओं को देखा तथा उन्हें सूक्ष्म जीव (Animalcules) कहा। इसी कारण ल्यूवेनहॉक को जीवाणु विज्ञान के पिता (Father of Bacteriology) की संज्ञा दी जाती है।
- सन् 1829 में एहरेनबर्ग (Ehrenberg) ने जीवाणु (Bacteria) नाम दिया।
- सर्वप्रथम 1881 में राबर्ट कोच (Robert Koch) ने जीवाणुओं का कृत्रिम संवर्धन (Artificial Culture) किया तथा कालस्फाट (Anthrax) व क्षयरोग (Tuberculosis) के जीवाणुओं को अलग किया, जिसके लिए उन्हें 1905 में नोबेल पुरस्कार मिला।

जीवाणु के प्रकार
(Types of Bacteria)

जीवाणु की संरचना सरल होती है तथा इनकी कोशिका प्रोकेरियोटिक होती है। आकार के आधार पर इनके निम्नलिखित प्रकार हैं। (चित्र 7.1)

(1) कोकाई (Cocci)

ये गोल होते हैं तथा एकल या समूह में मिलते हैं।

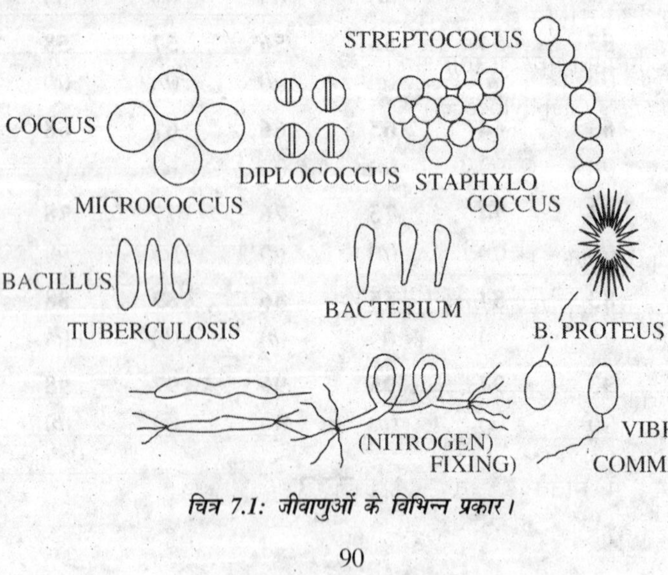

चित्र 7.1: जीवाणुओं के विभिन्न प्रकार।

(*i*) जब ये एकल होते हैं, तो इनको *माइक्रोकोकाई* (micrococci) कहते हैं,

(*ii*) जब दो के समूह में मिलते हैं तब इनको *डिप्लोकोकाई* (diplococci) कहते हैं।

(*iii*) जब ये जीवाणु शृंखला में मिलते हैं तब इन्हें *स्ट्रेप्टोकोकाई* (streptococci) कहते हैं।

(*iv*) जब कॉकाई जीवाणु चार के समूह में मिलते हैं तब इनको *टेट्राकोकाई* (Tetracocci) कहते हैं।

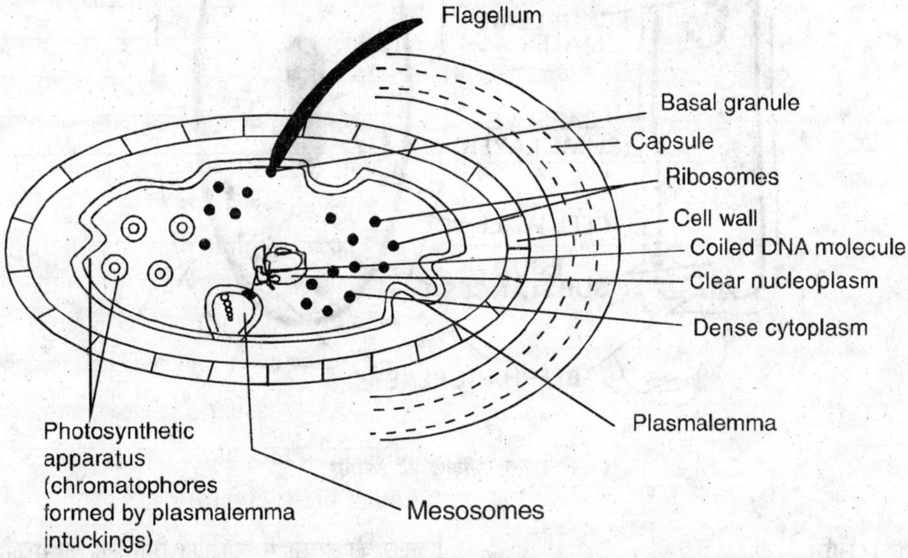

चित्र 7.2: जीवाणु की प्रारूपिक कोशिका संरचना

(*v*) जब कोकाई घन के आकार में रहते हैं तो इनको *सारसीनी* (sarcinae) कहते हैं।

(*vi*) जब कोकाई जीवाणु अनियमित गुच्छे या समूह में होते हैं तब इन्हें *स्टेफाइलोकॉकाई* (staphylococci) कहते हैं।

(2) बेसीलाई (Bacilli)

(*i*) ये छड़ाकार (rod shaped) होते हैं।

(*ii*) जब ये जोड़ों में रहते हैं तब इन्हें *डिप्लोबेसीलाई* कहते हैं।

(*iii*) जब ये शृंखला में मिलते हैं तब इनको **स्ट्रेप्टोबेसीलाई** कहते हैं।

(*iv*) जब ये गुच्छे के रूप में मिलते हैं तब इनको **स्टेफाइलोबेसीलाई** कहते हैं।

(3) स्पाइरिलाई (Spirilli)

ये जीवाणु लम्बे तथा सर्पिलाकार अथवा पेंच की तरह होते हैं। ये आमतौर पर एकल होते हैं।

(4) कॉमा (Comma)

ये कामा (,) के समान आकृति के होते हैं; जैसे-*विब्रियो कोलेरी।*

(5) एक्टिनोमाइसिटीस (Actinomycetes)

ये पतले, शाखित तथा सूत्राकार जीवाणु होते हैं। जैसे– **स्ट्रेप्टोमाइसीज।**

जीवाणु की संरचना (Structure of Bacteria)

जीवाणु की संरचना सरल होती है। इसमें कलायुक्त कोशिकांग (membrane bound organelles) नहीं मिलते हैं। (चित्र 7.2-7.3)

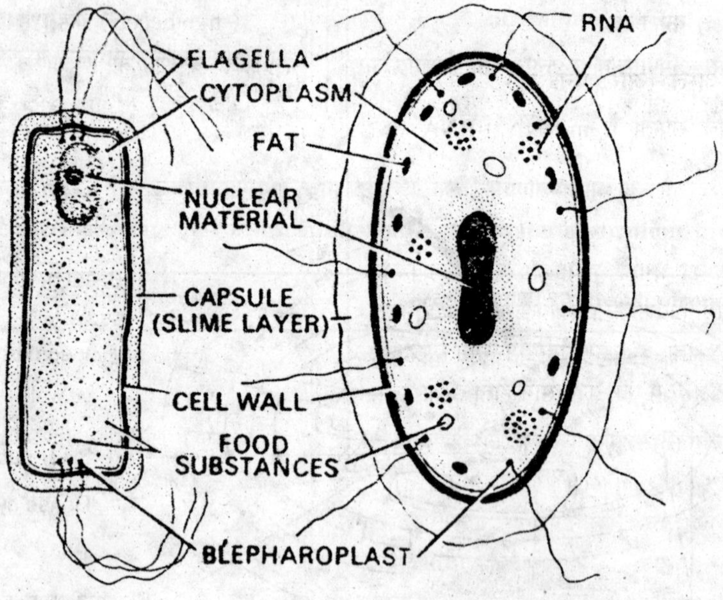

चित्र 7.3: जीवाणु की संरचना।

(1) कोशिका भित्ति

प्रत्येक जीवाणु एक दृढ़ कोशिका भित्ति से घिरा रहता है। कोशिका भित्ति की संरचना ग्राम पोजीटिव तथा ग्राम नेगेटिव जीवाणु में भिन्न होती है। ग्राम नेगेटिव जीवाणु में भित्ति 10-15nm तक मोटी होती है। कोशिका भित्ति के बाहर **टिकोइक एसिड** (teichoic acid) मिलता है। ग्रामनेगेटिव जीवाणु में लगभग 10-15% **पेप्टीडोग्लाइकान,** 3% **फॉस्फोलिपिड,** 15% **प्रोटीन** तथा 50% **लिपोपॉलीसैकेराइड** मिलते हैं। ग्राम पोजीटिव जीवाणु में कोशिका भित्ति 20-25% nm तक मोटी होती है। इसमें 20-80% पेप्टीडोग्लाइकान, कुछ मात्रा में प्रोटीन तथा पॉलीसैकेराइड (लिपोपॉलीसैकेराइड) मिल सकते हैं।

रासायनिक रूप से कोशिका भित्ति म्यूरीन (murein) या म्यूकोपेप्टाइड की बनी होती है। इसमें एन एसीटाइल म्यूरामिक एसिड से एक छोटी पेप्टाइड श्रृंखला जुड़ी रहती है इसमें L अलेनिन, D ग्लूटामिक अम्ल, डाइएमीनों पामिक अम्ल तथा डी अलेनिन हो सकते हैं। ग्राम पोजीटिव जीवाणु की कोशिका में दो पेप्टाइड श्रृंखलाएँ पेन्टाग्लाइसिन श्रृंखला से क्रॉस बन्धित होती हैं।

कुछ जीवाणुओं में कोशिका भित्ति के बाहरी ओर एक स्लाइम परत होता है इसमें पानी, पॉलीसैकेराइड, अमीनो अम्ल तथा अन्य पदार्थ मिल सकते हैं। इसका मुख्य कार्य जीवाणु को सुरक्षा प्रदान करना तथा आवश्यकता होने पर पानी की कमी की पूर्ति पूरा करना है।

(2) जीवद्रव्यकला

यह लिपोप्रोटीन की बनी संरचना है जो अर्द्धपारगम्य होती है। इसकी इनफोल्डिंग से **मीसोसोम** बनते हैं। **मीसोसोम** में श्वसन के लिए विकर (enzyme) मिलते हैं। कोशिका विभाजन के समय इनका कोशिका पट्ट बनाने में योगदान है। कोशिका भित्ति तथा जीवद्रव्यकला में बीच का स्थान पेरीप्लाज्मिक स्थान कहलाता है।

(3) कोशिकाद्रव्य

इसमें जल, प्रोटीन, अमीनो, अम्ल, न्यूक्लिक अम्ल, लिपिड, कार्बोहाइड्रेट, खनिज तत्व, ग्लाइकोजन, वाल्यूटिन आदि मिलते हैं। जीवाणु की कोशिका में माइटोकॉन्ड्रिया, गॉल्जीकाय, E.R., सेन्ट्रोसोम, क्लोरोप्लास्ट आदि का अभाव होता है। कुछ प्रकाश संश्लेषी जीवाणुओं में क्रोमेटोफोर पाया जाता है।

(4) राइबोसोम

राइबोसोम प्रोटीन तथा RNA के बने होते हैं तथा ये 70S तथा 50S की दो इकाइयों के बने होते हैं।

(5) राइबोन्यूक्लिक अम्ल (आर. एन. ए.)

यह तीन रूपों में मिल सकता है m-RNA, t-RNA तथा r-RNA।

(6) केन्द्रकाय

जीवाणु में **सत्य केन्द्रक का अभाव** होता है। इसके केन्द्रक को केन्द्रकाय कहते हैं। इसमें केन्द्रक कला, न्यूक्लियोलस नहीं मिलते हैं। इसमें जो DNA होता है उसमें हिस्टोन नामक प्रोटीन अनुपस्थित होती है। *E.coli* में एक क्रोमोसोम होता है जो वलय रूप में मिलता है।

(7) फ्लैजला

ये फ्लैजिन प्रोटीन के बने होते हैं। इसके बेसल ग्रेन्यूल, हुक तथा मुख्य तन्तु तीन भाग होते हैं। फ्लैजला के आधार पर जीवाणु निम्न प्रकार के होते हैं। (चित्र 7.4)

(*i*) **मोनोट्राइकसः** इसमें एक ही फ्लैजला मिलता है।

(*ii*) **एम्फीट्राइकसः** जीवाणु कोशिका के दोनों सिरों पर एक या एक से अधिक फ्लैजला हो सकते हैं।

(*iii*) **लोफोट्राइकसः** जीवाणु कोशिका के एक सिरे पर गुच्छे रूप में फ्लैजला मिलते हैं।

(*iv*) **पेरीट्राइकसः** जीवाणु कोशिका के चारों तरफ फ्लैजला मिलते हैं।

(8) पीली

ये पीलिन प्रोटीन की बनी होती है। ये कोशिका के चारों तरफ मिलती हैं। इसका मुख्य कार्य आसंजक अंग के रूप में कार्य करना है।

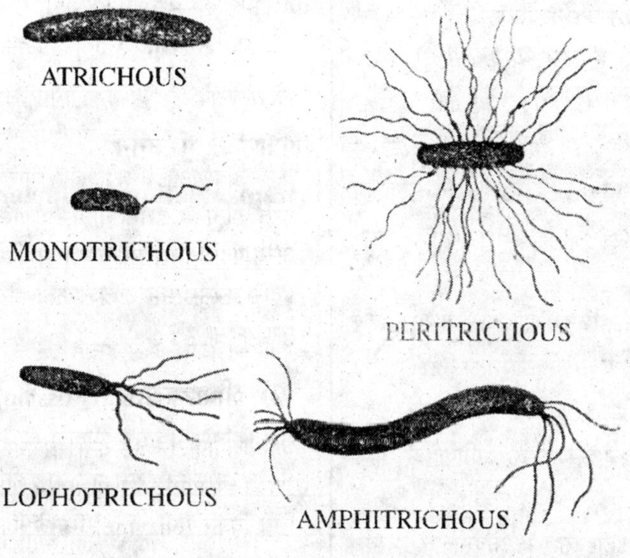

चित्र 7.4: कशाभिकाओं (फ्लैजला) के आधार पर विभिन्न प्रकार के जीवाणु

जीवाणुओं में पोषण (Nutrition in Bacteria)

पोषण के अनुसार जीवाणु दो प्रकार के होते हैं–

(1) स्वपोषित, (2) परपोषित।

(1) स्वपोषित

कुछ जीवाणु रासायनिक क्रिया से ऊर्जा प्राप्त करते हैं तथा कुछ जीवाणु प्रकाश संश्लेषण की क्रिया करते हैं। स्वपोषित जीवाणु दो प्रकार के होते हैं–

(*a*) प्रकाशसंश्लेषी

कुछ जीवाणुओं में क्रोमेटोफोर पाया जाता है। उक्त क्रोमेटोफोर में **बैक्टीरियल क्लोरोफिल** होता है। प्रकाश संश्लेषण की क्रिया अधिकतर गन्धक के यौगिकों, जैसे हाइड्रोजन सल्फाइड (H_2S) की उपस्थिति में होती है। इस प्रकार के संश्लेषण के लिए हाइड्रोजन सल्फाइड (H_2S), हाइड्रोजन का स्रोत है। यहाँ उप-उत्पाद गन्धक का होता है। हरे पादपों की भाँति O_2 नहीं निकलती है।

$$6CO_2 + 12H_2S \xrightarrow[\text{Chlorobium chlorophyll}]{\text{Light}} (CH_2O)_6 12S + 6H_2O$$

उदाहरणः *क्लोरोबियम* आदि।

(*b*) रसायन संश्लेषी

बहुत-से जीवाणु CO_2 को कार्बोहाइड्रेट में परिवर्तित करने के लिए विभिन्न रासायनिक क्रियाओं से ऊर्जा प्राप्त करते हैं; जैसे–

(*i*) **गन्धक जीवाणुः** ये जीवाणु गन्धक के यौगिकों को ऑक्सीकृत करके ऊर्जा प्राप्त करते हैं; जैसे–*थायोबेसीलस*।

$$2H_2S + O_2 \rightarrow 2S + 2H_2O + 122.2 \text{ k.cal}$$

(*ii*) **आयरन जीवाणुः** ये फैरस के यौगिकों को फैरिक में परिवर्तित करके ऊर्जा प्राप्त करते हैं; जैसे–*फैरोबेसीलस*।

$$4FeCO_3 + O_2 + 6H_2O \rightarrow 4Fe(OH)_3 + 4CO_2 + 8 \text{ k.Cal}$$

(*iii*) **हाइड्रोजन जीवाणुः** ये हाइड्रोजन को जल में परिवर्तित कर ऊर्जा प्राप्त करते हैं।

$$2H_2 + O_2 \rightarrow 2H_2O + 137 \text{ k. Cal}$$

(*iv*) **नाइट्रीकारी जीवाणुः** ये नाइट्रोजन के यौगिकों से ऊर्जा प्राप्त करते हैं।

(*a*) अमोनिया को नाइट्राइट्स में ऑक्सीकृत करके; जैसे–*नाइट्रोसोमोनास*।

(*b*) नाइट्राइट्स को नाइट्रेट में बदलकर।

$$2NH_3 + 3O_2 \rightarrow 2HNO_2 + 2H_2O + 150 \text{ k.Cal}$$

$$2HNO_2 + O_2 \rightarrow 2HNO_3 + 38 \text{ k. Cal}$$

(*v*) **कार्बन जीवाणुः** कार्बन मोनोऑक्साइड को ऑक्सीकृत करके ऊर्जा प्राप्त करते हैं।

$$2CO + O_2 \rightarrow 2CO_2 + \text{Energy}$$

(*vi*) **मीथेन जीवाणुः** मिथेन के ऑक्सीकरण से ऊर्जा प्राप्त करते हैं।

$$CH_4 + 2O_2 \rightarrow CO_2 + 2H_2O + \text{Energy}$$

(2) परपोषित जीवाणु

ये जीवाणु विकर की सहायता से खाद्य पदार्थों के कार्बनिक यौगिकों को घुलनशील बनाकर उसका अवशोषण करते हैं। परपोषित जीवाणु तीन प्रकार के होते हैं–

(*a*) **मृतोपजीवीः** ये सड़े, गले तथा मृत जीवों से अपना भोजन प्राप्त करते हैं। इनकी उपस्थिति के कारण भोज्य पदार्थ खाने योग्य नहीं होते।

(*b*) **सहजीवीः** ये दूसरे जीवों से मिलकर सहजीवन करते हैं; जैसे–**राइजोबियम।** जो मटर कुल के पादपों की मूल ग्रन्थियों में रहता है और नाइट्रोजन स्थिरीकरण करता है।

(*c*) **परजीवीः** ये जीवित जीवों से अपना भोजन ग्रहण करते हैं तथा मनुष्यों, जन्तुओं, पादपों में अनेक व्याधियों को उत्पन्न करते हैं।

जीवाणुओं में जनन
(Reproduction in Bacteria)

इनमें कायिक, अलैंगिक तथा लैंगिक जनन होता है–

(1) कायिक जनन

यह निम्न विधियों से होता है–

(*a*) **द्विखण्डन (Binary fission):** यह अनुकूल वातावरण में होता है। इसमें जीवाणु कोशिका दो बराबर भागों में टूट जाता है। इससे पूर्व केन्द्रकीय पदार्थ दो बराबर भागों में टूट जाता है। यह क्रिया असूत्रण (amitosis) है। (चित्र 7.5)

(*b*) **मुकुलन (Budding):** कुछ जीवाणुओं में एक तरफ अतिवृद्धि होती है जिसमें केन्द्रकीय पदार्थ तथा कुछ कोशिकाद्रव्य चला जाता है। यह अतिवृद्धि एवं संकीर्णन द्वारा मातृकोशिका से अलग हो जाती है। इस अतिवृद्धि को कलिका (bud) कहते हैं तथा क्रिया को मुकुलन कहते हैं।

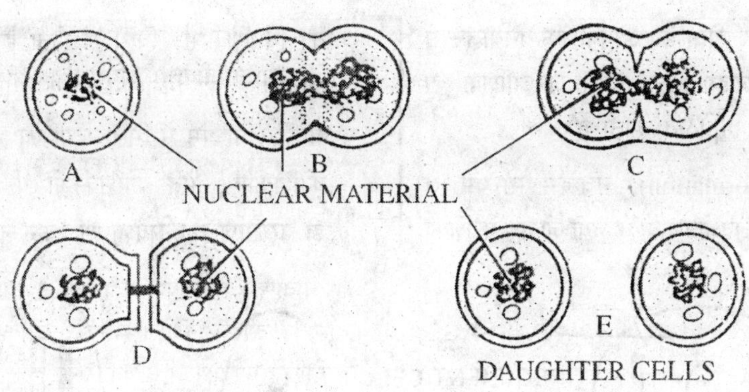

चित्र 7.5: जीवाणु में द्विखण्डन।

(2) अलैंगिक जनन (Asexual Reproduction)

यह निम्न प्रकार से होता है–

(*a*) **कोनीडिया द्वाराः** कुछ जीवाणु जातियों (जैसे ऐक्टिनोमाइसिटीज) में शाखाओं के सिरों पर कोनीडिया बनते हैं। कुछ कोशिकाद्रव्य, केन्द्रकीय पदार्थ के साथ एक संकीर्णन द्वारा मातृ शाखा से अलग हो जाता है। अनुकूल वातावरण में कोनीडिया अंकुरित होकर नये जीवाणु सूत्र को जन्म देती है।

(*b*) **ट्रान्सडक्शन (Transduction):** यह क्रिया जीवाणुओं में आनुवंशिक पदार्थ के स्थानान्तरण की एक महत्वपूर्ण क्रिया है; जो बैक्टिरियोफेज के द्वारा सम्पन्न होती है। संक्रमण के समय जीवाणुभोजी (bacteriophage) तथा संक्रमित जीवाणु के बीच न्यूक्लिक अम्ल की अदला-बदली होती है।

इस प्रकार बने नए वायरस कणों से जीवाणु के आनुवंशिक पदार्थ का कुछ भाग चला जाता है। इस प्रकार जब यह जीवाणुभोजी दूसरे जीवाणु पर आक्रमण करता है, तो पहले जीवाणु से प्राप्त आनुवंशिक पदार्थ को इसमें स्थानान्तरित कर देता है। इस प्रकार नए जीवाणु का निर्माण होता है तथा यह क्रिया ट्रांसडक्शन कहलाती है।

(*c*) **अन्तःबीजाणु (endospore):** इसमें जीवाणु का जीवद्रव्य कोशिका के मध्य में आकर सिकुड़ जाता है तथा एक गोलाकार संरचना का निर्माण करता है। इसके चारों तरफ एक मोटी भित्ति का निर्माण होता है। इनका बाह्य आवरण पतला तथा अन्तः आवरण कठोर व अपारगम्य होता हैं जिसे एण्डोस्पोर कहते हैं। (चित्र 7.6) यह संरचना अत्यन्त प्रतिकूल परिस्थितियों में भी रह सकती है। इस पर अधिक ताप, रासायनिक पदार्थ आदि का प्रभाव नहीं पड़ता है।

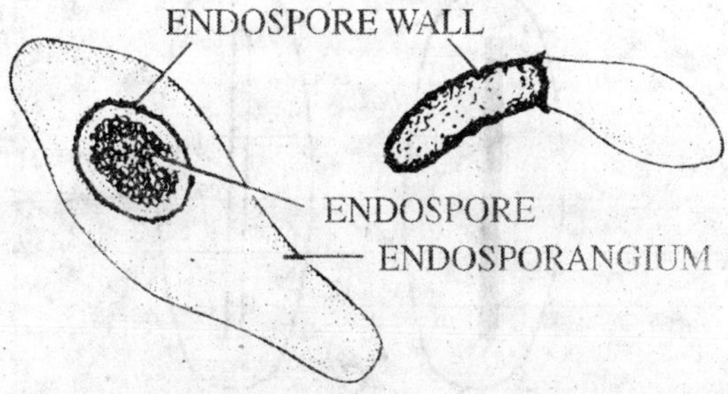

चित्र 7.6: जीवाणु में अन्तः बीजाणुओं (endospores) का बनना।

(3) लैंगिक जनन (Sexual Reproduction)

यह निम्न प्रकार (चित्र 7.7) से होता है–

(*a*) **संयुग्मन (Conjugation):** जीवाणु *ई. कोलाई* में इसका अध्ययन किया गया है जिन जीवाणुओं में फर्टीलिटी फैक्टर होता है। वे दाता (donor) कहलाते हैं। इनको F^+ से प्रदर्शित करते हैं। जिन जीवाणुओं में फर्टीलिटी फैक्टर नहीं होता है वे F^- कहलाते हैं तथा ये ग्राही (recipient) होते हैं। ये दोनों जीवाणु लैंगिक पीली (pili) द्वारा जुड़ते हैं तथा दाता का आनुवंशिक पदार्थ ग्राही में प्रवेश करता है। यह क्रिया अचानक रुक जाती है तथा पूरा फर्टीलिटी फैक्टर

कभी स्थानान्तरित नहीं होता है। आनुवंशिक पुनर्योजन से बनी कोशिकाएँ **मीजोजाइगोट** कहलाती हैं जो आंशिक रूप से द्विगुणित (partial diploid) होती है।

(*b*) **रूपान्तरण** (Transformation): संवर्द्धन माध्यम से आनुवंशिक पदार्थ का अवशोषण करके नयी जीवाणु कोशिका का निर्माण इस विधि से होता है। एक विभेद के मृत जीवाणुओं का निलम्बन दूसरे विभेद की कोशिकाओं के संवर्द्धन माध्यम में मिला दिया जाए तो अभिग्राही जीवित कोशिकाएँ मृत कोशिकाओं के आनुवंशिक पदार्थ डी. एन. ए. का अवशोषण कर लेती हैं।

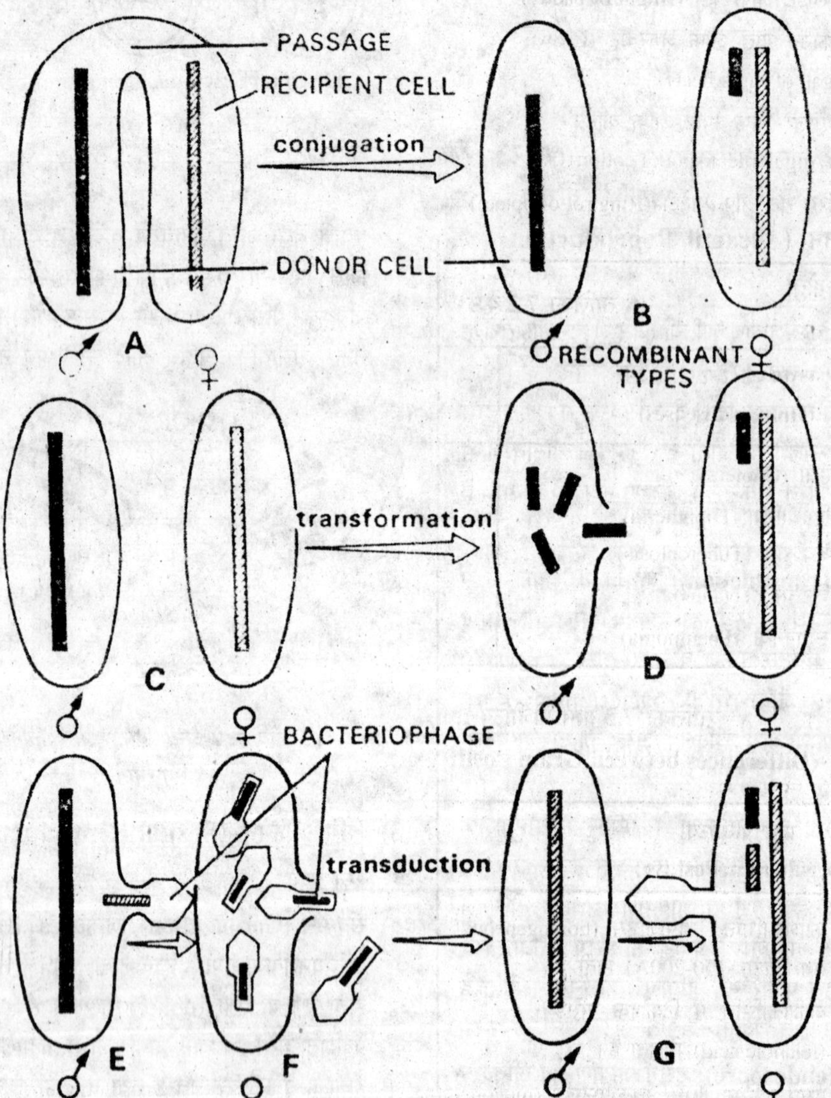

चित्र 7.7: जीवाणुओं में विभिन्न प्रकार के लैंगिक जनन

तालिका 7.1 कुछ जीवाणुजनित पादप रोग

क्र. स.	पादपों के रोग (Plant diseases)	रोग पैदा करने वाले बैक्टीरिया (Disease causing bacteria)
1.	सिट्रस केंकर (Citrus canker)	*जैन्थोमोनास सिट्राई (Xanthomonas citri)*
2.	ब्लाइट ऑफ पैडी (Blight of paddy)	*जैन्थोमोनास ओराइजी (Xanthomonas oryzae)*
3.	क्राउन गाल ऑफ शुगरबीट (Crown gall of sugar beet)	*एग्रोबैक्टीरियम ट्यूमीफेसिएन्स (Agrobacterium trumifaciens)*
4.	एंगुलर लीफ स्पाट ऑफ कॉटन (Angular leaf spot of cotton)	*जैन्थोमोनास माल्वेसिएरम (Xanthomonas malvacearum)*
5.	रिंग रॉट ऑफ पोटेटो (Ring rot of potato)	*जैन्थोमोनास सोलिनेसिएरम (Xanthomonas solanacearum)*

तालिका 7.2 कुछ जीवाणुजनित मानव रोग

क्र. स.	मनुष्य के रोग (Human diseases)	रोग पैदा करने वाले जीवाणु (Disease causing bacteria))
1.	हैजा (Cholera)	*विब्रियो कोलेरी (Vibrio cholerae)*
2.	डिफ्थीरिया (Diphtheria)	*कोर्नीबैक्टीरियम डिफ्थीरी (Corynebacterium diphtheriae)*
3.	क्षय रोग (Tuberculosis)	*माइकोबैक्टिरियम ट्यूबरकुलोसिस (Mycobacterium tuberculosis)*
4.	टिटनस (Tetanus)	*क्लॉस्ट्रिडियम टिटैनी (Clostridium tetani)*
5.	न्यूमोनिया (Pneumonia)	*स्ट्रेप्टोकोकस न्यूमोनी (Streptococcus pneumoniae)*

तालिका 7.3 ग्राम पोजीटिव तथा ग्राम नेगेटिव जीवाणुओं में विभेद (Differences between Gram Positive and Gram Negative Bacteria)

क्र. स.	ग्राम पोजीटिव (Gram Positive)	ग्राम नेगेटिव (Gram Negative)
1.	कोशिकाभित्ति होमोजीनस (homogeneous) तथा मोटी (150-200Å) होती है।	कोशिकाभित्ति हेटेरोजीनस (heterogeneous) तथा अपेक्षाकृत पतली (75-120Å) होती है।
2.	कोशिकाभित्ति में **टिकोइक एसिड** (teichoic acid) मिलता है।	इसमें टिकोइक एसिड अनुपस्थित होता है।
3.	इसमें लगभग 80% **म्यूकोपेप्टाइड** (mucopeptide) तथा शेष पॉलीसैकेराइड्स (Polysaccharides) होते हैं।	इसमें 12% **म्यूकोपेप्टाइड** तथा शेष प्रोटीन, **लिपोप्रोटीन, लिपोपॉलीसैकेराइड्स** (lipopoly-saccharides) व **फॉस्फोलिपिड** होते हैं।

4.	इसमें प्रोटीन कम तथा कुछ प्रकार के ही अमीनो अम्ल मिलते हैं।	इसमें अपेक्षाकृत प्रोटीन अधिक तथा अनेकों प्रकार के अमीनो अम्ल मिलते हैं।
5.	इसमें टिकोइक एसिड **एन्टीजेनिक** (antigenic) होता है।	इसमें लिपोपॉलीसैकेराइड्स **एन्टीजेनिक** होते हैं।
6.	सभी प्रकार के स्पोर बनते हैं तथा सामान्यतः पोलर फ्लैजला नहीं मिलता है।	सामान्यतः स्पोर बनते ही नहीं हैं तथा फ्लैजला पोलर होते हैं।

जीवाणुओं का आर्थिक महत्त्व
(Economic Importance of Bacteria)

जीवाणुओं का जीव-जन्तुओं से गहरा सम्बन्ध है। इनसे बहुत-से मानव-उपयोगी पदार्थ बनाए जाते हैं या प्राप्त होते हैं। साथ-साथ ये जन्तुओं व पौधों में विभिन्न बीमारियाँ फैलाते हैं।

I. लाभदायक

(*i*) जीवाणु भूमि की उर्वरता बढ़ाते हैं। राइजोबियम लेग्यूमिनस पौधे की जड़ों से सहजीवी संगठन बनाते हैं, जिससे मूल ग्रंथियां बनती हैं। ये वातावरण के नाइट्रोजन को अमोनिया में स्थिर कर देते हैं। अमोनिया से ऐमीनो एसिड बनता है, जिसे पौधे अपने उपयोग में ले लेते हैं। एजेटोबैक्टर नाइट्रोजन स्थिरीकरण करने वाला मुक्त जीवाणु है, जो मिट्टी को उपजाऊ बनाता है।

(*ii*) कुछ अवायुजीवों का उपयोग कार्बोहाइड्रेट के किण्वन विधि द्वारा एसिटोन, ब्यूटॉनाल तथा एथनॉल बनाने के लिए कारखानों में भी किया जाता है। उदाहरण-*क्लोस्ट्रीडियम*।

(*iii*) जीवाणु सड़े-गले, मृत अवशेषों को क्षय करते हैं। उदाहरण-*क्लोस्ट्रीडियम*।

(*iv*) लैक्टिड एसिड जीवाणु दूध में स्थित लैक्टोज को लैक्टिक एसिड में तथा अंततः दूध को दही में परिवर्तित कर देते हैं। (चित्र 7.5)

(*v*) जीवाणु का उपयोग सिरका बनाने में होता है। उदाहरण-*माइकोडरमा एसिटी*।

(*vi*) ये जूट, पटसन और सन को सड़ा देते हैं, जिससे रेशा निकलता है।

(*vii*) **औषधि उद्योग**– मिट्टी में तंतुमयी एक्टीनोमाइसिटीज प्रमुख अपघटक हैं। इनमें से बहुत से ऐसे रसायनों का उत्पादन करते हैं, जो अन्य सूक्ष्मजीवों की वृद्धि को रोकते हैं। इस प्रकार ये रसायन भोजन को प्राप्त करने के लिए अन्य सूक्ष्म जीवों में होने वाली स्पर्धा को कम कर सकते हैं। इन रसायनों को एंटीबायोटिक कहते हैं। ये रसायन मनुष्यों में जीवाणु द्वारा होने वाले रोगों की रोकथाम में बहुत उपयोगी सिद्ध हुए हैं। कुछ महत्त्वपूर्ण एंटीबायोटिक तालिका 7.4 में दिये गये हैं–

तालिका 7.4 जीवाणुओं से प्राप्त होने वाले कुछ महत्त्वपूर्ण एन्टीबायोटिक

	एन्टीबायोटिक	जीवाणु जिससे प्राप्त होता है
1.	स्ट्रेप्टोमाइसिन (Streptomycin)	*स्ट्रेप्टोमाइसीज ग्रीसीअस (Streptomyces grisieus)*
2.	क्लोरोमाइसीटिन (Chloromycetin)	*स्ट्रेप्टोमाइसीज वैनिजुएला (S. venezuela)*
3.	ऑरोमाइसिन (Aureomycin)	*स्ट्रोप्टोमाइसीज ओरियोफेसिएन्स (S. aureofaciens)*
4.	नोवोबायोसीन (Novobiocin)	*स्ट्रेप्टोमाइसीज नीवियस (S. niveis)*
5.	टैरामाइसीन (Terramycin)	*स्ट्रेप्टोमाइसीज रिमोसस (S. rimosus)*
6.	नाइस्टेटीन (Nystatin)	*स्ट्रेप्टोमाइसीज नौर्सी (S. noursei)*
7.	इरीथ्रोमाइसीन (Erythromycin)	*स्ट्रेप्टोमाइसीज इरीथ्रस (S. erythreus)*

8.	टाइरोथ्राइसीन-A (Tyrothrycin-A)	*बैसीलस ब्रेबीस (Bacillus brevis)*
9.	पॉलीमिक्सीन-B (Polymyxin-B)	*बैसीलस पॉलीमिक्सा (Bachilus polymixa)*
10.	बैसीट्रेसीन (Bacitracin)	*बैसीलस सबटिलिस (Bacillus subtilis)*

तालिका 7.5 जीवाणु तथा उनके द्वारा बनाये जाने वाले दूध के पदार्थ

क्र. स.	जीवाणु (Bacteria)	पदार्थ (Products)
1.	स्ट्रेप्टोकोकस लैक्टिस (*Streptococcus lactis*)	मक्खन (Butter)
2.	स्ट्रेप्टोकोकस क्रिमोरिस (*S. cremoris*)	छाछ या मट्ठा (Butter milk)
3.	लैक्टोबैसिलस (*Lactobacillus*) या स्ट्रेप्टोकोकस लैक्टिस (*S. lactis*)	पनीर (cheese) तथा दही (curds)
4.	लैक्टोबैसिलस बुल्गेरिकस (*Lactobacillus bulgaricus*) या स्ट्रेप्टोकोकस थर्मोफिलस (*S. thermophilus*)	योगहर्ट (yoghurt)

II. हानिकारक

(*i*) **डिनाइट्रीकरण (Denitrification):** कुछ जीवाणु नाइट्रेट, नाइट्राइट व अमोनियम यौगिकों को स्वतंत्र नाइट्रोजन में तोड़ देते हैं। जैसे-*बैसीलस, थायोबैसिलस, माइकोकोकस* आदि।

(*ii*) **भोजन को विषाक्त करना (Food Poisoning):** कुछ जीवाणु भोजन को विषाक्त बना देते हैं। *स्टेफाइलोकोकस, क्लॉस्ट्रिडियम बोटूलिनियम (Clostridium Botulinium)*।

(*iii*) **रोग कारक जीवाणु (Pathogenic bacteria)–**

(अ) मनुष्यों में रोग (Diseases in Humans)

(1) रोग का नामः डिप्थेरिया (Diphtheria)

जीवाणु का नामः *कोरिनीबैक्टिरियम डिप्थीरी (Corynebacterium diptheriae)*

संचरण विधिः प्रत्यक्ष संपर्क तथा छोटी बूंदों (Droplets) एवं भोजन के द्वारा ये जीवाणु श्वसन-तंत्र को संक्रमित करते हैं।

संक्रमण अवधि (Incubation Period): 1 से 7 दिन।

मुख्य लक्षणः गले में तकलीफ होना, बुखार होना, उल्टी होना, सांस लेने में कठिनाई होना।

(2) रोग का नामः न्यूमोनिया (Pneumonia)

जीवाणु का नामः डिप्लोकोकस न्यूमोनी (*Diplococcus pneumoniae*)

संचरण विधिः जीवाणु, फेफड़े, श्वसन मार्ग (Respiratory Tract) को संक्रमित करता है।

मुख्य लक्षणः ठंड लगना, छाती में दर्द, जल्दी -जल्दी सांस लेना, पेट में दर्द होना, पीलिया (Jaundice) से ग्रसित होना।

(3) रोग का नामः तपेदिक या क्षयरोग (Tuberculosis)

जीवाणु का नामः *माइकोबैक्टिरियम ट्यूबरकुलोसिस (Mycobacterium tuberculosis)*

संचरण विधिः प्रत्यक्ष संपर्क, भोजन, दूध आदि के द्वारा जीवाणु का संचरण, फेफड़ों-हड्डी तथा अन्य अंगों तक होना।

मुख्य लक्षणः भिन्न-भिन्न अंगों के संक्रमित होने की स्थिति में लक्षण का भिन्न-भिन्न होना। जैसे-कफ, सायंकाल में बुखार, थकान, वजन में ह्रास आदि। X– किरण तस्वीर में फेफड़ों में संक्रमण का दिखाई पड़ना।

उपचारः आराम, संयमित भोजन, स्ट्रेप्टोमायसिन, सर्जरी आदि।

(4) रोग का नामः हैजा (Cholera)

जीवाणु का नामः *विब्रियो कॉलरी (Vibrio cholerae)*

संचरणः दूषित भोजन तथा पानी के द्वारा।

संक्रमण अवधिः कुछ घंटों से लेकर कुछ दिन।

लक्षणः उल्टी होना, डायरिया होना।

बचावकारी उपायः भोजन को गर्म करके खाना, पानी, दूध आदि को उबाल कर पीना, वर्ज्य पदार्थों को सावधानीपूर्वक विसर्जित करना, वैक्सिन (Vaccine) का उपयोग अल्पकालीन रोग प्रतिरोधक क्षमता प्रदान करता है।

(5) रोग का नामः प्लेग (Plague)

जीवाणु का नामः *पाश्चुरेला पेस्टिस* (*Pasteurella pestis*)

संचरणः पिस्सू के काटने से (Flea Bite) अथवा संक्रमित चूहों के संपर्क से। चूहों के शरीर पर पलने वाले पिस्सुओं (Fleas) द्वारा चूहों से यह रोग मनुष्य में आ जाता है।

(6) रोग का नामः कोढ़ (Leprosy)

जीवाणु का नामः *माइकोबैक्टिरियम लेप्री* (*Mycobacterium leprae*)

संक्रमणः ज्यादा समय तक संक्रमित अंग के संपर्क में रहना।

मुख्य लक्षणः संक्रमित अंग की त्वचा का सड़ना, संक्रमित अंग का शून्य पड़ जाना, हाथ-पैर की अंगुलियों में विकृति उत्पन्न हो जाना, संक्रमित अंगों में फोड़े निकल जाना।

उपचारः *स्ट्रैप्टोमायसीन* (Streptomycin) तथा *सल्फोन्स* (Sulphones)

(7) रोग का नामः टेटनस (Tetanas)

जीवाणु का नामः *क्लोस्ट्रिडियम टिटनी* (*Clostridium tetani*)

संचरणः घाव के प्रत्यक्ष अथवा अप्रत्यक्ष टीका संक्रमण द्वारा।

संक्रमण अवधिः सामान्यतः तीन से चार सप्ताह।

मुख्य लक्षणः मांस पेशियों में, खासकर गले तथा जबड़े में जोर का खिंचाव, थोरासिक मांस पेशियों (Thorasic Musscles) का लकवाग्रस्त हो जाना। संक्रमण सिर्फ प्रत्यक्ष संपर्क के द्वारा होता है।

उपचारः टेटनस के टीके द्वारा।

(8) रोग का नामः खांसी (Whooping Cough)

जीवाणु का नामः *हीमोफिलस पर्टुसिस* (*Hemophilous pertussis*)

संचरणः हवा के द्वारा

मुख्य लक्षणः शुरू में सिर्फ रात्रि काल में ही खांसी होती है, परंतु फिर दिन में भी होने लगती है। यह रोग अधिकांशतः शिशुओं एवं बच्चों को ही होता हैं। खांसते-खांसते दम फूलने लगता है तथा सांस लेने के लिए भी खांसी नहीं रूकती।

(9) रोग का नामः जीवाणु कृत पेचिश (Bacillary Dysentery)

जीवाणु का नामः *शिगेला डिसेन्ट्री* (*Shiegella dysenteriae*)

संचरणः मक्खियों, भोजन, मल, जल के द्वारा।

संक्रमण अवधिः 1 से 4 दिन।

मुख्य लक्षणः पेट में अत्यधिक दर्द होना, बुखार हो जाना, मल के साथ खून का आना तथा अतिसार (Diarrhoea) हो जाना।

उपचारः एन्टीबायोटिक्स तथा तरल पदार्थ (Liquids) का उपयोग करना।

(10) रोग का नामः सूजाक (Gonorrhoea)

जीवाणु का नामः *नीसोरिया गोनोरी* (*Neisseria gonorrhoeae*)

संचरणः संभोग (Sexual Intercourse) के द्वारा।

संक्रमण अवधिः 2 से 8 दिन।

मुख्य लक्षणः यूरेथ्रा (Urethra) का लाल हो जाना, फूल जाना तथा उससे पीव आना तथा बार-बार तथा जलनयुक्त पेशाब आना।

उपचारः पेनिसिलिन (Penicillin), टैट्रासाइक्लिन Tetracycline), स्पेक्टिनोमायसिन (Spectinomycin) आदि का प्रयोग।

(11) रोग का नामः सिफिलिस (Syphilis)

जीवाणु का नामः *ट्रैपोनेमा पॉलिडियम* (*Treponema polidium*)

संचरणः मुख्यतः संभोग के द्वारा।

मुख्य लक्षणः Genitalia पर कड़ा पीड़ा रहित फोड़े का होना, शरीर के किसी भाग के ऊतकों का नष्ट होना, चमड़ पर फुंसियों का होना।

(12) रोग का नामः टायफाइड (Typhoid)

जीवाणु का नामः *इब्रर्थेला टाइफोसा* (*Eberthalla typhosa*)

संचरणः दूषित भोजन व जल तथा मक्खियों द्वारा

संक्रमण अवधिः 10 से 14 दिन।

मुख्य लक्षणः बुखार होना , नाड़ी (Pulse) की गति का धीमा पड़ जाना, गुलाबी रंग के चकत्ते (Rash) का होना।

(ब) पशुओं में रोग (Diseases in Animals)

रोग	पोषक	रोग कारक जीवाणु
एन्थ्रेक्स	चौपाये पशु	*बेसीलस ऐन्थ्रेसिस*
ब्लैकलैग	चौपाये पशु	*क्लोस्ट्रीडियम चेनवी*
डिफ्थिरिया	खरगोश, सुअर	*कोर्नीबैक्टीरियम डिफ्थेरी*
डीसेन्ट्री	बन्दर	*शीगेला डीसेन्ट्री*
प्लेग	सुअर, बन्दर, चूहा	*यरसीनिया पेस्टिस (पेस्चुरेला पेस्टिस)*

(स) पादपों में रोग (Diseases in Plants)

रोग	पोषक	रोग कारक जीवाणु
रिंग रोग	आलू	*एप्लेनोबेक्टर सेपिडेनियम*
इयर रॉट	गेहूँ	*कोरीनिबेक्टीरियम ट्रीट्रीसाय*
फायर ब्लाइट	सेब, नाशपाती	*इरवीनिया एनिलोवा*
विल्ट रोग	आलू	*स्यूडोमोनास सोलेनेसियरम*
साइट्रस केन्कर	नींबू	*जैन्थोमोनास् सीट्री*
एन्गुलर लीफ स्पोट	कपास	*जैन्थोमोनास् मालवेसियरम*
रेड स्ट्राइप	गन्ना	*जैन्थोमोनास रूब्रिलिनियन्स*

बहुविकल्पीय प्रश्न

1. कोशिका भित्ति पदार्थ पेप्टोग्लाइकॉन के ऊपर लिपोपॉलि-सैकेराइड की भित्ति पाई जाती है। यह विशेष अवस्था पायी जाती है–
(*a*) यूबैक्टीरिया ग्राम (+) में
(*b*) ग्राम (–) यूबैक्टीरिया में
(*c*) सभी यूकैरियोट्स में
(*d*) दोनों (*a*) व (*b*) में

2. हमारे ग्लोब की सतह पर सर्वाधिक सफल जीवों को चुनिये–
(*a*) ग्राम (+) परपोषी
(*b*) ग्राम (–) प्रकाश-संश्लेषी सायनोबैक्टीरिया
(*c*) रसायन स्वपोषी जीवाणु
(*d*) प्रकाश स्वपोषी जीवाणु

3. जीवाणुओं में संयुग्मन की खोज किसने की–
(*a*) खोराना ने
(*b*) जिण्डर और लेडरबर्ग ने
(*c*) बीडल और टेटम ने
(*d*) लेडरबर्ग और टेटम ने

4. टाइकोइक अम्ल (Teichoic acid) किसकी कोशिका भित्ति में उपस्थित होता है–
(*a*) विषाणु भोजी (*b*) माइकोप्लाज्मा
(*c*) नॉस्टॉक (*d*) वाइरस

5. निमोनिया रोग किसके द्वारा होती है–
(*a*) विषाणु (*b*) सायनोबैक्टीरिया
(*c*) जीवाणु (*d*) ठंड

6. जीवाणुओं में लैंगिक जनन किसके द्वारा होता है?
(*a*) अन्तः बीजाणु (*b*) रूपान्तरण
(*c*) कोनिडिया (*d*) बाह्यबीजाणु

7. किसमें लैंगिक जनन नहीं होता है?
(*a*) साइनोबैक्टीरिया (*b*) जीवाणु
(*c*) यूकैरियोट (*d*) उपर्युक्त सभी

8. क्राऊन गॉल (crown gall) किसके कारण है–
(*a*) माइकोबैक्टीरियम (*b*) जीवाणु
(*c*) इर्वीनिया (*d*) क्लारिट्रिडियम

9. निम्नलिखित में से कौन पत्ती पर गुटिका बनाकर नत्रजन स्थिरीकरण करता है–
(*a*) एजोटोबैक्टर (*b*) क्लैब्सिएला
(*c*) नाइट्रोसोमोनास (*d*) स्यूडोमोनास

10. जीवाणुओं के वे वंश जिनके द्वारा नाइट्रीफिकेशन असहजीवी तथा सहजीवी नाइट्रोजन स्थिरीकरण होता है वे क्रमशः हैं–
(*a*) राइजोबियम एजोटोबैक्टर, नाइट्रोसोमोनास तथा नाइट्रोबैक्टर
(*b*) नाइट्रोसोमोनास, नाइट्रोबैक्टर, राइजोबियम तथा एजोटोबैक्टर

(*c*) नाइट्रोसोमोनास, नाइट्रोबैक्टर, एजोटोबैक्टर तथा राइजोबियम

(*d*) नाइट्रोबैक्टर, नाइट्रोसोमोनास, एजोटोबैक्टर तथा राइजोबियम

11. जीवाणुओं में ऐसी स्थिति जहाँ एक ध्रुव पर मात्र एक कशाभिका उपस्थित होती है, कहलाती है–

(*a*) मोनोट्राइकस (*b*) लोफोट्राइकस

(*c*) ऐम्फीट्राइकस (*d*) पेरीट्राइकस

12. योर्गट उत्पन्न किया जाता है–

(*a*) सिर्फ *लेक्टोबैसिलस वल्गेरिकस* से

(*b*) *लेक्टोबैसिलस एसिडोपाइलस* से

(*c*) सिर्फ *स्ट्रेप्टोकोकस थर्मोपाइलस* से

(*d*) दोनों *लेक्टोबैसिलस वल्गेरिकस और स्ट्रेप्टोकोकस थर्मोफाइलस* से

13. मदिरा में खटास का कारण है–

(*a*) प्रकाश में अनावरण (*b*) ऊष्मा या ताप

(*c*) ऑक्सी जीवाणु (*d*) अनॉक्सी जीवाणु

14. नाइट्रोसोमोनास होता है–

(*a*) प्रकाश स्वपोषित (*b*) रसायन स्वपोषित

(*c*) प्रकाश परपोषित (*d*) रसायन परपोषित

15. निम्न में से कौन-सा जीवाणु कार्बन डाइ-ऑक्साइड का कार्बोहाइड्रेट में स्थिरीकरण करता है–

(*a*) *बैसिलस* (*b*) *नाइट्रोबेक्टर*

(*c*) *राइजोबियम* (*d*) *रोडोस्पाइरिलम*

16. निम्नलिखित में से कौन-सी बीमारी रिक्टीशिया नामक जीवाणु से होती है–

(*a*) क्यू बुखार (Q. fever)

(*b*) टाइफाइड

(*c*) पोलियो

(*d*) स्मॉल पॉक्स

17. एक ऐसा जीव जो प्रकाश संश्लेषण करता है परन्तु इस प्रक्रिया में आण्विक ऑक्सीजन का विमोचन नहीं करता, कौन सा है--

(*a*) लाइकेन का शैवाली रचक

(*b*) नीलहरित शैवाल

(*c*) स्पाइरोकीट

(*d*) हरा गंधक जीवाणु

18. जीवाणुओं का शुद्ध संवर्धन सर्वप्रथम किसने प्राप्त किया था–

(*a*) कॉच (*b*) लिस्टर

(*c*) पाश्चर (*d*) लीवेन हॉक

19. पनीर (cheese) के निर्माण में किस सूक्ष्म जीव का योगदान होता है–

(*a*) स्ट्रेप्टोकोकस

(*b*) एस्परजिलस

(*c*) एसिटिक अम्ल जीवाणु

(*d*) लेक्टिक अम्ल जीवाणु

20. जीवाणु में श्वसन क्रिया का स्थान है–

(*a*) एपीसोम (*b*) माइक्रोसोम

(*c*) मीसोसोम (*d*) राइबोसोम

21. निम्न में से कौन जीवाणुनाशक है–

(*a*) पेनिसिलीन (*b*) स्ट्रेप्टोमाइसिन

(*c*) न्यूनतापक्रम (*d*) $C_2H_5OHKNO_4$

22. सर्वप्रथम कार्बोलिक अम्ल का प्रतिरोधी पदार्थ के रूप में उपयोग किसने किया–

(*a*) पाश्चर ने (*b*) लिस्टर ने

(*c*) मूर्ति ने (*d*) कॉच ने

23. दूध के पाश्चुरीकरण का क्या उद्देश्य है–

(*a*) दूध से संक्रामक जीवाणुओं को नष्ट करना

(*b*) दूध को खट्टा करने वाले जीवाणुओं को नष्ट करना

(*c*) दूध की संचय सुरक्षा बढ़ाना

(*d*) उपरोक्त सभी

24. जख्म के संक्रामक जीवाणुओं को नष्ट करने की प्रणाली को कहते हैं–

(*a*) पाश्चुरीकरण (*b*) निर्जमीकरण

(*c*) विसंक्रमण (*d*) उपरोक्त में से कोई नहीं

25. किस क्रिया में जीवित जीवाणु का आनुवंशिक पदार्थ भाग नहीं लेता है–

(*a*) पारक्रमण (*b*) लिंगक्रमण

(*c*) अर्द्धसूत्री विभाजन (*d*) रूपान्तरण

26. किन जीवाणुओं को न तो ग्राम तकनीक द्वारा अभिरंजित किया जा सकता है और न ही उन्हें संश्लिष्ट माध्यम पर उगाया जा सकता है–

(*a*) *ई. कोलाई*

(*b*) *लेक्टोबैसिलस*

(c) *राइजोबियम रोडिसीकोला*
(d) *माइकोबैक्टीरियम लेपरी*

27. ग्राम (+) एवं ग्राम (–) जीवाणु में किस अभिरंजक द्वारा अन्तर स्थापित करते हैं–
(a) इओसिन (b) क्रिस्टल वायलेट
(c) हिमोटॉक्सिन (d) कार्मीन

28. यदि जीवाणु के एक प्रतिदर्श (sample) को 10 गुना तनुकूट (dilute) किया जाये और फिर उसके 0.1 ml भाग को संवर्धन माध्यम की सतह पर बिछाने से औसतन 95 जीवाणु कालोनियाँ प्रकट हों तो बताइये कि मूल प्रतिदर्श में जीवाणुओं की संख्या कितनी थी–
(a) $10 \times 0.1 \times 95$ (b) $10 \times 10 \times 95$
(c) $10 \times 100 \times 95$ (d) $10 \times 10 \times 95$

29. कौन-सा जीवाणु जख्म में पस बनाता है–
(a) *स्टेफाइलोकोकस* (b) *स्ट्रेप्टोकोकस*
(c) *सारसीना* (d) *क्लॉस्ट्रीडियम*

30. गोल जीवाणुओं की शृंखलामय कालोनी को क्या कहते हैं–
(a) स्टेफाइलोकोकस (b) स्ट्रेप्टोकोकस
(c) सार्सीना (d) बिब्रिओ

31. निम्न में से कौन-सा जीवाणु अपने चारों ओर के वातावरण में रंग छोड़ता है–
(a) *स्ट्रेप्टोकोकस* (b) *स्टेफाइलोकोकस*
(c) *ई. कोलाई* (d) *राइजोबियम*

32. निम्न में से कौन-से जीवाणु अविकल्पी अंतः कोशिकी परजीवी एवं अत्यधिक सूक्ष्म होने के कारण विषाणु से भ्रमित किये जाते रहे हैं–
(a) *क्लास्ट्रीडियम* (b) *क्लेमाइडिया*
(c) *एस्चेरिचिया* (d) *माइकोबेक्टीरिया*

33. रिलेप्सिंग ज्वर (Relapsing fever) किसके द्वारा होता है?
(a) *बोरलिया* (b) *लेप्टोस्पाइरा*
(c) *ट्रिपोनिमा* (d) *कॉक्सीला*

34. निम्न में से कौन औब्लीगेट एनऐरोब्स होते हैं?
(a) *स्पाइरोगायरा* (b) मटर
(c) प्याज (d) मीथेन जीवाणु

35. निम्न में से कौन-सा पादप रोग जीवाणुओं द्वारा उत्पन्न होता है?
(a) जई में स्मट रोग
(b) चुकन्दर का क्राउन गौल्स रोग
(c) पपीते में सौफ्ट रौट रोग
(d) चावल का सौफ्ट रौट रोग

36. निम्न में से कौन-सा एक जीवाणु जनित रोग है?
(a) खसरा (b) चेचक
(c) रैबीज (d) तपैदिक

37. जीवाणुओं द्वारा प्रदर्शित गतियाँ जो शुद्ध भौतिक होती हैं कहलाती हैं–
(a) ब्राउनी गतियाँ (b) नास्टिक गतियाँ
(c) टैक्टिक गतियाँ (d) ट्रौपिक गतियाँ

38. एसीटिक अम्ल किण्वन होता है–
(a) *क्लोरोबियम द्वारा* (b) *एसीटोबैक्टर द्वारा*
(c) *नाइट्रोबैक्टर द्वारा* (d) *राइजोबियम द्वारा*

39. *एशर्शिया कोलाई* में पीढ़ी एकान्तरण नहीं होता है क्योंकि इसमें नहीं होता है–
(a) सिन्गैमी (b) न्यूनकारी विभाजन
(c) संयुग्मन (d) इनमें से कोई नहीं

40. निम्न में से कौन सबसे बड़ी संख्या में मिलते हैं?
(a) शैवाल (b) कवक
(c) जीवाणु (d) कीट

41. ग्राम पोजीटिव जीवाणुओं में कोशिका भित्ति बनी होती है–
(a) लिपिड एवं प्रोटीन की
(b) म्यूरेइन की (murein)
(c) केवल प्रोटीन्स की
(d) सेल्यूलोज तथा पेक्टिन की

42. अपने एक ध्रुव पर केवल एक कशाभिक (Flagellum) रखने वाले जीवाणु को कहते हैं–
(a) *लोफोट्राइकस* (b) *मोनोट्राइकस*
(c) *एट्राइकस* (d) *एम्फीट्राइकस*

43. जीवाणुओं में श्वसन क्रिया का केन्द्र (Site) होता है–
(a) मीसोसोम (b) एपिसोम
(c) राइबोसोम (d) माइक्रोसोम

44. जीनोफोर (Genophore) नाम है–
(a) यूकैरियोट्स के डी. एन. ए. का
(b) जीवाणुओं के डी. एन. ए. का
(c) ड्रोसोफिला के जीन्स का
(d) न्यूरोस्पोरा के जीन्स का

45. ग्राम नेगैटिव जीवाणु, ग्राम पौजीटिव जीवाणुओं से इस बात गें भिन्न होते हैं कि उनकी कोशिका भित्ति होती है–

(*a*) मोटी (*b*) वसा रहित
(*c*) जटिल (*d*) सरल

46. अनेक जीवाणु कोशिकाओं में कोशिका भित्ति पर सूक्ष्म रोमिल रचनाएँ होती हैं, ये कहलाती हैं–
(*a*) रोम (*b*) कशाभिका
(*c*) पिलाई (*d*) रोमाभि

47. जीवाणु अलैंगिक जनन करते हैं–
(*a*) सिस्ट बनाकर (*b*) एण्डोस्पोर्स बनाकर
(*c*) विखण्डन द्वारा (*d*) उपरोक्त सभी

48. जीवाणु जनन करते हैं–
(*a*) अधिकतर अलैंगिक (*b*) अधिकतर लैंगिक
(*c*) केवल अलैंगिक (*d*) केवल लैंगिक

49. जीवाणुवीय प्रकाश संश्लेषण अद्भुत होता है क्योंकि–
(*a*) यह बिना संश्लेषी वर्णकों के हो सकता है
(*b*) यह बिना जल के हो सकता है
(*c*) यह बिना CO_2 के हो सकता है
(*d*) यह बिना प्रकाश के हो सकता है

50. यदि एक जीवाणु कोशिका प्रत्येक 20 मिनट में विभक्त होती है, तो दो घण्टे में कितने जीवाणु बनेंगे?
(*a*) 4 (*b*) 8
(*c*) 16 (*d*) 64

51. प्रकाश संश्लेषी तथा रसायन संश्लेषी जीवाणुओं में मुख्य अन्तर यह होता है कि–
(*a*) प्रकाश संश्लेषी जीवाणुओं में सूर्य के प्रकाश की ऊर्जा का उपयोग होता है जबकि रसायन संश्लेषी जीवाणुओं में यह अकार्बनिक पदार्थों के ऑक्सीकरण से उत्पन्न होती है
(*b*) प्रकाश संश्लेषी जीवाणुओं द्वारा जल का उपयोग होता है जबकि रसायन संश्लेषी जीवाणु इसका प्रयोग नहीं करते हैं
(*c*) प्रकाश संश्लेषी जीवाणु हरी पादप कोशिकाओं में परजीवियों की भाँति रहते हैं जबकि रसायन संश्लेषी जीवाणु अन्य मृत भोजन पदार्थों पर मृतोपजीवी के रूप में पाये जाते हैं
(*d*) प्रकाश संश्लेषी जीवाणु हरे पादपों में मिलते हैं जबकि रसायन संश्लेषी जीवाणु रासायनिक पदार्थों पर पाये जाते हैं

52. सबसे छोटे जीवाणु (Bacteria) होते हैं लगभग–
(*a*) 0.5 μ के (*b*) 0.05 μ के
(*c*) 0.005 μ के (*d*) 0.0005 μ के

53. जीवाणुओं को आदिम जीवधारी (Primitive organisms) माना गया है। क्योंकि इनमें/ये–
(*a*) इनसिपियेण्ट केन्द्रक होता है
(*b*) छोटे, सूक्ष्मदर्शक पौधे होते हैं जो नग्न आँखों से दिखायी नहीं देते हैं
(*c*) मानव, पालतू जन्तुओं एवं फसली पादपों में गम्भीर रोग उत्पन्न करते हैं
(*d*) एण्डोस्पोर्स उत्पन्न करते हैं जो विपरीत परिस्थितियों के अति प्रतिरोधी होते हैं

54. रेशों (Fibres) के रेटिंग (Retting) में जीवाणुओं की प्रमुख भूमिका होती हैं–
(*a*) तन्तुओं की कोशिका भित्ति के सेल्यूलोज का जलीय अपघटन
(*b*) कोशिकाओं को परस्पर बाँधने वाले पेक्टिक पदार्थों का जलीय अप्रघटन
(*c*) कोशिकाओं के सजीव घटकों का जलीय अपघटन
(*d*) द्वितीयक भित्ति का निर्माण करने वाले लिग्निन का जलीय अपघटन

55. निम्न में से एक सबसे छोटा जीव है–
(*a*) विषाणु (*b*) जीवाणु
(*c*) माइकोप्लाज्मा (*d*) यीस्ट

56. निम्नलिखित में से कौन-सा सहजीवी जीवाणु है?
(*a*) *नाइट्रोबैक्टर* (*b*) *नाइट्रोसोमोनास*
(*c*) *राइजोबियम* (*d*) *क्लोस्ट्रीडियम*

57. किन जीवों को प्रायः प्रोटिस्ट्स में वर्गीकृत किया गया है?
(*a*) प्रोटोजोआ, शैवाल तथा ब्रायोफाइट्स
(*b*) शैवाल, कवक, जीवाणु एवं ब्रायोफाइट्स
(*c*) कवक, स्लाइम मोल्ड्स एवं ट्रैकियोफाइट्स
(*d*) प्रोटोजोआ, जीवाणु, शैवाल तथा कवक

58. जीवाणुओं को पौधे माना गया है क्योंकि ये इनमें–
(*a*) गति नहीं कर सकते हैं
(*b*) कठोर कोशिका भित्ति होती है
(*c*) विखण्डन द्वारा गुणन कर सकते हैं
(*d*) सभी जगहों पर पाये जाते हैं

59. नाइट्रीकारी जीवाणु बदलते हैं–
(*a*) नाइट्रोजन को नाइट्रेट्स में
(*b*) अमोनिया अथवा अमोनियम यौगिकों को नाइट्रेट्स में

(c) नाइट्रेट को नाइट्रोजन में
(d) CO_2 को कार्बोहाइड्रेट्स में

60. जीवाणु तथा यीस्ट सभी लक्षणों में समान होते हैं। निम्नांकित के अतिरिक्त–
(a) दोनों किण्वन (Fermentation) कर सकते हैं
(b) दोनों पौधे होते हैं
(c) दोनों प्रोकैरियोट्स होते हैं
(d) दोनों एककोशिकीय होते हैं

61. निम्न में से किस समूह के पादप भूमि की अधिक उर्वरकता में बहुत उपयोगी होते हैं?
(a) कवक (b) जीवाणु
(c) ब्रायोफाइट्स (d) लाल शैवाल

62. वर्तमान समय में ई. *कोलाई* का प्रयोग आनुवंशिक अध्ययनों के लिए बहुत अधिक हो रहा है क्योंकि–
(a) ये प्रयोगशाला में आसानी से संवर्धित किये जा सकते हैं
(b) ई. *कोलाई* की अपेक्षा कोई अन्य जीव इससे अच्छा नहीं होता है
(c) ये बहुतायत में पाये जाते हैं
(d) इन्हें सरलता से हैण्डिल किया जा सकता है

63. दूध के प्राकृतिक लक्षणों को बदले बिना नियंत्रित तापमान पर ताप की प्रक्रिया से दूध के सूक्ष्म जीव एक विधि द्वारा मर जाते हैं, जिसे कहते हैं–
(a) उबालना (b) इम्यूनाइजेशन
(c) पाश्चुराइजेशन (d) स्टेरीलाइजेशन

64. जीवाणुओं में ट्रान्सफॉर्मेशन की खोज किसने की?
(a) जैकब ने (b) ग्रिफिथ ने
(c) ऐबरी ने (d) लेडरबर्ग ने

65. जीवाणुओं द्वारा प्रतिकूल परिस्थितिओं में उत्पन्न विश्रामी बीजाणु कहलाते हैं–
(a) औइडिया (b) एण्डोस्पोर्स
(c) एक्सोस्पोर्स (d) क्लैमाइडोस्पोर्स

66. निम्न में से कौन-सा स्वपोषी जीवाणु है?
(a) नाइट्रोबैक्टर (b) क्लौस्ट्रीडियम
(c) राइजोबियम (d) एजोटोबैक्टर

67. आक्सीकर एन्जाइम मिलते हैं–
(a) एपीसोम के भीतर (b) मीसोसोम के अन्दर
(c) राइबोसोम के अन्दर (d) कोशिका भित्ति के अन्दर

68. प्रकाश संश्लेषी जीवाणुओं में गुलाबी वर्णक मिलता है–
(a) हरितलवक में (b) क्रोमैटोफोर्स में
(c) स्ट्रोमा में (d) ग्रैना में

69. निम्न में से कौन-सा ई. *कोलाई* पर लागू नहीं होता है–
(a) छड़-रूपी (b) असहजीवी
(c) मृतोपजीवी (d) कशाभिकीय

70. विनाइट्रीकारी जीवाणु बदलते हैं–
(a) नाइट्रेट को स्वतन्त्र नाइट्रोजन में
(b) नाइट्रोजन को अमोनिया में
(c) अमोनिया को नाइट्रेट में
(d) नाइट्राइट को नाइट्रेट में

71. नाइट्रोजन स्थिरीकरण करने वाले जीवाणुओं युक्त नोड्यूल्स पाये जाते हैं–
(a) सरसों में (b) गेहूँ में
(c) चने में (d) कपास में

72. जीवाणुओं द्वारा उत्पन्न कुछ रोग होते हैं–
(a) खसरा, कर्णफेर, मलेरिया
(b) टिटेनस, टायफॉइड, तपैदिक
(c) चेचक, निद्रा रोग, सिफ्लिस
(d) निमोनिया, पोलियामाइलाइटिस, साइटैकोसिस

73. जो नाइट्रीफाइंग जीवाणु अमोनिया को नाइट्रेट्स में बदलते हैं, होते हैं–
(a) *एजोटोबैक्टर*
(b) *राइजोबियम लेग्यूमिनोसेरस*
(c) *थायोबैसीलस डीनाइट्रीफिकेन्स*
(d) *नाइट्रोसोमोनास तथा नाइट्रोबैक्टर*

74. निम्न जीवाणु विनाइट्रीकरण (Denitrification) से सम्बद्ध है–
(a) *एजोटोबैक्टर* (b) *रोडोस्पाइरीलम*
(c) *स्यूडोमोनास* (d) *राइजोबियम*

75. क्लोरोमाइसेटिन उत्पन्न होता है–
(a) *बोर्डेटीला पर्टुसिस से*
(b) *स्ट्रेप्टोमाइसीज वेनेजुएली से*
(c) *स्ट्रेप्टोमाइसीज रिमोसस से*
(d) *क्लोस्ट्रीडियम बौटूलिनम से*

76. एक जीव जिसमें क्लोरोफिल का अभाव होता है किन्तु कार्बनिक पदार्थों के प्रकाश संश्लेषण में सक्षम होता है वह निम्न गें से किस एक में मिलता है–

(*a*) जीवाणु (*b*) कवक
(*c*) विषाणु (*d*) जीवाणुभोजी

77. जीवाणुओं की साधारण आकृति क्या होती है?
(*a*) छड़-रूपी (*b*) गोल
(*c*) सर्पिल (*d*) कौमारूपी

78. जीवाणुओं का प्रयोग निर्माण में नहीं होता है–
(*a*) पनीर के (*b*) लैक्टिक अम्ल के
(*c*) दही के (*d*) सिरका के

79. प्रोकैरियोट्स में प्रकाश संश्लेषण होता है–
(*a*) माइटोकॉण्ड्रिया में (*b*) कोशिका द्रव्य में
(*c*) थायलैकोइडस में (*d*) राइबोसोम्स में

80. निम्न में से कौन-से जीवाणु सामान्यतया मानव की आँत में रहते हैं?
(*a*) *कौरीनोबैक्टीरियम* (*b*) *एशरीशिया कोलाई*
(*c*) *वाइब्रियो कौलेरी* (*d*) *बैसिलस एन्थ्रेसिस*

81. एल्कोहल से सिरके (Vinegar) का निर्माण होता है–
(*a*) *क्लौस्ट्रीडियम द्वारा*
(*b*) *बैसिलस सब्टाइलिस द्वारा*
(*c*) *एजोटोबैक्टर द्वारा*
(*d*) *एसिटोबैक्टर एसीटाइ द्वारा*

82. कुछ जीवाणु आसानी से नहीं मरते हैं–
(*a*) कैप्सूल की बनी भित्ति के कारण
(*b*) कैप्सूल तथा एण्डोस्पोर के निर्माण के कारण
(*c*) मीसोसोम्स के कारण
(*d*) अपनी सहन शक्ति के कारण

83. जो सूक्ष्मजीव हानिकारक हैं और मनुष्य के शरीर में रोग उत्पन्न करने के लिए प्रवेश करता है कहलाता है–
(*a*) मृतोपजीवी (*b*) सहजीवी
(*c*) रोगजनक (*d*) कौमेन्सल

84. संवर्धन माध्यमों तथा ग्लासवेयर को स्टेरीलाइज करने में काम आने वाला इक्विपमेण्ट (Equipment) कहलाता है–
(*a*) इन्क्यूबेटर (*b*) डीह्यूमीडाइफर
(*c*) ओटोक्लेव (*d*) ड्राई ओवन

85. बैक्टीरियल राइबोसोम पाया जाता है–
(*a*) एण्डोप्लाज्मिक जालक में
(*b*) केन्द्रक कला में
(*c*) कोशिका द्रव्य में
(*d*) कोशिका की भित्ति पर

86. जैन्थोमोनास निम्नलिखित में से किससे संबन्धित है–
(*a*) जैन्थोफाइसी
(*b*) जेन्थियम में रोगकारक
(*c*) एक प्रकार का वाइरस
(*d*) साइट्रस कैंसर रोग कारक

87. एण्टोनी वॉन ल्यूवेनहॉक ने सर्वप्रथम जीवाणुओं की खोज की थी। वह किस देश के थे–
(*a*) फ्रांस (*b*) स्वीडन
(*c*) हालैण्ड (*d*) यूनाइटेड किंगडम

88. निम्नलिखित में से कौन मनुष्य में रोग पैदा करनें वाला बैक्टीरिया है–
(*a*) *एशरीशिया कोली* (*b*) *जैन्थोमोनास सिट्री*
(*c*) टी. एम. वी. (*d*) *पाइलोबोलस*

89. निम्नलिखित में पेरीट्राइकस बैक्टीरिया कौन है–
(*a*) *विब्रियो* (*b*) *स्पाइरिलस*
(*c*) *ई. कोलाई* (*d*) *स्यूडोमोनाज*

90. एन्थ्रैक्स बीमारी किसके द्वारा होती है–
(*a*) वाइरस (*b*) बैक्टीरिया
(*c*) माइकोप्लाज्मा (*d*) कवक

91. दूध दही में किससे बदलता है–
(*a*) *एसिटोबैक्टर एसिटाई*
(*b*) *वैसिलस मेगाथीरियम*
(*c*) *जेन्थोमोनास सिट्राई*
(*d*) इनमें से कोई भी नहीं

92. इनमें से कौन योगहर्ट के उत्पादन में उपयोग नहीं होता है–
(*a*) *स्ट्रेप्टोकोकस लेक्टिस*
(*b*) *स्ट्रेप्टोकोकस थर्मोफिलस*
(*c*) *लेक्टोवैसिलस बल्गेरिस*
(*d*) *एसिटोबैक्टर एसिटी*

93. पाश्चुरीकरण किस पर गर्म करने से होता है–
(*a*) 120°C पर 60 मिनट
(*b*) 60–60°C पर 30 मिनट
(*c*) 70°C पर 60 मिनट
(*d*) 80°C पर 30 मिनट

94. पनीर को प्रायः वर्गीकृत किया जाता है–
(*a*) गठन के आधार पर
(*b*) सुरूचिक (flavour) के आधार पर

(c) रंग के आधार पर
(d) उपरोक्त सभी के आधार पर

95. प्रतिजैविक मुख्यतः प्राप्त किये जाते हैं–
(a) कवकों से
(b) एक्टिनोमाइसीटीजस से
(c) नील हरित जीवाणुओं (साइनोबैक्टीरिया) से
(d) (a) व (b) दोनों से

96. किस सूक्ष्मजीव से स्ट्रेप्टोमाइसिन निर्मित की जाती है?
(a) *स्ट्रेप्टोमाइसीज इरीथ्रस*
(b) *स्ट्रेप्टोमाइसीज राइमोसस*
(c) *स्ट्रेप्टोमाइसीज ग्राअसियस*
(d) *स्ट्रेप्टोमाइसीज मोडोसस*

97. जीवाणुओं में रूपान्तरण की खोज की थी–
(a) लेडरबर्ग ने (b) ग्रिफिथ ने
(c) एवरी एट ऑल ने (d) टॉटम ने

98. जीवाणु कोशिका की भित्ति का एक प्रमुख बहुलक है–
(a) पेप्टाइडोग्लाइकॉन (b) सेलुलोज
(c) काइटिन (d) जाइलान

99. इश्चरिचिया कोलाई नामक बैक्टीरिया में वंशागति पदार्थ क्या होता है–
(a) एक सूत्री DNA (b) डी आक्सीराइबोज शर्करा
(c) द्विसूत्री DNA (d) एक सूत्री RNA

100. निम्न में से कौन-सा एक स्वछन्द जीवी वायवीय अप्रकाश संश्लेषी नाइट्रोजन स्थिरीकारी हैं–
(a) राइजोबियम (b) ऐजोटोबैक्टर
(c) ऐजोस्प्रिलम (d) नौस्टॉक

उत्तरमाला

1	2	3	4	5	6	7	8	9	10
(b)	(b)	(d)	(c)	(c)	(b)	(a)	(b)	(b)	(c)
11	**12**	**13**	**14**	**15**	**16**	**17**	**18**	**19**	**20**
(a)	(a)	(c)	(b)	(d)	(a)	(d)	(b)	(d)	(c)
21	**22**	**23**	**24**	**25**	**26**	**27**	**28**	**29**	**30**
(b)	(b)	(d)	(c)	(d)	(d)	(b)	(c)	(a)	(b)
31	**32**	**33**	**34**	**35**	**36**	**37**	**38**	**39**	**40**
(b)	(b)	(a)	(d)	(b)	(d)	(a)	(b)	(a)	(c)
41	**42**	**43**	**44**	**45**	**46**	**47**	**48**	**49**	**50**
(b)	(b)	(a)	(b)	(c)	(c)	(d)	(a)	(b)	(d)
51	**52**	**53**	**54**	**55**	**56**	**57**	**58**	**59**	**60**
(a)	(a)	(a)	(b)	(c)	(c)	(d)	(b)	(b)	(c)
61	**62**	**63**	**64**	**65**	**66**	**67**	**68**	**69**	**70**
(b)	(a)	(c)	(b)	(b)	(a)	(b)	(b)	(b)	(a)
71	**72**	**73**	**74**	**75**	**76**	**77**	**78**	**79**	**80**
(c)	(b)	(d)	(c)	(b)	(a)	(a)	(a)	(c)	(b)
81	**82**	**83**	**84**	**85**	**86**	**87**	**88**	**89**	**90**
(c)	(b)	(c)	(c)	(c)	(d)	(c)	(a)	(c)	(b)
91	**92**	**93**	**94**	**95**	**96**	**97**	**98**	**99**	**100**
(d)	(d)	(b)	(d)	(d)	(c)	(b)	(a)	(c)	(b)

□□□

CHAPTER 8

शैवाल
ALGAE

शैवाल (Algae)

- थैलोफाइटा के दो वर्गो में से एक वर्ग शैवालों का है। शैवालों के अध्ययन को शैवाल विज्ञान (Phycology या algology) कहते हैं।
- फाइकोलॉजी शब्द ग्रीक शब्द फाइकॉस (Phykos) से बना है। जिसका प्रयोग ग्रीक भाषा में शैवालों के लिए होता है।
- प्रोफेसर एम. ओ. पी. आयंगार (Professor M.O.P. Iyengar) शैवालों पर काम करने वाले प्रमुख भारतीय थे। इन्हें "आधुनिक भारतीय शैवाल का जनक" कहा जाता है।

आवास (Habitat)

शैवाल सामान्यतयाः जलीय स्थानों पर पाये जाते हैं तथा कभी-कभी अन्य स्थानों पर मिलते हैं। शैवालों के कुछ विशिष्ट आवास निम्नानुसार हैं। (तालिका 8.1)

(*i*) **प्लवक (Plankton):** प्लवक निष्क्रिय रूप से तैरने वाले पौधें तथा प्राणी हैं। पादप प्लवक में केवल पौधें होते हैं जिनमें डायटम मुख्य हैं।

(*ii*) **लाल समुद्र (Red Sea):** इनमें नीले-हरे शैवाल के कारण पानी का रंग लाल हो जाता है। उदाहरण *ट्राइकोडेस्मियम*।

(*iii*) **लाल बर्फ (Red Snow):** हरा शैवाल, *क्लेमाइडोमोनास निवालिस* बर्फ में मिलता हैं। उक्त शैवाल में हिमैटोक्रोम (hematochrome) नाम का लाल रंग का पदार्थ बनने से बर्फ का रंग लाल हो जाता है।

(*iv*) **सरगासो समुद्र (Sargasso sea):** एटलान्टिक महासागर का वह भाग जिसमें सरगासम (*Sargassum*) के भूरे रंग के टुकड़े तैरते हुये पाये जाते हैं।

(*v*) **जल प्रस्फुटन (Water blooms):** जल प्रस्फुटन प्रायः *माइक्रोसिस्टिस* (*Microcystis*), *ऐनाबिना* (Anabaena), *नॉस्टॉक* आदि नीले हरे शैवालो के कारण होता है।

शैवालों में चलयुग्मकता के प्रकार तथा लक्षण तालिका 8.2 में दिया गया है।

तालिका 8.1 शैवालों के विभिन्न आवास
(Different Algal Habitats)

	आवास (Habitat)		उदाहरण (Examples)
1.	अलवणजलीय : (fresh water)	जैसे तालाब, नदियाँ, इत्यादि।	*यूलोथ्रिक्स* (*Ulothrix*), *स्पाइरोगायरा* (*Spirogyra*), *इडोगोनियम* (*Oedogonium*), आदि।
2.	समुद्री जल : (marine)	महासागरों में	*लैमिनेरिया* (*Laminaria*), *सरगासम* (*Sargassum*), *जेलिडियम* (*Gelidium*), *ग्रैसिलेरिया* (*Gracilaria*), इत्यादि।
3.	गरम झरने : (thermal springs)	तापमान लगभग 70°–75°C	*ऑसीलेटोरिया* (*Oscillatoria*), *फॉर्मीडियम* (*Phormidium*), आदि।
4.	तालाबों की तली : (benthic)	स्वच्छ जलाशयों की तली	*कारा* (*Chara*), इत्यादि।

5.	अधिपादप : (epiphytes)	दूसरे पौधों पर उगने वाले	*इडोगोनियम* (*Oedogonium*), *कोलीओकीट* (*Coleochaete*), *नॉस्टॉक* (*Nostoc*), इत्यादि।
6.	अधिजान्तव : (epizoic)	प्राणियों पर लगे हुए	मोलस्क (mollusca) के कवचों (shells) पर जैसे *क्लैडोफोरा* (*Cladophora*)।
7.	अन्तःपादपी : (endophytic)	दूसरे पौधों के अन्दर पाये जाने वाले	*ऐन्थोसिरोस* (*Anthoceros-bryophyte*) में ऐनाबिना (*Anabaena*); *साइकस* (*Cycas-gymnosperm*) के प्रवाल मूलों (coralloid roots) में *ऐनाबिना* (*Anabaena*), इत्यादि।
8.	अन्तःजन्तुक : (endozoic)	प्राणियों के अन्दर	*हाइड्रा* (*Hydra*) में *जूक्लोरेला* (*Zoochlorella*)।
9.	बर्फ (snow/ice) : (cryptophytic)	अत्यन्त कम तापमान में	*क्लेमाइडोमोनास* (*Chlamydomonas*)। *हेमैटोकोकस* (*Haematococcus*)।
10.	नमी वाली मृदा में : (terrestrial)	नम मिट्टी पर	*वौकेरिया* (*Vaucheria*), *नॉस्टॉक* (*Nostoc*), इत्यादि।
11.	परजीवी : (parasitic)	अपना भोजन अन्य पौधों से प्राप्त करने वाले	सीफैल्यूरोस (*Cephaleuros, green alga*) चाय की पत्तियों पर लाल किट्ट (Red Rust of Tea) नामक रोग उत्पन्न करता है।
12.	सहजीवी : (symbiotic)	परस्पर लाभदायक सम्बन्ध	*नॉस्टॉक* (*Nostoc*), *ऐनाबिना* (*Anabaena*), इत्यादि नीले-हरे शैवाल (blue green algae), कवक-ऐस्कोमाइसिटीज (ascomycetes) के साथ लाइकेन बनाते हैं।

तालिका 8.2 शैवालों में चलयुग्मकता के प्रकार तथा लक्षण (Types and Characters of Planogamy in Algae)

प्रकार (Type)	युग्मकों का आकार (Size of gametes)		गतिशीलता (Motility)		उदाहरण (Examples)
1. समयुग्मकता (Isogamy)	दोनों युग्मक आकार, आमाप और संरचना में समान होते हैं		दोनों युग्मक कशाभिकीय (flagellate) होते हैं।		*क्लैमाइडोमोनास* (*Chlamydomonas*), *यूलोथ्रिक्स* (*Ulothrix*), इत्यादि।
			अधिक गतिशील	कम गतिशील	
2. असमयुग्मकता (Anisogamy)	आमाप में छोटे	आमाप में अपेक्षाकृत बड़े	दोनों युग्मक कशाभिकीय		*पैन्डोराइना* (*Pandorina*) *कॉलर्पा* (*Caulerpa*), इत्यादि।
			अधिक गतिशील	कम गतिशील	
3. विषमयुग्मकता (Oogamy)	आमाप में छोटे	आमाप में अपेक्षाकृत बड़े	कशाभिकीय	अकशाभिकीय	*इडोगोनियम* (*Oedogonium*), *वौकेरिया* (*Vaucheria*), इत्यादि।
			गतिशील (active)	गतिहीन (passive)	

शैवालों का वर्गीकरण (Classification of Algae)

ब्रिटिश शैवालज्ञ एफ. ई. फ्रीश (F. E. Fritsch) ने 1935 में शैवालों का वर्गीकरण प्रस्तुत किया जो कि विश्व में सर्वमान्य हैं। शैवालों को फ्रीश ने 11 वर्गो में विभक्त किया है। उपरोक्त वर्गीकरण वर्णक, संचयित खाद्य पदार्थ तथा कशाभिकाओं पर आधारित है। शैवालों के प्रमुख वर्गो के तुलनात्मक लक्षण तालिका 8.3 में दिया गया है।

वर्ग-1 क्लोरोफाइसी (Chlorophyceae)
वर्ग-2 जैन्थोफाइसी (Xanthophyceae)
वर्ग-3 क्राइसोफाइसी (Chrysophyceae)
वर्ग-4 बैसीलैरियोफाइसी (Bacillariophyceae)
वर्ग-5 क्रिप्टोफाइसी (Cryptophyceae)
वर्ग-6 डाइनोफाइसी (Dinophyceae)
वर्ग-7 क्लोरोमोनाडीनी (Chloromonodinae)
वर्ग-8 यूग्लीनिडी (Euglenidae)
वर्ग-9 फियोफाइसी (Phaeophyceae)
वर्ग-10 रोडोफाइसी (Rhodophyceae)
वर्ग-11 मिक्सोफाइसी (Myxophyceae)

तालिका 8.3 शैवालों के प्रमुख वर्गों के तुलनात्मक लक्षण (Comparison of Characters of Important Algal Groups)

	वर्ग (Class)	रंग (Colour)	वर्णक (Pigments)	संचयित खाद्य पदार्थ (Reserve food material)	पायरीनॉइड (Pyrenoids)	कशाभिकायें (Flagella)	लैंगिक जनन (Sexual reproduction)	उदाहरण (Examples)
1.	क्लोरो-फाइसी (Chloro-phyceae)	घास जैसे हरे (grass green)	पर्णहरित Chl *a*, chl *b* β Carotene Lutein	मण्ड (starch)	पायरीनॉइड उपस्थित	कशाभिकायें समान (equal)	सम, असम और विषमयुग्मकी	*यूलोथ्रिक्स, स्पाइरोगायरा, कारा,* इत्यादि।
2.	जैन्थो-फाइसी (Xantho-phyceae)	पीले हरे (yellow green)	Chl *a*, Chl *e* β carotene	तेल (Oil)	पायरीनॉइड उपस्थित	कशाभिकायें असमान (unequal)	समयुग्मकी	*वौकेरिया*
3.	बेसीलेरियो-फाइसी (Bacilla-riophy-ceae)	पीले सोने जैसा भूरा (golden brown)	Chl *a*, Chl *c* β carotene Diatoxanthin	वसा (fat) वोल्यूटीन (volutin)	पायरीनॉइड उपस्थित	कशाभिकायें दुर्लभ	ऑक्सोस्पोर (auxospores)	*डायटम जैसे पिनुलेरिया*
4.	फीयो-फाइसी (Phaeo-phyceae)	भूरा (brown)	Chl *a*, Chl *c* β carotene Fucoxanthin	ऐल्कोहॉल, मेनीटोल (mannitol), सॉरबिटोल (sorbitol) पोलिसैकेरॉइड, लैमिनेरिन (laminarin)	अनावृत पायरीनॉइड (naked pyrenoid)	2 पार्श्व (lateral) कशाभिकायें	सम (iso), असम (aniso) तथा विषमयुग्मकी (Oogamous)	*सरगासम, लैमिनेरिया फ्यूकस, मैक्रोसिस्टिस* इत्यादि
5.	रोडो-फाइसी	लाल (red)	Chl *a*, Chl *d* β carotene	फ्लोरीडियन मण्ड	कुछ आद्य (primitive)	चल संरचनायें अनुपस्थित	विषमयुग्मकी	*पॉलिसाइफोनिया, ग्रैसिलिरिया,*

	(Rhodophyceae)		Lutein r-phycoerythrin r-phycocyanin	(floridean starch)	सदस्यों में उपस्थित			*जेलिडियम,* इत्यादि
6.	मिक्सो-फाइसी (प्रोकेरियोटिक कोशिकायें) (Myxophyceae or Cyanophyceae or Cyanobacteria)	नीला-हरा (blue-green)	Chl *a* β carotene Myxoxanthophyll c-phycocyanin c-phycoerythrin	शर्करा (sugars) और ग्लाइकोजन (glycogen)	अनुपस्थित	चल (motile) संरचनायें अनुपस्थित	अनुपस्थित	*नॉस्टॉक, ऐनाबिना, ऑसिलेटोरिया,* इत्यादि

शैवालों के आर्थिक महत्त्व (Economic Importance of Algae)

1. भोजन के रूप में (as food)

शैवालों में प्रोटीन, कार्बोहाइड्रेट्स तथा खनिज पदार्थ बहुतायत से पाए जाते हैं। इनमें विटामिन A, C, D, E आदि भी मुख्य रूप से मिलते हैं। **अल्वा (*Ulva*)** जैसे शैवालों में तो प्रोटीन लगभग 19%, कार्बोहाइड्रेट्स लगभग 50%, खनिज लवण लगभग 15-16% तक पाये जाते हैं। जापान, शैवालों को भोजन के रूप में प्रयोग करने वाला प्रमुख देश है तथा यहाँ इनकी खेती की जाती है। **पोरफाइरा टेनेरा (*Porphyra tenera*)** पूरे जापान में बहुतायत से खाद्य के रूप में प्रयोग किया जाता है। इसी शैवाल की अन्य जातियाँ इंग्लैण्ड, कैलीफोर्निया, चीन आदि देशों में खाई जाती हैं। **अल्वा (*Ulva*), फ्यूकस (*Fucus*), लैमीनेरिया (*Laminaria*)** आदि अनेक प्रकार के शैवालों को स्वादिष्ट और पौष्टिक भोजन के रूप में अन्य अनेक देशों में प्रयोग में लाया जाता है। कई प्रकार के शैवालों को सुखाकर, पीसकर, आटे में मिलाकर उपयोग में लाया जाता है। जबकि कुछ को सलाद के साथ, केक, पेस्ट्री आदि के साथ लगाकर खाया जाता है। इनको खाने वाले देश उपर्युक्त के अतिरिक्त आइसलैण्ड (Iceland), आयरलैण्ड, डेनमार्क, स्कॉटलैण्ड आदि हैं। अमेरिका में भी शैवालों का उपयोग इस रूप में बहुतायत से किया जाता है। **कोम्बू (Kombu), असाकुसानोरी (Asakusanori)** जापान के अत्यन्त लोकप्रिय भोजन हैं जो शैवालों से ही तैयार किए जाते हैं।

क्लोरेला (*Chlorella*) एककोशिकीय शैवाल है। *क्लोरेला* का प्रयोग अन्तरिक्षयात्री भोजन के रूप में करते हैं। इस शैवाल में किसी भी शाक-सब्जी या अण्डे इत्यादि से प्रोटीन की मात्रा अधिक होती है तथा विटामिन भी लगभग सभी (A–D) पाए जाते हैं। ताजे पानी में उगने वाला यह शैवाल आसानी से छिछले जल में उगाया जा सकता है। इसकी वृद्धि भी तेजी से होती है। क्लोरेला का प्रयोग पेस्ट्री, सेण्डविच (sandwitches) आदि पर खाने के रूप में होता हैं।

शैवाल जलीय प्राणियों, विशेषकर मछलियों का मुख्य भोजन है। शाकाहारी मछलियाँ तो शैवाल पर निर्भर रहती ही हैं, मांसाहारी मछलियाँ जिन छोटी मछलियों या अन्य जलीय प्राणियों को खाती हैं; वे शैवाल पर जीवित रहती हैं। **लैमीनेरिया, फ्यूकस, एस्कोफिलम (*Ascophyllum*)** आदि अनेक प्रकार के शैवाल जन्तुओं के चारे (fodder) के रूप में उपयोगी हैं। फ्रांस, नार्वे, अमेरिका, डेनमार्क, न्यूजीलैण्ड आदि अनेक देशों में शैवाल चारे के रूप में प्रयोग किया जाता है तथा कई देशों में तो विशेष प्रकार के चारे भी तैयार किए जाते हैं।

2. **उद्योगों में (in industries)** - **लैमीनेरिया, फ्यूकस,** आदि शैवालों की विभिन्न जातियों से **आयोडीन (iodine)** तथा पोटैशियम प्राप्त किया जाता है। **एगर-एगर (agar-agar)** नामक श्लेष्मिक

पदार्थ का प्रमुख स्रोत **जिलीडियम (*Gelidium*)** की जातियाँ हैं। यह पदार्थ **संवर्धन माध्यम (culture medium)** के रूप में मुख्य रूप से प्रयोग में लाया जाता है। यह पदार्थ **ग्रैसीलेरिया (*Gracilaria*)**, ***हिप्निया* (*Hypnea*)**, **कॉण्ड्रस (*Chondrus*)**, आदि अनेक शैवालों से प्राप्त किया जाता है। **एल्गिन (*algin*)**, नामक पदार्थ का प्रयोग आइसक्रीम, प्लास्टिक, पेण्ट, कृत्रिम रेशों, औषधियों, शैम्पू (shampoo), पॉलिश आदि के निर्माण में किया जाता है। **केरीगिनीन** नामक पदार्थ *कॉण्ड्रस* मिलता है।

डायटम (diatom) नामक एककोशिकीय शैवाल हैं जिनसे डायटमी खनिज मिलता हैं। इन शैवालों की भित्ति पर **सिलिका (SiO_2)** जमा हो जाता है। इन्हीं कोशिका भित्तियों के अवशेष **डायटमी मिट्टी** का निर्माण करते हैं। यह मिट्टी अत्यधिक ताप (1500° से. तक) सहन कर लेती है। यह मिट्टी शक्कर सफाई के कारखानों और साबुन बनाने के कारखानो में काम आती है। डायनामाइट (dynamite), सीमेन्ट, रबर इत्यादि बनाने में यह मिट्टी महत्त्वपूर्ण है। इसका उपयोग **अवशोषक (absorbent)**, **अवरोधक (insulator)** आदि के रूप में भी किया जाता है।

3. नाइट्रोजन स्थिरीकरण में (In nitrogen fixation)

ऐनाबीना (*Anabaena*), **नॉस्टॉक (*Nostoc*)**, **ऑसीलेटोरिया (*Oscillatoria*)** आदि की कई प्रजातियाँ वायुमण्डल के नाइट्रोजन को स्थिर करके नाइट्रोजन यौगिकों के रूप में बदलने में बहुत सहायता करती हैं। चावल के खेतों में विशेषकर जहाँ पानी भरा जाता है, ये नीली-हरी (blue-green) शैवाल बहुत महत्त्वपूर्ण हैं। ये भूमि की उर्वरा शक्ति (fertility) को बढ़ाती हैं। इस प्रकार बिना खाद दिए हुए इन खेतों से कई वर्ष तक फसलें उगाई जा सकती हैं।

खाद के रूप में समुद्री शैवाल बहुतायत से प्रयोग में लाए जाते हैं। इनमें पोटैशियम, नाइट्रोजन इत्यादि के यौगिक प्रचुर मात्रा में पाये जाते हैं।

4. अन्य महत्त्व

शैवाल अन्य अनेक प्रकार से महत्त्वपूर्ण हैं; जैसे-

(*i*) जल की स्वच्छता (सफाई) इत्यादि के लिए कुछ शैवाल अत्यन्त उपयोगी हैं; जैसे- **कारा (*Chara*)**, **नाइटेला (*Nitella*)** आदि।

(*ii*) कुछ शैवालों से **एन्टीबायोटिक (antibiotic)** आदि औषधियाँ प्राप्त की जाती हैं। उदाहरण **क्लोरेला (*Chlorella*)** पौधे से **क्लोरेलिन (*chlorellin*)** जो कि अत्यन्त उपयोगी है। यह जीवाणुओं (bacteria) को नष्ट करने में सफल है। **कोडियम (*Codium*)**, **डाइजीनिया (*Digenea*)**, जैसे पौधों से प्रभावकारी **कृमिहर (*vermifuge*)** प्राप्त किया जाता है।

(*iii*) अन्तरिक्ष यात्रा जैसी लम्बी उड़ानों के लिए **क्लोरेला (*Chlorella*)** जैसे शैवालों को उगाकर ऑक्सीजन और पौष्टिक भोजन प्राप्त किए जा सकते हैं। इस दिशा में अनुसंधान भी चल रहे हैं।

(*iv*) शैवालों का **अनुसन्धान कार्यों** में भी महत्त्वपूर्ण योगदान है। **प्रकाश संश्लेषण** सम्बन्धी आधुनिक शोध में **क्लोरेला (*Chlorella*)** का महत्त्वपूर्ण स्थान है।

शैवाल से हानियाँ (Disadvantages of Algae)

शैवालों से जहाँ बहुत से लाभ हैं वहाँ हानियाँ भी हैं। बहुत से शैवाल तालाब, टंकी इत्यादि के जल को प्रदूषित कर देते हैं। इनसे बने हुए श्लेष्मक (mucilage) से जल में जीवाणु पनपने लगते हैं और इस प्रकार जल पीने योग्य नहीं रह जाता है। इस जल में मछलियों के श्वसन में भी बाधा उत्पन्न होती है। समुद्र में शैवाल अत्यधिक फैलकर तथा सतह पर काई के रूप में **वाटर ब्लूम (water bloom)** बनाते हैं, जिससे जहाजों के आवागमन में रुकावट पैदा होती है।

कुछ शैवाल बीमारियाँ भी उत्पन्न करते हैं, जैसे चाय की पत्तियों पर **लाल किट्ट** रोग शैवाल के द्वारा होता है। जो शैवाल लाल किट्ट पैदा करता है वह **सिफैल्यूरॉस (*Cephaleurous*)** वंश का होता है। यह शैवाल चाय, आम आदि की पत्तियों पर **परजीवी (parasite)** के रूप में पाये जाते हैं।

तालिका 8.4 यूलोथ्रिक्स व स्पाइरोगाइरा के हरित लवक की संरचना में अन्तर (Difference between Structure of Chloroplast of *Ulothrix and Spirogyra*)

क्र. सं.	यूलोथ्रिक्स (*Ulothrix*)	स्पाइरोगाइरा (*Spirogyra*)
1.	इसमें एक ही हरितलवक कोशिका दृति (primordial utricle) में रहता है।	इसमें एक से चौदह तक हरितलवक कोशिका दृति में ही पाए जाते हैं।
2.	इसका हरितलवक एक चौड़ी **कॉलर** **(collar)** के अथवा गर्डिल के आकार की मुड़ी हुई पट्टी के रूप में होती है।	इसका हरितलवक एक सँकरी तथा लम्बी कुण्डलित **सर्पिलाकार (spirally twisted)** अथवा रिबन के रूप में होता है।
3.	इसके हरितलवक पर एक या अनेक **पायरीनॉइड्स** (pyrenoids) पाये जाते हैं। ये छोटे-छोटे प्रोटीन के स्थान हैं जो मण्ड से ढके रहते हैं।	इसके हरितलवक पर अनेक समान दूरी पर पायरीनॉइड्स पाये जाते हैं। ये भी यूलोथ्रिक्स के समान की संरचनाएँ हैं।

तालिका 8.5 यूलोथ्रिक्स तथा स्पाइरोगाइरा के लैंगिक जनन की तुलना (Comparison of Sexual Reproduction in *Ulothrix and Spirogyra*)

क्र. सं.	यूलोथ्रिक्स (*Ulothrix*)	स्पाइरोगाइरा (*Spirogyra*)
1.	इसमें लैंगिक जनन **संयुग्मन (conjugation)** के द्वारा होता है और संयुग्मन दो **युग्मकों** **(gametes)** के बीच होता है।	इसमें लैंगिक जनन संयुग्मन के द्वारा ही होती है, किन्तु संयुग्मन दो युग्मकधानियों (gametangia) के बीच होता है।
2.	इसमें जनन **समयुग्मकी (isogamous)** होता है।	इसमें जनन **असमयुग्मकी (anisogamous)** होता है।
3.	इसके लैंगिक जनन में दो सीलिया वाले आइसोगैमीट्स जल में संयुग्मित होते हैं और युग्माणु (zygospore) का निर्माण करते हैं।	इसके युग्मक यद्यपि आइसोगैमीट होते हैं, किन्तु एक चल और दूसरा अचल होता है। चलयुग्मक (नर) संयुग्मन नलिका में होकर अचलयुग्मक (मादा) से मिलता है और युग्माणु (zygospore) का निर्माण करते हैं।
4.	इसके युग्मकों में किसी प्रकार का लिंग भिन्नता (sex differentiation) नहीं दिखाई देता है।	इसके युग्मकों में लिंग भिन्नता दिखाई देती है। चलयुग्मक नर और अचलयुग्मक मादा के समान है।
5.	इसमें चूँकि जाइगोस्पोर अंकुरण के समय से पहले चलबीजाणु (zoospores) बनाता है; अतः इसको प्रारम्भिक स्पोरोफाइट माना जा सकता है। इस प्रकार पीढ़ियों के एकान्तरण की प्रारम्भिक रूपरेखा दिखाई देती है।	इसमें जाइगोस्पोर मिओसिस के बाद अंकुरित होकर एक ही पौधे को जन्म देता है, मिओसिस से प्राप्त चार केन्द्रकों में से तीन नष्ट हो जाते हैं। यहाँ पीढ़ियों के एकान्तरण का कोई निर्देश नहीं मिलता है।

तालिका 8.6 यूलोथ्रिक्स तथा स्पाइरोगाइरा की तुलना
(Comparison of *Ulothrix* and *Spirogyra*)

क्र. सं.	यूलोथ्रिक्स (*Ulothrix*)	स्पाइरोगाइरा (*Spirogyra*)
1.	धीरे-धीरे बहने वाले ताजे जल के जलाशयों में यूलोथ्रिक्स मिलता है।	रुके हुए ताजे जल के जलाशयों में प्रायः स्पाइरोगाइरा पाया जाता है।
2.	इसके तन्तु सामान्यतः किसी आधार से चिपके तथा कुछ इंच लम्बे होते हैं।	इसके तन्तु स्वतन्त्र रूप से जल के ऊपर तैरते रहते हैं तथा तन्तु अपेक्षाकृत काफी लम्बे होते हैं।
3.	इसके तन्तुओं का शीर्ष और आधार पहचाना जा सकता है।	इसका पूरा तन्तु एक समान कोशिकाओं से बना होता है।
4.	इसके तन्तुओं पर म्यूसीलेज नहीं पाया जाता है।	इसके तन्तुओं पर म्यूसीलेज की परत चढ़ी चढ़ी रहती है।
5.	इसमें होल्डफास्ट को छोड़कर शेष कोशिकाएँ आयताकार होती हैं।	इसमें सभी कोशिकाएँ बेलनाकार तथा अधिक लम्बी होती हैं।
6.	इसमें प्रतिकूल वातावरण को निकालने के लिए पौधे में अचलबीजाणु, हिप्नोस्पोर, एकाइनीट और पामेला अवस्था पाई जाती है।	इसमें इस प्रकार की संरचनाएँ नहीं पायी जाती है।
7.	इसमें केन्द्रक कोशिका दृति (primordial utricle) में रहता है।	इसमें केन्द्रक अधिकतर केन्द्रीयरिक्तिका के मध्य में कोशिका द्रव्य के सूत्रों में टँगा होता है।
8.	इसमें अलैंगिक जनन प्रमुखतः चार सीलिया वाले चलबीजाणुओं द्वारा या कभी-कभी दो सीलिया वाले चलबीजाणुओं के द्वारा होता है।	इसमें अलैंगिक जनन प्रायः नहीं होता है। कुछ जातियों में अचलबीजाणु बनते पाये गए हैं।
9.	इसमें आधार कोशिका को छोड़ सभी कोशिकाओं में एक कॉलर के आकार का हरितलवक होता है।	इसमें सभी कोशिकाओं में एक या अधिक (14 तक) हरितलवक होते हैं, जो सर्पिल तथा रिबन जैसे होते हैं।

तालिका 8.7 राइजोपस तथा स्पाइरोगाइरा के लैंगिक जनन की तुलना
(Comparison of Sexual reproduction between *Rhizopus* and *Spirogyra*)

क्र. सं.	राइजोपस (*Rhizopus*)	स्पाइरोगाइरा (*Spirogyra*)
1.	इसका थैलस विषमथैलिक होता है।	इसका थैलस सम या विषमथैलिक (homo or heterothallic) होता है।
2.	इसमें लैगिक जनन संयुग्मन (conjugation) के द्वारा होता है।	इसमें लैंगिक जनन संयुग्मन द्वारा होता है।
3.	इसमें युग्मक संकोशिक (coenocytic) होते हैं।	इसमें युग्मक एककेन्द्रिक तथा एककोशिक (uninucleate and unicellular) होता है।

4.	इसमें युग्मकधानी (gametangium) ही युग्मक (gamete) की तरह कार्य करती है।	इसमें युग्मकधानी से एक ही युग्मक बनता है।
5.	इसमें समयुग्मक जनन (isogamy) मिलता है।	इसमें युग्मक क्रियाशील असमयुग्मकी (physiological anisogamous) होते हैं।
6.	इसमें चलन अंग नहीं पाया जाता है।	इसमें चलन अंग (कशाभिका, पक्ष्माभिका आदि) नहीं मिलते हैं।
7.	इसमें युग्मक अचल होते हैं।	इसमें नर युग्मक चल तथा मादा अचल होते हैं।
8.	इसमें युग्मकधानियों में सीधा संयुग्मन होता है।	इसमें युग्मकधानियों के मध्य संयुग्मन नलिका (conjugation tube) का निर्माण होता है।
9.	इसमें संयुग्मन एक प्रकार से होता है, युग्मकधानियों के मध्य की भित्ति घुल जाती है तथा जीवद्रव्य आपस में जुड़ते हैं। इसे प्लाज्मोगेमी (plasmogamy) कहते हैं। दोनों युग्मकधानियों के केन्द्रक आपस में एकदम नहीं जुड़ते हैं, परन्तु यह क्रिया (karyogamy) देर से होती है।	इसमें नर युग्मक संयुग्मन नलिका में होकर मादा युग्मक में पहुँचता है। दोनों युग्मकों के जीवद्रव्य तथा केन्द्रक आपस में जुड़ जाते हैं (plasmogamy and karyogamy)।
10.	इसमें अर्द्धसूत्री विभाजन के द्वारा + तथा – विभेद बनते हैं। एक + अथवा – सूकाय क्रियाशील होकर एक कवक जाल बनाएगा।	इसमें अर्द्धसूत्री विभाजन से 4 केन्द्रक बनते हैं तथा उनमें से केवल एक केन्द्रक ही जीवित रहता है जो नया *स्पाइरोगाइरा* बनाता है, शेष तीनों केन्द्रक नष्ट हो जाते हैं।
11.	इसमें युग्माणु का केन्द्रक एक भीतरी भित्ति से बनने वाली नलिका में आ जाता है तथा बार-बार विभाजित (समसूत्री) होकर संकोशिकी बीजाणुधानी का निर्माण करता है।	इसमें युग्माणु का केन्द्रक विभाजित होकर सीधे पौधा बनाता है।
12.	इसमें जाइगोस्पोर संकोशिक होता है। मोटी भित्ति होने के कारण युग्माणु (जाइगोस्पोर) बनता है तथा कुछ समय तक विश्राम करता है।	इसमें युग्माणु मोटी भित्तियुक्त तथा एक केन्द्रक (द्विगुणित) होता है। यह भी कुछ समय तक विश्राम करता है।
13.	इसमें जाइगोस्पोर के अंकुरण के समय एक द्विगुणित केन्द्रक ही सक्रिय रहता है तथा शेष केन्द्रक नष्ट हो जाते हैं।	इसमें जाइगोस्पोर के अंकुरण के समय द्विगुणित केन्द्रक सक्रिय रहता है।

बहुविकल्पीय प्रश्न

1. *स्पाइरोगायरा* की कोशिका भित्ति होती है–

(*a*) चार स्तरीय (*b*) एक स्तरीय

(*c*) द्विस्तरीय (*d*) त्रिस्तरीय

2. *स्पाइरोगायरा* के हरित लवकों में होता है–

(*a*) चिकना या तरंगवत् किनारा

(*b*) तरंगवत् किनारा

(*c*) चिकना किनारा

(*d*) इनमें से कोई नहीं

3. *स्पाइरोगायरा* का जाइगोस्पोर उत्पन्न करता है–
(*a*) 2 चलबीजाणु (*b*) 4 चलबीजाणु
(*c*) 2-4 चलबीजाणु (*d*) इनमें से कोई नहीं

4. एक गतिशील या सचल (Motile) कशाभिकीय अलैंगिक कोशिका कहलाती है–
(*a*) जाइगोस्पोर (Zygospore)
(*b*) चल बीजाणु (Zoospore)
(*c*) जाइगोट (Zygote)
(*d*) टेट्रास्पोर (Tetraspore)

5. 'तालाब का रेशम' सामान्य नाम है?
(*a*) *वोचेरिया* का (*b*) *वौल्वोक्स* का
(*c*) *स्पाइरोगायरा* का (*d*) *यूलोथ्रिक्स* का

6. *स्पाइरोगायरा* के निम्न में से एक भाग में पाइरीनॉइड (Pyrenoid) मिलता है?
(*a*) कोशिका द्रव्य (*b*) कोशिका भित्ति
(*c*) हरित लवक (*d*) केन्द्रक

7. किस शैवाल से आयोडीन प्राप्त की जाती है?
(*a*) *एक्टोकार्पस* (*b*) *लैमिनेरिया*
(*c*) *ऊडोगोनियम* (*d*) *यूलोथ्रिक्स*

8. नाइट्रोजन स्थिरीकरण के सम्बन्ध में नीले-हरे शैवालों को बताने वाले पायनीयर है?
(*a*) एफ. ई. फौग (*b*) पी. के. डे
(*c*) आर. एन. सिंह (*d*) वाई. भारद्वाज

9. *यूलोथ्रिक्स* में अर्द्धसूत्री विभाजन (Meiosis) होता है?
(*a*) जाइगोस्पोर में
(*b*) समयुग्मकों के निर्माण के समय
(*c*) जूस्पोर्स में
(*d*) कायिक कोशिकाओं में

10. *स्पाइरोगायरा* की वृद्धि नहीं हो सकती है?
(*a*) नदी में (*b*) तालाब में
(*c*) सरिता में (*d*) समुद्र में

11. *स्पाइरोगायरा* में लैंगिक जनन होता है?
(*a*) अण्डयुग्मकी (Oogamous)
(*b*) विषमयुग्मकी (Anisogamous)
(*c*) क्लीस्टोगैमस (Cleistogamous)
(*d*) उपरोक्त में से कोई नहीं

12. जो नीले-हरे शैवाल प्रोटोजोआ में एण्डोफाइटिकली रहते हैं, कहलाते हैं?
(*a*) सायनोफेजेज (*b*) बैक्टीरियोफेज
(*c*) सायनेली (*d*) प्लाज्मिड्स

13. एक लाइकेन में उपस्थित शैवाल सम्बन्धित होता है, वर्ग से?
(*a*) जैन्थोफाइसी से (*b*) फिओफाइसी से
(*c*) सायनोफाइसी से (*d*) रोडोफाइसी से

14. *स्पाइरोगायरा* में कभी-कभी बिना संयोजन (Fusion) के ही युग्मक सीधे जाइगोस्पोर्स की तरह कार्य करते हैं ऐसी जननिक कार्यो (Reproductive bodies) को कहते हैं?
(*a*) जाइगोस्पोर्स (*b*) एप्लानोस्पोर्स
(*c*) हिप्नोस्पोर्स (*d*) एजाइगोस्पोर्स

15. *स्पाइरोगायरा* में–
(*a*) पार्श्व संयुग्मन प्रदर्शित करने वाले तन्तु होमोथैलिक होते हैं
(*b*) पार्श्व संयुग्मन प्रदर्शित करने वाले तन्तु हेटेरोथैलिक होते हैं
(*c*) सोपानवत् संयुग्मन प्रदर्शित करने वाले तन्तु होमोथैलिक होते हैं
(*d*) अलैंगिक जनन चलबीजाणुओं द्वारा होता है

16. वह जीवन-चक्र जिसमें प्रभावी अवस्था स्पोरोफाइट होती है, कहलाता है?
(*a*) डिप्लोण्टिक (*b*) हैप्लोण्टिक
(*c*) डिप्लोबायोण्टिक (*d*) स्मोरोफाइटिक

17. पेरीनेशन से सम्बन्धित मोटी भित्ति वाला बीजाणु (Spore) कहलाता है?
(*a*) हिप्नोस्पोर (*b*) एकाइनीट
(*c*) जूस्मोर (*d*) एप्लानोस्पोर

18. शैवाल, *रिक्सिया* तथा *मार्केन्शिया* से भिन्न होते हैं?
(*a*) थैलाइड शरीर के कारण
(*b*) बहुकोशिकीय शरीर के कारण
(*c*) बहुकोशिकीय जननांगों के कारण
(*d*) कोशिकाओं में पाइरीनॉइड्स के कारण

19. यूलोथ्रिक्स की प्रत्येक कोशिका में हरित लवकों की संख्या होती है?
(*a*) एक (*b*) तीन
(*c*) चार (*d*) अनेक

20. न्यूनकारी विभाजन (Reduction division) के पश्चात् बने युग्मक कहलाते हैं?
(*a*) मिओगैमीट्स (*b*) माइटोगैमीट्स
(*c*) सीनोगैमीट्स (*d*) इनमें से कोई नहीं

21. एक जाइगोस्पोर होता है?
(*a*) द्विगुणित (*b*) अगुणित
(*c*) त्रिगुणित (*d*) स्पोरोफाइटिक

22. प्रोभूजक (Pyrenoids) होते हैं?
(*a*) प्रोटीन कणों द्वारा घिरा हुआ मण्ड
(*b*) तेल गोलिकाओं द्वारा घिरा हुआ मण्ड
(*c*) तेल गोलिकाओं द्वारा घिरी हुयी प्रोटीन
(*d*) मण्ड कणों (Starch grains) द्वारा घिरी हुयी प्रोटीन

23. चाय में 'लाल रस्ट' रोग होता है?
(*a*) लाल शैवालों द्वारा
(*b*) एक कवक द्वारा
(*c*) एक हरे शैवाल द्वारा
(*d*) उपरोक्त सभी

24. ध्वनि रोधक कमरों के निर्माण हेतु प्रयुक्त शैवाल होता है?
(*a*) *डायटम* (*b*) *वौल्वोक्स*
(*c*) *लैमिनेरिया* (*d*) *कारा*

25. निम्न में से कौन-सा शैवाल हेटेरोट्राइकस स्वभाव प्रदर्शित करता है?
(*a*) *क्लैमाइडोमोनास*
(*b*) *यूलोथ्रिक्स*
(*c*) *स्टीजियोक्लोनियम*
(*d*) *ऊडोगोनियम*

26. निम्न में से कौन-सा परजीवी शैवाल होता है?
(*a*) *ऊडोगोनियम* (*b*) *सिफैल्यूरौस*
(*c*) *सारगैसम* (*d*) *क्लैडोफोरा*

27. एल्पाइन क्षेत्र में 'रेड स्नो बौल' रोग उत्पन्न करने वाला शैवाल होता है?
(*a*) *बैक्ट्रोकोस्पर्मम* (*b*) *ओसिलैटोरिया*
(*c*) *हीमैटोकोकस* (*d*) उपरोक्त सभी

28. निम्न में से कौन-सा शैवालों से प्राप्त होता है?
(*a*) अगार अगार (*b*) चॉकलेट
(*c*) मक्खन (*d*) मोम

29. सभी शैवालों में होते हैं?
(*a*) फाइकोबिलिन्स तथा कैरोटीन
(*b*) क्लोरोफिल 'ए' तथा क्लोराफिल 'बी'
(*c*) क्लोरोफिल 'बी' तथा कैरोटीन
(*d*) क्लोरोफिल 'ए' तथा कैरोटीन

30. प्रोकैरियोटा में सम्मिलित किये गये हैं?
(*a*) जीवाणु तथा कवक
(*b*) शैवाल तथा लाइकेन
(*c*) शैवाल तथा कवक
(*d*) जीवाणु तथा नीली हरी शैवाल

31. गलगण्ड (Goitre) रोग से बचा जा सकता है और कुछ समुद्री खरपतवार खाने से इनका इलाज होता है क्योंकि इनमें प्रचुर मात्रा में होता है?
(*a*) सल्फर (*b*) आयोडीन
(*c*) कैल्शियम (*d*) फॉस्फोरस

32. वर्षों तक बिना नाइट्रोजन खाद मिलाये चावल की अच्छी पैदावार ली जा सकती है, क्योंकि ?
(*a*) इन्हें थोड़ी मात्रा में नाइट्रोजन की आवश्यकता होती है
(*b*) चावल के खेतों में नाइट्रोजन स्थिरीकरण करने वाले नीले-हरे शैवाले होते हैं
(*c*) चावल के पौधों को नाइट्रोजन की आवश्यकता नहीं पड़ती है
(*d*) इनमें सम्बद्ध जड़ों में नाइट्रोजन स्थिरीकरण जीवाणु होते हैं

33. निम्न में से कौन-सा स्वपोषी (Autotrophic) होता है?
(*a*) प्रोटोजोआ (*b*) शैवाल
(*c*) कवक (*d*) विषाणु

34. जेली जैसा पदार्थ कैरोजिनिन (Carrageenin) जो समुद्री शैवाल से प्राप्त होता है कहलाते हैं?
(*a*) केल्प (*b*) फ्लैजीलेट्स
(*c*) आयरिश मौस (*d*) विषाणु

35. निम्न में से किस शैवाल में आगार आगार प्राप्त होता है?
(*a*) *नोस्टोक* (*b*) *क्लैमाइडोमोनास*
(*c*) *जेलीडियम* (*d*) *यूलोथ्रिक्स*

36. *औसिलैटोरिया* में रिजर्व फूड संचित होता है रुप में?
(*a*) स्टार्च के (*b*) ग्लाइकोजन के
(*c*) वसा के (*d*) प्रोटीन के

37. *स्पाइरोगायरा* की एक कोशिका में कितने हरित लवक होते हैं?
(*a*) एक से चार (*b*) एक से आठ
(*c*) दो से आठ (*d*) एक से चौदह

38. *स्पाइरोगायरा* मौस के प्रोटोनीमा से भिन्न होता है?
(*a*) बिम्ब रुपी हरित लवक में
(*b*) मूलाभासी शाखाओं में
(*c*) पाइरीनौइड में
(*d*) शाखायुक्त तन्तुओं में

39. निम्नलिखित में से किसमें समयुग्मकी प्रकार का लैंगिक जनन होता है?
(*a*) *कारा* (*b*) *स्पाइरोगायरा*
(*c*) *वोचेरिया* (*d*) *ऊडोगोनियम*

40. *स्पाइरोगायरा* में संयुग्मन (Conjugation) का कौन-सा सामान्य एवं विकसित प्रकार है?
(*a*) प्रत्यक्ष पार्श्व (*b*) परोक्ष पार्श्व
(*c*) सोपानवत् (*d*) इनमें से कोई नहीं

41. *स्पाइरोगायरा* का यह नाम इसलिये पड़ा क्योंकि?
(*a*) पाइरीनौइड सर्पिल होता है
(*b*) माइटोकॉण्ड्रिया सर्पिल होते हैं
(*c*) हरितलवक सर्पिल होता है
(*d*) जीवद्रव्य कला सर्पिल होती है

42. *स्पाइरोगायरा* की एक कोशिका में कितने पाइरीनौइड्स पाये जाते हैं?
(*a*) दो से पाँच (*b*) असंख्य
(*c*) एक (*d*) दो

43. सोपानवत् संयुग्मन (Scalariform conjugation) में *स्पाइरोगायरा* के दो संयोजित होने वाले युग्मक होते हैं?
(*a*) आकारिकीय दृष्टि से असमान
(*b*) आकारिकीय रुप में समान किन्तु कार्यकीय रुप में असमान
(*c*) आकारिकीय तथा कार्यकीय रुपों में असमान
(*d*) आकारिंकीय रुप में समान

44. हेटेरोसिस्ट्स (Heterocysts) पाये जाते हैं?
(*a*) *सिस्टोकार्प मे* (*b*) *एस्पर्जिलस में*
(*c*) *नोस्टोक में* (*d*) *यूलोथ्रिक्स में*

45. *स्पाइरोगाइरा* में लैंगिक जनन का वर्णन इस प्रकार किया जा सकता है?
(*a*) आकारिकीय विषमयुग्मकता एवं कार्यकीय समयुग्मकता
(*b*) आकारिकीय तथा कार्यकीय समयुग्मकता
(*c*) आकारिकीय तथा कार्यकीय विषमयुग्मकता
(*d*) आकारिकीय समयुग्मकता एवं कार्यकीय विषमयुग्मकता

46. कुछ भूरे शैवालों में ट ्रम्पेट हाइफी मेल खाते हैं?
(*a*) वाहिकाओं (Tracheids) से
(*b*) वाहिनिकाओं (Trachea) से
(*c*) चालनी नलिकाओं (Seive tubes) से
(*d*) दृढोतक तन्तुओं (Sclerenchyma fibres) से

47. *स्पाइरोगायरा* तथा *म्यूकर* के लिये कौन-सा निम्नलिखित कथन सत्य नहीं है?
(*a*) दोनों में जाइगोट में अर्द्धसूत्री विभाजन होता है
(*b*) दोनों ही बीजाणुओं द्वारा अलैंगिक जनन करते हैं
(*c*) जब लैंगिक जनन असफल हो जाता है तो दोनों एजाइगोस्पोर्स पैदा करते हैं
(*d*) दोनों ही एजाइगोस्पोर्स तथा पार्थीनोस्पोर्स उत्पन्न करते हैं

48. यूकैरियोटिक शैवालों तथा कवकों में चलयुग्मकों एवं युग्मकों के कशाभिका (Flagella) एवं रोमाभि (Cilia) होते हैं?
(*a*) सामान्यता एक जैसे तथा इनमें 9 + 2 व्यवस्था के तन्तुक (Fibrils) होते हैं, परिधीय तन्तुक दोहरे होते हैं और केन्द्रीय तन्तुक नाल जैसे होते हैं
(*b*) तन्तुकों की व्यवस्था 1 + 0 होती है
(*c*) तन्तुकों की व्यवस्था 9 + 0 होती है
(*d*) परिधीय तन्तुक तिहरे तथा केन्द्रीय तन्तुक दोहरे होते हैं

49. थैलोफाइटा में समाविष्ट है?
(*a*) शैवाल एवं कवक
(*b*) शैवाल, कवक एवं ब्रायोफाइटा
(*c*) शैवाल एवं ब्रोयोफाइटा
(*d*) कवक एवं ब्रायोफाइटा

50. वह शैवाल जो मसालों में एवं सूप बनाने में प्रयुक्त होता है, कहलाता है?
(*a*) *वौल्वॉक्स* (*b*) *यूलोथ्रिक्स*
(*c*) *पोरीफायरा* (*d*) *स्पाइरोगायरा*

51. निम्न में से किससे क्लोरेलिन प्राप्त किया जाता है?
(*a*) शैवाल (*b*) जीवाणु
(*c*) विषाणु (*d*) इनमें किसी से नहीं

52. गौल्जीकाय अनुपस्थित होता है?
(*a*) नीले-हरे शैवालों में
(*b*) लाल रुधिराणुओं में
(*c*) यकृत कोशिकाओं में
(*d*) उच्च पादपों में

53. शैवालों के चलबीजाणुओं में गतिशीलता होती है?
(*a*) हरितलवक की गति के कारण
(*b*) कशाभिकों की गति के कारण
(*c*) जल की गति के कारण
(*d*) संकुचनशील रिक्तिका की गति के कारण

54. *यूलोथ्रिक्स* द्वारा उत्पन्न समयुग्मक होते हैं?
(*a*) सर्पिलाकृतिक
(*b*) मेखला रुपी
(*c*) उपरोक्त (*a*) व (*b*) दोनों
(*d*) इनमें से कोई नहीं

55. *यूलोथ्रिक्स* द्वारा उत्पन्न समयुग्मक होते हैं?
(*a*) चतुःकशाभिकीय (*b*) अकशाभिकीय
(*c*) द्विरोमाभिकीय (*d*) बहुरोमाभिकीय

56. चाय तथा तम्बाकू में रेड रस्ट रोग होता है?
(*a*) *ऊडोगोनियम* द्वारा
(*b*) *हेतेलिया* द्वारा
(*c*) *सिफेल्यूरोस* द्वारा
(*d*) *लेमिनेरिया* द्वारा

57. *स्पाइरोगायरा* पाया जाता है?
(*a*) शान्त अलवणीय जल में
(*b*) बहते हुए अलवणीय जल में
(*c*) खारे पानी में
(*d*) समुद्र में

58. नील/हरित शैवाल किसमें शामिल है?
(*a*) यूकैरियोट (*b*) रोडोफाइसी
(*c*) प्रोकैरियोट (*d*) क्लोरोफाइसी

59. सभी शैवालों में पाये जाने वाले लवक (Plastids) हैं?
(*a*) क्लोरोफिल *b* व कैरोटीन्स युक्त
(*b*) क्लोरोफिल *a* व क्लोरोफिल *b* युक्त
(*c*) क्लोरोफिल *a* एवं कैरोटीन्स युक्त
(*d*) जैन्थोफिल व कैरोटीन्स युक्त

60. अगार-अगार किससे प्राप्त किया जाता है?
(*a*) *जेलिडियम* (*b*) *नॉस्टोक*
(*c*) *क्लोरैला* (*d*) उपरोक्त में से कोई नहीं

61. निम्न में से किसके उपयोग से धान की पैदावार बढ़ाई जा सकती है?
(*a*) *नॉस्टोक* (*b*) सहजीवी जीवाणु
(*c*) आइरन जीवाणु (*d*) आर्किबैक्टीरिया

62. एक कोशिकीय हरी नीली शैवाल सायनोबैक्टीरिया में अलैंगिक जनन होता है?
(*a*) युग्मन द्वारा (*b*) विखण्डन द्वारा
(*c*) द्विखण्डन द्वारा (*d*) हार्मोगोनिया द्वारा

63. *स्पाइरोगायरा* में अलिंगी जनन होता है?
(*a*) सर्पिल नुमा (*b*) मेखला नुमा
(*c*) प्याला नुमा (*d*) तारा नुमा

64. *स्पाइरोगायरा* में अलिंगी जनन होता है?
(*a*) कलैमिडोबीजाणुओं (क्लैमाइडोस्पोस) द्वारा
(*b*) चतुष्की बीजाणुओं (टेट्रास्पोस) द्वारा
(*c*) निश्चेष्ट बीजाणुओं (एकाइनीट्स) एवं अचल बीजाणुओं (एप्लैनोस्पोस) द्वारा
(*d*) अलैंगिक चल बीजाणुओं (जुस्पोस) द्वारा

65. *स्पाइरोगायरा* में युग्माणु होता है?
(*a*) एक स्तरी (*b*) द्विस्तरी
(*c*) त्रिस्तरी (*d*) बहुस्तरी

66. चल कोशिकायें नहीं पायी जाती है?
(*a*) *यूलोथ्रिक्स* में (*b*) *स्पाइरोगायरा* में
(*c*) *एक्टोकार्पस* में (*d*) *वॉल्वॉक्स* में

67. निम्नलिखित में से कौन नाइट्रोजन स्थिरीकरण करता है?
(*a*) T.M.V. (*b*) यीस्ट
(*c*) *नास्टोक* (*d*) डीनाइट्रिफाइंग बैक्टीरिया

68. निम्नलिखित में से कौन शैवाल भी है?
(*a*) सायनोबैक्टीरिया (*b*) रोडोस्पाइरिलस
(*c*) हरे बैक्टीरिया (*d*) पर्पल बैक्टीरिया

69. *स्पाइरोगाइरा* स्पी. का बीजाणु विश्राम अवधि के बाद होता है?
(*a*) अगुणित (*b*) द्विगुणित
(*c*) अचल बीजाणु (*d*) युग्माणु

70. यूलोथ्रिक्स् में मूलाभास कोशिका की उपस्थिति किसका उदाहरण दर्शाते हैं?
(*a*) अवशोषी (*b*) सहायक कोशिका
(*c*) मृत कोशिका (*d*) श्रम विभाजन का आरम्भ

71. हरित शैवाल की कोशिका भित्ति बनी होती है?
(*a*) ग्लाइकोजन (*b*) प्यूरामिक अम्ल
(*c*) सेल्यूलोज (*d*) काइटिन

72. उदाहरण के लिये तीन *स्पाइरोगायरा* तन्तुओं में हो रहे पार्श्व संयुग्मन से युग्माणु का निर्माण होगा?
(*a*) सभी तीनों तन्तुओं में
(*b*) केवल मध्य तन्तु में
(*c*) दोनों पार्श्व तन्तुओं में
(*d*) मध्य या दोनों पार्श्व तन्तुओं में

73. *नॉस्टोक* का लक्षण होता है?
(*a*) सेलुलोज की कोशिका भित्ति
(*b*) एककशाभी अलैंगिक चल बीजाणु
(*c*) पर्णहरित 'इ'
(*d*) लैंगिक प्रजनन

74. युग्मनज अर्द्धसूत्री विभाजन होता है?
(*a*) *सिलेजिनेला* में (*b*) *स्पाइरोगाइरा* में
(*c*) *पाइन्स* में (*d*) *ब्रेसिका* में

75. शैवाल ब्रायोफाइटा से भिन्न है क्योंकि उनमें होते हैं?
(*a*) नग्न लैंगिक
(*b*) लैंगिक अंगों का बंध्य आवरण में घिरा रहना
(*c*) पर्णहरित ऐल्फा एवं बीटा
(*d*) ऑक्सीश्वसन

76. कोशिका भित्ति रहित युग्मक कहलाते हैं?
(*a*) मियोगैमीट्स (*b*) कैलिप्टरेगैमीट्स
(*c*) सीनोगैमीट्स (*d*) जिम्नोगैमीट्स

77. अनिषेक जनन (Parthenogenesis) होता है?
(*a*) बिना बीज बने फल का निर्माण
(*b*) दूसरे युग्मक से बिना संयोजन किये एक युग्मक से जाइगोस्पोर का निर्माण
(*c*) बिना बीजाणुओं के युग्मकोद्भिद् का निर्माण
(*d*) बिना युग्मक निर्माण के बीज का बनना

78. कोशिका भित्ति युक्त युग्मक कहलाते हैं?
(*a*) माइटोगैमीट्स (*b*) कैलिप्टोगैमीट्स
(*c*) जिम्नोगैमीट्स (*d*) सीनोगैमीट्स

79. *हाइड्रा* की स्रावी कोशिकाओं में एक सहजीवों शैवाल मिलता है, यह होता है?
(*a*) *ज़ूक्लोरेला* (*b*) *नोस्टोक*
(*c*) *यूलोथ्रिक्स* (*d*) *स्पाइरोगायरा*

80. प्रत्यक्ष रुप से युग्मकों (Gametes) की भाँति कार्य करने वाली परिपक्व इकाइयों के संयोजन (Fusion) को कहते हैं?
(*a*) होलोगैमी (*b*) ओटोगैमी
(*c*) हेटेरोगैमी (*d*) संयुग्मन

81. निम्न में से किसमें सिनगैमी के पश्चात् चार बीजाणु उत्पन्न होते हैं?
(*a*) टेरिडोफाइट्स (*b*) जिम्नोस्पर्म्स
(*c*) शैवाल (*d*) ब्रायोफाइट्स

82. सारगासो (Sargasso) समुद्र का नाम पड़ा?
(*a*) कवकों के कारण (*b*) आवृत्तबीजियों के कारण
(*c*) शैवालों के कारण (*d*) ब्रायोफाइटा के कारण

83. रोडोफाइसी का मादा जननांग (Female sex organ) कहलाता है?
(*a*) कार्पोगोनियम (*b*) ऊगोनियम
(*c*) स्पोरोगोनियम (*d*) आर्कीगोनियम

84. नीले हरे शैवालों में प्रकाश संश्लेषण का उत्पाद होता है?
(*a*) ग्लूकोसाइड (*b*) ग्लाइकोजन जैसा
(*c*) ग्लिसरोफॉस्फेट (*d*) ग्लोबूलिन

85. *नोस्टोक* के पौधे प्रायः मिलते हैं?
(*a*) अपने ही जिलैटीनस छाद में बन्द, साथ ही साथ जिलैटीनस मैट्रिक्स जिसमें तन्तुओं का उलझा हुआ समूह धँसा रहता है
(*b*) एककोशिकीय पादपों के एक निवह (Colony) में
(*c*) बिना छाद के अकेला
(*d*) जिलैटीनस छाद में बन्द पृथक पौधों के रुप में

86. *नोस्टोक* की जातियाँ होती हैं?
(*a*) जलीय

(*b*) स्थलीय

(*c*) उपरोक्त (*a*) व (*b*)

(*d*) इनमें से कोई नहीं

87. *नोस्टोक* के तन्तु में निम्न प्रकार की कौन-सी कोशिकाएँ पायी जाती हैं?

(*a*) अण्डाकार (*b*) ढोलक के आकार की

(*c*) गोलाकार (*d*) उपरोक्त सभी

88. अकशाभिकीय पतली भित्ति वाले बीजाणु कहलाते हैं?

(*a*) एप्लानोस्पोर्स (*b*) जाइगोस्पोर्स

(*c*) जूस्पोर्स (*d*) हिप्नोस्पोर्स

89. लाल सागर में ज्वार भाटा (Tides) का कारण है?

(*a*) नीले हरे शैवाल (*b*) लाल शैवाल

(*c*) डाइनोफाइसी (*d*) डायटम्स

90. *एनाबीना* में जनन होता है?

(*a*) होर्मोगोनिया द्वारा (*b*) एप्लानोस्पोर द्वारा

(*c*) एकाइनीट द्वारा (*d*) डायटम्स द्वारा

91. एक अचल बीजाणु लैंगिक जनन अनुपस्थित होता है?

(*a*) स्पर्मेटियम में (*b*) एन्थरोजौइड में

(*c*) माइक्रोगैमीट में (*d*) मैक्रोगैमिट में

92. निम्न में से किसमें लैंगिक जनन अनुपस्थित होता है?

(*a*) *वौल्वोक्स* (*b*) *नोस्टोक*

(*c*) *स्पाइरोगायरा* (*d*) *यूलोथ्रिक्स*

93. निम्न में से कौन-सा शैवाल लाल सागर के लाल रंग के लिये उत्तरदायी है?

(*a*) *बैक्ट्रोस्पर्मम*

(*b*) *फ्यूकरा फुर्केटस*

(*c*) *ट्राइकोडेस्मियम एरिथ्रियम*

(*d*) *पौलीसाइफोनिया निग्रीसेन्स*

94. *नोस्टोक* में जनन होता है?

(*a*) होर्मोगोनिया द्वारा

(*b*) एकाइनीट्स द्वारा

(*c*) (*a*) व (*b*) दोनों द्वारा

(*d*) इनमें से कोई नहीं

95. यदि युग्मकों में एक दूसरे युग्मक से संयोजन करने में असफल हो जाता है किन्तु एक द्विगुणित (Diploid) रचना में विकसित होता है तो इस घटना को कहते हैं?

(*a*) एपोमिक्सिस (Apomixis)

(*b*) एपोगैमी (Apogamy)

(*c*) अनिषेक फलन (Parthenocarpy)

(*d*) अनिषेक जनन (Parthenogenesis)

96. उस पादप का नाम बताइये जिसमें लगभग सभी कोशिकायें युग्मक निर्माण में सक्षम होती हैं?

(*a*) *यूलोथ्रिक्स* (*b*) *रिक्सिया*

(*c*) *टेरीडियम* (*d*) *एल्ब्यूगो*

97. निम्न में से कौन-सा शैवाल समूह अधिक विकसित होता है?

(*a*) क्लोरोफाइटा (*b*) सायनोफाइटा

(*c*) रोडोफाइटा (*d*) फियोफाइटा

98. लम्बाई में दो असमान (Unequal) कशाभिका (Flagella) धारण करने वाले में चलबीजाणु कहलाते हैं?

(*a*) एकौण्टी (*b*) हेटेरोकौण्टी

(*c*) आइसोकौण्टी (*d*) इनमें से कोई नहीं

99. *क्लैमाइडोमोनास* के लैंगिक जनन में युग्मक (Gametes) होते हैं?

(*a*) आकारिकीय रुप में समान

(*b*) आकारिकीय दृष्टि से असमान

(*c*) उपरोक्त दोनों

(*d*) इनमें से कोई नहीं

100. निम्नलिखित में से कौन-सा बहुकोशिकीय नही हैं?

(*a*) *ऊडोगोनियम* (*b*) *कारा*

(*c*) स्पाइरोगायरा (*d*) *क्लैमाइडोमोनास*

उत्तरमाला

1	2	3	4	5	6	7	8	9	10
(*d*)	(*a*)	(*d*)	(*b*)	(*c*)	(*c*)	(*b*)	(*b*)	(*a*)	(*d*)

11	**12**	**13**	**14**	**15**	**16**	**17**	**18**	**19**	**20**
(*d*)	(*c*)	(*c*)	(*d*)	(*a*)	(*c*)	(*a*)	(*c*)	(*a*)	(*a*)
21	**22**	**23**	**24**	**25**	**26**	**27**	**28**	**29**	**30**
(*a*)	(*d*)	(*c*)	(*a*)	(*c*)	(*b*)	(*c*)	(*a*)	(*d*)	(*d*)
31	**32**	**33**	**34**	**35**	**36**	**37**	**38**	**39**	**40**
(*b*)	(*b*)	(*b*)	(*c*)	(*c*)	(*b*)	(*d*)	(*c*)	(*b*)	(*c*)
41	**42**	**43**	**44**	**45**	**46**	**47**	**48**	**49**	**50**
(*c*)	(*b*)	(*b*)	(*c*)	(*d*)	(*c*)	(*b*)	(*a*)	(*d*)	(*c*)
51	**52**	**53**	**54**	**55**	**56**	**57**	**58**	**59**	**60**
(*a*)	(*a*)	(*b*)	(*b*)	(*c*)	(*c*)	(*a*)	(*c*)	(*c*)	(*a*)
61	**62**	**63**	**64**	**65**	**66**	**67**	**68**	**69**	**70**
(*a*)	(*c*)	(*a*)	(*c*)	(*c*)	(*b*)	(*c*)	(*a*)	(*b*)	(*d*)
71	**72**	**73**	**74**	**75**	**76**	**77**	**78**	**79**	**80**
(*c*)	(*d*)	(*a*)	(*b*)	(*a*)	(*d*)	(*b*)	(*b*)	(*a*)	(*a*)
81	**82**	**83**	**84**	**85**	**86**	**87**	**88**	**89**	**90**
(*c*)	(*c*)	(*a*)	(*b*)	(*a*)	(*c*)	(*d*)	(*a*)	(*a*)	(*a*)
91	**92**	**93**	**94**	**95**	**96**	**97**	**98**	**99**	**100**
(*a*)	(*b*)	(*c*)	(*c*)	(*d*)	(*a*)	(*c*)	(*b*)	(*c*)	(*d*)

□□□

CHAPTER 9

कवक
FUNGI

- कवक विज्ञान के अध्ययन को माइकोलाजी (Mycology) कहते हैं।
- कवक थैलोफाइटा का दूसरा बड़ा तथा विषमरूपी उपसमूह है।
- कवक विज्ञान का अध्ययन सर्वप्रथम पिर एन्टोनियो माइकेली (Pier Antonio Micheli) ने सन् 1729 में किया।
- क्लोरोफिल के अभाव के कारण कवक परपोषित होते हैं।

कवक के लक्षण (Characters of Fungi)

(*i*) थैलस बहुत से कवक तन्तुओं से मिलकर कवकजाल (mycelium) का निर्माण करता है।

(*ii*) काइटिन कवक भित्ति का मुख्य घटक होता है।

(*iii*) कवक अपना पोषण मृतजीवी अथवा परजीवी के रूप में प्राप्त करता है।

(*iv*) पर्णहरित (Chlorophyll) का सभी कवकों में पूर्ण अभाव होता है।

(*v*) कवकों में संचयित खाद्यपदार्थ ग्लाइकोजन होता है।

(*vi*) अलैंगिक एवं लैंगिक विधियों द्वारा कवकों में जनन होता है।

आवास (Habitat)

सामान्यतः कवक जल, थल और वायु तीनों आवासों में पाये जाते हैं। क्लोरोफिल के अभाव के कारण कवक परपोषित होते हैं। कवक अपना पोषण कार्बनिक पदार्थों या जीवन धारियों से सीधे ग्रहण करते हैं। पोषक पदार्थो को ग्रहण करने के लिए कवक एन्जाइमों का स्रावण करते हैं और उन्हें विलयन रूप में चूसकांगों की सहायता से अवशोषित करते हैं।

पोषक के आधार पर कवकों को निम्नलिखित वर्गों में विभक्त किया जाता है।

1. परजीवी (Parasites)

परजीवी कवक अपना पोषण किसी अन्य जीवधारी से प्राप्त करते हैं।

2. मृतजीवी (Saprophytes)

इस प्रकार के कवक अपना पोषण सड़े-गले पदार्थों से प्राप्त करते हैं।

3. सहजीवी (Symbiotic)

दो प्रकार का सहजीवन कवकों में पाया जाता है।

(*i*) **लाइकेन (Lichen):** लाइकेन में शैवाल तथा कवक पारस्परिक लाभदायी सहवास (Mutually beneficial association) बनाये रहते हैं। कवक साधारणतः ऐस्कोमाइसिटीज (Ascomycetes) वर्ग के होते हैं तथा शैवाल नीले-हरे (Blue green: myxophyceaae) अथवा हरे (green chlorophyceae) वर्ग के होते हैं।

(*ii*) **कवक मूल (Mycorrhiza):** कवक और उच्च कोटि के पौधे जैसे- पाइनस की जड़ों के परस्पर लाभप्रद सहवास को कवकमूल (Mycorrhiza) कहा जाता है।

जनन (Reproduction)

कवकों में जनन तीन विधियों द्वारा होता है–

(*i*) कायिक जनन (Vegetative Reproduction)

(*ii*) अलैंगिक जनन (Ascxual Reproduction)

(*iii*) लैंगिक जनन (Sexual Reproduction)

कवकों का वर्गीकरण (Classification of Fungi)

कवकों को मुख्यतः पाँच मुख्य वर्गों में विभक्त किया जाता है।

(*i*) मिक्सोमाइसिटीज (Myxomycetes)

(*ii*) फाइकोमाइसिटीज (Phycomycetes)

(*iii*) ऐस्कोमाइसिटीज (Ascomycetes)

(*iv*) बेसिडियोमाइसिटीज (Basidiomycetes)

(*v*) ड्यूटेरोमाइसिटीज (Deuteromycetes)

कवक (Fungi)

- वर्ग 1. मिक्सोमाइसिटीज (Myxomycetes) 'अवपंक फफूँदी' (Slime molds)
  - उदा. *फाइसेरम (Physarum)*
- वर्ग 2. फाइकोमाइसिटीज (Phycomycetes) 'शैवालीय कवक' (Algal Fungi)
  - उपवर्ग-1: आर्किमाइसिटीज (Archimycetes)
    - उदा. *सिनकाइट्रियम (Synchytrium)*
  - उपवर्ग-2: ऊमाइसिटीज (Oomycetes)
    - उदा. *एल्बूगो (Albugo)*
  - उपवर्ग-3: जायगोमाइसिटीज (Zygomycetes)
    - उदा. *राइजोपस (Rhizopus)*, *म्यूकर (Mucor)*
- वर्ग 3. एस्कोमाइसिटीज (Ascomycetes) थैलीनुमा कवक (Sac Fungi)
  - उपवर्ग-1: हेमीऐस्कोमाइसिटीज (Hemiascomycetes)
    - उदा. *सैकेरोमाइसीज (Saccharomyces)*
  - उपवर्ग-2: यूऐसकोमाइसिटीज (Euascomycetes)
    - उदा. *मार्केला (Morchella)*
- वर्ग 4. बेसिडियोमाइसिटीज (Basisdiomycetes) 'मुदगराकार कवक' (Club Fungi)
  - उपवर्ग-1: होमोबेसिडो माइसिटीज (Homobasidiomycetes)
    - उदा. *ऐगेरिकस (Agaricus)*
  - उपवर्ग-2: हेटेरो बेसिडियोमाइसिटीज (Heterobasidiomycetes)
    - उदा. *पक्सीनिया (Puccinia)*, *आस्टिलागो (Ustilago)*
- वर्ग 5. ड्यूटेरोमाइसिटीज (Deuteromycetes) 'अपूर्ण कवक' (Fungi Imperfecti)
  - उदा. *आल्टनेरिया (Alternaria)*

कवकों का आर्थिक महत्त्व (Economic Importance of Fungi)

A. लाभदायक प्रभाव (Beneficial Effects)

कवकों से होने वाले प्रमुख लाभ निम्नानुसार हैं–

1. मानव भोजन के रूप में (As human food)

कई कवक खाने में स्वादिष्ट तथा पौष्टिक होते हैं।

जैसेः यीस्ट (yeast): चूकि शुष्क यीस्ट में लगभग 50% प्रोटीन पाया जाता है अतः इसे प्रोटीन के स्रोत के रूप में प्रयोग करते हैं।

- **गुच्छी (Morels):** इसका उपयोग भोजन में किया जाता है।
- **छत्रक (Mushrooms):** आज कल छत्रकों की खेती की जाती है। इनमें प्रचुर मात्रा में विटामिन्स, एमिनो अम्ल, खनिज पदार्थ, मैनिटोल आदि पाये जाते हैं।
- **एक कोशिकीय प्रोटीन (Single Cell Protein):** यह साधारण प्रोटीन का एक सम्पूर्ण विकल्प माना जाता है।

2. भूमि की उर्वराशक्ति (Soil Fertility)

कवक अनेक सड़े-गले पदार्थो का अपघटन करते हैं जिससे मृदा में ह्यूमस की मात्रा बढ़ जाती है और मृदा अधिक उर्वर हो जाती है।

3. नाइट्रोजन स्थिरीकरण (Nitrogen Fixation)

कवक वातावरणीय नाइट्रोजन का स्थिरीकरण करते हैं। उदा. *रोडोटोरूला (Rhodotorula)* तथा *सेकेरोमाइसीज (Sacharomyces)* आदि।

4. पौधों के रोगों का जैव नियन्त्रण (Biological Control of Pests)

कुछ कवक रोग उत्पन्न करने वाले कवकों, कीटों, सूत्र कृमियों आदि का नियंत्रण करते हैं।

- **कवकों का नियन्त्रणः** *आर्मीलेरिया (Armillaria)* का नियंत्रण ट्राइकोडर्मा तथा ओफीयोबोलस नियंत्रण अनेक कवकों द्वारा किया जाता है।
- **कीटों का नियन्त्रणः** कुछ कीटों का नियन्त्रण *इसेरिया, आस्चरसोनिया, इम्पूसा* इत्यादि कवकों के द्वारा किया जाता हैं।
- **सूत्रकृमियों का नियंत्रणः** कुछ सूत्रकृमियों का नियंत्रण आर्थोबोटीस, प्रोटोऐस्कस आदि कवकों के द्वारा किया जाता है।
- **विषाणुओं का नियन्त्रणः** कुछ विषाणुओं का नियंत्रण, ऐस्पर्जिलिस, फ्यूजेरियम, कोलेटोट्राइकम आदि कवकों के द्वारा किया जाता है।

5. जिबरेलिक अम्ल (Gibberellic acid)

जिबरेला फ्यूजिक्यूरोई से जिबरेलिन (जिबरेलिक अम्ल) प्राप्त किया जाता है। जिसका प्रयोग बौने पौधे की लम्बाई बढ़ाने, पुष्पन जल्दी कराने, सुप्तावस्था को समाप्त कराने आदि में किया जाता है।

6. अनुसंधान में (In Research)

अनेक कवकों का उपयोग अनुसंधानों में किया जाता है।

(*i*) **जीवविज्ञानीय आमापन (Bioligical assay):** *एस्परजिलस नाइगर* (*Aspergillus niger*) को पौधों में Zn, Ca, Pb, Mn, Mo इत्यादि का प्रयोग खनिज तत्वों का पता लगाने तथा *न्यूरोस्पोरा क्रासा* (*Neurospora crassa*) का विटामिन 'बी' मात्रा का पता लगाने के लिए प्रयोग किया जाता है।

(*ii*) **आनुवंशिकी (Genetics):** *न्यूरोस्पोरा* (*Neurospora*) का उपयोग, आनुवंशिकी से सम्बंधित अनेक समस्याओं के निदान हेतु किया जाता है। जिसके कारण इस कवक को पादप जगत के 'ड्रोसोफिला' की संज्ञा दी जाती है।

7. एन्टिबायोटिक निर्माण में (In antibiotics productions)

अनेक कवक एन्टिबायोटिक का स्रवण करते हैं जो कि सूक्ष्मधारियों को नष्ट करने के काम आते हैं। पेनिसिलियम नोटेटम (*Penicillium notatum*) से पहला एन्टिबायोटिक पेनिसिलिन प्राप्त किया गया। जिसके लिए सर एलेक्जेण्डर फ्लैमिंग (Sir Alexander Flemming) को सन् 1945 में नोबेल पुरस्कार से सम्मानित किया गया। (तालिका 9.1)

8. उद्योगों में (In industry)

उद्योगों में कवकों का महत्त्वपूर्ण योगदान है जो कि निम्नानुसार हैं। (तालिका 9.3)

(*i*) **मद्य निर्माण में (In brewing industry):** *सैकैरोमाईसीज सेरेवीसी* (*Saccharomyces cerevisiae*) (*यीस्ट*) चीनी अथवा माल्ट (मण्डयुक्त पदार्थों) के किण्वन (Fermentation) में प्रयोग होता है। सुक्रेस और माल्टेस नामक एन्जाइम यीस्ट में पाये जाते हैं। ये अन्य शर्कराओं से हेक्सोज शर्करा का निर्माण करते हैं। इन्हीं शर्कराओं का किण्वन, यीस्ट में पाये जाने वाला जाइमेस एन्जाइम के द्वारा होता है। इसी विधि से शराब बनायी जाती है। रासायनिक अभिक्रिया का समीकरण निम्न प्रकार है:

$$C_6H_{12}O_6 \xrightarrow[\text{यीस्ट के द्वारा}]{\text{जाइमेस}} 2C_2H_5OH + 2CO_2$$

(*ii*) **पनीर बनाने में (In cheese making):** पेनिसिलियम केमैमबर्टी (*Penicillium camemberti*) तथा *पेनिसिलियम* रोकफोर्टी (*Penicillium roqueforti*) का उपयोग पनीर बनाने में किया जाता है।

B. हानिकारक प्रभाव (Harmful Effects)

1. पदार्थों का खराब होना (Deterioration of articles)

अचार, खाने की सामग्री, रोटी, माँस, चमड़ा, रबर, इत्यादि कवकों के कारण खराब हो जाते है।

2. काष्ठ का अभिरंजन (Staining of wood)

कुछ कवक रसदारू (Sapwood) से अपना भोजन प्राप्त करके काष्ठ को अभिरंजित कर देते हैं। उदाहरण *पेनिसिनालियम* काष्ठ को पीला और *फ्यूजेरियम नेगूण्डी* (*Fusarium negundi*) को लाल कर देते हैं।

3. काष्ठ का सड़ना (Wood decay)

अनेक कवक काष्ठ के सेलुलोज तथा लिग्निन का अपघटन करके अंतर्विलन (Heart rot) कर देते हैं। जैसे– *फोमीज, पोलीपोरस, गैन्डोडर्मा,* आदि कवक।

4. पौधों के रोग (Plant diseases)

कवक पौधों में अनेको रोग उत्पन्न करते हैं। कुछ कवक रोगों का सम्बन्ध विश्व में भयंकर अकालों से रहा है। उदाहरण आलू में *फाइटोफ्थोरा इन्फेस्टन्स* (*Phytophthora infestans*) से होने वाले रोग (Late blight of potato) से आयरलैड में 1845 में भयंकर अकाल पड़ा। जिससे लगभग दस लाख लोगों की मृत्यु हो गई। दूसरा उदाहरण बंगाल में चावल में लगे भूरे चित्त पर्णी (brown leaf spot), *हेलमिन्थोंस्पोरीयम ओराइजी* (*Helminthosporium oryzae*) नामक कवक के कारण 1943 में चावल की फसल नष्ट हो गई जिसके कारण अकाल पड़ा। (तालिका 9.5) भारतीय कवक विज्ञान तथा पादप रोग विज्ञान का जनक ई. जे. बटलर (E. J. Butler) को कहा जाता है।

5. मनुष्यों/जंतुओं के रोग (Human/Animal diseases)

कवक मुख्य रूप से त्वचा रोग उत्पन्न करते हैं। कवक प्रायः त्वचा के अन्दर अथवा ऊपर वृद्धि करते हैं। (तालिका 9.4)

तालिका 9.1 कुछ ऐन्टिबायोटिक एवं कवक
(Some Antibiotics and Fungi)

	ऐन्टिबायोटिक (Antibiotics)	कवक (Fungi)
1.	ब्रेफेल्डिन (Brefeldin)	*पेनिसिलियम ब्रेफेल्डियानम* (*Penicillium brefeldianum*)
2.	पेनिसिलिन (Penicillin)	*पे. क्राइसोजीनम* (*P. chrysogenum*)
3.	रैमाइसिन (Ramycin)	*म्यूकर रैमोनियानस* (*Mucor ramannianus*)
4.	कीटोमिन (Chaetomin)	*कीटोमीयम कोक्लाँइडीस* (*Chaetomium cochloides*)
5.	फ्यूमिगैलिन (Fumigallin)	*एस्परजिलस फ्यूमीगेट्स* (*Aspergillums fumigatus*)

तालिका 9. 2 एन्जाइम एवं कवक (Enzymes and Fungi)

	एन्जाइम (Enzymes)	कवक (Fungi)
1.	एमाइलेस (Amylase)	*एस्परजिलस* (*Aspergillus*)
2.	इनवर्टेस (Invertase)	*सैकैरोमाइसिस* (*Saccharomyces*) *आल्टर्नेरिया* (*Alternaria*)
3.	जाइमेस (Zymase)	*सेकैरोमाइसिस* (*Saccharomyces*)

तालिका 9.3 कुछ औद्योगिक उत्पाद एवं कवक (Some Industrial Products and Fungi)

क्रम सं.	औद्योगिक उत्पाद (Industrial products)	कवक (Fungi)
1.	सिट्रिक अम्ल (Citric Acid)	*ऐस्परजिलस नाइजर* (*Aspergillus niger*)
2.	ऑक्जेलिक अम्ल (Oxalic Acid)	*ऐस्परजिलस नाइजर* (*Aspergillus niger*)
3.	लैक्टिक अम्ल (Lactic Acid)	*राइजोपस ओरोइजी* (*Rhizopus oryzae*)
4.	फ्यूमेरिक अम्ल (Fumaric Acid)	*म्यूकर, राइजोपस* (*Mucor, Rhizopus*)
5.	ग्लुकोनिक अम्ल (Gluconic Acid)	*पेनिसिलियम परप्यूरोजिनम* (*Penicillium perpurogenum*)
6.	गैलिक अम्ल (Gallic Acid)	*पेनिसिलियम ग्लॉकम* (*Penicillium glaucum*) *ऐस्परजिलस गैलोमाइसिस* (*Aspergillus gallomyces*)

तालिका 9.4 मनुष्यों तथा जंतुओं के कुछ रोग और उसे उत्पन्न करने वाले कवक
(Some Human and Animal diseases and their causal fungi)

	रोग का नाम (Name of the disease)	उत्पन्नं करने वाले कवक (Causal fungi)
1.	एलर्जन (Allergens)	*म्यूकर* (*mucor*), *ऐस्परजिलस* (*Aspergillus*), *पेनिसिलियम* (*Penicillium*), *आल्टर्नेरिया* (*Alternaria*)
2.	दाद (Ring worm)	*ट्राइकोफाइटान* (*Trichophyton*)
3.	टोरुलोसिस (Torulosis)	*क्रिप्टोकोकस नियोफोर्मेन्स* (*Cryptococcus neoformans*)
4.	मोनिलिएंसिस (Moniliasis)	*कैन्डिडा एल्बिकैन्स* (*Candida albicans*)
5.	ऐथीलीट फूट (Athlete's foot)	*टाइनिया रुब्रम* (*Tinea rubrum*)
6.	न्यूराइटिस (Neuritis)	*म्यूकर प्यूसीलस* (*Mucor pusilus*)
7.	एस्पर्जिलोलिस (Aspergillosis)	*ऐस्परजिलस फ्लैवस* (*Aspergillus flavus*)
8.	हिस्टोप्लास्मोसिस (Histoplasmosis)	*हिस्टोप्लाज्मा कैप्सूलेटम* (*Histoplasma capsulatum*)
9.	ब्लास्टोमाइकोसिस (Blastomycosis)	*ब्लास्टोमाइसिस डर्मेटिटाइटिस* (*Blastomyces dermatititis*)

तालिका 9.5 पौधों के प्रमुख रोग और उनको उत्पन्न करने वाले कवक (Important plant diseases and the fungi causing them)

क्र. स.	पादप रोग का नाम (Name of the plant disease)	कवक (Fungi)
1.	आलू की अगेती अंगमारी (Early Blight of potato)	*आल्टर्नेरिया सोलैनी (Alternaria solani)*
2.	आलू की पछेली अंगमारी (Late Blight of potato)	फाइटोफ्थोरा इन्फेस्टन्स (*Phytophthora infestanse*)
3.	गेहूँ का काला किट्ट (Black or stem rust of wheat)	पाक्सीनिया ग्रैमिनिस ट्रिटिसाई (*Puccinia graminis tritici*)
4.	गेहूँ का श्लथ कण्ड (Loose smut of wheat)	*आस्टिलागों न्यूडा ट्रिटिसाई (Ustilago nuda tritici)*
5.	गेहूँ की चूर्णिल आसिता (Powdery mildew of wheat)	*इरीसाइफी ग्रैमिनिस ट्रिटिसाई (Erysiphe graminis tritici)*
6.	बाजरे का अर्गट (Ergot of bajra)	*क्लेवीसेप्स माइक्रोसेफला (Claviceps microcephala)*
7.	बाजरे का हरित बाली रोग (Green ear disease of bajra)	*स्कलैरोस्पोरा ग्रेमिनीकोला (Sclerospora graminicola)*
8.	बाजरे का कण्ड (Smut of bajra)	*टोलोस्पोरियम पेनिसिलेराई (Tolyposporium peniciliare)*
9.	जौ का श्लथ कण्ड (Loose smut of barley)	*अस्टिलैगो न्यूडा होरडाई (Ustilago nuda hordei)*
10.	कपास की म्लानि (Wilt of cotton)	*फ्यूजेरियम वासइन्फेक्टम (Fusarium vasinfectum)*
11.	काफी का किट्ट (Coffee rust)	*हेमेलिया वास्टाट्रिक्स (Hemileia vastatrix)*
12.	क्रूसिफेर का ग्रंथित मूल रोग (Club root disease of crucifers)	*प्लाज्मोडियोफोरा ब्रैसिकी (Plasmodiophora brassicae)*
13.	क्रूसीफेर का सफेद किट्ट (White rust of crucifers)	*ऐल्बूगो कैन्डिडा (Albugo candida)*
14.	मूँगफली में टिक्का रोग (Tikka disease of groundnut)	*सर्कोस्पोरा पर्सोनेटा (Cercospora personata)*
15.	धनिया का स्तम्भ पिटिका (Stemgall of dhania)	*प्रोटोमाइसिस मैक्रोस्पोरस (Protomyces macrosporus)*
16.	ज्वार में मृदुरोमिल आसिता (Downy mildew of jowar)	*स्कलैरोस्पोरा सौरघाई (Sclerospora sorghii)*
17.	ओट का आवृत कण्ड (Covered smut of oat)	*आस्टिलैगो कोलेराई (Ustilago kolleri)*
18.	ओट का श्लथ कण्ड (Loose smut of oat)	*आस्टिलैगो ऐवेनी (Ustilago avenae)*
19.	धान का प्रध्वंस (Blast of rice)	*पिरीक्यूलेरिया ओराइजी (Piricularia orzyae)*
20.	चावल की भूरी पर्ण चित्ति (Brown leaf spot of rice)	*हेलमिन्थोस्पोरियम ओराइजी (Helminthosporium oryzae)*
21.	गन्ने का लाल विगलन (Red rot of sugar cane)	*कोलेटोट्राइकम फाल्केटम (Colletotrichum falcatum)*

तालिका 9.6 कवक तथा शैवाल में अन्तर
(Differences between Fungi and Algae)

क्र. स.	कवक (Fungi)	शैवाल (Algae)
1.	पर्णहरित नहीं पाया जाता है।	पर्णहरित पाया जाता है।
2.	परपोषी होते हैं। मृतजीवी, परजीवी व सहजीवी के रूप में मिल सकते हैं।	स्वपोषी होते हैं।
3.	कोशिका भित्ति काइटिन की बनी होती है।	कोशिका भित्ति सेल्यूलोस की बनी होती है।
4.	संचित खाद्य पदार्थ वसा, तेल या ग्लाइकोजन के रूप में मिल सकता है।	संचित खाद्य पदार्थ स्टार्च होता है।
5.	जनन अंग विभिन्न प्रकार के हो सकते हैं। विकसित तथा उच्च वर्ग के कवकों में जनन अंग अस्पष्ट या लुप्त हो जाते हैं।	लैंगिक जनन में निम्न श्रेणी के शैवालों में जनन अंग नहीं बनते हैं। विकसित शैवालों में जनन अंगों की संरचना जटिल होती है।

तालिका 9.6 राइजोपस तथा यूलोथ्रिक्स के लैंगिक जनन में अन्तर
(Differences between Sexual Reproduction of *Rhizopus* and *Ulothrix*)

क्र. स.	राइजोपस (*Rhizopus*)	यूलोथ्रिक्स (*Ulothrix*)
1.	इसमें लैंगिक जनन **संयुग्मन** (conjugation) के द्वारा होता है। संयुग्मन दो युग्मकधानियों (gametangia) के बीच होता है।	लैंगिक जनन दो **युग्मकों** (gametes) के मध्य **संयुग्मन** (Conjugation) के द्वारा होता है।
2.	युग्मक (gamete) **संकोशिकी** (coenocytic) होता है। युग्मकधानी ही युग्मक का कार्य करती है।	प्रत्येक युग्मक **एककेन्द्रकीय** (uninucleate) होता है। ये युग्मकधानी के अन्दर बनते हैं।
3.	युग्मक आकार और व्यवहार में एक जैसे होते हैं **समयुग्मक** (isogametes)। **विषमजालिकता** (heterothallism) सामान्य रूप में पाई जाती है। बहुत कम (केवल एक जाति) में समजालिकता मिलती है। युग्मक स्थिर होते हैं।	युग्मक आकार तथा व्यवहार में एक-समान होते हैं अर्थात् **समयुग्मक** (isogametes) । कोई भी युग्मक दूसरे युग्मक से संयुग्मन कर सकता है। युग्मक सीलियायुक्त तथा **चल** (motile) होते हैं।
4.	युग्मक, युग्मकधानियों के बीच भित्ति के नष्ट होने से मिलते हैं। केन्द्रक (शायद) नहीं जुड़ते या बाद बाद में संयुक्त होते है। **कैरिओगैमी** कुछ समय के बाद होती है।	युग्मक, युग्मकधानी से जल में, बाहर निकल आते हैं। ये जल में ही जोड़ा बनाते तथा संयुग्मन करते हैं। **कैरिओगैमी** साथ-साथ होता है।
5.	**जाइगोस्पोर** (zygospore) मोटी भित्ति से ढ़का रहता है। यह **संकोशिकी** (coenocytic) होता है। विश्राम करता है।	**जाइगोस्पोर** (zygospore) प्रारम्भ में पतली भित्ति वाला, **चल** (motile) तथा चार सीलिया (cilia) वाला होता है।
6.	जाइगोस्पोर का केन्द्रक अंकुरण के पूर्व **मिओसिस** (meiosis) के द्वारा विभाजित होता है plus (+) और minus (–) विभेद अलग-अलग हो जाते हैं।	जाइगोस्पोर का केन्द्रक **मिओसिस** (meiosis) से विभाजित होता है। सभी केन्द्रक क्रियाशील होते हैं तथा सामान्यतः **चलबीजाणु** (zoospores) बनाते हैं। विभेद इत्यादि नहीं होते हैं।

7.	युग्मक का केन्द्रक एक नलिका में (जो भीतरी भित्ति के बाहर निकलने से बनती है) आ जाता है। बार-बार विभाजित होने और जीवद्रव्य के नली के सिरे पर एकत्रित होने से एक संकोशिकी (coenocytic) बीजाणुधानी का निर्माण होता है।	युग्माणु के केन्द्रक के कई बार विभाजन के द्वारा सामान्यतः 64 केन्द्रक बनते हैं तथा विदलन के द्वारा प्रत्येक केन्द्रक के चारों ओर जीवद्रव्य एकत्रित होता है। सभी एककेन्द्रकीय (Uninucleate) संरचनाएं युग्माणु की भित्ति के नष्ट होने से बाहर निकल आते हैं। ये पुटिका (Vesicle) में निकलते हैं।
8.	इसके बीजाणुधानी में बीजाणु बनते हैं तथा ये बीजाणु अनुकूल परिस्थिति में अंकुरित होकर कवक-जाल बनाते हैं।	इसमें बीजाणुधानी नहीं बनती है। चल बीजाणु (zoospores) जल में तैरते हैं तथा बाद में जल के आधार पर स्थिर होने के बाद अंकुरित होकर एक *यूलोथ्रिक्स* पौधा बना लेते हैं।

तालिका 9.7 शैवाल कोशिका तथा कवक जाल में अन्तर
(Differences between Algal cell and Fungal mycelium)

क्र. स.	शैवाल कोशिका (Algal cell)	कवक जाल (Fungal mycelium)
1.	शैवाल एककोशिक (unicellular) अथवा बहुकोशिक (Multicellular) हो सकते हैं।	कवक जाल कवक तन्तुओं (hyphae) का बना होता है।
2.	इसमें कोशिका भित्ति (cell wall) सेल्यूलोस की बनी होती है।	कोशिका भित्ति कवक सेल्यूलोस (fungal cellulose) या काइटिन की बनी होती है।
3.	इसमें सामान्यतः एक केन्द्रक मिलता है।	ये सामान्यतः बहुकेन्द्रकीय (multinucleate) होते हैं।
4.	सूकाय सामान्य होता है।	कवक जाल संकोशिक (coenocytic) होता है।
5.	ये स्वपोषी (autotrophic) होते हैं।	ये परपोषी (Heterotrophic) होते हैं।
6.	इसमें हरित लवक मिलता है।	इसमें हरित लवक नहीं पाया जाता है।

तालिका 9.8 जीवाणु तथा यीस्ट में अन्तर
(Differences between Bacteria and Yeast)

क्र. स.	जीवाणु (Bacteria)	यीस्ट (Yeast)
1.	जीवाणु सम्पूर्ण जीवमण्डल में मिलते हैं, अन्य जीवों के शरीर में भी ये पाये जाते हैं।	यीस्ट केवल निश्चित स्थानों पर ही पाये जाते हैं।
2.	ये अति सूक्ष्म जीव हैं। इनका आमाप $0.5 - 2.5\mu$ तक होता है।	ये थोड़े बड़े जीव हैं। इनका आमाप $8\text{-}10\mu \times 8\text{-}12\mu$ तक होता है।
3.	ये गोल, कॉमा, छड़ अथवा सर्पिलाकार होते हैं।	ये गोल अथवा अण्डाकार होते हैं।
4.	ये एककोशिक प्रोकेरियोटिक जीव हैं।	ये एककोशिक परन्तु यूकेरियोटिक जीव हैं।
5.	इनमें सत्य केन्द्रक तथा कलायुक्त कोशिकांग नहीं होते हैं।	इनमें सत्यकेन्द्रक तथा कलायुक्त कोशिकांग होते हैं।
6.	ये स्वपोषी अथवा रसायन संश्लेषी अथवा परपोषी होते हैं।	ये मृतजीवी अथवा परजीवी होते हैं। स्वपोषी नहीं होते हैं।
7.	इसमें अलैंगिक जनन द्विखण्डन, मुकुलन तथा अन्तः बीजाणु द्वारा होता है। लैंगिक जनन विशेष परिस्थितियों में संयुग्मन द्वारा होता है।	इसमें अलैंगिक जनन विखण्डन अथवा मुकुलन के द्वारा होता है। लैंगिक जनन में **एस्कस** (ascus) बनता है।

बहुविकल्पीय प्रश्न

1. एक लाइकेन जिसका रूप शाखायुक्त होता है और जो भूमि पर या तो प्रोस्ट्रेट या सीधा बढ़ता है, कहलाता है?
(*a*) क्रस्टोज (*b*) फोलिओज
(*c*) थैलोज (*d*) फ्रूटीकोज

2. *सैकरोमाइसीज सेरेविसी* होता है–
(*a*) एकैरियोट (*b*) प्रोकैरियोट
(*c*) मीसोकैरियोट (*d*) यूकैरियोट

3. लाइकेन्स का कवकीय भाग प्रायः सम्बन्धित होता है वर्ग से–
(*a*) फाइकोमाइसिटीज
(*b*) एस्कोमाइसिटीज
(*c*) फन्जाई इम्परफैक्टाई
(*d*) बैसीडियोमाइसिटीज

4. कवकों को क्लोरोफिल रहित, असंवहनीय पादपों के रूप में परिभाषित किया है?
(*a*) मुण्डकर ने (*b*) अलेक्सोपोलस ने
(*c*) बेसी ने (*d*) बटलर ने

5. कवक, शैवालों से भिन्न होते हैं?
(*a*) सेल्यूलोज की बनी कोशिका भित्ति के होने में
(*b*) काइटिन तथा सेल्यूलोज की कोशिका भित्ति के होने में
(*c*) क्लोरोफिल के होने में
(*d*) संचित भोजन को स्टार्च के रूप में रखने में

6. लाइकेन्स भाग लेते हैं?
(*a*) जीरोसीयर में (*b*) हैलीसीयर में
(*c*) हाइड्रोसीयर में (*d*) सैमोसीयर में

7. एपोथीसियल कप्स मिलते हैं?
(*a*) सैकरोमाइसीज में
(*b*) एस्कोबोलस में
(*c*) एस्पर्जिलस में
(*d*) उपरोक्त सभी में

8. प्रसिद्ध आइरिश अकाल आलू के किस रोग से सम्बन्धित है?
(*a*) आलू का अर्ली ब्लाइट
(*b*) आलू का लेट ब्लाइट
(*c*) आलू का सूखा रॉट
(*d*) उपरोक्त में से कोई नहीं

9. निम्न में से कौन कवकनाशी है?
(*a*) डी. डी. टी. (*b*) बोर्डेक्स मिक्सचर
(*c*) 2- 4- D (*d*) इनमें से कोई नहीं

10. बंगाल में 1942-43 में अकाल का कारण धान फसल का एक कवक द्वारा नष्ट होना था। वह कवक था–
(*a*) *हेलमिन्थोस्पोरियम*
(*b*) *पेनिसिलियम*
(*c*) *पक्सिनिया*
(*d*) *राइजोपस*

11. आलू में वार्ट रोग किससे होता है?
(*a*) *पीथियम डिबेरीएनम*
(*b*) *फाइटोफ्थोरा इनफेस्टन्स*
(*c*) *पेरोनोस्पोरा डिस्ट्रक्टर*
(*d*) *सिन्काइट्रियम इंडोबायोटिकम*

12. अल्कोहलीय किण्वन किसके द्वारा होता है?
(*a*) यीस्ट (*b*) *क्लोरेला*
(*c*) *अगैरिकस* (*d*) उपरोक्त में से कोई नहीं

13. निम्न में से किसने *पेनिसिलिन* की खोज की थी?
(*a*) अलेक्जैन्डर फ्लेमिंग
(*b*) वाक्समान
(*c*) कोच
(*d*) इवानोवस्की

14. एफ्लाटॉक्सिन का उत्पादन किससे होता है?
(*a*) विषाणु (*b*) जीवाणु
(*c*) कवक (*d*) शैवाल

15. यीस्ट किसका महत्वपूर्ण स्रोत है?
(*a*) विटामिन C का (*b*) राइबोफ्लेविन का
(*c*) शर्कराओं का (*d*) प्रोटीनों का

16. एमोनिटा मस्केरिया एक कवक है, जो–
(*a*) खाना बनाने के काम आती है
(*b*) दवाइयाँ बनाने में प्रयुक्त होती है
(*c*) पेपर बनाने में प्रयोग होती है
(*d*) एक विष रखती है जो मनुष्यों के लिये जहर है

17. ग्लाइकोजन के रूप में खाद्य संग्रहित होता है?
(*a*) कवकों में (*b*) शैवाल में
(*c*) वायरस में (*d*) ब्रायोफाइटा में

18. माइकोरहाइजी अपनी निम्न क्षमता के कारण ही पौधों के लिये उपयोगी है?
(*a*) वायुमण्डलीय नाइट्रोजन यौगिकीकरण
(*b*) मृदा से पोषकों का अधिक अवशोषण
(*c*) कीट व रोग जनकों का वध करना
(*d*) अजैव प्रतिबलों के विरुद्ध प्रतिरोध प्रदान करना

19. माइकोरहाइजी एक विधि है?
(*a*) परजीविता की (*b*) एनडेमिज्म की
(*c*) बराबर की (*d*) सहजीवन की

20. पनीर के लिये सूक्ष्मजीवी जरुरी है?
(*a*) खटास तथा पकाने दोनों के लिये
(*b*) खराब होने से बचाने के प्रतिरोधक क्षमता को विकसित करने के लिये
(*c*) केवल पकाने के लिये
(*d*) केवल खटास के लिये

21. खुले हुये एस्कोकार्प को कहते हैं?
(*a*) क्लीस्टोथीशियम (*b*) ऐपोथीशियम
(*c*) पेरीथीशियम (*d*) एस्कोशोनियम

22. पेनिसिलिन प्राप्त की जाती है?
(*a*) लाइकेन से (*b*) कवक से
(*c*) शैवाल से (*d*) एक्टिनोमाइसिटीज से

23. यीस्ट का प्रयोग किसके बनने में होता है?
(*a*) अमोनिया (*b*) ऐल्कोहल
(*c*) दही (*d*) पेट्रोल

24. दूध को बोतलों में भरने से पहले निम्न में से कौन सी क्रिया करायी जाती है?
(*a*) स्टरालाइजेशन
(*b*) पाश्चुरीकरण
(*c*) लघुतम मृतोपजीवी
(*d*) हिमीकरण

25. एल्बूगो है?
(*a*) विकल्पी परजीवी
(*b*) अविकल्पी परजीवी
(*c*) विकल्पी मृतोपजीवी
(*d*) अविकल्पी मृतोपजीवी

26. कवकों में प्लाज्मालेमा व कोशिका भित्ति के बीच पायी जाने वाली विशेष संरचना है?
(*a*) प्लाज्मिड (*b*) लोमासोम
(*c*) प्लाज्मोडेस्मेटा (*d*) मीसोसोम

27. निम्न में से कौन-सा कथन गलत है?
(*a*) एल्बूगो परजीवी होता है
(*b*) एल्बूगो में विषमयुग्मकी लैंगिक जनन होता है
(*c*) एल्बूगो में अलैंगिक जनन कोनिडिया द्वारा होता है
(*d*) एल्बूगो के निषेचन के लिये जल की आवश्यकता नहीं होती है

28. स्लाइम मोल्ड्स (Slime molds) किसमें वर्गीकृत किये गये हैं?
(*a*) मसाई में (*b*) साइनोफाइटा में
(*c*) मिक्सोफाइसी में (*d*) मिक्सोफाइकोफाइटा में

29. आलू का प्रसिद्ध अकाल जो आयरलैंड में पड़ा था, संक्रमण द्वारा हुआ था?
(*a*) आलू के मोजेक से
(*b*) मूल गॉठ सूत्रकृमि के
(*c*) *फाइटोफ्थोरा इन्फैस्टेन्स* के
(*d*) *आल्टरनेरिया सोलेनी* के

30. अर्गट (ergot) प्राप्त किया जाता है?
(*a*) क्लेविसेप्स से (*b*) *एस्पर्जिलस* से
(*c*) *एकेशिया* से (*d*) *आल्टरनेरिया* से

31. म्यूकर का स्पोरैन्जियोस्पोर होता है?
(*a*) अगुणित (*b*) द्विगुणित
(*c*) त्रिगुणित (*d*) बहुगुणित

32. बी 12 समूह की विटामिन्स का उत्पादन किससे होता है?
(*a*) *प्रोप्योनिक बैक्टीरियम*
(*b*) *एशव्या गासिपी*
(*c*) *सेक्रोमाइसिस*
(*d*) *राइजोपस*

33. लैंगिक जनन के बाद राइजोपस में बनता है?
(*a*) ऊस्पोर (Oospore)
(*b*) जाइगोस्पोर (Zygospore)
(*c*) एजाइगोस्पोर (Azygospore)
(*d*) क्लेमाइडोस्पोर (Clamydospore)

34. गेहूँ की काली किट्ट का कारण है?
(*a*) *पक्सिनिया* (*b*) *राइजोपस*
(*c*) *म्यूकर* (*d*) *एस्परजिलस*

35. अधिकांशतः कवक में संग्रहित भोज्य पदार्थ हैं?
(*a*) ग्लाइकोजन (*b*) स्टार्च
(*c*) ग्लूकोस (*d*) सुक्रोस

36. टोरुला दशा किसमें पाई जाती है?
(*a*) *स्पाइरोगायरा* (*b*) *म्यूकर*
(*c*) *रिक्सिया* (*d*) *यूलोथ्रिक्स*

37. कौन से कवक कृत्रिम माध्यम में नहीं उगती है ?
(*a*) एल्बूगो (*b*) यीस्ट
(*c*) आल्टूरनेरिया (*d*) राइजोपस

38. लाइकेन किसके अच्छे संकेतक हैं?
(*a*) ध्वनि प्रदूषण (*b*) वायु प्रदूषण
(*c*) मृदा प्रदूषण (*d*) जल प्रदूषण

39. निम्नलिखित में से कौन सा ऐल्कोहॉल के निर्माण में प्रयुक्त होता है?
(*a*) जीवाणु (*b*) जलीय मोल्ड
(*c*) यीस्ट (*d*) अवपंक मोल्ड

40. पेनिसिलिन प्राप्त की जाती है?
(*a*) *एस्पर्जिलस फ्युमीगेट्स* से
(*b*) *पेनिसिलियम क्रिसोजोनम* से
(*c*) *पेनिसिलियम ग्राइसिओफुल्वम* से
(*d*) *स्ट्रेप्टोमाइसीज ग्राइसियम* से

41. अधिकतर लाइकेन्स किनसे बने होते हैं?
(*a*) नील हरित शैवाल तथा बेसिडियोमाइसिटीज
(*b*) नील हरित शैवाल तथा ऐस्कोमाइसिटीज
(*c*) लाल शैवाल तथा ऐस्कोमाइसिटीज
(*d*) भूरे शैवाल तथा फाइकोमाइसिटीज

42. म्यूकर स्पी. में समयुग्मन प्रायः होता है?
(*a*) एक ही प्रकार के विभेदों में
(*b*) (+) तथा (-) विभेदों में
(*c*) युग्माणुओं में
(*d*) लघुबीजाणुओं में

43. देखने में लाइकेन एक एकाकी पौधा लगता है पर सूक्ष्म परीक्षण से पता चलता है कि इसकी रचना में पाये जाते हैं?
(*a*) एक शैवाल और कवक
(*b*) एक प्रोटोजोआ और कवक
(*c*) एक शैवाल और बैक्टीरियम
(*d*) एक कवक और बैक्टीरियम

44. कार्यिकी असमयुग्मकी लैंगिक प्रजनन पाया जाता है?
(*a*) *म्यूकर* में (*b*) *सिलैजिनेला* में
(*c*) *पाइनस* में (*d*) *स्पाइरोगायरा* में

45. ईस्ट "*सैक्रोमाइसीज सेरेवाइसी*" इंडस्ट्रीज में प्रयोग होता है?
(*a*) ब्यूटेनॉल बनने में
(*b*) साइट्रिक एसिड बनाने में
(*c*) टेट्रासाइक्लीन बनाने में
(*d*) एथेनाल बनाने में

46. इंडस्ट्रीज में ट्रिक एसिड बनाने के लिये कौन से माइक्रोआर्गेनिज्म का प्रयोग किया जाता है?
(*a*) *लेक्टोबैसिलस बलगैरिस*
(*b*) *पैनिसिलयम साइट्रिनिम*
(*c*) *एस्परजिलस नाइगर*
(*d*) *राइजोपस नाइग्रीकेन्स*

47. *पक्सीनिया* (*Puccinia*) में बनते हैं?
(*a*) बारबेरी की पत्तियों पर यूरीडिया तथा पिकिन्या
(*b*) गेहूँ की पत्तियों पर यूरीडिया तथा एशिया
(*c*) गेहूँ की पत्तियों पर यूरीडिया तथा टीलिया
(*d*) बारबेरी की पत्तियों पर यूरीडिया तथा एशिया

48. यीस्ट द्वारा ग्लूकोज के किण्वन से कौन-सा अणु बनता है?
(*a*) $(C_6H_{10}O_5)_n$ (*b*) C_2H_5OH
(*c*) $C_6H_{12}O_6$ (*d*) CH_3OH

49. निम्न में से कौन-सा रोग कवकीय नहीं है?
(*a*) क्रुसीफर की सफेद रस्ट
(*b*) चाय की लाल किट्ट
(*c*) कॉफी का किट्ट
(*d*) गेहूँ का किट्ट

50. निम्न में से कौन कवक नाशक है?
(*a*) 2, 4 डी
(*b*) डी. डी. टी.
(*c*) बॉरडेक्स मिक्सचर
(*d*) बी. एच. सी.

51. 1943 में बंगाल में अकाल के लिये कवक तथा उसके पोषक थे?
(*a*) पक्सिनिया द्वारा गेहूँ का किट्ट
(*b*) चावल का ब्लास्ट *पाइरीकुलेरिया ओरांजी* द्वारा
(*c*) चावल का ब्लास्ट *जेन्थोमोनास ओरिजी द्वारा*
(*d*) चावल का भूरा पर्ण दाग *हेलमिन्थोस्पोरियम ओरिजी* द्वारा

52. रे (ray) कवक है?
(*a*) ऐसकोमाइसिटीज
(*b*) बेसिडियोमाइसिटीज
(*c*) एक्टीनोमाइसिटीज
(*d*) फाइकोमाइसिटीज

53. राइजोपस में लैंगिक जनन है?
(*a*) समयुग्मकी (*b*) असमयुग्मकी
(*c*) विषमयुग्मकी (*d*) अनिषेकजनी

54. गेहूँ की काली किट्ट का कारण है?
(*a*) डेरीसिफी (*b*) एल्बुगो
(*c*) कोलेटो ट्राइकम (*d*) पक्सिनिया ग्रेमिनिस

55. वंश पेनिसिलियम का वर्ग है?
(*a*) बेसिडियोमाइसिटीज
(*b*) एसकोमाइसिटीज
(*c*) फाइकोमाइसिटीज
(*d*) ड्यूटरोमाइसिटीज

56. ऐसा रासायनिक पदार्थ जो पोषक में रोगाणु से बचाव के लिये उत्पन्न होता है, कहलाता है ?
(*a*) पादप विष (*b*) फाइटोएलेक्सेनस
(*c*) फाइटोट्रोन (*d*) टीकाकरण

57. ऐल्बुगो का संचित भोजन है?
(*a*) ग्लाइकोजन के रुप में
(*b*) मण्ड कणों के रुप में
(*c*) बोल्यूटिन कण के रुप में
(*d*) वसा के रुप से में

58. म्यूकर में विषम सूकाय को किसने पहली बार प्रतिवेदित किया?
(*a*) रॉबर्ट हुक (*b*) ब्लेकस्ली
(*c*) लुईस पाश्चर (*d*) ए. फ्लेमिंग

59. म्यूकर में अलिंगी प्रजनन होता है?
(*a*) गतिशील चल बीजाणु द्वारा
(*b*) बीजाणुओं द्वारा
(*c*) गतिशील युग्मक द्वारा
(*d*) युग्मनाज द्वारा

60. सूची I और सूची II का मेल कीजिये और सूची के नीचे दी गयी संकेतावली का प्रयोग करते हुये सही उत्तर चुनिये–

सूची I (रोग)	**सूची II (कवक)**
(*a*) चावल की अंगमारी	1. स्यूडोमोनास
(*b*) आलू का भूरा विगलन	2. कोरीनेबेक्टीरियम
(*c*) गेहूँ की टूंडू बीमारी	3. इर्वीनिया
(*d*) सेब की दग्ध अंगमारी	4. जैन्थोमोनास

संकेतावलीः
(*a*) A-1, B-2, C-3, D-4
(*b*) A-4, B-1, C-2, D-3
(*c*) A-3, B-2, C-1, D-4
(*d*) A-2, B-3, C-4, D-1

61. निम्न में से कौन से युग्म का सही मेल मिलाया गया है?

	पादप	**जनन रचनायें**
(i)	*ओसिलेटोरिया*	होर्मोगोनिया
(ii)	*नॉस्टाक*	एकाइनीट
(iii)	*स्ट्रेप्टोमाइसीज*	कोनिडिया
(iv)	*ऐल्बुगो*	चल बीजाणु

निम्न संकेतावली से सही उत्तर छाँटिये
संकेतावली :
(*a*) (i), (ii) तथा (iii)
(*b*) (i), (ii), (iii) तथा (iv)
(*c*) (i), (iii) तथा (iv)
(*d*) (ii) तथा (iv)

62. राइजोपस में विषम जालिकता का निर्माण किस प्रकार होता है?
(*a*) दो समान स्ट्रेन के तन्तु के संयुग्मन से
(*b*) दो असमान स्ट्रेन के तन्तु के संयुग्मन से
(*c*) वांशिक अनिषेक एजाइगोस्पोर के बनने से
(*d*) उपरोक्त सभी सही

63. ''अर्गोट ऑफ राई'' का मुख्य संगठक होता है?
(*a*) फीनोल (*b*) न्यूक्लिक अम्ल
(*c*) एल्कैलोइड (*d*) एण्टीबायोटिक

64. निम्न में से कौनसी यीस्ट में जनन की विधि नहीं है?
(*a*) मुकुलन (*b*) विखण्डन
(*c*) प्लाज्मोगैमी (*d*) ऊगैमी

65. साइट्रिक अम्ल के निर्माण का औद्योगिक स्रोत होता है?
(*a*) साइट्रस फल (*b*) जीवाणु
(*c*) *एस्पर्जिलस* (*d*) पेनिसिलियम

66. अर्गोटिज्म उत्पन्न करने वाले अर्गोट के महत्वपूर्ण सक्रिय इन्ग्रेडियेण्ट्स बने होते हैं?
(*a*) एल्केलौइड्स के (*b*) न्यूक्लिक अम्लों के
(*c*) फीनोल्स के (*d*) एण्टीबायोटिक्स के

67. राइजोपस के जीवन-चक्र में न्यूनकारी विभाजन (Reduction division) होता है?
(*a*) जाइगोस्पोर के अंकुरण के समय
(*b*) जर्म स्पोरेन्जियम के निर्माण के अन्तर्गत
(*c*) लैंगिक जनन के अन्तर्गत
(*d*) युग्मकधानी के निर्माण के अन्तर्गत

68. कवकों (Fungi) में दो आकारिकीय समान किन्तु कार्यकीय भिन्न थैलाई का परस्पर संयोजन कहलाता है?
(*a*) आइसोगैमी (*b*) एनाइसोगैमी
(*c*) होमोथैलिज्म (*d*) हेटरोथैलिज्म

69. *एफ्लैटोक्सिन* खोजा गया?
(*a*) *पेनीसिलियम* में (*b*) *राइजोपस* में
(*c*) *एस्पर्जिलस* में (*d*) *पक्सीनिया* में

70. *म्यूकर* में सर्वप्रथम हेटरोथैलिज्म की खोज की?
(*a*) अलेक्सोपोलस ने
(*b*) के. सी. मेहता ने
(*c*) ब्लैकस्ली ने
(*d*) लुई पाश्चर ने

71. *म्यूकर* का युग्माणु (Zygospore) मोटी भित्ति वाला होता है और इसका रंग होता है?
(*a*) नीला (*b*) सफेद
(*c*) हरा (*d*) काला

72. यीस्ट कोशिकाओं द्वारा प्रतिपादित क्रिया कहलाती है?
(*a*) वाष्पोत्सर्जन (*b*) पाश्चुराइजेशन
(*c*) किण्वन (*d*) ईफर्वीसेन्स

73. यीस्ट एक महत्वपूर्ण स्रोत है?
(*a*) राइबोफ्लैविन का
(*b*) एस्कोर्बिक अम्ल का
(*c*) प्रोटीन का
(*d*) कार्बोहाइड्रेट का

74. ''रेण्डियर मौस'' एक लाइकेन है जो मनुष्य द्वारा भोजन के रुप में प्रयुक्त होता है। यह किस वंश (Genus) से सम्बन्धित होता है?
(*a*) *सीट्रेरिया* (*b*) *लोबेरिया*
(*c*) *अस्निया* (*d*) *क्लैडोनिया*

75. अधिकांश लाइकेन्स बने होते हैं?
(*a*) नीले-हरे शैवालों तथा बैसीडियोमाइसिटीज के
(*b*) नीले-हरे शैवालों तथा एस्कोमाइसिटीज के
(*c*) हरे शैवालों तथा फाइकोमाइसिटीज के
(*d*) हरे शैवालों एवं एस्कोमाइसिटीज के

76. लाइकेन में सामान्य फाइकोबायोण्ट होता है?
(*a*) *माइक्रोसिस्टिस* (*b*) *ट्रेबोक्सिया*
(*c*) *यूग्लीना* (*d*) *साइट्रेरिया*

77. लाइकेन्स में अति सामान्य शैवाल होते हैं?
(*a*) भूरे शैवाल (*b*) हरे शैवाल
(*c*) नीले-हरे शैवाल (*d*) लाल शैवाल

78. एस्काई (Asci) या बैसीडिया के बीच में फैले हुए बन्ध्य कोशिकाओं (Sterile cells) के तन्तु कहलाते हैं?
(*a*) पैराफाइसीज (*b*) ट्राइकोम्स
(*c*) पेरीडियम (*d*) पेरीफाइसीज

79. आर्थिक दृष्टि से यीस्ट बहुत महत्वपूर्ण होते है क्योंकि ये?
(*a*) चाय तथा तम्बाकू उद्योग में प्रयुक्त होते हैं
(*b*) मदिरा एवं डबल रोटी उद्योग में प्रयुक्त होते हैं
(*c*) पादप रोगों को फैलाते हैं
(*d*) प्राणि रोगों को फैलाते हैं

80. यीस्ट में मुकुलन (Budding) के अन्तर्गत कौन-सी क्रिया होती है?
(*a*) गुणसूत्रों का दोहरा होना
(*b*) तर्कु निर्माण
(*c*) कोशिकाद्रव्य का असमान विभाजन
(*d*) सिनैप्सिस

81. यीस्ट का प्रयोग होता है निर्माण में?
(*a*) एसीटिक अम्ल के
(*b*) पनीर के
(*c*) दही के
(*d*) इथाइल एल्कोहल के

82. एस्कोमाइसिटीज की फ्लास्क रूपी फ्रूटिंग काय (Fruiting body) को कहते हैं?
(*a*) स्क्लीरोटियम (*b*) एपोथीसियम
(*c*) क्लीस्टोथीसियम (*d*) पेरीथीसियम

83. यीस्ट अन्य कवकों से भिन्न होता है निम्न के होने में?
(*a*) एककोशिकीय एवं अगुणित या द्विगुणित
(*b*) बहुकोशिकीय एवं अगुणित
(*c*) एककोशिकीय तथा अगुणित
(*d*) एककोशिकीय तथा द्विगुणित

84. जब गेहूँ के गुँथे हुए आटे में यीस्ट कोशिकाएँ मिलायी जाती हैं तो डबल रोटी कोमल और छिद्रयुक्त हो जाती है क्योंकि?
(*a*) यीस्ट बेन्जोइक अम्ल पैदा करता है
(*b*) CO_2 का उत्पादन रोटी को स्पन्जी बना देता है
(*c*) यीस्ट कोमल होता है और आटा भी कोमल हो जाता है
(*d*) यीस्ट एसीटिक अम्ल तथा एल्कोहल पैदा करता है जो रोटी को मुलायम बनाते हैं

85. निम्न के होने से यीस्ट, जीवाणु के असमान होते हैं?
(*a*) बहुकोशिकीय (*b*) प्रोकैरियोटिक
(*c*) यूकैरियोटिक (*d*) एक कोशिकीय

86. *म्यूकर* की कुछ जातियों में मिलती है?
(*a*) वायवीय दशाओं में कवक समान वृद्धि और अवायवीय दशा में यीस्ट के समान वृद्धि
(*b*) वायवीय दशा में यीस्ट तथा अवायवीय दशा में कवक के समान वृद्धि
(*c*) बिना सम्बन्ध के यीस्ट या कवक जैसी वृद्धि
(*d*) ऑक्सी तथा अनॉक्सी दशाओं में कवकजालीय वृद्धि

87. यीस्ट सम्मिलित किया गया है?
(*a*) फाइकोमाइसिटीज में
(*b*) एस्कोमाइसिटीज में
(*c*) बैसीडियोमाइसिटीज में
(*d*) ड्यूटरोमाइसिटीज में

88. यीस्ट कोशिकाओं में प्रचुर मात्रा में विटामिन होते हैं?
(*a*) A (*b*) B
(*c*) C (*d*) D

89. यीस्ट कोशिका का औसत व्यास कितना होता है?
(*a*) 2 से 4μ (*b*) 6 से 8μ
(*c*) 2 से 8μ (*d*) 10 से 20μ

90. सीनोगैमीट्स बनते हैं?
(*a*) *अस्टिलैगों में* (*b*) *पक्सीनिया में*
(*c*) *राइजोपस में* (*d*) *पेनीसीलियम* में

91. निम्न में से किस पौधे की स्पोरैन्जियम में कौल्यूमेला उपस्थित होती है?
(*a*) *स्पाइरोगायरा* (*b*) *राइजोपस*
(*c*) *यीस्ट* (*d*) *यूलोथ्रिक्स*

92. म्यूकर का जाइगोस्पोर अंकुरित होता है?
(*a*) प्रोमाइसीलियम के निर्माण हेतु
(*b*) कवक जाल के निर्माण हेतु
(*c*) अंकुरण नलिका के निर्माण हेतु
(*d*) कवक तन्तु के निर्माण हेतु

93. राइजोपस होता है?
(*a*) औब्लीगेटरी परजीवी
(*b*) मृतोपजीवी
(*c*) परजीवी
(*d*) उपरिरोही

94. डाईकैरियोटिक कोशिकाएँ बनती है?
(*a*) फाइकोमाइसिटीज में
(*b*) एस्कोमाइसिटीज में
(*c*) बैसीडियोमाइसिटीज में
(*d*) (*b*) और (*c*) दोनों में

95. कवक तन्तुओं (Hyphae) के सिरों या सतहों पर उत्पन्न अलैंगिक बीजाणु कहलाते हैं?
(*a*) क्लेमाइडोस्पोर्स (*b*) कोनीडिया
(*c*) चल बीजाणु (*d*) बीजाणु

96. विकल्पी परजीवी वह होता है जो?
(*a*) प्रायः परजीवी होता है किन्तु मृतोपजीवी भी हो सकता है
(*b*) सदैव मृत कार्बनिक पदार्थ चाहता है
(*c*) सदैव एक सजीव पोषद् (Host) चाहता है

(*d*) प्रायः मृतोपजीवी होता है किन्तु परजीवी भी हो सकता है

97. सभी कवक सदैव होते हैं?

(*a*) परजीवी (*b*) स्वपोषी

(*c*) विविधपोषी (*d*) मृतोजीवी

98. सभी विविधपोषियों (Heterotrophs) को वातावरण की आवश्यकता होती है जो प्रदान कर सकता है–

(*a*) कार्बनिक यौगिक

(*b*) विटामिन 'ए'

(*c*) अमोनियम लवण

(*d*) विलयन में नाइट्रेट्स

99. कवक तन्तु अपने पोषदों (Hosts) की कठोर कोशिका भित्तियों में घुसते हैं, सहायता से–

(*a*) शर्करा एक्सूडेट्स की

(*b*) हार्मोन्स की

(*c*) एन्जाइम्स की

(*d*) तेज सिरों की

100. माइकोराइजा सहजीवी सम्बन्ध होता है?

(*a*) शैवालों तथा ब्रायोफाइट्स के बीच

(*b*) कवकों तथा उच्च पौधों की जड़ों के बीच

(*c*) शैवालों तथा जिम्नोस्पर्म्स की जड़ों के बीच

(*d*) शैवालों और कवकों के बीच

उत्तरमाला

1	2	3	4	5	6	7	8	9	10
(*d*)	(*d*)	(*b*)	(*c*)	(*b*)	(*a*)	(*b*)	(*b*)	(*b*)	(*a*)
11	**12**	**13**	**14**	**15**	**16**	**17**	**18**	**19**	**20**
(*d*)	(*a*)	(*a*)	(*c*)	(*b*)	(*d*)	(*a*)	(*b*)	(*d*)	(*a*)
21	**22**	**23**	**24**	**25**	**26**	**27**	**28**	**29**	**30**
(*b*)	(*b*)	(*b*)	(*b*)	(*b*)	(*b*)	(*a*)	(*d*)	(*c*)	(*a*)
31	**32**	**33**	**34**	**35**	**36**	**37**	**38**	**39**	**40**
(*a*)	(*b*)	(*c*)	(*a*)	(*a*)	(*b*)	(*c*)	(*b*)	(*c*)	(*b*)
41	**42**	**43**	**44**	**45**	**46**	**47**	**48**	**49**	**50**
(*b*)	(*b*)	(*a*)	(*d*)	(*d*)	(*c*)	(*c*)	(*b*)	(*b*)	(*c*)
51	**52**	**53**	**54**	**55**	**56**	**57**	**58**	**59**	**60**
(*d*)	(*c*)	(*a*)	(*d*)	(*b*)	(*b*)	(*a*)	(*b*)	(*b*)	(*b*)
61	**62**	**63**	**64**	**65**	**66**	**67**	**68**	**69**	**70**
(*b*)	(*b*)	(*c*)	(*d*)	(*c*)	(*a*)	(*a*)	(*d*)	(*c*)	(*c*)
71	**72**	**73**	**74**	**75**	**76**	**77**	**78**	**79**	**80**
(*d*)	(*c*)	(*a*)	(*d*)	(*d*)	(*b*)	(*b*)	(*b*)	(*b*)	(*c*)
81	**82**	**83**	**84**	**85**	**86**	**87**	**88**	**89**	**90**
(*d*)	(*d*)	(*a*)	(*b*)	(*c*)	(*a*)	(*b*)	(*b*)	(*c*)	(*c*)
91	**92**	**93**	**94**	**95**	**96**	**97**	**98**	**99**	**100**
(*b*)	(*a*)	(*b*)	(*d*)	(*b*)	(*d*)	(*c*)	(*a*)	(*c*)	(*b*)

❑❑❑

CHAPTER 10

ब्रायोफाइटा
BRYOPHYTA

- सर्वप्रथम ब्रौन (Braun) ने 1864 में ब्रायोफाइटा नाम का प्रयोग किया।
- प्रोफेसर शिवराम कश्यप को भारतीय ब्रायोफाइटा विज्ञान का जनक (Father of Indian Bryophyta) कहा जाता है।
- ब्रायोफाइटा (Bryophyta) नाम दो ग्रीक शब्दों (*bryon* = moss, *phyton* = plant) से हुआ है।
- ब्रायोफाइटा का यह छोटा समूह थैलोफाइटा तथा टेरिडोफाइटा के मध्य आता है।
- ब्रायोफाइटा में मॉस (Moss) तथा लिवरवर्ट (Liverworts) आते हैं।
- चूंकि ब्रायोफाइटा में जल तथा लवण संवहन के लिए संवहन ऊतक (Vascular tissue) अनुपस्थित होता है। इससे पदार्थो का संवहन एक कोशिका से दूसरी कोशिका में होता है।
- ब्रायोफाइटा में वास्तविक जड़ न होने से उनकी कोशिकाएँ पृथ्वी से सीधे जल का संवहन करती है, जिसके कारण केवल नम स्थानों पर ही ब्रायोफाइट्स मिलते हैं।
- ब्रायोफाइटा समूह के पौधे साकार में होते हैं। प्रायः यह नम एवं छायादार स्थानों पर पाये जाते हैं।

आवास एवं स्वभाव (Habit and Habitat)

ब्रायोफाइट्स प्रायः स्थलवासी (Terrestrial) होते हैं। परन्तु कुछ ब्रायोफाइट्स अन्य आवासों में भी पाये जाते हैं, जैसे- जलवासी (उदाहरण- स्फैगनम, फोन्टिनैलिस आदि, अधिपादप (उदाहरण- फ्रुलेनिया तथा मॉस आदि) एवं मृतोपजीवी (उदाहरण- *क्रिप्टोथैलस, मिराबिलिस,* बक्सबौनिया एफिल्ला आदि)।

संरचना (Structure)

इसमें दो प्रकार की संरचनाएँ पायी जाती हैं।

(*i*) थैलसाभ (Thallose) प्रकार के पौधे में स्तम्भ एवं पत्तियों का अभाव होता है। उदाहरण- एन्थोसिरॉस, रिक्सिया आदि।

(*ii*) पर्णिल (Foliose) प्रकार के पौधे में स्तम्भ एवं पत्तियां पायी जाती हैं। उदाहरण- फ्यूनेरिया एवं अन्य मॉसेज।

जनन (Reproduction)

ब्रायोफाइट्स में दो प्रकार का जनन पाया जाता है।

(*i*) कायिक/अलैंगिक जनन (Vegetative/Asexual Reproduction)

(*ii*) लैंगिक जनन (Sexual Reproduction)

ब्रायोफाइटा वर्ग के पौधों की विशेषताएँ

(*i*) वास्तविक जड़, तना और पत्तियों का अभाव होता और यह बहुत कम विकसित होते हैं।

(*ii*) मुख्य पौधा युग्मकोद्भिद होता है जो कि स्वतंत्र एवं दीर्घजीवी होता है।

(*iii*) एक ही प्रकार की कोशिकाओं से पौधे बने होते हैं।

(*iv*) एक ही पौधे पर पुंधानियाँ (antheridia) तथा स्त्रीधानियाँ (archegonia) उत्पन्न होती है जो कि लैंगिक जननांग बन्ध जैकेट से घिरा होता है।

(*v*) स्पोरोफाइट, युग्मकोद्भिद पर आश्रित होता है जो कि अल्पजीवी होता है।

(*vi*) स्पोरोफाइट में अगुणित (haploid) बीजाणु (Spores) का निर्माण होता है।

(*vi*) ब्रायोफाइटा में विषमरूपी पीढ़ी-एकान्तरण (Heteromorphic alternation of generation) पाया जाता है।

वर्गीकरण (Classification)

ब्रायोफाइटा को निम्नानुसार वर्गीकृत किया गया है।

ब्रायोफाइटा (Bryophyta)

वर्ग-1 हेपेटिकोप्सिडा (Hepaticopsida) लिवरवर्टस (Liverworts)

वर्ग-2 एन्थोसिरोटोप्सिडा (Anthocerotopsida) हार्नवर्टस (Hornworts)

वर्ग-3 एन्थोसिरो टाप्सिडा (Bryopsida) मॉसेज (mosses)

गण-1 एन्थोसिरोटेलीज (Order-1Anthoceratales)

गण-1 कैलोब्रायेलीज (Order-1 Calobryales)

गण-2 जंगरमैनिएलीज (Order-2 Junger manniales)

गण-3 मार्केन्शियेलीज (Order-3 marchantiales)

गण-4 स्फेरोकार्पेलीज (Order-4 Sphaerocarpales)

गण-1 स्फैग्नेलीज (Order-1 Sphagnales)

गण-2 एन्ड्रिएलीज (Order-2 Andreaeales)

गण-3 ब्रायेलीज (Order-3 Bryales)

आर्थिक महत्त्व (Economic Importance)

(*i*) ब्रायोफाइटा मृदा अपरदन को रोकने में सहायक होते हैं।

(*ii*) ब्रायोफाइटा के पौधों का प्रयोग पैकिंग मैटीरियल के रूप में काँच के बर्तनों को सुरक्षित रखने हेतु किया जाता है।

(*iii*) कुछ मॉस का प्रयोग जापान में लान बनाने में किया जाता है।

(*iv*) घाव पर पट्टी करने हेतु स्फैगनम का उपयोग किया जाता है।

(*v*) पादप अनुक्रमण (Plant succession) में ब्रायोफाइटा का विशेष महत्व है।

(*vi*) विकसित स्तनियों तथा कुछ जन्तुओं द्वारा ब्रायोफाइटा के कुछ पादप का भोजन के लिए उपयोग किया जाता है।

(*vii*) तालाबों, झीलों आदि में कुछ मॉस मृदा बनाकर भरने में सहायक होते हैं। अतः ब्रायोफाइटा का महत्व पारिस्थितिक दृष्टिकोण से बहुत अधिक है।

तालिका–10.1 शैवाल तथा ब्रायोफाइट्स में तुलना
(Comparison between Algae and Bryophytes)

	शैवाल (Algae)	ब्रायोफाइटा (Bryophytes)
1.	यह प्रायः जलीय होते हैं।	प्रायः थलीय होते हैं तथा नम स्थानों पर पाये जाते हैं।
2.	पादपकाय (Plant body) में division of labour नहीं होता है।	कुछ कोशिकायें विशेष कार्यों के लिये होती है।
3.	लैंगिक जनन समयुग्मकी असमयुग्मकी या oogamous होता है।	लैंगिक जनन oogamous होता है।
4.	जननांग एक कोशिकीय होते हैं तथा बंध्य कोशिकाओं से घिरे नहीं होते।	जननांग बहुकोशिकीय होते हैं तथा बंध्य कोशिकाओं से घिरे होते हैं।
5.	युग्मनज से भ्रूण नहीं बनता है।	युग्मनज (zygote) से भ्रूण बनता है।

तालिका–10.2 ब्रायोफाइट्स तथा टेरिडोफाइट्स में तुलना
(Comparison between Bryophytes and Pteridophytes)

	ब्रायोफाइट्स	टेरिडोफाइट्स
1.	मुख्य पौधा gametophytic होता है।	मुख्य पौधा sporophytic होता है।
2.	संवहन ऊतक अनुपस्थित होते हैं।	संवहन ऊतक उपस्थित होते हैं।
3.	स्पोरोफाइट गैमिटोफाइट पर निर्भर करता है।	स्पोरोफाइट स्वपोषी व स्वतन्त्र होता है।

बहुविकल्पीय प्रश्न

1. *रिक्सिया* तथा मॉस में निम्न में से कौन-सी कोशिकायें तिरछी विभाजित होकर पुंमणु का निर्माण करती हैं-

(*a*) एन्ड्रोसाइट मातृ कोशिकायें

(*b*) ऐन्डोथिशियल कोशिकायें

(*c*) स्पोरोसाइट

(*d*) एन्ड्रोसाइट

2. मॉस की स्त्रीधानी में ग्रीवानाल कोशिकाओं की संख्या है-

(*a*) 2 (*b*) 3

(*c*) 5 (*d*) 6-18

3. मॉस में पेरिस्टोम दाँत की संख्या होती है-

(*a*) 8 + 16 (*b*) 16 + 16

(*c*) 32 + 32 (*d*) 16 + 32

4. *फ्यूनेरिया* के परिपक्व पेरीस्टोम में पाये जाते हैं-

(*a*) मुड़े हुए संकरे त्रिकोणाकार दाँतों की एक पंक्ति, इनकी संख्या 16 होती है

(*b*) मुड़े हुए संकरे त्रिकोणाकार दाँतों की एक पंक्ति, इनकी संख्या 32 होती है

(*c*) मुड़े हुए त्रिकोणाकार दाँतों की दो पंक्तियाँ, प्रत्येक में 8 दाँत होते हैं

(*d*) मुड़े हुए संकरे त्रिकोणाकार दाँतों की दो पंक्तियाँ, प्रत्येक पंक्ति में 16 दाँत होते हैं

5. ब्रायोफाइट्स में बीजाणु मातृकोशिका होती है-
(*a*) अगुणित (*b*) द्विगुणित
(*c*) त्रिगुणित (*d*) चतुष्गुणित

6. निम्नलिखित में से कौन-सा वास्तविक मॉस होता है-
(*a*) क्लब मॉस (*b*) रेण्डियर मॉस
(*c*) आयरिश मॉस (*d*) बौग मॉस (स्फैग्नम)

7. बहुकोशिकीय तथा जैकिट युक्त जननांग उपस्थित होते हैं-
(*a*) *फ्यूनेरिया* में (*b*) *स्पाइरोगायरा* में
(*c*) *सैकरोमाइसीज* में (*d*) *हाइबिस्कस* में

8. *फ्यूनेरिया* के मूलाभास में निम्नलिखित में से क्या विशेषता होती है-
(*a*) रंगहीन, बहुकोशिकीय
(*b*) रंगहीन, बहुकोशिकीय
(*c*) रंगहीन, बहुकोशिकीय संरचना तिरछे पट के साथ
(*d*) उपरोक्त में से कोई नहीं।

9. मॉस के गेमिटोफाइट में बन्धक एक पंक्तिय, बहुकोशिकीय रोमों को कहते हैं-
(*a*) एपोफाइसिस (*b*) एपिफाइसिस
(*c*) हाइपोफाइसिस (*d*) पेरीफाइसिस

10. ब्रायोफाइट्स नमी और छायादार जगहों पर उगते हैं क्योंकि-
(*a*) यह जलीय है
(*b*) इनको निषेचन के लिये जल की आवश्यकता है
(*c*) यह जमीन पर उगते हैं
(*d*) इनमें जल तथा खनिज लवणों को अवशोषित करने के लिये अंग नहीं होते

11. इटली के वनस्पति वैज्ञानिक एफ. एफ. रिक्सी के नाम के आधार पर निम्न में से किसका नाम रखा गया?
(*a*) *फ्यूनेरिया* (*b*) *रिक्सिया*
(*c*) *एन्थोसिरौस* (*d*) *ड्यूमोर्टियेरा*

12. वे मॉस जो भूमि पर सघन रूप में फैली हुई चटाइयाँ बनाते हैं, रोकते हैं-
(*a*) मृदा अपरदन को
(*b*) पतझड़ को
(*c*) वृक्षों के समूल उखड़ने को
(*d*) भूमि से जल के वाष्पीकरण को

13. *फ्यूनेरिया* में स्तम्भिका (Columella) उपस्थित होती है-
(*a*) कैप्सूल के मध्य में तथा वन्ध्य होती है
(*b*) कैप्सूल के मध्य में तथा उर्वर होती है
(*c*) कैप्सूल की सतह पर तथा वन्ध्य होती है
(*d*) कैप्सूल की सतह पर एवं उर्वर होती है

14. मॉस के पौधे नम स्थानों पर क्यों पाये जाते हैं?
(*a*) क्योंकि निषेचन के लिए जल की आवश्यकता होती है
(*b*) क्योंकि वाष्पोत्सर्जन की दर बहुत अधिक होती है
(*c*) क्योंकि यह स्वतन्त्र प्लावी जलोद्भिद् होता है
(*d*) उपरोक्त में से कोई नहीं

15. भूमि पर बसने वाले (Inhabiting) सबसे पहले पौधे कौन-से हैं?
(*a*) ब्रायोफाइट्स (*b*) एन्जियोस्पर्म्स
(*c*) टेरिडोफाइट्स (*d*) जिम्नोस्पर्म्स

16. अन्य उच्च पादपों की तुलना में निम्न में से ब्रायोफाइट्स का कौन-सा अद्भुत लक्षण है?
(*a*) इनका स्पोरोफाइट गैमीटोफाइट से लगा होता है
(*b*) ये बीजाणु उत्पन्न करते हैं
(*c*) इनमें संवहन ऊतक नहीं होते हैं
(*d*) इनमें जड़ें नहीं होती हैं

17. ब्रायोफाइट्स की जलीय एन्सेस्ट्री (Ancestry) का कौन-सा धनात्मक प्रमाण है?
(*a*) सूत्र जैसा प्रोटोनीमा
(*b*) रोमाभिकीय पुंमणु
(*c*) कुछ पौधे आज भी जलीय हैं
(*d*) इनमें हरा रंग होता है

18. नीचे दिया गया विवरण पौधों के किस समूह पर फिट बैठता है – इनमें जड़ें, पुष्प तथा बीज नहीं होते हैं, पादप शरीर कटे-फटे छोटे, फीतेनुमा हरे थैलस द्वारा पहचाना जा सकता है। मादा जननांग स्त्रीधानी कहलाता है-
(*a*) टेरिडोफाइट्स (*b*) बेसीडियोमाइसिटीज
(*c*) ब्रायोफाइट्स (*d*) जिम्नोस्पर्म्स

19. बीजाणु तथा भ्रूण उत्पन्न करने वाला पौधा निम्न किस पादप-समूह में रखा जाना चाहिए?

(*a*) जिम्नोस्पर्म्स (*b*) फन्जाई
(*c*) टेरिडोफाइट्स (*d*) ब्रायोफाइट्स

20. निम्न में से कौन ब्रायोफाइट्स की जलीय उत्पत्ति को दर्शाता है-
(*a*) युग्मकोद्भिद् पादप काय
(*b*) द्विकशाभिकीय बीजाणु
(*c*) कशाभिकीय पुंमणु
(*d*) अकशाभिकीय पुंमणु

21. मॉस का पौधा किससे विकसित होता है-
(*a*) द्विगुणित बीजाणु से
(*b*) प्रोटोनीमा से
(*c*) निषिक्तांडो से
(*d*) पुंमणु से

22. *फ्यूनेरिया* में रन्ध्र होते हैं-
(*a*) कैप्सूल में (*b*) पाद में
(*c*) सीटा में (*d*) इसमें से कहीं पर नहीं

23. *रिक्सिया* में युग्मकोद्भिद् पीढ़ी अन्तिम संरचना है-
(*a*) बीजाणु
(*b*) निषिक्ताण्ड
(*c*) बीजाणु मातृ कोशिका
(*d*) युग्मक

24. फ्यूनेरिया में अगुणित रचना है-
(*a*) प्रोटोनीमा (*b*) कैप्सूल
(*c*) कॉल्यूमेला (*d*) सीटा

25. मॉस के स्पोरोफाइट में निम्न अनुपस्थित होता है-
(*a*) सीटा (*b*) इलैटर्स
(*c*) फुट (*d*) कॉल्यूमेला

26. मॉस के मामले में बीजाणु के तुरन्त अंकुरण पर बनता है-
(*a*) स्पोरोफाइट (*b*) प्रोथैलस
(*c*) थैलस (*d*) प्रोटोनीमा

27. मॉस में, बीजाणु अंकुरण पर-
(*a*) प्रोटोनीमा बनाता है
(*b*) प्रोटोनीमा बनाता है जिस पर पौधे की भाँति मॉस का पौधा निकलता है
(*c*) पुंधानियाँ तथा स्त्रीधानियाँ उत्पन्न करता है
(*d*) सीधे ही एक पर्णिल युग्मकोद्भिद बनाता है

28. मॉस के कैप्सूल के परिमुखी दाँतों (Peristomial teeth) की निम्न में से कौन-सी गति होती है?
(*a*) प्रेरित गति (*b*) जीरोकेसी
(*c*) ट्रोपिज्म (*d*) हाइड्रोकेसी

29. मॉस का कैप्सूल प्रदर्शित करता है-
(*a*) गैमीटोफाइट
(*b*) स्पोरोफाइट
(*c*) प्रोटोनीमा का एक भाग
(*d*) सोरस का एक भाग

30. निम्न में से कौन-से सबसे कम समुद्र के किनारे मिलेंगे?
(*a*) भूरे शैवाल (*b*) मॉस
(*c*) हरे शैवाल (*d*) लाल शैवाल

31. *फ्यूनेरिया* में रन्ध्र (Stomata) पाये जाते हैं-
(*a*) कैप्सूल के ऊपरी भाग पर
(*b*) कैप्सूल के निचले भाग पर
(*c*) पत्ती पर
(*d*) तने पर

32. मॉस में मादा जननांग धारण करने वाली शाखा कहलाती है-
(*a*) गाइनोफोर (*b*) कार्पोफोर
(*c*) आर्कीगोनियोफोर (*d*) एन्थरीडियोफोर

33. *फ्यूनेरिया* में निम्न में से किस प्रकार के पुंमाणु बनते हैं-
(*a*) बहुकशाभिकीय (*b*) अकशाभिकीय
(*c*) द्विकशाभिकीय (*d*) इनमें से कोई नहीं

34. *मारकेंशिया* के इलैटर्स प्रदर्शित करते हैं-
(*a*) जीरोकेसी (Xerochasy)
(*b*) हाइड्रोकेसी (Hydrochasy)
(*c*) उत्परिवर्तन (Mutation)
(*d*) सर्कमनुटेशन (Circumnutation)

35. मॉस के कैप्सूल का स्फुटन (Dehiscence) निम्न के फटने (Rupture) द्वारा होता है-
(*a*) ऑपरकुलम (*b*) परिमुख
(*c*) वलय (Annulus) (*d*) कैलिप्ट्रा

36. *फ्यूनेरिया* तथा *सिलैजीनेला* में निम्न में से कौन-सा सामान्य नहीं है?
(*a*) जड़ें (*b*) स्त्रीधानी
(*c*) भ्रूण (*d*) सचल पुंमणु

37. *फ्यूनेरिया* के बीजाणु प्रदर्शित करते हैं-
(*a*) लैंगिक प्रोपैग्यूल्स
(*b*) युग्मक
(*c*) गैमीटोफाइट पीढ़ी की शुरूआत
(*d*) बीजाणोद्भिद् पीढ़ी की शुरूआत

38. *फ्यूनेरिया* में बीजाणुओं का प्रकीर्णन (Dispersal) होता है-
(*a*) कैप्सूल के स्फुटन द्वारा
(*b*) परिमुख द्वारा
(*c*) स्पोरोगोनियम की मृत्यु तथा नष्ट होने के द्वारा
(*d*) ऑपरकुलम के स्फुटन द्वारा

39. *फ्यूनेरिया* का जीवन-चक्र बिना जल के पूर्ण नहीं होता है, सही कथन का चुनाव कीजिए-
(*a*) क्योंकि पौधा कोमल होता है और यह बिना जल के सूख और मर जायेगा
(*b*) क्योंकि शाखाएँ विकसित नहीं होंगी
(*c*) क्योंकि केवल जल की उपस्थिति में निषेचन होता है
(*d*) क्योंकि *फ्यूनेरिया* के ब्रायोफाइट पादप हैं

40. निम्न में से कौन *फ्यूनेरिया* में बीजाणु प्रकीर्णन से सम्बन्धित नहीं होता है?
(*a*) पेरीस्टोम (*b*) पाद
(*c*) सीटा (*d*) एन्यूलस

41. *फ्यूनेरिया,* साइकस से भिन्न किया जा सकता है क्योंकि-
(*a*) यह फल उत्पन्न नहीं करता है
(*b*) इसमें पुंधानियाँ तथा स्त्रीधानियाँ होती हैं
(*c*) इसमें बीज नहीं होते हैं
(*d*) इसमें पराग नलिका होती हैं

42. कैप्सूल का मध्य केन्द्रीय भाग वन्ध्य होता है और कहलाता है-
(*a*) कौल्यूमेला (*b*) ऑपरकूलम
(*c*) एपोफाइसिस (*d*) बीजाणु कोष

43. एस. आर. कश्यप प्रसिद्ध हैं-
(*a*) फाइकोलौजी के लिए
(*b*) माइकोलौजी के लिए
(*c*) ब्रायोलौजी के लिए
(*d*) टेरिडोलौजी के लिए

44. *फ्यूनेरिया* के पुंमणु (Antherozoids) होते हैं-
(*a*) द्विरोमाभिकीय सर्पिल रूप में कुण्डलित
(*b*) द्विरोमाभिकीय तथा अकुण्डलित
(*c*) चतुष्रोमाभिकीय
(*d*) अरोमाभिकीय

45. प्रोटोनीमा होता है-
(*a*) एक जीवाश्म टेरिडोफाइट
(*b*) मॉस के गैमीटोफाइट की शिशु-प्रावस्था
(*c*) *फ्यूनेरिया* के स्पोरोफाइट का एक भाग
(*d*) उपरोक्त में से कोई नहीं

46. सबसे बड़ा गैमीटोफाइट पाया जाता है
(*a*) *फ्यूनेरिया* में (*b*) *सिलैजिनेला* में
(*c*) चीड़ (Pinus) में (*d*) *साइकस* में

47. *रिक्सिया* के मूलाभास होते हैं-
(*a*) बहुकोशिकीय
(*b*) एककोशिकीय
(*c*) शाखायुक्त
(*d*) इनमें से कोई नहीं

48. मॉस के कैप्सूल में एपोफाइसिस होता है-
(*a*) ऊपरी भाग
(*b*) मध्य भाग
(*c*) निचला भाग
(*d*) उर्वर भाग (Fertile part)

49. जिस पौधे में बीजाणु तथा भ्रूण उत्पन्न होते हैं किन्तु बीज एवं संवहन ऊतकों का अभाव होता है आप इसे किस समूह में रखेंगे?
(*a*) शैवाल (*b*) कवक
(*c*) ब्रायोफाइटा (*d*) टेरिडोफाइटा

50. मॉस के बीजाणु की माप होती है-
(*a*) 12 – 20μ (*b*) 30 – 50μ
(*c*) 40 – 50μ (*d*) 50 – 70μ

51. *फ्यूनेरिया* के तने का केन्द्रीय भाग होता है-
(*a*) मज्जा (Pith) से पूर्ण
(*b*) वास्तविक संवहन ऊतक
(*c*) संवहन ऊतक का एक प्रकार
(*d*) पिलीफेरस स्तर

52. अण्डधा भाग होता है-
(*a*) पुंधानी का (*b*) *स्पोरोगोनियम* का
(*c*) स्त्रीधानी का (*d*) बीजाणुधानी का

53. *फ्यूनेरिया* के स्फुटन करने वाले कैप्सूल के मुख पर मिलने वाले आर्द्रताग्राही दाँतों के घेरे को कहते हैं-
(*a*) एन्यूलस
(*b*) ट्रेबेकुली
(*c*) परिमुख (Peristome)
(*d*) एपोफाइसिस

54. मॉस के कैप्सूल में बीजाणु (Spores) बनते हैं-
(*a*) बीजाणु कोष में (*b*) वायुगुहाओं में
(*c*) एन्यूलस में (*d*) एपोफाइसिस में

55. जब मॉस के बीजाणु अंकुरित होते हैं तो ये बनाते हैं-
(*a*) पर्णिल गैमीटोफाइट
(*b*) कैप्सूल
(*c*) प्रोटोनीमा
(*d*) मूलाभास

56. कैप्सूल युक्त मॉस का पौधा एक उदाहरण है-
(*a*) स्पोरोफाइट का जो पूर्णरूप से गैमीटोफाइट पर आश्रित होता है
(*b*) स्पोरोफाइट का जो आंशिक रूप से गैमीटोफाइट पर आश्रित होता है
(*c*) कभी-कभी (*a*) कभी-कभी (*b*)
(*d*) उपरोक्त में से कोई नहीं

57. ब्रायोफाइट्स उभयचर पादपों (Amphibian plants) के नाम से प्रसिद्ध हैं क्योंकि-
(*a*) ये पृथ्वी (भूमि) पर उगते हैं
(*b*) ये नम भूमि पर उगते हैं और इन्हें लैंगिक जनन हेतु जल की आवश्यकता पड़ती है
(*c*) ये जलीय होते हैं
(*d*) उपरोक्त सभी

58. निम्नलिखित में से किसमें प्रोटोनीमा पाया जाता है?
(*a*) *राइजोबियम* (*b*) *फ्यूनेरिया*
(*c*) *मारकेंशिया* (*d*) चीड़ (Pinus)

59. निम्न में से किसमें पीढ़ी-एकान्तरण पाया जाता है?
(*a*) *एशर्शिया कोलाई* (*b*) *फ्यूनेरिया*
(*c*) *क्लैमाइडोमोनास* (*d*) *स्पाइरोगायरा*

60. निम्नलिखित में से कौन-सा 'पीट मॉस' कहलाता है?
(*a*) *फ्यूनेरिया* (*b*) *पोरेला*
(*c*) *पेलिया* (*d*) *स्फैग्नम*

61. *रिक्सिया* की पुंधानी होती है एक-
(*a*) एककोशिकीय संरचना
(*b*) बहुकोशिकीय संरचना
(*c*) 20 कोशिकाओं वाली संरचना
(*d*) 60 कोशिकाओं वाली संरचना

62. इलैटर्स स्पोरोगोनियम में मिलते हैं-
(*a*) *सिलैजीनेला* के
(*b*) *मारकेंशिया* के
(*c*) *रिक्सिया के*
(*d*) *स्फैग्नम* के

63. मारकेंशिया की स्त्रीधानी (Archegonia) की कौन-सी सुरक्षात्मक संरचना होती है-
(*a*) इलैटर (Elater)
(*b*) पेरीकीटियम (Perichaetium)
(*c*) वन्ध्य सूत्र (Paraphyses)
(*d*) ट्राइकोम (Trichome)

64. निम्न में से कौन-सा मारकेंशिया में मिलता है-
(*a*) इण्डूशियम (*b*) जेमा
(*c*) पैराफाइसिस (*d*) लिम्यूल

65. *रिक्सिया* में पुंधानी (Antheridium) की आकृति होती है-
(*a*) अण्डाकार
(*b*) गोल
(*c*) नाशपाती के आकार की
(*d*) फ्लास्क रूपी

66. निम्न में से किसमें एकलिंगाश्रयी (Dioecious) गैमीटोफाइट सामान्य है-
(*a*) *एन्थोसिरौस* (*b*) *रिक्सिया*
(*c*) *फ्यूनेरिया* (*d*) *मारकेंशिया*

67. जेमी (Gemmae) अलिंगी जनन की काय (Bodies) होते हैं-
(*a*) जिम्नोस्पर्म्स में (*b*) मॉस में
(*c*) लिवरवर्ट्स में (*d*) शैवालों में

68. कौन-सा लक्षण ब्रायोफाइट्स का नहीं है?
(*a*) स्त्रीधानियों की उपस्थिति
(*b*) स्वतन्त्र स्पोरोफाइट
(*c*) सचल पुंमणु
(*d*) निषेचन के लिए जल आवश्यक होता है

69. युग्मकोद्भिद् (Gametophyte) पीढ़ी प्रभावी (Dominant) होती है-
(*a*) एन्जियोस्पर्म्स में (*b*) टेरिडोफाइट्स में
(*c*) ब्रायोफाइट्स में (*d*) जिम्नोस्पर्म्स में

70. निम्नलिखित में से कौन-सा लिवरवर्ट्स से घनिष्ट सम्बन्ध रखता है?
(*a*) लाइकेन्स (*b*) मॉस
(*c*) शैवाल (*d*) कवक

71. निम्न में से किसमें स्पोरोफाइट, गैमीटोफाइट से संलग्न होता है?
(*a*) शैवाल (*b*) कवक
(*c*) ब्रायोफाइट्स (*d*) टेरिडोफाइट्स

72. निम्न ब्रायोफाइट्स कहलाते हैं-
(*a*) मॉस (*b*) फर्न्स
(*c*) लिवरवर्ट्स (*d*) इनमें से कोई नहीं

73. *मारकेंशिया* में मादा जननांग वृन्तयुक्त (Stalked) रचनाओं पर उत्पन्न होते हैं जो कहलाती हैं-
(*a*) अण्डप (Carpel)
(*b*) स्त्रीधानीधर (Archegoniophore)
(*c*) गाइनोफोर (Gynophore)
(*d*) मेगास्पोरोफिल (Megasporophyll)

74. *रिक्सिया* का स्पोरोगोनियम होता है-
(*a*) सीटा तथा कैप्सूल में भिन्नित
(*b*) फुट, सीटा एवं कैप्सूल में भिन्नित
(*c*) एक साधारण कैप्सूल
(*d*) उपरोक्त में से कोई नहीं

75. ब्रायोफाइट्स में सबसे सरल स्पोरोफाइट होता है-
(*a*) *मारकेंशिया* का (*b*) *रिक्सिया* का
(*c*) *एन्थोसिरौस* का (*d*) *फ्यूनेरिया* का

76. *मारकेंशिया* में कैलिप्ट्रा पाया जाता है-
(*a*) एन्थ्रीरीडियोफोर में (*b*) आर्कीगोनियोफोर में
(*c*) गैमीटोफाइट में (*d*) स्पोरोफाइट में

77. निम्न में से किसमें ट्यूबरकुलेटेड मूलाभास पाये जाते हैं-
(*a*) *फ्यूनेरिया*
(*b*) *एन्थोसिरौस*
(*c*) *मार्केन्शिया*
(*d*) इनमें से किसी में नहीं

78. मॉस के कैप्सूल के शीर्षस्थ भाग में एक प्यालेनुमा संरचना होती है जिसे कहते हैं-
(*a*) पेरीस्टोम (*b*) थीका
(*c*) एन्यूलस (*d*) औपरकुलम

79. ब्रायोफाइट्स में किस प्रकार की बीजाणु कोशिकाएँ होती हैं-
(*a*) त्रिगुणित (Triploid) प्रकृति वाली
(*b*) चतुष्गुणित (Tetraploid) प्रकृति वाली
(*c*) अगुणित (Haploid) प्रकृति वाली
(*d*) द्विगुणित (Diploid) प्रकृति वाली

80. निम्नलिखित में से किसमें द्विभाजी शाखान्वयन (Dichotomous branching) होता है?
(*a*) फर्न (*b*) *लिवरवर्ट्स*
(*c*) *फ्यूनेरिया* (*d*) *मारकेंशिया*

81. ब्रायोफाइट्स होते हैं-
(*a*) महत्वहीन
(*b*) अत्यधिक पारिस्थितिक महत्व के
(*c*) बड़ी मात्रा में एस्थेटिक महत्व के
(*d*) अत्यधिक आर्थिक महत्व के

82. एक ब्रायोफाइट, टेरिडोफाइट्स से भिन्न होता है-
(*a*) स्त्रीधानियों में
(*b*) संवहन ऊतकों के अभाव में
(*c*) तैरने वाले पुंमाणुओं में
(*d*) स्वतन्त्र गैमिटोफाइट्स में

83. गैमिटोफाइट ऊतक से सीधे ही स्पोरोफाइट का परिवर्धन कहलाता है-
(*a*) एपोगैमी (*b*) एपोस्पोरी
(*c*) सिनगैमी (*d*) पार्थीनोजेनेसिस

84. भारतीय ब्रायोलोजी के जनक हैं-
(*a*) राजकुमार (*b*) एस. आर. कश्यप
(*c*) माहेश्वरी (*d*) खुराना

85. *फ्यूनेरिया* के मूलाभास निकलते हैं तने के-
(*a*) निचले भाग से
(*b*) वेन्ट्रल (Ventral) भाग से
(*c*) डॉरसल (dorsal) भाग से
(*d*) उपरोक्त में से कोई नहीं

86. *फ्यूनेरिया* के पौधे में रन्ध्र उपस्थित होते हैं-
(*a*) पाद में (*b*) सीटा में
(*c*) संपुट में (*d*) पर्ण में

87. मॉस के बीजाणु-उद्भिद् में निम्नलिखित में से क्या अनुपस्थित है-
(*a*) सीटा (*b*) पाद
(*c*) इलेटर (*d*) कौल्यूमेला

88. निम्न में से कौन वनस्पति-जगत के 'जल स्थल चर' हैं-
(*a*) शैवाल (*b*) थैलोफाइट
(*c*) ब्रायोफाइट (*d*) प्लवमान पादप

89. *फ्यूनेरिया* का पौधा है-
(*a*) उभय लिंगाश्रयी (*b*) एक लिंगाश्रयी
(*c*) भिन्नाश्रयी (*d*) इनमें से कोई नहीं

90. *रिक्सिया* का बीजाणुद्भिद् एक गोलाकार शरीर का होता है जो है-
(*a*) स्पोरोगोनियम (*b*) स्पोरोथी का
(*c*) बीजाणुधानी (*d*) कैप्सूल

91. *रिक्सिया* में द्विगुणित गुणसूत्र किसमें पाये जाते हैं-
(*a*) युग्मक
(*b*) बीजाणु
(*c*) बीजाणु मातृ कोशिका
(*d*) युग्मक केन्द्रक

92. मॉस के कैप्सूल के मध्य का बन्धय भाग कहलाता है-
(*a*) कॉल्यूमैला (*b*) बीजाणु कोष
(*c*) प्रोटोनीमा (*d*) प्रोथैलस

93. ब्रायोफाइटा के सम्बन्ध के कौन-सा कथन असत्य है-
(*a*) इनमें संवहन ऊतकों का अभाव होता है
(*b*) ये नम व छायादार स्थानों पर पाये जाते हैं
(*c*) इनका युग्मकोद्भिद् स्वतन्त्र नहीं होता है
(*d*) उपरोक्त सभी

94. निम्न में वास्तविक मॉस है-
(*a*) फव क्लब मॉस (*b*) रेण्डियर मॉस
(*c*) आइरिश मॉस (*d*) वोग मॉस

95. लिवरवर्ट क्या है-
(*a*) निम्न ब्रायोफाइट्स
(*b*) मॉसेस
(*c*) अपवंक कवक
(*d*) थैलासाभ लाइकेन (पत्ती जैसे)

96. ऐसा ब्रायोफाइट जिसका बीजाणुद्भिद् बहुत सरल होता है-
(*a*) *फ्यूनेरिया* (*b*) *रिक्सिया*
(*c*) *मारकेंशिया* (*d*) *पोरेला*

97. ब्रायोफाइटों का एक सर्वथा अलग प्रकार का लक्षण कौन-सा है-
(*a*) इनमें स्पोर बनते हैं
(*b*) इनमें संवहनी ऊतक नहीं होते
(*c*) इनमें जड़ें नहीं होतीं
(*d*) इनका स्पोरोफाइट गैमिटोफाइट से जुड़ा होता है

98. मॉस का पौधा क्या होता है?
(*a*) कभी गैमिटोफाइट तथा कभी स्पोरोफाइट
(*b*) मुख्य रूप से गैमिटोफाइट जिससे स्पोरोफाइट जुड़ा होता है
(*c*) गैमिटोफाइट (युग्मकोद्भिद्)
(*d*) स्पोरोफाइट बीजाणुजनक

99. ग्रीवा से युक्त, जिसमें ग्रीवा कोशिकाओं की 4–6 पंक्तियाँ होती हैं, ऐसा सुविकसित आर्किगोनियम विशिष्टतः किसमें पाया जाता है-
(*a*) जिम्नोस्पर्म तथा पुष्पी पौधे
(*b*) ब्रायोफाइट तथा टेरिडोफाइट
(*c*) केवल जिम्नोस्पर्म
(*d*) टेरिडोफाइट तथा जिम्नोस्पर्म

100. ब्रायोफाइट्स, टेरिडोफाइट्स से भिन्न है-
(*a*) स्पोरोफाइट में
(*b*) संवहन ऊतक की अनुपस्थिति में
(*c*) गैमिटोफाइट में
(*d*) जड़ में

उत्तरमाला

1	2	3	4	5	6	7	8	9	10
(*a*)	(*d*)	(*b*)	(*d*)	(*b*)	(*d*)	(*a*)	(*c*)	(*d*)	(*b*)
11	**12**	**13**	**14**	**15**	**16**	**17**	**18**	**19**	**20**
(*b*)	(*a*)	(*a*)	(*a*)	(*a*)	(*a*)	(*b*)	(*c*)	(*d*)	(*c*)
21	**22**	**23**	**24**	**25**	**26**	**27**	**28**	**29**	**30**
(*b*)	(*a*)	(*d*)	(*a*)	(*b*)	(*d*)	(*b*)	(*d*)	(*b*)	(*b*)
31	**32**	**33**	**34**	**35**	**36**	**37**	**38**	**39**	**40**
(*b*)	(*c*)	(*c*)	(*a*)	(*c*)	(*a*)	(*c*)	(*b*)	(*c*)	(*b*)
41	**42**	**43**	**44**	**45**	**46**	**47**	**48**	**49**	**50**
(*c*)	(*a*)	(*c*)	(*b*)	(*b*)	(*a*)	(*b*)	(*c*)	(*c*)	(*a*)
51	**52**	**53**	**54**	**55**	**56**	**57**	**58**	**59**	**60**
(*c*)	(*c*)	(*c*)	(*a*)	(*c*)	(*b*)	(*b*)	(*b*)	(*b*)	(*d*)
61	**62**	**63**	**64**	**65**	**66**	**67**	**68**	**69**	**70**
(*b*)	(*b*)	(*b*)	(*b*)	(*b*)	(*d*)	(*c*)	(*b*)	(*c*)	(*b*)
71	**72**	**73**	**74**	**75**	**76**	**77**	**78**	**79**	**80**
(*c*)	(*c*)	(*b*)	(*c*)	(*b*)	(*d*)	(*c*)	(*d*)	(*c*)	(*b*)
81	**82**	**83**	**84**	**85**	**86**	**87**	**88**	**89**	**90**
(*b*)	(*b*)	(*a*)	(*b*)	(*a*)	(*c*)	(*c*)	(*c*)	(*a*)	(*d*)
91	**92**	**93**	**94**	**95**	**96**	**97**	**98**	**99**	**100**
(*c*)	(*a*)	(*c*)	(*d*)	(*a*)	(*b*)	(*d*)	(*b*)	(*b*)	(*b*)

❑❑❑

CHAPTER 11

टेरिडोफाइटा
PTERIDOPHYTA

टेरिडोफाइटा (Pteridophyta, Gr. *Pteron* = feather, *phyton* = plant)

- इसमें लगभग 10,000 स्पीशीज पायी जाती हैं। यह आदिम संवहनी पौधों (Vascular plants) में सबसे बड़ा वर्ग है।
- टेरिडोफाइटा मुख्यतः नम उष्ण स्थानों पर पाये जाते हैं, लेकिन बहुत से फर्न सब आकर्टिक परिस्थितियों में भी पाये जाते हैं।
- ब्रायोफाइटा की तरह फर्न भी पीढ़ी एकांतरण होता है। इसके जीवन चक्र में बहुकोशिकीय बीजाणुद्भिद्, युग्मकोद्भिद् अवस्था में एकांतरण करता है।
- फर्न का पौधा स्पोरोफाइटा (बीजाणुउद्भिद) होता है और स्पोर या बीजाणुओं द्वारा अलैंगिक जनन करता है। स्पोरोफाइट तना, जड़ व पत्तियों में विभक्त होता है।
- फर्न की पत्तियां (Leaves) हरी व आकार में बड़ी (1 फुट से 3 फुट) होती हैं और पौधे का मुख्य भाग बनाती हैं। पत्तियां द्विपृष्ठाधारी (Dorsoventral), सवृन्त (Petiolate) तथा द्विपिच्छकी संयुक्त (Bipinnately Compound) होती हैं।
- शिशु अवस्था में पत्तियां शीर्ष से नीचे की ओर घड़ी के स्प्रिंग की भांति कुण्डलित रहती हैं। यह फर्न की विशेषता है और इसे कुण्डलित पर्णअवस्था (Circinate Vernation) कहते हैं।
- प्रत्येक पत्ती एक लंबे वृन्त द्वारा सीधे राइजोम (प्रकन्द) से जुड़ी रहती है। पत्ती का मध्य शिरा रेकिस (Rachis) कहलाता है। रेकिस पर दोनों ओर पिच्छके (Pinnules) होती हैं। ऐसी पत्ती को द्विपिच्छकी संयुक्त पत्ती कहते हैं। पुरानी पत्तियों के आधार पर अपस्थानिक कलिकायें होती हैं, जो अलग होने पर फर्न के नये पौधे बनाती हैं। पिच्छिकाओं की मध्यशिरा से अनेक पार्श्व शिराएं निकलती हैं जो किनारों पर जाकर द्विशाखित हो जाती हैं।

फर्न का तना भूमिगत व बहुवर्षीय होता है और राइजोपस (प्रकन्द) कहलाता है। यह लगभग 8 इंच लंबा होता है और भूमि में तिरछा उगता है जिससे इसका केवल अगला सिरा भूमि में से कुछ बाहर निकला रहता है। राइजोम (प्रकन्द) अनियमित आकृति का होता है और इसकी सतह मृत-पत्तियों के चिरलग्न पर्णाधारों (Leaf Bases) से ढ़की रहती है जिससे यह अधिक मोटा प्रतीत होता है।

फर्न का तना वायवीय शाखायें धारण नहीं करता है। इसकी ऊपरी सतह से पत्तियां तथा निचली सतह से अपस्थानिक जड़ें विकसित होती हैं। पुराने राइजोम में ये इतनी सघन होती हैं कि उसे चारों ओर से ढ़क लेती हैं। जैसे-जैसे तना वृद्धि करता चला जाता है इसका पिछला भाग नष्ट होता जाता है।

टेरिडोफाइटा में अलैंगिक जनन प्रकन्द (Rhizome) द्वारा होता है। इस वर्ग के पौधे ब्रायोफाइटा के विपरीत द्विगुणित (2n), बीजाणु उद्भिद् (Sporophyte) होते हैं। पादप द्वारा बीजाणु (n) बनाये जाते हैं। ये बीजाणु, बीजाणुधानियों (Sporangia) में विकसित होते हैं और अगुणित होते हैं। बीजाणुधानियाँ पर्णकों (Leaflets) की निचली सतहों पर लगे होते हैं। ये पर्णक अथवा वर्ग स्पोरोफिल (Sporophyll) भी कहलाती है। इनके द्वारा बने बीजाणु मियोसिस विभाजन का परिणाम होते हैं। अंकुरण पर बीजाणु युग्मकोद्भिद् को जन्म देता है जो एकगुणित (n) पीढ़ी है। विकसित युग्मकोद्भिद् की हृदयाकार संरचना होती है जिसे प्रोथैलस (Prothallus) कहते हैं। सामान्यतया प्रोथैलस

उभयलिंगाश्रयी जिस पर दोनों प्रकार के (नर व मादा) जननांग–पुंधानियाँ (Antheridia; male) व स्त्रीधानियाँ (Archegonia, Female) निचली सतह पर परिवर्धित होती हैं।

प्रोथैलस स्वतन्त्र रूप से जीवन यापन करता है। इसका जीवनकाल बहुत कम होता है। ब्रायोफाइटा के समान निषेचन के लिए जल की उपस्थिति आवश्यक है। निषेचित अण्ड कोशिका अपने चारों ओर एक भित्ति स्त्रावित कर निशिक्ताण्ड में परिवर्तित हो जाता है। निशिक्ताण्ड वृद्धि कर भ्रूण (तरूण बीजाणुउद्‌भिद्) बनाता है जो सामान्य वृद्धि कर एक वयस्क बीजाणुउद्‌भिद में परिवर्धित हो जाता है।

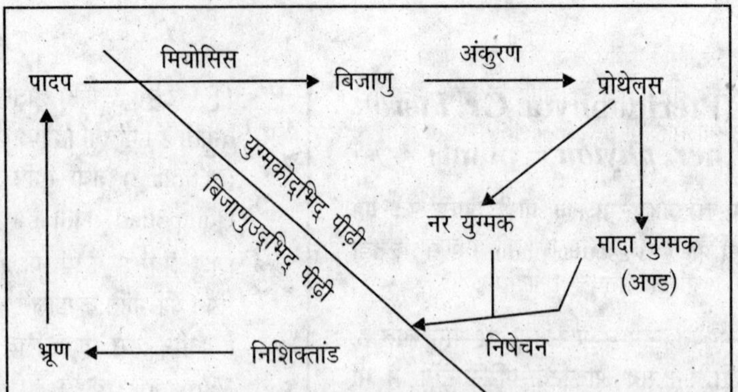

टेरिडोफाइटा में पीढ़ी एकान्तरण
(Alternation of Generation in Pteridophyta)

वर्गीकरण (Classification)

ओसवाल्ड टिप्पो (1942) द्वारा प्रस्तावित वर्गीकरण निम्नानुसार है। लगभग सभी वैज्ञानिकों के इसे चार वर्गों में ही विभाजित किया है।

फाइलम ट्रैकिओफाइटा (Phylum Tracheophyta)

- सब फाइलम 1. साइलोप्सिडा (Psilopsida)
  - वर्ग साइलोफाइटिनी (Psilophytineae)
    - गण 1. साइलोफाइटेलीज (Psilophytales)
    - गण 2. साइलोटेलीज (Psilotales)
- सब फाइलम 2. लाइकोप्सिडा (Lycopsida)
  - वर्ग लाइकोपोडिनी (Lycopodineae)
    - गण 1. लाइकोपोडिएलीज (Psilophytales)
    - गण 2. सिलेजिनेलेलीज (Selaginellales)
    - गण 3. लेपिडोडेन्ड्रेलीज (Lepidodendrales)
    - गण 4. प्लूरोमिएलीज (Pleuromeiales)
    - गण 5. आइसोइटेलीज (Isoetales)
- सब फाइलम 3. स्फीनोप्सिडा (Sphenopsida)
  - वर्ग इक्वीसीटिनी (Equisetineae)
    - गण 1. हाइनिएलीज (Hyeniales)
    - गण 2. स्फीनोफिल्लेलीज (Sphenophyllales)
    - गण 3. इक्वीटेसीटेलीज (Equisetales)
- सब फाइलम 4. टेरीप्सिडा (Pteropsida)
  - वर्ग फिलिसिनी (Filicieneae)
    - गण 1. सीनोप्टेरिडेलीज (Coenopteridales)
    - गण 2. आफियोग्लोसेलीज (Ophioglossales)
    - गण 3. मैरेटिएलीज (Maratiales)
    - गण 4. फिलीकेलीज (Filicales)

तालिका 11.1 मॉस एवं फर्न के युग्मकोद्भिद् में विभेद (Difference between Gametophyte of moss and fern)

मॉस (Moss)	फर्न (Fern)
1. इसका प्रारम्भ एक बीजाणु से होता है। यह अंकुरित हो करके एक शाखान्वित तन्तु बनाता है। प्रथम तन्तु पर ही पार्श्वकलिकाओं से मॉस के नये पौधे बनते हैं।	1. इसका प्रारम्भ अगुणित बीजाणु से होता है। यह अंकुरित होने के बाद एक छोटा सा तन्तु तो बनाता है लेकिन प्रथम तन्तु यहां नहीं बनता है। इस तन्तु पर एक ही युग्मोकद्भिद् प्रोथैलस बन जाता हैं।
2. इसमें कायिक जनन, प्राथमिक प्रथम तन्तु, द्वितीयक प्रथम तन्तु जेमी, पत्र प्रकलिकाओं (bulbils) के आदि के द्वारा होता हैं।	2. इसमें अपयुग्मन के द्वारा कायिक जनन होता है।
3. इसमें युग्मकधर उभयलिंगाश्रयी (Monoecious) होता है।	3. इसमें प्रोथैलस उभयलिंगाश्रयी के साथ–साथ पुपूर्वी (Monoecious but protandrous) होता है।
4. इसमें पुंधानी मुद्गर के आकार (Club shaped) की होती है।	4. इसमें पुंधानी गोल (round) होती है।
5. इसमें स्त्रीधानी व्यावर्तित (Twisted) ग्रीवा वाली व लम्बी होती है।	5. इसमें छोटी ग्रीवा वाली स्त्रीधानियाँ होती हैं।
6. इसमें स्त्रीधानी से उत्सर्जित अनुचलनी पदार्थ (Chemotactic substances) शर्करा होता है।	6. इसमें स्त्रीधानी से उत्सर्जित पदार्थ मुख्य रूप से मैलिक अम्ल (malic acid) होता है।

तालिका 11.2 मॉस एवं फर्न के बीजाणुउद्भिद् में विभेद (Difference between sporophyte of moss and fern)

मॉस (Moss)	फर्न (Fern)
1. बीजाणुउद्भिद् लगभग 2 सेमी लम्बा स्पोरोगोनियम होता है।	1. फर्न का बीजाणुद्भिद एक पूर्ण विकसित पौधे के रूप में होता है।
2. इसमें संवहन ऊतक (जाइलम व फ्लोएम) अनुपस्थित होता है।	2. इसमें संवहन ऊतक (जाइलम एवं फ्लोएम) उपस्थित होता है।
3. यह अपने पूरे जीवनकाल में युग्मकोद्भिद पर आंशिक रूप से निर्भर रहता है। इसमें प्रकाश संश्लेषण की किया तो होती है परन्तु जल, खनिज लवण आदि युग्मकोद्भिद् से ही प्राप्त करता है।	3. यह केवल निर्माण के प्रारम्भ में युग्मकोद्भिद से जल, खनिज पदार्थ आदि ग्रहण करता है। परन्तु प्रथम मूल (root) बनते ही यह पूर्ण रूप से स्वतन्त्र हो जाता है।
4. इसके बीजाणु पुटक में अनिश्चित तथा अनेक बीजाणु मातृ कोशिकाएँ पायी जाती हैं। जिससे अत्यधिक संख्या में बीजाणु (spores) बनते हैं।	4. इसके बीजाणुधानियों में बीजाणु मातृकोशिकाओं की संख्या निश्चित (12–16) होती है। इस प्रकार बीजाणुओं की संख्या 48–64 तक होती है।
5. हरितलवक होने के कारण ये भोजन का निर्माण कर सकते हैं।	5. ये हरे नहीं होते हैं। इसमें हरित लवक का अभाव होता हैं। जिसके कारण ये भोजन का निर्माण स्वयं नहीं कर सकते हैं।
6. इसमें बीजाणुउद्भिद पर तनु शल्क अनुपस्थित होता है।	6. इसमें बीजाणुउद्भिद् पर तनुशल्क पाया जाता है।
7. पेटिस्टोमी दाँतों तथा सीटा की आर्द्रता ग्राही गतियों के कारण बीजाणुओं का प्रकीर्णन होता है।	7. वलय की कोशिकाओं से जल वाष्पन के कारण बीजाणुओं का प्रकीर्णन होता है।

आर्थिक महत्व (Economic Importance)

(*i*) भूमि संरक्षण में इनका योगदान होता है। उदाहरण– *सिलैजीनेला* (*Selaginella*)।

(*ii*) लाइकोपोडियम से होम्योपैथिक औषधि लाइकोपोडियम प्राप्त होता है। इसके अलावा ड्रायोप्टेरिस फिलिक्स मैस का प्रयोग भी औषधि निर्माण में होता है।

(*iii*) सजावटी पौधों के रूप में फर्न का प्रयोग किया जाता है।

बहुविकल्पीय प्रश्न

1. *टेरिस* के रैकिस में स्टील होता है–
   (*a*) कौलर रूपी (Collar-shaped)
   (*b*) घोड़े की नाल जैसा (Horse shoe-shaped)
   (*c*) ओमेगा रूपी (Omega-shaped)
   (*d*) ऐच रूपी (H-shaped)
2. *सिलैजीनेला* की कुछ जातियाँ कायिक जनन करती हैं–
   (*a*) पत्रकन्दों द्वारा
   (*b*) स्तम्भ कन्दों द्वारा
   (*c*) (*a*) तथा (*b*) दोनों के द्वारा
   (*d*) न तो (*a*) और न ही (*b*) के द्वारा
3. फर्नो में जाइलम होता है–
   (*a*) एक्सार्क (*b*) मीसार्क
   (*c*) त्रिगुणित (*d*) पौलीआर्क
4. *ड्रायोप्टेरिस* के बीजाणु होते हैं–
   (*a*) अगुणित (*b*) द्विगुणित
   (*c*) त्रिगुणित (*d*) चतुष्गुणित
5. टेरिडोफाइट्स को कहते हैं–
   (*a*) फैनरोगैम्स
   (*b*) क्रिप्टोगैम्स
   (*c*) संवहनीय क्रिप्टोगैम्स
   (*d*) उपरोक्त सभी
6. मेरीस्टील्स पाये जाते हैं–
   (*a*) चीड़ (*Pinus*) की नीडिल में
   (*b*) *साइकस* के तने में
   (*c*) फर्न के प्रकन्द में
   (*d*) फर्न की पत्ती में
7. फर्न में कितनी बीजाणु मातृ कोशिकाएँ होती हैं?
   (*a*) 4 से 8 (*b*) 8 से 16
   (*c*) 16 से 32 (*d*) 32 से 64
8. फर्नों के बीजाणुओं (Sporophylls) पर बीजाणुधानियाँ उत्पन्न होती हैं–
   (*a*) ऊपरी सतह पर
   (*b*) अडैक्सियल सतह पर
   (*c*) अबैक्सियल सतह पर
   (*d*) इनमें से किसी पर नहीं
9. युग्मकोद्भिद् एवं बीजाणोद्भिद् पीढ़ियाँ परिलक्षित होती हैं जीवन इतिहासों में–
   (*a*) परजीवी कवकों के
   (*b*) भूरे शैवालों के
   (*c*) फर्नों के
   (*d*) हरी पत्ती के
10. फर्न-प्रोथैलस सामान्यतया होता है–
    (*a*) अगुणित (*b*) द्विगुणित
    (*c*) त्रिगुणित (*d*) चतुष्गुणित
11. फर्न का प्रोथैलस होता है-
    (*a*) विविधपोषी (*b*) विविधरूपी
    (*c*) होमाथैलिक (*d*) हेटरोथैलिक
12. फर्नों में सोराई (Sori) पाये जाते हैं-
    (*a*) स्टोमियम पर (*b*) बीजाणुपर्णों पर
    (*c*) कैप्सूल पर (*d*) जरायु पर
13. फर्नों के बीजाणु का क्या होता है?
    (*a*) यह एक अन्य बीजाणु-निर्माणक फर्न का पौधा बन जाता है
    (*b*) यह अंकुरित होकर एक प्रोथैलस बनाता है
    (*c*) दूसरे बीजाणु से मिलकर यह एक अंकुर (Seedling) बनाता है
    (*d*) यह पुटी बना लेता है (Encysts) और घोंघे द्वारा नष्ट कर दिया जाता है
14. निम्नलिखित में से किस पौधे के स्टीलर तन्त्र में पर्णावकाश होते हैं?
    (*a*) *फ्यूनेरिया* (*b*) फर्न
    (*c*) *सिलैजीनेला* (*d*) इनमें से कोई नहीं
15. फर्न्स सामान्यतया मिलते हैं-
    (*a*) नम तथा छायादार स्थानों में
    (*b*) शुष्क तथा छायादार स्थानों में
    (*c*) शुष्क तथा ठण्डे स्थानों में
    (*d*) शुष्क एवं खुले स्थानों में

16. ऐजोला को एक जैवउर्वरक के रूप में इस्तेमाल किया जाता है क्योंकि-
(*a*) इसमें बहुत तीव्रता से प्रगुणन होता है जिससे ढेर सारी जैवसंहति बन जाती है
(*b*) इसका नाइट्रोजन स्थिरीकारी राइजोबियम के साथ साहचर्य होता है
(*c*) इसका नाइट्रोजन-स्थिरीकारी साइनोबैक्टीरिया के साथ साहचर्य होता है
(*d*) इसका माइकोराइजा के साथ साहचर्य होता है

17. निम्न में से सेलाजीनेला में कौन नहीं पाया जाता है-
(*a*) हेटेरोफीली (*b*) हेटेरोस्पोरी
(*c*) होमोस्पोरी (*d*) लिगलेट पत्ती

18. प्रोटोस्टील पाया जाता है-
(*a*) ब्रायोफाइटा में (*b*) जिम्नोस्पर्म में
(*c*) टेरिडोफाइटा में (*d*) एन्जियोस्पर्म में

19. फर्न्स में फ्रान्ड्स (fronds) शब्द प्रयोग किया जाता है-
(*a*) पादप के लिये
(*b*) उर्वर पत्तियों के लिये
(*c*) कायिक पत्तियों के लिये
(*d*) गैमिटोफाइट के लिये

20. टेरिस का कौन-सा भाग आर्किगोनिया उत्पन्न करता है-
(*a*) पत्ती (*b*) तना
(*c*) प्रोथैलस (*d*) राइजोम

21. गोल्डन फर्न ओनिचियम है। निम्न में से कौन राचल फर्न (walking fern) है-
(*a*) ऐडिएन्टम (*b*) चिलेथिस
(*c*) टेरिस (*d*) ड्रायप्टेरिस

22. ऐजोला की पत्तियों के भीतर होता है-
(*a*) *ऐस्पर्जिलस* (*b*) *राइजोबियम*
(*c*) *ऐनाबीना* (*d*) *बेसिलस*

23. टेरिडिम के प्रोथैलस में होता है-
(*a*) ऊपरी सतह पर पुंधानी व निचली सतह पर स्त्रीधानी
(*b*) ऊपरी सतह पर स्त्रीधानी व निचली सतह पर पुंधानी
(*c*) पुंधानी व स्त्रीधानी दोनों ऊपरी सतह पर
(*d*) पुंधानी व स्त्रीधानी दोनों निचली सतह पर

24. विषमरूपी पीढ़ियों का एकान्तरण पाया जाता है-
(*a*) *स्पाइरोगाइरा* में (*b*) *म्यूकर* में
(*c*) *सिलैजिनेला* में (*d*) *पाइनस* में

25. फर्न में अर्धसूत्री विभाजन होता है-
(*a*) बीजाणु के अंकुरण के समय
(*b*) बीजाणु बनने के समय
(*c*) गैमीट बनने के समय
(*d*) आर्किगोनियम बनने के समय

26. *सिलैजिनेला रस्पेस्ट्रीस* में गुरुबीजाणु की संख्या होती है-
(*a*) एक (*b*) दो
(*c*) तीन (*d*) चार

27. *ड्रायोप्टेरिस* में बीजाणुधानी के फटने में सहायक है-
(*a*) रंन्ध्रक (*b*) वलय
(*c*) रंन्ध्रक तथा वलय (*d*) स्फोरोफाइट

28. फर्न का पौधा होता है-
(*a*) अगुणित युग्मकोद्भिद्
(*b*) द्विगुणित युग्मकोद्भिद्
(*c*) द्विगुणित बीजाणुद्भिद्
(*d*) अगुणित बीजाणुद्भिद्

29. बीजाणु उत्पन्न करने वाली पत्तियों को कहते हैं-
(*a*) सोरस (*b*) इंडूसियम
(*c*) स्पोरोफिल (*d*) रेमेन्टा

30. सबसे पहले सीड हेबिट (Seed habit) का विकास हुआ-
(*a*) कुछ फर्नों में
(*b*) कुछ पाइन में
(*c*) कुछ एक बीज पत्तियों में
(*d*) कुछ द्विबीजपत्तियों में

31. *सिलैजीनेला* में न्यूनकारी विभाजन (Reduction division) होता है-
(*a*) सूक्ष्मबीजाणुओं के निर्माण के अन्तर्गत
(*b*) सूक्ष्मबीजाणुओं तथा गुरुबीजाणुओं दोनों के निर्माण के अन्तर्गत
(*c*) शुक्राणुओं के निर्माण के अन्तर्गत
(*d*) निषेचन के तुरन्त पश्चात्

32. बीजाणुधानी के वलय की कोशिकाओं में-
(*a*) पतली भित्ति होती है
(*b*) बाहरी भित्तियाँ मोटी होती हैं
(*c*) अरीय व भीतरी स्पर्शरिखीय भित्तियाँ मोटी होती हैं
(*d*) उपरोक्त में से कोई नहीं

33. निम्नलिखित में से किसे टेरिडोफाइट्स में विकसित माना जाता है?
(*a*) क्लब मॉसों को (*b*) फर्नों को
(*c*) क्विलवर्टस को (*d*) स्काउरिंग रूशेज को

34. फर्न तथा साइकस मेल खाते हैं-
(*a*) माइक्रोपाइल में (*b*) पराग नलिका में
(*c*) बीज में (*d*) कुण्डलित विन्यास में

35. फर्न का प्रकन्द (Rhizome) होता है-
(*a*) मूल (*b*) स्तम्भ
(*c*) मूलाभास (*d*) राइजोफोर

36. विविधबीजाणुता (Heterospory) एवं लिगूलेट पत्तियाँ लक्षण हैं-
(*a*) सिलैजीनेला का
(*b*) फर्नों का
(*c*) सभी ब्रायोफाइट्स का
(*d*) सभी टेरिडोफाइट्स का

37. फर्न की पुंधानी (Antheridium) की भित्ति (Wall) बनी होती है-
(*a*) 5 कोशिकाओं की (*b*) 8 कोशिकाओं की
(*c*) 3 कोशिकाओं की (*d*) अनेक कोशिकाओं की

38. कभी-कभी फर्न का प्रोथैलस एक पौधे को जन्म देता है, यह एक उदाहरण है-
(*a*) अनिषेक फलन (Parthenocarpy)
(*b*) अपबीजाणुता (Apospory)
(*c*) अपयुग्मता (Apogamy)
(*d*) अनिषेकजनन (Parthenogenesis)

39. फर्न की बीजाणुधानी की भित्ति होती है-
(*a*) एकस्तरीय (*b*) द्विस्तरीत
(*c*) त्रिस्तरीय (*d*) चार स्तरीय

40. फर्न की बीजाणुधानी होती है-
(*a*) अनेक कोशिकाओं द्वारा निर्मित बहुकोशिकीय
(*b*) एक कोशिका द्वारा निर्मित एककोशिकीय
(*c*) एक कोशिका द्वारा निर्मित बहुकोशिकीय
(*d*) अनेक कोशिकाओं द्वारा निर्मित एककोशिकीय

41. *टेरिस, फ्यूनेरिया* से भिन्न होता है रखने में-
(*a*) आश्रित स्पोरोफाइट के
(*b*) एक स्वतन्त्र गैमीटोफाइट के
(*c*) तैरने वाले पुंमाणुओं के
(*d*) प्रभावी बीजाणोद्‌भिद् प्रावस्था के

42. फर्नों में शिराविन्यास होता है-
(*a*) खुला हुआ फर्केट (Furcate)
(*b*) समानान्तर मल्टीकौस्टेट
(*c*) समानान्तर यूनीकौस्टेट
(*d*) उपरोक्त में से कोई नहीं

43. *ड्रायोप्टेरिस* में पुंमणु (Antherozoids) होते हैं-
(*a*) बहुकशाभिकीय सर्पिल कुण्डलित
(*b*) बहुकशाभिकीय हँसियाकार (Sickle shaped)
(*c*) द्विकशाभिकीय हँसियाकार
(*d*) द्विकशाभिकीय सर्पिल कुण्डलित

44. *ड्रायोप्टेरिस* की पुंधानियाँ होती हैं-
(*a*) आंशिक रूप से धँसी हुई एवं आंशिक रूप से उठी हुई
(*b*) पूर्णरूप से धँसी हुई
(*c*) पूर्णरूप से उठी हुई
(*d*) इनमें से कोई नहीं

45. *टेरिस* में सोरस तथा सोरस छद (Indusium) की क्या प्रकृति होती है?
(*a*) सतही एवं मिथ्या
(*b*) सीमान्त तथा मिथ्या
(*c*) सतही एवं वास्तविक
(*d*) सीमान्त एवं वास्तविक

46. *टेरिस* के सोराई (Sori) होते हैं-
(*a*) विच्छिन्न (Discontinuous) एवं वृक्काकार
(*b*) विच्छिन्न तथा गोल
(*c*) विच्छिन्न एवं गोल
(*d*) अविछिन्न तथा पंक्तिबद्ध

47. जब *टेरिस* तथा *फ्यूनेरिया* के शुक्राणु (Sperms) साथ-साथ केवल *टेरिस* की स्त्रीधानियों के समीप रखे जाते हैं तो केवल *टेरिस* के शुक्राणु तुरन्त ही स्त्रीधानियों में प्रवेश करके अण्डाणु के पास पहुँच जाते हैं। इसका कारण यह है कि-
(*a*) *टेरिस* की स्त्रीधानियाँ एक पदार्थ स्रावित करती हैं जो *फ्यूनेरिया* के शुक्राणुओं (Sperms) को दूर हटाता है
(*b*) *टेरिस* की स्त्रीधानिधाँ एक रासायनिक पदार्थ स्रावित करती हैं जो टेरिस के शुक्राणुओं को आकर्षित करता है
(*c*) *फ्यूनेरिया* के शुक्राणु कम गतिशील (Motile) होते हैं
(*d*) जब *टेरिस* के शुक्राणुओं के साथ मिलाये जाते हैं तो फ्यूनेरिया के शुक्राणु मर जाते हैं

48. *ड्रायोप्टेरिस* में पुंमणुओं के कशाभिका लगे होते हैं-
(*a*) कोशिका केन्द्रक से
(*b*) ब्लीफैरोप्लास्ट से
(*c*) राइजोप्लास्ट से
(*d*) शरीर की सतह से

49. *सिलैजीनेला* उद्विकासीय महत्व का लक्षण प्रकट करता है और यह लक्षण है उपस्थिति का-
(*a*) लिग्यूल (*b*) हेटरोस्पोरस दशा
(*c*) राइजोफोर (*d*) स्ट्रोबिलस

50. फर्न का बीजाणु प्रदर्शित करता है-
(*a*) बीजाणोद्‌भिद् अवस्था
(*b*) युग्मकोद्‌भिद् अवस्था
(*c*) बीजाणोद्‌भिद् तथा युग्मकोद्‌भिद् अवस्था
(*d*) अपमिश्रित अवस्था (Apomictic stage)

51. *सिलैजिनेला* स्पी. का मुख्य पौधा होता है-
(*a*) युग्मकोद्‌भिद्
(*b*) बीजाणुद्‌भिद्
(*c*) युग्मकोद्‌भिद् तथा बीजाणुद्‌भिद
(*d*) लवणोंमृदोद्‌भिद

52. फर्न का मेरीस्टील होता है-
(*a*) संकेन्द्री तथा फ्लोएम केन्द्री
(*b*) बहि फ्लोएमी
(*c*) संकेन्द्री तथा जाइलम केन्द्री
(*d*) उपरोक्त सभी

53. यूस्पोरैन्जियेट फर्नों की बीजाणुधानियाँ-
(*a*) भित्ति कोशिकाओं के एक स्तर से घिरी होती हैं
(*b*) बहुत थोड़े बीजाणु उत्पन्न करती हैं
(*c*) प्रारम्भिक कोशिकाओं के एक समूह से विकसित होती हैं
(*d*) स्पष्ट स्टोमियम (Stomium) के क्षेत्र से फटती हैं

54. ऐसा पादप, जिसमें संवहन ऊतक होते हैं लेकिन बीज नहीं बनते हैं, सम्बन्धित है-
(*a*) जिम्नोस्पर्म से (*b*) टैरिडोफाइट्स से
(*c*) ब्रायोफाइट्स से (*d*) एंजियोस्पर्म से

55. शब्द प्रोथैलस बताता है-
(*a*) थैलस बनने से पहले की अवस्था
(*b*) अल्पविकसित स्पोरोफाइट
(*c*) पादप शरीर जो जड़, तना तथा पत्तियों में विभेदित नहीं है
(*d*) अल्पविकसित गैमिटोफाइट

56. *ड्रायोप्टेरिस* प्रोथैलस द्विलिंगी होता है। इसमें गैमीट के संलयन (fusion) को कहते हैं-
(*a*) पर परागण (*b*) संयुग्मन
(*c*) स्वपरागण (*d*) समयुग्मन

57. एक जलीय फर्न, जो चावल के खेत में हरी खाद के रूप में प्रयुक्त होता है-
(*a*) *एस्परजिलस* (*b*) *एजोला*
(*c*) *सालविनिया* (*d*) *म्यूकर*

58. फर्न के जीवन-चक्र में अर्धसूत्री विभाजन होता है जब-
(*a*) बीजाणु अंकुरित होता है
(*b*) युग्मक बनते हैं
(*c*) बीजाणु बनते हैं
(*d*) आर्किगोनियम तथा पुंधानी बनती है

59. फर्न का शिशु स्पोरोफाइट प्रोथैलस से पोषण प्राप्त करता है-
(*a*) जड़ों के द्वारा
(*b*) होस्टोरियम के द्वारा
(*c*) पाद (Foot) के द्वारा
(*d*) मूलाभास (Rhizoids) के द्वारा

60. *ड्रायोप्टेरिस* के रैकिस (Rachis) में स्टील होती है-
(*a*) प्रोटोस्टीलिक (*b*) साइफोनोस्टीलिक
(*c*) डिक्ट्योस्टीलिक (*d*) हैप्लोस्टीलिक

61. फर्न प्रोथैलस की निचली सतह पर पुंधानियों तथा स्त्रीधानियों की उपस्थिति से क्या सम्भावित लाभ हो सकता है?
(*a*) ये सूर्य के प्रकाश की सीधी रश्मियों (Rays) से बच जाते हैं
(*b*) प्रोथैलस की निचली सतह पर केशिका जल (Capillary water) इसकी निचली सतह तथा भूमि-सतह के बीच में एकत्रित हो जाता है। इस जल में उठे हुए जननांग रोमाभिकीय शुक्राणुओं द्वारा रसायनअनुकुंचन (Chemotactically) के अन्तर्गत आकर्षित होते हैं
(*c*) जननांग वायु से बचाये जाते हैं
(*d*) हरे प्रोथैलस द्वारा बनाये गये पोषक पदार्थ जल्दी ही जननांगों में नीचे की ओर गुरुत्व की क्रिया के कारण पहुँच जाते हैं

62. *रोडडेण्ड्रोन* पहचान है प्रमुख वनस्पति की-
(*a*) ट्रॉपिकल क्षेत्र में
(*b*) एल्पाइन क्षेत्र में
(*c*) मैन्ग्रोव (Mangrove) पट्टी में
(*d*) गंगा के मैदानों में

63. पौलीस्टीलिक तना मिलता है-
(*a*) *साइकस* में (*b*) *रिक्सिया* में
(*c*) *सिलैजीनेला* में (*d*) *फ्यूनेरिया* में

64. निम्न में से कौन सुजेनेरिस का अंग कहलाता है-
(*a*) राइजोफोर (*b*) कोरोलायड जड़
(*c*) तना (*d*) जड़

65. जलीय फर्न है-
(*a*) *लाइकोपोडियम* (*b*) *सिलैजिनेला*
(*c*) *ओजोला* (*d*) *टेरिस*

66. आद्यांगिक बीज स्वरूप पाया जाता है-
(*a*) *साइलोटम* में (*b*) *लाइकोपोडियम* में
(*c*) *सिलैजिनेला* में (*d*) *इक्वीसिटम* में

67. निम्नलिखित में से किसमें एम्फीफ्लोयिक साइफोनोस्टील पायी जाती है-
(*a*) *मार्सीलिया* के राइजोम में
(*b*) *लाइकोपोडियम* के तने में
(*c*) *टेरिस* के राइजोम में
(*d*) *इक्वीसेटम* के तने में

68. फर्न स्त्रीधानी की ग्रीवा में प्रवेश करते समय पुंमणु प्रदर्शित करते हैं-
(*a*) प्रकाशानुचलन (*b*) रसायन अनुचलन
(*c*) ताप अनुचलन (*d*) जीवद्रव्य भ्रमण

69. संजीवनी बूटी या हंसपदी का वानस्पतिक नाम है-
(*a*) *सिलेजिनैला यूरीकुलेरिया*
(*b*) *सिलेजिनैला बाटारडिया*
(*c*) *सिलेजिनैला क्राटोलेरिया*
(*d*) उपरोक्त में से कोई नहीं

70. पौधे जिनमें सन्धियुक्त एवं सूक्ष्मपर्ण पत्तियाँ पायी जाती हैं, सम्बन्धित होते हैं-
(*a*) सिलेप्सिडा से (*b*) टेरोप्सिडा से
(*c*) लाइकोप्सिडा से (*d*) स्फीनोप्सिडा से

71. *ड्रायोप्टेरिस* में बीजाणु होते हैं-
(*a*) एककोशिकीय तथा समद्विपार्श्व
(*b*) बहुकोशिकीय तथा एककेन्द्रकीय
(*c*) एककोशिकीय तथा एककेन्द्रकीय
(*d*) उपरोक्त में से कोई नहीं

72. फर्न के प्रोथैलस होते हैं-
(*a*) शुष्कोद्भिद् (Xerophytes)
(*b*) आर्द्रताग्राही पादप (Hygrophytes)
(*c*) समोद्भिद (Mesophytes)
(*d*) जलोद्भिद् (Hydrophytes)

73. फर्नों की बीजाणुधानियाँ निम्न में से किसके द्वारा ढकी होती हैं?
(*a*) स्ट्रोबिलस (Strobilus)
(*b*) शंकु (Cone)
(*c*) सोरसछद (Indusium)
(*d*) लिग्यूल (Ligule)

74. फर्न की बीजाणुधानी में बीजाणुओं (Spores) की संख्या होती है-
(*a*) 16 (*b*) 32
(*c*) 64 (*d*) 128

75. फर्न का प्रोथैलस होता है-
(*a*) डाइकैरियोटिक (*b*) स्पोरोफाइट
(*c*) गैमीटोफाइट (*d*) द्विगुणित

76. फर्नों के पुंमणु (Antherozoids) होते हैं-
(*a*) गोल तथा बहुकशाभिकीय
(*b*) सर्पिल रूप में कुण्डलित तथा बहुकशाभिकीय
(*c*) गोल तथा द्विकशाभिकीय
(*d*) मुग्दराकार एवं एक कशाभिकीय

77. पीढ़ी-एकान्तरण मिलता है-
(*a*) *यूलोथ्रिक्स* में (*b*) *टेरिस* में
(*c*) *राइजोपस* में (*d*) *म्यूकर* में

78. निम्न में से किन पौधों में द्विगुणित अवस्था प्रायः प्रभावी रहती है?
(*a*) शैवाल (*b*) कवक
(*c*) मॉस (*d*) फर्न्स

79. निम्न में से कौन-सा हेटरोस्पोरस नहीं है-
(*a*) *पक्सीनिया* (*b*) चीड़ (*Pinus*)
(*c*) *ड्रायोप्टेरिस* (*d*) *सिलैजीनेला*

80. एक फर्न मॉस से भिन्न होता है रखने के कारण-
(*a*) तैरने वाली स्त्रीधानियाँ
(*b*) तैरने वाले पुंमणु
(*c*) एक स्वतन्त्र गैमीटोफाइट
(*d*) एक स्वतन्त्र स्पोरोफाइट

81. फर्नों में निम्न में से कौन-सी प्रकार की पत्तियाँ पायी जाती हैं?
(*a*) सरल एवं अवृन्त (*b*) संयुक्त तथा सवृन्त
(*c*) संयुक्त एवं अवृन्त (*d*) सरल तथा सवृन्त

82. फर्न की युग्मकधानियाँ (Gametangia) उत्पन्न होती हैं-
(*a*) सोरस पर (*b*) प्रोथैलस पर
(*c*) रेमेण्टा पर (*d*) पत्तियों पर

83. *फर्न, सिलैजीनेला* से भिन्न होता है-
(*a*) मूलाभासों को रखने में
(*b*) हेटरोस्पोरस दशा की अनुपस्थिति में
(*c*) पत्तियों के विन्यास में
(*d*) उपरोक्त में से किसी में नहीं

84. *सिलैजीनेला* में स्टील्स (Steles) को घेरे हुए लैकुना होता है-
(*a*) परिरम्भ की पट्टियों (bands) में प्रसार के कारण
(*b*) बाह्य कौर्टीकल एवं अंत: संवहनीय ऊतकों की विभेदित वृद्धि के कारण
(*c*) स्टील को घेरे हुए कौर्टीकल कोशिकाओं के अपघटन के कारण
(*d*) चारों ओर की कौर्टीकल कोशिकाओं के अन्तर्कोशिकीय स्थलों के बढ़ने के कारण

85. *सिलैजीनेला* होता है-
(*a*) हेटरोगैमस तथा होमोस्पोरस
(*b*) हेटरोगैमस तथा हेटरोस्पोरस
(*c*) आइसोगैमस तथा होमोस्पोरस
(*d*) आइसोगैमस तथा हेटरोस्पोरस

86. निम्न में से किसमें टुबरकुलेटेड एण्डोडर्मिस पायी जाती है?
(*a*) *इक्वीसेटम* में (*b*) *सिलैजीनेला* में
(*c*) *साइलोटम* में (*d*) फर्न्स में

87. एक ही स्ट्रोबिलस पर सूक्ष्मबीजाणुधानियाँ तथा महाबीजाणुधानियाँ मिलती हैं-
(*a*) *सिलैजीनेला* में (*b*) *ड्रायोप्टेरिस* में
(*c*) *एडियेण्टम* में (*d*) चीड़ (*Pinus*) में

88. *सिलैजीनेला* के राइजोफोर में होते हैं-
(*a*) मोर्नाक स्टील (*b*) डाईआर्क स्टील
(*c*) एडियेण्टम (*d*) टेट्रार्क स्टील

89. *सिलैजीनेला* मॉस से भिन्न होता है रखने में-
(*a*) तैरने वाले पुंमणुओं को
(*b*) एक स्वतन्त्र गैमीटोफाइट को
(*c*) स्त्रीधानियों को
(*d*) सुविकसित संवहन तन्त्र को

90. *सिलैजीनेला* तथा फर्नों के लिए एक सामान्य लक्षण होता है-
(*a*) रम्भ प्रोटोस्टील होता है
(*b*) बीजाण्डों की अनुपस्थिति
(*c*) हेटरोस्पोरस दशा की उपस्थिति
(*d*) बीजाणुधानी का परिवर्धन

91. फर्न की बीजाणुधानियाँ उत्पन्न होती हैं-
(*a*) एपोफाइसिस पर
(*b*) स्पोरोफिल के निचली सतह पर
(*c*) स्पोरोफिल के ऊपरी सतह पर
(*d*) स्पोरोफिल के आधार पर

92. फर्न की युग्मकोद्भिद् पीढ़ी है-
(*a*) पुंमणु (*b*) पुंधानी
(*c*) प्रोथैलस (*d*) युग्मनज

93. फर्न का बीजाणु प्रतीक होता है-
(*a*) स्पोरोफाइट अवस्था का
(*b*) गैमीटोफाइट अवस्था का
(*c*) स्पोरोफाइट तथा गैमीटोफाइट अवस्था का
(*d*) एपोमिक्टिक अवस्था का

94. निम्न में से किस पादप में बहुपक्ष्मीय पुंमणु का निर्माण लैंगिक प्रजनन के दौरान किया जाता है-
(*a*) सरसों (*b*) मॉस
(*c*) फर्न (*d*) म्यूकर

95. फर्न के पौधे में न्यूनकारी विभाजन होता है-
(*a*) पुंधानियों में
(*b*) बीजाणुधानी की बीजाणुजनक कोशिकाओं में
(*c*) स्त्रीधानी में
(*d*) प्रोथैलस में

96. फर्न की पत्ती का अग्र भाग रूपान्तरित होता है-
(*a*) फोर्ट में
(*b*) टेन्ड्रिल में

(*c*) रेमेन्टा में
(*d*) कुण्डलित विन्यास वाली संरचना में

97. कुण्डलित विन्यास पाया जाता है-
(*a*) ब्रायोफाइट्स में (*b*) अनावृतबीजियों में
(*c*) टेरिडोफाइट्स में (*d*) आवृत्तबीजियों में

98. फर्न के निषेचन में निम्नलिखित में से किसका योगदान नहीं होता-
(*a*) पराग नली (*b*) पानी
(*c*) स्त्रीधानी (*d*) कशाभीपुंमणु

99. फर्न का युवा बीजाणुद्भिद् अपना पोषण प्रोथैलस से किसके द्वारा लेता है-
(*a*) चूषकांग (*b*) जड़
(*c*) पाद (*d*) मूलाभास

100. यदि किसी फर्न पादप के भ्रूण के पाद में गुणसूत्रों की संख्या 8 हो तो उसके बीजाणु में उनकी संख्या क्या होगी-
(*a*) 4 (*b*) 8
(*c*) 16 (*d*) 23

उत्तरमाला

1	2	3	4	5	6	7	8	9	10
(*b*)	(*a*)	(*a*)	(*a*)	(*c*)	(*a*)	(*b*)	(*c*)	(*c*)	(*a*)
11	**12**	**13**	**14**	**15**	**16**	**17**	**18**	**19**	**20**
(*c*)	(*b*)	(*b*)	(*b*)	(*a*)	(*c*)	(*c*)	(*c*)	(*c*)	(*c*)
21	**22**	**23**	**24**	**25**	**26**	**27**	**28**	**29**	**30**
(*a*)	(*c*)	(*d*)	(*c*)	(*b*)	(*b*)	(*c*)	(*c*)	(*c*)	(*a*)
31	**32**	**33**	**34**	**35**	**36**	**37**	**38**	**39**	**40**
(*b*)	(*c*)	(*b*)	(*d*)	(*b*)	(*a*)	(*c*)	(*c*)	(*a*)	(*c*)
41	**42**	**43**	**44**	**45**	**46**	**47**	**48**	**49**	**50**
(*d*)	(*a*)	(*a*)	(*b*)	(*b*)	(*d*)	(*b*)	(*d*)	(*b*)	(*b*)
51	**52**	**53**	**54**	**55**	**56**	**57**	**58**	**59**	**60**
(*b*)	(*c*)	(*c*)	(*b*)	(*d*)	(*a*)	(*b*)	(*c*)	(*c*)	(*a*)
61	**62**	**63**	**64**	**65**	**66**	**67**	**68**	**69**	**70**
(*b*)	(*b*)	(*c*)	(*a*)	(*c*)	(*c*)	(*a*)	(*b*)	(*d*)	(*d*)
71	**72**	**73**	**74**	**75**	**76**	**77**	**78**	**79**	**80**
(*c*)	(*b*)	(*c*)	(*b*)	(*c*)	(*b*)	(*b*)	(*d*)	(*c*)	(*d*)
81	**82**	**83**	**84**	**85**	**86**	**87**	**88**	**89**	**90**
(*b*)	(*b*)	(*b*)	(*b*)	(*b*)	(*b*)	(*a*)	(*a*)	(*d*)	(*b*)
91	**92**	**93**	**94**	**95**	**96**	**97**	**98**	**99**	**100**
(*b*)	(*c*)	(*b*)	(*c*)	(*b*)	(*d*)	(*c*)	(*a*)	(*c*)	(*a*)

□□□

CHAPTER 12

जिम्नोस्पर्म (अनावृतबीजी)
GYMNOSPERMS

जिम्नोस्पर्म (Gymnosperms)

- जिम्नोस्पर्म तथा एन्जियोस्पर्म के पौधों में बीज बनते हैं।
- जिम्नोस्पर्मी पौधों में अण्डाशय का अभाव होता है। जिसके कारण बीजाण्ड (Ovules) अनावरित (exposed) होते है तथा इसके बीज नग्न (Naked) होते हैं।
- एंजियोस्पर्म (Angiosperm) पुष्पी पादप मनुष्यों के लिए सबसे अधिक महत्त्वपूर्ण हैं।
- एंजियोस्पर्म का अर्थ है– "आवृत बीज" (Angio = covered, sperm = seed)। इनमें बीज फलों में स्थित अंडाशय में बनता है।
- एंजियोस्पर्म की 250,000 स्पीशीज हैं, जो कि पादप विकास के क्रम में सर्वोपरी स्थान रखते हैं।

जिम्नोस्पर्म के मुख्य लक्षण
(Important Features of Gymnosperms)

अनावृतबीजी (Gymnosperms) पौधे समान्यतः "नग्न बीजी पौधे" कहलाते हैं। इनके मुख्य लक्षण निम्नानुसार हैं;

(*i*) ये पौधे बहुवर्षीय (perennial) तथा काष्ठीय (woody) होते हैं।

(*ii*) इनमें मोटी क्यूटिकल पायी जाती हैं तथा ये अधिकाशतः मरुद्भिदी (xerophytic) होते हैं।

(*iii*) ये सामान्यतः सदाहरित (evergreen) वृक्ष (trees) अथवा झाड़ियां (Shrubs) होती हैं।

(*iv*) इनमें पत्तियाँ दो प्रकार की होती हैं– शल्क पर्ण तथा सत्य पर्ण।

(*v*) इनके तने में संवहन पूल (vascular bundles) संयुक्त (Conjoint) कोलेटरल (Collateral) तथा खुले होते हैं।

(*vi*) विशेष प्रकार की द्वितीयक वृद्धि होती है तथा कैम्बियम अल्पकालिक होता है।

(*vii*) जाइलम में वाहिकाएँ (Vessels) नहीं पायी जाती है केवल वाहिनिकाएँ (tracheids) पायी जाती हैं।

(*viii*) फ्लोएम में सहकोशिकाओं (Companion cells) नहीं पायी हैं तथा काष्ठ नान-पोरस (non-porous) होता है।

(*ix*) पौधा बीजाणुद्भिद (sporophyte) होता है जिस पर बीजाणु उत्पन्न होते हैं। बीजाणु दो प्रकार के होते हैं–

(a) लघुबीजाणु (microspores) एवं

(b) गुरूबीजाणु (megaspores)।

(*x*) नर पुष्प में पुंकेसर (stamen) के रूप में सूक्ष्मबीजाणु पर्ण (microsporophylls) तथा अण्डप के रूप में गुरूबीजाणुपर्ण (megasporophylls) होता हैं।

(*xi*) जिम्नोस्पर्मी पौधों में सामान्यतः वायु परागण (wind pollination) होता है।

(*xii*) इसमें बीजपत्र की संख्या एक, दो या अनेक हो सकती हैं।

(*xiii*) इसमें बीजाण्ड निषेचन एवं परिवर्धन के बाद एक बीज बनता है।

(*xiv*) इसमें बन्द अण्डपों (Closed carpels) का अभाव होने के कारण फल (Fruits) नहीं बनते हैं।

जिम्नोस्पर्म का वर्गीकरण

वर्गः अनावृतबीजी
(Class: Gymnospermaes)

उपवर्ग (Subclasses)

- साइकैडोफाइटा (Cycadophyta) — गण (Orders)
  - साइकैडोफिलिकेलीस (Cycadofilicales) *eg.Lyginopteris*
  - बेनीटाइटेलीस (Bennettitales) *eg. Cycadeqidea*
  - साइकैडेलीस (Cycadales) *eg. Cycas, Zamia*
- कोनीफेरोफाइटा (Coniferophyta) — गण (Orders)
  - कार्डेटेलीस (Cordatitales) *eg. Cordiates*
  - गिंगोएलीस (Ginkgoales) *eg. Ginkgo biloba*
  - कोनीफेरेलीस (Coniferales) *eg. Pinus' cedrus,*
  - नीटेलीस (Gnetales) *eg.Ephedra, Gnetum*

स्वभाव तथा आवास (Habit and Habitat)

इस वर्ग के अधिकांश पौधे सदापर्णी (evergreen) होते हैं तथा बहुतायत से पौधे मरुदभिदी लक्षण वाले होते हैं। जिम्नोस्पर्मी पौधे बहुवर्षीय तथा काष्ठीय वृक्ष या झाड़िया हैं।

संरचना (Structure)

जिम्नोस्पर्मी पौधे मुख्य रूप से दो प्रकार के होते हैं।

- शंकुधारी (Conifers) (इसके तने अतिशाखित होते हैं। जिससे पौधे शंकु के आकार के होते हैं तथा इनकी पत्तियां छोटी होती हैं।)
- साइकैड्स (Cycads) (इनके तने अशाखित अथवा बहुत कम शाखित होते हैं तथा पत्तियाँ अपेक्षाकृत काफी बड़ी होती हैं।)

जिम्नोस्पर्म की पत्तियाँ

- सामान्य पत्र (Foliage leaves) (पत्तियाँ सरल या पिच्छाकार संयुक्त तथा हरी होती है।)
- शल्कपत्र (Scales leaves) (ये पत्तियाँ झिल्लीनुमा भूरे रंग की छोटी तथा जल्दी गिरने वाली होती है।)

चित्रः 12.1 अनावृतबीजी (Gymnosperms) तथा आवृतबीजी (Angiosperms) में प्रमुख अन्तर

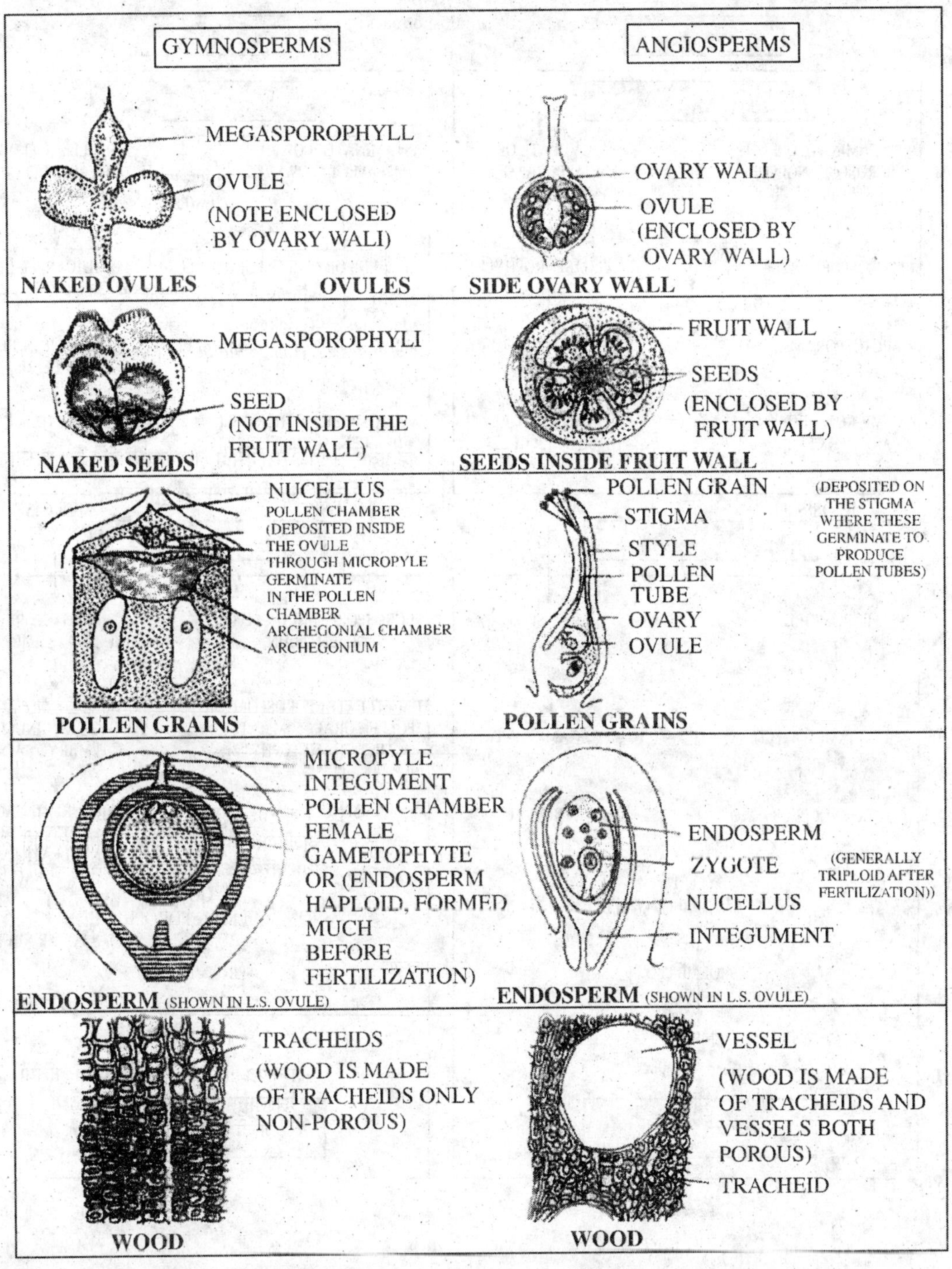

चित्रः 12.2 अनावृतबीजी (Gymnosperms) तथा आवृतबीजी (Angiosperms) के जीवन-चक्र की तुलना

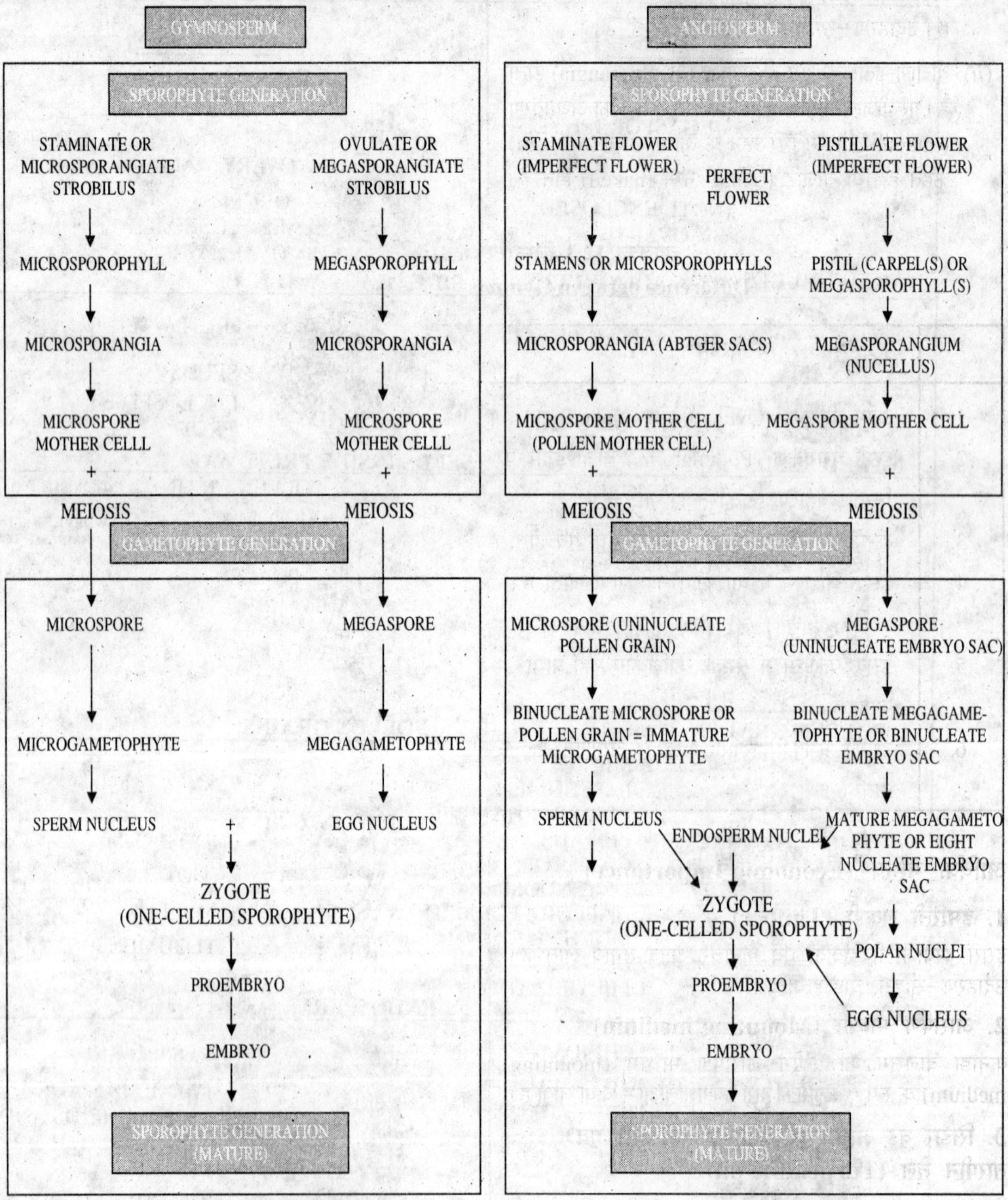

जनन (Reproduction)

(*i*) कुछ जिम्नोस्पर्मी पौधों में कायिक जनन (vegetative reproduction) पत्र प्रकलिकाओं (bulbils) द्वारा होता है। उदाहरण–*साइकस*।

(*ii*) बीजाणु-उत्पादक अंग बीजाणुधानियाँ (Sporangia) होता है। गुरूबीजाणुधानी (megasporangium) को अध्यावरण (integument) से घिरे रहने के कारण बीजांड (Ovule) कहते हैं तथा बीजांड (ovule) नग्न (naked) होते हैं।

(*iii*) जिम्नोस्पर्म में अधिकाशतः स्त्रीधानियाँ (archegonia) पायी जाती हैं। परन्तु पुंधानियां (antheridia) अनुपस्थित होती हैं।

(*iv*) अधिकाशतः जिम्नोस्पर्म बहुभ्रूणता (Poloyembryony) दिखाते हैं।

(*v*) जिम्नोस्पर्मी पौधों में निषेचन हेतु जल की आवश्यकता नहीं होती है।

तालिका 12.1 जिम्नोस्पर्म तथा एन्जियोस्पर्म में विभेद
(Difference between Gymnosperms and Angiosperms)

	जिम्नोस्पर्म	एन्जियोस्पर्म
1.	इसमें बीजाण्ड (Ovules) नग्न (Naked) होते हैं।	इसमें बीजाण्ड अण्डाशय के अन्दर बन्द होते हैं।
2.	इसमें परागकण (Pollengrains) बीजाण्डद्वार पर गिरकर वहीं पर अंकुरित हो जाते हैं।	इसमें परागकण वर्तिकाग्र (stigma) पर गिरते हैं तथा उनका अंकुरण भी वर्तिकाग्र पर ही होता है।
3.	इसमें भ्रूणकोष का निर्माण निषेचन के पूर्व होता है।	इसमें भ्रूणकोष का निर्माण निषेचन के बाद होता है।
4.	इसके जाइलम में वाहिकाएं नहीं पायी जाती हैं।	जाइलम में वाहिकायें, वाहिनिकायें, जाइलम पैरेन्काइमा उपस्थित होते हैं।
5.	इसके फ्लोएम में सहचर कोशिकाए नहीं पायी जाती हैं।	इसके फ्लोएम में चालनी नालिकाएं, सहचर कोशिकायें फ्लोएम पैरेन्काइमा आदि पाया जाता है।
6.	इसका भ्रूणकोष (endosperm) अगुणित (haploid) होता है।	इसमें भ्रूणकोष त्रिगुणित (triploid) होता है।

आर्थिक महत्त्व (Economic Importance)

1. इमारती लकड़ी (Timber)

इससे दरवाजे, खिड़कियाँ एवं फर्नीचर आदि बनाये जाते हैं। उदाहरण–सीड्रस, चीड़ इत्यादि।

2. आरोपण माध्यम (Mounting medium)

कनाडा बालसम का प्रयोग आरोपण माध्यम (mounting medium) के रूप में वैज्ञानिकों द्वारा प्रयोगशालाओं में किया जाता है।

3. सिडार वुड ऑयल (Cedar wood oil) एवं तारपीन तेल (Turpentine oil)

सिडार वुड ऑयल का प्रयोग इत्र बनाने तथा माइक्रोस्कोप में आयल इमरसन लेंस के काम आता है। सिडारवुड ऑयल *जूनीपेरस वर्जीनिएना* (*Juniperus virginiana*) की अन्तः काष्ठ (heart wood) से निकाला जाता है।

तारपीन का तेल (Turpentine oil) पाइनस से प्राप्त रेजिन से प्राप्त किया जाता है। इसका उपयोग औषधियों एवं रंग-रोगन में किया जाता है।

4. सजावटी पौधे (Ornamental plants)

सजावटी पौधों के रूप में जिम्नोस्पर्म के कुछ पौधे उगाये जाते हैं।

उदाहरण–*एरोकेरिया एक्सेल्सा* (*Arauceria excelsa, christmas tree*), *एरोकेरिया एरोकैना* (*Arauceria auracan, monkey puzzle*) तथा *पाइनस* (*Pinus, Pine*) आदि।

5. खाद्य पदार्थ (Food materials)

कुछ जिम्नोस्पर्मी पौधों से खाद्य पदार्थ प्राप्त होते हैं। उदाहरण सागो पाम, *साइकस रेवोलूटा* (*Cycas revoluta*) के तने से साबुदाना प्राप्त होता है।

6. दवाइयाँ (Drugs)

जिम्नोस्पर्म की कुछ प्रजातियों से दवाइयाँ प्राप्त की जाती हैं। उदाहरण– *इफेड्रा* (*Ephedra*) से *इफेड्रीन* (Ephedrine) प्राप्त की जाती है। *थूजा* (*Thuja*) की पत्तियों से खासी तथा गठिया आदि रोगों का इलाज किया जाता है।

बहुविकल्पीय प्रश्न

1. मक्का, *साइकस* एवं चीड़ के एक भ्रूण में बीजपत्रों की संख्या क्रमशः होती है–
(*a*) 1, 2, अनेक (*b*) 1, 1, 2
(*c*) 1, 2, 2 (*d*) 2, 2, अनेक

2. *पाइनस* में, परागण के पश्चात् निषेचन के लिए अनुमानित समय होता है–
(*a*) केवल थोड़े से घंटे
(*b*) केवल थोड़े से दिन
(*c*) केवल थोड़े से सप्ताह
(*d*) लगभग एक वर्ष

3. *पाइनस* में बीज का पंख विकसित होता है–
(*a*) बीजाण्डकाय से
(*b*) सहपत्र से
(*c*) बीजाण्डधारक शल्क से
(*d*) अध्यावरण से

4. निम्नलिखित में से कौन-सा पाइनस में युग्मकोद्भिद् प्रावस्था को प्रदर्शित करता है?
(*a*) *पाइनस* पौधा (*b*) लघु एवं गुरुबीजाणु
(*c*) जायगोट (*d*) नर एवं मादा शंकु

5. *पाइनस* का नर शंकु बना होता है–
(*a*) पराग कोषों का
(*b*) गुरुबीजाणु पर्णो का
(*c*) लिग्युल्स का
(*d*) लघुबीजाणु पर्णो का

6. निम्न में से कौन-सा एक जीवित जीवाश्म है–
(*a*) *पाइनस* (*b*) गिंको
(*c*) *थूजा* (*d*) देवदार

7. जिम्नोस्पर्म तथा एन्जियोस्पर्म में क्या समानता है–
(*a*) दोनों के फ्लोएम में सखि कोशायें होती हैं
(*b*) दोनों में भ्रूणकोष निषेचन से पूर्व बनता है
(*c*) बीजाण्ड एवं बीज की उत्पत्ति दोनों में समान होती है
(*d*) दोनों में जड़, तना तथा पत्तियाँ होती हैं

8. जिम्नोस्पर्म तथा एन्जियोस्पर्म में क्या अन्तर है–
(*a*) जिम्नोस्पर्म में जाइलम में वाहिकायें तथा फ्लोएम में सखि कोशायें नहीं होती जबकि एन्जिोस्पर्म में दोनों होती हैं
(*b*) जिम्नोस्पर्म में परागकण पराग नलिका में बनते हैं जबकि एन्जियोस्पर्म में नहीं
(*c*) बीजाण्ड की उत्पत्ति दोनों में असमान होती है
(*d*) उपरोक्त में से कोई नहीं

9. *पाइनस* के माइक्रोस्पोरो फिलल्स में माइक्रोस्पोरैंजिया उपस्थित होते हैं–
(*a*) एडेक्सियल सतह पर
(*b*) एबेक्सियल सतह पर
(*c*) किनारों पर
(*d*) कक्ष में

10. अनाबृतबीजियों में बीजाण्ड होते हैं–
(*a*) नग्न (*b*) ढके हुये
(*c*) अण्डाशय में (*d*) उपरोक्त सभी

11. पाइनस के परागकणों का परागण होता है–
(*a*) एक कोशिकीय अवस्था में
(*b*) दो कोशिकीय अवस्था में
(*c*) तीन कोशिकीय अवस्था में
(*d*) चार कोशिकीय अवस्था में

12. साइफोनोगेमी प्रकार की निषेचन प्रक्रिया पायी जाती है–

(*a*) मॉस में (*b*) फर्न में

(*c*) *सिलेजिबेरिया* में (*d*) *पाइनस* में

13. सैंगो-पाम वृक्ष का लैटिन नाम है–

(*a*) *साइकस ससीनिलस*

(*b*) *साइकस रिवोल्यूटा*

(*c*) *साइकस राम्फाई*

(*d*) उपरोक्त में से कोई नहीं

14. *पाइनस* में द्वितीयक काष्ठ की विशेषता होती है–

(*a*) रेजिन कोशिकाओं की उपस्थिति

(*b*) रेजिन नलिकाओं की उपस्थिति

(*c*) रेजिन नलिकाओं की अनुपस्थिति

(*d*) नलिका (Vessels) की उपस्थिति

15. साइकैडेसी के कुछ पौधों में पुंमाणु होते हैं–

(*a*) बड़े सर्पिलाकार तथा बहुपक्ष्मीय

(*b*) नाव के आकार के

(*c*) गोलकार और पक्ष्म रहित

(*d*) लम्बा तथा हंसवा के आकार का

16. अनावृतबीजी पादपों में परागण बूँदें होती हैं–

(*a*) जल बूँद

(*b*) बीजाण्डकाय का स्राव

(*c*) वायु परागित कणों की बूँद

(*d*) रेड ड्राप

17. साइकस की पत्ती में निम्न में से कौन-सा मरुद्भिद् लक्षण होता है–

(*a*) गर्त में रन्ध्र

(*b*) क्यूटिकिल की उपस्थिति

(*c*) पालिसेट मिसोफिल

(*d*) उपरोक्त सभी

18. साइकस के रेकिस में बाह्य आदिदारुक संवहन पूल में होता है–

(*a*) संचरण ऊतक

(*b*) केन्द्र की ओर प्रोटोजाइलम

(*c*) अधिक अपकेन्द्री मेटाजाइलम

(*d*) अधिक अभिकेन्द्री मेटाजाइलम

19. *साइकस* के रेकिस में संवहन पूलों की व्यवस्था होती है–

(*a*) वलय में (*b*) औमेगा आकृति में

(*c*) बिखरी दशा में (*d*) घोड़े की नाल आकृति में

20. निम्न में से किसमें बिना जल के निषेचन हो सकता है–

(*a*) *यूलोथ्रिक्स* (*b*) *फ्यूनेरिया*

(*c*) *ड्रायोप्टेरिस* (*d*) *साइकस*

21. संचरण ऊतक किसकी पत्ती में होता है–

(*a*) *पाइनस*

(*b*) *ड्रायोप्टेरिस*

(*c*) *साइकस*

(*d*) *साइकस* तथा *पाइनस* दोनों में

22. पाइनस में एन्डोस्पर्म होता है–

(*a*) अगुणित (*b*) द्विगुणित

(*c*) त्रिगुणित (*d*) चतुर्गुणित

23. छिद्र रहित (Non -porous) काष्ठ मिलते हैं तने में–

(*a*) आम के (*b*) *डलबर्जिया* (शीशम) के

(*c*) *पाइनस* के (*d*) *फाइकस* के

24. निम्न में से किसमें बहुबीजपत्री दशा मिलती है?

(*a*) गेहूँ (*b*) मॉस

(*c*) *पाइनस* (*d*) फर्न

25. *पाइनस* के बीज का कौन-सा भाग खाने योग्य (Edible)होता है?

(*a*) एपिस्पोर (*b*) पेरीकार्प

(*c*) पेरीस्पर्म (*d*) एण्डोस्पर्म

26. निम्न में से किसमें पराग कण पीले चूर्ण (Powder) के बादलों के रुप में मुक्त होते है तथा "सल्फर शावर" भी कहलाते हैं?

(*a*) फर्न (*b*) मॉस

(*c*) *पाइनस* (*d*) *साइकस*

27. *साइकस* के भ्रूण (Embryo) में दो बीजपत्र होते हैं फिर भी इसे द्विबीजपत्रियों में वर्गीकृत नही करते हैं क्योंकि–

(*a*) यह एक ताड़ की तरह दिखाई देता है

(*b*) इसमें संयुक्त पत्तियाँ होती हैं

(*c*) इसके बीजाण्ड नग्न होते हैं

(*d*) इसमें गुरुबीजाणुपर्ण होते हैं

28. देवदार काष्ठ तेल (Cedar wood oil) प्राप्त होता है अंतः काष्ठ से–

(*a*) *थूजा ऑक्सीडेण्टेलिस* की
(*b*) *आवृतबीजियों* की
(*c*) *सीड्रस* की
(*d*) *जुनीपेरस वर्जीनियाना* की

29. जिम्नोस्पर्म्स में बीजाण्ड नग्न होता है क्योंकि–
(*a*) अध्यावरण (Integuments) अनुपस्थित होते हैं
(*b*) परिदलंपुज (Perianth) अनुपस्थित होता है
(*c*) अण्डाशय भित्ति अनुपस्थित होती है
(*d*) बीजाण्डकाय (Nucleus) अनुपस्थित होता है

30. जिम्नोस्पर्म के लिए निम्न में से कौन-सा कथन सत्य नहीं है?
(*a*) पत्तियाँ संयुक्त होती हैं
(*b*) नग्न बीज बनते हैं
(*c*) जाइलम वाहिनिकाओं (Tracheids) का बना होता है
(*d*) जाइलम वाहिकाओं (Vessels) का बना होता है

31. साइकस के स्तम्भ में द्वितीयक वृद्धि होती है–
(*a*) अपाती एधा से
(*b*) अल्पजीवी एधा से
(*c*) उत्तरोत्तर उत्पन्न होने वाले अनेक एधाओं से
(*d*) एधाओं की वियुक्त पट्टियों से

32. सीडर काष्ठ तेल किस पेड़ के काष्ठ से प्राप्त किया जाता है–
(*a*) *सिडरस*
(*b*) *जुनिपेरस वर्जीनियाना*
(*c*) *थूजा ऑक्सीडेन्टेलिस*
(*d*) आवृत बीजों से

33. पाइनस में कौन-सी रचनायें अगुणित होती हैं–
(*a*) गुरुबीजाणु, अध्यावरण, जड़
(*b*) एन्डोस्पर्म, गुरुबीजाणु, पराग कण
(*c*) पराग कण, पत्ती, जड़
(*d*) गुरुबीजाणु, एन्डोस्पर्म, भ्रूण

34. *साइकस* की स्त्रीधानी में ग्रीवा कोशिकाओं की संख्या है–
(*a*) 1 (*b*) 2
(*c*) 4 (*d*) 6

35. डिप्लोजाइलिक या द्विदारुक संवहन पूल पाये जाते हैं–
(*a*) *टेरिस* (*b*) *फ्यूनेरिया*
(*c*) *सिलेजिनैला* (*d*) *साइकस*

36. *साइकस* में परागण निम्नलिखित द्वारा होता है–
(*a*) कीट (*b*) चिड़िया
(*c*) चमगादड़ (*d*) वायु

37. *साइकस* में उपस्थित होते हैं–
(*a*) रेजिन वाहिनी
(*b*) म्यूसिलेज वाहिनी
(*c*) लेटिसिफेरस वाहिनी
(*d*) उपरोक्त में से कोई नहीं

38. *साइकस* का काष्ठ होता है–
(*a*) मेनोजाइलिक तथा पॉलीजाइलिक
(*b*) मेनोजाइलिक तथा पिक्नोजाइलिक
(*c*) पिक्नोजाइलिक तथा मोनोजाइलिक
(*d*) मेनोजाइलिक तथा मोनोजाइलिक

39. सबसे बड़ा बीजाण्ड किसमें होता है–
(*a*) नीटस (*b*) साइकस
(*c*) पाइनस (*d*) कोकांस

40. साइकस में क्या अवस्था है–
(*a*) एक ही पौधे पर नर शंकु तथा मादा बीजाणुपर्ण
(*b*) एक ही शंकु में लघु तथा गुरुबीजाणुपर्ण
(*c*) नर शंकु तथा गुरुबीजाणुपर्ण अलग अलग पौधों में
(*d*) एक ही बीजाणुपर्ण पर लघुबीजाणुधानी तथा बीजाण्ड दोनों

41. अधिकतर अनावृतबीजी में होती है–
(*a*) केवल पुंधानी
(*b*) पुंधानी तथा स्त्रीधानी
(*c*) केवल स्त्रीधानी
(*d*) दोनों जनन अंग अनुपस्थित

42. निम्न में कौन से आवृतबीजी की काष्ठ में वाहिकायें होती है–
(*a*) *साइकस* (*b*) *पाइनस*
(*c*) *नीटम* (*d*) *टेक्सम*

43. साइकस की पत्ती होती है–
(*a*) सरल (*b*) द्विपिन्छकीय
(*c*) पिच्छकी (*d*) हस्ताकार

44. *साइकस* में होती है–
(*a*) सरल बहुभ्रूणता

(*b*) विदलन बहुभ्रूणता
(*c*) सरल तथा विदलन बहुभ्रूणता
(*d*) कोई बहुभ्रूण नहीं

45. अनावृतबीजियों की रेजिन नलिकायें उदाहरण हैं–
(*a*) अन्तरकोशिकीय स्थान का
(*b*) शाइजोजिनस गुहा का
(*c*) लायजात गुहा का
(*d*) बड़ी रसधानी का

46. अनावृतबीजियों की स्त्रीधानियों में अभाव होता है–
(*a*) अंडधा नाल कोशिकाओं का
(*b*) ग्रीवा नाल कोशिकाओं का
(*c*) दोनों का
(*d*) उपरोक्त में से कोई नहीं

47. *पाइनस* की काष्ठ है–
(*a*) द्विदारुक (*b*) मेनोजाइलिक
(*c*) पिक्नोजाइलिक (*d*) उपरोक्त सभी

48. *पाइनस* तथा *साइकस* दोनों में होते हैं–
(*a*) पक्ष्माभी पुंमणु (*b*) चल तथा अचल पुंमणु
(*c*) अचल पुंमणु (*d*) अचल तथा चल पुंमणु

49. निम्नलिखित में से किसे जीवित जीवाश्म कहा जाता है–
(*a*) *साइकस* (*b*) *मेटासिकुआ*
(*c*) *गिगों* (*d*) उपरोक्त सभी

50. *साइकस* का काष्ठ होता है–
(*a*) अरन्ध्री (*b*) सरन्ध्री
(*c*) धनदारुक (*d*) इसमें से कोई नहीं

51. *पाइनस* के दल पुट लघु स्तम्भ में–
(*a*) एक सुई होती है
(*b*) दो सुई होती है
(*c*) तीन सुई होती है
(*d*) उपरोक्त सभी सही है

52. *साइकस* की कोरालायड जड़ द्विबीजपत्री जड़ से भिन्न है–
(*a*) वल्कुट की अनुपस्थिति में
(*b*) अन्तस्त्वचा की उपस्थिति में
(*c*) एक्सार्क संवहन पूल की उपस्थिति में
(*d*) शैवाल की उपस्थिति में

53. आर्किगोनियाटी में शामिल है–
(*a*) शैवाल, कवक तथा विषाणु
(*b*) शैवाल, लाइकेन्स तथा ब्रायोफाइट्स
(*c*) ब्रायोफाइट्स, टेरिडोफाइट्स तथा जिम्नोस्पर्म
(*d*) टेरिडोफाइट्स, जिम्नोस्पर्स तथा आवृतबीजी

54. *पाइनस* में नर एवं मादा जनन अंग पाये जाते हैं–
(*a*) एक ही पौधे की
(*b*) भिन्न पौधों पर
(*c*) एक ही शाखा पर
(*d*) उपरोक्त में से कोई नहीं

55. चीड़ (पाइनस) के पौधों में कितना समय परागण से निषेचन तक लगता है–
(*a*) चार माह (*b*) पन्द्रह माह
(*c*) दो वर्ष (*d*) चार वर्ष

56. निम्न में से किसमें पंखदार बीज होते हैं–
(*a*) *साइकस* (*b*) *पाइनस*
(*c*) ग्लाइसीन (*d*) सरेचिस

57. चिलगोजा किसका बीज है–
(*a*) *पाइनस* (*b*) सीड्स
(*c*) *थूजा* (*d*) *साइकस*

58. निम्न में से कौन-सा पौधा बीज का उत्पादन करता है परन्तु इसमें फल नहीं बनते–
(*a*) *ग्लाइसीन मेक्स* (*b*) *पाइनस*
(*c*) *सोलेनम ट्यूबरोसम* (*d*) *हेलिन्यथम*

59. निम्न में से किसमें जीवाश्म अनाबृतबीजी होते हैं–
(*a*) गिंकोऐलस (*b*) अंडाशय
(*c*) साइकेडोफिलिकेलस (*d*) नीटेलस

60. अनावृतबीजिगों में फल नहीं बनते हैं क्योंकि इनमें अनुपस्थित है–
(*a*) बीजाण्ड (*b*) अंडाशय
(*c*) भ्रूण (*d*) बीज

61. साइकस के बारे में निम्नलिखित में से कौन-सा कथन असत्य है–
(*a*) इसकी जड़ों में कुछ नील हरित शैवाल होती है
(*b*) इसमें ठीक प्रकार से सुगठित मादा पुष्प नहीं होता
(*c*) इसमें कुण्डलित विन्यास (Circinate Vernation) होता है
(*d*) इसका जायलम मुख्यतया वाहिकाओं (Vessels) का बना होता है

62. पादप जगत में सबसे बड़े शुक्राणु किसमें पाये जाते हैं–
(*a*) थूजा (*b*) पाइनस
(*c*) बरगद (*d*) साइकस

63. जिम्नोस्पर्मस होते हैं–
(*a*) पुष्पी पादप
(*b*) बीजयुक्त पादप
(*c*) बीज विहीन पुष्पी पादप
(*d*) फल युक्त बीजीय पादप

64. जिम्नोस्पर्म में भ्रूण कोष होता है–
(*a*) चतुर्गुणित (*b*) अगुणित
(*c*) द्विगुणित (*d*) त्रिगुणित

65. पाइनस चीड़ है–
(*a*) पर्णपाती (*b*) एकलिंगाश्रयी
(*c*) उभयलिंगाश्रयी (*d*) इनमें से कोई नहीं

66. साइकस में कायिक संवर्धन होता है–
(*a*) स्पोरोफिल द्वारा
(*b*) बलबिल द्वारा
(*c*) शल्की पत्तियों द्वारा
(*d*) विखंडन द्वारा

67. जिम्नोस्पर्म पादपों को एंजियोस्पर्म से किस लक्षण के आधार पर पृथक किया जाता है–
(*a*) बीजों का निर्माण न होना
(*b*) जाइलम वाहिकायें न होना
(*c*) शुष्कोद्भिद् लक्षण न होना
(*d*) द्वितीयक वृद्धि न होना

68. *साइकस* के किस भाग में संवहन बण्डल उल्टे ओमेगा रुप में व्यवस्थित होते हैं–
(*a*) तना (*b*) पर्णक (Leaflet)
(*c*) रेकिस (*d*) जड़

69. चिलगोजा प्राप्त किया जाता है–
(*a*) *फ्यूनेरिया* से (*b*) *साइकस* से
(*c*) *पाइनस* से (*d*) *सिलेजिनैला* से

70. *पाइनस* के बीजांड धर शल्क में होते हैं–
(*a*) एक बीजाण्ड अपाक्ष सतह पर
(*b*) दो बीजाण्ड अपाक्ष सतह पर
(*c*) एक बीजाण्ड अभ्यक्ष सतह पर
(*d*) दो बीजाण्ड अभ्यक्ष सतह पर

71. निम्नलिखित में से कौन-सा पाइनस की पत्ती का एक गुण नहीं है–
(*a*) पत्ती का सूच्याकार आकार
(*b*) मोटी क्यूटिकिल
(*c*) जलमग्न स्टोमेटा
(*d*) द्विरुपी डाइमार्फिक पत्तियाँ

72. पाइनस स्तम्भ में संवहनी पूल होते हैं–
(*a*) अरीय
(*b*) संपार्श्विक और बन्द
(*c*) संपार्श्विक और खुले
(*d*) उभयफ्लोएमी

73. यदि पाइनस के पराग कण में गुण सूत्रों की संख्या12 हो, तो इसके भ्रूणकोष की कोशिकाओं में गुण सूत्रों की संख्या होगी–
(*a*) 12 (*b*) 24
(*c*) 18 (*d*) 36

74. *पाइनस* में परागण होता है–
(*a*) कीटों द्वारा (*b*) वायु द्वारा
(*c*) जल द्वारा (*d*) घोंघे द्वारा

75. स्लाइड्स को बनाने में प्रयोग होने वाला कनाडा बालसम प्राप्त किया जाता है–
(*a*) *साइकस* (*b*) एबीज
(*c*) *पाइनस* (*d*) एगेथिस

76. साइकस की कॉरेलायड जड़ें हैं–
(*a*) अगुरुत्वानुवर्ती (*b*) वायवीय
(*c*) प्रकाशानुवर्ती (*d*) धनात्मक गुरुत्वानुवर्ती

77. निम्न में से कौन-सा खाने योग्य अनावृतबीजी है–
(*a*) चिलगोजा (*b*) केप्सूल
(*c*) ड्रुप (*d*) नट

78. *पाइनस* का बीजाण्ड है–
(*a*) एक अध्यावरणी (*b*) द्वि अध्यावरणी
(*c*) अध्यावरणी विहीन (*d*) त्रि अध्यावरणी

79. अनावृतबीजी को पहचाना जाता है–
(*a*) पंखयुक्त बीज से
(*b*) बहुत से पुंमणु से
(*c*) नग्न बीजों से
(*d*) बीज फलों के अन्दर बन्द होते हैं

80. इफेड्रा पौधे के किस भाग से इफेड्रीन औषधि प्राप्त की जाती है–
(*a*) मूल से (*b*) तने से
(*c*) पत्तियों से (*d*) पुष्प से

81. *साइकस* में दिखाई देने वाली बहुभ्रूणता होती है–
(*a*) विभव वास्तविक बहुभ्रूणता
(*b*) विभव वास्तविक बहुभ्रूणता एवं विदलन बहुभ्रूणता
(*c*) एड्वेण्टिव बहुभ्रूणता
(*d*) उपरोक्त सभी

82. भारतवर्ष में *साइकस* प्रदर्शित होता है–
(*a*) 2 जातियों द्वारा (*b*) 6 जातियों द्वारा
(*c*) 8 जातियों द्वारा (*d*) 10 जातियों द्वारा

83. अनावृतबीजी वे पादप हैं जो–
(*a*) पुष्प धारण करते हैं
(*b*) संवहन ऊतक प्रदर्शित नहीं होते हैं
(*c*) शंकुओं में बीज उत्पन्न करते हैं
(*d*) शंकुओं में बीज उत्पन्न नही करते हैं

84. बन्दर पहेली (Monkey Puzzle) साधारण नाम है–
(*a*) *पाइनस लौंगीफोलिया* का
(*b*) *साइकस रिवोल्यूटा* का
(*c*) *नीटम नीमोन* का
(*d*) *ओरोकैरिया इम्ब्रीकेटा* का

85. बीरबल साहनी ने बिहार की राजमहल पहाड़ियों से एक जीवाश्म (Fossil) पादप की खोज की जो सम्बन्ध रखता है–
(*a*) आवृतबीजियों से
(*b*) अनावृतबीजियों से
(*c*) ब्रायोफाइटा से
(*d*) टेरिडोफाइटा से

86. जिम्नोस्पर्म का मुख्य लक्षण यह होता है कि यह उन पौधों का समूह है जिनमें होते हैं–
(*a*) नग्न बीज
(*b*) आवृत्त (ढ़के हुए) बीज
(*c*) बीज नहीं बनते हैं
(*d*) पुष्प उत्पन्न नही होते है

87. साइकस है–
(*a*) उभयलिंगी (*b*) समजालिक
(*c*) एकलिंगी (*d*) उपरोक्त सभी

88. पाइनस में एक युग्मनज में चार भ्रूण बनते हैं इसे कहते हैं–
(*a*) सरल बहुभ्रूणीयता (*b*) विदलित बहुभ्रूणीयता
(*c*) बहुयुग्मकी (*d*) उपरोक्त सभी

89. पाइनस की जड़ों के साथ पाये जाते हैं–
(*a*) शैवाल (*b*) कवक तन्तु
(*c*) जीवाणु (*d*) उपरोक्त सभी

90. पाइनस में परागकण लघु बीजाणुधानी से निकलते हैं–
(*a*) 2 कोशिका अवस्था में
(*b*) 4 कोशिका अवस्था में
(*c*) 6 कोशिका अवस्था में
(*d*) 10 कोशिका अवस्था में

91. पाइनस के बीजाण्ड के अध्यावरण होते हैं–
(*a*) अगुणित (*b*) द्विगुणित
(*c*) त्रिगुणित (*d*) चतुर्गुणित

92. *पाइनस* की सुई के आकार की पत्ती में हाइपोडर्मिस के स्केरेनकाइमा सहायता करते हैं–
(*a*) प्रकाश संश्लेषण में
(*b*) अवशोषण का क्षेत्रफल बढ़ाते हैं
(*c*) यांत्रिक शक्ति प्रदान करते हैं
(*d*) वाष्पोत्सर्जन कम करते हैं

93. *पाइनस* के बीज के पंख विकसित होते हैं–
(*a*) अध्यावरण तथा बीजाण्डकाय से
(*b*) बीजाण्ड तथा माइक्रोपाइल से
(*c*) बीजाण्डकीय शल्क तथा अध्यावरण से
(*d*) स्त्रीकेसर शल्क तथा सह पत्र शल्क से

94. *पाइनस* में निम्न निषेचन से पहले बनी रचना है–
(*a*) एक पंक्तिक (*b*) बहुपंक्तिक
(*c*) दोनों (*d*) उपरोक्त में से कोई नहीं

95. *पाइनस* में निम्न निषेचन से पहले बनी रचना है–
(*a*) बीज चोल (*b*) बीजों में पंख
(*c*) बीज पत्र (*d*) एण्डोस्पर्म

96. *साइकस* में परागकण झड़ते हैं या लघु बीजाणुधानी से निकलते हैं–
(*a*) 4 कोशिका अवस्था में
(*b*) 3 कोशिका अवस्था में
(*c*) 2 कोशिका अवस्था में
(*d*) 1 कोशिका अवस्था में

97. यदि अनावृतबीजी में गुणसूत्र की अगुणित संख्या है 12, तब एन्डोस्पर्म में कितने गुणसूत्र होंगे–

(*a*) 12 (*b*) 24
(*c*) 36 (*d*) 6

98. सबसे बड़े पुंमाणु पाये जाते हैं–

(*a*) *साइकस* में (*b*) *पाइनस* में
(*c*) *ड्रायोप्टेरिस* में (*d*) *सिलेजिनैला* में

99. रेजिन तथा टरपनटाइन प्राप्त किया जाता है–

(*a*) *साइकस* (*b*) *पाइनस*
(*c*) *ऐबिज* (*d*) *सिडरस*

100. चिलगोजा है–

(*a*) *साइकस* का फल (*b*) *पाइनस* का बीज
(*c*) घास का बीज (*d*) उपरोक्त सभी

उत्तरमाला

1	2	3	4	5	6	7	8	9	10
(*a*)	(*d*)	(*c*)	(*b*)	(*d*)	(*b*)	(*c*)	(*a*)	(*b*)	(*a*)
11	**12**	**13**	**14**	**15**	**16**	**17**	**18**	**19**	**20**
(*d*)	(*d*)	(*b*)	(*b*)	(*a*)	(*b*)	(*d*)	(*b*)	(*b*)	(*d*)
21	**22**	**23**	**24**	**25**	**26**	**27**	**28**	**29**	**30**
(*d*)	(*a*)	(*c*)	(*c*)	(*c*)	(*c*)	(*c*)	(*d*)	(*c*)	(*c*)
31	**32**	**33**	**34**	**35**	**36**	**37**	**38**	**39**	**40**
(*c*)	(*b*)	(*b*)	(*b*)	(*d*)	(*d*)	(*b*)	(*a*)	(*b*)	(*c*)
41	**42**	**43**	**44**	**45**	**46**	**47**	**48**	**49**	**50**
(*c*)	(*c*)	(*c*)	(*d*)	(*b*)	(*c*)	(*c*)	(*d*)	(*d*)	(*a*)
51	**52**	**53**	**54**	**55**	**56**	**57**	**58**	**59**	**60**
(*d*)	(*d*)	(*c*)	(*a*)	(*b*)	(*b*)	(*a*)	(*b*)	(*c*)	(*b*)
61	**62**	**63**	**64**	**65**	**66**	**67**	**68**	**69**	**70**
(*d*)	(*d*)	(*b*)	(*b*)	(*c*)	(*b*)	(*b*)	(*c*)	(*c*)	(*d*)
71	**72**	**73**	**74**	**75**	**76**	**77**	**78**	**79**	**80**
(*c*)	(*c*)	(*a*)	(*b*)	(*a*)	(*a*)	(*a*)	(*a*)	(*c*)	(*b*)
81	**82**	**83**	**84**	**85**	**86**	**87**	**88**	**89**	**90**
(*a*)	(*b*)	(*c*)	(*d*)	(*b*)	(*a*)	(*c*)	(*b*)	(*b*)	(*b*)
91	**92**	**93**	**94**	**95**	**96**	**97**	**98**	**99**	**100**
(*b*)	(*c*)	(*c*)	(*a*)	(*d*)	(*b*)	(*d*)	(*b*)	(*c*)	(*a*)

□□□

CHAPTER 13

ऐन्जियोस्पर्मी पौधों का जीवन-चक्र
LIFE CYCLE OF ANGIOSPERMIC PLANTS

- एक एन्जियोस्पर्मी पौधा जड़, तना, पत्तियों व पुष्पों से बना होता है तथा जनन अंग पुष्प के अन्दर पाये जाते हैं।
- मुख्य रूप से पुष्प के चार भाग होते हैं– बाह्यदल पुंज (calyx), दलपुंज (corolla), पुमंग (androecium) तथा जायांग (gynoecium)।
- वाह्यदलपुंज तथा दलपुंज जनन में सहायक होते हैं। तथा जायांग एवं पुमंग जनन में सीधा भाग लेते हैं।
- पुष्पी पादपों (एंजियोस्पर्म) में परागकण तथा बीजांड विशिष्ट रचना के रूप में विकसित होते हैं जिसे **पुष्प** कहते हैं।
- जबकि जिम्नोस्पर्म में बीजांड अनावृत होते हैं। एंजियोस्पर्म पुष्पी पादप हैं, जिसमें बीज फलों के भीतर होते हैं।
- पादपों में एंजियोस्पर्म सबसे बड़ा वर्ग है। उनके वासस्थान भी बहुत व्यापक हैं।
- इनका माप सूक्ष्मदर्शी जीवों बुल्फिया से लेकर सबसे ऊंचे वृक्ष यूकेलिपटस (100 मीटर से अधिक उंचाई) तक होता है।
- इनसे हमें भोजन, चारा, ईंधन, औषधियाँ तथा अन्य दूसरे आर्थिक महत्त्व के उत्पाद प्राप्त होते हैं।
- ये दो वर्गों द्विबीजपत्री तथा एकबीजपत्री में विभक्त होते हैं।
- द्विबीजपत्री पौधों के बीजों में दो बीज पत्र होते हैं, जबकि एकबीजपत्री में एक बीज पत्र होता है। पुष्प में नर लैंगिक अंग पुंकेसर (लघुबीजाणु पत्र) होता है।
- प्रत्येक पुंकेसर में एक पतला तंतु होता है जिसकी चोटी पर परागकोश होता है। मिऑसिस के बाद परागकोश से परागकण बनते हैं।
- पुष्प में मादा लैंगिक अंग स्त्रीकेसर (अंडप) होते हैं। स्त्रीकेसर में अंडाशय होता है जिसके अंदर एक या एक से अधिक बीजांड होते हैं।
- बीजांड के अंदर बहुत ही न्यूनीकृत मादा युग्मकोद्भिद् होता है जिसे **भ्रूणकोश** कहते हैं।
- भ्रूणकोश बनने से पहले उसमें मिऑसिस होता है। इसलिए भ्रूणकोश की प्रत्येक कोशिका अगुणित होती है।
- प्रत्येक भ्रूणकोश में तीन कोशिकीय **अंड समुच्चय-**एक **अंड कोशिका** तथा दो **सहायक कोशिकाएं**, तीन **प्रतिव्यासांत कोशिकाएं** तथा दो **ध्रुवीय कोशिकाएं** होती हैं।
- दो ध्रुवीय कोशिकाएँ आपस में जुड़ जाती हैं जिससे द्विगुणित द्वितीयक केंद्रक बनता है। परागकण परागकोश से निकलने के बाद वायु अथवा अन्य एजेंसियों के माध्यम से स्त्रीकेसर के वर्तिकाग्र पर स्थानांतरित कर दिये जाते हैं। उक्त स्थानांतरण को **परागण** (Pollination) कहते हैं।
- परागकण वर्त्तिकाग्र पर अंकुरित होते हैं, जिससे परागनली बनती है। परागनली वर्त्तिकाग्र तथा वर्त्तिका के ऊतकों के बीच से होती हुई बीजांड तक पहुँचती है। परागनली भ्रूणकोश के अंदर जाती है; जहाँ पर फटकर यह दो नर युग्मकों को छोड़ देती हैं। इनमें से एक नर युग्मक अंड

कोशिका से संगलित हो जाता है जिससे एक युग्मनज बनता है। दूसरा नर युग्मक द्विगुणित द्वितीयक केंद्रक से संगलन करता है जिससे त्रिगुणित प्राथमिक भ्रूणकोष केंद्रक बनता है। चूँकि इसमें दो संगलन होते हैं, इसलिए इसे **द्विनिषेचन** कहते हैं।

- एंजियोस्पर्म का अद्वितीय गुण द्विनिषेचन है। युग्मनज भ्रूण (जिससे एक अथवा दो बीजपत्र हो सकते हैं) में विकसित हो जाता है और प्राथमिक भ्रूणकोष केंद्रक भ्रूणकोष में विकसित हो जाता है।
- भ्रूणपोष विकासशील भ्रूण को पोषण प्रदान करता है। इन घटनाओं के दौरान बीजांड से बीज बन जाते हैं तथा अंडाशय से फल बन जाता है।
- निषेचन के बाद सहायक कोशिकाएँ तथा प्रतिव्यासांत कोशिकाएँ लुप्त हो जाती हैं।

एन्जियोस्पर्म का जीवन-चक्र (Life-cycle of Angiosperms)

एंजियोस्पर्म का जीवन-चक्र चित्र 13.1 में दिया गया है।

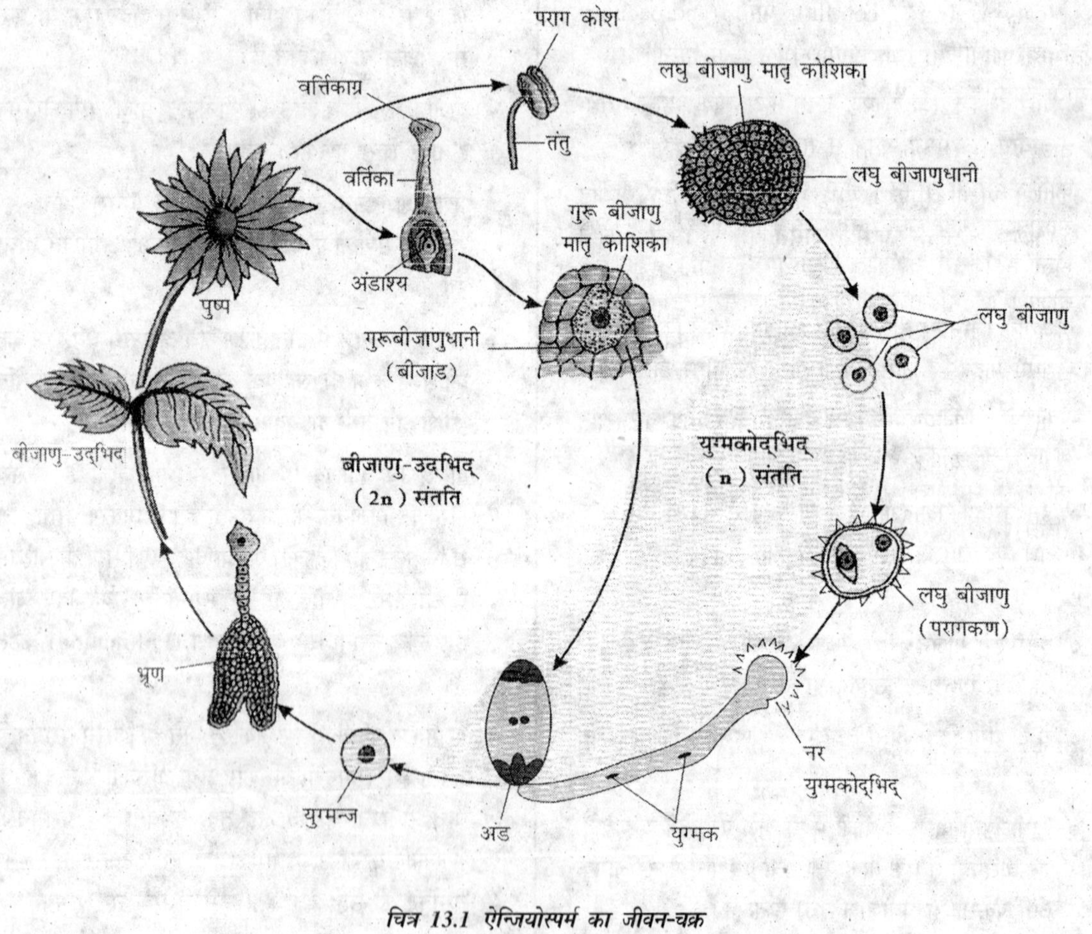

चित्र 13.1 ऐन्जियोस्पर्म का जीवन-चक्र
(Life cycle of Angiosperm)

पादप जीवन-चक्र तथा संतति या पीढ़ी- एकांतरण

पादप में अगुणित तथा द्विगुणित कोशिकाएँ माइटोसिस के द्वारा विभक्त होती हैं। इसके कारण विभिन्न काय, अगुणित बनते हैं। अगुणित पादपकाय माइटोसिस द्वारा युग्मक बनाते हैं। इसमें पादप काय युग्मकोद्भिद् होता है। निषेचन के बाद युग्मनज भी माइटोसिस द्वारा विभक्त होता हैं जिसके कारण द्विगुणित स्पोरोफाइट पादपकाय बनाता है। इस पादपकाय में मिऑसिस द्वारा अगुणित बीजाणु बनते हैं। ये अगुणित बीजाणु माइटोसिस विभाजन द्वारा पुनः अगुणित पादपकाय बनाते हैं। इस प्रकार किसी भी लैंगिक जनन करने वाले पौधों के जीवन-चक्र के दौरान युग्मकों, जो अगुणित युग्मकोद्भिद् बनाते हैं; और बीजाणु, जो द्विगुणित स्पोरोफाइट बनाते हैं, के बीच संतति या पीढ़ी-एकांतरण होता है।

विभिन्न पादप वर्गों तथा उनकी व्यष्टियों में निम्नलिखित पैटर्न पाया जाता है।

1. बीजाणुउद्भिद् (Sporophytic) संतति में केवल एक कोशिका वाला युग्मनज होता है। उसमें कोई मुक्तजीवी स्पोरोफाइट नहीं होता। युग्मनज में मिओसिस विभाजन होता है जिससे अगुणित बीजाणु बनते हैं। अगुणित बीजाणु में माइटोटिक विभाजन द्वारा युग्मोकद्भिद (Gametophyte) बनते हैं। ऐसे पौधों में प्रभावी प्रकाश संश्लेषण अवस्था मुक्तजीवी युग्मकोद्भिद् होते हैं। इस प्रकार के जीवन-चक्र को **अगुणितक** कहते हैं। बहुत से शैवाल जैसे *वाल्वॉक्स, स्पाइरोगायरा,* तथा *क्लैमाइडोमोनॉस* की कुछ स्पीशीज में इस प्रकार का पैटर्न होता है (चित्र 13.2)।

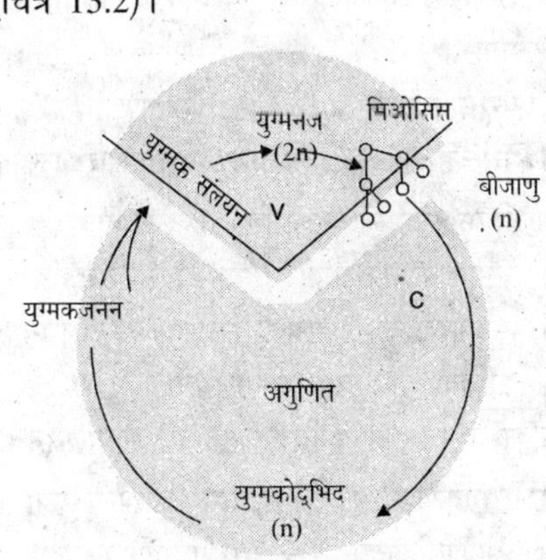

चित्र 13.2

2. कुछ ऐसे उदाहरण भी हैं, जहाँ पादप में द्विगुणित बीजाणुद्भिद् एक कोशिकीय अथवा कुछ कोशिकीय अगुणित होते हैं। जीवन-चक्र की इस अवस्था को **द्विगुणितक** कहते हैं। सभी बीज वाले पौधों अर्थात् जिम्नोस्पर्म तथा एंजियोस्पर्म में यह पैटर्न होता है (चित्र 13.3)।

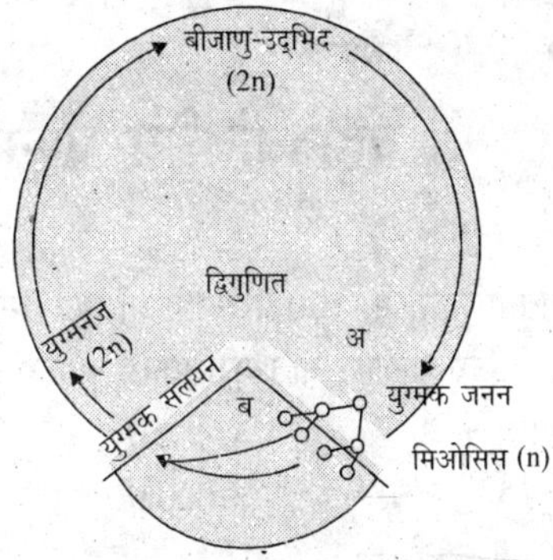

चित्र 13.3

3. ब्रायोफाइट तथा टैरिडोफाइट में मिश्रित अवस्था अर्थात् दोनों प्रकार की अवस्थाएँ बहुकोशिकीय तथा मुक्त जीवी होती है। लेकिन उनकी प्रभावी अवस्था में भिन्नता होती है।

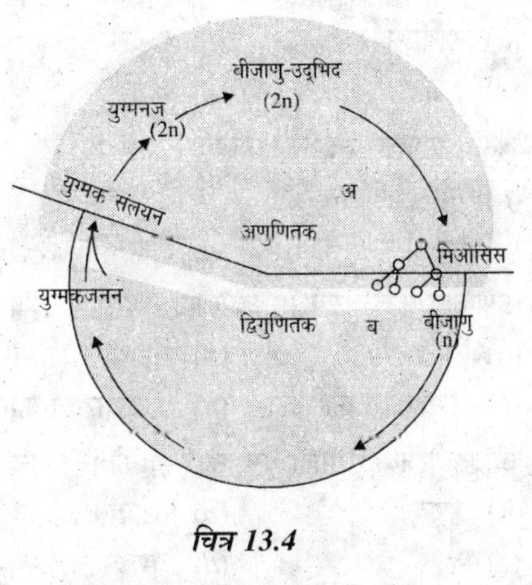

चित्र 13.4

एक प्रभावी, मुक्त, प्रकाश संश्लेषी थैलसाभ अथवा सीधी अवस्था **अगुणितक** युग्मकोद्भिद् में होती है। और यह अल्पआयु बहुकोशिकीय बीजाणुद्भिद् जो पूर्ण अथवा आंशिकरूप से जुड़े रहने तथा पोषण के लिए युग्मकोद्भिद् पर निर्भर करते हैं पीढ़ी एकांतरण करता है। सभी ब्रायोफाइट में ऐसा ही पैटर्न पाया जाता है (चित्र 13.4)।

द्विगुणित बीजाणुउद्भिद् प्रभावी, मुक्त, प्रकाशसंश्लेषी, संवहनी पादपकाय होता है। यह बहुकोशिक, मृतजीवी, स्वपोषी मुक्त लेकिन अल्पायु अगुणित युग्मकोद्भिद् से पीढ़ी एकांतरण करता है। ऐसे पैटर्न को अगुणितक जीवन-चक्र कहते हैं।

इसके कुछ अपवाद हैं– अधिकांश शैवाल में अगुणितक पैटर्न होता है, उनमें से कुछ जैसे– *एक्टोकार्पस, पॉलिसाइफोनिआ,* कैल्प में अगुणितक-द्विगुणितक पैटर्न होते हैं। *फाइकस* एक शैवाल है जिसमें द्विगुणितक पैटर्न होता है।

बहुविकल्पीय प्रश्न

1. आवृतबीजियों में 100 पराग कणों को बनाने के लिये कितनी लघु बीजाणु मातृ कोशिकायें चाहियें–
(*a*) 25 (*b*) 50
(*c*) 75 (*d*) 100

2. ऐंथेसिस किसे कहते हैं–
(*a*) पुष्पकली का खुलना
(*b*) परागमातृ कोशिका में अर्द्धसूत्री विभाजन का होना
(*c*) पराग कोशों का फूटना
(*d*) वर्तिकाग्र का सुग्राही हो जाना

3. बहुभ्रूणता सामान्यतः किसमें पाई जाती है–
(*a*) सायट्रस (*b*) हल्दी
(*c*) टमाटर (*d*) आलू

4. बहुत अधिक प्रतिरोधी जैविक पदार्थ है–
(*a*) स्पोरोपौलेनिन (*b*) हेमीसेल्यूलोज
(*c*) लिग्नो सेल्यूलोज (*d*) लिग्निन

5. भ्रूणकोष में तन्तुरूप समुच्चय किस भाग में पाया जाता है–
(*a*) अण्ड (*b*) सहायक कोशिका
(*c*) केन्द्रीकीय कोशिका (*d*) प्रतिव्यासांत कोशिकायें

6. आवृतबीजियों में मादा युग्मकोद्भिद् को निरूपित करता है–
(*a*) भ्रूणकोष (*b*) भ्रूणपोष
(*c*) अण्ड (*d*) अण्डप

7. टोटीपोटेन्सी का आविष्कार किया–
(*a*) स्टीवार्ड (*b*) गुहा तथा माहेश्वरी
(*c*) स्ट्रास्वर्गर (*d*) नवाश्चन

8. अनिषेक जनन है–
(*a*) फल का विकास बिना निषेचन के
(*b*) अण्ड का विकास बिना निषेचन के
(*c*) फल का विकास बिना परागण के
(*d*) फल का विकास हार्मोन प्रयोग से

9. अनिषेक फलन किसमें इच्छित नहीं है–
(*a*) टमाटर (*b*) अनार
(*c*) केला (*d*) आलू

10. नरयुग्मक बनते हैं–
(*a*) जनन कोशिका (*b*) नलिका कोशिका
(*c*) काय कोशिका (*d*) प्रोथेलियल कोशिका

11. नर केन्द्रक का मादा केन्द्रक के साथ मिलने की क्रिया को कहा जाता है–
(*a*) युग्मक संलयन (*b*) त्रिसमेकित
(*c*) द्विसमेकित (*d*) संयुग्मन

12. आवृतबीजियों का भ्रूणपोष मुख्यतः होता है–
(*a*) बहुगुणित (*b*) अगुणित
(*c*) द्विगुणित (*d*) त्रिगुणित

13. वर्धीकरण के समय पुष्प से परागकोष का निष्कासन क्या कहलाता है–
(*a*) पराग स्फुटन (*b*) परागण
(*c*) पुंसत्वहरण (*d*) परागकोष शल्योपचार

14. परालैंगिक संकरण का अभिप्राय क्या होता है–
(*a*) नरयुग्मक का मादा युग्मक से संलयन
(*b*) नरयुग्मक का सहायक कोशिका से संलयन
(*c*) कायिक जीवद्रव्यों का संलयन
(*d*) नरयुग्मक का कायिक जीवद्रव्य से संलयन

15. एक परागकण से संवर्धन माध्यम में उत्पन्न हुआ पादप है–
(*a*) अगुणित पादप (*b*) द्विगुणित पादप
(*c*) चतुष्गुणित पादप (*d*) बहुगुणित पादप

16. पोलीगोनम प्रकार के भ्रूणपोष में कितने एन्टीपोडल कोशिकायें होती हैं–

(*a*) 1 (*b*) 3
(*c*) 4 (*d*) 5

17. एक अविकल्पी असंगजनिक बीज संकरण से क्या बनेगा?

(*a*) क्लोन समष्टि
(*b*) विषम जनिक समष्टि
(*c*) रंजकहीन समष्टि
(*d*) काइमेरिक (chimeric) समष्टि

18. हिटरोब्लास्टि प्रवर्धन कहलाता है–

(*a*) जीनी संरचना में दो भिन्न समष्टि
(*b*) आकारिकी में दो भिन्न समष्टि
(*c*) आकारिकी में भिन्न युवा व प्रौढ़ अवस्था
(*d*) शरीर में पायी जाने वाली जीनी संरचना में भिन्न प्रकार की कोशिकायें

19. निषेचन के समय पराग नलिका से नर युग्मक निकलते हैं–

(*a*) मध्य कोशिका में (*b*) सहायक कोशिका में
(*c*) अण्ड कोशिका में (*d*) एन्टीपोडल कोशिका में

20. गैमिटोफाइट से बिना युग्मक संलयन के स्पोरोफाइट का बनना कहलाता है–

(*a*) एपोमिक्सिस (*b*) अपबीजाणुता
(*c*) अपयुग्मकता (*d*) परागण

21. मध्य प्रवेश में पराग नलिका बीजांड में प्रवेश करती है–

(*a*) बीजांड द्वार के बीच से
(*b*) निभाग के बीच से
(*c*) अध्यावरणों के बीच से, ऊतक को बिना छिद्रित किये
(*d*) अध्यावरणों के बीच से, ऊतक को छिद्रित करते हुए

22. आवृतबीजियों में पुंयुग्मकोद्भिद् लघुकृत होता है–

(*a*) एक कोशिका में (*b*) दो कोशिकाओं में
(*c*) तीन कोशिकाओं में (*d*) चार कोशिकाओं में

23. आवृतबीजियों में निषेचन के समय पराग नलिका पुंयुग्मकों का प्रायः विसर्जन करती है–

(*a*) अण्ड में
(*b*) केन्द्रीय कोशिका में
(*c*) स्वस्थ सहायक कोशिका में
(*d*) अपाह्रासोन्मुख सहायक कोशिका में

24. वह तकनीक जिसमें परागकणों का निलम्बन सीधे अंडाशय में अंतःक्षिप्त करा दिया जाता है, सम्बोधित की जाती है–

(*a*) परखनली निषेचन
(*b*) अंतरंडाशयी परागण (intra-ovarian pollination)
(*c*) अंतरंडाशयी निषेचन (intra-ovarian fertilization)
(*d*) परखनली परागण

25. मिरमीकोफिली परागण की एक विधि है जो सम्पन्न होती है–

(*a*) पक्षियों द्वारा (*b*) चींटियों द्वारा
(*c*) मॉथ द्वारा (*d*) चमगादड़ों द्वारा

26. निम्न में से कौन अगुणित नहीं है–

(*a*) सहायक कोशिका (*b*) प्रतिव्यासांत कोशिका
(*c*) बीजांडकाय (*d*) पराग की कायिक कोशिका

27. पात्रे परिस्थितियों (*in vitro* conditions) में वृद्धि करने वाले परागकणों से विभेदित होने वाले पादप कहलाते हैं–

(*a*) पु-पादप (male plants)
(*b*) पराग पादप (pollen plants)
(*c*) पुंजनीय अगुणित (Androgenic haploids)
(*d*) बंध्य पादप

28. बिना युग्मक के संयुजन के भ्रूण विकास की क्रिया को कहते हैं–

(*a*) एपोस्पोरी (*b*) सिनगैमी
(*c*) एपोगैमी (*d*) आइसोगैमी

29. केवल माइक्रोपाइलर (Micropylar) वाले सिरे पर बीज चोल की अधिवृद्धि को कहते हैं–

(*a*) कैरन्किल (*b*) एरिल
(*c*) आब्टूरेटर (*d*) एण्डोथीलियम

30. ओइनोथेरा के कायिक गुणसूत्रों की संख्या $2n = 14$ है, इसके भ्रूणकोष में गुणसूत्रों की संख्या क्या होगी–

(*a*) 7 (*b*) 14
(*c*) 21 (*d*) 28

31. वह विशेष संरचना जो पराग नलिका को बीजाण्ड में प्रवेश कराने में सहायता करती है, कहलाती है–

(*a*) सिनर्जिड (*b*) एण्डोथीसियम
(*c*) आब्टूरेटर (*d*) इसीस्टेडा

32. एक ट्रेटास्पोरिक भ्रूणकोष वह है, जिसमें–
(*a*) मैगास्पोर से मातृ कोशिकायें सीधे भ्रूण कोष बनाती हैं
(*b*) मैगास्पोर मातृ कोशिका चार मैगास्पोर न्यूक्लीयस बनाती है जो सभी भ्रूणकोष का निर्माण करते हैं
(*c*) सभी चारों मैगास्पोर कोशिकायें भ्रूणकोष के निर्माण में भाग लेती हैं
(*d*) सभी चारों मैगास्पोर विगलित हो जाते हैं तथा भ्रूण कोष का निर्माण न्यूसेलस की कोशिकाओं से होता है

33. परागकोष भित्ति का वह कोशिका स्तर जो पराग कोष के स्फुटन में सहायक होता है, कहलाता है–
(*a*) एक्सोथीसियम (*b*) एम्फीथीसियम
(*c*) पेरीथीसियम (*d*) एण्डोथीसियम

34. एक बीजपत्री पादप में एक बीजपत्र होता है, तथा यह होता है–
(*a*) पार्श्व (*b*) अग्रस्थ
(*c*) आधारीय (*d*) अनुप्रस्थ

35. फल का बिना निषेचन के विकसित होना कहलाता है–
(*a*) पार्थेनोकार्पी (*b*) पार्थेनोजेनेसिस
(*c*) स्पोरोगैमी (*d*) स्वपरागण

36. कींटों के द्वारा परागण कहलाता है–
(*a*) कीट परागण (*b*) चमगादड़ परागण
(*c*) वायु परागण (*d*) जन्तु परागण

37. भ्रूणकोष का निर्माण कहलाता है–
(*a*) गुरू बीजाणु जनन (*b*) गुरू युग्मक जनन
(*c*) लघु युग्मक जनन (*d*) उपरोक्त में से कोई नहीं

38. एक पादप लघु बीजाणु मातृकोशिका में 24 गुणसूत्र हैं। इसके भ्रूणपोष में गूणसूत्रों की संख्या होगी–
(*a*) 36 (*b*) 24
(*c*) 12 (*d*) 48

39. एंजियोस्पर्म का मादा युग्मकोद्भिद् प्रायः होता है–
(*a*) सात कोशिकीय (*b*) आठ कोशिकीय
(*c*) बहुकोशिकीय (*d*) ग्यारह कोशिकीय

40. निम्न को बोने के लिये कलम लगायी जाती है–
(*a*) केला (*b*) गुलाब
(*c*) आम (*d*) कपास

41. परागण जो पादप के दो भिन्न पुष्पों के बीच होता है, कहलाता है–
(*a*) परपरागण (*b*) लिग्निज
(*c*) क्लीस्टोगैमी (*d*) जीटोनोगैमी

42. एक परिपक्व निषेचित एंजियोस्पर्मिक बीजाण्ड में n, 2n तथा 3n अवस्था पायी जाती है–
(*a*) एन्टीपोडल स्निरजिड तथा अध्यावरण में
(*b*) अण्ड, बीजाण्डकाय तथा भ्रूण पोष में
(*c*) एन्टीपोडल, बीजाण्डकाय तथा भ्रूण पोष में
(*d*) भ्रूणपोष, बीजाण्डकाय तथा अण्ड में

43. लघु बीजाणुजनन कहा जाता है–
(*a*) स्पर्मेटोजेनेसिस
(*b*) परागकण का विकास
(*c*) नर युग्मकोद्भिद् का विकास
(*d*) मादा युग्मकोद्भिद का विकास

44. परागकोश संवर्धन एक तकनीक है जिससे अगुणित पादप बनाया जाता है जबकि कुछ द्विगुणित पादप भी इनके साथ प्राप्त होते हैं–
(*a*) नर तथा कायिक कोशा के संलयन के कारण
(*b*) बाह्य चोल तथा अन्तः चोल के विकास के कारण
(*c*) पराग कोष भित्ति कोशिका से विकास के कारण
(*d*) नर कोशिकाओं के संलयन के कारण

45. प्रकृति में पर परागण पाया जाता है–
(*a*) केवल एक लिंगी पुष्पों में
(*b*) केवल नपुंसक पुष्पों में
(*c*) केवल भूमिगत पुष्पों में
(*d*) उपरोक्त में से कोई नहीं

46. बीजाण्ड वृत से बीजाण्ड के जुड़े रहने के स्थान को कहते हैं–
(*a*) रेफी (*b*) निभाग
(*c*) बीजाण्ड द्वार (*d*) नाभिका

47. बीजाण्ड में पराग नली किस मार्ग से प्रवेश करती है?
(*a*) निभाग (*b*) बीजाण्ड द्वार
(*c*) बीजाण्ड वृत (*d*) इनमें से कोई नहीं

48. पराग कण बनते समय बीजाणु मातृ कोशिका विभाजित होती है–
(*a*) सूत्री विभाजन द्वारा
(*b*) असूत्री विभाजन द्वारा
(*c*) अर्धसूत्री विभाजन द्वारा
(*d*) स्वतन्त्र कोशिका विभाजन द्वारा

49. लघुबीजाणुजनन में एक बीजाणु मातृ कोशिका से कितने पराग कण बनते हैं?
(*a*) 1 (*b*) 2
(*c*) 3 (*d*) 4

50. भ्रूणपोष का निर्माण निम्न में से किसके मिलने से बनता है?
(*a*) सहायक कोशिकाओं के केन्द्रक से
(*b*) प्रति व्यासांत कोशिकाओं के केन्द्रक से
(*c*) नर केन्द्रक तथा द्वितीयक केन्द्रक से
(*d*) नर केन्द्रक तथा अंड केन्द्रक से

51. ट्रांसलेटर यन्त्र किसमें होता है–
(*a*) सरसों में
(*b*) आम में
(*c*) मदार (calotropis) में
(*d*) मटर में

52. मटर में बीजाण्ड होता है–
(*a*) अर्धप्रतीप (hemianatropous)
(*b*) अनुप्रस्थ (एम्फीट्रोपस)
(*c*) प्रतीप (एनाटोपस)
(*d*) वक्र (कैम्पाइलोट्रोपस)

53. वह बिन्दु जहां फ्यूनिकल बीजाण्ड पर जुड़ता है वह है–
(*a*) निभाग (कैलाजा) (*b*) नाभिका (हाइलम)
(*c*) अध्यावरण (*d*) बीजाण्डद्वार

54. एक द्विलिंगी पुष्प जो जीवन में कभी नहीं खुलता है वह है–
(*a*) समयुग्मकी (*b*) विषमयुग्मकी
(*c*) भिन्नकाल पक्वी (*d*) अनुन्मील्य परागणी

55. परागकणों का परागकोष भित्ति से भेद होता है–
(*a*) अगुणित प्रकृति में (*b*) द्विगुणित प्रकृति में
(*c*) त्रिगुणित प्रकृति में (*d*) चतुर्गुणित प्रकृति में

56. निषेचन से पूर्व बीजाण्ड की द्विगुणित कोशिका है–
(*a*) प्रतिमुखी कोशिका (*b*) न्यूसीलस
(*c*) सहायक कोशिका (*d*) जायगोट

57. केप्सैला के मादा युग्मकोदभिद् में निषेचन से ठीक पूर्व कितनी कोशिकायें उपस्थित होती हैं–
(*a*) 3 (*b*) 6
(*c*) 7 (*d*) अनेक

58. आवृतबीजियों में संयुग्मन (syngamy) के खोजकर्ता थे–
(*a*) नवाशिचन्न
(*b*) स्ट्रॅसबर्गर
(*c*) काउल्टर व चैम्बरलेन
(*d*) उपरोक्त में किसी से नहीं

59. एक प्रतिरोधी पदार्थ स्पोरोपोलेनिन, जो कैराटिनायड का बना होता है, पाया जाता है–
(*a*) एन्डोडर्मिस में (*b*) प्लाज्मा झिल्ली में
(*c*) बाह्य चोल में (*d*) अन्तः चोल में

60. सोमाक्लोनल विविधता है–
(*a*) ऊतक संवर्धन के समय में उत्पन्न विविधता
(*b*) लैंगिक भ्रूणोद्भव के समय में उत्पन्न विविधता
(*c*) उत्परिवर्तजनी रासायनिकों के द्वारा उत्पन्न विविधता
(*d*) गामा किरणों के द्वारा उत्पन्न विविधता

61. निम्नलिखित में से पूर्ण विकसित मकरंद कोष वाले सुगंधित फूल किसके अनुकूल है–
(*a*) अनिमोफिली (Anemophily)
(*b*) हाइड्रोफिली (Hydrophily)
(*c*) एनटोमोफिली (Entomophily)
(*d*) जुफिली (Zoophily)

62. हमारी एग्री-होर्टीकल्चरल फसलों के लिये मुख्य परागण कर्ता है–
(*a*) मोथ (*b*) बीटल्स
(*c*) तितलियाँ (*d*) मधु मक्खियाँ

63. जब पराग एक पौधे के पुष्प के पराग कोष से निकलकर उसी पौधे के दूसरे पुष्प के वर्तिकाग्र पर पहुँचते हैं तब इस परागण को कहते हैं
(*a*) ऑटोगैमी (*b*) ऐलोगैमी
(*c*) जीनोगैमी (*d*) जीटोनोगैमी

64. अगुणित पौधे प्राप्त किये जा सकते हैं संवर्धन से–
(*a*) पराग कणों के
(*b*) जड़ के शीर्ष के
(*c*) अपरिपक्व पत्तियों के
(*d*) भ्रूणपोष के

65. जब पराग नलिका बीजाण्डद्वार से होकर प्रवेश करती है तब यह क्रिया कहलाती है–
(*a*) निभागयुग्मी (Chalazogamy)
(*b*) कूटयुग्मी (Pseudogamy)
(*c*) रन्ध्रयुग्मी (Porogamy)
(*d*) भित्तियुग्मी (Mesogamy)

66. हरे नारियल का दुग्धयुक्त जल होता है–
(*a*) तरल बीजाण्डकाय (*b*) मादा युग्मकोद्भिद् का तरल
(*c*) तरल भ्रूणपोष (*d*) तल निभाग

67. आवृतबीजियों का भ्रूणपोष फलस्वरूप बनता है, निषेचन से–
(*a*) प्रतिमुख कोशिकाओं के
(*b*) युग्मनज के
(*c*) सहायक कोशिकाओं के
(*d*) द्वितीयक केन्द्रक के

68. पौधों में अर्द्धसूत्री विभाजन (Meiosis) होता है–
(*a*) परागकोष में
(*b*) मूलशीर्ष में
(*c*) एधा (Cambium) में
(*d*) पराग कण में

69. विषम (Odd) होता है–
(*a*) बीजाण्डद्वार (*b*) भ्रूणकोष
(*c*) बीजाण्डकाय (*d*) पराग कण

70. अनिषेकजनन (Parthenogenesis) होता है–
(*a*) हार्मोन्स के बिना फल का परिवर्धन
(*b*) बिना निषेचन के फल का परिवर्धन
(*c*) बिना निषेचन के अण्डाणु का परिवर्धन
(*d*) बिना निषेचन के भ्रूण का परिवर्धन

71. बिना युग्मक के संयोजन के बीजाणोद्भिद् (Sporophyte) का परिवर्धन कहलाता है–
(*a*) अपमिश्रण (*b*) अपबीजाणुता
(*c*) अपयुग्मकता (*d*) परागण

72. पराग मातृ कोशिका में अर्द्धसूत्री विभाजन के अन्तर्गत संतति कोशिकाएँ मार्गों से अन्तर्सम्बन्धित होती है। यह सारी रचना कहलाती है–
(*a*) संकोशिका (Coenocyte)
(*b*) प्लाज्मोडेस्मेटा
(*c*) सिम्प्लास्ट
(*d*) सिन्सिटियम

73. एक पौधे के परागकोष को संवर्धित करने के पश्चात थोड़े से द्विगुणित पौधे अगुणित पौधों के साथ प्राप्त हुए। निम्न में से कौन-सा भाग द्विगुणित पौधे उत्पन्न करने के लिए उत्तरदायी होगी?
(*a*) पराग की कायिक कोशिका
(*b*) परागभित्ति का वाह्य स्तर
(*c*) परागकोष भित्ति की कोशिकाएँ
(*d*) पराग की जनन कोशिका

74. आवृतबीजियों में निषेचन होता है–
(*a*) दो समान बीजाणुओं का संयोजन
(*b*) दो असमान पुष्पों का संयोजन
(*c*) असमान लम्बाई के पुंकेसरों का संयोजन
(*d*) दो असमान युग्मकों का संयोजन

75. आकारिकीय दृष्टि से मक्का में सफेद कोमल खाने योग्य भाग होता है–
(*a*) बीजावरण (*b*) बीज
(*c*) भ्रूणपोष (*d*) फलभित्ति

76. आवृतबीजियों में भ्रूणपोष निषेचन के पश्चात बनता है अथवा पुष्पी पादपों में भ्रूणकोष की कौन-सी कोशिकाओं से भ्रूणपोष (Endosperm) बनता है?
(*a*) युग्मनज (Zygote)
(*b*) द्वितीयक केन्द्रक (Secondary nucleus)
(*c*) सहायक कोशिकाएँ (Synergids)
(*d*) प्रतिमुख कोशिकाएँ (Antipodals)

77. एक प्राकृतिक अनिषेकफलन द्वारा बने हुए फल का उदाहरण होता है–
(*a*) अमरुद (*b*) आम
(*c*) केला (*d*) सेब

78. जब पराग नलिका अध्यावरण (Integument) में होकर प्रवेश करती है तो इस क्रिया को कहते हैं–
(*a*) मीसोगैमी (*b*) पोरोगैमी
(*c*) चैलाजोगैमी (*d*) स्यूडोगैमी

79. एक अनिषेचित अण्डाणु से भ्रूण का निर्माण कहलाता है–
(*a*) अनिषेकफलन (*b*) कूटयुग्मकन
(*c*) उभयमिश्रण (*d*) अनिषेकजनन

80. टोटीपोटेन्सी के प्रदर्शन के पश्चात् एक वनस्पति वैज्ञानिक ऊतक संवर्धन द्वारा एक आवृतबीजी से समान पादप उत्पन्न करने की सोचता है। जो भाग या ऊतक अगुणित भ्रूण उत्पन्न करने के काम आते हैं, होते हैं–
(*a*) मूल शीर्ष (*b*) स्तम्भ शीर्ष
(*c*) पत्तियाँ (*d*) रागकोष

81. एक सामान्य अथवा पौलीगोनम प्रकार का भ्रूणकोष होता है–

(*a*) द्विबीजाणुक आठ केन्द्रकीय

(*b*) एक बीजाणुक चार केन्द्रकीय

(*c*) चतुष्बीजाणुक सोलह केन्द्रकीय

(*d*) एक बीजाणुक आठ केन्द्रकीय

82. भ्रूणकोष (Embryo sac) प्रदर्शित करता है–

(*a*) गुरुबीजाणु को (*b*) मादा युग्मक को

(*c*) गुरुबीजाणुपर्ण को (*d*) मादा युग्मकोद्भिद् को

83. भ्रूणपोषी केन्द्रक होता है प्रायः–

(*a*) अगुणित (*b*) द्विगुणित

(*c*) त्रिगुणित (*d*) चतुष्गुणित

84. अण्डयुग्मकी (Oogamous) लैंगिक जनन होता है–

(*a*) समान चलयुग्मकों का संयोजन

(*b*) असमान चलयुग्मकों का संयोजन

(*c*) चल तथा अचल युग्मकों का संयोजन

(*d*) समान अचल युग्मकों का संयोजन

85. एक युग्मकोद्भिद् (Gametophyte) की कायिक कोशिकाओं से बिना निषेचन के एक बीजाणोद्भिद् (Sporophyte) का परिवर्धन कहलाता है–

(*a*) जाइगोस्पोरी (*b*) एप्लानोस्पोरी

(*c*) एपोस्पोरी (*d*) एपोगैमी

86. वह निषेचन, जिसमें नर युग्मक पराग नलिका द्वारा ले जाये जाते हैं, कहलाता है–

(*a*) पोरोगैमी (*b*) सिनगैमी

(*c*) साइफोनोगैमी (*d*) चैलाजोगैमी

87. एक नर युग्मक का संलयन अण्ड कोशिका से तथा दूसरे नर युग्मक का संलयन द्वितीयक केन्द्रक से कहलाता है–

(*a*) निषेचन (*b*) द्विनिषेचन

(*c*) त्रिसंलयन (*d*) केरियोगैमी

88. टोटीपोटेन्सी का अर्थ है–

(*a*) एक कोशिका का बनना

(*b*) एक अंग का बनना

(*c*) एक प्राणी का एक कोशिका से बनना

(*d*) ऊतक का बनना

89. नारियल के अन्दर का द्रव है–

(*a*) द्रवीय भ्रूणपोष (*b*) द्रवीय मीजोकार्प

(*c*) द्रवीय एन्डोकार्प (*d*) द्रवीय बीजाण्डकाय

90. शील्ड के आकार का बीजपत्र जिसे स्कूटेलम कहते हैं पाया जाता है–

(*a*) मक्का (*b*) मटर

(*c*) रेंडी (*d*) चना

91. जनन छिद्र वह स्थान है जहाँ बाह्य चोल–

(*a*) मोटा होता है

(*b*) एक समान होता है

(*c*) मोटा एवं एक समान होता है

(*d*) अनुपस्थित होता है

92. मूँगफली में तेल किसमें विद्यमान होता है–

(*a*) भ्रूणपोष में (*b*) भ्रूण में

(*c*) बीजांडकाय में (*d*) फल में

93. उच्च पादप में त्रिगुणित ऊतक है–

(*a*) भ्रूण (*b*) भ्रूण पोष

(*c*) प्रतिव्यासांत कोशिका (*d*) सहायक कोशिका

94. भ्रूणकोष है–

(*a*) गुरुबीजाणु मातृ कोशिका

(*b*) गुरु युग्मकोद्भिद्

(*c*) गुरुबीजाणुद्भिद्

(*d*) गुरु बीजाणुधानी

95. 10 लघुबीजाणु मातृ कोशिकाओं में अर्द्धसूत्री विभाजन से कितने पराग कण बनेंगे–

(*a*) 80 (*b*) 40

(*c*) 20 (*d*) 10

96. आवृतबीजी में त्रिक संलयन (Triple fusion) किसके निर्माण के लिये आवश्यक होता है–

(*a*) बीज चोल (*b*) फल भित्ति

(*c*) भ्रूण (*d*) भ्रूणपोष

97. उच्च वर्गीय पौधों में अर्द्धसूत्री विभाजन की जगह है–

(*a*) वर्द्धी कोशिका (*b*) मूलाग्र कोशिका

(*c*) स्टोमेटल कोशिका (*d*) बीजाणु मातृ कोशिका

98. बीज चोलक (Caruncle) बनता है–

(*a*) पुष्प क्रम वृन्त से (*b*) बीजपत्र से

(*c*) अध्यावरण से (*d*) उपरोक्त में से कोई नहीं

99. पेरीस्पर्म है–

(*a*) भ्रूणपोष का बाहरी भाग

(*b*) नष्ट सहायक कोशिकायें

(*c*) नष्ट द्वितीयक कोशिकायें

(*d*) बीजाण्डकाय (Nucellus) का अवशेष

100. अगर एक आवृतबीजी का नर पौधा द्विगुणित तथा मादा चतुष्गुणित (tetraploid) हो तो उनसे बनने वाले भ्रूणपोष (endosperm) की गुणिता (Ploidy) होगी–

(*a*) त्रिगुणित (*b*) चतुष्गुणित

(*c*) पंचगुणित (*d*) द्विगुणित या अगुणित

उत्तरमाला

1	**2**	**3**	**4**	**5**	**6**	**7**	**8**	**9**	**10**
(*c*)	(*a*)	(*a*)	(*a*)	(*b*)	(*a*)	(*a*)	(*b*)	(*b*)	(*a*)
11	**12**	**13**	**14**	**15**	**16**	**17**	**18**	**19**	**20**
(*a*)	(*d*)	(*c*)	(*c*)	(*a*)	(*b*)	(*d*)	(*c*)	(*b*)	(*c*)
21	**22**	**23**	**24**	**25**	**26**	**27**	**28**	**29**	**30**
(*d*)	(*c*)	(*d*)	(*b*)	(*b*)	(*c*)	(*c*)	(*c*)	(*a*)	(*b*)
31	**32**	**33**	**34**	**35**	**36**	**37**	**38**	**39**	**40**
(*c*)	(*c*)	(*d*)	(*b*)	(*a*)	(*a*)	(*b*)	(*a*)	(*a*)	(*b*)
41	**42**	**43**	**44**	**45**	**46**	**47**	**48**	**49**	**50**
(*d*)	(*c*)	(*b*)	(*c*)	(*a*)	(*d*)	(*b*)	(*c*)	(*d*)	(*c*)
51	**52**	**53**	**54**	**55**	**56**	**57**	**58**	**59**	**60**
(*c*)	(*d*)	(*b*)	(*d*)	(*a*)	(*b*)	(*c*)	(*b*)	(*c*)	(*a*)
61	**62**	**63**	**64**	**65**	**66**	**67**	**68**	**69**	**70**
(*c*)	(*d*)	(*d*)	(*a*)	(*c*)	(*c*)	(*d*)	(*a*)	(*d*)	(*d*)
71	**72**	**73**	**74**	**75**	**76**	**77**	**78**	**79**	**80**
(*c*)	(*c*)	(*c*)	(*d*)	(*c*)	(*b*)	(*c*)	(*a*)	(*d*)	(*d*)
81	**82**	**83**	**84**	**85**	**86**	**87**	**88**	**89**	**90**
(*d*)	(*d*)	(*c*)	(*c*)	(*d*)	(*c*)	(*b*)	(*c*)	(*a*)	(*a*)
91	**92**	**93**	**94**	**95**	**96**	**97**	**98**	**99**	**100**
(*d*)	(*b*)	(*b*)	(*b*)	(*b*)	(*d*)	(*d*)	(*c*)	(*d*)	(*c*)

❑❑❑

CHAPTER 14

एन्जियोस्पर्मी पौधों की अकारिकी
MORPHOLOGY OF ANGIOSPERMIC PLANTS

अकारिकी (Morphology)

- जिन पौधों में फूल हैं उन्हें सपुष्पक पौधा कहते हैं। सपुष्पक पौधे में जड़ (मूल), तना, पत्ती, फूल, फल निश्चित रूप से पाए जाते हैं।
- सपुष्पक पौधे दो प्रकार के होते हैं– आवृतबीजी एवं अनावृतबीजी।
- आवृतबीजी पौधे दो भागों में पुनः बँटे होते हैं– एकबीजपत्री पौधे एवं द्विबीजपत्री पौधे।
- पुष्पी पादपों अथवा एंजियोस्पर्म में परागकण तथा बीजांड विशिष्ट रचना के रूप में विकसित होते हैं, जिसे पुष्प कहते हैं। जबकि जिम्नोस्पर्म में बीजांड अनावृत होते हैं। एंजियोस्पर्म पुष्पी पादप हैं, जिसमें बीज फलों के भीतर होते हैं।
- यह पादपों में सबसे बड़ा वर्ग है। उनके वासस्थान भी बहुत व्यापक हैं।
- इनका माप सूक्ष्मदर्शी जीवों वुल्फिया से लेकर सबसे ऊंचे वृक्ष यूकेलिप्टस (100 मीटर से अधिक ऊंचाई) तक होता है। इनसे हमें भोजन, चारा, ईंधन, औषधियाँ तथा अन्य आर्थिक महत्त्व के उत्पाद प्राप्त होते हैं।
- ये दो वर्गों द्विबीजपत्री तथा एकबीजपत्री में विभक्त होते हैं। द्विबीजपत्री पौधों के बीजों में दो बीज पत्र होते हैं, जबकि एकबीजपत्री में एक बीज पत्र होता है।
- पुष्प में नर लैंगिक अंग पुंकेसर (लघुबीजाणु पत्र) हैं।
- प्रत्येक पुंकेसर में एक पतला तंतु होता है जिसकी चोटी पर परागकोश होता है।
- मिऑसिस के बाद परागकोश से परागकण बनते हैं।
- पुष्प में मादा लैंगिक अंग स्त्रीकेसर अथवा अंडप होते हैं। स्त्रीकेसर में अंडाशय होता है जिसके अंदर एक या एक से अधिक बीजांड होते हैं। बीजांड के अंदर बहुत ही न्यूनीकृत मादा युग्मकोद्भिद होता है जिसे **भ्रूणकोश** कहते हैं।
- भ्रूणकोश बनने से पहले उसमें मिऑसिस होता है। इसलिए भ्रूणकोश की प्रत्येक कोशिका अगुणित होती है।
- प्रत्येक भ्रूणकोश में तीन कोशिकीय अंड **समुच्चय-एक अंड कोशिका** तथा दो सहायक कोशिकाएं, तीन **प्रतिव्यासांत कोशिकाएं** तथा दो ध्रुवीय कोशिकाएं होती हैं। दो ध्रुवीय कोशिकाएँ आपस में जुड़ जाती है जिससे द्विगुणित केंद्रक बनता है।
- परागकण परागकोश से निकलने के बाद हवा अथवा अन्य एजेंसियों द्वारा स्त्रीकेसर के वर्त्तिकाग्र पर स्थानांतरित कर दिए जाते हैं। इस स्थानांतरण को **परागण** कहते हैं।
- परागकण वर्त्तिकाग्र पर अंकुरित होते हैं, जिससे परागनली बनती है। परागनली वर्त्तिकाग्र तथा वर्त्तिका के ऊतकों के बीच से होती हुई बीजांड तक पहुँचती है।
- परागनली भ्रूणकोश के अंदर जाती है; जहाँ पर फटकर यह दो नर युग्मको को छोड़ देती है।
- इनमें से एक नर युग्मक अंड कोशिका से संगलित हो जाता है जिससे एक युग्मनज बनता है।
- दूसरा नर युगमक द्विगुणित द्वितीयक केंद्रक से संगलित करता है जिससे त्रिगुणित प्राथमिक भ्रूणपोष केंद्रक बनता है। चूँकि इसमें दो संगलन होते हैं, इसलिए इसे **द्विनिषेचन** कहते हैं।
- द्विनिषेचन एंजियोस्पर्म का अद्वितीय गुण है। युग्मनज भ्रूण (जिससे एक अथवा दो बीजपत्र हो सकते हैं) में विकसित हो जाता है और प्राथमिक भ्रूणपोष केंद्रक भ्रूणपोष में विकसित हो जाता है।
- भ्रूणपोष विकासशील भ्रूण को पोषण प्रदान करता है। इन घटनाओं के दौरान बीजांड से बीज बन जाते हैं तथा अंडाशय से फल बन जाता है।
- निषेचन के बाद सहायक कोशिकाएँ तथा प्रतिव्यासांत कोशिकाएँ लुप्त हो जाती हैं।

मूल (Root)

अधिकांश द्विबीजपत्री पादपों में मूलांकुर के लंबे होने से **प्राथमिक मूल** बनती है जो मिट्टी में उगती है। इसमें पार्श्वयी मूल होती हैं जिन्हें **द्वितीयक** तथा **तृतीयक मूल** कहते हैं। प्राथमिक मूल तथा इसकी शाखाएँ मिलकर **मूसला मूलतंत्र** बनाती हैं। इसका उदाहरण सरसों का पौधा है। एकबीजपत्री पौधों में प्राथमिक मूल अल्पायु होती है और इसके स्थान पर अनेक मूल निकल जाती हैं। ये मूल तने के आधार से निकलती हैं। इन्हें **झकड़ा मूलतंत्र** कहते हैं। इसका उदाहरण गेहूँ का पौधा है। कुछ पौधों जैसे घास तथा बरगद में मूल मूलांकर की बजाय पौधे के अन्य भाग से निकलती हैं। इन्हें **अपस्थानिक मूल** कहते हैं। मूल तंत्र का प्रमुख कार्य मिट्टी से पानी तथा खनिज लवण का अवशोषण, पौधे को मिट्टी में जकड़ कर रखना, खाद्य पदार्थों का संचय करना तथा पादप नियमकों का संश्लेषण करना है।

मूल के क्षेत्र (Area of Root)

मूल का शीर्ष अंगुलित्त जैसे **मूल गोप** से ढका रहता है। यह कोमल शीर्ष की तब रक्षा करता है जब मूल मिट्टी में अपना रास्ता बना रही होती है। मूल गोप से कुछ मिलीमीटर ऊपर **मेरिस्टेमी क्रियाओं का क्षेत्र** होता है। इस क्षेत्र की कोशिकाएँ बहुत छोटी, पतली भित्ति वाली होती हैं तथा उनमें सघन प्रोटोप्लाज्म होता है। उनमें बार-बार विभाजन होता है। इस क्षेत्र में समीपस्थ स्थित कोशिकाएं शीघ्रता से लंबाई में बढ़ती हैं और मूल को लंबाई में बढ़ाती हैं। इस क्षेत्र को **दीर्घीकरण क्षेत्र** कहते हैं। दीर्घीकरण क्षेत्र की कोशिकाओं में विविधता तथा परिपक्वता आती है। इसलिए दीर्घीकरण के समीप स्थित क्षेत्र को **परिपक्व क्षेत्र** कहते हैं। इस क्षेत्र से बहुत पतली तथा कोमल धागे की तरह की संरचनाएँ निकलती हैं जिन्हें **मूलरोम** कहते हैं। ये मूल रोम मिट्टी से पानी तथा खनिज लवणों का अवशोषण करते हैं।

मूल के रूपांतरण (Modification of Root)

कुछ पादपों के मूल, पानी तथा खनिज लवण के अवशोषण तथा संवाहन के अतिरिक्त भी अन्य कार्यों को करने के लिए, श्वसन के लिए अपने आप को रूपांतरित कर लेती हैं। वे भोजन संचय करने के लिए, सहारे के लिए, श्वसन के लिए अपने आप को रूपांतरित कर लेती हैं। गाजर तथा शलजम की मूसला मूल तथा शकरकंद की अपस्थानिक मूल भोजन को संग्रहित करने के कारण फूल जाती हैं। क्या आप इसी प्रकार के कुछ अन्य उदाहरण दे सकते हैं? क्या आपको कभी देख कर यह आश्चर्य हुआ है कि बरगद से लटकती हुई संरचनाएँ क्या उसे सहारा देती हैं? इन्हें **प्रोप** रूट (सहारा देनी वाली मूल) कहते हैं। इसी प्रकार मक्का तथा गन्ने के तने में भी सहारा देने वाली मूल तने की निचली गाँठों से निकलती हैं। इन्हें **अवस्तम्भ मूल** कहते हैं। कुछ पौधों जैसे *राइजोफोरा*, जो अनूप क्षेत्रों में उगते हैं, में बहुत सी मूल भूमि से ऊपर वायु में निकलती हैं। ऐसी मूल को **श्वसन मूल** कहते हैं। ये श्वसन के लिए ऑक्सीजन प्राप्त करने में सहायक होती हैं।

तना (Stem)

ऐसे कौन से अभिलक्षण हैं जो तने तथा मूल में विभेद स्थापित करते हैं? तना अक्ष का ऊपरी भाग है जिस पर शाखाएँ, पत्तियाँ, फूल तथा फल होते हैं। यह अंकुरित बीज के भ्रूण के प्रांकुर से विकसित होता है। तने पर **गाठ** तथा **पोरिया** होती हैं। तने के उस क्षेत्र को जहां पर पत्तियाँ निकलती है गांठ कहते हैं। ये गांठें अंतस्थ अथवा कक्षीय हो सकती हैं। जब तना शैशव अवस्था में होता है, जब वह प्रायः हरा होता है और बाद में वह काष्ठीय तथा गहरा भूरा हो जाता है।

तने का प्रमुख कार्य शाखाओं को फैलाना, पत्ती, फूल तथा फल को संभाले रखना है। यह जल, खनिज लवण तथा प्रकाश संश्लेषी पदार्थों का संवहन करता है। कुछ तने भोजन संग्रह करने, सहारा तथा सुरक्षा देने और कायिक प्रवर्धन करने के भी कार्य संपन्न करते हैं।

तने का रूपांतरण (Modification of Stem)

तने सदैव आशा के अनुसार प्ररूपी नहीं होते। वे विभिन्न कार्यों को संपन्न करने के लिए अपने आप को रूपांतरित कर लेते हैं। आलू, अदरक, हल्दी, जमीकंद, अरबी के भूमिगत तने भोजन संचय के लिए रूपांतरित हो जाते हैं। वृद्धि के लिए प्रतिकूल परिस्थितियों के समय ये चिरकालिक अंग की तरह कार्य करते हैं। तने के **प्रतान** जो कक्षीय कली से निकलते हैं, पतले तथा कुंडलित होते हैं और पौधे को ऊपर चढ़ने में सहायता करते हैं, जैसे कद्दुवर्गीय सब्जी (घीया, खीरा, तरबूज आदि) तथा अंगूर लता (वाइन) तने की कक्षीय कलियाँ काष्ठीय, सीधे तथा **नुकीले कांटों** में रूपांतरित हो सकती हैं। कांटे बहुत से पौधों में होते हैं

जैसे– *सिट्रस, बोगेनविलिया*। ये पशुओं से पौधों को बचाते हैं। शुष्क क्षेत्रों के पौधे **चपटे तने** (ओपंशिया, केक्ट्स) अथवा गूदेदार सिलिंडिराकार (यूफॉरबिया) रचनाओं में रूपांतरित हो जाते हैं। इनके तनों में क्लोरोफिल होता है और प्रकाश-संश्लेषण करते हैं। कुछ पौधों को भूमिगत तने जैसे घास तथा स्ट्रॉबेरी, आदि नई कर्म स्थिति (निश) में फैल जाते हैं और जब पुराने पौधे मर जाते हैं जब नये पौधे बनते हैं। पोदीना तथा चमेली जैसे पौधों में प्रमुख अक्ष के आधार से पार्श्व शाखा निकलती है और कुछ समय तक वायवीय वृद्धि करने के बाद मुड़कर जमीन को छूते हैं। *पिस्टिया* तथा *आइकोरनिया* जैसे कलीय पादपों में एक पार्श्वीय शाखा निकलती है जिसकी पोरियां छोटी होती हैं और जिसके प्रत्येक गांठ पर पत्तियों का झुंड तथा फूल का गुच्छा तथा *क्राइसेनिथमम* (गुलदाउदी) में पार्श्वीय शाखाएँ आधार तथा भूमिगत प्रमुख तने से निकलती हैं और मिट्टी के नीचे क्षैतिज रूप से वृद्धि करती हैं और उसके बाद बाहर निकल आती हैं और पत्तियों युक्त प्ररोह बनाती हैं।

पत्ती (Leaf)

पत्ती पार्श्वीय, चपटी संरचना होती है जो तने पर लगी रहती है। यह गाँठ पर होती है और इसके कक्ष में कली होती है। **कक्षीय कली** बाद में शाखा में विकसित हो जाती हैं। पत्तियाँ प्ररोह के शीर्षस्थ मेरिस्टेम से निकलती हैं। ये पत्तियाँ अग्राभिसारी रूप में लगी रहती हैं। ये पौधों के बहुत ही महत्त्वपूर्ण कायिक अंग हैं, क्योंकि ये भोजन का निर्माण करती हैं।

एक प्ररूपी पत्ती के तीन भाग होते हैं–पर्णधार, पर्णवृंत तथा स्तरिका। पत्ती **पर्णाधार** की सहायता से तने से जुड़ी रहती है और इसके आधार पर दो पार्श्व छोटी पत्तियाँ निकल सकती हैं जिन्हें अनुपर्ण कहते हैं। एकबीजपत्री में पर्णधार चादर की तरह फैलकर तने को पूरा अथवा आंशिक रूप से ढक लेता है। कुछ लेग्यूमी तथा कुछ अन्य पौधों में पर्णाधार को **पर्णवृंततल्प** (पल्वाइनस) कहते हैं। **पर्णवृंत** पत्ती को इस तरह सजाता है जिससे कि इसे अधिकतम सूर्य का प्रकाश मिल सके। लंबा पतला, लचीला पर्णवृंत स्तरिका को हवा में हिलाता रहता है जिससे ताजी हवा पत्ती को मिलती रहे। **स्तरिका** पत्ती का हरा तथा फैला हुआ भाग है जिसमें शिराएं तथा शिरिकाएँ होती हैं। इसके बीच में एक सुस्पष्ट शिरा होती है जिसे **मध्यशिरा** कहते हैं। शिराएँ पत्ती को दृढ़ता प्रदान करती है और पानी, खनिज तथा भोजन के स्थानांतरण के लिए नलिकाओं की तरह कार्य करती हैं। विभिन्न पौधों में स्तरिका की आकृति उसके सिरे, चोटी, सतह तथा कटाव में विभिन्नता होती है।

शिराविन्यास (Venation)

पत्ती पर शिरा तथा शिरिकाओं के विन्यास को **शिराविन्यास** कहते हैं। जब शिरिकाएँ स्तरिका पर एक जाल-सा बनाती हैं तब उसे **जालिका शिराविन्यास** कहते हैं। यह प्रायः द्विबीजपत्री पौधों में मिलता है। जब शिरिकाएँ समानांतर होती हैं उसे **समानांतर शिराविन्यास** कहते हैं। यह प्रायः एक बीजपत्री पौधों में मिलता है।

पत्ती के प्रकार (Types of leaves)

जब पत्ती की स्तरिका अछिन्न होती है अथवा कटी हुई लेकिन कटाव मध्यशिरा तक नहीं पहुँच पाता, तब वह **सरल पत्ती** कहलाती है। जब स्तरिका का कटाव मध्य शिरा तक पहुँचे और बहुत पत्रकों में टूट जाए तो ऐसी पत्ती को **संयुक्त पत्ती** कहते हैं। सरल तथा संयुक्त पत्तियों, दोनों में पर्णवृत के कक्ष में कली होती है। लेकिन संयुक्त पत्ती के कक्ष में कली नहीं होती । संयुक्त पत्तियाँ दो प्रकार की होती हैं। **पिच्छाकार संयुक्त पत्तियों** में बहुत से पत्रक एक ही **अक्ष** (एक्सिस) जो मध्यशिरा के रूप में होती हैं पर स्थित होते हैं। इसका उदाहरण नीम है। **हस्ताकार संयुक्त पत्तियों** में पत्रक एक ही बिंदु अर्थात् पर्णवृंत की चोटी से जुड़े रहते हैं। उदाहरण- सिल्क कॉटन वृक्ष।

पर्णविन्यास

तने अथवा शाखा पर पत्तियों के विन्यस्त रहने के क्रम को पर्णविन्यास कहते हैं। यह प्रायः तीन प्रकार का होता है- एकांतर, सम्मुख तथा चक्करदार। **एकांतर** प्रकार के पर्णविन्यास में एक अकेली पत्ती प्रत्येक गांठ पर एकांतर रूप में लगी रहती है। उदाहरण- गुड़हल, सरसों, सूर्यमुखी। सम्मुख प्रकार के पर्णविन्यास में प्रत्येक गांठ पर एक जोड़ी पत्ती निकलती है और एक दूसरे के **सम्मुख** होती है। इसका उदाहरण है केलोट्रोपिस (आक), और अमरूद। यदि एक ही गांठ पर दो से अधिक पत्तियाँ निकलती हैं और वे उसके चारों ओर एक चक्कर सा बनाती हैं तो उसे **चक्करदार** पर्णविन्यास कहते हैं जैसे *एलसटोनिआ* (डेविल ट्री)।

पत्ती के रुपांतरण (Modification of Leaves)

पत्ती को भोजन बनाने के अतिरिक्त अन्य कार्यों के लिए रूपांतरित होना पड़ता है। वे ऊपर चढ़ने के लिए **प्रतान** में जैसे मटर और रक्षा के लिए **शूल** (कांटों) में जैसे केक्ट्स में परिवर्तित हो जाते हैं। प्याज तथा लहसुन की गूदेदार पत्तियों में भोजन संचयित रहता है। कुछ पौधों जैसे आस्ट्रेलियन अकेसिया में पत्तियाँ छोटी तथा अल्पायु होती हैं। इन पौधों में पर्णवृंत फैलकर हरा हो जाता है और भोजन बनाने का कार्य करता है। कुछ कीटहारी पादपों में पत्ती घड़े के आकार में रूपांतरित होती हैं। उदाहरण- घटपर्णी, वीनस फ्लाई ट्रेप आदि।

पुष्पक्रम (Inflorescence)

फूल एक रुपांतरित प्ररोह है जहां पर प्ररोह का शीर्ष मेरिस्टेम पुष्पी मेरिस्टेम में परिवर्तित हो जाता है। पोरियाँ लंबाई में नहीं बढ़ती और अक्ष दबकर रह जाती हैं। गांठों पर क्रमानुसार पत्तियों की बजाय पुष्पी उपांग निकलते हैं जब प्ररोह शीर्ष फूल में परिवर्तित होता है, तब वह सदैव अकेला होता है। पुष्पी अक्ष पर फूलों के लगने के क्रम को **पुष्पक्रम** कहते हैं। शीर्ष का फूल में परिवर्तित होने अथवा सतत रूप से वृद्धि करने के आधार पर पुष्पक्रम को दो प्रकार असीमाक्षी तथा ससीमाक्षी में बांटा गया है। **असीमाक्षी** प्रकार के पुष्पक्रम के प्रमुख अक्ष में सतत् वृद्धि होती रहती है और फूल पार्श्व में अग्राभिसारी क्रम में लगे रहते हैं। **ससीमाक्षी** पुष्पक्रम में प्रमुख अक्ष के शीर्ष पर फूल लगता है, इसलिए इसमें सीमित वृद्धि होती है। फूल तलाभिसारी क्रम में लगे रहते हैं।

पुष्प (Flower)

एंजियोस्पर्म में पुष्प (फूल) एक बहुत महत्वपूर्ण ध्यानाकर्षी रचना है। यह एक रूपांतरित प्ररोह है जो लैंगिक जनन के लिए होता है। एक प्ररूपी फूल में विभिन्न प्रकार के विन्यास होते हैं जो क्रमानुसार फूले हुए पुष्पवृंत जिसे **पुष्पासन** कहते हैं, पर लगे रहते हैं। ये हैं-केलिक्स, कोरोला, पुमंग तथा जायांग। केलिक्स तथा कोरोला सहायक अंग है जबकि पुमंग तथा जायांग लैंगिक अंग हैं। कुछ फूलों जैसे प्याज में केलिक्स तथा कोरोला में कोई अंतर नहीं होता। इन्हें परिदलपुंज (पेरिऐंथ) कहते हैं। जब फूल में पुंकेसर तथा पुमंग दोनों ही होते हैं तब उसे द्विलिंगी अथवा **उभयलिंगी** कहते हैं। यदि किसी फूल में केवल एक पुंकेसर अथवा अंडप हो तो उसे **एकलिंगी** कहते हैं। सममिति में फूल **त्रिज्यसममित** (नियमित) अथवा **एकव्याससममित** (द्विपार्श्विक) हो सकते हैं। जब किसी फूल को दो बराबर भागों में विभक्त किया जा सके तब उसे **त्रिज्यसममित** कहते हैं। इसके उदाहरण हैं सरसों, **धतूरा,** मिर्च। लेकिन जब फूल को केवल एक विशेष ऊर्ध्वाधर समतल से दो समान भागों में विभक्त किया जाए तो उसे **एकव्याससममित** कहते हैं। इसके उदाहरण हैं- मटर, गुलमोहर, सेम, *केसिया* आदि। जब कोई फूल बीच से किसी भी ऊर्ध्वाधर समतल से दो समान भागों में विभक्त न हो सके तो उसे **असममित** अथवा **अनियमित** कहते हैं। जैसे कि *केना*। एक पुष्प **त्रितयी, चतुष्टयी, पंचतयी** हो सकता है यदि उसमें उनके उपांगों की संख्या 3, 4 अथवा 5 के गुणक में हो। जिस पुष्प में सहपत्र होते हैं। (पुष्पवृंत के आधार पर छोटी-छोटी पत्तियाँ होती हैं) उन्हें **सहपत्री** कहते हैं और जिसमें सहपत्र नहीं होते, उन्हें **सहपत्रहीन** कहते हैं। पुष्पवृंत पर कैलिक्स, कोरोला, पुमंग तथा अंडाशय की सापेक्ष स्थिति के आधार पर पुष्प को अधोजायांगता (हाइपोगाइनस), परिजायांगता (पेरीगाइनस), तथा अधिजायांगता (ऐपीगाइनस) कहते हैं। **अधोजायांगता** में जायांग सर्वोच्च स्थान पर स्थित होता है और अन्य अंग नीचे होते हैं। इसके सामान्य उदाहरण सरसों, गुड़हल तथा बैंगन हैं। **परिजायांगता** में अंडाशय मध्य में होता है और अन्य भाग पुष्पासन के किनारे पर स्थित होते हैं तथा ये लगभग समान ऊँचाई तक होते हैं। इसमें अंडाशय **आधा अधोवर्ती** होता है। इसके सामान्य उदाहरण हैं–पल्म, गुलाब, आड़ू। **अधिजायांगता** में पुष्पासन के किनारे ऊपर की ओर वृद्धि करते हैं तथा वे अंडाशय को पूरी तरह घेर लेते हैं और इससे संलग्न हो जाते हैं। फूल के अन्य भाग अंडाशय के ऊपर उगते हैं। इसलिए अंडाशय **अधोवर्ती** होता है। इसके उदाहरण हैं– सूरजमुखी के अरपुष्पक, अमरूद तथा घीया।

पुष्प के भाग (Parts of Flower)

प्रत्येक पुष्प में चार मुख्य भाग होते हैं, जैसे– कैलिक्स, कोरोला, पुमंग तथा जायांग (चित्र 14.1)।

(1) कैलिक्स या बाह्यदलपुंज (Calyx)

कैलिक्स पुष्प का सबसे बाहरी चक्र है और इसकी इकाई को बाह्य दल कहते हैं। प्रायः बाह्य दल हरी पत्तियों की तरह होते हैं और

कली की अवस्था में फूल की रक्षा करते हैं। **कैलिक्स संयुक्त बाह्य दली** (जुड़े हुए बाह्य दल) अथवा **पृथक बाह्य दली** (मुक्त बाह्य दल) होते हैं।

(2) कोरोला अथवा दलपुंज (Corolla)

कोरोला, दल (पंखुड़ी) का बना होता है। दल प्रायः चमकीले रंगदार होते हैं। ये परागण के लिए कीटों को अपनी ओर आकर्षित करते हैं। कैलिक्स की तरह कोरोला भी **संयुक्त दली** अथवा **पृथक्दलीय** हो सकता है। पौधों में कोरोला की आकृति तथा रंग भिन्न-भिन्न होता है। **पुष्पदल विन्यास** पुष्पकली में उसी चक्र की अन्य इकाइयों के सापेक्ष बाह्य दल अथवा दल के लगे रहने के क्रम को कहते हैं। पुष्प दल विन्यास के प्रमुख प्रकार कोर स्पर्शी, व्यावर्तित, कोरछादी, वैक्जीलरी होते हैं। (चित्र 14.2) जब चक्र के बाह्यदल अथवा दल एक दूसरे के किनारों को केवल स्पर्श करते हों उसे **कोरस्पर्शी** कहते हैं; जैसे *केलोट्रापिस*। यदि किसी दल अथवा बाह्य दल का किनारा अगले दल पर तथा दूसरे तीसरे आदि पर अतिव्याप्त हो तो उसे **व्यावर्तित** कहते हैं। इसके उदाहरणः गुड़हल, भिंडी तथा कपास हैं। यदि बाह्य दल अथवा दल दूसरे पर अतिव्याप्त हो तो उसकी कोई विशेष दिशा नहीं होती। इस प्रकार की स्थिति को **कोरछादी** कहते हैं। इसके उदाहरण-*केसिया*, गुलमोहर हैं। मटर, सेम में पाँच दल होते हैं। इनमें से सबसे बड़ा (मानक) दो पार्श्वी को (पंख) और ये दो सबसे छोटे अग्र दलों (कूटक) को अतिव्यापित करते हैं। इस प्रकार के पुष्पदल विन्यास को **वैक्जीलरी** अथवा पैपिलिओनेसियस कहते हैं।

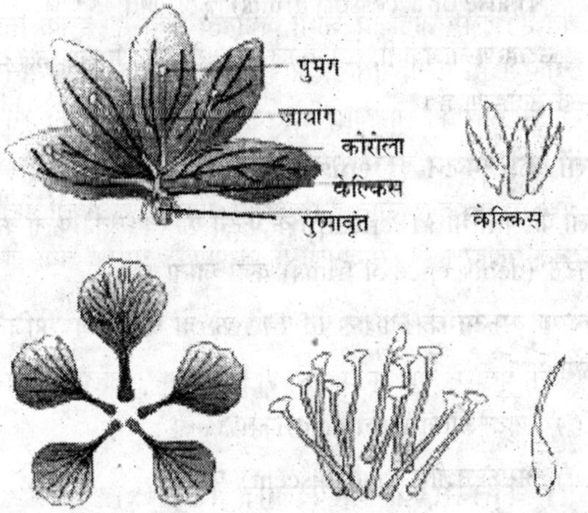

चित्रः *14.1* पुष्प के भाग *(Parts of Flower)*

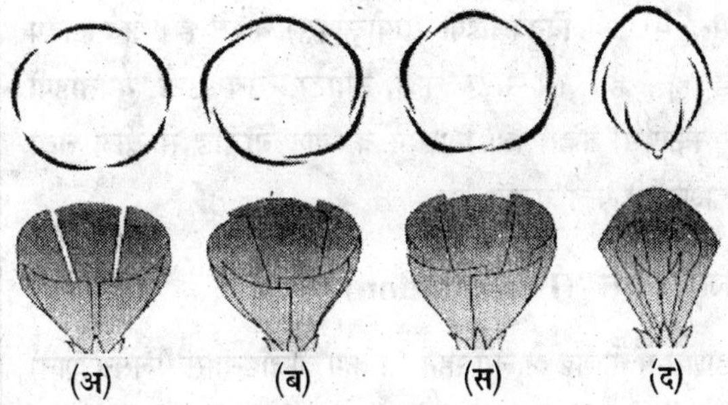

चित्रः *14.2* पुष्पदल विन्यास के विभिन्न प्रकार (अ) कोरस्पर्शी, (ब) व्यावर्तित, (स) कोरछादी, (द) वैक्जीलरी

(3) पुमंग (Androecium)

पुमंग पुंकेसरों से मिलकर बनता है। प्रत्येक पुंकेसर जो फूल के नर जनन अंग हैं, में एक तंतु तथा एक परागकोश होता है। प्रत्येक परागकोश प्रायः द्विपालक होता है और प्रत्येक पालि में दो कोष्ठक, परागकोष होते हैं। पराग कोष में परागकण होते हैं। बंध्य पुंकेसर जनन करने में असमर्थ होते हैं और इन्हें **स्टेमिनाएड** कहते हैं।

पुंकेसर फूल के अन्य भागों जैसे दल अथवा आपस में ही जुड़े हों तो उसे **परिदल लग्न (ऐपीफिलस)** कहते हैं जैसे बैंगन में। यदि ये परिदल पुंज से जुड़े हों तो उसे परिदल लग्न (एपीफिलस) कहते हैं जैसे लिली में। फूल में पुंकेसर मुक्त (बहु पुंकेसरी) अथवा जुड़े हो सकते हैं। पुंकेसर एक गुच्छे अथवा बंडल **(एकसंघी)** जैसे गुड़हल में; अथवा दो बंडल **(द्विसंघी)** जैसे मटर में अथवा दो से अधिक बंडल **(बहुसंघी)** जैसे सिट्रस में।

(4) जायांग (Gynoecium)

जायांग फूल के मादा जनन अंग होते हैं। ये एक अथवा अधिक अंडप से मिलकर बनते हैं। अंडप के तीन भाग होते हैं– वर्त्तिका, वर्तिकाग्र तथा अंडाशय। **अंडाशय** का आधारी भाग फूला हुआ होता है जिस पर एक लम्बी नली होती है जिसे वर्तिका कहते हैं। वर्त्तिका अंडाशय को वर्त्तिकाग्र से जोड़ती है। वर्त्तिकाग्र प्रायः वर्त्तिका की **चोटी** पर होती है और परागकण को ग्रहण करती है। प्रत्येक अंडाशय में एक अथवा अधिक बीजांड होते हैं जो चपटे, गद्देदार **बीजांडासन** से जुड़ें रहते हैं। जब एक से अधिक अंडप होते हैं तब वे पृथक (मुक्त) हो सकते हैं, (जैसे कि गुलाब और

कमल में) इन्हें **वियुक्तांडपी** (एपोकार्पस) कहते हैं। जब अंडप जुड़े होते हैं, जैसे मटर तथा टमाटर, तब उन्हें **युक्तांडपी** (सिनकार्पस) कहते हैं। निषेचन के बाद बीजांड से बीज तथा अंडाशय से फल बनता है।

बीजांडन्यास (Placentation)

अंडाशय में बीजांड के लगे रहने का क्रम बीजांडन्यास (प्लैसेनटेशन) कहलाता है। बीजांडन्यास सीमांत, स्तंभीय, भित्तीय, आधारी, केंद्रीय तथा मुक्त स्तंभीय प्रकार का होता है। **सीमांत** में बीजांडासन अंडाशय के अधर सीवन के साथ-साथ कटक बनाता है और बीजांड कटक पर स्थित रहते हैं जो दो कतारें बनाती हैं जैसे कि मटर में। जब बीजांडासन अक्षीय होता है और बीजांड बहुकोष्ठकी अंडाशय पर लगे होते हैं तब ऐसे बीजांडन्यास को **स्तंभीय** कहते हैं। इसका उदाहरण हैं– गुड़हल, टमाटर तथा नींबू। भित्तीय बीजांडन्यास में बीजांड अंडाशय की भीतरी भित्ति पर अथवा परिधीय भाग में लगे रहते हैं। अंडाशय एक कोष्ठक होता है लेकिन आभासी पट बनने के कारण दो कोष्ठक में विभक्त हो जाता है। इसके उदाहरण– क्रुसीफर (सरसों) तथा *आर्जेमोन* हैं। जब बीजांड केंद्रीय कक्ष में होते हैं और यह पुटीय नहीं होते जैसे कि *डायऐंथस* तथा *प्रिमरोज,* तब इस प्रकार के बीजांडन्यास को **मुक्तस्तंभीय** कहते हैं। **आधारी** बीजांडन्यास में बीजांडासन अंडाशय के आधार पर होता है और इसमें केवल एक बीजांड होता है। उदाहरण सूरजमुखी, गेंदा आदि।

फल (The Fruit)

फल एक परिपक्व अण्डाशय (ripened ovary) होता है। फल का निर्माण निषेचन के उपरान्त अण्डाशय में होने वाले दो प्रमुख परिवर्तनों के कारण होता है।

- ➢ अण्डाशय की भित्ति में हार्मोन बनने के कारण फल भित्ति (Pericarp) का निर्माण,
- ➢ अण्डाशय के भीतर स्थित बीजाण्डों (rules) का बीजों (seeds) में परिवर्तित होना।

फल के भाग (Parts of Fruit)

फल के मुख्य दो भाग होते हैं:

1. फलभित्ति (Pericarp)
2. बीज (Seeds)

1. फलभित्ति (Pericarp)

अण्डाशय की भित्ति से फलभित्ति का निर्माण होता है। फलमित्ति मोटी या पतली हो सकती है।

फलभित्ति मोटी होने पर इसे निम्नानुसार वर्गीकृत किया जा सकता है:

- ➢ बाह्य फलभित्ति (Epicarp)
- ➢ मध्य फलभित्ति (Mesocarp)
- ➢ अंतः फलभित्ति (Endocarp)

2. बीज (Seeds)

इसका निर्माण बीजांडों से होता है।

वास्तविक एवं मिथ्या फल *(True and False Fruits)*

- ➢ मुख्यतः फल अण्डाशय (ovary) से ही बनते हैं जिसे वास्तविक फल (True fruits) कहा जाता है।
- ➢ कभी-कभी अण्डाशय (ovary) के अतिरिक्त, पुष्प के अन्य भाग, जैसे-बाह्यदलपुज (calyx), पुष्पासन, आदि फलों के बनने में भाग लेते हैं। इन फलों को मिथ्या फल (False or accessory fruits) कहा जाता है।

उदाहरण-नाशपाती, सेब, काजू, स्ट्राबेरी आदि मिथ्या फल के प्रमुख उदाहरण हैं।

फलों का स्फुटन (Dehiscence of Fruits)

फलों की फलभित्ति (Pericarp) के फटने की विधि को फलों का स्फुटन (dehiscence of fruits) कहा जाता है।

फलों के स्फुटन के आधार पर फलों को दो वर्गो में विभाजित किया गया है–

(*i*) स्फुटनशील (dehiscent) फल

(*ii*) अस्फुटनशील (indehiscent) फल

तालिका 14.1. फलों का वर्गीकरण

फल
(Fruits)

- **एकल फल (Simple fruits)** — केवल एक पुष्प के अण्डाशय से विकसित होने वाले फल।
  - **शुष्क फल (Dry fruits)**
    - **स्फुटनशील फल (Dehiscent or capsular fruits)** — वह फल जो परिपक्व होने पर अपने आप फट जाते हैं।
      1. लेग्यूम (Legume) उदा. मटर, सेम
      2. फॉलिकल (Follicle) उदा. मदार
      3. सिलिकुआ (Siliqua) उदा. सरसों
      4. सिलिक्यूला (Silicula) उदा. कैण्डीटफ्ट
      5. कैप्सूल (Capsule) उदा. भिण्डी, कपास
      6. पिक्सिस (Pyxis) उदा. पोर्टूलाका
    - **अस्फुटनशील फल (Indehiscent or achenial fruits)** — यह फल जो पकने के बाद अपने आप नहीं फटते। फलभित्ति नष्ट होने के पश्चात् ही बीज फलों के बाहर निकल पाते हैं।
      1. कैरिऑप्सिस (Caryopsis) उदा. गेहूँ, मक्का
      2. ऐकीन (Achene) उदा. क्लीमैटिस, कुट्टू
      3. सिप्सेला (Cypsela) उदा. सूरजमुखी
      4. समारा (Samara) उदा. चिलबिल, यैम
      5. नट (Nut) उदा. सिंघाड़ा, लीची, काजू
    - **भिदुर फल (Schezocarpic or spilitting fruits)** — वह फल जो पकने के बाद छोटे भागों में अथवा फलांशकों में टूट (split) जाते हैं।
      1. लोमेन्टम (Lomentum) उदा. मूँगफली, इमली
      2. क्रिमोकार्प (Cremocarp) उदा. धानिया, सौंफ
      3. रेग्मा (Regma) उदा. अरंडी
      4. कार्सेरूलस (Carcerulus) उदा. हॉलिकॉक, तुलसी
      5. यूट्रिकल (Utricle) उदा. चौलाई, लटजीरा
  - **गूदेदार फल (Fleshy fruits)**
    1. ड्रप (Drupe) उदा. आम, नारियल, आडू
    2. पोम (Pome) उदा. सेब, नाशपाती
    3. बेरी (Berry) उदा. टमाटर, खजूर, केला
    4. पीपो (Pepo) उदा. खीरा, लौकी
    5. हेस्पेरीडियम (Hesperidium) उदा. संतरा, नींबू
    6. बैलेउस्टा (Balausta) उदा. अनार
    7. एम्फिसारका (Amphisarca) उदा. बेल, कैथ
- **पुंज फल (Aggregate fruits)** — अनेक मुक्त स्त्रीकेसरों वाले (apocarpous pistil) एक पुष्प से विकसित फल।
  1. फॉलिकिलों का पुंज (Etaerio of follicles) उदा. सदाबहार, मदार
  2. एकीनों का पुंज (Etario of achenes) उदा. स्ट्रोबेरी, कमल
  3. ड्रूपों का पुंज (Etaerio of drupes) उदा. रैस्पबेरी
  3. बेरिओ का पुंज (Etaerio of berries) उदा. शरीफा, अशोक
- **संग्रथित फल (Multiple or composite fruits)** — सम्पूर्ण पुष्पक्रम (inflorescence) से विकसित फल
  1. सोरोसिस (Sorosis) उदा. शहतूत, अनानास
  2. साइकोनस (Syconus) उदा. अंजीर, गूलर, पीपल

तालिका 14.2. कुछ सामान्य फलों के प्रकार व खाने योग्य भाग
(Edible Parts of Some Common Fruits and their Types)

हिन्दी/ अंग्रेजी नाम (Hindi/ English name)	वानस्पतिक नाम (Botanical name)	फल का प्रकार (Type of fruit)	फल का खाने योग्य भाग (Edible parts)
I. एकल फल (Simple fruits)			
मटर (Pea)	***पाइसम सैटाइवम*** (*Pisum sativum*)	शिम्ब (Legume)	बीज (Seeds)
भिन्डी Lady's finger/Okra)	***ऐबेलभॉस्कस एस्कुलैन्टस*** (*Abelmoschus esculentus syn. Hibiscus esculentus*)	कैप्स्यूल (Capsule)	संपूर्ण फल (Entrire fruit)
गेहूँ (Wheat)	***ट्रिटिकम एसैटाइवम*** (*Iriticum aestivum*)	कैरिऑप्सिस (Caryopsis)	संपूर्ण फल
मक्का (Corn/Maize)	***जिया मेस*** (*Zea mays*)	कैरिऑप्सिस (Caryopsis)	संपूर्ण फल
काजू (Cashew nut)	***ऐनाकार्डियम आक्सीडेन्टेल*** (*Anacardium occidentale*)	नट (Nut)	बीजपत्र व गूदेदार पुष्पासन (Cotyledons and fleshy thalamus)
लीची (Litchi)	***लीची चाइनेन्सिस*** (*Litchi chinensis*)	नट (Nut)	बीजचोल (Aril)
सिंघाड़ा (Water chestnut)	***ट्रापा बाइस्पाइनोसा*** (*Trape bispinosa*)	नट (Nut)	बीज (Seeds)
मूंगफली (Ground nut)	***ऐराकिस हाइपोजिया*** (*Arachis hypogea*)	लोमेन्टम (Lomentum)	बीज (Seeds)
धनिया (Coriander)	***कोरिएन्ड्रम सैटाइवम*** (*Coriandrum sativum*)	क्रिमोकार्प (Cremocarp)	संपूर्ण फल (Entire fruit)
आम (Mango)	***मैंजीफेरा इन्डिका*** (*Mangifera indica*)	ड्रूप (Drupe)	गूदेदार मध्य फलभित्ति (Fleshy mesocarp)
नारियल (Coconut)	***कोकोस न्यूसीफेरा*** (*Cocos nucifera*)	ड्रूप (Drupe)	भ्रूणपोष या सम्पूर्ण बीज (Endosperm or Entire seed)

बादाम	***प्रूनस एमिग्डेलस***	ड्रूप	बीज
(Almond)	(*Prunus amygdalus*)	(Drupe)	(Seeds)
अखरोट	***जुगलैन्स रिजिआ***	ड्रूप	बीजपत्र
(Walnut)	(*Juglans regia*)	(Drupe)	(Cotyledons)
सेब	***पाइरस मैलस***	पोम	गूदेदार पुष्पासन
(Apple)	(*Pyrus malus*)	(Pome)	(Fleshy thalamus)
नाशपाती	***पाइरस कम्यूंनिस***	पोम	गूदेदार पुष्पासन
(Pear)	(*Pyrus communis*)	(Pome)	(Fleshy thalamus)
टमाटर	***लाइकोपर्सिकम एस्कूलेन्टम***	सरस फल	फलभित्ति व बीजांडासन
(Tomato)	(*Lycopersicum esculentum*)	(Berry)	(Pericarp and placentae)
अंगूर	***वाइटिस वाइनिफेरा***	सरस फल	फलभित्ति व बीजाण्डासन
(Grape)	(*Vitis vinifera*)	(Berry)	(Pericarp and placentae)
खजूर	***फीनिक्स डैक्टाइलीफेरा***	फलभित्ति	सरस फल
(Date palm)	(*Phoenix dactylifera*)	(Pericarp)	(Berry)
केला	***म्यूजा पैराडिजिएका किस्म***	सरस फल	मध्य फलभित्ति व अंतः फलभित्ति
(Banana)	***सैपिएन्टम***	(Berry)	(Mesocarp and endocarp)
	(*Musa paradisiaca* var *sapientum*)		
अमरूद	***सिडियम गुआजावा***	सरस फल	फलभित्ति, बीजांडासन व पुष्पासन
(Guava)	(*Psidium guajava*)	(Berry)	(Pericarp, placentae and thalamus)
सुपारी	***ऐरेका केटेचू***	सरस फल	बीज
(Betel nut)	(*Areca catechu*)	(Berry)	(Seeds)
लौकी	***लेजीनेरिया साइसेरेरिया***	पीपों	मध्य फलभित्ति, अंतः फलभित्ति व युवा बीज
(Bottle gourd)	(*Lagenaria siceraria*)	(Pepo)	(Mesocrp, endocarp and young seeds)
खीरा	***कुकुमिस सैटाइवस***	पीपो	मध्य फलभित्ति, अंतः फलभित्ति व युवा बीज
(Cucumber)	(*Cucumis sativus*)	(Pcpo)	(Mesocarp, endocarp and young seeds)
तरबूज	***सिट्रूलस लैनेटस***	पीपो	मध्य फलभित्ति, अंतः फलभित्ति और छिले हुये बीज
(Watermelon)	(*Citrullus lanatus*)	(Pepo)	(Mesocarp, endocarp and shelled seeds)
खरबूजा	***कुकुमिस मेलो***	पीपो	मध्य फलभित्ति, अंतः फलभित्ति और छिले हुये बीज
(Muskmelon)	(*Cucumis melo*)	(Pepo)	(Mesocarp, endocarp and shelled seeds)
कागजी नींबू	***सिट्रस औरेन्शिफोलिया***	हेस्परीडियम	अन्तः फलभित्ति के ग्रंथिल रोम
(Lime)	(*Citrus aurantifolia*)	(Hesperidium)	(Glandular hairs arising from endocarp)
संतरा	***सिट्रस रेटिक्यूलेटा***	हेस्परीडियम	अंतः फलभित्ति के ग्रंथिल रोम
(Loose skined Orange)	(*Citrus reticulata*)	(Hesperidium)	(*Grandular hairs arising from endocarp*)

अनार (Pomegranate)	***प्यूनिका ग्रैनेटम*** (*Punica granatum*)	बैलेउस्टा (Balausta)	सरस बीजचोल (*Succulent testa*)
बेल (Bengal quince)	***एगलि मारमेलोस*** (*Aegle marmelos*)	एम्फिसारका (Amphisarca)	फलभित्ति की अन्दर की गूदेदार परत व बीजाण्डासन (Inner fleshy layer of pericarp and placentae)
बेर (Indian Jujube)	***जिजिफस जुजुबा*** (*Zizyphus jujuba*)	ड्रूप (Drupe)	बाह्य और मध्य फल भित्ति (*Epicarp and Mesocarp*)
बैंगन (Brinjal)	***सोलेनम मेलोन्जेना*** (*Solanum melongena*)	सरस फल (Berry)	फलभित्ति व बीजाण्डासन (*Pericarp and Placentae*)

II. पुंजफल

(Aggregate Fruits)

कमल (Lotus)	***निलम्बों न्यूसीफेरा*** (*Nelumbo nucifera*)	ऐकीनों का पुंज (Etaerio of Achenes)	गूदेदार पुष्पासन व बीज (Fleshy thalamus and seeds)
स्ट्राबेरी (Strawberry)	***फ्रेगेरिया बेस्का*** (*Fragaria vesca*)	ऐकीनों का पुंज (Etaerio of Achenes)	गूदेदार पुष्पासन व बीज (Fleshy thalamus and seeds)
शरीफा (Custard apple)	***अनोना स्क्वेमोसा*** (*Annona squamosa*)	बेरी का पुंज (Etaerio of Berries)	फलभित्ति की अन्दर की परत व पुष्पासन (Inner layer of pericarp and thalamus)

III. संग्रथित फल

(Multiple or Composite Fruits)

शहतूत (Mulberry)	***मोरस अल्बा और मो. नाइग्रा*** (*Morus alba* and *M. nigra*)	सोरोसिस (Sorosis)	सरस परिदलपुंज व गूदेदार अक्ष (Succulent perianth and fleshy axis)
अन्ननास (Pineapple)	***अनानास कोमोसस*** (*Ananas comosus*)	सोरोसिस (Sorosis)	गूदेदार अक्ष, सहपत्र, जुड़ा हुआ परिदल पुंज व फलभित्ति (Fleshy axis, bracts, fused perianth and pericarp)
कटहल (Jack fruit)	***आर्टोकार्पस हेटेरोफिलस*** (*Artocarpus heterophyllus*)	सोरोसिस (Sorosis)	गूदेदार अक्ष, सहपत्र, परिदल पुंज व बीज (Fleshy axis, bracts, perianth and seeds)
अंजीर (Fig)	***फाइकस कैरिका*** (*Ficus carica*)	साइकोनस (Syconus)	गूदेदार पुष्पासन (Fleshy receptacle or thalamus)

बहुविकल्पीय प्रश्न

1. अदरक एक तना है जड़ नहीं क्योंकि इसमें–
(*a*) क्लोरोफिल नहीं होता
(*b*) यह मृदा सतह के समानान्तर उगता है
(*c*) भोजन संग्रह करता है
(*d*) पर्व तथा पर्व सन्धियाँ पायी जाती हैं

2. संसार का सबसे बड़ा पुष्प है–
(*a*) कमल (*b*) रेफ्लेसिया
(*c*) बड़ा केक्टस (*d*) परजीवी

3. कॉलम I में दिये गये फल के प्रकार को कॉलम II में दिये गये पादपों से सही मेल कीजिये तथा उत्तर दीजिये–

कॉलम I (फल प्रकार)	**कॉलम II (पादप)**
A. बेरी	p फाइकस
B. सिलिकुआ	q जैक
C. सोरोसिस	r सरसों
D. साइकोनस	s नींबू
	t टमाटर

(*a*) A = r, B = t, C = p, D = q
(*b*) A = t, B = q, C = r, D = p
(*c*) A = s, B = t, C = p, D = r
(*d*) A = t, B = r, C = q, D = p

4. राइजोम है–
(*a*) मृदा सतह के समानान्तर
(*b*) सिम्पोडियल (sympodial)
(*c*) डायजिओट्रोपिक (diageotropic)
(*d*) उपरोक्त सभी

5. पुष्पीय चित्र (floral diagram) नहीं दर्शा पाता है–
(*a*) ऐपीफिली तथा ऐपीपेटेली
(*b*) एसटीवेशन तथा बीजान्डान्यास
(*c*) थेलेमस पर अण्डाशय की स्थिति
(*d*) कार्पल तथा पुंकेसरों का सासंजन

6. सोलेनम नाइग्रम (*Solanum nigrum*) का राइफिडियम (riphidium) रूपान्तरण है–
(*a*) हेलिकॉयड साइम (*b*) स्कोरपियॉड साइम
(*c*) मुण्डक (*d*) स्पाइक

7. क्लैडोड विशेष लक्षण है–
(*a*) सतावर तथा रस्कस का
(*b*) केजुयेराइना तथा नागफनी का
(*c*) क्लेडोफोरा तथा केक्टस का
(*d*) साइट्रस तथा यूफोर्बिया का

8. कॉलम I में दिये गये फलों के नाम को कॉलम II में दिये गये उनके खाने योग्य भाग से सही मेल कीजिये तथा सही उत्तर दीजिये।

कॉलम I	**कॉलम II**
1. नारियल	p मीजोकार्प
2. सेब	q रसदार रोम
3. सन्तरा	r एण्डोस्पर्म
4. आम	s थेलेमस
	t एपिकार्प

(*a*) A = r, B = q, C = t, D = p
(*b*) A = r, B = q, C = s, D = p
(*c*) A = r, B = s, C = q, D = p
(*d*) A = r, B = t, C = q, D = p

9. गलत कथन बताइये–
(*a*) साइथियम लेबियेटी कुल का लक्षण है–
(*b*) मुण्डक पुष्पक्रम सूर्यमुखी में होता है
(*c*) रेफ्लेसिया पूर्ण मूल परजीवी है
(*d*) स्माइलेक्स में अनुपर्ण प्रतान होते हैं

10. एक पूर्ण मूल परजीवी है–
(*a*) डेन्ड्रोपथी (*b*) ओरोबेन्की
(*c*) विस्कम (*d*) चन्दन

11. सिंघाड़ा (Water chestnut) में काँटे रूपान्तरण हैं–
(*a*) पर्णक का (*b*) दलपुंज का
(*c*) पत्ती का (*d*) बाह्य दल पुंज का

12. एक फल जो (2 G) द्विकोशीय (एक कोष्ठक में एक बीजाण्ड) से विकसित होता है, कहलाता है–

(*a*) कैरियोप्सिस (*b*) सिपसैला
(*c*) कीमोकार्प (*d*) कैप्सूल

13. यदि एक फल भित्तिय बीजाण्डान्यास के साथ (2 G) से विकसित हैं जो युवावस्था में एक कोशीय तथा बाद में द्विकोशीय हो जाती है तथा फल की लम्बाई चौड़ाई से कम होती है तब इस फल को कहेंगे–
(*a*) सिप्सैला (*b*) सिलिकुला
(*c*) सिलिकुआ (*d*) सोरोसिस

14. यदि एक फल भित्तिय बीजाण्डान्यास के (2 G) से विकसित हैं जो युवावस्था में एक कोशीय है लेकिन बाद में द्विकोशिय होती है तथा फल फली जैसा है तब इस फल को किस समूह में रखा जायेगा–
(*a*) लोमेन्टम (*b*) सिलिकुआ
(*c*) सिलिकुला (*d*) कैप्सूल

15. एक एंजियोस्पर्मिक पादप में जब नर, मादा तथा द्विलिंगी पुष्प एक ही पादप द्वारा उत्पन्न होते हैं तब इस दशा को कहते हैं–
(*a*) एक लिंगाश्रयी (*b*) त्रिलिंगाश्रयी
(*c*) पॉलीगैमस (*d*) नर-मादा लिंगाश्रयी

16. सम्मुख पर्ण विन्यास में जब भिन्न माप की पत्तियाँ एकान्तरित रूप से व्यवस्थित होती हैं तब इस विधि को कहते हैं–
(*a*) द्विपंक्तिक (*b*) पाँच पंक्तिक
(*c*) असमपर्णिता (*d*) विषम पर्णकी

17. यदि शुष्क फल एक द्विअण्डपी युक्ताण्डपी अधोवर्ती अण्डाशय जिसके आधार पर एक बीजाण्ड लगा होता है से विकसित होता है, कहलाता है–
(*a*) कैरिओप्सिस (*b*) सिप्सेला
(*c*) कैप्सूल (*d*) सिलिकुआ

18. मक्का के भुट्टे (maize cob) में लम्बे बाल जैसी रचना जो ऊपर से बाहर निकली रहती है, होती हैं–
(*a*) सहपत्र से रोम जैसी निकली रचनायें
(*b*) पुंकेसर
(*c*) कार्पल की लम्बी वर्तिकायें
(*d*) बीजों के रोम

19. आवृत्तबीजियों ने थल पादपता में प्रभुता प्राप्त कर ली है। ऐसा मुख्यतः किसके कारण हुआ–
(*a*) परागण की प्रकृति
(*b*) विविध आवासों में अनुकूलन शक्ति
(*c*) अधिक संख्या में बीजों के उत्पादन की क्षमता
(*d*) मानव द्वारा

20. कीट भक्षी पौधे उगते हैं जहाँ--
(*a*) नाइट्रोजन की कमी वाली मृदा हो
(*b*) कार्बोहाइड्रेट की कमी वाली मृदा से
(*c*) विटामिन हो
(*d*) हारमोन हो

21. एक कीटभक्षी पौधा जिसमें रोजेट प्रोस्ट्रेट पत्तियाँ जिनके पर्णवृन्त पंखदार होते हैं मिलती है। लेमिना दो स्पालियों में विभाजित होता है जिनके किनारों पर शूक (दाँत) पाये जाते हैं वह कीटों को पकड़ने में सहायता करता है, हैं–
(*a*) डॉसेरा (*b*) नेपेन्थीज
(*c*) डायोनिया (*d*) यूट्रीकुलेरिया

22. ऐकेशिया के नवोद्‌भिद् में बीजपत्रों के बाद की प्रथम कुछ पत्तियों के पर्णवृन्त सपाट होते हैं और उनसे अत्यन्त कम पर्णक लगे होते हैं। प्रौढ़ पौधे में केवल समानान्तर शिरा विन्यास वाली पत्तियाँ पाई जाती हैं जो पर्णवृन्त जैसी सपाट परन्तु पर्णकरहित होती हैं। यह अवलोकन इस निष्कर्ष पर पहुँचता है कि–
(*a*) प्रौढ़ पौधे की पत्तियाँ प्रत्यावर्तन का उदाहरण है जहाँ वह बीजपत्रियों की भाँति सरल होती है
(*b*) प्रौढ़ पौधे में पाई जाने वाली समानान्तर शिराविन्यास वाली संरचनायें पर्णाभवृन्त है
(*c*) प्रौढ़ पौधों की पत्तियाँ लघुकृत होकर पर्णावृन्त पर्णाभ बनाती है जबकि नवोद्‌भिद् की पत्तियाँ लघुकृत नहीं होतीं
(*d*) पौधा विषमपर्णता दिखाता है प्रौढ़ पौधे में सरल पत्तियाँ और नवोद्‌भिद् में संयुक्त पत्तियों को धारण करके

23. स्वयं फल के भीतर बीजों के अंकुरण की क्रिया होती है–
(*a*) अण्डयुजता (Ovipary)
(*b*) जरायुजता (Vivipary)
(*c*) अधोभूमिक (Hypogeal) अंकुरण
(*d*) इनमें से कोई नहीं

24. द्विवर्षीय पौधे हैं–
(*a*) ऐसे पौधे जो एक वर्ष में अपना जीवन-चक्र पूरा करते हैं
(*b*) पहले वर्ष में पौधे कायिक उगते हैं तथा दूसरे वर्ष में पुष्प तथा फल बनाकर अपना जीवन-चक्र दो वर्ष में पूरा करते हैं
(*c*) पौधे जो दो बार पुष्प देते हैं
(*d*) पौधे जो अपने जीवन-चक्र में बहुत बार पुष्प देते हैं

25. एक शुष्कफल जो सरल एककोष्ठी अण्डाशय से बनता है और दोनों सीमान्तों पर से ऊपर शीर्ष से नीचे की ओर फटता है, वह है–
(*a*) फली (*b*) सिलिक्वा
(*c*) फालिकिल (*d*) कैप्सूल

26. संग्रथित (बहुलकी) फल वह है जो विकसित होते हैं–
(*a*) एक ही पुष्प के अनेक परिपक्व अण्डपों से
(*b*) अनेक पके अण्डाशयों से जो एक पुष्पक्रम में अनेक पुष्पों के हों
(*c*) अण्डाशय को छोड़ अन्य भाग से
(*d*) बाह्य दलपुंज और दलपुंज के जुड़ने से

27. **'शरीफा'** (Custard apple) का फल किससे बनता है–
(*a*) बहुअण्डपी, संयुक्ताण्डपी अण्डाशय और पुष्पासन
(*b*) बहुअण्डपी, संयुक्ताण्डपी अण्डाशय
(*c*) एकसमूह में बहुत से अण्डप
(*d*) बहु अण्डपी, वियुक्ताण्डपी अण्डाशय

28. सेब का फल है–
(*a*) बेरी क्योंकि यह सरस अस्फुटनशील तथा बहुजीवी है
(*b*) ड्रूप क्योंकि यह सरस फल है तथा अंतः भिति कठोर होती है
(*c*) पोम क्योंकि इसका गूदेदार भाग पुष्पासन से बनता है
(*d*) हेस्पेरीडियम क्योंकि इसमें बाह्य भित्ति पतली होती है

29. कुछ पौधे जैसे अदरक में जड़ें तथा तना भूमिगत होते हैं, निम्न में से किस लक्षण से तने को जड़ से अलग किया जा सकता है–
(*a*) प्रकन्द में शल्क पत्तियाँ, कलिकायें, पर्व तथा पर्वसन्धियाँ पायी जाती हैं
(*b*) प्रकन्द जड़ों से मोटा होता है
(*c*) प्रकन्द जड़ों से पतला होता है
(*d*) प्रकन्द जड़ों से गहरे रंग का होता है

30. ग्लोरिओसा प्रतान आरोही है इसमें–
(*a*) पर्ण प्रतान में बदल जाते हैं
(*b*) पणाग्र प्रतान में बदल जाते हैं
(*c*) अबुपर्ण प्रतान में बदल जाते हैं
(*d*) कक्षस्थ कलिका प्रतान में बदल जाती है

31. स्वपोषी वे जीव होते हैं, जो–
(*a*) वातावरण से बने बनाये कार्बनिक पोषक पदार्थ को भोजन के रुप में लेते हैं
(*b*) जो वातावरण से CO_2, अमोनिया आदि अकार्बनिक पदार्थ लेकर स्वयं अपने पोषक को तैयार करते हैं
(*c*) जो अन्य जन्तुओं को भोजन के रुप में लेते हैं
(*d*) जो ठोस तथा भोजन का अर्न्तग्रहण करते हैं

32. परिवर्तन के फलस्वरुप जब तना हरा और गुदेदार हो जाता है तो ऐसे तने को कहते हैं–
(*a*) पर्णाभ स्तम्भ (*b*) पत्र-प्रकलिका
(*c*) समशिख (*d*) पर्णाभ वृंत

33. कीटाहारी पादपों द्वारा पकड़े गयें कीट आंशिक रुप से पूरा करते हैं उनकी–
(*a*) एन्जाइम की आवश्यकता
(*b*) ऑक्सीजन की आवश्यकता
(*c*) नाइट्रोजन की आवश्यकता
(*d*) जल की आवश्यकता

34. एक बहुकोष्ठी अण्डाशय में बहुत से अंडप होते हैं, इसमें बीजांडासन विभाजन करने वाली भित्तियों की भीतरी सतह के चारों ओर विकसित होता है ऐसे बीजांडन्यास को कहते हैं–
(*a*) परिभितीय (*b*) आधारी
(*c*) भित्तीग (*d*) मुक्त केन्द्रीय

35. जब युग्म शाखित ससीमाक्ष एकल शाखी ससीमाक्ष में सीमित होता है तो उस पुष्पक्रम को कहते हैं–
(*a*) एक शाखी ससीमाक्ष
(*b*) द्विशाखी ससीमाक्ष
(*c*) सिन्सिनस
(*d*) कूटचक्रक

36. कॉलीफ्लोरी क्या है–
(*a*) पुराने तने पर प्रसुप्त कलिकाओं से पुष्पों की उत्पत्ति
(*b*) नये तने पर नई कलिकाओं से पुष्पों का उत्पत्ति

(*c*) पत्तियों पर पुष्पों की उत्पत्ति
(*d*) पुष्पों का एक गुच्छा

37. एक शुष्क अस्फुटनशील फल जो द्विअण्डपी, युक्ताण्डपी अधोवर्ती अण्डाशय जिसमें आधारीय बीजाण्डान्यास पाया जाता है, से बनता है, कहलाता है–
(*a*) कैरियोप्सिस (*b*) सिप्सेला
(*c*) क्रीमोकार्प (*d*) एकीन

38. एक शुष्क स्फुटनशील फल जो त्रिअण्डपी, संयुक्ताण्डपी ऊर्ध्ववर्ती अण्डाशय जिसमें स्तम्भीय बीजाण्डान्यास पाया जाता है से बनता है, कहलाता है–
(*a*) रेग्मा
(*b*) कार्सेरुलम
(*c*) सेप्टीसाइडल संपुट
(*d*) सेप्टीफ्रेगल संपुट

39. एक फल जिसकी अन्तः फलभित्ति के उपचर्म में रस कोष रोम होते हैं उसके कोष्ठकों की एक सफेद स्पंजी मध्य फलभित्ति होती है और तेल ग्रंथियों वाली एक चर्मिल बाह्य भित्ति होती है उसे कहते हैं–
(*a*) पोम (*b*) पेपो
(*c*) अष्ठिफल (*d*) हेस्पेरीडियम

40. फलों एवं बीजों को जन्तुओं द्वारा प्रकीर्णन हेतु निम्नांकित में से कौन-सी युक्ति सामान्यतया सहायता करती है–
(*a*) पक्षों की उपस्थिति
(*b*) रोमों की उपस्थिति
(*c*) रोम गुच्छों की उपस्थिति
(*d*) शूलों की उपस्थिति

41. कोशिकाश्म कण पिंड किसका है–
(*a*) कैल्शियम आक्जेलेट
(*b*) कैल्शियम कार्बोनेट
(*c*) कैल्शियम हाइड्रोक्साइड
(*d*) कैल्शियम क्लोराइड

42. एक सरस अस्फुटनशील फल जो त्रिअण्डपी युक्ताण्डी अधोवर्ती अण्डाशय, जिसमें भित्तिय बीज़ाण्डन्यास पाया जाता है, से बनता है, कहलाता है–
(*a*) हेस्पेरीडियम
(*b*) पेपो
(*c*) पोम
(*d*) साइकोनस

43. एक फल जिसकी अंतः फलभित्ति अपने कोष्ठों (Locules) की भीतरी सतह पर उपअधिचर्मी रसदार थैलियों अथवा रोमों से युक्त होती है, सफेद मध्य फलभित्ति स्पन्जी तथा तेल ग्रन्थियों युक्त चर्मिल बाह्य फलभित्ति होती है, कहलाता है–
(*a*) पोम (*b*) पेपो
(*c*) ड्रूप (*d*) हेस्पेरीडीयम

44. सेब का फल होता है–
(*a*) बेरी, क्योंकि यह बहुबीजी, माँसल एवं अस्फोटी होता है
(*b*) पोम, क्योंकि इसका माँसल भाग एक कूट फल होता है जो अधिक बड़े केलेमस से बनता है
(*c*) ड्रूप, क्योंकि यह माँसल होता है और इसके बीज एक कठोर अंतः फलभित्ति द्वारा घिरे होते हैं
(*d*) हेस्पेरीडियम, क्योंकि इसमें एक चर्मिल बाह्य फलभित्ति या त्वचा होती है

45. फलों के निम्नलिखित समूहों में जो एक ही समूह से सम्बन्ध रखते हैं, वर्गीकरण की दृष्टि से होते हैं–
(*a*) नारियल, सिघाड़ा एवं काजू
(*b*) नारियल, सुपारी एवं सिंघाड़ा
(*c*) नारियल, आम एवं बादाम
(*d*) नारियल, संतरा एवं टमाटर

46. द्विअण्डपी, युक्ताण्डी, अधोवर्ती अण्डाशय से विकसित एककक्षीय व एकबीजी अस्फोटी फल होता है–
(*a*) बेरी (*b*) कैरिओप्सिस
(*c*) नट (*d*) सिप्सेला

47. स्तम्भीय बीजाण्डन्यास (Axile Placentation) पाया जाता है–
(*a*) मालवेसी तथा लेग्यूमिनेसी में
(*b*) मालवेसी तथा लिलियेसी में
(*c*) मालवेसी तथा क्रूसीफेरी में
(*d*) ब्रैरीकानइग्रा में

48. शुष्क स्फोटी फल जो त्रिअण्डपी युक्ताण्डपी, स्तम्भी बीजाण्डन्यास युक्त ऊर्ध्व अण्डशय से परिवर्धित होता है, कहलाता है–

(*a*) रेग्मा (*b*) पट-विदारक
(*c*) नट (*d*) सिप्सेला

49. सेब तथा नाशपाती में खाया जाने वाला भाग होता है–
(*a*) बाह्य फलभित्ति (*b*) मध्य फलभित्ति
(*c*) अन्तः फलभित्ति (*d*) पुष्पासन

50. एक फल जो संघनित पुष्पक्रम से विकसित होता है, वह कहलाता है–
(*a*) सरल फल (एकल फल)
(*b*) एक फल का इटेरिओ
(*c*) एक पुंज फल
(*d*) एक संग्रथित फल

51. सम्पूर्ण पुष्पक्रम सब्जी के रुप में प्रयोग किया जाता है–
(*a*) ब्रेसिका कैम्पेस्ट्रिस में
(*b*) ब्रेसिका ओलेरेशिया में
(*c*) रेफेनस सेटाइवस में
(*d*) ब्रेसिका निग्रम में

52. मूँगफली में तेल संचायक भंडारित होते हैं–
(*a*) भ्रूण में (*b*) भूमिगत कन्दों में
(*c*) भ्रूणपोष में (*d*) बीजपत्र में

53. फल के खाने योग्य भाग के सन्दर्भ में कौन-सा संयोजन सही नहीं होता है?
(*a*) मूँगफली - भ्रूण तथा बीजपत्र
(*b*) लीची - मांसल एरिल
(*c*) नारियल - अंतः फलभित्ति
(*d*) आम - गध्य फलभित्ति

54. टमाटर के फल का विवरण निम्न प्रकार दिया जा सकता है–
(*a*) एक बेरी, जिसमें पूर्ण अण्डाशय भित्ति माँसल फल ऊतक में पक जाती है
(*b*) एक कैप्सूल, क्योंकि यह एक संयुक्त स्त्रीकेसर से विकसित होता है
(*c*) पुंजफल, क्योंकि यह एक पन्चाण्डपी स्त्रीकेसर से विकसित होता है
(*d*) एक पोम, क्योंकि पूर्ण फलभित्ति माँसल होती है एवं फल में अनेक बीज होते हैं

55. कुकरबिट्स का कड़वापन होता है–
(*a*) इनमें उपस्थित अम्ल के कारण
(*b*) इनके गूदे में क्षारीयता के कारण
(*c*) ट्राइटरपेन्स की उपस्थिति के कारण
(*d*) इनमें कड़वे बीजों की उपस्थिति के कारण

56. सन्तरे में खानें योग्य भाग होता है–
(*a*) मध्य फलभित्ति
(*b*) बाहृय फलभित्ति
(*c*) अन्तः फलभित्ति की भीतरी सतह से उत्पन्न ग्रन्थिल रोम
(*d*) अन्तः फलभित्ति की बाहृय सतह से निकलने वाले ग्रन्थिल रोम

57. निम्न में से किन पादपों में वितरण का व्यापक क्षेत्र होता है ?
(*a*) जो कायिक साधनों द्वारा वितरित होते हैं
(*b*) जो फलों द्वारा वितरित होते हैं
(*c*) जो बीजों द्वारा वितरित होते हैं
(*d*) जो बीजाणुओं द्वारा वितरित होते हैं

58. नारियल समुद्र के किनारे के देशों में व्यापक रुप से वितरित होता है क्योंकि–
(*a*) यह व्यापक रुप से मनुष्य द्वारा रोपित किया जाता है
(*b*) इसके फल जल पर तैरते हैं
(*c*) यह एक बीजपत्री पादप होता है
(*d*) यह सदाबहार (evergreen) होता है

59. खाने योग्य भाग के सम्बन्ध में निम्न में से कौन-सा ठीक प्रकार से मेल नहीं खाता है ?
(*a*) लीची - अंतः फलभित्ति
(*b*) खजूर - फलभित्ति
(*c*) नारियल - बीज
(*d*) अंगूर - फलभित्ति एवं बीजाण्डासन

60. अनावृतबीजी पादपों में फल नहीं पाये जाते हैं क्योंकि–
(*a*) ये बीजरहित पौधे होते हैं
(*b*) इनमें परागण नहीं होता है
(*c*) इनमें अण्डाशय नहीं होता है
(*d*) इनमें निषेचन की क्रिया नहीं होती है

61. *जैन्थियम* के फल जन्तुओं द्वारा प्रकीर्णित होते हैं क्योंकि–
(*a*) इनमें चिपकने वाला पदार्थ होता है
(*b*) ये खाने योग्य होते हैं
(*c*) इनमें अंकुश (Hooks) होते हैं
(*d*) ये वजन में हल्के होते हैं

62. जब एक फल कोष्ठ विदारित अथवा पट विदारित होकर कपाटों के साथ-साथ फटता है और केन्द्रीय अक्ष से लगे बीजों को दूर गिराता है, तो प्रकीर्णन की ऐसी विधि को कहते हैं–
(*a*) पटभंजक (*b*) सीवनीय
(*c*) कोष्ठ विदारक (*d*) पट विदारक

63. जब फल कोष्ठों (Locules) की पीठ से बँटता है तथा कपाट अनुदैर्ध्य तल में पृथक हो जाते हैं, तो स्फुटन की यह विधि कहलाती है–
(*a*) सीवनीय (Sutural)
(*b*) पट विदारक (Septicidal)
(*c*) कोष्ठ विदारक (Loculicidal)
(*d*) पटभंजक (Septifragal)

64. केले बीज रहित होते हैं क्योंकि–
(*a*) इन पर ऑक्सिन्स का छिड़काव किया जाता है
(*b*) ये लैंगिक रुप से जनन नहीं करते हैं
(*c*) इनमें प्रचुर सायटोकाइनिन्स होते हैं
(*d*) ये त्रिगुणित (Triploids) होते हैं

65. सेब का फल, कूटफल (False Fruit) कहलाता है, क्योंकि–
(*a*) इसकी अंतः फलभित्ति उपास्थीय होती है
(*b*) फलभित्ति अस्पष्ट होती है
(*c*) यह अधोवर्ती अण्डाशय से विकसित होता है
(*d*) इसका वास्तविक फल खाने योग्य भाग मांसल पुष्पासन में स्थित होता है

66. ओपियम (पोस्ता) में बीजों का प्रकीर्णन होता है–
(*a*) दोलन विधि द्वारा
(*b*) विस्फोटक विधि द्वारा
(*c*) पैराशूट विधि द्वारा
(*d*) इनमें से किसी के द्वारा नहीं

67. एक शुकिकीय (Spicate) पुष्पक्रम से विकसित फल कहलाता है–
(*a*) एकीनो का इटैरियो
(*b*) बेरिज का इटैरियो
(*c*) सोरोसिस
(*d*) साइकोनियम

68. कम्पोजिटी कुल में फल एवं बीजों के प्रकीर्णन की पैराशूट विधि संरचना के कारण होती है जो कहलाते हैं–
(*a*) रोमपुच्छ
(*b*) दलपुंज
(*c*) काँटें
(*d*) सहपत्र

69. खीरे का खाने योग्य भाग होता है–
(*a*) मध्य फलभित्ति
(*b*) अंतः फलभित्ति
(*c*) जरायु फलभित्ति, पुष्पासन एवं बीज
(*d*) फलभित्ति एवं पुष्पासन

70. फल उत्पादक अपने बगीचे में फलों की दो या अधिक किस्में उगाते हैं, प्राप्त करने के लिये–
(*a*) संकरण एवं नयी किस्मों का उत्पादन
(*b*) अधिक आमदनी
(*c*) कम रोग
(*d*) फलों के बेचने में कम समस्या

71. भिदुर फल (Schizocarpic fruits) वे होते हैं–
(*a*) जिनमें माँसल फलभित्ति होती है
(*b*) जो फलांशकों (Mericarps) में टूट जाते हैं
(*c*) जो एक पुष्पक्रम से बनते हैं
(*d*) जो मुक्ताण्डी (Apocarpous) स्त्रीकेसर से विकसित होते हैं

72. चिरलग्न रोमपुच्छ (Pappus) युक्त, द्विअण्डपी, अधोवर्ती अण्डाशय से विकसित होने वाला एक शुष्क, एककोशिकीय और एकबीजी फल कहलाता है–
(*a*) नट (*b*) सिप्सेला
(*c*) कैरिओप्सिस (*d*) एकीन

73. निम्न में से कौनसी फल की सर्वाधिक ठीक परिभाषा है?
(*a*) फल अण्डाशय का उत्पाद होता है
(*b*) फल वह काय है जिसमें बीज होते हैं
(*c*) फल पुष्प का उत्पाद होता है
(*d*) फल स्त्रीकेसर पश्च निषेचन उत्पाद होता है

74. निम्न में से कौन से युगल ठीक प्रकार से मेल नहीं खाते हैं?
(*a*) टमाटर - बेरी
(*b*) आम - ड्रूप
(*c*) अंजीर - सोरोसिस
(*d*) सूर्यमुखी - सिप्सेला

75. *एनोना स्क्वैमोसा* (कस्टर्ड एपल) का फल विकसित होता है–
(*a*) बहुअण्डपी, मुक्ताण्डपी जायांग से
(*b*) बहुअण्डपी, युक्ताण्डी (Syncarpous) अण्डाशय तथा पुष्पासन से
(*c*) एक गुच्छे में लगे अनेक अण्डाशयों से
(*d*) बहुअण्डपी, युक्ताण्डपी अण्डाशय से

76. पुंजफल की परिभाषा इस प्रकार करते हैं, जो विकसित होता है–
(*a*) बहुअण्डपी, युक्ताण्डपी जायांग से
(*b*) बहुअण्डपी, मुक्ताण्डपी जायांग से
(*c*) पूर्ण पुष्पक्रम से
(*d*) बहुअण्डपी, ऊर्ध्ववर्ती अण्डाशय से

77. अंगूर में कौन-सा भाग खाने योग्य होता है ?
(*a*) फलभित्ति एवं बीजाण्डासन
(*b*) बाह्य फलभित्ति
(*c*) मध्य फलभित्ति
(*d*) इनमें से कोई नहीं

78. निम्न में से किसमें पुष्पी पादपों की उत्तरजीविता (Survival) सर्वश्रेष्ठ हो सकती है ?
(*a*) कायिक प्रवर्धन में पहुँचने की क्षमता
(*b*) संवहन तन्त्र की अनुपस्थिति
(*c*) फल का परिवर्धन
(*d*) विकसित मूलतन्त्र का परिवर्धन

79. बहुल (Multiple) फल वे होते हैं जो बनते हैं–
(*a*) बाह्य दलपुंज के अण्डाशय के साथ संयोजन से
(*b*) एक पुष्प के अनेक पके हुए अण्डाशयों से
(*c*) एक पुष्पक्रम के अनेक पुष्पों के अनेक पके हुए अण्डाशयों से
(*d*) अण्डाशय के अतिरिक्त अन्य भागों से

80. केले में खाने योग्य भाग होता है–
(*a*) मध्य फलभित्ति एवं अंतः फलभित्ति
(*b*) अन्तः फलभित्ति एवं बीजाण्डासन
(*c*) मध्य फलभित्ति
(*d*) अन्तः फलभित्ति

81. कैरिओप्सिस एक फल है–
(*a*) जो बीजों को बाहर निकालने के लिए प्रस्फुटित होता है
(*b*) जिसमें फल भित्ति नहीं होती है
(*c*) जो माँसल होता है एवं इसमें अनेक फल होते हैं
(*d*) जिसमें फलभित्ति एवं बीजावरण समेकित (Fused) होते हैं

82. अन्नास का फल होता है एक वास्तविक–
(*a*) पोम
(*b*) एकीन या पुंजफल
(*c*) अष्ठिफल या पेपो
(*d*) संग्रथित फल या सोरोसिस

83. एक बहुकोष्ठी अण्डाशय में जहाँ बीजाण्ड पूरी भीतरी सतह पर पैदा होते हैं तो यह बीजाण्डन्यास (Placentation) कहलाता है–
(*a*) पेण्डूलस (*b*) सीमान्त
(*c*) धरातलीय (*d*) परिभितीय

84. दललग्न (Epipetalous) सम्बन्धित है–
(*a*) दलों के पुष्पदल विन्यास (Aestivation) से
(*b*) अण्डाशय की स्थिति से
(*c*) पुंकेसरों से
(*d*) जरायुन्यास (Placentation) से

85. जिह्वाकार (Ligulate) अथवा पट्टी के आकार का दलपुंज मुख्य लक्षण है–
(*a*) बिम्ब पुष्प (Disc Floret) का
(*b*) रश्मि पुष्पक (Ray Floret) का
(*c*) बिम्ब तथा रश्मि दोनों पुष्पकों का
(*d*) इनमें से किसी का नहीं

86. किसी पुष्प को जाइगोमार्फिक कहते हैं जब–
(*a*) इसके केन्द्र से होकर गुजरती हुई प्रत्येक ऊर्ध्व काट इसे दो सम भागों में विभाजित करती है
(*b*) इसके केन्द्र से होकर केवल एक ही ऊर्ध्व काट सम्भव होती है और इसे दो समान भागों में बाँटती है

(*c*) उपरोक्त में से कोई एक दशा उपस्थित होती है
(*d*) उपरोक्त में से कोई भी स्थिति नहीं मिलती है

87. एक सिलिक्वा विकसित होता है–
(*a*) द्विअण्डपी अण्डाशय से
(*b*) एकाण्डपी अण्डाशय से
(*c*) बहुअण्डपी अण्डाशय से
(*d*) त्रिअण्डपी अण्डाशय से

88. एक पेपिलियोनेशियस पुष्प में बढ़ा ध्वजिक (Vexillum) दो पक्षों को ढ़के होता है पक्ष (Wings) नौतल (Keel)को ढ़कते हैं, इस प्रकार का दलपुंज विन्यास कहलाता है–
(*a*) आरोही इम्ब्रीकेट (*b*) अवरोही इम्ब्रीकेट
(*c*) व्यावर्तित (*d*) स्पर्शी

89. अपने जीवन काल में एक ही बार पुष्पन करने वाला बहुवर्षी आवृतबीजी पादप कहलाता है–
(*a*) मोनोकार्पिक (*b*) शुष्कोद्भिदी
(*c*) लवणोद्भिद् (*d*) पौलीकार्पिक

90. जब एक अन्य जाति के पौधे के भीतर एक पौधा सहजीवन व्यतीत करते हुए रहता है तो इसे कहते हैं–
(*a*) एक अर्ध परजीवी (Semi parasite)
(*b*) एक अंतः पादप (Endophyte)
(*c*) एक परजीवी (Parasite)
(*d*) एक मृतोपजीवी (Saprophyte)

91. आंशिक परजीवी वह है जो–
(*a*) केवल पोषद से जल लेता है
(*b*) पोषद से जल और खनिज दोनों लेता है किन्तु अपना भोजन स्वयं बनाता है
(*c*) केवल कभी-कभी पोषद से भोजन प्राप्त करता है
(*d*) पोषद को सहारे की तरह प्रयोग करता है

92. एक द्विवर्षी (Biennial) होता है–
(*a*) वह पौधा जो प्रति वर्ष पुष्पन करता है और अपना जीवन चक्र दो वर्षो में पूर्ण करता है
(*b*) वह पौधा जो अपना जीवन दो वर्षो में पूर्ण करता है
(*c*) वह पौधा जो प्रत्येक दो वर्षो में पुष्पन करता है
(*d*) इनमें से कोई नहीं

93. *ड्रोसेरा* कीटों को पकड़ता है–
(*a*) पर्णघट (Pitcher) द्वारा
(*b*) चमकीले द्रव को स्रावित करने वाले स्पर्शकों द्वारा
(*c*) अधिशोषक बिम्ब (Adhesive Disc) बनाकर
(*d*) ब्लैडर द्वारा

94. निम्नलिखित में से कौन-सा मूल रहित जलीय शाक है जिसमें पत्ती का एक भाग एक छोटा ब्लैडर बनाता है जो जलीय कीटों को पकड़ता है ?
(*a*) *ड्रोसेरा* (*b*) *डायोनिया*
(*c*) *यूट्रीकुलेरिया* (*d*) स्वपोषी

95. जड़ें अपस्थानिक कहलाती हैं, आधारित होकर अपने–
(*a*) कार्यो पर
(*b*) वायवीय अथवा भूमिगत स्थिति पर
(*c*) उत्पत्ति के स्थान पर
(*d*) शारीरिकी पर

96. मूलांकुर (Radicle) के अतिरिक्त पौधे के किसी भी भाग से विकसित होने वाली जड़ें कहलाती हैं–
(*a*) तन्तुमय मूल (*b*) अपस्थानिक मूल
(*c*) अवस्तम्भ मूल (*d*) मूसला जड़ें

97. निम्न में से कौन-सा लक्षण किसी एकबीजपत्री को द्विबीजपत्री पादप से भिन्न करता है–
(*a*) पुष्पदल विन्यास
(*b*) वर्नेशन
(*c*) पर्ण विन्यास
(*d*) शिरा विन्यास

98. जो पौधे अपना भोजन चूषकांगों (Haustoria) द्वारा अन्य सजीवों से प्राप्त करते हैं होते हैं–
(*a*) मृतोपजीवी (*b*) परजीवी
(*c*) सहजीवी (*d*) जलोद्भिद्

99. *बैलानोफोरा* जाति होती है –
(*a*) आंशिक स्तम्भ परजीवी
(*b*) पूर्ण स्तम्भ परजीवी
(*c*) पूर्ण मूल परजीवी
(*d*) आंशिक मूल परजीवी

100. प्याज का पर्णहरित तना जो पुष्पों को धारण करने के लिए उत्पन्न होता है, कहलाता है–
(*a*) स्केप (Scape)
(*b*) मुख्य अक्ष (Rachis)
(*c*) पुष्पावलि वृन्त (Peduncle)
(*d*) पुष्पीय अक्ष (Floral Axis)

उत्तरमाला

1	2	3	4	5	6	7	8	9	10
(*d*)	(*b*)	(*d*)	(*d*)	(*c*)	(*b*)	(*a*)	(*c*)	(*a*)	(*b*)
11	**12**	**13**	**14**	**15**	**16**	**17**	**18**	**19**	**20**
(*d*)	(*c*)	(*b*)	(*b*)	(*c*)	(*c*)	(*b*)	(*c*)	(*b*)	(*b*)
21	**22**	**23**	**24**	**25**	**26**	**27**	**28**	**29**	**30**
(*c*)	(*c*)	(*b*)	(*b*)	(*a*)	(*b*)	(*d*)	(*c*)	(*a*)	(*b*)
31	**32**	**33**	**34**	**35**	**36**	**37**	**38**	**39**	**40**
(*b*)	(*a*)	(*c*)	(*a*)	(*d*)	(*a*)	(*b*)	(*a*)	(*d*)	(*d*)
41	**42**	**43**	**44**	**45**	**46**	**47**	**48**	**49**	**50**
(*b*)	(*b*)	(*d*)	(*b*)	(*c*)	(*d*)	(*b*)	(*a*)	(*d*)	(*d*)
51	**52**	**53**	**54**	**55**	**56**	**57**	**58**	**59**	**60**
(*a*)	(*d*)	(*c*)	(*a*)	(*c*)	(*c*)	(*c*)	(*b*)	(*a*)	(*c*)
61	**62**	**63**	**64**	**65**	**66**	**67**	**68**	**69**	**70**
(*d*)	(*a*)	(*c*)	(*b*)	(*d*)	(*a*)	(*c*)	(*a*)	(*c*)	(*a*)
71	**72**	**73**	**74**	**75**	**76**	**77**	**78**	**79**	**80**
(*b*)	(*b*)	(*a*)	(*a*)	(*a*)	(*b*)	(*a*)	(*c*)	(*c*)	(*a*)
81	**82**	**83**	**84**	**85**	**86**	**87**	**88**	**89**	**90**
(*d*)	(*d*)	(*d*)	(*c*)	(*b*)	(*b*)	(*a*)	(*b*)	(*a*)	(*b*)
91	**92**	**93**	**94**	**95**	**96**	**97**	**98**	**99**	**100**
(*b*)	(*b*)	(*b*)	(*c*)	(*c*)	(*b*)	(*d*)	(*b*)	(*c*)	(*a*)

❑❑❑

CHAPTER 15

पादप ऊतक
PLANTS TISSUES

पादप ऊतक (Plant Tissues)

- कोशिकाओं का वह समूह जो उत्पत्ति (origin), आकृति तथा कार्य में समान होते हैं, उन्हें ऊतक कहते हैं।
- ऊतकों के अध्ययन को औतिकी (Histology) कहा जाता है।
- पौधों के ऊतक (पादप ऊतक) दो प्रकार के होते हैं विभज्योतक तथा स्थायी ऊतक।
- विभज्योतक (मेरिस्टमेटिक) ऊतक एक विभाज्य ऊतक है तथा यह पौधो के वृद्धि वाले क्षेत्र में पाए जाते हैं।
- स्थायी ऊतक विभज्योतक से बनते हैं, जो एक बार विभाजित होने की क्षमता को खो देते हैं। इन्हें सरल तथा जटिल ऊतकों में वर्गीकृत किया जाता है।

ऊतक (Tissues)

- विभज्योतिकी ऊतक (Meristematic Tissues)
- स्थायी ऊतक (Permanent Tissues)
  - सरल ऊतक (Simple Tissues)
  - जटिल ऊतक (Complex Tissues)
  - स्त्रावी ऊतक (Secretory Tissues)

विभज्योतिकी ऊतक (Meristematic Tissues): यह पौधों के वर्धी भाग में पाये जाते हैं। इनमें विभाजन की क्षमता होती है। विभाजन तथा विभेदन उपरान्त इनमें स्थायी ऊतक का निर्माण होता है।

विभज्योतक ऊतक का वर्गीकरण

इनको विभिन्न आधारों पर चार भागों में विभक्त किया गया है।

1. उत्पत्ति पर आधारित विभज्योतक (Meristem based on origin)

- प्राक् विभज्योतक (Promeristem) (जड़, तना तथा शिखाग्रों पर स्थित होता है।)
- प्राथमिक विभज्योतक (Primary meristem) (पौधों के वर्धी भागों पर पाये जाते हैं।)
- द्वितीयक विभज्योतक (Secondary meristem) (अन्तपूलीय एधा तथा कार्क एधा)

2. विभाजन के तल पर आधारित विभज्योतक (Meristems based on Plane of Division)

- स्थूल विभज्योतक (Massmeristem) (भ्रूण पोष)
- पट्टिका विभज्योतक (Plate meristem) (एक पंक्तिक बाह्यत्वचा तथा बहुपक्तिक फलक का निर्माण)
- पट्टीविभज्योतक (Ribmeristem) (वल्कुट तथा मज्जा का बनना)

3. स्थिति पर आधारित विभज्योतक (Meristems based on Positions)

- शीर्षस्थ विभज्योतक (Apical meristem) (प्ररोह शीर्ष तथा मूल शीर्ष)
- पार्श्व विभज्योतक (Lateral meristem) (संवहन कैम्बियम तथा कार्क कैम्बियम)
- अन्तर्वेशी विभज्योतक (Intercalary meristem) (घासों के पर्व के आधार के पास तथा चीड़ की पत्ती के आधार पर मिलते हैं।)

4. कार्य पर आधारित विभज्योतक (Meristem based on function)

- अधित्वक (Protoderm) (बाहरी परत में)
- प्रोकैम्बियम (Procambium) (संवहन ऊतकों, जाइलम तथा फ्लोएम)
- भरण विभज्योतक (Ground meristem) (अधत्वचा, वल्कुट, अन्तस्तत्वचा परिरम्भ, मज्जा किरणें)

स्थायी ऊतक (Permanent Tissues)

स्थायी ऊतक विभज्योतक से बनते हैं तथा इन ऊतकों में विभाजन क्षमता अस्थायी अथवा स्थायी रूप से समाप्त हो जाती हैं। कोशिकाएं वृद्धि और विभेदन करके परिपक्व हो जाती है तथा कोशिकाएँ जीवित और अजीवित (मृत) दोनों प्रकार की हो सकती हैं। स्थायी ऊतक तीन प्रकार के होते हैं।

स्थायी ऊतक (Permanent Tissues)

- सरल ऊतक (Simple Tissues)
- जटिल ऊतक (Complex Tissues)
- स्रावी ऊतक (Secretory Tissues)

(*i*) सरल ऊतक (Simple Tissues)

इन ऊतकों की रचना एक प्रकार की कोशिकाओं से होती हैं। प्रत्येक कोशिका जीवित अथवा मृत, पतली या मोटी भित्ति वाली हो सकती है।

सरल ऊतक को कोशिका भित्ति के आकार तथा कोशिका के कार्यों के आधार पर तीन भागों में विभक्त किया गया हैं।

सरल ऊतक

- मृदोतक (Parenchyma)
- स्थूलकोण ऊतक (Collenchyma)
- दृढ़ोतक (Sclerenchyma)

(*ii*) जटिल ऊतक (Complex Tissues)

जटिल ऊतक एक से अधिक प्रकार की कोशिकाओं से बने होते हैं, उदाहरण जाइलम तथा फ्लोएम।

(*iii*) स्रावी ऊतक (Secretory Tissues)

यह एक प्रकार का स्रावक ऊतक है इसे विशिष्ट ऊतक भी कहते हैं।

स्रावी ऊतक

- लैटेक्सधारी ऊतक (Laticiferous Tissues)
  - लैटेक्स कोशिकाएं (Latex cells)
  - लैटेक्स वाहिकाएं (Latex vessels)
- ग्रन्थिल ऊतक (Glandular Tissues)
  - बाह्य ग्रन्थियां (External glands)
  - आन्तरिक ग्रन्थियां (Internal glands)

संवहन पूल (Vascular bundles)

जाइलम व फ्लोएम (xylem and phloem) पौधों के शरीर में विभिन्न अंगों में अलग-अलग प्रकार से विन्यसित होते हैं। जाइलम एवं फ्लोएम के पास-पास होने वाले विशेष तन्तुओं (strands) में विन्यसित रहने के कारण इन्हें संवहन पूल (vascular baundle) कहते हैं (चित्र 15.1)। संवहन पूल अपनी बनावट के अनुसार तीन प्रकार के होते हैं

1. **संयुक्त** या **कन्जॉइट** (conjoint),
2. **अरीय** या **रेडिअल** (radial) तथा
3. **संकेन्द्री** या **कन्सैन्ट्रिक** (concentric)।

1. संयुक्त (conjoint) पूल

जब जाइलम और फ्लोएम एक ही त्रिज्या (radius) पर होते हैं। इस प्रकार के संवहन पूल पुष्पीय पौधों के स्तम्भों में पाए जाते हैं। ये पूल दो प्रकार के होते हैं

(*i*) **कोलेटरल** (collateral) तथा

(*ii*) **बाइकोलेटरल** (bicollateral)।

(*i*) इनमें से कोलेटरल बण्डल (collateral bundle) अधिकाशतः तनों में मिलते हैं। इन बण्डलों में जाइलम केन्द्र की ओर तथा फ्लोएम परिरम्भ की ओर स्थित होता है। द्विबीजपत्री तनों में जाइलम और फ्लोएम के मध्य **प्राथमिक एधा** मिलती है जिससे ये बण्डल खुले (open) कहे जाते हैं। एकबीजपत्री तनों में जो बण्डल होते हैं, उनमें एधा नहीं होती है। अतः **ये बन्द** (closed) कहलाते हैं। यहाँ जाइलम सदैव **ही एण्डार्क** (endarch) होता है अर्थात् आदिदारू केन्द्र की ओर तथा अनुदारू परिधि की ओर होता है।

(*ii*) **बाइकोलेटरल** (bicollateral) संवहन पूलों में जाइलम के दोनों ओर फ्लोएम होता है। ऐसे संवहन पूल में भी जाइलम **एण्डार्क** होता है। तथा यह सदैव **खुले** होते हैं क्योंकि जाइलम तथा फ्लोएम के बीच दोनों ओर ही एधा होती है।

2. अरीय (radial) पूल

जब जाइलम तथा फ्लोएम अलग-अलग त्रिज्याओं पर पाये जाते हैं, इस प्रकार के संवहन पूल जड़ों में होते हैं। इनमें जाइलम सदैव ही, **बाह्य आदिदारूक** (exarch) होता है। अर्थात् आदिदारू परिधि की ओर तथा अनुदारू केन्द्र की ओर होता है। इन संवहन पूलों में एधा नहीं पायी जाती है। द्विबीजपत्री जड़ों में यह जाइलम तथा फ्लोएम के मध्य, बाद में बन जाती है।

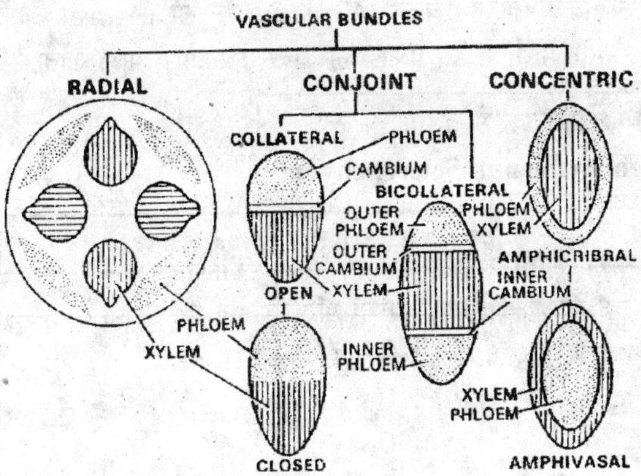

चित्र 15.1 संवहन पूलों (vascular bundles) के चित्र

3. संकेन्द्री (concentric) पूल

जब जाइलम या फ्लोएम को फ्लोएम या जाइलम चारों ओर से घेरता है तो यह संकेन्द्री पूल कहलाता है। जाइलम तथा फ्लोएम की स्थितिनुसार ये संवहन पूल दो प्रकार के होते हैं

(*i*) दारू केन्द्री (amphicribral) तथा

(*ii*) फ्लोएम केन्द्री (amphivasal)।

रन्ध्र या स्टोमेटा (Stomata)

पौधों के वायवीय, हरे तथा मुलायम भागों की बाह्यत्वचा में पाए जाने वाले विशेष प्रकार के छिद्रों को **रन्ध्र** (stomata) कहते हैं जो कि विशिष्ट आकार और संरचना की कोशिकाओं से घिरा होता है। इन कोशिकाओं को **द्वार कोशिकाएँ** (guard cells) कहते हैं। द्वार कोशिकाएँ स्टोमा या रन्ध्र (stoma) को छोटा बड़ा या बन्द करने का कार्य करती हैं। अधिचर्म की अन्य कोशिकाओं की अपेक्षा इनका आकार सेम के बीज के आकार का (अर्द्ध चन्द्राकार) होता है तथा इनके जीवद्रव्य में क्लोरोप्लास्ट्स होते हैं। इनकी बाहरी भित्तियाँ सामान्य किन्तु भीतरी (रन्ध्र की ओर वाली) भित्तियाँ स्थूल होती हैं (चित्र (*a*) तथा (*b*))।

आवश्यकतानुसार रन्ध्र खुलते व बन्द होते हैं। सामान्यतः दिन के समय रन्ध्र खुले रहते हैं तथा रात्रि के समय बन्द हो जाते हैं। रन्ध्र वायवीय भागों विशेषकर पत्तियों पर अत्यन्त महत्वपूर्ण उपांग हैं। इनके द्वारा गैसों का आदान-प्रदान होता है अर्थात् श्वसन के लिए ऑक्सीजन का आना व कार्बन डाइऑक्साइड का बाहर जाना तथा प्रकाश संश्लेषण के लिए कार्बन डाइऑक्साइड का आना व ऑक्सीजन का बाहर निकलना इत्यादि। **जल के वाष्पोत्सर्जन का कार्य भी काफी मात्रा में रन्ध्रों के द्वारा** ही होता है। इस प्रकार रन्ध्र अपने अन्दर उपस्थित **अधोरन्ध्रीय गुहा** (substomatal cavity) के द्वारा बाह्य वातावरण के साथ सम्बन्ध कराने का माध्यम है। सामान्यतः इस गुहा व बाह्य वातावरण में उपस्थित जलवाष्प व विभिन्न गैसों के अनुपात का साम्य (equilibrium) बनाये रखना रन्ध्र का विशिष्ट कार्य है।

रन्ध्रों का वितरण

लगभग पौधे के सभी वायवीय भागों पर रन्ध्र पाये जाते हैं। पत्तियाँ प्रकाश संश्लेषण, श्वसन और वाष्पोत्सर्जन के प्रमुख अंग हैं। अतः इन्हीं पर सबसे ज्यादा रन्ध्र पाए जाते हैं। सामान्य रूप से द्विबीजपत्री पौधों की पत्तियों के एक ही तल पर प्रकाश पड़ता है (**पृष्ठाधारी** = dorsiventral)। अतः इन पत्तियों की निचली सतह (abaxial surface) पर ही रन्ध्र होते हैं और यदि ऊपरी सतह पर होते भी हैं, तो इनकी संख्या अवश्य ही अपेक्षाकृत कम होती है। जिन पत्तियों की दोनों सतह पर प्रकाश समान रूप से पड़ता है **आइसोबाइलेटरल** (isobilateral)— जैसे एकबीजपत्री पौधों की पत्तियों की दोनों सतह के अधिचर्म में लगभग बराबर संख्या में रन्ध्र पाये जाते हैं।

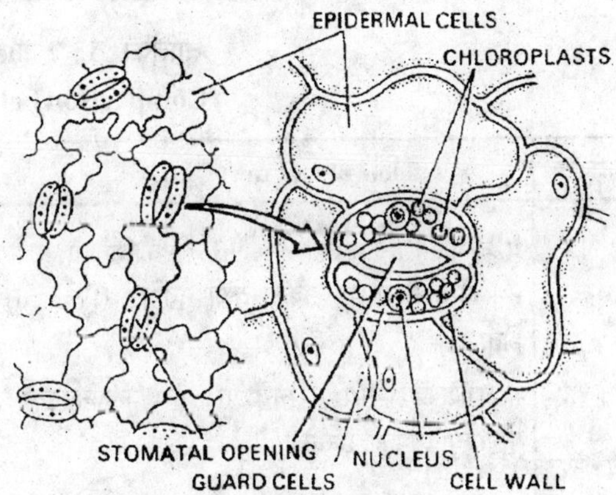

(*a*) (*b*)

चित्र 15.2 (a) पत्ती की बाह्य त्वचा में रन्ध्र तथा (b) रन्ध्र की विस्तृत संरचना।

शुष्क स्थानों में मिलने वाले पौधों की पत्तियों पर रन्ध्र नहीं होते, बहुत कम होते हैं अथवा अत्यधिक रूपान्तरित होते हैं। ऐसी पत्तियों में रन्ध्र गड्ढों या खाँचों इत्यादि में स्थित होते हैं —**धँसे हुए रन्ध्र** (sunken stomata) कभी-कभी रन्ध्रों के ऊपर बहुत-से

रोम आदि पाए जाते हैं। इन सब ढंगों से रन्ध्रों की स्थिति इस प्रकार की हो जाती है कि उन पर वायुमण्डल की शुष्कता का कम प्रभाव पड़ता है। **कनेर** (*Nerium*), कन्तला (*Agave*) आदि अनेक पोधों में इस प्रकार की व्यवस्था रन्ध्रों में पायी जाती है।

तालिकाः 15.1 मृदूतक तथा दृढ़ ऊतक में तुलना
(Comparison between Parenchyma and Sclerenchyma)

क्र.सं.	मृदूतक (Parenchyma)	दृढ़ ऊतक (Sclerenchyma)
1.	यह जीवित कोशिकाओं से बनी ऊतक है जो परिपक्व अवस्था में भी जीवित रहती है।	इनके कोशिकाओं का जीवद्रव्य परिपक्व होने पर समाप्त हो जाता है अतः ये मृत होती हैं।
2.	इसकी कोशिकाओं के मध्य में अन्तरकोशिकीय स्थान, कोशिकाओं में लवक आदि पाए जाते हैं।	इनमें यह नहीं होता है।
3.	इसकी कोशिकाएँ प्रायः समव्यासी होती हैं।	इसकी कोशिकाएँ समव्यासी अथवा कभी कम लम्बी होकर रेशे बनाती हैं।
4.	इन कोशिकाओं की कोशिकाभित्ति सेल्यूलोस से बनी परन्तु पतली होती है तथा कोशिकाओं में रिक्तिकाएं पायी जाती हैं।	इसकी कोशिकाभित्ति प्रारम्भिक रूप में सेल्यूलोस की परन्तु लिग्निन के द्वारा स्थूलित हो जाती है।
5.	यह पौधों के सभी अंगों में भरण ऊतक की तरह वितरित होती हैं।	यह अधस्त्वचा, परिरम्भ, जाइलम, फ्लोएम आदि में वितरित होती हैं।
6.	ये कोशिकाएँ सभी प्रकार के जैविक कार्य करती हैं। भोज्य पदार्थ, जल आदि संचय करती हैं।	ये केवल अंग को दृढ़ता प्रदान करती हैं।

तालिकाः 15.2 वाहिनिका तथा वाहिका में तुलना
(Comparison between Tracheids and Vessels)

क्र.सं.	वाहिनिकाएँ (Tracheids)	वाहिकाएँ (Vessels)
1.	ये लम्बी, लिग्निनयुक्त (lignified) कोशिकाएँ होती हैं। दोनों सिरों पर संकरी तथा नुकीली (Pointed) होती हैं।	ये लम्बी, लिग्निनयुक्त कोशिकाओं के सिरों पर पूर्णतः समेकित होने से नलिका के रूप में होती हैं।
2.	ये कोशिकाएँ सिरों से सिरों पर अन्य वाहिनिकाओं के साथ चिपकी होती हैं।	ये अनेक कोशिकाएँ सिरों पर जुड़कर एक सतत् संरचना का निर्माण करती हैं। कोशिकाएँ अलग-अलग नहीं की जा सकती हैं।
3.	वाहिनिकाएँ यान्त्रिक शक्ति प्रदान करती हैं तथा निम्न श्रेणी के पौधों (lower vascular plants) में प्रमुख संवहन कोशिकाएँ हैं। जैसे अनावृतबीजी पौधों (gymnosperms) में।	वाहिकाएँ भी यान्त्रिक शक्ति प्रदान करती हैं तथा केवल उच्च श्रेणी के पौधों (higher vascular plants) जैसे आवृतबीजी पौधों (angiosperms) में पाई जाती हैं।
4.	दो वाहिनिकाओं के जोड़ पर उनकी भित्तियाँ होती हैं तथा इन पर उपस्थित गर्तों (pits) में होकर ही जल इत्यादि का संवहन होता है।	वाहिकाओं में अनुप्रस्थ भित्तियाँ नहीं होती हैं। अतः संवहन एक सिरे से दूसरे सिरे तक बिना किसी अवरोध के होता है।

तालिकाः 15.3 कैम्बियम तथा फ्लोएम में तुलना (Comparison between Cambium and Phloem)

क्र.सं.	कैम्बियम (Cambium)	फ्लोएम (Phloem)
1.	यह (meristematic tissue) है।	यह स्थायी जटिल ऊतक (complex tissue) हैं।
2.	यह सरल ऊतक है। सभी कोशिकाएँ एक जैसी सामान्यतः सूक्ष्मदर्शी में देखने पर छोटी व आयताकार, जीवद्रव्य से भरी हुई, स्पष्ट केन्द्रक वाली होती हैं। इनमें अन्तरकोशिकीय स्थान पाए जाते हैं।	चार प्रकार की कोशिकाओं से मिलकर बनी **जटिल ऊतक** है। कुछ कोशिकाएँ सिरों से सिरों पर जुड़कर **चालनी नलिकाओं** (sieve tubes) के रूप में जबकि अन्य सहकोशिकाएँ (companion cells) मृदूतक (parenchyma) या रेशों के रूप में होती हैं।
3.	सक्रिय अवस्था में कोशिकाओं की संख्या बढ़ाकर नई ऊतकों का निर्माण करना इसका मुख्य कार्य हैं।	जल में घुली हुई अवस्था में खाद्य पदार्थों का संवहन करना इसका मुख्य कार्य हैं।

तालिकाः 15.4 मृदूतक तथा स्थूलकोण ऊतक में तुलना (Comparison between Parenchyma and Collenchyma)

क्र.सं.	मृदूतक (Parenchyma)	स्थूलकोण ऊतक (Collenchyma)
1.	यह एक **सरल, स्थायी** तथा जीवित ऊतक (simple permanent tissue) है।	यह जीवित ऊतक है तथा कोशिकाओं में जीवद्रव्य रहता है।
2.	कोशिकाएँ समव्यासी (isodiametric) तथा अनेक आकारों की होती हैं। इनमें **अन्तरकोशिकीय स्थान** (inter-cellular spaces) पाए जाते हैं।	कोशिकाएँ समव्यासी होती हैं। इनका आकार कोणीय होता है। अन्तरकोशिकीय स्थान कम तथा आकार में छोटे होते हैं।
3.	इसकी कोशिकाएँ कोशिकाभित्तियुक्त होती हैं जो कि **सेल्यूलोस** (cellulose) की बनी पतली भित्ति होती है। जीवद्रव्य में प्रायः एक बड़ी, **केन्द्रीय रिक्तिका** अथवा कई रिक्तिकाएँ होती हैं।	कोशिकाओं की भित्ति सेल्यूलोस (cellulose) की बनी होती है। भित्ति की मोटाई सेल्यूलोस कोणों में अधिक जमा हो जाने के कारण अधिक हो जाती है। केन्द्रीय रिक्तिका होती हैं।
4.	यह भरण ऊतक के रूप में पौधे के सभी अंगों तथा स्थानों में वितरित रहती हैं।	यह सामान्यः अधस्त्वचा (hypodermis) बनाती हैं।
5.	कार्यिकी स्वरूप में सक्रिय होती हैं। विभिन्न प्रकार का कार्य करने के लिए अलग-अलग आकार तथा कोशिकांगों का विकास होता है।	कार्यिकी स्वरूप में प्रारम्भ में सक्रिय होती हैं और लचीली यान्त्रिक शक्ति प्रदान करती हैं।

तालिकाः 15.5 स्थूलकोण ऊतक तथा दृढ़ ऊतक में तुलना
(Comparison between Collenchyma and Sclerenchyma)

क्र.सं.	स्थूलकोण ऊतक (Collenchyma)	दृढ़ ऊतक (Sclerenchyma)
1.	यह जीवित ऊतक है। कोशिकाओं में जीवद्रव्य रहता है।	यह सामान्यतः परिपक्व अवस्था में मृत ऊतक है। कोशिकाओं में जीवद्रव्य समाप्त हो जाता है।
2.	इसकी कोशिकाओं की भित्ति सेल्यूलोस (cellulose) की बनी होती है। भित्ति की मोटाई सेल्यूलोस के कोणों में अधिक जमा हो जाने के कारण अधिक हो जाती है।	इसकी कोशिकाओं की प्राथमिक भित्ति सेल्यूलोस की बनी होती है, किन्तु द्वितीयक भित्ति **लिग्निन** (lignin) से निर्मित होती है। कभी-कभी भित्ति का स्थूलन अत्यधिक होने के कारण कोशिका गुहा (cell cavity) बहुत छोटी रह जाती है।
3.	इसकी कोशिकाएँ प्रायः समव्यासी (isodiametric) तथा कभी-कभी लम्बी होकर **रेशे** बनाती हैं।	इसकी कोशिकाएँ प्रायः समव्यासी ही होती हैं, तथा अनेक बार लम्बी होकर **रेशे** (fibres) बनाती हैं।
4.	अधिकांशतः तनें में अधस्त्वचा बनाता है तथा लचीली यान्त्रिक शक्ति प्रदान करता है।	यह अधिकांशतः तनों में अधस्त्वचा परिरम्भ, जाइलम, फ्लोएम आदि में मिलता हैं।

तालिकाः 15.6 मृदूतक तथा कैम्बियम में तुलना
(Comparison between Parenchyma and Cambium)

क्र.सं.	मृदूतक (Parenchyma)	कैम्बियम (Cambium)
1.	यह एक **सरल, स्थायी** ऊतक (simple, permanent tissue) है।	यह एक सरल, **विभज्योतक** (meristematic tissue) हैं।
2.	इसकी कोशिकाएँ कोशिका भित्ति युक्त होती हैं। यह भित्ति **सेल्यूलोस** (cellulose) की बनी पहली भित्ति होती है। जीवद्रव्य में प्रायः बड़ी, एक **केन्द्रीय रिक्तिका** (central vacuole) अथवा कई रिक्तिकाएँ होती हैं।	ये भी सेल्यूलोस की पतली भित्तियुक्त कोशिकाएँ होती हैं। इनमें जीवद्रव्य पूरी तरह भरा रहता है तथा **केन्द्रक** स्पष्ट होता है। रिक्तिकाएँ (vaculoles) अनुपस्थित अत्यधिक छोटी-छोटी होती हैं।
3.	कोशिकाएँ समव्यासी (isodiametric) तथा अनेक आकारों की होती हैं। इसमें **अन्तरकोशिकीय स्थान** (inter cellular spaces) पाए जाते हैं। कभी-कभी यह काफी बड़े-बड़े भी हो सकते हैं।	कोशिकाएँ समव्यासी होती हैं। सूक्ष्मदर्शी में आयताकार दिखाई देती हैं। अन्तरकोशिकीय स्थान नहीं होते हैं।
4.	कार्यिकी स्वरूप में सक्रिय होती है। विभिन्न प्रकार का कार्य करने के लिए अलग-अलग आकार तथा कोशिकांगों का विकास हो जाता है। अनेक बार जल, खाद्य आदि का संचय करती हैं। कभी-कभी हरी होने पर प्रकाश संश्लेषण भी करती हैं।	यद्यपि पूर्ण जीवनयुक्त कोशिकाएँ हैं तथा जीवन बनाए रखने के लिए पूर्णतः सक्रिय हैं किन्तु विभाजन कर कोशिकाओं की संख्या बढ़ाने के अतिरिक्त सामान्यतः पौधें के लिए कोई कार्य नहीं करती हैं।
5.	भरण ऊतक के रूप में पौधे के सभी अंगों तथा स्थानों में वितरित रहती हैं।	केवल निश्चित स्थानों में होती हैं और सुषुप्त अवस्था में अथवा सक्रिय अवस्था में पायी जाती हैं।

बहुविकल्पीय प्रश्न

1. वृक्ष की छाल किस भाग से बनती है–
(*a*) कैम्बियम के भीतर की सभी कोशायें
(*b*) कैम्बियम के बाहर स्थित सभी कोशायें
(*c*) बाह्य त्वचा से
(*d*) कॉर्क कैम्बियम से

2. द्विबीजपत्री तने में संवहन बंडल है–
(*a*) अरीय (*b*) एक्स सेन्ट्रिक
(*c*) संकेन्द्री (*d*) बहिफ्लोएमी

3. अरीय संवहन बंडल पाये जाते हैं–
(*a*) आवृतबीजियों की जड़ में
(*b*) आवृतबीजियों के तने में
(*c*) आवृतबीजियों की पत्ती में
(*d*) आवृतबीजियों के बीजों में

4. बहिफ्लोएमी संवहन बंडल में–
(*a*) जाइलम बाहर की ओर तथा फ्लोएम अन्दर की ओर
(*b*) फ्लोएम बाहर की ओर तथा जाइलम अन्दर की ओर
(*c*) आन्तरिक जाइलम फ्लोएम से घिरा होता है
(*d*) आन्तरिक फ्लोएम जाइलम से घिरा होता है

5. वाहिकाओं व सहकोशिकाओं का अभाव होता है–
(*a*) मटर में (*b*) आम में
(*c*) टेरिडोफाइटा में (*d*) आवृतबीजी में

6. संयुक्त संपार्श्विक व बन्द संवहन पूल पाये जाते हैं–
(*a*) एकबीजपत्री तने में
(*b*) द्विबीजपत्री तने में
(*c*) एकबीजपत्री मूल में
(*d*) द्विबीजपत्री मूल में

7. सर्वाधिक वृद्धि होती है क्षेत्र में–
(*a*) कोशिका विभाजन के
(*b*) कोशिका दीर्घीकरण के
(*c*) कोशिका परिपक्वन के
(*d*) उपरोक्त सभी के

8. मूल छाद (Root cap) अनुपस्थित होती है–
(*a*) लिथोफाइट्स में (*b*) हाइड्रोफाइट्स में
(*c*) जीरोफाइट्स में (*d*) मीसोफाइट्स में

9. एक कोशिका से दूसरी कोशिका में जीवद्रव्य की निरन्तरता बनी रहती है–
(*a*) रन्ध्रों द्वारा (*b*) वाहिनिकाओं द्वारा
(*c*) वाहिकाओं द्वारा (*d*) प्लाज्मोडेस्मेटा द्वारा

10. कोशिका भित्ति की सामर्थ्य एवं दृढ़ता एक पदार्थ के कारण होती है जो कहलाता है–
(*a*) सुबेरिन (*b*) सेल्यूलोज
(*c*) लिग्नन (*d*) पेक्टिन

11. वाहिकाओं की गुहा में मृदूतक की गुब्बारे जैसी अति वृद्धि कहलाती है–
(*a*) फेलोजन (*b*) टायलोसिस
(*c*) ट्यूनिका (*d*) हिस्टोसन

12. एक पौधे पर फल लगते हैं और इसमें संवहन ऊतक युक्त स्तम्भ तथा मूसला जड़ तन्त्र पाया जाता है। यह पौधा होता है–
(*a*) आवृतबीजी तथा द्विबीजपत्री
(*b*) अनावृतबीजी तथा एकबीजपत्री
(*c*) आवृतबीजी एवं एकबीजपत्री
(*d*) अनावृतबीजी एवं द्विबीजपत्री

13. यदि खुली हुई मुक्त दशा में रखें तो निम्नलिखित में से कौन-सा तेजी के साथ नष्ट होगा?
(*a*) कोमल काष्ठ
(*b*) अंतः काष्ठ
(*c*) रस काष्ठ
(*d*) तन्तुओं की बड़ी मात्रा युक्त काष्ठ

14. द्विबीजपत्री पादप में फ्लोएम से काष्ठ को पृथक करने वाला पतली भित्ति की कोशिकाओं का संकीर्ण स्तर कहलाता है–
(*a*) एंडोडर्मिस (*b*) कॉर्क कैम्बियम
(*c*) परिरम्भ (*d*) संवहन कैम्बियम

15. रन्ध्रों की रक्षा होती है–
(*a*) अधिचर्म द्वारा
(*b*) सहायक कोशिकाओं द्वारा
(*c*) स्क्लेरीडस द्वारा
(*d*) खम्भ ऊतक कोशिकाओं द्वारा

16. द्वितीयक वृद्धि पायी जाती है–
(*a*) केवल द्विबीजपत्रियों में
(*b*) चालनी कोशिकाओं में
(*c*) जाइलम वाहिनिकाओं में
(*d*) चालनी नलिकाओं में

17. परिवेशित गर्त पाये जाते हैं–
(*a*) सखि कोशिकाओं में
(*b*) चालनी कोशिकाओं में
(*c*) जाइलम वाहिनिकाओं में
(*d*) चालनी नलिकाओं में

18. किस संवहन पूल में जाइलम के दोनों ओर फ्लोएम के समूह मिलते हैं?
(*a*) संयुक्त सम्पार्श्विक (*b*) संयुक्त उभयफ्लोएमी
(*c*) अरीय (*d*) संकेन्द्रीय

19. एक बड़े केन्द्रक युक्त पतली भित्ति वाली लम्बी सँकरी कोशिका जो प्रायः चालनी नलिका की पार्श्व सतह से लगी होती हैं, अनुपस्थित रहती है–
(*a*) आवृतबीजियों में
(*b*) अनावृतबीजियों में
(*c*) टेरिडोफाइट्स में
(*d*) जिम्नोस्पर्म्स तथा टेरिडोफाइट्स दोनों में

20. पादप कोशिकाओं में निम्न में से कौनसी प्रायः टोटिपोटेन्सी प्रदर्शित करती हैं–
(*a*) चालनी नलिका (*b*) जाइलम
(*c*) विभज्योतक (*d*) कॉर्क

21. पार्श्व विभज्योतक उत्तरदायी होता है–
(*a*) लम्बाई में वृद्धि के लिए
(*b*) मृदूतक में वृद्धि के लिए
(*c*) मोटाई में वृद्धि के लिए
(*d*) वल्कुट में वृद्धि के लिए

22. एक बीजपत्री पत्ती में–
(*a*) बुल्लीफॉर्म कोशिकाएँ बाह्य त्वचा में अनुपस्थित होती हैं
(*b*) शिराएँ एक जाल बनाती हैं
(*c*) इन भागों में पर्णमध्योतक भली भाँति विभेदित होता है
(*d*) पर्णमध्योतक खम्भ तथा स्पन्जी मृदूतक में विभेदित नहीं होता है

23. बाँस, घास व पोदीने के स्तम्भ किसकी सक्रियता से लम्बे होते हैं–
(*a*) एधा
(*b*) द्वितीयक विभज्योतक
(*c*) शीर्षस्थ विभज्योतक
(*d*) अन्तर्वेशी विभज्योतक

24. चालनी नलिकाओं में होती हैं–
(*a*) शीर्षस्थ तिरछी पट्टिकाएँ
(*b*) छिद्रिल एवं अनुलम्ब पट्टिकाएँ
(*c*) छिद्रिल एवं तिरछे पट
(*d*) साधारण तिरछी भित्तियाँ

25. कोणीय स्थूलकोणोतकीय कोशिकाएँ पायी जाती हैं–
(*a*) *एल्थिया* जाति में (*b*) *कुकरबिटा* जाति में
(*c*) *लैक्टुका* जाति में (*d*) *सैल्विया* जाति में

26. संवहनीय ऊतक द्वारा पदार्थों के परिवहन के बारे में निम्न कौन-सा कथन सत्य है?
(*a*) फ्लोएम द्वारा कार्बनिक भोजन ऊपर को गति करता है
(*b*) जाइलम द्वारा ऊपर को अकार्बनिक भोजन गति करता है
(*c*) कार्बनिक भोजन ऊपर तथा नीचे को फ्लोएम द्वारा गति करता है
(*d*) अकार्बनिक भोजन जाइलम द्वारा ऊपर तथा नीचे को गति करता है

27. समपार्श्विक घास की पत्ती में पर्ण मध्योतक का सही स्थान दिखाया जाता है–
(*a*) खम्भ ऊतक ऊपरी बाह्य त्वचा की ओर
(*b*) खम्भ ऊतक निचली बाह्य त्वचा की ओर
(*c*) पर्ण मध्योतक अविभेदित होता है
(*d*) खम्भ ऊतक दोनों सतह की ओर

28. कार्क कोशिकायें पानी के लिये प्रवेश्य होती हैं क्योंकि उनमें–
(*a*) क्यूटिन होती है (*b*) सुबेरिन होती है
(*c*) लिग्निन होती है (*d*) सेल्यूलोज होती है

29. क्लोरेनकायमा बने होते हैं–
(*a*) तन्तुओं का (*b*) दृढ़ोतकों का
(*c*) स्थूलकोणों का (*d*) मृदूतकों का

30. यूस्टील पायी जाती है–
(*a*) टैरिडोफाइटस में
(*b*) ब्रायोफाइटस में
(*c*) द्विबीपत्री पौधों में
(*d*) उपरोक्त में से किसी में नहीं

31. संवहन कैम्बियम का वलय द्विबीजपत्री तने में होता है–
(*a*) पूरी तरह प्राथमिक
(*b*) आधा प्राथमिक तथा आधा द्वितीयक जिसमें अन्तरपूलीय एधा प्राथमिक तथा अन्तरपूलीय एधा द्वितीयक होती है
(*c*) आधा प्राथमिक तथा आधा द्वितीयक जिसमें अन्तरपूलीय एधा द्वितीयक तथा अन्तरपूलीय एधा प्राथमिक होती है
(*d*) पूरी तरह द्वितीयक

32. एक सौ वर्ष पुराना वृक्ष, जिसके तने में वार्षिक वलय साफ-साफ दिखते हैं, प्रदर्शित करता है–
(*a*) तने के निम्न भाग से उसके शीर्ष तक एक ही संख्या के वलय
(*b*) एक सौ से अधिक वलय निम्न भाग में और केवल 20 वलय उसके शीर्ष के समीप
(*c*) केवल एक सौ के लगभग वलय निम्न भाग में जिनकी संख्या नियमित रूप से शीर्ष की ओर बराबर घटती जायेगी
(*d*) असमान संख्या के वलय जो अनियमित रूप से उसकी लम्बाई में घटते बढ़ते रहेंगे

33. संवहन बण्डल संयुक्त कोलेटरल एवं खुले होते हैं–
(*a*) द्विबीजपत्री जड़ में
(*b*) एकबीजपत्री तने में
(*c*) द्विबीजपत्री तने में
(*d*) अनावृतबीजी की जड़ में

34. पौधों में घाव का भरना निम्न में से किसकी क्रिया के कारण होता है–
(*a*) शीर्षस्थ विभज्योतक
(*b*) पार्श्व विभज्योतक
(*c*) द्वितीय विभज्योतक
(*d*) अन्तर्वेशी विभज्योतक

35. जब दारू और फ्लोएम एक ही त्रिज्या पर उपस्थित हों तो ऐसे संवहन पूलों को कहा जाता है–
(*a*) एक पार्श्वस्थ (*b*) संयुक्त
(*c*) संकेन्द्रक (*d*) खुला

36. तनों में निम्नांकित ऊतकों में से किस एक का निर्माण ऐधा द्वारा अन्दर की ओर निर्मित कोशों से होता है–
(*a*) वास्ट रेशे (*b*) काष्ठ रेशे
(*c*) चालनी नलिकायें (*d*) सहचर कोशिकायें

37. कैस्परी पट्टियों की उपस्थिति एक विशिष्ट लक्षण है–
(*a*) परिरम्भ कोशिकाओं का
(*b*) वल्कुटजन कोशिकाओं का
(*c*) अन्तश्चर्म कोशिकाओं का
(*d*) बाह्य मूलत्वचा कोशिकाओं का

38. एक ऊतक जिसकी जीवित कोशिकायें सक्रिय बढ़ने वाले अंगों के यान्त्रिक ऊतकों को बनाती हैं और जिसकी कोशिका भित्तियों में बहुधा कोशिकाओं के कोणों पर सेल्यूलोजी अलिग्नीनी स्थूलन मिलते हैं, उसे कहते हैं–
(*a*) स्केलेरेनकाइमा (*b*) पैरेनकाइमा
(*c*) कॉलेनकाइमा (*d*) क्लोरेनकाइमा

39. कुकुरबिटा के तरूण स्तम्भ में इस प्रकार के संवहन पूल पाये जाते हैं–
(*a*) त्रिज्या (*b*) बहिः फ्लोएमी
(*c*) संकेन्द्री (*d*) उभय फ्लोएमी

40. मूलों की पार्श्व शाखायें सामान्यतः जनक मूलों के मूल आद्यो विकास के विभाजन से निकलती हैं तो–
(*a*) परिरम्भ कोशिकाओं में आदिदारू के विन्दुओं के सम्मुख स्थित होते हैं
(*b*) अंतः त्वचा की कोशिकाओं में आदिदारू के बिन्दुओं के सम्मुख स्थित होते हैं

(*c*) वल्कुट की कोशिकाओं में आदिदारू के बिन्दुओं के सम्मुख स्थित होते हैं

(*d*) परिरम्भ की कोशिकाओं में जो आदिदारू के बिन्दुओं के बीच के स्थानों के सम्मुख होते हैं

41. संवहन एधा उत्पन्न करती है–

(*a*) प्राथमिक एवं द्वितीयक जाइलम

(*b*) प्राथमिक एवं द्वितीयक फ्लोएम

(*c*) प्राथमिक जाइलम तथा प्राथमिक फ्लोएम

(*d*) द्वितीयक जाइलम तथा द्वितीयक फ्लोएम

42. एक बीजपत्रियों के फ्लोएम में प्रायः अभाव होता है–

(*a*) चालनी नलिकाओं का

(*b*) फ्लोएम तन्तुओं का

(*c*) सहकोशिकाओं का

(*d*) फ्लोएम मृदूतक का

43. रबड़क्षीरी वाहिनियाँ (Laticiferous vessels) पायी जाती हैं–

(*a*) जाइलम ऊतक में (*b*) फ्लोएम ऊतक में

(*c*) वल्कुट में (*d*) उपरोक्त किसी में नहीं

44. निम्न की उपस्थिति के कारण अधिकतर काग कोशिकाएँ जल के लिए अपारगम्य होती हैं–

(*a*) सुबेरिन (*b*) क्यूटिन

(*c*) काइटिन (*d*) लिग्निन

45. पत्तियों पर मोटी उपचर्म प्रारूपी गुण है पौधों का–

(*a*) नम आवासों में उगने वाले

(*b*) गर्म आवासों में उगने वाले

(*c*) शुष्क आवासों में उगने वाले

(*d*) ठण्डे आवासों में उगने वाले

46. जल निमग्न जलोद्भिदों में क्रियाशील रन्ध्र मिलते हैं–

(*a*) पत्ती की ऊपरी सतह में

(*b*) पत्ती की निचली सतह में

(*c*) पत्ती की दोनों सतहों में

(*d*) पादप में कहीं भी नहीं

47. काग कोशिकाएँ (Cork cells) होती हैं–

(*a*) प्रकाश संश्लेषी

(*b*) मृत

(*c*) विभज्योतकी

(*d*) लम्बी एवं गति में भाग लेने वाली

48. काग कोशिका भित्ति में सुबेरिन होता है एक–

(*a*) पौलीसेकराइड (*b*) पौलीपेप्टाइड

(*c*) वसीय पदार्थ (*d*) उपरोक्त में से कोई नहीं

49. पेरीडर्म में सम्मिलित होते हैं–

(*a*) काग तथा द्वितीयक वल्कुट

(*b*) काग

(*c*) काग एधा, काग तथा द्वितीयक वल्कुट

(*d*) काग एधा एवं काग

50. द्विबीजपत्री जड़ में काग एधा उत्पन्न होती है–

(*a*) अधिचर्म से (*b*) परिरम्भ से

(*c*) वल्कुट से (*d*) अधस्त्वचा से

51. काग एधा प्रायः विकसित होता है–

(*a*) वल्कुट की भीतरी कोशिकाओं से

(*b*) वल्कुट की बाहरी कोशिकाओं से

(*c*) वल्कुट की किसी भी कोशिका से

(*d*) पूलीय तथा अंतर्पूलीय एधा से

52. द्विबीजपत्री पौधों में द्वितीयक वृद्धि होती है–

(*a*) संवहन क्षेत्रों में विभज्योतकी कोशिकाओं के निर्माण के कारण

(*b*) मज्जा रश्मियों के परिवर्धन के कारण

(*c*) जाइलम की वाहिनियों के स्थूलन के कारण

(*d*) संवहन एवं वल्कुटीय क्षेत्रों में विभज्योतकी कोशिकाओं के परिवर्धन एवं विभाजन के कारण

53. जड़ों द्वारा अवशोषित खनिज पत्तियों तक गति करते हैं–

(*a*) जाइलम द्वारा

(*b*) फ्लोएम द्वारा

(*c*) चालनी नलिका द्वारा

(*d*) सह कोशिका द्वारा

54. जलोद्भिद् जल पर तैर सकते हैं उपस्थिति के कारण अधिसंख्य–

(*a*) वायुतक की (*b*) मृदूतक की

(*c*) हरित ऊतक की (*d*) दृढ़ोतक की

55. एक वृक्ष के पुराने तने की अनुप्रस्थ काट में 50 वार्षिक वलय मिलते हैं तो वृक्ष की आयु होती है–

(*a*) 25 वर्ष (*b*) 50 वर्ष

(*c*) 50 महीने (*d*) 100 वर्ष

56. मरुस्थल में उगने वाले वृक्षों में–
(*a*) जाइलम तथा दृढ़ोतक की एकान्तरित वलय होंगी
(*b*) कैम्बियम की सक्रियता के द्वारा तने केवल संयोजी ऊतक एवं फ्लोएम होंगे
(*c*) स्पष्ट वार्षिक वलय बनेंगे
(*d*) स्पष्ट वार्षिक वलय नहीं बनेंगे

57. सिस्टोलिथ (Cystolith) होते हैं–
(*a*) कैल्शियम कार्बोनेट के क्रिस्टल्स
(*b*) कैल्शियम ऑक्ज़ेलेट के क्रिस्टल्स
(*c*) मैग्नीशियम सल्फेट के क्रिस्टल्स
(*d*) कैल्शियम पेक्टिनेट के क्रिस्टल्स

58. तर्कुरूपी प्राक्कोशिकाएँ बनाती हैं–
(*a*) वाहिकीय तत्व (*b*) फ्लोएम मृदूतक
(*c*) संवहन रश्मियाँ (*d*) रश्मि मृदूतक

59. वृद्धि वलय (Growth rings) बनती हैं, सक्रियता के कारण–
(*a*) अंतःरम्भीय एधा की
(*b*) अंतर्विष्ट एधा की
(*c*) बाह्यरम्भीय एधा की
(*d*) प्राथमिक एधा की

60. स्थूलकोण ऊतक, दृढोतक से भिन्न होता है–
(*a*) मोटी भित्तियों के कारण
(*b*) परिपक्वन पर जीव द्रव्य के रखने के कारण
(*c*) विभज्योतकी होने के कारण
(*d*) चौड़ी गुहा के कारण

61. इनूलिन के क्रिस्टल्स मिलते हैं–
(*a*) आम की जड़ों में (*b*) *डहेलिया* की जड़ों में
(*c*) गेहूँ की जड़ों में (*d*) गन्ने की जड़ों में

62. संवहन पूल एक दृढ़ोतकीय छाद द्वारा घिरे होते हैं–
(*a*) एकबीजपत्र जड़ में
(*b*) एकबीजपत्री तने में
(*c*) द्विबीजपत्री तने में
(*d*) द्विबीजपत्र जड़ में

63. दृढ़ोतकीय पूल छाद पायी जाती है–
(*a*) घास में (*b*) सूर्यमुखी में
(*c*) बरगद में (*d*) आम में

64. द्विबीजपत्री तने में सबसे पुरानी द्वितीयक फ्लोएम की परत स्थित होती है ठीक–
(*a*) प्राथमिक फ्लोएम के भीतर की ओर
(*b*) संवहन एधा के भीतर की ओर
(*c*) द्वितीयक जाइलम के बाहर की ओर
(*d*) संवहन एधा के बाहर की ओर

65. ग्रैफ्टिंग एकबीजपत्रियों में सम्भव नहीं है क्योंकि इनमें–
(*a*) बिखरे हुए संवहन पूल होते हैं
(*b*) समानान्तर शिराविन्यास होता है
(*c*) शाकीय होते हैं
(*d*) एधा (Cambium) का अभाव होता है

66. एकबीजपत्री तने में–
(*a*) संवहन पूल बिखरे हुए होते हैं और इनमें कैम्बियम का अभाव होता है
(*b*) संवहन बण्डल एक घेरे में लगे होते हैं और इनमें एधा होता है
(*c*) जाइलम सदैव एक्सार्क होता है
(*d*) जाइलम तथा फ्लोएम पृथक पूलों में लगे होते हैं

67. एक वृक्ष (Tree) की आयु ज्ञात करने की सबसे अच्छी विधि होती है–
(*a*) शाखाओं की संख्या का पता लगाना
(*b*) वार्षिक वलयों (Annual rings) की संख्या गिन लेना
(*c*) इसका व्यास नापना
(*d*) पत्तियों की संख्या गिन लेना

68. तनों में गाँठें (Knots) बनती हैं, कारण से–
(*a*) घावों में जीवाणुवीय संक्रमण से बने ट्यूमर्स के
(*b*) कीटों द्वारा उत्पन्न चोट के
(*c*) शाखाओं के गिरने से उत्पन्न घावों पर द्वितीयक ऊतकों के उद्धर्ध के
(*d*) इनमें से किसी के कारण से नहीं

69. एक परिपक्व चालनी नलिका (Sieve tube) भिन्न होती है वाहिनिका से–
(*a*) लगभग मृत होने में
(*b*) कोशिका द्रव्य के अभाव में
(*c*) एक क्रियाशील केन्द्रक के अभाव में
(*d*) लिग्नीभूत दीवारों की अनुपस्थिति में

70. वाहिनिकाएँ (Vessels), वाहिकाओं (Tracheids) से भिन्न होती हैं–

(*a*) मृदूतक (*b*) एधा
(*c*) दृढ़ोतक (*d*) फ्लोएम

71. कौन-सा ऊतक पौधों की यान्त्रिक शक्ति में सर्वाधिक भाग लेता है?

(*a*) मृदूतक (*b*) एधा
(*c*) दृढ़ोतक (*d*) फ्लोएम

72. एक मृदूतक कोशिका जिसमें ergastic पदार्थ (उत्सर्जी पदार्थ) संग्रहीत होते हैं, होती है–

(*a*) कौनीडियाप्लास्ट (*b*) फ्रैग्मोप्लास्ट
(*c*) इडियोब्लास्ट (*d*) इनमें से कोई नहीं

73. वार्षिक वलयें (Annual rings) पट्टियाँ हैं–

(*a*) द्वितीयक वल्कुट तथा कॉर्क की
(*b*) द्वितीयक संवहन ऊतकों की
(*c*) द्वितीयक जाइलम तथा मज्जा रश्मियों की
(*d*) द्वितीयक फ्लोएम तथा मज्जा रश्मियों की

74. संयुक्त, सम्पार्श्विक, एण्डार्क तथा वर्धी (Open) संवहन पूल मिलते हैं–

(*a*) द्विबीजपत्री मूल में
(*b*) द्विबीजपत्री तने में
(*c*) एकबीजपत्री मूल में
(*d*) एकबीजपत्री तने में

75. नुकीले पतले सिरों वाली एक लम्बी कोशिका कहलाती है–

(*a*) स्थूलकोण ऊतक (*b*) वाहिनिका
(*c*) दृढ़ोतक (*d*) वाहिका

76. फ्लोएम द्वारा ढके हुए जाइलम का एक केन्द्रीय बेलन युक्त रम्भ (Stele) कहलाता है–

(*a*) साइफोनोस्टील (*b*) प्रोटीस्टील
(*c*) डिक्ट्योस्टील (*d*) सोलेनोस्टील

77. फ्लोएम मृदूतक अनुपस्थित होता है–

(*a*) संवहन रश्मियों में
(*b*) एकबीजपत्री तने में
(*c*) द्विबीजपत्री मूल में
(*d*) द्विबीजपत्री पत्ती में

78. वह प्रक्रिया जिसके द्वारा पौधे काष्ठीय हो जाते हैं, कहलाती है–

(*a*) इम्प्रिग्नेशन (*b*) लिग्नीफिकेशन
(*c*) जीवाश्मभवन (*d*) कैल्सीफिकेशन

79. एक द्विबीजपत्री तने में द्वितीयक फ्लोएम की सर्वाधिक युवा पर्त स्थित होती है ठीक–

(*a*) प्राथमिक फ्लोएम के भीतर की ओर
(*b*) संवहन एधा के भीतर की ओर
(*c*) संवहन एधा के बाहर की ओर
(*d*) द्वितीयक जाइलम के बाहर की ओर

80. निम्न में से किसमें सहकोशिकाएँ अनुपस्थित होती हैं?

(*a*) द्विबीजपत्री जड़ में
(*b*) द्विबीजपत्री तने में
(*c*) *पाइनस* के तने में
(*d*) एकबीजपत्री तने में

81. द्विबीजपत्री जड़, एकबीजपत्री जड़ से निम्नलिखित एक में भिन्न होती हैं–

(*a*) अल्प विकसित मज्जा की उपस्थिति में
(*b*) पृथक अरीय संवहन पूलों में
(*c*) पिलीफेरस स्तर की उपस्थिति में
(*d*) बाह्य चर्म (Exodermis) की उपस्थिति में

82. स्थूलकोण ऊतक पहचाना जाता है–

(*a*) भित्ति पर चारों ओर स्थूलित समव्यासी कोशिकाओं द्वारा
(*b*) कोणों पर स्थूलित लम्बी कोशिकाओं द्वारा
(*c*) भित्ति पर चारों ओर सेल्यूलोज तथा पेक्टिन के जमाव युक्त लम्बी कोशिकाओं द्वारा
(*d*) कोणों पर सेल्यूलोज द्वारा एवं पेक्टिन के जमाव वाली समव्यासी कोशिकाओं द्वारा

83. एकबीजपत्री तने में अधस्त्वचा (Hypodermis) होती है–

(*a*) स्थूलकोणोतकीय (*b*) दृढ़ोतकीय
(*c*) मृदूतकीय (*d*) हरित ऊतकीय

84. पार्श्व मूलें प्रायः उत्पन्न होती हैं–

(*a*) फ्लोएम के विपरीत स्थित अंतस्त्वचीय कोशिकाओं में
(*b*) वल्कुट में

(*c*) प्रोटोजाइलम के सामने स्थित परिरम्भ कोशिकाओं में
(*d*) काग एधा में

85. निम्नलिखित में से कौन-सा ऊतक एधा की प्राथमिक रश्मि कोशिका (Ray initial) से उत्पन्न होता है?
(*a*) चालनी नलिकाएँ तथा सहकोशिकाएँ
(*b*) वाहिकाएँ तथा वाहिनिकाएँ
(*c*) संवहन रश्मियाँ (रश्मि मृदूतक)
(*d*) जाइलम तथा फ्लोएम तन्तु

86. जाइलम एक्सार्क (Exarch) होता है–
(*a*) पत्ती में (*b*) मूल में
(*c*) पर्णवृन्त में (*d*) तने में

87. स्थूलकोणीय अधस्त्वचा किसमें पाई जाती है–
(*a*) द्विबीजपत्री तना (*b*) एकबीजपत्री जड़
(*c*) एकबीजपत्री तना (*d*) द्विबीजपत्री जड़

88. घास के तनों में लम्बाई में वृद्धि किसकी क्रिया से होती है–
(*a*) अन्तरवेषित विभज्योतक
(*b*) प्राथमिक विभज्योतक
(*c*) अग्रस्थ विभज्योतक
(*d*) पार्श्वीय विभज्योतक

89. पौधों में चोटिल भागों की मरम्मत कौन करता है–
(*a*) अन्तर्वेशी विभज्योतक
(*b*) प्राथमिक विभज्योतक
(*c*) अग्रस्थ विभज्योतक
(*d*) पार्श्वीय विभज्योतक

90. सबसे कम जाइलग ऊतक तथा अधिक वायुतक किसमें होता है–
(*a*) मदार (*b*) जलीय पादप
(*c*) केक्टस (*d*) अधिक स्टोमेटा

91. राइजोफोरा पादप किसका उदाहरण है–
(*a*) समोद्भिद् (*b*) लवण मृदोद्भिद्
(*c*) जलोद्भिद् (*d*) अधिपादप

92. किसमें छाल, रस काष्ठ तथा अन्तः काष्ठ का विभेदन नहीं देखा जाता है–
(*a*) नीम (*b*) खजूर
(*c*) अशोक (*d*) आम

93. पृष्ठाधारी पत्ती में खम्भ ऊतक और फ्लोएम की स्थिति क्रमशः होती है–
(*a*) अभ्यक्ष और अपाक्ष (*b*) अपाक्ष तथा अभ्यक्ष
(*c*) अपाक्ष तथा अपाक्ष (*d*) अभ्यक्ष तथा अभ्यक्ष

94. वृद्धि वलय किस स्थान पर उगने वाले पौधों में स्पष्ट दिखाई देते हैं–
(*a*) कोलकाता (*b*) मुम्बई
(*c*) चेन्नई (*d*) शिमला

95. कॉर्क उत्पन्न होता है–
(*a*) फ्लोएम से
(*b*) फैलोजन से
(*c*) संवहन कैम्बियम से
(*d*) जाइलम से

96. एक मृदूतक कोशिका जिसमें त्याज्य पदार्थ है, कहलाती हैं–
(*a*) कोनिडियोप्लास्ट (*b*) फ्रेगमोप्लास्ट
(*c*) इडियोब्लास्ट (*d*) उपरोक्त सभी

97. कैम्बियम को पार्श्वीय विभज्योतक क्यों कहते हैं–
(*a*) इससे पादप अक्ष की मोटाई बढ़ती है
(*b*) इससे पादप की लम्बाई बढ़ती है
(*c*) उससे पार्श्वीय शाखायें उत्पन्न होती हैं
(*d*) इससे पादप की ऊँचाई तथा व्यास बढ़ता है

98. दो वर्ष की द्वितीयक वृद्धि के बाद द्विबीजपत्री जड़ के कार्टेक्स का क्या होता है–
(*a*) अधिकांश भाग नष्ट हो जाता है
(*b*) साबित बचा रहता है
(*c*) कॉर्क में बदल जाता है
(*d*) बिल्कुल छिलकर अलग हो जाता है

99. तने की द्वितीयक वृद्धि के समय स्पष्ट वृद्धि वलय के बनने का कारण है–
(*a*) कॉर्क कैम्बियम का निर्माण
(*b*) वर्ष भर एक समान जलवायु होना
(*c*) असमान मात्रा में जाइलम और फ्लोएम बनना
(*d*) ऋतुओं की विभिन्न दशायें

100. सर्पिल स्थूलन से युक्त कोशिका भित्ति वाला ऊतक जो जलवाष्प सोख सकता है, वह है–
(*a*) वेलोमेन (*a*) कॉर्क
(*c*) अधस्त्वचा (*d*) अधिचर्म

उत्तरमाला

1	2	3	4	5	6	7	8	9	10
(*b*)	(*d*)	(*a*)	(*b*)	(*c*)	(*a*)	(*b*)	(*b*)	(*d*)	(*c*)
11	**12**	**13**	**14**	**15**	**16**	**17**	**18**	**19**	**20**
(*b*)	(*a*)	(*c*)	(*d*)	(*b*)	(*c*)	(*c*)	(*b*)	(*d*)	(*c*)
21	**22**	**23**	**24**	**25**	**26**	**27**	**28**	**29**	**30**
(*c*)	(*d*)	(*d*)	(*c*)	(*b*)	(*c*)	(*c*)	(*b*)	(*d*)	(*c*)
31	**32**	**33**	**34**	**35**	**36**	**37**	**38**	**39**	**40**
(*b*)	(*c*)	(*c*)	(*c*)	(*b*)	(*b*)	(*c*)	(*c*)	(*d*)	(*d*)
41	**42**	**43**	**44**	**45**	**46**	**47**	**48**	**49**	**50**
(*d*)	(*d*)	(*c*)	(*a*)	(*c*)	(*d*)	(*b*)	(*c*)	(*c*)	(*c*)
51	**52**	**53**	**54**	**55**	**56**	**57**	**58**	**59**	**60**
(*b*)	(*d*)	(*a*)	(*a*)	(*b*)	(*d*)	(*a*)	(*a*)	(*a*)	(*b*)
61	**62**	**63**	**64**	**65**	**66**	**67**	**68**	**69**	**70**
(*b*)	(*b*)	(*a*)	(*a*)	(*d*)	(*a*)	(*b*)	(*c*)	(*d*)	(*c*)
71	**72**	**73**	**74**	**75**	**76**	**77**	**78**	**79**	**80**
(*c*)	(*c*)	(*c*)	(*b*)	(*c*)	(*b*)	(*b*)	(*b*)	(*c*)	(*c*)
81	**82**	**83**	**84**	**85**	**86**	**87**	**88**	**89**	**90**
(*a*)	(*d*)	(*b*)	(*c*)	(*c*)	(*b*)	(*a*)	(*a*)	(*d*)	(*b*)
91	**92**	**93**	**94**	**95**	**96**	**97**	**98**	**99**	**100**
(*b*)	(*b*)	(*b*)	(*d*)	(*b*)	(*c*)	(*a*)	(*a*)	(*d*)	(*a*)

□□□

CHAPTER 16

पादप वर्गिकी
PLANT TAXONOMY

- वर्गिकी (Taxonomy) शब्द का प्रयोग सर्वप्रथम सन् 1813 में ए.पी.डी. कैन्डोली (A.P.de Candolle) ने किया।
- पादप वर्गिकी के अन्तर्गत पौधों के नामकरण, वर्गीकरण तथा उनके पहचान का अध्ययन किया जाता है।

द्विनाम नाम पद्धति
(Binomial System of Nomenclature)

- द्विनाम नाम पद्धति का प्रतिपादन स्वीडन के वैज्ञानिक कैरोलस लीनियस (Carolus Linneaous) ने किया।
- कैरोलस लीनियस को वर्गिकी का जनक कहा जाता है।
- लीनियस की द्विनाम नाम पद्धति के अनुसार प्रत्येक प्राणियों का नाम लैटिन के दो शब्दों से बना होता है जिसका पहला शब्द वंश (Generic name) एवं दूसरा शब्द जाति (specific name) को व्यक्त करता है।
- वंश के नाम का पहला अक्षर सदैव बड़ा (capital letter) तथा जाति के नाम का पहला अक्षर सदैव छोटा (small letter) में लिखा जाता है।

  उदाहरण- *Hordeum vulgare*, *Oryza sativa*, आदि।

आवृतबीजियों का वर्गीकरण
(Classification of Angiosperms)

पौधों को वर्गीकृत करने हेतु एक विशिष्ट क्रम में सात श्रेणियाँ बनायी गयी हैं। जो निम्नानुसार हैं:

1. जगत (Kingdom)
2. प्रभाग (Division)
3. वर्ग (Class)
4. गण (Order)
5. कुल (Family)
6. वंश (Genus)
7. जाति (Species)

वर्गीकरण पद्धतियाँ
(Classification Systems)

[I] कृत्रिम पद्धतियाँ (Artificial Systems)

थिओफ्रेस्टस (Theophrastus) ने पौधों को उनके स्वभाव के आधार पर चार समूहों में विभाजित किया जो कि निम्नानुसार है-

(*i*) शाक (Herbs)

(*ii*) उपक्षुप (Under shrubs)

(*iii*) क्षुप (Shrubs)

(*iv*) वृक्ष (Trees)

कैरोलस लीनियस की पद्धति को लैंगिक पद्धति (संख्यात्मक पद्धति) कहते है। इनका वर्गीकरण पुष्पी लक्षणों पर आधारित थी।

[II] प्राकृतिक पद्धतियाँ (Natural Systems)

प्राकृतिक पद्धति का वर्गीकरण पौधों के सभी आवश्यक लक्षणों का ध्यान रखकर किया गया।

ए. एल. डी. जूसियू (A.L.D. Jussieu) ने पौधों का प्रथम प्राकृतिक वर्गीकरण किया।

सबसे महत्त्वपूर्ण तथा उपयुक्त प्राकृतिक वर्गीकरण जी. बेन्थम (G. Bentham) एवं जे.डी. हुकर (J.D. Hooker) ने किया। उक्त वर्गीकरण निम्नानुसार है–

- बीजीय पादप (Phanerogames)
  - द्विबीज पत्री (Dicotyledons)
    - पालीपेटेली (Polypetalae)
      - श्रेणी-थैलामीफ्लोरी (Thalamiflorae)
      - श्रेणी-डिस्कीफ्लोरी (Disciflorae)
      - कैलिसीफ्लोरी (Calyciflorae)
    - गैमोपेटेली (Gamopetalae)
      - श्रेणी-इनफेरी (Inferae)
      - श्रेणी-हेटरोमेरी (Heteromerae)
      - श्रेणी-बाइकारपेलेटी (Bicarpellatae)
    - मोनोक्लेमाइडी (Monochlamydeae)
  - अनावृतबीजी (Gymnospermae)
  - एकबीजपत्री (Monocotyledons)

[III] जातिवृत्तीय पद्धतियाँ (Phylogenetic Systems)

उद्विकासीय (phylogenetic) तथा आनुवंशिक सम्बन्धों के आधार पर ए. एंग्लर एवं के.ए.ई. प्रैन्टल (A. Engler and Karl A.E. Prantl) ने पौधों को निम्नलिखित रूप रेखा के आधार पर वर्गीकृत किया।

- प्रभाग-एम्ब्रियोफाइटा साइफोनोगेमा ((Division–Embryophyta Siphonogama)
  - उपप्रभाग-जिम्नोस्पर्म (Subdivision–Gymnosperms)
  - उपप्रभाग-एन्जियोस्पर्म (Subdivision–Angiosperms)
    - वर्ग-मोनोकाटिलिडन्स (Class–Monocotyledons)
    - वर्ग-डाइकोटिलिडन्स (Class–Dicotyledons)
      - उपवर्ग-आर्कीक्लैमाइडी (Subclass–Archichlamydeae)
      - उपवर्ग-मेटाक्लेमाइडी (Subclass–Metachlamydeae)

जे. हचिन्सन (J. Hutchinson) ने एंजियोस्पर्मी को निम्नानुसार वर्गीकृत किया।

- फाइलम-एन्जियोस्पर्मी (Phylum–Angiospermae)
  - उपफाइलम-डाइकाटिलिडन्स (Subphylum–Dicotyledons)
    - प्रभाग-लिग्नोसी (Division–Lignosae)
    - प्रभाग-हर्बेसी (Division–Herbaceae)
  - उपफाइलम-मोनोकाटिलिडनस (Subphylum–Monocotyledons)
    - प्रभाग 1–कैलिसीफेरी (Division 1–Calyciferae)
    - प्रभाग 2-कोरोलीफेरी (Division 2–Corolliferae)
    - प्रभाग 3-ग्लूमीफ्लोरी (Division 3–Clumiflorae)

बहुविकल्पीय प्रश्न

1. बेन्थम तथा हुकर के वर्गीकरण का मुख्य लाभ यह है कि–

(*a*) यह सभी पादप समूहों के वर्गीकरण की प्राकृतिक पद्धति है

(*b*) टेक्सॉनों का वर्णन स्पेसिमेनी के वास्तविक परीक्षणों पर आधारित होता है

(*c*) इसमें जाति इतिहासीय पहलुओं को भी ध्यान में रखा जाता है

(*d*) यह अधिकतर विकासीय अभिधारणाओं पर आधारित होता है

2. बेन्थम एवं हुकर के पादप वर्गीकरण में–

(*a*) अनावृतबीजी पौधे द्विबीजपत्री एवं एकबीजपत्री के बीच में है

(*b*) अनावृतबीजी पहले है

(*c*) अनावृतबीजी सबसे बाद में है

(*d*) अनावृतबीजी पौधे सम्मिलित नहीं हैं

3. एक क्रूसीफर का पुष्पसूत्र है–

(*a*) $K_4C_4A_5\underline{G}_{(2)}$ (*b*) $K_{2+2}C_4A_{2+4}\underline{G}_{(2)}$

(*c*) $K_{(5)}C_{(5)}A_5\underline{G}_{(5)}$ (*d*) $K_5C_5A_{(5)}\underline{G}_{(5)}$

4. जिह्वित या पट्टीनुमा दलपुंज विशेषता है–

(*a*) बिम्ब पुष्पक की

(*b*) रश्मि पुष्पक की

(*c*) बिम्ब तथा रश्मि पुष्प दोनों की

(*d*) ऊपर लिखित किसी की नहीं

5. द्विकोष्ठकी अंडाशय, स्तम्भीय बीजांडन्यास, फूला हुआ बीजांडासन और तिर्यक पट वाला द्विअंडपी, युक्तांडपी जायांग पाया जाता है–

(*a*) क्रूसीफेरी में (*b*) सोलेनेसी में

(*c*) कुकुरबिटेसी में (*d*) लिलियेसी में

6. ग्रैमिनी में परिदलपुंज छोटे शल्की (Lodicules) द्वारा प्रदर्शित होता है जो होते हैं प्रायः–

(*a*) दो (*b*) तीन

(*c*) चार (*d*) पाँच

7. यह सही नहीं है कि–

(*a*) लिलियेसी के कुछ पौधों में भूमिगत भाग मनुष्य के खाद्य योग्य होता है

(*b*) तन्तु फाइबर देने वाले पौधे मालवेसी में पाये जाते हैं
(*c*) संयुक्त पत्ती वाले वृक्ष जो मरुस्थल में पाये जाते हैं, उनमें से कुछ लेग्यूमिनोसी के सदस्य हैं
(*d*) बड़े पुष्प और तेल युक्त बीज वाला वृक्ष कम्पोजिटी में पाया जाता है

8. भित्ति लग्न जरायुप्यास देखा जाता है–
(*a*) क्रूसीफेरी में (*b*) कम्पोजिटी में
(*c*) मालवेसी में (*d*) लिलियेसी में

9. निम्नलिखित पौधों में से किसमें एक संघी अवस्था के फलस्वरुप पुंकेसरी नलिका बन जाती है–
(*a*) *हिबिस्कस* (*b*) *माइमोसा*
(*c*) *केंडीटफ्ट* (*d*) सनफ्लावर

10. सजावटी पौधे की एक जाति, जिसे उसके सिप्सेला फलों से एक महत्वपूर्ण खाद्य तेल निकालने के लिये उपजाया जा रहा है, वह है–
(*a*) *हेलिएन्थस* (*b*) *ब्रेसिका*
(*c*) *सिसेमम* (*d*) *कोकॉस*

11. कुसुम किस कुल का सदस्य है–
(*a*) कम्पोजिटी (*b*) सोलेनेसी
(*c*) मालवेसी (*d*) लिलियेसी

12. एपीकेलिक्स क्या है–
(*a*) एक अतिरिक्त बाह्यदल
(*b*) बाह्यदल की अतिरिक्त वृद्धि
(*c*) सहपत्रों का चक्र
(*d*) सहपत्रिकाओं का चक्र

13. दीर्घ स्थायी बाह्यदल पुंज किसमें पाया जाता है–
(*a*) *केजेनस केजान* (*b*) *लेन्स कुलिनेरिस*
(*c*) *इक्बेलियम* (*d*) *सोलेनम मिलानगोना*

14. तिरछापट एवं फूला बीजाण्डन्यास किस पौधे की जायांग का लक्षण है–
(*a*) ग्लोरिओम सुपरबा (*b*) एलथिआ रोजिआ
(*c*) कैप्सीकम फ्रूटीसेन्स (*d*) डेलबरिजिया सिसों

15. श्वसनमूल की उपस्थिति निम्नलिखित किस कुल की विशेषता है–
(*a*) राइजोफोरेन्सी (*b*) आर्कडिसी
(*c*) लोरेल्थेसी (*d*) हाइड्रोचेरीटेसी

16. वर्गिकीय समूहों (Taxonomic categories) की सही तरतीब होती है–
(*a*) प्रभाग, वर्ग, कुल, जनजाति, गण, वंश, जाति
(*b*) प्रभाग, वर्ग, गण, कुल, जनजाति, वंश, जाति
(*c*) संघ, गण, वर्ग, जनजाति, कुल, वंश, जाति
(*d*) वर्ग, संघ, जनजाति, कुल, वंश, जाति

17. *कुकरबिटा मैक्सिमा* सम्बंधित होता है कुल–
(*a*) क्रूसीफेरी से (*b*) मालवेसी से
(*c*) कूकरबिटेसी से (*d*) सोलेनेसी से

18. केन्द्र से होकर किसी ऊर्ध्व रेखा द्वारा जब एक पुष्प दो सम अर्द्ध भागों में विभक्त किया जा सकता है तो ऐसा पुष्प कहलाता है–
(*a*) जाइगोमौर्फिक (*b*) एक्टिनोमौर्फिक
(*c*) डाईमौर्फिक (*d*) पौलीमौर्फिक

19. निम्नलिखित में से कौन-सा कुल मालवेसी में पाया जाता है?
(*a*) फल कैप्सूल होता है
(*b*) पुष्प एकलिंगी होता है
(*c*) पुंकेसर चतुर्दीघी होते हैं
(*d*) जायांग एकाण्डपी होता है

20. दलपुंज पृथकदली (Polypetalous) होता है–
(*a*) एकेन्थेसी में (*b*) क्रूसीफेरी में
(*c*) सोलेनेसी में (*d*) कम्पोजिटी में

21. आलू, टमाटर, बैंगन, सरसों एवं फूलगोभी कितने वंशों से सम्बन्ध रखते हैं?
(*a*) पाँच (*b*) चार
(*c*) तीन (*d*) दो

22. ओसवाल्ड टिप्पो के अनुसार, आवृतबीजियों (Angiosperms) को वर्गीकृत किया गया है संघ–
(*a*) एम्ब्रियोफाइटा में (*b*) ट्रेकियोफाइटा में
(*c*) स्पर्मेटोफाइटा में (*d*) एंजियोस्पर्मी में

23. *एट्रोपा बेलाडोना* नामक महत्वपूर्ण औषधीय पादप होता है, निम्न कुल का–
(*a*) लिलियेसी (*b*) कुकुरबिटेसी
(*c*) क्रूसीफेरी (*d*) सोलेनेसी

24. निम्न में से आप किस कुल में आरोही तने में उभयफ्लोएमी (Bicollateral) संवहन बण्डल्स तथा एकलिंगी पुष्पों वाले पौधे को रखेंगे–
(*a*) कुकुरबिटेसी (*b*) क्रूसीफरी
(*c*) कम्पोजिटी (*d*) लेग्यूमिनोसी

25. दललग्न पुंकेसर तथा स्तम्भी बीजाण्डन्यास मिलते हैं–
(*a*) क्रूसीफेरी में (*b*) लेग्यूमिनोसी में
(*c*) कुकुरबिटेसी में (*d*) सोलेनेसी में

26. कम्पोजिटी कुल में मिलने वाले जिह्वाकार दलपुंज (Ligulate Corolla) को भी कहते हैं–
(*a*) मैस्कड (Masked)
(*b*) द्वि ओष्ठों (Two Lipped)
(*c*) पट्टी नुमा (Strap Shaped)
(*d*) चक्र रुपी (Wheel Shaped)

27. हर्बेरियम होता है एक–
(*a*) जन्तुओं का संग्रह
(*b*) पौधों का संग्रह
(*c*) जन्तुओं एवं पौधों का संग्रह
(*d*) उपरोक्त सभी

28. निम्न में से किस कुल में बाह्यदलपुंज (Calyx) एक रोमपुच्छ (Pappus) में रुपान्तरित होता है ?
(*a*) क्रूसीफेरी (*b*) मालवेसी
(*c*) कम्पोजिटी (*d*) सोलेनेसी

29. टैक्सोन (Taxon) का अभिप्राय है–
(*a*) घनिष्ठ रुप से सम्बन्धित कुलों का समूह
(*b*) सजीवों का एक विशिष्ट प्रकार
(*c*) घनिष्ठ रुप से सम्बन्धित पादपों अथवा जन्तुओं का समूह
(*d*) संघ, जाति या एक कुल जैसा कोई भी वर्गिकीय समूह

30. बेन्थम तथा हुकर ने द्विबीजपत्रियों को वर्गीकृत किया–
(*a*) पौलीपेटली, गैमोपेटली तथा ग्लूमीफ्लोरी में
(*b*) पौलीपेटली, गैमोपेटली एवं मोनोक्लैमाइडी में
(*c*) आर्कीक्लैमाइडी, मोनोक्लैमाइडी एवं ग्लूमीफ्लोरी में
(*d*) आर्कीक्लैमाइडी, मोनोक्लैमाइडी एवं पौलीपेटली में

31. पादप वर्गीकरण की कृत्रिम पद्धति को सर्वप्रथम प्रतिपादित किया–
(*a*) एंग्लर तथा प्राण्टल ने
(*b*) थियोफ्रेस्टस ने
(*c*) डी कैण्डोल ने
(*d*) बेन्थम तथा हुकर ने

32. नटमेग (Nutmeg) का वानस्पतिक नाम होता है–
(*a*) *एनाकार्डियम औक्सीडेण्टेल*
(*b*) *मायारिस्टिका फ्रैगरेन्स*
(*c*) *एरियोबोट्रिया जापोनिका*
(*d*) *प्रूनस एमाइग्लेडस*

33. लीनियस द्वारा प्रतिपादित वर्गीकरण की पद्धति को श्रेणीबद्ध किया गया है–
(*a*) वर्गीकरण की कृत्रिम पद्धति के रुप में
(*b*) लीनियस के वानस्पतिक नामकरण की पद्धति के रुप में
(*c*) वर्गीकरण की लैंगिक पद्धति के रुप में
(*d*) वर्गीकरण की प्राकृतिक पद्धति के रुप में

34. परागकोष मध्यडोली होते हैं–
(*a*) *औरिजा सटाइवा* में
(*b*) *हिबिस्कस एस्कूलेण्टस* में
(*c*) *सोलेनम ट्यूबरोसम* में
(*d*) *हेलिएन्थस एनस* में

35. वंशों (Genera) का एक समूह जो एक दूसरे से मुख्यतया अपने पुष्पी अंगों में सामान्य संरचनात्मक समानताएं प्रदर्शित करते हैं कहलाता है–
(*a*) गण (Order) (*b*) जनजाति (Tribe)
(*c*) कुल (Family) (*d*) वर्ग (Class)

36. ब्रेसिकेसी को किस लक्षण के पाये जाने के आधार पर मालवेसी से भिन्न पहचाना जा सकता है-
(*a*) द्विकार्पेली अण्डाशय जिसमें कार्पल अनुप्रस्थतः स्थित होते हैं तथा बीजांड पेराइटल प्लैसेंटाओं पर बने होते हैं
(*b*) द्विकार्पेली अण्डाशय जिसमें बीजांड अग्रपश्चातः स्थित होते हैं और उसमें एक रेप्लम बन जाता है
(*c*) द्विकार्पेली अण्डाशय जो बहुकोष्ठीय होता है और जिसमें बीजांड पेराइटल प्लैसेंटाओं पर बने होते हैं
(*d*) पंचकार्पेली अण्डाशय जिसके बीजांड अक्षीय प्लैसेंटाओं पर बने होते हैं

37. द्विअण्डपी, संयुक्ताण्डपी जायांग, चतुःदीर्घी पुंकेसर और सिलिक्वा फल किस कुल के लक्षण हैं–
(*a*) क्रूसीफेरी (*b*) कुकुरबिटेसी
(*c*) कम्पोजिटी (*d*) मालवेसी

38. *एट्रोपा बेलेडोना* किस कुल से सम्बन्धित है–
(*a*) सोलेनेसी (*b*) मालवेसी
(*c*) लिलियेसी (*d*) कुकुरबिटेसी

39. सरसों का तेल (कोलजा) किससे मिलता है–
(*a*) *ब्रैसिका क्रैम्पेस्टि ्स* (*b*) *ब्रैसिका जनसिया*
(*c*) *ब्रैसिका रापा* (*d*) *ब्रैसिका ओलरेसी*

40. वर्गीकरण के लक्षणों व उद्देश्यों की निम्न सारणी में से असत्य को चुनो –
(*a*) वर्गीकरण जीवित जीवों के समूहीकरण का एक तरीका है
(*b*) प्रत्येक समूह को छोटे समूह में विभक्त किया जा सकता है
(*c*) यह पौधों व जन्तुओं दोनों पर प्रयुक्त किया जा सकता है
(*d*) यह विलुप्त पौधों पर प्रयुक्त नहीं किया जा सकता है

41. स्वतन्त्र पुंकेसरी दशा से सपुमंगी दशा में अधिकतम परिवर्तन किस कुल में होता है–
(*a*) लिलियेसी (*b*) लेग्यूमिनोसी
(*c*) कम्पोजिटी (*d*) कुकुरबिटेसी

42. एंग्लर तथा प्रैन्टल की वर्गीकरण पद्धति में–
(*a*) एक लिंगी पुष्प अधिक वय के हैं
(*b*) द्विबीजपत्री एक बीजपत्री से पहले आते हैं
(*c*) एक बीजपत्री द्विबीजपत्री से पहले आते हैं
(*d*) द्विबीजपत्री गेमोपेटेली, पोलीपेटेली तथा एक्लेमाइडी में वर्गीकृत हैं

43. एक अण्डपीय जायांग, एककोष्ठीय अण्डाशय व सीमान्त बीजाण्डान्यास की उपस्थिति निम्न कुल का अभिलक्षण है–
(*a*) लेग्यूमिनोसी (*b*) लिलियेसी
(*c*) मालवेसी (*d*) सोलेनेसी

44. एक पादप में 4 बाह्यदल, 4 दल, 6 पुंकेसर में दो बाहरी छोटे और चार अन्दर के बड़े, एककोष्ठी अण्डाशय जो बाद में द्विकोष्ठी हो जाता है, आदि लक्षण हैं। यह किस कुल का हो सकता है–
(*a*) लेग्यूमिनेसी (*b*) रैननकुलेसी
(*c*) सोलेनेसी (*d*) क्रुसीफेरी

45. प्रत्येक परागकोष के परागकण समूह में पोलीनिया बनाते हैं, किसमें–
(*a*) कद्दू (*b*) नींबू
(*c*) मदार (*d*) कपास

46. होली उत्सव में जो गुलाल उपयोग किया जाता है, उसका प्राकृतिक स्रोत है–
(*a*) *सेजैलपिनिया कोरिरिया*
(*b*) *सेजैलपिनिया सेपन*
(*c*) *सेजैलपिनिया इन्डीका*
(*d*) *सेजैलपिनिया पुल्वेरिमा*

47. कुण्डलचक्रीय (Spirocyclic) व अनिश्चित संख्या के स्वतन्त्र पुंकेसर तथा वियुक्ताण्डपी दशा किस कुल में होती है–
(*a*) लैबियेटी (*b*) क्रूसीफेरी
(*c*) रैननकुलेसी (*d*) कुकुरबिटेसी

48. जातिवृत्तीय प्रणाली (Phylogenetic System) का अर्थ है–
(*a*) विकासीय प्रवृत्तियों के अनुरुप समूहीकरण
(*b*) पुष्पीय समानताओं के अनुरुप समूहीकरण
(*c*) पौधों की बढ़ती हुई जटिलता के अनुरुप उनका समूहीकरण
(*d*) सभी प्राकृतिक लक्षणों के अनुरुप उनका समूहीकरण

49. द्विबीजपत्री तथा एक बीजपत्री बहुत से लक्षणों में अलग हैं जिसमें-
(*a*) द्विबीजपत्री के भ्रूण में दो बीजपत्र होते हैं तथा एक बीजपत्री में तीन या तीन के गुणन में होते हैं
(*b*) एक बीजपत्री के एक पुंकेसर में बहुत कम परागकण तथा द्विबीज में बहुत से परागकण होते हैं
(*c*) द्विबीजपत्रियों की पत्तियों में समान्तर तथा एक बीजपत्रियों की पत्ती में जालिकावत् शिराविन्यास होता है
(*d*) द्विबीजपत्रियों में पुष्प के भाग 4 या 5 के गुणन में तथा एक बीजपत्री में 3 के गुणन में होते हैं

50. लिलियेसी कुल में पुष्प है–
(*a*) त्रितयी एवं जायांगधर
(*b*) पंचतयी एवं जायांगोपरिक
(*c*) त्रितयी एवं जायांगोपरिक
(*d*) पंचतयी एवं जायांगधर

51. लिलियेसी कुल के लिये सही लक्षणों का ग्रुप है–
(*a*) अधोवर्ती अण्डाशय, दललग्न पुंकेसर, त्रिअंडपी जायांग
(*b*) परिपदलपुंज 3 + 3, त्रिअंडपी जायांग, अधोवर्ती अण्डाशय
(*c*) परिदलपुंज 3 + 3, परिदललग्न पुंकेसर, ऊर्ध्ववर्ती अण्डाशय
(*d*) क्रासरुप दलपुंज, एकसंघी पुंकेसर, द्विअण्डपी जायांग

52. शिम्बी पौधे कृषि में उपयोगी हैं, क्योंकि–
(*a*) वे रोग प्रतिरोधी होते हैं
(*b*) वे बहुत कम सिंचाई चाहते हैं
(*c*) उनकी जड़ों में ग्रन्थियाँ पायी जाती हैं
(*d*) शिम्बी पौधों की एक वर्ष में कई फसल प्राप्त की जा सकती हैं

53. कुकुरबिटेसी में अनेक प्रकार के सब्जी वाले फल उत्पन्न होते हैं, इस कुल का बैन्थम और हुकर के वर्गीकरण में क्या स्थान है–
(*a*) कैलिसीफ्लोरी का पैसीफ्लोरेलस
(*b*) कैलिसीफ्लोरी का रोजालस
(*c*) थैलिमिफ्लोरी का पेराइटेलस
(*d*) इनफेरी का ऐस्टरेलस

54. फूलगोभी (Cauli Flower) का वैज्ञानिक नाम है–
(*a*) *ब्रैसिका ओलेरेसिया* किस्म कैपिटेटा
(*b*) *ब्रैसिका ओलेंरिसिया* किस्म गोन्गीलोइडि
(*c*) *ब्रैसिका ओलेरेसिया* किस्म बाट्राइटिस
(*d*) *ब्रैसिका कैम्पेस्ट्रिस*

55. कपास सम्बन्धित है–
(*a*) सोलेनेसी से (*b*) कम्पोजिटी से
(*c*) क्रूसीफेरी से (*d*) मालवेसी से

56. $\oplus ⚥ K_{2+2} C_4 A_{2+4} \underline{G}_{(2)}$ पुष्पीय सूत्र है-
(*a*) *एलियम सीपा* (*b*) *हेलिएन्थम एनस*
(*c*) *ब्रैसिका नाइग्रा* (*d*) *सोलेनम नाइग्रम*

57. लेग्यूमिनोसी कुल के उपकुलों का विभेदन किस आधार पर है–
(*a*) बाह्यदलपुंज और दलपुंज की संख्या
(*b*) दलपुंज के विन्यास पर
(*c*) पुमंग और दलपुंज के विन्यास पर
(*d*) पुमंग के विन्यास पर

58. वनस्पति के बनाने में प्रयुक्त तेल का वानस्पतिक नाम है–
(*a*) *ऐराकिस हाइपोजिया* (*Arachis hypogea*)
(*b*) *रिसिनस कम्यूनिस* (*Ricinus communis*)
(*c*) *ऐल्बिजिया लैबेक* (*Albizzia lebbek*)
(*d*) *लैथिरस ओडोरेटस* (*Lathyrus odoratus*)

59. पौधों के वानस्पतिक नामकरण में–
(*a*) प्रजातीय नाम जातीय नाम के बाद लिखा जाता है
(*b*) प्रजातीय नाम एवं जातीय नामों के प्रथम अक्षर बचें होते है
(*c*) प्रजातीय एवं जातीय नाम एक हो सकते है
(*d*) प्रजातीय एवं जातीय दोनों इटैलिक्स में मुद्रित होते हैं

60. निम्न में से सही कौन है–
(*a*) क्रूसीफार्म दलपुंज क्रुसीफेरी में नहीं पाये जाते है
(*b*) कम्पोजिटी में केवल एक तरह के पुष्प पाये जाते हैं
(*c*) पैपिलिओनेसी में डिसेन्डिंग इम्ब्रिकेट या अवरोही कोरछादी ऐसटीवेशन पाया जाता है
(*d*) पैपिजिओनेसी में वालवेट ऐस्टीवेशन पाया जाता है

61. निम्न में से किस वैज्ञानिक ने वर्गीकरण की प्राकृतिक पद्धति को प्रतिपादित किया–
(*a*) केरोलस लीनियस (*b*) जे. हचिन्सन
(*c*) बेन्थम तथा हुकर (*d*) ओसवाल्ड टिप्पो

62. एक पादप की मध्य भित्ति पामतेल का स्रोत है जिसे खाना बनाने में प्रयुक्त किया जाता है इस पादप का वानस्पतिक नाम है–
(*a*) *फोनिक्स सिल्वेस्ट्रिस* (*b*) *केलेमस ऐटाना*
(*c*) *मेट्रोजाइलोन रम्फार्ड* (*d*) *इलीस ग्यूनेन्सिस*

63. द्विनाम पद्धति में पादप के नाम को दो शब्दों से लिखा जाता है वह है–
(*a*) गण तथा कुल (*b*) कुल तथा वंश
(*c*) जाति तथा वैराइटी (*d*) वंश तथा जाति

64. सम्पूर्ण पुष्पक्रम सब्जी के रुप में प्रयोग किया जाता है–
(*a*) *ब्रैसिका केम्पेस्ट्रिस* में
(*b*) *ब्रैसिका ओलेरेसिया* में
(*c*) *रेफेनस सेटाइवस* में
(*d*) *ब्रैसिका नाइग्रा* में

65. सोलेनेसी कुल को ऐस्टरेसी से अलग किया जा सकता है निम्न किस लक्षण के आधार पर–
(*a*) बीजांडान्यास (*b*) साइमोस पुष्प
(*c*) दललग्न पुंकेसर (*d*) द्विअण्डपी अंडाशय

66. निम्न में से किस कुल में अधोवर्ती अंडाशय पाया जाता है–
(*a*) मालवेसी (*b*) कम्पोजिटी
(*c*) सोलेनेसी (*d*) मीमोसोइडी

67. दूध का प्रतिनिधि (Substitute) प्राप्त किया जा सकता है–
(*a*) *ग्लाइसिन मैक्स* (*b*) *कोकोस न्यूसीफेरा*
(*c*) *एराचिस हाइपोजिया* (*d*) उपरोक्त में से कोई नहीं

68. वार्षिक उत्पादन की दृष्टि से संसार की सर्वोपरि पाँच फसलों में से–
(*a*) पाँचों ही पोएसी (ग्रेमिनी) कुल की है
(*b*) चार पोएसी (ग्रेमिनी) की और एक लेग्यूमिनोसी कुल की है
(*c*) चार पोएसी (ग्रेमिनी) कुल की और एक सोलेनेसी की है
(*d*) तीन पोएसी (ग्रेमिनी), एक लेग्यूमिनोसी और एक सोलेनेसी कुल की है

69. पादप प्रजाति व उनकें उपयोग के सम्बन्ध में निम्न में से कौन-सा कथन सत्य है–
(*a*) *Oryza sativa*— प्रोटीन का अच्छा स्रोत
(*b*) *Ricinus communis*— प्रमुख खाद्य फसल
(*c*) *Hibiscus esculantus*— फूल खाये जाते हैं
(*d*) *Manihot utilissima*— केरल में इसके मूलकन्द (Root Tubers) खाये जाते हैं

70. आलू को सोलेनेसी कुल में रखा गया है क्योंकि–
(*a*) संयुक्त दली
(*b*) पंचतयी पुष्प
(*c*) अण्डाशय अपनी जगह से थोड़ा सा घूम जाता है
(*d*) दल लग्न पुंकेसर

71. लीनियस का पादप वर्गीकरण है–
(*a*) कृत्रिम (*b*) प्राकृतिक
(*c*) जातिवृत्तीय (*d*) इनमें से कोई नहीं

72. द्विनाम पद्धति में किसी पौधे के पूर्ण नाम में कितने भाग शब्द होते हैं?
(*a*) तीन (*b*) दो
(*c*) पाँच (*d*) एक

73. *एट्रोपा बेलाडोना* किस कुल का है–
(*a*) रेननकुलेसी (*b*) सोलेनेसी
(*c*) अम्बेनीफेरी (*d*) कुकुरबिटेसी

74. यह कहना असत्य है कि–
(*a*) कुकुरबिटेसी में कुछ जातियाँ पृथकदलीय है
(*b*) रोजेसी के सदस्य जायांगोपरिक भी होते हैं और जायांगधर भी
(*c*) सोयाबीन का नाम ग्लाइसीन मैक्स है
(*d*) वर्टीसिलास्टर युफोर्बिएसी की विशेषताएँ है

75. अधोवर्ती अण्डाशय और सिप्सेला फल की विशेषता रखने वाले कुल का नाम है–
(*a*) रुबिएसी (*b*) कुकुरबिटेसी
(*c*) अम्बेलीफेरी (*d*) एस्टरेसी

76. पोलीनियम पाया जाता है–
(*a*) रुबिएसी कुल में
(*b*) निरटेसी कुल में
(*c*) एस्क्लेपियेडेसी कुल में
(*d*) सोलेनेसी कुल में

77. *ब्रेसिका ओलेरेसिया* वैराइटी *कैपीटेटा* का खाने वाले कुल का नाम है–
(*a*) कलिका (*b*) पुष्पक्रम
(*c*) पुष्प (*d*) फल

78. इण्डिगोफेरा नामक पौधा जो नील रंजक का उत्पादन करता है कुल के अन्तर्गत आता है–
(*a*) मालवेसी (*b*) लिलियेसी
(*c*) कम्पोजिटी (*d*) लेग्यूमिनोसी

79. लेग्यूमिनोसी के उपकुलों पेपीलोइडी, सेसलपिनोयडी तथा माइमोसोइडी में क्रमशः विन्यास पाया जाता है–
(*a*) अवरोही, कोरस्पर्शी व आरोही विन्यास
(*b*) अवरोही, आरोही व कोरस्पर्शी विन्यास
(*c*) आरोही, अवरोही व कोरस्पर्शी विन्यास
(*d*) कोरस्पर्शी, आरोही व अवरोही विन्यास

80. किस कुल के पौधे से हेरोइन प्राप्त किया जाता है–
(*a*) लेग्यूमिनोसी (*b*) पेपेवरेसी
(*c*) लिलियेसी (*d*) सोलेनेसी

81. ऐन्जियोस्पर्म का वर्गीकरण तथा विवरण मुख्यतया पुष्पीय लक्षणों के आधार पर किया जाता है क्योंकि–
(*a*) पुष्प सुन्दर होते हैं और अच्छे लगते है
(*b*) पुष्प रंग बिरंगे होते हैं
(*c*) इन्हें प्रेस करके सुरक्षित रखा जा सकता है
(*d*) वानस्पतिक भागों की तुलना में जनन भाग (Reproductive Parts) अधिक स्थिर तथा संरक्षित (Conservative) होते हैं

82. द्विनाम पद्धति का उल्लेख सर्वप्रथम किस पुस्तक में किया गया है–
(*a*) *हिस्टोओरी नेचुरलै (Histoire Naturelle)*
(*b*) *सिस्टेमा नेचुरी (Systema Naturae)*
(*c*) *हिस्टोरिया प्लैन्टेरम*
(*d*) *हिस्टोरिया नेचुरेलिस*

83. कैरियोटैक्सोनॉमी (Karyotaxonomy) वर्गीकरण की एक आधुनिक शाखा है जिसका आधार है–
(*a*) गुणसूत्रों की संख्या
(*b*) गुणसूत्र पर पाई जाने वाली पट्टियाँ
(*c*) जैविक विकास
(*d*) त्रिपद नाम पद्धति

84. सजीव जीवधारियों के वर्गीकरण में वर्गिकी समूहों का सही आरोही पदानुक्रम है–
(*a*) स्पीशीज–ऑर्डर–फैमिली–जीनस
(*b*) स्पीशीज–जीनस–फैमिली–ऑर्डर
(*c*) जीनस–फैमिली–स्पीशीज–ऑर्डर
(*d*) फैमिली–जीनस–स्पीशीज–ऑर्डर

85. सजीव जीवधारियों के वर्गीकरण का व्यावहारिक उद्देश्य है–
(*a*) सजीव जीवधारियों को नाम देना
(*b*) अज्ञात जीवों के अभिनिर्धारण में सुविधा प्रदान करना
(*c*) सजीव जीवधारियों का उद्भव समझाना
(*d*) सजीव जीवधारियों के विकास का पता लगाना

86. कॉलम I में दिये गये नामों को कॉलम II में दिये गये कुल से मिलाइये तथा सही उत्तर दीजिये-

कॉलम I (पादप नाम)	**कॉलम II (कुल नाम)**
A. *टामारिन्डस इन्डिका (Tamarindus indica)*	p. ऐरेकेसी
B. *कोकोस न्यूसीफेरा (Cocos nucifera)*	q. लिलियेसी
C. *कोलचिकम ऑटोमनेल (Colchicum autumanale)*	r. सोलेनेसी
D. *विथेनिया सोम्नीफेरम (Withania somniferum)*	s. ऐपोसाइनेसी
	t. पेपिलियोनेसी

(*a*) A = t, B = q, C = p, D = r
(*b*) A = t, B = p, C = r, D = q
(*c*) A = t, B = p, C = q, D = r
(*d*) A = s, B = t, C = p, D = q

87. बेन्थम तथा हुकर के वर्गीकरण के अनुसार कुकुरबिटेसी कुल का स्थान है–
(*a*) गैमोपेटेली, फेल्सीफ्लोरेलीस, कुकर बिटेल्स
(*b*) पॉलीपेटेली, डिस्कीफ्लोरी, कुकरबिटेल्स
(*c*) पॉलीपेटेली, केल्सीफ्लोरी, पेसीफ्लोरेल्स
(*d*) पॉलीपेटेली, थेलेमी, फ्लोरी, कुकरबिटेल्स

88. नयी जातियों को बताने हेतु कौनसे लक्षण प्रयुक्त होने चाहिए ?
(*a*) भ्रूणपोष के लक्षण
(*b*) नयी जातियों के शारीरिकीय लक्षण
(*c*) नयी जातियों के कार्यकीय लक्षण
(*d*) नयी जातियों के पुष्पी लक्षण

89. कम्पोजिटी का पुष्प होता है–
(*a*) उपरिजायांगी (*b*) परिजायांगी
(*c*) अधोजायांगी (*d*) अर्द्ध परिजायांगी

90. जाड़ों में उगने वाला वार्षिक *आइबेरिस (Iberis)* सामान्य रुप से कहलाता है–
(*a*) पैन्सी (*b*) कैण्डीटफ्ट
(*c*) पोस्त (*d*) स्नैपड्रेगन

91. जायांग युक्ताण्डपी किन्तु अण्डाशय एककोष्ठी होता है–
(*a*) मालवेसी कुल में (*b*) कम्पोजिटी कुल में
(*c*) लेबियेटी कुल में (*d*) सोलेनेसी कुल में

92. *कुकुमिस सटाइवस* वानस्पतिक नाम है–
(*a*) शकरकन्द का (*b*) नारियल का
(*c*) खीरे का (*d*) चावल का

93. आम (Mango) का वैज्ञानिक नाम होता है–
(*a*) *मूसा सेपियेण्टम* (*b*) *डोकस कैरोटा*
(*c*) *मेन्जीफेरा इण्डिका* (*d*) उपरोक्त में से कोई नहीं

94. पुंकेसरों की संख्या अनिश्चित होती है–
(*a*) मालवेसी में (*b*) माइमोसेसी में
(*c*) पैपेवरेसी में (*d*) कम्पोजिटी में

95. चना सम्बन्धित है–
(*a*) ग्रैमिनी से (*b*) लेग्यूमिनोसी से
(*c*) सोलेनेसी से (*d*) डिप्टेरोकार्पेसी से

96. निम्न किस कुल में एकलिंगी पुष्प मिलते हैं?
(*a*) मालवेसी (*b*) लेग्यूमिनोसी
(*c*) कुकुरबिटेसी (*d*) क्रूसीफेरी

97. निम्नलिखित में से किसमें एक ही पुष्प में नर तथा मादा दोनों जननांग होते हैं ?

(*a*) *कुकुरबिटा मेक्सिमा* (*b*) *ब्रेसिका कैम्पेस्ट्रिस*

(*c*) *साइकस रिवोल्यूटा* (*d*) *पाइनस लोगीफोलिया*

98. अनाज वाले पौधे (Cereals) मिलते हैं कुल–

(*a*) मालवेसी में (*b*) क्रूसीफेरी में

(*c*) ग्रेमिनी में (*d*) लेग्यूमिनोसी में

99. कम्पोजिटी कुल से सम्बन्धित उस खरपतवार (Weed) का नाम बताइये जो भारतवर्ष के प्रत्येक राज्य में एक समस्या है–

(*a*) *निकोटियाना* (*b*) *पार्थेनियम*

(*c*) *टैगेटीज* (*d*) *बिडेन्स*

100. रैफेनस सम्बन्ध रखता है कुल--

(*a*) कुकुरबिटेसी से (*b*) क्रूसीफेरी से

(*c*) रुबियेसी से (*d*) पैपेवरेसी से

उत्तरमाला

1	2	3	4	5	6	7	8	9	10
(*a*)	(*a*)	(*b*)	(*b*)	(*b*)	(*a*)	(*d*)	(*a*)	(*a*)	(*c*)
11	**12**	**13**	**14**	**15**	**16**	**17**	**18**	**19**	**20**
(*a*)	(*d*)	(*d*)	(*c*)	(*a*)	(*c*)	(*c*)	(*b*)	(*a*)	(*b*)
21	**22**	**23**	**24**	**25**	**26**	**27**	**28**	**29**	**30**
(*c*)	(*b*)	(*d*)	(*a*)	(*d*)	(*c*)	(*b*)	(*c*)	(*d*)	(*b*)
31	**32**	**33**	**34**	**35**	**36**	**37**	**38**	**39**	**40**
(*b*)	(*b*)	(*a*)	(*a*)	(*c*)	(*a*)	(*a*)	(*a*)	(*a*)	(*d*)
41	**42**	**43**	**44**	**45**	**46**	**47**	**48**	**49**	**50**
(*d*)	(*c*)	(*a*)	(*d*)	(*c*)	(*b*)	(*c*)	(*a*)	(*d*)	(*a*)
51	**52**	**53**	**54**	**55**	**56**	**57**	**58**	**59**	**60**
(*c*)	(*c*)	(*a*)	(*c*)	(*d*)	(*c*)	(*c*)	(*a*)	(*d*)	(*c*)
61	**62**	**63**	**64**	**65**	**66**	**67**	**68**	**69**	**70**
(*c*)	(*d*)	(*d*)	(*b*)	(*a*)	(*b*)	(*a*)	(*c*)	(*d*)	(*c*)
71	**72**	**73**	**74**	**75**	**76**	**77**	**78**	**79**	**80**
(*a*)	(*b*)	(*b*)	(*d*)	(*d*)	(*c*)	(*a*)	(*d*)	(*b*)	(*b*)
81	**82**	**83**	**84**	**85**	**86**	**87**	**88**	**89**	**90**
(*d*)	(*b*)	(*b*)	(*b*)	(*c*)	(*c*)	(*c*)	(*d*)	(*a*)	(*b*)
91	**92**	**93**	**94**	**95**	**96**	**97**	**98**	**99**	**100**
(*b*)	(*c*)	(*c*)	(*a*)	(*b*)	(*c*)	(*b*)	(*c*)	(*b*)	(*b*)

□□□

CHAPTER 17

विसरण, परासरण एवं अन्तःशोषण
DIFFUSION, OSMOSIS AND IMBIBITION

विसरण (Diffusion)

- गैस, द्रव तथा विलेय के अणुओं की उनके अधिक सान्द्रता के क्षेत्र से कम सान्द्रता के क्षेत्र की दिशा में होने वाली गति विसरण कहलाती है।
- यह गति उस समय तक होती है जब तक अणुओं का समान वितरण न हो जाय।

उदाहरण – पानी में चीनी का घुलना।

विसरण दाब (Diffusion Pressure)

विसरण दाब, गैस, द्रव तथा विलेय के अधिक सान्द्रता के क्षेत्र से अपनी कम सान्द्रता के क्षेत्र की ओर विसरण का विभव योग्यता है।

उदाहरण – शुद्ध विलायक (Pure solvent) का विसरण दाब सबसे अधिक होता है। इसमें जब विलेय डाला जाता है तो विलयन का विसरण दाब घट जाता है।

परासरण (Osmosis)

परासरण केवल विलायक का अर्धपारगम्य झिल्ली (semipermeable membrane) द्वारा होने वाला विसरण है।

वनस्पतियों में परासरण में भाग लेने वाला विलायक मुख्यतः जल होता है।

उदाहरण – परासरण में पानी के अणु अपनी अधिक सान्द्रता के क्षेत्र से कम सान्द्रता के क्षेत्र की ओर गतिशील होते हैं।

पारगम्यता (Permeability)

किसी पदार्थ के झिल्ली से अन्दर एवं बाहर आने-जाने की प्रक्रिया को पारगम्यता कहा जाता है।

पारगम्यता के आधार पर झिल्लियों का प्रकार

पारगम्य (Permeable)

पारगम्य के अन्दर एवं बाहर सभी प्रकार के पदार्थों का स्वतन्त्र रूप से आना-जाना होता हैं।

उदाहरण – पादप कोशिकाभित्ति (Plant cell wall).

अपारगम्य (Impermeable)

अपारगम्य झिल्यिों द्वारा पदार्थों का आदान-प्रदान नहीं होता।

उदाहरण – कार्क कोशिका की भित्ति।

अर्धपारगम्य (Semi-permeable)

अर्धपारगम्य झिल्लियों द्वारा कुछ ही पदार्थों का आदान-प्रदान होता है।

उदाहरण – चर्मपत्र।

वरणात्मक पारगम्य अथवा अवकलनीय पारगम्य (Selectively Permeable or Differentially Permeable)

वरणात्मक अथवा अवकलनीय पारगम्य झिल्यिों द्वारा कुछ-पदार्थों का आदान-प्रदान अन्य पदार्थों की अपेक्षाकृत सुलभता से होता है।

उदाहरण – टोनोप्लास्ट।

परासरण दाब (Osmotic Pressure)

परासरण दाब, विलयन तथा शुद्ध जल को वरणात्मक पारगम्य झिल्ली द्वारा अलग करने के कारण उत्पन्न होता है।

उदाहरण– थिसेल कीप की पाइप (नली) में विलयन के बढ़ते हुए स्तर को रोकने के लिए आवश्यक दाब, परासरण दाब कहलाता है।

स्फीति दाब (Turgor Pressure)

शुद्ध जल में पौधे की कोशिका रखने पर, कोशिका फूल जाती है लेकिन फटती नहीं है। कोशिका के भीतर स्थित विलयन की परासरणी सान्द्रता ज्यादा होने से जल उसके भीतर प्रवेश करने लगता है, तथा कोशिका झिल्ली को कोशिकाभित्ति की तरह दबाव देता है। जल के उपरोक्त दाब को ही स्फीति दाब कहा जाता है।

भित्ति दाब (Wall Pressure)

कोशिका में स्फीति दाब के फलस्वरूप अन्दर आया हुआ जल कोशिका झिल्ली को बाहर की तरफ ढकेलता है। इस प्रकार दृढ़ और अप्रत्यास्थ कोशिका भित्ति समान तथा विरोधी दाब उत्पन्न करती है जिसे भित्ति दाब (wall pressure) कहा जाता है।

विसरण दाब न्यूनता (Diffusion Pressure Deficit)

घोल (solution) का विसरण दाब अपने विलायक के विसरण दाब से जितना कम होता है, उसे विसरण दाब न्यूनता कहते हैं।

विसरण दाब न्यूनता, घोल की जल अवशोषण करने की क्षमता होती है।

उदाहरण– यदि किसी घोल का परासरण दाब 20 atm है तो उस घोल की विसरण दाब न्यूनता भी 20 atm होगी।

विसरण दाब न्यूनता = परासणदाब-स्फीति दाब

DPD = OP – TP

अंतःपरासरण (Endosmosis)

यदि कोशिका को अल्पपरासरी विलयन (Hypotonic solution) में रखा जाता है तो इस बाहरी विलयन से जल कोशिका के भीतर प्रवेश करता है, जिसे अंतःपरासरण कहते हैं।

बहिःपरासरण (Exosmosis)

यदि कोशिका को अल्पपरासरी विलयन (Hypertonic solution) में रखा जाता है तो कोशिका के अन्दर से जल निकलकर बाहरी विलयन में प्रवेश कर जाता है जिसे बहिःपरासरण (exosmosis) कहते हैं।

जीवद्रव्यकुंचन (Plasmolysis)

बहिःपरासरण अर्थात् जीवद्रव्य से जल को बाहर निकालने के पश्चात जीवद्रव्य सिकुड़ने लगता है, जिससे सिकुड़ते हुए जीवद्रव्य और कोशिका झिल्ली के बीच का स्थान रिक्त हो जाता है, उक्त रिक्त स्थान, बाह्य विलयन द्वारा भर जाता है। कुछ समय के बाद जीवद्रव्य संकुचित होकर कोशिका के एक किनारे पर कोशिका झिल्ली से घिरा हुआ दिखायी देता है। उक्त प्रक्रिया को ही जीवद्रव्यकुंचन (Plasmolysis) कहते हैं।

अन्तःशोषण (Imbibition)

अन्तःशोषण प्रक्रिया में कुछ पदार्थ जल को अवशोषित कर के फूल जाते हैं। जल का अवशोषण करने वाले इन पदार्थो को अन्तःशोषक कहते हैं।

प्रत्येक अन्तः शोषक (imbibant), पानी में रखने के बाद अंतःशोषण दाब उत्पन्न करता है। पानी के प्रवेश द्वारा अंतःशोषक में स्फीति दाब के समान दाब उत्पन्न करता है।

विसरण दाब न्यूनता = अतःशोषण दाब-स्फीति दाब

(Diffusion Pressure Deficit) = (Imbibition Pressure) – (Turgor Pressure)

DPD = IP – TP

तालिका 17.1 विसरण तथा परासरण में विभेद
(Difference between Diffusion and Osmosis)

विसरण (Diffusion)	परासरण (Osmosis)
1. इसमें पदार्थ के अणुओं की गति सदैव अधिक घनत्व वाले स्थान से कम घनत्व वाले स्थान की दिशा में होती है।	1. परासरण की क्रिया में जल के अणुओं की गति सदैव कम घनत्व वाले घोल से अधिक घनत्व वाले घोल की दिशा में होती है।
2. इसमें अर्धपारगम्य झिल्ली का होना आवश्यक नही है।	2. इसमें अर्धपारगम्य झिल्ली का होना आवश्यक है।
3. यह प्रक्रिया सामान्यतः ठोस, द्रव तथा गैस तीनों अवस्थाओं में होती है।	3. परासरण की क्रिया केवल द्रव अवस्था में ही सम्पन्न होती है।

बहुविकल्पीय प्रश्न

1. जल से घिरी कोशिका की स्फीति के बढ़ते जाने के साथ उसकी भित्ति दाब–
(*a*) बढ़ जाती है
(*b*) घट जाती है
(*c*) कम ज्यादा होती रहती है
(*d*) अपरिवर्तित रहती है

2. निम्न कथनों पर विचार कीजिये–परासरण की प्रक्रिया में जल का अभियान अर्धपारगम्य झिल्ली में होता है–
(i) जल विभव प्रवणता के नीचे की ओर
(ii) जल विभव प्रवणता के ऊपर की ओर
(iii) सक्रिय रुप में
(iv) निष्क्रिय रुप में
इन कथनों में से–
(*a*) (i) तथा (iii) सही है
(*b*) (ii) तथा (iii) सही है
(*c*) (ii) तथा (iv) सही है
(*d*) (i) तथा (iv) सही है

3. परासरण विभव दर्शाया जाता है–
(*a*) (–) (*b*) (+)
(*c*) (×) (*d*) (÷)

4. कोशिका जीवद्रव्य कुंचन का आरम्भ करने के लिये नमक का घोल होना चाहिये–
(*a*) समपरासरी (*b*) अतिपरासरी
(*c*) अल्पपरासरी (*d*) उपर्युक्त में से कोई नहीं

5. उस प्रक्रिया को परासरण परिभाषित करते हैं, जिसमें–
(*a*) जल निम्नतर से उच्चस्थ सान्द्रता की ओर विसरित हो
(*b*) विलेय निम्नतर से उच्चस्थ सान्द्रता की ओर विसरित हो
(*c*) आयनों का सक्रिय अभिगमन हो
(*d*) आयनों का निष्क्रिय अभिगमन हो

6. एक ऐसी कोशिका जो स्फीति नहीं है, में DPD का मान बराबर होगा–
(*a*) OP – WP (*b*) OP + WP
(*c*) TP (*d*) OP

7. जब एक जन्तु कोशिका को शुद्ध जल में रखते हैं तो यह कोशिका–
(*a*) सिकुड़कर भर जायेगी
(*b*) फूलकर फट जायेगी
(*c*) सिकुड़ जायेगी तथा इसमें जीवद्रव्य कुंचन हो जाएगा
(*d*) फूल जायेंगी तथा स्फीति हो जायेगी

8. निम्न में से कौन-सा सही है?
(*a*) OP = WP – DPD (*b*) DPD = WP – OP
(*c*) WP = OP – DPD (*d*) DPD = OP × WP

9. जल की प्रवाह की दिशा होगी, यदि X कोशिका का DPD Y कोशिका से कम होगा–
(*a*) X कोशिका से बाहर
(*b*) Y से X
(*c*) X से Y
(*d*) कोई प्रवाह नहीं होगा

10. जल प्रवाह की दिशा क्या होगी यदि दो कोशिकाओं का OP समान हो तथा TP अलग है ?
(*a*) अधिक TP से कम TP की ओर
(*b*) कम TP से अधिक TP की ओर
(*c*) कोई प्रवाह नहीं
(*d*) उपरोक्त सभी

11. दो कोशिकाओं को अलग-अलग 1M सुक्रोस विलयन तथा 1M NaCl विलयन में रखा जाता है। तो उस कोशिका का जल विभव जो रखी गयी है–
(*a*) दोनों का समान होगा
(*b*) सुक्रोस विलयन में, उसका ज्यादा होगा
(*c*) NaCl विलयन में, उसका ज्यादा होगा
(*d*) सुक्रोस विलयन में, उसका कम होगा तथा NaCl विलयन वाली कोशिका का ज्यादा होगा

12. वह क्रिया जिसमें गैस, द्रव तथा विलेय के अणु अधिक सान्द्रता वाले क्षेत्र से कम सान्द्रता वाले क्षेत्र की ओर गति करते हैं, कहलाती है–

(a) वाष्पोत्सर्जन (b) परासरण
(c) विसरण (d) वाष्पीकरण

13. जब चुकन्दर की जड़ों की स्लाइसेज धोकर ठण्डे जल में रखते हैं, तो एन्थोसायनिन बाहर नहीं निकलता है, क्योंकि प्लाज्मा झिल्ली–
(a) मृत संरचना होती है
(b) एन्थोसायनिन के लिये पारगम्य होती है
(c) एन्थोसायनिन के लिये अपारगम्य होती है
(d) एन्थोसायनिन के लिये चयनात्मक होती है

14. दो सान्द्र विलयनों के मध्य एक अर्द्धपारगम्य झिल्ली है तो कौन-सा कथन सत्य होगा ?
(a) अणु अधिक सान्द्रता वाले स्थान की ओर जायेंगे
(b) पादप मूलों द्वारा जल अवशोषण होगा
(c) विलायक कम सान्द्रता वाले विलयन से अधिक सान्द्रता वाले विलयन की ओर जायेगा
(d) विलेय कम सान्द्रता वाले विलयन से अधिक सान्द्रता वाले विलयन की ओर जायेगा

15. रुई के रेशों को पानी में डूबाने पर जल का अवशोषण किस विधि से होता है–
(a) अन्तःपरासण (b) अवशोषण
(c) कोशिकातत्व (d) अंतःशोषण (अन्तः चूषण)

16. यदि आलू को गाढ़े नमक के घोल में रखा जाये तो पिलपिला क्यों हो जाता है ?
(a) कोई प्रभाव नहीं पड़ेगा
(b) आलू फूल जायेगा
(c) आलू जीवद्रव्य कुंचन के कारण पिलपिला हो जायेगा
(d) आलू परिरक्षित हो जायेगा

17. अणुओं का जीवित कोशिका के अन्दर-बाहर जाना होता है–
(a) केवल विसरण से
(b) केवल परासरण से
(c) परासरण व विसरण दोनों से
(d) उपरोक्त में से कोई नहीं

18. शुद्ध जल में विलेय को मिलाने से उत्पन्न होता है–
(a) ऋणात्मक जल विभव
(b) अधिक ऋणात्मक जल विभव
(c) धनात्मक जल विभव
(d) अधिक धनात्मक जल विभव

19. आलू के टुकड़े को सुक्रोस विलयन में रखा जाता है। आधे घण्टे बाद सूक्रोस विलयन का घनत्व (Density) बढ़ जाता है। इस आलू के टुकड़े का जल विभव होगा–
(a) सुक्रोस विलयन के विलेय विभव से कम
(b) सुक्रोस विलयन की सान्द्रता से आधा
(c) सुक्रोस विलयन के विलेय विभव के बराबर
(d) सुक्रोस विलयन के विलेय विभव से अधिक

20. जीवद्रव्यी कुंचन के कारण पादप कोशिका–
(a) फूल जाती है (b) स्फीति हो जाती है
(c) सिकुड़ जाती है (d) फट जाती है

21. सामान्यतया आम का अचार नमक में सुरक्षित (Preserved) रखा जाता है क्योंकि–
(a) अचार स्वादिष्ट हो जाता है
(b) अचार को गला देता है
(c) सूक्ष्म जीवों को निर्जलित (Dehydrate) कर देता है
(d) अचार को नरम कर देता है

22. यदि एक कोशिका को किसी विलयन में रखने पर उसके आयतन या भार में कोई परिवर्तन न हो तो इसका क्या कारण हो सकता है–
(a) OP समान है (b) WP समान है
(c) DPD समान है (d) TP समान है

23. यदि एक कोशिका को शुद्ध जल में रखा जाये तो अन्तः परासरण चलता रहेगा–
(a) जब तक कोशिका सजीव रहेगी
(b) जब तक TP = OP न हो जाये
(c) जब तक OP शून्य न हो जाये
(d) जब तक TP शून्य न हो जाये

24. जब एक इत्र की बोतल कमरे में रखते हैं तो ढक्कन खोलने पर कुछ समय बाद इत्र चारों तरफ फैल जाता है यह किस क्रिया के कारण होता है–
(a) जीवद्रव्यी कुंचन (b) विसरण
(c) अन्तःपरासण (d) वाष्पोत्सर्जन

25. उस शर्करा विलयन का स्वभाव क्या है जिसमें (Rheodiscolour) की एक एपिडर्मल सतह को रखने पर जीवद्रव्यी कुंचन दर्शाया जाता है–
(a) हाइड्रोफोरिक (b) अति परासरी
(c) समपरासरी (d) निम्न परासरी

26. एक कोशिका से दूमरी में जल का प्रवाह संचालित होता है–

(*a*) परासरणीय दाब द्वारा

(*b*) विसरण द्वारा

(*c*) विसरण दाब न्यूनता (D.P.D.) द्वारा

(*d*) परासरण द्वारा

27. एक व्यक्ति ने अपने घरेलू बगीचे में काफी उर्वरक मिलाये और फिर उसने अधिक जल लगाया। कुछ दिनों के पश्चात् घास भूरे रंग की हो गयी क्योंकि–

(*a*) परासरण द्वारा जल की हानि के कारण जड़ें मर गयी

(*b*) अधिक उर्वरक ने प्रकाश संश्लेषण को प्रभावित कर दिया

(*c*) उपमृदा जल में अत्यधिक जल ने उर्वरक का विसरण कर दिया

(*d*) अत्यधिक जल के कारण वाष्पोत्सर्जन की दर बढ़ गयी

28. क्युटिन तथा सुबेरिन युक्त एक उच्च पादप कोशिका जल में रखी जाती है तो 15 मिनटों के पश्चात् क्या होगा?

(*a*) कोशिका माप में बढ़ जायेगी

(*b*) कोशिका का माप घट जायेगा

(*c*) कोशिका में कोई परिवर्तन नहीं होगा

(*d*) कोशिका नष्ट हो जायेगी

29. जब पादप कोशिकाएँ एक हाइपरटोनिक लवण विलयन में रखी जाती हैं तो ये हो जाती हैं–

(*a*) लाइज्ड (*b*) प्लाज्मोलाइज्ड

(*c*) डीप्लाज्मोलाइज्ड (*d*) टर्जिड

30. गुलाब की पंखुड़ियों (Petals) का रंग जल में विलेय वर्णकों की उपस्थिति के कारण होता है–

(*a*) कोशिकाद्रव्य में (*b*) अंतरकोशिकीय स्थानों में

(*c*) केन्द्रक में (*d*) रिक्तिकाओं में

31. अतिपरासरी जल में रखने पर कोशिका जीवद्रव्यसंकुचन करती है, कोशिका भित्ति तथा जीवद्रव्यकुंचित पदार्थ के बीच का स्थान भरा होता है–

(*a*) जल से

(*b*) कोशिका रस से

(*c*) अतिपरासरी विलयन से

(*d*) उपरोक्त में से कोई नहीं

32. अन्तःकोशिका की क्रिया में सम्मिलित होता है–

(*a*) विसरण तथा केशिकत्व दोनों

(*b*) केवल विसरण

(*c*) केवल केशिकत्व

(*d*) उपरोक्त में से कोई नहीं

33. एक कोशिका से दूसरी में जल की गति की दिशा एवं दर आधारित होती है–

(*a*) भित्ति दाब पर

(*b*) स्फीति दाब पर

(*c*) विसरण दाब न्यूनतम पर

(*d*) आदिम जीवद्रव्यकुंचन पर

34. कोशिका कला द्वारा शर्करा अथवा अमीनो अम्ल के परिवहन के अन्तर्गत–

(*a*) सान्द्रण विभव के विपरीत दिशा में Na^+ आयन गति करते हैं

(*b*) सान्द्रण विभव के विरुद्ध दोनों दिशाओं Na^+ आयन गति करते हैं

(*c*) शुद्ध Na^+ आयनों की गति नहीं होती है

(*d*) Na^+ आयन अपने सान्द्रण विभव की दिशा में गति करते हैं

35. प्रदत्त उपयुक्त दशाओं में विसरण दाब न्यूनता (D.P.D.), परासरणीय दाब (O.P.) की अपेक्षा अधिक होगी–

(*a*) जब परासरणीय दाब स्फीति दाब के बराबर होता है

(*b*) जब परासरणीय दाब स्फीति दाब से कम होता है

(*c*) जब परासरणीय दाब स्फीति दाब से अधिक होता है

(*d*) जब स्फीति दाब ऋणात्मक होता है

36. निम्नलिखित में से कौन-सा अंतःशोषण का प्रदर्शन करता है?

(*a*) संतृप्त विलयन में अंगूर का फल

(*b*) मिट्टी के तेल में रबड़ का एक टुकड़ा

(*c*) मिट्टी के तेल में लकड़ी का एक टुकढ़ा

(*d*) जल में रबड़ का एक टुकड़ा

37. क्या होगा जब फार्मेलिन में परिरक्षित *स्पाइरोगायरा* के एक तन्तु को शर्करा के अतिपरासरी विलयन में रख दिया जाये?

(*a*) यह अपनी स्फीति खो देता है

(*b*) यह स्फीत हो जाता है

(*c*) यह जीवद्रव्य कुंचित हो जाता है
(*d*) कुछ भी नहीं होता है

38. किसी प्रोटोजोआ की संकुचनशीलता रिक्तिका अति सक्रिय रहती है–
(*a*) अतिपरासरी वातावरण में
(*b*) समपरासरी वातावरण में
(*c*) अल्पपरासरी वातावरण में
(*d*) जब एण्डोसाइटोसिस होता है।

39. यदि एक कोशिका A जिसका DPD = 5atm है 4 atm DPD वाली अनेक कोशिकाओं द्वारा घिरी हुई है तो–
(*a*) जल की शुद्ध गति कोशिका A से चारों ओर घेरी हुई कोशिकाओं की ओर होती है
(*b*) जल की शुद्धि गति पड़ोसी कोशिकाओं से कोशिका A में होती है
(*c*) जब की गति अन्य अज्ञात कारकों पर आश्रित होगी
(*d*) जल बिल्कुल गति नहीं करेगा

40. कोशिका रस होता है–
(*a*) कोशिका का जीवित पदार्थ
(*b*) जीव द्रव्य का निर्जीव पदार्थ
(*c*) रिक्तिका का निर्जीव पदार्थ
(*d*) उपरोक्त में से कोई नहीं

41. पादप कोशिका में स्थित रिक्तका में होते हैं–
(*a*) गैसें
(*b*) निर्वातक
(*c*) घुलित खनिज लवण
(*d*) जल

42. यदि एक कोशिका को शर्करा विलयन में स्थापित करें और वह आकार में न्यूनीकृत हो जाती है तो विलयन होता है–
(*a*) अतिपरासरी (*b*) अल्पपरासरी
(*c*) समपरासरी (*d*) इनमें से कोई नहीं

43. संख्यात्मक दृष्टि से परासरणीय विभव समान होता है–
(*a*) स्फीति दाब के
(*b*) विसरण दाब न्यूनता के
(*c*) परासरणीय दाब के
(*d*) भित्ति दाब के

44. जल के अणुओं का अद्भुत गुण होता है–
(*a*) सार्वभौमिक विलेयता
(*b*) संचरणता (Conductiviy)
(*c*) विशिष्ट ऊष्मा
(*d*) शरीर तापमान को बनाये रखना

45. जब एक पादप कोशिका, कोशिका रस से निम्न परासरी विलयन में रखी जाती है तो निम्नलिखित में से कौन-सी दशाएं नहीं होंगी ?
(*a*) कोशिका का भित्ति दाब गिर जायेगा
(*b*) कोशिका स्फीत (Turgid) हो जायेगी
(*c*) कोशिका रस का चूषण दाब गिर जायेगा
(*d*) कोशिका रस का जल विभव ऊँचा हो जायेगा

46. यदि एक कोशिका किसी विलयन में रखी जाती है और कोशिका सिकुड़ती है तो विलयन होता है–
(*a*) स्वच्छ (Clear)
(*b*) समपरासरी (Isotonic)
(*c*) समपरासरी (Hypotonic)
(*d*) अतिपरासरी (Hypertonic)

47. आसुत जल में पादप कोशिकाएँ नहीं फटती हैं क्योंकि–
(*a*) कोशिका भित्ति पारगम्य होती है
(*b*) कोशिका भित्ति सजीव होती है
(*c*) कोशिका भित्ति लचीली, कठोर एवं खिची हुई हो जाती है
(*d*) कोशिका भित्ति पादप कोशिका की सबसे बाहरी पर्त होती है

48. यदि एक पादप कोशिका पानी में डुबायी जाती है, तो जल कोशिका में उस समय तक प्रवेश करता है रहता है जब तक कि–
(*a*) जल की मात्रा कोशिका के भीतर उतनी नहीं होती है जितनी की बाहर
(*b*) कोशिका के भीतर और बाहर विसरण दाब समान नहीं होता है
(*c*) लवण का सान्द्रण कोशिका में तथा बाहर समान नहीं हो जाता है
(*d*) कोशिका फट नहीं जाती है

49. सही कथन पर निशान लगाइये–
(*a*) कोशिका भित्ति पारगम्य होती है
(*b*) कोशिका भित्ति अर्द्धपारगम्य होती है
(*c*) कोशिका भित्ति अपारगम्य कला होती है
(*d*) कोशिका भित्ति पारगम्यता से क्रिया नहीं करती है

50. जब अंकुरण के लिए एक बीज को उपयुक्त माध्यम में रखते हैं, निम्न में से किस निम्नलिखित प्रथम क्रिया द्वारा जल बीजावरण में प्रवेश करता है?
(*a*) अंतःशोषण (*b*) अवशोषण
(*c*) परासरण (*d*) मूल दाब

51. कोशिका में विजीवद्रव्यकुंचन (Deplasmolysis) होता है जब यह डुबायी जाती है–
(*a*) अल्पपरासरी (Hypotonic) विलयन में
(*b*) समपरासरी (Isotonic) विलयन में
(*c*) अतिपरासरी (Hypertonic) विलयन में
(*d*) उपरोक्त किसी में नहीं

52. "परासरण, एक दुर्बल सान्द्रण के विलयन का उच्च सान्द्रण के विलयन में विसरण होता है, जब दोनों एक अर्द्धपारगम्य कला द्वारा पृथक किये जाते हैं।" इस कथन में क्या कमी है ?
(*a*) सही सान्द्रताओं की पहचान नहीं होती है
(*b*) विसरण दाब न्यूनता (DPD) की अभिव्यक्ति नहीं होती है
(*c*) जल के अणुओं की गति विशेषीकृत नहीं होती है
(*d*) अर्द्धपारगम्य कला का व्यवहार विशेषीकृत नहीं होता है

53. चयनात्मक पारगम्य कला का उदाहरण होता है–
(*a*) कोशिका भित्ति
(*b*) माइट्रोकॉण्ड्रिया की कला
(*c*) हरितलवक की कला
(*d*) जीवद्रव्य कला

54. यदि कोशिका की भित्ति लचीली होती है और यदि यह कोशिका उच्च सान्द्रण वाले शर्करा विलयन के ऐसे माध्यम में रखी जाती है जिसका सान्द्रण कोशिका से अधिक हो तो–
(*a*) कोशिका द्रव्य के सिकुड़ने के कारण कोशिका भित्ति टूट जायेगी
(*b*) कोशिका भित्ति तथा कोशिका द्रव्य सिकुड़ जायेंगे
(*c*) कोशिका का आकार तथा माप नहीं बदलेंगे
(*d*) कोशिका का कोशिकाद्रव्य कोशिका भित्ति से सिकुड़कर अलग हो जायेगा

55. अधिक लवण वाले विलयन में एक कोशिका को रखने पर वह सिकुड़ जाती है क्योंकि–
(*a*) लवणीय जल कोशिका में प्रवेश करता है
(*b*) जल बाह्य परासरण द्वारा बाहर निकलता है
(*c*) कोशिका द्रव्य विघटित हो जायेगा
(*d*) खनिज लवण कोशिका भित्ति को तोड़ देगा

56. परासण (Osmosis) में विलायक प्रवाह करता है विलयन से–
(*a*) उच्च सान्द्रण से कम सान्द्रण के
(*b*) एक कोशिका से अन्य कोशिका के
(*c*) निम्न सान्द्रण से उच्च सान्द्रण के
(*d*) इनमें से किसी के नही

57. कोशिका में परासरण की क्रिया में–
(*a*) केवल कोशिका भित्ति एक कला के रुप में कार्य करती है
(*b*) केवल जीवद्रव्य का सबसे बाहरी स्तर कला की भाँति कार्य करता है
(*c*) कोशिका भित्ति तथा जीवद्रव्य दोनों कला की भाँति कार्य करते हैं
(*d*) पूरा जीवद्रव्य कला की भाँति कार्य करता है

58. परासरण की परिभाषा निम्न प्रकार है–
(*a*) एक अर्द्धपारगम्य कला में होकर विलेय का प्रवाह
(*b*) कला के बगैर, जल का प्रवाह
(*c*) अर्द्धपारगम्य कला में होकर कम से अधिक सान्द्रता की ओर विलायक जल का प्रवाह
(*d*) पूरा जीवद्रव्य कला की भाँति कार्य करता है

59. जामुनी पातगोभी की पत्तियाँ अपना रंग ठण्डे जल में नहीं खोती हैं, किन्तु उबलते हुए जल में ऐसा करती हैं क्योंकि
(*a*) कोशिका भित्ति उबलते हुए जल में नष्ट हो जाती है
(*b*) गर्म जल कोशिकाओं में जल्दी प्रवेश कर सकती है
(*c*) प्लाज्मा झिल्ली उबलते हुए जल में मर जाती है
(*d*) वर्णक (Pigment) ठण्डे जल में विलेय नहीं होते हैं

60. परासरण का अभिप्राय है–
(*a*) निम्न सान्द्रण से उच्च सान्द्रण की ओर विलेय का प्रवाह
(*b*) विलेय का उच्च सान्द्रण से निम्न सान्द्रण की ओर प्रवाह
(*c*) निम्न सान्द्रण से उच्च सान्द्रण की ओर विलायक का प्रवाह
(*d*) उच्च सान्द्रण से कम सान्द्रण की ओर विलायक का प्रवाह

61. जब एक पौधा मुरझाता है, तो घटनाओं का क्या क्रम होगा?

(*a*) अंतःपरासरण, जीवद्रव्यकुंचन, अस्थायी एवं स्थायी म्लानि

(*b*) बाह्यपरासरण, जीवद्रव्य कुंचन, अस्थायी एवं स्थायी म्लानि

(*c*) बाह्यपरासरण, विजीवद्रव्यकुंचन, जीवद्रव्यकुंचन, अस्थायी एवं स्थायी म्लानि

(*d*) बाह्यपरासरण, जीवद्रव्यकुंचन, विजीवद्रव्यकुंचन, अस्थायी तथा स्थायी म्लानि

62. जब आलू के कन्द का एक टुकड़ा सान्द्र लवणीय विलयन में रखा जाता है तो–

(*a*) लवण के विलयन के जल अवशोषित करके यह स्फीत हो जायेगा

(*b*) अपनी कोशिकाओं से जल की हानि के कारण यह सिकुड़ जायेगा

(*c*) नष्ट हो जायेगा

(*d*) कुछ भी नहीं होगा

63. यदि आप टमाटर के एक टुकड़े को सान्द्र विलयन में रखें तो–

(*a*) कोशिकाओं से जल की हानि के कारण यह सिकुड़ जायेगा

(*b*) लवणीय विलयन से जल के अवशोषण के कारण यह स्फीत हो जायेगा

(*c*) यह मर जायेगा

(*d*) उपरोक्त में से कोई नहीं

64. अंतःपरासण की क्रिया रुक जाती है–

(*a*) जब जल का सान्द्रण समान होता है

(*b*) जब विलयन समपरासरी होता है

(*c*) जब पतझड़ होता है।

(*d*) जब प्रकाश नहीं होता है

65. अर्द्धपारगम्यता लक्षण है–

(*a*) जीवद्रव्य कला का

(*b*) कोशिका भित्ति का

(*c*) गौल्जी काय का

(*d*) अंतःप्रद्रव्य जालक का

66. जब बीज पानी में डुबाये जाते हैं तो ये इसे अंतःशोषित करते हैं क्योंकि–

(*a*) बीज के भीतर परासरणीय दाब कम होता है

(*b*) बीजावरण में अनेक लवण होते हैं

(*c*) अवशोषण की क्रिया कार्य करती है

(*d*) भ्रूणपोष (Endosperm) में अनेक रिक्तिकाएँ होती हैं

67. जब एक कोशिका सुक्रोज के 0.5 एम. विलयन में रखी जाती है तो इसका आयतन नहीं बदलता है। यदि यही कोशिका सोडियम क्लोराइड के 0.5 एम. विलयन में स्थापित की जाती है, तो कोशिका का आयतन हो जायेगा–

(*a*) कोशिका जीवद्रव्यसंकुचित हो जायेगी

(*b*) कोई परिवर्तन नहीं होगा

(*c*) बढ़ जायेगा

(*d*) घट जायेगा

68. एक कोशिका आयतन में बढ़ती है जब यह रखी जाती है–

(*a*) एक समपरासरी विलयन में

(*b*) अतिपरासरी विलयन में

(*c*) अल्पपरासरी विलयन में

(*d*) इनमें से किसी में नहीं

69. यदि एक शैवाल स्पाइरोगायरा की थोड़ी सी कोशिकाएँ सान्द्र विलयन में रखी जाती है, तो कोशिकीय पदार्थ कोशिका भित्ति से सिकुड़कर अलग हट जाते हैं यह होता है–

(*a*) जल की कमी के कारण

(*b*) जीवद्रव्यकुंचन के कारण

(*c*) जलीय अपघटन के कारण

(*d*) संकुचन के कारण

70. जीवद्रव्यसंकुचन होता है जब कोशिका रखी जाती है–

(*a*) अम्लीय माध्यम में

(*b*) समपरासरी विलयन में

(*c*) अल्पपरासरी विलयन में

(*d*) अतिपरासरी विलयन में

71. प्लाज्मा झिल्ली होती है–

(*a*) अपारगम्य

(*b*) चयनात्मक अवरोध

(*c*) अचयनात्मक अवरोध

(*d*) सेल्यूलोज की बनी हुई

72. विसरण दाब न्यूनता (D.P.D.) समान होती है–

(*a*) परासरण दाब × विसरण दाब के

(*b*) परासरण दाब – स्फीति दाब के

(*c*) स्फीति दाब – परासरण दाब के

(*d*) परासरण दाब + स्फीति दाब के

73. जब एक कोशिका पूर्ण स्फीत होती है तो इसका–
(*a*) परासरण दाब = शून्य
(*b*) विसरण दाब न्यूनता = परासरण दाब
(*c*) विसरण दाब न्यूनता = शून्य
(*d*) चूषण दाब = स्फीति दाब

74. एक पूर्ण स्फीत कोशिका में विसरण दाब न्यूनता, परासरण दाब एवं स्फीत दाब परम्परा प्रदर्शित करती है–
(*a*) विसरण दाब न्यूनता O_2 atm; परासरण दाब 07atm; स्फीत दाब 05 atm.
(*b*) विसरण दाब न्यूनता 00 atm; परासरण दाब 15atm; स्फीत दाब 15 atm.
(*c*) विसरण दाब न्यूनता 10 atm; परासरण दाब 15 atm; स्फीत दाब 05 atm.
(*d*) विसरण दाब न्यूनता 05 atm; परासरण दाब 12 atm; स्फीत दाब 07 atm.

75. कोशिका द्वारा ऊर्जा के व्यय द्वारा एवं प्रायः परासरण विभव के विरुद्ध जल के ऊपर की ग्रहण की क्रिया कहलाती है–
(*a*) अंतःशोषण (Imbibition)
(*b*) परासरण (Osmosis)
(*c*) सक्रिय अवशोषण (Active Absorption)
(*d*) निश्चेष्ट अवशोषण (Passive Absorption)

76. एक प्रोफेसर पहले से गीले सरसों के बीजों तथा जल से भरी एक काँच की बोतल द्वारा कार्यकीय प्रक्रम का सजीव प्रदर्शन करना चाहता था। उन्होंने बोतल को मुँह से बन्द करके एक किनारे पर रख दिया तथा अपना वक्तव्य (Lecture) दिया। वक्तव्य के समाप्त होने पर एक धमाके के साथ बोतल के टुकड़े इधर उधर बिखर गये। तो प्रोफेसर निम्न में से किस क्रिया को प्रदर्शित करना चाहते थे ?
(*a*) विसरण (Diffusion)
(*b*) परासरण (Osmosis)
(*c*) अनाक्सी श्वसन (Anaerobic Respiration)
(*d*) अंतःशोषण (Imbibition)

77. अर्द्धपारगम्य कला के द्वारा विसरण होता है ?
(*a*) विलेयों का
(*b*) विलायक का
(*c*) विलायक तथा विलेय दोनों का
(*d*) उपरोक्त में से कोई नहीं

78. परासरण की क्रिया में सम्मिलित होती है–
(*a*) एक अर्द्धपारगम्य कला में होकर विलेय (Solute) की गति
(*b*) एक अर्द्धपारगम्य कला में होकर विलयन (Solvent) की गति
(*c*) अर्द्धपारगम्य कला में होकर विलायक (Solution) की गति
(*d*) उपरोक्त में से कोई नहीं

79. अन्तःकोशिकाओं से एक कोशिका में जल का प्रवेश होता है निम्न वास्तविक बल के कारण–
(*a*) विसरण दाब न्यूनता
(*b*) स्फीति दाब
(*c*) परासरण दाब
(*d*) भित्ति दाब

80. सान्द्रण विभव के विरुद्ध कौनसी क्रिया होती है?
(*a*) स्थानान्तरण (*b*) विसरण
(*c*) लवण अवशोषण (*d*) वाष्पोत्सर्जन

81. कोशिका के द्रव पदार्थो द्वारा तनाव की स्थिति में बाहर की ओर कोशिका भित्ति पर उत्पन्न दाब कहलाता है–
(*a*) मूल दाब (*b*) स्फीत दाब
(*c*) भित्ति दाब (*d*) परासरण दाब

82. एक कोशिका से अन्य कोशिका में किसके द्वारा जल का विसरण निर्धारित होता है ?
(*a*) विसरण दाब न्यूनता
(*b*) द्रव्य स्थैतिक दाब
(*c*) परासरण दाब
(*d*) भित्ति दाब

83. डी. पी. डी. (D.P.D.) का अभिप्राय है–
(*a*) विसरण विभव न्यूनता
(*b*) विसरण दाब न्यूनता
(*c*) दैनिक फॉस्फेट माँग
(*d*) दैनिक प्रकाश संश्लेषी डिप्रेशन

84. यदि एक कोशिका A, जिसका परासरण दाब = 5, एवं स्फीत दाब = 4, होता है, ऐसी कोशिकाओं द्वारा घिरी होती है जिनका परासरण दाब =3, एवं स्फीति दाब =1, है तो जल की गति की दिशा कौन सी होगी ?
(*a*) जल गति नहीं करेगा
(*b*) जल गति करेगा

(*c*) कोशिका A से अन्य कोशिकाओं में
(*d*) अन्य कोशिकाओं से कोशिका A में

85. निम्न में से कौन-सा कथन सही नहीं है ?
(*a*) मूलरोमों द्वारा क्रमशः जल तथा अकार्बनिक लवण प्राप्त किये जाते हैं
(*b*) जल या अकार्बनिक लवण में केवल एक वस्तु को एक बार में पौधे अवशोषित करते हैं
(*c*) पौधें जल की अतिरिक्त मात्रा को अवशोषित करते हैं
(*d*) पौधे जल की थोड़ी मात्रा को लेते हैं

86. कोशिका की स्फीति (Turgidity) बनी रहती है–
(*a*) भित्ति दाब (Wall Pressure) द्वारा
(*b*) विसरण दाब (Diffusion Pressure) द्वारा
(*c*) परासरण दाब (Osmotic Pressure) द्वारा
(*d*) स्फीत दाब (Turgor Pressure) द्वारा

87. सही दाब जिससे जल कोशिका में प्रवेश करता है कहलाता है–
(*a*) भित्ति दाब
(*b*) परासरण दाब
(*c*) विसरण दाब न्यूनता
(*d*) विसरण

88. कोशिका कला के पार सक्रिय एवं निश्चेष्ट परिवहन के बीच मुख्य अन्तर यह होता है कि–
(*a*) सक्रिय परिवहन निश्चेष्ट परिवहन की अपेक्षा अधिक तीव्र होता है
(*b*) निश्चेष्ट परिवहन अचयनित होता है
(*c*) निश्चेष्ट परिवहन सान्द्रण विभव के कारण कोशिका कला के आर-पार होता है जबकि सक्रिय परिवहन उपापचयी ऊर्जा के कारण होता है
(*d*) निश्चेष्ट परिवहन एनायन्स तक सीमित रहता है जबकि सक्रिय परिवहन केवल कैटआयन्स तक ही सीमित रहता है

89. परासरणीय दाब सर्वोच्च होता है–
(*a*) लवणोद्भिदों में (*b*) समोद्भिदों में
(*c*) शुष्कोद्भिदों में (*d*) लिथोफाइट्स में

90. अतिपरासरी KCl विलयन के कारण उत्पन्न तीव्र जीवद्रव्यकुंचन उल्टा क्यों हो जाता है ?
(*a*) KCl विलयन धीरे धीरे कोशिका से निकलता है
(*b*) KCl विलयन धीरे धीरे कोशिका में प्रवेश करता है
(*c*) KCl विलयन कोशिका के भीतर टूट जाता है
(*d*) KCl विलयन कोशिका के बाहर टूट जाता है

91. शर्करा के स्थान पर सोडियम क्लोराइड के विलयन का प्रयोग करने पर आलू ओस्मोस्कोप द्वारा परासरण का प्रदर्शन नहीं किया जा सकता है क्योंकि आलू का ऊतक होता है–
(*a*) नमक के विलयन के लिये पारगम्य
(*b*) नमक के विलयन के लिये अपारगम्य
(*c*) सोडियम आयनों के लिये पारगम्य
(*d*) क्लोराइड आयनों के लिये पारगम्य

92. चयनात्मक पारगम्य कला में होकर जल के अणुओं की गति कहलाती है–
(*a*) औटोलाइसिस (*b*) परासरण
(*c*) विसरण (*d*) जीवद्रव्यकुंचन

93. रिक्तिका युक्त पादप कोशिका में परासरण दाब होता है–
(*a*) DPD से कम
(*b*) DPD से ज्यादा
(*c*) स्फीति दाब के बराबर
(*d*) भित्ति दाब के बराबर

94. जल विभव की गणना की जा सकती है–
(*a*) $\pi + TP$
(*b*) $\psi + PW$
(*c*) $OP + TP$ या $\psi S + \psi P$
(*d*) $\pi + WP$

95. जीवद्रव्य कला नियन्त्रित करती है–
(*a*) केवल जल का गमन
(*b*) जल और कुछ विलेयों का गमन कोशिका के अन्दर और बाहर
(*c*) जल और विलेयों का कोशिका के अन्दर गमन
(*d*) कोशिका के घटकों को कोशिका से बाहर निकलने की गति

96. परासरण में चल होता है–
(*a*) विलायक कण अधिक सान्द्रता से कम सान्द्रता की ओर
(*b*) विलायक कण कम सान्द्रता से अधिक सान्द्रता की ओर एक अर्ध पारगम्य झिल्ली द्वारा
(*c*) विलेय कण अधिक सान्द्रता से कम सान्द्रता की ओर एक अर्द्ध पारगम्य झिल्ली द्वारा

(*d*) विलेय कण कम सान्द्रता की ओर एक अर्ध पारगम्य झिल्ली द्वारा

97. कोशिका कला है–

(*a*) अपारगम्य (*b*) अर्द्धपारगम्य

(*c*) पारगम्य (*d*) चयनात्मक पारगम्य

98. **1M** सोडियम क्लोराइड विलयन का जल विभव **1M** सुक्रोस विलयन की तुलना में होगा--

(*a*) समान (*b*) अधिक

(*c*) कम (*d*) उपरोक्त में से कोई नहीं

99. 0.1 मोलीय लवणीय घोल में पानी की क्षमता बल विभव कितनी होती है?

(*a*) –2.3 बार (*b*) 0 बार

(*c*) 22.4 बार (*d*) + 2.3 बार

100. निम्न में से किसमें सबसे अधिक जल विभव होगा?

(*a*) 1 मोलीय नमक विलयन

(*b*) 1 मोलीय शर्करा विलयन

(*c*) वाष्पीकृत जल

(*d*) 1 मोलीय शर्करा विलयन 2 -3 बार दाब के साथ

उत्तरमाला

1	2	3	4	5	6	7	8	9	10
(*a*)	(*a*)	(*a*)	(*b*)	(*a*)	(*a*)	(*b*)	(*c*)	(*c*)	(*a*)
11	**12**	**13**	**14**	**15**	**16**	**17**	**18**	**19**	**20**
(*b*)	(*c*)	(*c*)	(*c*)	(*d*)	(*c*)	(*a*)	(*b*)	(*a*)	(*c*)
21	**22**	**23**	**24**	**25**	**26**	**27**	**28**	**29**	**30**
(*c*)	(*c*)	(*b*)	(*b*)	(*b*)	(*c*)	(*a*)	(*c*)	(*b*)	(*d*)
31	**32**	**33**	**34**	**35**	**36**	**37**	**38**	**39**	**40**
(*c*)	(*a*)	(*c*)	(*d*)	(*d*)	(*b*)	(*d*)	(*c*)	(*b*)	(*c*)
41	**42**	**43**	**44**	**45**	**46**	**47**	**48**	**49**	**50**
(*d*)	(*a*)	(*c*)	(*d*)	(*a*)	(*d*)	(*c*)	(*b*)	(*a*)	(*a*)
51	**52**	**53**	**54**	**55**	**56**	**57**	**58**	**59**	**60**
(*a*)	(*b*)	(*d*)	(*d*)	(*b*)	(*c*)	(*b*)	(*c*)	(*c*)	(*c*)
61	**62**	**63**	**64**	**65**	**66**	**67**	**68**	**69**	**70**
(*b*)	(*b*)	(*a*)	(*a*)	(*a*)	(*c*)	(*d*)	(*c*)	(*b*)	(*d*)
71	**72**	**73**	**74**	**75**	**76**	**77**	**78**	**79**	**80**
(*b*)	(*b*)	(*c*)	(*b*)	(*d*)	(*d*)	(*b*)	(*b*)	(*a*)	(*c*)
81	**82**	**83**	**84**	**85**	**86**	**87**	**88**	**89**	**90**
(*b*)	(*a*)	(*a*)	(*c*)	(*b*)	(*d*)	(*c*)	(*c*)	(*a*)	(*b*)
91	**92**	**93**	**94**	**95**	**96**	**97**	**98**	**99**	**100**
(*a*)	(*b*)	(*b*)	(*c*)	(*b*)	(*b*)	(*d*)	(*c*)	(*a*)	(*c*)

❑❑❑

CHAPTER 18

जल का अवशोषण तथा रसारोहण
ABSORPTION OF WATER AND ASCENT OF SAP

- पौधे जल का अवशोषण मृदा से करते हैं इसके बाद उक्त अवशोषित जल जाइलम के द्वारा पौधों के विभिन्न अंगों तक पहुँचाया जाता है।

जल वितरण की आवश्यक क्रियायें

जल का मृदा से मूल रोमों द्वारा अवशोषण (absorption)	अवशोषण के पश्चात रसारोहण (ascent of sap)

1. जल का पौधों द्वारा अवशोषण (Absorption of Water by Plants)

मृदा जल से पौधों के जल की आवश्यकता की पूर्ति होती हैं। पौधों को जल की आवश्यकता विभिन्न कार्यों के लिए होती है।

- पौधे की कोशिका में लगभग 80% जल जाता है। जीव दृव्य में होने वाली सामान्य क्रियाओं के सम्पादन के लिए जल आवश्यक है।
- कोशिका की उपापचयी क्रियाओं में जल सक्रिय भाग लेता है। जैसे-प्रकाश संश्लेषण में जल अपघटन की क्रिया।
- जल की उपस्थिति से कोशिकाए स्फीत (turgid) रहती हैं जिसके कारण पौधे अपनी दृढ़ता बनाये रखते हैं।
- जल में घुलित खनिज, द्रव्य, गैस तथा कार्बनिक पदार्थों का पौधों के विभिन्न अंगों में वितरण जल के द्वारा ही होता है।

A. जल के स्रोत (Sources of Water)

मृदा में पाया जाने वाला जल वर्षा के कारण ही आता है। पौधों के लिए मृदा जल ही जल का मुख्य स्रोत होता है। परन्तु कुछ अधिपादप अपवाद स्वरूप, अपनी विशिष्ट मूलों द्वारा वातावरण से आर्द्रता का अवशोषण करके जल की आवश्यकता की पूर्ति करते हैं, जैसे-आर्किडस (Orchids)।

वर्षा जल का बहुत अधिक भाग नदी, तालाबों आदि में चला जाता है, जिसे अपवाहित जल (runoff water) कहा जाता है।

वर्षा जल का कुछ भाग मृदा में अवशोषित हो जाता है। जो कि निम्नानुसार है–

(a) गुरूत्वीय जल (Gravitational water)

(b) केशिका जल (Capillary water)

(c) आर्द्रता जल (Hygroscopic water)

B. जल अवशोषण करने वाले पौधे के अंग (Water absorbing organ of the plant)

पौधे में जल का अवशोषण जड़ के युवा (young) तथा वर्धन क्षेत्र (growing regions) के द्वारा होता है। जल का सबसे अधिक अवशोषण मूल-रोम क्षेत्र से होता है। मूल रोम पौधों की जल अवशोषण क्रिया के लिए आवश्यक होते हैं।

पौधे (Seedlings) एक स्थान से दूसरे स्थान (transplantation) पर लगाये जाते हैं तब मूलरोम (root hairs) टूट जाते हैं। जिससे जल अवशोषण नहीं होता है और पौधे की मृत्यु हो जाती है।

C. जल अवशोषण की क्रियाविधि (Mechanism of Water Absorption)

जल का अवशोषण दो विधियों द्वारा होता हैं।

(*i*) जल का सक्रिय अवशोषण (Active Absorption of Water)

यह अवशोषण परासरण दाब के विपरित होता है। इसके लिए ऊर्जा जड़ की जीवित कोशिकाओं से प्राप्त होती हैं। जिसके परिणामस्वरूप श्वसन करने वाले सभी कारक, आक्सीजन की कमी, कम ताप आदि अवशोषण को भी कम कर देते हैं, इसी प्रकार, चयापचयी क्रियाओं को बढ़ाने वाले पदार्थ या परिस्थितियाँ, ऊर्जा आदि अवशोषण को बढ़ाने वाली होती है। जब कि इन क्रियाओं, को कम करने वाले पदार्थ, जैसे विष, ऊर्जा, कम ताप आदि कारक अवशोषण को भी कम करते हैं।

(*ii*) जल का निष्क्रिय अवशोषण (Passive Absorption of Water)

मूल रोमों में जल का अवशोषण होना तभी संभव है जब कोशिका रस (cell sap) की सान्द्रता मृदा विलयन (Soil Solution) की अपेक्षा अधिक हो। इस समय जाइलम वाहिकाओं में जल की कमी होने पर उसकी पूर्ति होने के लिये जाइलम वाहिकाओं के आस-पास उपस्थित मृदूतकीय कोशिकाओं से जल की आपूर्ति की जाएगी।

इस प्रकार यह जल क्रमशः परिरम्भ, अन्तस्त्वचा तथा कॉर्टेक्स की कोशिकाओं से अवशोषित किया जायगा। इस जल के कमी की पूर्ति अन्त में मूलरोम या बाह्य त्वचा की कोशिकाएं करेगी। अतः इस प्रकार जल का अवशोषण कोशिकाओं के द्वारा नहीं, बल्कि कोशिकाओं से होकर होता है। इसमें अवशोषण बिना ऊर्जा तथा बिना परासरण दाब प्रभाव के वाष्पोत्सर्जन के खिंचाव (pull) के द्वारा होता है।

जल के अवशोषण को प्रभावित करने वाले प्रमुख कारक (Major Factors Affecting Water Absorption)

(*i*) प्राप्य मृदा जल (Available Soil Water)

मृदा में उपस्थित केशिका जल (Capillary water) ही केवल पौधों को मिल पाता है। लेकिन जिस स्थान पर केशिका जल हो उसी स्थान पर मूल रोम भी होने चाहिए। कभी-कभी अधिक जल होने के कारण मृदा कणों के मध्य अवकाशों से वायु निकल जाती है और जलाक्रान्त (Water logging) हो जाती हैं। ऐसी स्थिति में पानी रहते हुए भी पौधों को नहीं मिल पाता है। ऐसी स्थिति को क्रियात्मक सूखे (Physiological dryness) की स्थिति कहा जाता है।

(*ii*) मृदा वायु (Soil Air)

मृदा से आक्सीजन की कमी भी जड़ों द्वारा अवशोषण को प्रभावित करती है क्योंकि इससे परासरण व श्वसन की क्रिया प्रभावित होती है। O_2 की कमी CO_2 की सान्द्रता को बढ़ाती है तथा कोशिका द्रव्य गाढ़ा हो जाने से इसकी पारगम्यता पर भी प्रभाव पड़ता है।

(*iii*) मृदा तापमान (Soil Temperature)

तापमान 20°C–30°C तक होने पर ही अवशोषण ठीक प्रकार से होता है क्योंकि 30°C से अधिक मृदा ताप होने पर जल वाष्पित हो जाता है तथा 20°C से कम होने पर गाढ़ा हो जाता है जिससे जीव द्रव्य के लिये कम पारगम्य हो जाता है।

(*iv*) मृदा विलयन की सान्द्रता (Concentration of Soil Solution)

मृदा विलयन की सान्द्रता अधिक होने के कारण बहिर्परासरण शुरू हो जाता है। जिसके कारण पौधे का पानी सूख जाता है और पौधा मुरझा जाता है।

रसारोहण (Ascent of Sap)

जल का मूलों से अवशोषण होने के बाद जल पौधे के विभिन्न अंगों में वितरित होता है। मूल से पौधों के शीर्ष तक की दूरी लगभग 200 फीट होती है। परन्तु जल जड़ से शिखाग्र तक इससे अधिक ऊँचाई के पौधों में भी पहुंचाया जाता है। इस प्रकार जड़ से शिखाग्र तक जल रस (sap) अथवा तनु विलयन के रूप में रस दारू (Sap wood) के द्वारा स्थानान्तरित (translocate) होता है। इसे रसारोहण (ascent of sap) कहा जाता है।

रसारोहण की क्रिया-विधि

(Mechanism of Ascent of sap)

उक्त क्रियाविधि को विस्तृत रूप में अध्ययन हेतु, इसे तीन वर्गो में विभाजित करते हैं–

(*i*) जैव वाद (Vital Theories)

(*ii*) मूल दाब (Root Pressure) तथा

(*iii*) भौतिक वाद (Physical Theories)।

तालिका 18.1: निष्क्रिय अवशोषण तथा सक्रिय जल अवशोषण में अन्तर
(Difference between Passive absorption and Active water absorption)

निष्क्रिय अवशोषण (Passive absorption)	सक्रिय अवशोषण (Active absorption)
1. इसमें क्रियात्मक विभव पौधे के वायवीय भागों में उत्पन्न होता है।	1. इसके लिए क्रियात्मक विभव मूल की कोशिकाओं में उत्पन्न होता है।
2. तीव्र वाष्पोत्सर्जन के कारण दारू वाहिनियों में एक प्रकार का खिंचाव (transpiration pull) पैदा होता है।	2. जड़ें मन्द गति से जल को भूमि से परासरित करती रहती हैं। अतः मूलदाब (root pressure) उत्पन्न होती है।
3. जड़ें निष्क्रिय अवशोषण तल का कार्य करती हैं।	3. इसमें धीमी गति से वाष्पोत्सर्जन करते हुये पादप के दारू पर पर्याप्त दाब बनाती है।
4. अवशोषण मूल के अन्दर होता हैं।	4. अवशोषण मूल के द्वारा (by root) होता है।

बहुविकल्पीय प्रश्न

1. कटे हुये पुष्प को नमक के जल में क्यों रखा जाता है–
(*a*) पुष्प को पोषण मिलता है
(*b*) वाष्पोत्सर्जन कम हो जाता है अतः पुष्प अधिक देर तक खिला रहता है
(*c*) पुष्प की कोशिकाओं का परासरणी दाब नियमित बना रहता है
(*d*) पुष्प की जीवाणुओं से रक्षा होती रहती है

2. अतिवृष्टि के उपरान्त उचित जल निकास न होने की स्थिति में पौधों की पत्तियाँ मुरझा जाती है–
(*a*) जड़ गलन के कारण
(*b*) वातन की कमी के कारण
(*c*) उच्च लवण सान्द्रता के कारण
(*d*) मृदा के निम्न तापक्रम के कारण

3. दीर्घकालिक जलाक्रान्ति से पौधों के मरने का कारण क्या होता है ?
(*a*) भूमि में पोषण तत्वों का अधिक तनु हो जाना
(*b*) जड़ों में श्वसन का रुकना
(*c*) पौधों में कोशिका रस का बहुत तनु हो जाना
(*d*) अधिक पानी के कारण पोषण तत्वों का निक्षालित होना

4. ज्यादातर पौधों के लिये प्राप्य मृदा जल है–
(*a*) समस्त कोशिका जल
(*b*) फील्ड कैपेसिटी बिन्दु एवं आर्द्रता जल बिन्दु के बीच का जल
(*c*) फील्ड कैपेसिटी बिन्दु और स्थायी म्लानि बिन्दु के बीच का जल
(*d*) फील्ड कैपेसिटी जल एवं गुरुत्वाकर्षणीय जल

5. एक मूल कोशिका जो सक्रिय रुप में जल अवशोषण कर रही है, उसका जल विभव होगा–
(*a*) मृदा जल के जल विभव से अधिक
(*b*) शून्य

(*c*) शून्य से कम
(*d*) शून्य से अधिक

6. जल तथा लवणों का अभिगमन होता है द्वारा–
(*a*) फ्लोएम (*b*) दारु
(*c*) चालनी नलिकायें (*d*) स्थूलकोण ऊतक

7. जड़ों द्वारा जल अवशोषण के अन्तर्गत कोशिका रस का जल विभव निम्न स्तर का होता है–
(*a*) शुद्ध जल व मृदा घोल दोनों के जल विभव से कम
(*b*) न तो शुद्ध जल के और न ही मृदा घोल के जल विभव से कम
(*c*) शुद्ध जल के जल विभव से कम परन्तु मृदा घोल के जल विभव से अधिक
(*d*) मृदा घोल के जल विभव से कम परन्तु शुद्ध जल के जल विभव से अधिक

8. जल की पकड़ क्षमता अधिक होती है–
(*a*) क्ले मृदा में (*b*) लोम मृदा में
(*c*) सिल्ट मृदा में (*d*) रेतीली मृदा में

9. पादपों की भूमि से केवल–
(*a*) आर्द्रताग्राही जल प्राप्त होता है
(*b*) केशिका जल प्राप्त होता है
(*c*) गुरुत्व जल प्राप्त होता है
(*d*) सभी जल प्राप्त होते हैं

10. शाकीय पौधे का तना काट देने पर जाइलम रस का रिसना किस कारण संभव है–
(*a*) निष्क्रिय अवशोषण से
(*b*) मूलदाब से
(*c*) बिन्दु स्राव द्वारा
(*d*) वाष्पोत्सर्जन की उपस्थिति से

11. जड़ों में कार्टेक्स की एक कोशिका से दूसरी निकटवर्ती कोशिका में जल की गति किसके द्वारा होती है?
(*a*) कोशिकाओं में अकार्बनिक लवणों का एकत्रित होना
(*b*) कोशिकाओं में कार्बनिक यौगिकों का एकत्रित होना
(*c*) रासायनिक विभव प्रवणता
(*d*) जल विभव प्रवणता

12. पानी से अच्छी प्रकार सींचे पौधे को तने से अनुप्रस्थ काटने पर कटी हुई सतह से द्रव्य का निकलना निम्न में से किस कारण होता है–
(*a*) मूलदाब
(*b*) संसंजन बल
(*c*) वाष्पोत्सर्जन अपकर्ष
(*d*) केशिकात्व

13. मूल दाब तब उच्चतम होता है जब–
(*a*) वाष्पोत्सर्जन अधिक होता है तथा अवशोषण बहुत कम होता है
(*b*) वाष्पोत्सर्जन बहुत कम होता है तथा अवशोषण अधिक होता है
(*c*) वाष्पोत्सर्जन बहुत अधिक होता है तथा अवशोषण भी अधिक होता है
(*d*) वाष्पोत्सर्जन तथा अवशोषण दोनों धीमे होते हैं

14. वाष्पोत्सर्जन खिंचाववाद किसने प्रतिपादित किया था–
(*a*) बोहम (*b*) साक
(*c*) गोडलेविस्की (*d*) जौली और डिक्सन

15. रसारोहण के लिए सबसे अधिक स्वीकृत स्पष्टीकरण है–
(*a*) कैपिलेरिटी
(*b*) वायु दाब का प्रभाव
(*c*) जीवित कोशिकाओं का स्पंदनवाद
(*d*) डिक्सन तथा जौली का वाष्पोत्सर्जन-कर्षण मत

16. ठंडी मृदा में पानी की मात्रा तो काफी है, पर पानी के अवशोषण की गति निम्न में से किस कारण धीमी है–
(*a*) फिजीकल जल की कमी
(*b*) फिजियोलोजिकल शुष्कता
(*c*) फिजिकल एवं फिजियोलोजिकल जल की कमी
(*d*) उपरोक्त में से कोई नहीं

17. रसारोहण की रिले पम्प परिकल्पना को किसने प्रस्तावित किया–
(*a*) बोस (*b*) गोडलेवस्की
(*c*) वेस्टन (*d*) स्ट्रासबर्गर

18. निम्नलिखित में से कौन-सी क्रिया परासरण से सम्बन्धित नहीं है–
(*a*) मृदा से मूलरोम में जल का प्रवेश
(*b*) मूलरोम से आसन्न कोशिकाओं का जल चालन
(*c*) जल का एक जाइलम तत्व से दूसरे तत्व में ऊपर की ओर स्थानान्तरण
(*d*) जड़ की जाइलम वाहिका से पर्ण के जाइलम कोशिका में जल प्रवेश

19. जब भूमि पूर्णयता जल मग्न हो और उससे पानी का निकास कर दिया जाये तो भूमि के अन्दर निहित जल क्या संकेत करेगा–
(*a*) गुरुत्वीय जल (*b*) कोशिका जल
(*c*) क्षेत्रीय जल धारिता (*d*) संग्रह जल धारिता

20. वह कौन-सा कारक अथवा प्रक्रिया है जो ऊँचे वृक्षों की जड़ों से उन वृक्षों की चोटी तक पानी के ऊपर को चढ़ते जाने का सबसे अच्छा स्पष्टीकरण प्रस्तुत करता है–
(*a*) परासरण दाब (*b*) स्फीति दाब
(*c*) मूल दाब (*d*) संसंजन

21. पौधे का मुरझाना किस एक प्रक्रिया के अधिक मात्रा में होने के कारण होता है–
(*a*) प्रकाश संश्लेषण (*b*) श्वसन
(*c*) वाष्पोत्सर्जन (*d*) अवशोषण

22. जल धारण शक्ति किसमें सबसे अधिक होती है–
(*a*) चिकनी मिट्टी (*b*) दोमटी मिट्टी
(*c*) सिल्ट मिट्टी (*d*) बलुई मिट्टी

23. मूल रोम मृदा से जल अवशोषण करेंगे जब–
(*a*) कोशिका रस में विलेय सान्द्रता उच्च हो
(*b*) मृदा में लवण सान्द्रता उच्च हो
(*c*) जब मूलरोम मृदा से अर्द्ध पारगम्य झिल्ली द्वारा पृथक हो
(*d*) पौधों में तेजी से श्वसन हो रहा हो

24. वृक्षों में रसारोहण के लिये सबसे सही मत है–
(*a*) जीवित कोशिकाओं का स्पंदन
(*b*) डिक्सन का वाष्पोत्सर्जन कर्षण और संसंजन मत
(*c*) वायु दाब मत
(*d*) केशिकात्व दाब

25. गुरुत्व के विपरीत दशा में जल संवहन के लिये बल है–
(*a*) परासरण (*b*) अन्तःशोषण
(*c*) प्रकाश संश्लेषण (*d*) वाष्पोत्सर्जन

26. पौधों में अधिकांश जल अवशोषण होता है–
(*a*) मूल गोप से (*b*) मूलाग्र से
(*c*) मूलरोम से (*d*) विभज्योतकी क्षेत्र से

27. मूल दाब होता है, के कारण–
(*a*) मूलों द्वारा जल के अवशोषण
(*b*) पत्तियों के कम DPD
(*c*) पत्तियों के अधिक DPD
(*d*) उपरोक्त सभी

28. जब तने के ऊपरी भाग को काटा जाता है तथा इस तने से रस बाहर निकलता है, यह क्रिया है–
(*a*) केशिका बल (*b*) मूल दाब
(*c*) परासरी दाब (*d*) चूषण दाब

29. अतिपरासरी बाह्य विलयन से जल का अवशोषण किया जा सकता है–
(*a*) साइटोकाइनिन से उपचारित कोशिका द्वारा
(*b*) ऑक्सिन से उपचारित कोशिका द्वारा
(*c*) बाह्य विलयन में जल की अधिकता से
(*d*) उपरोक्त में से कोई नहीं

30. वह सब कारक जो मूल कोशिका की उपापचयी क्रिया को प्रभावित करती है........... की दर को भी प्रभावित करते हैं–
(*a*) सक्रिय अवशोषण
(*b*) निष्क्रिय अवशोषण
(*c*) दोनों सक्रिय तथा निष्क्रिय अवशोषण
(*d*) उपरोक्त में से कोई नहीं

31. लवणोद्भिद् क्रियात्मक शुष्क मृदा पर उगते हैं क्योंकि इसमें उपस्थित होते हैं–
(*a*) जल में बहुत अधिक लवण
(*b*) पादप में बहुत अधिक लवण
(*c*) बाहर की ओर बहुत अधिक आर्द्रता
(*d*) शुष्क मृदा

32. सर जे. सी. बोस ने इस वाद को रसारोहण की क्रिया को समझाने को प्रतिपादित किया था–
(*a*) रिले पम्प वाद (Relay Pump Theory)
(*b*) पल्सेटरी वाद (Pulsatory Theory)
(*c*) वाष्पोत्सर्जन खिंचाव वाद (Transpiration Pull Theory)
(*d*) केशिका बल वाद (Capillary Force Theory)

33. जड़ का सक्रिय अवशोषण उत्पन्न करता है–
(*a*) जड़ के जाइलम रस में ऋणात्मक दाब
(*b*) जड़ के जाइलम रस में धनात्मक दाब
(*c*) तने के जाइलम रस में ऋणात्मक दाब
(*d*) तने के जाइलम रस में धनात्मक दाब

34. जड़ के वाहिकाओं में दाब उत्पन्न होता है जो जल पारस को ऊपर की ओर तने में पहुँचा देते हैं कहलाता है–

(*a*) स्फीति दाब (*b*) भित्ति दाब

(*c*) परासरण दाब (*d*) मूल दाब

35. अवशोषण की विधि जिसमें ऊर्जा का उपयोग नहीं होता है तथा जड़ें केवल अवशोषण करने वाले भाग की तरह कार्य करती है, कहलाता है–

(*a*) सक्रिय अवशोषण

(*b*) निष्क्रिय अवशोषण

(*c*) दोनों सक्रिय एवं निष्क्रिय अवशोषण

(*d*) उपरोक्त में से कोई नहीं

36. सही कथन बताइये–

(*a*) जल का निष्क्रिय अवशोषण दिन तथा रात व सभी मौसम में लगातार होता है

(*b*) जल का निष्क्रिय अवशोषण दिन के समय होता है तथा सभी मौसम में रात में रुक जाता है

(*c*) जल का निष्क्रिय अवशोषण रात में होता है तथा सभी मौसम में दिन में रुक जाता है

(*d*) जल का निष्क्रिय अवशोषण सभी मौसम में सुबह तथा शाम के समय अधिकतम होता है

37. गरम तथा प्रदीप्त दिनों में जब पत्तियों से वाष्पोत्सर्जन तेज होता है अनेक पौधों के तने वास्तव में हल्के से सिकुड़ जाते हैं क्योंकि–

(*a*) पानी का स्तम्भ ऊपर चढ़ता है

(*b*) दारु की कोशिकाओं का जीवद्रव्य कुंचन

(*c*) जगह-जगह पर वायु के बुलबुलों का होना

(*d*) पानी के स्तम्भ में ऋणात्मक दाब अथवा तनाव

38. यदि "वाष्पोत्सर्जन का अपकर्ष और पानी के अणुओं का संसंजन" यह वाद ठीक है तब पानी के स्तम्भ में वायु के बुलबुले–

(*a*) कुछ भी प्रभाव नहीं डालते

(*b*) चालक ऊतकों को बन्द कर देते हैं

(*c*) वाष्पोत्सर्जन की दर बढ़ाते हैं

(*d*) पानी अवशोषण की दर को बढ़ाते हैं

39. आपको तीन कोशिकायें, एक मूलरोम, भीतरी कार्टेक्स स्तर की एक कोशिका तथा पर्णमध्योतक की एक कोशिका दी गयी है, इन्हें विसरण दाब न्यूनता (DPD) के आरोही क्रम में व्यवस्थित कीजिये–

(*a*) मूलरोम < पर्णमध्योतक < कार्टेक्स कोशिका

(*b*) मूलरोम < कार्टेक्स कोशिका < पर्णमध्योतक

(*c*) कार्टेक्स कोशिका < पर्णमध्योतक < मूलरोम

(*d*) पर्णमध्योतक < मूलरोम < कार्टेक्स कोशिका

40. जल के अणुओं के लिये कोशिका भित्तियों का आकर्षण बल कहलाता है–

(*a*) अधिशोषण (*b*) संसंजन

(*c*) परासरण (*d*) जीवद्रव्य कुंचन

41. पौधों में जल का संवहन होता है–

(*a*) फ्लोएम द्वारा (*b*) कैम्बियम द्वारा

(*c*) जाइलम द्वारा (*d*) नलिकाओं द्वारा

42. वाष्पोत्सर्जन संसंजन तनाववाद के प्रतिपादप है–

(*a*) जे.सी. बोस (*b*) गोडलेवस्की

(*c*) डिक्सन (*d*) बोहम

43. गुरुत्वाकर्षण के विपरीत पौधों में ऊपर की ओर जल का बहाव किस कारण होता हैं–

(*a*) जैव शक्ति वाद

(*b*) वाष्पोत्सर्जनाकर्षण

(*c*) जल का संसंजक बल

(*d*) वाष्पोत्सर्जनाकर्षण जलीय संसंजन मत

44. रसारोहण का मूलदाब वाद मान्य नहीं है क्योंकि–

(*a*) जल जड़ों या मूलदाब के बिना भी चढ़ सकता है

(*b*) मूलदाब जल को 10 मीटर से ज्यादा ऊँचाई तक नहीं चढ़ा सकता है

(*c*) मूलदाब सुबह को दोपहर से अधिक होता है

(*d*) वसन्त में मूलदाब उत्पन्न नहीं होता है

45. स्ट्रासबर्गर ने रसारोहण के जैविक वाद को गलत बनाया किस आधार पर–

(*a*) जीवित कोशिकायें स्थानान्तरण के काबिल नहीं हैं

(*b*) जल मृत कोशिकाओं से भी चढ़ता है

(*c*) जीवित कोशिकाओं में श्वसन होता है

(*d*) जीवित कोशिकाओं में वृद्धि की क्षमता होती है

46. तनाव का संसंजन बल मूल दाब से अधिक होता है–

(*a*) घना कोहरे की सुबह में

(*b*) वर्षा वाले दिन में

(*c*) प्रदीप्त दिन में

(*d*) पूर्ण चन्द्र रात में

47. रसारोहण के लिये सबसे अधिक मान्य वाद प्रस्तुत किया–
(*a*) जे. सी. बोस द्वारा (*b*) मुन्य द्वारा
(*c*) स्ट्रासबर्गर द्वारा (*d*) डिक्सन तथा जॉली द्वारा

48. रसारोहण का पहला वाद प्रस्तुत किया गया–
(*a*) जे. सी. बोस द्वारा (*b*) गोडलेवस्की द्वारा
(*c*) स्टीफन हेल्स द्वारा (*d*) वेस्टर मेयर द्वारा

49. सामान्य दशाओं में मूल रोम कोशिकाओं में प्रारुपिक दृष्टि से जल विभव की सीमा होती है–
(*a*) 1 से 4 वायुमण्डल (*b*) –1 से 4 वायुमण्डल
(*c*) 1 से 2 वायुमण्डल (*d*) –2 से 2 वायुमण्डल

50. जड़ों द्वारा भूमि से जल का सक्रिय अवशोषण मुख्यतया प्रभावित होता है–
(*a*) वाष्पोत्सर्जन के कारण उत्पन्न तनाव द्वारा
(*b*) प्रारुपी ऊतक संगठन द्वारा
(*c*) मूलरामों की प्रचूषण शक्ति (DPD) द्वारा
(*d*) पत्तियों के कोशिका रस के परासरणीय सान्द्रण द्वारा

51. मिट्टी कार्यकीय दृष्टि से शुष्क होती है जब–
(*a*) मृदा का तापमान 4°C होता है
(*b*) मृदा में CO_2 की अधिकता होती है
(*c*) मृदा विलयन की सान्द्रता कोशिका की अपेक्षा उच्च होती है
(*d*) इसमें आर्द्रताग्राही जल नहीं होता है

52. किसी पौधे में मूलीय दाब का मापन किया जाता है–
(*a*) मैनोमीटर द्वारा (*b*) बैरोमीटर द्वारा
(*c*) पोटोमीटर द्वारा (*d*) थर्मामीटर द्वारा

53. जड़ों द्वारा जल का अवशोषण बढ़ता है जब–
(*a*) वाष्पोत्सर्जन दर कम होती है
(*b*) लवण अवशोषण बढ़ जाता है
(*c*) वाष्पोत्सर्जन दर बढ़ जाती है
(*d*) प्रकाश संश्लेषण दर बढ़ जाती है

54. मूलरोम कहाँ से निकलते हैं–
(*a*) बाहरी कार्टेक्स से (*b*) बाह्य त्वचा से
(*c*) परिरम्भ से (*d*) एण्डोडर्मिस से

55. पौधे अधिकांशतः निम्न में से कौन-सा जल अवशोषित करते हैं–
(*a*) गुरुत्वीय जल (*b*) आर्द्रताग्राही जल
(*c*) क्रिस्टलीय जल (*d*) केशिकात्व जल

56. आवृतबीजियों में जल स्थानान्तरण के लिये मुख्य मार्ग है–
(*a*) जाइलम तथा फ्लोएम दोनों
(*b*) फ्लोएम की चालनी नलिका
(*c*) फ्लोएम की चालनी कोशिकायें
(*d*) जाइलम की वाहिकाये

57. मूल रोम पौधों के लिये अति आवश्यक है क्योंकि–
(*a*) जड़ें मूलरोम क्षेत्र से वृद्धि करती हैं
(*b*) मूलरोम सहारा प्रदान करते हैं
(*c*) मूलरोम जल का अवशोषण करते हैं
(*d*) मूलरोम कोशा विभाजन व वृद्धि के केन्द्र हैं

58. जल का जड़ों से मृदा में या मृदा से जड़ों में गमन किस पर निर्भर करता है–
(*a*) मृदा की उर्वरकता पर
(*b*) जड़ों के आकार पर
(*c*) मृदा व जड़ की कोशिका में जल की आपेक्षिक सान्द्रता पर
(*d*) जड़ों की गहराई पर

59. जड़ें मिट्टी से किस जल को अवशोषित करती हैं–
(*a*) बहता हुआ जल (*b*) गुरुत्वीय जल
(*c*) आर्द्रता ग्राही जल (*d*) केशिका जल

60. पौधों के लिये सबसे अच्छी मृदा है–
(*a*) चिकनी मिट्टी (*b*) मार्ल मिट्टी
(*c*) रेतीली मिट्टी (*d*) दोमट मिट्टी

61. बहुत से प्रतिरोपित पौधे जीवित नहीं रहते क्योंकि–
(*a*) उन्हें आवश्यक तत्व नहीं मिलते
(*b*) प्रतिरोपण के समय मूल रोम मर जाते हैं
(*c*) नई मिट्टी उन्हें पसन्द नहीं आती
(*d*) उपरोक्त में से कोई नहीं

62. मृदा से द्वितीयक जाइलम के लिये जल का रास्ता है–
(*a*) मृदा→मूलरोम की कोशिका भित्ति → कार्टेक्स → एण्डोडर्मिस → परिरम्भ → प्रोटोजाइलम → मेटाजाइलम
(*b*) मेटाजाइलम → प्रोटोजाइलम → कार्टेक्स → मृदा → मूलरोम
(*c*) कार्टेक्स → मूलरोम → एण्डोडर्मिस → परिरम्भ → प्रोटोजाइलम → मेटाजाइलम
(*d*) परिरम्भ → मृदा → मूलरोम → कार्टेक्स → एण्डोडर्मिस → प्रोटोजाइलम → मेटाजाइलम

63. निम्नलिखित में से कौन-सा तीव्र प्रकार का अवशोषण होता है–

(*a*) लवण अवशोषण (*b*) मूल अवशोषण

(*c*) निश्चेष्ट अवशोषण (*d*) सक्रिय अवशोषण

64. प्रारम्भिक अवस्था में मूल कोशिकाओं द्वारा जल का अवशोषण होता है–

(*a*) अवशोषण द्वारा (*b*) परासरण द्वारा

(*c*) विसरण द्वारा (*d*) अन्तःशोषण द्वारा

65. कोशिका द्वारा ऊर्जा के व्यय द्वारा एवं प्रायः परासरण विभव के विरुद्ध जल के ऊपर की ओर ग्रहण की क्रिया कहलाती है–

(*a*) अंतः शोषण (*b*) परासरण

(*c*) सक्रिय अवशोषण (*d*) निश्चेष्ट अवशोषण

66. पौधों में जल का परिवहन होता है–

(*a*) फ्लोएम द्वारा (*b*) कैम्बियम द्वारा

(*c*) जाइलम द्वारा (*d*) बाह्य त्वचा द्वारा

67. मूल रोमों द्वारा जल का अवशोषण होगा जब बाह्य माध्यम होता है–

(*a*) अल्पपरासरी (*b*) अति परासरी

(*c*) श्यान (Viscous) (*d*) समपरासरी

68. जल के अवशोषण में मूल छद (मूलगोप) की कोई भूमिका नहीं होती है क्योंकि–

(*a*) इसमें मूलरोम नहीं होते हैं

(*b*) इसमें हरित लवक युक्त कोशिकाएँ नहीं होती हैं

(*c*) इसका संवहन तन्त्र से सीधा सम्बन्ध नहीं होता है

(*d*) इसमें ढीले रुप में व्यवस्थित कोशिकायें होती हैं

69. मूलरोम मृदा से जल अवशोषित करेंगे जब–

(*a*) कोशिका रस में विलेय सान्द्रता मिट्टी विलयन से अधिक हो

(*b*) मिट्टी से कोशिका रस अर्द्धपारगम्य झिल्ली द्वारा पृथक हो

(*c*) मिट्टी विलयन में लवण सान्द्रता कोशिका रस से अधिक हो

(*d*) मिट्टी विलयन और कोशिका रस में समान विलेय सान्द्रता हो

70. डिक्सन तथा जॉली किसके लिए प्रसिद्ध है–

(*a*) शिखाय प्रमुखता

(*b*) वाष्पोत्सर्जन का संसंजन मत

(*c*) प्रकाश संश्लेषण की प्रकाश प्रक्रिया

(*d*) अनाक्सी श्वसन

71. मिट्टी में उपस्थित जल की मात्रा जिसमें पौधा मुरझा जाता है कहलाता है–

(*a*) स्फीत (*b*) मिट्टी की जल धारण क्षमता

(*c*) म्लानी गुणांक (*d*) केशिकत्व जल

72. वाष्पोत्सर्जन-कर्षण सिद्धांत किसके लिए जरुरी है–

(*a*) निष्क्रिय जल अवशोषण

(*b*) सक्रिय जल अवशोषण

(*c*) मूल दाब उत्पन्न होना

(*d*) अन्तः शोषण

73. पादपों में जड़ तन्त्र विकसित होता है क्योंकि–

(*a*) खनिजों की कमी के कारण

(*b*) आक्सिन की कमी के कारण

(*c*) साइटोकोइनिन की कमी के कारण

(*d*) अधिक जल अवशोषण के लिये

74. जल का अवशोषण रात के समय माना जाता है–

(*a*) निष्क्रिय क्योंकि जल का अवशोषण सान्द्रता प्रवणता के विरुद्ध होता है

(*b*) सक्रिय क्योंकि जल का अवशोषण होता है जबकि जाइलम में पानी की सान्द्रता ज्यादा होती है

(*c*) अपरासरणीय क्योंकि मूल रस तनु होता है

(*d*) परासरणीय क्योंकि जाइलम रस में कार्बनिक व अकार्बनिक विलेय पाये जाते है

75. रसारोहण के लिये साक्स के अन्तः शोषण वाद को गलत माना जाता है क्योंकि–

(*a*) पानी अवकोशियों द्वारा चढ़ता है भित्ति द्वारा नहीं

(*b*) दारू की सेल्यूलीज भितियां अत: शोषण नहीं दिखाती

(*c*) इसमें ऊर्जा का व्यय होता है

(*d*) रस जीवित कोशिकाओं की भित्तियों के साथ चढता है

76. मूल रोम किस प्रदेश में होते हैं–

(*a*) कोशिका विभाजन

(*b*) कोशिका परिपक्वन प्रदेश

(*c*) कोशिका विस्तारण प्रदेश

(*d*) उपरोक्त में से कोई नहीं

77. मूल रोमों द्वारा अवशोषित जल किस अंग द्वारा पत्तियों में पहुँचता है–

(*a*) अधिचर्म (*b*) वाहिका

(*c*) कार्टेक्स (*d*) चालनी नलिका

78. मृदा से जल मूल रोम में प्रवेश करता है–

(*a*) परासरण दाब के कारण

(*b*) चूषण दाब के कारण

(*c*) स्फीति दाब के कारण

(*d*) वायुमण्डलीय दाब के कारण

79. पानी के अन्दर काटे हुये फूल अधिक समय तक ताजे रहते हैं क्योंकि–

(*a*) उनको पानी की उचित पूर्ति होती है

(*b*) पत्ती को कोई भी संवहन पूर्ति नहीं होती

(*c*) पानी का स्तम्भ बुलबुलों के कारण बन्द नहीं होता

(*d*) वह तेजी से वाष्पोत्सर्जन करते हैं इसलिये पानी के अन्दर काटे जाने चाहिये

80. मूलदाब किसके कारण होता है–

(*a*) निष्क्रिय अवशोषण

(*b*) सक्रिय अवशोषण

(*c*) वाष्पोत्सर्जन में वृद्धि

(*d*) प्रकाश संश्लेषण में वृद्धि

उत्तरमाला

1	2	3	4	5	6	7	8	9	10
(*b*)	(*b*)	(*b*)	(*c*)	(*c*)	(*b*)	(*a*)	(*a*)	(*b*)	(*b*)
11	**12**	**13**	**14**	**15**	**16**	**17**	**18**	**19**	**20**
(*d*)	(*a*)	(*b*)	(*d*)	(*d*)	(*b*)	(*b*)	(*c*)	(*c*)	(*d*)
21	**22**	**23**	**24**	**25**	**26**	**27**	**28**	**29**	**30**
(*c*)	(*a*)	(*a*)	(*b*)	(*d*)	(*c*)	(*a*)	(*b*)	(*b*)	(*a*)
31	**32**	**33**	**34**	**35**	**36**	**37**	**38**	**39**	**40**
(*a*)	(*b*)	(*b*)	(*d*)	(*b*)	(*b*)	(*d*)	(*a*)	(*b*)	(*a*)
41	**42**	**43**	**44**	**45**	**46**	**47**	**48**	**49**	**50**
(*c*)	(*c*)	(*d*)	(*a*)	(*b*)	(*c*)	(*d*)	(*b*)	(*b*)	(*c*)
51	**52**	**53**	**54**	**55**	**56**	**57**	**58**	**59**	**60**
(*c*)	(*a*)	(*c*)	(*b*)	(*d*)	(*d*)	(*c*)	(*c*)	(*d*)	(*d*)
61	**62**	**63**	**64**	**65**	**66**	**67**	**68**	**69**	**70**
(*b*)	(*a*)	(*c*)	(*d*)	(*c*)	(*c*)	(*a*)	(*a*)	(*a*)	(*b*)
71	**72**	**73**	**74**	**75**	**76**	**77**	**78**	**79**	**80**
(*c*)	(*a*)	(*d*)	(*b*)	(*a*)	(*b*)	(*b*)	(*b*)	(*c*)	(*b*)

□□□

वाष्पोत्सर्जन
TRANSPIRATION

CHAPTER 19

वाष्पोत्सर्जन (Transpiration)

- पौधे के वायवीय भागों (aerial parts) से जल की वाष्प के रूप में हानि (loss) को वाष्पोत्सर्जन कहते हैं।
- पौधे के किसी भी वायवीय भाग (aerial parts) से वाष्पोत्सर्जन हो सकता है।

उक्त आधार पर वाष्पोत्सर्जन तीन प्रकार का होता है।

(*i*) पत्रीय वाष्पोत्सर्जन (Leafy Transpiration)

लगभग 80–90% तक वाष्पोत्सर्जन पत्तियों पर स्थित रन्ध्रों (stomata) के द्वारा होता है।

(*ii*) उपत्वचीय वाष्पोत्सर्जन (Cuticular Transpiration)

पत्तियों की बाह्य त्वचा पर पाये जाने वाली मोम जैसी परत को उपत्वचा कहते हैं। मोटी उपत्वचा वाष्पोत्सर्जन को रोकती है तथा पतली उपत्वचा के द्वारा होने वाले वाष्पोत्सर्जन से कुल जल की 3–9% तक हानि होती है।

(*iii*) वातरन्ध्रीय वाष्पोत्सर्जन (Lenticular Transpiration)

काष्ठीय तनों तथा कुछ फलों में वातरन्ध्र होते हैं। इन्हीं वातरन्ध्रों के द्वारा वाष्पोत्सर्जन होता है। लेकिन इसमें पानी की हानि नहीं के बराबर होती है।

रन्ध्रीय वाष्पोत्सर्जन (Stomatal Transpiration)

मूल रोमों द्वारा अवशोषण के पश्चात जल पत्तियों की पर्णमध्योतक कोशिकाओं (mesophyll cells) तक रसारोहण द्वारा पहुँचाया जाता है। ये कोशिकायें भरपूर अंतराकोशिक अवकाशों (intercellular spaces) के कारण अलग-अलग होती हैं। फलस्वरूप वाष्पन (evaporation) के लिये प्राप्त सतह (available surface) बढ़ जाती है। यह सतह पत्तियों पर स्थित रन्ध्रों द्वारा बाहर के वातावरण से सम्पर्क बनाये रखती है।

अतः बाहर के तापमान अथवा गर्मी का प्रभाव इन कोशिकाओं पर पड़ता है और उनसे जल वाष्प के रूप में उड़ने लगता है।

[I] रन्ध्र की संरचना (Structure of Stomata)

रन्ध्र एक प्रकार के छिद्र हैं जो पत्तियों की बाह्यत्वचा पर पाये जाते हैं। प्रत्येक छिद्र दो द्वार **कोशिकाओं** (guard cells) से घिरा रहता है।

द्वार कोशिकायें, बाह्यत्वचा की कोशिकाओं से आकार में तथा **क्लोरोप्लास्ट** (chloroplasts) की उपस्थिति के कारण भिन्न होती हैं। इन कोशिकाओं का आकार **वृक्क** (kidney) अथवा **सेम** (bean) **के बीज के समान** होता है।

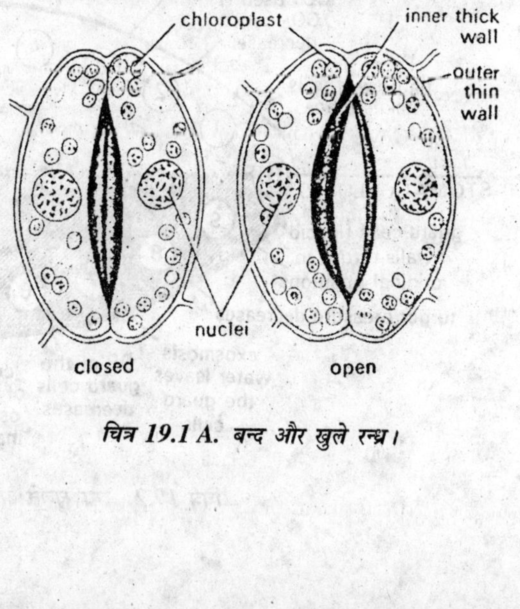

चित्र 19.1 A. बन्द और खुले रन्ध्र।

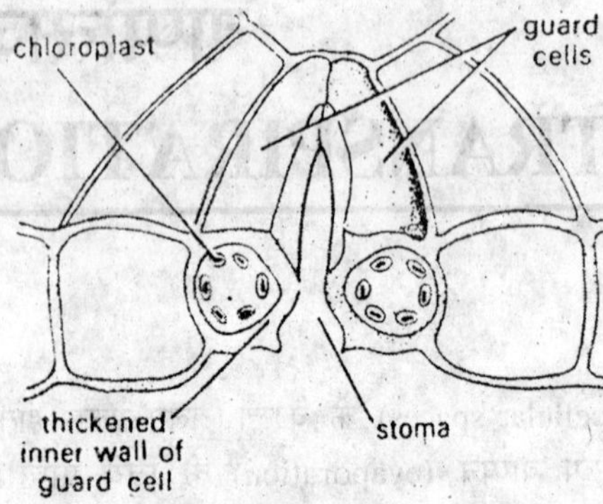

चित्र 19.1 B. सेक्शन में दिखने वाला रन्ध्र।

[II] रन्ध्रों का वितरण (Distribution of Stomata)

रन्ध्र सामान्यतः पत्तियों की निचली सतह पर मौजूद होते हैं। परन्तु कुछ पौधों में ये पत्तियों की दोनों सतहों (ऊपर तथा नीचे) पर पाये जाते हैं।

रन्ध्रों के वितरण के अनुसार पौधों को विभिन्न वर्गों में विभाजित किया जाता है।

(*i*) सेब तथा शहतूत प्रकार (Apple and mulbery type) उदाहरण – सेब।

(*ii*) आलू प्रकार (Potato type) उदाहरण – आलू, बैंगन, टमाटर आदि।

(*iii*) जई प्रकार (Oat type) उदाहरण– गेहूँ, जई, धान आदि।

(*iv*) जल लिली प्रकार (Water lily type) उदाहरण – पोटेमीजीटोन।

[III] रन्ध्रों के खुलने तथा बन्द होने की प्रक्रिया (Mechanism of Stomatal Opening and Closing)

द्वार-कोशिकाओं (guard cells) के **स्फीत** (turgid) होने से रन्ध्र खुलते हैं तथा उनके **श्लथ** (flaccid) होने के कारण बन्द हो जाते हैं। जब द्वार कोशिकाओं की परासरण सान्द्रता (osmotic concentration) अधिक होती है तब इनमें पास की कोशिकाओं से अन्तःपरासरण (endosmosis) द्वारा पानी प्रवेश करता है। जिससे स्फीति दाब (turgor pressure) उत्पन्न होता है और बाहर की पतली भित्ति को बाहर की तरफ ढकेलता है। अन्दर की मोटी तथा **अप्रत्यास्थ** (inelastic) भित्ति साथ-साथ बाहर की ओर खिंचती जाती है। जिसके कारण दो द्वार कोशिकाओं के बीच का रन्ध्र खुल जाता है और भित्तियां अपने पहले वाले (पूर्ववत) स्थान पर आ जाती है तथा रन्ध्र बन्द हो जाता है।

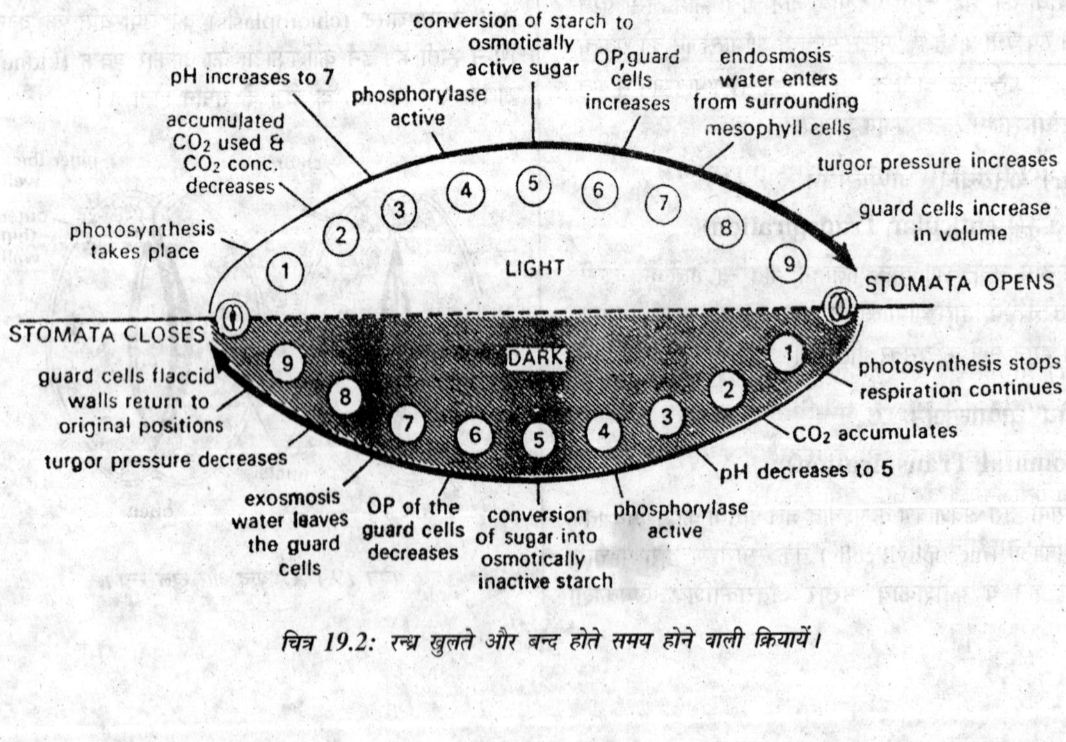

चित्र 19.2: रन्ध्र खुलते और बन्द होते समय होने वाली क्रियायें।

तालिका 19.1 प्रकाश व अंधेरे में द्वार कोशिकाओं के खुलने व बन्द होने की प्रक्रिया में विभेद
(Comparison of Opening and Closing Mechanism of Guard Cells in Light and Dark)

प्रकाश में द्वार कोशिकायें (Guard cells in light)	अंधेरे में द्वार कोशिकायें (Guard cells in dark)
1. अंतराकोशिक अवकाशों में स्थित तथा श्वसन के कार्बन डाइऑक्साइड, पर्णमध्योतक की कोशिकाओं द्वारा प्रकाश संश्लेषण में उपयोग में लायी जाती हैं।	1. इस समय प्रकाशसंश्लेषण नहीं होता है और कारणवश श्वसन द्वारा विमोचित कार्बन डाइऑक्साइड अन्तराकोशिक अवकाशों और द्वार कोशिकाओं में एकत्रित होती है।
2. द्वार कोशिकाओं की pH (pH 7) बढ़ती है जिससे क्षारीय स्थिति उत्पन्न होती है।	2. द्वार कोशिकाओं की pH (pH5) घटती है जिससे अम्लीय स्थिति उत्पन्न होती है।
3. क्षारीयता (alkalinity) बढ़ने से अथवा अम्लता (acidity) घटने से फॉस्फोरिलेस द्वारा मण्ड का जल-अपघटन (hydrolysis) होकर शर्करा का निर्माण होता है।	3. अम्लता (acidity) बढ़ने से अथवा क्षारीयता घटने से, फॉस्फोरिलेस शर्करा को मण्ड में परिवर्तित करता है।
4. द्वार कोशिकाओं में पास की कोशिकाओं से जल आने लगता है।	4. द्वार कोशिकाओं से जल निकल कर पास की कोशिकाओं में बहिःपरासरण (exosmosis) की क्रिया द्वारा जाने लगता है।
5. शर्करा के कोशिका रस में घुलने के कारण द्वार कोशिकाओं का परासरण दाब बढ़ जाता है।	5. द्वार कोशिकाओं का परासरण दाब, मण्ड के अघुलनशील तथा परासरणीय रूप से निष्क्रिय होने के कारण कम हो जाता है।
6. द्वार कोशिकाओं में स्फीति दाब उत्पन्न होता है। कोशिका की बाहरी तथा पतली भित्ति बाहर की ओर ढकेली जाती है और अन्दर की मोटी भित्ति साथ खींची जाती है।	6. बहिःपरासरण के कारण द्वार कोशिकायें श्लथ (flaccid) द्वार हो जाती है। स्फीति दाब समाप्त होते ही द्वार कोशिकाओं की बाहरी तथा प्रत्यास्थ भित्ति पूर्ववत स्थान पर आ जाती है। साथ ही अन्दर की मोटी भित्तियाँ भी अपने स्थान पर आ जाती हैं।
7. इसमें रन्ध्र खुल जाते हैं।	7. इसमें रन्ध्र बन्द हो जाते हैं।

वाष्पोत्सर्जन को प्रभावित करने वाले कारक (Factors Affecting Transpiration)

(*i*) प्रकाश (Light)

रन्ध्रों के खुलने में सहायक होता है तथा वाष्पोत्सर्जन को प्रत्यक्ष रूप से प्रभावित करता है।

(*ii*) वायुमण्डल की आर्द्रता (Atmospheric humidity)

कम आपेक्षिक आर्द्रता पर वायुमण्डल शुष्क (dry) होता है और वाष्पोत्सर्जन की दर तीव्र होती है।

(*iii*) तापमान (Temperature)

तापमान बढ़ने के साथ-साथ जल का वाष्पन बढ़ जाता है जिससे वाष्पोत्सर्जन की दर भी बढ़ जाती है।

(*iv*) वायु (Wind)

वायुदाब कम होने से पत्तियों से निकली हुई वाष्प आस-पास इकठ्ठा होती रहती हैं जिससे वाष्पदाब प्रवणता की तीव्रता कम हो जाती है जिसके कारण वाष्पोत्सर्जन भी कम होने लगता है।

(*v*) वायुमण्डलीय दाब (Atmospheric pressure)

अधिक ऊँचाई पर या पहाड़ों पर वायुमण्डलीय दाब कम होता है जिससे पत्तियों में वाष्पोत्सर्जन की दर में वृद्धि हो जाती है।

(*vi*) उपलब्ध मृदा जल (Available soil water)

मृदा से प्राप्त जल की मात्रा कम होने से जड़ों द्वारा अवशोषण भी कम होता है जिससे वाष्पोत्सर्जन की दर भी कम हो जाती है। यदि प्राप्त जल की मात्रा बढ़ जाती है तो वाष्पोत्सर्जन की दर भी बढ़ जाती है।

वाष्पोत्सर्जन का मापन (Measurement of Transpiration)

वाष्पोत्सर्जन से निकलने वाले जल की मात्रा का मापन विभिन्न विधियों से किया जाता है, जैसे-तौलने से सम्बन्धित विधियां, पोटोमीटर विधि, कोबाल्ट क्लोराइड विधि तथा वाष्पोत्सर्जन से निकले जल को एकत्रित करके तौलना आदि।

वाष्पोत्सर्जन का महत्व (Importance of Transpiration)

(*i*) इस क्रिया में अत्यधिक मात्रा में अवशोषित जल का उत्सर्जन हो जाता है।

(*ii*) वाष्पोत्सर्जन द्वारा पौधे का ताप समान बना रहता है। जिसके कारण पौधे तेज गर्मी से झुलसने से भी बच जाते हैं।

(*iii*) वाष्पोत्सर्जन पौधे के अन्दर जल तथा खनिज लवणों के परिसंचरण में सहायक है।

(*iv*) वाष्पोत्सर्जन द्वारा पत्ती की मीसोफिल कोशिकाओं में जल की कमी से एक प्रकार का चूषक बल (वाष्पोत्सर्जन खिंचाव) उत्पन्न हो जाता है जो कि पौधों के लिये काफी लाभदायक होता है। जैसे–रसारोहण (ascent of sap) में सहायता करना, अधिक जल अवशोषण हेतु परिस्थितियाँ उत्पन्न करना तथा अधिक जल अवशोषित होने से पौधों को अधिक मात्रा में खनिज लवण मिलते हैं।

म्लानि (Wilting)

वाष्पोत्सर्जन क्रिया के कारण पौधों में बहुत अधिक हानि होती हैं जिससे पत्तियों की कोशिकाएं श्लथ (flaccid) होकर मुरझा जाती हैं।

म्लानि तीन प्रकार का होता है–प्रारम्भी म्लानि (Incipient wilting), अस्थायी म्लानि (Temporary wilting) तथा स्थायी म्लानि (Permanent wilting)।

बिन्दुस्राव (Guttation)

सुबह के समय कुछ प्रकार की पत्तियों पर द्रव की बूंदें दिखाई पड़ती हैं। पौधे से द्रव की बूंदों (drop) के रूप में हानि होने की क्रिया को बिन्दुस्राव (Guttation) कहा जाता है। बिन्दुस्राव से निकलने वाले द्रव में जल के अतिरिक्त कुछ कार्बनिक और अकार्बनिक पदार्थ घुले रहते हैं जो कि वाष्पन के बाद पत्तियों पर लवणों (salts) के रूप में पाये जाते हैं और पत्तियों के लिए हानिकारक भी हो सकते हैं।

तालिका 19.2 वाष्पोत्सर्जन तथा बिन्दुस्राव में अन्तर (Difference between Transpiration and Guttation)

वाष्पोत्सर्जन (Transpiration)	बिन्दुस्राव (Guttation)
1. इस क्रिया में जल वाष्प के रूप में बाहर निकलता है।	1. इसमें द्रव्य (liquid) की बूंदें बाहर निकलती हैं।
2. इसमें शुद्ध जल बाहर निकलता है।	2. बिन्दुस्राव में निकलने वाला द्रव्य, जल में घुले हुये खनिज लवण, शर्करा, इत्यादि से मिलकर बना विलयन होता है।
3. वाष्पोत्सर्जन रन्ध्रों (stomata), वातरन्ध्रों (lenticels) और उपत्वचा (cuticle) से होता है।	3. यह क्रिया जलरन्ध्रों (hydathodes) द्वारा होती है। जल रन्ध्र पत्तियों के किनारों पर जहाँ शिराओं का अन्त होता है, स्थित होते हैं।
4. सामान्यतः रन्ध्र दिन में खुलते हैं और रात में बन्द होते हैं।	4. जल रन्ध्र सदैव खुले रहते हैं।
5. वाष्पोत्सर्जन मुख्यतः दिन में होता है।	5. यह क्रिया सामान्यतः प्रातः ही होती है।
6. वाष्पोत्सर्जन वातावरण में अधिक तापमान के कारण होता है।	6. बिन्दुस्राव मूलदाब (root pressure) के कारण होता है।
7. रन्ध्रों का खुलना अथवा बन्द होना, द्वार कोशिकायें नियंत्रित करती हैं।	7. जलरन्ध्रों में द्वार कोशिकायें नहीं होतीं। इस कारण वे खुले रहते हैं।

बहुविकल्पीय प्रश्न

1. रन्ध्र खुलते समय द्वार कोशिकाओं का pH मान कितना होता है–
   (*a*) 9 - 10 (*b*) 4 - 5
   (*c*) 6 - 7 (*d*) 2 - 4
2. किन परिस्थितियों में वाष्पोत्सर्जन क्रिया ताप एवं आर्द्रता से अधिक प्रभावित नहीं होती –
   (*a*) धूप वाले दिन
   (*b*) बादल वाले दिन
   (*c*) सर्द हवा वाले दिन
   (*d*) सर्दी एवं गर्मी की रात्रि में
3. सामान्यतया मरुद्भिदों की पत्तियों में मोटी उपचर्म, रोमयुक्त व धँसे हुये रन्ध्र होते हैं क्योंकि–
   (*a*) वाष्पोत्सर्जन हो सके
   (*b*) पादप की सुरक्षा हो सके
   (*c*) अधिक वाष्पोत्सर्जन रोक सके
   (*d*) वाष्पोत्सर्जन की दर बढ़ सके
4. केवल अभ्यक्ष सतह पर रन्ध्र युक्त पत्ती को कहते हैं–
   (*a*) उभयरन्ध्रीय (*b*) उपरिरन्ध्रीय
   (*c*) परिरन्ध्रीय (*d*) अधोरन्ध्रीय
5. पोटोमीटर में लगी हुयी पौधे की शाखा किस क्रिया द्वारा जल का अवशोषण करते हैं–
   (*a*) निष्क्रिय (*b*) सक्रिय
   (*c*) दोनों साथ साथ (*d*) इनमें से कोई भी नहीं
6. समोद्भिदीय पौधों की पत्तियों में रन्ध्रों के खुलने तथा बन्द होने का नियमन किसके द्वारा होता है ?
   (*a*) द्वार कोशिकाओं में CO_2 K^+ ABA उनके साथ इन कोशिकाओं की स्फीति में होने वाले परिवर्तन
   (*b*) द्वार कोशिकाओं में स्टार्च शर्करा सांद्रण में होने वाले परिवर्तन
   (*c*) द्वार कोशिकाओं में H^+ सांद्रण में होने वाले परिवर्तन
   (*d*) द्वार कोशिकाओं की भित्तियों में होने वाला अन्तरात्मक स्थूलन
7. ग्रीष्म ऋतु के गर्म दिन में, पादप का ठण्डा होना होता है निम्न कारण से–
   (*a*) पत्ती से जल वाष्प की हानि
   (*b*) पौधे में जल का परिवहन
   (*c*) द्रव जल की हानि
   (*d*) पूर्ण पादप से जल की हानि
8. जल के खिंचाव के समय निम्न कौन-सा उत्पन्न होता है एवं रन्ध्रों के बन्द होने को प्रेरित करता है ?
   (*a*) साइटोकाइनिन
   (*b*) ऑक्जिन (Auxin)
   (*c*) जिबरेलिक अम्ल (GA_1)
   (*d*) ए बी ए (ABA)
9. पत्ती के प्रति से.मी. में उपस्थित रन्ध्रों की संख्या होती है–
   (*a*) 100 से कम (*b*) हजारों में
   (*c*) दस लाख (*d*) उपरोक्त में से कोई नहीं
10. पादप के लिये वाष्पोत्सर्जन क्रिया–
   (*a*) लाभदायक है
   (*b*) हानिकारक है
   (*c*) हानिकारक से अधिक लाभदायक है
   (*d*) लाभदायक से अधिक हानिकारक है
11. अधिकांश समोद्भिदी पतली पत्ती में, पर्णरन्ध्र दिन के समय खुलते है एवं रात्रि में बन्द हो जाते हैं, यह आता है–
   (*a*) जौ के प्रकार में
   (*b*) आलू के प्रकार में
   (*c*) अल्फा-अल्फा प्रकार में
   (*d*) सेम के प्रकार में
12. रन्ध्रों के खुलने की मण्ड शर्करा परिवर्तन की परिकल्पना को प्रतिपादित किया था–
   (*a*) एमर्सन ने
   (*b*) साक्स ने
   (*c*) सायरे तथा स्टीवर्ड ने
   (*d*) लेविट ने
13. द्वार कोशिकाओं में जब शर्करा का परिवर्तन मण्ड में हो जाता है तो रन्ध्र मुख–

(*a*) आंशिक रुप से खुलता है
(*b*) पूर्ण रुप से खुलता है
(*c*) पूर्णरुपेण बन्द हो जाता है
(*d*) अपरिवर्तित रहता है

14. पत्ती के चारों ओर CO_2 सान्द्रण में वृद्धि के फलस्वरुप होगा–
(*a*) रन्ध्रों का खुलना
(*b*) रन्ध्रों का आंशिक बन्द होना
(*c*) रन्ध्रों का पूर्ण रुप से बन्द होना
(*d*) रन्ध्रों के खुलने पर कोई प्रभाव नहीं

15. रात में खुलने वाले रन्ध्रों को कहते हैं–
(*a*) स्कोटोएक्टिव (*b*) फोटोएक्टिव
(*c*) निक्टीनास्टिक (*d*) उपरोक्त में से कोई नहीं

16. निम्न में से कौन से पादप में पर्ण रन्ध्र रात्रि के समय खुले व दिन के समय बन्द रहते हैं ?
(*a*) गेहूँ में
(*b*) ब्रायोफालम (*Bryophyllum*) में
(*c*) केप्सेला (Capsella) में
(*d*) चने (Gram) में

17. स्थानीय आवास में निम्न में से कौन सा कारक तापमान तथा वर्षा को प्रभावित करता है–
(*a*) स्थानान्तरण (*b*) स्थान्तर
(*c*) थर्मोडिनेचूरेशन (*d*) वाष्पोत्सर्जन

18. किस पादप में उपापचय संदमित होगा यदि पत्ती की ऊपरी सतह पर मोम की परत लगाई जायें–
(*a*) कमल (*b*) पिस्टिया
(*c*) हाइड्रिला (*d*) बैलिसनेरिया

19. वाष्पोत्सर्जन में किसके कारण वृद्धि होती है–
(*a*) उच्च आर्द्रता (*b*) मृदा में नमी
(*c*) उच्च तापक्रम (*d*) धीमा वायु वेग

20. रन्ध्र दिन में खुलते हैं क्योंकि रक्षक कोशिकाओं में –
(*a*) बाह्य भित्ति पतली होती है
(*b*) वृक्क आकार होते हैं
(*c*) हरित लवक होते हैं
(*d*) वृहत केन्द्रक होते हैं

21. जब भूमि और वायुमण्डल नम होते हैं तो निम्न एक प्रक्रिया द्वारा जल हानि होती है–
(*a*) वाष्पोत्सर्जन (*b*) बिन्दुस्राव
(*c*) प्रकाश संश्लेषण (*d*) श्वसन

22. पत्तियों में वे छिद्र जिनमें होकर पानी बूँदों अथवा बिन्दुओं के रुप में बाहर आता है कहलाते हैं–
(*a*) परिवेशित गर्त (*b*) जलरन्ध्र
(*c*) रन्ध्र (*d*) वातरन्ध्र

23. बिन्दुस्राव प्रायः उस समय होता है जब पौधा रखा जाता है–
(*a*) एक अति संतृप्त वायुमण्डल में
(*b*) अधिक आर्द्र भूमि में
(*c*) शुष्क दशा में
(*d*) रेगिस्तान में

24. गर्म मौसम में पत्तियों का मुरझाना होता है–
(*a*) अत्यधिक वाष्पोत्सर्जन के कारण
(*b*) जल अवशोषण की अपेक्षा वाष्पोत्सर्जन की अधिकता के कारण
(*c*) जड़ों द्वारा अधिक जल अवशोषण के कारण
(*d*) जल अवशोषण के अभाव के कारण

25. जब एक पौधा मुरझाता है तो भूमि में छूटे हुए जल की प्रतिशत कहलाती है–
(*a*) क्षेत्रीय ग्राहिता (*b*) स्फीति
(*c*) म्लानि गुणांक (*d*) भूमि की जल धारण शक्ति

26. स्थलीय प्रादपों में खुले हुए रन्ध्रों में होकर गैसीय विनिमय होता है, जल निमग्न जलीय पादपों में यह होता है–
(*a*) कोशिकाओं की सामान्य सतह से विसरण द्वारा
(*b*) वात रन्ध्रों द्वारा
(*c*) रन्ध्रों द्वारा
(*d*) जल रन्ध्रों (Hydathodes) द्वारा

27. यह परिकल्पना की रन्ध्रों का खुलना नियन्त्रित होता है, एन्जाइम प्रेरित स्टार्च के शर्करा में परिवर्तन और डिफास्फोर रिलेशन पदों द्वारा, किसने प्रस्तावित की है–
(*a*) स्टेवर्ड (*b*) सायरे
(*c*) जेलिटिश (*d*) लेविट

28. द्वार कोशिकाओं में कौन-सा परिवर्तन रन्ध्र को दिन में खुला रखते हैं–

(*a*) परासरण दाब व स्फीति दाब दोनों का बढ़ना
(*b*) स्फीति दाब व परासरण दाब दोनों का क्रम होना
(*c*) परासरण दाब का कम होना
(*d*) परासरण दाब का बढ़ना व स्फीति दाब कम होना

29. जब पोटोमीटर प्रयोग करते समय पोटोमीटर को कम धूप से तेज धूप में रखते हैं तब बुलबुले की गति–
(*a*) वापस पीछे होती है
(*b*) धीमी की जाती है
(*c*) तेज हो जाती है
(*d*) रुक जाती है

30. पौधों में रन्ध्रों के खुलने अथवा बन्द होने की क्रिया किससे अप्रभावित रहती है–
(*a*) आर्द्रता
(*b*) तापक्रम
(*c*) पौधों के पास ऑक्सीजन की मात्रा
(*d*) मृदा में जल की मात्रा

31. रन्ध्र रात में खुलते हैं और दिन में बन्द रहते हैं किसमें–
(*a*) समोद्भिद् पादप में
(*b*) जलीय पादप में
(*c*) मरुद्भिद् पादप में
(*d*) सरस मांसल मरुद्भिद् पादप में

32. शाकीय पौधों द्वारा अवशोषित जल का कितने प्रतिशत वाष्पोत्सर्जन द्वारा त्यागा जाता है–
(*a*) 80 (*b*) 60
(*c*) 99 (*d*) 40

33. वाष्पोत्सर्जन का सबसे प्रमुख महत्व है–
(*a*) उपापचय का नियन्त्रण
(*b*) अतिरिक्त अवशोषित जल की हानि या विकास
(*c*) तापमान नियन्त्रण
(*d*) जड़ों द्वारा जल अवशोषण

34. एक पृष्ठाधार पत्ती की दोनों सतह पर शुष्क $COCl_2$ कागज लगाने पर नीचे की सतह वाला कागज शीघ्र ही गुलाबी क्यों हो जाता है–
(*a*) नीचे की सतह से ज्यादा CO_2 निकलती है
(*b*) ऊपर की सतह से ज्यादा O_2 निकलती है
(*c*) नीचे की सतह से अधिक वाष्पोत्सर्जन होता है
(*d*) नीचे की सतह से रसायनों का स्रावण होता है

35. स्कोटोएक्टिव स्टोमेटा पाये जाते हैं–
(*a*) एक बीजपत्री पौधों में
(*b*) मॉसल पौधों में
(*c*) नग्न बीजों में
(*d*) उपरोक्त में से कोई नहीं

36. मूलीय दाब मापा जाता है–
(*a*) मेनोमीटर से (*b*) पोटोमीटर से
(*c*) ओस्मोमीटर से (*d*) उपरोक्त किसी से नहीं

37. एक वाष्पोत्सर्जन करती हुई पत्ती में जल का चलन मार्ग होगा–
(*a*) लघुशिरायें–अधिचर्म–क्युटिकिल
(*b*) लघुशिरायें–पर्णमध्योतकें–रन्ध्र
(*c*) मध्यशिरों–अधिचर्म–क्युटिकिल
(*d*) मध्यशिरों–पर्णमध्योतकें–उपत्वचा

38. वाष्पोत्सर्जन की सबसे अधिक दर किन दिनों में होगी–
(*a*) वर्षा वाले दिन में
(*b*) ठण्डे दिन में
(*c*) बादल वाले दिन में
(*d*) गर्म दिन में

39. जब तापमान बढ़ता है तो वाष्पोत्सर्जन की दर क्या होती है?
(*a*) कम (निम्न)
(*b*) उच्च
(*c*) शाकों में निम्न तथा वृक्षों में उच्च
(*d*) इनमें से कोई भी सत्य नहीं है

40. पत्तियों के दो मुख्य कार्य होते हैं–
(*a*) वाष्पोत्सर्जन तथा श्वसन
(*b*) श्वसन एवं पाचन
(*c*) प्रकाश संश्लेषण एवं श्वसन
(*d*) प्रकाश संश्लेषण एवं वाष्पोत्सर्जन

41. बिन्दुस्राव घटित होता है–
(*a*) अंतःशोषण (Imbibition) के कारण
(*b*) परासरण (Osmosis) के कारण
(*c*) मूलीय दाब (Root Pressure) के कारण
(*d*) वाष्पोत्सर्जन (Transpiration) के कारण

42. वायु में वास्तविक वाष्प की मात्रा कहलाती है–
(*a*) आपेक्षिक आर्द्रता
(*b*) विभेदी आर्द्रता

(*c*) पूर्ण आर्द्रता
(*d*) इनमें से कोई नहीं

43. रन्ध्रों के खुलने के लिए आवश्यक तत्त्व होता है–
(*a*) हरितलवक (*b*) पर्णहरित
(*c*) पोटेशियम (*d*) इनमें से कोई नहीं

44. फिनाइल मर्क्यूरिक एसीटेट–
(*a*) वाष्पोत्सर्जन को कम करता है
(*b*) प्रकाश संश्लेषण को कम करता है
(*c*) वाष्पोत्सर्जन की दर को घटाता है
(*d*) पौधें को नष्ट कर देता है

45. जब एक ओक की पत्ती का रन्ध्र अधिक चौड़ा खुल रहा है तो इसमें निम्नलिखित महत्त्वपूर्ण क्रिया साथ-साथ होती है–
(*a*) द्वार कोशिकाओं में आक्सिजन्स का संचय होता है
(*b*) संलग्न द्वार कोशिकाओं में जल के अणु प्रवेश करते हैं
(*c*) रन्ध्र के बाहर का वायुमण्डल कम नमी वाला होता है
(*d*) संलग्न द्वार कोशिकाओं द्वारा लवण के अणु उत्सर्जित हो रहे होते हैं

46. वाष्पोत्सर्जन की दर प्रत्यक्ष रुप में आश्रित होती है–
(*a*) वाष्प-दाब विभव पर
(*b*) निषेधात्मक दाब न्यूनता पर
(*c*) विसरण दाब न्यूनता पर
(*d*) वायुमण्डलीय तापमान पर

47. रन्ध्र खुलेंगे यदि इनकी कोशिकाओं में निम्नलिखित तत्व का जमाव होता है–
(*a*) Mg (*b*) K
(*c*) Fe (*d*) Ca

48. रन्ध्रों के खुलना का आधार होता है–
(*a*) रिक्तिका रस के सान्द्रण में गिरावट
(*b*) द्वार कोशिकाओं का जीवद्रव्य कुंचन
(*c*) अन्तःपरासरण
(*d*) वाह्य परासरण

49. वाष्पोत्सर्जन द्वारा जल की हानि को कौन-सा कारक नियमित करता है?
(*a*) वायु में ऑक्सीजन का स्तर
(*b*) वायुमण्डल का नाइट्रोजन
(*c*) वायुमण्डल का CO_2
(*d*) इनमें से कोई नहीं

50. वाष्पोत्सर्जन क्रिया का एक्शन स्पेक्ट्रा (Action Spectra) क्या है–
(*a*) हरा व अल्ट्रावायलेट
(*b*) नीला व लाल
(*c*) नीला व सदूर लाल
(*d*) ओरेंज व लाल रंग

51. पौधों में किस समय रन्ध्रीय वाष्पोत्सर्जन प्रायः पूर्णरुपेण रुक जाता है?
(*a*) प्रातःकाल में
(*b*) रात्रि में
(*c*) सायंकाल में
(*d*) उपरोक्त में से किसी समय नहीं

52. वाष्पोत्सर्जन बढ़ जाता है–
(*a*) उच्च आर्द्रता द्वारा
(*b*) मृदा की नमी द्वारा
(*c*) उच्च तापमान द्वारा
(*d*) निम्न वायु वेग द्वारा

53. रन्ध्रों का बन्द होना प्रभावित होता है–
(*a*) काइनेटिक अम्ल द्वारा
(*b*) एब्सीसिक अम्ल द्वारा
(*c*) जिबरेलिक अम्ल द्वारा
(*d*) IAA द्वारा

54. जल रन्ध्र (Hydathode) पाये जाते हैं–
(*a*) तनों पर (*b*) पत्तियों पर
(*c*) जड़ों पर (*d*) उपरोक्त सभी पर

55. रन्ध्रों के खुलने एवं बन्द होने का नियन्त्रित करने वाले उत्तरदायी कारकों में एक है–
(*a*) ए. बी. ए. (*b*) आई. बी. ए.
(*c*) जी. ए. (*d*) काइनेटिन

56. गर्म ग्रीष्म की दुपहरी में अस्थाई म्लानता देखी जाती है। यह इसलिये है कि उच्च तापक्रम पर–
(*a*) वातरन्ध्र बन्द हो जाते हैं
(*b*) वाष्पोत्सर्जन की दर अवशोषण की दर से अधिक होती है
(*c*) जड़ें अवशोषण नहीं कर पातीं
(*d*) दारु निष्क्रिय हो जाता है

57. इनमें से किसका सम्बन्ध वाष्पोत्सर्जन से नहीं है–
(*a*) पौधों के शरीर का ताप नियंत्रण
(*b*) खनिज लवणों का अवशोषण तथा परिवहन
(*c*) जल का परिसंचरण
(*d*) रस स्रावण

58. स्कार्थ (Scarth) के अनुसार रंध्रों का खुलना व बन्द होना किससे नियंत्रित होता है–
(*a*) एन्जाइम (*b*) pH
(*c*) $NADPH_2$ (*d*) फास्फेटीकरण

59. एक उच्च पादप कोशिका जिस पर क्यूटिन तथा सुबेरिन की पर्त है, को जल में रखने पर 15 मिनट पश्चात क्या होगा?
(*a*) कोशिका आमाप में वृद्धि होगी
(*b*) कोशिका फट जायेगी
(*c*) कोशिका मर जायेगी
(*d*) कोशिका में कोई परिवर्तन नहीं होगा

60. सरन्ध्र रात्रि में भी खुल सकते हैं–
(*a*) मरुद्भिद् में (*b*) युग्मकोद्भिद् में
(*c*) जलोद्भिद् में (*d*) इनमें से किसी में नहीं

61. किसने कहा था "वाष्पोत्सर्जन एक आवश्यक दुर्गुण है"–
(*a*) कर्टिस (*b*) स्टीवर्ड
(*c*) एण्डरसन (*d*) जगदीश चन्द्र बोस

62. गर्मियों में मध्य दिन के समय पौधों की पत्तियों में अस्थायी म्लानि देखी जाती है। इसका कारण है, क्योंकि अधिक ताप पर–
(*a*) जड़ों से जल का अवशोषण नहीं होता है
(*b*) स्टोमेटा बन्द हो जाते हैं
(*c*) जाइलम अक्रियाशील हो जाता है
(*d*) वांष्पोत्सर्जन की दर जल अवशोषण की दर से अधिक हो जाती है

63. क्यूटिकिल द्वारा जल की हानि होती है, लगभग–
(*a*) 5% (*b*) 10%
(*c*) 20% (*d*) 40%

64. एक पादप हार्मोन जो स्टोमेटा के खुलने तथा बन्द होने के लिये कारक है–
(*a*) ABA (*b*) GA
(*c*) IBA (*d*) काइनेटिन

65. निम्न में से कौन-सा कारक वाष्पोत्सर्जन के नियन्त्रण के लिये सर्वाधिक जरुरी है–
(*a*) प्रकाश (*b*) आर्द्रता
(*c*) ताप (*d*) वायु

66. पत्तियों की बुलीफार्म कोशिकायें अपनी स्फीति को खो देती है, अधिक–
(*a*) संश्लेषण के समय
(*b*) वाष्पोत्सर्जन के समय
(*c*) प्रकाश संश्लेषण के समय
(*d*) श्वसन के समय

67. निम्न में से कौन-सी क्रिया की अधिकता अस्थायी म्लानि का कारण है–
(*a*) श्वसन (*b*) वाष्पोत्सर्जन
(*c*) प्रकाश संश्लेषण (*d*) चूषण

68. अधिक खाद के प्रयोग से पौधों में म्लानि हो जाती है–
(*a*) बाह्य परासरण के कारण
(*b*) अन्तःपरासरण के कारण
(*c*) चूषण के कारण
(*d*) उपरोक्त में से कोई नहीं

69. स्टोमेटा के खुलने व बन्द होने से सम्बन्धित एन्जाइम है–
(*a*) RuBP कार्बोक्सिलेज
(*b*) PEP कार्बोक्सिलेज
(*c*) पाइरुविक काइनेज
(*d*) α-एमाइलेज

70. निम्नलिखित में से कौन वाष्पोत्सर्जन की दर को कम करेगा–
(*a*) वायु वेग का बढ़ना
(*b*) तापगान गें वृद्धि
(*c*) प्रकाश तीव्रता में कमी
(*d*) जल अवशोषण की क्षमता में वृद्धि

71. रन्ध्र नहीं पाये जाते हैं–
(*a*) शैवालों में (*b*) मॉस में
(*c*) फर्न में (*d*) लिवरवर्ट में

72. द्वार कोशिकाओं में स्फीति का नियन्त्रण होता है–
(*a*) क्लोराइड द्वारा
(*b*) मैलिक अम्ल द्वारा
(*c*) पोटैशियम द्वारा
(*d*) पोटैशियम, क्लोराइड और मैलिक अम्ल द्वारा

73. निम्नलिखित में से वाष्पोत्सर्जन की दर किस में अधिक होती है–

(*a*) CAM पौधे

(*b*) C_3 पौधे

(*c*) C_3 पौधे और C_4 पौधे

(*d*) C_4 पौधे

74. निम्नलिखित में से कौन-सा बाहरी कारक नहीं है–

(*a*) आर्द्रता (*b*) प्रकाश

(*c*) वायु की गति (*d*) स्टोमेटा की संख्या

75. यदि पुष्पों को तनु N*a*Cl के विलयन में काटा तथा डुबोकर रखा जाता है तब–

(*a*) कोई जीवाणुवीय वृद्धि नहीं होती है

(*b*) अन्तःपरासरण होगा

(*c*) वाष्पोत्सर्जन कम होगा

(*d*) विलेय का पुष्प कोशिका में अवशोषण होगा

76. पत्तियों के ऊतक में जल विभव किस दशा में धनात्मक होता है–

(*a*) अत्यधिक अवशोषण

(*b*) कम वाष्पोत्सर्जन

(*c*) अधिक वाष्पोत्सर्जन

(*d*) बिन्दु स्राव

77. अस्थाई मुरझाने की क्रिया किसकी अधिकता से होती है–

(*a*) श्वसन

(*b*) वाष्पोत्सर्जन

(*c*) अधिक वाष्पोत्सर्जन

(*d*) प्रदूषण

78. सामान्यतः वाष्पोत्सर्जन की दर मापी जाती है–

(*a*) ऑक्सिनोमीटर (*b*) वारबर्गमीटर

(*c*) पोटोमीटर (*d*) माइक्रोमीटर

79. स्टोमेटा के बन्द होने के लिये आधुनिक वाद है–

(*a*) स्टार्च ग्लूकोस थ्योरी

(*b*) K^+ थ्योरी

(*c*) ABA थ्योरी

(*d*) उपरोक्त में से कोई नहीं

80. पत्तियों पर PMA (Phenyl Mercuric Acetate) के छिड़कने से–

(*a*) बिन्दु स्राव की दर बढ़ जाती है

(*b*) जल अवशोषण की दर बढ़ जाती है

(*c*) वाष्पोत्सर्जन की दर कम हो जाती है

(*d*) वाष्पोत्सर्जन की दर बढ़ जाती है

81. रन्ध्र प्रायः खुलते हैं–

(*a*) दिन के समय जब पौधों को CO_2 की आपूर्ति की आवश्यकता होती है

(*b*) रात्रि के समय जब पौधों को O_2 की आपूर्ति की आवश्यकता होती है

(*c*) जब कभी भूमि में जल की अतिरिक्त मात्रा होती है

(*d*) इन सभी दशाओं में

82. पौधों में उत्तम गैसीय विनिमय हेतु प्रभावी अनुकूलन होता है–

(*a*) निचली बाह्य त्वचा पर रोमों की अधिक संख्या

(*b*) पत्ती की निचली सतह पर रन्ध्रों की उपस्थिति

(*c*) बहुल बाह्यत्वचा (बहुपर्ती बाह्य त्वचा)

(*d*) मौमिल उपचर्म

83. प्रखर प्रकाश में एक भली भांति सिंचित शाकीय पादप वाष्पोत्सर्जन की दर में गिरावट को प्रदर्शित करता है, इसका कारण है–

(*a*) प्रकाश संश्लेषण की उच्च दर

(*b*) रन्ध्रों का आंशिक रुप से बन्द होना

(*c*) क्लोरोफिल का प्रकाश ऑक्सीकरण

(*d*) भूमि से जल की हानि

84. कौन-सा फोटोरिसेप्टर रन्ध्रों के खुलने तथा बन्द होने को नियंत्रित करता है?

(*a*) कैरोटीन (*b*) फाइटोक्रोम

(*c*) क्लोरोफिल *a* (*d*) क्लोरोफिल *b*

85. मूल दाब उस समय सर्वाधिक होता है जब–

(*a*) वाष्पोत्सर्जन अधिक एवं अवशोषण बहुत कम है

(*b*) वाष्पोत्सर्जन बहुत कम तथा अवशोषण अधिक है

(*c*) वाष्पोत्सर्जन बहुत अधिक तथा अवशोषण भी अधिक है

(*d*) वाष्पोत्सर्जन तथा अवशोषण दोनों ही कम है

86. निम्नलिखित रसायनों में से कौन-सा रसायन पौधों के वाष्पोत्सर्जन के विरुद्ध काम करता है–

(*a*) कोबाल्ट क्लोराइड

(*b*) मरकरी

(*c*) पोटेशियम

(*d*) फिनाइल मर्क्यूरिक ऐसिटेट

87. बिन्दुस्राव किसके द्वारा होता है–
(*a*) रन्ध्र (*b*) जल रन्ध्र
(*c*) मूलरोम (*d*) पुष्पकलियाँ

88. बिन्दुस्राव होता है–
(*a*) प्रातःकाल के समय
(*b*) दोपहर के समय
(*c*) शाम के समय
(*d*) सुबह 10 बजे

89. पादपों में वाष्पोत्सर्जन की दर निर्भर है–
(*a*) प्रकाश व ताप
(*b*) ताप तथा मृदा
(*c*) प्रकाश, ताप, वायुमण्डलीय आर्द्रता तथा वायु
(*d*) वायु, ताप तथा प्रकाश

90. निम्न में से कौन-सी क्रिया पौधों को ठंडक देती है–
(*a*) वाष्पोत्सर्जन (*b*) बिन्दुस्राव
(*c*) प्रकाश संश्लेषण (*d*) ट्रॉन्सलेशन

91. पानी के अन्दर काटे हुये फूल अधिक समय तक ताजे रहते हैं क्योंकि–
(*a*) उनको पानी की उचित पूर्ति होती है
(*b*) पत्ती को कोई भी संवहन पूर्ति नहीं होती
(*c*) पानी का स्तम्भ बुलबुलों के कारण बन्द नहीं होता
(*d*) वह तेजी से वाष्पोत्सर्जन करते हैं इसलिये पानी के अन्दर काटे जाने चाहिये

92. कुछ पादपों में रुपान्तरण जैसे फिलोक्लेड, क्लोडोड, फिलोड तथा शल्क पत्तियाँ पायी जाती हैं जों–
(*a*) वाष्पोत्सर्जन बढ़ाते हैं
(*b*) खाने योग्य हैं
(*c*) जल अवशोषित करते हैं
(*d*) वाष्पोत्सर्जन कम करते हैं

93. स्टोमेटा द्वारा वाष्पोत्सर्जन किस समय लगभग पूरा रुक जाता है–
(*a*) रात में (*b*) सुबह के समय
(*c*) सायंकाल (*d*) इनमें से कोई नहीं

94. यदि तापमान स्थिर है तब वाष्पोत्सर्जन की दर निम्न एक परिस्थिति में सबसे अधिक होगी–
(*a*) समुद्र तल से 1 किमी ऊपर उगाया गया X पौधा
(*b*) समुद्र तल से 1 किमी नीचे उगाया गया X पौधा
(*c*) समुद्र तल पर उगाया गया X पौधा
(*d*) समुद्र तल से 0.5 किमी पर उगाया गया X पौधा

95. निम्न में से एक वाद स्टोमेटा के खुलने व बन्द होने से सम्बन्धित नहीं है–
(*a*) स्टार्च तथा शर्करा का दूसरे में परिवर्तन
(*b*) स्टीवार्ड
(*c*) किसेल बाश
(*d*) सक्रिय पोटेशियम आयन का स्थानान्तरण

96. तीव्र सूर्य के प्रकाश तथा तीव्र शुष्क अवस्थाओं में स्टोमेटा को बन्द करने के लिये आवश्यक है–
(*a*) K^+ का बाहर आना
(*b*) H^+ की हानि
(*c*) एबसीसिक अम्ल का बनना
(*d*) ईथाईलीन का बनना

97. पोटोमीटर तथा क्लाइनोस्टैट का प्रयोग होता है, अध्ययन करने में–
(*a*) प्रकाश संश्लेषण एवं श्वसन के
(*b*) वाष्पोत्सर्जन तथा वृद्धि के
(*c*) प्रकाशानुवर्तन एवं भूम्पानुवर्तन के
(*d*) वाष्पोत्सर्जन एवं भूम्पानुवर्तन के

98. रन्ध्रीय नियंत्रण में सम्मिलित धातु आयन होता है–
(*a*) लौह (*b*) मैग्नीशियम
(*c*) जस्ता (*d*) पोटेशियम

99. मॉड़ी का कार्बनिक अम्ल में परिवर्तन आवश्यक होता है–
(*a*) रन्ध्रों के बन्द होने के लिए
(*b*) रन्ध्रों के खुलने के लिए
(*c*) रन्ध्रीय प्रेरण के लिए
(*d*) रन्ध्रीय वृद्धि के लिए

100. अधिकांश धान्यों (Cereals) में, रन्ध्र रात्रि में बन्द हो जाते हैं और दिन में कुछ घण्टों के लिए खुलते हैं। यह निम्न प्रकार में रखा गया है–
(*a*) जौ प्रकार के
(*b*) आलू के प्रकार के
(*c*) अल्फा-अल्फा प्रकार के
(*d*) सेम के प्रकार के

उत्तरमाला

1	**2**	**3**	**4**	**5**	**6**	**7**	**8**	**9**	**10**
(*c*)	(*b*)	(*c*)	(*b*)	(*a*)	(*a*)	(*a*)	(*d*)	(*b*)	(*c*)
11	**12**	**13**	**14**	**15**	**16**	**17**	**18**	**19**	**20**
(*c*)	(*c*)	(*c*)	(*b*)	(*a*)	(*b*)	(*d*)	(*a*)	(*c*)	(*c*)
21	**22**	**23**	**24**	**25**	**26**	**27**	**28**	**29**	**30**
(*b*)	(*b*)	(*a*)	(*b*)	(*c*)	(*a*)	(*a*)	(*a*)	(*c*)	(*c*)
31	**32**	**33**	**34**	**35**	**36**	**37**	**38**	**39**	**40**
(*d*)	(*c*)	(*d*)	(*c*)	(*b*)	(*a*)	(*b*)	(*d*)	(*b*)	(*d*)
41	**42**	**43**	**44**	**45**	**46**	**47**	**48**	**49**	**50**
(*c*)	(*c*)	(*c*)	(*a*)	(*b*)	(*a*)	(*b*)	(*c*)	(*c*)	(*b*)
51	**52**	**53**	**54**	**55**	**56**	**57**	**58**	**59**	**60**
(*b*)	(*c*)	(*b*)	(*b*)	(*a*)	(*b*)	(*b*)	(*b*)	(*d*)	(*a*)
61	**62**	**63**	**64**	**65**	**66**	**67**	**68**	**69**	**70**
(*a*)	(*d*)	(*b*)	(*a*)	(*a*)	(*b*)	(*b*)	(*a*)	(*b*)	(*c*)
71	**72**	**73**	**74**	**75**	**76**	**77**	**78**	**79**	**80**
(*a*)	(*d*)	(*d*)	(*d*)	(*c*)	(*b*)	(*b*)	(*c*)	(*b*)	(*c*)
81	**82**	**83**	**84**	**85**	**86**	**87**	**88**	**89**	**90**
(*a*)	(*b*)	(*b*)	(*b*)	(*b*)	(*d*)	(*b*)	(*a*)	(*c*)	(*a*)
91	**92**	**93**	**94**	**95**	**96**	**97**	**98**	**99**	**100**
(*c*)	(*d*)	(*a*)	(*a*)	(*c*)	(*a*)	(*d*)	(*d*)	(*b*)	(*a*)

□□□

CHAPTER 20

पौधों के पोषक तत्व
NUTRIENTS OF PLANTS

- पौधे वातावरण से CO_2 लेते हैं तथा मृदा से H_2O ग्रहण करते हैं, जो क्रमशः कार्बन तथा हाइड्रोजन के स्रोत हैं।
- पौधे मृदा से ही खनिज पदार्थ भी लेते हैं जिनका वे अपने पोषण में प्रयोग करते हैं। जिनके द्वारा पौधों की वृद्धि होती है तथा पौधे का विकास होता है।

पोषक तत्व (Nutrients)

- राख (ash) के रासायनिक विश्लेषण (chemical analysis) से पता लगता है कि इसमें विभिन्न तत्वों (elements) के ऑक्साइड (oxides) होते हैं। यद्यपि, इन यौगिकों (ऑक्साइड्स आदि) की संख्या इत्यादि भिन्न-भिन्न पौधों तथा पौधों के भिन्न-भिन्न भागों में अलग-अलग होती है, किन्तु कुछ तत्व प्रत्येक पौधे की राख में अवश्य मिलते हैं। ऐसे तत्व (elements) **आवश्यक तत्व** (essential elements) कहे जाते हैं, जबकि अन्य अनावश्यक तत्व (non-essential elements)।
- सामान्यतः आवश्यक तत्वों में कार्बन (C), हाइड्रोजन (H), ऑक्सीजन (O), नाइट्रोजन (N), सल्फर (S) तथा फॉस्फोरस (P) आदि **अधातु** (non-metals) जबकि पोटेशियम (K), कैल्सियम (Ca), मैग्नीशियम (Mg) तथा लोहा (Fe) आदि धातु (metals) होते है।
- **अनावश्यक तत्व** क्लोरिन (Cl) तथा सिलिकन (Si) आदि **अधातु** तथा सोडियम (Na) धातु के रूप में सभी पौधों में होते हैं।
- इन तेरह तत्वों के अतिरिक्त अनेक (40 तक भी) तत्व पौधे में पाए जा सकते हैं। इनमें से भी कुछ तत्वों की उपस्थिति तो आवश्यक हो सकती है, किन्तु उनकी मात्रा भी कम ही होती है। अतः उपर्युक्त तेरह तत्त्वों को महापोषक तत्त्व (Macro-nutrients or macro-elements) कहते हैं। इनके अतिरिक्त अत्यन्त कम मात्रा में पाए जाने वाले तत्व, जिनकी उपस्थिति भी अनावश्यक हो सकती है, सूक्ष्म (लघु) पोषक तत्व (Micro-elemetns or micro-nutrients or trace elements) कहलाते हैं।

आरनोन के अनुसार आवश्यक पोषक तत्व वे है–

(*i*) जिनकी कमी से पौधे अपने जीवनचक्र को पूरा नही कर सकते हैं।

(*ii*) जो पौधे के पोषण तथा उपापचय में सीधे सम्मिलित होते हैं।

(*iii*) जिनकी कमी के लक्षणों को किसी अन्य पोषक तत्व को देकर पूरा नहीं किया जा सकता है।

खनिज लवणों के प्रमुख कार्य

पौधों के लिए खनिज लवणों के मुख्य कार्य निम्नलिखित हैं–

1. परासरणदाब पर प्रभाव (influence on osmotic pressure)
2. उत्प्रेरकी प्रभाव (catalytic effect)
3. कोशिका झिल्लियों की पारगम्यता (permeability in cytoplasmic membrane)
4. पादप शरीर के महत्वपूर्ण तत्त्व (important elements of plant body)
5. आविष प्रभाव (toxic effects)
6. अम्लता व बफर क्रिया (acidity and buffer action)
7. विरोधी प्रभाव (antagonastic effects)।

तालिका 20.1 पौधों के लिए आवश्यक पोषक तत्व

अधिक मात्रा में चाहे जाने वाले पोषक तत्त्व			कम मात्रा में चाहे जाने वाले विरल या सूक्ष्म तत्त्व (Micro-nutrients)
वायु व जल से प्राप्त	मुख्य तत्त्व (भूमि से प्राप्त) (Major or macro-nutrients)		
	प्राथमिक पोषक तत्व (Primary Nutrients)	द्वितीयक पोषक तत्व (Secondary Nutrients)	
1. कार्बन (C) 2. हाइड्रोजन (H) 3. ऑक्सीजन (O)	4. नाइट्रोजन (N) 5. फॉस्फोरस (P) 6. पोटाश (K)	7. कैल्सियम (Ca) 8. मैग्नीशियम (Mg) 9. गन्धक (S)	10. लोहा (Fe) 11. मैंगनीज (Mn) 12. तांबा (Cu) 13. जस्ता (Zn) 14. मोलिब्डेनम (Mo) 15. क्लोरीन (Cl) 16. कोबाल्ट (Co)

भूमि की pH तथा पोषक तत्त्वों की उपलब्धता में सम्बन्ध

(*i*) नाइट्रोजन की अधिकतम उपलब्धता 6.0-8.0 pH पर होती है। इससे कम तथा अधिक pH मान पर इसकी उपलब्धता क्रमशः कम होती जाती है।

(*ii*) फॉस्फोरस की अधिकतम उपलब्धता 6.5-7.5 pH तथा 9.0-10.0 pH पर होती है।

(*iii*) सल्फर की अधिकतम उपलब्धता 10.0-6.0 pH पर होती है। इससे कम pH पर सल्फर की उपलब्धता क्रमशः कम होती जाती है।

(*iv*) कैल्सियम तथा मैग्नीशियम की अधिकतम उपलब्धता 7.5-8.5 pH पर होती है। इससे कम तथा अधिक pH मान इन पोषक तत्त्वों की उपलब्धता क्रमशः कम होती जाती है।

(*v*) लोहे की अधिकतम उपलब्धता 4.0-6.0 pH पर होती है। इससे अधिक pH पर लोहे की उपलब्धता क्रमशः कम होती जाती है।

(*vi*) पोटैशियम की अधिकतम उलब्धता 10.0 – 6.5 pH पर होती है। इससे कम pH पर इसकी उपलब्धता क्रमशः कम होती जाती है।

(*vii*) मैंगनीज की अधिकतम उपलब्धता 5.0-6.5 pH पर होती है। इससे कम तथा अधिक pH मान पर क्रमशः कम होती जाती है।

(*viii*) बोरोन की अधिकतम उपलब्धता 5.0-7.0 pH पर होती है।

(*ix*) कॉपर तथा जिंक की अधिकतम उपलब्धता 5.0-6.5 pH पर होती है।

(*x*) मोलिब्डेनम की अधिकतम उपलब्धता 10.0-7.0 pH पर होती है। इससे कम pH मान पर इसकी उपलब्धता क्रमशः कम होती जाती है।

पोषक तत्वों का वर्गीकरण

श्कोल्लिक (Shkolnik) ने 1950 ई. में कार्य के अनुसार पोषक तत्वों का वर्गीकरण प्रस्तुत किया जो यथावत हैं–

(a) संरचनात्मक तत्व (structural elements)— जैसे — C, H, O, N, S, P तथा Mg.

(b) जैव उत्प्रेरक तत्व (biocatalysts)— जैसे–Co, Fe, Mn तथा Cu.

(c) अतिआवश्यक तत्व (indispensable elements)— जैसे–K, B, Mo तथा Ca.

(d) रेडियोधर्मी तत्व (radioactive elements)— जैसे–Th, Ra, U तथा Rh.

(e) संवेदी तत्व (stimulating elements)— जैसे–Na, As, Ti, Ni, Cl, I तथा Br.

पोषक तत्वों का पादप वृद्धि में महत्त्व (Importance of Nutrients in Plants Growth)

(*i*) नाइट्रोजन (Nitrogen)

सुलभ रूपः नाइट्रेट (NO_3^-) तथा अमोनियम (NH_4^+) आयन के रूप में।

अधिकांश पौधे तो नाइट्रेट आयन के रूप में ही नाइट्रोजन का अवशोषण करते हैं। परन्तु कुछ फसलें जैसे धान, आलू इत्यादि इसे अमोनियम आयन के रूप में भी ग्रहण करते हैं। यह चल तत्व (Mobile element) हैं, अर्थात् यह भूमि में अपनी स्थिति परिवर्तित करता रहता है।

नाइट्रोजन का प्रयोग कार्बोहाइड्रेटस के उपयोग में होता है। पौधे में नाइट्रोजन की कमी होने पर कोशिका भित्ति मोटी हो जाती है, क्योंकि यहां कार्बोहाइड्रेट जमा हो जाता है। नाइट्रोजन की उचित मात्रा होने पर कार्बोहाइड्रेट का उपयोग प्रोटोप्लास्ट बनाने में होता है।

नाइट्रोजन की कमी में पौधों की बढ़वार रूक जाती है एवं निचली पत्तियां पीली पड़नी शुरू हो जाती हैं जिसे क्लोरोसिस कहते हैं।

(*ii*) फॉस्फोरस (Phosphorus)

सुलभ रूपः $H_2PO_4^{-1}$ आयन तथा HPO_4^{-2} आयन के रूप में।

यह एक चल तत्व है। यह न्यूक्लिक अम्ल, फाइटिन तथा फॉस्फोलिपिड्स का मुख्य अंग हैं। जड़ों के समुचित विकास एवं फसल की सामयिक परिपक्वता तथा फलों एवं बीजों के बनने में इसकी आवश्यकता होती है।

पौधे में इसकी कमी होने पर पौधे का समुचित विकास नहीं होता है एवं पत्तियों के ऊपर लाल बैंगनी रंग के धब्बे दिखायी देते हैं जो धब्बे एन्थोसायनिन नामक पिगमेन्ट के बनने से पैदा होते हैं।

(*iii*) पोटैशियम (Potassium)

सुलभ रूपः पोटैशियम (K^+) आयन के रूप में।

यह एक चल तत्व है। इस तत्व की उपयोगिता कार्बोहाइड्रेट तथा नाइट्रोजन की उपापचयी क्रियाओं में यूनिक होती है। यह तत्त्व पाइरुविक काइनेज एन्जाइम के एक्टीवेशन में भी योगदान देता है।

पोटैशियम की कमी से पत्तियों के किनारे सूखने लगते हैं, और झुलसे-से प्रतीत होते हैं। इस लक्षण को Marginal browning कहते हैं। जिसके कारण पौधा कमजोर हो जाता है तथा फसल पर कीटों का प्रकोप बढ़ जाता है।

(*iv*) कैल्सियम (Calcium)

सुलभ रूपः कैल्सियम (Ca^{+2}) आयन के रूप में।

यह अचल तत्त्व (Immobile element) है। कैल्सियम, कैल्सियम पैक्टेट के रूप में कोशिका भित्ति तथा कोशिका भित्ति के बीच की लेमिला (Middle-lamella) का मुख्य भाग होता है। नई पत्तियों के निकलने एवं उनके खुलने (Unfolding) के लिये भी इसकी आवश्यकता होती है।

पौधों में कैल्सियम का संचार पुराने अंगों से नये अंगों की ओर सुगमता से न होने के कारण, उसकी कमी का प्रभाव सबसे पहले अग्रस्थ कलिकाओं पर पड़ता है जिससे उनका विकास रूक जाता है।

(*v*) मैग्नीशियम (Magnesium)

सुलभ रूपः मैग्नीशियम (Mg^{+2}) आयन के रूप में।

यह तत्त्व पौधों में आसानी से चलायमान (Mobile) है। यह तत्त्व पर्णहरित (Chlorophyll) का अनिवार्य भाग है। यह फॉस्फोरस तथा बरा की उगापचयी क्रियाओं में भी भाग लेता है।

मैग्नीशियम का संचार पौधों के पुराने अंगों से नये बढ़ने वाले अंगों की ओर सुगमता पूर्वक हो सकता है। जिसके कारण कमी की अवस्था में यह तत्त्व पुराने अंगों से नये अंगों में आसानी से चले जाते है। इसलिये इस पोषक तत्त्व की कमी के लक्षण पहले पौधे की नीचे वाली पत्तियों पर दिखाई देते हैं। पत्तियों की शिराओं के मध्यवर्ती अंगों का हरा रंग नष्ट हो जाता है किन्तु शिरायें हरी ही बनी रहती हैं। इस लक्षण को Inter veinal chlorosis कहते हैं। अत्यधिक कमी होने से पत्तियां पूर्ण रूप से पीली पड़कर मरने लगती हैं।

(*vi*) गंधक (Sulphur)

सुलभ रूपः सल्फेट (SO_4^{-2}) आयन के रूप में।

यह तत्त्व अनेक अमीनो अम्लों (सिस्टाइन, सिस्टीन आदि) का महत्त्वपूर्ण भाग होता है। सरसों कुल (Mustard family) की फसलों से प्राप्त तेल में काफी मात्रा में पाया जाता है। यह पशुओं के पोषण के लिये भी आवश्यक होता है।

पौधों में इसकी कमी होने पर अप्रोटीन पदार्थों (Non protenous compounds) की सान्द्रता बढ़ जाती है जिसके कारण एमाइन की मात्रा बढ़ जाती है। यह बढ़ी मात्रा चारा खाने वाले पशुओं के लिए हानिकारक होती है।

चारे में नाइट्रोजन तथा सल्फर का उचित अनुपात (10-20 : 1) होना चाहिये। यदि सल्फर की मात्रा कम हो जाये तो ऐसा चारा पशुओं के लिये नुकसानदायक हो सकता है।

गंधक की कमी होने पर पौधे पतले एवं छोटे रह जाते हैं और नयी पत्तियों पर पीलापन (Chlorosis) उत्पन्न हो जाता है।

(*vii*) लोहा (Iron)

सुलभ रूपः जड़ों द्वारा फैरस (Fe^{+2}) आयन के रूप में या कीलेट (chelate)। इसके अलावा यह तत्त्व पत्तियों द्वारा भी फैरस सल्फेट ($FeSO_4$) या आयरन कीलेट (Iron chelate) के रूप में, जो कि पर्णीय छिड़काव (Foliar spary) द्वारा दिया जाता है, अवशोषित किया जा सकता है।

यह अचल तत्त्व है जो कि अनेक एंजाइमों के एक्टीवेशन में भाग लेता है। यह तत्त्व पौधों के अंदर पर्णहरित बनाने में आवश्यक होता है।

इसकी कमी होने पर नयी पत्तियों मे शिराओं के मध्य का भाग पीला पड़ने लगता है, एवं धीरे-धीरे पूरी पत्ती पर इसका प्रभाव दिखायी देता है। अत्यधिक कमी होने पर पत्तियां सफेद हो जाती हैं।

इसकी कमी मुख्य रूप से लवणीय मृदाओं में देखी गयी हैं। अम्लीय मृदाओं में जहां फास्फोरस की मात्रा अधिक होती है, वहाँ पर इसकी कमी पायी जा सकती है।

(*viii*) मैंगनीज (Manganese)

सुलभ रूपः मैंगनीज (Mn^{+2}) आयन के रूप में तथा कीलेट्स के रूप में। इसके अलावा पर्णीय छिड़काव करने पर इसे पत्तियां सीधे ही अवशोषित कर सकती हैं। यह अचल तत्त्व है। यह तत्त्व कार्बोहाइड्रेट की उपापचय क्रिया में भाग लेता है। यह तत्त्व प्रकाश संश्लेषण में होने वाले 'Hill reaction' में सहायक होता है।

पौधे में इसकी कमी से नयी पत्तियों में Interveinal chlorosis होती है।

अम्लीय मृदाओं में मैंगनीज की विषाक्तता (Toxicity) देखी जाती है। इसके विषाक्तता को कपास की फसल में देखा जा सकता है। कपास की पत्तियां मुड़ी-तुड़ी सी हो जाती हैं तथा उन पर काले-पीले रंग के धब्बे पड़ जाते हैं। धब्बे मुख्यतः शिराओं के ऊपर होते हैं जिसे Crinkle leaf of cotton'कहा जाता है। अम्लीय मृदाओं में टमाटर की खेती करने पर, उस पर भी यही लक्षण देखे जा सकते हैं।

मैंगनीज के विषाक्तता प्रभाव को कम करने के लिये चूने का प्रयोग करना चाहिये, जिससे मैंगनीज की घुलनशीलता कम हो जाती है।

(*ix*) तांबा (Copper)

सुलभ रूपः कॉपर (Cu^{+2}) आयन के रूप में या इसके कार्बनिक कीलेट्स के रूप में जड़ों द्वारा लिया जा सकता है। पर्णीय छिड़काव के प्रयोग से भी यह कार्बनिक या अकार्बनिक रूप में पत्तियों द्वारा अवशेषित किया जा सकता है।

यह अचल तत्त्व है। यह प्रकाश संश्लेषण में होने वाले 'Light reaction' में भाग लेता है।

इसकी कमी के लक्षण मुख्यतया कार्बनिक मृदाओं (Muck तथा Peat soils) में देखे जा सकते है। कमी होने पर नयी पत्तियां छोटी एवं पीली होती है। पुरानी पत्तियां मरने लगती हैं। अत्यधिक कमी होने पर पत्तियों के सिरे एवं किनारे के ऊतक मरने लगते हैं।

जई (Mono oat) में कमी होने से फूल नहीं आते जिसके कारण बीज नहीं बनते। जिसे जई की नर बंध्यता (Male sterility of oat) कहते हैं।

(*x*) जिंक (Zinc)

सुलभ रूपः जिंक (Zn^{+2}) आयन के रूप में या इसके कार्बनिक कीलेट्स के रूप में जड़ों अथवा पत्तियों द्वारा लिया जा सकता है। इस तत्त्व को अपेक्षाकृत अचल तत्त्व माना जाता है।

इस तत्त्व की कमी मुख्यतया क्षारीय तथा केल्केरियस (Calcarius) मृदाओं में प्रायः देखने को मिलती है। फॉस्फोरस के उर्वरकों के अधिक प्रयोग से इस तत्त्व की कमी के लक्षण पैदा होते हैं। इस तत्त्व की कमी होने पर नयी पत्तियों के अंदर शिराओं के बीच का भाग पहले पीला पड़ना शुरू होता है एवं तने का पूर्ण विकास नहीं हो पाता। इस कारण से तने पर दो गांठों के बीच के स्थान (Inter nodes) छोटे रह जाते हैं, जिससे अनेक पत्तियां लगभग एक ही स्थान से निकलती हुई प्रतीत होती हैं जिसे 'Rosetting' कहते हैं। इसकी कमी होने से मक्का एवं ज्वार के पौधों में बिल्कुल ऊपरी पत्तियां सफेद हो जाती हैं। जिसे 'White bud of corn or sorghum' कहते है।

धान में जिंक की कमी से 'खैरा रोग' हो जाता है। इसके लक्षण रोपाई के दो सप्ताह बाद पौधे की तीसरी पत्ती पर दिखायी देते हैं। इसमें लाल, भूरे रंग के धब्बे बन जाते हैं, जो कि बाद में बढ़कर आपस में मिल जाते हैं। पौधे में उचित टिलरिंग (Tillering) नहीं हो पाती है।

फॉस्फोरस के कारण जिंक की कमी को 'Phosphorus induced zinc deficiency' कहते हैं। इस सन्दर्भ में वैज्ञानिकों का मत है कि फॉस्फोरस की अधिक मात्रा के प्रयोग से जिंक की चलायमान क्षमता में (Mobility) ह्रास (कमी) हो जाती है।

(*xi*) मोलिब्डेनम (Molybdenum)

सुलभ रूपः मोलिब्डेट (MoO_4^{-2}) आयन के रूप में।

इसकी बहुत कम मात्रा में पौधे के लिए आवश्यकता होती है। यह तत्त्व दलहनी फसलों में नाइट्रोजन के स्थिरीकरण के लिए आवश्यक होता है तथा इसके अतिरिक्त सभी फसलों में इसकी आवश्यकता नाइट्रेट के अपयचन के लिये होती है।

इसकी कमी अम्लीय मृदाओं में पायी जाती है। इसकी कमी के लक्षण काफी कुछ नाइट्रोजन के कमी वाले लक्षणों से मिलते हैं और इसकी कमी भी शिराओं के बीच पीलेपन से शुरू होती है।

फूलगोभी में इस तत्त्व की कमी से एक विशेष लक्षण मिलता है जिसे 'Whip tail symptom' कहते हैं।

(*xii*) क्लोरीन (Chlorine)

सुलभ रूपः क्लोराइड (Cl^-) आयन के रूप में।

इस तत्त्व के बारे में ज्यादा जानकारी नहीं है, परन्तु यह तत्त्व पौधों की वृद्धि एवं विकास के लिए आवश्यक होता है।

इसकी कमी होने से पौधों की जड़ों का विकास पूर्ण रूप से नहीं हो पाता है। यदि मृदा में क्लोरीन की मात्रा ज्यादा हो, तो पौधों में इसके विषाक्त प्रभाव दिखायी देते हैं। इससे पत्तियां मोटी हो जाती हैं व मुड़ने लगती हैं। आलू में क्लोरीन की विषाक्त मात्रा होने पर उसकी भण्डारण क्षमता कम हो जाती है।

(*xiii*) कोबाल्ट (Cobalt)

सुलभ रूपः कोबाल्ट (Co^{+2}) आयन के रूप में।

इसकी बहुत कम मात्रा में पौधे के लिए आवश्यकता होती है। इसकी आवश्यकता सहजीवी जीवाणुओं द्वारा नाइट्रोजन के स्थिरीकरण में होती है। इसका प्रयोग जीवाणुओं द्वारा विटामिन B_{12} (Cynocobalamine) बनाने में होता है। यह तत्त्व पौधों की बढ़वार, प्रकाश संश्लेषण तथा वाष्पोत्सर्जन की दर को बढ़ाता है। इसके अतिरिक्त फलियों तथा सरसों कुल की फसलों में पत्तियों के अन्दर पर्णहरित की मात्रा बढ़ाने में सहायक सिद्ध होता है।

अन्य तत्त्व जिनका प्रयोग पौधों में लाभकारी पाया गया हैः

(*xiv*) सोडियम (Sodium)

सुलभ रूपः सोडियम (Na^+) आयन के रूप में।

यह तत्त्व पौधों के लिये आवश्यक नहीं है परन्तु चुकन्दर में इसके प्रयोग से लाभकारी परिणाम मिले हैं। ऐसी दशाओं में जबकि भूमि में पोटेशियम की कमी हो, सोडियम को पोटेशियम के स्थान पर प्रयोग किया जा सकता है। यदि चुकन्दर की फसल में इसे न दिया जाये तो ऐसी स्थिति में पत्तियों का रंग गहरा हो जाता है तथा पत्तियां पतली पड़ जाती हैं तथा पत्तियों की चमक कम हो जाती है।

जिस प्रकार चुकन्दर में सोडियम का लाभकारी प्रभाव देखा गया है उसी प्रकार धान, कद्दू तथा जौ में सिलिकॉन का प्रभाव देखा गया है। धान में सिलिकॉन का प्रयोग करने से उपज बढ़ती है तथा जीवाणु वाली बीमारियों के प्रति प्रतिरोध क्षमता बढ़ जाती है।

(*xv*) बोरोन (Boron)

सुलभ रूपः यह तत्त्व पौधों द्वारा अनेक रूपों में ग्रहण किया जाता है: $B_4O_7^{-2}$, H_2BO^{-3}, HBO_3^{-2}, BO_3^{-3}

यह अचल तत्त्व है। यह तत्त्व शर्करा के स्थानान्तरण (Translocation) में महत्त्वपूर्ण भाग लेता है। यह पौधे के अंदर मण्ड (स्टाच) के संग्रहण को रोकता है।

ऐसा पाया गया है कि बोरोन की कमी होने पर पौधों में वाष्पोत्सर्जन कम होता है। शीर्ष कलिकाओं की वृद्धि रूक जाती है और नयी पत्तियां मरने लगती हैं। पत्तियां मोटी हो जाती हैं।

चुकन्दर में इसकी कमी होने पर फल के अन्दर का भाग भूरा या काला पड़ जाता है। इसे 'Brown or black heart of sugarbeet' कहते हैं। सेबों में इसकी कमी से फल के अन्दर का फ्लेश काला या भूरा पड़ जाता है। इसको 'Internal necrosis of apple' कहते हैं।

नींबू प्रजाति के पौधों में इस तत्त्व की कमी से, हल्की बाहरी पर्त मोटी पड़ जाती है और फलों के अंदर गोंद जैसे पदार्थ का संग्रहण हो जाता है।

खनिज लवणों का अवशोषण (Absorption of Mineral Salts)

- मृदा खनिज लवणों का मुख्य॥स्रोत है। यह खनिज जड़ों के अग्र विभज्योतक क्षेत्र (Terminal meristematic region) से स्वतन्त्र रूप से अवशोषित होते हैं।
- खनिज लवण मृदा कणों तथा जल के साथ कोलायडल दशा में होते हैं। खनिज लवणों का स्थानान्तरण जाइलम के द्वारा होता है।
- खनिज लवणों के अवशोषण के लिये निम्न दो विधियाँ हैं-

(A) निष्क्रिय अवशोषण (Passive absorption)

(1) विसरण द्वारा (By diffusion)

इस विधि से खनिज लवण अधिक सान्द्रता से कम सान्द्रता वाले क्षेत्र की ओर विसरित होते हैं।

(2) आयन विनिमय द्वारा (By ion exchange)

जड़ कोशिका में उपस्थित आयन मृदा में उपस्थित आयन से बदले जाते हैं अर्थात इस विधि में धनायन (cations) के बदले धनायन व ऋणायन के बदले ऋणायन प्राप्त होते हैं। इसको समझने के लिये दो वाद निम्न हैं-

(*i*) **कान्टेक्ट एक्सचेन्ज सिद्धान्त (Contact exchange Theory)**- जड़ की सतह पर उपस्थित H^+, OH^- या HCO_3^-आयन मृदा कण उपस्थित आयन से बदले जाते हैं जब इन आयनों के Oscillation volume overlap करते हैं।

(*ii*) **कार्बोनिक अम्ल एक्सचेंज सिद्धान्त (Carbonic acid exchange theory)**- इस विधि में जड़ों के श्वसन से CO_2 बनती है जो जल के साथ मिलकर कार्बोनिक अम्ल बनाती है। यह कार्बोनिक अम्ल H^+ तथा HCO_3^- में विघटित हो जाता है।

$$H_2O + CO_2 \rightleftharpoons H_2CO_3 \rightleftharpoons H^+ + HCO_3^-$$

मृदा में पाये जाने वाले धनात्मक आयन तथा ऋणात्मक आयन का आदान-प्रदान जड़ मे पाये जाने वाले धनात्मक तथा ऋणात्मक आयन से होता है।

(3) Donann Equilibrium

इसको F. G. Donann के नाम पर जाना जाता है। कोशिका में आयनों का Electrical equilibrium को बनाये रखने के लिये गति करना, Donann equilibrium कहलाता है। कुछ आयन प्लाज्मा झिल्ली के आन्तरिक सतह पर चिपक जाते हैं इन्हें fixed ions कहते हैं। इनके न्यूनीकरण (Neutralization) के लिये विपरीत विभव (opposite change) के आयन कोशिका में सान्द्रता विभव के विरुद्ध प्रवेश करते हैं (explain the accumulation of ions against concentration gradient without the use of metabolic energy)।

(B) सक्रिय अवशोषण (Active absorption)

कोशिका रस में mineral elements बड़ी मात्रा में सान्द्रता विभव के विरूद्ध जमा होने हैं जिसके लिए इन्हें ऊर्जा चाहिए जो पादप श्वसन से प्राप्त करते हैं। Van Den Honert ने इस सक्रिय अवशोषण को समझाने के लिये carrier concept

प्रतिपादित किया। जिसके अनुसार प्लाज्मा झिल्ली स्वतन्त्र आयनों के लिये अपारगम्य होती हैं। इसके प्लाज्मा झिल्ली में विशिष्ट प्रकार के आयन वाहक (ion carrier) होते हैं। यह कोशिका भी सतह पर आयन से मिलकर Ion carrier complex बनाती है जो कोशिका की भीतरी सतह पर आयन तथा वाहक (carrier) में टूट जाता है। आयन अन्दर चले जाते हैं तथा वाहक नये आयन को ले जाने के लिये बाहरी सतह पर आ जाता है।

इस ion carrier concept के लिये निम्नलिखित दो वाद दिये गये हैं-

(*i*) साइटोक्रोम पम्प थ्योरी (Cytochrome Pump Theory)

लुण्डेगार्थ (Lundegarth) तथा बर्सट्राम (Burstrom) 1933 ने बताया कि आयन अवशोषण तथा श्वसन एक दूसरे से सम्बन्धित है। जब किसी अलवणीय जलीय पादप को लवणीय जल में रखा जाता है तब इसमें लवण या आयन के अवशोषण के कारण श्वसन की दर बढ़ जाती है इसे salt or anion respiration कहते हैं। यह दर्शाता है कि सक्रिय आयन अवशोषण में श्वसनीय साइटोक्रोम भाग लेते हैं तथा ऋणात्मक आयन (anion) के अवशोषण के लिये वाहक (carrier) का कार्य करते हैं।

(*ii*) प्रोटीन-लेसीथीन थ्योरी (Protein Lecithin Theory)

बेनट (Bennet) तथा क्लार्क (Clark) ने बताया कि लेसीथीन फास्फेटाइड तथा कोलिन के बने होते हैं। फास्फेटाइड सक्रिय धनात्मक आयन को बाँधता है तथा कोलीन सक्रिय ऋणात्मक आयन को बाँधते हैं। जब लेसीथीन बनता है तब आयनों को कोशिका सतह से ले लेता है तथा जब टूटता है तब इन आयनों को कोशिका के अन्दर पहुँचा देता है।

इस तरह लेसीथीन cation तथा anion का वाहक के रूप में कार्य करता है।

बहुविकल्पीय प्रश्न

1. कोशिका में सर्वाधिक सामान्य स्वतन्त्र आयन होता है–

(*a*) फॉस्फोरस का (*b*) गन्धक का
(*c*) लोहे का (*d*) पोटेशियम का

2. निम्न अमीनो अम्लों में कौन-सा गन्धक युक्त होता है?

(*a*) सेरीन (*b*) मेथिओनिन
(*c*) प्रोलीन (*d*) एस्पर्डिन

3. पादप भस्म (Plant Ash) एक संकेत होती है–

(*a*) पौधे के कार्बनिक पदार्थ का
(*b*) पादप द्वारा अवशोषित खनिज लवणों का
(*c*) खनिज लवणों तथा कार्बनिक पदार्थ दोनों का
(*d*) उपरोक्त में से किसी का नहीं

4. निम्न में से कौन-सा सूक्ष्म तत्व होता है–

(*a*) सल्फर (*b*) कार्बन
(*c*) मोलिब्डीनम (*d*) फॉस्फोरस

5. पोटेशियम आयनों की अति महत्वपूर्ण भूमिका होती है–

(*a*) पेकैम्बियम के निर्माण में भाग लेते हैं
(*b*) ये प्रकाश संश्लेषण को बढ़ाते हैं
(*c*) ये अनेक विकरीय (Enzymatic) क्रियाओं को प्रभावित करते हैं जो अनेक पादप प्रक्रमों को नियन्त्रित करते हैं
(*d*) इनसे लाल रंग आता है

6. निम्न में से कौन-सा सूक्ष्म पोषक तत्व है–

(*a*) Mg (*b*) S
(*c*) Mn (*d*) Ca

7. पौधे में फास्फोरस की उपस्थिति–

(*a*) प्रोटीन निर्माण को कम करती है
(*b*) फल के पकने की दर को बढ़ाती है
(*c*) स्वरुप मूल वृद्धि करती है
(*d*) उपरोक्त में से कोई नहीं

8. मैग्नीशियम की कमी से हरिमहीनता का पहला लक्षण होता है–

(*a*) शिशु पत्तियाँ पहले तथा वृद्ध पत्तियाँ बाद में गिरती हैं
(*b*) पत्तियों का झड़ना
(*c*) दोनों प्रकार की पत्तियाँ एक साथ गिर जाती हैं
(*d*) पुरानी वृद्ध पत्तियाँ पहले तथा पीछे से शिशु पत्तियाँ मुरझाती हैं

9. निम्न में से किस एक कथन से जल संवर्धन की सही परिभाषा का पता चलता है?
(*a*) मृदा रहित संवर्धन में पौधों को उगाना
(*b*) जल आपूर्ति में भिन्नता लाकर मछलियों का संवर्धन
(*c*) जल की सतह पर प्लवकों को उगाना
(*d*) निर्जलीकृत मृदा में पौधों का उगाना

10. वाहक प्रोटीन सन्निहित होता है–
(*a*) आयनों के सक्रिय अभिगमन में
(*b*) आयनों के निष्क्रिय अभिगमन में
(*c*) जल अभिगमन में
(*d*) जल वाष्पन में

11. निम्न में से कौन-सा तत्व प्रकाश संश्लेषण में ऑक्सीजन निकासी के लिये आवश्यक है–
(*a*) ताम्र (*b*) लौह
(*c*) मैंगनीज (*d*) जस्ता

12. बालू संवर्धन कृषि (खेती) कहलाता है–
(*a*) मृदीय संवर्धन (*b*) पौधा घर प्रभाव
(*c*) प्रकाश श्वसन (*d*) इनमें से कोई नहीं

13. अकार्बनिक पोषक मृदा में उपस्थित रहते हैं, रूप में–
(*a*) अणु
(*b*) परमाणु
(*c*) विद्युत सर्जित आयन
(*d*) परजीवी

14. निम्न में से कौन-सा तत्व प्रोटीन संश्लेषण के लिये बहुत आवश्यक है–
(*a*) N_2 (*b*) K
(*c*) Mg (*d*) Fe

15. निम्न में से कौन-सा तत्व सूक्ष्म मात्रिक नहीं है–
(*a*) Cu (*b*) Mn
(*c*) B (*d*) C

16. पर्णहरिम में, कौन-सी धातु उपस्थित होती है–
(*a*) Mn (*b*) Mo
(*c*) Mg (*d*) S

17. निम्न में से किस वैज्ञानिक ने पोषक घोल की हाइड्रोपोनिक कल्चर के लिये खोज की–
(*a*) साक्स (*b*) बेबस्टर
(*c*) वालेस (*d*) क्नॉप

18. पादप कोशिकाओं की भित्ति के मध्य पटलिका में एक मुख्य तत्व होता है–
(*a*) लौह (*b*) कैल्शियम
(*c*) मैग्नीशियम (*d*) पोटेशियम

19. जैविकीय नाइट्रोजन स्थिरीकरण में किस एक तत्व का महत्वपूर्ण योगदान होता है?
(*a*) मोलिब्डीनम (*b*) मैंगनीज
(*c*) ताँबा (*d*) जिंक

20. कोशिका में खनिज लवणों का प्रवेश होता है–
(*a*) आयनों के रुप में
(*b*) अणुओं के रुप में
(*c*) परमाणुओं के रुप में
(*d*) विलेय के रुप में

21. इनमें से कौन पादप राख से सम्बन्धित नहीं है?
(*a*) सूक्ष्म मात्रिक तत्व (*b*) आवश्यक तत्व
(*c*) नाइट्रोजन (*d*) खनिज तत्व

22. ऐसे समस्थानिक तत्व जो उपापचयी मार्ग की खोज में प्रयोग किये जाते हैं, कहलाते हैं–
(*a*) सूक्ष्म मात्रिक तत्व (*b*) संसूचक तत्व
(*c*) सूक्ष्म तत्व (*d*) अनुज्ञापक तत्व

23. Mg एवं Fe का कार्य है–
(*a*) क्लोरोफिल का निर्माण
(*b*) प्रोटीन का निर्माण
(*c*) वसा का निर्माण
(*d*) कार्बनिक अम्लों का निर्माण

24. कौन-सा बृहदपोषी है?
(*a*) Ca (*b*) Mn
(*c*) Zn (*d*) Fe

25. फूलगोभी में Browm Heart बीमारी किसकी कमी के कारण होती है–
(*a*) बोरोन (*b*) लोहा
(*c*) ताँबा (*d*) फास्फेट

26. अपरिपक्व पत्तियों का गिरना किसकी कमी के कारण होता है–
(*a*) K (*b*) Zn
(*c*) Na (*d*) P

27. निम्नलिखित में से कौन खनिजीय कमी से उत्पन्न नहीं होता?
(*a*) ऊतकक्षय (*b*) क्लोरोसिस
(*c*) पांडुरता (*d*) पर्वो का छोटा होना

28. क्लोरोफिल केन्द्र (Core) में कौन-सी धातु होती है?
(*a*) लौह (*b*) मैग्नीशियम
(*c*) निकिल (*d*) ताँबा

29. निम्न में से कौन-सा तत्व मूल रोम बनाने के लिये आवश्यक है–
(*a*) Ca (*b*) Zn
(*c*) Cu (*d*) Na

30. प्रोटोप्लाज्म की पारगम्यता बढ़ जाती है–
(*a*) सोडियम से (*b*) पोटैशियम से
(*c*) कैल्सियम से (*d*) फॉस्फोरस से

31. फलों वाले वृक्षों में (Exanthema) रोग होता है कमी से–
(*a*) सोडियम की (*b*) कैल्सियम की
(*c*) ताँबे की (*d*) फॉस्फोरस की

32. एन्जाइम से प्रेरित क्रियायें संदमित होती है–
(*a*) Mg^{++} से (*b*) Zn^{++}से
(*c*) Cu^{++} से (*d*) Hg^{++}से

33. नाइट्रोजन आवश्यक घटक होता है–
(*a*) कार्बोहाइड्रेट (*b*) वसा
(*c*) प्रोटीन (*d*) तेल

34. निम्नलिखित में से कौन-सा एक पौधों में हरिम हीनता रोकने के लिये आवश्यक है–
(*a*) पोटैशियम (*b*) कैल्सियम
(*c*) गन्धक (*d*) लोहा

35. मैग्नीशियम पाया जाता है–
(*a*) क्लोरोफिल में (*b*) केरोटिनायड में
(*c*) फाइकोबिलिन्स में (*d*) साइटोक्रोम में

36. निम्नलिखित में से कौन सूक्ष्म मात्रिक तत्व है–
(*a*) S (*b*) Mg
(*c*) Cu (*d*) Fe

37. सूक्ष्म मात्रिक तत्व जो पत्तियों द्वारा अवशोषित किया जाता है–
(*a*) जिंक (*b*) फॉस्फोरस
(*c*) एल्यूमीनियम (*d*) बोरान

38. जिंक पोषक है तथा पादपों को प्राप्त होता है, की तरह–
(*a*) Zn (*b*) Zn^{++}
(*c*) $ZnSO_4$ (*d*) ZnO

39. ऐसा पादप, जो मैग्नीशियम की कमी वाली मृदा में उग रहा है जिस पर यूरिया छिड़का गया है, दर्शायेगा–
(*a*) दलपुंज में वर्णक में कमी
(*b*) गहरे हरे रंग की पत्तियाँ
(*c*) जल्दी पुष्पन
(*d*) पत्तियों का पीलापन

40. आयन वाहक पाये जाते हैं–
(*a*) अन्तरा कोशिकीय स्थानों में
(*b*) कोशिका भित्ति में
(*c*) केन्द्रक में
(*d*) कोशिका झिल्ली में

41. निम्नलिखित में से कौन-सा एक लघु मात्रक पोषक तत्व नहीं है?
(*a*) Mg (*b*) Zn
(*c*) Mn (*d*) Cu

42. निम्नलिखित में से कौन-सा लघु मात्रक पोषक तत्व नहीं है?
(*a*) Cu (*b*) P
(*c*) Mo (*d*) Zn

43. वे चार तत्व जो एक सजीव तन्त्र में मिलने वाले तत्वों का 99% भाग बनाते है, होते हैं–
(*a*) H, O, C, N (*b*) C, H, O, P
(*c*) C, N, O, P (*d*) C, H, O, S

44. निम्न में से किसकी कमी के कारण प्ररोह के शीर्ष की मृत्यु हो जाती है–
(*a*) Mg^{++} तथा Mn^{++} (*b*) K^+ व Cl^-
(*c*) Mn^{++} व Cl^- (*d*) Ca^{++} तथा B

45. निम्न में से किस विधि द्वारा आयनों का अवशोषण होता है–
(*a*) जल विभव में अन्तर के कारण
(*b*) DPD में अन्तर के कारण
(*c*) विसरण के कारण
(*d*) पम्प तथा वाहक द्वारा

46. वह तत्व जो ATP बनाने के लिये आवश्यक है–
(*a*) N व P (*b*) Fe व Mg
(*c*) Fe व Ca (*d*) Cu व P

47. निम्नलिखित में से कौन-सा तत्व पर्णहरिम में पाया जाता है–

(*a*) मैंगनीज (*b*) लौह

(*c*) ताँबा (*d*) मैग्नीशियम

48. निम्नलिखित में से कौन-सा पोषक तत्व वर्ग सूक्ष्मतत्व के रुप में पौधों के बढ़ने में काम आता है–

(*a*) मैंगनीज, ताँबा, कैल्शियम

(*b*) सोडियम, पौटेशियम, बोरोन

(*c*) सोडियम, निकल, क्लोरीन

(*d*) ताँबा, मॉलिब्डीनम, जिंक

49. पौधों में हरितरोग (Chlorosis) किस चीज की कमी से होता है–

(*a*) लौह (*b*) बोरोन

(*c*) ताँबा (*d*) कैल्शियम

50. पौधों के कोशिकीय उपापचय में फास्फोरस का अधिकतर उपयोग किसमें होता है–

(*a*) उपापचय ऊर्जा के बनाने में

(*b*) प्रकाश संश्लेषण में ऑक्सीजन निकलने में

(*c*) श्वसन में कार्बन डाइ-ऑक्साइड निकलने में

(*d*) अवायवीय वातावरण पैदा करने में

51. जड़ ग्रंथिका युक्त पौधे उर्वरा स्थानों पर पाये नहीं जाते क्योंकि–

(*a*) नाइट्रोजन यौगिकीकरण का कार्बन मूल्य मृदा से प्राप्त नाइट्रोजन से अधिक होता है और नाइट्रोजन उर्वरा मृदा से सुलभता से प्राप्त होता है

(*b*) ऊँचे ग्रंथिकाहीन पौधे उन्हें स्पर्धा के कारण बाहर कर देते हैं

(*c*) उर्वरा स्थानों पर पौधों की वृद्धि के लिये प्राप्त जल कम होता है

(*d*) उपर्युक्त सभी उत्तरदायी है

52. निम्न में से कौन पौधों के लिये अनिवार्य नहीं है–

(*a*) Fe (*b*) B

(*c*) S (*d*) Cd

53. सिट्रस का शीर्षरंभी रोग और फलीदार पौधों तथा अनाजों का उद्धार रोग न्यूनता के कारण होता है–

(*a*) ताम्र (*b*) सोडियम

(*c*) जस्ता (*d*) मोलिब्डिनम

54. प्रोटीन में अनिवार्य होते हैं–

(*a*) कार्बन, नत्रजन, हाइड्रोजन तथा सल्फर

(*b*) कार्बन, नत्रजन, हाइड्रोजन तथा ऑक्सीजन

(*c*) कार्बन, नत्रजन, ऑक्सीजन तथा सल्फर

(*d*) नत्रजन, हाइड्रोजन, ऑक्सीजन तथा सल्फर

55. सबसे अधिक खनिज किस मिट्टी में पाये जाते हैं–

(*a*) रेतीली (*b*) चिकनी

(*c*) सिल्ट (*d*) वायु कोशों

56. पादप ऊतक संवर्द्धन में Mg की अनुपस्थिति दिखाती है–

(*a*) हरिमहीनता (*b*) जीवद्रव्य कुँचन

(*c*) हाइड्रोलाइसिस (*d*) ऊतकक्षय

57. उपापचय की ऊर्जा आयनों के अवशोषण में प्रयोग होती है यह दर्शाया जाता है–

(*a*) आयनों का अचशोषण O_2 की उपस्थिति में बढ़ जाता है

(*b*) आयनों का अवशोषण O_2 की उपस्थिति में कम हो जाता है

(*c*) आयनों का अवशोषण ATP की उपस्थिति में बढ़ जाता है

(*d*) आयनों का अवशोषण NADP की उपस्थिति में बढ़ जाता है

58. निम्न में से एक नाइट्रेट के नाइट्राइट में अपचयन के लिये आवश्यक होता है–

(*a*) जिंक (*b*) बोरोन

(*c*) मोलिब्डीनम (*d*) लोहा

59. फॉस्फोरस, पोटेशियम, कैल्शियम तथा मैग्नीशियम की कमी से पौधों में एक सामान्य लक्षण उत्पन्न होता है जो है–

(*a*) पत्तियों पर गहरे मृत क्षेत्रों का दिखायी देना

(*b*) पर्णशीर्ष का अंकुश के रुप में मुड़ना

(*c*) एन्थोसायनिन वर्णक का प्रचुरता में निर्माण

(*d*) तनों में संवहन तन्त्र का दुर्बल विकास

60. निम्न में से कौन-सा समूह आवश्यक तत्वों का है–

(*a*) C, H, O, P (*b*) N, S, P, Si

(*c*) K, Mg, Na, Cl (*d*) Zn, Co, B, Mo

61. जड़ों द्वारा अवशोषित खनिज पदार्थ पत्तियों तक गति करते हैं–

(*a*) जाइलम द्वारा

(*b*) फ्लोएम द्वारा

(*c*) चालनी नलिका द्वारा
(*d*) उपरोक्त में से किसी के द्वारा नहीं

62. एक लघुमात्रक तत्व जो पादप वृद्धि एवं रेडियो आइसोटोप की तरह आवश्यक होता है तथा जो कैंसर की चिकित्सा के लिये प्रयुक्त होता है, कहलाता है–
(*a*) कैल्शियम (*b*) लोहा
(*c*) सोडियम (*d*) कोबाल्ट

63. लोहा (Fe) कमी से होता हैं–
(*a*) पर्ण शीर्ष का मुड़ना
(*b*) प्रोटीन संश्लेषण में गिरावट
(*c*) सर्वप्रथम युवा पत्तियों में अन्तशरीय हरिमहीनता (Interveinal Chlorosis)
(*d*) पत्तियों की संख्या में कमी तथा दुर्बल वृद्धि

64. निम्न में सूक्ष्म पोषक तत्व होता है–
(*a*) N (*b*) Zn
(*c*) Ca (*d*) P

65. मक्का में White Bud रोग होता है, कमी से–
(*a*) जिंक की (*b*) बोरान की
(*c*) मोलिब्डेनम की (*d*) लौह की

66. मृदा विहीन संवर्धन कहलाता है–
(*a*) हार्टीकल्चर (*b*) ऊतक संवर्द्धन
(*c*) ऐरोपोनिक्स (*d*) हाइड्रोपोनिक्स

67. वह विधि, जिसमें पादपों को बिना मृदा के पोषक विलयन में उगाया जाता है, कहलाती है–
(*a*) ऊतक संवर्धन
(*b*) एक्वाकल्चर (Aquaculture)
(*c*) हाइड्रोपोनिक्स
(*d*) पारथिनोजेनेसिस

68. हाइड्रोपोनिक्स का अर्थ है पादपों की वृद्धि–
(*a*) मृदा विहीन संवर्धन में
(*b*) स्टरलाइज्ड मृदा में
(*c*) जैविक खाद के साथ मिली हुयी मृदा में
(*d*) कवकनाशी के साथ मिली हुयी मृदा में

69. निम्न में से कौन दीर्घ मात्रिक तत्व नहीं है–
(*a*) Zn (*b*) Ca
(*c*) Mg (*d*) P

70. निम्न में से कौन-सा पौधों के लिये सूक्ष्म पोषक तत्व है?
(*a*) कैल्शियम (*b*) मैग्नीशियम
(*c*) मैंगनीज (*d*) नाइट्रोजन

71. पौधों के लिये निम्न में से कौन-सा एक तत्व अनिवार्य नहीं है–
(*a*) पोटेशियम (*b*) लौह
(*c*) आयोडीन (*d*) जिंक

72. अकार्बनिक तत्वों का पौधों की वृद्धि में योगदान प्रथमतः इंगित किया गया था–
(*a*) वुडवर्ड द्वारा (*b*) स्टेवर्ट द्वारा
(*c*) डे सौसुरे द्वारा (*d*) नौप द्वारा

73. दीर्घ मात्रिक तत्वों को पादप ऊतकों में उपस्थित होना चाहिये, निम्न सान्द्रता में–
(*a*) 0.00001 mg/g dry matter
(*b*) 0.01 mg/g dry matter
(*c*) 0.1 mg/g dry matter
(*d*) 1.0 mg/g dry matter

74. मिनरल आयनों का सान्द्रता विभव के विरुद्ध चलना कहलाता है–
(*a*) सक्रिय अवशोषण
(*b*) निष्क्रिय अवशोषण
(*c*) ऋणात्मक अवशोषण
(*d*) उपरोक्त में से कोई नहीं

75. जबकि पत्तियों के क्लोरोसिस Fe, Mg, Mn, N, S कमी से होती है। इनमें से कौन से तत्व क्लोरोफिल के संश्लेषण के लिये बहुत आवश्यक है
(*a*) Fe तथा S (*b*) N तथा S
(*c*) Mg तथा S (*d*) Mg तथा N

76. पदार्थो का प्लाज्मा झिल्ली से सक्रिय स्थानान्तरण होता है, सहायता से–
(*a*) विसरण (*b*) परासरण
(*c*) उपापचयी ऊर्जा (*d*) इलेक्ट्रोकेमिकल विभव

77. पादपों में क्लोरोफिल को बनाने के लिये तत्व चाहिये–
(*a*) Zn, Ca (*b*) Fe, Mg
(*c*) C, K (*d*) Na, Cu

78. भारत में बहुत सी व्यवस्था तथा कदम उठाये जा रहे हैं, इस तत्व की कमी को पूरा करने के लिये है–
(*a*) K (*b*) Fe
(*c*) आयोडीन (*d*) सोडियम

79. हाइड्रोपोनिक्स है–
(*a*) मृदा विहीन संवर्धन
(*b*) जल विहीन संवर्धन
(*c*) वायु विहीन संवर्धन
(*d*) उपरोक्त में से कोई नहीं

80. ऐसी तकनीक जिसमें पौधों को मृदा के बिना पोषक विलयन में उगाया जाता है, कहलाता है–
(*a*) ऊतक संवर्धन (*b*) पार्थेनोजेनेसिस
(*c*) हाइड्रोपोनिक्स (*d*) एक्वाकल्चर

81. पादप का अनावश्यक तत्व होता है-
(*a*) पोटेशियम (*b*) बेरियम
(*c*) कैल्शियम (*d*) मैग्नीशियम

82. पूर्व परिपक्व पतझड़ होता है अल्पता से–
(*a*) नाइट्रोजन की (*b*) फॉस्फोरस की
(*c*) पोटेशियम की (*d*) कैल्शियम की

83. पौधों में हरिमहीनता (Chlorosis) होती है निम्न के कारण से–
(*a*) उच्च सूर्य प्रकाशीय प्रखरता
(*b*) भूमि से पीले वर्णक के अवशोषण
(*c*) भूमि में मैग्नीशियम तथा लोहे की अल्पता
(*d*) अल्प सूर्य प्रकाशीय प्रखरता

84. खनिज लवण, जो भूमि से जड़ों द्वारा अवशोषित किये जाते हैं, होते हैं रुप में–
(*a*) अति सान्द्र विलयन के
(*b*) तनु विलयन के
(*c*) अति तनु विलयन के
(*d*) सान्द्र विलयन के

85. उर्वरकों (Fertilizers) के सूत्रों में 8-10-10 जैसे स्वरुप होते हैं। यह स्वरुप होते हैं, प्रतिशत के लिये–
(*a*) Mg, Mn, S (*b*) N, P, K
(*c*) Ca, Fe, K (*d*) Mg, Fe, K

86. जब क्लोरोफिल जलाया जाता है तो निम्न कौन-सा तत्व प्राप्त होता है–
(*a*) Mg (*b*) Ca
(*c*) Mn (*d*) Na

87. निम्न में से कौन-सा तत्व जल के प्रकाशीय अपघटन (Photolysis of Water) से सम्बन्धित है–
(*a*) Ca (*b*) Zn
(*c*) Mn (*d*) Mg

88. निम्नलिखित में से किस आवश्यक तत्व को सामान्य रुप से स्थलीय पादप वायु से सीधे ही प्राप्त कर सकते हैं–
(*a*) हाइड्रोजन (*b*) फास्फोरस
(*c*) कार्बन (*d*) नाइट्रोजन

89. निम्न में से कौन-सा तत्व अपनी सामान्य वृद्धि हेतु पौधों के द्वारा आवश्यक नहीं होता है?
(*a*) Fe (*b*) Ca
(*c*) Pb (*d*) Mg

90. पौधों के ढाँचे वाले तत्व (Frame work Elements) होते हैं–
(*a*) Mg, Cu, Fe^3 (*b*) Mn, Ca, N
(*c*) C, H, O (*d*) Cu, C, O

91. पौधे की उचित वृद्धि के लिये अनावश्यक तत्व होता है–
(*a*) क्लोरीन (*b*) कोबाल्ट
(*c*) मैग्नीशियम (*d*) कैल्शियम

92. निम्न में से कौन-सा अकार्बनिक पोषक पदार्थ है–
(*a*) प्रोटीन (*b*) विटामिन्स
(*c*) कैल्शियम (*d*) सेल्यूलोज

93. सक्रिय लवण अवशोषण किस पर निर्भर करता है–
(*a*) प्रकाशिक फास्फोरिलेशन
(*b*) सक्रिय जल अवशोषण
(*c*) ऊर्जा को खर्च करके
(*d*) जाइलम कोशिकाओं की क्रिया पर

94. ''ब्राउन हर्ट'' बीमारी किसकी कमी से होती है–
(*a*) पोटेशियम (K) (*b*) बोरोन (B)
(*c*) मॉलिब्डिनम (Mo) (*d*) लोहा (Fe)

95. आवश्यक दीर्घमात्रा पोषक तत्व–
(*a*) मृदा से अवशोषित होते हैं
(*b*) प्रकाश संश्लेषण के दौरान उत्पादित होते हैं
(*c*) विकर से उत्पन्न होते हैं
(*d*) वृद्धि हारमोन से उत्पन्न होते हैं

96. सरसों में तीखी महक सिनिगरिन के कारण है। वह है-
(*a*) एल्कोलॉयड जिसमें साइनाइड होता है
(*b*) ग्लाइकोसाइड जिसमें सल्फर होता है
(*c*) ग्लाइकोसाइड जिसमें अमीनो अम्ल होते हैं
(*d*) टेनिन जिसमें नाइट्रोजन होता है

97. निम्नलिखित में से कौन मृदा में प्राप्य नाइट्रोजन यौगिक में योगदान नहीं देता है–

(*a*) तड़ित झंझा (*b*) जन्तु अवशेष

(*c*) पादप अवशेष (*d*) चूनायन

98. पौधे मिट्टी से खनिज तत्व प्राप्त करते हैं–

(*a*) जल से स्वतन्त्र होकर

(*b*) केवल जब मृदा विलयन कोशिका से अलग परासरी हो

(*c*) जल अवशोषण विधि से पृथक क्रिया द्वारा

(*d*) केवल जब मृदा विलयन कोशिका से अति परासरी हो

99. लेशमात्रिक तत्व क्या है?

(*a*) यह अन्य तत्वों को जीवद्रव्य से बाहर खींच लेता है

(*b*) यह रेडियोएक्टिव है और गाइगर काउण्टर से नापा जाता है

(*c*) यह सर्वप्रथम जीवद्रव्य में खोजा गया था

(*d*) यह पौधों के लिये बहुत सूक्ष्म मात्रा में आवश्यक है

100. सूक्ष्म मात्रिक तत्व–

(*a*) सूक्ष्म कहलाते हैं क्योंकि उनका कार्य बहुत थोड़ा है

(*b*) पोषण में दीर्घ मात्रिक पोषक तत्वों से कम महत्वपूर्ण है

(*c*) पोषण में उतने ही आवश्यक हैं जितनें की दीर्घ मात्रिक पोषक तत्व

(*d*) को संवर्धन माध्यम में से अनुपस्थित कर सकते हैं फिर भी पादप पर हानिकारक प्रभाव नहीं होता

उत्तरमाला

1	2	3	4	5	6	7	8	9	10
(*d*)	(*b*)	(*b*)	(*c*)	(*c*)	(*c*)	(*b*)	(*d*)	(*a*)	(*a*)
11	**12**	**13**	**14**	**15**	**16**	**17**	**18**	**19**	**20**
(*c*)	(*a*)	(*c*)	(*a*)	(*d*)	(*c*)	(*a*)	(*b*)	(*a*)	(*a*)
21	**22**	**23**	**24**	**25**	**26**	**27**	**28**	**29**	**30**
(*c*)	(*d*)	(*a*)	(*a*)	(*a*)	(*b*)	(*c*)	(*b*)	(*a*)	(*b*)
31	**32**	**33**	**34**	**35**	**36**	**37**	**38**	**39**	**40**
(*c*)	(*d*)	(*c*)	(*d*)	(*a*)	(*c*)	(*a*)	(*b*)	(*d*)	(*d*)
41	**42**	**43**	**44**	**45**	**46**	**47**	**48**	**49**	**50**
(*a*)	(*b*)	(*a*)	(*d*)	(*d*)	(*d*)	(*d*)	(*d*)	(*a*)	(*a*)
51	**52**	**53**	**54**	**55**	**56**	**57**	**58**	**59**	**60**
(*a*)	(*d*)	(*a*)	(*b*)	(*a*)	(*a*)	(*a*)	(*c*)	(*a*)	(*a*)
61	**62**	**63**	**64**	**65**	**66**	**67**	**68**	**69**	**70**
(*a*)	(*d*)	(*c*)	(*b*)	(*a*)	(*d*)	(*c*)	(*a*)	(*a*)	(*c*)
71	**72**	**73**	**74**	**75**	**76**	**77**	**78**	**79**	**80**
(*c*)	(*c*)	(*d*)	(*a*)	(*d*)	(*c*)	(*b*)	(*c*)	(*a*)	(*c*)
81	**82**	**83**	**84**	**85**	**86**	**87**	**88**	**89**	**90**
(*b*)	(*b*)	(*c*)	(*c*)	(*b*)	(*a*)	(*c*)	(*c*)	(*c*)	(*c*)
91	**92**	**93**	**94**	**95**	**96**	**97**	**98**	**99**	**100**
(*b*)	(*c*)	(*c*)	(*b*)	(*a*)	(*b*)	(*d*)	(*c*)	(*d*)	(*c*)

□□□

CHAPTER 21

पौधों में खाद्य पदार्थों का स्थानान्तरण एवं संचयन
TRANSLOCATION AND STORAGE OF FOOD MATERIALS IN PLANTS

स्थानान्तरण (Translocation)

- खाद्य पदार्थो के पौधे के एक अंग से दूसरे अंग या पत्ती से जड़ तक प्रवाह की क्रिया को स्थानान्तरण (translocation) कहते हैं।
- स्थानान्तरण की क्रिया में पत्तियाँ तथा अन्य प्रकाशसंश्लेषी भागों से खाद्य पदार्थ सुक्रोस के घोल के रूप में फ्लोएम द्वारा पौधों को अन्य सभी भागों जहाँ पर प्रकाश संश्लेषण की क्रिया नहीं होती है, पहुँचते हैं।

स्थानान्तरण की दिशाएँ (Directions of Translocation)

पौधो में स्थानान्तरण विभिन्न दिशाओं में होता है। स्थानान्तरण मुख्यतः नीचे की ओर (downward) होता है। इसके अतिरिक्त स्थानान्तरण, ऊपर (upward) तथा पार्श्व (lateral) या अरीय (radial) दिशाओं में भी होता है।

(*i*) नीचे की ओर स्थानान्तरण (Downward Translocation)

पत्तियों में प्रकाशसंश्लेषण की क्रिया द्वारा निर्मित खाद्य पदार्थ नीचे की ओर स्थित भूमिगत जड़, तनों, पत्तियाँ आदि को पहुँचाया जाता है। उक्त कार्बनिक पदार्थ या तो उपयोग में लाया जाता है या संचयित कर लिया जाता है।

(*ii*) ऊपर की ओर स्थानान्तरण (Upward Translocation)

अंकुरित बीजों में संचयित खाद्य पदार्थ नये तनों तथा पत्तियों की ओर जाते हैं। तने के शिखाग्र के पास लगी हुई पत्तियों से खाद्य पदार्थो का स्थानान्तरण ऊपर की दिशा में स्थित प्ररोह शीर्षो (shoot apices) में होता है तथा भूमिगत चिरकालिक (Perennating) संरचनाओं से भी खाद्य पदार्थ ऊपर की ओर पहुँचाया जाता हैं।

(*iii*) पार्श्वीय स्थानान्तरण (Lateral Translocation)

बीजों तथा फलों के निर्माण के समय खाद्य पदार्थो का स्थानान्तरण पत्तियों से अरीय या पार्श्वीय दिशा में होता है। जिससे फलों तथा बीजों में खाद्य पदार्थो का संचयन हो जाता हैं।

स्थानान्तरण से सम्बन्धित ऊतक (Tissues Involved in Translocation)

ओ. एफ. कर्टिस (O.F. Curtis, 1935) के अनुसार खाद्य पदार्थों का स्थानान्तरण पोषवाह अथवा फ्लोएम (phloem) के द्वारा होता है। इसके लिये निम्नलिखित प्रमाण दिये गये हैं-

1. फ्लोएम के अतिरिक्त ऊतकों को अलग करना (Elimination of tissues other than phloem)

जाइलम, जल व खनिज तत्वों को जड़ों से ऊपर की ओर ले जाता है। इसलिये जाइलम से खाद्य पदार्थों का भी प्रवाह साथ-साथ होना सम्भव नहीं होगा। क्योंकि भरण ऊतकों (ground tissues) में घुलनशील कार्बनिक पदार्थ नहीं होते हैं अतः उनके स्थानान्तरण में काम आने की सम्भावना भी नहीं होती है। अतः यह अनुमान लगाया जा सकता है कि केवल फ्लोएम ही स्थानान्तरण में सक्रिय होता है।

2. फ्लोएम की संरचना और वितरण (Structure and distribution of phloem)

फ्लोएम लम्बी चालनी नलिकाओं से बना होता है। नलिकाओं के सिरे एक दूसरे से जुड़कर एक सतत प्रणाली (continuous channel) का निर्माण करते हैं। ये नलिकायें जीवद्रव्य तन्तुओं (plasmodesmata) से परस्पर सम्बन्ध बनाये रखती हैं। इस

प्रकार फ्लोएम की यह संरचना, कार्बनिक पदार्थों के स्थानांतरण के लिये उपयोगी होती है।

3. फ्लोएम के रस का रासायनिक विश्लेषण (Chemical analysis of phloem sap)

पत्तियों में कार्बनिक पदार्थों की मात्रा में जिस प्रकार उतार-चढ़ाव होते हैं उसी प्रकार और उसी समय फ्लोएम के रस में भी कार्बनिक पदार्थों की मात्रा कम अथवा अधिक होती है।

कुछ कीड़े फ्लोएम से रस चूसते हैं। इन कीड़ों से प्राप्त रस के विश्लेषण से यह पता चलता है कि फ्लोएम में सुक्रोस के रूप में खाद्य पदार्थ होता है।

4. वलयन विधि अथवा छाल वल्क उतारना (Ringing method or girdling)

पौधों से छाल वल्क वलय के रूप में उतार लिया जाता है। जिसमें फ्लोएम भी होता है। कुछ समय बाद वलय के ऊपर का भाग फूल जाता है। क्योंकि यहाँ फ्लोएम के अभाव में खाद्य पदार्थ नीचे जाने के बजाय इकट्ठा हो जाते हैं। वलय उतारने के बाद नीचे के क्षेत्र में खाद्य पदार्थ नहीं पहुँच पाते। जिससे **सर्वप्रथम जड़ें सूखने लगती हैं** और फिर **पौधा मर जाता है**।

वलयन क्रिया फलों के बागों में उपयोग में लायी जाती है। पुष्प अथवा पुष्पक्रम के नीचे से वलय हटा लिया जाता है। फलस्वरूप खाद्य पदार्थ पत्तियों से नीचे की ओर स्थानान्तरित न होकर फलों में जाते हैं और **फलों के आकार** में वृद्धि हो जाती है।

स्थानान्तरण की क्रिया (Mechanism of Translocation)

स्थानान्तरण की क्रियाओं के सम्बन्ध में अनेक परिकल्पनाएँ हैं-

[I] विसरण की परिकल्पना (Diffusion hypothesis)

इस परिकल्पना के अनुसार खाद्य पदार्थों का स्थानांतरण उसके अधिक सान्द्रता वाले क्षेत्र से कम सान्द्रता वाले क्षेत्र की तरफ होता रहता है। इस प्रकार पत्तियों में बनने वाले खाद्य पदार्थ जड़ और अन्य भागों की ओर विसरित होते रहते हैं। कम सान्द्रता के स्थानों पर यह पदार्थ या तो उपयोग में ले लिये जाते हैं या अविलेय (insoluble) रूप में परिवर्तित होकर संचयित हो जाते हैं।

परन्तु विसरण की परिकल्पना को मान्यता प्राप्त नहीं है। इसके दो मुख्य कारण हैं-

(1) इस स्पष्टीकरण के अनुसार पायी जाने वाली स्थानांतरण की दर वास्तविक दर की तुलना में लगभग 40,000 गुनी कम होती है।

(2) फ्लोएम से होने वाला स्थानांतरण, अपापचयी क्रियाओं पर निर्भर होता है परन्तु विसरण और अपापचय का कोई भी सम्बन्ध नहीं होता है।

[II] जीवद्रव्य प्रवाह का वाद (Protoplasmic streaming theory)

इसे ह्यूगो डी वेरीज (Hugo de Vries, 1885) ने प्रस्तुत किया था। इसके पश्चात कर्टिस (Curtis, 1929) ने इस स्पष्टीकरण का अनुमोदन प्रस्तुत किया। इनके अनुसार खाद्य पदार्थों का स्थानान्तरण जीवद्रव्य प्रवाह (protoplasmic streaming) के कारण होता है। यह प्रवाह विसरण के नियमों के अनुसार होता रहता है। चालनी नलिकाओं में आये हुए पदार्थ ऊपर या नीचे की ओर, जीवद्रव्य के प्रवाह के साथ पहुँचाये जाते हैं। इस वाद द्वारा दो पदार्थों का विभिन्न दिशाओं में स्थानांतरण बताया जाना सम्भव है।

परन्तु इस वाद को भी कुछ आपत्तियों के कारण स्वीकृत करना संभव नहीं है-

(1) परिपक्व चालनी नलिकाओं में जीवद्रव्य प्रवाह नहीं होता है।

(2) खाद्य पदार्थों का स्थानांतरण केवल चालनी नलिकाओं की रसधानियों (vacuoles) से होता हुआ पाया गया है।

[III] मुन्च की परिकल्पना अथवा द्रव्यमान प्रवाह की परिकल्पना (Munch hypothesis or mass flow hypothesis)

मुन्च (Munch, 1930) के अनुसार खाद्य पदार्थों का स्थानांतरण, सान्द्रता प्रवणता के अनुरूप उनके स्रोत अथवा निर्माण के स्थान से उनके उपयोग के स्थान तक फ्लोएम द्वारा ही होता है।

परन्तु इस परिकल्पना के विरुद्ध निम्नलिखित आपत्तियाँ बताई जाती हैं-

(1) मुन्च की परिकल्पना के अनुसार स्थानांतरण केवल एक दिशा में पत्ती से जड़ की ओर (नीचे की ओर) होना सम्भव है। जबकि अब यह पता है कि खाद्य पदार्थों का स्थानान्तरण अनेक दिशाओं में होता है।

(2) संभरण केन्द्र और उपभोग केन्द्र की परासरण सान्द्रता परिकल्पना की आवश्यकतानुसार नहीं होती। उपभोग केन्द्र की कोशिकाओं की सान्द्रता संभरण केन्द्र की कोशिकाओं की अपेक्षा अधिक पायी जाती है। यह परिकल्पना के सिद्धान्त के विपरीत है।

(3) चालनी नलिकाओं के छिद्र विशेष ऋतु में बन्द होते हैं और उस समय द्रव्यमान प्रवाह का स्पष्टीकरण देना कठिन होता है।

खाद्य पदार्थों का संचयन (Storage of Food Materials)

खाद्य पदार्थ मुख्य रूप से पत्तियों में बनते हैं जो कि आवश्यकता से अधिक मात्रा में बनते हैं और सभी अंगों को स्थानांतरित होते हैं। आवश्यकतानुसार यह पदार्थ वृद्धि के उपयोग में लाये जाते हैं और शेष मात्रा अघुलनशील पदार्थों के रूप में संचयित हो जाती है। जिन अंगों में ये पदार्थ एकत्रित होते हैं उन अंगों को संचयी अंग (storage organs) कहते हैं। आवश्यकता पड़ने पर संचयी अंगों से संचयित पदार्थ दूसरे अंगों को पुनः फ्लोएम द्वारा स्थानान्तरित हो जाते हैं।

[I] संचयित खाद्य पदार्थों के प्रकार (The forms of stored food)

नीचे दिये गये खाद्य पदार्थ पौधों में संचयित होते रहते हैं।

1. कार्बोहाइड्रेट

यह संचयित होने वाला सबसे सामान्य तथा मुख्य पदार्थ है। यह निम्नलिखित रूपों में पाया जाता है-

(*a*) **मण्ड (Starch) :** यह मण्ड कणों के रूप में पाया जाता है। प्रत्येक पौधे के मण्ड कण अलग प्रकार के होते हैं और इनका पता सूक्ष्मदर्शी द्वारा लगाया जा सकता है। आवश्यकतानुसार मण्ड शर्करा में परिवर्तित हो जाता है जो कि कोशिकाओं के काम में आता है।

(*b*) **शर्करा (Sugars) :** मोनोसैकेराइड शर्करा जैसे ग्लूकोस, फ्रक्टोस, गैलेक्टोस व मैनोस तथा डाइसैकेराइड शर्करा जैसे सुक्रोस, माल्टोस अनेक पौधों में पायी जाती हैं।

(*c*) **इन्यूलिन (Inulin) :** यह घुलनशील कार्बोहाइड्रेट कोशिका रस में पाया जाता है।

(*d*) **हेमिसैलुलोस (Hemicellulose) :** यह पाँच कार्बन युक्त शर्करा भी कुछ पौधों में संचयित होती है।

2. वसा और तेल (Fats and oils)

इनसे कार्बोहाइड्रेट से अधिक ऊर्जा मिलती है। तेल की बूदें जीवद्रव्य में पायी जाती हैं।

3. प्रोटीन (Proteins)

यह जीवद्रव्य का प्रमुख भाग है तथा ऐल्यूरोन कणों के रूप में पाया जाता है।

[II] संचयी अंग (Storage organs)

खाद्य पदार्थों को संचयित करने वाले ऊतक पैरेन्काइमी होते हैं। ये कोशिकायें जीवित होती हैं तथा खाद्य पदार्थों का रूपान्तरण करने के लिए इनमें आवश्यक एन्जाइम भी मौजूद होते हैं। लगभग सभी पैरेन्काइमी भागों में संचयित खाद्य पदार्थ उपस्थित होते हैं। मूल का वल्कुट, अन्तस्त्वचा, मज्जा किरण (medullary ray) में संचयित खाद्य पदार्थ प्रचुर मात्रा में पाये जाते हैं।

खाद्य पदार्थ भ्रूणपोष (endosperm) तथा बीजपत्रों (cotyledons) में पाये जाते हैं। फल की फलभित्ति (pericarp) में तथा विशेष रूप में मांसल (fleshy) जड़ों में जैसे तर्कुरूप (fusiform), कुम्भीरूप (napiform), शंकुरूप (conical), आदि में खाद्य पदार्थ अत्यधिक मात्रा में एकत्रित हो जाते हैं। लगभग सभी मांसल तने और टहनियाँ, खाद्य पदार्थों को संचयित करती हैं जैसे केक्टस, घी कंवर (*Aloe*), यूफोर्बिया (*Euphorbia*), कंटाला (*Agave*)। प्याज की शल्की पत्तियों (scaly leaves) में भी खाद्य पदार्थ एकत्रित होते हैं। फूलों के विभिन्न अंगों में तथा वृद्धि करने वाले क्षेत्रों में भी खाद्य पदार्थों का संचयन होता है।

बहुविकल्पीय प्रश्न

1. धारा प्रवाह परिकल्पना का वर्णन सर्वप्रथम किया गया–

(*a*) मुन्च द्वारा (*b*) बुचा नैन द्वारा
(*c*) कुर्सानोव द्वारा (*d*) स्वान्सन द्वारा

2. उच्च पादपों में कार्बोहाइड्रेट्स का स्थानान्तरण होता है–
(*a*) ग्लूकोज के रुप में
(*b*) सुक्रोज के रुप में
(*c*) फ्रक्टोज के रुप में
(*d*) स्टार्च के रुप में

3. पत्तियों में संश्लेषित कार्बोहाइड्रेट्स अधिकतर चालनी नलिकाओं में होकर स्थानान्तरित होते हैं–
(*a*) ग्लूकोज के रुप में
(*b*) सुक्रोज के रुप में
(*c*) ट्रायोज शर्करा के रुप में
(*d*) घुलनशील मण्ड के रुप में

4. शिशु फल हरे होते हैं किन्तु पक जाने पर विभिन्न चमकदार रंगों के हो जाते हैं–
(*a*) शर्करा की मात्रा बढ़ जाती है
(*b*) कार्बनिक अम्ल की मात्रा घट जाती है
(*c*) आयु बढ़ने के कारण
(*d*) हरितलवक कैरोटीन्स एवं जैन्थोफिल्स में विखण्डित हो जाते हैं

5. प्रकाश संश्लेषण के उत्पादों का स्थानान्तरण होता है–
(*a*) रबड़क्षीरी वाहिनियों द्वारा
(*b*) सूक्ष्म नलिकाओं द्वारा
(*c*) चालनी नलिकाओं द्वारा
(*d*) जाइलम वाहिकाओं द्वारा

6. अभिगमनों का सम्बन्ध है–
(*a*) एन्जाइम से
(*b*) खनिजों के परिवहन से
(*c*) रन्ध्रों से
(*d*) फाइटोक्रोम से

7. विलेय के परिवहन में सम्भारण सिरे होते हैं–
(*a*) हरी पत्तियाँ तथा संचायक अंग
(*b*) जड़ तथा तना
(*c*) जाइलम तथा फ्लोएम
(*d*) हार्मोन तथा एन्जाइम

8. खनिजों का द्विदिशीय स्थानान्तरण किसमें से होता है?
(*a*) जाइलम
(*b*) फ्लोएम
(*c*) पैरेन्काइमा
(*d*) कैम्बियम

9. Trancellular Strands पाये जाते हैं–
(*a*) वाहिकाओं में
(*b*) चालनी नलिकाओं में
(*c*) पैरेन्काइमा में
(*d*) पिथ में

10. आवृतबीजी पादपों में शर्करा का कौन-सा प्रकार स्थानान्तरित होता है–
(*a*) फ्रक्टोस
(*b*) ग्लूकोस
(*c*) सूक्रोस
(*d*) राइबोस

11. मण्ड (Starch) जल में अघुलनशील होता है फिर भी यह बड़ी मात्रा में आलू में एकत्रित होता है क्योंकि–
(*a*) यह शर्करा के रुप में पत्तियों से आलू के कन्द में स्थानान्तरित होता है
(*b*) भूमि के सूक्ष्म जीव कन्द में स्टार्च को एकत्रित करते हैं
(*c*) यह उपयोगी उपभोग होता है
(*d*) यह आलू के कन्द में स्वयं बनता है

12. निम्न में से कौन-सा कार्बोहाइड्रेट मोनोसैकेराइड होता है?
(*a*) ग्लूकोज
(*b*) स्टार्च
(*c*) सुक्रोच
(*d*) सेल्यूलोज

13. भोजन में मण्ड (Starch) का पता लगाते हैं इसकी–
(*a*) श्वेत दृश्य से
(*b*) यदि गर्म किया जाये तो कणिकामय के रुप से भी
(*c*) संग्रहीत ऊर्जा की उपस्थिति द्वारा
(*d*) आयोडीन घोल के साथ नीली अभिक्रिया

14. जैसे ही केले का फल पकता है तो इसमें अधिक मण्ड एकत्रित हो जाता है निम्न में से किसके द्वारा ज्ञात करेंगे कि यहाँ कैसे आया?
(*a*) मण्ड कण जाइलम कोशिकाओं से होकर फल तक पहुँचते हैं
(*b*) सह कोशिकाओं जैसी कोशिकाओं द्वारा मण्ड का विलयन फल में पहुँचता है
(*c*) फ्लोएम की कोशिकाओं में [illegible]कर मण्ड का विलयन फल में पहुँचता है

(*d*) फ्लोएम कोशिकाओं में होकर शर्करा का विलयन फल में पहुँचता है यहाँ पर यह स्टार्च में बदलता है

15. शर्करा जैसे कार्बनिक पदार्थ फ्लोएम में होकर स्थानान्तरण करते हैं। इसे प्रदर्शित किया जा सकता है–
(*a*) ग्राफ्टिंग द्वारा
(*b*) मूलीय दाब द्वारा
(*c*) तने के वलयकरण द्वारा
(*d*) डीफोलियेशन द्वारा

16. विलेय (खाद्य पदार्थ) की फ्लोएम में गति होती है–
(*a*) ऊपर की ओर (Acropetal)
(*b*) नीचे की ओर (Basipetal)
(*c*) दोनों ऊपर तथा नीचे की ओर (Acropetal and Basipetal)
(*d*) पार्श्वीय (Lateral)

17. कुकरबिटेसी कुल के पौधे वलयन से सबसे कम प्रभावित होते हैं–
(*a*) कम श्वसन के कारण
(*b*) आन्तरिक फ्लोएम के कारण
(*c*) बड़ी कैम्बियम कोशिकाओं के कारण
(*d*) फ्लोएम के पुर्नजीवन के कारण

18. पौधों में वह तत्व जो शर्करा के स्थानान्तरण के लिये आवश्यक है–
(*a*) मैंगनीज
(*b*) लोहा
(*c*) बोरोन
(*d*) मोलिब्डेनम

19. मुन्च की परिकल्पना की मुख्य कमी है कि–
(*a*) वह केवल एक दिशिक गति को समझा सकती है
(*b*) वह केवल द्विदिशिक गति को समझती है
(*c*) वह एक दिशिक गति को समझाने में असमर्थ है
(*d*) इसके अनुसार स्थानान्तरण मज्जा किरणों द्वारा भी होता है

20. जीवद्रव्य भ्रमण की परिकल्पना को स्वीकार नहीं किया जाता क्योंकि–
(*a*) परिपक्व चालनी नलिकायें भ्रमण की गति नहीं दिखातीं
(*b*) युवा कोशिका भ्रमण दिखाती है
(*c*) पोषवाह मृत होने के कारण जीवद्रव्य भ्रमण की गति नहीं दिखाता
(*d*) पोषवाह की परिपक्व कोशिकायें भ्रमण की गति दिखाती है

21. असामान्यतः बड़ा फल प्राप्त करने के लिये वलयन करना चाहिये–
(*a*) वृक्ष के स्तम्भ पर
(*b*) फूल के तत्काल नीचे
(*c*) फूल के तत्काल ऊपर
(*d*) फल के ऊपर

22. खाद्य पदार्थों का स्थानान्तरण होता है–
(*a*) ऊपरी दिशा में
(*b*) नीचे की दिशा में
(*c*) अरीय दिशा में
(*d*) सभी दिशाओं में

23. मण्ड तथा सेल्यूलोज ऐसे यौगिक हैं जो अनेक निम्नलिखित इकाइयों के बने होते हैं–
(*a*) ग्लिसरोल
(*b*) सामान्य शर्कराओं
(*c*) वसीय अम्ल
(*d*) अमीनो अम्ल

24. अन्दर से केन्द्रीय भाग में खोखले पादपों में–
(*a*) जड़ तथा प्ररोह दोनों एक साथ नष्ट हो जाते हैं
(*b*) जड़ नष्ट हो जाती है
(*c*) प्ररोह नष्ट हो जाता है
(*d*) न तो जड़ और न ही प्ररोह नष्ट होता है

25. प्रकाश संश्लेषण द्वारा बने हुये पदार्थ उच्च पादपों के अन्य भागों में स्थानान्तरित होते हैं–
(*a*) मज्जा कोशिकाओं द्वारा
(*b*) जाइलम कोशिकाओं द्वारा
(*c*) कैम्बियम की कोशिकाओं द्वारा
(*d*) फ्लोएम कोशिकाओं द्वारा

26. निम्नलिखित में से कौन-सा वृक्ष तेजी से नष्ट होगा?
(*a*) प्रून्ड (Prunned)
(*b*) होलोहार्टेड (Hollow Hearted)
(*c*) वलयीकृत (Girdled)
(*d*) पर्णपाती (Deciduous)

27. यद्यपि वलयीकृत (Girdled) वृक्ष कुछ समय तक जीवित रह सकता है, बाद में यह नष्ट हो जाता है क्योंकि–
(*a*) जल नीचे की ओर गति नहीं करेगा
(*b*) जल ऊपर की ओर गति नहीं करेगा
(*c*) शर्करायें तथा अन्य कार्बनिक पदार्थ नीचे की ओर गति नहीं करेंगे
(*d*) शर्करायें तथा अन्य कार्बनिक ऊपर की ओर गति नहीं करेंगे

28. विभव दाब (Gradient Pressure) भोजन के स्थानान्तरण की एक सम्भावित क्रिया विधि है यह बताया–
(*a*) कर्टिस ने
(*b*) मुन्च ने
(*c*) डिक्सन तथा जौली ने
(*d*) मैसन तथा मास्केल ने

29. मुन्च का धारा प्रवाह परिकल्पना व्याख्या करती है–
(*a*) अनुलेखन की
(*b*) अनुवादन की
(*c*) स्थानान्तरण की
(*d*) वाष्पोत्सर्जन की

30. एक वृक्ष के स्तम्भ (Trunk) से वलय का हटाना इसे नष्ट कर देता है क्योंकि–
(*a*) उघड़े हुये भाग कवकों द्वारा संक्रमित हो जाते हैं
(*b*) जल ऊपर को नहीं जा सकता है
(*c*) खनिज लवण ऊपर नहीं जा सकते हैं
(*d*) भोजन नीचे को गति नहीं करता है और बिना भोजन के जड़ें नष्ट हो जाती हैं

31. फ्लोएम की Loading से सम्बन्ध है–
(*a*) फ्लोएम में शर्करा का बढ़ना
(*b*) फ्लोएम कोशिका का लम्बा होना
(*c*) फ्लोएम पैरेन्काइमा का अलग होना
(*d*) फ्लोएम तन्तु का शक्तिशाली होना

32. पुष्पी पादपों में भोजन का स्थानान्तरण होता है, रुप में–
(*a*) ग्लूकोज के (*b*) स्टार्च के
(*c*) सुक्रोज के (*d*) फ्रक्टोज के

33. फ्लोएम द्वारा खाद्य के संवहन की दिशा है–
(*a*) नीचे से ऊपर की ओर
(*b*) ऊपर से नीचे की ओर
(*c*) पत्तियों से जड़ों की ओर
(*d*) फ्लोएम खाद्य का संवहन कभी नहीं करता

34. पर्ण से प्रकाश संश्लेषणों का मूलों तक अभिगमन होता है, द्वारा कोशिकाओं के–
(*a*) दारु की
(*b*) मज्जा की
(*c*) अंतस्त्वचा की
(*d*) पोषवाहक की

35. जब एकपत्री पादप का वलयीकृत (Girdled) करते हैं तो–
(*a*) प्ररोह तथा मूल दोनों एक ही समय पर नष्ट होते हैं
(*b*) न तो प्ररोह ओर न ही मूल नष्ट होती है
(*c*) मूल पहले नष्ट हो जाती है
(*d*) प्ररोह पहले नष्ट हो जाती है

36. एक पौधे में निर्मित भोजन पत्तियों से अन्य भागों में पहुँचता है–
(*a*) वल्कुट द्वारा
(*b*) जाइलम द्वारा
(*c*) मज्जा द्वारा
(*d*) फ्लोएम द्वारा

37. जब एक वृक्ष की छाल को छीलते हैं तो हटा हुआ जीवित संवहन ऊतक होता है –
(*a*) वाहिनिकायें
(*b*) काग्रएधा
(*c*) फ्लोएम
(*d*) मज्जा

38. पुष्पी पादपों में शर्करा का स्थानान्तरण होता है–
(*a*) माल्टोज के रुप में
(*b*) स्टार्च के रुप में
(*c*) सुक्रोज के रुप में
(*d*) ग्लूकोज के रुप में

39. किसके द्वारा वृक्ष की सर्वाधिक हानि होगी?
(*a*) इसकी आधी शाखाओं की हानि से
(*b*) इसकी छाल की हानि से
(*c*) इसकी आधी पत्तियों की हानि से
(*d*) इसकी सभी पत्तियों की हानि से

उत्तरमाला

1	2	3	4	5	6	7	8	9	10
(*a*)	(*b*)	(*b*)	(*d*)	(*c*)	(*b*)	(*a*)	(*b*)	(*b*)	(*c*)
11	**12**	**13**	**14**	**15**	**16**	**17**	**18**	**19**	**20**
(*a*)	(*a*)	(*d*)	(*d*)	(*c*)	(*c*)	(*b*)	(*c*)	(*a*)	(*c*)
21	**22**	**23**	**24**	**25**	**26**	**27**	**28**	**29**	**30**
(*b*)	(*d*)	(*b*)	(*d*)	(*d*)	(*c*)	(*c*)	(*b*)	(*c*)	(*d*)
31	**32**	**33**	**34**	**35**	**36**	**37**	**38**	**39**	
(*a*)	(*c*)	(*b*)	(*d*)	(*b*)	(*d*)	(*c*)	(*c*)	(*b*)	

❑❑❑

CHAPTER 22

प्रकाश-संश्लेषण
PHOTOSYNTHESIS

- प्रकाश-संश्लेषण, प्रकाश की उपस्थिति में होने वाली एक जैविक उपचयी (anabolic) क्रिया है।
- इस क्रिया में अकार्बनिक सरल यौगिकों, कार्बन डाइ-आक्साइड तथा जल का प्रयोग, प्रकाशीय ऊर्जा एवं पर्णहरित की उपस्थिति में हरे पादप कार्बोहाइड्रेट का निर्माण करते हैं।
- प्रकाश-संश्लेषण एक ऐसी जैविक क्रिया है जिसमें CO_2 का उपयोग होता है तथा O_2 बाहर निकलती है।
- प्रकाश-संश्लेषण की अभिक्रिया को निम्न समीकरण द्वारा प्रस्तुत किया जा सकता है:

$$6CO_2 + 12H_2O \xrightarrow[\text{पर्णहरित}]{\text{प्रकाश}} C_6H_{12}O_6 + 6H_2O + 6O_2\uparrow$$

प्रकाश-संश्लेषण की क्रियाविधि (Mechanism of Photosynthesis)

हरे पादप इस क्रिया को करने की क्षमता रखते हैं तथा **उत्पादक (producer)** कहलाते हैं। हरितलवक में प्रकाश संश्लेषण की सभी क्रियाएँ सम्पन्न होती हैं। जैसे प्रकाशीय ऊर्जा का वर्णकों द्वारा अवशोषण, ऊर्जा का स्थानान्तरण, ऊर्जा का स्थिरीकरण, CO_2 का स्वांगीकरण, ATP निर्माण, कार्बोहाइड्रेट का निर्माण आदि।

प्रकाश-संश्लेषण की सम्पूर्ण क्रिया दो चरणों में सम्पन्न में होती है। प्रथम चरण में ऊर्जा तथा O_2 का निर्माण होता है तथा द्वितीय चरण में कार्बोहाइड्रेट निर्माण अर्थात् CO_2 का स्वांगीकरण होता है। प्रथम चरण प्रकाश की उपस्थिति में होता है, परन्तु द्वितीय चरण में प्रकाश की आवश्यकता नहीं होती है। लगभग 90% प्रकाश संश्लेषण शैवाल द्वारा होता है। पौधों द्वारा अवशोषित सौर ऊर्जा का 3.5% भाग प्रकाश संश्लेषण की क्रिया में प्रयुक्त होता है।

पहले यह माना जाता था कि O_2 का निर्माण CO_2 से होता है। परन्तु **रूबेन** ने 1941 ई. में O^{18} का प्रयोग CO_2 में किया और देखा कि निकलने वाली O_2 में O^{16} था। इससे यह सिद्ध हुआ कि O_2 का निर्माण CO_2 से नहीं, बल्कि जल के अपघटन से होता है।

अतः नया समीकरण इस प्रकार है-

$$6CO_2 + 12H_2O^{18} \xrightarrow[\text{पर्णहरित}]{\text{प्रकाश}} C_6H_{12}O_6 + 6H_2O + 6O_2^{18}\uparrow$$

प्रकाश संश्लेषण की क्रिया वास्तव में एक **आक्सीकरण-अपचयन** (oxidation-reduction) की क्रिया है। इसमें पानी के उपचयन से O_2 तथा CO_2 के अपचयन से शर्करा मिलती है।

प्रकाशीय क्रिया (Light Reaction)

प्रकाश अभिक्रिया अथवा 'प्रकाश रसायन' चरण में प्रकाश अवशोषण, जल विघटन, ऑक्सीजन निष्कर्षण तथा उच्च-ऊर्जा रसायन माध्यमिकों, जैसे एटीपी तथा एनएडीपीएच का निर्माण शामिल है। इस प्रक्रिया में अनेक कॉम्पलेक्स सम्मिलित होते हैं। यहाँ वर्णक दो सुस्पष्ट प्रकाश रसायन **लाइट हार्वेस्टिंग कॉम्पलेक्स (एलएचसी)** जिन्हें **फोटोसिस्टम I (पीएस I)** तथा **फोटोसिस्टम II (पीएस II)** कहते हैं - में गठित होता है। इन्हें खोज के क्रम में ये नाम दिए गए हैं न कि प्रकाश अभिक्रिया के दौरान उनके काम करने के अनुक्रम में। एलएचसी प्रोटीन से आबद्ध हजारों वर्णक अणुओं से बने होते हैं। प्रत्येक फोटोसिस्टम में सभी वर्णक होते हैं, (सिवाय क्लोरोफिल 'ए' के एक अणु के) तथा एलएचसी का निर्माण करते हैं जिन्हें **ऐन्टेनी** कहते हैं। ये वर्णक विभिन्न तरंगदैर्घ्यों के प्रकाश को अवशोषित कर प्रकाश-संश्लेषण को

अधिक दक्ष बनाते हैं। क्लोरोफिल 'ए' का एक अकेला अणु **अभिक्रिया केंद्र** बनाता है। दोनों फोटोसिस्टम में प्रतिक्रिया केंद्र पृथक होते हैं। पीएस I में अभिक्रिया केंद्र क्लोरोफिल 'ए' का अवशोषण शीर्ष 700 एनएम (nm) पर होता है अतः इसे **पी 700** कहते हैं। पीएस II में अवशोषण 680 एनएम (nm) पर होता है अतः इसे **पी 680** कहते हैं। (चित्र 22.1)

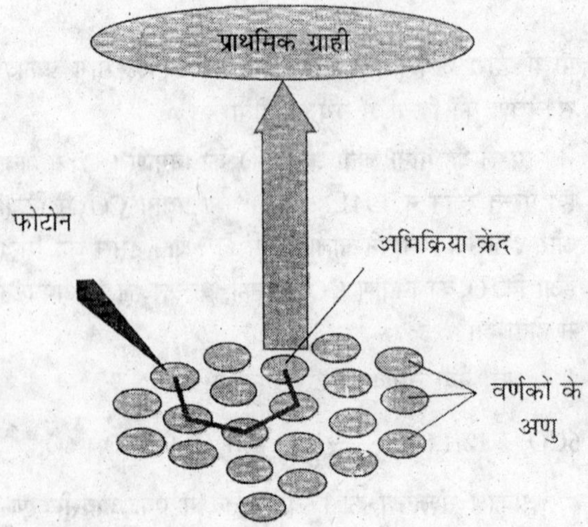

चित्र 22.1 प्रकाश संग्रहण तंतुजाल

इलेक्ट्रॉन परिवहन (Electron Transform)

फोटोसिस्टम II में अभिक्रिया केंद्र में मौजूद क्लोरोफिल 'ए' 680 एनएम वाले लाल प्रकाश को अवशोषित करता है, जिससे इलेक्ट्रॉन उत्तेजित होकर परमाणु नाभिक से दूर चला जाता है। इस इलेक्ट्रॉन को एक इलेक्ट्रॉन ग्राही ले लेता है। इलेक्ट्रॉन की यह गतिविधि अधोगामी है जो अपचयोपचय विभव मापन (रिडैक्स पोटेंशियल स्केल) के रूप में है। जब इलेक्ट्रॉन्स परिवहन शृंखला से इलेक्ट्रॉन्स गुजरते हैं तब उनका उपयोग नहीं होता और उन्हें फोटोसिस्टम पीएस I के वर्णकों को दे दिया जाता है। इसके साथ ही साथ, पीएस I के अभिक्रिया केंद्र के इलेक्ट्रॉन भी लाल प्रकाश की 700 एनएम तरंगदैर्ध्य को अवशोषित कर उत्तेजित हो जाती हैं और यह अन्य ग्राही अणु में जिसका अपचयोपचय (रिडैक्स) विभव अधिक हो, स्थानांतरित होता है। ये इलेक्ट्रॉन्स पुनः अधोगामी गति करते हैं, परंतु इस बार वे ऊर्जा से प्रचुर एनएडीपी$^+$ अणु की ओर जाते हैं। ये इलेक्ट्रॉन्स एनएडीपी$^+$ को अपचयित कर एनएडीपीएच$^+$ H^+ को बनाते हैं। इलेक्ट्रॉन के स्थानांतरण की यह सारी योजना पीएस II से शुरू होकर शिखरोपरिग्राही की ओर, इलेक्ट्रॉन परिवहन शृंखला से होते हुए पीएस I तक, इलेक्ट्रॉन की उत्तेजना, अन्य ग्राही में स्थानांतरण और अंतः में अधोगामी होकर एनएडीपी$^+$ को अपचयित कर एनएडीपीएच$^+$ H^+ के बनने तक होती हैं। योजना Z के आकार की होती है। (चित्र 22.1)

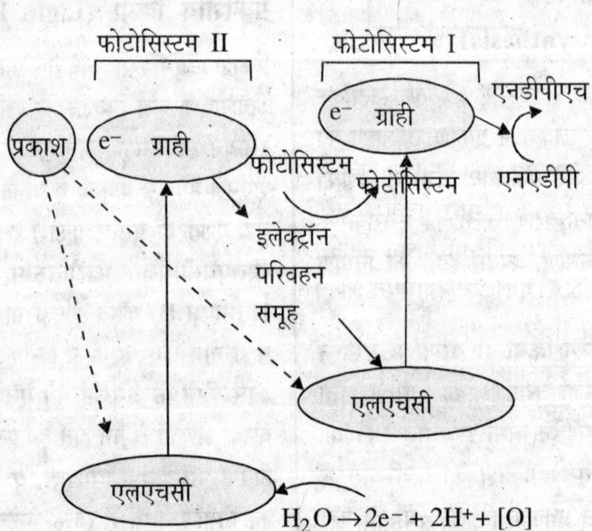

चित्र 22.2 प्रकाश अभिक्रिया की Z-स्कीम

चक्रिक प्रकाश फॉस्फेटीकरण में ATP का निर्माण दो स्थानों पर होता है-

(*i*) फेराडॉक्सिन से साइटोक्रोम b_6 में इलेक्ट्रॉन जाने पर।

(*ii*) साइटोक्रोम b_6 से साइटोक्रोम f में इलेक्ट्रॉन जाने पर।

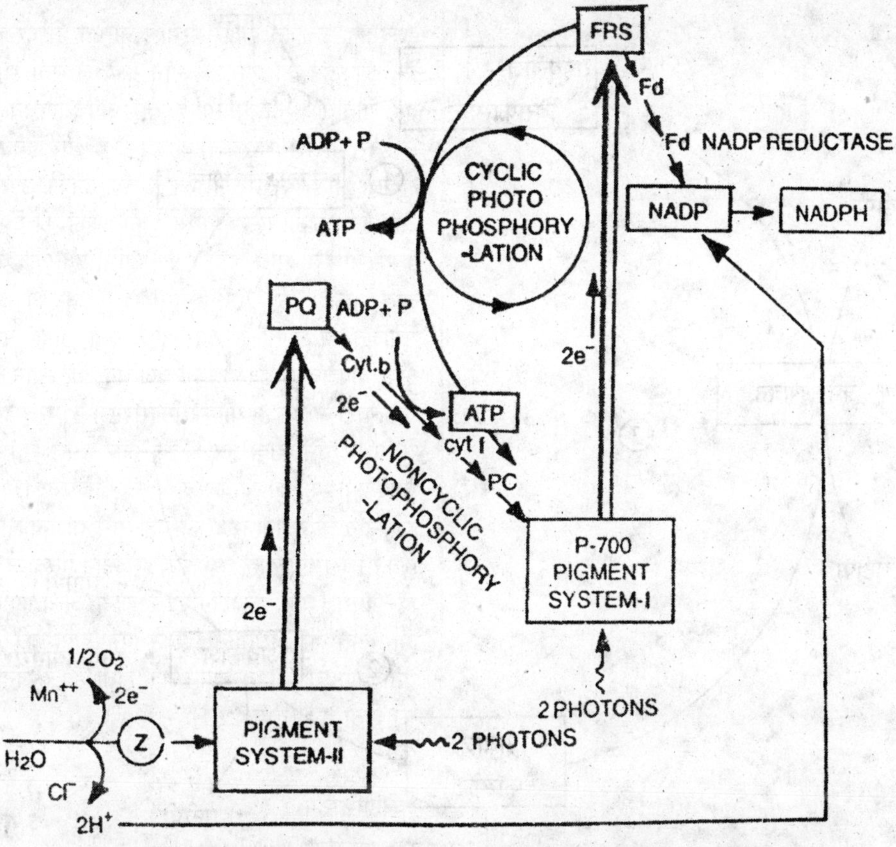

चित्र 22.3 –चक्रीय तथा अचक्रीय प्रकाश फॉस्फेटीकरण में इलेक्ट्रॉन का अभिगमन।

अचक्रिक प्रकाश फॉस्फेटीकरण में O_2 का निमोचन होता है, एक ATP प्लास्टोक्वीनोन तथा Cyt f के मध्य बनता है तथा $2NADPH_2$ प्राप्त होते हैं। ATP को परिपाचन शक्ति (assimilatory power) तथा $NADPH_2$ को अपचयन शक्ति (reducing power) कहते हैं। (चित्र 22.3)

पानी से NADP बनने तक इलेक्ट्रॉन अभिगमन की शृंखला जिसमें प्रकाश तन्त्र I व II कार्य करते हैं, 'Z' स्कीम कहते हैं।

केल्विन चक्र (Calvin Cycle)

केल्विन तथा उसके सहकर्मियों ने संपूर्ण पथ का पता लगाया और बताया कि यह पथ एक चक्रीय क्रम में संचालित होता है; जिसमें RuBP पुनः उत्पादित होता है। आइए, अब यह देखें कि केल्विन पथ कैसे संचालित होता है और शर्करा कहाँ पर संश्लेषित होती है। केल्विन चक्र उन सभी पौधों में होता है जो प्रकाश-संश्लेषण करते हैं।

केल्विन चक्र की क्रिया 3 भागों में पूर्ण होती है-

(*i*) **कार्बोक्सिलीकरण (Carboxylation)** - इस क्रिया में रिबुलोस 5 फॉस्फेट, ATP से फॉस्फेट लेकर रिबुलोज बिसफॉस्फेट बनाता है जो CO_2 ग्रहण कर 3C यौगिक फॉस्फोग्लिसरिक अम्ल बनाता है।

(*ii*) **ग्लिसरोल परिवर्तन (Glycerol Reversal)** - इस क्रिया में फॉस्फोग्लिसरिक अम्ल से होते हुए ऊर्जा शर्करा बनाती है।

(*iii*) **रिबुलोस 5 फॉस्फेट की पुनः उत्पत्ति (Regeneration of ribulose 5, phosphate)** केल्विन चक्र के चलते रहने के लिए रिबुलोस 5 फॉस्फेट की पुनः उत्पत्ति स्वप्रेरित होती है। (चित्र 22.4)

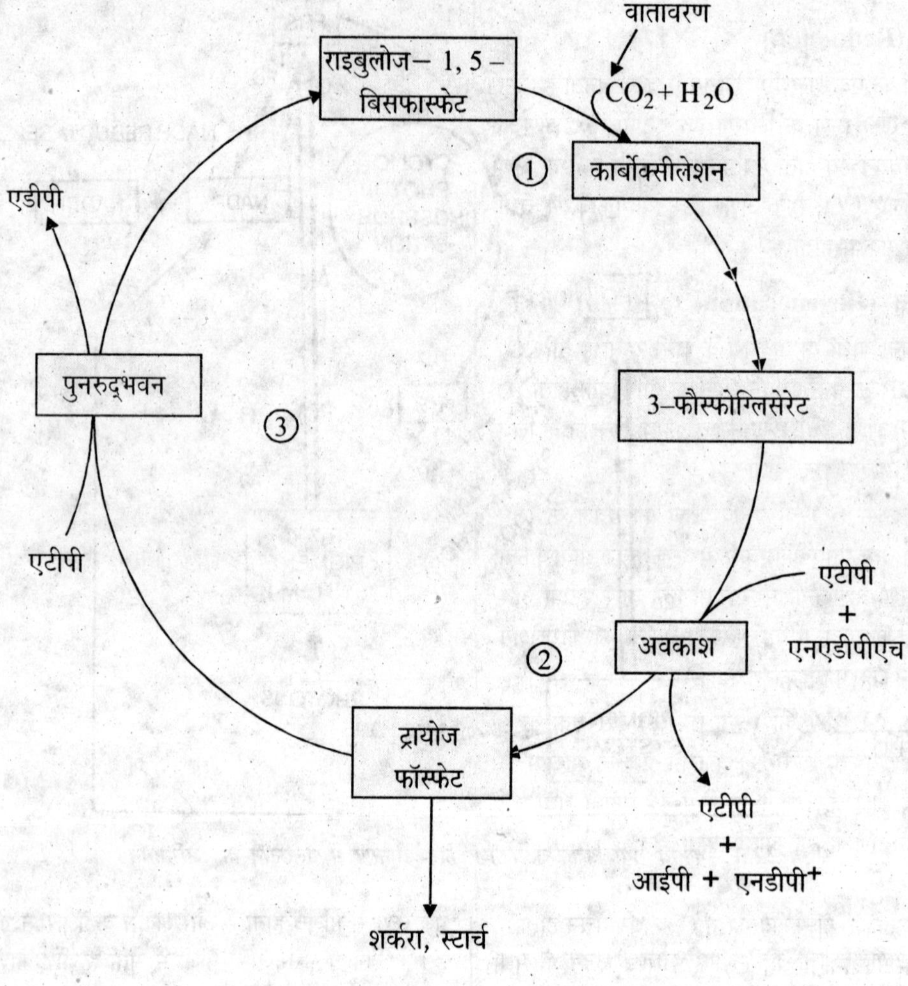

चित्र 22.4

केल्विन चक्र तीन भागों में बांटा जा सकता है। (1) कार्बोक्सिलेशन जिसमें CO_2 राइबुलोज-1, 5 बिसफांस्फेट से योग करता है (2) अवकरण, जिसमें कार्बोहाइड्रेट का निर्माण प्रकाश रासायनिक ग्राही तथा एनएडीपीएच की मदद से होता है तथा (3) पुनरुद्भवन जिसमें CO_2 ग्राही राइबुलोज-1, 5 विसफॉस्फेट का पुनःनिर्माण होता है तथा चक्र चलता रहता है।

1. कार्बोक्सिलीकरण (Carboxylation)

CO_2 के यौगिकीकरण से एक स्थिर कार्बनिक मध्यस्थ बनता है। केल्विन चक्र में कार्बोक्सिलीकरण एक अत्यधिक निर्णायक चरण है जहाँ RuBP के कार्बोक्सिलीकरण के लिए CO_2 का उपयोग किया जाता है। यह प्रतिक्रिया एंजाइम RuBP कार्बोक्सिलेस के द्वारा उत्प्रेरित होती है, जिसके परिणामस्वरूप 3-P GA के दो अणु

बनते हैं। चूँकि इस एंजाइम में एक ऑक्सीकरण क्षमता भी होती है। अतः इसे RuBP कार्बोक्सीलेस-ऑक्सीजिनेस या रुबिस्को कहा जाता है।

2. अपचयन (Reduction)

यह प्रतिक्रियाओं की एक शृंखला है जिसमें ग्लूकोज बनता है। इस चरण में प्रत्येक CO_2 अणु के स्थिरण हेतु एटीपी के 2 अणुओं का उपयोग अपचयन हेतु होता है। पथ से ग्लूकोज के एक अणु को बनाने के लिए CO_2 के 6 अणुओं के यौगिकीकरण तथा चक्करों की आश्यकता होती है।

3. पुनरुद्भवन (Regeneration)

यदि चक्र को बिना बाधा या अवरोध के जारी रहना है तो CO_2 ग्राही अणु RuBP का पुनरुद्भवन बहुत ही आवश्यक होता है। पुनरुद्भवन के चरण में RuBP गठन हेतु फॉस्फोरीलेशन के लिए एक एटीपी की आवश्यकता होती है।

केल्विन चक्र में CO_2 के प्रत्येक अणु को प्रवेश के लिए एटीपी के 3 अणु तथा एनएडीपीएच के 2 अणुओं की आवश्यकता होती है। अप्रकाश अभिक्रिया में उपयोग होने वाले एटीपी और एनएडीपीएच की संख्याओं में यह अंतर ही चक्रीय फॉस्फोरीलेशन को संपन्न कराने का मुख्य कारण है।

ग्लूकोस के एक अणु की रचना के लिए इस चक्र के 6 चक्करों की आवश्यकता होती है। केल्विन पथ के माध्यम से ग्लूकोस के एक अणु की रचना के लिए 18 एटीपी तथा 12 एनएडीपीएच के अणुओं की आवश्यकता होती है।

पथ C_4 (C_4 Cycle)

पौधे जो शुष्क उष्णकटिबंधी क्षेत्र में पाए जाते हैं उनमें C_4 पथ होता है। इन पौधों में CO_2 के यौगिकीकरण का पहला उत्पाद यद्यपि C_4 औक्जेलोएसिटिक अम्ल होता है फिर भी इनके मुख्य जैव संश्लेषण पथ में C_3 पथ अथवा केल्विन चक्र ही होता है।

C_4 पौधे विशिष्ट हैंः इनकी पत्तियों में एक विशेष प्रकार की शारीरिकी होती है। ये उच्च ताप को सह सकते हैं। ये उच्च प्रकाश तीव्रता के प्रति अनुक्रिया करते हैं। उनमें प्रकाश श्वसन प्रक्रिया नहीं होती और उनमें जैव भार अधिक उत्पन्न होता है।

C_4 पथ पौधों की संवहन बंडल के चारों ओर स्थित बृहद् **कोशिकाएं पूलाच्छद** (बंडल शीथ) कोशिकाएं कहलाती हैं और पत्तियाँ जिनमें ऐसी शरीर होती है, उन्हें **क्रेंजी शरीर** वाली पत्तियाँ कहते हैं। यहाँ, क्रैंज का अर्थ छल्ला अथवा घेरा, चूँकि कोशिकाओं की व्यवस्था एक छल्ले के रूप में होती है। संवहन बंडल के आस-पास पूलाच्छद कोशिकाओं की **अनेकों परतें** होती हैं, इनमें बहुत अधिक संख्या में क्लोरोप्लास्ट होते हैं, इसकी मोटी भित्तियाँ गैस से अप्रवेश्य होती हैं और इनमें अंतरकोशीय स्थान नहीं होता। आप C_4 पौधों जैसे मक्का अथवा ज्वार की पत्तियों का एक भाग काटो, ताकि क्रेंज शरीर एवं पर्णमध्योतक देख सके।

अपने आस-पास के विभिन्न स्पेशीज के पेड़ों की पत्तिया एकत्र करें और उनकी पत्तियों को खड़ी काट लें। सूक्ष्मदर्शी से इसके संवहन बंडल पूल के आस-पास पूलाच्छद को देखें। पूलाच्छद की उपस्थिति C_4 पौधों को पहचानने में सहायता करेगा।

हैच एवं स्लैक पाथवे

CO_2 का प्राथमिक ग्राही एक 3 कार्बन अणु फोस्फोइनोल पाइरुवेट (PEP) है और वह पर्णमध्योतक कोशिका में स्थित होता है। इस यौगिकीकरण को पेप कार्बोक्सीलेस अथवा पेप केस (PEP) नामक एंजाइम संपन्न करता है। पर्णमध्योतक कोशिकाओं में रुबिस्को एंजाइम नहीं होता है। C_4 अम्ल ओएए पर्णमध्योतक कोशिका में निर्मित होता है।

इसके बाद ये पर्णमध्योतक कोशिका में अन्य 4-कार्बन वाले अम्ल जैसे मैलिक अम्ल और एस्पार्टिक अम्ल बनते हैं, जोकि पूलाच्छद कोशिका में चले जाते हैं। पूलाच्छद कोशिका में यह C_4 अम्ल विघटित हो जाता है जिससे CO_2 तथा एक 3-कार्बन अणु मुक्त होते हैं।

3-कार्बन अणु पुनः पर्णमध्योतक में वापस आ जाता है, जहाँ पुनः पेप में बदला जाता है और इस तरह से यह चक्र पूरा होता है। (चित्र 22.5)

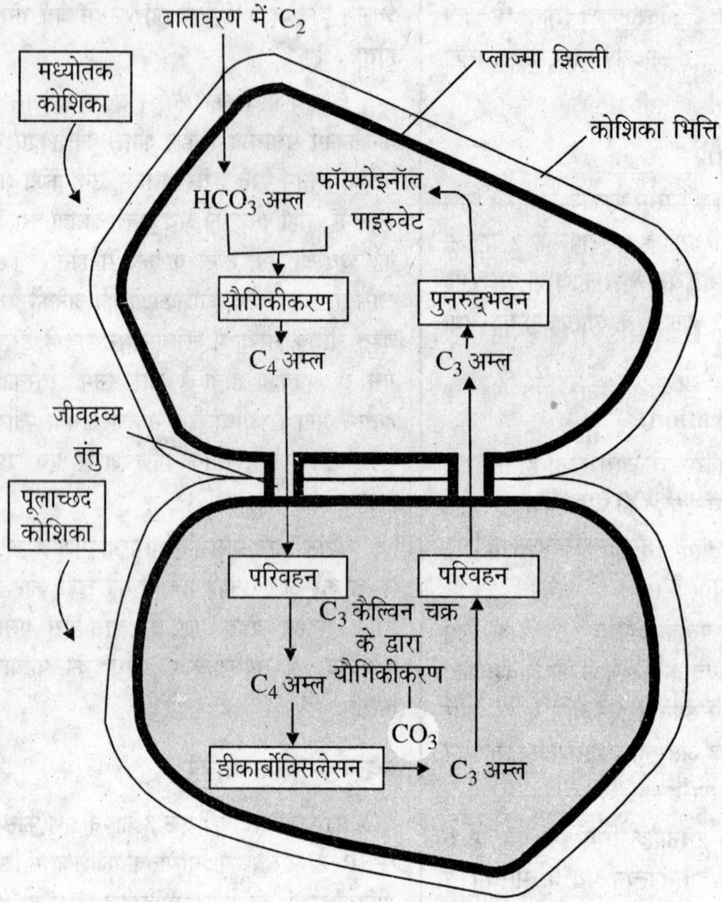

चित्र 22.5 हैच एवं स्लैक पाथवे

पूलाच्छद कोशिका से निकली CO_2 केल्विन पथ अथवा C_3 में प्रवेश करती है केल्विन एक ऐसा पथ जो सभी पौधों में समान रूप से होता है। पूलाच्छद कोशिका रुबिस्को से भरपूर होती पेप केस से रहित होती है। अतः मौलिक पथ केल्विन पथ जिसके परिणामस्वरूप शर्करा बनती है, वह C_3 एवं C_4 पौधों में सामान्य रूप से होता है।

तालिका 22.1 प्रकाशिक व अप्रकाशिक अभिक्रिया में अन्तर
(Difference between Light and Dark Reaction)

प्रकाशिक अभिक्रिया (Light reaction)	अप्रकाशिक अभिक्रिया (Dark reaction)
1. इसके लिए प्रकाश आवश्यक है।	1. यह बिना प्रकाश के होते हैं।
2. यह हरितलवक के ग्रैना क्षेत्र में होती है।	2. यह हरितलवक के स्ट्रोमा क्षेत्र में होती है।
3. इसमें प्रकाशीय ऊर्जा का अवशोषण होता है तथा रासायनिक ऊर्जा में परिवर्तन कर ATP का निर्माण	3. इसमें प्रकाशीय क्रिया से प्राप्त ऊर्जा का प्रयोग CO_2 स्वांगीकरण में होता है तथा कार्बोहाइड्रेट बनता है।

होता है। इसे प्रकाश फॉस्फेटीकरण कहते हैं।	
4. इसमें जल का अपघटन होता है जिससे O_2 उप-उत्पाद के रूप में मिलता है तथा H^+ व e^- मिलते हैं।	4. इसमें H^+ का उपयोग CO_2 के अपचयन में होता है।
5. इसमें O_2 निकलती है।	5. इसमें CO_2 प्रयुक्त होती है।
6. इसमें वर्णक तन्त्रों की आवश्यकता होती है।	6. इसमें वर्णक तन्त्र महत्वपूर्ण नहीं होते हैं।

प्रकाश-संश्लेषण को प्रभावित करने वाले कारण (Factors affecting Photosynthesis)

प्रकाश-संश्लेषण को आन्तरिक व बाह्य दोनों कारक प्रभावित करते हैं–

[I] अन्तः कारक (Internal Factors)

निम्नलिखित कारक प्रकाश-संश्लेषण के आन्तरिक कारक हैं-

(1) पत्ती की संरचना

यदि पत्ती इस प्रकार की हो कि सूर्य का प्रकाश पर्णहरित तक न पहुँच सके, अथवा CO_2 की सान्द्रता अधिक हो, तो इसका प्रभाव प्रकाश संश्लेषण की प्रक्रिया पर पड़ेगा। रन्ध्रों की बनावट, संख्या, वितरण आदि का प्रभाव, गैस के विनिमय पर पड़ता है। उपचर्म की मोटाई, रोम की उपस्थिति, पर्ण मध्योतक की रचना, आकार, वायुकोषों की उपस्थिति आदि का भी प्रभाव प्रकाश संश्लेषण पर पड़ता है, क्योंकि ये प्रत्यक्ष या परोक्ष रूप से प्रकाश की किरणों के मार्ग को अवरुद्ध कर सकते हैं।

(2) क्लोरोफिल

यह प्रकाश संश्लेषण के लिए अति आवश्यक है। इसके सान्द्रण के बढ़ने से प्रकाश संश्लेषण की दर बढ़ती है। जिन भागों में क्लोरोफिल नहीं होता है, वहां पर प्रकाश संश्लेषण भी नहीं होता है।

[II] बाह्य कारक (External Factors)

प्रकाश, CO_2, ताप, जल, खनिज, O_2 आदि प्रकाश संश्लेषण को प्रभावित करने वाले बाह्य कारक हैं।

(1) प्रकाश (Light)

सूर्य का प्रकाश मुख्य रूप से ऊर्जा का स्रोत है। कुछ पादप चन्द्रमा के प्रकाश में अथवा विद्युतीय प्रकाश में भी प्रकाश संश्लेषण कर पाते हैं। प्रकाश का गुण, तीव्रता आदि महत्वपूर्ण होती है।

(*i*) **प्रकाश का गुण (Quality of light)** - सफेद प्रकाश अनेक तरंगदैर्घ्य वाले प्रकाश की किरणों से बनता है। जैसे **VIBGYOR** अथवा बैंनीआहपीनाला अर्थात् बैंगनी, नीला, आसमानी, हरा, पीला, नारंगी तथा लाल आदि। इसमें नीले व लाल रंग के प्रकाश में संश्लेषण अधिकतम होता है। हरे रंग के प्रकाश में यह क्रिया नहीं होती है, क्योंकि क्लोरोफिल के अणु इस प्रकाश को परावर्तित कर देते हैं। लाल रंग के प्रकाश की तरंग-दैर्घ्य सबसे अधिक होती है। इनसे प्रकाश संश्लेषण की दर कम होती है, इसे **इमरसन इफेक्ट** अथवा **रेड ड्राप** (red drop) कहते हैं।

(*ii*) **प्रकाश की तीव्रता (Intensity of light)** - यदि अन्य कारक उपर्युक्त मात्रा में प्राप्त हों, तो प्रकाश की तीव्रता बढ़ाने से प्रकाश संश्लेषण की दर बढ़ाई जा सकती है। कम तीव्र प्रकाश में भी यह क्रिया आरम्भ हो सकती है। जो पौधे प्रकाशप्रिय होते हैं, वे सूर्यतापी होते हैं, उन्हें उच्चतम प्रकाश संश्लेषण की दर प्राप्त करने के लिए छायाप्रिय अथवा **छायातापी** (sciophytes) पौधों की अपेक्षा तीव्र प्रकाश की आवश्यकता होती है। बहुत अधिक तीव्र प्रकाश में प्रकाश संश्लेषण की दर घट जाती है, जिसे **सोलेराइजेशन** (solarization) भी कहते हैं। कुछ कोशिकाओं में तीव्र प्रकाश में प्रकाशीय श्वसन (photorespiration) भी आरम्भ हो जाता है। लम्बे समय तक प्रकाशीय श्वसन होने से क्लोरोफिल नष्ट हो जाता है। लम्बे दिन में फल जल्दी बनता है।

(2) कार्बन डाइ-ऑक्साइड

पौधे वातावरण से अथवा श्वसन के उप-उत्पाद के रूप में CO_2 प्राप्त करते हैं। जलीय पौधे जल में घुली CO_2 प्राप्त करते हैं। वायुमण्डल में 0.03% CO_2 मिलती है। CO_2 सामान्य अवस्था में प्रकाश संश्लेषण की दर की सीमा निर्धारित करता है। 30 गुना

तक CO_2 की मात्रा वायुमण्डल में बढ़ने तक प्रकाश संश्लेषण की दर बढ़ेगी, परन्तु उसके बाद CO_2 की मात्रा बढ़ने पर पौधे मरने लगेंगे।

(3) जल (Water)

जल के अपघटन से ही O_2 निष्कासित होती है। अतः जल अति महत्वपूर्ण कारक है। यह अप्रत्यक्ष रूप से प्रभाव डालती है चूंकि लगभग सभी प्रक्रियाएँ जलीय माध्यम में ही पूर्ण होती हैं। एक सीमा से कम जल प्रकाश संश्लेषण की दर को भी कम कर देता है।

(4) तापमान (Temperature)

सामान्यतः 10-35°C तक प्रकाश संश्लेषण के लिए उपयुक्त तापमान माना गया है। कुछ पौधे 5°C पर भी इस क्रिया को कर सकते हैं तथा प्रत्येक 10°C ताप बढ़ने पर प्रकाश संश्लेषण की दर दो गुनी हो जाती है। यह वृद्धि 40°C तक ही देखी जा सकती है। इसके बाद तापमान बढ़ाने से पौधे झुलसने लगते हैं और प्रकाश संश्लेषण की दर गिरकर शून्य तक भी पहुँच सकती है।

(5) आक्सीजन (Oxygen)

आक्सीजन का प्रभाव अप्रत्यक्ष होता है। अधिक सान्द्रण प्रकाश संश्लेषण पर विपरीत प्रभाव डालता है।

(6) खनिज (Minerals)

कई प्रकार के खनिज, प्रकाश संश्लेषण की क्रिया में सहायक होते हैं। जैसे-Fe, Mg आदि। इनकी कमी से पर्णहरित विघटित हो जाता है और क्लोरोसिस (chlorosis) होती है। Cu, Zn, K आदि विभिन्न एन्जाइमों को प्रभावित करते हैं। इन खनिजों की कमी से प्रकाश संश्लेषण की क्रिया प्रभावित होती है।

बहुविकल्पीय प्रश्न

1. प्रकाश-संश्लेषण में वर्णक तन्त्र I की भूमिका होती है

(*a*) जल से ऑक्सीजन निकालना

(*b*) जल का प्रकाशीय अपघटन करना

(*c*) ADP को संश्लेषित करना

(*d*) NADP को $NADPH_2$ में अपचयित करना

2. निम्नलिखित में से कौन-सा प्रकाश-संश्लेषण की अन्धकार अभिक्रिया के पदों को ज्ञात करने में अति लाभदायक होता है?

(*a*) X-किरणें

(*b*) C^{14} कार्बन का समस्थानिक

(*c*) ऑक्सीजन O^{18} का समस्थानिक

(*d*) फास्फोरस P^{32} का समस्थानिक

3. जब ATP, ADP में बदलता है तो यह निकालता है–

(*a*) हार्मोन्स (*b*) विद्युत

(*c*) ऊर्जा (*d*) एन्जाइम्स

4. वर्णक तन्त्र I में सक्रिय क्लोरोफिल होता है–

(*a*) P- 660 (*b*) P- 680

(*c*) P- 700 (*d*) P- 720

5. चक्रीय प्रकाश फॉस्फोरीकरण में निकलते हैं–

(*a*) ATP तथा $NADPH_2$

(*b*) ATP, $NADPH_2$ तथा ऑक्सीजन

(*c*) केवल ATP

(*d*) केवल $NADPH_2$

6. प्रकाश-संश्लेषण की अन्धकार अभिक्रियाओं के अन्तर्गत–

(*a*) 6 कार्बन शर्करा, 3 कार्बन शर्करा में टूट जाती है

(*b*) जल का अपघटन होता है

(*c*) CO_2 कार्बनिक यौगिकों में अपचयित हो जाती है

(*d*) क्लोरोफिल सक्रिय हो जाता है

7. कम्पेन्सेशन बिन्दु का अभिप्राय है, वह दशा–

(*a*) जब प्रकाश-संश्लेषण में निर्मित पूर्ण भोजन अप्रयुक्त रहता है

(*b*) जब गमले में लगे हुए पौधे की भली भाँति सिंचाई की जाती है

(*c*) जब प्रकाश-संश्लेषण की दर श्वसन दर के समान होती है

(*d*) जिसमें न तो प्रकाश-संश्लेषण और श्वसन होता है

8. ATP संश्लेषण के अन्तर्गत, इलेक्ट्रोन्स गुजरते हैं–
(*a*) जल में होकर (*b*) साइटोक्रोम्स में होकर
(*c*) O_2 में होकर (*d*) CO_2 में होकर

9. वर्णक तन्त्र I में संचालित होता है–
(*a*) फोटोलिसिस
(*b*) साइक्लिक फोटोफोस्फोरीलेशन
(*c*) नान-साइक्लिक फोटोफोस्फोरीलेशन
(*d*) औक्सीडेटिव फोस्फोरीलेशन

10. C_4 चक्र के मामले में, प्रथम पद में–
(*a*) CO_2, RuDP से संयोग करती है
(*b*) CO_2, PGA से संयोग करती है
(*c*) CO_2, PEP से संयोग करती है
(*d*) CO_2, RMP से संयोग करती है

11. कैल्विन चक्र घटित होता है–
(*a*) कोशिका द्रव्य में
(*b*) हरितलवक में
(*c*) ग्लाइऑक्सीसोम्स में
(*d*) माइटोकॉण्ड्रिया में

12. प्रकाश-संश्लेषण की अंधकार अवस्था में उत्पन्न प्रथम कार्बोहाइड्रेट होता है–
(*a*) मण्ड
(*b*) फ्रक्टोज
(*c*) फॉस्फोग्लिसरिक अम्ल
(*d*) फॉस्फोग्लिसरेल्डीआइड

13. C_3 पादपों (काल्विन चक्र) में CO_2 ग्राही होता है–
(*a*) फॉस्फोग्लिसरिक अम्ल (PGA)
(*b*) रिबूलोज मोनोफास्फेट (RMP)
(*c*) रिबूलोज 1, 5 डाई फास्फेट (RuDP)
(*d*) फॉस्फोईनोल पायरुवेट (PEP)

14. C_4 पादपों में सर्वप्रथम CO_2 स्थिर होती है–
(*a*) पूल छाद (Bundle Sheath) में
(*b*) पर्णमध्योतक में
(*c*) खम्भ मृदूतक में
(*d*) स्पंजी मृदूतक में

15. मण्ड (Starch) जल में अघुलनशील होता है फिर भी यह बड़ी मात्रा में आलू में एकत्रित होता है क्योंकि–
(*a*) यह आलू के कन्द में स्वयं बनता है
(*b*) यह शर्करा के रुप में पत्तियों से आलू के कन्द में स्थानान्तरित होता है
(*c*) भूमि के सूक्ष्मजीव कन्द में स्टार्च को एकत्रित करते हैं
(*d*) यह उपयोगी उपभोग होता है

16. प्रकाश-संश्लेषण की क्रिया के अन्तर्गत–
(*a*) ATP का निर्माण होता है
(*b*) ATP का निर्माण नहीं होता है
(*c*) निकली हुई ऑक्सीजन CO_2 से आती है
(*d*) जल की आवश्यकता माध्यम की तरह होती है किन्तु यह प्रकाश संश्लेषी अभिक्रियाओं में भाग नहीं लेता है

17. प्रकाश-संश्लेषण में निकली ऑक्सीजन जल से आते हैं यह निश्चित किया गया, प्रयोग करके–
(*a*) C^{14} (*b*) P^{22}
(*c*) O^{18} (*d*) क्लोरीन आयन

18. निम्न में से कौन-सा कार्बोहाइड्रेट मोनोसेकराइड होता है?
(*a*) ग्लूकोज (*b*) स्टार्च
(*c*) सुक्रोज (*d*) सेल्यूलोज

19. निम्न में से कौन-सा कार्बोहाइड्रेट्स के संश्लेषण के लिए आवश्यक नहीं होता है?
(*a*) CO_2 (*b*) क्लोरोफिल
(*c*) नाइट्रोजन (*d*) जल

20. सूर्य से विकिरण ऊर्जा का अवशोषण मुख्यतया सम्बन्धित है–
(*a*) राइबोसोम्स से (*b*) माइटोकॉण्ड्रिया से
(*c*) हरितकणकों से (*d*) कोशिकाद्रव्य से

21. श्वसन तथा प्रकाश संश्लेषण दोनों के लिये आवश्यकता होती है-
(*a*) हरित कोशिकाओं की
(*b*) सूर्य के प्रकाश की
(*c*) साइटोक्रोम्स की
(*d*) कार्बनिक ईंधन की

22. जल और प्रकाश के अतिरिक्त भोजन निर्माण के लिये कौन-सा कच्चा पदार्थ (Raw Material) अधिक आवश्यक होता है?
(*a*) ऑक्सीजन (*b*) CO_2
(*c*) खनिज लवण (*d*) NAD

23. हरे प्रकाश की तरंगदैर्ध्य (Wavelength) होती है–
(*a*) 400 - 450mμ (*b*) 500 - 539 mμ
(*c*) 660 - 720mμ (*d*) 720 - 600mμ

24. प्रकाश-संश्लेषण सर्वाधिक सक्रिय होता है–
(*a*) हरे प्रकाश में (*b*) लाल प्रकाश में
(*c*) पीले प्रकाश में (*d*) सूर्य के प्रकाश में

25. एक पर्णहरित अणु में, मैग्नीशियम स्थित होता है–
(*a*) आइसोसाइक्लिक वलय में
(*b*) फाइटोल कक्ष में
(*c*) पोरफायरिन के केन्द्र में
(*d*) पोरफायरिन के कोने में

26. उच्च पादपों द्वारा प्रकाश संश्लेषण के लिये प्रयोग में लायी गयी प्रकाश ऊर्जा की प्रतिशत मात्रा होती है–
(*a*) 1 - 2 (*b*) 10
(*c*) 50 (*d*) 100

27. प्रकाश-संश्लेषण की खोज में जिस प्रायेगिक पदार्थ ने अधिक सहायता की वह है–
(*a*) पालक की पत्तियाँ (*b*) *क्लेमाइडोमोनास*
(*c*) *हाइड्रिला* (*d*) *क्लोरेला*

28. पत्ती के चारों ओर CO_2 सान्द्रता के बढ़ने से–
(*a*) रन्ध्र तीव्र गति से खुलते हैं
(*b*) रन्ध्र आँशिक रुप से बन्द हो जाते हैं
(*c*) रन्ध्र पूर्ण रुप से बन्द हो जाते हैं
(*d*) रन्ध्र के खुलने पर कोई प्रभाव नहीं होता

29. प्रकाश-संश्लेषण के आरम्भिक कार्बन दिशा मार्गों का पता लगा सकने के लिये किसे नोबेल पुरस्कार मिला था–
(*a*) क्रेब्स (*b*) केल्विन
(*c*) खुराना (*d*) वाटसन

30. क्लोरोप्लास्टों में ऑक्सीजन के निकलने एवं प्रकाश संश्लेषी फॉस्फोरिलेशन के स्थान क्या हैं–
(*a*) ग्रेना के चट्टे
(*b*) मेट्रिक्स
(*c*) क्लोरोप्लास्ट की भीतरी दीवार
(*d*) क्लोरोप्लास्ट का सतह

31. प्रकाश-संश्लेषण में दृश्यमान प्रकाश की सर्वाधिक कारगर तरंग दैर्ध्य किस क्षेत्र में होती है–
(*a*) लाल (*b*) बैंगनी
(*c*) हरे (*d*) पीले

32. प्रकाश-संश्लेषण में प्रकाश ऊर्जा का विशिष्ट कार्य क्या है–
(*a*) जल को तोड़ना
(*b*) ग्लूकोज का संश्लेषण
(*c*) क्लोरोफिल के अणुओं को सक्रिय बनाना
(*d*) CO_2 का अपचय

33. प्रकाश संश्लेषण के C_4 दिशा मार्ग के मामले में CO_2 किसके साथ जुड़ती है–
(*a*) RMP (*b*) PEP
(*c*) PGA (*d*) RUDP

34. फोटोफॉस्फोरिलेशन का अर्थ निम्न में से किसका संश्लेषण होता है–
(*a*) NADP (*b*) ATP से ADP
(*c*) ADP से ATP (*d*) PGA

35. प्रकाश संश्लेषण की प्रकाश तन्त्रों के सम्मिलित होने की परिकल्पना किसने दी थी–
(*a*) डी. आई. आर्नोन (*b*) एफ. एफ. ब्लैकमैन
(*c*) आर. हिल (*d*) राबर्ट इमरसन

36. ग्रैनम में होते हैं–
(*a*) 2 - 50 थायलैकोइड्स
(*b*) 2 - 100 थायलैकोइड्स
(*c*) 2 - 10 थायलैकोइड्स
(*d*) 2 - 20 थायलैकोइड्स

37. निम्नलिखित एक के अतिरिक्त सभी में CO_2 बनती है–
(*a*) शर्करा के जलने में
(*b*) पादपों के श्वसन में
(*c*) पादपों द्वारा प्रकाश संश्लेषण में
(*d*) चूने के पत्थर को गर्म करने पर

38. प्रकाश संश्लेषण में अवशोषित गैस होती है–
(*a*) ऑक्सीजन (*b*) नाइट्रोजन
(*c*) अमोनिया (*d*) CO_2

39. दिन के प्रकाश के समय श्वसन की अपेक्षा प्रकाश-संश्लेषण की दर उच्च होती है और उपभोगिता की अपेक्षा उत्पन्न ऑक्सीजन का अनुपात होता है–
(*a*) 10 : 1 (*b*) 5 : 1
(*c*) 1 : 1 (*d*) 50 : 1

40. कौन-सा पदार्थ सौर ऊर्जा का सामर्थ्यवान परिवर्तक है और जिसकी शुद्ध उत्पादकता 2 से 4 कि. ग्रा./ मी^{2} / वर्ष या इससे भी अधिक होती है?

(*a*) चावल (*b*) गन्ना
(*c*) पपीता (*d*) गेहूँ

41. किस जीव में जन्तुओं के अधिक समान पोषण होता है?
(*a*) शैवाल (Algae)
(*b*) कवक (Fungi)
(*c*) शैवाक (Lichens)
(*d*) प्रोकैरियोट्स (Prokaryotes)

42. हरे पादप के प्रकाश-संश्लेषण में CO_2 के एक अणु को अपचयित करने तथा O_2 के एक अणु का उत्पादन करने के लिए कितने क्वाण्टा की आश्यकता होती है?
(*a*) 2 क्वाण्टा (*b*) 8 क्वाण्टा
(*c*) 16 क्वाण्टा (*d*) 32 क्वाण्टा

43. क्लोरोफिल अणु का माना हुआ माप होता है–
(*a*) शीर्ष-15 × 15 Å तथा पूँछ –20 Å
(*b*) शीर्ष-10 × 12 Å तथा पूँछ –15 Å
(*c*) शीर्ष-20 × 20 Å तथा पूँछ –25 Å
(*d*) शीर्ष-15 × 15 Å तथा पूँछ –25 Å

44. निम्नलिखित में से एक सर्वाधिक परावर्तित होगा, जब श्वेत प्रकाश का स्तम्भ क्लोरोफिल के विलयन की दिशा में किया जाता है–
(*a*) श्वेत (*b*) हरा
(*c*) पीला (*d*) नीला

45. प्रकाश की उपस्थिति में पानी एवं CO_2 से हरे पादप जिस क्रिया में कार्बोहाइड्रेटस का संश्लेषण करते हैं वह कहलाती है-
(*a*) श्वसन (*b*) प्रकाश संश्लेषण
(*c*) वाष्पोत्सर्जन (*d*) अवशोषण

46. प्रकाश-संश्लेषण है एक–
(*a*) साधारण घटना जो विशिष्ट पादप अंगों में होती है जिसके अन्तर्गत अकार्बनिक भोजन का संश्लेषण होता है
(*b*) घटना जिसका हमसे कोई सम्बन्ध नहीं होता है
(*c*) घटना जिसमें ऊर्जा प्रचुर कार्बनिक यौगिक बनते हैं, जिनकी विभव रासायानिक ऊर्जा श्वसन से आती है
(*d*) कार्बोहाइड्रेट्स के संश्लेषण की घटना

47. हिल अभिक्रिया होती है–
(*a*) केवल ऊँचाई पर पाए जाने वाले पौधों में
(*b*) सम्पूर्ण अंधेरे में
(*c*) जल के अभाव में
(*d*) फेरिसाइनाइड की उपस्थिति में

48. प्रकाश-संश्लेषण के साथ ऑक्सीजन निकलता है–
(*a*) H_2S से (*b*) H_2O से
(*c*) CO_2 से (*d*) HCO_3 से

49. प्रकाश जिस तरंग आयाम पर पर्णशाद् द्वारा प्रचूसित होता है, वह है–
(*a*) 400 nm (*b*) 50 nm
(*c*) 600 nm (*d*) 660 nm

50. ट्रेसर तत्व होता है--
(*a*) माइक्रोतत्व (*b*) मैक्रोतत्व
(*c*) रेडियो आइसोटोप (*d*) विटामिन

51. फोटोरेसपिरेसन का पदार्थ होता है–
(*a*) ग्लाइकोलेट (*b*) ग्लूकोस
(*c*) पारुविक एसिड (*d*) एसेटिल COA

52. कॉलम I में दिये वैज्ञानिकों के नाम को कॉलम II में दिये गये उनके कार्यों के साथ मेल कीजिये तथा सही उत्तर दीजिये–

कॉलम I वैज्ञानिक	**कॉलम II कार्य**
(A) पीटर मिट्चैल	p. प्रकाश-संश्लेषण की अन्धकार क्रिया के पद
(B) जे. डब्ल्यू. गिब्स	q. प्रकाश-संश्लेषीय फॉस्फोरिलेशन
(C) डेनियल आर्नोन	r. स्वतन्त्र ऊर्जा का वाद
(D) मेल्विन केल्विन	s. रसा परासरणी वाद
	t. मास फ्लो वाद

(*a*) A = s, B = r, C = p, D = q
(*b*) A = s, B = r, C = q, D = p
(*c*) A = r, B = s, C = p, D = q
(*d*) A = s, B = t, C = r, D = q

53. निम्न में से कौन-सा जीव प्रकाश-संश्लेषण में ऑक्सीजन नहीं निकालता है–
(*a*) *ऐनाबिना* (*b*) *फ्यूनेरिया*
(*c*) *रोडोस्पाइरिलम* (*d*) उच्च पादप

54. चक्रीय फॉस्फोरिलेशन में प्रथम इलेक्ट्रॉन ग्राही है–
(*a*) FD (*b*) PQ
(*c*) PC (*d*) साइटो b

55. सेडोहेप्टूलोज शर्करा के अणु में कार्बन परमाणु की संख्या है–
(*a*) 4 (*b*) 3
(*c*) 7 (*d*) 6

56. कॉलम I में दिये गये वैज्ञानिकों को कॉलम II में दिये गये उनके कार्यो से मेल कीजिये तथा सही उत्तर दीजिये–

कॉलम I वैज्ञानिक	कॉलम II कार्य
A. एच. एच. डिक्सन तथा जे. जौली	p. प्रकाश-संश्लेषण
B. ई. मुन्च	q. दीप्त कालिता
C. लेविट	r. स्टोमेटल क्रिया विधि
D. डब्ल्यू. डब्ल्यू. गार्नर तथा एच. एच. एलार्ड	s. कार्बनिक पदार्थो का स्थानान्तरण
	t. रसारोहण

(*a*) A = t, B = r, C = s, D = q
(*b*) A = t, B = r, C = q, D = r
(*c*) A = t, B = s, C = r, D = q
(*d*) A = s, B = t, C = q, D = r

57. प्रोटोक्लोरोफिल, क्लोरोफिल से भिन्न होता है, क्योंकि इसके–
(*a*) दो पाइरोल चक्राकारों (Pyrrol Rings) में 4 हाइड्रोजन परमाणु कम होते हैं
(*b*) एक पाइरोल चक्र में 2 हाइड्रोजन कम होते हैं
(*c*) दो पाइरोल चक्रों में दो हाइड्रोजन के परमाणु कम होते हैं
(*d*) एक पाइरोल चक्र में 4 हाइड्रोजन के परमाणु कम होते हैं

58. ग्रेनारहित हरित लवक पाये जाते हैं कुछ–
(*a*) मांसलोद्भिदों में (*b*) C_3 पादपों में
(*c*) C_4 पादपों में (*d*) जलोद्भिदों में

59. प्रकाश-संश्लेषण से प्रकाश की तरंग दैर्ध्य जो अधिकतम प्रचूसित होती है, वह है–
(*a*) 400nm (*b*) 550nm
(*c*) 660nm (*d*) 700nm

60. ऑक्सीकरणी फॉस्फोरिलेशन होता है–
(*a*) प्रकाश संश्लेषण में
(*b*) श्वसन में
(*c*) वाष्पोत्सर्जन में
(*d*) प्रोटीन संश्लेषण में

61. निम्न में से कौन-सा प्रकाशीय श्वसन का प्रथम उत्पाद है–
(*a*) ग्लाइकोलिक अम्ल
(*b*) सेरिन
(*c*) फॉस्फोग्लाइकोलेट
(*d*) ग्लाइसिन

62. पौधों को वायु को शुद्ध करने के लिये जाना जाता है किस क्रिया के कारण–
(*a*) श्वसन (*b*) प्रकाश संश्लेषण
(*c*) वाष्पोत्सर्जन (*d*) सूखा

63. निम्न में से कौन-सा C_4 प्रकार के संश्लेषण के लिये सही कथन है–
(*a*) C_4 चक्र एक स्वतन्त्र चक्र है
(*b*) C_4 चक्र केल्विन चक्र से जुड़ा होता है
(*c*) RuBP कार्बोक्सिलेज CO_2 के लिये अधिक लगाव रखता है
(*d*) कार्बोक्सिलेज पूलाच्छद कोशिकाओं में पाया जाता है

64. निम्न में से किसमें PEP कार्बोक्सिलेज तथा RuBP कार्बोक्सिलेज मिसोफिल कोशिकाओं के क्लोरोप्लास्ट में पाये जाते हैं–
(*a*) CAM (*b*) C_4
(*c*) C_3 (*d*) CAM तथा C_4

65. कितने केल्विन चक्र एक हेक्सोज अणु बनाते हैं–
(*a*) 2 (*b*) 6
(*c*) 4 (*d*) 8

66. गत 150 वर्षो में हमारे वायुमण्डल में कार्बन डाइ-ऑक्साइड बढ़ी है–
(*a*) 270 से 340 पी.पी.एम.
(*b*) 20 से 35 पी.पी.एम.
(*c*) 0.2 से 0.3 पी.पी.एम.
(*d*) 0.027 से 0.034 पी.पी.एम.

67. सहायक वर्णक अणु पर्णहरित अणुओं के इलेक्ट्रॉनी ऊर्जा का स्थानान्तरण करते हैं–
(*a*) विकिरण द्वारा (*b*) अनुनाद द्वारा
(*c*) वर्णक तन्त्र द्वारा (*d*) प्रतिदीप्ति द्वारा

68. चक्रीय प्रकाश फॉस्फेटीकरण सम्बद्ध है–
(*a*) प्रकाश तन्त्र I से (*b*) क्वान्टासोम से
(*c*) वर्णक तन्त्र II से (*d*) प्रकाश अपघटन से

69. सूर्य प्रकाश की हरी किरणों का अवशोषण होता है–
(*a*) फाइकोइरेथ्रिन द्वारा
(*b*) कैरोटीनायड्स द्वारा
(*c*) क्लेरोफिल्स द्वारा
(*d*) फाइकोसायनिन द्वारा

70. प्रकाशीय श्वसन के लिये क्रियाधार होता है–
(*a*) ग्लाइकोलेट (*b*) ग्लूकोज
(*c*) पायरुविक अम्ल (*d*) एसोटिल को-एन्जाइम ए

71. P- S I के घटकों की स्थिति होती है–
(*a*) स्ट्रोमा पर
(*b*) स्ट्रोमा थाइलैकॉयड पर
(*c*) ग्रेनम थाइलैकॉयड पर
(*d*) स्ट्रोमा तथा ग्रेनमी थाइलैकॉयड की बाहरी सतह पर

72. प्रकाश-संश्लेषण के किस पद में प्रकाश की सीधी आवश्यकता होती है–
(*a*) इलेक्ट्रान को उत्तेजित करने के लिये
(*b*) CO_2 के अपचयन के लिये
(*c*) प्रकाश क्रम चलाने के लिये
(*d*) चक्रीय प्रकाश फ़ास्फोरिलेशन के लिये

73. केल्विन चक्र के द्वारा निम्न में से किस एक का निरुपण होता है?
(*a*) अपचयी कार्बोक्सिलेशन
(*b*) फोटो फॉस्फोरिलेशन
(*c*) उपचयी कार्बोक्सिलेशन
(*d*) उपचयी फॉस्फोरिलेशन

74. सीमाकारी कारकों के सिद्धांत को सर्वप्रथम किसने प्रस्तुत किया था?
(*a*) ब्लैकमैन (*b*) हिल
(*c*) अनोल (*d*) लीबिग

75. क्लोरोफिल '*a*' के अणु में पिरोल वलय II के कार्बन परमाणु 3 पर निम्न में से कौन-सा एक होता है?
(*a*) ऐल्डिहाइड समूह (*b*) मेथिल समूह
(*c*) कार्बोक्सिल समूह (*d*) मैग्नीशियम

76. प्रकाश-संश्लेषण की दृष्टि से सक्रिय निम्न में से किस तरंग दैर्घ्य परास में होती है–
(*a*) 340 - 450nm (*b*) 400- 700nm
(*c*) 500 - 600nm (*d*) 400 - 950nm

77. प्रकाश श्वसन को किन परिस्थितियों द्वारा समर्थन मिलता है?
(*a*) उच्च O_2 तथा निम्न CO_2
(*b*) निम्न प्रकाश तथा उच्च O_2
(*c*) निम्न तापमान तथा उच्च CO_2
(*d*) निम्न O_2 तथा उच्च CO_2

78. C_3 पौधों में CO_2 का ग्राही क्या है?
(*a*) जाइलुलोज-5 फॉस्फेट
(*b*) फॉस्फोइनाल पायरुविक एसिड
(*c*) 3- फास्फोग्लीसरिक एसिड
(*d*) रिबुलोज 1, 5- विस्फॉस्फेट

79. प्रकाश तथा क्लोरोफिल देने पर निम्न में से कौन-सा समीकरण प्रकाश संश्लेषण के लिये सही है–
(*a*) $6CO_2 + 12H_2O \rightarrow C_6H_{12}O_6 + 6H_2O$
(*b*) $6CO_2 + 6H_2O \rightarrow C_6H_{12}O_6 + 6O_2$
(*c*) $6CO_2 + 2O \rightarrow CH_2O_6 + H_2$
(*d*) उपरोक्त में से कोई नहीं

80. कोशिका अंगक जो प्रकाशीय श्वसन के लिये होते हैं, वे हैं–
(*a*) माइटोकॉण्ड्रिया, केन्द्रक तथा राइबोसोम
(*b*) माइटोकॉण्ड्रिया, परऑक्सीसोम तथा क्लोरोप्लास्ट
(*c*) माइटोकॉण्ड्रिया, परऑक्सीसोम तथा राइबोसोम्स
(*d*) माइटोकॉण्ड्रिया, क्लोरोप्लास्ट तथा राइबोसोम्स

81. ऐसी जैविक क्रिया जो पृथ्वी पर उपस्थिति के लिये है–
(*a*) पादप तथा जन्तुओं में प्रजनन
(*b*) जन्तुओं में श्वसन
(*c*) जन्तुओं में तारतम्य
(*d*) पादपों द्वारा प्रकाश संश्लेषण

82. C_3 पौधों में CO_2 स्थिरीकरण के दौरान प्राथमिक ग्राही क्या होता है–
(*a*) राइबुलोज बाइफॉस्फेट (RuBP)
(*b*) ग्लाइकोलेट
(*c*) फॉस्फोइनॉल पाइरुवेट (PEP)
(*d*) ट्राइयोज फॉस्फेट

83. C_3 पौधों में अप्रकाशिक प्रतिक्रिया का प्रथम स्थायी उत्पाद है–
(*a*) PGA (*b*) RuBP
(*c*) PEP (*d*) OAA

84. क्रेन्ज पर्णक प्रकार की संरचना मिलती है–
(*a*) C_3पादपों में
(*b*) C_4पादपों में
(*c*) C_3 तथा C_4 दोनों प्रकार के पादपों में
(*d*) C_6 प्रकार के पादपों में

85. क्वान्टासोम पाये जाते हैं–
(*a*) क्रिस्टी की सतह पर
(*b*) प्लाज्मा झिल्ली की सतह पर
(*c*) केन्द्रीय झिल्ली की सतह पर
(*d*) थाइलैकॉयड की सतह पर

86. निम्नलिखित में से कौन C_4 पादप का उदाहरण है–
(*a*) मक्का (*b*) अरहर
(*c*) आम (*d*) कपास

87. निम्नलिखित में से कौन-सा तथ्य पर्णहरित ए (*Chlo. a*) के लिये सही है–
(*a*) पर्णहरित ए बहुतायत पौधों की पत्तियों में पर्णहरित बी से ज्यादा मात्रा में पाया जाता है
(*b*) पर्णहरित ए बहुतायत पौधों की पत्तियों में बराबर मात्रा में पाये जाते हैं
(*c*) पर्णरहित ए बहुतायत पौधों की पत्तियों में पर्णहरित बी से कम पाया जाता है
(*d*) पर्णरहित बी बहुतायत पौधों की पत्तियों में पर्णहरित ए से दस गुना पाया जाता है

88. सबसे पहले किस/किन वैज्ञानिको/वैज्ञानिकों ने प्रयोग द्वारा दिखाया कि प्रकाश-संश्लेषण के समय ऑक्सीजन पानी से निकलती है–
(*a*) केल्विन (*b*) रॉबर्ट हिल
(*c*) गोविन्द जी (*d*) रुबेन और कामेन

89. यदि एक चमकीली धूप वाले दिन की प्रकाशावधि की सीमा बढ़ जाती है, तो प्रकाश संश्लेषण की दर–
(*a*) बढ़ जाती है
(*b*) घट जाती है
(*c*) अपरिवर्तित रह जाती है
(*d*) पहले से नहीं कहा जा सकता है

90. रेड ड्रौप घटना प्रकाश रासायनिक क्रिया के रुक जाने के कारण होता है–
(*a*) PS I में (*b*) PS II में
(*c*) PS I एवं PS II में (*d*) कैरोटीनौयड्स में

91. सभी प्रकार के पौधों द्वारा उत्पादित प्रकाश-संश्लेषी पदार्थ के शुष्क भार की कुल मात्रा प्रतिवर्ष होती है–
(*a*) 1.7 मिलियन टन
(*b*) 17 मिलियन टन
(*c*) 170 मिलियन टन
(*d*) 1700 मिलियन टन

92. पर्णहरित का अवशोषण स्पेक्ट्रम–
(*a*) प्रकाश-संश्लेषण के क्रियात्मक स्पेक्ट्रम को अनुमानित करता है
(*b*) व्याख्या करता है कि क्लोरोफिल क्यों एक हरा वर्णक है
(*c*) प्रदर्शित करता है कि प्रकाश के कुछ रंग दूसरों की अपेक्षा अधिक अवशोषित होते हैं
(*d*) उपरोक्त सभी

93. अचक्रीय इलेक्ट्रॉन मार्ग के दौरान इलेक्ट्रॉन्स का अन्तिम ग्राही होता है–
(*a*) ATP (*b*) NADP
(*c*) प्रकाश तन्त्र (*d*) प्रकाश तन्त्र II

94. सूर्य के प्रकाश का सक्रिय परिवर्तक, जिसकी शुद्ध उत्पादकता 2-kg/M^2/वर्ष अथवा और अधिक होती है, होता है–
(*a*) गेहूँ (*b*) चावल
(*c*) गन्ना (*d*) बाजरा

95. एक प्रकाश तन्त्र में होते हैं–
(*a*) वर्णक, एक अभिक्रिया केन्द्र एवं एक इलेक्ट्रान ग्राही
(*b*) प्रोटीन्स, फोटोन्स एवं वर्णक
(*c*) ADP, फास्फोरस तथा H^+
(*d*) (*a*) और (*c*)

96. इलेक्ट्रान परिवहन तन्त्र में अपचयित सह-विकर (Co-enzymes) पुनर्जनन करते हैं–
(*a*) हाइड्रोजन की हानि द्वारा
(*b*) इलेक्ट्रोन्स की हानि द्वारा
(*c*) ऑक्सीजन के संयोग द्वारा
(*d*) उपरोक्त में से किसी के द्वारा नहीं

97. कौन-सा तत्व क्लोरोफिल अणु की संरचना का एक भाग बनाता है?
(*a*) Ca (*b*) Mg
(*c*) Fe (*d*) Co

98. वह विकर जो प्रकाश-संश्लेषी C_4 चक्र का उत्प्रेरण करता है कहलाता है–
(*a*) RuDP कार्बोक्सीलेज
(*b*) PEP कार्बोक्सीलेज
(*c*) कार्बोनिक एन्हाइड्रेज
(*d*) इनमें से कोई नहीं

99. जीवाणुवीय प्रकाश संश्लेषण उच्च पादपों के प्रकाश संश्लेषण से भिन्न होता है क्योंकि–
(*a*) ऊर्जा स्थिर नहीं होती है
(*b*) प्रकाश आवश्यक नहीं होता है
(*c*) ऑक्सीजन नहीं निकलती है
(*d*) एक पोषद (Host) जीव की आवश्यक होती है

100. प्रकाश-संश्लेषण की वास्तविक क्रिया विधि प्रकाश ऊर्जा को रासायनिक ऊर्जा में बदलने की घटना है जो प्रतिपादित की गयी –
(*a*) जीन सेनेबियर द्वारा
(*b*) रोबर्ट हिल द्वारा
(*c*) इन्जेनहौज द्वारा
(*d*) उपरोक्त में से कोई नहीं

उत्तरमाला

1	2	3	4	5	6	7	8	9	10
(*d*)	(*b*)	(*c*)	(*c*)	(*c*)	(*c*)	(*c*)	(*b*)	(*b*)	(*a*)
11	**12**	**13**	**14**	**15**	**16**	**17**	**18**	**19**	**20**
(*b*)	(*b*)	(*c*)	(*b*)	(*b*)	(*a*)	(*c*)	(*a*)	(*c*)	(*c*)
21	**22**	**23**	**24**	**25**	**26**	**27**	**28**	**29**	**30**
(*c*)	(*b*)	(*b*)	(*b*)	(*c*)	(*a*)	(*d*)	(*b*)	(*b*)	(*a*)
31	**32**	**33**	**34**	**35**	**36**	**37**	**38**	**39**	**40**
(*a*)	(*c*)	(*b*)	(*c*)	(*d*)	(*b*)	(*c*)	(*d*)	(*a*)	(*b*)
41	**42**	**43**	**44**	**45**	**46**	**47**	**48**	**49**	**50**
(*b*)	(*b*)	(*a*)	(*b*)	(*b*)	(*c*)	(*d*)	(*b*)	(*d*)	(*c*)
51	**52**	**53**	**54**	**55**	**56**	**57**	**58**	**59**	**60**
(*a*)	(*b*)	(*c*)	(*a*)	(*c*)	(*c*)	(*b*)	(*c*)	(*c*)	(*b*)
61	**62**	**63**	**64**	**65**	**66**	**67**	**68**	**69**	**70**
(*c*)	(*b*)	(*b*)	(*a*)	(*b*)	(*a*)	(*b*)	(*a*)	(*a*)	(*a*)
71	**72**	**73**	**74**	**75**	**76**	**77**	**78**	**79**	**80**
(*c*)	(*a*)	(*a*)	(*a*)	(*b*)	(*b*)	(*a*)	(*d*)	(*a*)	(*b*)
81	**82**	**83**	**84**	**85**	**86**	**87**	**88**	**89**	**90**
(*d*)	(*a*)	(*a*)	(*b*)	(*d*)	(*a*)	(*a*)	(*b*)	(*c*)	(*b*)
91	**92**	**93**	**94**	**95**	**96**	**97**	**98**	**99**	**100**
(*d*)	(*d*)	(*b*)	(*c*)	(*d*)	(*b*)	(*b*)	(*b*)	(*c*)	(*b*)

❑❑❑

CHAPTER 23

एन्जाइम (विकर)
ENZYMES

- एन्जाइम जैविक उत्प्रेरक हैं तथा जैव रासायनिक अभिक्रियाओं की गति को नियमित करते हैं परन्तु इसमें ये नष्ट नहीं होते हैं।
- एन्जाइम जीवित कोशिकाओं द्वारा संश्लेषित होते हैं।
- एन्जाइम के अध्ययन को एन्जाइमोलाजी (Enzymology) कहते हैं।
- सभी एन्जाइम प्रोटीन होते हैं। परन्तु कुछ एन्जाइम जैसे–रिबोजाइम (Ribozyme) प्रोटीन नहीं हैं।
- डब्लू. कुह्ने (W. Kuhne) ने 1878 में सर्वप्रथम एन्जाइम शब्द का प्रयोग किया।
- जे. पी. समनर (J.P. Sumner) ने 1926 में सर्वप्रथम यूरियेज एन्जाइम को क्रिस्टलीय रूप में प्राप्त किया।

एन्जाइम के गुण (Properties of Enzymes)

एन्जाइम (विकरों) के महत्वपूर्ण गुण निम्नलिखित हैं

(1) उत्प्रेरक (Catalytic)

एन्जाइम जैव उत्प्रेरक हैं। इनकी उपस्थिति क्रिया को प्रभावित करती है, परन्तु क्रिया के अन्त में ये बिना किसी परिवर्तन के प्राप्त हो जाते हैं।

(2) कलिलीय प्रकृति (Colloidal Nature)

एन्जाइम कलिलीय प्रकृति के होते हैं। इनका अणुभार अधिक तथा विसरण दर कम होती है।

(3) विशिष्टता (Specificity)

विकर क्रिया-विशिष्ट होते हैं। प्रत्येक अवस्तर के लिए विकर अलग होता है। इनकी विशिष्टता चार प्रकार की होती है:

(*i*) अवस्तर विशिष्टता (substrate specificity)
(*ii*) समूह विशिष्टिता (group specificity)
(*iii*) ज्यामितीय विशिष्टता (geometric specificity)
(*iv*) ध्रुवण घूर्णकता (polar rotation)

(4) ताप अस्थिरता (Thermolability)

अधिक ताप तथा बहुत कम ताप पर ये एन्जाइम अस्थिर हो जाते हैं। 60 – 70°C तक ये क्रिया कर सकते हैं उसके पश्चात् नष्ट हो जाते हैं। बीज व बीजाणुओं में 100 – 120°C तक ये ताप सह सकते हैं।

(5) उभयधर्मी प्रकृति (Amphoteric nature)

एन्जाइम क्षारीय pH में अम्लीय तथा अम्लीय pH में क्षारीय होते हैं।

(6) उत्क्रमणीय (Reversible)

सामान्यतः एन्जाइम उत्प्रेरित अभिक्रिया से उत्क्रमणीय (reversible) होते हैं लेकिन दोनों क्रियाओं में एन्जाइम भिन्न-भिन्न हो सकते हैं।

एन्जाइम का वर्गीकरण (Classification of Enzymes)

अन्तर्राष्ट्रीय जैव रसायनज्ञ संघ (IUB) ने 1961 ई. में वर्गीकरण व नामकरण की नई पद्धति दी। इसके अनुसार विकर का नाम 'स्वव्याख्या' (self-explanatory) होना चाहिए। नई पद्धति के अनुसार विकरों को छह वर्गों में बाँटा गया है-

(*i*) ऑक्सीडो-रिडक्टेजज़,
(*ii*) ट्रांसफरेजज़,
(*iii*) हाइड्रोलेजज़,
(*iv*) लायेजज़,
(*v*) आइसोमरेजज़,
(*vi*) लाइगेजज़ आदि।

(*i*) ऑक्सीडो-रिडक्टेजज़ (Oxido-reductases)

ये विकर ऑक्सीकरण अपचयन की अभिक्रियाओं को उत्प्रेरित कर इलेक्ट्रॉन स्थानान्तरण करते हैं।

(*ii*) ट्रांसफरेजज़ (Transferases)

वे विकर हैं जो एक अवस्तर से 'H' के अतिरिक्त अन्य किसी दूसरे समूह का स्थानान्तरण दूसरे अवस्तर पर कर सकते हैं; जैसे मिथाइल ग्लूकोसिल, फॉस्फेट, कीटोन, फार्माइल, अमीनो एसाइल समूह आदि।

उदाहरण - (अ) फॉस्फोराइलेज अथवा ग्लूकॉनः ऑर्थोफॉस्फेट ग्लूकोसिल ट्रांसफरेज़।

(ब) हेक्सोकाइनेज़ अथवा ए. टी. पी. : डी हेक्सोज-6-फॉस्फोट्रान्सफरेज़ आदि।

(*iii*) हाइड्रोलेजज़ (Hydrolases)

जो विकर अवस्तर के किसी बन्ध पर क्रिया करके जल अपघटन को उत्प्रेरित करते हैं, हाइड्रोलेजज़ कहलाते हैं।

उदाहरण - ग्लूटामीन हाइड्रोलेज, न्यूक्लिओटाइड हाइड्रोलेज आदि।

(*iv*) लायेजज़ (Lyases)

जल अपघटन के अतिरिक्त अन्य विधि से अवस्तर से समूह को निकालकर द्विबन्ध बनाने वाले विकर लायेजज़ कहलाते हैं।

उदाहरण - फ्यूमरेज़ अथवा मैलेट-हाइड्रोलेज़ तथा कार्बनिक एनहाइड्रेज अथवा डी-कार्बोक्सीलेज आदि।

(*v*) आइसोमरेजज (Isomerases)

जो विकर अवस्तर के समूहों की अवस्था में अन्तः परिवर्तन कर पुनर्व्यवस्थित करते हैं, आइसोमरेजज़ कहलाते हैं।

उदाहरण - सिसट्रान्स आइसोमरेज़, फॉस्फोग्लिसरोम्यूटेज आदि।

(*vi*) लाइगेजज़ (Ligases)

इनको सिन्थेटेज भी कहा जाता है। ये ए. टी. पी. द्वारा मुक्त ऊर्जा से दो यौगिकों को जोड़ने की क्रिया को उत्प्रेरित करने का कार्य करते हैं।

उदाहरण- एसिटाइल कोएन्जाइम-ए सिन्थेटेज अथवा ऐसीटेटः कोएन्जाइम ए लागेज तथा ग्लूटामीन सिन्थेटेज अथवा एल-ग्लूटामेटः अमोनिया लाइगेज आदि।

एन्जाइम की क्रियाविधि (Mechanism of Enzyme Action)

विकर को सक्रिय बनाने के लिए **सक्रियन ऊर्जा** (activation energy) की आवश्यकता होती है। **ऊर्जाक्षेपी अभिक्रिया** (exergonic reaction) में अभिक्रिया के अन्त में ऊर्जा निकलती है; जैसे–

$$XY + AB \xrightarrow[\text{अभिक्रिया}]{\text{ऊर्जाक्षेपी}} XA + YB + \text{ऊर्जा}$$

अभिक्रिया में सर्वप्रथम XY तथा AB के मध्य उपस्थित रासायनिक बन्ध को तोड़ने के लिए ऊर्जा की आवश्यकता होती है। एक बार बन्ध टूटने पर दोनों यौगिक क्रिया करते हैं नये यौगिक का निर्माण होता है (XA तथा YB)। इस अभिक्रिया में वांछित अल्पतम ऊर्जा अभिक्रिया की **सक्रियन ऊर्जा** होती है। उत्पाद का ऊर्जा स्तर अवस्तर के ऊर्जा स्तर से कम होता है। सक्रियन ऊर्जा $E_1 E_3$ के समकक्ष है तथा ऊर्जा स्तर में कमी $E_3 E_4$ के समकक्ष होती है। उत्प्रेरित अभिक्रिया में एन्जाइम सक्रियन ऊर्जा की ऊँचाई $E_1 E_2$ को कम करता है। (चित्र 23.1)

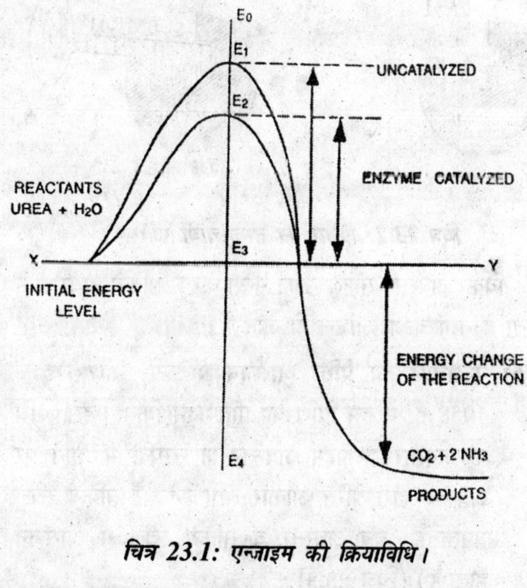

चित्र 23.1: एन्जाइम की क्रियाविधि।

सक्रिय स्थल (Active site)

एन्जाइम का वह स्थान जिससे अवस्तर जुड़ता है, सक्रिय स्थल (active site) कहलाता है। इस स्थान पर अवस्तर के अणु

सक्रिय स्थल के साथ बन्ध बनाते हैं। अभिक्रिया की गति बढ़ने के साथ ये बन्ध शिथिल हो जाते हैं। उत्पाद के बन्ध कम दृढ़ होते हैं, अतः वे सक्रिय स्थल से नहीं जुड़ते हैं तथा मुक्त हो जाते हैं।

माइकेलिस व **मेन्टन** के अनुसार, अवस्तर की सान्द्रता बढ़ने के साथ अभिक्रिया की गति एक मान तक बढ़ती है। संतृप्त अवस्था में अवस्तर उत्प्रेरक कॉम्पलेक्स बनता है।

$$E + S = E.S.\ complex = E + P$$

एन्जाइम की क्रियाविधि समझाने के लिए सामान्यतः दो मॉडल प्रस्तुत किए गए हैं-

(*a*) **फिशर का ताला-चाबी मॉडल**- यह मॉडल **एमिल फिशर** ने 1898 ई. में दिया था। उनके अनुसार ताले व चाबी के समान सक्रिय स्थल व अवस्तर की तुलना की जा सकती है। जिस प्रकार ताला व चाबी का संकुल बनता है, उसी प्रकार एन्जाइम व अवस्तर का भी संकुल बनता है। (चित्र 23.2)

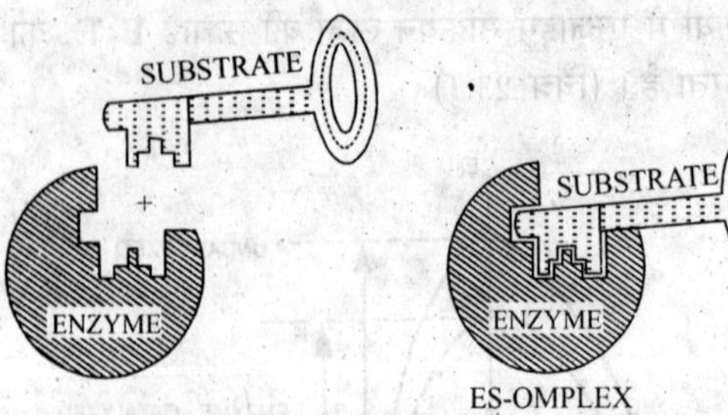

चित्र 23.2: फिशर का ताला-चाबी प्रतिरूप।

विकर अवस्तर संकुल ऊर्जा मुक्त करके सक्रिय अवस्था में आता है तथा बन्ध शिथिल हो जाते हैं।

(*b*) **कोशलैण्ड का प्रेरित आसंजन प्रतिरूप**- **कोशलैण्ड** ने 1958 ई. में इस विधि का प्रतिपादन किया। इस विधि के अनुसार एन्जाइम अवस्तर के सम्पर्क में आने पर अवस्तर द्वारा प्रेरित आकार लेता है और सक्रिय स्थल बनता है। तब अवस्तर व सक्रिय स्थल में आसंजन होता है। (चित्र 23.3)

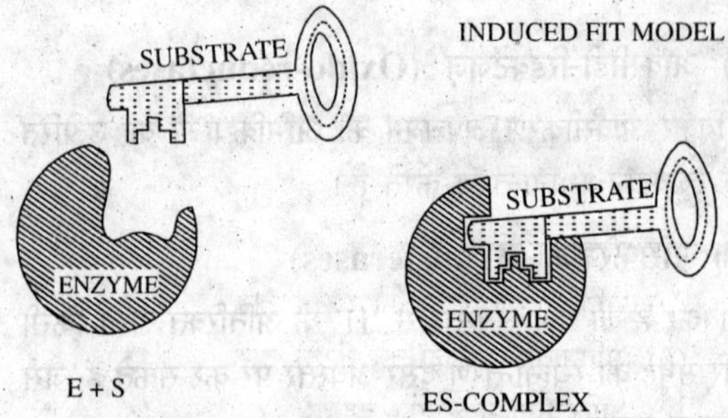

चित्र 23.3: कोशलैण्ड का प्रेरित आसंजन प्रतिरूप।

एन्जाइम की रासायनिक प्रकृति

सामान्यतः सभी विकर प्रोटीन होते हैं। कुछ विकर; जैसे **रिबोजाइम** (ribozyme), प्रोटीन नहीं हैं।

विकर में एक सक्रिय स्थल होता है जिसके कारण इसका उत्प्रेरक गुण होता है। ये उच्च अणुभार के होते हैं। इनका अणुभार 20,000 डाल्टन से कई लाख डाल्टन तक होता है। रासायनिक प्रकृति के अनुसार ये दो प्रकार के होते हैं-

(*a*) **सरल एन्जाइम**- ये केवल प्रोटीन के अणु होते हैं; जैसे-**प्रोटिएज, यूरिएज** आदि।

(*b*) **जटिल एन्जाइम**- ये संयुक्त एन्जाइम हैं। इनमें एक अप्रोटीन भाग **प्रोस्थेटिक समूह** के रूप में जुड़ा होता है। प्रोटीन भाग को **एपोएन्जाइम** कहते हैं। संयुक्त रूप से इसे **होलोएन्जाइम** कहते हैं; जैसे साइटोक्रोम, केटालेज आदि।

प्रोस्थेटिक समूह प्रोटीन का बना नहीं होता है। कोएन्जाइम कार्बनिक अणु हैं; जैसे **एडिनोसीन मोनोफॉस्फेट** (AMP), **निकोटिनेमाइड एडीनीन डाइन्यूक्लिओटाइड फॉस्फेट** (NADP), **थायमीन पायरो फॉस्फेट** (TPP), **थायमीन, रिबोफ्लेविन** आदि विटामिन भी कोएन्जाइम हो सकते हैं।

अकार्बनिक अथवा कार्बनिक अणुओं की उपस्थिति एन्जाइमों की उत्प्रेरक क्रिया को प्रभावित कर सकती है; जैसे यदि यह क्रिया को बढ़ाते हैं, तो **धनात्मक रूपान्तरक** (positive transformer) या **सक्रियक** (acitvator) और यदि क्रिया को घटाते हैं (दमन करते हैं) तो इसे **ऋणात्मक रूपान्तरक** (negative transformer) या **निरोधक** कहते हैं।

बहुविकल्पीय प्रश्न

1. एक एन्जाइम क्रिया करता है–
(*a*) सक्रियकरण ऊर्जा को बढ़ाने द्वारा
(*b*) सक्रियकरण ऊर्जा को घटाने द्वारा
(*c*) अभिक्रिया काल को बढ़ाकर
(*d*) अभिक्रिया काल को घटाकर

2. निम्नलिखित में से कौन-सा कथन सत्य है?
(*a*) सभी एन्जाइम्स प्रोटीन होते हैं
(*b*) सभी एन्जाइम्स जीव-उत्प्रेरक हैं
(*c*) सभी प्रोटीन्स एन्जाइम होते हैं
(*d*) सभी एन्जाइम ताप के प्रति संवेदी होते हैं

3. एमाइलोप्सिन क्रिया करता है–
(*a*) किसी माध्यम में पौलीसैकराइड पर
(*b*) अम्लीय माध्यम में पौलीसैकराइड पर
(*c*) क्षारीय माध्यम में पौलीसैकराइड पर
(*d*) उदासीन माध्यम में पौलीसैकराइड पर

4. पादप प्रोटीनेज (प्रोटियोलिटिक) एन्जाइम होता है–
(*a*) पेपीन (*b*) पेप्सिन
(*c*) ट्रिप्सिन (*d*) यूरियेज

5. क्योंकि एन्जाइम कोशिका के भीतर मिलते हैं अतः ये होते हैं–
(*a*) ठोस अवस्था में (*b*) क्रिस्टलीय रुप में
(*c*) कोलायडी रुप में (*d*) विलयन के रुप में

6. नाइट्रोजिनेस एन्जाइम बदलता है–
(*a*) N_2 को अमोनिया में
(*b*) N_2 को NO_3 में
(*c*) NO_3 को नाइट्रोजन में
(*d*) N_2 को NO_2 में

7. जो एन्जाइम्स प्रोटीन्स को पेप्टोन्स में बदलते हैं, वे हैं–
(*a*) इरेप्सिन (*b*) पेप्सिन
(*c*) ट्रिप्सिन (*d*) लाइपेज

8. शुष्क बीज अंकुरित होने वाले बीजों की अपेक्षा उच्च तापमान को सहन कर सकते हैं क्योंकि–
(*a*) शुष्क बीजों में अधिक संचित खाद्य होता है
(*b*) जल के मिल जाने से विकर तापमान के लिये अधिक संवेदी हो जाते हैं
(*c*) शुष्क बीज कठोर होते हैं
(*d*) नवोद्भिद् (Seedlings) कोमल होते हैं

9. किसी एन्जाइम से लगा हुआ अतिरिक्त नौन प्रोटीन भाग कहलाता है–
(*a*) होलोएन्जाइम (*b*) एपोएन्जाइम
(*c*) को-एन्जाइम (*d*) सहकारक

10. एन्जाइम पादप शरीर में मिलते हैं–
(*a*) सभी सजीव कोशिकाओं में
(*b*) केवल पत्तियों में
(*c*) केवल पुष्पों में
(*d*) केवल संग्रहकारी अंगों में

11. एन्जाइम्स पौधों के लिये उपयोगी होते हैं, क्योंकि–
(*a*) ये गतियों में सहायता करते हैं
(*b*) ये क्लोरोफिल के निर्माणकारी पदार्थ होते हैं
(*c*) ये उपापचयिक क्रियाओं के लिये आवश्यक होते हैं
(*d*) ये जल के अवशोषण को बढ़ाते हैं

12. सभी एन्जाइम्स में होते हैं–
(*a*) शर्करा (*b*) प्रोटीन्स
(*c*) वसाएँ (*d*) विटामिन्स

13. सब्स्ट्रेट पदार्थो के लिये एन्जाइम्स का अनुपात कितना उच्च हो सकता है–
(*a*) 1 : 1000 तक (*b*) 1 : 100,000 तक
(*c*) 1 : 1000,000 तक (*d*) 1 : 50,000 तक

14. एन्जाइम्स की किया द्वारा अघुलनशील एवं जटिल भोजन पदार्थो का घुलनशील तथा सरल पदार्थो में परिवर्तन कहलाता है–
(*a*) स्थानान्तरण (Translocation)
(*b*) अन्तर्ग्रहण (Ingestion)
(*c*) पाचन (Digestion)
(*d*) स्वांगीकरण (Assimilation)

15. शिम्ब कुलीय (Leguminous) मूल ग्रन्थिकाओं में अमोनिया के स्तर तक आणविक नाइट्रोजन के अपचयन के लिये उत्तरदायी विकर होता है–
(*a*) नाइट्रोजिनेज (*b*) नाइट्रेट रिडक्टेज
(*c*) नाइट्राइट रिडक्टेज (*d*) उपरोक्त सभी

16. जब सह विकर एपोएन्जाइम से संयुक्त होता है तो यह कहलाता है–
(*a*) सह कारक
(*b*) होलोएन्जाइम
(*c*) सब्स्ट्रेट एन्जाइम कॉम्प्लेक्स
(*d*) विटामिन ए

17. विकर जो प्रकाश संश्लेषी C_4 चक्र को उत्प्रेरित करता है, होता है–
(*a*) RuDP कार्बोक्सीलेज
(*b*) PEP कार्बोक्सीलेज
(*c*) कार्बोनिक एनहाइड्रेज
(*d*) इनमें से कोई नहीं

18. निम्न में से कौन-सा एन्जाइम सर्वप्रथम क्रिस्टल्स के रुप में पृथक और शुद्धीकृत किया गया था?
(*a*) एमाइलेज (*b*) यूरियेज
(*c*) रिबोन्यूक्लियेज (*d*) पेप्सिन

19. लैक्टिक डिहाइड्रोजिनेज (LDH) जो पाइरुवेट को लैक्टेट में उत्प्रेरित करता है, एक उदाहरण है-
(*a*) एपोएन्जाइम का (*b*) एण्टीएन्जाइम का
(*c*) आइसो-एन्जाइम का (*d*) को-एन्जाइम का

20. वायुमण्डलीय नाइट्रोजन स्थिरीकरण के लिये उत्तरदायी एन्जाइम होता है–
(*a*) नाइट्रोजिनेज (*b*) हाइड्रोजिनेज
(*c*) ऑक्सीजिनेज (*d*) कार्बोक्सीलेज

21. जो एन्जाइम्स आणविक संरचना में थोड़े से भिन्न होते है किन्तु समान क्रियाएँ कर सकतें हैं, कहलाते हैं–
(*a*) आइसोएन्जाइम (*b*) होलोएन्जाइम
(*c*) एपोएन्जाइम (*d*) को-एन्जाइम

22. एक एन्जाइमी अभिक्रिया का फीडबैक संदमन प्रभावित होता है–
(*a*) सब्स्ट्रेट द्वारा (*b*) अन्तिम उत्पाद द्वारा
(*c*) एन्जाइम द्वारा (*d*) बाह्य कारक द्वारा

23. एन्जाइम होते हैं पौलीमर्स–
(*a*) अमीनो अम्लों के (*b*) हेक्सोज कार्बन के
(*c*) वसीय अम्लों के (*d*) अकार्बनिक फॉस्फेट के

24. गलत कथन को पहचानिये–
(*a*) सभी एन्जाइम प्रोटीन वाले नहीं होते हैं
(*b*) सभी एन्जाइम उपापचयी क्रिया में भाग लेते हैं
(*c*) सभी एन्जाइम रासायनिक अभिक्रिया में खर्च हो जाते हैं
(*d*) ये अपने कार्यो में अविशिष्ट होते हैं

25. पृथ्वी पर सबसे अधिक मात्रा में पाये जाने वाला एकमात्र प्रोटीन है–
(*a*) कैटेलेज
(*b*) मेलेट डीहाइड्रोजिनेज
(*c*) एमाइलेज
(*d*) राइबुलोज बाइफास्फेट कार्बोक्सिलेज

26. अनेक फलों तथा सब्जियों की ताजा खुली सतहें गहरे रंग की हो जाती हैं, क्योंकि-
(*a*) वायुमण्डल की धूल इन पर जम जाती है
(*b*) गंदे चाकू से लोहे के कुछ चिह्न इन पर छोड़ दिये जाते हैं
(*c*) चाकू द्वारा बने लोहे के चिह्न की उपस्थिति में टैनिक अम्ल का ऑक्सीकरण इन्हें गहरा बना देता है
(*d*) फल गहरे रंग के होते हैं

27. अणुओं में रासायनिक बन्ध के द्वारा एक एन्जाइम का निर्माण होता है–
(*a*) कार्बोहाइड्रेट्स के (*b*) अमीनों अम्लों के
(*c*) लाइपेजज के (*d*) CO_2 के

28. एक कोएन्जाइम है–
(*a*) समान एन्जाइम जो विभिन्न ऊतकों जैसे हृदय तथा माँसपेशी में
(*b*) जो दूसरे एन्जाइम के कार्य को बाँटता है
(*c*) कार्बनिक तथा अकार्बनिक प्रकृति का जो उपापचयी क्रियाओं के एन्जाइम को सक्रिय करने में सहायता करता है
(*d*) कार्बनिक नॉन प्रोटीन की प्रकृति का जो उपापचयी क्रियाओं के एन्जाइम को सक्रिय करने में सहायता करता है

29. वह एन्जाइम जो स्टार्च के जल अपघटन के लिये है–
(*a*) सुक्रेज (*b*) सेल्यूलेज
(*c*) एमाइलेज (*d*) इन्वर्टेज

30. राइबोजाइम है–
(*a*) बिना शर्करा का RNA
(*b*) बिना फॉस्फेट के RNA
(*c*) एन्जाइम की क्रियाओं को रखने वाला RNA
(*d*) अधिक फॉस्फेट के साथ RNA

31. प्रेरित आसंजन सिद्धांत एन्जाइम के लिये दिया है–
(*a*) बुकनर (*b*) कुहन
(*c*) कोशलैण्ड (*d*) फिशर

32. वह एन्जाइम जो डाइहाइड्रॉक्सी एसीटोन फॉस्फेट ग्लिसरल्डीहाइड फॉस्फेट को बदलने में भाग लेता है जो होता है निम्न प्रकार का–
(*a*) लाइगेसस (*b*) ट्रांसफरेसस
(*c*) आइसोमरेसस (*d*) हाइड्रोलेजेज

33. यूरियेज, पहला एन्जाइम क्रिस्टलीकरण किया गया–
(*a*) लुई पाश्चर (*b*) जे. बी. समनर
(*c*) ई. बुकनर (*d*) जे. नार्थोप

34. वह वैज्ञानिक जो एन्जाइम के अध्यन से सम्बन्धित है–
(*a*) वेन्ट (*b*) बुकनर
(*c*) समनर (*d*) दोनों (*b*) दोनों (*c*)

35. कोएन्जाइम की प्रकृति है–
(*a*) प्रोटीन की (*b*) प्रोटीन की नहीं
(*c*) उपरोक्त दोनों (*d*) इनमें से कोई नहीं

36. एन्जाइम के प्रतिस्पर्धी सन्दमन का एक उदाहरण किसका सन्दमन है–
(*a*) सक्सिनिक डीहाइड्रोजिनेज का, मैलोनिक अम्ल द्वारा
(*b*) साइटोक्रोम ऑक्सीडेज का, एक सायनाइड द्वारा
(*c*) हेक्सोकाइनेज का, ग्लूकोस– 6 फॉस्फेट द्वारा
(*d*) कार्बोनिक ऐनाहाइड्रेज का, कार्बन डाइ-ऑक्साइड द्वारा

37. एन्जाइम जो इलेक्ट्रॉन के स्थानान्तरण से सम्बन्धित है–
(*a*) हाइड्रोलाइसेज (*b*) डिहाइड्रोजिनेज
(*c*) ट्रांसएमिनेज (*d*) प्रोटिएज

38. एबजाइम्स है–
(*a*) असामान्य एन्जाइम
(*b*) एन्जाइम जो कि प्रतिरक्षी पर क्रिया करते हैं
(*c*) प्रतिरक्षी जो कि एन्जाइम की तरह क्रिया करते हैं
(*d*) उपरोक्त सभी

39. निम्नलिखित में से कौन-सा एन्जाइम प्रोटीन को पेप्टोन में बदल देता है?
(*a*) जाइमेस (*b*) लाइपेस
(*c*) पेप्सिन (*d*) डायस्टेस

40. एन्जाइम मूलतः होते हैं–
(*a*) विटामिन (*b*) वसा
(*c*) प्रोटीन (*d*) कार्बन

41. इनमें से किसके बिना कोई भी कोशिका जीवित नहीं रह सकती–
(*a*) फाइटोक्रोम (*b*) एन्जाइम
(*c*) हरितलवक (*d*) प्रोटीन

42. इलेक्ट्रॉन के स्थानान्तरण से सम्बन्धित है प्रकिण्व–
(*a*) हाइड्रोलेस (*b*) डिहाइड्रोजिनेस
(*c*) ट्रांसइएमिनेज (*d*) डेज्मोलेस

43. प्रकिण्व की संरचना एवं कार्यकी का ताला व्यवस्थापन से तुलना का मत प्रतिपादित किया था–
(*a*) मोर्गन ने (*b*) राबर्टसन ने
(*c*) ब्राउन ने (*d*) फिशर ने

44. एन्जाइम जो ग्लूकोस को एथिल एल्कोहॉल में परिवर्तित करता है, है–
(*a*) डायास्टेज (*b*) माल्टेज
(*c*) जाइमेज (*d*) इनवर्टेज

45. वह एन्जाइम जो स्टार्च का जल अपघटन कर माल्टोस में बदल देता है, कहलाता है–
(*a*) प्रोटीएज (*b*) एमाइलेज
(*c*) लैक्टेज (*d*) माल्टेज

46. एन्जाइम संवेदनशील होते हैं, हेतु के लिये–
(*a*) शीत (*b*) कोशिका भित्ति
(*c*) ताप (*d*) दाब

47. जैव रासायनिक क्रियायें सामान्य वातावरण में सम्पन्न होने वाली रासायनिक क्रियाओं से किस बात में भिन्न है?
(*a*) ऊर्जाक्षेपी है (*b*) ऊर्जाशोषी है
(*c*) विकरीय है (*d*) स्वतः प्रवृत्ति है

48. अंकुरित होते कपास के बीज में संचित भोजन किसके द्वारा पचाया जाता है–
(*a*) डायस्टेज (*b*) माल्टेज
(*c*) लाइपेज (*d*) एमाइलेज

49. एन्जाइम की सर्वप्रथम खोज किसमें की गयी थी–
(*a*) जीवाणु में (*b*) यीस्ट में
(*c*) शैवाल में (*d*) एमाइलेज में

50. उबली हुयी यीस्ट कोशिकायें किण्वन करने में असक्षम होती है क्योंकि–
(*a*) उनके एन्जाइम नष्ट हो जाते है
(*b*) यीस्ट का विभाजन रुक जाता है
(*c*) यीस्ट का अधिक ताप पर विभाजन रुक जाता है
(*d*) उपरोक्त सभी है

51. निम्न में से कौन-सा को एन्जाइम है–
(*a*) FAD (*b*) NAD
(*c*) NADP (*d*) उपरोक्त सभी

52. एन्जाइम का संश्लेषण किस प्रक्रिया द्वारा होता है–
(*a*) N_2 क्षारक अनुप्रस्थान द्वारा
(*b*) संघनन द्वारा
(*c*) प्रोटीन अपघटन द्वारा
(*d*) अनुवादन द्वारा

53. नाइट्रेट रिडक्टेज को वर्गीकृत करते हैं–
(*a*) जिंक प्रोटीन
(*b*) लौहा प्रोटीन
(*c*) मोलिब्डेनम प्रोटीन
(*d*) कॉपर प्रोटीन

54. एन्जाइमी क्रियाओं का पुनर्निवेश संदमन होता है–
(*a*) ताप के बढ़ने से (*b*) क्रियाधार से
(*c*) एन्जाइम से (*d*) अन्तिम उत्पाद से

55. एन्जाइम क्रिया की दर को बढ़ाते हैं–
(*a*) क्रियाधार उत्पाद का कॉम्लेक्स बनाकर
(*b*) क्रिया के Equilibrium बिन्दु को बदलकर
(*c*) क्रिया की सक्रियण ऊर्जा को कम करके
(*d*) उत्पादन के साथ शीघ्र ही जुड़कर

56. संयुग्मित प्रोटीन जिसमें कार्बोहाइड्रेट प्रोस्थैटिक समूह की तरह होते हैं, कहलाते हैं–
(*a*) ग्लाइको प्रोटीन (*b*) क्रोमो प्रोटीन
(*c*) लिपों प्रोटीन (*d*) न्यूक्लियो प्रोटीन

57. सक्सिनिक डिहाइड्रोजिनेज का मेलोनिक अम्ल से संदमन उदाहरण है–
(*a*) अउत्क्रमणीय संदमन (*b*) उत्क्रमणीय संदमन
(*c*) प्रतिस्पर्धीय संदमन (*d*) अप्रतिस्पर्धीय संदमन

58. लैक्टिक डिहाइड्रोजिनेज एक उदाहरण है–
(*a*) आइसोएन्जाइम का (*b*) कोएन्जाइम का
(*c*) एपोएन्जाइम का (*d*) होलोएन्जाइम का

59. ऐसे एन्जाइम जिनके गुण समान हैं तथा आण्विक रचनायें भिन्न हैं, कहलाते हैं–
(*a*) आइसो एन्जाइम (*b*) कोएन्जाइम
(*c*) एपोएन्जाइम (*d*) होलोएन्जाइम

60. निम्न में से कौन एक एन्जाइम बैक्टिरियोफेज में पाया जाता है–
(*a*) प्रोटियेज
(*b*) लाइसोजाइम
(*c*) सक्सीनिक डिहाइड्रोजिनेज
(*d*) यूरियेज

61. एन्जाइम का प्रोटीन भाग कहलाता है–
(*a*) होलोएन्जाइम (*b*) आइसोएन्जाइम
(*c*) एपोएन्जाइम (*d*) उपरोक्त सभी

62. यदि तापमान 3°C से 48°C तक बढ़ाया जाये तो एन्जाइम क्रिया की दर–
(*a*) केवल बढ़ेगी
(*b*) केवल घटेगी
(*c*) पहले बढ़ेगी फिर घटेगी
(*d*) पहले घटेगी फिर बढ़ेगी

63. ग्लूकोज को ग्लूकोज 6 फॉस्फेट बनाने वाला एन्जाइम है–
(*a*) फॉस्फोरिलेज (*b*) फॉस्फेटेज
(*c*) हेक्सोकाइनेज (*d*) ग्लूकोसिन्थेटेज

64. ग्लाइकोलिसिस के समय हेक्सोकाइनेज एन्जाइम जो ग्लूकोज को ग्लूकोज 6 फॉस्फेट में बदलता है, ग्लूकोज 6 फॉस्फेट द्वारा संदमित होता है। यह एक उदाहरण है–
(*a*) फीड बैक एलोस्टेरिक संदमन का
(*b*) धनात्मक फीड बैक का
(*c*) स्पर्धात्मक संदमन का
(*d*) अस्पर्धात्मक संदमन का

65. ग्लूकोम्युटेज एन्जाइम जो ग्लूकोज 1 फॉस्फेट को ग्लूकोज 6 फास्फेट में बदलता है क्लास के अन्तर्गत आता है–
(*a*) हाइड्रोलेज (*b*) लाइपेज
(*c*) आइसोमरेज (*d*) ट्रान्सफरेज

66. किसी पादप तन्त्र में प्रकिण्वों के बहु आण्विक रुप कहलाते हैं–
(*a*) विटामिन (*b*) सह-एन्जाइम
(*c*) हॉर्मोन (*d*) समएन्जाइम

67. एन्जाइम संरचना एक क्रिया की लॉक एवं की (Lock and Key) सिद्धांत को प्रस्तुत किया था–
(*a*) मार्गन ने (*b*) राबर्ट्सन ने
(*c*) ब्राउन ने (*d*) फिशर ने

68. आर्सेनिक व साइनाइड के विषैलेपन का एक उदाहरण है–
(*a*) फीड बैंक इनहिबिशन (Feed Back Inhibition)
(*b*) अस्पर्धात्मक इनहिबिशन (Non-competitive Inhibition)
(*c*) स्पर्धात्मक इनहिबिशन (Competitive Inhibition)
(*d*) अन्तिम उत्पाद (End Products)

69. एन्जाइम निरोधक पदार्थ मिलाने से एन्जाइम–
(*a*) निरोधक नष्ट हो जाता है
(*b*) निष्क्रिय हो जाता है
(*c*) की क्रिया स्थिर रहती है
(*d*) की सक्रियता बढ़ जाती है

70. एन्जाइम नहीं पाये जाते हैं–
(*a*) शैवालों में (*b*) कवकों में
(*c*) साइनोबैक्टीरिया में (*d*) विषाणु में

71. ATP की अधिकता श्वसन को कम कर देती है, क्योंकि यह निम्न एन्जाइम को संदमित करता है–
(*a*) ऐल्डोलज
(*b*) पाईरुविक डिकार्बोक्सिलेज
(*c*) फॉस्फोफ्रक्टोकाइनेज
(*d*) काइनेज

72. एलोएन्जाइम (Alloenzyme) है–
(*a*) एन्टी एन्जाइम
(*b*) एन्जाइम निष्क्रिय अवस्था (Precursor)
(*c*) एक एन्जाइम तन्त्र के विभिन्न एन्जाइम
(*d*) समान एन्जाइम जो भिन्न जीनों से बनते हैं

73. निम्न ताप संग्रह में भोज्य पदार्थ खराब नहीं होते हैं, क्योंकि–
(*a*) श्वसन की दर कम ताप पर कम हो जाती है
(*b*) वायु के स्वच्छ होने से
(*c*) एन्जाइम की क्रिया भोज्य पदार्थो में कम हो जाने से
(*d*) एन्जाइम की क्रिया सूक्ष्म जीव तथा भोज्य पदार्थो में कम हो जाने से

74. कन्सट्यूटिव (Constitutive) एन्जाइम है–
(*a*) सभी समय कार्यरत रहते हैं
(*b*) हाउस कीपिंग एन्जाइम
(*c*) ऐलोएन्जाइम
(*d*) उपरोक्त दोनों (*a*) एवं (*b*)

75. आइसो एन्जाइम्स है–
(*a*) सर्वाधिक क्रिया के लिये भिन्न
(*b*) क्रियाधार से लगाव (Affinity) में भिन्न
(*c*) आण्विक रुप में भिन्न
(*d*) उपरोक्त सभी

76. एन्जाइम का नाम निम्न में से किस आधार (Basis) पर दिया जाता है?
(*a*) रासायनिक अणु संश्लेषण की क्षमता पर
(*b*) एन्जाइम की अभिक्रिया के उत्पाद पर
(*c*) एन्जाइम की रासायनिक संरचना पर
(*d*) सब्सट्रेट तथा जैव रासायनिक अभिक्रिया के प्रकार पर

77. जाइमोजन्स निम्न में से किसकी सहायता से एन्जाइम में परिवर्तित हो राकते हैं?
(*a*) माल्टेजज (*b*) डीहाइड्रोजिनेजज
(*c*) सुक्रेजज (*d*) काइनेज

78. एन्जाइम पर कार्य करने हेतु 1978 में किसे नोबेल पुरस्कार मिला ?
(*a*) डब्ल्यू. आरबर एवं नाथन्स
(*b*) नाश एवं नाश
(*c*) आर. मिश्रा
(*d*) एच. जी. खुराना

79. एन्जाइम का Km मान क्रियाधार की सान्द्रता का है–
(*a*) $\frac{1}{2}\text{V}_{m}a_{x}$ (*b*) $2\text{V}_{m}a_{x}$
(*c*) $4\text{V}_{m}a_{x}$ (*d*) $\frac{1}{4}\text{V}_{max}$

80. एन्जाइम की क्रिया विधि की सफलतापूर्वक व्याख्या करने वाला कौन-सा सिद्धांत है?
(*a*) एन्जाइम पदार्थ जटिल सिद्धांत
(*b*) प्रतिवर्ती प्रकृति सिद्धांत
(*c*) लॉक एवं की (Lock and Key) सिद्धांत
(*d*) उपरोक्त में से कोई नहीं

81. अधिकतर एन्जाइम में दो भाग क्रमशः होते हैं–
(*a*) प्रोस्थेटिक समूह तथा होलोएन्जाइम
(*b*) होलोएन्जाइम तथा आइसोएन्जाइम
(*c*) एपोएन्जाइम तथा होलोएन्जाइम
(*d*) एपोएन्जाइम तथा प्रोस्थेटिक समूह

82. विकर की सामान्यतः सर्वाधिक सान्द्रता कहाँ होती है–
(*a*) माइटोकॉण्ड्रिया में (*b*) स्फीरोसोम में
(*c*) लाइसोसोम में (*d*) राइबोसोम में

83. निम्न में से कौन को-एन्जाइम का भाग है–
(*a*) B_2 (*b*) सुक्रेस
(*c*) लाइपेज (*d*) एस्कोर्बिक अम्ल

84. एक ऐलोस्टीरिक एन्जाइम (Allosteric Enzyme) रखता है–
(*a*) एक सक्रिय स्थल तथा दो ऐलोस्टीरिक स्थल
(*b*) एक सक्रिय स्थल
(*c*) एक सक्रिय स्थल तथा ऐलोस्टीरिक स्थल
(*d*) दो प्रकार के सक्रिय स्थल

85. ऐलोस्टीरिक एन्जाइम मोडूलेटर्स (Modulators) रखते हैं–
(*a*) सक्रियण के लिये केवल
(*b*) संदमन के लिये केवल
(*c*) दोनों सक्रियण तथा संदमन के लिये
(*d*) सक्रियण ऊर्जा को कम करने के लिये

86. एन्जाइम की क्रियाविधि के लिये प्रेरित आसंजन सिद्धांत प्रतिपादित किया–
(*a*) कोशलैण्ड (*b*) हार्शे तथा चेस
(*c*) फिशर (*d*) समनर

87. निकिल किस एन्जाइम का भाग है–
(*a*) नाइट्रोजिनेज (*b*) नाइट्रेट रिडक्टेज
(*c*) यूरियेज (*d*) उपरोक्त में से कोई नहीं

88. एक एन्जाइम किस प्रकार कार्य करती है–
(*a*) संक्रियण ऊर्जा में कमी करके
(*b*) संक्रियण ऊर्जा को बढ़ाकर
(*c*) pH में कमी करके
(*d*) pH में बढ़ोत्तरी करके

89. वह एन्जाइम जो क़िण्वन से एल्कोहॉल बनाने में उपयोग में लायी जाती है कौन सी है–
(*a*) इनवर्टेज (*b*) लाइपेज
(*c*) एमाइलेज (*d*) जाइमेज

90. स्टार्च को माल्टोस में परिवर्तित करने वाला एन्जाइम है–
(*a*) डायस्टेज (*b*) हाइड्रोजिनेस
(*c*) इनवर्टेज (*d*) माल्टेज

91. एक एन्जाइम जोकि प्रक्रिया द्वारा किसी पदार्थ के आणविक रचना को असर न करते हुये सिर्फ उसकी बनावट में परिवर्तन लाता है उस एन्जाइम को क्या कहा जाता है–
(*a*) लाइपेज (*b*) ऑक्सीडोरिडक्टेज
(*c*) आइसोमरेज (*d*) हाइड्रोलेज

92. एन्जाइम किसके बने होते हैं–
(*a*) प्रोटीनों के (*b*) कार्बन के
(*c*) वसा के (*d*) विटामिनों के

93. एन्जाइम प्रोटीन के बने होते हैं यह बताया–
(*a*) पाश्चर ने (*b*) ल्यूवेनहॉक ने
(*c*) मिलर ने (*d*) समनर ने

94. निम्न में से कौन-सा एन्जाइम का विशेष लक्षण नहीं है?
(*a*) ये प्रकृति में विशिष्ट होते हैं
(*b*) ये अभिक्रिया में प्रयुक्त होते हैं
(*c*) ये प्रोटीन प्रकृति वाले होते हैं
(*d*) ये जीव रासायनिक क्रिया की दर को बढ़ाते हैं

95. एस्टरेज (Esterase) सम्बन्धित होता है–
(*a*) ट्रान्सफरेजेज से
(*b*) जल अपघटक एन्जाइम से
(*c*) ऑक्सीकरण-अपचयन से
(*d*) कार्बोक्सीलेटिंग एन्जाइम से

96. NADP होता है–
(*a*) एक सहविकर
(*b*) स्थानान्तर आर. एन. ए. (t-RNA) का एक भाग
(*c*) एक विकर
(*d*) एस-आर. एन. ए. (s-RNA) का एक भाग

97. लाइपेज एन्जाइम द्वारा वसा (Fat) जलीय अपघटन होने पर बनते हैं–

(*a*) वसीय अम्ल तथा अमीनो अम्ल
(*b*) ग्लिसरॉल तथा वसीय अम्ल
(*c*) ग्लिसरीन एवं जल
(*d*) ग्लिसरॉल तथा अमीनो अम्ल

98. नाइट्रेट रिडक्टेज एन्जाइम बनाता है–

(*a*) नाइट्रोजन (*b*) अमीनो अम्ल
(*c*) नाइट्राइट (*d*) नाइट्रेट

99. राइबोजाइम (Ribozyme) खोजा था–

(*a*) सेच (Cech) ने
(*b*) आल्टमेन (Duclaux) ने
(*c*) डक्लॉक्स (Altman) ने
(*d*) कुहने (Kuhne) ने

100. Ki दर्शाता है–

(*a*) प्रतिक्रिया तीव्रता
(*b*) प्रतिस्पर्धीय संदमन
(*c*) एन्जाइम का नष्ट होना
(*d*) उपरोक्त सभी

उत्तरमाला

1	**2**	**3**	**4**	**5**	**6**	**7**	**8**	**9**	**10**
(*b*)	(*d*)	(*d*)	(*a*)	(*c*)	(*b*)	(*b*)	(*b*)	(*c*)	(*a*)
11	**12**	**13**	**14**	**15**	**16**	**17**	**18**	**19**	**20**
(*c*)	(*b*)	(*c*)	(*c*)	(*a*)	(*b*)	(*b*)	(*b*)	(*c*)	(*a*)
21	**22**	**23**	**24**	**25**	**26**	**27**	**28**	**29**	**30**
(*a*)	(*b*)	(*a*)	(*c*)	(*d*)	(*c*)	(*b*)	(*d*)	(*c*)	(*c*)
31	**32**	**33**	**34**	**35**	**36**	**37**	**38**	**39**	**40**
(*c*)	(*c*)	(*b*)	(*d*)	(*b*)	(*a*)	(*b*)	(*c*)	(*c*)	(*c*)
41	**42**	**43**	**44**	**45**	**46**	**47**	**48**	**49**	**50**
(*b*)	(*b*)	(*d*)	(*c*)	(*b*)	(*c*)	(*c*)	(*c*)	(*b*)	(*a*)
51	**52**	**53**	**54**	**55**	**56**	**57**	**58**	**59**	**60**
(*d*)	(*d*)	(*c*)	(*d*)	(*d*)	(*a*)	(*c*)	(*a*)	(*a*)	(*b*)
61	**62**	**63**	**64**	**65**	**66**	**67**	**68**	**69**	**70**
(*c*)	(*a*)	(*c*)	(*a*)	(*c*)	(*d*)	(*d*)	(*b*)	(*b*)	(*d*)
71	**72**	**73**	**74**	**75**	**76**	**77**	**78**	**79**	**80**
(*c*)	(*d*)	(*c*)	(*d*)	(*d*)	(*d*)	(*d*)	(*a*)	(*a*)	(*c*)
81	**82**	**83**	**84**	**85**	**86**	**87**	**88**	**89**	**90**
(*d*)	(*a*)	(*a*)	(*a*)	(*c*)	(*a*)	(*c*)	(*a*)	(*d*)	(*a*)
91	**92**	**93**	**94**	**95**	**96**	**97**	**98**	**99**	**100**
(*c*)	(*a*)	(*d*)	(*b*)	(*b*)	(*a*)	(*b*)	(*c*)	(*b*)	(*b*)

❑❑❑

CHAPTER 24

पादप श्वसन
PLANT RESPIRATION

श्वसन : ऑक्सी तथा अनॉक्सी श्वसन (Respiration : Aerobic and Anaerobic Respiration)

- सामान्य रूप से श्वसन का अर्थ है, भोज्य पदार्थ में उपस्थित ऊर्जा को निकालकर कार्य के योग्य ऊर्जा में परिवर्तित करना।
- इस कार्य के लिए भोज्य पदार्थों, विशेषकर कार्बोहाइड्रेट्स को ऑक्सीकृत किया जाता है तथा उत्पन्न ऊर्जा को ADP अणुओं में उच्च बन्धों के द्वारा, एक और फॉस्फेट मूलक जोड़कर ATP के रूप में बदला जाता है।
- यह क्रिया ऑक्सीजन की उपस्थिति में सामान्य कोशिका के **माइटोकॉन्ड्रिया** में सम्पन्न होती है। यह क्रिया **ऑक्सीश्वसन** या **वायवीय श्वसन** (aerobic respiration) कहलाती है।
- यह क्रिया उस श्वसन से भिन्न होती है जिसमें ऑक्सीजन के बिना ही, केवल आन्तरिक परिवर्तनों के द्वारा, कार्बोहाइड्रेट को अपूर्ण रूप से ऑक्सीकृत करके थोड़ी-सी ऊर्जा निकाल ली जाती है। इस प्रकार का श्वसन जिसमें ऑक्सीजन की आवश्यकता नहीं होती है **अनॉक्सी** या **अवायवीय** (anaerobic) **श्वसन** कहलाता है।

इस प्रकार श्वसन ऑक्सी हो या अनॉक्सी प्रारम्भिक क्रियाएँ एक ही प्रकार प्रारम्भ होती हैं। इन प्रारम्भिक क्रियाओं में ऑक्सीजन की आवश्यकता नहीं होती है तथा इन क्रियाओं में **ग्लूकोस** का विघटन होने से **पाइरुविक अम्ल** (pyruvic acid) का निर्माण होता है। यह क्रिया **ग्लाइकोलाइसिस** (glycolysis) या **ई. एम. पी. पथ** (E. M. P. pathway) कहलाती है।

पाइरुविक अम्ल का आगे ऑक्सीकरण ऑक्सीजन की उपस्थिति या अनुपस्थिति पर निर्भर करता है। यदि–

(*i*) ऑक्सीजन उपस्थित है तो ऑक्सी श्वसन होगा अर्थात पाइरुविक अम्ल का पूर्ण विघटन होकर जल व कार्बन डाइऑक्साइड बनेंगे। यह क्रिया एक चक्र के रूप में होती है। अतः इसे **ट्राइकार्बोक्सिलिक अम्ल चक्र** (tricarboxylic acid cycle) **क्रेब्स चक्र** (Krebs cycle) कहा जाता है।

(*ii*) यदि ऑक्सीजन अनुपस्थित है तो **अनॉक्सी श्वसन** होगा। परिणाम स्वरूप प्रायः इथाइल ऐल्कोहॉल (ethyl alcohol) तथा कार्बन डाइआक्साइड बनते हैं।

ऑक्सी श्वसन (Aerobic Respiration)

ऑक्सी श्वसन की प्रक्रिया में दो प्रमुख भाग होते हैं-

(क) **ग्लाइकोलाइसिस अथवा ई. एम. पी. पथ** (glycolysis or E. M. P. pathway)

(ख) **क्रेब्स चक्र या ट्राइकार्बोक्सिलिक अम्ल चक्र** (Kreb's cycle or tricarboxylic acid cycle)।

श्वसन के विभिन्न पद तथा दो प्रकार के श्वसनों के बीच सम्बन्ध का रेखाचित्र चित्र 24.1 में दिया गया है।

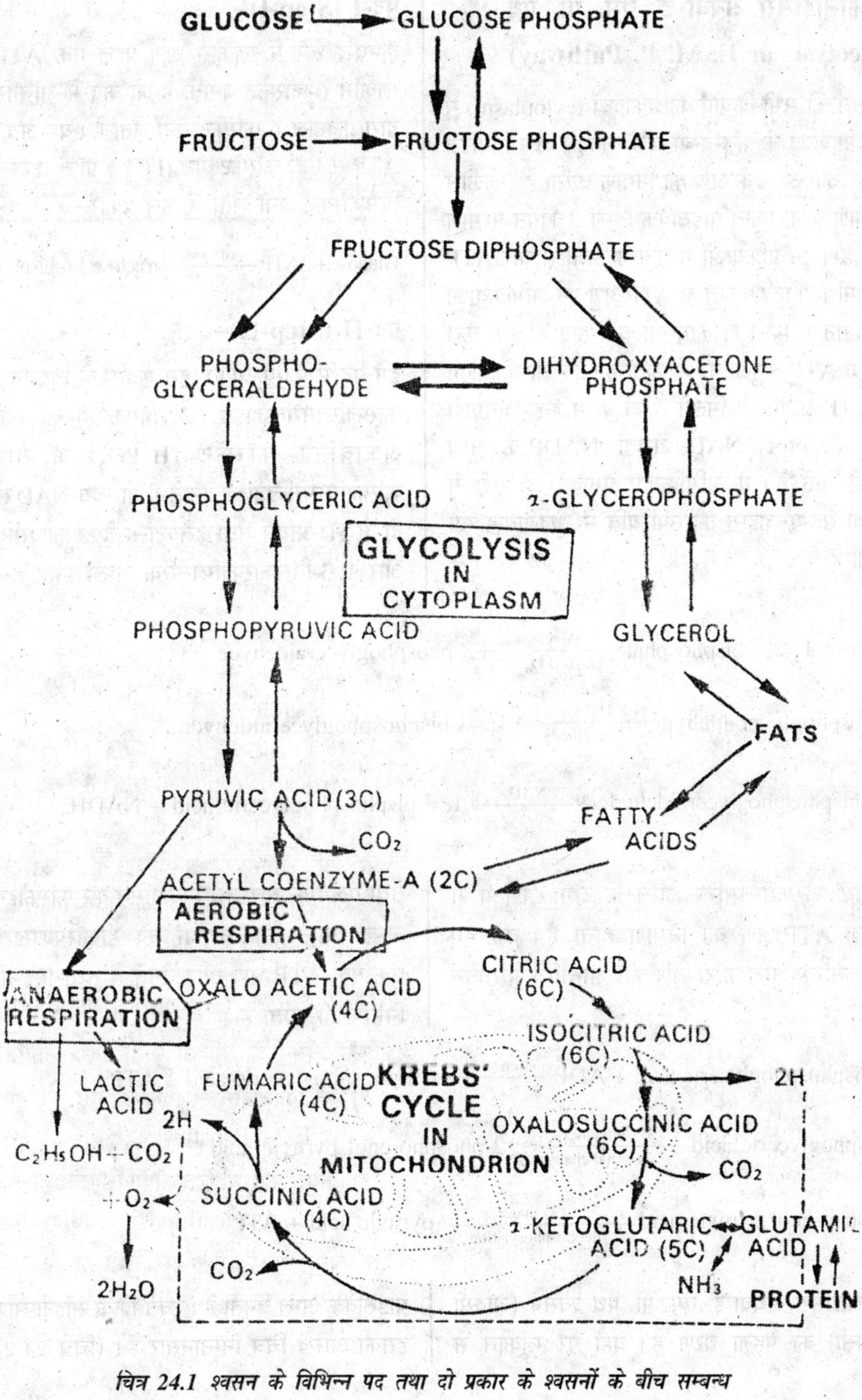

चित्र 24.1 श्वसन के विभिन्न पद तथा दो प्रकार के श्वसनों के बीच सम्बन्ध

(क) ग्लाइकोलाइसिस अथवा ई. एम. पी. पथ (Glycolysis or E. M. P. Pathway)

ग्लाइकोलाइसिस की सभी क्रियाएँ कोशिकाद्रव्य (cytoplasm) में होती हैं। इन क्रियाओं के फलस्वरूप एक ग्लूकोस अणु विघटित होकर दो पाइरुविक अम्ल के अणु का निर्माण करता है (ग्लूकोस 6 कार्बन परमाणु वाला किन्तु पाइरुविक अम्ल 3 कार्बन परमाणु वाला यौगिक है)। इन प्रक्रियाओं में उत्पन्न ऊर्जा से चार ATP अणुओं का निर्माण होता है, किन्तु दो ATP अणु इन अभिक्रियाओं को सम्पन्न कराने में पहले ही काम आ चुके होते हैं अतः कुल प्राप्ति केवल दो ATP अणुओं की ही होती है। इन अभिक्रियाओं में दो स्वतन्त्र H^+ आयन भी मिलते हैं जो प्रथम हाइड्रोजनग्राही (hydrogen acceptor), NAD अथवा NADP के साथ अनुबन्धित हो जाते हैं। ये अभिक्रियाएँ प्रमुखतः दो पदों में एन्जाइम्स तथा सह-एन्जाइम्स की उपस्थिति में शृंखलाबद्ध रूप में घटित होती हैं-

पद-I (Step-I)–

क्रमबद्ध रूप में ग्लूकोस अणु पहले एक ATP अणु के साथ ग्लूकोस 6-फॉस्फेट बनाता है जो बाद में आन्तरिक परिवर्तन के द्वारा फ्रक्टोज 6-फॉस्फेट बना लेता है। यह अब, एक और अणु ATP से एक फॉस्फेट गुट (PO_4^-) प्राप्त करके फ्रक्टोज 1, 6-बिसफॉस्फेट बना लेता है, इस प्रकार–

$$\text{Glucose} + 2\text{ATP} \xrightarrow[\text{Mg}^{++}]{\text{enzymes}} \text{fructose 1,6-bisphosphate} + 2\text{ADP}$$

पद-II (Step-II)–

इस पद में फॉस्फेटयुक्त, इस शर्करा के विदलन से दो अणु, 3-फॉस्फोग्लिसरेल्डिहाइड (C_3 यौगिक हैं) के बनते हैं। ये अणु अकार्बनिक फॉस्फेट (H_3PO_4) के साथ 1, 3-डाइ फॉस्फोग्लिसरेल्डिहाइड बनाते हैं जो स्वयं NAD सह-एन्जाइम को दो-दो H^+ आयन तथा इलेक्ट्रॉन्स देकर ऑक्सीकृत हो जाते हैं और 1, 3-बिसफॉस्फोग्लिसरिक अम्ल बनता है–

(a) $\text{Fructose 1, 6 – bisphosphate} \xrightarrow[\text{H}_3\text{PO}_4]{\text{enzymes}} \text{3-phosphoglyceraldehyde}$

(b) $\text{3-phosphoglyceraldehyde} \xrightarrow[\text{enzymes}]{\text{H}_3\text{PO}_4} \text{1, 3-bisphosphoglyceraldehyde}$

(c) $\text{1, 3-bisphosphoglyceraldehyde} + \xrightarrow{\text{NAD}} \text{1, 3-bisphosphoglyceric acid} + \text{NADH}_2$

1, 3-बिस फॉस्फोग्लिसरिक अम्ल के दोनों अणुओं से अब, एक-एक ATP अणु का निर्माण होता है। बने हुए मोनोफॉस्फोग्लिसरिक अम्ल के दो अणु कुछ आन्तरिक परिवर्तन तथा एक-एक अणु जल निष्कासित कर फॉस्फोइनॉल पाइरुविक अम्ल बनाते हैं। अणुओं का डीफॉस्फोराइलेशन होने से एक-एक ATP अणु और बनते हैं तथा पाइरुविक अम्ल का निर्माण हो जाता है-

$$\text{1, 3, bisphosphoglyceric acid} + \text{ADP} \xrightarrow{\text{enzymes}} \text{3-phosphoglyceric acid} + \text{ATP}$$

$$\text{3-phosphoglyceric acid} \xrightarrow[\text{internal change}]{\text{enzymes}} \text{2-phospho-enol pyruvic acid}$$

$$\text{2-phospho-enol pyruvic acid} \xrightarrow[\text{dephosphorylation}]{\text{enzymes}} \text{pyruvic acid} + \text{ATP}$$

ग्लाइकोलाइसिस अथवा ई. एम. पी. पथ श्वसन (ऑक्सी अथवा अनॉक्सी) का पहला चरण है। यहाँ पर ग्लूकोस से पाइरुविक अम्ल बनता है। उक्त क्रिया साइटोप्लाज्म में होती है। इसका आरेख चित्र निम्नानुसार है। (चित्र 24.2)

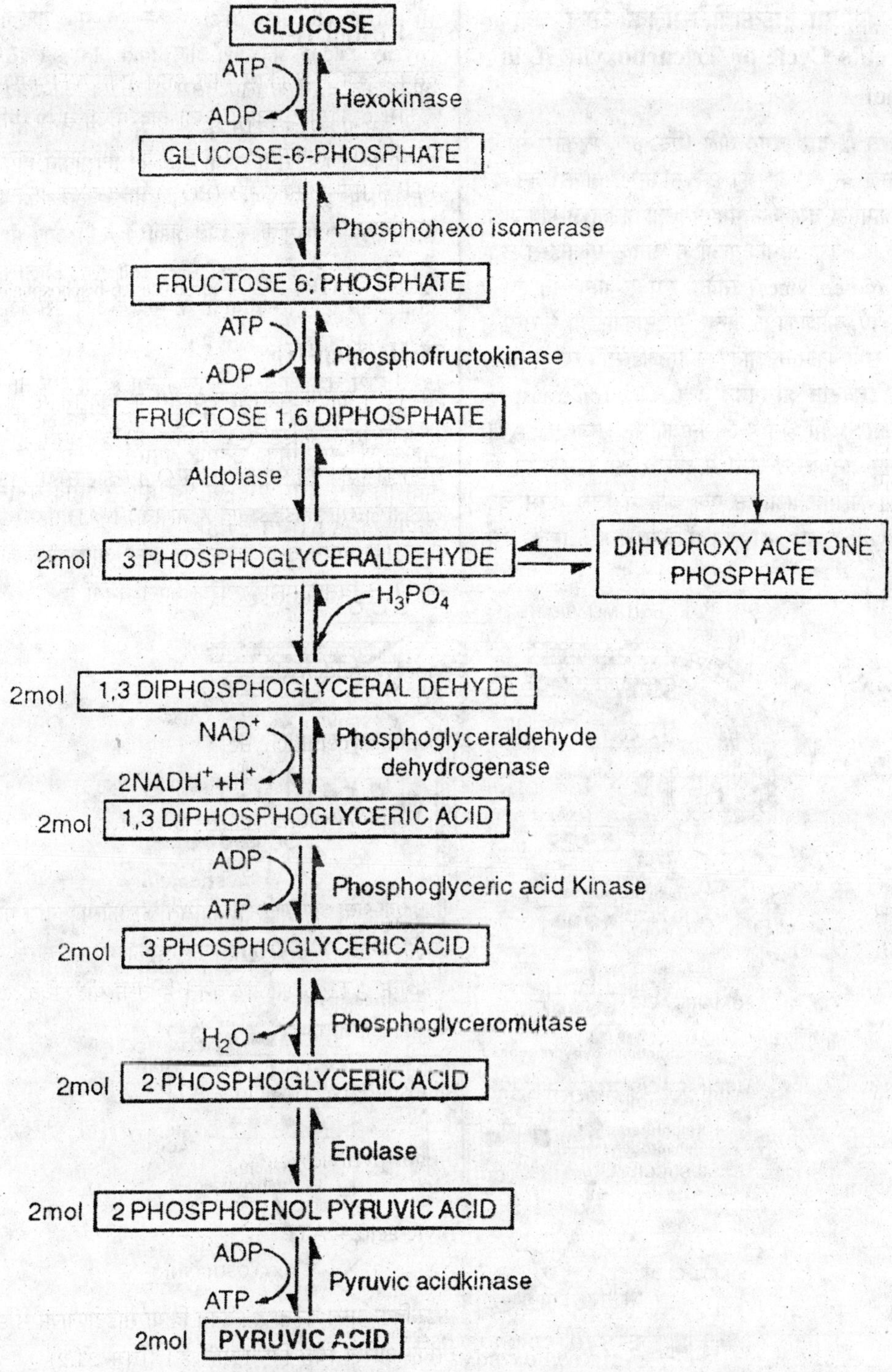

चित्र 24.2—ग्लाइकोलाइसिस (Glycolysis)

(ख) क्रेब्स चक्र या ट्राइकार्बोक्सिलिक अम्ल चक्र (Kreb's Cycle or Tricarboxylic Acid Cycle)

ग्लाइकोलाइसिस के द्वारा बनने वाले (एक अणु ग्लूकोस से) दो पाइरुविक अम्ल के अणुओं का ऑक्सीकरण, ऑक्सीजन की उपस्थिति में, क्रमबद्ध तथा चक्र में होने वाली अनेक अभिक्रियाओं के द्वारा होता है। इन अभिक्रियाओं में अनेक एन्जाइम्स तथा सह-एन्जाइम (co-enzymes) सक्रिय रूप से भाग लेते हैं। ये सभी अभिक्रियाएँ, कोशिका के अन्दर, माइटोकॉन्ड्रिया में सम्पन्न होती हैं। यहाँ, सभी प्रकार के आवश्यक एन्जाइम्स व सह-एन्जाइम के अतिरिक्त **इलेक्ट्रॉन अभिगमन तन्त्र** (electron transport systems = ETS) भी होते हैं जो निष्कासित ऊर्जा को ATP निर्माण के लिए अनुबन्धित करने में आधार का काम करते हैं। इस प्रकार की अभिक्रियाओं के एक चक्र में जिसे क्रेब्स चक्र (Kreb's cycle) या ट्राइकार्बोक्सिलिक अम्ल चक्र (tricarboxylic acid cycle) कहते हैं, एक पाइरुविक अम्ल (pyruvic acid) का अणु ऑक्सीकृत होता है। दूसरे अणु को ऑक्सीकृत करने के लिए दूसरा क्रेब्स चक्र आवश्यक होता है।

इस प्रकार, ग्लूकोस के अणु से बनने वाले दो पाइरुविक अम्ल के अणुओं तथा उनके बाद में ऑक्सीकृत होने से कार्बन डाइऑक्साइड के अणु (दोनों पाइरुविक अम्ल के अणुओं से तीन-तीन) निकलते हैं। इन क्रियाओं में ATP अणु भी प्राप्त होते हैं। 30 अणु दो क्रेब्स चक्रों में, 2 अणु ग्लाइकोलिसिस में तथा दोनों प्रकार की अभिक्रियाओं के मध्य 6 अणु, इस प्रकार कुल 38 अणु ATP का निर्माण होता है।

क्रेब्स चक्र अति महत्वपूर्ण क्रिया है जो ऑक्सी श्वसन को ATP अणु बनाकर पूर्ण दक्ष क्रिया बनाने के अतिरिक्त अनेक महत्वपूर्ण माध्यमिक उत्पाद बनाता है जो कई प्रकार के पदार्थों; जैसे वसा, प्रोटीन्स, विटामिन्स आदि बनाने के लिए आवश्यक हैं। (चित्र 24.3)

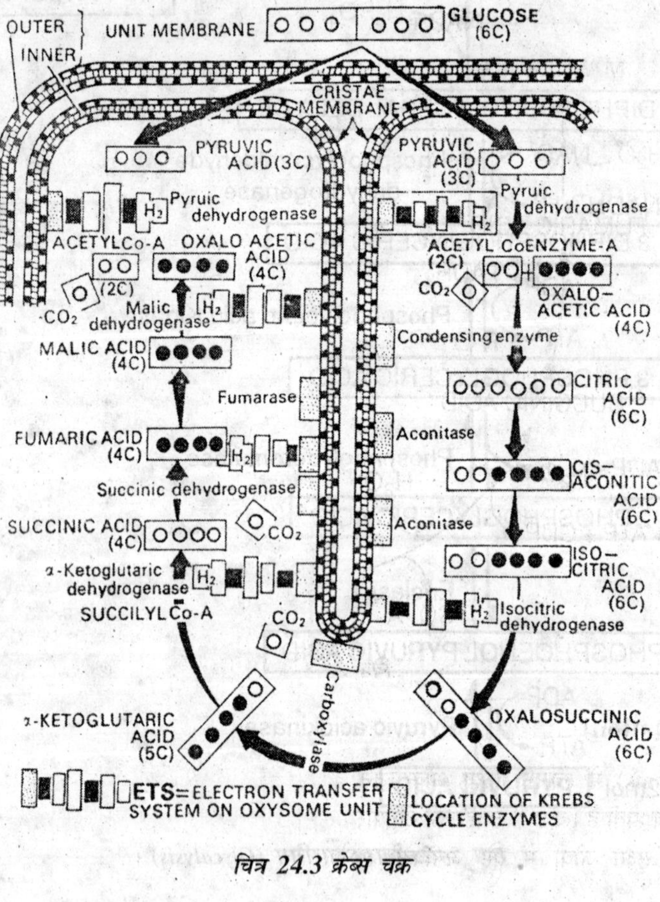

चित्र 24.3 क्रेब्स चक्र

क्रेब्स चक्र ऑक्सी श्वसन में मिलता है। यह क्रिया माइटोकॉन्ड्रिया में होती है। इसका आरेख निम्न है। (चित्र 24.4)

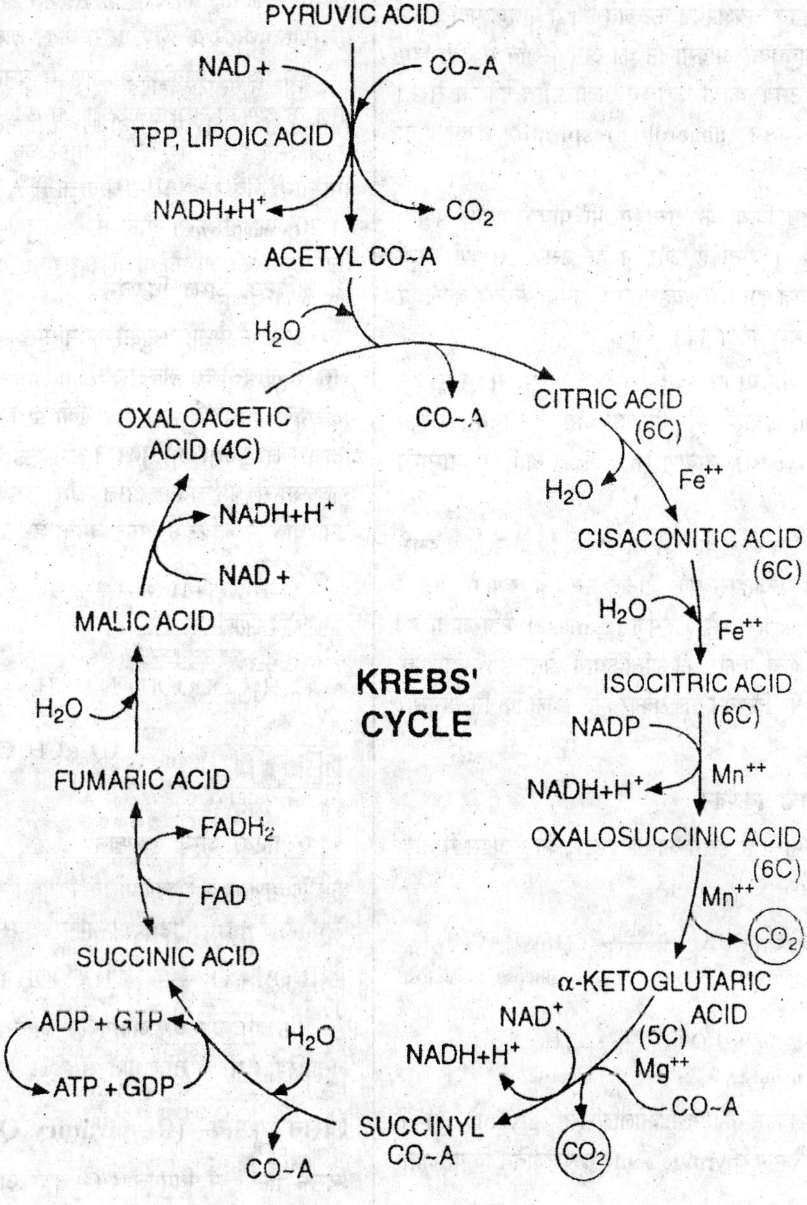

चित्र 24.4 क्रेब्स चक्र।

किण्वन (Fermentation)

अनेक जीवों (organisms) में श्वसन क्रिया ऑक्सीजन की अनुपस्थिति में भी सम्भव होती है। कुछ में तो इसकी अनुपस्थिति में ही होती है। ऐसे सूक्ष्म जीवों में यह **अनॉक्सी श्वसन** (anaerobic respiration) जीवन की अन्य क्रियाओं के साथ भी सम्बद्ध होता है। उदाहरण के लिए, जिस पोषक आधार (किसी कार्बनिक पदार्थ का कलिल घोल या अन्य प्रकार का नम खाद्य-पदार्थ) में ये रहते हैं, को पहले कुछ पाचक क्रियाओं

(digestive activities) के द्वारा घुलनशील तथा अवशोषित करने योग्य बनाकर अवशोषित कर लेते हैं। ये पोषक पदार्थ उस सूक्ष्म शरीर में पहुँचकर ऑक्सीजन की अनुपस्थिति में तोड़ दिए जाते हैं, ताकि उनके कार्यों के लिए ऊर्जा प्राप्त की जा सके। यह **अनॉक्सी श्वसन** (anaerobic respiration) कहलाता है।

इस अन्तिम क्रिया के अन्त में भी पोषक पदार्थ पूर्णतः विखण्डित नहीं हो पाता है और न ही उसकी सम्पूर्ण ऊर्जा कोशिका को प्राप्त होती है। यह पदार्थ अपना स्वरूप बदलकर वापस तन्त्र में छोड़ दिया जाता है।

उपर्युक्त क्रियाओं को सम्पूर्ण रूप में किण्वन (fermentation) कहते हैं। किण्वन क्रिया अनेक कवकों प्रमुखतः **यीस्ट** (yeast), **जीवाणु** (bacteria) आदि में सामान्य है।

अधिकतर उन सूक्ष्म पौधों में जिनमें यह क्रिया होती है इससे सम्बन्धित सभी एन्जाइम्स एक जटिल समूह के रूप में रहते हैं जैसे, यीस्ट (yeast) में इसे जाइमेज (zymase) कहा जाता है। दूसरे जीवों में अन्य प्रकार की प्रतिक्रियाएँ होती हैं। उत्पाद के नाम के आधार पर किण्वन कई प्रकार होते हैं जो कि निम्नानुसार है-

1. ऐल्कोहॉलिक किण्वन

यह यीस्ट में सामान्य है, इसमें कार्बोहाइड्रेट्स को ग्लूकोस में तोड़ा जाता है, उदाहरण-

(i) $$\underset{\text{sucrose}}{C_{12}H_{22}O_{11}} + H_2O \xrightarrow{\text{invertase}} \underset{\text{glucose}}{C_6H_{12}O_6} + \underset{\text{fructose}}{C_6H_{12}O_6}$$

(ii) $$\underset{\text{maltose}}{C_{12}H_{22}O_{11}} + H_2O \xrightarrow{\text{maltase}} \underset{\text{glucose}}{2C_6H_{12}O_6}$$

बाद में ग्लूकोस को **ग्लाइकोलाइसिस** (glycolysis) के द्वारा **पाइरुविक अम्ल** (pyruvic acid) में परिवर्तित किया जाता है-

$$\underset{\text{glucose}}{C_6H_{12}O_6} \xrightarrow[\text{glycolysis}]{\text{E.M.P.Pathway}} \underset{\text{pyruvic acid}}{2C_3H_4O_3} + \text{energy}$$

पाइरुविक अम्ल का कार्बोक्सिल समूह पहले कार्बन डाइऑक्साइड दे देता है-

$$\underset{\text{pyruvic acid}}{CH_3COCOOH} \xrightarrow[\text{decarboxylase}]{\text{pyruvic}} \underset{\text{acetaldehyde}}{CH_3CHO} + CO_2$$

बाद में ऐसीटेल्डीहाइड हाइड्रोजन प्राप्त कर इथाइल ऐल्कोहॉल (ethyl alcohol) में परिवर्तित हो जाता है-

$$\underset{\text{(acetaldehyde)}}{CH_3CHO} + NAD.H_2 \xrightarrow[\text{dehydrogenase}]{\text{alcohol}} \underset{\text{ethyl alcohol}}{C_2H_5OH} + NAD$$

2. लैक्टिक अम्ल किण्वन

उच्च श्रेणी के पौधों, जन्तुओं की मांसपेशियों तथा कुछ जीवाणुओं, जैसे **लैक्टोबैसीलस लैक्टाई** (*Lactobacillus lacti*), दूध को फाड़कर दही बनाने वाले जीवाणुओं द्वारा दुग्ध-शर्करा (lactose) को पहले ग्लूकोस व गैलेक्टोज में हाइड्रोलाइज कराया जाता है। ग्लूकोस से पाइरुविक अम्ल और उसके बाद एन्जाइम्स की उपस्थिति में लैक्टिक अम्ल बनता है-

$$\underset{\text{lactose}}{C_{12}H_{22}O_{11}} + H_2O \xrightarrow{\text{enzymes}} \underset{\text{glucose}}{C_6H_{12}O_6} + \underset{\text{galactose}}{C_6H_{12}O_6}$$

$$CH_3COCOOH + NAD.H_2 \xrightarrow[\text{dehydrogenase}]{\text{lactic}} NAD + \underset{\text{lactic acid}}{CH_3CHOHCOOH}$$

3. ऐसीटिक अम्ल किण्वन

कुछ जीवाणुओं में ऐल्कोहॉलिक किण्वन होने के पश्चात इथाइल ऐल्कोहॉल को ऐसीटिक अम्ल में ऑक्सीकृत किया जाता है-

$$C_2H_5OH + O_2 \longrightarrow CH_3COOH + H_2O + 118.2 \text{ kcal.}$$

किण्वन प्रक्रिया **अवायवीय अवस्थाओं (ऑक्सीजन की अनुपस्थिति में)** में तीव्र गति से होती है।

श्वसन गुणांक (Respiratory Quotient)

श्वसन क्रिया में विमुक्त CO_2 तथा अवशोषित O_2 गैसों के आयतन के अनुपात को श्वसन गुणांक कहते हैं।

$$\text{श्वसन गुणांक (R.Q.)} = \frac{\text{वियुक्त } CO_2 \text{ का आयतन}}{\text{प्रयुक्त } CO_2 \text{ का आयतन}}$$

श्वसन गुणांक श्वसन आधार (respiratory substrate) की रासायनिक प्रकृति पर निर्भर करता है; जैसे-

(*i*) कार्बोहाइड्रेट के लिए पूर्ण ऑक्सी श्वसन में यह इकाई के रूप में होता है।

$$C_6H_{12}O_6 + 6O_2 \longrightarrow 6CO_2 + 6H_2O$$

$$R.Q. = \frac{6}{6} = 1$$

इस प्रकार श्वसन गुणांक 1 होगा।

(*ii*) वसा तथा प्रोटीन के लिए यह एक से कम 0.7 से 0.9 तक होता है।

(*iii*) कार्बनिक अम्ल के लिए यह इकाई से अधिक 1.3 से 4 तक होता है।

क्रेब्स चक्र तथा किण्वन में तुलना

क्रेब्स चक्र ऑक्सी श्वसन का एक भाग है जो माइटोकॉन्ड्रिया में पूरा होता है जबकि किण्वन अनॉक्सी श्वसन की क्रिया है तथा कोशिकाद्रव्य व श्वसन आधार में पूर्ण होती है। क्रेब्स चक्र से ऊर्जा (38 ATP) प्राप्त होती है तथा जल व CO_2 बनते हैं। किण्वन में 2ATP मिलते हैं तथा ऐल्कोहॉल व CO_2 बनते हैं।

तालिका 24.1 ऑक्सी तथा अनॉक्सी-श्वसन में अन्तर
(Difference between Aerobic and Anaerobic Respiration)

	ऑक्सी-श्वसन (वायु श्वसन)		अनॉक्सी-श्वसन (अवायु श्वसन)
1.	ऑक्सीजन की अनुपस्थिति में नहीं होता है।	1.	ऑक्सीजन की आवश्यकता नहीं होती है अतः बिना ऑक्सीजन के भी यह क्रिया होती है।
2.	ग्लूकोज का सम्पूर्ण ऑक्सीकरण हो जाता है तथा CO_2 व जल बन जाते हैं।	2.	पूर्ण ऑक्सीकरण नहीं हो पाता है अतः ऐल्कोहॉल इत्यादि तथा CO_2 बनते हैं।
3.	सभी जीवों में सामान्य रूप से पाया जाता है।	3.	केवल कुछ पौधों या जन्तुओं में या उनके विशेष ऊतकों में पाया जाता है।
4.	ग्लाइकोलाइसिस को छोड़कर सभी क्रियाएँ माइटोकॉन्ड्रिया में होती हैं।	4.	सभी प्रकार की क्रियाएँ कोशिकाद्रव्य में होती हैं।
5.	ऊर्जा की अधिक मात्रा निर्मुक्त (673 k. cal) होती है।	5.	ऊर्जा बहुत कम मात्रा में सामान्यतः (21-24 k. cal) मुक्त होती है।
6.	मुक्त ऊर्जा के अनुबन्धन से 38 ATP अणु बनते हैं (एक अणु ग्लूकोस से)।	6.	एक अणु ग्लूकोस से केवल दो अणु ATP बनते हैं।

तालिका 24.2 प्रकाश-संश्लेषण तथा श्वसन में अन्तर
(Difference between Photosynthesis and Respiration)

	प्रकाश-संश्लेषण		श्वसन
1.	सूर्य के प्रकाश की ऊर्जा को ग्लूकोस नामक पदार्थ में एकत्रित किया जाता है।	1.	इसमें ग्लूकोस अणुओं को ऑक्सीकृत करके ऊर्जा को मुक्त किया जाता है।
2.	इस क्रिया के समय क्लोरोफिल का उपयोग किया जाता है जो क्लोरोप्लास्ट पर रहता है।	2.	यह क्रिया माइटोकॉन्ड्रिया के अन्दर होती है।
3.	इसमें सूर्य के प्रकाश की आवश्यकता होती है।	3.	इसमें सूर्य के प्रकाश की कोई आवश्यकता नहीं होती है।

4.	इसमें जल तथा कार्बन डाइ-ऑक्साइड की आवश्यकता होती है।	4.	इसमें जल तथा कार्बन डाइऑक्साइड का निर्माण होता है।
5.	इसमें ऑक्सीजन निकलती है (जल के विघटन से)।	5.	इसमें ऑक्सीजन का उपयोग होता है।
6.	यह क्रिया **रचनात्मक क्रिया** है और इसमें भोज्य पदार्थों का निर्माण होता है।	6.	यह क्रिया **विनाशकारी** है और इसमें भोजन का ऑक्सीकरण होता है।
7.	इस क्रिया में पौधे के भार में वृद्धि होती है।	7.	इस क्रिया में पौधे के भार में कमी आती है।
8.	यह क्रिया केवल दिन के समय होती है।	8.	यह क्रिया रात-दिन हर समय होती रहती है।
9.	यह क्रिया पौधे के हरे भागों में ही होती है।	9.	यह क्रिया पौधे की प्रत्येक जीवित कोशिका में होती है।
10.	$6CO_2 + 12H_2O +$ ऊर्जा $\xrightarrow[\text{chlorophyll}]{\text{sunlight}}$ $6H_2O + C_6H_{12}O_6 + 6O_2$	10.	$C_6H_{12}O_6 + 6O_2 \longrightarrow 6H_2O + 6CO_2 +$ ऊर्जा

श्वसन दर को प्रभावित करने वाले कारक (Factors Affecting Rate of Respiration)

(1) तापक्रम (Temperature)

0°C से 35°C तापक्रम के बीच श्वसन की दर बढ़ती है। 0°C से 35°C तक प्रत्येक 10°C तक ताप के बढ़ने से श्वसन की दर 2 से 2.5 गुना बढ़ती है अर्थात $Q_{10} = 2$ से 2.5 तक होता है। अत्यन्त कम या 10°C से कम तापमान पर श्वसन कम या रुक जाता है क्योंकि एन्जाइम निष्क्रिय (inactive) हो जाते हैं। इसलिये फल तथा सब्जियों को अधिक समय तक रखने वाला उनमें श्वसन की क्रिया को कम करने के लिये रैफ्रिजिरेटर अथवा कोल्ड स्टोर का प्रयोग करता है।

अधिक तापमान पर भी श्वसन की दर कम हो जाती है क्योंकि अब एन्जाइम विकृत (denature) हो जाते हैं। रात में तापमान अधिक होने पर संचयित खाद्य पदार्थों की अधिक मात्रा श्वसन में काम में लायी जाती है। यदि रात का तापमान कम होता है तब श्वसन की दर कम होने के कारण संचयित पदार्थ कम उपयोग में लाये जाते हैं इसीलिये पहाड़ी क्षेत्रों में आलू बड़े आकार के पाये जाते हैं।

(2) प्रकाश (Light)

प्रकाश के कारण तापमान बढ़ने से श्वसन की दर बढ़ जाती है। प्रकाश संश्लेषण से बने हुये पदार्थ, श्वसन क्रिया धार के रूप में कार्य करते हैं और इनकी अधिक मात्रा उपलब्ध होने से भी श्वसन की दर बढ़ती है।

(3) कार्बन डाइ-ऑक्साइड की सान्द्रता (Concentration of Carbon dioxide)

कार्बन डाइऑक्साइड की मात्रा वायुमण्डल में बढ़ने से श्वसन की दर कम हो जाती है। इसीलिये फलों को अधिक समय तक सुरक्षित रखने के लिये उन्हें CO_2 की अधिक सान्द्रता में रखा जाता है।

(4) ऑक्सीजन (Oxygen)

ऑक्सीजन की उपस्थिति में वायु श्वसन होता है। ऑक्सीजन के अभाव में जीवधारियों में अवायवीय श्वसन होता है जिसमें क्रियाधार का खर्च अधिक होता है तथा ऊर्जा की प्राप्ति कम होती है। अवायवीय श्वसन करने वाले जीवधारी को ऑक्सीजन देने से वायु श्वसन प्रारम्भ होता है तथा अवायवीय श्वसन में व्यय की तुलना में क्रिया धार (substrate) का व्यय इतनी ही ऊर्जा की मात्रा के लिये कम होता है। क्रियाधार के इस कम व्यय को पाश्चर प्रभाव (Pasteur effect) कहते हैं क्योंकि इसे सर्वप्रथम पाश्चर ने बताया था।

(5) संदमक (Inhibitors)

कुछ रासायनिक पदार्थ श्वसन को संदमित (inhibit) करते हैं जैसे-साइनाइड (cyanide), कार्बन मोनो-ऑक्साइड (carbon monooxide), मैलोनेट (melonate), एजाइड्स तथा आयोडोऐसीटेट (Iodoacetate)। ईथर, क्लोरोफार्म तथा एल्कोहल की उपस्थिति में पहले श्वसन दर बढ़ती है तथा बाद में कम हो जाती है।

(6) क्षति (Injury)

क्षतिग्रस्त (injured) ऊतकों में शर्करा की मात्रा बढ़ जाती है इसलिये श्वसन की दर अस्थायी (temporary) रूप से बढ़ जाती है।

(7) जल (Water)

जल की अत्यन्त कम मात्रा में श्वसन की दर न्यूनतम होती है क्योंकि एन्जाइम जलयोजन के लिये संवेदनशील होते हैं और जल की उचित मात्रा में काम करते हैं परन्तु जल की कम मात्रा में यह एन्जाइम अत्यन्त कम क्रियाशील होते हैं जैसे-बीज तथा शुष्क फलों में।

(8) अकार्बनिक लवण (Inorganic salts)

अकार्बनिक लवण की उपस्थिति में ऋणात्मक आयन के अवशोषण के कारण श्वसन की दर बढ़ती है इसे लवण श्वसन कहते हैं।

(9) जीवद्रव्यी कारक (Protoplasmic factor)

विभज्योतकी ऊतकों में जीवद्रव्य, वृद्ध तथा परिपक्व ऊतकों की अपेक्षा अधिक होता है इसलिये विभज्योतकी ऊतकों में श्वसन की दर अन्य कोशिकाओं की तुलना में अधिक होती है। परिपक्व तथा वृद्ध कोशिकाओं में श्वसन की दर कम हो जाती है।

बहुविकल्पीय प्रश्न

1. क्रेब्स चक्र है–
(*a*) दोहरा पथ (Amphibolic Pathway)
(*b*) ग्लाइकोलिसिस (Glycolysis)
(*c*) केल्विन चक्र (Kelvin Cycle)
(*d*) उपरोक्त सभी

2. श्वसन मापन का यंत्र कहलाता है–
(*a*) पोटोमीटर
(*b*) ओक्जेनोमीटर
(*c*) ऑटोमीटर
(*d*) रेस्पिरोमीटर (Respirometer)

3. ट्राइकार्बोक्सीलिक अम्ल चक्र (TCA) में (FAD) अपचयित होता है परिवर्तन में–
(*a*) मैलेट के OAA में
(*b*) फ्यूमैरेट के मैलेट गें
(*c*) सक्सीनेट के फ्यूमेरेट में
(*d*) सक्सीनाइल Co-A के सक्सीनेट में

4. ग्लाइकोलिसिस का अन्तिम उत्पाद होता है–
(*a*) पायरुविक अम्ल (*b*) C_2H_5OH
(*c*) ग्लूकोज (*d*) CO_2

5. अनॉक्सी परिस्थितियों के अन्तर्गत पायरुविक अम्ल के अन्तिम उत्पाद होते हैं–
(*a*) $C_2H_5OH + CO_2 + H_2O$
(*b*) C_2H_5OH + Energy
(*c*) $CO + H_2O$ + Energy
(*d*) $C_2H_5OH + CO_2$ + Energy

6. यदि श्वसन की दर प्रकाश संश्लेषण से अधिक हो जाये तो पौधे–
(*a*) सूखे से मर जाएंगे
(*b*) नहीं मरेंगे
(*c*) जीवित रहेंगे किन्तु कम दर पर बढ़ेंगे
(*d*) अधिक वृद्धि करेंगे क्योंकि अधिक ऊर्जा उपलब्ध होंगी

7. फल तथा सब्जियों की कटी हुई सतहें प्रायः गहरे रंग की होती है क्योंकि–
(*a*) गन्दे चाकू से ये गहरे रंग की हो जाती है
(*b*) चाकू से लौह के निशान की उपस्थिति में टैनिक अम्ल का ऑक्सीकरण इरो गहरे रंग का बनाता है
(*c*) वायु की धूल से यह गहरे रंग का होता है
(*d*) उपरोक्त में से कोई नहीं

8. उच्च तापमान से शुष्क बीज इतने प्रभावित नहीं होते है जितने कि अंकुरित बीज क्योंकि–
(*a*) जलीयकरण एन्जाइम को तापमान के लिए अधिक ग्राही बना देता है
(*b*) नवोद्भिद् (Seedlings) कोमल होते हैं
(*c*) शुष्क बीज कठोर होते और इसलिए ये उष्मा के लिए प्रतिरोधी होते हैं
(*d*) शुष्क बीजों में अधिक संचित खाद्य होता है

9. ऊर्जा उपापचय में महत्वपूर्ण भूमिका निभाता है–
(*a*) सोडियम (*b*) फॉस्फोरस
(*c*) कैल्शियम (*d*) लिथियम

10. जब पानी में लवण मिलाया जाता है, तो टहनी पर लगा हुआ पुष्प इसमें रखने पर काफी समय तक ताजा रहता है–
(*a*) वाष्पोत्सर्जन की घटी हुई दर के कारण
(*b*) जीवाणुवीय सक्रियता में कमी के कारण
(*c*) अधिक जल के अवशोषण के कारण
(*d*) बाह्य परासरण के कारण

11. शीतकाल में तुषार पाले से पौधे मर जाते हैं क्योंकि–
(*a*) कम तापमान पर प्रकाश संश्लेषण नहीं होता
(*b*) श्वसन क्रिया थम जाती है
(*c*) ऊतकों में निर्जलीकरण तथा यांत्रिक क्षति हो जाती है
(*d*) श्वसन दर बढ़ जाती है

12. Q_{10} क्या होता है–
(*a*) श्वसन गुणांक
(*b*) एक ताप गुणांक
(*c*) गुणवत्ता का एक पैमाना
(*d*) क्वाण्टम समीकरण में एक स्थिरांक

13. माइटोकॉण्ड्रिया में ATP का संश्लेषण होता है–
(*a*) मैट्रिक्स में (*b*) क्रिस्टी पर
(*c*) बाह्य कला पर (*d*) इण्टराक्रिस्टल स्थल में

14. श्वसन तथा प्रकाश संश्लेषण दोनों के लिए आवश्यकता होती है–
(*a*) कार्बनिक ईंधन की
(*b*) साइटोक्रोम की
(*c*) सूर्य के प्रकाश की
(*d*) कार्बन बन्धकों की ऊर्जा की

15. क्रेब्स चक्र में सक्सीनेट से फ्यूमेरेट का ऑक्सीकरण होता है–
(*a*) इसमें इलेक्ट्रोन्स की हानि के कारण
(*b*) इससे हाइड्रोजन के हटने के कारण
(*c*) इसमें O_2 के जुड़ने के कारण
(*d*) उपरोक्त में से कोई नहीं

16. किस घटना में पायरुविक अम्ल के 2 अणु बनते हैं?
(*a*) ग्लाइकोलिसिस
(*b*) क्रेब्स चक्र
(*c*) साइट्रिक अम्ल चक्र
(*d*) इनमें से कोई नहीं

17. क्रेब्स चक्र का प्रारम्भ होता है–
(*a*) पायरुविक अम्ल से
(*b*) हाइड्रोक्लोरिक अम्ल से
(*c*) कॉर्टिकोस्टीरोइड्स से
(*d*) लायसिन से

18. क्रेब्स चक्र होता है–
(*a*) डिक्टियोसोम्स में
(*b*) माइटोकॉण्ड्रियल मैट्रिक्स में
(*c*) लाइसोसोम्स में
(*d*) अंतःप्रद्रव्य जालक के आशयों (Vesicles) में

19. श्वसन में पायरुविक अम्ल–
(*a*) टूट जाता है दो कार्बन खण्डों एवं CO_2 में
(*b*) होता है प्रोटीन अपघटन का परिणाम
(*c*) बनता है केवल उस समय जब ऑक्सीजन उपलब्ध होती है
(*d*) है क्रेब्स चक्र का उत्पाद

20. क्रेब्स चक्र का महत्व है–
(*a*) ऑक्सिन का उत्पादन
(*b*) अमीनो अम्लों का उत्पादन
(*c*) एसीटाइल Co-A का उत्पादन
(*d*) ए. टी. पी. अणुओं का उत्पादन

21. क्रेब्स चक्र में–
(*a*) पायरुविक अम्ल ATP में बदलता है
(*b*) पायरुविक अम्ल CO_2 तथा जल में बदलता है
(*c*) ADP का परिवर्तन ATP में होता है
(*d*) ग्लूकोज का परिवर्तन CO_2 में होता है

22. साइटोक्रोम्स में मिलते हैं–
(*a*) मैंग्नीज (*b*) कॉपर
(*c*) मैग्नीशियम (*d*) लौह

23. निम्नलिखित में से कौन-सा कार्बोहाइड्रेट तथा वसा उपापाचय में महत्वपूर्ण होता है?
(*a*) CO_2 (*b*) एसीटाइल सह-विकर -A
(*c*) पायरुविक अम्ल (*d*) साइट्रिक अम्ल

24. क्रेब्स चक्र में सम्मिलित होता है–
(*a*) ग्लूकोज से लैक्टिक अम्ल का निर्माण
(*b*) ऊर्जा रुपान्तरण के लिए पायरुविक अम्ल का परिवर्तन

(*c*) ग्लूकोज से पायरुविक अम्ल का निर्माण

(*d*) ADP से ATP का निर्माण

25. प्रोटीन प्रचुर दालों का श्वसन गुणांक (R.Q.) होता है–

(*a*) एक के बराबर (*b*) एक से अधिक

(*c*) एक से कम (*d*) उपरोक्त में से कोई नहीं

26. पायरुविक अम्ल के इथाइल एल्कोहल में परिवर्तन को सुविधा प्रदान की जाती है एन्जाइम द्वारा–

(*a*) डीहाइड्रोजिनेज

(*b*) कार्बोक्सीलेज

(*c*) कार्बोक्सीलेज एवं डिहाइड्रोजिनेज

(*d*) फॉस्फेटेज

27. श्वसन भागफल (R.Q.) एक से अधिक होता है जब–

(*a*) कार्बोहाइड्रेट श्वसनकारी पदार्थ होता है

(*b*) कार्बनिक अम्ल श्वसनकारी पदार्थ होते हैं

(*c*) वसाएँ श्वसनकारी पदार्थ होते हैं

(*d*) शर्करा श्वसनकारी पदार्थ होती हैं

28. श्वसन भागफल एक से कम होता है, सन्दर्भ में–

(*a*) वसाओं के (*b*) फ्रक्टोज के

(*c*) ग्लूकोज के (*d*) कार्बनिक अम्लों के

29. वसीय पदार्थो का R.Q. होता है प्रायः–

(*a*) शून्य (*b*) एक

(*c*) एक से अधिक (*d*) एक से कम

30. निम्नलिखित में से किसने इस बात का पता लगाया कि ऑक्सीदशाओं के अन्तर्गत ग्लूकोज की ऊर्जा किस प्रकार मुक्त होती है?

(*a*) हौपकिन्स (*b*) लिस्टर

(*c*) क्रेब्स (*d*) पाश्चर

31. ग्लूकोज के लिए R.Q. होता है–

(*a*) 0.05 (*b*) 0.5

(*c*) 1 (*d*) 2

32. निम्नलिखित अणुओं में से यीस्ट द्वारा ग्लूकोज के किण्वन (Fermentation) का कौन-सा उत्पाद है?

(*a*) $(C_6H_{10}O_5)n$ (*b*) C_2H_5OH

(*c*) $C_6H_{12}O_6$ (*d*) CH_3OH

33. अनॉक्सी श्वसन में निम्न में से एक अन्तिम उत्पाद के रुप में घटित होता है–

(*a*) फॉस्फोग्लिसरैल्डीहाइड का परिवर्तन एसीटाइल Co-A में हो जाता है

(*b*) फॉस्फोग्लिसरैल्डीहाइड का परिवर्तन पायरुविक अम्ल में हो जाता है

(*c*) फॉस्फोग्लिसरैल्डीहाइड का परिवर्तन एसीटिक अम्ल में हो जाता है

(*d*) विवरण अपूर्ण

34. माँसल पादपों (Succulent Plants) में श्वसन गुणांक सदैव एक से कम होता है–

(*a*) पूर्ण ऑक्सीकरण के कारण

(*b*) पूर्ण अपचयन के कारण

(*c*) अपूर्ण अपचयन के कारण

(*d*) अपूर्ण ऑक्सीकरण के कारण

35. ऑक्सीकर फॉस्फोरसीकरण होता है–

(*a*) श्वसन में $NADPH_2$ का निर्माण

(*b*) श्वसन में ATP का निर्माण

(*c*) प्रकाश संश्लेषण में $NADPH_2$ का निर्माण

(*d*) प्रकाश संश्लेषण में ATP का निर्माण

36. $C_{39}H_{74}O_6$ का श्वसन भागफल (R.Q.) होता है–

(*a*) 0.715 (*b*) 1.00

(*c*) 1.430 (*d*) 2.145

37. ग्लाइकोलिसिस तथा क्रेब्स चक्र के मध्य कौन-सा संयोजक कड़ी है?

(*a*) पायरुविक अम्ल

(*b*) साइटोक्रोम

(*c*) ऑक्जेलोएसीटिक अम्ल

(*d*) एसीटाइल-CoA

38. प्रकाश श्वसन को सुविधा प्रदान की जाती है–

(*a*) कम प्रकाश तथा उच्च O_2 द्वारा

(*b*) कम O_2 तथा उच्च CO_2 द्वारा

(*c*) कम तापमान तथा उच्च O_2 द्वारा

(*d*) उच्च O_2 तथा कम CO_2 द्वारा

39. पौधों में ऑक्सी श्वसन के अन्तिम उत्पाद होते हैं–

(*a*) CO_2 तथा ऊर्जा (*b*) CO_2, जल तथा ऊर्जा

(*c*) जल तथा ऊर्जा (*d*) CO_2 तथा H_2O_2

40. ई. एम. पी. चक्र के दौरान पूर्ण ATP उत्पादन होता है–

(*a*) 24 ATP अणु (*b*) 8 ATP अणु

(*c*) 38 ATP अणु (*d*) 6 ATP अणु

41. क्रेब्स चक्र जाना जाता है–
(*a*) ऑक्सीकर फॉस्फोरसीकरण भी
(*b*) ग्लाइकोलिसिस भी
(*c*) ट्राइकार्बोक्सिलिक अम्ल चक्र भी
(*d*) प्रकाश फॉस्फोरसीकरण भी

42. यदि तापमान (35°C) ऊपर बढ़ जाये तो–
(*a*) श्वसन के घटने की दर प्रकाश संश्लेषण के घटने की दर से पहले होगी
(*b*) प्रकाश संश्लेषण के घटने की दर श्वसन के गिरने की दर से पूर्व होगी
(*c*) दोनों का घटना क्रमिक रुप से होगा
(*d*) दोनों कोई निश्चित पद्धति प्रदर्शित नहीं करते हैं

43. कोशिकीय श्वसन के अन्तर्गत 1 ग्लूकोज अणु के पूर्ण ऑक्सीजन के फलस्वरुप ऊर्जा उत्पादन होता है बदलने के लिए–
(*a*) 38 ADP अणुओं को 38 ATP अणुओं में
(*b*) ADP के 30 अणुओं को ATP के 30 अणुओं में
(*c*) 36 ADP अणुओं को 36 ATP अणुओं में
(*d*) 32 ADP अणुओं को 32 ATP अणुओं में

44. सार्वभौमिक (Universal) हाइड्रोजन ग्राही होता है–
(*a*) ATP (*b*) FMN
(*c*) CoA (*d*) NAD

45. निम्न को छोड़कर सभी क्रियाएं क्रेब्स चक्र की माइटोकॉण्ड्रिया के मेट्रिक्स में होती है–
(*a*) GTP का बनना
(*b*) साइट्रिक अम्ल का isomerisation
(*c*) FAD का अपचयन
(*d*) साइट्रिक अम्ल का टूटना

46. श्वसन भागफल (R.Q.) शून्य होता है जब श्वसनकारी पदार्थ होता है–
(*a*) पूर्ण रुप से ऑक्सीकृत
(*b*) अपूर्ण रुप से ऑक्सीकृत
(*c*) बिल्कुल भी ऑक्सीकृत नहीं
(*d*) अपचयित

47. यदि श्वसन के अन्तर्गत् मुक्त हुई CO_2 का आयतन प्रयुक्त O_2 के आयतन से अधिक होता है तो श्वसनकारी पदार्थ होगा–
(*a*) वसा (*b*) कार्बनिक अम्ल
(*c*) प्रोटीन (*d*) कार्बोहाइड्रेट

48. निम्नलिखित में से किस क्रिया का प्रयोग पायरुवेट (पायरुविक अम्ल) के एसीटाइल Co-A में परिवर्तन के लिए होता है?
(*a*) ऑक्सीकर निर्जलीकरण
(*b*) ऑक्सीकर फॉस्फोरसीकरण
(*c*) ऑक्सीकर डीकार्बोक्सीलेशन
(*d*) ऑक्सीकर डिहाइड्रोजिनेशन

49. पायरुवेट (पायरुविक) डीहाइड्रोजिनेज का प्रयोग होता है परिवर्तित करने में–
(*a*) पायरुवेट को ग्लूकोज में
(*b*) ग्लूकोज को पायरुवेट में
(*c*) पायरुविक अम्ल को लैक्टिक अम्ल में
(*d*) पायरुवेट (पायरुविक अम्ल) को ऐसीटाइल Co-A में

50. यदि श्वसनकारी पदार्थ में प्रचुर ऑक्सीजन है तो R.Q. होगा–
(*a*) एक के बराबर (*b*) एक से कम
(*c*) एक से अधिक (*d*) इनमें से कोई नहीं

51. एक 6 कार्बन वाले निर्माण में क्रेब्स चक्र प्रारम्भ होता है अभिक्रिया द्वारा–
(*a*) फ्यूमैरिक अम्ल तथा पायरुविक अम्ल के बीच
(*b*) मैलिक अम्ल तथा एसीटाइल Co-A के बीच
(*c*) औक्जेलोएसीटिक अम्ल तथा एसीटाइल Co-A के बीच
(*d*) सक्सीनिक अम्ल एवं पायरुविक अम्ल के बीच

52. कोशिकीय सक्रियता में ऊर्जा का सामान्य स्रोत उच्चतम होता है–
(*a*) NAD (*b*) ATP
(*c*) DNA (*d*) RNA

53. ऑक्सी श्वसन के अन्तर्गत् ग्लूकोज के अणु से ऊर्जा का शुद्ध लाभ होता है–
(*a*) 2 ATP (*b*) 4 ATP
(*c*) 38 ATP (*d*) 40 ATP

54. पौधों तथा जन्तुओं की ऊर्जा करेन्सी है–
(*a*) क्लोरोफिल (*b*) कैलोरी
(*c*) ATP (*d*) NADP

55. एक एक्वेरियम में मछलियाँ भली भाँति क्यों रहती हैं जबकि उसमें हरे पादप उगे हों, क्योंकि ये–
(*a*) हरे पादपों द्वारा निकाली गयी ऑक्सीजन का प्रश्वास करती है
(*b*) हरे पादपों द्वारा निकाली गयी CO_2 को लेती है
(*c*) उनमें भोजन लेती है
(*d*) हरे वातावरण को पसन्द करती है

56. अपचयी (Catabolic) अभिक्रियाओं में एक कोशिका में उपलब्ध ऊर्जा अविलम्ब संग्रहित होती है रुप में–
(*a*) पायरुविक अम्ल के
(*b*) ग्लूकोज के
(*c*) ए. टी. पी. के
(*d*) डी. एन. ए. के

57. माइटोकॉण्ड्रिया में ATP संश्लेषण के लिए आवश्यक होता है–
(*a*) NADP (*b*) FMN
(*c*) ऑक्सीज़न (*d*) पायरुविक अम्ल

58. ग्लाइकोलिसिस में ATP अणुओं का शुद्ध लाभ होता है-
(*a*) शून्य (*b*) 2
(*c*) 4 (*d*) 8

59. ग्लाइकोलिसिस में अन्तिम रुप से–
(*a*) प्रोटीन का परिवर्तन ग्लूकोज में होता है
(*b*) ग्लूकोज का परिवर्तन फ्रक्टोज में होता है
(*c*) स्टार्च का परिवर्तन ग्लूकोज में होता है
(*d*) ग्लूकोज का परिवर्तन पायरुविक अम्ल में होता है

60. एक जीव के लिए निम्न में से किसमें प्रति अणु उपलब्ध ऊर्जा की सर्वाधिक मात्रा होती है?
(*a*) H_2O (*b*) ATP
(*c*) ADP (*d*) CO_2

61. ग्लाइकोलिसिस का अन्तिम उत्पाद होता है–
(*a*) ग्लूकोज (*b*) पायरुविक अम्ल
(*c*) इथाइल एल्कोहल (*d*) CO_2

62. जब पायरुविक अम्ल के अणु में अनॉक्सी श्वसन होता है और लैक्टिक अम्ल बनता है, तो यहाँ होता है–
(*a*) 4 ATP अणुओं का लाभ
(*b*) 2 ATP अणुओं का लाभ
(*c*) 3 ATP अणुओं का हानि
(*d*) 6 ATP अणुओं की हानि

63. जब ATP का परिवर्तन ADP में होता है तो यह छोड़ता है–
(*a*) एन्जाइम्स (*b*) स्राव
(*c*) हार्मोन्स (*d*) ऊर्जा

64. कार्बन डाईऑक्साइड मुक्त होती है–
(*a*) रसारोहण के अन्तर्गत्
(*b*) वाष्पोत्सर्जन के अन्तर्गत्
(*c*) प्रकाश संश्लेषण के अन्तर्गत्
(*d*) श्वसन के अन्तर्गत्

65. श्वसन तथा प्रकाश संश्लेषण दोनों के लिए आवश्यक होता है–
(*a*) क्लोरोफिल (*b*) साइटोक्रोम्स
(*c*) सूर्य का प्रकाश (*d*) ग्लूकोज

66. रात्रि में वृक्षों के नीचे सोने की सलाह नहीं दी जाती है क्योंकि–
(*a*) ये रात्रि के समय CO_2 छोड़ते हैं
(*b*) ये रात्रि के समय ऑक्सीजन छोड़ते हैं
(*c*) ये रात्रि में CO_2 तथा ऑक्सीजन दोनों छोड़ते हैं
(*d*) इनमें से कोई नहीं

67. श्वसन वह घटना है जिसमें–
(*a*) ऊर्जा का उपयोग होता है
(*b*) ऊर्जा ADP के रुप में संग्रहीत होती है
(*c*) ऊर्जा मुक्त होती है एवं ATP के रुप में संग्रहीत होती है
(*d*) ऊर्जा बिल्कुल निकलती है

68. कोशिकीय श्वसन के लिए जन्तुओं के समान ऑक्सीजन की आवश्यकता वाले पौधे सम्बन्धित होते हैं
(*a*) लाल शैवालों से (*b*) नीले हरे शैवालों से
(*c*) कवकों से (*d*) लाइकेन्स से

69. श्वसन, दहन (Combustion) की क्रिया से इस यथार्थ में भिन्न होता है कि–
(*a*) ग्लूकोज में संग्रहीत सम्पूर्ण ऊर्जा दहन के कारण एक साथ निकल जाती हैं
(*b*) ग्लूकोज में संग्रहीत सम्पूर्ण ऊर्जा दहन के कारण धीरे-धीरे निकलती है

(*c*) दहन के कारण तुलनात्मक दृष्टि से अधिक मात्रा में ऊर्जा उत्पन्न होती है
(*d*) कार्बोहाइड्रेट्स दहनकारी पदार्थ की भांति कार्य करते हैं

70. रेफ्रीजरेशन के अन्तर्गत् रखे गये पुष्पों तथा फलों की सुगन्ध अधिक समय तक बनी रहती है–
(*a*) नमी की अनुपस्थिति के कारण
(*b*) CO_2 के जमाव के कारण
(*c*) श्वसन के निष्क्रिय होने के कारण
(*d*) ऑक्सीजन की अनुपलब्धि के कारण

71. वार्षिक पादपों (Annual Plants) में प्रायः गैसीय विनिमय होता है–
(*a*) रन्ध्रों द्वारा (*b*) तने द्वारा
(*c*) पर्ण कटावों द्वारा (*d*) वातरन्ध्रों द्वारा

72. ऊर्जा उपापचय में एक महत्वपूर्ण भूमिका निभायी जाती है–
(*a*) फॉस्फोरस द्वारा (*b*) लिथियम द्वारा
(*c*) सोडियम द्वारा (*d*) कैल्शियम द्वारा

73. काष्ठीय पादपों के पुराने तनें में ऐसी संरचनाएँ पायी जाती है जिनमें होकर वायु श्वसन करने वाली कोशिकाओं में विसरित होती है। ये रचनाएँ कहलाती हैं–
(*a*) पर्ण कटाव (Leaf Scars)
(*b*) वातरन्ध्र (Lenticels)
(*c*) रन्ध्र (Stomata)
(*d*) रन्ध्र (Pores)

74. परिपक्व होने वाले युवा बीजों का श्वसन अधिक उच्च दर पर होता है क्योंकि जैसे ही पुनर्परिपक्वन के दौरान जल की मात्रा घटती है तो श्वसन–
(*a*) सीधे ही बढ़ता है
(*b*) सीधे ही घटता है
(*c*) उच्च दर पर रहता है
(*d*) पूर्णरुप से रुक जाता है

75. ग्लूकोज के जीव वैज्ञानिक ऑक्सीजन के अन्तर्गत उत्पन्न ऊर्जा सम्पन्न यौगिक होता है–
(*a*) एडीनोसिन मोनोफॉस्फेट
(*b*) एडीनोसिन ट्राईफॉस्फेट
(*c*) पारुविक अम्ल
(*d*) एसीटोएसीटेट

76. ए. टी. पी. होता है–
(*a*) एक एन्जाइम जो ऑक्सीकरण करता है
(*b*) एक अणु जो उच्च ऊर्जा फॉस्फेट बन्धकों से युक्त होता है
(*c*) एक हार्मोन
(*d*) एक प्रोटीन

77. चयन कीजिये–

I. ग्लाइकोलिसिस	L. माइटोकॉण्ड्रिया
II. क्रेब्स चक्र	M. F_1 कण
III. इलेक्ट्रॉन अभिगमन स्थल	N. कोशिकाद्रव्य

(*a*) I. L, II. M, III. N
(*b*) I. N, II. M, III. L
(*c*) I. N, II. L, III. M
(*d*) I. M, II. N, III. L

78. ऑक्सी तथा अनॉक्सी श्वसन के मध्य सामान्य प्रावस्था होती है–
(*a*) ग्लाइकोलिसिस (EMP) चक्र
(*b*) क्रेब्स चक्र
(*c*) ट्राईकार्बोक्सीलिक अम्ल चक्र
(*d*) ऑक्सीजन फॉस्फोरसीकरण

79. श्वसन के विभिन्न पद–नाम होते हैं–
(*a*) काइनिन्स द्वारा (*b*) एन्जाइम द्वारा
(*c*) औक्जिन्स द्वारा (*d*) शर्कराओं द्वारा

80. ग्लाकोलिसिस का दूसरा नाम होता है–
(*a*) TCA चक्र (*b*) कार्बन चक्र
(*c*) EMP चक्र (*d*) HMS चक्र

81. श्वसन में कौन-सा अन्तिम इलेक्ट्रॉन ग्राही होता है?
(*a*) साइटोक्रोम्स (*b*) डीहाइड्रोजिनेज
(*c*) ऑक्सीजन (*d*) हाइड्रोजन

82. कोशिका में अधिकांश ऊर्जा कार्बोहाइड्रेट्स के ऑक्सीकरण से मुक्त होती है जब–
(*a*) ग्लूकोज एल्कोहल तथा CO_2 में परिवर्तित हो जाता है
(*b*) शर्करा का परिवर्तन पायरुविक अम्ल में होता है
(*c*) पायरुविक अम्ल, CO_2 तथा H_2O में बदलता है
(*d*) पायरुविक अम्ल Co-A में बदलता है

83. श्वसन की घटना में फॉस्फेट बाण्ड की अत्यधिक मात्रा उत्पन्न होती है–
(*a*) अनॉक्सी श्वसन में
(*b*) ग्लाइकोलिसिस में
(*c*) क्रेब्स चक्र में
(*d*) उपरोक्त में से किसी में नहीं

84. क्रेब्स चक्र में सक्सीनेट स्तर पर हटने वाले हाइड्रोजन परमाणु ग्रहण किये जाते हैं–
(*a*) FAD द्वारा (*b*) ADP द्वारा
(*c*) ATP द्वारा (*d*) NAD द्वारा

85. यदि एक सूखाग्रस्त पौधे को हेक्सोज शर्कराएँ प्रदान की जाती है, तो श्वसन की दर–
(*a*) घटेगी (*b*) बढ़ेगी
(*c*) घटेगी या बढ़ेगी (*d*) कोई परिवर्तन नहीं होगा

86. क्रेब्स चक्र के लिए एकान्तरित नाम है–
(*a*) साइट्रिक अम्ल चक्र
(*b*) ग्लायकोलेट चक्र
(*c*) ग्लायऑक्सेलेट चक्र
(*d*) ई. एस. पी. चक्र

87. रात्रि में नागफनी में श्वसन गुणांक (R.Q.) होगा–
(*a*) शून्य (*b*) एक
(*c*) एक से कम (*d*) एक से अधिक

88. ADP तथा फॉस्फेट के बीच ऊर्जा प्रचुर बौण्ड के निर्माण के लिए आवश्यक कैलोरी की संख्या होती है–
(*a*) 2600 कैलोरी (*b*) 7600 कैलोरी
(*c*) 12660 कैलोरी (*d*) 20050 कैलोरी

89. एक रोब के फल की कटी हुई सतह उस समय भूरी हो जाती है जब वायु के सम्पर्क में आती है यदि सेब की कटी हुई सतह एस्कोर्बिक अम्ल (विटामिन सी बिलयन) में डुबायी जाती है तो भूरा होने की घटना नहीं घटती है ऐसा इसलिए होता है क्योंकि एस्कोर्बिक अम्ल–
(*a*) कटने से उत्पन्न कोशिका की चोट को समाप्त कर देता है
(*b*) पौलीफीनोल ऑक्सीडैज (PPO) की सक्रियता को संदमित कर देता है
(*c*) नष्ट हुई कोशिकाओं से पौलीफीनोल की युक्ति को रोकता है
(*d*) कटी हुई सतह के रंगने को रोकता है

90. एक जीवधारी में कार्बोहाइड्रेट्स अनॉक्सी श्वसन में ऊर्जा के स्रोत के रुप में प्रयुक्त हों तो R.Q. होगा–
(*a*) 0.7 (*b*) 0.9
(*c*) 1.0 (*d*) असंख्य

91. T.C.A. चक्र के कार्बोक्सीलेज एन्जाइम के लिए आवश्यक खनिज सक्रियकारी होता है–
(*a*) Mg (*b*) Fe
(*c*) Mo (*d*) Mn

92. क्रेब्स चक्र में सही तरतीब (Sequence) होती है–
(*a*) आइसोसाइट्रिक अम्ल → ऑक्जेलोसक्सीनिक अम्ल → α–कीटोग्लूटेरिक अम्ल
(*b*) ऑक्जेलोसक्सीनिक अम्ल → आइसोसाइट्रिक अम्ल → α–कीटोग्लूटेरिक अम्ल
(*c*) α–कीटोग्लूटेरिक अम्ल → आइसोसाइट्रिक अम्ल → ऑक्जेलोसक्सीनिक अम्ल
(*d*) ऑइसोसाइट्रिक अम्ल → α–कीटोग्लूटेरिक अम्ल → ऑक्जेलोसक्सीनिक अम्ल

93. क्रेब्स चक्र का स्थल (Site) होता है–
(*a*) साइटोसोल
(*b*) स्ट्रोमा
(*c*) माइटोकॉण्ड्रियल मैट्रिक्स
(*d*) ऑक्सीसोम

94. ऑक्सी श्वसन में ग्लूकोज के एक अणु के ऑक्सीकरण के फलस्वरुप बनते हैं–
(*a*) 36 ATP अणु (*b*) 38 ATP अणु
(*c*) 2 ATP अणु (*d*) 15 ATP अणु

95. इलेक्ट्रॉन परिवहन तन्त्र के अन्तर्गत निम्न किसके भीतर ऑक्सीकरण फॉस्फोरसीकरण होता है?
(*a*) हरितकणक (*b*) राइबोसोम्स
(*c*) माइटोकॉण्ड्रिया (*d*) ग्लायऑक्सीसोम्स

96. प्रकाश श्वसन घटित होता है अथवा जुड़ा होता है–
(*a*) माइटोकॉण्ड्रिया में
(*a*) ग्लायऑक्सीसोम्स में
(*c*) परॉक्सीसोम्स में
(*d*) स्फीरोसोम्स में

97. पादप कार्यकी के लिए आप कौन-सा वैज्ञानिक पत्र लगाएँगे?

(*a*) भारत के सदाबहार वन
(*b*) पादपों का भ्रूण संवर्धन
(*c*) पादपों में श्वसनिक क्रियाएँ
(*d*) कोशिका एवं कोशिका विभाजन

98. आलुओं (Potatoes) में बड़ी मात्रा में मण्ड (Starch) संग्रहीत होता है, जो भूमिगत् होते हैं। यह सम्भव होता है–

(*a*) आलुओं में शर्करा के संश्लेषण द्वारा
(*b*) कन्दों (Tubers) में वायवीय भागों से मण्ड के स्थानान्तरण द्वारा
(*c*) भूमि से कन्दों में स्टार्च के स्थानान्तरण द्वारा
(*d*) एन्जाइम की सक्रियता द्वारा, जिसके कारण स्टार्च में बदलता है और शर्करा वापस स्टार्च में बदल जाती है जब यह आलू में पहुँचती है

99. जब शर्कराओं का उपयोग कच्चे माल के रुप में होता है जो किण्वन के अन्तिम उत्पाद होते हैं–

(*a*) एल्कोहल तथा CO_2
(*b*) एल्कोहल तथा एसीटिक अम्ल
(*c*) CO_2
(*d*) एल्कोहल

100. पायरुविक अम्ल से एसीटाइल Co-A का निर्माण प्रतिफल होता है इसके–

(*a*) अपचयन का
(*b*) निर्जलीकरण का
(*c*) डीफॉस्फोरीलेशन का
(*d*) ऑक्सीकर डीकार्बोक्सीलेशन का

उत्तरमाला

1	2	3	4	5	6	7	8	9	10
(*a*)	(*d*)	(*d*)	(*a*)	(*d*)	(*c*)	(*b*)	(*a*)	(*b*)	(*a*)
11	**12**	**13**	**14**	**15**	**16**	**17**	**18**	**19**	**20**
(*c*)	(*b*)	(*b*)	(*b*)	(*b*)	(*a*)	(*a*)	(*b*)	(*a*)	(*d*)
21	**22**	**23**	**24**	**25**	**26**	**27**	**28**	**29**	**30**
(*b*)	(*d*)	(*b*)	(*b*)	(*c*)	(*c*)	(*b*)	(*a*)	(*d*)	(*c*)
31	**32**	**33**	**34**	**35**	**36**	**37**	**38**	**39**	**40**
(*c*)	(*b*)	(*d*)	(*d*)	(*b*)	(*a*)	(*d*)	(*d*)	(*b*)	(*b*)
41	**42**	**43**	**44**	**45**	**46**	**47**	**48**	**49**	**50**
(*c*)	(*b*)	(*c*)	(*d*)	(*c*)	(*b*)	(*b*)	(*c*)	(*d*)	(*c*)
51	**52**	**53**	**54**	**55**	**56**	**57**	**58**	**59**	**60**
(*c*)	(*b*)	(*c*)	(*c*)	(*a*)	(*c*)	(*c*)	(*b*)	(*d*)	(*b*)
61	**62**	**63**	**64**	**65**	**66**	**67**	**68**	**69**	**70**
(*b*)	(*d*)	(*d*)	(*d*)	(*b*)	(*a*)	(*c*)	(*c*)	(*b*)	(*c*)
71	**72**	**73**	**74**	**75**	**76**	**77**	**78**	**79**	**80**
(*a*)	(*a*)	(*b*)	(*b*)	(*b*)	(*b*)	(*c*)	(*a*)	(*b*)	(*c*)
81	**82**	**83**	**84**	**85**	**86**	**87**	**88**	**89**	**90**
(*c*)	(*c*)	(*c*)	(*a*)	(*b*)	(*a*)	(*a*)	(*b*)	(*b*)	(*d*)
91	**92**	**93**	**94**	**95**	**96**	**97**	**98**	**99**	**100**
(*d*)	(*a*)	(*c*)	(*a*)	(*c*)	(*c*)	(*c*)	(*d*)	(*a*)	(*d*)

❑❑❑

CHAPTER 25

वृद्धि एवं पादप हार्मोन्स
GROWTH AND PLANT HORMONES

वृद्धि (Growth)

- अनेक वैज्ञानिकों ने वृद्धि को, परिमाप तथा आयतन का चिरस्थायी, अपरिवर्तनीय परिवर्तन बताया है, जिसमें शुष्कभार (dry weight) में बढ़ोतरी होती है।
- वृद्धि की कोई भी पूर्ण परिभाषा देना उचित नहीं है क्योंकि वृद्धि एक अत्यन्त जटिल क्रिया है जिसमें लगभग सभी प्रकार की क्रियाएँ सम्मिलित हैं जो कि अनेक - कार्यिकी क्रियाओं का महत्वपूर्ण प्रभाव है।
- मुख्य रूप से ये क्रियाएँ जीवद्रव्य (Protoplasm) की मात्रा बढ़ाने में सहायक होती हैं, जिससे नई कोशिकाएँ, ऊतकों तथा नये अंगों का निर्माण होता है और पूर्ण रूप में इस अंग या पौधे के परिमाप में वृद्धि होती है।

पादप हॉर्मोन्स (Plant Hormones)

- पौधों की कुछ क्रियाएँ कुछ विशेष रासायनिक पदार्थों, जिन्हें हार्मोन्स कहते हैं, के द्वारा नियन्त्रित होती है। ये पदार्थ कुछ विशेष ऊतकों, मुख्यतः नई तथा विभज्योतकों में उपापचयी (Metabolic) क्रियाओं में उत्पन्न होते हैं तथा अति सूक्ष्म मात्रा में दूसरी ऊतकों में पहुँचकर वृद्धि को नियन्त्रित करते हैं।
- पादप हॉर्मोन अथवा फाइटो हॉर्मोन वृद्धि को संचालित करने वाले कार्बनिक पदार्थ हैं जो पौधों द्वारा संश्लेषित होता है।
- पादप हॉर्मोन की खोज सर्वप्रथम जान वान सेच (John Von Sach) ने 1900 ई. में की तथा इन्हें वृद्धि कारक बताया।

पादप हार्मोन्स चार प्रकार के होते हैं-

(*i*) आक्सिन (Auxins)
(*ii*) जिबरेलिन (Gibberellins)
(*iii*) साइटोकाइनिन (Cytokinins)
(*iv*) वृद्धिरोधक (Growth inhibitors)

1. ऑक्सिन (Auxins)

ऑक्सिन, वे पदार्थ हैं जो पौधों में **प्रारोह की कोशिकाओं** में दीर्घीकरण (elongation) प्रेरित (induce) करते हैं। ये, **इण्डोल एसीटिक अम्ल** (indole acetic acid = IAA) से कार्यिकी प्रभावों में समानता रखते हैं। यद्यपि ऑक्सिन मुख्य रूप से दीर्घीकरण प्रेरित करते हैं, किन्तु अन्य क्रियाओं को भी प्रभावित करते हैं। अब, प्राकृतिक रूप में पौधे के अन्दर पाये जाने वाले ऑक्सिन के अतिरिक्त समान व्यवहार व रासायनिक संरचना वाले संश्लेषित पदार्थ ज्ञात हैं जो बाहर से पौधों को दिए जा सकते हैं। सामान्यतः **ऑक्सिन, कार्बनिक अम्ल हैं जिनमें एक असंतृप्त चक्रिक केन्द्र (unsaturated cyclic nucleus) होता है या फिर इसी प्रकार के अम्लों के यौगिक होते हैं।**

उदाहरण- IAA = Indole-3-Acetic Acid
β-NAA = β-Napthalene Acetic Acid

ऑक्सिन की खोज 1931 में **कोल** तथा **स्मिथ** ने किया। इसे उन्होंने मानव के मूत्र का रवाकरण कर प्राप्त किया तथा **आक्सेनो ट्राईओलिक अम्ल** (ऑक्सिन 'A') नाम दिया। 1934 में कोल, स्मिथ व एक्सर्लबेन ने यक्का से ऑक्सिन प्राप्त किया तथा **ऑक्सेनोलोनिक अम्ल** (ऑक्सिन 'B') नाम दिया। अन्य ऑक्सिन हैं इन्डोल 3-एसीटिक अम्ल (IAA), नेप्थाइल एसीटिक अम्ल (NAA) तथा 2, 4 डाइक्लोरो फिनोक्सी एसीटिक एसिड (2, 4-D) आदि। कुछ ऑक्सिन की रासायनिक संरचना दिया गया है–

(i) 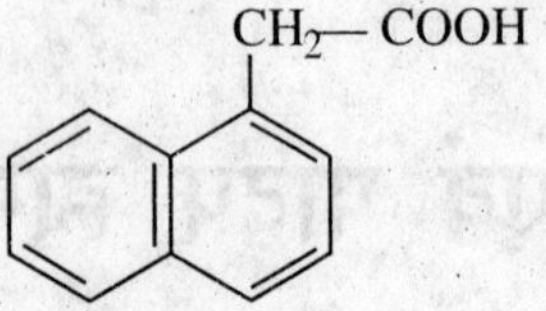

NAA

(ii) 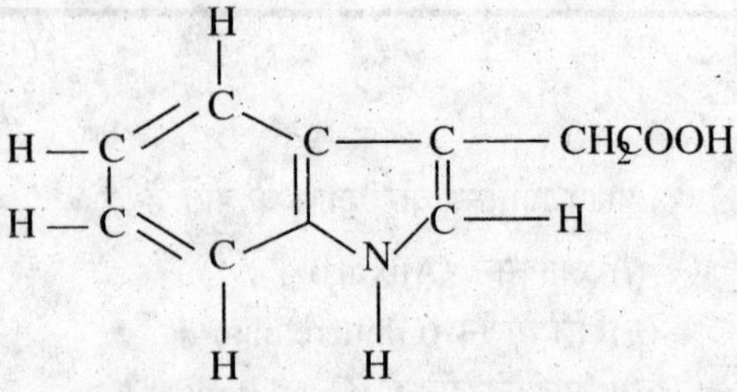

IAA

(iii) 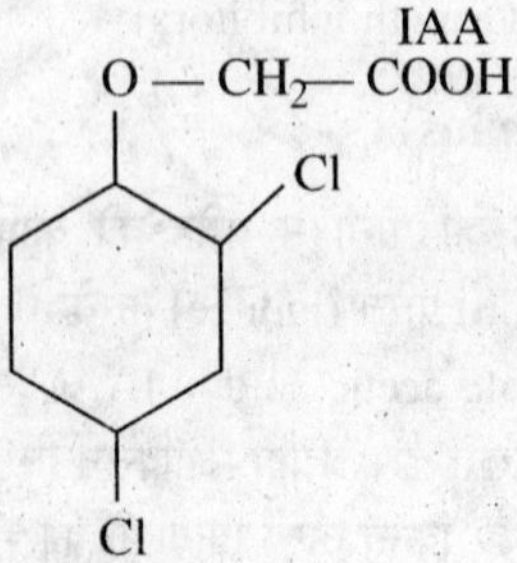

2, 4 D

ऑक्सिन का प्रायोगिक उपयोग

(Application and role of Auxins)

- विभिन्न प्रकार के प्रयोगों के आधार पर ऑक्सिन के अनेक उपयोग तथा कार्य हैं।
- विभिन्न प्रकार की क्रियाओं को नियन्त्रित करना तथा उनमें महत्वपूर्ण परिवर्तन उत्पन्न करना मुख्य है।
- कुछ उदाहरण निम्नलिखित हैं-

(i) **वृद्धि दर (Growth rate)–** ये कोशिकीय दीर्घीकरण प्रेरित कर सम्पूर्ण वृद्धि दर पर प्रभाव डालते हैं।

(ii) **ऑक्सिन से अनुवर्तन क्रियाएँ (Tropic movements)–** ऑक्सिन अनुवर्तनी क्रियाओं का सम्पादन करते हैं। प्रकाश, गुरुत्वाकर्षण आदि के प्रभाव से होने वाली जड़ व तनों की अनुवर्तन क्रियाएँ ऑक्सिन के आधार पर ही बताई गई हैं और इनका प्रायोगिक स्वरूप निश्चित किया गया है।

(iii) **शीर्ष प्रमुखता (Apical dominance)–** ऑक्सिन के वृद्धि अवरोधक गुण के कारण पौधों में शीर्ष प्रमुखता पाई जाती है। यदि शीर्ष को काट दें तो शाखाओं की वृद्धि बढ़ जाती है।

(iv) **ऊतक तथा अंगों का भिन्नन** - इस क्रिया में ऑक्सिन का प्रायोगिक तथा उपयोगी स्वरूप बागवानी के काम में लाया जाता है। उदाहरण के लिए लगायी जाने वाली कलम को यदि किसी ऑक्सिन के घोल में पहले से ही डुबा लिया जाए तो उसमें जड़ें जल्दी व अधिक निकलती हैं।

(v) **फल निर्माण तथा अनिषेक फलन (Parthenocarpy)–** इस क्रिया के लिए ऑक्सिन का फूल के पौधों पर छिड़काव किया जाता है। अनिषेक फल बीजरहित (seedless) होते हैं।

(vi) **पत्तियों, फलों आदि का विलगन (Abscission)–** पत्तियों, फलों आदि के विगलन की क्रिया को रोकने के लिए ऑक्सिन का उपयोग किया जाता है।

(vii) **अपतृण निवारण (Weed killing)–** अपतृण निवारण के लिए 2-4 D जैसे ऑक्सिन का उपयोग किया जाता है। चौड़ी पत्ती वाले द्विबीजपत्री पौधे फसल के सँकरी पत्ती वाले पौधों के बीच से नष्ट किया जा सकता है।

(viii) **प्रसुप्तावस्था प्रभाव (Role in dormancy)–** ऑक्सिन कलिकाओं की वृद्धि में अवरोध उत्पन्न करते हैं अतः आलू आदि के संचय के समय इनका उपयोग लाभकारी सिद्ध होता है।

इस प्रकार कृषि, बागवानी, उद्यान विज्ञान आदि में ऑक्सिन का प्रयोग अनेक प्रकार से होता है।

2. जिबरेलिन (Gibberellins)

इनका मुख्य प्रभाव तने के पर्वों (internodes) का लम्बा होना है। इसके अतिरिक्त, पत्ती का फलक बढ़ाना, पार्श्व कलिका रोधन, पौधे की मोटाई आदि से सम्बन्धित अनेक प्रभाव पैदा करना है।

जिबरेलिन कभी-कभी तो ऑक्सिन की तरह प्रभाव उत्पन्न करते हैं, परन्तु कभी-कभी विपरीत या नये प्रकार का प्रभाव प्रदर्शित करते हैं। इन पर प्रकाश का कोई प्रभाव नहीं

होता और न ही किसी की अनुवर्तन गति (tropic movement) में इसका कोई प्रभाव देखा गया है। **मूल वृद्धि** (root initiation) तथा **कैलस वृद्धि** (callus growth) पर इसका विपरीत प्रभाव पड़ता है।

जिबरेलिन का प्रायोगिक उपयोग (Application and role of Gibberellins)

(*i*) अपने कुछ प्रभावों के कारण जिबरेलिन महत्वपूर्ण हैं। **जनक बौनापन** (genetic dwarfism) जो कुछ पौधों; जैसे **मटर** (*Pisum sativum*) में पाया जाता है, जिबरेलिन के अत्यन्त तनु घोल (dilute solution) से ही दूर हो जाता है।

(*ii*) इसी प्रकार, कुछ पौधों में जिनकी पत्तियाँ बहुत पास-पास होती हैं तथा पर्व बहुत छोटे होते हैं (rosette form) पर जिबरेलिन के प्रभाव से लम्बा पुष्पवृन्त बनाया जाता है। इस प्रकार के प्रभाव को **बोल्टिंग** (bolting) कहते हैं।

(*iii*) बोल्टिंग प्रभाव कुछ **द्विवर्षी पौधों** (biennial plants) के लिए अति उपयोगी है। इन पौधों में पहले वर्ष में केवल वर्धी भाग ही बनते हैं तथा दूसरे वर्ष में एक लम्बा पुष्पदण्ड (scape) निकलता है (इसी क्रिया को बोल्टिंग कहते हैं)। जिबरेलिन का छिड़काव करने से इन पौधों में **बोल्टिंग** की क्रिया प्रथम वर्ष में ही आरम्भ हो जाती है।

जिबरेलिन की रासायनिक संरचना

जिबरेलिन की खोज **कुरोसावा** ने सर्वप्रथम की परन्तु **याबुता** तथा **हयाशी** ने 1939 ई. में *जिबरेला फ्यूजीकोराई* से इसे प्राप्त कर **जिबरेलिन** '*A*' नाम दिया। इसकी संरचना में एक गिबेन रिंग होती है।

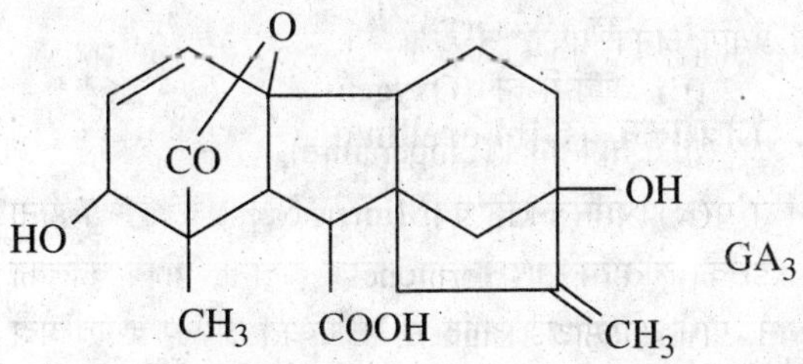

(*iv*) कुछ पौधों में **अनिषेक फलन** (parthenocarpy) भी जिबरेलिन के द्वारा किया जाता है। इस प्रभाव में जिबरेलिन IAA से 500 गुना अधिक सक्रिय देखे गए हैं।

(*v*) उपरोक्त प्रभावों के अतिरिक्त लम्बी प्रकाशावधि वाले पौधे शीघ्र ही पुष्प धारण कर लेते हैं। बहुत से फल जिबरेलिन के प्रभाव से बड़े व बीजरहित उत्पन्न होते हैं, जैसे–अंगूर। बहुत से पौधों में फलों की संख्या बढ़ जाती है; जैसे–नींबू, संतरा इत्यादि में।

(*vi*) **कन्दों** (tubers) पर भी जिबरेलिन का प्रभाव पड़ता है। यह उनकी प्रसुप्तावस्था को समाप्त कर उनको अंकुरण के लिए प्रेरित करता है।

(*vii*) ये पुष्पों की संख्या तथा उनके परिमाप में भी वृद्धि करते हैं।

(*viii*) **किण्वन** (fermentation) के द्वारा शराब निर्माण में इनके प्रयोग से क्रिया (process) में तेजी आ जाती है। ऐसे अनेक प्रभावों के कारण जिबरेलिन अत्यन्त उपयोगी पदार्थ सिद्ध हुए हैं।

3. साइटोकाइनिन (Cytokinins)

पौधों में ऐसे महत्वपूर्ण यौगिक भी उपस्थित होते हैं, जो कोशिका विभाजन को प्रेरित करते हैं। इनमें सबसे प्रमुख पदार्थ **काइनेटिन** (kinetin) होता है। अब तो ऐसे अनेक पदार्थ ज्ञात हो चुके हैं जो काइनेटिन की तरह न्यूक्लिक अम्लों के अपघटन से बनते हैं तथा काइनेटिन समूह के ही यौगिक होते हैं। इस समूह के पदार्थों को ही जो काइनेटिन की तरह कार्य करते हैं **साइटोकाइनिन** (cytokinins) कहा जाता है।

साइटोकाइनिन प्राकृतिक रूप में उपस्थित ऑक्सिन (जैसे IAA) के साथ मिलकर कार्य करता है। ये पदार्थ IAA इत्यादि के प्रभाव के लगातार चलते रहने में सहायता करते हैं। न्यूक्लिक अम्लों के संश्लेषण से लेकर कोशिका विभाजन तक में साइटोकाइनिन का बहुत महत्व है। ये पदार्थ अन्य वृद्धि हॉर्मोन्स की तरह कोशिका दीर्घीकरण में भी सहायता करते हैं, जड़ों तथा तनों में **विभज्योतक** (meristems) के निर्माण को प्रेरित करते हैं, कुछ विशेष परिस्थितियों में जड़ों तथा प्ररोहों की वृद्धि रोकते हैं, बीजों में (बहुधा) अंकुरण को प्रेरित करते हैं, पत्तियों की आकार वृद्धि आदि को प्रेरित करते हैं। ये पदार्थ पर्णहरित (chlorophyll) को काफी समय तक नष्ट होने से बचाते हैं। उच्च श्रेणी के पौधों में ही नहीं, बहुत से सूक्ष्म जीवों में भी साइटोकाइनिन महत्वपूर्ण है।

साइटोकाइनिन की रासायनिक संरचना

स्कूग तथा **जबलोन्स्की** ने 1954 ई. में तम्बाकू के सम्वर्धन से कोशिका विभाजन के लिए उपयोगी पदार्थ पृथक करके काइनिन नाम दिया। **मिलर** ने यक्का से जियेटिन निकाला तथा **लिथाम** ने 1963 ई. में इसे साइटोकाइनिन नाम दिया। ये 6 फरफ्यूरिल अमीनो प्यूरीन हैं।

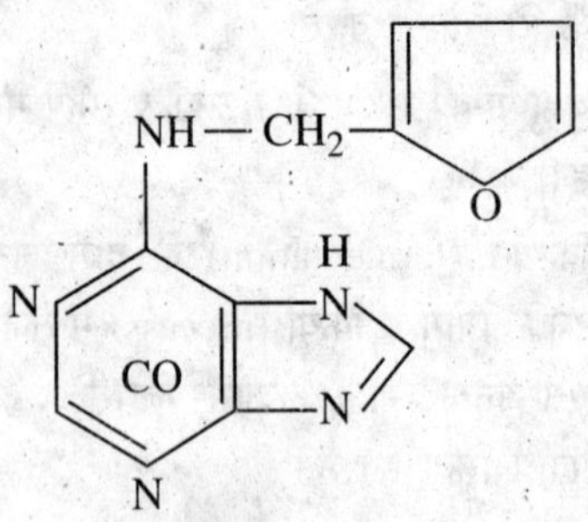

काइनेटिन

4. वृद्धिरोधक (Growth inhibitors)

अत्यधिक मात्रा में अथवा अत्यन्त कम मात्रा में कुछ पदार्थ स्वयं ही किसी प्रकार की वृद्धि में अवरोध (inhibition) उत्पन्न करते हैं इन्हें वृद्धि रोधक कहते हैं। किन्तु अनेक ऐसे पदार्थ भी पौधों में उपस्थित होते हैं जो हॉर्मोन्स के प्रभाव को नष्ट करते अथवा नियमित करते हैं।

पौधों में **प्रसुप्तावस्था** (dormancy) ऐसे ही वृद्धिरोधकों के कारण समझी जाती है। इन पदार्थों को सम्मिलित रूप से **डॉरमिन** (dormin) कहा जाता है। ऐसा ही एक पदार्थ **टरपोलाइनिक अम्ल** (terpolinic acid) है। पहले इसे **एब्सीसिक अम्ल** (ABA = abscissic acid) कहा जाता था। यह बहुत से पौधों की पार्श्व कलिकाओं (lateral buds) की प्रसुप्तावस्था (dormancy) के लिए उत्तरदायी है। यह पदार्थ ऑक्सिन तथा जिबरेलिन के प्रभाव को अवरोधित (inhibit) करता है। इसके अतिरिक्त **सोलेनिडिन** (Solanidine) आलू कन्दों (potato tubers) में कलिका प्रस्फुटन (bud sprouting) को रोकता है। अन्य प्रमुख वृद्धिरोधक पदार्थ **स्कॉपोलेटिन** (scopoletin), **कोमेरिन** (coumarins), पैराएस्कॉर्बिक अम्ल (para-ascorbic acid) आदि।

एब्सीसिक अम्ल की रासायनिक संरचना

ओहकुमा ने 1965 ई. में एब्सीसिक अम्ल की रासायनिक संरचना दी। इसे 3-मिथाइल-5 (1'–हाइड्रॉक्सी–4'–ऑक्सो–2', 6', 6'–ट्राइमिथाइल, 2'–साइक्लोहेक्सेन–1 आइल)–सिस-ट्रान्स-2', 4'–पेन्टाइडिनोइक अम्ल कहते हैं।

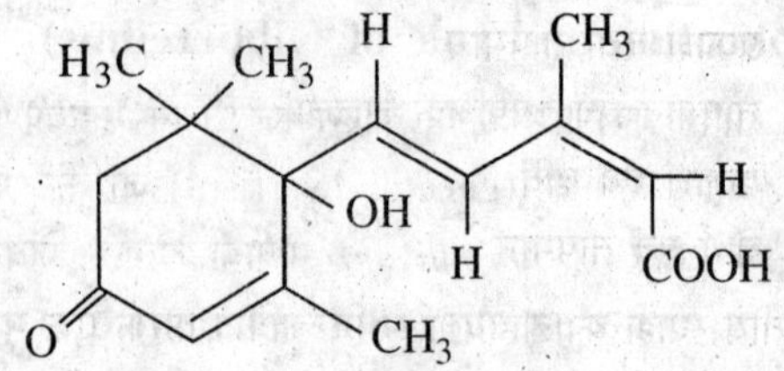

एब्सीसिक अम्ल

इथाइलीन की रासायनिक संरचना

इथाइलीन एक वाष्पशील गैस है। इसे निजबोऊ ने 1901 में पौधों की जड़ों से प्राप्त किया। जिमरमेन ने 1931 ई. में इसकी संरचना निम्नानुसार बताई।

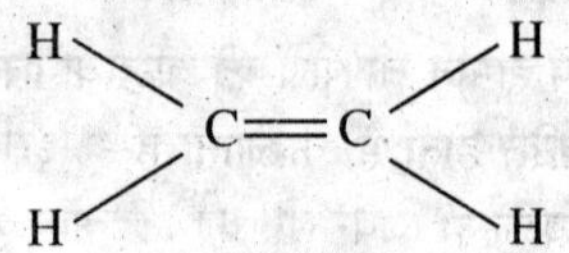

इथाइलीन

पौधों की वृद्धि पर प्रभाव डालने वाले कारक (Factors Affecting Plant Growth)

पौधों की वृद्धि पर प्रभाव डालने वाले प्रमुख कारक निम्नानुसार हैं-

(*i*) जल (Water)
(*ii*) ऑक्सीजन (Oxygen)
(*iii*) तापमान (Temperature)
(*iv*) खनिज लवण (Mineral Salts)
(*v*) हॉर्मोन्स (Hormones)
(*vi*) प्रकाश (Light)
- प्रकाश का प्रकार (Quality of light)
- प्रकाश की तीव्रता (Intensity of light)
- प्रकाश की दिशा (Direction of light)
- प्रकाश काल (Duration of light)

बहुविकल्पीय प्रश्न

1. प्रारम्भिक स्तर पर वृद्धि दो जलवायवीय कारकों द्वारा प्रभावित होती है, ये हैं–
(*a*) प्रकाश तथा तापमान
(*b*) तापमान एवं आपेक्षिक आर्द्रता
(*c*) प्रकाश एवं वायु
(*d*) वर्षा एवं तापमान

2. भारतीय स्याही की सहायता से चिन्हांकित करके एक मूल (Root) में वृद्धि के वितरण का अध्ययन सर्वप्रथम किया–
(*a*) साक्स ने (*b*) स्ट्रॉसबर्गर ने
(*c*) वेण्ट ने (*d*) निश ने

3. निम्नलिखित एक प्राकृतिक वृद्धि संदमक (Growth Inhibitor) होता है–
(*a*) NAA (*b*) GA_3
(*c*) ABA (*d*) IAA

4. वह पादप हार्मोन जो पौधे की वृद्धि के लिए अन्य भागों में स्थानान्तरित होता है, कहलाता है–
(*a*) जिबरेलिन
(*b*) साइटोकाइनिन
(*c*) इण्डोल एसीटिक एसिड
(*d*) उपरोक्त में से कोई नहीं

5. एक प्राकृतिक वृद्धि नियंत्रक (हार्मोन) होता है–
(*a*) बेन्जैल्डीहाइड (*b*) 2, 4-D
(*c*) NAA (*d*) एथिलीन

6. गोदामों में निम्न किसके उपयोग से आलुओं का अंकुरण रोका जा सकता है–
(*a*) मैलिक हाइड्राइड
(*b*) 2, 4- D
(*c*) इण्डोल एसीटिक अम्ल
(*d*) नेप्थालीन एसीटिक अम्ल

7. जिबरेलिक अम्ल निम्न किस स्थिति में पुष्पन को प्रोत्साहित करने के लिये उपयोग में लाया जाता है–
(*a*) छोटे दिन पौधों का दीर्घ दिवस परिस्थितियों में
(*b*) दीर्घ दिवस पौधों का लघु दिवस परिस्थितियों में
(*c*) समान दिवस पौधों में
(*d*) कुछ पौधों में

8. शीर्षस्थ प्रबलता ऊँचे पौधों में निम्न किस कारण होता है–
(*a*) ऑक्सिन तथा साइटोकाइनिन के मध्य सन्तुलन के कारण
(*b*) एन्जाइम सक्रियता
(*c*) कार्बोहाइड्रेट उपापचय
(*d*) प्रकाश अपवर्तन

9. साइटोकाइनिन–
(*a*) कोशिका विभाजन को उत्साहित करती है
(*b*) प्रसुप्ती को उत्साहित करती है
(*c*) कोशिका प्लेट बनाती है
(*d*) तर्कु सूत्र बनाने में उपयोगी होती है

10. निम्न में से कौन तृणनाशक है–
(*a*) 2, 4-D (*b*) GA
(*c*) NAA (*d*) ABA

11. इथीलीन है–
(*a*) वायु हार्मोन (*b*) वायु विकार
(*c*) दाब वायु मिश्रण (*d*) ठोस हार्मोन

12. निम्न कौन-सी पादप क्रिया जिबरेलिन अम्ल द्वारा प्रभावित होती है
(*a*) आनुवंशिक लम्बे पौधों का छोटा होना
(*b*) आनुवंशिक छोटे पौधों का लम्बा होना
(*c*) तने की कटिंग में जड़ें निकलना
(*d*) फलों का गिरना बढ़ना

13. जिबरेलिन पुष्पन उद्दीप्त करते हैं–
(*a*) अल्प प्रदीप्त काली पादपों में
(*b*) दीर्घ प्रदीप्त काली पादपों में
(*c*) दिवस निरपेक्ष पादपों में
(*d*) सभी पादपों में

14. कृत्रिम पक्वन के लिये फलों को उपचारित करते हैं–
(*a*) IAA (*b*) एथिलीन से
(*c*) काइनेटिन से (*d*) मॉरफैक्टिन से

15. रिकमोन्ड लैंग प्रभाव किससे जुड़ा है–
(*a*) जीर्णता में विलम्ब
(*b*) शीर्षस्थ प्रभाविकता
(*c*) जड़ों का बनना
(*d*) पत्ती का बनना

16. शीर्षस्थ प्रमुखता का अर्थ है–
(*a*) कक्षवर्ती कलिकाओं द्वारा शीर्षस्थ कलिका की वृद्धि की लुप्तांगता
(*b*) शीर्षस्थ कलिका की उपस्थिति के कारण कक्षवर्ती कलिकाओं की वृद्धि की लुप्तांगता
(*c*) कक्षवर्ती कलिकाओं के निष्कासन द्वारा शीर्षस्थ कलिका की वृद्धि का उद्दीपन
(*d*) शीर्षस्थ कलिका के निष्कासन द्वारा कक्षवर्ती कलिकाओं की वृद्धि का विरोध

17. निम्न में से कौन-सा हार्मोन दीर्घ प्रदीप्तकाल को पुष्पी पौधों में विस्थापित कर सकता है–
(*a*) ऑक्सिन (*b*) GA
(*c*) साइटोकाइनिन (*d*) इथीलीन

18. वृक्षों पर लगे सेब के फलों को सामान्य से बड़े आकार में बनाना कैसे सम्भव हो सकता है–
(*a*) स्तम्भ शीर्ष को काटकर हटाना
(*b*) पुष्प पुँज को काट छाँट कर छोटा करना
(*c*) पत्ती तोड़कर हटाना
(*d*) हार्मोन छिड़ककर

19. एब्सीसिक अम्ल (ABA) से प्रोत्साहित होता है–
(*a*) पतझड़ (*b*) बीजांकुरण
(*c*) मुकुलन (*d*) कोशिका विभाजन

20. एक लिंगी पौधों में किसकी क्रिया से लिंग परिवर्तन होता है–
(*a*) साइटोकाइनिन (*b*) ABA
(*c*) इथेनोल (*d*) ऑक्सिन

21. एक बीज का वृद्धि चक्र होता है–
(*a*) J आकार का (*b*) पाराबोलिक
(*c*) सिग्मायड चक्र (*d*) हाइपरबोलिक

22. वृद्धि वर्धक हार्मोन जिबरेलिन को सर्वप्रथम किसने खोजा था–
(*a*) यबूता तथा सुमुकी
(*b*) ड्यूटरोशेट तथा डॉक
(*c*) गार्नर तथा एलार्ड
(*d*) शिमोडी तथा यानोफस्की

23. पर्ण गिरना शुरु होता है जब मात्रा–
(*a*) ABA की क्रम होती है
(*b*) ऑक्सिन की बढ़ती है
(*c*) ऑक्सिन की घटती है
(*d*) जिबरेलिक अम्ल की घटती है

24. साइटोकाइनिन हार्मोन की योग्यता होती है–
(*a*) शीतलन प्रभाव का प्रतिस्थापन
(*b*) जड़ प्रस्फुटन का प्रेरण
(*c*) बौने पौधों को लम्बा करना
(*d*) आकार जनन का प्रेरण (Induction of Morphogenesis)

25. काटने-छाँटने (Pruning) के अन्तर्गत शीर्षस्थ कलिका को हटाने पर–
(*a*) पौधे की मृत्यु हो जाती है
(*b*) नयी शीर्षस्थ कलिका का निर्माण होता है
(*c*) पार्श्व शाखान्वयन बढ़ जाता है
(*d*) मुख्य तना लम्बा हो जाता है

26. फलों के पकने की दर को तीव्र किया जा सकता है किसके प्रयोग द्वारा–
(*a*) जिबरेलिक अम्ल
(*b*) इण्डोल एसीटिक अम्ल
(*c*) फ्लोरीजिन
(*d*) एथिलीन गैस

27. पौधों में ऑक्सिन का संश्लेषण होता है–
(*a*) वल्कुट में
(*b*) जाइलम कोशिकाओं में
(*c*) फ्लोएम कोशिकाओं में
(*d*) मूल तथा प्ररोह शीर्षो में

28. निम्नलिखित में से कौन-सा गैसीय पादप वृद्धि नियंत्रण होता है–
(*a*) GA (*b*) ABA
(*c*) इथिलीन (*d*) काइनेटिन

29. फल के पकने को नियंत्रित करने वाला पादप हार्मोन होता है–
(*a*) IAA (*b*) काइनेटिन
(*c*) GA (*d*) इथिलीन

30. ऑक्सिन की गति अधिकतर होती है–
(*a*) अग्राभिसारी
(*b*) तलभिसारी (Basipetal)
(*c*) अग्राभिसारी तथा तलभिसारी दोनों
(*d*) केन्द्रभिसारी

31. कुछ वृद्धि नियंत्रक रन्ध्रों के खुलने की क्रिया को प्रभावित करते हैं। रन्ध्रों का बन्द होना घटित होता है-
(*a*) काइनेटिन द्वारा
(*b*) एब्सीसिक अम्ल द्वारा (ABA)
(*c*) इण्डोल ब्यूटीरिक अम्ल द्वारा
(*d*) जिबरेलिक अम्ल द्वारा

32. काइनेटिन एक वृद्धि नियन्त्रक पदार्थ है जो सर्वप्रथम निम्न क्षार से पृथक किया गया--
(*a*) एडिनाइन (*b*) $CaSO_4$
(*c*) यूरेसिल (*d*) उपरोक्त सभी

33. साइटोकाइनिन क्या है–
(*a*) कोशिका विभाजन का प्रकार है
(*b*) सुषुप्तावस्था प्रेरित करता है
(*c*) एक हार्मोन है जो मुख्यतः कोशिका विभाजन प्रेरित करता है
(*d*) कोशिकीय गति को बताता है

34. एब्सीसिक अम्ल (ABA) नियंत्रित करता है–
(*a*) प्ररोह का लम्बान
(*b*) कोशिका लम्बान तथा कोशिका भित्ति का बनना
(*c*) कोशिका विभाजन
(*d*) पर्णों का गिरना तथा सुषुप्तावस्था

35. घास के मैदान में चलना घास को अच्छी तरह उगने में सहायता करता है–
(*a*) शीर्षस्थ प्रमुखता समाप्त होती है तथा कक्षस्थ बढ़ती है
(*b*) शीर्षस्थ प्रमुखता समाप्त हो जाती है
(*c*) घाव हो जाते हैं जो तेजी से वृद्धि को बढ़ाती है
(*d*) शीर्षस्थ प्रमुखता समाप्त होती है तथा अन्तविष्ट विभज्योतक बढ़ते हैं

36. निम्न में कौन से कथन ऑक्सिन के प्रयोग के विषय में गलत है–
(*a*) पौधों की वृद्धि की दिशा को नियन्त्रित करते हैं
(*b*) पार्श्व कलिका की वृद्धि को कम करता है
(*c*) ऊतक संवर्धन में कोशिका विभाजन को बढ़ाता है
(*d*) यह गति लम्बान प्रभाव देता है

37. शिखाग्र प्रमुखता का अर्थ है–
(*a*) कक्षीय कलिका की वृद्धि का शीर्ष कलिका द्वारा संदमन
(*b*) शीर्ष कलिका काटकर कक्षीय कलिका का वृद्धि संदमन
(*c*) शीर्ष कलिका की वृद्धि का कक्षीय कलिका द्वारा संदमन
(*d*) कक्षीय कलिका काट देने से शीर्ष कलिका की वृद्धि प्रेरण

38. अन्नानास (Pineapple) में अन्य ऋतु में भी पुष्प उत्पन्न किये जा सकते हैं। यह किसके प्रभाव द्वारा सम्भव है–
(*a*) इथाइलीन (*b*) जियाटीन
(*c*) छोटे दिनों में (*d*) तापक्रम

39. निम्न में से कौन कोशिका में कोशिका विभाजन को प्रेरित करता है?
(*a*) GA (*b*) साइटोकाइनिन
(*c*) ऑक्सिन (*d*) उपरोक्त में से कोई नहीं

40. जिबरेलिन प्रेरक है–
(*a*) पुष्पन के
(*b*) कोशिका विभाजन के
(*c*) अंकुरण करते बीजों में हाइड्रोलाइजिंग एन्जाइम के उत्पादन में
(*d*) फलों के पकने के

41. निम्न में से किस हार्मोन वर्ग का निम्न ताप उपचार की जगह इस्तेमाल किया जा सकता है--
(*a*) ऑक्सिन (*b*) जिबरेलिन्स
(*c*) साइटोकाइनिन (*d*) एथिलीन

42. सूची-I को सूची-II से सुमेलित कीजिये तथा सूचियों के नीचे दिये गये कूट का उपयोग करते हुये सही उत्तर का चयन कीजिये-

सूची-I	सूची-II
A. भित्ति की दैर्ध्य वृद्धि में बढ़ोत्तरी	(*i*) जिबरेलिन्स
B. उत्स्फुटन तथा पुष्पन	(*ii*) ऑक्सिन
C. कोशिका विभाजन	(*iii*) ऐब्सिसिक अम्ल
D. प्रसुप्तता	(*iv*) साइटोकाइनिन्स

कूट-

(*a*) A B C D
ii i iii iv

(*b*) A B C D
ii i iv iii

(*c*) A B C D
i ii iv iii

(*d*) A B C D
i ii iii iv

43. पत्तियों की Ageing को विलम्बित किया जा सकता है, निम्न के प्रयोग से–

(*a*) साइटोकाइनिन (*b*) शर्करा
(*c*) क्लोरोफिल (*d*) एब्सिसिक अम्ल

44. पत्तियों के गिरने के समय निम्न में से कौन-सा हारमोन उत्पन्न होता है–

(*a*) ABA (*b*) साइटोकाइनिन
(*c*) फ्लोरीजेन (*d*) उपरोक्त सभी

45. जिबरेलिन्स प्राप्त किये जाते हैं–

(*a*) *फाइटोफ्थोरा इन्फेसटांस* से
(*b*) *फ्यूजेरियम इंडिकम*
(*c*) *जिब्रैला फ्यूजीकुरोई*
(*d*) *आल्टर्नेरिया सोलेने*

46. हारमोन जो पादप में तनाव की अवस्था (Stress Condition) में निकलता है–

(*a*) GA (*b*) ऑक्सिन
(*c*) ABA (*d*) इथाइलिन

47. आनुवंशिक बौनापन दूर किया जाता है, उपचार से–

(*a*) ऑक्सिन (*b*) इथाइलिन
(*c*) जिब्रैलिन्स (*d*) एण्टीजिब्रैलिन्स

48. पार्थीनोकार्पिक फल विकसित किये जा सकते हैं–

(*a*) NAA, 2, 4-D (*b*) 2, 4-D
(*c*) 2, 3, 5-T (*d*) NAA, 2T

49. बैकेनी रोग किसकी खोज से सम्बन्धित है–

(*a*) ABA (*b*) 2, 4-D
(*c*) GA (*d*) IAA

50. वह हारमोन जो नारियल के जलीय भ्रूणपोष में होता है–

(*a*) साइटोकाइनिन (*b*) इथाइलीन
(*c*) जिब्रैलिन (*d*) ऑक्सिन

51. कॉलम-I में दिये गये हारमोन को कॉलम-II के उदाहरण से मिलाइये तथा सही उत्तर दीजिये-

कॉलम-I (हार्मोन)	कॉलम-II (उदाहरण)
A. ऑक्सिन	p. GA_3
B. जिबरेलिन	q. इंडोल एसीटिक अम्ल
C. साइटोकाइनिन	r. ऐब्सिसिक अम्ल
D. डोर्मिन	s. एसीटिक अम्ल
	t. जीटिन

(*a*) A = q, B = r, C = p, D = t,
(*b*) A = q, B = t, C = p, D = r,
(*c*) A = q, B = p, C = t, D = r,
(*d*) A = q, B = s, C = p, D = t,

52. फलों को पकाने से सम्बन्धित हार्मोन है–

(*a*) ऑक्सिन (*b*) साइटोकाइनिन
(*c*) इथाइलीन (*d*) जिबरेलिन्स

53. पौधों में वृद्धि नियन्त्रण रसायनों की उपस्थिति को सर्वप्रथम किसने बताया–

(*a*) डारविन ने (*b*) वेन्ट ने
(*c*) साक्रा ने (*d*) पाल ने

54. पौधों में फल को पकाने वाला हार्मोन है–

(*a*) ऑक्सिन (*b*) साइटोकाइनिन
(*c*) एथिलीन (*d*) जिबरेलिन

55. शीर्षस्थ प्रभाविता प्रभावित नहीं होती है–

(*a*) इन्डोल एसीटिक एसिड से
(*b*) जिब्रेलिन्स से
(*c*) इन्डोल एसीटल्डीहाइड से
(*d*) इन्डोल ब्यूटाइरिक एसिड से

56. सर्वाधिक वृद्धि का क्षेत्र है–

(*a*) कोशिका विभाजन (*b*) कोशिका दीर्घीकरण
(*c*) कोशिका पक्वन (*d*) उपरोक्त सभी

57. जिबरेलिन सर्वप्रथम खोजे गये थे–
(*a*) कवक में (*b*) शैवाल में
(*c*) जीवाणु में (*d*) विषाणु में

58. प्रांकुर चोल (Coleoptile Tip) प्रयोगों में सबसे अधिक प्रकाश सूक्ष्मग्राही (Sensitive) कोशिका है–
(*a*) शीर्षस्थ (*b*) शीर्ष से नीचे की
(*c*) आधारीय (*d*) उपरोक्त में से कोई नहीं

59. दीर्घ प्रकाशावधि पौधों (LDP) में पुष्पन को अनुमोदित (Favour) करता है-
(*a*) इथिलीन से (*b*) जिबरेलिन से
(*c*) साइटोकाइनिन से (*d*) ऑक्सिन से

60. अनिषेकफली फलों को प्राप्त किया जा सकता है निम्न में से किस के उपयोग से–
(*a*) इण्डोल एसिटिक अम्ल (IAA)
(*b*) इण्डोल ब्यूटाइरिक अम्ल (IBA)
(*c*) 2, 4-D
(*d*) उपरोक्त सभी से

61. एक पादप हार्मोन जो रन्ध्रों के खुलने एवं बन्द होने को नियन्त्रित करने के लिए उत्तरदायी कारकों में एक है–
(*a*) ए. बी. ए. (ABA)
(*b*) आइ बी ए (IBA)
(*c*) जी ए (GA)
(*d*) काइनेटिन

62. ग्रन्थिका निर्माण हेतु राइजोबियम द्वारा उत्पादित पादप हार्मोन होती है–
(*a*) IBA (*b*) NAA
(*c*) 2, 4-D (*d*) IAA

63. निम्न में से कौन-सा हार्मोन पौधों में नहीं होता है
(*a*) 2, 4-D (*b*) GA_2
(*c*) जिबरेलिन (*d*) IAA

64. सभी सायटोकाइनिन्स होते हैं–
(*a*) अम्लीय (*b*) एमीनो प्यूरीन
(*c*) फीनॉल (*d*) ग्लूकोसाइड्स

65. 2, 4 डाईक्लोरो फिनॉक्सी एसिटिक अम्ल (2, 4-D) है–
(*a*) पुष्पन हार्मोन
(*b*) तृणनाशक (Herbicide)
(*c*) कीट नाशक (Pesticide)
(*d*) जड़ों के निर्माण के लिये हार्मोन

66. बीजों के अंकुरण के समय पाचक एन्जाइम के निर्माण को बढ़ाता है–
(*a*) काइनिन (*b*) इथीलीन
(*c*) GA (*d*) IAA

67. वह वृद्धि नियन्त्रक जो जीर्णता को कम करता है–
(*a*) GA (*b*) ABA
(*c*) IAA (*d*) काइनिन

68. रिचमंड लैंग प्रभाव निम्न में प्रदर्शित होता है–
(*a*) ऑक्सिन (*b*) जिबरेलिन
(*c*) काइनेटिन (*d*) शर्करा

69. साइटोकाइनिन और ऑक्सिन का संयोजन जो तम्बाकू के कैलस में सम्भवतः प्ररोह के विभेदन को प्रेरित करेगा–
(*a*) केवल साइटोकाइनिन, ऑक्सिन नहीं
(*b*) केवल ऑक्सिन, साइटोकाइनिन नहीं
(*c*) साइटोकाइनिन की कम सान्द्रता और ऑक्सिन की अधिक सान्द्रता
(*d*) साइटोकाइनिन की अधिक सान्द्रता और ऑक्सिन की कम सान्द्रता

70. निम्नलिखित में से कौन-सा हार्मोन पौधों में पुंजननता का विकास करता है–
(*a*) जिबरेलिक अम्ल (*b*) काइनेटिन
(*c*) MH (*d*) 2, 4-D

71. जे (J) आकार का वक्र मिलता है जब–
(*a*) भोजन कम तथा जनसंख्या अधिक हो
(*b*) जनसंख्या कम तथा भोजन अधिक हो
(*c*) मरण दर अधिक हो
(*d*) कोई वृद्धि न हो

72. पर्वो पर कोशिका दीर्घीकरण होता है–
(*a*) जिबरेलिन के कारण
(*b*) इथिलीन के कारण
(*c*) साइटोकाइनिन के कारण
(*d*) IAA के कारण

73. निम्न में से कौन फलों के पक्वन को बढ़ाता है–
(*a*) साइटोकाइनिन (*b*) इथिलीन
(*c*) IAA (*d*) GA

74. अनिषेक फलन प्रेरित किया जाता है–
(*a*) ABA से (*b*) ऑक्सिन से
(*c*) जीटिन से (*d*) काइनेटिन से

75. प्राकृतिक पादप हार्मोन सर्वप्रथम अलग किये–
(*a*) मक्का के तेल तथा मनुष्य के मूत्र से
(*b*) कपास के फल, पालक की पत्तियों तथा चावल के पौधों से
(*c*) जई प्रांकुर, पालक की पत्तियों तथा कवक जिबरैला से
(*d*) मनुष्य के मूत्र तथा चावल के नवोद्‌भिद्‌ से

76. पौधों की वृद्धि के लिये एक सन्तुलित खनिज विलयन सूत्र देने का श्रेय किसको है–
(*a*) वेन्ट (*b*) नोप
(*c*) हिल (*d*) ऐमरसन

77. एक पौधे से चाय की पत्तियों की अच्छी फसल मिल सकती हैं यदि–
(*a*) जड़ों के माध्यम से ऑक्सिन दिया जाये
(*b*) मुख्य प्ररोह और शाखाओं की शीर्षस्थ कलिकाओं को काट दिया जाये
(*c*) पौधे के ऊपरी सिरे को काटकर ऑक्सिन कटे भाग पर दिया जाये
(*d*) पौधे के ऊपरी सिरे तथा जड़ के अग्र सिरे पर ऑक्सिन दिया जाये

78. नारियल के दूध के कारण पादप ऊतकों में कोशिका विभाजन प्रारम्भ हो जाता है। क्योंकि इसमें उपस्थित होता है–
(*a*) ABA (*b*) CK
(*c*) GA (*d*) ईथाइलीन

79. पौधों में कोशिका विभाजन के साथ निम्न में से मुख्यतः किसका सम्बन्ध है–
(*a*) GA (*b*) 2, 4-D
(*c*) IAA (*d*) काइनिन

80. वृद्धि से तात्पर्य है–
(*a*) कोशिका विभाजन (*b*) कोशिका दीर्घन
(*c*) कोशिका विभेदन (*d*) उपरोक्त तीनों

81. पौधों के पुष्पन में संलग्न एक महत्वपूर्ण रसायन होता है–
(*a*) इण्डोल एसीटिक अम्ल
(*b*) फ्लोरीजन
(*c*) जिबरेलिन
(*d*) काइनेटिन

82. साइटोकाइनिन्स में क्षमता होती है–
(*a*) कोल्ड ट्रीटमेण्ट के सब्स्टीट्यूट की
(*b*) मूल निर्माण करने की
(*c*) मॉर्फोजेनेसिस उत्पन्न करने की
(*d*) बौने पौधों को लम्बे पौधों में बदलने की

83. निम्न में से कौन-सा पत्तियों के पीले होने को विलम्बित करने में समर्थ होता है?
(*a*) जिबरेलिन्स (*b*) साइटोकाइनिन्स
(*c*) ABA (*d*) ऑक्जिन्स

84. अन्नानास (Pineapple) में पुष्पन को बढ़ाता है–
(*a*) IAA (*b*) GA_3
(*c*) अल्प प्रकाश काल (*d*) साइटोकाइनिन

85. एथिलीन का उच्च अनुपात मिलता है–
(*a*) हरे केले में
(*b*) पकते हुए केलों में
(*c*) ताजे आलू के कन्द में
(*d*) हरे सेब में

86. एन्जाइम, विटामिन्स एवं हार्मोन्स जीववैज्ञानिक रसायनों की एक ही श्रेणी में वर्गीकृत किये जा सकते हैं, क्योंकि ये सभी–
(*a*) उपापचय के नियमन में सहायता करते हैं
(*b*) प्रोटीन्स होते हैं
(*c*) शरीर में संश्लेषित होते हैं
(*d*) ऑक्सीकर उपापचय की दर को बढ़ा देते हैं

87. एब्सीसिक अम्ल (ABA) बढ़ाता है–
(*a*) मुकुलन को (*b*) कोशिका विभाजन को
(*c*) पतझड़ को (*d*) अंकुरण को

88. पादप ऊतक संवर्धन हेतु निम्न में से कौन-सा आवश्यक होता है?
(*a*) काइनेटिन (*b*) कोमेरिन
(*c*) ट्रिप्सिन (*d*) कैफीन

89. यदि नवोद्भिद् (Seedlings) को अंधकार में उगाया जाये तो–
(*a*) ये उसी समान आकार के रहते हैं जैसे कि प्रकाश में थे
(*b*) ये प्रकाश में उगाये गए नवोद्भिदों से अधिक स्वस्थ होते हैं
(*c*) ये प्रकाश में उगे हुये नवोद्भिदों के समान होते हैं
(*d*) ये प्रकाश में उगाये हुओं की अपेक्षा लम्बे होते हैं

90. हर्बीसाइड्स वे रसायन हैं जो नियंत्रण करते हैं–
(*a*) कवकों का (*b*) खरपतवारों का
(*c*) निमैटोड्स का (*d*) कीटों का

91. निम्न में से कौन-सा प्रेरक बल वृद्धि हेतु होता है-
(*a*) स्फीति दाब (*b*) मूल दाब
(*c*) वायुमण्डलीय दाब (*d*) परासरणीय दाब

92. निम्न में कौन-सी सुषुप्तावस्था समाप्त करता है–
(*a*) जिबरेलिन (*b*) इथीलिन
(*c*) ऑक्सिन (*d*) उपरोक्त सभी

93. एक अगार ब्लाक में कोई पादप हार्मोन है और उसे मूल शीर्ष के कटे भाग के एक ओर के आधे भाग पर रखा गया तो उस मूल में ऋणात्मक वक्रता हुई। अगार ब्लाक में कौन-सा हारमोन हो सकता है–
(*a*) ऑक्सिन (*b*) साइटोकाइनिन
(*c*) ABA (*d*) GA

94. सेबों को प्रायः मोम के कागज में लपेटते हैं क्योंकि–
(*a*) उसमें से निकली इथीलीन गैस बाहर न आये और फल जल्दी पके
(*b*) उनका रंग न बदले
(*c*) सेबों की शक्ल सुन्दर और मूल्यवान बने
(*d*) उनमें से ऑक्सी श्वसन के लिये ऑक्सीजन नहीं पहुँचे

95. यदि प्राकुंर के शीर्ष भाग को काटकर हटा देंगे तो निचले बचे भाग की वृद्धि और प्रकाशानुवर्ती गति दोनों नहीं होगी क्योंकि इसकी क्रिया से रुकता है–
(*a*) श्वसन
(*b*) प्रकाश श्वसन
(*c*) प्रकाश उद्दीपन का आवागमन
(*d*) वाष्पोत्सर्जन

96. निम्न में से कौन केले को कृत्रिम रुप से पकाने के काम आता है–
(*a*) इथीलिन (*b*) कोमेरिन
(*c*) ऑक्सिन (*d*) साइटोकाइनिन

97. पौधों में शीर्ष वृद्धि का कारण है–
(*a*) दीप्तकालिता (*b*) एन्जाइम
(*c*) हारमोन्स (*d*) प्रकाश की आवश्यकता

98. बीज रहित टमाटर कैसे प्राप्त होते हैं–
(*a*) खनिज घोलों में पौधों की वृद्धि से
(*b*) स्तम्भ कतरन से पौधों का जनन करके
(*c*) पुष्पों पर हार्मोन छिड़क कर
(*d*) हार्मोन छिड़ककर

99. जिबरेलिन क्या नहीं करता–
(*a*) लम्बे दिन पादप में पुष्पन संदमन
(*b*) रोजेट पादप में बोल्टिंग की घटना
(*c*) बीजों की सुषुप्तावस्था समापन
(*d*) शीतलन आवश्यकता के बजाय प्रतिस्थापित होना

100. किसी पादप की निश्चित समय में वृद्धि को यदि समय के साथ ग्राफ में रेखाचित्र बनायें तो कैसा आरेख बनेगा–
(*a*) सिग्मॉयड चक्र
(*b*) पाराबोला चक्र
(*c*) सीधी रेखा
(*d*) उपरोक्त में से कोई नहीं

उत्तरमाला

1	2	3	4	5	6	7	8	9	10
(*a*)	(*a*)	(*c*)	(*c*)	(*a*)	(*d*)	(*a*)	(*b*)	(*a*)	(*a*)

11	**12**	**13**	**14**	**15**	**16**	**17**	**18**	**19**	**20**
(*a*)	(*b*)	(*b*)	(*b*)	(*a*)	(*b*)	(*b*)	(*d*)	(*a*)	(*d*)
21	**22**	**23**	**24**	**25**	**26**	**27**	**28**	**29**	**30**
(*c*)	(*a*)	(*c*)	(*d*)	(*c*)	(*d*)	(*d*)	(*c*)	(*d*)	(*b*)
31	**32**	**33**	**34**	**35**	**36**	**37**	**38**	**39**	**40**
(*b*)	(*a*)	(*c*)	(*d*)	(*d*)	(*c*)	(*a*)	(*a*)	(*b*)	(*c*)
41	**42**	**43**	**44**	**45**	**46**	**47**	**48**	**49**	**50**
(*b*)	(*c*)	(*a*)	(*a*)	(*c*)	(*c*)	(*c*)	(*a*)	(*c*)	(*a*)
51	**52**	**53**	**54**	**55**	**56**	**57**	**58**	**59**	**60**
(*c*)	(*c*)	(*c*)	(*c*)	(*b*)	(*b*)	(*a*)	(*a*)	(*b*)	(*d*)
61	**62**	**63**	**64**	**65**	**66**	**67**	**68**	**69**	**70**
(*a*)	(*d*)	(*a*)	(*b*)	(*b*)	(*c*)	(*d*)	(*c*)	(*d*)	(*a*)
71	**72**	**73**	**74**	**75**	**76**	**77**	**78**	**79**	**80**
(*b*)	(*a*)	(*b*)	(*b*)	(*d*)	(*b*)	(*b*)	(*b*)	(*d*)	(*d*)
81	**82**	**83**	**84**	**85**	**86**	**87**	**88**	**89**	**90**
(*b*)	(*c*)	(*b*)	(*a*)	(*b*)	(*a*)	(*c*)	(*a*)	(*d*)	(*b*)
91	**92**	**93**	**94**	**95**	**96**	**97**	**98**	**99**	**100**
(*a*)	(*a*)	(*a*)	(*a*)	(*c*)	(*a*)	(*c*)	(*c*)	(*a*)	(*a*)

□□□

CHAPTER 26

दीप्तिकालिता, वसन्तीकरण एवं बीजों की सुषुप्तावस्था PHOTOPERIODISM, VERNALIZATION AND DORMANCY OF SEEDS

दीप्तिकालिता (Photoperiodism)

- कुछ पौधों में पुष्पन को प्रेरित/प्रवृत करने में प्रकाश की नियतकालिकता की आवश्यकता होती है।
- ऐसे पौधे प्रकाश की नियतकालिकता की अवधि को माप सकते हैं।

उदाहरणः कुछ पौधों में क्रांतिक अवधि से ज्यादा प्रकाश की अवधि चाहिए, जबकि दूसरे पौधों में प्रकाश की अवधि संकट क्रांतिक अवधि से कम चाहिए, जिससे कि दोनों तरह के पौधों में पुष्पन की शुरूआत हो सके। प्रथम तरह के पौधों के समूह को **अल्प प्रदीप्तकाली पौधा** कहते हैं तथा दूसरे वाले पौधों को **दीर्घ प्रदीप्तकाली पौधा** कहते हैं। बहुत सारे ऐसे पौधे होते हैं, जिसमें प्रकाश की अवधि एवं पुष्पन प्रेरित करने में कोई संबंध नहीं होता है। इन पौधों को **तटस्थ प्रदीप्तकाली** पौधा कहते हैं (चित्र 26.1)।

ज्ञातव्य है कि सिर्फ प्रकाश की अवधि ही नहीं; बल्कि अंधकार की अवधि भी महत्वपूर्ण है। अतः कुछ पौधों में पुष्पन सिर्फ प्रकाश और अंधकार की अवधि पर ही निर्भर नहीं करता, बल्कि उसकी सापेक्षित अवधि पर भी निर्भर करता है। इसे **दीप्तिकालिता** कहते हैं। तने की शीर्षस्थ कलिका पुष्पन के पहले पुष्पन शीर्षस्थ कलिका में बदलती है, परन्तु वे (तने की शीर्षस्थ कलिका) खुद से प्रकाश काल को नहीं महसूस कर पाती है। प्रकाश अंधकार काल का अनुभव पत्तियाँ करती हैं। परिकल्पना यह है कि हार्मोनल तत्व/फ्लोरिजन पुष्पन के लिए जिम्मेदार है। फ्लोरिजन पत्ती से तना कलिका में पुष्पन प्रेरित करने के लिए तभी जाती है जब पौधे आवश्यक प्रेरित दीप्तिकाल में अनावृत होते हैं।

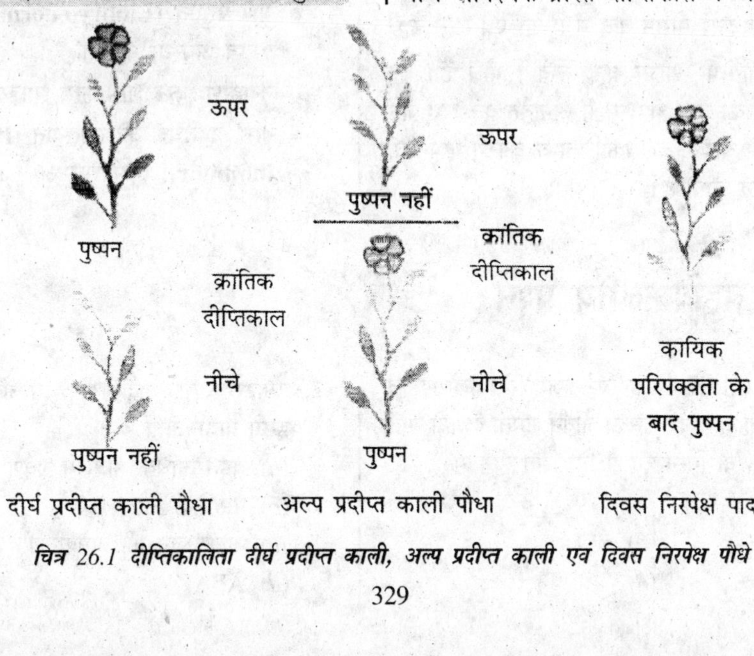

चित्र 26.1 दीप्तिकालिता दीर्घ प्रदीप्त काली, अल्प प्रदीप्त काली एवं दिवस निरपेक्ष पौधे

वसंतीकरण (Vernalization)

- कुछ पौधों में पुष्पन गुणात्मक या मात्रात्मक तौर पर कम तापक्रम में अनावृत होने पर निर्भर करता है। इसे ही **वसंतीकरण** कहा जाता है।
- इसकी खोज लाइसेन्को (Lysenko) नामक वैज्ञानिक ने किया था।
- यह अकालिक प्रजनन परिवर्धन को वृद्धि के मौसम में तब तक रोकता है जब तक पाधे परिपक्व न हो जाएं।
- वसंतीकरण कम ताप काल में पुष्पन के प्रोत्साहन को कहते हैं। जैसे– भोजन वाले पौधे गेहूँ, जौ, तथा राई की दो किस्में होती हैं: जाड़े तथा वसंत की किस्में।
- वसंत की किस्में साधारणतया वसंत में बोई जाती हैं जो बढ़ते मौसम की समाप्ति के पहले फूलती एवं फलती हैं। जाड़े की किस्में यदि बसंत में बोई जाती हैं। तो वह मौसम के पहले न तो पुष्पित होती हैं और न फलती हैं। इसीलिए वह शरदकाल में बोई जाती है, ये अंकुरित होते हैं और नवोद्भिदों के रूप में जाड़े को बिताते हैं, फिर बसंत में फूलते एवं फलते हैं तथा मध्य ग्रीष्म के दौरान काट लिए जाते हैं।
- वसंतीकरण के कुछ उदाहरण द्विवर्षी पौधों में भी पाए जाते हैं। द्विवर्षी पौधे एक सकृत्फली पौधे होते हैं जो साधारणतया दूसरे मौसम/ऋतु में फूलते एवं मरते हैं।
- चुकंदर, पत्तागोभी, गाजर कुछ द्विवर्षी पौधे हैं। एक द्विवर्षी पौधे को कम तापक्रम में अनावृत कर दिए जाने पर पादपों में बाद में दीप्तिकालिता के कारण पुष्पन की अनुक्रिया बढ़ जाती है।

बीजों की सुषुप्तावस्था (Dormancy of Seeds)

- आन्तरिक कारणों से जब बीज अनुकूल वातावरण में भी अंकुरित न हो, तो इस अवस्था को सुषुप्तावस्था (dormancy) कहते हैं।
- बीजों की उक्त सुषुप्तावस्था, पौधे को उनके प्रतिकूल अवस्थाओं को सहन करने में सहायक होती है।
- बीजों में सुषुप्तावस्था विभिन्न कारणों से होती है। जैसे– कठोर अपारगम्य बीज कवच, अपरिपक्व भ्रूण तथा वृद्धि संदमक पदार्थ की उपस्थिति आदि।

प्रसुप्ति के प्रकार (Classification of Types of Dormancy)

- **पानी की अपारगम्यता (Impermeability to water):** बीज कोट पानी को बीज के भीतर नहीं जाने देता है। यद्यपि भ्रूण प्रसुप्त अवस्था में नहीं होता है।
  उदाहरणः लेग्यूमिनेसी, मालवेसी कुल के पौधे।
- **ऑक्सीजन की अपारगम्यता (Impermeability to oxygen):** बीज कोट या पैरीकार्प गैसों को बीज के भीतर नहीं जाने देता है।
  उदाहरणः ग्रेमिनी कुल के पौधे।
- **भ्रूण प्रसुप्ति (Embryo dormancy):** इसमें भ्रूण ही प्रसुप्त अवस्था में होता है।
  उदाहरणः कुछ शोभाकारी झाड़ियां, पेड़ आदि।
- **वृद्धि अवरोधक की उपस्थिति (Presence of growth inhibitor):** एब्सीसिक अम्ल (Abscisic Acid)।

बहुविकल्पीय प्रश्न

1. एक बीज को 0.1 ट्राइ फिनाइल ट्रेटाजोलियम क्लोराइड के विलयन में रखा जाता है। इसकी जीवन क्षमता दर्शायी जाती है भ्रूणीय अक्ष के निम्न रंग में विकसित होने से–

(*a*) गुलाबी (*b*) लाल
(*c*) नीला (*d*) पीला

2. टमाटर के बीज गुदे (Pulp) में अंकुरित नहीं होते क्योंकि इसमें पाया जाता है–

(*a*) बहुत अधिक मात्रा में लवण
(*b*) फेरुलिक अम्ल
(*c*) ऑक्सीजन की अनुपस्थिति
(*d*) ABA

3. जल तथा ऑक्सीजन के अवशोषण के लिये बीजों से बीज चोल का हटाना कहलाता है–
(*a*) स्केरीफिकेशन (*b*) संवर्धन
(*c*) सुषुप्तावस्था (*d*) जीर्णता

4. कम तापमान से पुष्पन का प्रेरण कहलाता है–
(*a*) वसन्तीकरण (*b*) दीप्तिकालिता
(*c*) काट छांट (*d*) क्रायोबायलोजी

5. निम्न में कौन अल्प प्रदीप्त काली (SDP) पौधा नहीं है–
(*a*) *सैकेरम ऑफीसिनेरम*
(*b*) *सोलेनम ट्यूबरोसम*
(*c*) *ग्लासीन मेक्स*
(*d*) *ब्रेसिका कम्पैस्ट्रिस*

6. निम्न में से कौन प्रकाशग्राही वर्णक दो रुप में पाया जाता है–
(*a*) क्लोरोफिल (*b*) कैरोटीन
(*c*) फाइटोक्रोम (*d*) लेग हीमोग्लोबिन

7. पौधों को पुष्पन प्रेरण के लिये कम तापमान देना है–
(*a*) वसन्तीकरण
(*b*) क्रायोस्कोपी
(*c*) पांडुरता
(*d*) उपरोक्त में से कोई नहीं

8. पुष्पन पर प्रकाशावधि का प्रभाव कहलाता है-
(*a*) प्रकाश श्वसन (*b*) प्रकाश ऑक्सीकरण
(*c*) दीप्तिकालिता (*d*) प्रकाशानुवर्तन

9. पौधे में फोटोमोर्फोजिनेटिक वर्णक होता है–
(*a*) क्लोरोफिल (*b*) कैरोटीन
(*c*) जैन्थोफिल (*d*) फाइटोक्रोम

10. ग्रीष्म ऋतु में पुष्पन एवं वृद्धि के लिये कुछ समय तक बीजों को कम तापमान पर रखने की विधि को कहते हैं–
(*a*) शीतकरण (*b*) अवसन्तीकरण
(*c*) वसन्तीकरण (*d*) तापीय अपघटन

11. फ्लोरिजिन शब्द प्रदान किया था–
(*a*) मिलर ने (*b*) लाइसेन्को ने
(*c*) स्टेनले ने (*d*) चैलेख्यान ने

12. क्राइसेन्थेमम या गुलदाउदी के पौधे सर्दी में पुष्पन करते हैं क्योंकि–
(*a*) ये दीर्घ प्रकाशकालिक पौधे होते हैं
(*b*) ये गर्मी की गर्म रातों को पसन्द नहीं करते हैं
(*c*) इन्हें सर्दी की ठण्डी रातें पसन्द होती हैं
(*d*) ये अल्प प्रकाशावधि वाले पौधे होते हैं

13. पूर्ण सत्यता के लिये दीर्घ प्रकाशकालिक पौधों द्वारा पुष्पन में आवश्यकता पड़ती है–
(*a*) दीर्घ रात्रि के प्रभाव की
(*b*) बिना प्रकाश के प्रयोग की
(*c*) केवल दीर्घ प्रकाशावधि के प्रभाव की
(*d*) अल्प रात्रि के प्रभाव की

14. पौधों के लाल (IR) एवं फार रेड (IFR) प्रकाश के प्रभाव में–
(*a*) प्रथम प्रयोग का ही महत्व होता है
(*b*) मध्यम प्रयोग का ही महत्व होता है
(*c*) अन्तिम प्रयोग का ही महत्व होता है
(*d*) सभी प्रयोगों के कुल प्रयोग का ही महत्व होता है

15. वसन्तीकरण की क्रिया का प्रथम बार वर्णन किया था–
(*a*) लाइसेन्को ने (*b*) वेण्ट ने
(*c*) अरस्तु ने (*d*) कुरोसावा ने

16. प्रकाश सामयिकता पर्याय शब्द प्रस्तुत किसने किया–
(*a*) लाइसेन्को (*b*) गार्नर तथा एलार्ड
(*c*) ब्लैकमैन (*d*) चैलाख्यान

17. फाइटोक्रोम सक्रिय होता है–
(*a*) हरे प्रकाश में
(*b*) नीले प्रकाश में
(*c*) लाल प्रकाश में
(*d*) उपरोक्त में से कोई नहीं

18. वसन्तीकरण का क्या अर्थ है–
(*a*) निम्न ताप उपचार
(*b*) उच्च ताप उपचार
(*c*) निम्न ताप उपचार के बाद उच्च ताप
(*d*) उच्च ताप उपचार के बाद निम्न ताप

19. एक पौधा जिसे पुष्पन के लिये 10 घण्टों से कम प्रकाश की आवश्यकता नहीं होती है–

(*a*) दीर्घ प्रकाशीय पादप है

(*b*) अल्प प्रकाशीय पादप है

(*c*) प्रकाश उदासीन पादप है

(*d*) इनमें से कोई नहीं है

20. निम्नलिखित में से कौन-सा एक दीर्घ प्रकाशकालिक पौधा है?

(*a*) गेहूँ (*b*) ज्वार

(*c*) बाजरा (*d*) सोयाबीन

21. दैनिक प्रकाशावधि का पुष्पन पर प्रभाव कहलाता है–

(*a*) प्रकाश ऑक्सीकरण

(*b*) प्रकाश श्वसन

(*c*) दीप्तिकालिता

(*d*) प्रकाशानुवर्तन

22. निम्न में से किसने दीप्तिकालिता की खोज की एवं इसका अध्ययन किया?

(*a*) वेण्ट तथा पाल ने

(*b*) बोस और ब्लैकमैन ने

(*c*) गार्नर एवं एलार्ड ने

(*d*) ड्यूटो चेट एवं ओवरबीक ने

23. दीप्तिकालिता होती है–

(*a*) प्रकाश के कारण वृद्धि का वक्रण

(*b*) पुष्पन पर प्रकाशावधि का प्रभाव

(*c*) प्रकाशावधि का पादप वृद्धि पर प्रभाव

(*d*) दिन तथा रात्रि का पुनः घटित होना

24. जिन पौधों में पुष्पन के लिये प्रतिदिन अन्धकार के अल्पकाल की आवश्यकता होती है, वे कहलाते हैं–

(*a*) अल्प प्रकाशीय पादप

(*b*) एफीमेरल पादप

(*c*) दीर्घ प्रकाशीय पादप

(*d*) सामान्य प्रकाशीय पादप

25. फाइटोक्रोम सम्मिलित होता है–

(*a*) दीप्तिकालिता में (*b*) भूम्यानुवर्तन में

(*c*) प्रकाशानुवर्तन में (*d*) प्रकाश श्वसन में

26. प्रकृति में बीज अपना पक्वन काल (after ripening period) पूरा करते हैं-

(*a*) बीजों के अंकुरण के समय

(*b*) जमीन में गिरने तथा अंकुरण के बीज के समय में

(*c*) कम तापमान के समय

(*d*) उपरोक्त में से कोई नहीं

27. सुषुप्तावस्था के लिये हार्मोन है–

(*a*) IAA (*b*) ABA

(*c*) GA (*d*) उपरोक्त सभी

28. लेग्यूम बीजों में सुषुप्तावस्था का कारण है–

(*a*) अपरिपक्व भ्रूण

(*b*) कठोर बीज चोल

(*c*) संदमक की उपस्थिति

(*d*) उपरोक्त सभी

29. कठोर बीज चोल के कारण सुषुप्तावस्था को समाप्त किया जा सकता है–

(*a*) कम ताप के उपचार से

(*b*) स्केरीफिकेशन

(*c*) प्रकाश आवश्यकता से

(*d*) उपरोक्त में से कोई नहीं

30. पुष्पीप्रेरक एवं बीज अंकुरण दोनों से ही सम्बन्धित रंजक है–

(*a*) फ्लोरीजन (*b*) पर्णहरित

(*c*) प्लास्टोसायनिन (*d*) फाइटोक्रोम

31. फाइटोक्रोम की खोज की थी–

(*a*) डब्ल्यू. वेन्ट ने

(*b*) गार्नर और अलार्ड ने

(*c*) एफ. एफ. ब्लैकमैन ने

(*d*) आर. हिल्स ने

32. फाइटोक्रोम का सम्बन्ध है–

(*a*) दीप्तिकालिता से

(*b*) प्रकाश संश्लेषण से

(*c*) श्वसन से

(*d*) प्रोटीन संश्लेषण से

33. दीप्तिकालिता प्रभावित करती है–

(*a*) कायिका वृद्धि को

(*b*) पर्ण दीर्घीकरण को

(*c*) बीज अंकुरण को
(*d*) उपरोक्त सभी को

34. फाइटोक्रोम नाम किसने दिया?
(*a*) गार्नर और एलार्ड
(*b*) बोर्थविक और हेन्ड्रिक्स
(*c*) बोर्थविक
(*d*) मूर

35. ऐसी विधि जिसमें बीज चोल को जल के लिये पारगम्य बनाया जाता है जिससे भ्रूण का बढ़ना कम न हो कहलाता है–
(*a*) वसन्तीकरण (*b*) स्ट्रेटिफिकेशन
(*c*) स्कैरीफिकेशन (*d*) डिन्यूडेशन

36. अल्प प्रदीप्तकाली पौधों में पुष्पन नहीं होता है जब–
(*a*) क्रान्तिक अप्रकाशिक अवधि में सफेद या लाल प्रकाश की रुकावट हो
(*b*) एक अविच्छिन्न क्रान्तिक अप्रकाशिक अवधि उपलब्ध हो
(*c*) क्रान्तिक अप्रकाशिक अवधि में सुदूर लाल प्रकाश की रुकावट हो
(*d*) क्रान्तिक अप्रकाशिक अवधि में पहले लाल प्रकाश द्वारा और बाद में सुदूर लाल प्रकाश द्वारा रुकावट हो

37. प्रकाशीय संरचना विकास अनुक्रिया का कारक वर्णक है–
(*a*) जैन्थोफिल (*b*) क्लोरोफिल
(*c*) साइटोक्रोम (*d*) फाइटोक्रोम

38. निम्नलिखित में से कौन-सा तथ्य प्रकाश उत्क्रमणीय के लिये सही है–
(*a*) प्रकाश उत्क्रमणीय एक पादप हार्मोन है
(*d*) प्रकाश उत्क्रमणीय एक प्रकाश संश्लेषी रंजक है
(*c*) प्रकाश उत्क्रमणीय एक रंजक है जो बहुत सारे पौधे की वृद्धि, प्रकाश संरचना विकास और परिवर्धन को नियंत्रित करता है
(*d*) प्रकाश-उत्क्रमणीय एक नियंत्रण प्रोटीन है जो अप्रकाशीय परिवर्धन क्रियाओं को नियंत्रित करता है

39. यदि गन्ने (SDP) की अंधकार अवधि को एक प्रकाश पुंज से तोड़ा जागे तो इसमें–
(*a*) तुरन्त पुष्पन होगा
(*b*) पुष्पन नहीं होगा
(*c*) असाधारण पुष्प उत्पन्न होंगे
(*d*) बहुत अधिक पुष्प उत्पन्न होंगे

40. फाइटोक्रोम पाये जाते हैं–
(*a*) शैवालों में
(*b*) कवकों में
(*c*) पुष्पी पादपों में
(*d*) सभी संवहनी पादपों में

41. निम्नलिखित में से एक रक्तिम लाल (Red-far-red) प्रकाश के कारण अन्तर परिवर्तन को प्रदर्शित करता है–
(*a*) क्लोरोफिल्स (*b*) कैरोटीनाइड्स
(*c*) साइटोक्रोम (*d*) फाइटोक्रोम

42. वह वर्णक जो लाल तथा अति लाल प्रकाश को अवशोषित करता है, होता है–
(*a*) फाइटोक्रोम (*b*) जैन्थोफिल
(*c*) साइटोक्रोम (*d*) कैरोटीन

43. निम्नलिखित किसमें प्रकाश अंकुरण को संदमित करता है?
(*a*) *लेपीडियम सटाइवम*
(*b*) *डिजिटेलिस पर्प्यूरिया*
(*c*) *नाइजैला जाति*
(*d*) *लैक्टुका सटाइवा*

44. अल्प प्रकाशीय शीत वाला वार्षिक पौधा पेन्सी सम्बन्ध रखता है वंश–
(*a*) वायोला से (*b*) पैपेवर से
(*c*) आइबेरिस से (*d*) माल्वा से

45. वसन्तीकरण होता है–
(*a*) दिन तथा रात्रि (प्रकाश एव अंधकार) के चक्र
(*b*) नम बीजों को निम्न तापमान पर रखकर पुष्पन का प्रेरण
(*c*) प्रकाश की प्रतिक्रिया के कारण वृद्धि वक्रण
(*d*) पादप वृद्धि पर प्रकाशावधि का प्रभाव

46. अल्प प्रकाशीय पादपों (SDP) में पुष्पन प्रेरित होता है–
(*a*) लम्बी रात्रि द्वारा
(*b*) छोटी प्रकाशावधि एवं खण्डित लम्बी रात्रि द्वारा
(*c*) 12 घण्टे से कम प्रकाशावधि द्वारा

(*d*) प्रारम्भिक मूल्य से छोटी प्रकाशावधि एवं पूर्ण लम्बी रात्रि द्वारा

47. शीत के प्रभाव पर आश्रित पुष्पन कहलाता है–

(*a*) वसन्तीकरण (*b*) थर्मोट्रोफी

(*c*) क्रायोस्टेट (*d*) किस्कोपी

48. निम्नलिखित में से कौन-सा उच्चतर पौधों में पुष्पन के लिये आवश्यक है–

(*a*) M.H. (*b*) पानी और खनिज

(*c*) फ्लोरीजन (*d*) कोई भी नहीं

49. रासायनिक पदार्थ जो पुष्पन के लिये आवश्यक है–

(*a*) फ्लूरोकार्बन (*b*) GA_3

(*c*) फ्लोरीजन (*d*) ऑक्सिन

50. वसन्तीकरण को कौन विस्थापित कर सकता है–

(*a*) ऑक्सिन (*b*) इथिलीन

(*c*) जिबरेलिन (*d*) साइटोकाइनिन

51. निम्न में से कौन पादपों में पुष्पन को प्रभावित करता है–

(*a*) हरे वर्णक की मात्रा

(*b*) मृदा की अम्लीयता

(*c*) दीप्तिकालिता

(*d*) मृदा में जल

52. सलाद (Lacluca) के बीज अंकुरण करते हैं जब उन पर पड़ता है–

(*a*) नीला प्रकाश (*b*) लाल प्रकाश

(*c*) हरा प्रकाश (*d*) अन्धकार

53. प्रकाश तथा अंधकार की वातावरणीय ताल (rhythms) के प्रति विभिन्न जीवों की अनुक्रिया (response) कहलाती है–

(*a*) वसन्तीकरण (*b*) फोटोटैक्सिस

(*c*) दीप्तिकालिता (*d*) फोटोट्रोपिज्म

54. फाइटोक्रोम की खोज की–

(*a*) गार्नर और अलार्ड ने

(*b*) डब्ल्यू. वेन्ट ने

(*c*) एफ. एफ. ब्लैकमैन ने

(*d*) एफ. एफ. फ्रिच ने

55. दीप्तिकालिक उद्दीपन ग्रहण करती है–

(*a*) पत्तियाँ (*b*) पुष्प

(*c*) कलियाँ (*d*) विभज्योतक

56. वह पादप, जिसके बीज (longest viability period) के लिये जाने जाते हैं, तो–

(*a*) *ट्रिटिकम वुल्गेयर* (गेहूँ)

(*b*) *जिजाइफस जुजुबा* (बेर)

(*c*) *निलम्बो न्यूसीफेरा* (कमल)

(*d*) *केरिका पपाया* (पपीता)

57. गार्नर तथा एलार्ड सम्बन्धित है–

(*a*) फोटोलिसिस (*b*) दीप्तकालिता

(*c*) प्रकाशानुवर्तन (*d*) फोटोफॉस्फोरिलेशन

58. टमाटर के बीज में प्रसुप्ति (dormancy) का क्या कारण है–

(*a*) कठोर बीज कवच

(*b*) फेरुलिक अम्ल की उपस्थिति

(*c*) अविकसित भ्रूण

(*d*) उपरोक्त सभी

59. जैव घड़ियाँ (Biological Clock) क्या हैं?-

(*a*) पादपों की जातियाँ जो विशेष शारीरिकी क्रियाविधि दर्शाती है तथा जिनके द्वारा वर्ष में किसी विशेष मौसम को इंगित किया जाता है

(*b*) ऐसी घड़ियाँ जो पादपों में हो रही आन्तरिक क्रियाओं का बोध कराती है

(*c*) ऐसी घड़ियाँ जो सूक्ष्म जीवियों द्वारा संचालित होती हैं

(*d*) विशेष प्रकार की घड़ियाँ जो मौसम बताती हैं

60. फाइटोक्रोम पर क्या प्रभाव पड़ेगा यदि किसी पादप को लगातार लाल रंग का प्रकाश दिया जाये?

(*a*) फाइटोक्रोम की मात्रा कम हो जायेगी

(*b*) फाइटोक्रोम नष्ट हो जायेगा

(*c*) फाइटोक्रोम का संश्लेषण बढ़ जायेगा

(*d*) फाइटोक्रोम के नष्ट होने तथा संश्लेषण में सन्तुलन बना रहेगा

61. पौधों में दीप्ति कालिता सम्बन्धित होती है, निर्माण से–

(*a*) ऑक्सिन के (*b*) GA_3 के

(*c*) क्लोरोफिल के (*d*) फ्लोरीजिन के

62. कम से कम 14 घण्टों का अप्रकाशिक काल चाहने वाला एक पौधा–
(*a*) पुष्पन नहीं करेगा यदि 14 घण्टों की रात्रि प्रकाश की चमक द्वारा टूट जाये
(*b*) पुष्पन नहीं करेगा यदि दिन 14 घण्टों की प्रकाशावधि वाला होता है
(*c*) पुष्पन करेगा यदि दिन 14 घण्टों की प्रकाशावधि वाला होता है
(*d*) (*a*) तथा (*b*) दोनों

63. फाइटोक्रोम सम्बद्ध होता है–
(*a*) पत्तियों द्वारा नीले प्रकाश के अवशोषण से
(*b*) 660 mμ तरंग दैर्ध्य सहित लाल प्रकाश के अवशोषण से
(*c*) 740 mμ तरंग दैर्ध्य सहित लाल प्रकाश के अवशोषण से
(*d*) पी. आर. (PR) एवं पी. एफ. आर. (PFR) का प्रतिवर्त्य अवशोषण

64. निम्नलिखित में से किसने दीप्ति कालिता का प्रतिपादन किया था–
(*a*) गार्नर तथा एलार्ड ने
(*b*) डार्विन ने
(*c*) लायसेंको ने
(*d*) आर्नन ने

65. वह हार्मोन जो सुषुप्तावस्था को समाप्त कर सकता है–
(*a*) ABA (*b*) GA
(*c*) कॉमेरिन (*d*) फेरुलिक

66. जीवन क्षमता (Viability) को जाँचने के लिये अम्ल प्रयोग किया जाता है–
(*a*) इण्डोफिनोल को
(*b*) 2, 4-D को
(*c*) IAA को
(*d*) ट्राइफिनाइल टेट्राजोलियम क्लोराइड (TTC)

67. बीजों पर कम तापमान क्रिया से उनमें पुष्पन करने का प्रेरण होता है। यह क्रिया कहलाती है–
(*a*) शीतलन (*b*) वसन्तीकरण
(*c*) तापीय विघटन (*d*) अवसन्तीकरण

68. मिट्टी में गहराई पर स्थित बीज प्रायः अंकुरण नहीं करते क्योंकि–
(*a*) वे प्रकाश नहीं पाते
(*b*) उन्हें पर्याप्त ऑक्सीजन नहीं मिलती
(*c*) नई प्रांकुर सतह तक नहीं जा पाती
(*d*) उन पर अत्यधिक दबाव होता है

69. पादपों में पुष्पन के लिये काल्पनिक पदार्थ है–
(*a*) GA (*b*) IAA
(*c*) फ्लोरीजन (*d*) काइनेटिन

70. सबसे लम्बी जीवन क्षमता वाले बीज किसमें मिलते है–
(*a*) बेर (*b*) कमल
(*c*) गेहूँ (*d*) पपीता

71. एक वनस्पति सब्जी उद्यान में निम्न में से कौनसी घटना प्रकाश द्वारा सीधी कभी भी नहीं प्रभावित होती –
(*a*) बीज अंकुरण
(*b*) निषेचन
(*c*) पुष्पन
(*d*) भोजन पदार्थों का उत्पादन

72. पादप में फूलों के विकास पर दीप्तिकाल का प्रभाव कहलाता है–
(*a*) प्रकाश श्वसन (*b*) दीप्तिकालिता
(*c*) प्रकाशानुवर्तन (*d*) रसायननुवर्तन

73. पौधों की वृद्धि पर दिन की अवधि के प्रभाव को कहते हैं–
(*a*) रसायननुवर्तन (*b*) प्रकाश अनुवर्तन
(*c*) प्रकाश संश्लेषण (*d*) दीप्तिकालिता

74. वसन्तीकरण के लिये प्रेरक हार्मोन है–
(*a*) वर्नेलिन (*b*) फ्लोरीजन
(*c*) एब्सिसिन (*d*) कोल्चीसीन

75. निम्न में से कौन में SDP पुष्पन को प्रेरित करता है–
(*a*) विऑक्सिन (*b*) C.K.
(*c*) GA (*d*) प्रोपाईलीन

76. बीज-प्रसुप्ति पौधों की सहायता करती है–
(*a*) प्रतिकूल मौसम से बचाव में
(*b*) बीजों को सड़ने से बचाव में
(*c*) स्वस्थ बीजों के निर्माण में
(*d*) जीवन क्षमता के घटाव में

77. पुष्पी प्रेरण एवं बीज अंकुरण दोनों से ही सम्बन्धित रंजक है–
(*a*) फ्लोरीजेन
(*b*) पर्णहरित
(*c*) प्लास्टोसायनिन
(*d*) फाइटोक्रोम

78. वह वर्णक जो प्रकाश संवेदी बीजों के अंकुरण के लिये उत्तरदायी है, कहलाता है–
(*a*) पर्णपीत (Xanthophyll)
(*b*) पर्णपीतक (Carotene)
(*c*) अंकुरण वर्णक (Germination pigment)
(*d*) फाइटोक्रोम (Phytochrome)

79. अंधकार में प्रकाश की क्षण दीप्ति (flash of light) निम्न में कौन से पौधे में पुष्पन अवरोध करेगी–
(*a*) SDP (*b*) LDP
(*c*) LSDP (*d*) DNP

80. उत्तरी भारत में यदि एक पेड़ में तीन बार (अक्टूबर, जनवरी तथा जुलाई) में फूल आते हों तो वह कहलाता है–
(*a*) प्रकाश संवेदनशील परन्तु ताप असंवेदनशील
(*b*) ताप संवेदनशील परन्तु असंवेदनशील
(*c*) प्रकाश एवम् ताप दोनों प्रकार से संवेदनशील
(*d*) प्रकाश एवम् ताप दोनों प्रकार से असंवेदनशील

81. अधिकांश पौधे ऋतुनिष्ठ होते हैं, जिसका कारण है–
(*a*) दीप्त कालिता (*b*) प्रकाश अनुवर्तन
(*c*) प्रकाश संश्लेषण (*d*) प्रकाशिक अपघटन

82. विवीपेरी (Vivipary) प्रदर्शित की जाती है–
(*a*) मैन्ग्रूव (*b*) समुद्री खरपतवार में
(*c*) जलीय पौधों (*d*) मरुस्थली पौधों में

83. निम्नलिखित में से कौन 'रेड' तथा 'फार रेड' प्रकाश को अवशोषित करता है?
(*a*) कैरोटीन (*b*) साइटोकोम
(*c*) फाइटोक्रोम (*d*) जेन्थोफिल

84. अल्प प्रकाशावधि वाले पौधे–
(*a*) क्रान्तिक प्रकाशावधि वाले नहीं होते है
(*b*) पुष्पों के लिये उपयोगी है
(*c*) दीर्घ प्रकाशावधि वाले पौधों के समान होते हैं
(*d*) उपरोक्त सभी होते हैं

85. शरद वाली नस्ल (winter variety) को वसन्त वाली नस्ल (spring variety) में बदलने की तकनीक अर्थात वसन्तीकरण की खोज किसने की?
(*a*) एफ. डब्ल्यू. वेण्ट ने
(*b*) लाइसेन्को ने
(*c*) गार्नर एवं एलार्ड ने
(*d*) हेन्ड्रिक्स ने

86. निम्नलिखित में से कौन-सा दीर्घ प्रकाशीय पादप (LDP) होता है–
(*a*) गन्ना
(*b*) गुलदाउदी
(*c*) तम्बाकू तथा सोयाबीन
(*d*) गेहूँ एवं मूली

87. फाइटोक्रोम का प्रयोग होता है–
(*a*) केवल बीज के अंकुरण में
(*b*) केवल वाष्पोत्सर्जन में
(*c*) केवल पुष्पन में
(*d*) सभी कार्यकीय घटनाओं जैसे बीज के अंकुरण, पुष्पन, स्तम्भ लम्बान एवं वाष्पोत्सर्जन में जो पौधों द्वारा प्रदर्शित होता है

88. निम्न में से कौन-सा अल्प प्रकाशावधि वाला पौधा होता है?
(*a*) मूली (*b*) मक्का
(*c*) सोयाबीन (*d*) चुकन्दर

89. जब अल्प प्रकाशीय पौधे का अन्धकार काल (dark period) प्रकाश के संक्षिप्त प्रभाव से टूट जाता है तो पौधा–
(*a*) अविलम्ब पुष्पन करता है
(*b*) एक दीर्घ प्रकाशीय पादप में बदल जाता है
(*c*) बिल्कुल पुष्पन नहीं करेगा
(*d*) अधिक पुष्प उत्पन्न करता है

90. वसन्तीकरण (vernalization) के लिये उत्तरदायी हार्मोन होता है–
(*a*) एब्सीसिन
(*b*) वर्नेलिन
(*c*) फ्लोरीजन
(*d*) कोल्चीसिन

उत्तरमाला

1	2	3	4	5	6	7	8	9	10
(*a*)	(*b*)	(*a*)	(*a*)	(*b*)	(*c*)	(*a*)	(*c*)	(*c*)	(*c*)
11	**12**	**13**	**14**	**15**	**16**	**17**	**18**	**19**	**20**
(*d*)	(*d*)	(*c*)	(*c*)	(*a*)	(*b*)	(*c*)	(*a*)	(*b*)	(*a*)
21	**22**	**23**	**24**	**25**	**26**	**27**	**28**	**29**	**30**
(*c*)	(*c*)	(*b*)	(*c*)	(*a*)	(*c*)	(*a*)	(*b*)	(*b*)	(*d*)
31	**32**	**33**	**34**	**35**	**36**	**37**	**38**	**39**	**40**
(*b*)	(*a*)	(*a*)	(*b*)	(*c*)	(*a*)	(*d*)	(*c*)	(*b*)	(*c*)
41	**42**	**43**	**44**	**45**	**46**	**47**	**48**	**49**	**50**
(*d*)	(*a*)	(*c*)	(*a*)	(*b*)	(*d*)	(*a*)	(*c*)	(*c*)	(*c*)
51	**52**	**53**	**54**	**55**	**56**	**57**	**58**	**59**	**60**
(*d*)	(*b*)	(*b*)	(*a*)	(*a*)	(*c*)	(*b*)	(*b*)	(*a*)	(*d*)
61	**62**	**63**	**64**	**65**	**66**	**67**	**68**	**69**	**70**
(*d*)	(*d*)	(*d*)	(*a*)	(*b*)	(*d*)	(*b*)	(*b*)	(*c*)	(*b*)
71	**72**	**73**	**74**	**75**	**76**	**77**	**78**	**79**	**80**
(*b*)	(*b*)	(*d*)	(*a*)	(*b*)	(*a*)	(*d*)	(*d*)	(*a*)	(*d*)
81	**82**	**83**	**84**	**85**	**86**	**87**	**88**	**89**	**90**
(*a*)	(*a*)	(*c*)	(*a*)	(*b*)	(*d*)	(*d*)	(*c*)	(*c*)	(*c*)

❑❑❑

CHAPTER 27

पादप गतियाँ
PLANT MOVEMENTS

- पौधों में गतियाँ बाह्य और आन्तरिक उद्दीपनों (Stimuli) के कारण होती हैं। उद्दीपन के मुख्य कारक प्रकाश, गुरुत्व, सम्पर्क, जल आदि है।
- जब उपरोक्त कारक पौधों या उनके विभिन्न अंगों को जब एक समान मात्रा में मिलते हैं तो वृद्धि एक समान होती है।
- परन्तु जब यह कारक पौधों को किसी विशिष्ट स्थान पर अधिक मात्रा में मिलते हैं तो परिणाम स्वरुप असमान वृद्धि होती है।
- असमान वृद्धि के फलस्वरुप जब पौधा उद्दीपनों में स्त्रोत की तरफ गतिशील होता है तब उस गति को धनात्मक गति (Positive Movement) कहते हैं।
- जब कभी प्रौधा उद्दीपनों के स्त्रोत के विपरीत दिशा में गति करता है तब उसे ऋणात्मक गति (Negative Movement) कहते हैं।
- पौधों में बाह्य कारकों से उत्पन्न गतियों को अनुप्रेरित (Paratonic Movement) गतियाँ तथा आन्तरिक उद्दीपनों के कारण होने वाली गतियों को स्वतः प्रेरित (Autonomic Movement) कहते हैं।

पादप गतियो का वर्गीकरण
(Classification of Plant Movements)

पादप गतियों को मुख्य रुप से दो मुख्य वर्गों में विभक्त किया गया है-

(1) **चलन गतियाँ (Movements of Locomotion):** इसमें पौधे अथवा उनके अंग एक स्थान से दूसरे स्थान तक जाते हैं। इसे शारीरिक गतियाँ (Physical Movements) कहते हैं।

(2) **वक्रता की गतियाँ (Movements of Curvature):** इनमें पौधा मृदा में स्थिर रहता है और पौधे के कुछ अंग वक्रता (curvature) अथवा परिवर्तन (changes) प्रदर्शित करते हैं।

चलन गतियाँ
(Movements of Locomotion)

इसमें कुछ पौधे, चलबीजाणु (Zoospores), युग्मक (Gametes) आदि एक स्थान से दूसरे स्थान तक आते-जाते रहते हैं।

चलन गतियाँ दो प्रकार की होती हैं-

(1) स्वतः प्रेरित (autonomic), और

(2) अनुप्रेरित (paratonic)।

[I] चलन की स्वतःप्रेरित गतियाँ
(Autonomic Movements of Locomotion)

1. पक्ष्माभि गति (Ciliary Movement)

अनेक शैवाल *क्लैमाइडोमोनास* (*Chlamydomonas*), *वॉल्वोक्स* (*Volvox*), उनके अलैंगिक चलबीजाणु (zoospores) तथा युग्मक (gametes) पक्ष्माभयुक्त होते हैं। ये पत्तियाँ पक्ष्माभों के कम्पन (vibrations) के कारण होती हैं।

2. अमीबीय गति (Amoeboid Movement)

अनावृत जीवद्रव्य (naked protoplasm) विसर्पी (creeping) गति प्रदर्शित करता है। इस गति में जीवद्रव्य से पादाभ (pseudopodia) निकलते रहते हैं। यह गति अवपंक कवक (slime molds = myxomycetes) तथा कुछ अलैंगिक चलबीजाणु में होता है।

3. जीवद्रव्य भ्रमण (Cyclosis)

अनेक पौधों में जीवद्रव्य **प्रवाही गति** (streaming movement) प्रदर्शित करता है। यह गति दो प्रकार की होती है-

(a) घूर्णन (Rotation)

इसमें **सम्पूर्ण जीवद्रव्य,** कोशिका भित्ति के साथ दक्षिणावर्त (clockwise) या वामावर्त (anticlockwise) दिशा में घूमता है। घूर्णन *वैलिसनेरिया* (*Vallisneria*), *हाइड्रिला* (*Hydrilla*), इत्यादि की पत्तियों में तथा कारा (*Chara*) में पाया जाता है।

(b) परिसंचरण (Circulation)

जीवद्रव्य रसधानियों के कारण, छोटे-छोटे भागों में विभक्त दिखाई पड़ता है। इनमें से प्रत्येक भाग अलग-अलग दिशाओं में प्रवाहित होता रहता है। उदाहरणार्थ *ट्राडेस्केन्शिया* (*Tradescantia*) के पुंकेसरी रोम (staminal hairs), कुकुरबिटेसी (Cucurbitaceae) कुल के अथवा भूमिगत पौधों के युवा रोम, इत्यादि।

[II] चलन की अनुप्रेरित गतियाँ (Paratonic Movements of Locomotion)

इसे **अनुचलित** (tactic) **गतियाँ** अथवा **अनुचलन** (taxism) भी कहते हैं। इन गतियों की दिशा बाह्य कारकों के द्वारा नियन्त्रित होती है। प्रकाश, तापमान, रसायन, इत्यादि कुछ इसके प्रमुख बाह्य कारक हैं।

1. प्रकाशानुचलित गतियाँ (Phototactic Movement)

कुछ जीवधारियों (मुख्यतः शैवालों गें प्रकाश-संवेदनशील (photosensitive) दृक-बिन्दु (eye-spot) पाया जाता है। जब प्रकाश-तीव्रता अत्यन्त कम होती है तब ये जीवधारी अधिक प्रकाश की ओर गतिशील होते हैं। अत्यन्त प्रखर प्रकाश में ऐसे जीवधारी प्रकाश के स्त्रोत से दूर चले जाते हैं।

2. ताप अनुचलन गतियाँ (Thermotactic movements)

पक्ष्माभयुक्त संरचनायें (flagellated structures) ठण्डे स्थानों से साधारण गरम (warm) स्थानों की ओर गति करती हैं। अतः जब तापमान अत्यधिक हो जाता है तब ये संरचनायें पुनः कम तापमान के क्षेत्र की ओर गति करती हैं।

3. रसायन अनुचलन गतियाँ (Chemotactic Movements)

अनेक ब्रायोफाइटा और टेरिडोफाइटा में नर युग्मक उनके स्त्रीधानियों की ओर स्त्रीधानियों से स्त्रवित रसायनों के कारण गतिशील होते हैं। उदाहरण- ब्रायोफाइटा में **मॉस की स्त्रीधानी** (archegonium) **शर्करा** का स्त्रवण करती है और **टेरिडोफाइटा में फर्न की स्त्रीधानी से मैलिक अम्ल** (malic acid) का स्त्रवण होता है। मॉस के नर युग्मक शर्करा की ओर तथा फर्न के नर युग्मक मैलिक अम्ल की ओर गतिशील होते हैं।

वक्रता की गतियाँ (Movements of Curvature)

इसमें पौधा अथवा उसके अंग मुड़ते हैं। यह वक्रता असमान वृद्धि (irregular growth) अथवा परिवर्तनों (variations) के कारण होती है। फलस्वरूप वक्रता की गतियों को **वृद्धि** और **परिवर्तन की गतियों** में विभाजित किया गया है।

[I] वृद्धि की गतियाँ (Movements of Growth)

वृद्धि की गतियों को आन्तरिक अथवा बाह्य कारक प्रभावित करते हैं तथा वक्रता उत्पन्न करते हैं। ये गतियाँ स्वतः प्रेरित (autonomic) अथवा अनुप्रेरित (paratonic) होती हैं।

1. वृद्धि की स्वतःप्रेरित गतियाँ (Autonomic Movements)

ये गतियाँ आन्तरिक कारकों से प्रभावित तथा नियन्त्रित होती हैं।

ये गतियाँ विभिन्न प्रकार की होती हैं जो कि निम्नानुसार हैः-

(a) अनुकुंचन (Nastic Movements)

मुख्यतः द्विपृष्ठी (bifacial) अंग जैसे कलियों के शल्क (bud scales), बाह्यदल (sepals), दल (petals), इत्यादि में इस प्रकार की गतियाँ होती हैं। अनुकुंचन दो प्रकार का होता हैः

(*i*) **अधोकुंचन (Epinasty):** जब ऊपर की सतह पर वृद्धि नीचे की सतह की अपेक्षा अधिक होती है (जैसे युवा पत्ती, कली में स्थित दल, इत्यादि) तब अंग नीचे की ओर मुड़ते हैं और खुल जाते हैं।

(*ii*) **अधोवृद्धि-वर्तन (Hyponasty):** जब वृद्धि नीचे की सतह पर ऊपर की सतह की अपेक्षा अधिक होती है तब अंग ऊपर की ओर मुड़कर बन्द हो जाते हैं।

(b) शिखाचक्रण (Nutations)

प्ररोहशीर्ष (shoot apices) सर्पिल (spiral) रीति से जब ऊपर की ओर बढ़ते हैं तब वृद्धि की दर एक ओर अधिक और दूसरी ओर कम होती है। वृद्धि की दर में यह अन्तर सम्पूर्ण अक्ष (axis) की लम्बाई में एकान्तरित (alternate) होती रहने के कारण शीर्ष सर्पिल संरचना दिखाते हैं।

2. वृद्धि की अनुप्रेरित गतियाँ (Paratonic Movements)

पर्णवृन्त, तने, जड़, पुष्पी अक्ष, इत्यादि की बाह्य कारकों के प्रभाव के कारण मुड़ने की क्रियाओं को **अनुवर्तनी** (tropic) गतियाँ कहा जाता है। अनुवर्तनी गतियाँ कवक, ब्रायोफाइटा, फर्न तथा सभी बीजयुक्त पौधों में पाई जाती हैं। अंगों का मुड़ना वृद्धि की दरों में असमानता पर निर्भर होता है। अंगों की दो ओर (sides) में से एक में अधिक वृद्धि होती है और इस कारणवश अंग मुड़ जाता है। इस प्रकार का मुड़ना विभिन्न कारकों से प्रभावित वृद्धि के कारण होता है।

(a) प्रकाशानुवर्तन (Phototropism = Heliotropism)

एक ओर से (unidirectional) **प्रकाश** मिलने के कारण तने का शिखाग्र प्रकाश की ओर तथा जड़ का शिखाग्र दूसरी ओर मुड़ जाता है। इस प्रकार तना धनात्मक प्रकाशानुवर्तन और जड़ ऋणात्मक प्रकाशानुवर्तन दिखाते हैं।

दोनों प्रसंगों में वक्रता शिखाग्र के प्रकाश पहुँचने वाले और प्रकाश न पहुँचने वाले (अप्रकाशित) भागों में होने वाली **असमान वृद्धि** का परिणाम है। **तने** के शिखाग्र **के अप्रकाशित अथवा अंधेरे वाले क्षेत्र** (unilluminated or dark side) में ऑक्सिन की अधिक मात्रा होती है। कारणवश इस भाग में अधिक वृद्धि होती है और यह भाग प्रकाश की ओर मुड़ जाता है।

(b) गुरुत्वानुवर्तन (Geotropism)

पौधे के अंग **गुरुत्व के प्रभाव के कारण वृद्धि** करते हैं। **तना ऋणात्मक गुरुत्वानुवर्तन** (negative geotropism) तथा **जड़ें धनात्मक** (positive) **गुरुत्वानुवर्तन** दिखाती हैं। पौधे को **क्षैतिज** (horizontal) स्थिति में रखने के कुछ समय पश्चात् **तने का शिखाग्र ऊपर की ओर** तथा **जड़ का शिखाग्र नीचे की ओर** मुड़ा हुआ पाया जाता है।

क्षैतिज स्थिति में रखे हुए पौधे के तने और जड़ के शिखाग्रों में गुरुत्व के कारण **ऑक्सिन नीचे की ओर एकत्रित हो जाते हैं।** तने के शिखाग्र में नीचे के क्षेत्र में **ऑक्सिन की अधिक मात्रा** के कारण **इस क्षेत्र में अधिक वृद्धि** होती है। फलस्वरूप तने का **शिखाग्र ऊपर की ओर मुड़** जाता है और ऋणात्मक गुरुत्वानुवर्तन दिखाता है। जड़ के शिखाग्र में **नीचे की ओर एकत्रित ऑक्सिन** की मात्रा इतनी अधिक होती है कि यह नीचे की ओर वृद्धि को संदमित कर देती है। परन्तु ऊपर के क्षेत्र में उपस्थित ऑक्सिन की कम मात्रा के कारण वहाँ अधिक वृद्धि होती है। फलस्वरूप **जड़ का शिखाग्र नीचे** की ओर मुड़ जाता है और **धनात्मक गुरुत्वानुवर्तन** दिखाता है।

गुरुत्वानुवर्तन तीन प्रकार के होते हैं-

(*i*) **गुरुत्वानुवर्तन (Orthogeotropic):** मुख्य अथवा प्राथमिक जड़ (Primary roots) शुद्ध धनात्मक गुरुत्वानुवर्ती (Positively orthogeotropic) होती है तथा मुख्य तना शुद्ध ऋणात्मक गुरुत्वानुवर्ती (negatively orthogeotropic) होता है।

(*ii*) **तिर्यक गुरुत्वानुवर्ती (Plagiogeotropic):** द्वितीयक जड़ें तथा तने की शाखायें मुख्य अक्ष के साथ लगभग 45° का कोण बनाती है और क्रमशः धनात्मक और ऋणात्मक गुरुत्वानुवर्ती (Plagiogeotropic) होती है।

(*iii*) **उभय गुरुत्वानुवर्ती (Diageotropic):** तृतीयक जड़ें, क्षैतिज तने और पत्तियाँ मुख्य अक्ष के साथ लगभग

90° का कोण बनाते हैं। तृतीयक जड़ों को धनात्मक उभय गुरुत्वानुवर्ती (Positively diageotropic) और क्षैतिज तने और पत्तियों को ऋणात्मक उभय गुरुत्वानुवर्ती कहते हैं।

(c) जलानुवर्तन (Hydrotropism)

जल के प्रभाव से उत्पन्न वक्रता को जलानुवर्तन कहते हैं। पौधों की **जड़ें** जल की ओर बढ़ती रहती हैं और इस कारणवश उन्हें **धनात्मक जलानुवर्ती** कहा जाता है।

(d) रसायनानुवर्तन (Chemotropism)

रसायनों की ओर **होने वाली वृद्धि** की गतियों को **रसायनानुवर्तन** कहा जाता है। **कवक-सूत्र** (fungal hyphae) **शर्करा** और अन्य **पदार्थों** की ओर वृद्धि करते हैं। पराग नलिका (pollen tube) भी **शर्करा** से **प्रभावित** होती है और वर्तिकाग्र (stigma) पर वृद्धि करती है।

(e) स्पर्शानुवर्तन (Thigmotropism or Haptotropism)

कुकुरबिटेसी कुल के अनेक सदस्य **प्रतान** (tendril) द्वारा आधार से लिपट कर वृद्धि करते हैं। स्पर्श के भाग में कम वृद्धि होती है तथा उसके दूसरी ओर वृद्धि अधिक होती है। फलस्वरूप प्रतान **कुण्डलित** (coil) हो जाते हैं और आधार से लिपट जाते हैं।

2. परिवर्तन की अनुप्रेरित गतियाँ (Paratonic movements of variation)

विभिन्न बाह्य कारक जैसे प्रकाश, तापमान, स्पर्श, इत्यादि पौधों में अस्थायी परिवर्तन लाते हैं। ये परिवर्तन **दिशात्मक (directional) नहीं होते**। उद्दीपन की दिशा की ओर मुड़ना और इस प्रकार दिशात्मक गति का प्रदर्शन करना इन गतियों का लक्षण नहीं है। उद्दीपन के कारण लगभग संपूर्ण अंग प्रभावित होता है। इस प्रकार की गतियों को अनुकुंचन की गतियाँ (nastic movements) कहते हैं और यह **अदिशिक** (non-directional) होती है। परिवर्तन की कुछ मुख्य अनुप्रेरित गतियाँ निम्न प्रकार से हैं–

[II] परिवर्तन की गतियाँ (Movements of Variation)

इस प्रकार की गतियाँ भी वृद्धि की गतियों की भाँति वक्रता उत्पन्न करती हैं। वृद्धि की गतियों से उत्पन्न वक्रतायें स्थायी (permanent) होती हैं जबकि परिवर्तन की गतियों से निर्मित वक्रतायें **अस्थायी** (temporary) होती हैं और गतिशील अंग कुछ समय पश्चात सामान्य स्थिति में लौट आते हैं। ये गतियाँ भी दो प्रकार की होती हैं - स्वतःप्रेरित और अनुप्रेरित।

1. परिवर्तन की स्वतःप्रेरित–गति (Autonomic movement of variation)

इस प्रकार की गति का उदाहरण भारतीय शालिपर्णी (Indian Telegraph Plant) अथवा *डैस्मोडियम गाइरैन्स* (*Desmodium gyrens*) नाम का पौधा है।

(a) निशानुकुंचन (Nyctinasty)

पत्तियों तथा फूलों के दिन में खुलने और रात में बन्द होने की क्रियाओं को **निशानुकुंचन** (nyctinasty) अथवा **नैश गति** (sleep movement) कहा जाता है। ये गतियाँ प्रकाश अथवा तापमान के कारण होती हैं।

(b) स्पर्शानुकुंचन (Thigmonasty = Haptonasty)

इस प्रकार की गतियाँ स्पर्श के कारण होती हैं। उदाहरण कुकुरबिटेसी कुल के सदस्यों के **प्रतान** (tendrils) और **कीटभक्षी पौधे** (जैसे *ड्रॉसेरा; Drosera*) स्पर्श के कारण गति दिखाते हैं।

ड्रॉसेरा के रोमों के संपर्क में जब कीट आते हैं तब ये रोम मुड़कर बन्द हो जाते हैं। इनके और पत्तियों के बन्द होने की गति को स्पर्शानुकुंचन कहते हैं।

(c) कंपनाकुंचन (Seismonasty)

छुईमुई (sensitive plant अथवा touch me not; *Mimosa pudica*) को स्पर्श करने से अथवा वर्षा की बूँद गिरने से उसकी पत्तियाँ बन्द हो जाती हैं। इस गति को कंपनाकुंचन कहते हैं और यह **स्फीति** (turgor) में परिवर्तन के फलस्वरूप होती है।

तालिका 27.1 पौधों में विभिन्न प्रकार की गतियाँ (Different types of Movements in Plants)

पादप गतियाँ
(Plants Movements)

चलन की गतियाँ
(Movements of Locomotion)
स्वतंत्र और चल (motile) जीवधारी एवं उनके स्वतंत्र अंगों की गतियाँ

स्वतःप्रेरित
(Autonomic)
आन्तरिक कारकों से प्रभावित गतियाँ

1. **पक्ष्माभी (Ciliary):**
   उदाहरणः *क्लैमाइडोमोनास, वॉल्वॉक्स* इत्यादि।
2. **अमीबीय (Amoeboid):**
   उदाहरणः अवपंक कवक (slime molds) का जीवद्रव्य।
3. **जीवद्रव्य भ्रमण (Cyclosis):** कोशिकाओं में जीव द्रव्य का प्रवाह।

(*a*) **घूर्णन (Rotation):** संपूर्ण जीवद्रव्य का एक ही दिशा में प्रवाह।
उदाहरणः *कारा, मॉस*, इत्यादि।

(*b*) **परिसंचरण (Circulation):** जीवद्रव्य के विभिन्न भागों का अलग-अलग दिशाओं में प्रवाह
उदाहरणः *ट्राडेस्कैंशिया* के पुंकेसरी रोम

अनुप्रेरित
(Paratonic)
बाह्य कारकों से प्रभावित गतियाँ
(अनुचलित (tactic) गतियाँ)

1. **प्रकाशानुचलित (Phototactic):** प्रकाश से प्रभावित
   उदाहरणः क्लोरोप्लास्ट, चल बैक्टीरिया।
2. **ताप अनुचलन (Thermotactic):** तापमान से प्रभावित
   उदाहरणः शैवाल, चल बैक्टीरिया।
3. **रसायन अनुचलन (Chemotactic):** रसायन से प्रभावित
   उदाहरणः मॉस की स्त्रीधानी से स्त्रवित शर्करा की ओर नर युग्मकों की गति।

वक्रता की गतियाँ
(Movements of Curvature)
मृदा में लगे हुए पौधों की अंगों की गतियाँ

- **वृद्धि की गतियाँ**
  (Movements of growth)
  असमान वृद्धि के कारण उत्पन्न स्थायी गतियाँ
  - **स्वतःप्रेरित**
    (Autonomic)
    आन्तरिक कारकों से प्रभावित गतियाँ
    - **अनुकुंचन**
      (Nastic)
      अदिशीय
      1. **अधोकुंचन**
         (Epinasty)
         ऊपर की सतह पर अधिक वृद्धि
         उदाहरणः कलियों का, पत्तियों का खुलना।
      2. **अधोवृद्धि वर्तन**
         (Hyponasty)
         नीचे की सतह पर अधिक वृद्धि
         उदाहरणः कलियों का और पत्तियों का बन्द होना।
    - **शिखाचक्रण**
      (Nutation)
      पार्श्वों (sides) पर कम और अधिक वृद्धि का एकान्तरण
      उदाहरणः प्ररोह शीर्ष
  - **अनुप्रेरित**
    (Paratonic)
    बाह्य कारकों से प्रभावित गतियाँ, इन्हें **अनुवर्तनी** (tropic) गतियाँ कहते हैं: दिशीय अनुक्रिया (Directional response)
    1. **प्रकाशानुवर्तन** (Phototropism) प्रकाश से प्रभावित
       उदाहरणः प्ररोह शीर्ष।
    2. **गुरुत्वानुवर्तन** (Geotropism) गुरुत्व से प्रभावित
       उदाहरणः जड़।
    3. **जलानुवर्तन** (Hydrotropism) जल से प्रभावित
       उदाहरणः नवोद्भिदों की जड़।
    4. **रसायनानुवर्तन** (Chemotropism) रसायन से प्रभावित
       उदाहरणः पराग नलिका की शर्करा के कारण वृद्धि।
    5. **स्पर्शानुवर्तन** (Thigmotropism or Haptotropism) स्पर्श के कारण।
       उदाहरणः प्रतानों (tendrils) का आधार से लिपटना।
- **परिवर्तन की गतियाँ**
  (Movements of variation)
  वक्रता के कारण उत्पन्न अस्थायी गतियाँ
  - **स्वतःप्रेरित**
    (Autonomic)
    आन्तरिक कारकों से प्रभावित
    उदाहरणः *डैस्पोडियम गाइरेन्स* के पर्णक
  - **अनुप्रेरित**
    (Paratonic)
    बाह्य कारकों से प्रभावित
    1. **निशानुकुंचन**
       Nyctinasty = sleep movements)
       प्रकाश, तापमान, इत्यादि कारणों से पत्तियों, फूलों दिन और रात में खुलना बन्द होना।
       उदाहरणः खट्टी बूटी, केसर
    2. **स्पर्शानुकुंचन**
       (Thigmonasty or Haptonasty) स्पर्श से पत्तियों का बन्द होना
       उदाहरणः कीटभक्षी पौधे जैसे *ड्रॉसेरा, नेपेन्थीस, यूट्रीक्यूलेरिया,* इत्यादि।
    3. **कंपनाकुंचन**
       (Seismonasty) स्पर्श से पर्णवृन्त के आधार पर स्फीति कम होने के कारण पत्तियों का मुरछाना।
       उदाहरणः छुई मुई (*मिमोसा प्यूडिका*)।

बहुविकल्पीय प्रश्न

1. स्तम्भ की ऊपर की ओर वृद्धि दर्शाती है–
(*a*) धनात्मक जलानुवर्तन
(*b*) धनात्मक गुरुत्वानुवर्तन
(*c*) ऋणात्मक प्रकाशानुवर्तन
(*d*) ऋणात्मक गुरुत्वानुवर्तन

2. जल धारा के कारण गतियाँ कहलाती है–
(*a*) ऊष्मा क्रमिका (*b*) जलवर्तना
(*c*) स्पर्शानुवर्तन (*d*) धारानुचलन

3. किसी जीव में आन्तरिक नैज आवर्तित परिवर्तन जिसका आवर्तन काल चक्र 24 घण्टे का होता है कहलाता है?
(*a*) दैनिक चक्र
(*b*) सिरकेडियन नैज आवर्तिता
(*c*) उपरोक्त दोनों
(*d*) उपरोक्त में से कोई नहीं

4. जीव द्रव्यी धारा प्रवाह गतियाँ कहलाती है–
(*a*) वक्रता गति (*b*) प्रकाशानुवर्तन
(*c*) स्पर्शानुकुंचन (*d*) स्वतः प्रेरित

5. प्रकाश के प्रति पादपों की वृद्धि गति सर्वप्रथम किसने पता लगाई–
(*a*) लेमार्क (*b*) वेन्ट
(*c*) थायगिन (*d*) डार्विन

6. प्रकाशानुवर्तन तथा गुरुत्वानुवर्तन गतियाँ पादपों में जुड़ी है–
(*a*) एन्जाइम से (*b*) ऑक्सिन से
(*c*) जिबरेलिन से (*d*) स्टार्च से

7. जीवद्रव्य का प्रवाह गतियों को दर्शाने के लिये सबसे अच्छा उदाहरण है–
(*a*) ट्रैडिसकेंशिया के पुंकेसरी रोम
(*b*) प्याज की ऐपीथिलियम
(*c*) मज्जा कोशिकायें
(*d*) उपरोक्त में से कोई नहीं

8. सजीव कोशिकाओं में जीवद्रव्य की प्रवाह गतियों (streaming movements) के प्रदर्शन हेतु सर्वश्रेष्ठ पदार्थ होता है–
(*a*) प्याज की झिल्लियाँ
(*b*) *ट्रेडिसकैन्शिया* के पुंकेसरीय रोम
(*c*) संवेदनाग्राही पौधा
(*d*) मज्जा कोशिकाएँ

9. *हाइड्रिला* की पत्तियों में जीवद्रव्य की निरन्तर गति एक उदाहरण है–
(*a*) स्वतः जनित गति का
(*b*) प्रेरित गति का
(*c*) पैराटोनिक गति का
(*d*) अनुवर्तनी गति का

10. बीजाण्डों की ओर पराग नलिकाओं की वृद्धि का कारण होता है–
(*a*) गुरुत्वानुवर्तन (*b*) स्पर्शानुवर्तन
(*c*) रसायननुवर्तन (*d*) जलानुवर्तन

11. शिम्बकुलीय पादपों (leguminous plants) की नैश गतियाँ (sleeping movements) होती हैं–
(*a*) अनुवर्तनी गतियाँ (*b*) स्फीति गतियाँ
(*c*) वृद्धि गतियाँ (*d*) अनुकुंचनी गतियाँ

12. सूर्य के प्रकाश की ओर बढ़ते हुए प्ररोह का मुड़ना कहलाता है–
(*a*) प्रकाशानुकुंचन (*b*) दीप्तिकालिता
(*c*) हीलियोट्रोपिज्म (*d*) जलानुवर्तन

13. फूलों का खिलना तथा बन्द होना प्रदर्शित करता है एक प्रकार की–
(*a*) स्वायत्त गति (*b*) नटेशन
(*c*) अनुवर्तनी गति (*d*) अनुकुंचनी गति

14. पुंमणुओं की स्त्रीधानी अण्डे की ओर ही होने वाली गति किसी रासायनिक पदार्थ के स्राव के कारण होती है। इस गति को कहते हैं–
(*a*) रसायन अनुचलन (*b*) रसायन अनुकुंचन
(*c*) रसायनानुवर्तन (*d*) रसायन ग्रहण

15. ड्रोसेरा में गतियाँ हैं–
(*a*) कंपनाकुंचन (*b*) स्पर्शाकुंचन
(*c*) तापानुकुंचनी (*d*) प्रकाशानुकुंचनी

16. स्पर्शानुवर्तन प्रदर्शित होता है–
(*a*) पर्णक द्वारा (*b*) स्तम्भ द्वारा
(*c*) प्ररोह शीर्ष द्वारा (*d*) प्रतान द्वारा

17. प्रकाश उद्दीपन के प्रति पादप द्वारा प्रदर्शित विभेदित गति कहलाती है–
(*a*) प्रकाश संश्लेषण (*b*) प्रकाश अपघटन
(*c*) प्रकाश अनुवर्तन (*d*) प्रकाश अनुचलन

18. फर्न व मॉस में पुंमाणु की मादा भाग की ओर गति कहलाती है–
(*a*) प्रकाशानुचलन (*b*) रसायन अनुचलन
(*c*) जलानुवर्तन (*d*) स्पर्शानुवर्तन

19. निम्न में से कौन बाह्य उद्दीपन के कारण हैं–
(*a*) ट्रोपिक गतियाँ (*b*) नेस्टिक गतियाँ
(*c*) टेक्टिक गतियाँ (*d*) उपरोक्त सभी

20. स्कोटोट्रोपिक गतियाँ प्रेरित की जाती है–
(*a*) प्रकाश से (*b*) स्पर्श से
(*c*) रात से (*d*) ताप से

21. स्पर्शानुवर्तन दर्शाया जाता है–
(*a*) मूल शीर्ष से
(*b*) प्रतान से
(*c*) पत्ती के फलक से
(*d*) कंटक से

22. छुई मुई (*Mimosa pudica*) की पत्तियों की गतियाँ हैं–
(*a*) प्रकाशानुकुंचन (*b*) कम्पनानुकुंचन
(*c*) निशानुकुंचन (*d*) अधोकुंचनी

23. प्रकाशानुवर्तन गतियाँ हैं असमान वितरण के कारण–
(*a*) फाइटोक्रोम के (*b*) जिब्रेलिंस के
(*c*) ऑक्सिन के (*d*) स्टॉर्च के

24. प्रकाशानुवर्तन के प्रदर्शन हेतु सामान्य रुप से काम में आने वाला उपकरण होता है–
(*a*) आर्क औक्जेनोमीटर
(*b*) हीलियोट्रोपिक चैम्बर
(*c*) पोटोमीटर
(*d*) क्लाइनोस्टैट

25. यदि एक नवोद्भिद् के शीर्ष को काट दें तो इसकी वृद्धि तथा मुड़ना दोनों समाप्त हो जाते हैं क्योंकि यह रोक देता है–
(*a*) प्रकाश उद्दीपन के ग्रहण करने को
(*b*) वाष्पोत्सर्जन को
(*c*) श्वसन को
(*d*) प्रकाश संश्लेषण को

26. जो महत्वपूर्ण कारक पादपों में भूम्यानुवर्ती गति को रुपान्तरित करते हैं, होते हैं–
(*a*) जड़ तथा प्ररोह शीर्ष, आर्द्रता, तापमान एवं प्रकाश
(*b*) जड़ तथा प्ररोह शीर्ष, तापमान, प्रकाश एवं वायु की CO_2
(*c*) फाइटोक्रोम, पत्तियों में उपस्थित प्रोटीन, नमी तथा तापमान
(*d*) उपरोक्त में से कोई नहीं

27. प्रतानों द्वारा भली भाँति निम्नलिखित घटना स्पष्ट होती है–
(*a*) डायजियोट्रोपिज्म (*b*) हीलियोट्रोपिज्म
(*c*) स्पर्शानुवर्तन (*d*) कम्पानुकुंचन

28. छुईमुई की पत्तियाँ छुये जाने पर मुरझा जाती है–
(*a*) स्पर्शानुवर्तन के कारण
(*b*) कम्पानुकुंचन के कारण
(*c*) निशानुकुंचन के कारण
(*d*) रसायनुकुंचन के कारण

29. प्रकाशानुवर्तन में सम्मिलित हार्मोन होता है–
(*a*) IAA (*b*) जिबरेलिन
(*c*) काइनेटिन (*d*) 2, 4-D

30. *ऑक्जेलिस* (*Oxalis*) की पत्ती में किस प्रकार की गति होती है–
(*a*) अनुवर्तन (*b*) अनुकुंचन
(*c*) अधोवृद्धिवर्तन (*d*) शिखा चक्रण

31. तने के शीर्ष प्रकाश की ओर मुड़ना कहलाता है–
(*a*) दीप्तिकालिता (*b*) हिलियोट्रोपिज्म
(*c*) जलानुवर्तन (*d*) प्रकाशानुकंचन

32. अनुकुंचन गतियाँ अनुवर्तन गतियों से भिन्न है–
(*a*) उद्दीपन की दिशा में होने से
(*b*) उद्दीपन से दिशाहीन होने से
(*c*) स्फीति दाब द्वारा नियत्रित होने में
(*d*) रसायनों से नियन्त्रित होने में

33. न्यूमेटाफोर है–
(*a*) (–) गुरुत्वानुवर्तन (*b*) (+) गुरुत्वानुवर्तन
(*c*) (–) प्रकाशानुवर्तन (*d*) स्पर्शानुवर्तन

34. क्रोकस के फूल खिलते हैं किसके प्रभाव के कारण–
(*a*) प्रकाश (*b*) सम्पर्क
(*c*) पानी (*d*) तापमान

35. पौधों में पायी जाने वाली निम्नलिखित किस गति में आक्सिन की सान्द्रता के बदलने का सम्बन्ध नहीं होता–
(*a*) जड़ों की मृदा की ओर गति
(*b*) पत्तियों में निशानुकुंचन गतियाँ
(*c*) सूरजमुखी की सूरज की दिशा की ओर गति
(*d*) प्ररोहों की प्रकाश की गति

36. पौधों के प्रकाश की ओर मुड़ने को कहते हैं–
(*a*) एक ट्रापिज्म (*b*) एक क्लाइमेटिक उत्तेजना
(*c*) एक स्वभाव (*d*) उपरोक्त सभी

37. रसायन के प्रभाव से पुंमाणु की स्त्रीधानी गले की ओर गतिशीलता जानी जाती है–
(*a*) रसायन अनुवर्ती (*b*) प्रकाशानुचलन
(*c*) रसायन अनुचलन (*d*) जलानुवर्तन

38. प्रायः पौधे जल की ओर बढ़ते हैं इस क्रिया को कहते हैं–
(*a*) जलानुवर्तन (*b*) प्रकाशानुवर्तन
(*c*) स्पर्शानुवर्तन (*d*) भूम्यानुवर्तन

39. तृतीयक मूल होती है–
(*a*) प्लेजियोट्रोपिक
(*b*) एजियोट्रोपिक
(*c*) धनात्मक भूम्यानुवर्ती
(*d*) ऋणात्मक भूम्यानुवर्ती

40. प्रकाशानुवर्तनी गतियों में वक्रण होता है–
(*a*) शीर्ष से दूर पीछे की ओर
(*b*) शीर्ष पर
(*c*) शीर्ष के पीछे
(*d*) इनमें से कोई नहीं

41. वक्रण गति के कारण पौधे प्रकाश के स्रोत की ओर मुड़ जाते हैं, इसे कहते हैं–
(*a*) भूम्यानुवर्तन (*b*) स्पर्शानुवर्तन
(*c*) रसायननुवर्तन (*d*) प्रकाशानुवर्तन

42. अनुकुंचनी गति (Nastic movement) उत्पन्न होती है–
(*a*) रसायन द्वारा (*b*) प्रकाश द्वारा
(*c*) तापमान द्वारा (*d*) उपरोक्त सभी

43. रसायनुकुंचनी गति का निम्न में से कौन-सा उदाहरण है?
(*a*) किसी आधार के चारों ओर प्रतान का कुण्डलित होना
(*b*) भूमि में उपस्थित जल एवं रसायन की ओर जड़ों का अंकुरण
(*c*) नवोदूभिदों का अंकुरण
(*d*) अण्डाशय की ओर पराग नलिका का अुंकरण

44. पोस्त के पुष्प का बन्द होना एवं कलिका का मुरझाना उदाहरण है–
(*a*) अधोकुंचन तथा उपरिकुंचन का
(*b*) उपरिकुंचन एवं अधोकुंचन का
(*c*) केवल अधोकुंचन का
(*d*) केवल उपरिकुंचन का

45. दो क्लिनोस्टेट में दो पौधे क्षैतिज अवस्था में लगाये गये। A क्लिनोस्टेट घूर्णन कर रही है परन्तु B रुकी है क्या होगा–
(*a*) A में जड़ तथा तना ऊपर मुड़ेंगे, B में जड़ तथा तना नीचे मुड़ेंगे
(*b*) A में जड़ तथा तना क्षैतिज अवस्था में बढ़ेंगे B में जड़ नीचे की ओर तथा तना ऊपर मुड़ेंगे
(*c*) A में जड़ तथा तना नीचे मुडेंगे B में जड़ तथा तना ऊपर मुड़ेंगे
(*d*) A में जड़ नीचे और तना ऊपर मुड़ेंगे B में जड़ ऊपर और तना नीचे मुड़ेंगे

46. प्रकाश अनुवर्ती गति मूल तथा स्तम्भ में निम्न किसके कारण होती है–
(*a*) गुरुत्वाकर्षण की क्रिया से
(*b*) प्रकाश के प्रभाव से
(*c*) भिन्न हार्मोन प्रभाव के कारण
(*d*) अधोकुंचन तथा अधोवृद्धि वर्तन के कारण

47. प्रकाशकष्टीय संचलन इसमें होते हैं–
(*a*) ऑक्सिन (*b*) ABA
(*c*) GA_3 (*d*) साइटोकाइनिन

48. क्लिनोस्टेट यन्त्र का उपयोग किस पढ़ाई में लाभदायक है–
(*a*) जलानुवर्तन (*b*) गुरुत्वानुवर्तन
(*c*) प्रकाशानुवर्तन (*d*) रसायनुवर्तन

49. स्तम्भ शीर्ष का प्रकाश स्रोत की ओर झुकने का कारण क्या है–
(*a*) प्रकाश की ओर की कोशिकाओं का विवर्धन
(*b*) छाया की ओर की कोशिकाओं का विवर्धन
(*c*) दोनों ओर की कोशिकाओं का विवर्धन
(*d*) कोई विवर्धन नहीं

50. पुष्पों के खुलने व बन्द होने से सम्बधित गति है–
(*a*) अनुकुंचन (*b*) अनुचलन
(*c*) स्फीति (*d*) स्वतः प्रेरित

51. पादप अंगों पर गुरुत्वाकर्षण के प्रभाव को समाप्त करने के लिये उसके अंग को किसके द्वारा घूर्णन करवाते हैं–
(*a*) क्लाइनोस्टेट (*b*) आक्सेनोमीटर
(*c*) मेनोमीटर (*d*) उपरोक्त सभी

52. तृतीयक जड़ें होती हैं–
(*a*) धनात्मक गुरुत्वानुवर्ती
(*b*) अगुरुत्वानुवर्ती
(*c*) ऋणात्मक गुरुत्वानुवर्ती
(*d*) प्लेजियोअनुवर्ती

53. वृद्धि की कोशिका विस्तारण में कोशिका भित्ति पदार्थ के अणु पहले से उपस्थित अणुओं के बीच घुस कर जमते हैं इसे कहते हैं–
(*a*) शिखा चक्रण (*b*) कणाधान
(*c*) समाकलन (*d*) उपरोक्त में से कोई नहीं

54. *माइमोसा पुडिका* दर्शाता है–
(*a*) निशानुकुंचन गति (*b*) कम्पहर्षी गति
(*c*) स्पर्शानुकुंचन गति (*d*) ऊपर लिखित कोई गति नहीं

55. एक पौधा जो एक खिड़की के समीप रखा हुआ है बाहर की ओर मुड़ जाता है,क्योंकि–
(*a*) उसका प्ररोह अधिक ऑक्सीजन प्राप्त कर सकता है
(*b*) उसका प्ररोह अधिक प्रकाश प्राप्त कर सकता है
(*c*) उसका प्ररोह आवश्यक गरमाहट प्राप्त कर सकता है
(*d*) छायादार भाग में प्रकाशित भाग की तुलना में आक्सिन सांद्रण अधिक हो जाता है और इसके फलस्वरूप छायादार भाग की कोशिकायें प्रकाशित भाग की तुलना में अधिक लम्बी हो जाती है और प्ररोह बाहर की ओर मुड़ जाता है

56. प्रकाशानुवर्तन का प्रायोगिक प्रदर्शन किस उपकरण से होता है–
(*a*) क्लाइनोस्टेट
(*b*) पोटोमीटर
(*c*) आर्य आक्जेनोमीटर
(*d*) हिलियोट्रोपिक चेम्बर

57. गति की दिशा उद्दीपन की दिशा द्वारा ज्ञात होती है–
(*a*) क्रमिक गतियों में (*b*) आवतिक गतियों में
(*c*) वक्रिम गतियों में (*d*) उपरोक्त में से कोई नहीं

58. कुछ पादपों की पत्तियों में निद्रा गतियाँ क्यों होती है–
(*a*) प्रकाश तीव्रता में कमी या परिवर्तन से
(*b*) पर्णधार पर विभेदी वृद्धि से
(*c*) अधिक वाष्पोत्सर्जन होना
(*d*) पत्तियाँ प्रकाश संश्लेषण करके थक जाती हैं

59. *ड्रोसेरा* में रोमी की गति है–
(*a*) कम्पानुकुंचन (*b*) तापानुकुंचन
(*c*) प्रकाशानुकुंचन (*d*) स्पर्शानुकुंचन

60. बीज के अंकुरण के एक प्रयोग में एक गमला अंधेरे में रखा गया और दूसरा सूर्य के प्रकाश में रखा गया–
(*a*) दोनों गमलों में तना हरा हो जायेगा तथा पत्तियाँ सफेद रहेगी
(*b*) दोनों गमलों में तना सफेद रहेगा और पत्तियाँ हरी हो जायेगी
(*c*) दोनों गमलों में उगने वाले पौधों के तने और पत्तियाँ हरी रहेंगे
(*d*) जो पौधे अंधेरे में उग रहे हैं उनके तने सफेद तथा पत्तियाँ पीली रहेंगी तथा जो पौधे प्रकाश में उग रहे हैं उनकी पत्तियाँ हरी तथा तने भी हरे रहेंगे

61. निशानुकुंचनी तथा स्पर्शानुकुंचनी गतियाँ दिखाई देती हैं–
(*a*) *माइमोसा* में (*b*) *ड्रोसेरा* में
(*c*) *कस्कुटा* में (*d*) *यूट्रीकुलेरिया* में

62. प्रकाशानुवर्ती चक्रण बढ़ता हैं–
(*a*) लाल प्रकाश द्वारा (*b*) बैंगनी प्रकाश द्वारा
(*c*) नीले प्रकाश द्वारा (*d*) हरे प्रकाश द्वारा

63. भूम्यानुवर्तनी गतियाँ प्रेरित होती हैं–
(*a*) तने की निचली सतह पर ऑक्जिन पदार्थ को लाने से
(*b*) तने के शीर्ष में ऑक्जिन पदार्थ को लाने से
(*c*) मूल शीर्ष में ऑक्जिन पदार्थ को लाने से
(*d*) उपरोक्त में से कोई नहीं

64. *माइमोसा प्यूडिका* छुई मुई में मिलने वाली गति कहलाती है–
(*a*) प्रकाशानुवर्तन (*b*) कम्पानुकुंचन
(*c*) भूम्यानुवर्तन (*d*) जलानुवर्तन

65. जीवद्रव्यी सरित प्रवाह गतियाँ कहलाती है–
(*a*) वक्रण गतियाँ
(*b*) चलन गतियाँ स्वतः जनित अथवा स्वायत्त
(*c*) स्पर्शानुकुंचनी गतियाँ
(*d*) प्रकाशानुकुंचनी गतियाँ

66. कोलोड्नी वेण्ट का वाद किस क्रिया से सम्बधित है?
(*a*) प्रकाश मॉर्फोजेनेसिस
(*b*) दीप्तिकालिता
(*c*) प्रकाश श्वसन
(*d*) प्रकाशानुवर्तन

67. प्रकाश के स्रोत की ओर मुड़ने की पादप प्रतिक्रिया होती है–
(*a*) ट्रोपिज्म (*b*) जलवायवीय प्रतिक्रिया
(*c*) स्वभाव प्रकृति (*d*) उपरोक्त सभी

68. एक द्विपार्श्वीय पत्ती की निचली सतह की अधिक वृद्धि कहलाती है–
(*a*) उपरिकुंचन (*b*) अधोकुंचन
(*c*) निशानुकुंचन (*d*) प्रकाशानुकुंचन

69. इनमें से कौन-सा कथन सही है?
(*a*) केवल तने धनात्मक गुरुत्वानुवर्तन प्रदर्शित करते हैं
(*b*) केवल जड़े धनात्मक गुरुत्वानुवर्तन प्रदर्शित करते हैं
(*c*) तने एवं जड़ें दोनों धनात्मक गुरुत्वानुवर्तन प्रदर्शित करते हैं
(*d*) तने एवं जड़ें दोनों ऋणात्मक गुरुत्वानुवर्तन प्रदर्शित करते हैं

70. क्लाइनोस्टेट का प्रयोग मापन हेतु होता है–
(*a*) परासरण के (*b*) वृद्धि गति के
(*c*) श्वसन के (*d*) प्रकाश संश्लेषण के

71. सर्काडियन दोलन गतियाँ –
(*a*) अनुवर्तन में सम्मिलित होती है
(*b*) पौधों में नहीं मिलती है
(*c*) एक जीव वैज्ञानिक घड़ी चाहती है
(*d*) उपरोक्त सभी

72. *रिक्सिया* एवं *फर्न* के पुंमणुओं (Antherozoids) की गति किस प्रकार की होती है?
(*a*) रसायनुकुंचनी (*b*) रसायननुवर्तनी
(*c*) प्रकाशानुकुंचनी (*d*) रसायन अनुचलन

73. *मीमोसा प्यूडिका* की पत्तियाँ छूने पर लटक जाती है–
(*a*) प्रकाशानुकुंचन के कारण
(*b*) स्पर्शानुकुंचन के कारण
(*c*) निशानुकंचन के कारण
(*d*) अधोकुंचन (Epinasty) कारण

74. स्तम्भ में प्रकाशानुवर्तन के अनुकूलन का कारण है–
(*a*) ऑक्सिन (*b*) जिबरेलिन्स
(*c*) साइटोकाइनिन (*d*) एब्सेसिक अम्ल

75. *मीमोसा प्यूडिका* में पत्तियाँ छूने पर मुरझा जाती हैं। यह गति है–
(*a*) कम्पाकुंचनी (*b*) निशाकुंचनी
(*c*) रसायनुकुंचनी (*d*) स्पर्शा अनुवर्तनी

76. ऑक्जेलिस में पुष्प प्रातः काल खिलते हैं तथा शाम को मुरझा जाते हैं–
(*a*) प्रकाशानुकुंचन (*b*) निशानुकुंचन
(*c*) प्रकाशानुचलन (*d*) प्रकाशानुवर्तन

77. घटपर्णी पौधे में घट का ढक्कन किस गति के द्वारा बन्द होता है?
(*a*) अनुप्रेरित गति (*b*) अनुवर्तन गति
(*c*) स्फीति गति (*d*) स्वायत्त गति

78. किसी आलम्ब के चारों ओर प्रतानों का लिपटना किसका एक अच्छा उदाहरण है?
(*a*) रसानुवर्तन (*b*) अनुकुंचनी गतियाँ
(*c*) प्रकाशानुवर्तन (*d*) स्पर्शानुवर्तन

79. पौधों में प्रकाशानुवर्तनी एवं भूम्यानुवर्तनी गतियों का सम्बन्ध होता है–
(*a*) विकरों से (*b*) स्टार्च से
(*c*) जिबरेलिन्स से (*d*) ऑक्जिन्स से

80. जब एक तने के प्रतान ठोस वस्तु पर चढ़ते हैं तो यह कहलाता है–
(*a*) प्रकाशानुवर्तन (*b*) स्पर्शानुवर्तन
(*c*) भूम्यानुवर्तन (*d*) रसायननुवर्तन

81. टेलीग्राफिक पौधे (*डेस्मोडियम गायरेन्स*) द्वारा प्रदर्शित गति आती है–
(*a*) जलानुवर्ती गति के अन्तर्गत्
(*b*) भूम्यानुवर्ती गति के अन्तर्गत्
(*c*) ऋणात्मक भूम्यानुवर्ती गति के अन्तर्गत्
(*d*) उपरोक्त में से कोई नहीं

82. पुष्प का खिलना एवं कलिका का मुरझाना उदाहरण है–
(*a*) वक्रण गति क
(*b*) उपरिकुंचनी गति के
(*c*) अधोकुंचनी गति के
(*d*) स्वतःजनित गति के

83. रसायनों के प्रभाव के अन्तर्गत् स्त्रीधानी की ओर पुंमणुओं का आकर्षण कहलाता है–

(*a*) कीमोटैक्सिस (*b*) रसायननुवर्तन
(*c*) जलानुवर्तन (*d*) प्रकाशानुवर्तन

84. भूप्रसारी (Runners) एवं प्रकंद (Rhizonmes) प्रदर्शित करते हैं–
(*a*) प्लेजियोजियोट्रोपिज्म
(*b*) डायजियोट ्रोपिज्म
(*c*) एपोजियोट्रोपिज्म
(*d*) धनात्मक आर्थोजियोट्रोपिज्म

85. उद्दीपन प्राप्त करने से लेकर इसके समाप्त होने तक के काल को कहते हैं–
(*a*) प्रस्तुतिं काल (*b*) अभिक्रिया काल
(*c*) रेस्टीट्यूशन काल (*d*) शिथिलन काल

86. अन्तःजनित क्रमिक परिवर्तन जो किसी जीव में चौबीस घण्टों के समय में घटित होते हैं कहलाता है–
(*a*) दिवाचर क्रम (*b*) स्कांडियन रीदम
(*c*) उपरोक्त दोनों (*d*) उपरोक्त में से कोई नहीं

87. निम्न में से कौन-सी गति चोट लगने से प्रेरित होती है?
(*a*) ऐरोट्रोपिज्म (*b*) ट्रोमैट्रोपिज्म
(*c*) ट्रोमोनास्टी (*d*) जियोट्रोपिज्म

88. निम्न में से कौन-सा स्फीत गति का उदाहरण है?
(*a*) रसायननुकुंचन (*b*) तापनुचलन
(*c*) कम्पानुकुंचन (*d*) हेप्टोट्रोपिक

89. अनुकुंचनी गति उत्पन्न नहीं होती है–
(*a*) प्रकाश द्वारा (*b*) तापमान द्वारा
(*c*) रसायनों द्वारा (*d*) शर्करा द्वारा

90. क्लाइनोस्टैट का सहयोजन होता है–
(*a*) स्फीत गतियों से (*b*) पत्ती के क्षेत्र के मापन से
(*c*) स्पर्शानुवर्तन से (*d*) भूम्यानुवर्तन रो

91. तने तथा जड़ों की प्रकाशानुवर्तनी गतियाँ होती हैं–
(*a*) उपरिकुंचन तथा अधोकुंचन के कारण
(*b*) विभेदी हार्मोनल प्रभाव के कारण
(*c*) प्रकाश की क्रिया के कारण
(*d*) प्रकाश के प्रभाव के कारण

92. गुरुत्व के कारण पादप अंगों के निर्माण में एक परिवर्तन ज्ञात किया जा सकता है–
(*a*) कम से कम इन्हें एक सप्ताह तक रखने पर
(*b*) कम रो कम इन्हें एक दिन तक रखने पर
(*c*) कम से कम इन्हें तीस मिनट तक रखनें पर
(*d*) थोड़े सेकण्डों के बीच रखने पर

93. कुछ पुष्प दिन में खिलते हैं और रात में बन्द हो जाते हैं। इसे कहते हैं–
(*a*) फोटोटेक्सी (*b*) फोटोनैस्टी
(*c*) फोटोट्रापिज्म (*d*) फोटोपिरियोडिज्म

94. प्रकाशानुवर्तन से सम्बन्धित हार्मोन होता है–
(*a*) 2, 4-D (*b*) जिबरेलिन
(*c*) IAA (*d*) काइनेटिन

95. कुछ पौधों में पत्तियों की नैस गतियाँ (Sleep Movements) होती हैं–
(*a*) प्रकाश की प्रखरता में कमी के कारण
(*b*) पत्तों के आधार पर विविध वृद्धि के कारण
(*c*) वाष्पोत्सर्जन की अधिकता के कारण
(*d*) प्रकाश संश्लेषण द्वारा पत्तियों के थक जाने के कारण

96. प्ररोहों में प्रकाशानुवर्तन होता है–
(*a*) एब्सीसिक अम्ल के कारण
(*b*) साइटोकाइनिन्स के कारण
(*c*) आक्सिन्स के कारण
(*d*) जिबरेलिन्स के कारण

97. गुरुत्व के कारण पादप अंगों की गति कहलाती है–
(*a*) जलानुवर्तन (*b*) भूम्यानुवर्तन
(*c*) हीलियोट्रोपिज्म (*d*) फोटोट्रोपिज्म

98. स्पर्शानुवर्तन (Thigmotropism) पादप की प्रतिक्रिया है–
(*a*) जल के लिए (*b*) गुरुत्व के लिए
(*c*) स्पर्श के लिए (*d*) प्रकाश के लिए

99. यदि स्तम्भ सूर्य के प्रकाश की ओर तथा जड़ इसके ठीक विपरीत दिशा में जाती है तो स्तम्भ की गति कहलाती है–
(*a*) प्रकाशानुवर्तनी गति
(*b*) धनात्मक प्रकाशानुवर्तनी गति
(*c*) ऋणात्मक प्रकाशानुवर्तनी गति
(*d*) इनमें से कोई नहीं

100. *ड्रोसेना* के रोमों की गति होती है–
(*a*) तापानुकुंचनी (*b*) स्पर्शानुकुंचनी
(*c*) कम्पानुकुंचनी (*d*) प्रकाशानुकुंचनी

उत्तरमाला

1	2	3	4	5	6	7	8	9	10
(*d*)	(*d*)	(*c*)	(*d*)	(*d*)	(*b*)	(*a*)	(*b*)	(*a*)	(*c*)
11	**12**	**13**	**14**	**15**	**16**	**17**	**18**	**19**	**20**
(*d*)	(*c*)	(*a*)	(*a*)	(*b*)	(*d*)	(*c*)	(*b*)	(*d*)	(*c*)
21	**22**	**23**	**24**	**25**	**26**	**27**	**28**	**29**	**30**
(*b*)	(*b*)	(*c*)	(*b*)	(*a*)	(*a*)	(*c*)	(*b*)	(*a*)	(*b*)
31	**32**	**33**	**34**	**35**	**36**	**37**	**38**	**39**	**40**
(*b*)	(*b*)	(*a*)	(*d*)	(*b*)	(*a*)	(*c*)	(*a*)	(*b*)	(*c*)
41	**42**	**43**	**44**	**45**	**46**	**47**	**48**	**49**	**50**
(*d*)	(*d*)	(*b*)	(*c*)	(*b*)	(*c*)	(*a*)	(*b*)	(*b*)	(*a*)
51	**52**	**53**	**54**	**55**	**56**	**57**	**58**	**59**	**60**
(*a*)	(*b*)	(*c*)	(*c*)	(*d*)	(*d*)	(*c*)	(*a*)	(*d*)	(*d*)
61	**62**	**63**	**64**	**65**	**66**	**67**	**68**	**69**	**70**
(*b*)	(*a*)	(*a*)	(*b*)	(*b*)	(*d*)	(*a*)	(*b*)	(*b*)	(*b*)
71	**72**	**73**	**74**	**75**	**76**	**77**	**78**	**79**	**80**
(*c*)	(*d*)	(*b*)	(*a*)	(*a*)	(*a*)	(*a*)	(*d*)	(*d*)	(*b*)
81	**82**	**83**	**84**	**85**	**86**	**87**	**88**	**89**	**90**
(*d*)	(*d*)	(*a*)	(*b*)	(*a*)	(*c*)	(*b*)	(*c*)	(*d*)	(*d*)
91	**92**	**93**	**94**	**95**	**96**	**97**	**98**	**99**	**100**
(*b*)	(*a*)	(*b*)	(*c*)	(*a*)	(*c*)	(*b*)	(*c*)	(*b*)	(*b*)

❑❑❑

CHAPTER 28

पारिस्थितिक कारक
ECOLOGICAL FACTORS

- जैविक स्तर पर पारिस्थितिकी मूलरूप से कार्यिकीय पारिस्थितिकी है जिसमें विभिन्न जीव न केवल जीवित रहने बल्कि जनन के संदर्भ में अपने पर्यावरण के प्रति अनुकूलित हो जाते हैं।
- पृथ्वी का सूर्य के चारों ओर घूर्णन, इसके अक्ष का झुकाव, तापमान की तीव्रता और अवधि इसके वार्षिक परिवर्तनों का कारण है जिसके फलस्वरूप भिन्न-भिन्न ऋतुएँ बनती हैं।
- ये परिवर्तन और वर्षण मिलकर प्रमुख जीवोम (Biome) का निर्माण करते हैं जैसे कि मरुस्थल, वर्षा वन और टुंड्रा (चित्र 28.1)।
- प्रत्येक जीवोम के अंदर ही क्षेत्रीय और स्थलीय विभिन्नताओं के कारण आवासों में व्यापक विविधता है।
- विभिन्न आवासों की भौतिक और रासायनिक स्थितियों में विविधता के सबसे महत्त्वपूर्ण तत्त्व तापमान, जल, प्रकाश और मृदा है।
- भौतिक-रासायनिक **(अजीवीय या अजैव)** घटक अपने आप में पूरी तरह से किसी जीव के आवास की विशेषता नहीं बताते।
- आवास में जीवीय (बायोटिक) घटक भी शामिल हैं जैसे कि रोगजनक (पैथोजन), परजीवी, परभक्षी और जीव के वे स्पर्धी जिनके साथ वह लगातार पारस्परिक-क्रिया करता है।

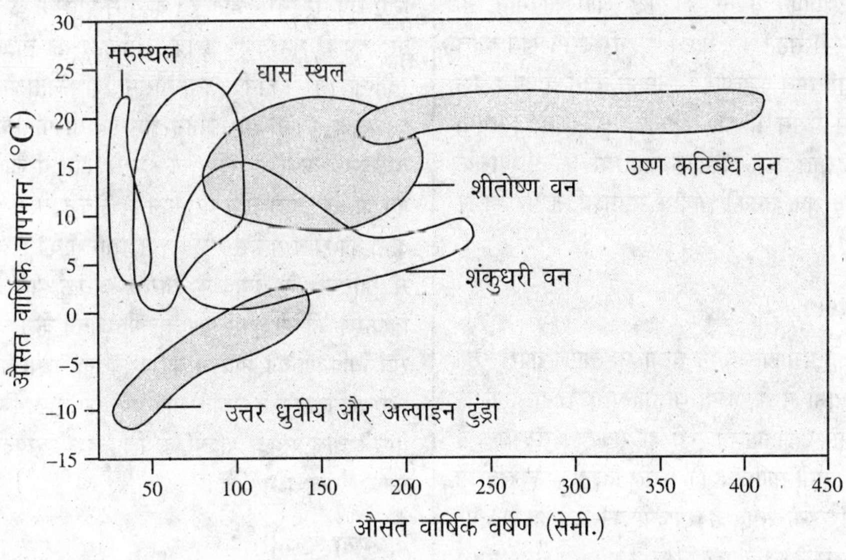

चित्र 28.1 वार्षिक तापमान और वर्षण के संदर्भ में जीवोम का वितरण

प्रमुख अजैव कारक
(Main Abiotic Factors)

1. तापमान (Temperature)

तापमान पारिस्थितिक रूप से सबसे ज्यादा प्रासंगिक पर्यावरणीय कारक है। पृथ्वी पर औसत तापमान ऋतु के अनुसार बदलता रहता है। भूमध्यरेखा से ध्रुवों की ओर और मैदानों से पर्वत शिखरों की ओर उत्तरोत्तर घटता रहता है। ध्रुवीय क्षेत्रों और समुद्र तल से ऊंचाई (Altitude) वाले क्षेत्रों में तापमान अवशून्य (sub-zero) से लेकर ग्रीष्म में उष्णकटिबंधी मरुस्थलों में 50 डिग्री से अधिक पहुँच जाता है। लेकिन कुछ बेजोड़ आवास भी हैं जैसे कि गरम झरने और गंभीर सागर यानी गहरे सागर के उष्णजलीय निकास जहाँ औसत तापमान 100 डिग्री. सेंटी से अधिक होता है। जैसे आम के पेड़ कनाडा और जर्मनी जैसे शीतोष्ण देशों में नहीं होते हैं, और ट्यूना मछली महासागर में शीतोष्ण अक्षांशों से आगे कभी-कभार ही पकड़ी जाती है।

जीवधारियों के लिए उसके तापमान प्रकिण्वों (एंजाइमों) की बलगति (काइनेटिक्स) को प्रभावित करता है और इसके द्वारा आधारी उपापचय, जीव के अन्य कार्यिकीय प्रकार्यों तथा उसकी गतिविधियों को प्रभावित करता है। कुछ जीव तापमानों के व्यापक परास (चरम) सहन कर सकते हैं और उसमें खूब बढ़ते हैं ये **पृथुताजापी/यूरीथर्मल** कहलाते हैं, लेकिन उनमें से अधिकांश तापमानों की कम परास में ही रहते हैं ऐसी जीव तनुतापी (स्टेनोथर्मल) कहलाते हैं। विभिन्न जातियों के भौगोलिक वितरण काफी हद तक उनकी तापीय सहनशक्ति पर निर्भर हैं।

2. जल (Water)

जीवों के जीवन को प्रभावित करने वाला महत्त्वपूर्ण कारक है। पृथ्वी पर जीवन पानी में ही जन्मा था और यह बिना पानी के अपने आप में इसका प्रतिपालन नहीं हो सकता। मरुस्थल में इसकी उपलब्धता इतनी सीमित है कि केवल विशेष अनुकूलताओं के कारण ही वहाँ रहना संभव है। पादपों की उत्पादकता और वितरण भी पानी पर बहुत ज्यादा निर्भर है।

महासागरों, झीलों और नदियों में रहने वाले जीवों को जल-संबंधित समस्याओं का सामना नहीं करना पड़ता है; जलीय जीवों के लिए जल की गुणता (रासायनिक संघटन, पीएच) महत्त्वपूर्ण होता है। लवण की सांद्रता (प्रति हजार भाग में लवणता के रूप में मापी गई), अंत:स्थलीय जल में 5 प्रतिशत से कम, समुद्र में 30-35 प्रतिशत और कुछ अतिलवणीय लैगूनों में 100 प्रतिशत से अधिक होती है। कुछ जीव लवणता की व्यापक परास के प्रति सहनशील होते हैं (तनुलवणी/स्टेनोहेलाइन)। बहुत से अलवण जल प्राणी समुद्र के पानी में और समुद्री प्राणी अलवण जल में लंबे समय तक नहीं रह सकते; क्योंकि उन्हें परासरणी (ऑस्मोटिक) समस्याओं का सामना करना पड़ता है।

3. प्रकाश (Light)

पौधे प्रकाश संश्लेषण द्वारा खाद्य उत्पन्न करते हैं। यह ऐसी प्रक्रिया है जो ऊर्जा के स्रोत के रूप में धूप उपलब्ध होने पर संभव है। इसलिए हम जीवधारियों के लिए, विशेषरूप से स्वपोषियों (ऑटोट्रॉफ्स) के लिए, प्रकाश के महत्त्व को समझ सकते हैं। वनों में अनेक जातियों के छोटे पौधे (शाक और झाड़ियों) बहुत हल्के प्रकाश वाली परिस्थितियों में इष्टतम प्रकाश संश्लेषण करने के लिए अनुकूलित हैं; क्योंकि उन पर सतत् लंबे, वितानमय पेड़ों की छाया रहती है। बहुत से पौधे भी पुष्पन हेतु अपनी दीप्तिकालिक (फोटोपीरिऑडिक) आवश्यकता की पूर्ति के लिए धूप पर निर्भर होते हैं। बहुत से प्राणियों के लिए भी प्रकाश इस रूप में महत्त्वपूर्ण है कि वे प्रकाश की तीव्रता और अवधि (दीप्तिकाल) में दैनिक तथा मौसमी विभिन्नताओं को अपनी चारे की खोज, (फोरेजिंग), जनन और प्रवासी गतिविधियों का समय तय करने के लिए संकेत के रूप में काम में लाते हैं। पृथ्वी पर प्रकाश की उपलब्धता तापमान से निकट से संबंधित हैं क्योंकि दोनों का स्रोत सूर्य है। लेकिन महासागरों की गहराई (500 मीटर से अधिक) में पर्यावरण निरंतर अंधकारमय रहता है। सौर विकिरण की स्पेक्ट्रमी गुणवत्ता भी जीवन के लिए महत्वपूर्ण है। सौर विकिरण की स्पेक्ट्रम का पराबैंगनी घटक बहुत से जीवों के लिए हानिकारक है जबकि महासागर की भिन्न-भिन्न गहराइयों में मिलने वाले समुद्री पादपों के लिए दृश्य स्पेक्ट्रम के सभी रंग घटक उपलब्ध नहीं हैं।

4. मृदा (Soil)

मृदा भू-पर्पटी की सबसे महत्त्वपूर्ण परत है। विभिन्न स्थानों में मृदा की प्रकृति और गुण भिन्न-भिन्न होते हैं। यह जलवायु,

अपक्षय-प्रक्रम अवसाद की मात्रा तथा विकास पर निर्भर है। मृदा की विभिन्न विशेषताएँ जैसे कि मृदा संघटक, कण-साइज और पुंजन मृदा के अंतःस्रवण (पर्कोलेशन) तथा जलधारण क्षमता का निर्धारण करते हैं। इन विशेषताओं के साथ-साथ पीएच, खनिज संघटन और स्थलाकृति (टोपोग्राफी) जैसे कारक काफी हद तक किसी क्षेत्र की वनस्पति का निर्धारण करते हैं। इसके बाद यह सब मिलकर तय करते हैं कि उस क्षेत्र में किस प्रकार के प्राणियों का पालन-पोषण हो सकता है। इसी प्रकार, जलीय पर्यावरण, अवसादी विशेषताएँ प्रायः वहाँ पनपने वाले नितलस्थ प्राणियों के प्रकार का निर्धारण करती हैं।

यदि हम भूमि पर एक गड्ढा खोदें और मृदा को देखें तो वहाँ हमें मृदा की तीन परतें दिखाई देती हैं, जिन्हें संस्तर कहा जाता है। 'क' संस्तर सबसे ऊपरी खंड होता है, जहाँ पौधों की वृद्धि के लिए अनिवार्य जैव पदार्थों का खनिज पदार्थ, पोषक तत्त्वों तथा जल से संयोग होता है। 'ख' संस्तर 'क' संस्तर तथा 'ग' संस्तर के बीच संक्रमण खंड होता है जिसे नीचे व ऊपर दोनों से पदार्थ प्राप्त होते हैं। इसमें कुछ जैव पदार्थ होते हैं तथापि खनिज पदार्थ का अपक्षय स्पष्ट नजर आता है। 'ग' संस्तर की रचना ढीली जनक सामग्री से होता है। यह परत मृदा निर्माण की प्रक्रिया में प्रथम अवस्था होती है और अंततः ऊपर की दो परतें इसी से बनती हैं। परतों की इस व्यवस्था को मृदा परिच्छेदिका कहा जाता है। इन तीन संस्तरों के नीचे एक चट्टान होती है जिसे जनक चट्टान अथवा आधारी चट्टान कहा जाता है। मृदा, जिसका एक जटिल तथा भिन्न अस्तित्व है, सदैव मृदा वैज्ञानिकों को आकर्षित करती रही है। इसके महत्व को समझने के लिए आवश्यक है कि मृदा का वैज्ञानिक अध्ययन किया जाए। मृदा का वर्गीकरण इसी लक्ष्य को प्राप्त करने का एक प्रयास है।

अजीवीय कारकों के प्रति अनुक्रियाएँ

आंतरिक पर्यावरण सारे जैवरासायनिक अभिक्रियाओं (Reactions) और कार्यिकीय प्रकार्यों को अधिकतम दक्षता से होने देता है और इस प्रकार जातियों की 'तंदुरूस्ती' को बढ़ाता है। उदाहरण के लिए यह निरंतरता शरीर के इष्टतम तापमान और शरीर के तरल पदार्थों के परासरणी सांद्रण के रूप में हो सकता है। तब आदर्शतः जीव को अपने आंतरिक पर्यावरण (समस्थापन/होमिओस्टैसिस) कहा जाने वाला प्रक्रम की स्थिरता (कांस्टेंसी) बनाए रखने का प्रयास करना चाहिए भले ही परिवर्ती बाह्य पर्यावरणीय परिस्थितियाँ उसके समस्थापन को बिगाड़ना चाहें। जैविक अनुक्रिया के तरीकों का आरेखीय निरुपण (चित्र 28.2) में दिया गया हैं।

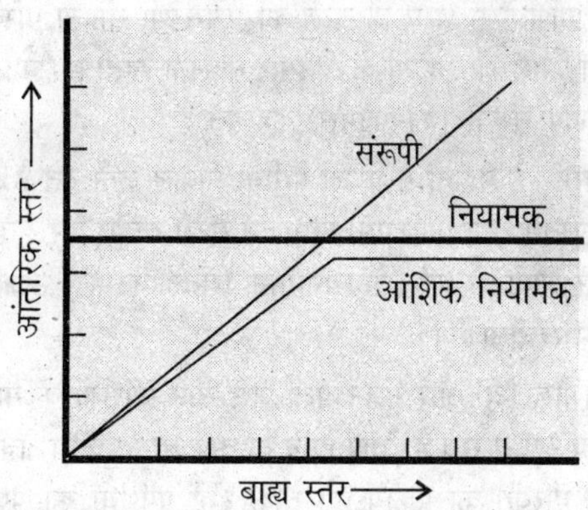

चित्र 28.2 जैविक अनुक्रिया के तरीकों का आरेखीय निरूपण

कोई व्यक्ति परिवेश का तापमान 25 डिग्री सें. होने पर सर्वोत्तम रूप से कार्य कर सकता है और जब बाहर झुलसाने वाली गर्मी होने या जमा देने वाली ठंड होने पर भी अपने निष्पादन को सर्वोत्तम बनाए रखना चाहता है।

(क) नियमन करना

कुछ जीव समस्थापन कार्यिकीय साधनों द्वारा बनाए रखते हैं जिससे शरीर का तापमान, परासरणी सांद्रण, आदि स्थिर रहता है। सभी पक्षी और स्तनधारी और बहुत थोड़े से निम्न कशेरूकी और अकशेरूकी जातियाँ वास्तव में ऐसा नियमन (ताप नियमन और परासरण नियमन) बनाए रखने में सक्षम हैं।

स्तनधारियों की 'सफलता' का यह कारण है कि वे शरीर का तापमान स्थिर बनाए रखने में सक्षम हैं चाहे वे अंटार्कटिका में रहे या सहारा के रेगिस्तान में।

अधिकतर स्तनधारियों द्वारा अपने शरीर के तापमान को नियमित करने के लिए कुछ विशेष क्रियाविधि अपनायी जाती है। ग्रीष्म ऋतु में जब बाहर का तापमान हमारे शारीरिक तापमान से अधिक होता है तब हमें बेहद पसीना आता है। गर्मी के फलस्वरूप पसीना के वाष्प बन कर उड़ने से शरीर का तापमान कम हो जाता है। शीत ऋतु में जब पर्यावरणीय तापमान 37 डिग्री. सेंटी से बहुत कम होता है हम काँपने लगते हैं जिससे ऊष्मा पैदा होती है और शरीर का तापमान बढ़ जाता है।

(ख) संरूपण रखना

प्राणियों की बहुत बड़ी संख्या (लगभग 99 प्रतिशत) और लगभग सभी पौधे स्थिर आंतरिक पर्यावरण नहीं बनाए रख सकते। उनके शरीर का तापमान परिवेशी तापमान के अनुसार बदलता रहता है।

जलीय प्राणियों में शरीर के तरल की परासरणी सांद्रता परिवेशी जल की परासरणी सांद्रता के अनुसार बदलती रहती है। ये प्राणी और पादप संरूपी (कॉनफॉर्मर्स) कहलाते हैं।

गरमी के महीनों में केवल पसीना निकल जाने देते हैं और उपानुकूलतम (सबऑप्टिमम) निष्पादन से ही संतोष कर लेते हैं। बहुत से जीवों के लिए ताप नियमन (सबऑप्टिमल) ऊर्जा के संदर्भ में खर्चीला है।

मंजोरू (श्रू) और गुंजन पक्षी जैसे छोटे प्राणियों के मामले में विशेष रूप से सच है। ताप हानि या ताप लाभ पृष्ठीय क्षेत्रफल (सर्फेस एरिया) का प्रकार्य है। चूँकि छोटे प्राणियों का पृष्ठीय क्षेत्रफल उनके आयतन की अपेक्षा ज्यादा होता है इसलिए जब बाहर ठंड होती है तो उनके शरीर की उष्मा बहुत तेजी से कम होती है। ऐसी स्थिति में उन्हें उपापचय (मेटाबोलिज्म) द्वारा शरीर की ऊष्मा पैदा करने के लिए काफी ऊर्जा खर्च करनी पड़ती है। यही मुख्य कारण है कि बहुत छोटे प्राणी बिरले ही ध्रुवीय क्षेत्रों में पाए जाते हैं।

विकास क्रम के दौरान स्थिर आंतरिक पर्यावरण बनाए रखने की लागत और लाभ का विचार किया जाता है। कुछ जातियों ने नियमन करने की क्षमता विकसित कर ली है। यदि पर्यावरणीय परास ज्यादा हो तो वे केवल संरूपण करते हैं।

(ग) प्रवास करना

जीव दबावपूर्ण आवास से अस्थायी रूप से अधिक अनुकूल क्षेत्र में चला जाए और जब दबावभरी अवधि बीत जाए तो वापस लौट आए। अनेक प्राणी, विशेषतः पक्षी, शीतऋतु के दौरान लंबी दूरी का प्रवास करके अधिक अतिथि अनुकूली क्षेत्रों में चले जाते हैं। प्रत्येक शीतकाल में राजस्थान स्थित प्रसिद्ध केवलादेव राष्ट्रीय उद्यान (भरतपुर) साइबेरिया और अन्य अत्यधिक ठंडे उत्तरी क्षेत्रों से आने वाले प्रवासी पक्षियों को अतिथि के रूप में स्वागत करता है।

(घ) निलंबित करना

जीवाणुओं, कवकों और निम्न पादपों में विभिन्न प्रकार के मोटी भित्ति वाले बीजाणु बन जाते हैं, जिससे उन्हें प्रतिकूल परिस्थितियों में जीवित बचे रहने में सहायता मिलती है। उपयुक्त पर्यावरण उपलब्ध होने पर ये अंकुरित हो जाते हैं। वे अपनी उपापचयी सक्रियता को कम कर और 'प्रसुप्ति' (डॉरमेंसी) अवस्था में जाकर ऐसा करते हैं।

प्राणियों में, अगर जीव प्रवास नहीं कर सकता तो वह समय में पलायन करके दबाव से बचता है। शीतऋतु में भालुओं की शीतनिष्क्रियता (हाइबर्नेशन) में जाना तथा उस समय पलायन से बचाव करने का जाना पहचाना मामला है।

कुछ घोंघे और मछलियाँ ग्रीष्म ऋतु से संबंधित ताप तथा जलशुष्कन जैसी समस्याओं से बचने के लिए ग्रीष्मनिष्क्रियता (अस्टिवेशन) में चली जाती हैं। प्रतिकूल परिस्थिति में झीलें और तालाबों में प्राणीप्लवक (जूप्लैंकटन) की अनेक जातियाँ उपरति (डायापॉज) में आ जाती है जो निलंबित परिवर्धन की एक अवस्था है।

अनुकूलन

यह जीव का एक ऐसा गुण (आकारिकीय, कार्यिकीय, व्यावहारिक) है जो उसे अपने आवास में जीवित बने रहने और जनन करने के योग्य बनाता है। अनेक अनुकूलन लंबे समय की विकास यात्रा के बाद विकसित हुए हैं और आनुवंशिकतः स्थिर हो गए हैं।

जल के बाह्य स्रोत न होने पर उत्तरी अमेरिका के मरुस्थल में कंगारू-चूहा अपनी जल की आवश्यकता की पूर्ति अपनी आंतरिक वसा के ऑक्सीकरण (जिसमें जल एक उप-उत्पाद है) से पूरी करने में सक्षम है। इसमें अपने मूत्र को सांद्रित करने की क्षमता भी है जिससे उत्सर्जी पदार्थों को हटाने के लिए जल के न्यूनतम आयतन काम में लाई जाती है।

अनेक मरुस्थलीय पौधों की पत्तियों की सतह पर मोटी उपत्वचा (क्यूटिकल) होती है और उनके रंध्र (स्टोमैटा) गहरे गर्त में व्यवस्थित होते हैं, ताकि वाष्पोत्सर्जन (ट्रांसपेरेशन) द्वारा जल की न्यूनतम हानि हो। उनके प्रकाश संश्लेषी (सी ए एम) मार्ग भी विशेष प्रकार के होते हैं जिसके कारण वे अपने रंध्र दिन के समय बंद रख सकते हैं।

कुछ मरुस्थली पादपों जैसे नागफनी (ओपंशिया), कैक्टस, आदि में पत्तियाँ नहीं होती बल्कि वे कांटे के रूप में रूपांतरित हो जाती हैं और प्रकाश संश्लेषण का प्रकार्य चपटे तनों द्वारा होता है।

ठंडी जलवायु वाले स्तनधारियों के कान और पाद आमतौर पर छोटे होते हैं ताकि ऊष्मा की हानि न्यूनतम हो (यह **'ऐलन का नियम'** कहलाता है)।

ध्रुवीय समुद्रों में सील जैसे जलीय स्तनधारियों में उनकी त्वचा के नीचे वसा (तिमिवसा/बलबर) की मोटी परत होती है जो ऊष्मारोधी (इंसुलेटर) का काम करती है और शरीर की ऊष्मा हानि को कम करती है।

कुछ जीवों के अनुकूलन कार्यिकीय होते हैं जिसकी वजह वे दबावपूर्ण परिस्थितियों के प्रति शीघ्र अनुक्रिया करते हैं। अगर आपको कभी समुद्र तल से ऊंचाई वाले क्षेत्र में जाने का मौका मिले (3, 500 मी. से अधिक, मनाली के पास रोहतांग दर्रा, तिब्बत में मानसरोवर) तो आपने 'तुंगता बीमारी' (Monge's Disease) का अवश्य अनुभव किया होगा। इस 'बीमारी' के लक्षण हैं मिचली, थकान और हृदय स्पंदन में वृद्धि। इसका कारण यह है कि समुद्र तल से ऊंचाई वाले क्षेत्र में वायुमंडलीय दाब कम होता है इसलिए शरीर को पर्याप्त ऑक्सीजन नहीं मिलती। लेकिन धीरे-धीरे आप पर्यानुकूलित (एक्लेमिटाइज्ड) हो जाते हैं और आपको तुंगता बीमारी का अनुभव नहीं होता।

शरीर कम ऑक्सीजन उपलब्ध होने की क्षतिपूर्ति लाल रुधिर कोशिका (RBC) का उत्पादन बढ़ाकर, हीमोग्लोबिन की बंधनकारी क्षमता घटाकर और श्वसन दर बढ़ाकर कर लेता है।

अधिकांश प्राणियों में उपापचयी अभिक्रियाएँ और कार्यिकीय प्रकार्य संकीर्ण तापमान परास में इष्टतम होते हैं (मानव में यह तापमान 37 डिग्री सेंटी है)। लेकिन ऐसे सूक्ष्मजीव (आर्किबैक्टीरिया) भी हैं जो तप्त झरनों और गहरे समुद्र के उष्णजलीय निकासों में, जहाँ तापमान 100 डिग्री से भी ज्यादा होता है। अनेक मछलियाँ दक्षिण ध्रुवीय जल में खूब पनपती हैं जहाँ का तापमान हमेशा शून्य से कम रहता है।

कुछ जीव अपने पर्यावरण में होने वाले परिवर्तनों का सामना करने के लिए व्यावहारिक अनुक्रियाएँ दर्शाते हैं। रतनधारियों में अपने आवास के उच्च तापमान से निबटने के लिए जो कार्यिकीय योग्यता होती है, मरुस्थल की छिपकलियों में इस योग्यता की कमी होती है लेकिन वे व्यावहारिक साधनों द्वारा अपने शरीर के तापमान को काफी स्थिर बनाए रखती हैं। जब उनका तापमान सुविधा स्तर से नीचे चला जाता है तब वे धूप सेंक कर ऊष्मा अवशोषित करती हैं लेकिन जब परिवेश का तापमान बढ़ने लगता है तब वे छाया में चली जाती हैं। कुछ जातियों में भूमि से ऊपर की ऊष्मा से बचने के लिए मिट्टी में बिल खोदने की क्षमता होती है।

समष्टियाँ (Population)

प्रकृति में, हमें किसी भी जाति के पृथक, एकल के दर्शन विरले ही होते हैं; उनमें से अधिकांश सुपरिभाषित भौगोलिक क्षेत्र में समूह में रहते हैं, समान संसाधनों का साझा उपयोग करते हैं अथवा उनके लिए स्पर्धा करते हैं, संकरण (इनब्रीड) करते हैं और इस प्रकार वे **समष्टि** की रचना करते हैं। हालाँकि संकरण शब्द में लैंगिक जनन कार्य अंतर्निहित है, अलैंगिक जनन से भी जन्म लेने वाले व्यष्टियों के समूह को भी पारिस्थितिक अध्ययन के लिए आमतौर से समष्टि मान लिया जाता है। आर्द्र भूमि में सभी जलकाक, वन क्षेत्र के सागवान (Teak wood) के पेड़, संवर्धन प्लेट के जीवाणु, त्याग दिए गए आवास में चूहे, और तालाब में कमल के पौधे, आदि समष्टि के कुछ उदाहरण हैं।

प्राकृतिक वरण द्वारा वांछित विशेषकों (ट्रेट) को विकसित करने का कार्य समष्टि स्तर पर ही होता है। इसलिए समष्टि पारिस्थितिकी का एक महत्त्वपूर्ण क्षेत्र है क्योंकि यह पारिस्थितिकी को समष्टि आनुवंशिकी (जेनेटिक्स) और विकास से जोड़ता है।

समष्टि में गुण

जन्म दरें और मृत्यु दरें

व्यष्टि जन्मता और मरता है लेकिन समष्टि में **जन्म दरें और मृत्यु दरें** होती हैं। समष्टि में इन दरों को क्रमशः प्रति व्यक्ति जन्म और मृत्यु दर कहते हैं। इसलिए दर को समष्टि के सदस्यों के संबंधों में संख्या में परिवर्तन (वृद्धि या ह्रास) के रूप में प्रकट किया जाता है। उदाहरण के लिए अगर किसी ताल में पिछले साल कमल के 20 पौधे थे और जनन द्वारा 8 नए पौध और हो जाते हैं जिससे वर्तमान समष्टि 28 हो जाती है, तो हम जन्म दर को $8/20 = 0.4$ संतति प्रति कमल प्रतिवर्ष के हिसाब से परिकलन (कैल्कुलेट) करते हैं। अगर प्रयोगशाला समष्टि में 40 फलमक्खियों में से 4 व्यष्टि किसी विशिष्टीकृत समय अंतराल में, मान लीजिए एक सप्ताह के दौरान मर जाते हैं, तो उस समय के दौरान समष्टि में मृत्यु दर $4/40 = 0.1$ व्यष्टि प्रति फलमक्खी प्रति सप्ताह कहलाएगी।

लिंग अनुपात

समष्टि का दूसरा विशिष्ट गुण **लिंग अनुपात** यानि नर एवं मादा का अनुपात है। व्यष्टि या तो नर है या मादा है, लेकिन समष्टि का लिंग अनुपात होता है (जैसे कि समष्टि का 60 प्रतिशत स्त्री हैं और 40 प्रतिशत नर हैं)।

आयु पिरामिड

किसी दिए गए समय में समष्टि भिन्न आयु वाले व्यष्टियों से मिलकर बनती है। अगर समष्टि के लिए आयु वितरण (दी गई आयु अथवा आयु वर्ग के व्यष्टियों का प्रतिशत) आलेखित (प्लॉटेड) किया जाता है तो बनने वाली संरचना आयु पिरामिड कहलाती है। मानव समष्टि के लिए आयु पिरामिड आमतौर पर नर और स्त्रियों का आयु वितरण संयुक्त आरेख को दर्शाता है। पिरामिड का आकार समष्टि की स्थिति प्रतिबिंबित करता है- (क) बढ़ती पिरामिड (ख) स्थिर पिरामिड (ग) घटती पिरामिड (चित्र 28.3)।

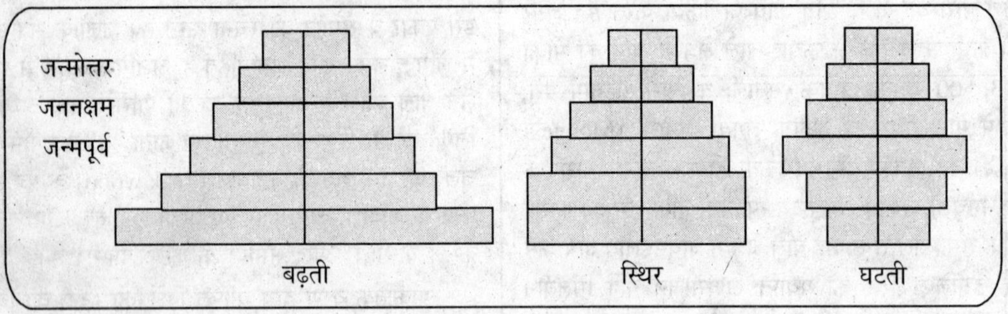

चित्र 28.3 मानव समष्टि के लिए आयु पिरामिडों का निरूपण

समष्टि/घनत्व साइज

समष्टि का साइज आवास में उसकी स्थिति के बारे में बहुत कुछ बताता है। समष्टि हम कैसे भी पारिस्थितिक प्रक्रम अन्वेषण (इन्वेस्टिगेट) करना चाहें, भले ही यह दूसरी जातियों से स्पर्धा का परिणाम हो, परभक्षी का प्रभाव हो, या पीड़कनाशी (पेस्टिसाइड) अनुप्रयुक्त (एप्लाइड) करने का प्रभाव हो, हम उनका मूल्यांकन हमेशा ही समष्टि के साइज में कोई परिवर्तन के संदर्भ में करते हैं। प्रकृति में समष्टि के साइज की इतनी कम संख्या में भी (10 से कम भरतपुर आर्द्रभूमि क्षेत्रों में) साइबेरियाई सारस या किसी साल लाखों में हो सकती है (तालाब में *क्लेमाइडोमोनास*)। हालाँकि समष्टि घनत्व की सबसे उपयुक्त माप आमतौर पर कुल संख्या है, कुछ मामलों में यह अर्थहीन होती है अथवा इसका निर्धारण कठिन होता है। किसी क्षेत्र में, अगर 200 पार्थेनियम पादप हैं, लेकिन केवल एक अकेला बड़े वितान (कैनोपी) वाला बरगद का विशाल वृक्ष है तो यह कहना कि पार्थेनियम के सापेक्ष बरगद का समष्टि घनत्व कम है उस समुदाय में बरगद की महत्वपूर्ण भूमिका को अवाकलन करने के बराबर है। ऐसे मामलों में, समष्टि साइज के माप के लिए प्रतिशत आवरण अथवा जीव भार (Biomass) अधिक अर्थपूर्ण है। अगर समष्टि बहुत बड़ी है और गणना असंभव है अथवा बहुत समय लेने वाली है तो कुल संख्या को अपनाने का आधार भी सरल नहीं है।

कभी-कभी, पारिस्थितिक अन्वेषणों के लिए निरपेक्ष समष्टि घनत्व जानने की आवश्यकता नहीं है; आपेक्षिक घनत्वों से भी उद्देश्य की पूर्ति भली-भाँति हो जाती है। उदाहरण के लिए प्रति पाश (ट्रेप) पकड़ी गई मछलियों की संख्या झील में कुल समष्टि घनत्व की काफी ठीक माप है। हम बहुधा समष्टि के साइज के बिना वास्तव में गिने अथवा बिना देखे अप्रत्यक्ष रूप से आकलन करते हैं। हमारे राष्ट्रीय उद्यानों और बाघ रिजर्व्स (Reserves) में बाघ गणना प्रायः पग चिह्नों और मल गुटिकाओं (पैलेट) पर आधारित होती है।

समष्टि वृद्धि

किसी जाति के लिए समष्टि की साइज स्थैतिक प्राचल नहीं है। यह समय-समय पर बदलता रहता है जो विभिन्न कारकों पर आहार उपलब्धता, परभक्षण दाब, और मौसमी परिस्थितियों पर निर्भर करता है। वास्तव में ये परिवर्तन हमें समष्टि में क्या घटित हो रहा है, इसका कुछ बोध कराते हैं। क्या समष्टि घनत्व बढ़ रहा है या घट रहा है? अंतिम कारण कुछ भी रहे हों, परंतु दी गई अवधि के दौरान दिए गए आवास में समष्टि का घनत्व चार मूलभूत प्रक्रमों (Process) में घटता-बढ़ता है। इन चारों में से दो (जन्मदर और आप्रवासन) समष्टि घनत्व को बढ़ाते हैं और दो (मृत्युदर तथा उत्प्रवासन) इसे घटाते हैं (चित्र 28.4)।

(क) जन्मदर

जन्मदर से मतलब समष्टि में जन्मी उस संख्या से है जो दी गई अवधि के दौरान आरंभिक घनत्व में जुड़ती है।

(ख) मृत्युदर

यह दी गई अवधि में समष्टि में होने वाली मौतों की संख्या है

(ग) आप्रवासन

यह उसी जाति के व्यष्टियों की वह संख्या है जो दी गई समय अवधि के दौरान आवास में कहीं और से आए हैं।

(घ) उत्प्रवासन

यह समष्टि के व्यष्टियों की वह संख्या है जो दी गई समयावधि के दौरान आवास छोड़कर कहीं और चले गए हैं।

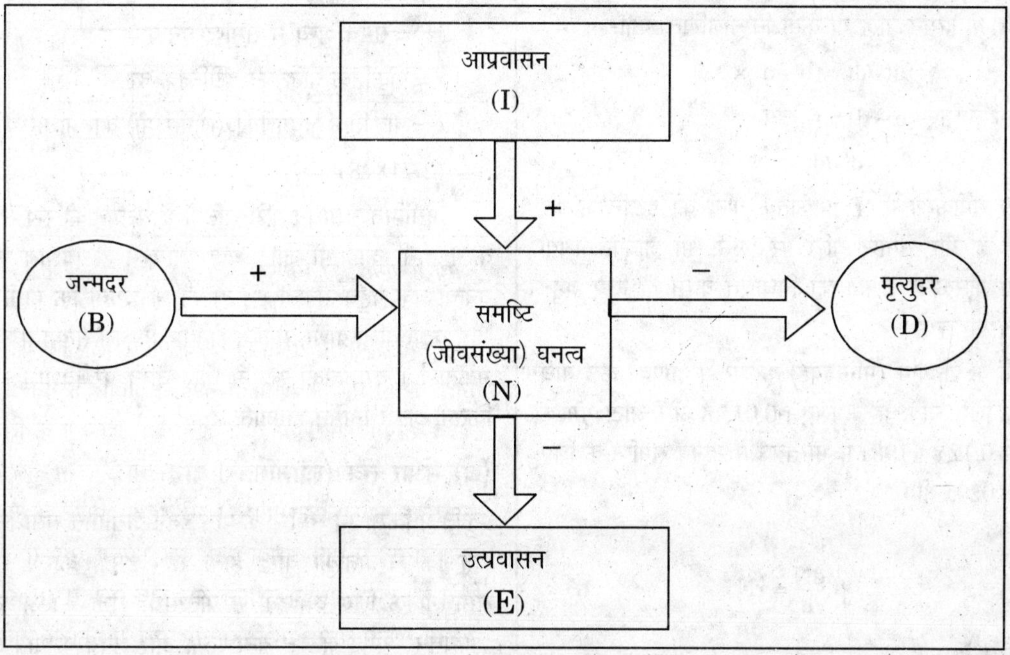

चित्र 28.4

इसलिए अगर समय t पर समष्टि पनत्व N है तो रामय t + 1 पर इसका पनत्व है

$$N_{t+1} = N_t + [(B + 1) - (D + E)]$$

ऊपर दिए गए समीकरण से आप देख सकते हैं कि अगर जन्म लेने वालों की संख्या जमा आप्रवासियों की संख्या (B + 1) मरने वालों की संख्या जमा उत्प्रवासियों की संख्या (D + E) से अधिक है तो समष्टि घनत्व बढ़ जाएगा अन्यथा यह घट जाएगा। सामान्य परिस्थितियों में, समष्टि घनत्व को प्रभावित करने वाले कारकों में जन्म और मृत्यु सबसे महत्वपूर्ण है, दूसरे दो कारक विशेष परिस्थितियों में ही महत्वपूर्ण बन जाते हैं।

उदाहरण के लिए, अगर आवास की बस्ती अभी बनी है, तो जन्म दरों की अपेक्षा आप्रवासन समष्टि की वृद्धि में अधिक महत्वपूर्ण है।

वृद्धि मॉडल

(क) चरघातांकी वृद्धि

किसी समष्टि की अबाधित वृद्धि के लिए स्पष्टतः संसाधन (आहार और स्थान) उपलब्ध होना अत्यावश्यक है। आदर्शतः आवास में जब संसाधन असीमित होते हैं तो प्रत्येक जाति में संख्या में वृद्धि कर सकने की अपनी जन्मजात शक्ति को पूरी

तरह अनुभव करने की योग्यता होती है जैसा कि डार्विन ने अपने प्राकृतिक वरण के सिद्धांत को प्रतिपादित करते हुए प्रेक्षित किया। तब समष्टि चरघातांकी (एक्सपोनेन्शियल) अथवा ज्यामितीय (ज्योमेट्रिकल) शैली में वृद्धि करती है।

अगर N साइज की समष्टि में, जन्म दरें (कुल संख्या नहीं, बल्कि प्रति व्यक्ति जन्म) b के रूप में और दरें (प्रति व्यक्ति मृत्यु दर) d के रूप में निरूपित की जाती हैं तब इकाई समय अवधि t(dN/dt) के दौरान वृद्धि या कमी निम्नलिखित होगी-

$$dN/dt = (b - d) \times N$$

मान लीजिए $(b - d) = r$, तब

$$dN/dt = rN$$

इस समीकरण में 'r' 'प्राकृतिक वृद्धि की इंट्रीन्जिक दर' कहलाती है और समष्टि वृद्धि पर किसी भी जैविक अथवा अजीवीय कारक के प्रभाव को निर्धारित करने के लिए बहुत महत्वपूर्ण प्रांचल है।

'r' मूल्यों के परिणाम (मैग्निट्यूड) के बारे में आपको कुछ बोध कराने के लिए, नार्वे चूहे के लिए r 0.015 है और आटा भृंग के लिए यह 0.12 है। 1981 में भारतवर्ष में मानव समष्टि के लिए r मान 0.0205 थी।

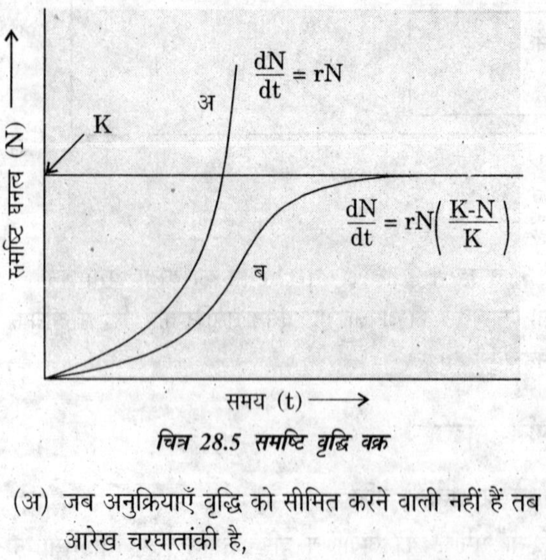

चित्र 28.5 समष्टि वृद्धि वक्र

(अ) जब अनुक्रियाएँ वृद्धि को सीमित करने वाली नहीं हैं तब आरेख चरघातांकी है,

(ब) जब अनुक्रियाएँ वृद्धि के लिए सीमाकारी हैं तब आरेख लॉलिस्टिक है,

(स) पोषण क्षमता है

ऊपर दिया गया समीकरण समष्टि के चरघातांकी अथवा ज्यामितीय वृद्धि बताता है और जब N को समय के संदर्भ में आरेखित करते हैं तो इसका नतीजा **J- आकार का वक्र** है (चित्र 28.5)। चरघातांकी वृद्धि समीकरण के समाकलित रूप को निम्न प्रकार से दिखा सकते हैं-

$$N_t = No_{ert}$$

N_t = समय t में समष्टि घनत्व

N_o = समय शून्य में समष्टि घनत्व

r = प्राकृतिक वृद्धि की इंट्रीन्जिक दर

e = प्राकृतिक लघुगणकों (लॉगेरिथ्मों) का आधार (2.71828)

असीमित संसाधन परिस्थितियों में चरघातांकी रूप से वृद्धि करने वाली कोई भी जाति थोड़े समय में ही विशाल समष्टि घनत्वों तक पहुँच सकती है। डार्विन ने दर्शाया कि हाथी जैसा धीमे बढ़ने वाला प्राणी, रोक न होने पर विशाल संख्या तक पहुँच सकता है। चरघातांकी रूप से वृद्धि करने पर विशाल समष्टि कितनी जल्दी निर्मित हो जाती है।

(ख) संभार तंत्र (लॉजिस्टिक) वृद्धि

प्रकृति में किसी भी समष्टि के पास इतने असीमित संसाधन नहीं होते कि चरघातांकी वृद्धि होती रहे। इसके कारण सीमित संसाधनों के लिए व्यष्टियों में प्रतिस्पर्धा होती है। आखिर में 'योग्यतम्' व्यष्टि जीवित बना रहेगा और जनन करेगा। अनेक देशों की सरकारों ने भी इस तथ्य को समझा है और मानव समष्टि वृद्धि को सीमित करने के लिए विभिन्न प्रतिबंध लागू किए हैं। प्रकृति में दिए गए आवास के पास अधिकतम संभव संख्या के पालन - पोषण के लिए पर्याप्त संसाधन होते हैं इससे आगे और वृद्धि संभव नहीं है। उस आवास में उस जाति के लिए इस सीमा को प्रकृति की **पोषण क्षमता (k)** मान लेते हैं।

किसी आवास में सीमित संसाधनों के साथ वृद्धि कर रही समष्टि आरंभ में पश्चता प्रावस्था (लैग फेस) दर्शाती है। उसके बाद त्वरण और मंदन और अंततः अनंतस्पर्शी प्रावस्थाएँ आती हैं, जब समष्टि घनत्व पोषण तक पहुँच जाती है। समय (t) के संदर्भ में N का आरेख (प्लॉट) से **सिग्मॉइड वक्र** बन जाता है। इस प्रकार की समष्टि वृद्धि विर्हुस्ट-पर्ल लॉजिस्टिक वृद्धि कहलाता है जो निम्नलिखित समीकरण द्वारा वर्णित है-

$$dN/dt = \frac{rN(K-N)}{K}$$

जहाँ N = समय t पर समष्टि घनत्व

r = प्राकृतिक वृद्धि की (इंट्रीन्जिक) दर

K = पोषण क्षमता

अधिकांश प्राणियों की समष्टियों में वृद्धि के लिए संसाधन परिमित (फाइनाइट) हैं और देर-सबेर सीमित होने वाले हैं, इसलिए लॉजिस्टिक वृद्धि मॉडल को अधिक यथार्थपूर्ण माना जाता है।

जीवन-वृत्त विभिन्नता

समष्टियाँ जिस आवास में रहती हैं उसमें अपनी जनन योग्यता, जिसे डार्विनी योग्यता (डार्विनियन फिटनेस) भी कहा जाता है (उच्च r मान), को अधिकतम बनाने के लिए विकसित होती हैं। खास प्रकार के वरण दबाव-सेट में जीव सर्वाधिक दक्ष जनन-युक्ति की ओर विकास करते हैं।

कुछ अपने जीवन काल में केवल एक बार प्रजनन करती हैं (प्रशांत महासागरीय सामन मछली और बाँस)।

अन्य अपने जीवन काल में कई बार प्रजनन करती हैं (अधिकांश पक्षी और स्तनधारी)।

कुछ छोटी साइज की संतति बहुत संख्या में उत्पन्न करती हैं (ऑयस्टर और पैलेजीक मछलियाँ)।

बड़ी साइज की संतति कम संख्या में उत्पन्न करती हैं (पक्षी और स्तनधारी)।

जीवों के जीवन वृत्त अजीवीय और जीवीय घटकों द्वारा लगाए गए प्रतिबंधों के संदर्भ में विकसित होते हैं। भिन्न जातियों में जीवन वृत्त विशेषकों का विकास इस समय अनुसंधान का महत्त्वपूर्ण क्षेत्र है और पारिस्थितिकीविज्ञ अनुसंधान में लगे हुए हैं।

समष्टि पारस्परिक क्रियाएँ

अंतरजातीय पारस्परिक क्रियाएँ दो भिन्न जातियों की समष्टियों की पारस्परिक क्रिया से उत्पन्न होती हैं। वे क्रियाएँ एक जाति या दोनों जातियों के लिए हितकारी, हानिकारक या उदासीन (न हानिकारक न लाभदायक) हो सकती हैं। लाभदायक पारस्परिक क्रियाओं के लिए '+' चिह्न तथा हानिकारक के लिए '–' चिह्न और उदासीन के लिए '0' चिह्न से दर्शाएँ (सारणी 28.1)।

सारणी 28.1 समष्टियों की पारस्परिक क्रिया

जाति 'अ'	जाति 'ब'	पारस्परिक क्रिया का नाम
+	+	सहोपकारिता
–	–	स्पर्धा
+	–	परभक्षण
+	–	परजीविता
+	0	सहभोजिता (कमन्सेलिज्म)
–	0	अंतरजातीय परजीविता (एमेन्सेलिज्म)

एक दूसरे से पारस्परिक क्रिया में - **सहोपकारिता** में दोनों जातियों को लाभ होता है और **स्पर्धा** में दोनों को हानि होती है। **परजीविता** और **परभक्षण** दोनों में केवल एक जाति को लाभ होता है (क्रमशः परजीवी और परभक्षी को)। और पारस्परिक क्रिया दूसरी जाति (क्रमशः परपोषी और शिकार) के लिए हानिकारक है। ऐसी पारस्परिक क्रिया जिसमें एक जाति को लाभ होता है और दूसरी को न लाभ होता है न हानि उसे **सहभोजिता** कहते हैं। दूसरी ओर, अंतरजातीय परजीविता में एक जाति को हानि

होती है जबकि दूसरी जाति-अप्रभावित रहती है। परभक्षण, परजीविता और सहभोजिता इन तीनों की एक साझा विशेषता है- पारस्परिक क्रिया करने वाली जातियाँ निकटता से साथ-साथ रहती हैं।

(क) परभक्षण

पोषी स्तरों तक ऊर्जा स्थानांतरण के लिए संनाल ('कंड्यूट') के रूप में कार्य करने के अलावा, परभक्षी एक दूसरी महत्त्वपूर्ण भूमिका भी निभाते हैं। वे शिकार समष्टि को नियंत्रण रखते हैं। अगर परभक्षी नहीं होते तो शिकार जातियों का समष्टि घनत्व बहुत ज्यादा हो जाता और परितंत्र में अस्थिरता आ जाती। जब किसी भौगोलिक क्षेत्र में कुछ विदेशज जातियाँ लाई जाती हैं तो वे आक्रामक हो जाती हैं और तेजी से फैलने लगती हैं क्योंकि आक्रांत भूमि में उसके प्राकृतिक परभक्षी नहीं होते।

1920 के आरंभ में आस्ट्रेलिया में लाई गई नागफनी ने वहाँ लाखों हेक्टेयर प्रक्षेत्र में तेजी से फैलकर तबाही मचा दी। अंत में नागफनी खाने वाले परभक्षी (एक प्रकार का शलभ) को उसके प्राकृतिक आवास ऑस्ट्रेलिया लाए जाने के बाद ही आक्रामक नागफनी को नियंत्रित किया जा सका।

कृषि पीड़ाकनाशी के नियंत्रण (पेस्ट कंट्रोल) में अपनाए गए नियंत्रण विधियाँ परभक्षी की समष्टि नियमन की योग्यता पर आधारित हैं। परभक्षी, स्पर्धी शिकार जातियों के बीच स्पर्धा की तीव्रता कम करके किसी समुदाय में जातियों की विविधता (डाइवर्सिटी) बनाए रखने में भी सहायता करता है।

अमेरीकी प्रशांत तट की चट्टानी अंतराज्वारीय (Intertidal) समुदायों में पाइसैस्टर तारामीन एक महत्त्वपूर्ण परभक्षी है। परभक्षण के प्रभाव को कम करने के लिए शिकारी जातियों ने विभिन्न रक्षा विधियाँ विकसित कर ली हैं। कीटों और मेंढकों की कुछ जातियों में परभक्षी द्वारा आसानी से पहचान लिए जाने से बचने के लिए गुप्तरूप से रंगीन (छद्मावरण) होती हैं। मॉनार्क तितली के शरीर में विशेष रसायन होने के कारण यह अपने परभक्षी (पक्षी) के लिए बहुत की अरूचिकर, यानी स्वाद में खराब है। यह दिलचस्प है कि तितली इस रसायन को अपनी इल्ली (कैटरपिलर) अवस्था में विषैली खरपतवार खाकर प्राप्त करती है।

पादपों ने शाकाहारियों से बचने के लिए आश्चर्यजनक रूप से आकारिकीय और रासायनिक रक्षाविधियाँ विकसित कर ली हैं। रक्षा के सबसे सामान्य आकारिकीय साधन कांटे (ऐकेशिया, कैक्टस) हैं। बहुत से पादप ऐसे रसायन उत्पन्न और भंडारित करते हैं जो खाए जाने पर शाकाहारियों को बीमार कर देते हैं, पाचन का संदमन करते हैं, उनके जनन को भंग कर देते हैं या मार देते हैं।

आपके परित्यक्त खेतों में उग रही कैलोट्रोपिस खरपतवार पौधा अत्यधिक विषैला हृदय ग्याइकोसाइड उत्पन्न करता है और इसी कारण आपने कभी भी किसी पशु या बकरी को इस पौधे को चरते हुए नहीं देखा होगा। रासायनिक पदार्थों की व्यापक किस्में जिन्हें हम पौधों से व्यापारिक पैमाने पर निष्कर्षित करते हैं (निकोटीन, कैफीन, क्वीनीन, स्ट्रिकनीन, अफीम, आदि)। वे पादपों द्वारा उत्पन्न होते हैं। वास्तव में ये रसायन चारकों (ग्रेजर) से बचने की रक्षाविधियाँ हैं।

(ख) स्पर्धा

जैव विकास में अंतरजातीय स्पर्धा एक शक्तिशाली बल है। आमतौर पर यह माना जाता है कि स्पर्धा उस समय शुरू होती है जब निकट रूप से संबंधित जातियाँ उन्हीं संसाधनों के लिए स्पर्धा करती हैं जो सीमित हैं, लेकिन असंबद्ध जातियाँ भी एक ही संसाधन के लिए स्पर्धा कर सकती हैं। उदाहरण के लिए दक्षिण अमेरीका की कुछ उथली झीलों में आगंतुक फ्लेमिंगो और वहीं की आवासी मछलियाँ साझा आहार, झील में प्राणिप्लवक के लिए स्पर्धा करती हैं। दूसरी बात है, स्पर्धा के संसाधनों का सीमित होना आवश्यक है। बाधा स्पर्धा में एक जाति की अशनदक्षता दूसरी जाति की बाधाकारी और संदमनी उपस्थिति के कारण घट सकती है।

स्पर्धा को एक ऐसे प्रक्रम के रूप में परिभाषित किया जा सकता है, जिसमें एक जाति की योग्यता (वृद्धि की इंट्रींजिक दर 'r' के रूप में मापित) दूसरी जाति की उपस्थिति में महत्त्वपूर्ण रूप से घट जाती है। प्रयोगशाला में किए गए प्रयोगों में यह दर्शाना अपेक्षाकृत आसान है, जैसा कि गॉसे और दूसरे पारिस्थिकविज्ञों ने किया, कि जब संसाधन सीमित होते हैं तो स्पधीरूप से उत्तम जातियाँ अंततः दूसरी जातियों को विलुप्त कर देगी, लेकिन प्रकृति में इस प्रकार के स्पर्धी बहिष्कार के साक्ष्य हमेशा निर्णायक नहीं होते। लेकिन कुछ मामलों में ठोस और स्वीकार्य परिस्थितिजन्य साक्ष्य मिलते तो हैं।

गैलापैगो द्वीप में बकरियाँ लाई जाने के बाद एबिंग्डन कुछ एक दशक में ही विलुप्त हो गए जिसका स्पष्ट कारण था बकरियों की अत्यधिक चारण दक्षता। प्रकृति में स्पर्धा होने का दूसरा

प्रमाण 'स्पर्धी मोचन' है। स्पर्धीरूप से उत्तम जाति की उपस्थिति के कारण जिस जाति का वितरण छोटे से भौगोलिक क्षेत्र तक प्रतिबंधित हो गया है, स्पर्धी जाति को प्रयोगात्मक रूप से हटा दिए जाने पर उसकी वितरण परास नाटकीय ढंग से फैल जाती है। कॉनेल के परिष्कृत क्षेत्र प्रयोगों ने दर्शाया कि स्कॉटलैंड के चट्टानी समुद्र तटों पर बड़े और स्पर्धी रूप से उत्तम बार्नेकल बैलेनस की अंतरज्वारीय क्षेत्र में प्रमुखता है और इसने छोटे बार्नेकल चैथैमैलस को उस क्षेत्र से निकाल दिया। आमतौर पर, माँसाहारियों (कार्निवोर) की अपेक्षा शाकाहारी और पादप अधिक प्रतिकूलतः प्रभावित होते हैं।

गॉसे 'स्पर्धी अपवर्जन नियम'

एक ही तरह के संसाधनों के लिए स्पर्धा करने वाली दो निकटतम से संबंधित जातियाँ अनंतकाल तक साथ-साथ नहीं रह सकती और स्पर्धीरूप से घटिया जाति अंततः विलुप्त कर दी जाएगी। ऐसा तभी होगा जब संसाधन सीमाकारी होंगे अन्यथा नहीं। अधिक वर्तमान अध्ययन स्पर्धा के ऐसे घोर सामान्यीकरण की पुष्टि नहीं करते। वे प्रकृति में अंतराजातीय स्पर्धा होने को नकारते तो नहीं पर वे इस ओर ध्यान दिलाते हैं। स्पर्धा सामना करने वाली जातियाँ ऐसी क्रियाविधि विकसित कर सकती हैं जो बहिष्कार की बजाय सह-अस्तित्व को बढ़ावा दे। ऐसी एक क्रियाविधि 'संसाधन विभाजन' है। अगर दो जातियाँ एक ही संसाधन के लिए स्पर्धा करती हैं तो उदाहरण के लिए वे अशन (आहार) के लिए भिन्न समय अथवा भिन्न चारण प्रतिरूप चुनकर स्पर्धा से बच सकती हैं।

(ग) परजीविता

अनेक परजीवी परपोषी-विशिष्ट के रूप में विकसित हुए हैं (वे परपोषी की केवल एक ही जाति पर परजीवी जीवन बिताते हैं), इस प्रकार परपोषी और परजीवी दो सह-विकसित होते हैं; अर्थात् एक ही परपोषी जाति के साथ सफल होने के लिए अगर परपोषी परजीवी को अस्वीकार करने या प्रतिरोध करने के विशेष साधन विकसित करता है तो परजीवी को उन साधनों को निष्प्रभावी और व्यर्थ करने के लिए साधन विकसित करने होंगे। अपनी जीवन शैली के अनुरूप परजीवी ने विशेष अनुकूलन विकसित किए जैसे कि अनावश्यक अंगों का अभाव, परपोषी से चिपकने के लिए आसंजी अंगों या चूषकों की उपस्थिति, पाचन तंत्र का लोप तथा उच्च जनन क्षमता। परजीवियों का जीवन चक्र प्रायः जटिल होता है जिसमें एक या दो मध्यस्थ पोषक अथवा रोगवाहक होते हैं जो इसके प्राथमिक परपोषी के परजीवीकरण को सुगम बनाते हैं। मानव यकृत पर्णाभ (लिवर फ्लूक) और पर्णाभ कृमि परजीवी (ट्रिमेटोड पैरासाइट) अपने जीवन चक्र को पूरा करने के लिए दो मध्यस्थ पोषकों जैसे घोंघा और मछली पर निर्भर करता है। मलेरिया परजीवी को दूसरे परपोषियों पर फैलने के लिए रोगवाहक (मच्छर) की आवश्यकता पड़ती है। अधिकांश परजीवी, परपोषी को हानि पहुँचाते हैं; परपोषी की उत्तरजीविता, वृद्धि और जनन को कम कर सकते हैं और उसके समष्टि घनत्व को घटा सकते हैं। वे परपोषी को कमजोर बनाकर उसे, परभक्षण के लिए अधिक असुरक्षित बना देते हैं।

परपोषी जीव की बाह्य पृष्ठ पर अशन (आहार पूर्ति) करने वाले परजीवी, बाह्य परजीवी (एक्टोपैरासाइट) कहलाते हैं। इसके प्रसिद्ध उदाहरण मानवों पर जूँ के समूह और कुत्तों पर चिचिंड़ियाँ (टिक्स) हैं। अनेक समुद्री मीन बाह्य परजीवी अरित्रपादों (कॉपिपोड्स) द्वारा ग्रस्त हैं। कस्कुटा (अमरबेल) एक परजीवी पौधा है जो सामान्यतः बाड़ पादपों पर वृद्धि करता है। विकास प्रक्रिया के दौरान इसका पर्णहरित और पत्तियाँ समाप्त हो जाती हैं। यह जिस पोषी पादप पर रहता है उसी से अपना पोषण लेता है। परजीवी (एंडोपैरासाइट) वे हैं जो परपोषी के शरीर में भिन्न स्थलों यकृत, फुप्फुस, लाल रुधिर कोशिका, आदि पर रहते हैं। उनके आकारकीय और शारीरिक लक्षण अत्यधिक सरलीकृत होते हैं जबकि उनके जनन शक्ति को बल देते हैं।

पक्षियों में अंड परजीविता (ब्रूड पैरासिटिज्म), परजीविता का लुभावना उदाहरण है जिसमें परजीवी पक्षी अपने अंडे परपोषी के घोंसले में देता है और परपोषी को उन अंडों को सेने (इंक्युबेट) देता है जैसे– प्रजनन ऋतु (बसंत से ग्रीष्म ऋतु) के दौरान कोयल।

(घ) सहभोजिता

यह ऐसी पारस्परिक क्रिया है जिसमें एक जाति को लाभ होता है और दूसरी को न हानि न लाभ होता है। आम की शाखा पर अधिपादप (एपीफाइट) के रूप में उगने वाला ऑर्किड और ह्वेल की पीठ को आवास बनाने वाले बार्नेकल को फायदा होता है जबकि आम के पेड़ और ह्वेल को उनसे कोई लाभ नहीं होता। पक्षी बगुला और चारण पशु निकट साहचर्य में रहते हैं। यदि आप कृषि फार्म वाले ग्रामीण क्षेत्र में रहते हैं तो आपको यह दृश्य देखने को मिलेगा। सहभोजिता का यह उत्कृष्ट उदाहरण है। सहभोजिता का दूसरा उदाहरण समुद्री ऐनिमोन दंशन स्पर्शक (स्टिंगिंग टेंटैकल) होते हैं, जिसमें उनके बीच रहने वाली क्लाउन मछली का है। मछली को परभक्षियों से सुरक्षा मिलती है जो दंशन

स्पर्शकों से दूर रहते हैं। क्लाउन मछली से ऐनिमोन को कोई लाभ नहीं मिलता है।

(ङ) सहोपकारिता

इस पारस्परिक क्रिया से परस्पर क्रिया करने वाली दोनों जातियों को लाभ होता है। कवक और प्रकाश संश्लेषी शैवाल या सायनोबैक्टीरिया के बीच घनिष्ठ सहोपकारी (म्यूच्युऑलिस्टिक) संबंध का उदाहरण लाइकेन में देखा जा सकता है। इसी प्रकार कवकों और उच्चकोटि पादपों की जड़ों के बीच कवकमूल (माइकोराइजी) साहचर्य है। कवक, मृदा से अत्यावश्यक पोषक तत्वों के अवशोषण में पादपों की सहायता करते हैं जबकि बदले में पादप, कवकों को ऊर्जा-उत्पादी कार्बोहाइड्रेट देते हैं।

भूमि संरक्षण (Soil Conservation)

मृदा शब्द की उत्पत्ति लैटिन भाषा के शब्द 'सोलम' (Solum) से हुई है जिसका अर्थ 'फर्श' (Floor) है।

परिभाषा (Definition)

बकमैन एवं ब्रैडी के अनुसार "मृदा वह प्राकृतिक पिण्ड है, जो विच्छेदित एवं अपक्षयित खनिज पदार्थों तथा कार्बनिक पदार्थो के सड़ने से बने विभिन्न पदार्थो के परिवर्तनशील मिश्रण से प्रोफाइल के रूप में ढ़कती है तथा जल एवं वायु की उपयुक्त मात्रा के मिलाने पर पौधों को यांत्रिक आधार तथा आंशिक जीविका प्रदान करती है"।

सामान्यतः मृदा विज्ञान का अध्ययन दो रूपों में किया जाता है-

(*i*) इडेफोलॉजी (Edaphology)

इसके अन्तर्गत फसल उत्पादन में मृदा का समुचित उपयोग तथा इसकी आर्थिक व्यवस्था का अध्ययन करते हैं।

(*ii*) पैडोलॉजी (Pedology)

इसके अन्तर्गत मृदा के जन्म, निर्माण तथा वितरण से सम्बन्धित विज्ञान का अध्ययन किया जाता है।

मृदा के मुख्य अवयव (Components of Soil)

मृदां में मुख्य रूप से चार पदार्थ पाये जाते हैं-

(*i*) खनिज पदार्थ (Mineral Matter)
(*ii*) जैविक पदार्थ (Organic Matter)
(*iii*) मृदा जल (Soil Water)
(*iv*) मृदा वायु (Soil Air)

मृदा निर्माण (Soil Formation)

मृदा का निर्माण चट्टानों तथा खनिजों से होता है, मृदा चट्टानों के अपघटन एवं विघटन के फलस्वरूप अपक्षयण व भूमि निर्माणक प्रक्रमों द्वारा बनती है।

चट्टानें (Rocks) —अपक्षयण (Weathering)→ मूल पदार्थ (Parent material) —मृदा निर्माणक प्रक्रमों द्वारा (Soil Forming Process)→ मृदा (Soil)

मृदा-निर्माणक प्रक्रम (Soil Forming Process)

1. प्राथमिक प्रक्रम (Primary Process)

- ह्यूमीफिकेशन (Humification)
- निक्षालन और निक्षेपण (Eluviation & Illuviation)
- संचयन (Accumulation)
- पेडोटर्बेशन (Spedoturbation)

2. द्वितीयक प्रक्रम (Secondary Process)

- पोडजालीकरण (Podzolisation)
- लेटराइटीकरण (Laterisation)
- कैल्सीकरण (Calcification)
- सोलनीकरण (Solonization)
- ग्लाइकरण (Gleïzation)

मृदा अपरदन (Soil Erosion)

विभिन्न प्रकार के कारक जैसे-वायु, जल इत्यादि मृदा का अपरदन करते हैं मृदा अपरदन (Soil erosion) बहुत हानिकारक होता है। दूसरे शब्दों में इसे मृदा की मृत्यु भी कहते हैं।

मृदा अपरदन के प्रकार

(Types of Soil Erosion)

सामान्य अथवा भू-वैज्ञानिक अपरदन (Normal or Geologic Soil Erosion) यह अपरदन सामान्य तथा प्राकृतिक दशाओं में होता है। इस प्रकार के अपरदन में मृदा निर्माण एवं मृदा अपरदन की दर बराबर होती है।

त्वरित मृदा अपरदन (Accelerated Soil Erosion): त्वरित मृदा अपरदन में मृदा निर्माण की गति की तुलना में अपरदन तीव्र गति से होता है तथा यह मृदा की उर्वरता को नष्ट कर देता है।

मृदा अपरदन के प्रमुख कारक (Major Factors of Soil Erosion)

- जल अपरदन (Water erosion)
- वायुवीय अपरदन (Wind erosion)
- भूस्खलन (Land slides)
- सरिता-तीर अथवा नदतटीय अपरदन (Stream bank erosion)
- अतिचारण और वनोन्मूलन (Overgrazing and Deforestation)

मृदा संरक्षण (Soil Conservation)

मृदा संरक्षण के सामान्य सिद्धान्त (General Principles of Soil Conservation)

मृदा अपरदन को रोकने लिये निम्नलिखित सिद्धान्तों को अपनाना चाहिए-

- मृदा को वर्षा की बूँदों से बचाना चाहिए।
- मृदा को जल की अधिक से अधिक मात्रा उपलब्ध कराना चाहिए।
- जल को एकत्रित होने से रोकना और ढलान में तीव्र गति से बहने वाली जल की गति को कम करना चाहिए।
- मृदा के कणों का स्थानान्तरण रोकना तथा वायु की गति को पृथ्वी की सतह पर करना चाहिए।

मृदा संरक्षण की विधियाँ (Methods of Soil Conservation)

1. जीवीय विधियाँ (Biological Methods)

जीवीय विधियों में पौधों का उपयोग करके मृदा संरक्षण किया जाता है। जीवीय विधियों को निम्नानुसार वर्गीकृत किया जा सकता है-

- शस्य विज्ञान से सम्बंधित विधियाँ (Agronomic Methods)
- घास से सम्बंधित विधियाँ (Agrostologic Methods)
- वनारोपण (Afforestation)
- वर्षाधीन खेती (Dry Farming)

2. यान्त्रिक विधियाँ (Mechanical Methods)

सामान्यतः एक स्थान पर मृदा संरक्षण की एक से अधिक विधियों को अपनाया जाता है, जो कि निम्नानुसार हैं-

- बेसिनलिस्टिंग (Basin listing)
- समोच्चरेखीय वेदिका (Contour terracing)
- सरिता-तीर संरक्षण (Stream bank protection)
- अवनालिका नियन्त्रण (Gully Control)

बहुविकल्पीय प्रश्न

1. मरुद्भिदों में जड़ तन्त्र लम्बा होता है–

(*a*) यान्त्रिक शक्ति देने के लिये
(*b*) प्रकाश के कारण
(*c*) जल को गहरे भूमिगत जल से अवशोषित करने के लिये
(*d*) उपरोक्त में से कोई नहीं

2. निम्न में से किस पादप में बीजों में अंकुरण फलों के अन्दर ही हो जाता है जब यह मुख्य पौधे पर लगे होते हैं–

(*a*) आम (*b*) राइजोफोरा
(*c*) केवड़ा (*d*) नारियल

3. मृदा क्षारीयता (Soil salinity) को नापा जाता है–

(*a*) पोरी मीटर से
(*b*) पोटोमीटर से
(*c*) कन्डक्टीविटी मीटर से
(*d*) कैलोरी मीटर से

4. वह कारक जो पृथ्वी की संरचना को बताता है वह है–

(*a*) भौगोलिक (*b*) मृदीय
(*c*) जैवीय (*d*) तापमान

5. मृदा अपरदन कम किया जा सकता है–
(*a*) अत्यधिक चरने को रोककर
(*b*) सही पौधों को उगाने से
(*c*) डैम बनाकर
(*d*) उपरोक्त सभी विधियों से

6. ऐसे पौधे जिनमें संवहन ऊतक कम या अनुपस्थित तथा वायुतक अधिक विकसित होते हैं–
(*a*) मरुद्भिद् (*b*) लवणोद्भिद्
(*c*) जलोद्भिद् (*d*) समोद्भिद्

7. जल धारण शक्ति किसमें सबसे अधिक होती है?
(*a*) चिकनी मिट्टी (*b*) दुमट मिट्टी
(*c*) सिल्ट मिट्टी (*d*) बलुई मिट्टी

8. दुनिया अधिकतम जनसंख्या वहन कर सकती है यदि सब व्यक्ति –
(*a*) शुद्ध शाकाहारी होते
(*b*) दूध के सेवन के साथ शाकाहारी होते
(*c*) दूध और अण्डे के सेवन के साथ शाकाहारी होते
(*d*) माँसाहारी होते

9. निम्न एक फसल मृदा कटाव को रोकने में सबसे अधिक प्रभावी है–
(*a*) कपास (*b*) अरहर
(*c*) मूँग (*d*) मक्का

10. पौधों की वृद्धि के लिये अच्छी है–
(*a*) दोमट मिट्टी (*b*) रेतीली मिट्टी
(*c*) बजरी (*d*) चिकनी मिट्टी

11. कौन-सा जीवीय कारक मरुरुथलों में कम वनस्पति के उत्पादन के लिये उत्तरदायी होते हैं?
(*a*) जन्तुओं तथा बकरियों द्वारा चरना
(*b*) रहने वाले मानव
(*c*) निम्न वर्षा
(*d*) मृदा की दुर्बल उर्वरकता

12. इण्डेमिक पौधे (Endemic Plants) वे होते हैं जो उगते हैं–
(*a*) छायादार स्थानों में
(*b*) अन्य पौधों के ऊतकों में
(*c*) भौगोलिक रुप में सीमित क्षेत्रों में
(*d*) अलवण जलीय झीलों में

13. वृक्षों की अनुपस्थिति तथा बौने पादपों की उपस्थिति लक्षण है–
(*a*) उष्णकटिबन्धीय वर्षा वनों का
(*b*) शंकुधारी वनों का
(*c*) टुण्ड्रा का
(*d*) पर्णपाती वनों का

14. वनोन्मूलन के प्रभाव पर निम्न में कौनसा वक्तव्य गलत है?
(*a*) यह जंगली जन्तुओं के प्राकृतिक आवास नष्ट कर देता है
(*b*) यह स्थानों से मौसम को बदल देता है
(*c*) यह पोषक का पुर्नचक्रण बढ़ा देता है
(*d*) इसमें मृदा अपरदन होता है

15. रेगिस्तान (मरुस्थल) को हरित भूमि में किसके द्वारा बदला जा सकता है?
(*a*) अम्लोद्भिद् (*b*) बालुद्भिद्
(*c*) लवणोद्भिद् (*d*) उष्णकटिबंधी वृक्ष

16. उष्ण कटिबन्धी घने वन का कारण है–
(*a*) उच्च तापमान तथा अधिक वर्षा
(*b*) निम्न तापमान तथा अधिक वर्षा
(*c*) उच्च तापमान तथा कम वर्षा
(*d*) जंगली प्राणी (चीता, शेर, भालू आदि)

17. यदि पत्तियों की ऊपरी सतह पर मोम या वेसलीन लगा दी जाये तो निम्नलिखित किस पौधे में उपापचय में बाधा उत्पन्न होगी?
(*a*) सिंघाड़ा (*b*) वेलिसनेरिया
(*c*) हाइड्रिला (*d*) कमल

18. लिथोफाइट (Lithophyte) शब्द उन पौधों के लिये प्रयुक्त होता है जो उगते हैं–
(*a*) मरुरुथल में (*b*) बालू में
(*c*) चट्टानों पर (*d*) लवणीय जल में

19. पौधे जो दलदली लवणीय मृदा भूमि में उगते हैं, कहलाते हैं–
(*a*) जलोद्भिद् (*b*) शुष्कोद्भिद्
(*c*) मेन्ग्रोव (*d*) समोद्भिद्

20. हाइड्रिला और वैलिसनेरिया है–
(*a*) प्लावी और आधारबद्ध जलोद्भिद्
(*b*) स्वतन्त्र प्लावी जलोद्भिद्

(*c*) जल निमग्न जलोद्भिद्
(*d*) जड़ों द्वारा बन्धे जलोद्भिद्

21. निम्नलिखित में कौन-सा संयोजन शुष्कोद्भिदों से संगुणित होता है–
(*a*) धँसे हुये रन्ध्र, अल्पविकसित दारु, पतली उपचर्म
(*b*) मोटी उपचर्म, धँसे हुये रन्ध्र, दृढ़ ऊतकीय अधिचर्म
(*c*) वायुतक, पतली उपचर्म, दृढ़ ऊतकीय अधश्चर्म
(*d*) वायुतक, मोटी उपचर्म, सुविकसित पत्रदल

22. गत वर्षों में उत्तरी भारत में बाढ़ की घटनायें बढ़ने लगी हैं क्योंकि–
(*a*) बाँधों में सिल्टिंग दर बढ़ी है
(*b*) नदियों के तटीय भागों में वन नष्ट हुये हैं
(*c*) अधिकाधिक भूमि का कृषि में उपयोग हुआ है
(*d*) वार्षिक वर्षा में वृद्धि हुई

23. रोडोडेन्ड्रॉन किस तरह का वनस्पति होता है–
(*a*) एल्पाइन प्रदेश (*b*) मेनग्रोव क्षेत्र
(*c*) गंगा का मैदान (*d*) उष्णकटिबन्ध

24. मिट्टी में कम गहराई पर जल का तल रहने से क्या होता है?
(*a*) लम्बी जड़ें (*b*) जड़ें नहीं निकलती
(*c*) वक्र जड़ें (*d*) छिछली जड़ें

25. जुक्लोरेला (Zoochlorella) का हाइड्रा के शरीर में रहना किसका उदाहरण है–
(*a*) सहभोजिता
(*b*) सहजीविता
(*c*) परजीवी युक्त खाद्य कड़ी
(*d*) परभक्षिता

26. मौन घाटी/शांत घाटी (Silent Valley) जहाँ पादपों और जन्तुओं की दुर्लभ जातियाँ हैं कहाँ पर है–
(*a*) कश्मीर (*b*) राजस्थान
(*c*) मुम्बई (*d*) केरल

27. जो जातियाँ विशिष्ट बाधाओं द्वारा पृथक्कृत विभिन्न भौगोलिक क्षेत्रों में मिलती हैं, होती है–
(*a*) सिम्पार्टिक (Sympartic)
(*b*) एलोपार्टिक (Allopartic)
(*c*) सिबलिंग (Sibling)
(*d*) उपरोक्त में से कोई नहीं

28. निम्नलिखित में से किसमें ऊर्जा की सर्वाधिक मात्रा होती है?
(*a*) कीटाहारियों में (*b*) माँसाहारियों में
(*c*) शाकाहारियों में (*d*) स्वपोषियों में

29. यदि मजबूत साथी को लाभ पहुँचता है और दुर्बल साथी नष्ट हो जाता है तो इसे कहते हैं–
(*a*) एमेन्सेलिज्म (Amensalism)
(*b*) सहजीवन (Symbiosis)
(*c*) प्रीडेशन (Predation)
(*d*) एलोट्रोफी (Allotrophy)

30. मिर्मेकोफिली एक लाभदायक सहयोजन होता है कुछ पुष्पी पादपों एवं–
(*a*) जीवाणुओं के बीच में
(*b*) चींटियों के बीच में
(*c*) विषाणुओं के बीच में
(*d*) माइकोप्लाज्मा के बीच में

31. जीवीय विभव बताता है–
(*a*) आप्टीमम दशाओं के बीच में
(*b*) ज्ञात दशाओं में जनसंख्या वृद्धि
(*c*) प्राकृतिक दशाओं में जनसंख्या वृद्धि
(*d*) जलवायवीय दशाओं में जनसंख्या वृद्धि

32. जैसे ही एक आबादी में जीवों की संख्या बढ़ती है तो–
(*a*) जीवीय विभव बढ़ता है
(*b*) वातावरणीय प्रतिरोध घटता है
(*c*) जीवीय विभव घटता है
(*d*) इनमें से कोई नहीं

33. निम्नलिखित में से कौनसा मरुद्भिदी लक्षण प्रकट करता है?
(*a*) लवणोद्भिद् (*b*) सभी लिथोफाइट्स
(*c*) अधिपादप (*d*) ओकजेलोफाइट्स

34. मरुद्भिदी (Xerophytic) दशाओं में उगने वाले पौधे में पाए जाते हैं–
(*a*) बड़े पुष्प
(*b*) अत्यधिक वायु स्थल
(*c*) अति विकसित प्ररोह तन्त्र
(*d*) अति विकसित मूल तन्त्र, छोटी तथा मोटी पत्तियाँ

35. निम्नलिखित में से किस पौधे में जड़ों का पूर्ण अभाव होता है?
(*a*) हाइड्रिला (*b*) एजोला
(*c*) वेलिसनेरिया (*d*) सिरेटोफिल्लम या वुल्फिया

36. पौधों के किस समूह को कार्यकीय शुष्कता का सामना करना पड़ता है?
(*a*) शुष्कोद्भिद् (लवणोद्भिद्)
(*b*) अधिपादप
(*c*) लिथोफाइट्स
(*d*) जलोद्भिद्

37. निम्नलिखित में से कौनसा प्रकृति में उभयचर होता है?
(*a*) वेलिसनेरिया (*b*) हाइड्रिला
(*c*) सिंघाड़ा (*d*) रेननकुलस

38. मरुद्भिदों में लम्बा मूल तन्त्र होता है क्योंकि–
(*a*) मृदाओं का उच्च तापमान मूल वृद्धि को प्रोत्साहित करता है
(*b*) ये पौधों को यान्त्रिक शक्ति प्रदान करते हैं
(*c*) रात्रि के समय का कम तापमान मूल वृद्धि को प्रोत्साहन देता है
(*d*) गहरे जल स्तरों से जल अवशोषित करने के लिये जड़ें गहराई में चली जाती हैं

39. सरस (माँसल) पौधे मरुद्भिद् अधिकतर पाये जाते हैं–
(*a*) टुण्ड्रा में (*b*) ट्रोपीकल वर्षा वाले वनों में
(*c*) पर्णपाती वनों में (*d*) मरुस्थली शुष्क क्षेत्रों में

40. जलीय पादपों के वनों में प्रायः मिलता है–
(*a*) सुविकसित मूल तन्त्र
(*b*) सुविकसित रन्ध्री तन्त्र
(*c*) सुविकसित वायु तन्त्र
(*d*) सुविकसित संवहन तन्त्र

41. पहाड़ियों पर खनिजों की हानि होती है–
(*a*) वेदिका निर्माण (Terracing) के कारण
(*b*) जल द्वारा भूमि अपरदन के कारण
(*c*) समोच्च रेखीय कृषि (Contour Strip Cropping) के कारण
(*d*) पट्टीदार खेती (Strip Cropping) के कारण

42. मृदा अपरदन को रोका जा सकता है–
(*a*) भारी वर्षा द्वारा (*b*) चरने द्वारा
(*c*) गहरी खुदाई करके (*d*) वृक्षारोपण द्वारा

43. जल की वह मात्रा जिसे भूमि (मृदा) गुरुत्वाकर्षण के विरुद्ध रोक सकती है, कहलाती है–
(*a*) संग्राहक क्षमता (*b*) क्षेत्रीय धारिता
(*c*) गुरुत्वीय जल (*d*) आर्द्रताग्राही जल

44. अपरदित मृदायें (Eroded Soils) होती हैं–
(*a*) पादप पोषकों के अभाव वाली
(*b*) पादप पोषकों की प्रचुर मात्रा वाली
(*c*) पादप पोषकों में अपरिवर्तनीय
(*d*) उपरोक्त सभी ठीक हैं

45. प्रकीर्ण (छितरे हुए) वृक्षों सहित एक घास स्थल जाना जाता है-
(*a*) सदापर्णी वन (*b*) पर्णपाती वन
(*c*) वर्षा प्रचुर वन (*d*) सवाना

46. जीवधारियों एवं उनके वातावरण के बीच अन्तःअभिक्रिया के अध्ययन को कहते हैं–
(*a*) पारितन्त्र (*b*) पादप समाज विज्ञान
(*c*) पारिस्थितिकी (*d*) पादप भूगोल

47. पारिस्थितिकी (Ecology) शब्द को प्रतिपादित किया था–
(*a*) खुराना ने (*b*) रीटर ने
(*c*) अरस्तु ने (*d*) ब्राउन ने

48. पारिस्थितिक कारक वे कारक हैं जो–
(*a*) अकेले कार्य करते हैं,
(*b*) संयोजन में (साथ-साथ) कार्य करते हैं
(*c*) परस्पर क्रिया करते हुये तथा एक दूसरे के प्रभावों को रुपान्तरित करते हुये जटिल संयोजकों में कार्य करते हैं
(*d*) उपरोक्त में सभी

49. एण्डेमिक (Endemic) पौधे वे हैं जो होते हैं–
(*a*) वितरण में सर्वव्यापी
(*b*) एक विशेष क्षेत्र में सीमित
(*c*) यूथ चारी (Gregarious) प्रकृति के
(*d*) आर्कटिक क्षेत्र में मिलने वाले

50. जीवमण्डल (Biosphere) है–
(*a*) एक चिड़िया का नाम
(*b*) कार्बनिक यौगिक जिसके द्वारा जीवन अदृश्य होता है
(*c*) जिसमें जीवन की उत्पत्ति हुयी
(*d*) जिसमें व्यक्ति परस्पर अंतःअभिक्रिया करते हैं

51. वे जातियाँ जो विशेष बाधाओं द्वारा पृथक होकर विभिन्न भौगोलिक क्षेत्रों में पायी जाती हैं, कहलाती हैं–
(*a*) ऐलोपेट्रिक (*b*) सिम्पैट्रिक
(*c*) ऐलोजेनिक (*d*) ओटोजेनिक

52. ओक्जेलोफाइट्स उगते हैं–
(*a*) क्षारीय मृदा में (*b*) नम मृदा में
(*c*) अम्लीय मृदा में (*d*) शुष्क मृदा में

53. जरायुजता (पितृस्थ अंकुरण-Vivipary) प्रमुख लक्षण होता है–
(*a*) जलोद्भिदों का (*b*) लवणोद्भिदों का
(*c*) मरुद्भिदों का (*d*) समोद्भिदों का

54. पूर्ण खुले सूर्य के प्रकाश में उगने वाले पौधे कहलाते हैं-
(*a*) शुष्कोद्भिद् (Xerophytes)
(*b*) प्रकाश प्रेमी (Heliophytes)
(*c*) छाया प्रेमी (Sciophytes)
(*d*) समोद्भिद (Mesophytes)

55. ह्यूमस पादप वृद्धि के लिये महत्वपूर्ण होता है क्योंकि–
(*a*) यह पत्तियों से विकसित होता है
(*b*) यह मूल कार्बनिक पदार्थ का बना होता है
(*c*) इसमें प्रचुर मात्रा में पोषक पदार्थ होते हैं तथा यह जल धारण क्षमता को बढ़ता है
(*d*) यह आंशिक रुप में अपघटित होता है

56. जलोढ़ (Alluvial) मृदा या भूमि अधिकांशतः पायी जाती है–
(*a*) गंगा यमुना के मैदानों में
(*b*) उत्तरी भारत में
(*c*) दक्षिण भारत में
(*d*) पूर्वी भारत में

57. पादपों को उगाने के लिये कौन सी मिट्टी सर्वश्रेष्ठ होती है–
(*a*) कंकड़ (*b*) दोमट मिट्टी
(*c*) चिकनी मिट्टी (*d*) बलुअर मिट्टी

58. वायु एवं जल की क्रिया द्वारा भूमि का हटाया जाना कहलाता है–
(*a*) जीवाश्मीकरण (Fossilzation)
(*b*) अपरदन (Erosion)
(*c*) लवणीकरण (Salination)
(*d*) कैल्सीकरण (Calcification)

59. कार्यकीय शुष्क भूमि का कौन सा लक्षण होता है?
(*a*) भूमि में पर्याप्त जल होता है
(*b*) मिट्टी में लवणों का सान्द्रण अति उच्च होता है
(*c*) मिट्टी पथरीली होती है
(*d*) पौधों के लिये उपलब्ध प्रकाश पर्याप्त नहीं होता है

60. मृदा अपरदन (Soil Erosion) को रोका जा सकता है–
(*a*) वनों को उगाने द्वारा
(*b*) अत्यधिक चरने द्वारा
(*c*) बढ़ती हुयी पक्षी जनसंख्या द्वारा
(*d*) वनस्पति के हटने द्वारा

61. राइजोफोरा पहचान वाला एक प्रमुख घटक होता है–
(*a*) मेन्ग्रोव वनों का
(*b*) दलदली पौधों का
(*c*) स्वैम्प (Swamp) वनों का
(*d*) लवणीय स्वैम्प का

62. किसी वन द्वारा प्रतिपादित कौन सा कार्य अधिकतर सूखा (Drought) को नियंत्रित करने में सहायक होता है?
(*a*) वनों से वर्षा होती है
(*b*) वन जल आवरणों की भाँति कार्य करते हैं
(*c*) वन (Forest) मृदा अपरदन (Soil Erosion) को रोकते हैं
(*d*) वनों में अनेक जलीय पौधे मिलते हैं

63. समुद्र के किनारे की वनस्पति कहलाती है–
(*a*) मरुद्भिदी वनस्पति
(*b*) समोद्भिदी वनस्पति
(*c*) लवणोद्भिदी वनस्पति (Halophytic Vegetation)
(*d*) जलोद्भिदी वनस्पति

64. निम्नलिखित में से एक वनों के संरक्षण (Conservation) से सम्बद्ध है–
(*a*) काजीरंगा
(*b*) गिर
(*c*) शान्त घाटी (Silent Valley)
(*d*) भरतपुर

65. निम्न में से किसने वनों का डिन्यूडेशन किया है?
(*a*) खानें खोदना (*b*) झूमिंग
(*c*) शहरीकरण (*d*) उरोक्त सभी

66. चरने वाले (Grazing) जन्तु वनस्पति के प्रकार को बदल सकते हैं–
(*a*) नियमित चरने द्वारा
(*b*) उनके पौधों के बीजों को लाकर
(*c*) पर परागण द्वारा
(*d*) पादप रोग जनकों को इनमें मिलाकर

67. वर्षा वाले वन मिलते हैं–
(*a*) उत्तर प्रदेश तथा बिहार में
(*b*) तमिलनाडु तथा आन्ध्र प्रदेश में
(*c*) पश्चिमी घाट एवं पूर्वी हिमाचल में
(*d*) मध्य प्रदेश तथा उड़ीसा में

68. भारतवर्ष में ट्रोपीकल सदाबहार वन मिलती है–
(*a*) असोम में (*b*) तमिलनाडु में
(*c*) शंकुधारी वन में (*d*) मध्य प्रदेश में

69. डीफोरेस्टेशन (Deforestation) का संचेतन प्रभाव पड़ता है–
(*a*) खरपतवार नियन्त्रण पर
(*b*) मृदा अपरदन पर
(*c*) चरागाहों की वृद्धि पर
(*d*) सूर्य के प्रकाश पर

70. उर्वर भूमि (Fertile Soil) का pH प्रायः होता है–
(*a*) लगभग 11 -12 (*b*) लगभग 2-3
(*c*) लगभग 6 -7 (*d*) लगभग 8 -10

71. बढ़ते हुये माप के क्रम में व्यवस्थित मृदा कण होते हैं–
(*a*) चिकनी मिट्टी – बालू – सिल्ट
(*b*) सिल्ट – बालू – चिकनी मिट्टी
(*c*) चिकनी मिट्टी – सिल्ट – बालू
(*d*) बालू – सिल्ट – चिकनी मिट्टी

72. निम्नलिखित में सबसे कम रन्ध्रिल मिट्टी होती है–
(*a*) दोमट मिट्टी (*b*) चिकनी मिट्टी
(*c*) बलुई मिट्टी (*d*) इनमें से कोई नहीं

73. अच्छी मृदा वह होती है–
(*a*) जो अपने अन्दर प्रवेश करने वाले जल को रोकती है
(*b*) जिसमें होकर बहुत तेजी से जल गुजरता है
(*c*) जो अपने में से धीरे-धीरे जल को फैलाने का कार्य करता है
(*d*) जो अपने अन्दर जल की सीमित मात्रा रखती है

74. सूखने पर कौन-सी मिट्टी चटकती एवं सिकुड़ती है?
(*a*) दोमट मिट्टी (*b*) बलुई मिट्टी
(*c*) चिकनी मिट्टी (*d*) रन्ध्रमय मिट्टी

75. लेटेराइट मृदा में प्रचुर मात्रा होती है–
(*a*) कैल्शियम की (*b*) मैग्नीशियम की
(*c*) लोहे की (*d*) नाइट्रोजन की

76. वह पादप जो कैल्शियम की कम मात्रा पर उगते हैं, कहलाते हैं–
(*a*) कैल्शियम भीरु (*b*) मरुद्भिद्
(*c*) कैल्शियम वास (*d*) उपरोक्त सभी

77. मल्चिंग (Mulching) सहायता करती है-
(*a*) मृदा की संरचना के सुधार में
(*b*) नमी के संरक्षण में
(*c*) मृदा की उर्वरता में
(*d*) उपरोक्त में से कोई नहीं

78. अतिलवणीय (Hypersaline) जल मिलता है–
(*a*) ट्रोपीकल क्षेत्रों में स्थित झीलों में
(*b*) एल्पाइन क्षेत्रों में स्थित झीलों में
(*c*) एस्टुयेराइन (Eustrines) में
(*d*) एरिड तथा अर्द्ध एरिड क्षेत्रों में स्थित झीलों में

79. ट्रोपीकल पर्णपाती वनों में वर्षा की सामर्थ्य की सीमा होती है–
(*a*) 3000 मि. मी. से ऊपर
(*b*) 2000 - 2500 मि. मी.
(*c*) 1000 - 1500 मि. मी.
(*d*) 500 - 700 मि. मी.

80. पौधा, जो मेन्ग्रोव वनस्पति का मुख्य घटक है, होता है–
(*a*) *प्रोसोपिस स्पाइसीजेरा* (*Prosopis spicigera*)
(*b*) *मेंजीफेरा* इण्डिका (*Mangifera indica*)
(*c*) *राइजोफोरा* (*Rhizophora*)
(*d*) *फाइकस रिलिजिओसा* (*Ficus religosa*)

81. अधिपादप (Epiphytes) दिल्ली में नहीं मिलते हैं–
(*a*) नम वायु के कारण
(*b*) अर्द्ध शुष्क जलवायु के कारण
(*c*) वाहनों (Automobiles) की बड़ी संख्या के कारण
(*d*) कारखानों की बड़ी संख्या के कारण

82. यदि संसार के सभी पौधें मर जायें तो सभी जन्तु भी मर जायेंगे, कमी के कारण–
(*a*) ऑक्सीजन की (*b*) काष्ठ की
(*c*) ठण्डी वायु की (*d*) भोजन की

83. सूक्ष्मजीवों द्वारा पत्ती अपघटित होती है बनाने के लिये–
(*a*) लिटर (*b*) मोल्ड
(*c*) कार्बनिक पोषक (*d*) इनमें से कुछ नहीं

84. जीवीय कारक होते हैं–
(*a*) भूमि के भौतिक कारक जो जीवन को प्रभावित करते हैं
(*b*) सभी सजीव जीवधारी जो अन्य जीवों को प्रभावित करते हैं
(*c*) वायुमण्डल के कारक जो जीवन को प्रभावित करते हैं
(*d*) भूमि के रासायनिक कारक जो जीवन को प्रभावित करते हैं

85. यदि हरियाणा राज्य में जन्म दर तथा मृत्यु दर के बीच में बड़ी रिक्तता हो जाय, तो हम यह निष्कर्ष निकाल सकते हैं कि हरियाणा राज्य में–
(*a*) वृद्धों की संख्या अधिक हो जायेगी
(*b*) विद्यालय जाने वाले बच्चे अधिक होंगे
(*c*) जनन क्षमता की दर में कमी आ जायेगी
(*d*) आश्रितता अनुपात निम्न हो जायेगा

86. कृषि उत्पादन को बढ़ाने के लिये निम्नलिखित सभी उपयुक्त योजनायें हैं, के अतिरिक्त–
(*a*) सिंचाई सुविधाओं के प्रसार
(*b*) उर्वरकों (Fertilzers) के उपयोग में वृद्धि
(*c*) कृषि के विभिन्न पहलुओं के मशीनीकरण
(*d*) कृषि के लिये भूमि को जोड़ने हेतु वनों की कटाई

87. गहरी काली मिट्टी को अति उत्पादक माना जाता है, इसमें उच्च अनुपात के कारण–
(*a*) सिल्ट एवं केंचुए के (*b*) बालू तथा Zn के
(*c*) क्ले तथा ह्यूमस के (*d*) कंकड़ तथा Ca^{++} के

88. पौधों में प्ररोह के अनुपात में जड़ तन्त्र अधिक विकसित होता है–
(*a*) नम टेम्परेट वनों के
(*b*) मरुस्थल के
(*c*) नम ट्रोपीकल वनों के
(*d*) झीलों तथा तालाबों के

89. मृदा अपरदन (Soil Erosion) रोका जा सकता है–
(*a*) अत्यधिक चरने द्वारा
(*b*) मृदा संरक्षण के कृत्रिम उपायों द्वारा
(*c*) वन विनाशीकरण द्वारा
(*d*) उपरोक्त सभी से

90. नदी के जल में प्रवाहित होती है–
(*a*) दोमट मिट्टी (*b*) लेटेराइट मिट्टी
(*c*) बलुई मिट्टी (*d*) जलोढ़ मिट्टी

91. अर्द्ध जलीय पौधा होता है–
(*a*) गन्ना (*b*) केला
(*c*) नारियल (*d*) चावल

92. प्रारुपी अवस्था में कुछ पौधों की पत्तियों पर मोटा क्यूटीकिल पाया जाता है, जो उगते हैं–
(*a*) नम आवासों में (*b*) शुष्क आवासों में
(*c*) ठण्डे आवासों में (*d*) गर्म आवासों में

93. निम्न लक्षणों में कौन-सा एक जलोद्भिद् को परिलक्षित नहीं करता है?
(*a*) जड़ों का अल्प विकास
(*b*) पर्याप्त जाइलम तथा दृढ़ोतक
(*c*) अत्यधिक वायु स्थल एवं वायु कोश
(*d*) केवल ऊपर सतह में अथवा किसी भी सतह पर नहीं उपस्थित रन्ध्रों वाली पत्तियाँ

94. जीवमण्डल (Biosphere) शब्द का प्रयोग पृथ्वी के उस क्षेत्र के लिये होता है जहाँ पर जीवन रहता है–
(*a*) जल मण्डल में
(*b*) स्थलमण्डल की सतह पर
(*c*) स्थलमण्डल एवं जलमण्डल में
(*d*) स्थलमण्डल, जलमण्डल एवं वायुमण्डल में

95. नीरी (NEERI) स्थित है–
(*a*) नयी दिल्ली में (*b*) नागपुर में
(*c*) भोपाल में (*d*) बड़ोदा में

96. वेदिका निर्माण (Terracing) भूमि संरक्षण की प्रभावी विधि होती है
(*a*) मैदानों में (*b*) पहाड़ियों में
(*c*) मरुस्थलों में (*d*) इनमें से किसी में नहीं

97. एफीमेरल शुष्कोद्भिद् होते हैं–
(*a*) सूखे को सहन करने वाले
(*b*) सूखे के प्रतिरोधी
(*c*) सूखे से बच निकलने वाले
(*d*) उपरोक्त में से कोई नहीं

98. पृथ्वी की सतह पर जलवायु तथा भूमि के साथ साथ सजीव पदार्थ के मण्डल को कहते हैं–
(*a*) स्थलमण्डल (Lithosphere)
(*b*) जलमण्डल (Hydrosphere)

(*c*) जीवमण्डल (Biosphere)

(*d*) वायुमण्डल (Atmosphere)

99. पौधे जो शीत मृदा में उगते हैं–

(*a*) आक्जिलोफाइट (*b*) हेलोफाइट्स

(*c*) साइक्रोफाइट (*d*) सैमीफाइट

100. भारतवर्ष में सबसे सामान्य वन है–

(*a*) उष्ण कटिबन्धीय शुष्क पर्णपाती वन

(*b*) उष्ण कटिबन्धीय आर्द्र पर्णपाती वन

(*c*) उष्ण कटिबन्धीय सदापर्णी वन

(*d*) उष्ण कटिबन्धीय कंटक वन

उत्तरमाला

1	2	3	4	5	6	7	8	9	10
(*c*)	(*b*)	(*c*)	(*a*)	(*d*)	(*c*)	(*a*)	(*c*)	(*b*)	(*a*)
11	**12**	**13**	**14**	**15**	**16**	**17**	**18**	**19**	**20**
(*c*)	(*c*)	(*c*)	(*c*)	(*b*)	(*a*)	(*d*)	(*c*)	(*c*)	(*c*)
21	**22**	**23**	**24**	**25**	**26**	**27**	**28**	**29**	**30**
(*b*)	(*b*)	(*a*)	(*d*)	(*b*)	(*d*)	(*b*)	(*d*)	(*c*)	(*b*)
31	**32**	**33**	**34**	**35**	**36**	**37**	**38**	**39**	**40**
(*a*)	(*a*)	(*a*)	(*d*)	(*d*)	(*a*)	(*d*)	(*d*)	(*d*)	(*d*)
41	**42**	**43**	**44**	**45**	**46**	**47**	**48**	**49**	**50**
(*b*)	(*d*)	(*b*)	(*a*)	(*d*)	(*c*)	(*b*)	(*c*)	(*b*)	(*c*)
51	**52**	**53**	**54**	**55**	**56**	**57**	**58**	**59**	**60**
(*a*)	(*c*)	(*b*)	(*b*)	(*c*)	(*a*)	(*b*)	(*b*)	(*b*)	(*a*)
61	**62**	**63**	**64**	**65**	**66**	**67**	**68**	**69**	**70**
(*c*)	(*a*)	(*c*)	(*c*)	(*c*)	(*a*)	(*b*)	(*a*)	(*b*)	(*c*)
71	**72**	**73**	**74**	**75**	**76**	**77**	**78**	**79**	**80**
(*c*)	(*b*)	(*a*)	(*c*)	(*c*)	(*a*)	(*b*)	(*c*)	(*c*)	(*c*)
81	**82**	**83**	**84**	**85**	**86**	**87**	**88**	**89**	**90**
(*b*)	(*a*)	(*c*)	(*b*)	(*a*)	(*d*)	(*c*)	(*b*)	(*b*)	(*d*)
91	**92**	**93**	**94**	**95**	**96**	**97**	**98**	**99**	**100**
(*d*)	(*b*)	(*b*)	(*d*)	(*b*)	(*b*)	(*c*)	(*c*)	(*c*)	(*b*)

□□□

CHAPTER 29

पारिस्थितिक तन्त्र
ECOSYSTEM

- पृथ्वी के परिमण्डलों में क्रमशः स्थल मण्डल, जल मण्डल, तथा वायुमण्डल के सभी जीव-जन्तु एवं पादप एक निश्चित व्यवस्था क्रम में संचालित होते रहते हैं। किसी भी समुदाय में अनेक प्रजातियों के प्राणी साथ-साथ रहते हुये परस्पर एक दूसरे को प्रभावित करते रहते हैं। इस सम्पूर्ण व्यवस्था को पारिस्थितिक तन्त्र कहते हैं। जीवमण्डल एक विशाल पारिस्थितिक तन्त्र है।
- प्रकृति में सम्पूर्ण जीव-जन्तु तथा पादपों के पर्यावरण के साथ क्रियात्मक अन्तर्सम्बन्धों को सर्वप्रथम ब्रिटिश पारिस्थितिकीविद् ए. जी. टान्सले (A.G. Tansley) ने 1935 में पारिस्थितिकी तन्त्र नाम दिया।

पारिस्थितिक तन्त्र की निम्न परिभाषाएँ दी गई हैं।

- **फॉसबर्ग (F.R. Fosberg, 1963)** के अनुसार, "पारिस्थितिक तन्त्र एक कार्यशील एवं परस्पर क्रियाशील तन्त्र होता है, जिसका संघटन एक या अधिक जीवों तथा उनके प्रभावी पर्यावरण से होता है।"
- **ओडम (E.P. Odum, 1971)** के अनुसार, ''पारिस्थितिक तन्त्र ऐसे जीवों तथा उनके पर्यावरण की आधार मूल कार्यात्मक इकाई (Functional unit) है जो दूसरे पारिस्थितिकी तन्त्रों से तथा अपने अवयवों के मध्य निरन्तर अन्तः क्रिया करते रहते हैं।"
- **पीटर हेगेट (P. Haggett,** 1975) के अनुसार, ''पारिस्थितिकी तन्त्र ऐसी पारिस्थितिक व्यवस्था है जिसमें पादप तथा जीव जन्तु अपने पर्यावरण से पोषण श्रृंखला द्वारा संयोजित रहते हैं।"
- **पार्क (C.C. Park, 1980)** के अनुसार, ''पारिस्थितिक तन्त्र एक निश्चित क्षेत्र के अन्तर्गत समस्त प्राकृतिक जीवों तथा तत्वों का सकल योग होता है और इसे भौतिक भूगोल में एक दृष्टिगत आधारभूत उदाहरण के रूप में देखा जा सकता है।"

अतः पारिस्थितिक तन्त्र एक विशिष्ट पर्यावरणीय व्यवस्था है, जिसमें किसी निश्चित स्थान एवं समय वाले पारिस्थितिक घटकों का उसके क्षेत्र के संदर्भ में सभी जीवधारियों एवं भौतिक पर्यावरण का सकल सन्तुलन रहता है। यह विभिन्न प्रकार की ऊर्जा द्वारा संचालित होता है, जिसमें सौर ऊर्जा सर्वाधिक महत्वपूर्ण होता है।

पारिस्थितिक तंत्र की संरचना

जैव समुदायों की संगठन व्यवस्था अजैव घटकों के साथ मिलकर पारिस्थितिक-तन्त्र का निर्माण करती है। इस प्रकार संरचनात्मक आधार पर पारिस्थितिक-तन्त्र के घटकों को दो समूह में विभक्त किया जा सकता है- (A) जैविक घटक (B) अजैविक घटक।

(A) जैविक घटक

जैविक घटक के अन्तर्गत समस्त जीवधारियों को सम्मिलित किया जाता है, जिसमें वनस्पति व जन्तु दोनों ही सम्मिलित होते हैं। ये जीव तन्त्र के विभिन्न स्तरों पर पोषण एवं व्यवस्था के विभिन्न रूप दर्शाते हैं। पोषण के आधार पर इन्हें दो भागों में बाँटा जा सकता है- (a) स्वपोषी घटक (b) परपोषी घटक।

(a) स्वपोषी घटकः वे प्राणी जो अपना भोजन स्वयं निर्माण करते हैं, स्वपोषी कहलाते हैं। इनमें हरे पौधे आते हैं। ये प्रकाश संश्लेषण या जीवाणु प्रकाश संश्लेषण व रसायन संश्लेषण क्रिया द्वारा अपने पोषण हेतु स्वयं कार्बनिक भोजन का निर्माण करने में सक्षम होते हैं। इन्हें उत्पादक भी कहा जाता है। हरे पौधे सबसे बड़े स्वपोषी घटक हैं जो

पर्यावरण से नाइट्रोजन, कार्बन-डाई-ऑक्साइड, ऑक्सीजन, खनिज लवण, जल, सूर्य प्रकाश आदि का अवशोषण करते हैं और कार्बनिक पदार्थ के रूप में विविध लवण, जल, ऊर्जा आदि प्रदान करते हैं।

(b) परपोषी घटकः वे जीव जो अपना भोजन स्वयं निर्माण नहीं कर पाते, इसके अन्तर्गत रखे जाते हैं। इन्हें उपभोक्ता कहा जाता है। ये दो प्रकार के होते हैं-

(क) वृहद् उपभोक्ता

जो जीव कार्बनिक भोजन को ग्रहण कर शरीर के भीतर उसका पाचन करके सरल कार्बनिक पदार्थों में बदलते हैं, वृहद उपभोक्ता कहलाते हैं। जीवित पौधे व जन्तु इनके भोजन होते हैं। ये तीन प्रकार के होते हैं-

(*i*) **सर्वाहारी** - ये जीव भोजन के लिए पौधों व अन्य जीवों दोनों पर निर्भर करते हैं। जैसे- मनुष्य।

(*ii*) **शाकाहारी** - सभी जीव जो भोजन के लिए पौधों पर निर्भर रहते हैं, शाकाहारी कहलाते हैं। जैसे- खरगोश, कीड़े, तोता आदि। ये प्रथम श्रेणी, उपभोक्ता कहलाते हैं।

(*iii*) **मांसाहारी** - जो जीव भोजन के लिए शाकाहारी या अन्य जीवों पर निर्भर करते हैं, मांसाहारी कहलाते हैं। भोजन शृंखला के स्तर के आधार पर इन्हें द्वितीय अथवा तृतीय श्रेणी के उपभोक्ता का दर्जा दिया जाता है। जैसे- मेढ़क द्वितीय श्रेणी का व साँप तृतीय श्रेणी का उपभोक्ता है। कहने का तात्पर्य यह कि जो अपने भोजन के रूप में शाकाहारियों को काम में लेते हैं द्वितीय श्रेणी के उपभोक्ता हैं तथा जो अपने भोजन के रूप में मांसाहारी को काम में लेते हैं तृतीय श्रेणी के उपभोक्ता हैं।

(ख) सूक्ष्म उपभोक्ता

ये जीव, उत्पादकों तथा वृहद् उपभोक्ताओं के मृत शरीरों पर पाचक एन्जाइमों को स्त्रावित कर उनके जटिल कार्बनिक पदार्थों को सरल कार्बनिक या अकार्बनिक पदार्थों में परिवर्तित कर देते हैं। इन्हें अपघटक कहा जाता है। जैसे- जीवाणु, कवक आदि।

इनकी अपघटन क्रियाओं से निर्मित अकार्बनिक पदार्थ पुनः पर्यावरण में मुक्त हो जाते हैं और पुनः उत्पादकों के लिए उपलब्ध हो जाते हैं। इस प्रकार सूक्ष्म उपभोक्ता पर्यावरण को बनाये रखने में महत्त्वपूर्ण भूमिका निभाते हैं।

(B) अजैविक घटक

पारिस्थितिक तन्त्र के अजैविक घटक को दो समूहों में विभक्त किया जा सकता है- (*i*) रासायनिक घटक (*ii*) भौतिक घटक।

(*i*) रासायनिक घटक

प्रमुख पोषक तत्व जैसे- कार्बन, नाइट्रोजन, फॉस्फोरस, ऑक्सीजन, सल्फर, लवण आदि रासायनिक घटक हैं। इन्हें दो समूहों में विभक्त किया जा सकता है-

(a) कार्बनिक घटक - अकार्बनिक पदार्थ विभिन्न चक्रों के माध्यम से जैविक घटकों में प्रवेश करते हैं और कार्बनिक पदार्थ, जैसे- कार्बोहाइड्रेट, प्रोटीन, लिपिड आदि में रूपान्तरित हो जाते हैं। मृत्यु के पश्चात्, जीवधारियों से ये कार्बनिक पदार्थ पुनः वातावरण में चले जाते हैं जिन्हें अपघटन द्वारा पुनः अकार्बनिक पदार्थों में बदल दिया जाता है। अतः कार्बनिक पदार्थ अजैविक व जैविक घटकों के बीच की योजक कड़ी है।

(b) अकार्बनिक घटक - कई अकार्बनिक पदार्थ, यथा-फास्फोरस, सल्फर, नाइट्रोजन, हाइड्रोजन आदि विभिन्न चक्रों के माध्यम से तन्त्र को उपलब्ध होते रहते हैं।

(*ii*) भौतिक घटक

सौर-प्रकाश, तापमान, वर्षा, वायु, अक्षांश व देशान्तर की स्थिति, मृदा के प्रकार, जल आदि भौतिक घटक हैं।

खाद्य शृंखला

किसी भी पारिस्थितिक तन्त्र में सभी जीव आपस में, खाद्य व्यवहार के आधार पर एक क्रमबद्ध शृंखला में जुड़े होते हैं। दूसरे शब्दों में खाने एवं खाए जाने की क्रमबद्ध प्रक्रिया को खाद्य-शृंखला कहते हैं।

मनुष्य (Man) ← भेड़ (Sheep) ← चारा (Fodder)

उदाहरण के लिए, एक घास-स्थल पारिस्थितिक-तन्त्र में पौधों का पूरा समूह सूर्य की प्रकाश-किरणों की सहायता से प्रकाश

संश्लेषण द्वारा खाद्य बनाता है जिन्हें स्वपोषी कहा जाता है। इन पौधों को शाकाहारियों द्वारा खाया जाता है, जिनको पहले प्राथमिक मांसाहारी खाते हैं। प्राथमिक मांसाहारी को द्वितीय मांसाहारियों द्वारा या उनसे उच्च स्तर के मांसाहारियों द्वारा खाया जाता है।

बैक्टीरिया | अपघटन के पश्चात ← बिल्ली या बाज

← चिड़ियां ← कीट ← पौधे

उदाहरण के लिए एक कीट पौधे की पत्ती को खाता है। एक चिड़िया उस कीट को खाती है, एक बिल्ली या बाज उस चिड़िया को खाती है, और इन सबकी मृत्यु के पश्चात् बैक्टीरिया उन मृत पदार्थों का अपघटन कर उन्हें खा जाते हैं। तात्पर्य यह कि पारिस्थितिक-तन्त्र में एक ऐसी व्यवस्था बनी हुई है कि कुछ भी व्यर्थ नहीं जाता।

खाद्य-शृंखला के कुछ उदाहरण-

(1) घास क्षेत्र पारिस्थितिक तन्त्र में

घास → टिड्डी → मेंढक → सांप → बाज

(2) टुण्ड्रा पारिस्थितिक तन्त्र में

लाइकेन (काई) → रेण्डियर → मनुष्य

(3) तालाब पारिस्थितिक तन्त्र में

पादप-प्लवक → जल के पिस्सू → छोटी मछली → बड़ी मछली

किसी भी खाद्य-शृंखला में हरे पौधे हमेशा पहला स्तर बनाते हैं इसीलिए इन्हें प्रायः 'प्राथमिक उत्पादक' का नाम दिया जाता है। इन उत्पादकों में संचित ऊर्जा, शाकाहारियों द्वारा ले ली जाती है। फिर शाकाहारी मांसाहारियों का भोजन बनते हैं तभी इन्हें द्वितीय उपभोक्ता एवं तृतीय उपभोक्ता कहते हैं। कुछ जीवों को सर्वाहारी (Omnivorous) कहा जाता है क्योंकि ये उत्पादकों एवं उपभोक्ताओं (मांसाहारियों) दोनों को खाद्य-शृंखला के आरम्भ में ही खाते हैं।

खाद्य शृंखलाओं के प्रकार

(अ) अपरद खाद्य-शृंखला

(ब) चराई खाद्य-शृंखला

(अ) अपरद खाद्य-शृंखला

ये शृंखलाएँ मृत जैविक पदार्थ पर निर्भर होती हैं जिसे अपरद (Detritus) भी कहते हैं। अतः यह शृंखलाएँ सीधे सूर्य ऊर्जा पर निर्भर होती हैं।

अपरद खाद्य-शृंखला का आरम्भ बिन्दु अपघटित जैविक पदार्थ है। यह अपरद पहले अपघटनकारी जीवों, जैसे-बैक्टीरिया, कवक तथा प्रोटोजोआ का भोजन बनता है। इनको प्राथमिक उपभोक्ता कहा जाता है। इन जीवों को इसी कारण अपरद-पोषी जीव कहते हैं। फिर अपरद-पोषी जीव कुछ शिकारी जीवों, जैसे-कीट-लार्वे, नैमाटोड का भोजन बनते हैं। अपरद-पोषी जीवों का मुख्य कार्य मृत जैविक पदार्थ को अपघटित करके अजैविक तत्वों को निकालकर, पारिस्थितिक-तन्त्र में भेजना होता है। पारिस्थितिक-तन्त्रों में अजैविक तत्वों का पुनर्चक्रण इन तन्त्रों को सुचारू रखता है। चराई खाद्य-शृंखलाओं के मुकाबले में अपरद-खाद्य-शृंखलाएँ प्रायः छोटी होती हैं।

अपरद खाद्य-शृंखला का एक महत्त्वपूर्ण उदाहरण मैंग्रोव में देखने को मिलता है। लाल मैंग्रोव में राइजोफोरा के गिरे पत्ते इस शृंखला का पहला स्तर बनाते हैं। फिर अपरद खाने वाले जीव जैसे बैक्टीरिया, कवक, प्रोटोजोआ आदि इस मृत जैविक पदार्थ पर अपना कार्य करते हैं तथा इन्हें साधारण अजैविक तत्त्वों में बदल देते हैं। फिर ये अपरद-पोषी अन्ततः उपभोक्ताओं, जैसे-कीट, लार्वे, केकड़े, सीपियां, कोपियॉड, नैमेटोड आदि का भोजन बन जाते हैं। इस खाद्य-शृंखला का आखिरी स्तर अपरद-भक्षी का उपभोक्ताओं, जैसे-मछली, आदि द्वारा खाया जाना है जो बड़े मांसाहारी जीव हैं।

(ब) चराई खाद्य-शृंखला

यह शृंखला घास स्थल पारिस्थितिक तन्त्र में घास से शुरू होकर शाकाहारी से होती हुई-मांसाहारियों प्राथमिक, द्वितीय एवं तृतीय उपभोक्ता तक जाती है तथा जलीय पारिस्थितिक तन्त्र में पादप-प्लवकों (phytoplankton) से शुरू होकर प्राणि-प्लवकों (Zooplanktons) से होती हुई छोटी मछलियों से जाकर-बड़ी मछलियों तक पहुँचती है।

घास-स्थल में हरे पौधे (उत्पादक) पहला स्तर बनाते हैं। ये पौधे शाकाहारियों जैसे-कीट, चूहे, मूषक, चरने वाले पशु का भोजन बनते हैं, जो अन्त में मांसाहारियों द्वारा खाए जाते हैं। चराई खाद्य शृंखलाएँ सीधे तौर पर सूर्य की किरणों के पड़ने पर निर्भर

करती हैं। हरे पौधे सूर्य की किरणों की सहायता से प्रकाश-संश्लेषण की विधि से खाद्य पदार्थ बनाते हैं। ये लम्बी खाद्य-शृंखलाएँ होती हैं तथा ये सदा अपघटनकारी जीवों पर आकर समाप्त होती हैं। ऊर्जा की दृष्टि से, ये चराई खाद्य-शृंखलाएँ बहुत महत्त्वपूर्ण होती हैं।

खाद्य-स्तर

खाद्य-शृंखलाओं में क्रमशः कई स्तर होते हैं जिन्हें खाद्य-स्तरों का नाम देते हैं। उदाहरण के लिए हरे पौधे पहला खाद्य-स्तर बनाते हैं जिसे उत्पादक स्तर भी कह सकते हैं। फिर शाकाहारी जिन्हें प्राथमिक उपभोक्ता भी कहते हैं, दूसरा खाद्य-स्तर बनाते हैं। इस स्तर को प्राथमिक उपभोक्ता स्तर भी कहते हैं। उसके बाद मांसाहारी, जिन्हें द्वितीयक उपभोक्ता का नाम देते हैं, तीसरा खाद्य स्तर बनाते हैं। इसे द्वितीयक उपभोक्ता स्तर भी कहा जा सकता है।

यहाँ वर्णन करना आवश्यक है कि एक खाद्य-शृंखला में विभिन्न स्तरों पर उपलब्ध ऊर्जा की मात्रा एक के बाद एक कम होती जाती है, क्योंकि हर स्तर पर कुछ ऊर्जा व्यर्थ जाती है। जिसे ऊष्मा गतिकी के दूसरे सिद्धान्त के आधार पर समझाया जा सकता है। इस सिद्धान्त के अनुसार ऊर्जा का एक से दूसरे रूप में परिवर्तन सुचारु नहीं होता तथा इस प्रक्रिया में ऊर्जा व्यर्थ भी जाती है। यह क्रिया खाद्य-शृंखला की लम्बाई को कम करके केवल 4-5 स्तरों तक ही सीमित कर देती है।

खाद्य-जाल

खाद्य-जाल कई खाद्य-प्रणालियों का एक जाल होता है जो परस्पर विभिन्न खाद्य स्तरों द्वारा जुड़ा होता है तथा जिनसे एक जैविक समुदाय के जीवों में एक-दूसरे को खाने के क्रमबद्ध सम्बन्ध होते हैं।

प्रत्येक पारिस्थितिकी तन्त्र में एक से अधिक खाद्य-शृंखला होती है। ऊर्जा का प्रवाह जीवों की एक विशेष शृंखला के द्वारा होता है। परन्तु यह एक विशेष रैखिक-व्यवस्था पारिस्थितिक तन्त्र में उपस्थित सभी जीवों के पारस्परिक सम्बन्धों का पूर्ण चित्र प्रस्तुत नहीं करता है। वस्तुतः खाद्य-शृंखलाओं के विभिन्न पोषण स्तरों पर उपस्थित जीवों में एक जटिल सम्बन्ध पाया जाता है। कोई भी जीव एक से अधिक पोषक स्तरों से अपना भोजन प्राप्त कर सकता है।

दूसरे शब्दों में कोई भी प्रथम, द्वितीयक या तृतीयक उपभोक्ता की भाँति व्यवहार कर सकता है। प्रकृति में ऊर्जा स्थानान्तरण की प्रक्रिया साधारण रैखिक रूप में न होकर जटिल शृंखला के रूप में होती है।

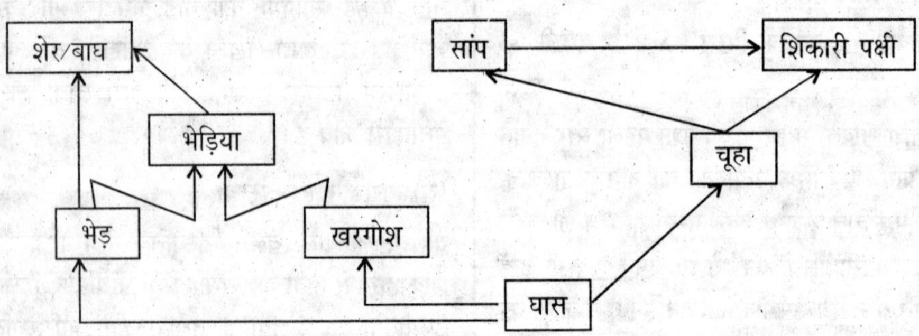

चित्र 29.1

उदाहरण के लिए एक घास-स्थल पारिस्थितिक-तन्त्र (चित्र 29.1) में चरने वाले पशु घास को खाते हैं, परन्तु इन पशुओं के अभाव में यही घास खरगोशों द्वारा भी खाई जा सकती है। इन दोनों की अनुपस्थिति में चूहे एवं मूषक भी घास को खा सकते हैं। इसी प्रकार चूहे एवं मूषक को शिकारी पक्षी अथवा साँप खा सकते हैं, तथा साँप भी शिकारी पक्षियों द्वारा खाए जा सकते हैं। तात्पर्य यह है कि प्रकृति में भोजन-सम्बन्धी कई विकल्प मौजूद रहते हैं। अतः खाद्य जालों में कोई एक प्रजाति एक ही समय में एक से अधिक खाद्य-स्तर पर सक्रिय हो सकती है।

एक घास के मैदान में खाद्य-जाल के निम्न वैकल्पिक जाल हो सकते हैं-

(*i*) घास → खरगोश → बाज

(*ii*) घास → टिड्डी → बाज

(*iii*) घास → चूहा → बाज

(*iv*) घास → टिड्डी → छिपकली → बाज

(*v*) घास → चूहा → साँप → बाज।

पारिस्थितिक पिरामिड

एक पारिस्थितिक-तन्त्र की किसी खाद्य-प्रणाली में जैविक संख्या, जैविक-भार एवं एकत्रित ऊर्जा की गणना विभिन्न खाद्य-स्तरों पर की जाती है। इसे एक ग्राफिक चित्र से दर्शाया जाता है, उसे पारिस्थितिक पिरामिड कहते हैं। दूसरे शब्दों में उत्पादक व उपभोक्ताओं की संख्या, जीवभार व ऊर्जा के बीच परस्पर सम्बन्धों का एक ग्राफिक चित्र में प्रदर्शन पारिस्थितिक पिरामिड है।

चार्ल्स ऐल्टन (1929) ने पारिस्थितिक पिरामिड का विचार प्रस्तुत किया था। इसलिए इन पिरामिडों को ऐल्टोनियन पिरामिड भी कहा जाता है। ऐल्टोनियन पिरामिड एक धारणा है जिसका सम्बन्ध खाद्य-उपभोग के साथ है।

पारिस्थितिक पिरामिड के प्रकार

पारिस्थितिकीय विशेषता के आधार पर पिरामिड तीन प्रकार के होते हैं-

(*i*) संख्या के पिरामिड,

(*ii*) जीवभार का पिरामिड

(*iii*) ऊर्जा का पिरामिड।

(*i*) संख्या के पिरामिड

संख्या के पिरामिड में किसी पारिस्थितिक-तन्त्र की खाद्य-प्रणाली के विभिन्न स्तरों पर जीवों की संख्या-व्यवस्था दिखाई जाती है। ये पिरामिड सामान्य अथवा उल्टे हुए रूप के होते हैं और यह इस पर आधारित होते हैं कि क्या उत्पादक जीव संख्या में अधिक हैं जैसे-जलीय पारिस्थितिक तंत्र में पादप प्लवक अथवा संख्या में कम जैसे-वन पारिस्थितिक तंत्र का पेड़ जिस पर कहीं अधिक संख्या में उपभोक्ता जीव निर्भर करते हैं।

एक खाद्य-शृंखला में, संख्या पिरामिड एक सीधा पिरामिड होता है। जैसे-घास स्थल या तालाब पारिस्थितिक तंत्र में जहाँ जीवों की संख्या हर खाद्य स्तर पर कम होती जाती है। इन खाद्य-शृंखलाओं में उत्पादक आकार में सबसे छोटे पर संख्या में सर्वाधिक होते हैं जबकि ऊपरी मांसाहारी आकार में सबसे बड़े पर संख्या में सबसे कम होते हैं। यदि एक तालाब पारिस्थितिक-तन्त्र का उदाहरण लें तो पादप-प्लवक (उत्पादक) संख्या में सर्वाधिक होते हैं। इसके आगे कम संख्या में प्राणी-प्लवक। इससे भी कम छोटे मांसाहारी जो प्राणी-प्लवकों को खाते हैं और सबसे कम संख्या में बड़े मांसाहारी जो छोटे मांसाहारी को खाते हैं। वन पारिस्थितिक-तन्त्र में पेड़ों की प्रजातियाँ उत्पादक हैं जिनकी संख्या उन पर निर्भर कीट-पतंगों, पक्षी आदि उपभोक्ताओं से कहीं कम है। ये शाकाहारी उपभोक्ता संख्या में सबसे अधिक होते हैं और उनको खाने वाले मांसाहारी उपभोक्ताओं की संख्या क्रमशः घटती जाती है। ये पिरामिड ऊपर व नीचे से संकरे तथा बीच से चौड़े होते हैं (चित्र 29.2)।

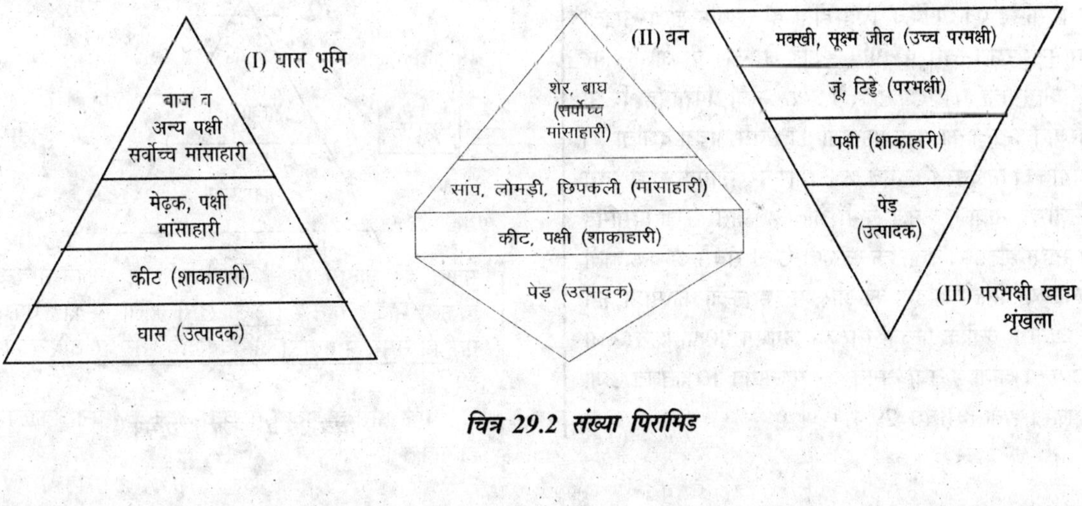

चित्र 29.2 संख्या पिरामिड

एक उलटे संख्या-पिरामिड का उदाहरण परजीवी खाद्य-शृंखला से लिया जा सकता है। एक अकेले पेड़ पर बहुत सारे फल खाने वाले पक्षी निर्भर करते हैं। फिर इन पक्षियों के शरीर पर बहुत से परजीवी पनपते हैं, जैसे- जुएँ, खटमल आदि। इनके पश्चात् महापरजीवी जैसे-बैक्टीरिया, कवक, ऐक्टीनोमाइसीटीज आदि आते हैं जो उलटे पिरामिड के शिखर पर संख्या में सर्वाधिक होते हैं।

(*ii*) जैविक भार पिरामिड

जैविक भार पिरामिड वह ग्राफिक चित्र है जो कुल जैविक भार (जैविक पदार्थ एवं अजीवित अवस्था में किसी पारिस्थितिक-तन्त्र में होता है) को विभिन्न खाद्य-स्तरों पर प्रति इकाई क्षेत्रफल के आधार पर दिखाता है। आगे चित्र में एक साधारण जैविक-भार पिरामिड दिखाया गया है (चित्र 29.3)। यह अधिक मौलिक है क्योंकि यह खड़ी फसल के मात्रिक सम्बन्धों को दर्शाता है। जैविक-भार पिरामिड भी सीधे एवं उलटे हो सकते हैं। एक घास-स्थल पारिस्थितिक-तन्त्र अथवा वन पारिस्थितिक-तन्त्र में उत्पादकों से लेकर ऊपरी मांसाहारियों की ओर हर खाद्य-स्तर पर जैविक-भार में कमी आती जाती है (सीधा पिरामिड)। दूसरी ओर एक तालाब पारिस्थितिक-तन्त्र में, उत्पादक सबसे छोटे जीव होते हैं तथा मांसाहारी सबसे बड़े। इसके फलस्वरूप जैविक-भार (जीवों के) में क्रमशः उत्पादकों से लेकर मांसाहारियों की ओर हर खाद्य स्तर पर शारीरिक वृद्धि होती जाती है। इससे पिरामिड की शक्ल उलटी हो जाती है।

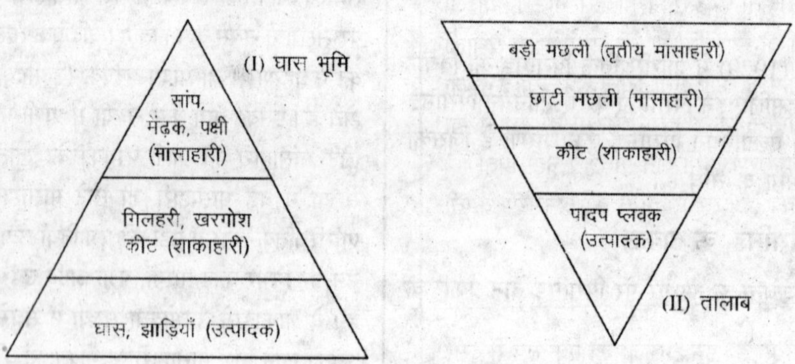

चित्र 29.3 जैविक भार पिरामिड

(*iii*) ऊर्जा का पिरामिड

ऊर्जा पिरामिड एक ग्राफिक चित्र होता है जो एक खाद्य-शृंखला के विभिन्न खाद्य-स्तरों पर प्रति इकाई क्षेत्रफल के आधार पर ऊर्जा की मात्रा को दर्शाता है। एक ऊर्जा पिरामिड किसी पारिस्थितिक-तन्त्र की सभी पहलुओं को सबसे अच्छा दर्शाता है। ऊष्मागतिकी के दूसरे सिद्धान्त के आधार पर, क्रमिक खाद्य स्तरों पर ऊर्जा की मात्रा में क्रमशः कमी आती है। अतः ऊर्जा पिरामिड सदैव सीधा होता है। उत्पादक स्तर पर ऊर्जा सबसे अधिक होती है। ज्यों-ज्यों अगली कड़ियों की ओर जाते हैं, ऊर्जा की मात्रा कम होती जाती है क्योंकि प्रत्येक स्तर पर लगभग 90 प्रतिशत ऊर्जा का व्यय हो जाता है तथा अगले स्तर पर करीब 10 प्रतिशत ऊर्जा ही उपलब्ध होती है (चित्र 29.4)।

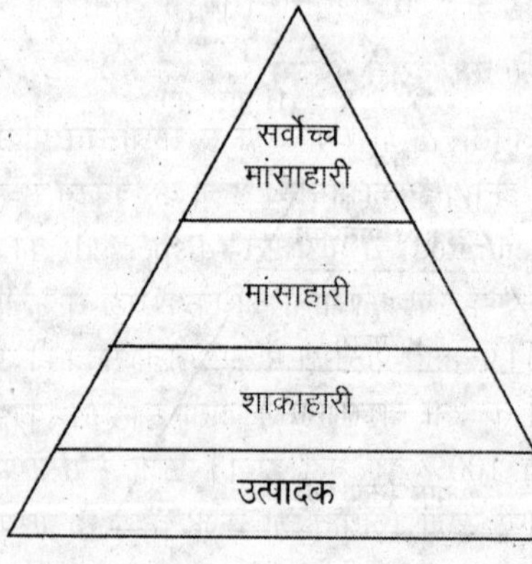

चित्र 29.4 ऊर्जा पिरामिड

पारिस्थितिक तंत्र में ऊर्जा प्रवाह

पारिस्थितिक तंत्र में ऊर्जा का प्रवाह खाद्य-शृंखला के माध्यम से होता है और यही ऊर्जा प्रवाह पारिस्थितिक तंत्र को चलाने का मूल जरिया है। ऊर्जा प्रवाह सदा एक ही दिशा में होता है। यह उत्पादकों से उपभोक्ताओं की दिशा में होता है तथा अन्त में अपघटकों की दिशा में। इसका पुनःचक्रण कभी नहीं होता है। इसलिए यह पोषक तत्वों के प्रवाह से भिन्न है जहाँ इन पोषक तत्वों का पुनःचक्रण होता रहता है।

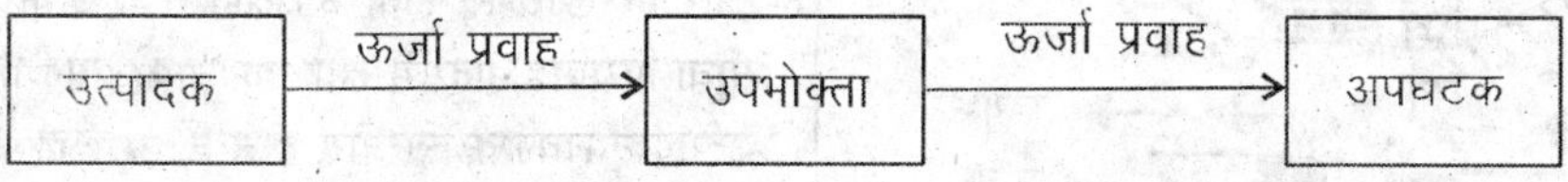

ऊर्जा के स्थानान्तरण एवं परिवर्तन के बावजूद, ऊष्मा-प्रवाह पारिस्थितिक-तन्त्र के भीतर पूर्णतः ऊष्मा गतिकी के पहले सिद्धान्त का अनुसरण करता है। इस सिद्धान्त के अनुसार, किसी भी बन्द तन्त्र में ऊर्जा की मात्रा वही बनी रहती है क्योंकि ऊर्जा न तो उत्पन्न की जा सकती है और न ही इसे नष्ट किया जा सकता है। परन्तु ऊर्जा के स्थानान्तरण की मात्रा खाद्य प्रणाली के विभिन्न स्तरों पर क्रमशः कम होती जाती है। क्योंकि ऊर्जा का एक बड़ा भाग स्थानान्तरण के दौरान ऊष्मा के रूप में खो जाता है। ऊर्जा का रूपान्तरण कभी शत-प्रतिशत नहीं होता है। यह प्रक्रिया ऊष्मा गतिकी के दूसरे सिद्धान्त का अनुसरण करती है।

1. ऊष्मागतिकी का प्रथम नियम

यह ऊर्जा संरक्षण का नियम है। इसके ऊर्जा को एक रूप से दूसरे रूप में परिवर्तित तो किया जा सकता है, परन्तु उसे न तो उत्पन्न किया जा सकता है और न ही नष्ट। प्रकाश संश्लेषण की प्रक्रिया में सूर्य की विकिरण ऊर्जा को ऊष्मा, कार्य या भोजन की रासायनिक बन्ध ऊर्जा में रूपान्तरित किया जाता है।

2. ऊष्मागतिकी का दूसरा नियम

इस नियम के अनुसार ऊर्जा रूपान्तरण से सम्बन्धित प्रक्रियाएँ अपने आप नहीं होती। इनका सम्बन्ध ऊर्जा के विघटन से है जो सान्द्रित (concentrated) से परिक्षिप्त (dispersed) की ओर होता है (अर्थात् जहाँ ऊर्जा की मात्रा अधिक है वहाँ से ऊर्जा का अपक्षय होता है)। प्रत्येक रूपान्तरण में कुछ ऊर्जा सदैव ही ऊष्मा आदि के रूप में तन्त्र से बाहर निकल जाती है। अतः कोई भी ऊर्जा रूपान्तरण 100% दक्ष नहीं होता। ऊर्जा रूपान्तरण के फलस्वरूप अप्राप्य ऊर्जा (अर्थात् जो ऊर्जा कार्य में परिवर्तित नहीं हुई) की माप को "एण्ट्रोपी" (entropy) कहते हैं। यह दो शब्दों अर्थात् en = अन्दर + tropy = रूपान्तरण (transformation) से मिलकर बना है। यह ऊर्जा अवनयन से जुड़े (अव्यवस्था) सामान्य सूचकांक को दर्शाती है।

ऊर्जा प्रवाह के प्रतिरूप

किसी पारिस्थितिक तन्त्र में ऊर्जा के विषय में निम्नलिखित तथ्य महत्त्वपूर्ण हैं-

I. ऊर्जा का प्रवाह एक दिशा में ही होता है।
II. उत्पादक पहले सौर ऊर्जा को संचित करते हैं तथा फिर इसे रासायनिक अवस्था में परिवर्तित करते हैं।
III. उपभोक्ता इस बदली हुई रासायनिक ऊर्जा का उपभोग करते हैं।
IV. भोजन की शक्ल में कुल शामिल की हुई ऊर्जा, इसके पाचन की क्षमता, क्रिया के दौरान ऊर्जा की हानि, ऊष्मा स्राव आदि के रूप में ऊर्जा की हानि तथा कुल शुद्ध उत्पादन की ऊर्जा के आधार पर ऊर्जा प्रवाह के प्रतिरूप विकसित किए जाते हैं। किसी पारिस्थितिक तन्त्र में ऊर्जा प्रवाह की धारणा को समझने के लिए निम्न प्रकार के ऊर्जा-प्रवाह के प्रतिरूप दिये गए हैं-

(1) ऊर्जा-प्रवाह का सर्वव्यापी प्रतिरूप

ऊर्जा प्रवाह मॉडल के मौलिक भागों को एक सामान्य सर्वव्यापी प्रतिरूप (ओडम, 1983) के आधार पर समझा जा सकता है। यह प्रतिमान भूमि स्थित एवं जलीय पारिस्थितिक तन्त्रों पर लागू होता है। यह किसी भी जीवित संघटक, एक व्यक्ति, समुदाय, सम्प्रदाय एवं खाद्य-गुट के लिए मान्य है। ऊर्जा प्रवाह के साथ-साथ प्रत्येक स्तर पर ऊर्जा कम होती रहती है। फलस्वरूप आखिरी स्तर पर ऊर्जा का न्यूनतम भाग शेष रहता है। यह ऊर्जा श्वसन, विचरण आदि में प्रयोग होती है। शेष भाग उत्पादन के लिए प्रयोग किया जाता है (चित्र 29.5)।

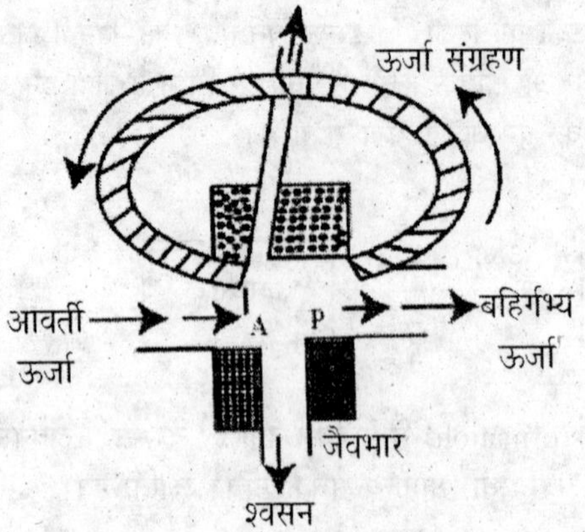

चित्र 29.5 सर्वव्यापी ऊर्जा प्रवाह प्रतिरूप

(2) एकपथ ऊर्जा प्रवाह प्रतिरूप

यह प्रतिरूप एक खाद्य-प्रणाली के कार्य को तथा ऊष्मा-गतिकी के पहले एवं दूसरे सिद्धान्तों को भली भांति दर्शाता है।

कुल आने वाली सौर किरणों से कुल उत्पादकों का उत्पादन केवल एक प्रतिशत होता है तथा इनकी ऊर्जा ग्रहण करने की क्षमता भी 1% होती है तथा बाकी की सौर ऊर्जा प्रयोग नहीं होती। उत्पादकों के स्तर पर, रासायनिक ऊर्जा में परिवर्तित अंश का अधिकांश भाग इनकी आंतरिक क्रियाओं एवं वर्धन में खर्च हो जाता है। शुद्ध उत्पादन का करीब 79% प्रयोग नहीं होता तथा शुद्ध उत्पादन का 15% भाग आगे शाकाहारियों द्वारा प्रयोग कर लिया जाता है और कुल उत्पादन का 3.4% अपघटन में लग जाता है (चित्र 29.6)।

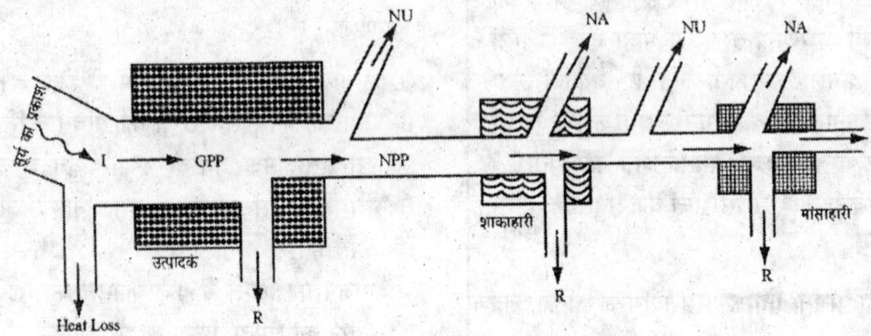

I –	सौर आवर्ती ऊर्जा	GPP –	कुल प्राथमिक उत्पादन
NPP –	शुद्ध प्राथमिक उत्पादन	NU –	अप्रयुक्त ऊर्जा
NA –	असंश्लेषित ऊर्जा	R –	श्वसन द्वारा ऊर्जा की हानि

चित्र 29.6 एकीपथ ऊर्जा प्रवाह प्रतिरूप

(3) द्विपथ ऊर्जा प्रवाह प्रतिरूप

प्रकृति में चराई तथा अपरद खाद्य-शृंखलाएँ साथ-साथ ही देखने को मिलती हैं, परन्तु अक्सर इन दोनों में से कोई एक ही खाद्य-शृंखला अधिक महत्त्वपूर्ण भूमिका अपनाती है। खुले समुद्र में उत्पादकता अक्सर कम होती है तथा कई शाकाहारी समुद्री जीव इन उत्पादकों को सहज ही खाकर समाप्त कर देते हैं। फलस्वरूप इन उत्पादकों (प्लावित-पादपों) का अपना जीवन-काल पूरा करके मृत-अवस्था में परिवर्तित होने की स्थिति ही नहीं आ पाती। यही कारण है कि खुले समुद्र में चराई खाद्य-शृंखला ही प्रमुख रहती है तथा अपरद खाद्य-शृंखला नगण्य रहती है। इसके विपरीत ऊष्ण कटिबंधीय वनों में बहुत अधिक मात्रा में उत्पादन होता है जो जैव-भार के रूप में वृक्षों व अन्य पौधों में विद्यमान होता है। जंगल में रहने वाले जीव इतनी अधिक मात्रा में उत्पादकता को खा नहीं पाते तथा उत्पादन का एक बड़ा हिस्सा अपरद यानी मृत जैव-भार के रूप में परिवर्तित होकर वन में धरती के ऊपर बिछा रहता है। बैक्टीरिया, फफूंद आदि की विभिन्न प्रजातियाँ इस अपरद का अपघटन करके ऊर्जा प्रवाह को सक्रिय रखने में कार्यरत रहती हैं। इस प्रकार वन पारिस्थितिक-तन्त्र में अपरद खाद्य-शृंखला ही प्रमुख होती है (चित्र 29.7)।

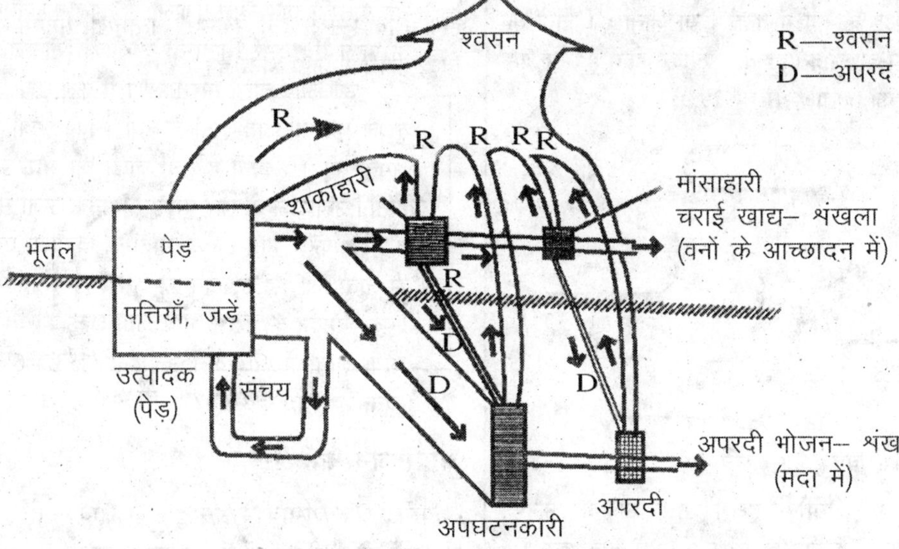

चित्र 29.7 द्विपथ ऊर्जा प्रवाह प्रतिरूप

पदार्थ-चक्रण

ऊर्जा प्रवाह के अलावा पर्यावरण में विभिन्न खनिज, लवण एवं पोषक तत्त्वों का चक्रण भी महत्त्वपूर्ण है। खनिज तत्त्वों के भूमि एवं जीवों के माध्यम से होने वाले चक्रीय-भ्रमण को पदार्थ-चक्रण की संज्ञा दी गई है। इन खनिजों के स्रोत एवं उपस्थित घटक जैविक व भौतिक दोनों हैं। अतः इन्हें एकीकृत रूप में 'जैव-भौम पदार्थ परिसंचरण' (Bio-geochemical cycle) भी कहा जाता है। खाद्य-शृंखला से गुजरते हुए सभी पदार्थ अन्ततः सूक्ष्म जीवों द्वारा अपघटित किए जाते हैं, जिसके फलस्वरूप इन पदार्थों की जटिल संरचना टूटकर अजैविक रूप में परिवर्तित हो जाती है। यह प्रक्रिया पदार्थों को पुनःचक्रण के लिए मुक्त कर देती है। पर्यावरण में होने वाले प्रमुख पदार्थ-चक्रण निम्नलिखित हैं–

नाइट्रोजन-चक्र

नाइट्रोजन वायुमण्डल में भरपूर मात्रा में उपस्थित है। नाइट्रोजन का स्थिरिकरण (Nitrogen fixation) भौतिक प्रक्रिया जैसे आसमानी बिजली के चमकने अथवा जैविक प्रक्रिया जैसे बैक्टीरिया एवं नील-हरित शैवाल द्वारा होता है। नाइट्रोजन पौधों द्वारा ग्रहण किए जाने के उपरान्त अमीनो अम्ल, प्रोटीन, विटामिन आदि के संघटन में प्रयोग होती है। पौधों एवं जीवों की मृत्यु के बाद मृत जैविक ऊतकों में उपस्थित जैविक नाइट्रोजन अमोनीकरण व नाइट्रीकरण के लिए उत्तरदायी बैक्टीरिया द्वारा अमोनिया, नाइट्राइट और नाइट्रेट में परिवर्तित कर दी जाती है और यह पौधों के लिए पुनः उपलब्ध हो जाती है। (चित्र 29.8) कुछ बैक्टीरिया नाइट्रेट को आण्विक नाइट्रोजन (N_2) के रूप में भी बदल देते हैं।

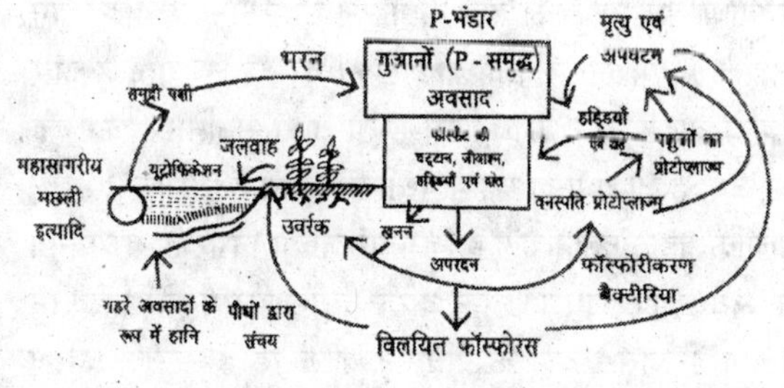

चित्र 29.8 नाइट्रोजन-चक्र

कार्बन-चक्र

कार्बन, कार्बन-डाईऑक्साइड के रूप में पौधों द्वारा प्रकाश-संश्लेषण क्रिया हेतु माल कच्चे के रूप में ग्रहण किया जाता है। फलस्वरूप

कार्बोहाइड्रेट एवं अन्य जैविक पदार्थों का उत्पादन होता है। यह खाद्य-शृंखला द्वारा होते हुए, अन्ततः सूक्ष्म जीवों द्वारा कार्बन-डाईऑक्साइड के रूप में बदल दिया जाता है। जीवों के श्वसन द्वारा कार्बन-डाईऑक्साइड का उत्पादन होता है और यह पौधों द्वारा ग्रहण की जाती है (चित्र 29.9)।

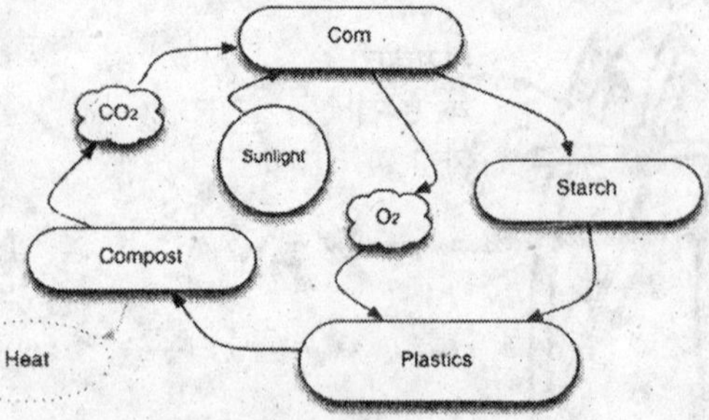

चित्र 29.9 कार्बन-चक्र

कुछ वर्षों में जीवाश्म ईंधन के दहन के कारण कार्बन-डाईऑक्साइड के वायुमण्डलीय स्तर में वृद्धि हुई है। इसके कारण कार्बन का प्राकृतिक चक्रण प्रभावित हुआ है और विश्व आज भूमण्डलीय तापमान वृद्धि की समस्या से जूझ रहा है।

जल-चक्र

वर्षा जल प्राप्ति का प्रधान स्रोत है। भूमि पर वर्षा का जो जल गिरता है उसका एक भाग रिसकर नीचे चला जाता है जो भूमि के नीचे जमा रहता है। पौधे भूमि से यह जल और साथ ही साथ मिट्टी से पोषक तत्त्व खींचते हैं। फिर यह जल वाष्प के रूप में पत्तों से बाहर आता है और वायुमण्डल में वापस चला जाता है। जलवाष्प वायु से हल्का होने के कारण ऊपर उठकर बादल बन जाता है। हवा इन बादलों को उड़ाकर दूर-दूर ले जाती है और जब ये बादल और ऊपर उठते हैं तो वाष्प संघनित होकर बूँदें बन जाते हैं जो वर्षा के रूप में पृथ्वी पर गिरते हैं। (चित्र 29.10) हालाँकि यह अंतहीन चक्र है जिस पर जीवन निर्भर है, पर मानव के कार्यकलाप प्रदूषण उत्पन्न करके वायुमण्डल में घोर परिवर्तन ला रहे हैं जिससे वर्षा के प्रतिमान बदल रहे हैं। इसके कारण अफ्रीका के कुछ देशों में वर्षों तक चलने वाले सूखे पड़ रहे हैं, जबकि संयुक्त राज्य अमेरिका जैसे देशों में विनाशकारी बाढ़ें आ रही हैं। इन प्रभावों से पैदा अलनीनो (*El nino*) तूफ़ानों ने पिछले कुछ वर्षों में अनेक स्थानों पर तबाही मचाई है। पृथ्वी पर विभिन्न प्रकार की विध्वंसकारी घटनायें होती रहती हैं इसका प्रमुख कारण प्रदूषण है। पर्यावरणीय संतुलन में अव्यवस्था पैदा होने से विभिन्न क्षेत्रों में भूकम्प, ज्वालामुखी, सुनामी तथा अन्य विध्वंसकारी घटनाएं होती हैं।

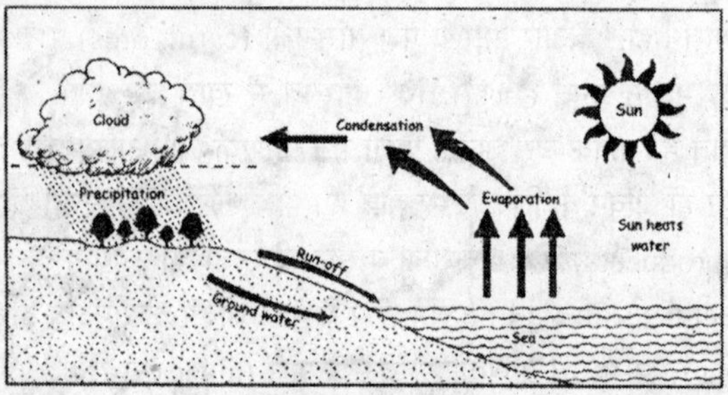

चित्र 29.10 जल-चक्र

ऑक्सीजन-चक्र

ऑक्सीजन के अभाव में मनुष्य तथा जीव-जन्तु तथा पादप एक पल भी जीवित नहीं रह सकते हैं। पौधे और पशु श्वसन के दौरान वायु से ऑक्सीजन ग्रहण करते हैं। पौधे प्रकाश-संश्लेषण के दौरान वायुमण्डल को ऑक्सीजन लौटा देते हैं। (चित्र 29.11) इसके कारण ऑक्सीजन-चक्र कार्बन-चक्र से जुड़ जाता है। वन विनाश के कारण हमारे वायुमण्डल में ऑक्सीजन का स्तर धीरे-धीरे कम हो सकता है। इस तरह वनस्पति हमारे जीवन में महत्त्वपूर्ण भूमिका निभाता है जिसे हम प्रायः नहीं समझते। वनरोपण कार्यक्रमों में हमारा भाग लेना इसीलिए महत्त्वपूर्ण है। प्राकृतिक वनस्पतियों के विनाश से ऑक्सीजन की कमी महसूस की जा रही है। पर्यावरण के संतुलन को बनाये रखने के लिए पेड़-पौधे तथा वनस्पतियाँ बहुत ही आवश्यक हैं।

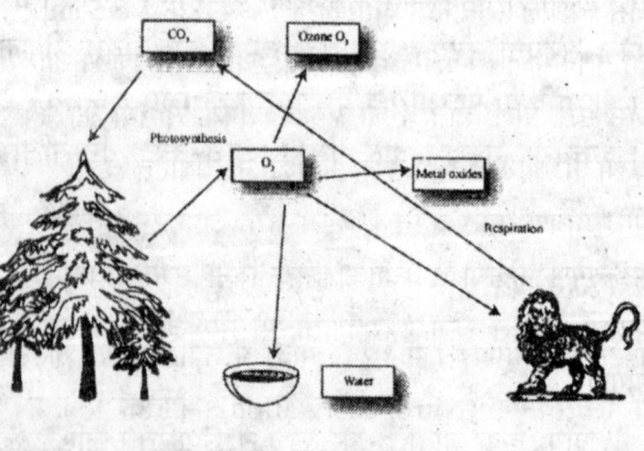

चित्र 29.11 ऑक्सीजन-चक्र

उत्पादक, उपभोक्ता और अपघटक

अपने भोजन के लिए प्रत्येक जीवित प्राणी एक दूसरे जीवों पर आश्रित रहता है। पौधे शाकभक्षी (herbivores) पशुओं के भोजन होते हैं और फिर ये पशु मांसभक्षी (carnivores) पशुओं के भोजन बनते हैं। इस तरह पारितंत्र में खाद्य के अनेक स्तर होते हैं। कवक जैसे अनेक प्राणी मृत प्राणियों और अजैव पदार्थों पर ही जीवन के लिए निर्भर होते हैं। पौधे पारितंत्र के 'उत्पादक' (producers) होते हैं क्योंकि वे सूर्य की ऊर्जा का उपयोग करके अपना भोजन बनाते हैं। जंगलों में ये पौधे जीवन के समुदाय होते हैं। समुद्र में ऐसे प्राणियों में छोटे शैवालों (algae) से लेकर बड़ी समुद्री घास तक शामिल हैं।

प्राथमिक उपभोक्ता के अन्तर्गत प्रत्येक शाकभक्षी प्राणी आते हैं। ऐसे प्राणी जंगलों में होते हैं और उत्पादकों के सहारे अपना जीवन यापन करते हैं। उदाहरण के लिए, शाकभक्षी प्राणियों में खरगोश, हिरन और हाथी पौधों पर निर्भर हैं। वे घास चरते हैं तथा पेड़ों के पत्ते खाते हैं। चरागाहों में काला हिरन जैसे प्राणी घास खाते हैं, अर्धशुष्क क्षेत्रों में चिंकारा या भारतीय हिरन जैसी प्रजातियाँ होती हैं। समुद्र में छोटी मछलियाँ शैवालों और दूसरे पौधों को खाकर जीवित रहती है। और भी ऊँचे खाद्य स्तर पर मांसभक्षी प्राणी या द्वितीयक उपभोक्ता (secondary consumers) होते हैं जो शाकभक्षियों को खाकर जीवित रहते हैं।

हमारे जंगलों में ऐसे मांसभक्षी बाघ, चीता, गीदड़, लोमड़ी और कुछ जंगली बिल्ले हैं। समुद्र में मांसभक्षी मछलियाँ दूसरी मछलियों या समुद्री प्राणियों को खाती हैं। समुद्रों में रहने वाले प्राणियों में आकार के हिसाब से अतिसूक्ष्म प्राणियों से लेकर ह्वेल जैसे विशाल स्तनपायी शामिल हैं। अपघटक (decomposers) या मृतकभक्षी (detrivores) कीड़े-मकोड़े, जीवाणुओं और कवक जैसे छोटे प्राणी होते हैं जो मृत कार्बनिक सामग्री को और छोटे कणों में और अंततः सरल पदार्थों में विघटित करते हैं जिनसे पौधे पोषण प्राप्त करते हैं। इस तरह अपघटन प्रकृति की एक महत्त्वपूर्ण प्रक्रिया है क्योंकि इसके बिना सभी पोषक तत्त्व मृत पदार्थों में फँसे रहेंगे और किसी भी नए जीवन का जन्म नहीं होगा।

प्रायः देखा जाता है कि अधिकांश पारितंत्र जटिल होते हैं और उनमें विभिन्न प्रजातियों के प्राणियों की भारी संख्या शामिल होती है। प्रजातियों से समृद्ध उष्ण पारितंत्रों में (जैसा कि हमारे देश में पाया जाता है) कुछ ही प्रजातियाँ बहुत आम होती हैं, जबकि अधिकांश प्रजातियों के प्राणी अपेक्षाकृत थोड़े होते हैं। पौधों और प्राणियों की अधिकांश प्रजातियाँ अत्यंत दुर्लभ होती हैं और कुछ ही स्थानों पर पाई जाती हैं। इन्हें इन क्षेत्रों के 'स्थानिक' (endemic) कहते हैं। जब मनुष्य के कार्यकलाप इन पारितंत्रों के संतुलन को बदलते हैं तो ऐसे फेरबदल से अधिकांशतः कुछ विशिष्ट प्रजातियाँ नष्ट हो जाती है। अगर वह प्रजाति स्थानिक है और उसका वितरण बहुत अधिक न हो तो वह हमेशा के लिए समाप्त हो जाती है।

पारिस्थितिक अनुक्रमण (Ecological Succession)

पारिस्थितिक अनुक्रमण की प्रक्रिया स्वयं जीवों के द्वारा अपनाई जाती है। परम्परागत मॉडल के अनुसार अस्थायी समुदाय, तापमान, प्रकाश, आर्द्रता, मृदा तथा अन्य जैविक कारकों की स्थानीय दशाओं में परिवर्तन अग्रिम समुदाय के लिए अनुकूल दशायें उत्पन्न करता है। जब किसी स्थान पर सम्भावित परिवर्तन हो जाते हैं तो अनुक्रमण की गति धीमी हो जाती है। अन्तिम समुदाय चरम समुदाय (climax community) कहलाता है। इस प्रकार पारिस्थितिक अनुक्रमण की प्रक्रिया में सर्वप्रथम वनस्पतिविहीन अवस्था (Nudation stage) होती है। जहाँ बंजर भूमि होती है। धीरे-धीरे वनस्पति आवरण विकसित होकर अपने पर्यावरण से अन्तर्सम्बन्धित हो जाता है। विकास की इस प्रक्रिया में अन्तःक्रिया के उपरान्त प्रतिक्रिया होती हैं तथा अन्त में स्थिरीकरण के रूप में चरम समुदाय स्थापित हो जाता है तथा पारिस्थितिक अनुक्रमण की प्रक्रिया सम्पन्न होती है।

बेन्टन एवं वार्नर (Benton and Warner, 1969) के अनुसार अनुक्रमण समुदाय में होने वाली प्रतिस्पर्धा का चरमावस्था की ओर होने वाला क्रमिक एवं क्रमबद्ध रूपान्तर हैं।

अनुक्रमण के प्रारम्भिक कारणों में नग्न पृथ्वी तल या वनस्पति विहीन क्षेत्र पर वनस्पति का विकास होता है। चरम समुदाय के विकास को जलवायु सर्वाधिक नियंत्रित करती है।

उदाहरण- उष्णकटिबन्धीय क्षेत्रों में शीतोष्ण क्षेत्रों की अपेक्षा अनुक्रमण सामान्य होता है।

पारिस्थितिकीय अनुक्रमण की विशेषताएं (Characteristics of Ecological succession)

(*i*) अनुक्रमण द्वारा बंजर क्षेत्रों में जहाँ वनस्पति का अभाव होता है वहाँ क्रमिक रूप से वनस्पति का सुव्यवस्थित विकास आरम्भ हो जाता है।

(*ii*) अनुक्रमण एक जैविक प्रक्रिया है जिसके अन्तर्गत होने वाले परिवर्तनों की दर एवं प्रतिरूपों व परिवर्धन की सीमा भौतिक पर्यावरण के उन परिवर्तनों द्वारा निर्धारित होती हैं, जो तत्कालिक समुदायों के कारण उस पर्यावरण में होते रहते हैं।

(*iii*) अनुक्रमण द्वारा ऐसे स्थायी चरम समुदाय का निर्माण होता है, जिसमें जलवायु के साथ सन्तुलन होता है।

(*iv*) समुदाय जब चरम अवस्था तक विकसित हो जाता है, तो अपने आवास से नियन्त्रित न होकर जलवायु से नियंत्रित होते हैं।

बहुविकल्पीय प्रश्न

1. प्रत्येक युगल को केवल दो बच्चों को जन्म देना चाहिए क्योंकि यह सहायता करेगा–
(*a*) मृदा उर्वरता में
(*b*) प्रदूषण नियंत्रण में
(*c*) पारिस्थितिक तंत्र के स्थिरीकरण में
(*d*) खाद्य-जाल को सुधारने में

2. जीवीय समुदाय के प्राथमिक उपभोक्ता हैं–
(*a*) शाकाहारी (*b*) माँसाहारी
(*c*) सर्वभक्षी (*d*) अपभक्षी

3. यदि हम पारिस्थितिक तन्त्र से अपघटकों को हटा देते हैं तब पारिस्थितिक तन्त्र के कार्य भयंकर रुप से प्रभावित होते हैं क्योंकि–
(*a*) ऊर्जा का प्रवाह रुक जायेगा
(*b*) खनिजों का प्रवाह रुक जायेगा
(*c*) अन्य घटकों के अपघटन की दर अत्यन्त अधिक होगी
(*d*) शाकाहारी सूर्य ऊर्जा नहीं पायेंगे

4. पारिस्थितिक तन्त्र के दो घटक हैं–
(*a*) खरपतवार एवं वृक्ष (*b*) मेढ़क और मनुष्य
(*c*) पौधे और प्राणी (*d*) जीवीय और अजीवीय

5. खाद्य शृंखला के आधार पर जीवधारी होते हैं–
(*a*) प्रकाश संश्लेषी पौधे (*b*) मांसाहारी
(*c*) मृतजीवी पौधे (*d*) शाकाहारी

6. पारिस्थितिक तत्व के अजीवीय घटक में से निम्नलिखित में कौन होता है?
(*a*) उपभोक्ता
(*b*) पदार्थों का चक्रण
(*c*) ऊर्जा का प्रवाह
(*d*) ऊर्जा का प्रवाह और पदार्थो का चक्रण

7. एक ही पोषण स्तर के जीवधारी हैं–
(*a*) कौवा और गाय
(*b*) साँप और केंचुआ
(*c*) हिरन और मधुमक्खी
(*d*) चीता और जंगली सुअर

8. निम्नलिखित को खाद्य-शृंखला कहते हैं–
(*a*) भोजन के स्रोत के पास अनेक प्राणियों से बनी खाद्य शृंखला
(*b*) खाद्य ऊर्जा का हरे पौधों से उपभोक्ता जीवधारियों की शृंखला द्वारा स्थानांतरण
(*c*) भोजन के स्रोत के पास अनेक मानवों से बनी हुई मानव की शृंखला
(*d*) उपरोक्त में से कोई नहीं

9. पारिस्थितिक तंत्र की परिभाषा है–
(*a*) पौधों और सूक्ष्म जीवियों के विभिन्न समुदाय और उनका भौतिक-रासायनिक वातावरण
(*b*) अनेक पौधों और प्राणियों का स्थानीय सहवास
(*c*) पौधों, प्राणी और सूक्ष्म जीवियों के विभिन्न समुदाय, उनके भौतिक रासायनिक वातावरण के साथ
(*d*) उपरोक्त में से कोई नहीं

10. निम्नलिखित में कौन-सा सर्वाधिक स्थायी पारिस्थितिक तन्त्र है?
(*a*) समुद्र (*b*) जंगल
(*c*) रेगिस्तान (*d*) पर्वत

11. पारिस्थितिक तन्त्र का महत्व केन्द्रित होता है–
(*a*) ऊर्जा के प्रवाह में
(*b*) पदार्थो के चक्रण में
(*c*) उपरोक्त (*a*) और (*b*) दोनों
(*d*) उपरोक्त में से कोई नहीं

12. जब मोर सांप को खाता है जो हरे पौधों पर निर्भर कीटों को खाता है, तब मोर है–
(*a*) प्राथमिक उपभोक्ता
(*b*) प्राथमिक अपघटक
(*c*) खाद्य पिरामिड का शिखर
(*d*) पौधों का अन्तिम अपघटक

13. ऊर्जा का पिरामिड होता है–
(*a*) सदैव सीधा
(*b*) सदैव उल्टा
(*c*) सीधा और उल्टा दोनों
(*d*) उपरोक्त में से कोई नहीं

14. समुदाय होता है–
(*a*) पौधे और प्राणियों का संग्रह
(*b*) जीवन जाल
(*c*) स्वपोषी और परपोषी
(*d*) आवास में रहने वाले जीवधारी

15. जीव वैज्ञानिक संतुलन पाया जाता है–
(*a*) उत्पादक और अपघटकों के बीच
(*b*) उत्पादक और उपभोक्ताओं के बीच
(*c*) केवल उत्पादकों के बीच
(*d*) उत्पादक, उपभोक्ताओं और अपघटकों के बीच

16. पारिस्थितिक तन्त्र के तत्वों के चक्रण को कहते हैं–
(*a*) जीवीय भू-रासायनिक चक्र
(*b*) भू-रासायनिक चक्र
(*c*) भूगर्भ चक्र
(*d*) रासायनिक चक्र

17. पृथ्वी पर जीवन के अस्तित्व के लिये सर्वाधिक महत्वपूर्ण आधार क्या है–
(*a*) ऊर्जा का प्रवाह
(*b*) पृथ्वी ग्रह का पर्यावरण
(*c*) जीवनधारियों में विद्यमान विविधता
(*d*) अजैविक पदार्थो का चक्रीकरण

18. निम्न में से कब दिन व रात की अवधि बराबर होती है–
(*a*) 23 मई, 22 सितम्बर
(*b*) 23 मार्च, 22 सितम्बर
(*c*) 22 जून, 23 सितम्बर
(*d*) 22 जून, 23 दिसम्बर

19. पृथ्वी अपने अक्ष पर किस गति से घूमती है–
(*a*) 560 मी./ से. (*b*) 370 मी./से.
(*c*) 465 मी./से. (*d*) उपरोक्त में कोई नहीं

20. मितपोषणी (Oligotrophic) झील का उदाहरण है–
(*a*) दक्षिण भारत की ऊटी झील
(*b*) राजस्थान की सांभर झील
(*c*) उड़ीसा की चिल्का झील
(*d*) कश्मीर की डल झील

21. समुद्रतल से ऊँचाई में भिन्नताएँ प्रभावित करती हैं–
(*a*) जीव समुदाय को (*b*) तापमान को
(*c*) वर्षा पात को (*d*) उपरोक्त सभी को

22. उत्तरी तथा दक्षिणी गोलार्द्ध में समुद्री धाराओं का परस्पर विपरीत दिशा में प्रभावित होने का क्या कारण है–
(*a*) वायुदाब पेटियाँ (*b*) अक्षांशीय परिवर्तन
(*c*) सूर्य की स्थिति (*d*) कॉरिऑलिस प्रभाव

23. मरुस्थल (Desert) प्रतिनिधित्व करते हैं–
(*a*) उष्णकटिबंधीय शाँत (Dolodrums) का
(*b*) वृष्टि छाया (Rainshadows) का
(*c*) सूक्ष्म जलवायु (Microclimate) का
(*d*) तापप्रवणता (Thermocline) का

24. निम्नलिखित में अश्व अक्षांस कौन सा है–
(*a*) 30° N तथा S (*b*) 45° N तथा S
(*c*) 15° N तथा S (*d*) 60° N तथा S

25. समुद्री धाराओं की मुख्य दिशा क्या है–
(*a*) उत्तरी गोलार्द्ध में वामावर्ती (Anticlockwise) व दक्षिणी गोलार्द्ध में दक्षिणावर्ती (Clockwise)
(*b*) उत्तरी गोलार्द्ध में दक्षिणावर्ती (Clockwise) व दक्षिणी गोलार्द्ध में वामावर्ती (Anticlockwise)

(*c*) दोनों गोलार्द्ध में दक्षिणीवर्ती (Clockwise)
(*d*) दोनों गोलार्द्ध में वामावर्ती (Anticlockwise)

26. पृथ्वी के वायुमण्डल में परिभ्रमण के पीछे मुख्य कारण है–
(*a*) तापमान (*b*) समुद्री धाराएँ
(*c*) पवनें (*d*) उपरोक्त सभी

27. पृथ्वी की जलवायु को प्रभावित करने वाला सर्वोच्च कारक है–
(*a*) पृथ्वी का सूर्य की परिक्रमा करना
(*b*) अक्षांशीय स्थिति
(*c*) सूर्याताप
(*d*) पृथ्वी का अपने अक्ष पर घूमना

28. भू-तापीय ऊर्जा (Geothermal energy) किस प्रकार का संसाधन है–
(*a*) अपारम्परिक, अनवीनीकृत (Non-conventional, non- renewable)
(*b*) पारम्परिक, नवीनीकृत (Conventional, renewable)
(*c*) पारम्परिक, अनवीनीकृत (Conventional, Non-renewable)
(*d*) अपारम्परिक, नवीनीकृत (Non- conventional, renewable)

29. देशान्तर भ्रमणकारी चिड़ियाएँ (Migratory Birds) किस प्रकार का संसाधन हैं–
(*a*) भोजन (*b*) अन्तर्राष्ट्रीय
(*c*) राष्ट्रीय (*d*) बहुराष्ट्रीय

30. पर्णपाती वन पाये जाते हैं–
(*a*) शीतोष्ण प्रदेशों में
(*b*) टैगा प्रदेशों में
(*c*) उष्णकटिबन्धीय प्रदेशों में
(*d*) वृष्टि छाया प्रदेशों में

31. कौन-सा धरातलीय जीवोम (Terrestrial Biome) वानस्पतिक विकास व जीव समुदाय के दृष्टिकोण से सर्वाधिक उन्नत है–
(*a*) टैगा
(*b*) शीतोष्ण पर्णपाती वन
(*c*) शंकुधारी सदाबहार वन
(*d*) उष्ण सदाबहार कटिबन्धीय वन

32. स्वच्छ जल के कुल भाग का कितना प्रतिशत जल विश्व भर की नदियों, धाराओं तथा दलदली क्षेत्रों में है–
(*a*) 3% (*b*) 22.4%
(*c*) 0.036% (*d*) 10.36%

33. जलमण्डल का कुल कितना प्रतिशत जल महासागरों के रुप में है–
(*a*) 97% (*b*) 90%
(*c*) 71% (*d*) 95%

34. जलमण्डल में जल की कुल कितनी मात्रा है–
(*a*) 3.4 बिलियन घन किमी
(*b*) 1.5 बिलियन घन किमी
(*c*) 1.4 बिलियन घन किमी
(*d*) 3.6 बिलियन घन किमी

35. पवनों का वेग सर्वाधिक कहाँ होता है–
(*a*) 60° S (*b*) 50° N तथा S
(*c*) 40° N (*d*) 60° N

36. वायुमण्ड़ल का कौन सा भाग पराबैंगनी (Ultraviolet) प्रकाश की किरणों को पृथ्वी की सतह पर आने से रोकता है–
(*a*) क्षोभमण्डल (Troposphere)
(*b*) समतापमण्डल (Stratosphere)
(*c*) आयनमण्डल (Ionosphere)
(*d*) मध्यमण्डल (Mesosphere)

37. निम्नलिखित में सही युगल कौन सा है–
(*a*) पुरानी दुनिया के मरुस्थल यूफोर्बिया (Euphorbius)
(*b*) नई दुनिया के मरुरुथल कैक्टस (Cacti)
(*c*) शीतोष्ण वन बॉग (Bogs)
(*d*) उष्णकटिबन्धीय वन स्तम्भपुष्पिता (Cauliflory)

38. पोषण रीतियाँ बनी होती हैं–
(*a*) केवल पौधों से
(*b*) केवल मांसाहारियों से
(*c*) केवल प्राणियों से
(*d*) खाद्य श्रृंखला में जुड़े जीवधारियों से

39. पौधों के प्लवी प्रकार होते हैं–
(*a*) परपोषी (*b*) स्वपोषी
(*c*) कीट भक्षी प्रकार के (*d*) रसायन पोषी

40. घास स्थल पारिस्थितिक तन्त्र में, संख्या का पिरामिड होता है–

(*a*) उल्टा (*b*) रैखिक

(*c*) अनियमित (*d*) सीधा

41. पारिस्थितिक तन्त्र है–

(*a*) बन्द इकाई

(*b*) खुली इकाई

(*c*) दोनों खुली और बन्द इकाई जो उपस्थित जीवभार पर निर्भर होती है

(*d*) दोनों बन्द और खुली इकाई जो समुदाय के प्रकार पर निर्भर होती है

42. यह निचले पोषण स्तर से ऊपर के पोषण स्तर की ओर ऊर्जा का प्रवाह (इकोतन्त्र में) घटना है, समझाया जा सकता है, मुख्यतः–

(*a*) उष्मागतिकी के प्रथम सिद्धांत से

(*b*) उष्मागतिकी के द्वितीय सिद्धांत से

(*c*) ऊपर के दोनों सिद्धातों से

(*d*) दोनों में से किसी में नहीं

43. निम्न के बीच कोई अन्तर नहीं है–

(*a*) प्राथमिक उपभोक्ता और शाकाहारी

(*b*) पोषण स्तर I और शाकाहारी

(*c*) द्वितीयक उपभोक्ता और शाकाहारी

(*d*) प्राथमिक मांसाहारी और पोषण स्तर II

44. दिल्ली, अलीगढ़, मथुरा, तथा मुजफ्फरनगर किसका प्रतिनिधित्व करते हैं–

(*a*) रुपान्तरित सवाना

(*b*) उष्णकटिबन्धीय पर्णपाती कुँजवन

(*c*) घास के मैदान

(*d*) उष्ण कटिबन्धीय सवाना

45. चट्टानी समुद्रतटीय पारिस्थितिक तन्त्र में आवासित जीव समुद्री लहरों के प्रभाव तथा लहरों के उतर जाने पर सूखने से बचने के लिए जो अनुकूलन विकसित करते हैं उनका उदाहरण है–

(*a*) बार्नकिल (Branacle) जिनमें सीमेंट ग्रंथियाँ होती हैं

(*b*) कैल्प (Kelp) नामक भूरे शैवाल की सतह पर चिप-चिपा जलरोधी आवरण होता है

(*c*) मसल (Mussels) जिनमें संलागी (Anchors) अंग होते हैं

(*d*) उपरोक्त सभी

46. भारतीय हिमालय पर्वत माला में, वृक्ष रेखा अथवा काष्ठ रेखा लगभग कितनी ऊँचाई पर पाई जाती है--

(*a*) 11,000 फुट (*b*) 13,000 फुट

(*c*) 15,000 फुट (*d*) 9,000 फुट

47. किसी स्वच्छ, जलीय (Freshwater) पारिस्थितिक तन्त्र में वह कौन-सा क्षेत्र है, जहाँ प्रभावी प्रकार पहुँच पाता है–

(*a*) तटीय क्षेत्र (Littoral Zone)

(*b*) प्रोफन्डल क्षेत्र (Profundal Zone)

(*c*) सरोवरी जीव प्रदेश (Limnetic Zone)

(*d*) उपतटीय क्षेत्र (Sublittoral Zone)

48. केदारनाथ, बद्रीनाथ, तुँगनाथ तथा अमरनाथ कहाँ स्थित है–

(*a*) हिम रेखा के ऊपर (*b*) काष्ठ रेखा से नीचे

(*c*) काष्ठ रेखा पर (*d*) काष्ठ रेखा के ऊपर

49. कुँजवन (Chaparral) कहाँ वितरित है–

(*a*) भू-मध्य सागरीय क्षेत्र में

(*b*) अरब में

(*c*) साइबेरिया में

(*d*) उत्तरी अफ्रीका में

50. चाप झीलें (Ox- Bow- Lakes) किस प्रकार बनी हैं–

(*a*) हिम के पिघलने से

(*b*) बलखाती नदियों से

(*c*) निरन्तर होने वाली वर्षा से

(*d*) मानव जनित हैं

51. समुद्री पारिस्थितिक तन्त्र में पौधे कितनी गहराई तक पाये जाते हैं–

(*a*) 10 मीटर (*b*) 100 मीटर

(*c*) 200 मीटर (*d*) 1000 मीटर

52. किसी भी पारिस्थितिक तन्त्र में ऊर्जा का स्रोत होता है–

(*a*) प्राणी और पौधों का जीवाणुओं द्वारा अपघटन

(*b*) पौधों द्वारा प्रकाश संश्लेषण

(*c*) शर्करा का किण्वन

(*d*) सूर्य प्रकाश

53. किसी भी खाद्य शृंखला में हरा पौधा प्रथम कड़ी है क्योंकि–

(*a*) उसका वितरण विस्तृत होता है

(*b*) वह मृदा में दृढ़ता से लगे होते हैं

(*c*) केवल इन्हीं में वातावरण की CO_2 को सूर्य प्रकाश की उपस्थिति में स्थिर करने की क्षमता होती है
(*d*) मांसाहारियों की तुलना में शाकाहारी अधिक होते हैं

54. पौधा खाया जाता है शाकाहारी द्वारा, जो पारी आने पर खाया जाता है माँसाहारी द्वारा, यह बनाते हैं–
(*a*) खाद्य शृंखला (*b*) खाद्य जाल
(*c*) सर्वभक्षी (*d*) परस्पर निर्भरता

55. जीवमण्डल की सही परिभाषा है–
(*a*) पृथ्वी और उसका वातावरण जिसमें जीवधारी आवास करते हैं
(*b*) पृथ्वी के सभी प्राणी
(*c*) पृथ्वी के सभी पौधे
(*d*) पृथ्वी के सभी जीवधारी

56. हरितहीन पौधे, हरे पौधों जैसे ही महत्वपूर्ण होते हैं क्यों कि वह–
(*a*) मानवों में रोग उत्पन्न करते हैं
(*b*) अनेक उद्योग में उपयोगी होते हैं
(*c*) मृतप्राणी और पौधों में रोग उत्पन्न करते हैं
(*d*) अन्य पौधों के रोग उत्पन्न करते हैं

57. किसी भी विशेष पारिस्थितिक तन्त्र में व्यष्टियों की संख्या, विशिष्ट समय में स्थिर रहती है। संख्या की स्थिरता किसके द्वारा अनुरक्षित रहती है?
(*a*) परपक्षी (*b*) परजीवी
(*c*) प्राप्य खाद्य (*d*) मनुष्य

58. प्राकृतिक पारिस्थितिक तन्त्र में अपघटकों के अन्तर्गत आते हैं–
(*a*) केवल जीवाणु और कवक
(*b*) केवल सूक्ष्मजीवीय प्राणी
(*c*) उपर्युक्त दो प्रकार के जीव और बड़े प्राणी
(*d*) उपरोक्त में कोई भी नहीं

59. वह जल आप्लावित (Submerged) पौधा कौन सा है जो सदैव जल की सतह के ठीक नीचे ही पाया जाता है–
(*a*) पोटेमेजिटोन (*b*) लैम्ना
(*c*) हाइड्रिला (*d*) यूट्रीकुलेरिया

60. किसी सीमित वानस्पतिक सम्पदा वाले स्थान पर एक बड़ी मानव जनसंख्या के पोषण हेतु किस प्रकार का भोजन स्वभाव उचित होगा–
(*a*) सभी शाकाहारी हो
(*b*) सभी मांसाहारी हो
(*c*) अधिकांश शाकाहारी, कुछ मांसाहारी
(*d*) अधिकांश मांसाहारी, कुछ शाकाहारी

61. समुद्री पारिस्थितिक तन्त्र की सबसे ऊपर वाले स्तर में होते हैं–
(*a*) प्लवक (Planktons)
(*b*) तरणक (Nectons)
(*c*) (*a*) तथा (*b*) दोनों
(*d*) नितलक (Benthons)

62. भारत में उष्णकटिबन्धीय वन कहाँ पाये जाते हैं–
(*a*) उत्तर पूर्वी पर्वतीय क्षेत्र में
(*b*) अंडमान में
(*c*) पश्चिमी घाट में
(*d*) उपरोक्त सभी में

63. क्राउन शाइनेस (Crown Shyness) नामक परिदृश्य कहाँ मिलता है–
(*a*) शीतोष्ण वनों में पतझड़ के मौसम में
(*b*) शीतोष्ण वनों में वसन्त के दिनों में
(*c*) उष्ण कटिबन्धीय वर्षा वनों में
(*d*) चपरल की झाड़ियों में

64. टुण्ड्रा जीवोम (Biome) के बारे में क्या सही नहीं है–
(*a*) वृक्षों की अनुपस्थिति
(*b*) सरीसृप तथा उभयचरी (Repitles and Amphibians) की अनुपस्थिति
(*c*) तीव्र पवन एवं स्थायी तुषार भूमि
(*d*) वाष्पीकरण की अधिक गति

65. किस जीवोम की भूमि अम्लीय तथा अल्प खनिज पदार्थ वाली होती है–
(*a*) उष्ण कटिबन्धीय वर्षावन
(*b*) शीतोष्ण वन
(*c*) शंकुधारी वन
(*d*) चपरल

66. ड्रिप-टिप (Drip- Tip) स्वभाव की पत्तियाँ कैसे वनस्पति क्षेत्र में मिलती हैं–
(*a*) शंकुधारी वन (*b*) उष्णकटिबन्धीय वन
(*c*) घास के मैदानों में (*d*) उष्णकटिबन्धीय सवाना में

67. उष्ण कटिबन्धीय वनों के संदर्भ में क्या असत्य है–
(*a*) बौने स्तनपायी (Dwarf- Mammals)
(*b*) अत्यन्त बड़े असमतापी जन्तु (Giant cold blooded animals)
(*c*) पुस्ता स्तम्भ (Butteressed Trunks)
(*d*) दीमकों की अनुपस्थिति (Absence of Termites)

68. निम्नलिखित में से कौन सा युगल असंगत है–
(*a*) प्रेरीज-अमेरिका एवं कनाडा
(*b*) पम्पाज-दक्षिणी अमेरिका
(*c*) स्टेपीज-यूरेशिया
(*d*) वेल्डट्स-न्यूजीलैंड

69. कहाँ पर औसत वार्षिक वर्षा 25 सेमी से कम होती है–
(*a*) स्टेपीज में (*b*) टसौक में
(*c*) वेल्डट्स में (*d*) मरुस्थलों में

70. "लोटिक" (Lotic) शब्द प्रयोग किया जाता है–
(*a*) सभी प्रकार के जलों हेतु
(*b*) प्रवाहित स्वच्छ जल हेतु
(*c*) स्वच्छ जल हेतु
(*d*) स्थिर स्वच्छ जल हेतु

71. सबसे स्थायी पारिस्थितिक तन्त्र (Ecosystem) है–
(*a*) वन (*b*) घास के मैदान
(*c*) समुद्र (*d*) रेगिस्तान

72. पारिस्थितिक दबाव (Atmospheric Pressure) की इकाई क्या है?
(*a*) बार (Bar) (*b*) नॉट (Knot)
(*c*) जूल (Joule) (*d*) ओह्म (Ohm)

73. निम्नलिखित में से कौन भौमिकीय चक्र (Geological Cycle) का भाग है?
(*a*) कार्बन चक्र (*b*) नाइट्रोजन चक्र
(*c*) जलीय चक्र (*d*) हाइड्रोजन चक्र

74. उच्च श्रेणी के जैव स्तर में समाहित है–
(*a*) कोशिका (*b*) जीन
(*c*) जीव संख्या (*d*) ऊतक

75. **कथन (A) :** पौधों को प्राथमिक उत्पादक कहा जाता है।
कारण (R) : पौधे अपना भोजन स्वयं प्रकाश-संश्लेषण की प्रकिया द्वारा तैयार करते हैं।
नीचे दिये गये कूट की सहायता से सही उत्तर चुनिए–
कूटः
(*a*) (A) और (R) दोनों सही हैं तथा (R), (A) की सही व्याख्या है।
(*b*) (A) और (R) दोनों सही हैं परन्तु (R), (A) की सही व्याख्या नहीं है।
(*c*) (A) सही है, परन्तु (R) गलत है।
(*d*) (A) गलत है, परन्तु (R) सही है।

76. पारितन्त्र बना होता है–
(*a*) जैविक वातावरण से
(*b*) अजैव वातावरण से
(*c*) समष्टि संगठन से
(*d*) जैव समुदाय व अजैव वातावरण से

77. कौन-सा युग्म सुमेलित नहीं है?
(*a*) जलोद्भिद् (जल की अधिकता) – हाइड्रिला, वैलिसनेरिया, – कुमुदनी (निम्फिया), कमल (निलम्बो), सिंघाड़ा (ट्रापा) आदि
(*b*) मरुद्भिद् (जल का अभाव) – केर, जाल, खेजड़ी – आकड़ा, बेर, खीपड़ी आदि
(*c*) लवण मृदोद्भिद् (लवणों की अधिकता) – सूएज फ्रटीकोसा, साल – सोला फाइटिडा
(*d*) समोद्भिद् – असामान्य ताप एवं नमी वाले आवासों में पाये जाने वाले वृक्ष

78. पर्यावरण के भौतिक घटकों (Physical Components) में कौन-सा नहीं है?
(*a*) जल, वायु,सौर ऊर्जा, प्रकाश तथा तापमान।
(*b*) मृदा, मृदा जल, वायु, ताप, जीवाणु, नेमेटोड पोषक तत्व।
(*c*) पर्णहरित विहीन पादप, हरे पादप, सूक्ष्म जीव प्राणी तथा मनुष्य।
(*d*) स्थलाकृति-पहाडों की दिशा, ऊँचाई, ढलान, पृथ्वी के अक्षांश तथा देशान्तर आदि तथा गुरुत्व व अग्नि।

79. असंगत युग्म को छाँटिए–
(*a*) **स्वपोषी या उत्पादक** – सभी हरे पौधें जो प्रकाश संश्लेषण करते हैं व जीवाणुक प्रकाश संश्लेषण तथा रसायन संश्लेषण करने वाले सजीव।

(*b*) **शाकाहारी** – जीवित पौधे खाने वाले जैसे-गाय, बकरी, चूहा, हिरन, खरगोश आदि
(*c*) **मांसाहारी** – जीवित जन्तुओं का मांस खाने वाले जैसे– बिल्ली, शेर, चीता आदि
(*d*) **मनुष्य** – केवल शाकाहारी है

80. ऊर्जा के प्रवाह का सही क्रम है–
(*a*) प्राथमिक उत्पादक (हरे पौधे) – शाकाहारी (प्राथमिक उपभोक्ता) (भेड़, बकरी, हिरण, खरगोश) द्वितीयक उपभोक्ता (मांसाहारी) (गिद्ध, बाज, शेर)
(*b*) हरे पौधे-बकरी, हिरण-सांप, मोर-लोमड़ी कुत्ता-शेर
(*c*) हरे पौधे-खरगोश-मोर-लोमड़ी-बाज
(*d*) प्राथमिक उत्पादक-मांसाहारी-शाकाहारी-उच्च उपभोक्ता

81. एक पारिस्थितिक तन्त्र की आय प्रणाली का अध्ययन किन बिन्दुओं के आधार पर किया जाता है?
(*a*) खाद्य शृंखला एवं खाद्य जाल
(*b*) पारिस्थितिक स्तूप
(*c*) ऊर्जा प्रवाह तथा खनिज पदार्थों का चक्रीकरण
(*d*) उपर्युक्त सभी के

82. पर्यावरण जीव-विज्ञान या पारिस्थितिकी (Ecology) की कौन-सी परिभाषा सही है?
(*a*) पारिस्थितिकी पर्यावरण का विज्ञान है
(*b*) प्रकृति की संरचना एवं कार्यप्रणाली के अध्ययन को पारिस्थितिकी कहते हैं
(*c*) यह मनुष्य एवं पर्यावरण की सम्पूर्णता का विज्ञान है
(*d*) उपर्युक्त सभी सही हैं

83. पारिस्थितिकी से किन परिघटनाओं (Phenomena) को समझाने में सहायता मिलती है?
(*a*) जीवों एवं पर्यावरण के बीच पारस्परिक संबंधों को
(*b*) जीवों के स्थानीय एवं भौगोलिक वितरण एवं बाहुल्य को
(*c*) भौतिक पर्यावरण के साथ जीवों के रचनात्मक तथा कार्यात्मक अनुकूलनों को
(*d*) उपर्युक्त सभी को

84. पर्यावरण किन कारकों से बनता है?
(*a*) जलवायु कारक (*b*) मृदा कारक
(*c*) जैविक कारक (*d*) इन सभी से

85. वातावरण व जीवों के संबंध के अध्ययन को कहते हैं–
(*a*) पारिस्थितिकी (*b*) जीवाश्मकी
(*c*) कोशिकी (*d*) आनुवंशिकी

86. पारिस्थितिकी (Ecology) के घटक हैं–
(*a*) मनुष्य
(*b*) सभी सजीव (पौधे तथा जन्तु आदि)
(*c*) पर्यावरण
(*d*) उपरोक्त सभी

87. पारिस्थितिक पिरामिड के शीर्ष पर पाये जाते हैं–
(*a*) शाकाहारी (*b*) मांसाहारी
(*c*) उत्पादक (*d*) उपरोक्त में से कोई नहीं

88. एक चूहा आलू खाता है तब यह है–
(*a*) प्राथमिक उपभोक्ता (*b*) मांसाहारी
(*c*) अपघटक (*d*) उत्पादक

89. निम्न में से कौन सी खाद्य शृंखला पोखर, झील या समुद्र में होती है–
(*a*) घास → कीट → मेंढ़क → पक्षी
(*b*) शैवाल (पादप प्लवक) → छोटे जन्तु (जन्तु प्लवक) मछली → बड़ी मछली
(*c*) घास → हिरन → शेर
(*d*) उपरोक्त में से कोई नहीं

90. पारिस्थितिक पिरामिड का वाद दिया था–
(*a*) इल्टॉन (*b*) डार्विन
(*c*) रीटर (*d*) ओडान

91. किसी खाद्य शृंखला में DDT की सान्द्रता–
(*a*) बढ़ती है (*b*) कम होती है
(*c*) अलग-अलग होती है (*d*) समान रहती है

92. निम्न में से जल स्थलीय है–
(*a*) केजूराइना (*b*) पॉलीगोनम
(*c*) वुल्फिया (*d*) हाइड्रिला

93. सीधे भार के पिरामिड में शाकाहारियों का स्तर है–
(*a*) 1 (*b*) 2
(*c*) 3 (*d*) 4

94. स्वपोषियों का सर्वाधिक भार संसार के समुद्र में होता है–
(*a*) समुद्री घास तथा स्लाइम मोल्डस
(*b*) स्वतन्त्र प्लावी शैवाल, साइनोबैक्टीरिया तथा अप्लावी
(*c*) बेन्थिक भूरी शैवाल, लाल शैवाल तथा डेपिनडफस
(*d*) बेन्थिम डॉयटमस तथा समुद्री विषाणु

95. शब्द इकोसिस्टम, प्रस्तावित किया–
(*a*) टेंसले (*b*) रामदेव मिश्रा
(*c*) क्लाउजेन (*d*) क्रिक

96. निम्नलिखित में से कौन पारिस्थितिकी तन्त्र के लिये ऊर्जा का स्रोत है–
(*a*) सूर्य ऊर्जा
(*b*) भंडारित शर्करा
(*c*) श्वसन क्रिया द्वारा निष्पादित ऊष्मा
(*d*) ए. टी. पी.

97. यदि समुद्र से पादप प्लवक नष्ट हो जायें तो–
(*a*) शैवालों को वर्धन हेतु अधिक स्थान प्राप्त होगा
(*b*) प्राथमिक उपभोक्ता, प्रचुरता से वंचित होंगे
(*c*) खाद्य शृंखला प्रभावित होगी
(*d*) कोई प्रभाव नहीं दर्शित होगा

98. निम्नलिखित में से असंगत को छाँटिये–
(*a*) पम्पास (*b*) वेल्ड
(*c*) पुस्तजा (*d*) लानोज

99. खाद्य शृंखलाओं की संख्या होती है–
(*a*) एक (*b*) दो
(*c*) तीन (*d*) चार

100. पोषक युक्त झील को कहते हैं–
(*a*) ट्रोफिक
(*b*) यूट्रोफिक
(*c*) ओलिगोट्रोफिक
(*d*) उपरोक्त में से कोई नहीं

उत्तरमाला

1	2	3	4	5	6	7	8	9	10
(*c*)	(*a*)	(*b*)	(*d*)	(*a*)	(*b*)	(*c*)	(*b*)	(*c*)	(*c*)
11	**12**	**13**	**14**	**15**	**16**	**17**	**18**	**19**	**20**
(*c*)	(*c*)	(*a*)	(*d*)	(*d*)	(*a*)	(*b*)	(*b*)	(*c*)	(*b*)
21	**22**	**23**	**24**	**25**	**26**	**27**	**28**	**29**	**30**
(*d*)	(*d*)	(*b*)	(*a*)	(*c*)	(*a*)	(*b*)	(*a*)	(*d*)	(*a*)
31	**32**	**33**	**34**	**35**	**36**	**37**	**38**	**39**	**40**
(*c*)	(*d*)	(*a*)	(*c*)	(*a*)	(*b*)	(*d*)	(*d*)	(*b*)	(*d*)
41	**42**	**43**	**44**	**45**	**46**	**47**	**48**	**49**	**50**
(*a*)	(*b*)	(*a*)	(*a*)	(*d*)	(*a*)	(*c*)	(*d*)	(*a*)	(*b*)
51	**52**	**53**	**54**	**55**	**56**	**57**	**58**	**59**	**60**
(*c*)	(*d*)	(*c*)	(*a*)	(*a*)	(*c*)	(*c*)	(*a*)	(*d*)	(*a*)
61	**62**	**63**	**64**	**65**	**66**	**67**	**68**	**69**	**70**
(*a*)	(*d*)	(*a*)	(*d*)	(*c*)	(*b*)	(*d*)	(*d*)	(*d*)	(*b*)
71	**72**	**73**	**74**	**75**	**76**	**77**	**78**	**79**	**80**
(*c*)	(*a*)	(*a*)	(*c*)	(*a*)	(*d*)	(*d*)	(*c*)	(*d*)	(*c*)
81	**82**	**83**	**84**	**85**	**86**	**87**	**88**	**89**	**90**
(*d*)	(*d*)	(*d*)	(*d*)	(*a*)	(*d*)	(*b*)	(*a*)	(*b*)	(*a*)
91	**92**	**93**	**94**	**95**	**96**	**97**	**98**	**99**	**100**
(*a*)	(*b*)	(*b*)	(*c*)	(*a*)	(*a*)	(*c*)	(*d*)	(*c*)	(*b*)

❏❏❏

CHAPTER 30

पर्यावरणीय प्रदूषण
ENVIRONMENTAL POLLUTION

- सामान्य शब्दों में, प्रदूषण पर्यावरण के जैविक तथा अजैविक तत्वों के रासायनिक, भौतिक तथा जैविक गुणों में होने वाला एक अवांछनीय परिवर्तन है जो कि मानवीय क्रिया-कलापों के परिणाम स्वरूप उत्पन्न होता है।
- जीवमण्डल में संचारित विविध पारिस्थितिक तन्त्रों की प्राकृतिक सन्तुलन की अवस्था में असन्तुलन उत्पन्न करने वाले कारकों या तत्वों को प्रदूषक कहते हैं।
- प्रदूषक मानवीय क्रिया-कलापों के उप-उत्पाद होते हैं। जो तकनीकी विकास व उच्च-स्तरीय जीवन के सहगामी परिणाम होते हैं।
- उत्पत्ति के स्रोत के आधार पर प्रदूषक दो प्रकार के होते हैं।

  (*i*) प्राकृतिक प्रदूषक (Natural Pollutants)

  (*ii*) मानव निर्मित प्रदूषक (Man-made Pollutants).

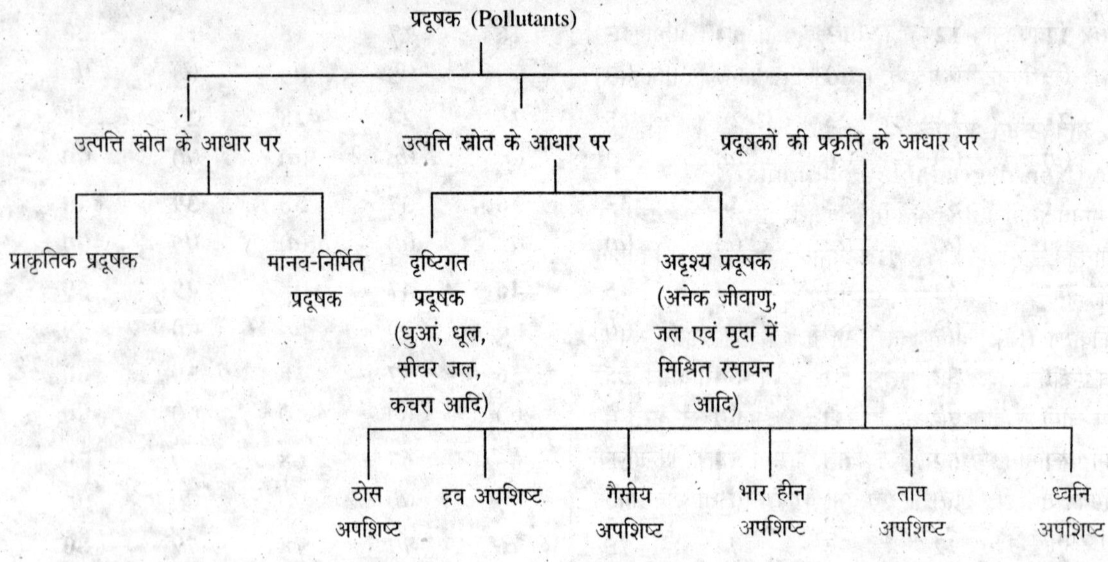

प्रदूषकों की प्रकृति

1. ठोस अपशिष्ट (Solid Wastes)

ये औद्योगिक घरेलू अपशिष्ट होते हैं, जिन्हें सामान्य भाषा में कूड़ा - कर्कट (Garbage) कहते हैं। ये कचरा, रसोई, मांसाहारों, डिब्बा, बोतल, उद्योग आदि से निसृत होता है। उद्योगों से प्राप्त राख, इमारतें तोड़ने के उपरान्त का मलबा, प्लास्टिक, मृत जन्तुओं के कंकाल, खनिज खानों से निकले अपशिष्ट आदि इनमें शामिल किए जाते हैं।

2. द्रव अपशिष्ट (Liquid Wastes)

घरों से निकले जल, मलमूत्र व इसमें बहकर आये मृत कणों को शामिल किया जाता है।

3. गैसीय अपशिष्ट (Gaseous Wastes)

इनमें CO, SO_2, NO_2 तथा धूम कोहरे (Smog gases) में मिश्रित हाइड्रोकार्बन गैसें शामिल हैं जो विभिन्न औद्योगिक कल-कारखानों से निःसृत होती है।

4. भारहीन अपशिष्ट (Weightless Wastes)

इनमें अदृश्य ऊर्जा अपशिष्ट को शामिल किया जाता है, जिनमें ताप, ध्वनि तथा रेडियोधर्मी अपशिष्ट समाहित हैं।

5. ताप अपशिष्ट (Heat Wastes)

विभिन्न औद्योगिक संस्थानों से निःसृत अत्यधिक गर्म जल, द्रव, अपशिष्ट तप्त गैसें आदि इनमें शामिल हैं।

6. ध्वनि अपशिष्ट (Noise Wastes)

अवांछित ध्वनि इस वर्ग का प्रमुख अपशिष्ट है जो अदृश्य भी होती है। पारिस्थितिकी दृष्टिकोण से ओडम ने प्रदूषकों को दो वर्गों में विभाजित किया है-

(*i*) अविघटनीय प्रदूषक (Non-degradable Pollutants)
(*ii*) जैव विघटनीय प्रदूषक (Biodegradable Pollutants)

1. अविघटनीय प्रदूषक (Non-degradable Pollutants)

ये मानव निर्मित ऐसे औद्योगिक पदार्थ होते हैं, जो प्राकृतिक (भौतिक), रासायनिक व जैव रसायनिक क्रियाओं द्वारा विघटित नहीं होते हैं। जिस कारण पारिस्थितिक तंत्र में इनका पुनः चक्रीकरण (Recycling) नहीं हो पाता है। परिणामस्वरूप ये तत्व एकत्रित होकर खाद्य शृंखला द्वारा व जैव भू-रासायनिक चक्रों द्वारा जीवों में प्रविष्ट होकर हानिकारक प्रभाव प्रकट करते हैं। इनमें एल्यूमिनियम एवं टिन के डिब्बे, पारा के लवण, फिनोलिक यौगिक, डी. डी. टी., बी. एच. सी., एल्ड्रीन तथा टोक्साफीन आदि प्रमुख हैं।

2. जैव विघटनीय प्रदूषक (Biodegradable Pollutants)

ये प्रदूषक अधिकांशतः जीव-जन्तुओं और वनस्पतियों की जैविक क्रियाओं के परिणामस्वरूप उत्पन्न होते हैं। इनकी रासायनिक संरचना अधिक स्थायी नहीं होती है, जिस कारण ये प्राकृतिक प्रक्रियाओं द्वारा आसानी से विघटित हो जाते है। इनमें घरेलू अपशिष्ट जैसे मल-मूत्र, अन्न, शाक व फलों के अंग आदि शामिल हैं। इनका अनुपात विघटन दर से अधिक होने पर ये प्रदूषण का रूप ग्रहण कर लेते हैं। प्रदूषण करने वाले प्रदूषणों के स्रोत उत्पत्ति के आधार पर निम्नानुसार हैं।

(1) प्राकृतिक स्रोत (Natural Sources)
(2) मानवीय स्रोत (Human Sources)

1. प्राकृतिक स्रोत (Natural Sources)

इसमें प्राकृतिक क्रियाओं के दौरान निःसृत तत्वों को सम्मिलित किया जाता है। इसमें ज्वालामुखी राख एवं धूल, भूकम्पीय घटनाओं के दौरान आने वाले धरातलीय परिवर्तन से उत्पन्न बाढ़, सूखा, मृदा अपरदन, चक्रवातीय तूफान आदि प्रमुख हैं।

2. मानवीय स्रोत (Human Sources)

प्रदूषण के मानव जनित स्रोतों में निम्नलिखित को सम्मिलित किया जाता है–

(*i*) औद्योगिक बहिः स्राव (Industrial Effluents)
(*ii*) घरेलू बहिः स्राव (Domestic Effluents)
(*iii*) शहरी वाहित मल (City Sewage)
(*iv*) कृषि बहिः स्राव (Agricultural Effluents)
(*v*) तैलीय स्रोत (Oil Pollutants)
(*vi*) तापीय स्रोत (Thermal Pollutants)
(*vii*) रेडियोधर्मी अपशिष्ट (Radioactive Wastes)
(*viii*) दहन क्रिया (Combustion Process)
(*ix*) नगर पालिका अपशिष्ट (Municipal Wastes)
(*x*) खनन अपशिष्ट (Mining Wastes)
(*xi*) मनोरंजन के साधन (Means of Entertainment)
(*xii*) सामाजिक क्रिया-कलाप (Social Activities)

मुख्य रुप से प्रदूषण को निम्नलिखित प्रकारों में विभाजित किया जा सकता है–

(*i*) वायु प्रदूषण (Air Pollution)
(*ii*) जल प्रदूषण (Water Pollution)
(*iii*) मृदा प्रदूषण (Soil Pollution)
(*iv*) समुद्री प्रदूषण (Marine Pollution)
(*v*) ध्वनि प्रदूषण (Noise Pollution)
(*vi*) तापीय प्रदूषण (Thermal Pollution)
(*vii*) नाभिकीय प्रदूषण (Nuclear Pollution)

(1) वायु प्रदूषण (Air Pollution)

जब वायु के भौतिक, रासायनिक या जैविक गुणों में अवांछनीय परिवर्तन होता है, जिससे मनुष्य, जीव या प्रकृति को हानि पहुँचती है तो उसे वायु प्रदूषण कहते हैं। वायु प्रदूषण के विभिन्न स्रोत एवं प्रभाव चित्र 30.1 तथा तालिका 30.1 में क्रमशः दिये गये हैं।

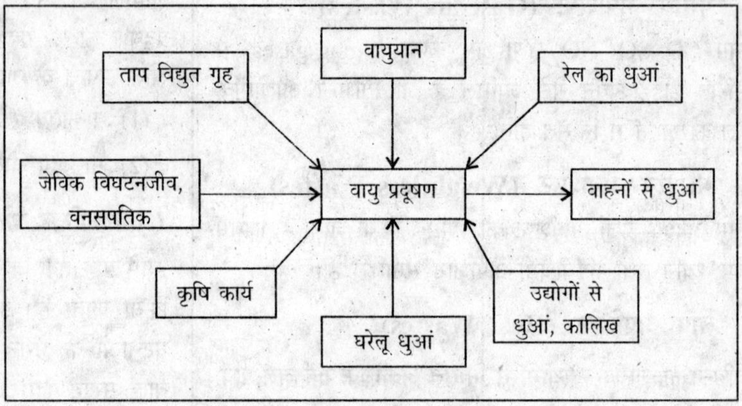

चित्र 30.1 वायु प्रदूषण के विभिन्न-स्रोत

तालिका 30.1 वायु प्रदूषण के प्रमुख स्रोत एवं प्रभाव

प्रदूषक	प्रमुख स्रोत	प्रभाव	टिप्पणी
1. कार्बनडाईआक्साइड	गरम करने, यातायात ऊर्जा उत्पादन के लिए ईंधन के लिए दहन।	लोगों पर सीधा प्रभाव नहीं पड़ता। कालांतर में पृथ्वी का तापमान बढ़ जाता है।	वातावरण का सामान्य अंग है। पेड़ों के लिए अत्यावश्यक है।
2. कार्बनमोनोक्साइड	ईंधन का अधूरा दहन (जैसे–मोटर वाहन)	ऑक्सीजन के ऊत्तक हटाता है। सांस के रोगियों पर विशेष प्रभाव।	प्राकृतिक स्रोतों पर योगदान कम। शरीर पर यातायात के धुएँ से भी ज्यादा बुरा प्रभाव धूम्रपान द्वारा पड़ता है।
3. सल्फरडाईऑक्साइड	गंधयुक्त ईंधन का जलना, जैसे-कोयला एवं तेल।	धुएं के साथ मिलकर ज्यादा खतरनाक होता है। सांस की बीमारी को बढ़ाता है। दम घुटना, गले में खराश और आंखों में जलन पैदा होती है। यह वातावरण में उपस्थित पानी की भाप से मिलकर ऐसिड वर्षा (Acid Rain) पैदा करता है। अन्न की उपज घटाता है। मिट्टी और जलाशयों में एसिड पैदा करता है। इमारतो को जर्जर बना देता है।	
4. सस्पेंडेड पार्टिकुलेट मैटर	घरों, उद्योगों और वाहनों का धुंआ। धूल भरी आंधी, भूकंपीय विस्फोट, समुद्री बौछार इसके प्राकृतिक स्रोत हैं।	विशेष मिश्रण के अनुसार जहरीला प्रभाव अलग-अलग होता है। सल्फर डाई ऑक्साइड का प्रभाव बढ़ता है। धूप कम करता है, धुंध छाती है।	रासायनिक दृष्टि से, विविधता वाला पदार्थ है।

5. नाइट्रोजन ऑक्साइड	मोटर वाहनों और गाड़ियों के ईंधन का जलना, जंगल आग।	बच्चों में साँस के तीव्र रोगों के संक्रमण की ओर नजल की शिकायत बढ़ता है। शहर की वायु में लंबाई में धुंध भरता है। जंग पैदा करता है।	इसके दो अंग हैं– नाइट्रोजन ऑक्साइड और नाइट्रोजन डाई ऑक्साइड।
6. वोलाटाइल हाइड्रोकार्बन्स	कार्बनयुक्त ईंधन का आंशिक जलना, औद्योगिक प्रक्रियायें, ठोस अवशेषों का विसर्जन।	दूसरे प्रदूषकों के साथ मिलकर आंख में जलन पैदा करता है। इथिलीन पौधों के लिए खराब है। वायु विलय कण दृष्य मानकता को घटाते हैं। दुर्गन्ध भी फैला सकते हैं।	
7. ऑक्सीडेन्ट और ओजोन	मोटर वाहनों से उगला जाता है। नाइट्रोजन ऑक्साइड प्रतिक्रियाशील हाइड्रोकार्बन का प्रकाश रसायनिक प्रतिक्रिया है।	आंखों में जलन पैदा करता है और रोगियों के फेफड़ों को बेकार कर देता है। चीजों को जर्जर करता है। दृष्यमानकता घटाता है। ओजोन पौधों के लिए बड़ा घातक विषैला प्रदूषक है।	मुख्यतः यौगिक है अलग अलग प्रदूषकों की आपसी क्रिया–प्रतिक्रियाओं से बनता है। ओजोन प्राकृतिक है और वातावरण के ऊपरी भाग का एक प्रमुख अंग है।

वायु प्रदूषण का वनस्पतियों पर प्रभाव

पौधों पर भी प्रदूषण का प्रभाव देखा गया है। धुएं, गर्द वाले, कालिख भरे वातावरण से इनकी पत्तियां रोगग्रस्त होकर गिर जाती हैं। इनके रोम छिद्र हाइड्रोकार्बन, तेल से अवरूद्ध हो जाते हैं जिससे प्रकाश संश्लेषण व वाष्पोत्सर्जन दोनों क्रियाओं पर प्रभाव पड़ता है। अधिक वाहनों वाले स्थानों में सड़क की विभाजन पट्टी पर लगे बोगनवेलिया आदि के पौधे काले व रूखे नजर आते हैं।

अधिक वायु प्रदूषण वाले क्षेत्रों में वर्षा के समय की सभी गैसें घुलकर वर्षा जल के साथ मिलकर वनस्पतियों को नुकसान पहुँचाती है। अम्लीय वर्षा से फूलों के रंग फीके हो जाते हैं तथा पौधों की वृद्धि प्रभावित होती है।

वायु प्रदूषण नियंत्रण के उपाय (Control Measures of Air Pollution)

वायु प्रदूषण को पूर्णतः समाप्त तो नहीं, परन्तु कम व नियंत्रित अवश्य किया जा सकता है। इसमें प्रत्येक नागरिक का योगदान आवश्यक है।

1. ईंधन के रूप में गैर पारम्परिक स्रोत जैसे, गोबर गैस, बायो गैस, प्राकृतिक गैस, LPG आदि अपना कर।
2. वनों को सुरक्षित रखकर एवं वृक्षारोपण करके।
3. वाहनों तथा उनके इंजन की नियमित रूप से जाँच करवाकर यह नियत करना कि ईंधन पूरा जल रहा है अथवा नहीं।

(2) जल प्रदूषण (Water Pollution)

जल ही जीवन है, किन्तु अनेक कारणों से जल प्रदूषण आज एक बड़ी समस्या बन चुकी है।

जल में किसी भी प्रकार के अवांछनीय, गैसीय, द्रवीय या ठोस पदार्थों का मिलना जल प्रदूषण कहलाता है।

जल प्रदूषण के कारण (Causes of Water Pollution)

जल प्रदूषण भी प्राकृतिक व मानव जनित दोनों कारणों से होता है (चित्र 30.2)।

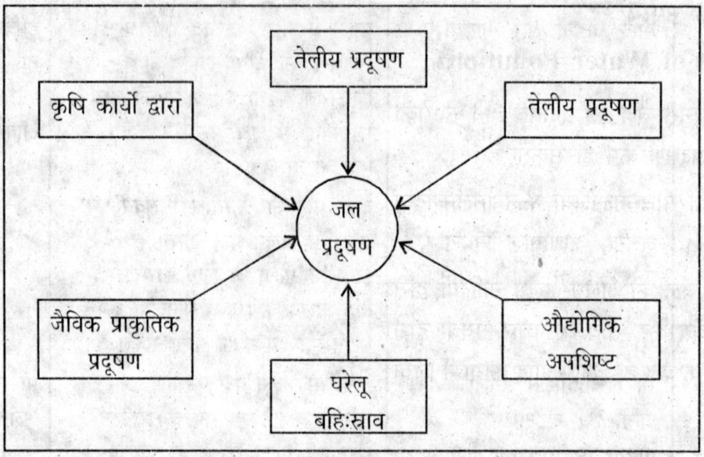

चित्र: 30.2 जल प्रदूषण के विभिन्न स्रोत

जल प्रदूषण के प्रभाव
(Effect of Water Pollution)

जल प्रदूषण से जल में होने वाले परिवर्तनों के अक्सर हानिकारक प्रभाव ही होते हैं। जल जीव, वनस्पति, मानव सभी के लिए आवश्यक है। अतः जल प्रदूषण का प्रभाव सभी पर पड़ता है–

(I) मानव पर प्रत्यक्ष प्रभाव

दूषित पेय जल पीने से मानव को निम्न बीमारियों का खतरा रहता है। ऐसी बीमारियां जल वाहित (Water born)बीमारियां कहलाती हैं। उदाहरण–

(*i*) हैजा, टाइफाइड, दस्त, पेचिश आदि बैक्टीरियॉ जनित रोग।

(*ii*) हिपेटाइटिस, पीलिया, आदि वाइरस जनित रोग।

(*iii*) अमीबायोसिस, पेट दर्द, आंतों व आमाशय का संक्रमण आदि प्रोटोजोआ से जनित रोग तथा नारू आदि कृमि जनित रोग।

(*iv*) जल से अधिक मात्रा में उपस्थित रसायन, फ्लोराइड द्वारा दंतक्षय, हड्डियों की विकृतियाँ, राजस्थान में जल जनित प्रमुख बीमारी है।

(*v*) नाइट्राइट, पारा, संखिया, लैड की उपस्थिति जल को विषैला बनाती है।

(2) जल जीवों पर प्रभाव

(*i*) जल प्रदूषण यदि बहुत अधिक हो तो उसमें से कई जीवित मछलियां नष्ट हो जाती हैं।

(*ii*) मछली पालन उद्योगों व उससे अन्य उद्योगों पर प्रतिकूल प्रभाव पड़ता है।

(*iii*) जल में ऑक्सीजन की कमी से मछलियों के मरने की घटनाएँ।

(*iv*) समुद्रों जीवों पर तेल प्रदूषण का विपरीत प्रभाव।

(*v*) तापीय प्रदूषण से एक साथ कई जीवों की समाप्ति।

(3) वनस्पतियों पर प्रभाव

जीवों की भांति वनस्पति पर भी जल प्रदूषण का विपरीत प्रभाव पड़ता है।

(*i*) घरेलू अपशिष्ट, अपमार्जक आदि द्वारा प्रदूषण से जल क्षारीय व अनुपयुक्त हो जाता है, कई जल वनस्पति नष्ट हो जाती है।

(*ii*) कृषि अपशिष्टों में नाइट्रेट, फॉस्फेट आदि अधिक होने से इनमें कुछ ही जलीय शैवाल जैसे नील-हरित शैवाल (Blue-green algae) आदि की अधिकता हो जाती है व बाकी सभी वनस्पतियाँ समाप्त हो जाती है।

(*iii*) प्रदूषित जल में काई की अधिकता से सूर्य की रोशनी पूरी तरह नहीं पहुँच पाती जिससे जलीय जीवों में प्रकाश-संश्लेषण की क्रिया में कमी आती है व पौधों की वृद्धि रूक जाती है।

जल-प्रदूषण नियंत्रण के उपाय
(Control Measures of Water Pollution)

कुछ ऐसे निम्न उपाय हैं जिनसे जल को प्रदूषित होने से रोका जा सकता है अथवा जल प्रदूषण कम हो सकता है।

(*i*) घरेलू प्रयुक्त जल को सीधे जलाशयों में न मिलने दिया जाए।

(*ii*) सीवेरज व गटर के जल को अलग-अलग नालियों द्वारा एक ही जगह एकत्रित कर, सीवेज उपचार संयंत्रों द्वारा इसे उपचारित करने के बाद ही, कृषि आदि कार्यों में लिया जाए।

(*iii*) अपशिष्ट पदार्थों का जलाशयों में निस्तारण नहीं किया जाए।

(*iv*) मरे हुए पशु-पक्षियों को किसी जलाशय में विसर्जित न करें।

(*v*) जलाशयों में नहाना, कपड़े धोना, मलमूत्र त्याग आदि न किया जाए।

(*vi*) पशुओं को जलाशयों में नहीं नहलाया जाए।

(*viii*) पेयजल के स्रोत के चारों तरफ कोई सीमा या दीवार बनाकर उसमें ठोस अपशिष्ट पदार्थों का मिलना रोका जाए।

(*ix*) कृषि कार्यों में कम से कम कीटनाशक व कृमिनाशक दवाइयाँ मिलाई जाए।

(*x*) खनन क्षेत्र तथा औद्योगिक क्षेत्र, हमेशा आवासीय बस्तियों से दूरी पर हो।

(*xi*) प्रदूषण के कारणों व रोकने के उपायों से जन साधारण को जागरूक किया जाए।

(*xii*) औद्योगिक अपशिष्टों को बिना उपचारित किये पानी में न बहाया जाए।

(*xiii*) N.S.S., N.C.C. आदि कैम्पों में जलाशयों के रख रखाव, दवाई डालना आदि कार्य करवा कर।

(*xiv*) प्रदूषण नियंत्रण कानूनों का सख्ती से पालन किया जाए।

(*xv*) स्कूल, कालेज आदि में खासकर ग्रामीण क्षेत्रों में जल प्रदूषण पर जानकारी देकर जागरूक बनाया जाये।

(3) मृदा प्रदूषण (Soil Pollution)

(*i*) उद्योगों से निकले धुएँ, अपशिष्ट जिन्हें भूमि पर बहा दिया जाता है, जैसे–धातुएँ, धातु ऑक्साइड, क्षार अम्ल, रंजक पदार्थ, कीटनाशक आदि।

(*ii*) शहरीकरण व बड़ी-बड़ी इमारतों के बनने में।

(*iii*) पश्चिमी राजस्थान व देश के कई अन्य भागों में भूमिगत जल लवणयुक्त या खारा होता है, जिसमें सिंचाई करने पर ऊपरी मिट्टी अनुपजाऊ हो जाती है।

(*iv*) शहरी कचरा किसी भूभाग में या कम गहरी जमीन पर डाल दिया जाता है जिसमें प्लास्टिक बोतलें, कांच, कपड़ा, ऊन, लोहे के टुकड़े, बगीचे का कचरा, बचा हुआ खाना सभी कुछ होता है। यह मृदा प्रदूषण का कार्य करते हैं।

मृदा प्रदूषण के प्रभाव
(Effects of Soil Pollution)

(*i*) उद्योगों द्वारा भूमि पर छोड़े गए अपशिष्ट, कार्बनिक पदार्थ आदि मृदा की उर्वरा शक्ति को कम करते हैं।

(*ii*) सुपर फॉस्फेट्स खाद में, लैड, कैडमियम, संखिया जैसे ध ातु कम मात्रा में पाये जाते हैं जो मृदा की उपज शक्ति को कम करते हैं।

(*iii*) सल्फर डाई ऑक्साइड या सल्फर के यौगिक जल से क्रिया करके अम्ल बनाते हैं व मृदा को अति अम्लीय बना देते हैं। यह अम्लीयता पेड़-पौधों को प्रभावित करती है।

(*iv*) पेस्टीसाइड, कवकनाशी जैसे-D.D.T., B.H.C., ऐल्ड्रिन आदि मिट्टी में धीरे-धीरे एकत्रित होकर मनुष्य की खाद्य-शृंखलाओं में, फसलों, सब्जियों, अण्डे, दूध आदि द्वारा खाने में आ जाते हैं व कई घातक बीमारियों को जन्म देते हैं।

(*v*) शहरी कचरे में अत्यधिक प्लास्टिक व अजैविक कचरा होता है, जो कभी समाप्त नहीं होता, व मृदा की गुणवत्ता नष्ट करता है।

मृदा प्रदूषण के उपाय
(Control Meaures of Soil Pollution)

मृदा को स्वच्छ, उपजाऊ और सभी तत्वों से युक्त रखना व अपद्रव्यों से दूर रखना आवश्यक है। इसके लिए निम्न उपाय कारगर हो सकते हैं–

(*i*) औद्योगिक अपशिष्टों को बिना उचित उपचार के घातक रसायनों को छाने बिना भूमि पर बहाने पर, औद्योगिक अपशिष्ट को खेतों में बहाने पर पाबंदी हो।

(*ii*) कृषि उत्पादन के लिए कम से कम कीटनाशक का उपयोग किया जाए।

(*iii*) खाद के रूप में अधिक मात्रा में गोबर, पत्ती की खाद व कम मात्रा में रसायनिक खाद उपयोग में ली जाए।

(*iv*) शहरी कचरे का निस्तारण भूमि पर न करके उसे निस्तारक यंत्रों द्वारा व उचित तकनीक द्वारा विद्युत उत्पादन आदि में काम में लिया जाए।

(*v*) अधिक से अधिक वृक्ष व वन लगाकर मृदा की ऊपरी तह को अपरदन से बचाया जाए।

(4) समुद्री प्रदूषण (Marine Pollution)

पृथ्वी का 71% भू-भाग समुद्र से ढ़का हुआ है अतः उसकी स्वच्छता के प्रति सजग रहना आवश्यक है। एक अनुमान के अनुसार प्रति वर्ष 6000 टन क्रोमियम, 8000 टन संखिया, 9000 टन बेरियम, 17,000 टन लोहा, 12000 टन सीसा, 17000 टन मैंगनीज, 8000 टन पारा, 3900 टन एण्टीमनी, 70,000 टन जिंक आदि बिना किसी उपचार व तनुकरण के समुद्र में फेंक दिया जाता है। इससे होने वाली हानि का अनुमान स्वतः ही लगाया जा सकता है।

समुद्री प्रदूषण के कारण
(Causes of Marine Pollution)

(*i*) जोहान्सबर्ग पृथ्वी सम्मेलन 2000 में निष्कर्ष निकाला गया कि सागर में सर्वाधिक मात्रा में औद्योगिक अपशिष्ट विकसित देशों द्वारा फेंका जाता है, यह समुद्री प्रदूषण का बड़ा कारण है।

(*ii*) तैलीय प्रदूषण सागरीय प्रदूषण का मुख्य कारण है। प्रति वर्ष लगभग 3.5 लाख मीट्रिक टन तेल समुद्रों में मिल जाता है।

(*iii*) पैट्रोलियम पदार्थों के परिवहन के समय साधारण रूप से बिना किसी दुर्घटना के भी लगभग 0.45 लाख मीट्रिक टन तेल समुद्र पर फैल जाता है।

(*iv*) सागरीय दुर्घटनाओं के कारण प्रतिवर्ष लगभग 1.3 लाख मीट्रिक टन तेल समुद्र में फैल जाता है।

(*v*) समुद्र के किनारे, पैट्रोलियम खनन व पैट्रोलियम पदार्थ, उत्पादन संयन्त्रों के अपशिष्ट के रूप में तैलीय प्रदूषण।

(*vi*) नगरीय अपशिष्टों तथा रेडियोधर्मी पदार्थों का समुद्र में निस्तारण।

समुद्री प्रदूषण का प्रभाव
(Effects of Marine Pollution)

समुद्र प्रदूषण के कुछ दूरगामी परिणाम हैं जिनके हानिकारक परिणाम आपदाओं के रूप में कालान्तर में सामने आयेंगे किन्तु तात्कालिक प्रभावों के रूप में कई प्रभाव सामने आते हैं, जो निम्न हैं–

(*i*) मछलियों, समुद्री जीवों पर विपरीत प्रभाव, अकाल व एक साथ मृत्यु।

(*ii*) समुद्री पारिस्थितिक तंत्र के प्राकृतिक स्वरूप का असंतुलित होना।

(*iii*) मछली पकड़ने के बड़े अभियानों के कारण पत्रिका 'नेचर' के अनुसार 50 वर्षों में ही कॉड हैलीबर, ट्यूना और सौडफिश जैसी महत्वपूर्ण प्रजातियों का 9/10 वाँ हिस्सा समाप्त हो गया।

(*iv*) प्रदूषण के कारण कई जगह प्रकाश के समुद्र में भेदन पर प्रतिकूल प्रभाव पड़ता है जिससे समुद्री जीवन में प्रकाश संश्लेषण की क्रिया प्रभावित होती है।

(*v*) पारा, संखिया, कैडमियम, सायनाइड आदि के प्रदूषण के कारण एक साथ कई मछलियां व समुद्री जीव नष्ट हो जाते हैं।

(*vi*) रेडियोधर्मी प्रदूषण के दूरगामी हानिकारक प्रभाव होते हैं।

(*vii*) समुद्री चिड़ियाओं की तेल मिले जल की वजह से डूब जाने के कारण हृदयविदारक मृत्यु हो जाती है।

समुद्री प्रदूषण नियन्त्रण के उपाय
(Control Measures of Marine Pollution)

(*i*) विषैले पदार्थों के जल निस्तारण पर कानून बनाकर रोक लगाना।

(*ii*) जहाजों से तेल परिवहन के समय विशेष सावधानियां बरतना।

(*iii*) तैलीय प्रदूषण को जल्द, एकत्रित करके जलाकर, अवशोषित करके, मंथन करके रसायनों व लकड़ी के बुरादे से समुद्री पानी पर से हटाना।

(*iv*) प्राकृतिक रूप से निस्पंदन, विसरण, वाष्पन आदि विधियों द्वारा।

(5) शोर प्रदूषण (Noise Pollution)

एक सामान्य व्यक्ति के लिए 50-60 डेसिबल तीव्रता की ध्वनि सुनना, उपयुक्त व सामान्य होता है तथा इससे अधिक तीव्रता की ध्वनि, शोर कही जा सकती है। ध्वनि का मापन इकाई डेसीबल (dB) होता है।

शहरीकरण, धार्मिक, सामाजिक सभी क्रियाकलापों में दिखावा, आदि के कारण शोर में वृद्धि हुई है। इस प्रकार वह ध्वनि, जो सुनने वाले के लिए अरूचिकर या तीव्र हो शोर कहलाती है। वह प्रक्रिया जिसमें अतितीव्र ध्वनियाँ बार-बार व लगातार सुनाई दे, शोर प्रदूषण कहलाती हैं।

शोर प्रदूषण के प्रमुख स्रोत (Main Sources of Noise Pollution)

ये स्रोत भी प्राकृतिक व मानव जनित अथवा कृत्रिम दोनों प्रकार के हैं–

(*i*) प्राकृतिक स्रोतों में बिजली कड़कना, बादलों का गरजना, भूकम्प की ध्वनि, तेजी से गिरते पानी की ध्वनि, तूफानी हवाएँ आदि आती हैं। किन्तु ये हवाएं क्षणिक होती हैं व इनका प्रभाव भी सीमित व क्षणिक ही होता है।

(*ii*) मानव जनित या कृत्रिम स्रोत– इस प्रकार का शोर कई कारणों से होता है। इनमें से प्रमुख कारण निम्न हैं–

– आवागमन के साधनों द्वारा
– औद्योगिक इकाइयों व मशीनों द्वारा
– बड़ी इमारतें, सड़कें, फ्लाई ओवर आदि के दौरान
– मनोरंजन के साधनों व सामाजिक क्रिया द्वारा।

शोर प्रदूषण के प्रभाव (Effects of Noise Pollution)

(*i*) अधिक शोर से चिड़चिड़ापन, थकान, सिरदर्द आदि के लक्षण उत्पन्न होते हैं।

(*ii*) अत्यधिक शोर सामान्य वार्तालाप में बाधक होता है तथा शोर, व्यक्ति की कार्य क्षमता व एकाग्रता को प्रभावित करता है।

(*iii*) अस्पताल के बाहर, शैक्षिक संस्थाओं के बाहर होने वाला शोर, मरीजों व पठन-पाठन के वातावरण को बिगाड़ता है।

(*iv*) उद्योगों में, जहाँ मशीनों का अत्यधिक शोर हो, कार्य करने वाले मजदूरों व कर्मचारियों के स्वास्थ्य व श्रवण शक्ति को प्रभावित करता है व ऊँचा सुनने तथा बहरेपन की समस्या उत्पन्न हो सकती है।

(*v*) भजन-कीर्तन, मनोरंजन आदि ध्वनि विस्तारक यंत्र लगाकर करने से आस-पास रहने वाले लोगों, परीक्षा की तैयारी कर रहे छात्रों की असुविधा होती है।

(*vi*) आवाज वाले बस व पटाखों का मनोरंजन के लिए उपयोग करने से असुविधा होती है।

(*vii*) तीव्र ध्वनि से न केवल कानों पर बल्कि हृदय गति बढ़ना, रक्त वाहिनियों का संकुचन, रक्त चाप में परिवर्तन, मांस-पेशियों में तनाव आदि दुष्प्रभाव पड़ते हैं।

शोर प्रदूषण के नियंत्रण (Control Measures of Noise Pollution)

शोर प्रदूषण को कम करने का सबसे अच्छा उपाय है, उसे उसके स्रोत पर ही रोकना। कुछ सावधानियां व संयम द्वारा, इनके हानिकारक प्रभावों से बचा जा सकता है जो कि निम्नानुसार हैं–

(*i*) वाहनों के इंजनों को सही रखकर, इंजन का शोर कुछ कम किया जा सकता है।

(*ii*) उद्योगों में मशीनों को सही रख रखाव द्वारा, शोर कम करना तथा उद्योगों व छोटे कारखानों को भी आवासीय बस्तियों से अधिक दूरी पर रखना।

(*iii*) अधिक शोर वाले उद्योगों में कर्मचारियों व मजदूरों की कर्ण प्लग व कर्ण मफ (ear plugs and ear muffs) का उपयोग आवश्यक करके स्वास्थ्य पर होने वाले कुप्रभाव को रोका जा सकता है।

(*iv*) शादी के बैण्डों में आदिम तरीकों से फूहड़ और कानफाड़ू संगीत बजाने से भीषण प्रदूषण फैलता है। शादी आपका पारिवारिक कार्य है इसमें आदिवासियों की तरह ढ़ोल पीटना कितना जायज है विचार करें। ट्रैफिक रुकने से होने वाली अन्य परेशानियाँ अलग है।

(*v*) हवाई अड्डों, बस स्टैंडों आदि पर अधिकतम शोर की सीमा निर्धारित की जानी चाहिए। जिससे शोर प्रदूषण कम हो।

(*vi*) अपने घर में पार्टी, जागरण, कथा वाचन, पाठ कराते समय लाउडस्पीकर का प्रयोग न करें। आप ऐसा अपने व्यक्तिगत आस्था के कारण करते हैं अतः दूसरों को इसके लिए कष्ट देना उचित नहीं। धर्म के नाम पर होने के कारण कष्ट पाते हुए भी आपत्ति करते हुए झिझकते है।

(6) तापीय प्रदूषण (Thermal Pollution)

तापीय प्रदूषण का अर्थ है वायुमण्डल के तापमान कारकों के तापमान में अवांछित वृद्धि। तापीय प्रदूषण को दो तरह से देखा जा सकता है–वायुमण्डलीय तापीय प्रदूषण व जल तापीय प्रदूषण। वैश्विक तापवृद्धि (Global Warming) वर्तमान में एक ज्वलंत पर्यावरणीय समस्या है।

वायुमण्डलीय तापीय प्रदूषण के कारण (Causes of Atmospheric Thermal Pollution)

(*i*) उद्योगों से निकलने वाले धुएँ में उपस्थित विभिन्न गैसों की अधिकता।

(*ii*) ग्रीन हाउस गैस, कार्बन डाई ऑक्साइड (CO_2), मेथेन (CH_4), क्लोरोफ्लोरो कार्बन (CFC), नाइट्रस ऑक्साइड (N_2O) आदि की विश्व स्तर पर वायुमण्डल में बढ़ोतरी।

(*iii*) वाहनों की संख्या में, विश्वस्तर पर होने वाली बढ़ोत्तरी से।

(*iv*) प्रशीतक उपकरणों, वायुयानों में प्रशीतकों के प्रयोगों से छोड़े गए CFC गैसों के कारण।

(*v*) विलायकों पर आधारित उद्योगों से छोड़े गए, कार्बन टेट्रा क्लोराइड, मिथाइल क्लोरोफॉर्म आदि के वाष्प द्वारा।

जल तापीय प्रदूषण के कारण (Causes of Water Thermal Pollution)

(*i*) उद्योगों द्वारा, गर्म औद्योगिक अपशिष्टों का जल में छोड़ा जाना।

(*ii*) प्रदूषित जल की सतह पर उपस्थित पदार्थों द्वारा अधिकता में ताप का अवशोषण।

तापीय प्रदूषण के प्रभाव (Effect of Thermal Pollution)

(*i*) ओजोन गैस की परत का क्षय।

(*ii*) प्राकृतिक आपदाओं में वृद्धि।

(*iii*) पर्यावरण में ऑक्सीजन की कमी।

(*iv*) ध्रुवीय प्रदेशों की बर्फ का पिघलना।

(*v*) समुद्र के जल स्तर में वृद्धि।

(*vi*) जल चक्र में परिवर्तन से कहीं भीषण सूखा तो कहीं बाढ़।

(*vii*) कृषि भूमि में कमी।

(*viii*) संयुक्त राष्ट्र पर्यावरण कार्यक्रम (UNEP) के सेंटर फॉर ऐटमौस्फिरिक साइंसेज (CAS) द्वारा कराए अध्ययन के अनुसार तापीय प्रदूषण का खतरा भारत जैसे उष्ण कटिबंधीय देशों पर होगा।

(*ix*) हिमालय के शिखरों पर जमी बर्फ के पिघलने से समुद्र तल ऊँचा होगा व तटीय क्षेत्रों के डूबने का खतरा।

(*x*) उड़ीसा, बंगाल की खाड़ी के तटों पर तूफान का अधिक खतरा।

(*xi*) मौसम छोटे व असंभावित होंगे।

(*xii*) जलाशयों के तापमान में वृद्धि से जल तंत्रों को हानि।

(*xiii*) पराबैंगनी विकिरणों की अधिकता से मनुष्यों में कैंसर तथा त्वचा रोगों में वृद्धि।

तापीय प्रदूषण के नियंत्रण के लिए अंतर्राष्ट्रीय प्रयास (National and International Control Measures)

(*i*) मांट्रियल घोषणा 16 सितम्बर, 1987 में चरणबद्ध रूप में ओजोन परत को क्षति पहुँचाने वाले पदार्थों के प्रयोग पर रोक।

(*ii*) इसके लिए 1990 में लंदन तथा 1992 में बीजिंग में सम्मेलन हुए।

(*iii*) वैश्विक ताप वृद्धि में औद्योगिकरण का बड़ा हाथ है खास कर विकसित देश जिम्मेदार हैं। वायु में ग्रीन हाउस गैसे कम से कम मात्रा में छोड़ें।

(*iv*) वृक्षारोपण अधिक करें। जिससे CO_2 अधिक से अधिक काम आ जाए तथा वायुमंडल ठण्डा रहे।

(7) नाभिकीय प्रदूषण (Nuclear Pollution)

रेडियोधर्मी तत्व, जहाँ भी होते हैं, धीरे-धीरे विखण्डित होते रहते हैं व पर्यावरण, मानव, जीव व वनस्पति जगत को स्थाई नुकसान पहुँचाते हैं। इनके खनन, उपयोग, संचय (Storage) व निस्तारण में हर प्रकार की सावधानी, यदि न बरती जाए तो ये बहुत ही हानिकारक हो सकते हैं।

नाभिकीय प्रदूषण के कारण (Causes of Nuclear Pollution)

(*i*) यूरेनियम, थोरियम आदि, नाभिकीय प्रक्रियाओं में काम आने वाले तत्व हैं इनके खनन के समय यह प्रदूषण होता है।

(*ii*) समस्थानिकों (Isotopes) के उत्पादक के समय अपशिष्ट पदार्थ के रूप में।

(*iii*) परमाणु शक्ति द्वारा विद्युत उत्पादन संयंत्रों तथा नाभिकीय रिएक्टरों से।

(*iv*) नाभिकीय हथियारों के बनने व उपयोग के दौरान।

(*v*) रेडियो ट्रेसरों का प्रयोग दवा में, अस्पतालों में, जीव विज्ञान में होता है। Cu व I_{125}, महत्वपूर्ण रेडियो आइसोटोप हैं। इनके उपयोग के समय भी प्रदूषण हो सकता है।

नाभिकीय प्रदूषण के प्रभाव (Effects of Nuclear Pollution)

(*i*) परमाणु परीक्षणों के दौरान सक्रिय पदार्थ दूर-दूर तक फैल जाते हैं। ये मिट्टी के माध्यम से पौधों से मनुष्य की या जीव-जन्तुओं की खाद्य शृंखला में प्रवेश कर जाते हैं।

(*ii*) DNA को नष्ट करते हैं तथा मोतियाबिन्द व ल्यूकेमिया जैसी बीमारियाँ पैदा होती हैं।

(*iii*) रेडियोधर्मी तत्व जीवों के प्रोटीन के क्रियाकर, एन्जाइमों आदि को नष्ट करके उनकी वृद्धि को ही रोक देते हैं।

(*iv*) असामान्य शिशुओं का जन्म, त्वचा रोग आदि रेडियोधर्मी विकिरणों के प्रभाव से होते हैं।

(*v*) यदि पानी के साथ ये मानव शरीर में चले जाएं तो, आमाशय में खराबी, आनुवंशिक परिवर्तन आदि हो सकते हैं।

(*vi*) रेडियोधर्मी प्रदूषण का प्रभाव, धीरे-धीरे, कई वर्षों में भी लकवे, बहरापन, गूंगापन आदि के रूप में दिखाई देता है। हड्डियों में विकृतियाँ, मंदबुद्धिता भी रेडियोधर्मी विकिरणों से होते हैं।

नाभिकीय प्रदूषण नियंत्रण के उपाय (Control Measures of Nuclear Pollution)

इनके कई दुष्प्रभावों के उपरान्त भी इनमें निहित असीमित ऊर्जा के कारण इनका उपयोग आज आवश्यक है। निम्न उपायों से इनके हानिकारक प्रभावों से बचा जा सकता है-

(*i*) इनका खनन व उपयोग के समय कम से कम बिखराव हो।

(*ii*) इनके खनन में Wet Process (गीली विधि) को अपनाई जाए।

(*iii*) उद्योगों में इस प्रकार के अपशिष्टों को अत्यधिक ऊँचाई पर न छोड़ा जाए।

(*iv*) जहाँ तक हो उच्च रेडियोधर्मिता वाले पदार्थों को समुद्र, नदी जल आदि में प्रवाहित न किया जाएं।

(*v*) जहाँ ये नाभिक काम आते हैं वहाँ कार्य जल्दी खत्म होना चाहिए जैसे अधिक व्यक्ति व समय कम। जिससे प्रति व्यक्ति उद्‌भासन (Explosure) कम से कम हो।

(*vi*) इन विकिरणों से प्रभावित कक्ष में, विशेष मास्क, बूट, ओबरकोट, दस्ताने आदि का प्रयोग आवश्यक हो।

ठोस अपशिष्ट प्रबन्धन (Solid Wastes Management)

शहरों व ग्रामीण क्षेत्रों में तथा उद्योगों द्वारा कई टनों में ठोस अपशिष्ट निष्कर्षित किया जाता है। यदि इसका ठीक से प्रबंधन न किया जाए तो भू-प्रदूषण एक वृहत समस्या के रूप में उत्पन्न होगा। इस तरह प्रत्येक नागरिक, नगरपालिका, सरकार सभी के सम्मिलित प्रयासों से ही प्रबंधन का कार्य सम्पादित होता है।

ठोस अपशिष्ट के प्रमुख कारण

(Main Causes of Solid Waste)

इसके निम्न स्रोत हैं–

(1) औद्योगिक अपशिष्ट,

(2) घरेलु अपशिष्ट,

(3) नगरपालिका अपशिष्ट,

(4) कृषि अपशिष्ट तथा

(5) अन्य ठोस अपशिष्ट

(*i*) खनन में निकला व्यर्थ भाग

(*ii*) धातुओं के खनन से निकला धात्विंक अपशिष्ट

(*iii*) रेडियोधर्मी धातुओं, यूरेनियम, थोरियम, आदि के खनन से निकला अत्यन्त खतरनाक कचरा।

ठोस अपशिष्टों के प्रभाव

(Effect of Solid Waste)

(*i*) ठोस अपशिष्टों का सबसे बड़ा प्रभाव भू-प्रभाव के रूप में होता है।

(*ii*) एकत्रित कूड़े-करकट, मल-मूत्र से कीड़े-मकोड़े, बदबू, बीमारियां फैलती हैं।

(*iii*) सीवरेज का मल-जल एकत्रित होने से क्षेत्र में टाइफाइड, आंत्रशोध, पेचिश, हैजा, पीलिया आदि बीमारियां फैलती हैं।

(*iv*) अधिक दिनों तक किसी भूमि पर प्रदूषण रहने से भूमि रुग्ण (sick) हो जाती है जिससे उसके छिद्र (Porosity) बंद हो जाते हैं तथा भूमि उपजाऊ नहीं रह जाती है।

(*v*) पॉलिथीन, रबर, पेन्ट का कचरा, अजैविक होता है व काफी अधिक मात्रा में निकलता है। इसको जलाने से वायु प्रदूषित होती है। नालियों में जाने से उसमें रुकावट आती है। पशुओं के खाने से उसमें ट्यूमर, आंत्रशोध आदि बीमरियाँ होती हैं।

(*vi*) खनिजों व पत्थरों के ठोस अपशिष्टों को यूँ ही भूमि पर डाल देने से भूमि बंजर हो जाती है।

(*vii*) औद्योगिक अपशिष्टों द्वारा मृदा की संरचना में हानिकारक परिवर्तन हो जाता है।

(*ix*) वर्षा जल के साथ बहकर यदि ठोस अपशिष्ट जल में मिल जाता है, जो जल प्रदूषण की गंभीर समस्या उत्पन्न होती है।

ठोस अपशिष्टों का निस्तारण व नियंत्रण

(Control Measures of Solid Waste)

(*i*) ठोस अपशिष्टों में प्रत्येक को अलग-अलग प्रकार से निस्तारित किया जाना चाहिए।

(*ii*) घरेलू कचरे में से पुनः चक्रित होने वाले पदार्थों को अलग, अजैविक कचरे को अलग-अलग रखकर निस्तारित किया जाए।

(*iii*) जैविक कचरे को अलग से एकत्रित करके बायो गैस, बिजली उत्पादन आदि कार्यों में प्रयुक्त किया जाए।

(*iv*) उद्योगों के अपशिष्टों को, शोध एवं विकास विभाग के वैज्ञानिकों द्वारा विश्लेषण करवाकर उनमें से काम आने योग्य पदार्थों को पुनः प्राप्त करके, उपयोग में लाया जा सकता है।

(*v*) औद्योगिक अपशिष्टों से धातुओं को अलग करके पुनः चक्रित किया जा सकता है।

(*vi*) अस्पताल आदि के संक्रमण युक्त कचरे को शहर से दूर भस्मीकरण यंत्र लगाकर वैज्ञानिक विधि से निस्तारण करना चाहिए।

(*vii*) सीवरेज जल आदि की उचित यंत्रों द्वारा सफाई कर सिंचाई के काम में लेना।

पर्यावरण संरक्षण हेतु अधिनियम

(Environmental Protection Act)

पर्यावरण संरक्षण के कुछ प्रमुख अधिनियम निम्नलिखित हैं-

(1) पर्यावरण (संरक्षण) अधिनियम, (1986)

(2) वायु प्रदूषण (रोकथाम व नियंत्रण) अधिनियम, 1981 (1987 में संशोधित)

(3) जल प्रदूषण (रोकथाम व नियंत्रण) अधिनियम, 1974 (1988 में संशोधित)

(4) वन्य-जीव (सुरक्षा) अधिनियम, 1972 (1991 में संशोधित)

(5) वन (संरक्षण) अधिनियम, 1980 (1988 में संशोधित)

बहुविकल्पीय प्रश्न

1. अमृता देवी स्मृति पुरस्कार जिसके लिए दिया जाता है, वह है

(*a*) वृक्षारोपण में श्रेष्ठ प्रयास
(*b*) वन्य सुरक्षा पर श्रेष्ठ साहित्य
(*c*) उद्यानों का सौंदर्यीकरण
(*d*) वन एवं वन्य-जीवों की सुरक्षा के लिए

2. निम्नलिखित युग्मों पर विचार कीजिए

(1) सेंटर फॉर एनवायरनमेंटल मैनेजमेंट ऑफ डिग्रेडेड इकोसिस्टम, नई दिल्ली
(2) सेंटर ऑफ सोशल फारेस्ट्री एण्ड इकोरिहैबलिटेशन, इलाहाबाद
(3) नेशनल कोरल रीफ रिसर्च सेन्टर, तिरुवनंतपुरम्

उपर्युक्त युग्मों में से कौन-सा/से सही सुमेलित है/हैं?

(*a*) केवल 1 (*b*) केवल 1 और 2
(*c*) केवल 2 और 3 (*d*) केवल 1, 2 और 3

3. 'ग्रीन अकांउटिंग' का अर्थ है,....... के आकलन को ध्यान में रखते हुए देश की राष्ट्रीय आय को मापना

(*a*) देश के कुल वन क्षेत्र
(*b*) देश के वन आच्छादन के विनाश
(*c*) प्रदूषण और पर्यावरणीय क्षति
(*d*) उद्धार की गई परती भूमि के क्षेत्रफल

4. जैव–सुरक्षा (Bio–safety) का कार्टाजेना प्रोटोकाल निम्नलिखित केन्द्रीय मन्त्रालयों में से कौन कार्यान्वित करता है?

(*a*) विज्ञान एवं प्रौद्योगिकी मन्त्रालय
(*b*) पर्यावरण एवं वन मन्त्रालय
(*c*) रसायन एवं उर्वरक मन्त्रालय
(*d*) स्वास्थ्य एवं परिवार कल्याण मन्त्रालय

5. राजीव गांधी पर्यावरण पुरस्कार दिया जाता है श्रेष्ठतर योगदान के लिए

(*a*) वृक्षारोपण एवं परती भूमि के संरक्षण
(*b*) स्वच्छ प्रौद्योगिकी एवं विकास
(*c*) वन्य जीव संरक्षण
(*d*) पर्यावरण पर हिन्दी पुस्तकें

6. स्व. सलीम अली का सम्बन्ध निम्नलिखित में से किससे था?

(*a*) शरीर क्रिया विज्ञान (*b*) शब्द विज्ञान
(*c*) पक्षी विज्ञान (*d*) कीट शास्त्र

7. कार्बन तिथि–निर्धारण में कार्बन का निम्नलिखित में से कौन–सा समस्थानिक (Isotopes) प्रयुक्त होता है/ होते हैं?

(*a*) केवल $_6C^{12}$ (*b*) केवल $_6C^{13}$
(*c*) केवल $_6C^{14}$ (*d*) $_6C^{12}$ और $_6C^{14}$

8. मानव–जनित पर्यावरणीय प्रदूषक (Man–Made Pollutants) कहलाते हैं–

(*a*) परजैविक (Xenobiotics)
(*b*) प्रतिजैविक (Antibiotics)
(*c*) ह्यूमेलिन (Humalins)
(*d*) एनल्जेसिक (Analgesics)

9. किन उपलब्धियों के लिए 'ग्लोबल-500' पुरस्कार दिया जाता है?

(*a*) जनसंख्या नियंत्रण
(*b*) आतंकवाद के विरुद्ध अभियान
(*c*) पर्यावरण प्रतिरक्षण हेतु
(*d*) गादक पदार्थों के विरुद्ध अभियान

10. निम्न में से कौन-सा सीसे (Lead) का विष निवारक है?

(*a*) निकल (Nickel)
(*b*) सिस प्लेटिन (Cis Platin)
(*c*) अण्डे का सफेद भाग (White of egg)
(*d*) ई डी टी ए (EDTA)

11. प्याज में तीखापन (झार) होने का प्रमुख कारण है-

(*a*) एलाइल प्रोपाइल डाइसल्फाइड
(*b*) कैप्सेसिन
(*c*) कुकरबिटेसिन
(*d*) कुरकुमिन

12. ऊर्जा संकट से तात्पर्य हैं?

(*a*) जलविद्युत् की कमी
(*b*) कुपोषण के कारण शरीर में ऊर्जा का ह्रास

(*c*) तापीय ऊर्जा की कमी
(*d*) कोयला तथा पेट्रोल जैसे जीवाश्म ईधन के समाप्त होने का खतरा।

13. परिस्थिति के तंत्र के दो अवयव हैं-
(*a*) वनस्पति एवं जानवर (*b*) जैवीय एवं अजैवीय
(*c*) घास-पात एवं वृक्ष (*d*) मनुष्य एवं जानवर

14. भारतीय 'हरित–क्रान्ति' की जन्म स्थली है–
(*a*) पंतनगर (*b*) बंगलौर
(*c*) कानपुर (*d*) दिल्ली

15. दि ग्रीन बिल्डिंग कांग्रेस-2005 का आयोजन किया गया था–
(*a*) चेन्नई में (*b*) हैदराबाद में
(*c*) नई दिल्ली में (*d*) रुढ़की में

16. दीमकों की आत्र में सेल्यूलोज पाचन हेतु कौन उपस्थित रहता है?
(*a*) यीस्ट (Yeast)
(*b*) जीवाणु (Bacteria)
(*c*) प्रोटोजोआ (Protozoa)
(*d*) शैवाल (Algae)

17. "विश्व बौद्धिक सम्पत्ति संगठन" के बारे में निम्नलिखित में से कौन-सा कथन सही है?
(*a*) वह शिक्षा, विज्ञान और संस्कृति के क्षेत्र में देशों के बीच सहयोग को बढ़ावा देता है।
(*b*) वह मानव संसाधनो के विकास में देशों की सहायता करता है।
(*c*) वह भूमंडलीय संचार के क्षेत्र में तीसरी दुनिया के देशों के अधिकारों की रक्षा करता है।
(*d*) वह आविष्कारों, ट्रेड मार्को, साहित्यिक रचनाओं आदि में कॉपीराइट सामग्री की रक्षा करता है।

निर्देश (प्रश्न सं. 18 से 19) : आगामी दो (2) प्रश्नांशों में दो वक्तव्य है। एक को **कथन (A)** तथा दूसरे को **कारण (R)** कहा गया है। इन दोनों- वक्तव्यों को सावधानी पूर्वक परीक्षण कर इन प्रश्नांशों का उत्तर नीचे दिए गए कूट की सहायता से करें-

कूटः
(*a*) (A) और (R) दोनों सही हैं और (R), (A) का सही स्पष्टीकरण है।
(*b*) (A) और (R) दोनों सही हैं परन्तु (R), (A) का सही स्पष्टीकरण नहीं है।
(*c*) (A) सही है, परन्तु (R) गलत है।
(*d*) (A) गलत है, परन्तु (R) सही है।

18. कथन (A) : मिथेन गैस एक महत्वपूर्ण ग्रीन हाउस गैस है।
कारण (R) : प्रशीतक, प्रणोदक आदि के द्वारा मुख्यतः इसका उत्सर्जन होता है।

19. कथन (A) : ध्रुवों के समीप ओजोन क्षरण की समस्या सर्वाधिक गम्भीर है।
कारण (R) : ध्रुवों के समीप ओजोन मण्डल की धरातल से ऊंचाई अपेक्षाकृत कम है।

20. पृथ्वी पर जीवन के प्रादुर्भाव का प्रथम जीवाश्मी (Fossil) साक्ष्य है-
(*a*) 3 बिलियन वर्ष पूर्व का
(*b*) 10 बिलियन वर्ष पूर्व का
(*c*) 5 बिलियन वर्ष पूर्व का
(*d*) 0.3 बिलियन वर्ष पूर्व का

21. अन्तरिक्ष यात्री (Astronaut) को आकाश का रंग दिखाई देता है-
(*a*) नीला (*b*) सफेद
(*c*) काला (*d*) लाल

22. निम्नलिखित कथनों पर विचार कीजिए-
1. द्रवित प्राकृतिक गैस (LNG) को अत्यधिक शीत ताप तथा उच्च दाब में द्रवित किया जाता है जिससे विशेष रूप से अभिकल्पित पात्रों में उसका संग्रहण अथवा परिवहन सुसाध्य हो सके।
2. भारत में प्रथम LNG टर्मिनल हसन में निर्मित हुआ।
3. द्रवित पेट्रोलियम गैस से प्राकृतिक गैस द्रव्यों (NGL)का पृथक्करण किया जाता है और इनमें इथेन, प्रोपेन, ब्यूटेन तथा प्राकृतिक गैसोलीन सम्मिलित है। उपर्युक्त कथनों में से कौन–सा/से सही है/हैं?

(*a*) केवल 1 (*b*) 1 और 3
(*c*) 2 और 3 (*d*) 1, 2 और 3

23. सूची-I का सूची-II से मिलान कीजिए-

सूची–I (अनुसंधान केन्द्र/संस्थान)	सूची–II (स्थान)
(*a*) इण्डियन लाख रिसर्च इंस्टीट्यूट	1. नामकोम

(*b*) सेन्ट्रल माइनिंग रिसर्च स्टेशन	2. धनबाद
(*c*) नेशनल मेटालर्जिकल लैबोरेट्री	3. जमशेदपुर
(*d*) भारतीय विधि माप विज्ञान संस्थान	4. रांची

	(A)	(B)	(C)	(D)
(*a*)	1	2	3	4
(*b*)	2	3	4	1
(*c*)	4	1	2	3
(*d*)	3	4	1	2

24. पारिस्थितिकी विज्ञान (Ecology) में जिसका अध्ययन होता है, वह है-
(*a*) पृथ्वी (Earth)
(*b*) वातावरण (Environment)
(*c*) अन्तरिक्ष (Space)
(*d*) आकाश (Sky)

25. वायुपोत में प्रयोग के लिए हाइड्रोजन की तुलना में हीलियम का प्रयोग क्यों बेहतर माना जाता है?
(*a*) हीलियम का घनत्व कम होता है
(*b*) हीलियम का घनत्व अधिक होता है
(*c*) हीलियम कम रासायनिक सक्रिय होता है
(*d*) हीलियम अधिक रासायनिक सक्रिय होता हैं

26. डबलरोटी में फुलाव कौन–सी गैरा रो लाया जाता है?
(*a*) ऑक्सीजन (*b*) कार्बन मोनोक्साइड
(*c*) कार्बनडाई आक्साइड (*d*) अमोनिया

27. सूची-I (परमाणु विद्युत् संयंत्र/गुरुजल संयंत्र) को सूची-II (राज्य) के साथ सुमेलित कीजिए और सूचियों के नीचे दिए गए कूट का प्रयोग कर सही उत्तर चुनिए-

सूची–I (विद्युत संयंत्र/गुरुजल संयंत्र)	सूची–II (राज्य)
(*a*) थाल	1. आंध्र प्रदेश
(*b*) मानुगुरु	2. गुजरात
(*c*) काकरापार	3. महाराष्ट्र
(*d*) कैगा	4. राजस्थान
	5. कर्नाटक

कूटः

	(A)	(B)	(C)	(D)
(*a*)	2	1	4	5
(*b*)	3	5	2	1
(*c*)	2	5	4	1
(*d*)	3	1	2	5

28. निम्नलिखित कथनों पर विचार कीजिए-
(1) अन्तराष्ट्रीय मानकीकरण संघ (ISO) का मुख्यालय रोम में है।
(2) ISO 9000 गुणवत्ता प्रबन्धन तंत्र और मानकों से सम्बद्ध है।
(3) ISO 14000 पर्यावरण प्रबन्धन तंत्र मानकों से सम्बद्ध है।
उपर्युक्त कथनों में से कौन–सा/कौन से सही है/हैं?
(*a*) 1, 2 और 3 (*b*) केवल 3
(*c*) 2 और 3 (*d*) कोई भी नहीं

29. निम्नलिखित में से किस एक के लिए सतारा प्रसिद्ध है?
(*a*) उष्मा विद्युत संयंत्र
(*b*) पवन ऊर्जा संयंत्र
(*c*) जल-विद्युत ऊर्जा संयंत्र
(*d*) नाभिकीय विद्युत संयंत्र

30. तैरने के तालाब में तैरने से मनुष्य की त्वचा जल जाती है-
(*a*) अवरक्त किरण (Infra-red ray) के कारण
(*b*) क्लोरीन के कारण
(*c*) उष्मा के कारण
(*d*) पराबैंगनी (Ultra-violet) किरण के कारण

31. TIFR (Tata Institute of Fundamental Research) का संस्थापक निदेशक कौन था?
(*a*) एस. एस. भटनागर (*b*) एच. जे. भाभा
(*c*) एम. एन. साहा (*d*) विक्रम साराभाई

32. भारत से पहले कितने देशों ने परमाणु बम का विस्फोट किया था?
(*a*) 5 (*b*) 6
(*c*) 4 (*d*) 3

33. गोमती कार्य योजना के अन्तर्गत निम्नलिखित में से किस जनपद में प्रदूषण न्यूनीकरण (Pollution abatement) कार्यो पर समुचित बल नहीं दिया गया है?

(*a*) जौनपुर (*b*) लखनऊ
(*c*) सीतापुर (*d*) सुल्तानपुर

34. रसोई के बर्तनों के लिए निम्नलिखित में से किसे न चिपकने वाले लेप के रूप में प्रयोग करते हैं?
(*a*) पर्सपेक्स (*b*) स्टारोफोम
(*c*) पालीस्टाइरीन (*d*) टेफ्लान

35. परम शून्य ताप (Absolute zero temperature) पर निम्नलिखित में कौन-सी परिघटना होती है?
(*a*) सभी गैस द्रव बन जाती है
(*b*) जल जम जाता है
(*c*) सभी पदार्थ ठोस बन जाते हैं
(*d*) गैस में अणुगति समाप्त हो जाती है

36. निम्नलिखित पर विचार कीजिए-
1. भारतीय वनस्पति सर्वेक्षण
2. भारतीय वन सर्वेक्षण
3. भारतीय प्राणि सर्वेक्षण

उपर्युक्त में से किसका/किनका मुख्यालय कोलकाता में स्थित है?
(*a*) केवल 1 (*b*) 2 और 3
(*c*) 1 और 3 (*d*) 1, 2 और 3

37. निम्नलिखित संस्थानों पर विचार कीजिए-
1. भौतिक अनुसंधान प्रयोगशाला
2. अंतरिक्ष अनुप्रयोग केन्द्र
3. विक्रम साराभाई अंतरिक्ष केन्द्र

उपर्यक्त सस्थानों में से कौन-सा/कौन-से अहमदाबाद में स्थित है/हैं?
(*a*) केवल 1 (*b*) 1 और 2
(*c*) केवल 3 (*d*) 2 और 3

38. औद्योगिक मलबे (Industrial Effluents) से सर्वाधिक रासायनिक प्रदूषण होता है-
(*a*) चमड़ा उद्योग से (*b*) कागज उद्योग से
(*c*) रेयॉन उद्योग से (*d*) वस्त्र उद्योग से

39. चूहे मारने का जहर किस रासायनिक पदार्थ से बनता है?
(*a*) इथाइल अल्कोहल
(*b*) मिथाइल आइसोसायनेट
(*c*) पोटेशियम साइनाइड
(*d*) इथाइल आइसोसायनाइड

40. निम्नलिखित में से कौन-सा एक सही है?
(*a*) जब समान विद्युत आवेश एक दूसरे की ओर तेजी से आते हैं और फिर प्रतिकर्षित होते हैं, तो तड़ित उत्पन्न होती है।
(*b*) अंतःस्थ वायु द्वारा विकसित प्रतिरोध को जब भिन्न बादलों में तीव्र विपरित आवेश खंडित करते हैं, तो तड़ित उत्पन्न होती हैं।
(*c*) जब जलवाष्प बादलों में विद्युत् उत्पन्न करता है, तो तड़ित उत्पन्न होती है।
(*d*) जब वायु में अपद्रव्यों से बादल टकराते हैं और घर्षण इन अपद्रव्यों को जला देता है, तो तड़ित उत्पन्न होता है।

41. एक सूक्ष्म जीव जो शराब उद्योग के अल्कोहॉलिक किण्वन के लिए प्रयुक्त होता है, वह-
(*a*) यीस्ट है (*b*) जीवाणु है
(*c*) सायनो जीवाणु है (*d*) एक्टिनोमाइसीट है

42. वर्मीकल्चर में प्रयुक्त होता है-
(*a*) टेप वर्म (*b*) सिल्क वर्म
(*c*) थ्रेड वर्म (*d*) अर्थ वर्म

43. सर्वप्रथम किसने जीवाणु को स्वयंनिर्मित सूक्ष्मदर्शी यंत्र की सहायता से देखा?
(*a*) ऐतोन वान ल्यूवेनहाक
(*b*) लुई पाश्चर
(*c*) रॉबर्ट हुक
(*d*) रॉबर्ट विर्कोव

44. निम्नलिखित में से किसने विज्ञान में नोबेल पुरस्कार दो भिन्न-भिन्न क्षेत्रों में प्राप्त किया था?
(*a*) रसेल हुल्से (*b*) डेविडली
(*c*) मैडम क्यूरी (*d*) पॉल बोयेर

45. 'गंगा कार्य योजना' का लक्ष्य है-
(*a*) पानी की गुणवत्ता में सुधार
(*b*) सिंचाई की सुविधाएं
(*c*) जलमार्ग का विकास
(*d*) उपरोक्त सभी

46. निम्नलिखित में से किसे पर्यावरण के मूल संघटकों में सही सम्मिलित किया जाता है?
(*a*) अजैविक (Abiotic) (*b*) जैविक (Biotic)
(*c*) ऊर्जा (Energy) (*d*) स्थानिक (Spatial)

47. तारे अपनी ऊर्जा निम्न में से किस प्रकार प्राप्त करते हैं?
(*a*) नाभिकीय संयोजन के फलस्वरूप
(*b*) नाभिकीय विखण्डन से
(*c*) रासायनिक क्रिया से
(*d*) गुरुत्वाकर्षण खिंचाव से

48. एशिया के निम्न देशों में से किस देश में जन्म दर सबसे कम है
(*a*) नेपाल (*b*) भूटान
(*c*) श्रीलंका (*d*) मालदीव

49. पर्यावरण प्रदूषण (Atmospheric Pollution) के निम्न लिखित प्रभाव हैं-
(*a*) धरातल पर पहुँचने वाले सूर्य के प्रकाश की मात्रा को कम करता हैं।
(*b*) कोहरे (Fog) में वृद्धि करता हैं।
(*c*) वातावरण के तापीय गुणों को परिवर्तित कर देता है।
(*d*) उपर्युक्त सभी

50. निम्नलिखित में से वह व्यक्ति कौन है जिसे भारतीय मिसाइल प्रौद्योगिकी का पिता कहा जाता है?
(*a*) डॉ. यू. आर. राव
(*b*) डॉ. होमी भाभा
(*c*) डॉ. चिदम्बरम्
(*d*) डॉ. ए. पी. जे. अब्दुल कलाम

51. भारत में निम्नलिखित में से किस प्रकार की बिजली का उत्पादन सर्वाधिक होता है?
(*a*) पन बिजली (*b*) तापीय बिजली
(*c*) नाभिक बिजली (*d*) सौर बिजली

52. निम्नलिखित में से किसको सूर्य की उर्ध्वाधर किरणें कभी-भी नहीं मिलेगी?
(*a*) मुम्बई (*b*) चेन्नई
(*c*) तिरुवनन्तपुरम् (*d*) श्रीनगर

53. निम्नलिखित कथनों पर विचार कीजिए-
1. नोबेल पुरस्कार समारोह प्रत्येक वर्ष 10 दिसम्बर को सम्पन्न होता है।
2. साहित्य के लिए नोबेल पुरस्कार, अन्य पाँच क्षेत्रों-भौतिकी, रसायन विज्ञान, शरीर क्रिया विज्ञान अथवा चिकित्सा विज्ञान, शांति तथा अर्थशास्त्र में पुरस्कारों के बाद में जोड़ा गया था।

उपर्युक्त कथनों में से कौन-सा/से सही है/हैं?
(*a*) केवल 1 (*b*) केवल 2
(*c*) दोनों 1 तथा 2 (*d*) न ही 1 तथा न ही 2

54. समतापमण्डल में ओजोन की उपस्थिति के कारण-
(*a*) हाल के वर्षों में और भू-मण्डलीय ताप बढ़ा है।
(*b*) प्रकाश संश्लेषण की दर बढ़ी है।
(*c*) पराबैगनी किरणें पृथ्वी तक नहीं पहुँच पातीं है।
(*d*) जेट में यात्रा करने वाले लोगों को आक्सीजन की पूर्ति होती है।

55. निम्नलिखित में से कौन-सा संसाधन अजैव और नवीकरणीय है?
(*a*) लौह अयस्क (*b*) पशुधन
(*c*) जल (*d*) जंगल

56. निम्नलिखित में से किस एक में शक्तिशाली ऑक्सीकारक एन्जाइम होता है और वह कोशिकाओं से विषैला पदार्थ हटाने में सहायता करता है?
(*a*) लवक (*b*) लाइसोसोम
(*c*) जालिकाय (*d*) परऑक्सीसोम

57. निम्नलिखित वक्तव्यों पर विचार कीजिए-
कथन (A) : भारत में देश की भावी ऊर्जा माँग की आपूर्ति का आशाप्रद स्रोत अणु ऊर्जा है।
कारण (R) : भारत में अणु खनिज सर्वत्र सुलभ है।
नीचे दिए गए कूट से सही उत्तर का चयन कीजिए-
(*a*) (A) और (R) दोनों सही है तथा (A) की सही व्याख्या (R) है;
(*b*) (A) और (R) दोनों सही है किन्तु (R) (A) की सही व्याख्या नहीं है;
(*c*) (A) सही है, किन्तु (R) गलत है;
(*d*) (A) गलत है, किन्तु (R) सही हैं;

58. पाचक गोलियां बनाने में निम्नलिखित में से किसका उपयोग किया जाता है?
(*a*) यीस्ट (Yeast) (*b*) फफूंदी (Mould)
(*c*) शैवाल (Algae) (*d*) उपर्युक्त में से कोई नहीं

59. नेशनल इंस्टीट्यूट आफ ओशन टेक्नोलॉजी कहाँ अवस्थित है?
(*a*) चेन्नई में (*b*) बंगलोर में
(*c*) तिरुअनंतपुरम् में (*d*) विशाखापत्तनम में

60. ऊन रासायनिक दृष्टि से है-

(*a*) कार्बोहाइड्रेट (*b*) प्रोटीन

(*c*) उपर्युक्त दोनों (*d*) उपर्युक्त में से कोई नहीं

61. सूर्य शक्ति (ऊर्जा) के उत्पादन की उपयुक्त दशाएं पाई जाती हैं

(*a*) तमिलनाडु में (*b*) राजस्थान में

(*c*) उत्तराखण्ड में (*d*) मध्य प्रदेश में

62. नाभिकीय ऊर्जा उत्पादन के निम्नलिखित केन्द्रों में से किसकी उत्पादन क्षमता सर्वाधिक है?

(*a*) कलपक्कम में (*b*) तारापुर में

(*c*) काकरापार में (*d*) नरौरा में

63. पेय जल में संखिया प्रदूषण (Arsenic contamination) सर्वाधिक है–

(*a*) चेन्नई में (*b*) कानपुर में

(*c*) कोलकाता में (*d*) मुम्बई में

64. निम्न में से कौन-सा भारत में निर्वनीकरण (Deforestation) का प्रभाव नहीं है?

(*a*) हिमालय में जल स्रोतों का सूखना

(*b*) जैव-विविधता की हानि

(*c*) नगरीयकरण (Urbanization)

(*d*) मृदा अपरदन (Soil Erosion)

65. भोज्य (Edible) कवक है-

(*a*) मोरचेला (Morchela)

(*b*) एगारिकस (Agaricus)

(*c*) लाइकोपरडोन (Lycoperdon)

(*d*) उपर्युक्त सभी

66. इन्फ्रारेड थर्मामीटर से नापा जाता है-

(*a*) भूमि का तापक्रम

(*b*) हवा का तापक्रम

(*c*) फसल के अन्दर (crop canopy) का तापक्रम

(*d*) पानी का तापक्रम

67. 'मैनेज' स्थित है–

(*a*) मुम्बई में (*b*) इन्दौर में

(*c*) पुणे में (*d*) हैदराबाद में

68. निम्नलिखित युग्मों में से कौन से सही सुमेलित हैं?

व्यक्ति	**पुरस्कार**
1. चम्पादेवी शुक्ल	गोल्डमैन एन्वायरनमेंट पुरस्कार
2. डॉ. पी श्री रामाचरुन्दु	वाचस्पति पुरस्कार
3. ईला रमेश भट्ट	लोक प्रशासन, शैक्षिक तथा पंबंधन में विशिष्टता के लिए लाल बहादुर शास्त्री राष्ट्रीय पुरस्कार
4. उपमन्यु चटर्जी	ललित कलारत्न पुरस्कार

नीचे दिए गए कूट का प्रयोग कर सही उत्तर चुनिए-

कूटः

(*a*) 1 और 2 (*b*) 1, 2 और 3

(*c*) 3 और 4 (*d*) 1, 2, 3 और 4

69. निम्नलिखित कथनों में से कौन-सा एक सही है?

(*a*) जैव-सुरक्षा (Biosafety) पर कार्टाजेना उपसंधि (प्रोटोकॉल) के पक्षकारों की प्रथम बैठक (MOP1) वर्ष 2004 में फिलीपीन में आयोजित हुई।

(*b*) भारत जैव-सुरक्षा उपसंधि (प्रोटोकॉल) जैव-विविधता पर समझौता में हस्ताक्षर कर्त्ता नहीं है।

(*c*) जैव-सुरक्षा उपसंधि (प्रोटोकॉल) आनुवंशिक रूपान्तरित जीवों से सम्बद्ध है।

(*d*) संयुक्त राज्य अमरीका जैव-सुरक्षा उपसंधि (प्रोटोकॉल)/जैव-विविधता पर समझौता का सदस्य है।

70. बुंदाला (Bundala) जीव-मण्डल आरक्षित क्षेत्र जिसे UNESCO के मानव तथा जीव-मण्डल (मैन एण्ड बायोस्फिअर -MAB) तन्त्र में सम्मिलित किया गया है, कहा स्थित है?

(*a*) रुस (*b*) भारत

(*c*) श्रीलंका (*d*) बांग्लादेश

71. पृथ्वी के अन्दर पिघले पदार्थ को कहते हैं-

(*a*) लावा (*b*) बैसाल्ट

(*c*) आब्सीडियन (*d*) उपर्युक्त में से कोई नहीं

72. दिया गया है-

1. रूधिर कोशिकाएं
2. अस्थि कोशिकाएं
3. बाल रज्जू
4. लार (saliva)

अपराध की जांच में डी. एन. ए. परीक्षण हेतु जो नमूने लिए जाते हैं, वे हो सकते हैं-

(*a*) केवल 1, 2 और 3 (*b*) केवल 1 और 4

(*c*) केवल 2 और 3 (*d*) 1, 2, 3 और 4

73. दि-हिमालयन माउन्टेनियरिंग इन्स्टीट्यूट' निम्न स्थानों में जहाँ स्थित है, वह है-

(*a*) उत्तरकाशी (*b*) देहरादून
(*c*) दार्जिलिंग (*d*) शिलांग

74. किस काल में पेड़-पौधों एवं जानवरों के घरेलूकरण (domestication) की प्रक्रिया प्रारम्भ हुई?

(*a*) पुरापाषाण युग (Paleolithic period)
(*b*) मध्यपाषाण युग (Mesolithic period)
(*c*) नवपाषाण युग (Neolithic period)
(*d*) अन्धकार युग (Dark age)

75. नाबार्ड का सम्बंध किसके विकास के साथ है?

(*a*) कृषि क्षेत्र और ग्रामीण इलाके
(*b*) भारी उद्योग
(*c*) बैंकिंग क्षेत्र
(*d*) स्थावर संपदा

76. ओजोन छिद्र (Ozone hole) का निर्माण सर्वाधिक है-

(*a*) अफ्रीका के ऊपर (*b*) यूरोप के ऊपर
(*c*) भारत के ऊपर (*d*) अंटार्कटिका के ऊपर

77. 'राष्ट्रीय वानिकीकरण और पारिस्थितिकी विकास बोर्ड' की स्थापना एवं गठन, देश में वानिकीकरण, वृक्षारोपण, पारिस्थितिकी संतुलन और पारिस्थितिकी विकास सम्बंधी गतिविधियों को बढ़ावा देने के लिये कब किया गया?

(*a*) अगस्त 1990 (*b*) अगस्त 1992
(*c*) अगस्त 1995 (*d*) अगस्त 2002

78. शारदा सहायक समादेश विकास परियोजना के मुख्य लक्ष्य निम्नलिखित में से क्या हैं? नीचे दिए गए कूट से सही उत्तर चुनिए-

1. कृषि उत्पादन बढ़ाना
2. बहुफसली खेती द्वारा भूमि प्रयोग के प्रारूप को बदलना
3. भू-प्रबन्धन का सुधार करना

कूटः
(*a*) केवल 1 (*b*) केवल 1 एवं 2
(*c*) केवल 2 और 3 (*d*) उपर्युक्त सभी तीनों

79. हरित सूचकांक (Green Index) किसके द्वारा विकसित किया गया था?

(*a*) विश्व बैंक का पर्यावरणीय एवं सामाजिक सुस्थिर विकास प्रयोग (World Bank's Environmentally and Socially Sustainable Development Division)
(*b*) संयुक्त राष्ट्र पर्यावरण कार्यक्रम (United Nations Environment Programme)
(*c*) संयुक्त राष्ट्र विकास कार्यक्रम (United Nations Development Programme)
(*d*) क्योटो प्रोटोकॉल (Kyoto Protocol)

80. निम्नलिखित संरचनाओं में से कौन-सी जल अपघटनीय प्रकिण्व अत्यंत प्रचुर मात्रा में पाये जाते हैं।

(*a*) गुणसूत्र (*b*) अन्तर्द्रव्यी जालिका
(*c*) लयनकाय (*d*) माइक्रोसोम

81. उद्यान एवं वानिकी विश्वविद्यालय स्थित है-

(*a*) कोयम्बटूर में (*b*) सोलन में
(*c*) पालमपुर में (*d*) पन्तनगर में

82. नैनोटेक्नॉलोजी उन पदार्थो से संम्बधित है जिनका आकार है-

(*a*) 10^{-3} मी तक (*b*) 10^{-6} मी तक
(*c*) 10^{-9} मी तक (*d*) 10^{-12} मी तक

83. पर्यावरणीय शिक्षा के "थ्री फोल्ड वर्गीकरण" को किसने प्रतिपादित किया-

(*a*) अर्नेस्ट हेकल (1970)
(*b*) न्यूमैन (1981)
(*c*) सलीम अली (1982)
(*d*) पीटर (1985)

84. निम्नलिखित में कौन-सी कृषि करने की प्रक्रिया पर्यावरण संरक्षण में सहायक है?

(*a*) जैविक (organic) खेती
(*b*) शिफ्टिंग खेती
(*c*) ग्लास हाउस में पौधे उगाना
(*d*) अधिक उपज वाली किस्म की खेती

85. सूची-I को सूची-II से सुमेलित कीजिए तथा नीचे दिये गये कूट से सही उत्तर चुनिए-

सूची-I (संस्थान)	सूची-II (स्थान)
(A) पोषण राष्ट्रीय संस्थान	1. पुणे
(B) भारत का वन्यजीव संस्थान	2. जयपुर
(C) आयुर्वेद का राष्ट्रीय संस्थान	3. देहरादून
(D) नेशनल इंस्टीट्यूट आफ नेचुरोपैथी	4. हैदराबाद

कूटः

	(A)	(B)	(C)	(D)
(*a*)	1	2	3	4
(*b*)	2	3	4	1
(*c*)	3	4	1	2
(*d*)	4	3	2	1

86. जी. बी. पंत हिमालयन पर्यावरण एवं विकास संस्थान (GBPIHED) कहाँ स्थित है?

(*a*) पंतनगर (उत्तराखंड) (*b*) देहरादून (उत्तराखंड)
(*c*) अल्मोड़ा (उत्तराखंड) (*d*) इनमें से कोई नहीं

87. प्रदूषण गुम्बद (Pollution Dome) हेतु निम्नलिखित कथनों में से कौन-एक सही है?

(*a*) प्रदूषण गुम्बद नगरों के ऊपर बनता है।
(*b*) प्रदूषण गुम्बद पर्वतों पर बनता हैं।
(*c*) प्रदूषण गुम्बद अंटार्कटिका पर बनता है।
(*d*) प्रदूषण गुम्बद महासागरों पर बनता है।

88. अंतर्राष्ट्रीय अम्ल वर्षा सूचना केन्द्र स्थापित किया गया है-

(*a*) बर्लिन में (*b*) ओस्लो में
(*c*) ओसाका में (*d*) मैनचेस्टर में

89. स्वचालित वाहनों में प्रदूषण नियंत्रण हेतु प्रयुक्त सी. एन. जी. में मुख्यतः उपस्थित है-

(*a*) CH_4 (*b*) CO_2
(*c*) N_2 (*d*) H_2

90. मच्छर-क्वाइल में प्रयोग होने वाला पाइरेथ्रिन प्राप्त होता है-

(*a*) एक बीजीय पौधे (Seed plant) से
(*b*) एक कीट (Insect) से
(*c*) एक जीवाणु (Bacterium) से
(*d*) एक कवक (Fungus) से

91. निम्नलिखित में से किसका पारिस्थितिकी संतुलन (Ecological Balance) से सम्बंध नहीं है?

(*a*) जल प्रबन्धन (*b*) वनरोपण
(*c*) औद्योगिक प्रबन्धन (*d*) वन्यजीव सुरक्षा

92. निम्नलिखित में से कौन-सा पर्यावरणीय संकट माना जाता है?

(*a*) बबूल (*b*) अमलतास
(*c*) नीम (*d*) यूकेलिप्टस

93. पृथ्वी पर प्राकृतिक रुप में पाया जाने वाला सर्वाधिक दुर्लभ तत्त्व कौन-सा है?

(*a*) स्वर्ण (*b*) ऐन्टीमनी
(*c*) जर्मेनियम (*d*) ऐस्टैटीन

94. वातानुकूलन यंत्र से किस कारण ठण्डक होती है?

(*a*) गैस को दबाने एवं मुक्त करने से
(*b*) जल को दबाने से
(*c*) जल के वाष्पीकरण (Evaporation) से
(*d*) ठोस को दबाने से

95. निम्नलिखित में से कौन-सी एक समस्या शहरी स्थानीय सरकार की सबसे महत्त्वपूर्ण समस्या है?

(*a*) गन्दी बस्तियाँ और पर्यावरणीय ह्रास (Environmental decay), सफाई, स्वास्थ्य और पीने के पानी का अभाव।
(*b*) शहरी लोगों में पारिवारिक सम्पर्क तथा सामाजिक सम्बद्धता (Social cohesion) की कमी
(*c*) विदेशों से आने वाले प्रवासी
(*d*) शहरी समुदाय में मानकों एवं मूल्यों (Norms and Values) का संघर्ष

96. निम्नलिखित में से किस दिन विश्व जल दिवस मनाया जाता है?

(*a*) 22 जनवरी (*b*) 22 मार्च
(*c*) 22 मई (*d*) 12 मार्च

97. फिरोमोन्स पाये जाते हैं-

(*a*) कीटों (Insects) में (*b*) सर्पो (Snakes) में
(*c*) पक्षियों (Birds) में (*d*) चमगादड़ (Bats) में

98. रेफ्रीजरेटर में खाद्य पदार्थ को ताजा रखने हेतु सर्वाधिक निरापद (safest) तापमान है-

(*a*) 4°C (*b*) 8°C
(*c*) 0°C (*d*) 10°C

99. विश्व का पहला ईको-कम्प्यूटर किस देश ने बनाया है?

(*a*) नीदरलैण्ड (*b*) न्यूजीलैण्ड
(*c*) आयरलैण्ड (*d*) स्विट्जरलैण्ड

100. जापान को 1953 में होने वाली मिनिमाटा व्याधि हुई थी, उन मछलियों को खाने से जो संक्रमित थी-

(*a*) निकिल द्वारा
(*b*) पारे द्वारा
(*c*) कैडमियम द्वारा
(*d*) सीसे द्वारा

उत्तरमाला

1	2	3	4	5	6	7	8	9	10
(*b*)	(*b*)	(*c*)	(*b*)	(*b*)	(*c*)	(*c*)	(*a*)	(*c*)	(*c*)
11	**12**	**13**	**14**	**15**	**16**	**17**	**18**	**19**	**20**
(*a*)	(*d*)	(*b*)	(*a*)	(*c*)	(*b*)	(*d*)	(*c*)	(*a*)	(*d*)
21	**22**	**23**	**24**	**25**	**26**	**27**	**28**	**29**	**30**
(*b*)	(*b*)	(*a*)	(*b*)	(*c*)	(*c*)	(*d*)	(*c*)	(*b*)	(*b*)
31	**32**	**33**	**34**	**35**	**36**	**37**	**38**	**39**	**40**
(*b*)	(*a*)	(*c*)	(*d*)	(*d*)	(*d*)	(*b*)	(*a*)	(*c*)	(*b*)
41	**42**	**43**	**44**	**45**	**46**	**47**	**48**	**49**	**50**
(*a*)	(*d*)	(*a*)	(*c*)	(*a*)	(*d*)	(*a*)	(*c*)	(*d*)	(*d*)
51	**52**	**53**	**54**	**55**	**56**	**57**	**58**	**59**	**60**
(*b*)	(*d*)	(*a*)	(*c*)	(*c*)	(*d*)	(*c*)	(*a*)	(*c*)	(*c*)
61	**62**	**63**	**64**	**65**	**66**	**67**	**68**	**69**	**70**
(*b*)	(*b*)	(*b*)	(*b*)	(*d*)	(*c*)	(*d*)	(*b*)	(*c*)	(*c*)
71	**72**	**73**	**74**	**75**	**76**	**77**	**78**	**79**	**80**
(*d*)	(*d*)	(*c*)	(*c*)	(*a*)	(*d*)	(*b*)	(*a*)	(*b*)	(*c*)
81	**82**	**83**	**84**	**85**	**86**	**87**	**88**	**89**	**90**
(*b*)	(*c*)	(*d*)	(*a*)	(*d*)	(*c*)	(*a*)	(*b*)	(*a*)	(*a*)
91	**92**	**93**	**94**	**95**	**96**	**97**	**98**	**99**	**100**
(*c*)	(*d*)	(*d*)	(*a*)	(*a*)	(*d*)	(*a*)	(*a*)	(*c*)	(*b*)

❑❑❑

CHAPTER 31

जैव-उर्वरक
BIOFERTILIZERS

- वे जीवधारी जो जैविक नाइट्रोजन स्थिरीकरण (Nitrogen fixation) करके, तथा अपनी जैविक क्रियाओं के द्वारा मृदा को पोषक प्रदान करते हैं जैव उर्वरक या खाद कहलाते हैं।
- जैविक नाइट्रोजन स्थिरीकरण के साथ-साथ ये जीव कुछ वृद्धि कारक पदार्थ स्रावित करते हैं जो कि पौधों की वृद्धि दर तथा उनके मूलतन्त्र की वृद्धि में सहायक होते हैं।
- बैक्टीरिया, सायनोबैक्टीरिया एवं कवक जैव उर्वरक के मुख्य स्रोत हैं। जैव उर्वरकों का अनुप्रयोग निम्नलिखित तालिका 31.1 में दिया गया है।
- उपरोक्त जीव मृदा में स्वतन्त्र अथवा सहजीवी (symbiont) के रूप में पौधों के साथ रहते हैं। ये जीव सहजीवी के रूप में पौधों से पोषक तत्वों का आदान–प्रदान करते हैं।
- जैव उर्वरक का पर्यावरण संरक्षण में विशेष योगदान होता हैं। क्योंकि जैव उर्वरक की उपलब्धता होने पर रसायन उर्वरकों की आवश्यकता नहीं पड़ती है, जिससे मृदा प्रदूषित नहीं होती है।

तालिका 31.1 जैव उर्वरकों के अनुप्रयोग
(Applications of Biofertilizers)

जैव उर्वरक	कार्य/योगदान	सीमा	निर्धारित मात्रा/हैक्टेयर
एजोटोबैक्टर (सहजीवी)	20-25kg N/ha	अधिक कार्बनिक पदार्थों की आवश्यकता, कोई सीमा नहीं	2kg/ha 2kg/ha
जूस्पाइरिलम	उत्पादन में 10-15% वृद्धि; वृद्धि कारक पदार्थो का उत्पादन	निमग्न धान के खेतों में प्रभावी तथा धूप आवश्यक	10-15kg/ha
सायनोबैक्टीरिया (प्रकाशसंश्लेषी)	20-30kgN/ha; उत्पादन में 10-15% वृद्धि; वृद्धि कारकों का उत्पाद		10 tons/ha
अजोला (सहजीवी)	30-100kgN/ha; उत्पादन में 20-25% वृद्धि;	उच्च ताप पर जीवन कठिन; निमग्न धान-खेतों में प्रभावी; फॉस्फोरस आवश्यक।	2kg/ha
फॉस्फोबैक्टीरिया	कैल्सियम, एल्युमिनियम तथा लोहे को घुलनशील बनाना, मृदा में उपस्थित फॉस्फोरस का फॉस्फेट यौगिकों में परिवर्तन।	कोई सीमा नहीं	

जैव उर्वरकों के प्रकार
(Types of Biofertilizers)

जैव उर्वरक मुख्य रूप से निम्नलिखित प्रकार के होते हैं–

(i) असहजीवी नाइट्रोजन यौगिकीकारक (Asymbiotic Nitrogen Fixers)
(ii) सहजीवी नाइट्रोजन यौगिकीकारक (Symbiotic Nitrogen Fixers)
(iii) माइकोराइजा (Mycorrhiza)
(iv) फास्फेट विलेयकारी (Phosphate Solubilizers) जैव उर्वरक
(v) कार्बनिक उर्वरक (Organic Fertilizers)
(vi) नील-हरित शैवाल (Blue Green Algae (BGA).

(i) असहजीवी नाइट्रोजन यौगिकीकारक (Asymbiotic N-Fixers)

एजोटोबैक्टर, एजोस्पाइरिलम, बेसिलस पोलीमिक्सा आदि (*Azotobacter, Azospirillum, Bacillus Polymixa etc.*) मृदा में स्वतंत्र रूप से पौधों के राइजोस्फीयर (Rhizosphere) में उपस्थित होते हैं तथा वायुमण्डलीय N को स्थिर कर पौधों को उपलब्ध कराते हैं।

N- यौगिकीकारक लगभग 25-40 किग्रा. नाइट्रोजन प्रति हेक्टेयर प्रति वर्ष नाइट्रोजन के यौगिकीकरण की क्षमता रखते हैं। नाइट्रोजन यौगिकीकारक जीवाणु नाइट्रोजन स्थिरीकरण के साथ-साथ अन्य वृद्धि कारक पदार्थों (growth promoting substances) जैसे जिबरैलिक अम्ल तथा इण्डोल ऐसीटिक अम्ल (IAA) आदि को भी स्रावित करते हैं। ये वृद्धिकारक मूल तन्ड के फलने-फूलने (Proliferation) व फसलों की सम्पूर्ण वृद्धि की दर को बढ़ाते हैं।

(ii) सहजीवी नाइट्रोजन यौगिकीकारक (Symbiotic N-Fixers)

राइजोबियम (Rhizobium) जीवाणु (ग्राम ऋणामत्क जीवाणु) लैग्युमिनोसी कुल के पौधों (जैसे दालें, मटर आदि) की जड़ों में सहजीवी के रूप में रहते हैं। ये वायुमंडलीय स्वतंत्र नाइट्रोजन का स्थिरीकरण करके विभिन्न यौगिकों का निर्माण कर उन्हें अपने पोषक (host) को उपलब्ध कराते हैं जो उनकी वृद्धि में सहायक होते हैं। साथ ही इन जीवाणुओं द्वारा निर्मित नाइट्रोजन के जटिल यौगिकों का एक बड़ा भाग मृदा में रह जाता है, जो मृदा की उर्वर क्षमता को बढ़ाता है जो अगली (Subsequent) फसल हेतु लाभदायी सिद्ध होता है।

प्राकृतिक रूप से उपस्थित इस सहजीवन के अतिरिक्त इन जीवाणुओं की विभिन्न प्रजातियों/प्रभेदों को नाइट्रोजन स्थिरीकरण हेतु विभिन्न पौधों में अन्तः क्षिप्त (inoculate) भी किया जाता है। अन्तः क्षेपण से पूर्व इन जीवाणुओं को निम्न जैव तकनीकों (Bioprocesses) द्वारा नाइट्रोजन स्थिरीकरण हेतु अधिक सक्षम बनाया जाता है।

- राइजोबियम के विभिन्न प्रभेदों को उनकी N-स्थिरीकरण क्षमता, विभिन्न परिस्थितियों (शुष्कता, ताप, मृदा की अधिक व कम pH) के लिए सहनशीलता आदि के आधार पर, पृथक (isolation) कर उनका प्रतिपादन तथा पौधों के अन्तःक्षेपण हेतु उपयोग में लाया जाता है।
- जैव तकनीकों द्वारा कम सक्षम जीवाणुओं में जैविक नाइट्रोजन स्थिरीकरण हेतु हप (hup) तथा नोड (nod) जीनों को रिकोम्बिनेन्ट DNA तकनीक द्वारा स्थापित कर उनकी क्षमता को बढ़ाया जाता है।

(iii) माइकोराइजा (Mycorrhiza)

कवकों का पौधों की जड़ों से सहजीवी सम्बद्धता को माइकोराइजा कहते हैं। इस सहजीवन में कवकों द्वारा मृदा में उपस्थित पोषक पदार्थो व खनिज लवणों का पोषक द्वारा कवक को पोषण उपलब्ध कराया जाता है। माइकोराइजा में रोग प्रतिरोधक क्षमता होती है तथा ये विभिन्न प्रकार के वृद्धि कारकों का भी स्रावण करते हैं।

एजोटोबेक्टर, ग्लोमस, बेइरिनेलिया, एस्पर्जिलस, एजोस्पाइरिलम आदि (*Azotobacter, Glomus, Beierineleia, Aspergillus, Azospirillum etc.*) कवकों के प्रभेदों का उपयोग विभिन्न नर्सरी पादपकों (seedlings) को अन्तः क्षिप्त (inoculate) करने में होता है।

माइकोराइजी कवक किसी भी फसली क्षेत्र की उत्पादकता में लगभग 30-40% तक की बढ़ोत्तरी करने में सक्षम होते हैं। माइकोराइजा पोषक पौधे (host plants) ताप, विभिन्न मृदा मूल जनित रोगों, तथा भारी धातुओं की विषाक्तता (heavy metals toxicity) के प्रति अधिक सहनशील होते हैं।

(*iv*) फास्फेट विलयकारी (Phosphate solubilizers)

जैव उर्वरक—मृदा में फॉस्फोरस अविलेय रूप में उपस्थित होता है। p-विलेयकारक मुख्यतः *बेसिलस* (*Bacillus*) *थायोबेसिलस* तथा *स्यूडोमोनास* (*Pseudomonas*) जातियों के होते हैं, जिनमें फॉस्फोरस के अविलेय रूपों को विलेय रूपों में परिवर्तित कर, पौधों को उपलब्ध कराने की क्षमता होती है। इन जीवाणुओं द्वारा विभिन्न कार्बनिक अम्लों व एन्जाइनों का स्रावण किया जाता है जो पौधों द्वारा फॉस्फोरस के स्वांगीकरण को बनाते हैं, साथ ही उनके द्वारा वृद्धि कारक पदार्थों का भी स्रवण किया जाता है, जो पौधों की वृद्धि में सहायक होते हैं। इससे लगभग 30 किग्रा./हेक्टेयर/वर्ष की मात्रा में फॉस्फोरस को घुलनशील बनाकर, पौधों को उपलब्ध कराया जाता है।

(*v*) कार्बनिक उर्वरक (Organic fertilizers)

फसल अवशेष, शहरी कचरा, सीवेज प्रवाह, जन्तुओं व मानवों द्वारा उत्सर्जी पदार्थ, तेल खल इत्यादि अपशिष्ट पदार्थों के पुनः चक्रण (Recycling) द्वारा कार्बनिक खाद का निर्माण किया जाता है जो कि फसली पादपों के लिये अत्यन्त लाभकारी होते हैं। 'समन्वित पोषण प्रबन्ध में जैव उर्वरकों की भूमिका' को भारत में बढ़ावा देने हेतु 1999 में एक 'राष्ट्रीय नेटवर्क प्रोजेक्ट' लागू किया गया। जिसकी अवधि तीन वर्ष थी तथा इसके अन्तर्गत पूरे देश में 17 केन्द्र स्थापित किये गये, जिनका मुख्य उद्देश्य देश के विभिन्न क्षेत्रों में फसलों की अधिकतम उत्पादकता प्राप्त करने के लिये जैव उर्वरक उपलब्ध कराना था तथा विभिन्न आण्विक तकनीकों का उपयोग कर सूक्ष्मजीवों का जीनोटाइपिक लक्षण ज्ञात कर उनकी पहचान व फसलों में विकास हेतु उनकी क्षमता ज्ञात करना भी इस प्रोजेक्ट में शामिल था। इस प्रोजेक्ट हेतु विभिन्न जैव उर्वरकों के पैकेज भी विकसित किये गये।

(*vi*) नील-हरित शैवाल (Blue Green Algae)

नील-हरित शैवाल जैसे नास्टाक, एनाबीना, प्लेक्टोनिमा, *आसीलेटोरिया* (*Nostoc*, *Anabaena*, *Plactonema*, *Oscillatoria*) आदि का उपयोग मुख्यतः धान की खेती में N स्थिरीकारक के रूप में किया जाता है। नाइट्रोजन के स्थिरीकरण के साथ-साथ ये शैवाल संहितायें (Algal mass) मृदा उर्वरता में वृद्धि करते हैं, तथ बंजर क्षारीय भूमि को पुनः उपजाऊ बनाते हैं। नील-हरित शैवालों को अजोला (Azolla-Aquatic Fern) के साथ अंतः क्षिप्त करने पर ये प्रभावी पाये गये।

तालिका 31.2 कृषि में प्रयुक्त/होने वाले प्रारम्भिक जैव उर्वरक तथा जीव क्रियाविधि

जीव	कार्य विधि	फसलें
राइजोबियम	N_2- स्थिरीकरण	दलहनें
सायनोबैक्टीरिया	N_2- स्थिरीकरण	धान
एजोस्पाइरिलम	N_2- स्थिरीकरण	अन्न
माइकोराइजा	पोषक पदार्थों का अधिग्रहण	कोनिफर
पेनिसिलियम बिलाई	फॉस्फेट विलेयकरण	अन्न, दलहनें
कार्बनिक खाद	मृदा उर्वरता	सभी पौधे
केंचुआ	ह्यूमस निर्माण	सब्जियां तथा पुष्पी पादप

बहुविकल्पीय प्रश्न

1. निम्नलिखित में से कौन–सी हरी खाद है?
(*a*) *सीसबानिया* (*b*) मक्का
(*c*) *चावल* (*d*) ज्वार

2. राइबोजियम द्वारा नाइट्रोजन स्थिरीकरण बढ़ जाता है, उपस्थिति में–
(*a*) नाइट्रोजन की (*b*) फॉस्फोरस की
(*c*) पोटेशियम की (*d*) इन सभी की

3. खादों के प्रकार है–
(*a*) हरे तथा गोबर की खाद
(*b*) हरे तथा संयुक्त खाद
(*c*) गोबर तथा संयुक्त खाद
(*d*) गोबर, संयुक्त एवं हरी खाद

4. मक्का की जड़ों से सहयोजित नाइट्रोजन स्थिरीकरण जीवाणुओं का सम्बन्ध होता है, वंश (Genus) –
(*a*) *ऑलोसिरा* से (*b*) *एजोटोबैक्टर* से
(*c*) *क्लोस्ट्रीडियम* से (*d*) *एजोस्पाइरीलम* से

5. निम्नलिखित में से कौन-सा भारत में सामान्यतया हरी खाद बनाने के काम में लाया जाता है?
(*a*) लेण्टिल (*b*) काउ पी
(*c*) पटसन (*d*) उपरोक्त सभी

6. माइकोराइजी अपनी निम्न क्षमता के कारण ही पौधों के लिये उपयोगी है–
(*a*) वायुमण्डलीय नाइट्रोजन यौगिकीकरण
(*b*) मृदा से पोषकों का अधिक अवशोषण
(*c*) कीट व रोगजनकों का वध करना
(*d*) अजैव प्रतिबलों के विरुद्ध प्रतिरोध प्रदान करना

7. माइकोराइजा क्या होता है?
(*a*) पौधों की जड़ों तथा कुछ कवकों का एक सहजीवी साहचर्य
(*b*) शैवालों तथा कवकों के बीच का साहचर्य
(*c*) एक कवक जो उच्चतर पौधों के जड़ तन्त्र पर परजीवी होता है
(*d*) राइजोबियम तथा फलीदार पौधों की जड़ों के बीच का साहचर्य

8. कृषकों ने निम्नलिखित में से किस जैव उर्वरक (Biofertilizers) की सहायता से चावल की लगभग 50 प्रतिशत अधिक उपज देने वाली जातियाँ उत्पन्न की है–
(*a*) माइकोराइजा
(*b*) एजोला पिन्नेटा
(*c*) सायनो बैक्टीरिया
(*d*) लेग्यूम राइजोबियम सहजीविता

9. ऐजोला पिन्नेटा किसके लिये एक उत्कृष्ट जैव उर्वरक है–
(*a*) मूँगफली (*b*) गेहूँ
(*c*) चावल (*d*) गन्ना

10. हम कृषि में नील हरित शैवाल का क्यों प्रयोग करते हैं–
(*a*) मृदा की क्षारीयता बढ़ाने के लिये
(*b*) मृदा की अम्लीयता बढ़ाने के लिये
(*c*) मृदा की क्षारीयता को समाप्त करने के लिये
(*d*) उपरोक्त में से कोई नहीं

11. निम्न में से कौन फॉस्फेट के पोषण में मुख्य भूमिका निभाता है?
(*a*) लेग्यूमस
(*b*) वी. ए. एम. (VAM)
(*c*) सायनोबैक्टीरिया
(*d*) जीवाणु के द्वारा नाइट्रोजन स्थिरीकरण

12. भोजन उत्पादन में बढ़ोत्तरी का कारण है–
(*a*) फसल सुधार
(*b*) उर्वरकों का प्रयोग
(*c*) पेस्ट (पीड़कों) का नियन्त्रण
(*d*) उपरोक्त सभी

13. एक को छोड़कर जैव उर्वरक निम्न सभी को दर्शाते हैं वह है–
(*a*) यह सस्ते हैं
(*b*) यह पर्यावरण में कोई विपरीत प्रभाव [illegible]न्न करते हैं

(*c*) यह जल प्रस्फुटन उत्पन्न करते हैं तथा यूट्रोफिकेशन दर्शाते हैं
(*d*) यह रासायनिक उर्वरक लाने पर राष्ट्र का खर्चा कम करते हैं

14. निम्न में से कौन हरी खाद की तरह प्रयोग नहीं होता है–
(*a*) चना (*b*) सेम
(*c*) घास (*d*) मसूर

15. निम्न में से कौन कवक माइकोराइजल सहयोजन का लाभ नहीं है–
(*a*) यह जल तथा खनिजों के अवशोषण को बढ़ाते हैं
(*b*) जटिल कार्बनिक पदार्थो को सरल पदार्थो में बदल कर आसानी से प्राप्य है
(*c*) यह पादप जड़ तथा मृदा के बीच स्थान को बढ़ाते हैं
(*d*) कवक तन्तुओं की सतह पर अवशोषित जल की मात्रा को बढ़ाते हैं

16. फसलों के लिये सबसे अधिक किसकी आवश्यकता होती है–
(*a*) जस्ते की (*b*) लोहे की
(*c*) कम्पोस्ट खाद की (*d*) नाइट्रोजन की

17. फसल अवशिष्टों के विघटन के लिए किसे मिट्टी में मिलाया जा सकता है–
(*a*) कवक (*b*) शैवाल
(*c*) मॉस (*d*) कवक व जीवाणु

18. एजोला पौधे में कौन-सा सहजीवी रहता है–
(*a*) एजेटोबैक्टर (*b*) नॉस्टोक
(*c*) एनाबीना (*d*) राइजोबियम

19. N_2 स्थिरीकरण जीवाणु मिलते हैं, मूल ग्रन्थिकाओं में–
(*a*) चने की (*b*) कपास की
(*c*) गेहूँ की (*d*) सरसों की

20. एक N_2 स्थिरीकरण जीवाणु जो फसलों की जड़ों में ढ़ीला सहयोजन बनाते हैं–
(*a*) *क्लास्ट्रिडियम* (*b*) *एजेटोबैक्टर*
(*c*) *एजोस्पाइरिलम* (*d*) *बैसिलस पॉलिमिक्सा*

21. उर्वरक जो मृदा में मिलायी जाती है, प्रदूषित करते हैं–
(*a*) जल को
(*b*) मृदा को
(*c*) जल तथा मृदा दोनों को
(*d*) मृदा, जल तथा वायुमण्डल को

22. वह जैव उर्वरक जो लेग्यूम पादपों की जड़ों में पाया जाता है–
(*a*) राइजोबियम (*b*) एनाबिना
(*c*) एजोस्पाइरिलम (*d*) उपरोक्त सभी

23. स्पर्मक्टाई (स्पर्म ह्वेल तेल) की तरह द्रवीय मोम प्राप्त होता है–
(*a*) जोजोबा (*Simmondsia chinensis*)
(*a*) पक्षयुक्त सेम (*Psophocarpus tetragonolobass*)
(*c*) ल्यूसीना (*Leucaena leucocephala*)
(*d*) ग्यायूल (*Parthenuim argentatum*)

24. एक तेजी से बढ़नें वाला मध्य अमेरिकावासी वृक्ष है–
(*a*) सपक्ष सेम (*b*) ग्आयूल
(*c*) ल्यूसीना (*d*) उपरोक्त में से कोई नहीं

25. ल्यूसीना को प्रयोग करते है–
(*a*) तरल मोम प्राप्त करने के लिए
(*b*) प्रोटीन प्राप्त करने के लिए
(*c*) ईंधनों को प्राप्त करने के लिए
(*d*) उपरोक्त सभी

26. सूखा प्रतिरोधी एक मरुस्थलीय झाड़ी है–
(*a*) ट्रिटिकेल (*b*) जोजोबा
(*c*) पक्षयुक्त सेम (*d*) उपरोक्त में से कोई नहीं

27. रबड़ उत्पादन के लिये अच्छा स्रोत हो सकता है–
(*a*) ग्आयूल (*Parthenium argentuam*)
(*b*) सुबबूल (*Leucaena leucocephala*)
(*c*) मसूर (*Lens esculentus*)
(*d*) उपरोक्त में से कोई नहीं

28. निम्न में से कौन मिट्टी की उर्वरता क्षीण नहीं करता है–
(*a*) रासायनिक खाद (*b*) कीटनाशी
(*c*) जैव खाद (*d*) उपरोक्त सभी

29. निम्न में जैव उर्वरक कौन है–
(*a*) हरी खाद
(*b*) फार्मयाई खाद में राइजोबिया
(*c*) लेग्यूम जड़ों में राइजोबिया
(*d*) NPK मिक्सचर

30. एक्टोमाइकोराइजा प्रायः पाया जाता है–
(*a*) पाइनस में (*b*) क्यूरकस में
(*c*) रोडोडेन्ड्रोन में (*d*) उपरोक्त सभी में

31. चारकोल प्राप्य किया जाता है–
(*a*) रेंडी (Castor)
(*b*) अरहर (Red Gram)
(*c*) सुबबूल (Subabul)
(*d*) उपरोक्त सभी

32. जोजोबा से प्राप्त होने वाला तेल किसके बदले प्रयोग किया जाता है–
(*a*) सरसों के तेल (*b*) नारियल का तेल
(*c*) स्पर्म व्हेल तेल (*d*) तिल का तेल

33. नई फसल है–
(*a*) ट्रिटिकेल (*b*) राई
(*c*) गेहूँ (*d*) पक्षयुक्त सेम

34. हरी खाद के लिए सर्वोत्तम फसल है–
(*a*) मक्का (*b*) ज्वार
(*c*) अरहर (*d*) सनई

35. चावल के लिए सर्वश्रेष्ठ जीव उर्वरक होता है–
(*a*) *राइजोबियम मेलीलोटाई*
(*b*) *एजोला पिन्नेटा*
(*c*) *बेसिलस पौलीमिक्सा*
(*d*) *बेसिलस मेगाथीरियम*

36. एक्टोमाइकोराइजा N, P, K, Ca का अवशोषण एवं संग्रह करता है–
(*a*) मूलरोमों में
(*b*) कवकीय आवरण में
(*c*) पोषद (Host) की बाह्य त्वचा में
(*d*) पोषक की वल्कुट में

37. *एजोला* की पत्तियों में उपस्थित नाइट्रोजन स्थिरीकारी जीवध ारी होता है–
(*a*) *एनाबीना* (*b*) *एजोस्पाइरीलम*
(*c*) *ऑलोसिरा* (*d*) *नोस्टोक*

38. कम्पोस्ट खाद (Farmyard Manure) होते हैं–
(*a*) सड़ी गली सब्जियाँ एवं जन्तु त्याज्य
(*b*) पशुओं का गोबर तथा फसलों के अवशेष
(*c*) (*a*) तथा (*b*) दोनों
(*d*) इनमें से कोई नहीं

39. निम्नलिखित में से कौन-सा जीव प्रकाश संश्लेषण करके नाइट्रोजन स्थिरीकरण के लिए ऊर्जा उत्पन्न करता है?
(*a*) *राइजोबियम* (*b*) *एनाबीना*
(*c*) *बेसिलस* (*d*) *एजोटोबैक्टर*

40. हरी खाद बनाने के लिए प्रयुक्त पौधा होता है–
(*a*) बरसीम (*b*) सरसों
(*c*) गेहूँ (*d*) मक्का

41. माइकोराइजा एक सहजीवी सहयोजन है–
(*a*) शैवाल तथा कवकों का
(*b*) जीवाणुओं तथा कवकों का
(*c*) कवकों तथा उच्च पादपों की जड़ों का
(*d*) नील-हरित शैवालों तथा उच्च पादपों की जड़ों का

42. जैव उर्वरकों में सम्मिलित होते हैं–
(*a*) नाइट्रोजन यौगिकीकारी नील हरित जीवाणु
(*b*) नाइट्रोजन यौगिकीकारी जीवाणु
(*c*) जीवाणु तथा नीलहरित जीवाणु दोनों
(*d*) जीवाणु, नील हरित जीवाणु एवं माइकोराइजल कवक

43. एक जलीय फर्न जो चावल के खेत के लिये जैव उर्वरक की तरह प्रयोग किया जाता है–
(*a*) *एजोला* (*b*) *सल्विनिया*
(*c*) *मारसिलिया* (*d*) *ड्रायोप्टोरिस*

44. वह रासायनिक खाद जो राइजोबियम के द्वारा N_2 स्थिरीकरण के लिये अच्छी है–
(*a*) पोटेशियम (*b*) सोड़ियम
(*c*) कैल्शियम (*d*) फॉस्फोरस

45. हरी खाद है–
(*a*) चावल (*b*) मक्का
(*c*) सेस्बेनिया (*d*) ज्वार

46. वेसिकुलर आर्बसकुलर माइकोराइजा (VAM) जरुरी हैं–
(*a*) पौधों में फॉस्फेट पोषण के लिये
(*b*) पौधों में नाइट्रेट पोषण के लिये
(*c*) पौधों में सल्फेट पोषण के लिये
(*d*) पौधों में कार्बोनेट पोषण के लिये

47. ऐसा जैविक उत्पत्ति का पदार्थ जिसे मृदा की उर्वरता बढ़ाने तथा नियंत्रित करने के लिये प्रयोग किया जाता है–
(*a*) जैव पीड़कनाशी (*b*) जैव पोषक
(*c*) हरी खाद (*d*) उर्वरक

48. बी. जी. ए. मुख्यतः फसलों में उर्वरक की तरह प्रयोग की जाती है–

(*a*) गेहूँ की (*b*) चने की

(*c*) धान की (*d*) सरसों की

49. संयुक्त खाद बनती हैं–

(*a*) फार्म के त्याज्य तथा घरेलू त्याज्यों से

(*b*) सड़ी-गली सब्जियों एवं जन्तुओं के त्याज्यों से

(*c*) उन कार्बनिक अपशिष्टों से जिनसे बायोगैस निकाली जाती है

(*d*) फार्मयार्ड खाद तथा हरी खाद से

50. पौधे को खाद प्रदान करती हैं–

(*a*) पोटेशियम (*b*) फास्फोरस

(*c*) नाइट्रोजन (*d*) सभी पोषक

उत्तरमाला

1	2	3	4	5	6	7	8	9	10
(*a*)	(*b*)	(*d*)	(*d*)	(*d*)	(*b*)	(*a*)	(*b*)	(*c*)	(*c*)
11	**12**	**13**	**14**	**15**	**16**	**17**	**18**	**19**	**20**
(*b*)	(*d*)	(*c*)	(*c*)	(*d*)	(*d*)	(*d*)	(*c*)	(*a*)	(*c*)
21	**22**	**23**	**24**	**25**	**26**	**27**	**28**	**29**	**30**
(*d*)	(*a*)	(*a*)	(*c*)	(*c*)	(*b*)	(*a*)	(*d*)	(*d*)	(*a*)
31	**32**	**33**	**34**	**35**	**36**	**37**	**38**	**39**	**40**
(*c*)	(*c*)	(*d*)	(*d*)	(*b*)	(*b*)	(*a*)	(*b*)	(*b*)	(*a*)
41	**42**	**43**	**44**	**45**	**46**	**47**	**48**	**49**	**50**
(*c*)	(*d*)	(*a*)	(*d*)	(*c*)	(*a*)	(*c*)	(*c*)	(*b*)	(*d*)

❑❑❑

CHAPTER 32

फसलों का सुधार एवं जीन संरक्षण
CROPS IMPROVEMENTS AND CONSERVATION OF GENE

- फसलों के जीनप्ररूप (Genotype) में मानव के लिये उपयोगी परिवर्तन करने की क्रिया को पादप प्रजनन कहते हैं।
- **जननद्रव्यः** किसी प्रजाति (species) के संपूर्ण आनुवंशिक पदार्थ (Genetic Material) या जीनों के समूह को उस प्रजाति का जननद्रव्य कहते हैं।
- भारत में जननद्रव्य के संग्रहण एवं अनुरक्षण का कार्य "राष्ट्रीय पादप आनुवांशिकी संसाधन ब्यूरों (National Bureau of Plant Genetic Resources) नई दिल्ली करता हैं।

तालिका 32.1 पादप प्रजनन का इतिहास

क्रमांक	वर्ष	विवरण
1.	1717	फेयर चाइल्ड (Fair Child) ने सर्वप्रथम कृत्रिम संकर (Artificial hybrid) प्राप्त किया।
2.	1760-66	जर्मन वैज्ञानिक कोल्रूयटर (Koelreuter) ने तम्बाकू में संकरण के प्रभावों का विशद अध्ययन किया।
3.	–	नाइट (Knight) ने सर्वप्रथम संकरण द्वारा फलों की कई नई किस्मों का विकास किया।
4.	1840	ले कूटियर (LeCouteur) तथा शिरेफ (Shireff) ने एकल पादप वरण (Single plant selection) एवं संतति परीक्षण (Progeny test) विधियों से धान्यों (Cereals) की नई किस्मों का विकास किया।
5.	1856	विल्मोरिन (Vilmorin) ने संतति परीक्षण को और अधिक विकसित किया और इसके द्वारा उन्होंने चुकन्दर के शर्करा अंश में सुधार किया।
6.	1856	मेंडल (Mendal) ने वंशागति (Inheritance) के नियमों का प्रतिपादन किया। इन नियमों की सन् 1900 में पुनः खोज हुई।
7.	1903	जौहेन्सन (Johannsen) ने 'शुद्ध वंश क्रम सिद्धान्त' (Pure line theory) का प्रतिपादन किया।

तालिका 32.2 भारत में पादप प्रजनन का इतिहास

क्रमांक	वर्ष	विवरण
1.	1871	भारत सरकार के कृषि विभाग की स्थापना।
2.	1905	पूसा (बिहार) में इम्पीरियल कृषि अनुसंधान संस्थान (Imperial Agricultural Research Institute) की स्थापना हुई। यह भारत का पहला कृषि अनुसधान संस्थान था। सन् 1934 में भूकम्प से ग्रस्त होने के कारण् सन् 1936 में इसे दिल्ली स्थानान्तरित कर दिया गया। सन् 1947 में इस संस्थान का नाम बदलकर भारतीय कृषि अनुसंधान संस्थान (Indian Agricultural Research Institute) कर दिया गया।
3.	1929	इम्पीरियल कृषि अनुसंधान परिषद् (Imperial Council of Agricultural Research) की स्थापना हुई। सन् 1946 में इसका नाम बदलकर भारतीय कृषि अनुसंधान परिषद् (Indian Council of Agricultural Research) कर दिया गया।

क्रमांक	वर्ष	विवरण
4.	1921	भारतीय केन्द्रीय कपास कमेटी की (Indian Central Cotton Committee) की स्थापना।
5.	1956	कुछ फसलों पर गहन अनुसंधान करने के लिये 'PIRRCOM' (Project for Intestification of Regional Research on Cotton, Oilseeds and Millets) का शुभारम्भ।
6.	1957	अखिल भारतीय समन्वित मक्का सुधार परियोजना (All India Coordinated Maize Improvement Programme) का शुभारम्भ। यह भारत की सबसे पहली समन्वित परियोजना थी। इस परियोजना के अन्तर्गत विकसित उन्नतशील संकर किस्मों का विमोचन 1962 में किया गया।
7.	1960	भारत के प्रथम कृषि विश्वविद्यालय 'उत्तर प्रदेश कृषि विश्वविद्यालय' पन्तनगर की स्थापना। अब इसका नाम 'गोविन्द बल्लभ पन्त कृषि एवं प्रौद्योगिक विश्वविद्यालय' है।

भारत में पादप प्रजनन की महत्त्वपूर्ण उपलब्धियाँ

(*i*) **गेहूँ की बौनी किस्में (Dwarf varieties of wheat):** सन् 1960 से पहले गेहूँ की लम्बी किस्में प्रचलित थीं। गेहूँ व धान की बौनी किस्मों के कारण ही 'हरित क्रांति' (Green revolution) सम्भव हो सकी। गेहूँ की बौनी किस्मों का विकास नार्मन ई. बोरलॉग (नोबेल पुरस्कार प्राप्तकर्ता) व उनके सहयोगियों द्वारा मैक्सिकों स्थित सिमट (CIMMYT, अंतर्राष्ट्रीय गेहूँ व मक्का सुधार केन्द्र) में किया गया। आपने जापानी किस्म नारिन 10 से बौनेपन के जीन लिये। भारतीय कृषि अनुसंधान परिषद् ने सन् 1963 में इनके द्वारा विकसित कुछ बौने विभेदों (strains) का भारत में पुनर्स्थापन (Introduction) किया। इन्हीं किस्मों में से कल्याण सोना व सोनालिका का वरण किया गया। गेहूँ की ये दोनों किस्में सातवें दशक में भारत में गेहूँ की सर्वाधिक लोकप्रिय किस्में थी।

(*ii*) **धान की बौनी किस्में (Dwarf varieties of rice):** धान की बौनी किस्मों का विकास (*Oryza sativa varjaponica*) की जल्दी पकने वाली किस्म Dee-geo-woo-gen के बौनेपन के जीनों के उपयोग से हुई। ताइवान में विकसित'ताइचुंगनेटिव-1' तथा फिलीपाइन्स (मनीला) स्थित 'अन्तर्राष्ट्रीय धान अनुसंधान संस्थान' में विकसित IR-8 का सन् 1966 में भारत में पुनर्स्थापन किया गया।

(*iii*) **गन्ने का नोबुलीकरण (Nobalisation of sugarcane):** गन्ने का नोबुलीकरण भारतीय पादप प्रजनकों की एक महान उपलब्धि है। भारत में पायी जाने वाली गन्ना प्रजाति (*Saccharum barberi*) रोग एवं कीट प्रतिरोधी तथा भारतीय जलवायु में अनुकूलित होती है। इसके विपरीत उष्ण कटिबन्धीय नोबुल गन्ना (Tropical noble cane) अधिक उपज तथा अधिक शर्करा अंश वाला होता है, परन्तु यह रोग कटिग्राही (Insect susceptible) तथा भारतीय जलवायु में अनुकूलित नहीं होता है।

कोयम्बटूर में बार्बर एवं वेंकटरमन नामक वैज्ञानिकों ने नोबुल गन्ने का संकरण *S. barberi, S.spontaneum* तथा *S. robustum* से किया। इन संकरणों के परिणामस्वरूप ऐसी किस्में विकसित की गयीं जो अधिक उपज, शर्करा अंश, रोग एवं कीट प्रतिरोधी तथा भारतीय जलवायु में अनुकूलित हैं। इस प्रकार विकसित किस्मों को नोबुलीकृत किस्में (Nobalised varieties) कहा जाता है। ये किस्में नोबुल गन्ने से औसतन 40 प्रतिशत अधिक उपज देती हैं। आज भारत में उगाई जाने वाली गन्ने की सभी संस्तुत (Recommended) किस्में नोबुलीकृत हैं।

जनन विधियाँ
(Modes of Reproduction)

किसी जीव की संततियों (Progeny) के उत्पन्न होने की विधि को जनन विधि कहते हैं। जनन मुख्यतः दो प्रकार का होता है:

1. अलैंगिक जनन (Asexual reproduction)
2. लैंगिक जनन (Sexual reproduction)

1. अलैंगिक जननः जब संततियों की उत्पत्ति नर एवं मादा युग्मकों (Gametes) के संयोग (Union) या निषेचन (Fertilization) के बिना होती हैं, तो उसे अलैंगिक जनन कहते हैं। अलैंगिक जनन मुख्यतया तीन प्रकार का होता है:

(*i*) कायिक जनन (Vegetative reproduction)

(*ii*) असंग जनन (Apomixis)

(*iii*) अनिषेक जनन (Parthenogenesis)

(*i*) **कायिक जननः** जब नये पौधे, जनक पौधों के बीज या भ्रूण के अतिरिक्त किसी अन्य भाग से उत्पन्न होते हैं तो उसे कायिक जनन कहते हैं।

(*ii*) **असंग जननः** असंग जनन में भ्रूण (Embryo) एवं बीज का विकास निषेचन के बिना होता है। अतः ऐसे पौधों के भ्रूणों से उत्पन्न पौधों का जीन प्ररूप (Genotype) जनक पौधों के समान होता है।

(*iii*) **अनिषेक जनन** (Parthenogenesis): अंड कोशिका (Egg cell) का भ्रूणकोष (Embryo sac) में बिना निषेचन के भ्रूण में परिवर्धित होने को अनिषेक जनन कहते हैं।

2. **लैंगिक जनन (Sexual reproduction):** इसमें नर एवं मादा युग्मकों के संयोग से जाइगोट (Zygote) की उत्पत्ति होती है जो कि भ्रूण में परिवर्धित होता है। फसलों में नर एवं मादा युग्मकों की उत्पत्ति एक विशिष्ट संरचना–पुष्प– में होती है। नर युग्मक पुष्प के पुंकेसर (Stamens) में उत्पन्न होते हैं, जबकि मादा युग्मक स्त्रीकेसर (Pistil) में उत्पन्न होते हैं।

पुष्पों को दो वर्गों में वर्गीकृत किया जा सकता हैः

(*i*) **उभयलिंगी (Hermaphrodite):** जब एक ही पुष्प में स्त्रीकेसर तथा पुंकेसर दोनों उपस्थित होते हैं, ऐसे पुष्पों को उभयलिंगी कहते हैं।

उदाहरणः जौ, गेहूँ, धान, सरसों, तिल, अलसी, दलहन आदि के पुष्प।

(*ii*) **एकलिंगी (Unisexual):** जब एक पुष्प में या तो स्त्रीकेसर होता है या पुंकेसर होता है, ऐसे पुष्पों को एकलिंगी कहते हैं।

जिन पुष्पों में केवल स्त्रीकेसर होता है, उन्हें स्त्रीकेसरी (Pistillates) कहते हैं।

जिन पुष्पों में केवल पुंकेसर होता है, उन पुष्पों को पुंकेसरी (Staminates) कहते हैं।

जब स्त्रीकेसरी व पुंकेसरी पुष्प एक ही पौधे पर पाये जाते हैं, तो इस स्थिति को उभयलिंगाश्रयी (Monoecious) कहते हैं।

उदाहरणः नारियल, अरण्डी, मक्का, आम, अंगूर, ककड़ी, खीरा, लौकी आदि।

जब स्त्रीकेसरी व पुंकेसरी पुष्प अलग-अलग पौधों पर पाये जाते हैं तो इस स्थिति को 'एकलिंगाश्रयी (Dioecious) कहते हैं।

उदाहरणः पपीता, खजूर, पिस्ता, भाँग आदि।

परागण (Pollination)

परागकोश (Anther) से परागकणों के वर्तिकाग्र (Stigma) पर पहुँचने की क्रिया परागण कहलाती है।

परागण दो प्रकार का होता हैः

(*i*) स्वपरागण (Self-pollination or autogamy)

(*ii*) परपरागण (Cross-pollination or allogamy)

(*i*) **स्वपरागणः** जब किसी पुष्प के परागकोश में उत्पन्न पराग कण उसी पुष्प (या उसी पौधे पर स्थित किसी अन्य पुष्प) के वर्तिकाग्र पर पहुँचते हैं, तो उसे स्वपरागण या स्वनिषेचन कहते हैं।

(*ii*) **परपरागणः** जब किसी पुष्प के परागकोश में उत्पन्न परागकण, अन्य पौधों पर उत्पन्न पुष्पों के वर्तिकाग्र पर पहुँचते हैं उसे परपरागण या परिनिषेचन कहते हैं।

निषेचन (Fertilization)

लघु बीजाणु (Microspore) द्वारा उत्पन्न दो में से एक पुंमणु (Sperm) के भ्रूणकोष (Embryo sac) में उपस्थित अंडकोशिका (Egg cell) से संयोग को निषेचन कहते हैं। निषेचन से जाइगोट की उत्पत्ति होती है, जिसके परिवर्धन से भ्रूण बनता है। दूसरे पुंमणु के भ्रूणकोष के द्वितीयक केन्द्रक से संयोग को त्रिसंलयन (Triple fusion) कहते हैं। त्रिसंलयन से प्राथमिक भ्रूणपोष केन्द्रक का जन्म होता है, जिसके विभाजन से भ्रूणपोष (Endosperm) बनता है। भ्रूणपोष का मुख्य कार्य विकसित हो रहे भ्रूण का पोषण करना होता है।

पुष्पन (Anthesis)

किसी फूल के पहली बार खुलने या खिलने को पुष्पन कहते हैं।

परागण विधियाँ (Modes of Pollination)

(*i*) स्वपरागित फसलें (Self-pollinated crops)

(*ii*) परपरागित फसलें (Cross-pollinated crops)

(*iii*) बहुधा परपरागित फसलें (Often cross-pollinated crops)

(*i*) **स्वपरागित फसलें:** जिन फसलों में स्वपरागण होता है, उन्हें स्वपरागित फसलें कहते हैं। इन फसलों में 95 प्रतिशत से अधिक स्वपरागण होता है तथा परपरागण की मात्रा 5 प्रतिशत से कम होती है। पौधों में स्वपरागण को बढ़ावा देने वाले कई साधन हैं:

(A) निमीलत परागण (Cleistogamy): जौ, जई, गेहूँ आदि की कुछ किस्मों में पुष्प खुलते ही नहीं, अर्थात् इनमें पुष्पन नहीं होता। परिणामस्वरूप इनमें परपरागण नहीं हो पाता।

(B) कुछ फसलों में वर्तिकाग्र व परागकोश दो दलों (Petals) से मिलकर बने कूटक (Keel) से घिरे रहते हैं, परिणामस्वरूप इनमें परपरागण नहीं हो पाता।

उदाहरण: गेहूँ, जौ, धान, जई, रागी, मटर, मूँगफली, चना, मूँग, उड़द, लोबिया, सोयाबीन, मसूर, राजमा, जूट, टमाटर, भिण्डी, बैंगन, मिर्च, आलू, तिल, अलसी इत्यादि।

(*ii*) **परपरागित फसलें:** पर-परागण वायु, जल या कीटों के माध्यम से हो सकता है। अधिकांश परपरागित फसलों में 5-10 प्रतिशत तक स्वपरागण भी होता है।

पौधों में परपरागण को बढ़ावा देने वाले कई साधन हैं:

(A) एकलिंगता (Unisexuality): जिन फसलों में पुष्प एकलिंगी (Unisexual) होते हैं, उनमें इस स्थिति के कारण परपरागण होता है।

(B) भिन्न कालपक्वता (Dichogamy): कुछ पौधों में परागकण (Pollen grains) तथा वर्तिकाग्र एक साथ परिपक्व तथा ग्राही नहीं होते हैं। इसे भिन्न कालपक्वता कहते हैं। यह दो प्रकार की होती है:

(*a*) **पुंपूर्वता (Protandry):** परागकण परिपक्व हो, लेकिन वर्तिकाग्र ग्राही (Receptive) नहीं होती है। उदाहरण: मक्का, चुकन्दर।

(*b*) **स्त्रीपूर्वता (Protogyny):** परागकण के परिपक्व होने से पहले, वर्तिकाग्र ग्राही हो जाती है। उदाहरण: बाजरा।

इन परिस्थितियों में परपरागण होता है।

उदाहरण: मक्का, बाजरा, सूरजमुखी, अरण्डी, लूसर्न, गन्ना, आलू के कुछ विभेद, गाजर, फूलगोभी, पातगोभी।

(*iii*) **बहुधा परपरागित फसलें:** कुछ फसलों में परपरागण 5 प्रतिशत से अधिक होता है और कभी-कभी यह 50 प्रतिशत तक भी हो सकता है।

उदाहरण: ज्वार, कपास, जूट, तम्बाकू, अरहर, राई, पीली सरसों, कुसुम।

जननद्रव्य संग्रहण (Germplasm Collection)

किसी प्रजाति (Species) के संपूर्ण आनुवांशिक पदार्थ (Genetic material) या जीनों के समूह को उस प्रजाति का जनन द्रव्य कहते हैं। किसी भी फसल एवं उसके जंगली प्रजातियों की उपलब्ध सारी किस्मों, विभेदों (Strains), तथा जीन प्रारूपों (Genotype) के संग्रह को, उस फसल का जनन द्रव्य संग्रहण या जीन बैंक (Gene bank) कहते हैं।

भारत में जनन द्रव्य के संग्रहण एवं अनुरक्षण (Maintenance) का कार्य 'राष्ट्रीय पादप अनुवांशिकी संसाधन ब्यूरो' (National Bureau of Plant Genetic Resources-NBPGR), नई दिल्ली करता है। कुछ मुख्य फसलों के जननद्रव्य निम्न स्थानों पर सुरक्षित हैं:

धान-कटक, तम्बाकू-राजमुन्द्री, मुँगफली-जूनागढ़, कपास-नागपुर, आलू-शिमला। साधारणतया फसलों के जनन द्रव्य उन फसलों से संबंधित केन्द्रीय फसल अनुसंधान संस्थान में अनुरक्षित रहते हैं।

तालिका 32.3 केन्द्रीय फसल अनुसंधान संस्थान (Central Crop Research Institute)

	संस्थान का नाम	संक्षिप्त रूप	स्थापना वर्ष	स्थान
1.	Indian Agricultural Research Institute	IARI	1905	नई दिल्ली
2.	Central Arid Zone Research Institute	CAZRI	1959	जोधपुर

	संस्थान का नाम	संक्षिप्त रूप	स्थापना वर्ष	स्थान
3.	Indian Grassland and Fodder Research Institute	IGFRI	1962	झाँसी
4.	Indian Institute of Horticultural Research	IIHR	1967	हैसराघाटा (बंगलौर)
5.	Jute Agricultural Research Institute	JARI	1952	बैरकपुर
6.	Indian Lac Research Institute	ILRI	1925	राँची
7.	Central Plantation Crops Research Institute	CPCRI	1970	कासरगोड (केरल)
8.	Central Potato Research Instittue	CPRI	1949	शिमला
9.	Central Rice Research Institute	CRRI	1945	कटक
10.	Central Soil Salinity Research Institute	CSSRI	1969	करनाल
11.	Indian Sugarcane Research Institute	ISRI	1952	लखनऊ
12.	Sugarcane Breeding Institute	SBI	1912	कोयम्बटूर
13.	Central Tobacco Research Institute	CTRI	1947	राजमुन्द्री
14.	Central Tuber Crops Research Institute	CTCRI	1963	त्रिवेन्द्रम
15.	Vivekananda Parvatiya Anusandhanshala	VPAS	1924	अल्मोड़ा

बहुविकल्पीय प्रश्न

1. पादप प्रजनन द्वारा उत्पन्न समान लक्षण वाले पौधों को कहा जाता है–

(*a*) क्लोन (*b*) अगुणित

(*c*) ऑटोपॉलीप्लायड (*d*) जीनोम

2. पादप में हरित क्रान्ति लाने का श्रेय जाता है–

(*a*) बी. पी. पाल

(*b*) नारमान बोरलाग

(*c*) एम. एस. स्वामीनाथन

(*d*) के. सी. मेहता

3. जिओकार्पिक फल उत्पन्न होते हैं–

(*a*) प्याज में (*b*) तरबूज में

(*c*) मूँगफली में (*d*) गाजर में

4. एक ऐसी संस्था जहाँ मूल्यवान पादप पदार्थों को (जो धीरे-धीरे विलुप्त होने वाले हैं) जीवित अवस्था में रखा जा सकता है, को कहा जाता है–

(*a*) जीन बैंक (*b*) हरबेरियम

(*c*) जिनोम (*d*) जीन लाइब्रेरी

5. निम्नलिखित में से कौन सबसे महत्त्वपूर्ण खाद्य का स्रोत हैं–

(*a*) लाइकेन (*b*) आवृतबीजी

(*c*) शैवाल (*d*) कवक

6. बौने गेहूँ विकसित किये गये थे–

(*a*) वेविलोव द्वारा

(*b*) बोरलाग द्वारा

(*c*) स्वामीनाथन द्वारा

(*d*) इनमें से किसी के द्वारा नहीं

7. वेविलोव के फसली पादपों के उत्पत्ति केन्द्र स्थित हैं–

(*a*) ट्रोपीकल क्षेत्रों के पहाड़ों पर

(*b*) टेम्परेट क्षेत्रों के पहाड़ों पर

(*c*) ट्रोपीकल तथा टेम्परेट दोनों क्षेत्रों के पहाड़ों पर

(*d*) ट्रोपीकल क्षेत्रों के मैदानों में

8. ट्रिटिकेल (Triticale) मानव द्वारा उत्पादित धान्य (Cereal) है जो निम्न के बीच में संकरण (Hybridization) द्वारा विकसित किया गया है–

(*a*) गेहूँ तथा चना (*b*) गेहूँ तथा राई (Rye)
(*c*) गेहूँ तथा जई (*d*) गेहूँ तथा चावल

9. विषाणु-मुक्त क्लोनल पादप प्राप्त करने के लिए, पौधे का कौन-सा भाग संवर्धित किया जाता है–

(*a*) मूल शीर्ष (*b*) प्ररोह शीर्ष
(*c*) तना (*d*) पत्ती

10. जनन द्रव्य का क्रियो-परिरक्षण किया जाता है–

(*a*) 0° से. ग्रे. पर (*b*) – 50° से. ग्रे. पर
(*c*) – 190° से. ग्रे. पर (*d*) – 196° से. ग्रे. पर

11. निम्नलिखित में से कौन आभासी धान्य हैं?

(*a*) *ट्रिटिकम एस्टिवम* (*b*) *ऑराइजा सटाइवा*
(*c*) *जिया मेज* (*d*) *फैगोपाइरम एस्कुलेटम*

12. निम्नलिखित में से कौन प्रोटीन का प्रचुर स्रोत है?

(*a*) चावल (*b*) गेहूँ
(*c*) मूँगफली (*d*) बाजरा

13. निम्नलिखित में से कौन सतही रेशा है–

(*a*) कोयर (*b*) कपास
(*c*) सनई (*d*) मनीला होम

14. निम्नलिखित में कौन पादप रेशा नहीं है?

(*a*) कपास (*b*) कोयर
(*c*) सनई (*d*) सिल्क

15. *ट्रिटिकम एस्टिवम* है-

(*a*) अगुणित (*b*) द्विगुणित
(*c*) चतुर्गुणित (*d*) षट्गुणित

16. स्व-स्थाने (*in situ*) संरक्षण किया जाता है–

(*a*) जीवमण्डल आरक्षकों (Reserves) द्वारा
(*b*) राष्ट्रीय उद्यानों द्वारा
(*c*) वन्य जीवन पक्षी विहारों द्वारा
(*d*) इन सभी के द्वारा

17. हीबिया रबड़ का मूल निवास-स्थल हैं–

(*a*) दक्षिण-पूर्व एशिया (*b*) ब्राजील
(*c*) पेरूवियन एण्डीज (*d*) मलेशिया

18. वेविलोव द्वारा संग्रह की गयी गेहूँ की किस्मों की संख्या थी–

(*a*) 260 (*b*) 1,260
(*c*) 2,600 (*d*) 26,000

19. निम्नलिखित में से एक पादप पुरानी दुनिया से नयी दुनिया में पहुँचा है, वह है–

(*a*) आलू (*b*) चावल
(*c*) शकरकन्द (*d*) मक्का

20. प्रसिद्ध कृष्य पादप जो चीन में विकसित हुआ, वह है–

(*a*) सन्तरा (*b*) चाय
(*c*) कहवा (Coffee) (*d*) कपास

21. जनन द्रव्य का विनिमय प्राथमिकता पर प्ररोह शीर्ष के संवर्धन के माध्यम से किया जाता है क्योंकि ये होते हैं–

(*a*) आनुवंशिकीय स्थिर (*b*) छोटे तथा हस्त प्रयोगित
(*c*) विषाणु से मुक्त (*d*) कम कीमत वाले

22. *फाइटोफ्थोरा इनफेस्टेन्स* के लिए आलू ने प्रतिरोध प्राप्त किया–

(*a*) *सोलेनम डेमीसम* से
(*b*) *सोलेनम मेलोंजेना* से
(*c*) *सोलेनम स्टोलनीफेरस* से
(*d*) *सोलेनम एकुएल* से

23. गेहूँ की जो बौनी जातियों (Dwarf Varieties) मैक्सिको से भारत में लायी गयी, वे थी–

(*a*) सोनारा-64 तथा सोनालिका
(*b*) सोनारा-64 तथा लर्मा रोजा-64
(*c*) शरबती सोनारा तथा पूसा लर्मा
(*d*) सोनालिका

24. केन्द्र (Centre) से पृथक के संग्रह होते है, भाग–

(*a*) स्व-स्थाने संरक्षण के
(*b*) बाह्य-स्थाने संरक्षण के
(*c*) स्व-स्थाने तथा बाह्य-स्थाने दोनों संरक्षण के
(*d*) इनमें से कोई नहीं

25. IR- 36 जनन के माध्यम से विकसित किया गया था–

(*a*) छः चावल की किस्मों एवं *ओरिज़ा निवारा* से
(*b*) 13 चावल की किस्मों एवं *ओरिज़ा निवारा* से
(*c*) ओरिज़ा इण्डिका एवं *ओरिज़ा निवारा* से
(*d*) ओरिज़ा इण्डिका एवं *ओरिज़ा सटाइवा* से

26. लेट ब्लाइट ऑफ पोटेटो के प्रति प्राकृतिक प्रतिरोध (Natural Resistance) उपस्थित होता है–

(*a*) *सोलेनम स्टोनीफेरम* में
(*b*) *सोलेनम डेमीसम* में

(*c*) *सोलेनम ट्यूबरोसम* में
(*d*) *सोलेनम एकुएल* में

27. क्रिस्टोफर कोलम्बस बहामास (कैरिबियन समुद्र) द्वीप में उतरा था, वर्ष–
(*a*) 1492 में (*b*) 1592 में
(*c*) 1692 में (*d*) 1792 में

28. वह कौन-सी मुख्य उपलब्धि थी जिसके कारण हरित क्रान्ति सम्भव हुयी–
(*a*) सिंचाई और कृषि की उन्नत तकनीकें
(*b*) गेहूँ और धान की अर्धबौनी किस्मों का आप्रवेश
(*c*) गेहूँ और धान की कृषि के क्षेत्र में बढ़त
(*d*) जमींदारी प्रथा का उन्मूलन तथा भूमि सुधार

29. ऊतक संवर्धन द्वारा अगुणित पौधे उत्पन्न करने के लिये उपयुक्त पादप भाग होता है–
(*a*) परागकोश (*b*) बाह्य दलपुंज
(*c*) मूल रोम (*d*) प्रकंद

30. 'भारतीय कृषि अनुसंधान संस्थान' कहाँ स्थित है?
(*a*) हैदराबाद (*b*) शिमला
(*c*) भोपाल (*d*) नई दिल्ली

31. पादप प्रजनन का मुख्य ध्येय है–
(*a*) मिट्टी को उपजाऊ बनाना
(*b*) जंगली जानवरों से फसल की रक्षा करना
(*c*) संकरण द्वारा फसल की नई प्रजातियाँ उत्पन्न करना
(*d*) सहलग्नता का अध्ययन कर नई प्रजातियों का निर्माण करना

32. पादप प्रजनन के मुख्य उद्देश्य क्या होते हैं–
(*a*) अधिक उपज (*b*) उत्तम क्वालिटी
(*c*) प्रतिबल प्रतिरोध (*d*) उपरोक्त सभी

33. वरण एक विधि है–
(*a*) पादप शरीर क्रिया विज्ञान की
(*b*) पादप प्रजनन की
(*c*) आनुवंशिकी की
(*d*) कोशिका विज्ञान की

34. पुष्प कलिकाओं से पराग कोषों के हटाने को कहते हैं–
(*a*) बैगिंग (*b*) संकरण
(*c*) पुंस्त्वहरण (*d*) संकरओज

35. अगुणित पौधे किसके संवर्धन से प्राप्त हो सकते हैं–
(*a*) तरुण पर्ण (*b*) भ्रूण पोष
(*c*) पराग कण (*d*) मूलाग्र

36. आनुवंशिक विविधता का अभिप्राय है–
(*a*) अन्तर्जातीय विभिन्नतायें
(*b*) अंतर्वंशीय विभिन्नतायें
(*c*) अन्तराजातीय विभिन्नतायें
(*d*) *a* व *c* दोनों

37. बाह्य स्थान (*Ex-situ*) संरक्षण किया जाता है–
(*a*) जीन बैंकों द्वारा
(*b*) केन्द्रों से दूर संग्रहों द्वारा
(*c*) भयभीत जातियों के ट्रेड में फनेलिंग द्वारा
(*d*) इन सभी के द्वारा

38. एक परम्परागत बीज–
(*a*) शीतलीकरण को सहन कर सकता है किन्तु निर्जलीकरण को नहीं
(*b*) निर्जलीकरण तथा शीतलीकरण को सहन कर सकता है
(*c*) निर्जलीकरण को सहन कर सकता है किन्तु शीतलीकरण को नहीं
(*d*) इनमें से किसी को नहीं

39. निम्नलिखित में से कौन सी फसल पेरु तथा ब्राजील में विकसित हुई किन्तु अब मुख्य रुप से भारत में उगायी जाती है?
(*a*) मक्का (*b*) आलू
(*c*) मूँगफली (*d*) इनमें से कोई नहीं

40. जनन द्रव्य के संग्रह के लिये निम्नलिखित में से कौन -सा स्थान अधिक उपयुक्त है–
(*a*) पेरु (*b*) फ्रान्स
(*c*) ब्रिटेन (*d*) ब्राजील

41. वन अनुसंधान संस्थान कहाँ स्थित है–
(*a*) चेन्नई में (*b*) देहरादून में
(*c*) दिल्ली में (*d*) शिमला में

42. ऊतक संवर्धन के समय कैलस में विभेदन का प्रदर्शन सर्वप्रथम किसने किया –
(*a*) स्कूज ने (*b*) स्कूज व वेंट ने
(*c*) स्कूज व मिलर ने (*d*) वेंट ने

43. पुंजनिक अगुणिक पौधे किसके संवर्धन द्वारा तैयार किये जाते हैं–
(*a*) पुंतन्तु (*b*) पराग कोष
(*c*) पुंकेसर (*d*) पुंमणु

44. पुनःस्थापित पौधों को संकरण कराके नई किस्मों के विकास के लिए उपयोग करना कहलाता है–
(*a*) पुरःस्थापण (*b*) द्वितीयक पुरःस्थापण
(*c*) प्राथमिक पुरःस्थापण (*d*) तृतीयक पुरःस्थापण

45. आलू एवं टमाटर के कायिक संकरण के फलस्वरुप बनने वाले पौधे का नाम है–
(*a*) टमालू (*b*) टोमापोटेटो
(*c*) पोमेटो (*d*) प्रोमोटो

46. कल्प वृक्ष है–
(*a*) पीपल (*b*) नारियल
(*c*) नीम (*d*) आम

47. कोल्चिसीन का उपयोग है–
(*a*) गठिया के उपचार में
(*b*) कृषि के उपचार में
(*c*) बहुगुणिता के प्रेरण में
(*d*) गठिया के उपचार और बहुगुणिता के प्रेरण में

48. ऊतक संवर्धन द्वारा पादप परिरक्षण में किस अंग का संवर्धन किया जाता है–
(*a*) मूलाग्र (*b*) पर्णाग्र
(*c*) शिखाग्र (*d*) पुष्प

49. रोगाणुरहित पौधों को तैयार करने के लिए पौधे के कौन से भाग में विभज्योतक का संवर्धन करते हैं–
(*a*) प्ररोह शीर्ष (*b*) कैम्बियम
(*c*) मूल शीर्ष (*d*) अन्तर्वेशीय विभज्योतक

50. ऊतक संवर्धन में कायिक कोशिका से विकसित भ्रूण को कहते हैं–
(*a*) एम्ब्रयॉड (*b*) कैलस
(*c*) क्लोन (*d*) प्रोपेग्यूल्स

51. पादप प्रजनन का प्रमुख उद्देश्य है–
(*a*) उन्नत प्रजातियों का विकास करना
(*b*) मृदा को उपजाऊ बनाना
(*c*) प्रदूषण नियन्त्रण
(*d*) अधिक प्रगतिशील बनना

52. क्या कारण है कि जो फसलें कायिक रुप से पैदा की जाती हैं उसमें हाइब्रिड शक्ति ठीक होती है–
(*a*) वे आसानी से उगायी जा सकती हैं
(*b*) एक बार ऐच्छिक हाइब्रिड बना लेने पर उसके खोने के चान्सेज बहुत कम होते हैं
(*c*) वे लम्बी आयु के पौधे होते हैं
(*d*) उनमें बीमारियों सें लड़ने की ज्यादा शक्ति होती है

53. नई जाति के निर्माण के लिये उत्तरदायी प्रक्रिया है–
(*a*) विभिन्नतायें (*b*) लैंगिक जनन
(*c*) अंतः प्रजनन (*d*) जनन पृथक्करण

54. पादपों में हेटेरोसिस प्राप्त होता है–
(*a*) असम्बन्धित पादपों में क्रासिग द्वारा
(*b*) उत्परिवर्तन जीन के उपचार द्वारा
(*c*) केल्विसीन प्रेरण द्वारा
(*d*) कायिक जनन द्वारा

55. इथिओपिया मूलनिवास स्थल है–
(*a*) मक्का का (*b*) चावल का
(*c*) कॉफी का (*d*) पातगोभी का

56. एक रीकैल्सीट्रेण्ट (Recalcitrant) बीज–
(*a*) निर्जलीकरण तथा 0°C नीचे शीतलन को सहन नहीं कर सकता है
(*b*) निर्जलीकरण सहन कर सकता है किन्तु निम्न ताप नहीं
(*c*) निर्जलीकरण सहन नहीं कर सकता है किन्तु निम्न तापमान सहन कर सकता है
(*d*) इनमें से किसी को नहीं

57. जीन बैंक में आनुवंशिक पदार्थ संग्रहित होता है रुप में–
(*a*) बीजों के (*b*) कायिक पदार्थ के
(*c*) *a* तथा *b* दोनों के (*d*) इनमें से किसी के नहीं

58. गिंकगों (Ginkgo) वृक्ष का नाम अब खतरें वाले पौधों (Endangered Plants) की सूची में से हटा लिया गया हैं–
(*a*) स्वस्थाने (*in situ*) संरक्षण के कारण
(*b*) उत्पत्ति स्थल से दूर संग्रह के कारण
(*c*) जीन बैंक के कारण
(*d*) बाह्य स्थाने (*ex-situ*) संरक्षण के कारण

59. मोहनजोदड़ों सभ्यता के खण्डहरों में किस अन्न के दाने मिले हैं–

(*a*) चावल (*b*) मक्का
(*c*) गेहूँ (*d*) जई

60. बहुगुणिता के प्रेरणा के लिए सबसे उत्तम रसायन है–

(*a*) मैलिक हाइड्रॉक्साइड (*b*) एक्रीडीन्स
(*c*) कोल्चीसीन (*d*) इथीलीन

61. नये संसार से पुराने संसार में वितरित हुआ–

(*a*) गेहूँ (*b*) चावल
(*c*) आलू (*d*) गन्ना

62. आधुनिक गेहूँ है–

(*a*) त्रिगुणित (*b*) पंचगुणित
(*c*) चतुर्गुणित (*d*) षष्ठगुणित

63. निम्नतापी परिरक्षण किस तापमान पर करते हैं–

(*a*) – 20°C (*b*) – 196°C
(*c*) + 20°C (*d*) – 190°C

64. पादप संवर्धन होता है–

(*a*) नवोद्‌भिद संवर्धन (*b*) अंग संवर्धन
(*c*) भ्रूण संवर्धन (*d*) ऊतक संवर्धन

65. दुःशास्य बीजों को कैसे परिरक्षित कर सकते हैं–

(*a*) निम्न ताप पर रखकर
(*b*) उच्च ताप पर रखकर
(*c*) निर्जलीकरण द्वारा
(*d*) ऊतक संवर्धन द्वारा

66. उत्परिवर्तन (Mutation) किससे उत्प्रेरित कर सकते हैं–

(*a*) लाल प्रकाश द्वारा (*b*) पीली किरणों द्वारा
(*c*) X- किरणों द्वारा (*d*) सफेद प्रकाश से

67. एक नई फसल ट्रिटिकेला किसके संकरण से बनी–

(*a*) गेहूँ तथा एजीलोप्स (*b*) चावल और मक्का
(*c*) गेहूँ तथा चावल (*d*) राई तथा गेहूँ

68. उस फसल का नाम बताइये जिसका जन्म स्थान ट्रोपीकल अमेरिका में है किन्तु आजकल इसके उत्पादन का केन्द्र मध्य पश्चिम यू. एस. ए. है–

(*a*) मक्का (*b*) काकोआ
(*c*) अन्ननास (*d*) ऑयल पाम

69. आनुवंशिक अपरदन (Genetic erosion) उत्पन्न होता है–

(*a*) फसलों की एक जैसी नस्लों को आनुवंशिक रुप में अपनाने से
(*b*) कृषि को शिफ्ट करने से
(*c*) वनों को नष्ट करने से
(*d*) इन सभी के द्वारा

70. सर्वप्रथम किस वैज्ञानिक ने *Dature inoxia* से पुंजनिक अगुणिक पौधे प्राप्त किये थे–

(*a*) जगदीशचन्द्र बोस (*b*) एम. एस. स्वामीनाथन
(*c*) हरगोबिन्द खुराना (*d*) गुहा व महेश्वरी

71. संकरण के समय पुष्प से पुंकेसर को काटकर हटाने को कहते हैं–

(*a*) संकरण
(*b*) विपुंसन (Emasculation)
(*c*) स्वसंकरण
(*d*) कैपिंग (Capping)

72. एक पादप प्रजनक गेहूँ की रोग-प्रतिरोधी किस्म तैयार करना चाहता है। उसे सबसे पहले क्या करना चाहिए–

(*a*) संकरण (*b*) उपज निकालनी चाहिए
(*c*) जनकों का चयन (*d*) उत्परिवर्तन करना चाहिए

73. भारत में चाय के पौधे का पुरःस्थापण किस देश से हुआ–

(*a*) जापान (*b*) श्रीलंका
(*c*) चीन (*d*) बंगला देश

74. दक्षिण पूर्व एशिया को निम्न की उत्पत्ति का केन्द्र जाना जाता है–

(*a*) चावल तथा गन्ना
(*b*) चावल, गन्ना तथा आम
(*c*) चावल, गन्ना, आम तथा केला
(*d*) इनमें से किसी का नहीं

75. टमाटर तथा आलू मूल निवासी (Native) हैं–

(*a*) पेरु के (*b*) चीन के
(*c*) कनाडा के (*d*) उपरोक्त सभी के

76. चावल की उत्पत्ति का गृह है–

(*a*) मेडीटरेनियन क्षेत्र (*b*) चीन
(*c*) दक्षिण पूर्व एशिया (*d*) दक्षिण पश्चिम एशिया

77. मक्का विकसित हुई–
(*a*) ब्राजील में
(*b*) मैक्सिको तथा मध्य अमेरिका में
(*c*) यू. एस. ए. में
(*d*) पेरुवियन एन्डीज में

78. गेहूँ की उत्पत्ति का केन्द्र हैं–
(*a*) एशिया माइनर तथा अफगानिस्तान
(*b*) दक्षिण पश्चिम एशिया
(*c*) दक्षिण पूर्व एशिया
(*d*) इनमें से कोई नहीं

79. बर्फ जमने वाली (Frozen) अवस्था में जननिक द्रव्य (Germplasm) के परिरक्षित करने वाली विधियों द्वारा फसलों का सुधार कहलाता है–
(*a*) क्रियोपरिरक्षण (*b*) शीतलगृह परिरक्षण
(*c*) वसन्तीकरण (*d*) स्व-स्थाने परिरक्षण

80. पातगोभी (Cabbage) की उत्पत्ति हुई–
(*a*) मेडीटरेनियन क्षेत्रों में
(*b*) पेरुवियन एण्ड़ीज में
(*c*) दक्षिण पश्चिम एशिया में
(*d*) मैक्सिको तथा मध्य अमेरिका में

81. निम्न में से एक नये दुनिया की पुरानी के लिये देन है–
(*a*) मक्का (*b*) चावल
(*c*) गेहूँ (*d*) जौ

82. पेरुवियन एण्डीज माना जाता है उत्पत्ति केन्द्र–
(*a*) आलू का
(*b*) टमाटर का
(*c*) आलू तथा टमाटर दोनों का
(*d*) आलू, टमाटर तथा मिर्च का

उत्तरमाला

1	2	3	4	5	6	7	8	9	10
(*a*)	(*b*)	(*c*)	(*a*)	(*d*)	(*b*)	(*a*)	(*b*)	(*b*)	(*d*)
11	**12**	**13**	**14**	**15**	**16**	**17**	**18**	**19**	**20**
(*b*)	(*c*)	(*b*)	(*d*)	(*d*)	(*d*)	(*b*)	(*d*)	(*b*)	(*b*)
21	**22**	**23**	**24**	**25**	**26**	**27**	**28**	**29**	**30**
(*c*)	(*a*)	(*b*)	(*b*)	(*b*)	(*b*)	(*a*)	(*b*)	(*a*)	(*d*)
31	**32**	**33**	**34**	**35**	**36**	**37**	**38**	**39**	**40**
(*c*)	(*d*)	(*b*)	(*c*)	(*c*)	(*d*)	(*d*)	(*b*)	(*c*)	(*a*)
41	**42**	**43**	**44**	**45**	**46**	**47**	**48**	**49**	**50**
(*b*)	(*c*)	(*b*)	(*a*)	(*c*)	(*b*)	(*d*)	(*c*)	(*a*)	(*a*)
51	**52**	**53**	**54**	**55**	**56**	**57**	**58**	**59**	**60**
(*a*)	(*b*)	(*a*)	(*a*)	(*c*)	(*b*)	(*c*)	(*d*)	(*c*)	(*c*)
61	**62**	**63**	**64**	**65**	**66**	**67**	**68**	**69**	**70**
(*c*)	(*d*)	(*b*)	(*d*)	(*d*)	(*c*)	(*d*)	(*a*)	(*d*)	(*d*)
71	**72**	**73**	**74**	**75**	**76**	**77**	**78**	**79**	**80**
(*b*)	(*c*)	(*c*)	(*c*)	(*a*)	(*c*)	(*b*)	(*b*)	(*a*)	(*a*)
81	**82**								
(*a*)	(*d*)								

❑❑❑

CHAPTER 33

पेस्टीसाइड्स एवं पेस्ट्स नियन्त्रण
PESTICIDES AND PESTS CONTROL

- वे रासायनिक पदार्थ जो कीटों, निमेटोड्स, खरपतवार, रोगाणुओं, आदि हानिकारक जीवों को मारते हैं पेस्टीसाइड्स कहलाते हैं।
- कृषि विधियों और कृषि उत्पादन में विकास के साथ-साथ शाकनाशी (herbicides), खरपतवारनाशी (weedicides), कीटनाशी (insecticides), पीड़कनाशी (Pesticides) तथा जीवनाशी (biocides) आदि पदार्थो का प्रयोग काफी बढ़ चुका है।

- ये रासायनिक पदार्थ पौधों को नुकसान पहुँचाने वाले रोगनाशक जीवों (Pests) अथवा खर-पतवार को नष्ट करने के लिये उपयोग में लाये जाते हैं।
- लेकिन इन रासायनिक पदार्थो का प्रभाव विस्तृत (broad spectrum) होने से ये अन्य जीवधारियों को भी प्रभावित करते हैं।
- इन विषैले पदार्थो का अन्य पौधे तथा प्राणियों में भी पहुँचने का गंभीर खतरा बना रहता है।

पेस्टीसाइड्स

अकार्बनिक लवण (Inorganic salts) उदाहरण- आर्सेनिक लवण	आर्गेनोक्लोरीन, आर्गेनोफास्फेट तथा अन्य विस्तृत प्रतिक्रिया कारक (Broad spectrum) उदाहरण-डी.डी.टी.	हार्मोन (hormone) संकीर्ण प्रतिक्रिया कारक जैव रसायन (Narrow spectrum biochemicals) उदाहरण- 2, 4 D.

1. आर्गेनोक्लोरीन्स (Organochlorines)

यह क्लोरिन युक्त कार्बनिक यौगिक है। यह मृदा में इसी रूप में पड़ें रहते है। इनका अपघटन जल्दी नहीं होता है। उदाहरण- डी.डी.टी, बी.एच.सी., एल्ड्रिन, एन्ड्रोसल्फान, क्लोरेडेन, लिन्डेन, हेप्टाक्लोर आदि।

2. ऑर्गेनोफास्फेट्स (Organophosphates)

यह फास्फोरिक अम्ल के कार्बन एस्टर होते हैं। ये तन्त्रिका तन्त्र के एन्जाइम की क्रिया को संदमित करते हैं जिससे Paralysis तथा मृत्यु हो जाती है। उदाहरण- मेलाथिओन, पेराथिओन आदि।

3. कार्बेमेट्स (Carbamates)

कार्बेमेट्स कार्य विधि में आर्गेनोफास्फेट के समान होते हैं तथा यह कार्बोनिक अम्ल के कार्बनिक एस्टर्स होते हैं। कार्बेमेट्स का प्रयोग कवकनाशी तथा शाकनाशी के रूप में किया जाता है। उदाहरण-कार्बोपयूरान, कार्वेरिल, एल्टीकार्ब आदि।

4. पायरेथ्रोइड्स (Pyrethroids)

यह एक सुरक्षात्मक शाकनाशी है तथा इसके संश्लेषित व्युत्पन्न को पॉयरेथ्रोइड्स कहा जाता है।

5. ट्राइएजीन्स (Triazines)

इसका प्रयोग प्रमुख रूप से खरपतवार नाशी के रूप में किया जाता है। इसका उपयोग तम्बाकू, चाय तथा कपास के बगानों में खर-पतवार नाशी के रूप में किया जाता है। उदाहरण-सीमाजीन, एट्राजीन आदि।

6. आक्सिन व्युत्पन्न (Auxin derivatives)

यह चयनात्मक खर-पतवार नाशी या शाकनाशी (selected weedicide or herbicide) है। उदाहरण-2, 4D., 2, 4, 5-टी आदि।

जैवपेस्टीसाइड (Biopesticides)

सामान्यतया वे जीव जिनके प्रयोग द्वारा हानिकारक जीवों को नष्ट किया जाता है, जैव पेस्टीसाइड कहलाते हैं। ये मुख्य रूप से दो प्रकार के होते हैं।

(*i*) जैवशाकनाशी (Bioherbicides)

(*ii*) जैवकीटनाशी (Bioinsecticides)

कीटविषों का वर्गीकरण

(Classification of Insecticides)

प्रवेश-आधारित (Mode of entry)

1. **उदर विष (Stomach poison)**
   उदाहरण-आर्सेनिक लवण, फ्लोरीन कम्पाउण्ड, क्लोरीनेटिड हाइड्रोकार्बन, आरगैनो फॉस्फेट्स इत्यादि।
2. **स्पर्श विष (Contact poison)**
   उदाहरण-क्लोरीनेटिड हाइड्रोजन, आरगैनो फॉस्फेट्स तथा कार्बामेट्स एवं पौधों से प्राप्त कीटनाशी आदि।
3. **धूम्रक विष (Fumigants)**
   उदाहरण-मिथाइल ब्रोमाइड, हाइड्रोजन सायनाइड, ई.डी.सी.टी., फॉसटोक्सीन, नैफ्थलीन आदि।

कार्यविधि-आधारित (Mode of action)

1. भौतिक कीट विष (Physical poison)
   (a) श्वांसावरोधी (Asphyxiants)
   उदाहरण-साबुन, इमल्सन, मिट्टी का तेल, नाइट्रोजन गैस आदि।
   (b) प्रतिघर्षण (Abrasives)
   उदाहरण-सिलिका जेल, रॉक फॉस्फेट, एल्युमिनियम ऑक्साइड आदि।
2. **प्रोटो प्लाज्मिक विष (Protoplasmic poison)**
   उदाहरण-आर्सेनिक व फ्लोरीन यौगिक, नाइट्रोफिनाल्स, बोरेट्स, फामेल्डिहाईड्स, ताँबे एवं पारे के लवण।
3. **श्वांस विष (Respiratory poison)**
   उदाहरण-हाइड्रोजन सल्फाइड, फॉस्फीन, कार्बनमोनोऑक्साइड तथा हाइड्रोसायनिक एसिड गैस आदि।
4. **तंत्रिका विष (Nerve poison)**
   उदाहरण-क्लोरीनेटिड हाइड्रोकार्बन्स, आर्गेनिक फॉस्फेट्स तथा पौधों से प्राप्त कीट विष।

रासायनिक स्वभाव-आधारित (Based on chemical nature)

अकार्बनिक (Inorgainc)

उदाहरण-आर्सेनिक यौगिक, गंधक व चूना के यौगिक, पारा व ऐन्टीमनी के यौगिक आदि।

कार्बनिक (Organic)

1. **जानवरों से प्राप्त (Animal Origin): उदाहरण**-नैरोजटाक्सीन।
2. **पौधों से प्राप्त (Plant Origin): उदाहरण**-निकोटीन, पायरेथ्रम, रोटोनोन, रायतिया, सैबेडिल्ला आदि।
3. **हाइड्रोकार्बन तेल (Hydrocarbon oil):** उदाहरण-मिट्टी का तेल, नैप्था आदि।
4. **संश्लेषित (Synthetic)**
   (a) कार्बनिक यौगिकः उदाहरण-क्लोरीनेटड हाइड्रोकार्बन, आर्गेनिक फॉस्फेट्स, कार्बोमिट्स व धूमक विष आदि।
   (b) पायरेथ्रोइड्स (Pyrethroides): उदाहरण- सिम्बुश, एम्बुश, सुमिसाइडिन, डेमिस आदि।

रासायनिक विधि से कीट नियन्त्रण (Chemical Control of Insects)

इस विधि में कीट पतंगों की रोकथाम के लिए कीटनाशी पदार्थो (Insecticides) का प्रयोग करते हैं। ऐसे सभी रसायन जो 'पेस्ट' (हानिकारक जीव) को मारते हैं प्राणिविष (Pesticides) कहलाते हैं।

सारणीः 33.1 पेस्टीसाइड्स का वर्गीकरण

पेस्टीसाइड्स		किसको नष्ट करने के लिए प्रयोग करते है	
1. कीटनाशी	(Insecticides)	कीटों को	(Insects)
2. सूत्रकृमिनाशी	(Nematicides)	सूत्रकृमियों को	(Nematodes)
3. अष्टपदनाशी	(Acaricides)	माइट्स को	(Mites)
4. मूषकनाशी	(Rodenticides)	चूहों को	(Rodents)
5. मोलस्कीसाइड्स	(Molluscicides)	स्नेलूस व स्लज	(Snails & slugs)
6. जीवाणुनाशी	(Bactericides)	जीवाणुओं से उत्पन्न रोगों को	(Bacterial diseases)
7. कवकनाशी	(Fungicides)	कवक से उत्पन्न रोगों को	(Fungal diseases)
8. खरपतवार नाशी	(Weedicides)	खरपतवारों को	(Weeds या Herbs)
9. एवीसाइड्स	(Avicides)	चिड़ियों को	(Birds)

सारणीः 33.2 कीटनाशी रसायनों का वर्गीकरण

रासायनिक नाम	व्यापारिक नाम	व्यवस्थापन (Formulations)
(A) क्लोरीनेटिड हाइड्रोकार्बन (Chlorinated Hydrocarbons)		
1. बी. एच. सी.	गैमेक्सीन, लिन्डेन, हैक्सीडोल	5-10% D, 50WP, 20EC, 6%G
2. डी. डी. टी.	DDT, डिडिमैक	2-10% D, 50WP, 25EC
3. एल्ड्रीन	एल्ड्रेक्स, हेक्सामार	5% D, 30EC (मृदा कीटनाशक)
4. हैप्टाक्लोर	हाइड्रोसाइनिक एसिड	5% D, 20EC (मृदा कीटनाशक)
5. क्लोरडेन्	ओक्टाक्लोर	5% D, 20EC (मृदा कीटनाशक)
6. इन्डोसल्फान	थायोडान्, इण्डोसेल, हिल्डान, थायोटाक्स	5% D, 35EC, 4% G
7. इन्ड्रीन	——	1% D, 20EC, 2% G
8. डाइएल्ड्रीन	ओक्टालोक्स	1.5% D, 20-50WP, 20EC.
(B) आर्गेनोफास्फोरस कीटनाशी (Organo-phosphorus insecticides)		
(a) सम्पर्क कीटनाशी (Contact insecticides)		
1. मैलाथियान	मैलाटॉक्स, मैलमार, सिथियोन	5% D, 25WP, 50EC
2. पैराथियान	पैराटॉक्स,फालोडाल	2% D
3. डाइजिनान	वासुडीन, स्पैक्ट्रासाइड	2-5% D, 25 EC, 5-10% G

रासायनिक नाम	व्यापारिक नाम	व्यवस्थापन (Formulations)
4. ट्राईक्लोरफोन	डिप्टेरेक्स, डाइलोक्स, टुगोन	5% D, 80 WP
5. डाइक्लोरवोज	DDVP, नुवान, डाइवैप, वेपोना	100 EC
6. कार्बोफिनोथियान	ट्राईथियान	25 WP, 15 EC
7. क्लोरपाइरीफोस	दर्शवान	20 EC
(b) सिस्टेमिक कीटनाशी (Systemic insecticides)		
1. फोरेट	थीमेट	10% G
2. मिथाइ-ओ-डिमेटान	मैटासिस्टाक्स	25 EC
3. फास्फेमिडान	डाईमैक्रान	100 EC
4. मोनोक्रोटोफोस	एजोड्रिन, नुवाक्रान	40 EC, 36 EC
5. डाइमिथोएट	रोगोर, तारा 909	30 EC
6. फारमोथियान	एन्थियो	25 EC
7. थायोमेटोन	इकाटिन	25 EC
8. डिमेटान	सिस्टॉक्स	25 EC
9. मेविनफोस	फोसड्रिन	25 EC, 10 WP
10. थायोडिमेटान	डायसिस्टोन, सोल्वीरेक्स	5% G
(c) कार्बामेट्स (Carbamates)		
1. कार्बारिल	सेविन हैक्साविन	5-10% D, 50 WP, 4% G
2. एमीनोकार्ब	.....	5% D, 50 WP
3. कार्बोफ्यूरान	फ्यूराडान	3% G
4. एल्डीकार्ब	टेमिक	10% G
5. प्रीमीकार्ब	पिरीमोर	50 WP
(d) धूम्रक (Fumigants)		
1. हाइड्रोजन साइनाइड अथवा HCN	.....	20 ML/30 Cu.m. of Space (Liquid)
2. कार्बन बाई सल्फाइड (CS_2)	ग्रेन-ओ-साइड	$1\frac{1}{2}$ -2पौण्ड/1000 Cu. ft. space अथवा 12-20 पौण्ड/370 कु. अनाज
3. ईथाइलिन डाइब्रोमाइड	.....	ई.डी.बी. एम्पुल
4. एल्यूमिनियम फास्फाइड	.....	सल्फास
5. ईथाइलिन डाईक्लोराइड एवं कार्बन टेट्राक्लोराइड	.....	(3:1)
(e) प्राकृतिक पाइरेथ्रीन (Natural Pyrethrins)		
1. परमेथ्रीन	एम्बुश	25 EC, 50 EC
2. साइपरमेथ्रीन	सिमबुश, रिपकोर्ड	25 EC, 10 EC

रासायनिक नाम	व्यापारिक नाम	व्यवस्थापन (Formulations)
3. डेकामेथ्रीन	डेकिस	28 EC
4. फेनवालेरेट	सुमिसीडीन	20 EC
5. फेनप्रोपेथ्रीन	निओथ्रीन	20 EC
6. फ्लूसाइथ्रीनेट	पेआफ	10 EC
(f) अन्य कीटनाशी (Other insecticides)		
1. जिंक फास्फाइड	जिटॉक्स	.....
2. वारफीन	रोडोफरीन, रेटाफिन	.....

D = Dust (धूल),
W.P = Wettable Powder
EC = Emulsifiable concentration
G = Granules (दाने)

सारणीः 33.3 प्रमुख कीटनाशक व रोगनाशक रसायन
(Important Insecticides & Fungicides)

रसायन	कीट व रोग नियन्त्रण
1. डी.डी.टी.	कैटरपिलर, लीफहाफर, कटवर्म, थ्रिप्स, फ्लो बीटिल, एपीलेकना बीटिल आदि।
2. बी.एच.सी.चूर्ण	तनाछेदक, थ्रिप्स, आर्मीवर्म, क्रिकिट, एफिड, ग्रास हापर, दीमक, लीफ कर्ल, कैटरपिलर आदि।
3. डिमेक्रोन	लीफहाफर, जैसिड, माइट, धान के तना छेदक, एफिड, तना बेधक, बग, फ्रूट फ्लाई आदि।
4. डाइथेन Z-78	आलू का अगेती झुलसा, आलू की ब्लाइट, प्याज का डाउनी मिल्ड्यू, बाजरा का अरगट, टमाटर का एन्थ्रेक्नोज, मिर्च लीफ स्पाट आदि।
5. डाइथेन M-45	आलू का अगेती झुलसा व पछेती झुलसा, डाउनी मिल्ड्यू, फल सड़न, एन्थ्रेक्नोज आदि।
6. वेनलेट	भिण्डी की पाउड्री मिल्ड्यू, लीफस्पाट, ब्लास्ट आदि।
7. कैराथेन	पाउड्री मिल्ड्यू।
8. मैलाथियान	सब्जियों के एफिड, माइट, स्केल आदि।
9. कैप्टान	मक्का के सीडलिंग ब्लाइट, आलू के ब्लाइट, डैम्पिंग आफ, अर्ली ब्लाइट, लीफ स्पाट आदि।
10. न्यूवान	इसके 100 EC से सभी फसलों के कीटों को नियन्त्रित करते हैं।
11. रोगार	लीफहाफर, एफिड, माइट, थ्रिप्स, मौलीबग, स्टिक बग आदि।
12. सेविन	प्लान्ट हाफर, आर्मी वर्म, ग्रास हाफर, माइट, कपास के बाल वर्म, वीविल, पत्ती काटने वाले कैटर पिलर, कद्दूवर्गीय सब्जियों के कीटों व आलू के कटवर्म आदि।
13. सेरेसान या ऐग्रोसन G.N.	बीजोपचार के लिए प्रयुक्त व फफूँदीजनित रोगों से बचाव।

रसायन	कीट व रोग नियन्त्रण
14. जोलोन	एफिड, माइट, जैसिड, थ्रिप्स, बाल वर्म, बीटिल, वीविल, बग आदि।
15. मेटासिस्टाक्स	एफिड, माइट, प्लान्ट हाफर, लीफ हाफर, सफेद मक्खी, आरा मक्खी, थ्रिप्स आदि।
16. इंडोसल्फान (थायोडान)	लीफहाफर, कैटरपिलर, एफिड, आर्मीवर्म, बोरर, थ्रिप्स, बग, बीटिल आदि।
17. मिथाइल पैराथियान	लीफहाफर, लीफ रोलर, एफिड, आर्मीवर्म, हेयरी कैटर पिलर, स्लेम बोरर, स्केल, वीविल, कपास के बाल वर्म, बग व कैटर पिलर, मिर्च के पोड बोरर आदि।
18. हिनोसान	शीथ ईयर ब्लाइट, धान के ब्लास्ट आदि।
19. इण्डोफिल	आलू का अगेती झुलसा, टमाटर की अगेती व पछेती झुलसा एवं एन्थ्रेक्नोज, फूलगोभी तथा बन्दगोभी की डाउनी मिल्ड्यू, मिर्च का एन्थ्रेक्नोज व फल सड़न, धान का हेल्मिथोस्पोरियम व लीफ स्पाट, मक्का का हेल्मिथोस्पोरियम व लीफ ब्लाइट आदि।
20. थीरम	फसलों के बीजोपचार के लिए उपयुक्त है।
21. वाविस्टीन	बीजोपचार तथा खड़ी फसल पर छिड़काव के लिए।
22. फोरेट (थिमेट)	धान, ज्वार, भिण्डी, आलू, बैंगन, मिर्च व कपास के एफिड, थ्रिप्स व लीफ माइनर, धान के गाल मिल, सफेद मक्खी, तनाछेदक, निमेटोड्स फलमक्खी, रूट ग्रूव, मैली बग, भिण्डी का मोजैक रोग आदि।
23. मोनोक्रोटोफास (नुवाक्रान)	थ्रिप्स, सफेद मक्खी, बाल वर्म, पोड बोरर, ब्राउन प्लांट हापर, बाल वीविल, खाने वाले कैटर पिलर, लीफ माइनर आदि।
24. एरीटान व एगलाल	आलू व गन्ने के बीजोपचार के लिए उपयुक्त।
25. प्लांटवैक्स	75 WP गेहूँ के बीजोपचार के लिए उपयुक्त।
26. जीरम	आलू में ब्लाइट, पैडीब्लास्ट, मिर्च में फल सड़न व लीफ स्पाट आदि।
27. सुमिथियान	सभी फसलों के थ्रिप्स, एफिड, स्टैम बोरर, लीफ हाफर, स्केल, मिली बग आदि।
28. ब्रासिकाल	बीजोपचार, मृदोपचार तथा छिड़काव के लिए उपयुक्त। आलू तथा कपास के स्केल कीट के नियन्त्रण के लिए।
29. कॉपर ऑक्सीक्लोराइड	डाउनी मिल्ड्यू, ब्राउन कीट, लीफ स्पाट आदि फफूँद जनित रोगों के लिए।
30. कार्बोफ्यूरान (फ्यूराडान)	धान के तनाछेदक तथा ज्वार की शूटफ्लाई।
31. एकाटिन	एफिड, थ्रिप्स, माइट, जैसिड, सफेद मक्खी तथा कपास के लीफहाफर आदि।
32. एकालक्स	सब्जियों के तनाछेदक, गाल फ्लाई व लीफहाफर, गोभी के कैटरपिलर, बालवर्म, थ्रिप्स, माइट, पत्ती खाने वाले कैटर पिलर आदि।

सारणीः 33.4 विभिन्न फसलों के कीट एवं उनका नियन्त्रण

फसल	कीट	नियन्त्रण
धान	तना छेदक कीट	फोरेट (10 जी) की 10 किग्रा./हेक्टेयर, कार्बोफ्यूरान (30 जी) की 30 किग्रा./हेक्टेयर, 300 मिली फास्फोमिडान (85%)/डाइमेथोएट (30ई. सी.) 1 ली. की अथवा मोनोक्रोटोफौस (36 ई. सी.) 750 मिली./हेक्टेयर का छिड़काव।
	गंधी कीट	मिथाइल पैराथियान (2%)/क्यूनालफोस (1.5%) अथवा बी.एच.सी. (10%) प्रत्येक की 25% किग्रा. मात्रा/हेक्टेयर फूल आने पर धूल का छिड़काव।

फसल	कीट	नियन्त्रण
	जैसिड	फ्यूराडान (3%G) 20 किग्रा. मात्रा/हेक्टेयर पानी भरे खेत में छिड़कें अथवा मैलाथियान (50 ई.सी.) की 1 लीटर/हेक्टेयर का छिड़काव।
	पत्ती लपेटक कीट	बी.एच.सी. (50%) 5 किग्रा./हेक्टेयर का घोल अथवा इन्डोसल्फान (35 ई.सी.) की 1ली/600 ली. पानी/हेक्टेयर घोल का छिड़काव।
	हिस्सा कीट	पत्ती लपेटक की भाँति।
	गाल फ्लाई	फोरेट (10 जी) की 10 किग्रा./हेक्टेयर अथवा डाइजिनान (20 ई.सी.) का 0.02% का घोल का छिड़काव।
	सैनिक कीट	बी.एच.सी. (10%) धूल 25 किग्रा./हेक्टेयर अथवा इन्डोसल्फान (35 ई. सी.) 1.5 ली. /हेक्टेयर खड़ी फसल में छिड़काव।
	दीमक	एल्ड्रिन (30 ई.सी.) 3.75 ली./हेक्टेयर या बी.एच.सी. (20 ई.सी.) का 3.75 ली./हेक्टेयर या हैप्टाक्लोर (20 ई.सी.) का 3.75 ली./हेक्टेयर सिंचाई के पानी के साथ।
	टिड्डा	बी.एच.सी. (10%) 25 किग्रा./हेक्टेयर का भुरकाव करें।
गेहूँ	गुजिया (वीविल)	गेहूँ, जौ, चना, सरसों, बाजरा, घास कुल में यह कीट हानि पहुँचाता है बी.एच.सी. (10%) धूल 30 किग्रा./हेक्टेयर बुआई से पूर्व भूमि में मिलाए अथवा एल्ड्रिन (5% चूर्ण) अथवा हैप्टाक्लोर (5% चूर्ण) 25 किग्रा./हेक्टेयर भूमि में मिलाना।
	माहूँ	इन्डोसल्फान (35 ई.सी.) 1.25 ली./हेक्टेयर या मिथाइल-ओ-डिमेटान 1 ली./हेक्टेयर फसल पर छिड़कात्र।
मटर	फली छेदक	इन्डोसल्फान (35 ई.सी.) 1.25 ली./हेक्टेयर अथवा फास्फोमिडान (85 ई.सी.) 400 मिली. /हेक्टेयर छिड़काव।
	थ्रिप्स कीट	फली छेदक कीट की भाँति।
चना	कटुआ कीट	30 किग्रा. बी. एच. सी. (10%) बुआई से पूर्व भूमि में मिलाना।
	फली छेदक	इन्डोसल्फान (35 ई.सी.) 1.5 ली. अथवा मोनोक्रोटोफौस (36 ई. सी.) 750 मिली.।
	सेमी लूपर	उपरोक्त की भाँति।
मसूर	फली छेदक	उपरोक्त की भाँति।
	माहूँ	इन्डोराल्फान (35 ई.सी.) 1.25 ली./हेक्टेयर का छिड़काव 600-800 ली. पानी में घोलकर।
राई-सरसों	माहूँ	मैलाथियान (50 ई.सी.) 2 ली. या इण्डोसल्फान (35 ई.सी.) 1.25 ली. प्रति हेक्टेयर छिड़काव।
	आरा मक्खी	बी.एच.सी. चूर्ण (10%) 20-25 किग्रा/हेक्टेयर का भुरकाव करें।
अलसी	सेमी लूपर	चने की भाँति।
	गालमिज	माहूँ की भाँति।
बाजरा	भूरी गुजिया	बी.एच.सी. (100%) या कार्बारिल (10%) धूल 25% किग्रा/हेक्टेयर का फसल पर भूरकाव।
ज्वार-मक्का	तना छेदक	क्यूनालफास (25 ई.सी.) 2 ली./इन्डोसल्फान (35 ई.सी.) 1.5 ली./हेक्टेयर छिड़काव।
मूँगफली	सफेद गिडार	फोरेट (10 जी) 20 किग्रा./हेक्टेयर अथवा कार्बोफ्यूरान (3% जी) 25 किग्रा./हेक्टेयर भूमि में बुआई से पूर्व।

फसल	कीट	नियन्त्रण
	लाल मुंडली	बी.एच.सी. (10%) 30 किग्रा./हेक्टेयर बुआई से पूर्व एवं खड़ी फसल पर इन्डोसल्फान (35 ई. सी.) 1.5 ली./हेक्टेयर का छिड़काव।
कपास	गुलाबी कीट (Pink ballworm)	इन्डोसल्फान (35 ई. सी.) 1.25 ली./हेक्टेयर फास्फोमिडान (85 ई. सी.) 250 मिली/हेक्टेयर का फसल पर छिड़काव
	माहूँ	उपरोक्त की भाँति।
	धब्बेदार कीट	उपरोक्त की भाँति।
	पत्ती लपेटक कीट	इन्डोसल्फान (35 ई.सी.) 1.25-1.50 ली./हेक्टेयर 1000 ली. में घोलकर छिड़काव।
तम्बाकू	गिडार कीट	बी.एच.सी. (10%) 25 किग्रा./हेक्टेयर धूल का भुरकाव।
अंडी	सेमीलूपर कीट	डेमेक्रोन (0.03%) अथवा थायोडान (35 ई.सी.) 1 ली./हेक्टेयर 800 ली. पानी के साथ।
तिल	लीफ रौलर एवं फली छेदक	इण्डोसल्फान (35 ई. सी.) 1.25 ली./हेक्टेयर अथवा क्यूनालफॉस (25 ई.सी.) 1.25 ली. का छिड़काव।
मूँग/उर्द/लोबिया/अरहर	फली बेधक, पत्ती लपेटक कीट	उपर्युक्त की भाँति।
आलू	लीफ हापर,	इन्डोसल्फान (35 ई.सी.) 1.5 ली./हेक्टेयर छिड़काव खड़ी फसल पर।
	सेमीलूपर, माहूँ, एपीलैकना बीटल,	10% सेविन धूल अथवा कार्बाफ्यूरान (3 जी) या थिमेट (10 जी) 30 किग्रा./हेक्टेयर बुआई के समय।
	पोटैटो ट्यूबर मौथ	5% बी.एच.सी. धूल अथवा 1% मैलाथियान का मेड़ों पर भुरकाव।
	कटवर्म	क्लोरोपायरीफॉस (20 ई.सी.) 2 ली./हेक्टेयर 1000-1500 लीटर पानी में घोलकर मेड़ों एवं पौधे पर छिड़काव। थिमिक (10 जी) 8-10 किग्रा. अथवा कार्बोफ्यूरान (3 जी) 30 किग्रा./हेक्टेयर बुआई के समय।
गन्ना	तना छेदक/दीमक	लिन्डेन (गामा बी. एच. सी.) 20 ई.सी. 5 लीटर/हेक्टेयर 1800-2000 लीटर पानी में घोलकर नालियों में छिड़काव।
	पाइरिला/सफेद मक्खी	इन्डोसल्फान (35 ई. सी.) 1.25 ली./क्यूनालफॉस (25 ई.सी.) 1.25 ली./हेक्टेयर का छिड़काव।
	ब्लैक बग/सफेद ग्रूबीटल	इन्डोसल्फान 1 ली./मोनोक्रोटोफॉस 750 मिली./हेक्टेयर का छिड़काव।

मूषकनाशी (Rodenticides)

- खाद्य पदार्थों को नुकसान पहुँचाने वाले जन्तुओं में सबसे अधिक आर्थिक महत्त्व चूहों का है। ये चूहे खेत, खलियान, घरों व गोदामों में रहकर अनाज खाकर क्षति पहुँचाते हैं।
- चूहों को नष्ट करने के लिए दो प्रकार के मूषकनाशी रसायनों का प्रयोग करते हैं।

(1) तीव्र विष (Acute Poisons) जैसे-जिंक फॉस्फाइड, एल्यूमिनियम फॉस्फाइड, VACOR (RH-782)

(2) एण्टी कोगुलेण्ट (Anti coagulant) जैसे-वारफेरिन, रेटाफिन, फ्यूमेरिन।

जिंक फॉस्फाइड (Zinc phosphide) - 2% जिंक फॉस्फाइड का विषाक्त चारा चूहा मारने के लिए प्रयोग करते हैं।

इसके लिए एक भाग जिंक फॉस्फाइड + 49 भाग अनाज (चना, चावल, ज्वार व दाल आदि) + थोड़ा सा सरसों का तेल आपस में मिला लेते हैं। 10-15 ग्राम प्रति बिल की दर से बिलों के अन्दर डालें।

एल्यूमिनियम फॉस्फाइड (Aluminium Phosphide) - बाजार में यह गोलियों के रूप में मिलता है जिन्हें फॉस्टाक्सिन (Phostoxin) या सेल्फॉस (Celphos) भी कहते हैं। एक गोली का भार 3 ग्राम होता है जो 55% एल्यूमिनियम फॉस्फाइड + 40% अमोनियम कार्बोनेट + 5% एल्यूमिनियम ऑक्साइड से बनी होती है। ये गोलियाँ हवा से नमी प्राप्त कर एल्यूमिनियम हाइड्रेट में परिवर्तित होकर फास्फीन, अमोनिया एवं CO_2 नामक जहरीली गैस बनाती हैं जो चूहों को मार देती हैं।

वारफेरिन (Warfarin) - यह WARF-42 रेटाफिन के नाम से भी जाना जाता है। इसे बनाने के लिए 25 ग्राम वारफेरिन + 450 ग्राम कुटा हुआ दाना + 15 ग्राम शक्कर + 10 ग्राम खाने वाला तेल आपस में मिलायें। इस मिश्रण को किसी बर्तन में भरकर चूहों के बिलों के समीप रख दिया जाता है। जिसे चूहे थोड़ा-थोड़ा खाकर बाद में मर जाते हैं।

शाकनाशी रसायनों का वर्गीकरण (Classification of Herbicides)

(1) वरणात्मक शाकनाशी (Selective Herbicides)

(अ) पत्र अनुप्रयोग (Foliage application)

(*i*) **सम्पर्क शाकनाशी (Contact Herbicides)**- जैसे-पोटैशियम साइनेट, डाइक्वाट, पैराक्वाट, अमोनियम सल्फामेट, इण्डोथाल, PCP, DNBP, H_2SO_4, सोडियम आर्सेनेट, नाइट्रोफेन आदि।

(*ii*) **स्थानान्तरित शाकनाशी (Translocated Herbicides)** – जैसे- 2, 4-D; 2, 4- DB; 2, 4, 5-T; डेलापान; एम.सी.पी.ए.; एम.एस.एम.ए.; प्रोपेनिल, मैलिक हाइड्राजाइड; सिलवैक्स आदि।

(ब) मूल अनुप्रयोग (Root application)

एट्राजीन, सिमैजीन, अमीबेन, एवाडैक्स, कोटोरान, केसोरान, डाइयूरान, मोन्यूरान, टेनारान, एप्टाम, निट्रोफेन (टोकई-25), ट्राइफ्लूरेलिन, इण्डोथाल, डैकथाल, लोरोक्स, प्रोमेट्रीन, प्रोपेजिन, CDAA (रेनडाक्स), CDEC, (वैगाडैक्स), NPA, TCA आदि।

(2) अवरणात्मक शाकनाशी (Non-selective Herbicides)

(अ) पत्र अनुप्रयोग (Foliage application)

(*i*) **सम्पर्क शाकनाशी (Contact Herbicides)** जैसे- अम्मेंट, डाइक्वाट, पैरावैक्ट, DNBP, PCP, सोडियम आर्सेनेट, सोडियम क्लोरेट आदि।

(*ii*) **स्थानान्तरित शाकनाशी (Translocated Herbicides)** – जैसे- 2, 4-D; 2, 4, 5-T; डेलापन, एमीट्रोल।

(ब) मूल अनुप्रयोग (Root application)

(*i*) **मृदा धूम्रक (Soil Fumigants)** – जैसे-EPTC, कार्बनडाई सल्फाइड (CS_2), एट्राजीन, मिथाइल ब्रोमाइड, वेपम आदि।

(*ii*) **मृदा जीवाणुनाशक (Soil Sterilants)** – जैसे- डाइयूरान, मोनयूरान, नैबूरान, फेन्यूरान, बोरेट्स, क्लोरेट्स, एट्राजीन, सीमाजीन, ग्लाइफोसेट आदि।

छिड़काव के समय के अनुसार शाकनाशी का वर्गीकरण (Classification of herbicides according to time of application)

(1) पूर्व-रोपण या पूर्व-बुआई (Pre-planting or Pre-sowing)

इसमें शाकनाशी का प्रयोग बुआई या रोपण से पहले करते हैं। जैसे- एलाक्लोर, एलिल एल्कोहल, एट्राजीन, फ्लूक्लोरेलिन, EPTC आदि।

(2) अंकुरण से पूर्व (Pre-emergence)

इसमें शाकनाशी का प्रयोग बुआई के बाद परन्तु अंकुरण से पूर्व करते हैं। जैसे- एलाक्लोर, एमिट्रिन, एट्राजीन, ब्रोमेसिल, मोनयूरान, सिमैजीन, TCA, TCBC, टर्बेसिल आदि।

(3) अंकुरण के बीज (Post-emergence)

इसमें शाकनाशी का प्रयोग बीज अंकुरण के बाद करते हैं। जैसे-2, 4-D, प्रोपेनिल, सिलवैक्स, 2, 4-DB; 2,4,5-T, रिटार्ड, MSMA, पैराक्वाट, आइसोप्रोट्यूरान, डेलापान, डाइक्वाट आदि।

शाकनाशी रसायनों की सान्द्रता (Concentration of Herbicides)

व्यवस्थापित शाकनाशियों का प्रयोग निम्न रूपों में किया जाता है-

(1) द्रव के रूप में (Solution of oil or water)

एक या दो रसायनों का समानता रखने वाला मिश्रण 'द्रव' कहलाता है। जैसे- सिलवैक्स, 2, 4, 5-T, 2, 4-D के एमाइन साल्ट PCP, TCA व डेलापान के सोडियम साल्ट आदि।

(2) तेलयुक्त मिश्रण (Emulsion)

तेल में घुलनशील शाकनाशी रसायनों को पानी में मिलाने के मिश्रण को 'इमल्सन' कहते हैं। जैसे-MCPA, CIPC, CDAA आदि।

(3) नमीयुक्त पाउडर (Wettable Powder)

जैसे- सिमैजीन।

(4) दानों के रूप में (Granules)

कुछ शाकनाशी रसायनों को दानों व छोटी-छोटी गोलियों के रूप में प्रयोग करते हैं। जैसे- 2, 4-D, सिमैजीन, फैन्यूरान व मैचेटी का प्रयोग दानों के रूप में भी किया जा सकता है। दाने का आकार 0.04 से 1.0 मिमी. तक हो सकता है।

सारणीः 33.5 विभिन्न फसलों को खरपतवार रहित रखने की क्रान्तिक अवस्था

(Critical Periods of weed free condition of different crops)

फसल का नाम	खरपतवार रहित अवस्था
गेहूँ	बुआई के बाद 10वें व 45 वें दिन के मध्य
धान	बुआई के बाद 10वें व 45 वें दिन के मध्य
मक्का	बुआई के बाद 10वें व 30 वें दिन के मध्य
बीनूस	बुआई के बाद 10वें व 30 वें दिन के मध्य
मूँगफली	बुआई के बाद अंकुरण से 10 वें दिन तक
सोयाबीन	बुआई के बाद अंकुरण से 30 वें दिन तक
गन्ना	बुआई के बाद तीसरे व 12 वें सप्ताह के मध्य
कपास (सूखा मौसम)	बुआई के बाद 15वें व 30 वें दिन के मध्य
कपास (नमीयुक्त मौसम)	बुआई के बाद 30वें व 60 वें दिन के मध्य
तम्बाकू	रोपण के बाद 40वें व 60 वें दिन के मध्य
अरहर	बुआई के बाद अंकुरण से 70 वें दिन तक
आलू	रोपण के बाद अंकुरण से 50वें दिन तक

सारणीः 33.6 फसलों में रासायनिक खरपतवार नियन्त्रण

(Chemical weed control in crops)

फसल	रासायनिक/व्यापारिक नाम	सक्रिय तत्व a. l. (%)	सक्रिय तत्व (किग्रा./हे.)	प्रति हे. जल की मात्रा (ली.)	खेत में प्रयोग का समय
1. धान	(1) ब्यूटाक्लोर/मैचेटी (द्रव)	50	1.5-2.0	1000	रोपाई के बाद
	मैचेटी (दानेदार)	5	2.0	...	रोपाई के बाद
	(2) प्रोपेनिल/स्टाम F-34	35	3.0	600	रोपाई के बाद

फसल	रासायनिक/व्यापारिक नाम	सक्रिय तत्व a. I. (%)	सक्रिय तत्व (किग्रा./हे.)	प्रति हे. जल की मात्रा (ली.)	खेत में प्रयोग का समय
	(3) फ्लूक्लोरेलिन/बासालीन	45	1.0	1000	रोपाई से पूर्व
	(4) बैनथियोकार्ब/सैटर्न (द्रव)	50	1.5	1000	रोपाई से पूर्व
	सैटर्न (दाना)	10	1.5	1000	रोपाई से पूर्व
	(5) नाइट्रोफेन/टोक E-25 (द्रव)	25	2.0	1000	रोपाई के बाद
	टोक E-25 (दाना)	7	2.0	1000	रोपाई के बाद
2. गेहूँ, जौ व जई	(1) 2, 4-डी (सोडियम)	...	0.625	600	बोने के 30 दिन बाद
	2, 4-डी (एमाइन)	...	0.525	600	बोने के 30 दिन बाद
	(2) मैथाबैंजथियाज्यूरान/ ट्रिब्यूनिल	70	1.5	600	बोने के 30 दिन बाद
	(3) आइसोप्रोट्यूरान/एरीलान	80	1.0	600	बोने के 30 दिन बाद
	टोल्कान	50	1.0	600	बोने के 30 दिन बाद
	(4) मैटाक्जूरान/डोसानैक्स	80	1.5	600	बोने के 30 दिन बाद
3. मक्का	(1) सिमैजीन/टैफासिन	50	1.5	1000	अंकुरण से पूर्व
	(2) एट्राजीन/एट्रैक्स	50	1.5	600	अंकुरण से पूर्व
	(3) पैराक्वाट/ग्रैमोक्सोन	20	0.5	1000	अंकुरण के बाद
	(4) एलाक्लोर/लासो	50	2.5	600	अंकुरण से पूर्व
4. ज्वार	(1) एट्राजीन/एट्रैक्स	50	0.5	600	अंकुरण से पूर्व
	(2) 2, 4-डी/ब्लाडैक्स-जी	72	0.5	600	अंकुरण के बाद
	(3) डीकम्बा/बानैक्स	...	0.5	1000	बुआई के 20 दिन बाद
5. सरसों	(1) एलाक्लोर/लासो	50	2.0	1000	अंकुरण से पूर्व
	(2) नाइट्रोफेन/टोक E-25	25	2.0	1000	अंकुरण से पूर्व
6. सूरजमुखी	(1) लारोक्स/लाइन्यूरान	...	2.0	1000	अंकुरण से पूर्व
	(2) एलाक्लोर/लासो	50	2.0	1000	अंकुरण से पूर्व
7. कुसुम	(1) EPTC/एप्टाम	...	0.5	1000	बुआई से पूर्व
	(2) ट्राइफ्लूरेलिन/ट्रेफ्लान	45	0.5	1000	बुआई से पूर्व
8 अलसी	(1) MCPA/चिपटौक्स	40	0.5	600	अंकुरण के बाद
	(2) डाइलेट/एवाडैक्स	...	0.5	1000	अंकुरण से पूर्व
9. आलू	(1) सिमैजीन/टैफासिन	50	0.5	1000	अंकुरण से पूर्व
	(2) एलाक्लोर/लासो	50	2.5	1000	अंकुरण से पूर्व
	(3) मैट्रीब्यूजीन/सैंकार	70	1.0	600	अंकुरण से पूर्व
	(4) पैराक्वाट/ग्रैमेक्सोन	20	0.5	....	बोने के 20 दिन बाद
10. सोयाबीन	(1) पेन्डीमैथालिन/स्टाम्प	30	1.5	1000	अंकुरण से पूर्व
अरहर	(2) आक्सीफ्लूओरफेन/गोल	20	0.2	600	अंकुरण से पूर्व
उर्द, मूँग	(3) एलाक्लोर/लासो	50	2.0	1000	अंकुरण से पूर्व
लोबिया	(4) नाइट्रोफेन/टोक E-25	25	1.0	1000	अंकुरण से पूर्व

फसल	रासायनिक/व्यापारिक नाम	सक्रिय तत्व a. I. (%)	सक्रिय तत्व (किग्रा./हे.)	प्रति हे. जल की मात्रा (ली.)	खेत में प्रयोग का समय
चना, मटर	(5) फ्लूक्लोरेलिन/बासालिन	45	1.5	1000	बुआई से पूर्व
	(6) ट्राइफ्लूरेलिन/ट्रैफ्लान	45	0.5	1000	बुआई से पूर्व
11. मूँगफली	(1) नाइट्रोफेन/टोक E-25	25	0.5	1000	अंकुरण से पूर्व
	(2) एलाक्लोर/लासो	50	2.0	1000	अंकुरण से पूर्व
	(3) फ्लूक्लोरेलिन/बासालिन	45	1.5	1000	बुआई से पूर्व
12. गन्ना	(1) 2, 4-डी/ब्लाडैक्स	36	2.0	1000	अंकुरण से पूर्व
	(2) एट्राजीन/एट्राटाफ	50	2.0	1000	अंकुरण से पूर्व
	(3) सिमैजीन/टैफासिन	50	2.0	1000	अंकुरण से पूर्व
	(4) डेलापान/डाउपान	80	2.0	1000	अंकुरण के बाद
	(5) फ्लूक्लोरेलिन/बासालिन	45	1.0	1000	अंकुरण से पूर्व
	(6) मैट्रीब्यूजीन/सैंकार	70	2.0	1000	अंकुरण से पूर्व
13. चुकन्दर	(1) नाइट्रोफेन/टोक E-25	25	2.0	1000	अंकुरण के बाद
	(2) डाइक्लोरमेट/सिरमेट (द्रव)	30	2.0	1000	बुआई से पूर्व
	(3) पाइरेमिन/पाइरोजीन	80	2.0	1000	बुआई से पूर्व
14. तम्बाकू	(1) PEBC/टिल्लाप	...	4.0	1000	रोपाई से पूर्व
	(2) डाईफिनामिड	...	4.0	1000	रोपाई से पूर्व
15. बरसीम	(1) MCPB/केनट्राल	...	0.75	600	बोने के 30 दिन बाद
16. रिजका	(1) MCPB/केनट्राल	...	0.75	600	अंकुरण से पूर्व
(लूसर्न)	(2) EPTC/एप्टाम	72	3.0	1000	अंकुरण से पूर्व
	(3) प्रोनामाइड/कर्ब	...	1.0	600	अंकुरण से पूर्व
	(4) डाइयूरान/कर्मेक्स	70	2.0	1000	अंकुरण से पूर्व
17. कपास	(1) MSMA/अंसार-529	...	2.0	1000	अंकुरण के बाद
	(2) डाइयूरान/कार्मेक्स	70	1.0	1000	अंकुरण से पूर्व
	(3) मोन्यूरान/तलवार	...	1.0	1000	अंकुरण से पूर्व
	(4) फ्लूक्लोरेलिन/बासालिन	45	1.0	1000	बुआई से पूर्व
	(5) ट्राइफ्लूरेलिन/ट्रेफ्लान	45	0.5	1000	बुआई से पूर्व
18. जूट	(1) डेलापान/डाउपान	80	2.0	1000	अंकुरण के बाद
	(2) MSMA/अंसार-529	...	4.0	1000	अंकुरण के बाद
19. फूलगोभी	(1) CDEC/वैगाडैक्स	...	3.0	600	रोपाई से पूर्व
पातगोभी	(2) एलाक्लोर/लासो	50	2.0	1000	रोपाई से पूर्व
	(3) फ्लूक्लोरेलिन/बासालिन	45	1.0	1000	रोपाई से पूर्व
20. टमाटर,	(1) फ्लूक्लोरेलिन/बासालिन	45	1.0	1000	रोपाई से पूर्व
बैंगन,मिर्च	(2) EPTC/एप्टाम	72	2.0	700	रोपाई से पूर्व
21. शकरकन्द	(1) EPTC/एप्टाम	72	2.0	700	रोपाई से पूर्व

फसल	रासायनिक/व्यापारिक नाम	सक्रिय तत्व a. l. (%)	सक्रिय तत्व (किग्रा./हे.)	प्रति हे. जल की मात्रा (ली.)	खेत में प्रयोग का समय
22. प्याज	(1) फ्लूक्लोरेलिन/बासालिन	45	1.0	1000	रोपाई से पूर्व
	(2) सिमैजीन/टैफासिन	...	0.5	800	रोपाई से पूर्व
23. पालक	(1) CDEC/वैगाडैक्स	...	3.0	600	अंकुरण से पूर्व
24. भिण्डी	(1) फ्लूक्लोरेलिन/बासालिन	45	1.0	1000	बुआई से पूर्व
	(2) एलाक्लोर/लासो	50	2.0	1000	बुआई से पूर्व
	(3) ट्राइफ्लूरेलिन/ट्रेफ्लान	45	1.0	1000	बुआई से पूर्व
25. मक्का + लोबिया, उर्द, मूँग सोयाबीन	(1) फ्लूक्लोरेलिन/बासालिन	45	1.0	1000	बुआई से पूर्व
26. अरहर + उर्द, मूँग या मूँगफली	(1) फ्लूक्लोरेलिन/बासालिन	45	1.0	1000	बुआई से पूर्व

सारणीः 33.7 प्रमुख खरपतवारों का संक्षिप्त वर्णन
(Brief description of important weeds)

क्र. स.	खरपतवार (Weed)	वृद्धि का समय (Growth Period)	सन्तानोत्पत्ति (Propagation)	शाकनाशी (सक्रिय तत्व) की मात्रा/हे. (1000 ली. पानी में घोलकर)	अन्य विधि से नियन्त्रण
1.	कृष्णनील	रबी	बीज द्वारा	2, 4-डी @ 0.5 किग्रा.	निकाई-गुड़ाई करना।
2.	हिरनखुरी	पूरे वर्ष	बीज, जड़, राइजोम द्वारा	2, 4-डी या 2, 4, 5-टी @ 2.0 किग्रा.	1. ग्रीष्मकालीन जुताई। 2. बार-बार निकाई-गुड़ाई।
3.	सत्यानाशी	रबी	बीज द्वारा	2, 4-डी @ 1.5 किग्रा.	बीज बनने से पहले नष्ट करना
4.	जंगली जई	रबी	बीज द्वारा	बार्बन @ 0.5 किग्रा.	....
5.	बथुआ	रबी	बीज द्वारा	(*i*) 2,4 डी @ 1.5 किग्रा. (*ii*) प्रोपेक्लोर @ 4.0 किग्रा	निकाई-गुड़ाई करना।
6.	मौथा	खरीफ	बीज व ट्यूबर्स द्वारा	(*i*) सिमैजीन @ 2.0 किग्रा. (*ii*) 2,4-डी (1.0 किग्रा.) + MSMA (0.5 किग्रा.)	1. गहरी जुताई कर खेत को खुला छोड़ें। 2. सनई व बरसीम का फसल चक्र अपनायें।
7.	प्याजी	रबी	बीज द्वारा	2,4-डी (Na.salt) @ 3.25-4.5 किग्रा.	1. बीज आने से पूर्व पौधे नष्ट करना।

क्र. स.	खरपतवार (Weed)	वृद्धि का समय (Growth Period)	सन्तानोत्पत्ति (Propagation)	शाकनाशी (सक्रिय तत्व) की मात्रा/हे. (1000 ली. पानी में घोलकर)	अन्य विधि से नियन्त्रण
8.	हज़ारदाना	खरीफ	बीज द्वारा	2,4-डी @ 2.0 किग्रा.	बीज आने से पूर्व पौधे नष्ट करना।
9.	लहसुआ	खरीफ	बीज द्वारा	2,4-डी @ 2.0 किग्रा.	बीज आने से पूर्व पौधे नष्ट करना।
10.	बायसुरी	पूरे वर्ष	बीज जड़ द्वारा	(*i*) MCPA @ 4.0 किग्रा. (*ii*) 2,4-डी (2.5 किग्रा.) + 2,4,5-T (2.5 किग्रा.)	1. गर्मी की जुताई करना। 2. रबी में बरसीम बोयें।
11.	पत्थर चटा	खरीफ	बीज द्वारा	(*i*) MCPA @ 2.3 किग्रा. (*ii*) 2,4-D @ 1.0 किग्रा.	फसल के शुद्ध बीज बोयें।
12.	नुनियाँ	खरीफ	बीज व तनों द्वारा	केनट्राल @ 2.5 किग्रा.	निकाई-गुड़ाई करना।
13.	काँस	पूरे वर्ष	बीज व राइजोम द्वारा	(*i*) डेलपान @ 10-15 किग्रा. (*ii*) फैनेक @ 3 किग्रा.	1. गहरी जुताई करना। 2. सनई उगाना। 3. धान-बरसीम का फसल चक्र उगाना।
14.	दूब घास	पूरे वर्ष	तने की गाँठों द्वारा	डेलापान @ 12 किग्रा.	बार-बार जुताई करना।
15.	जवासा	रबी	बीज द्वारा	(*i*) 2,4-डी @ 2.0 किग्रा. (*ii*) 2,4,5-टी. या डीकम्बा @ 2.0 किग्रा.	निकाई-गुड़ाई करना।
16.	बरूघास	खरीफ	बीज व राइजोम द्वारा	(*i*) डेलापान @ 8-10 किग्रा. (*ii*) एट्राजीन @ 2 किग्रा.	गहरी जुताई करके खेत खुला छोड़ना।
17.	बड़ी दुधी	वर्षा ऋतु	बीज द्वारा	2,4-डी @ 2 किग्रा.	ग्रीष्म में गहरी जुताई।
18.	अमरबेल	सर्दी	तने व शाखाओं द्वारा	कर्ब @ 1.0 किग्रा.	ब्लोटार्च से बेल को जलाना चाहिए।
19.	जरायन	पूरे वर्ष	बीज व सकर्स द्वारा	2,4-डी + 2,4,5-टी @ 2 किग्रा. प्रत्येक	....
20.	खट्टी मीठी	पूरे वर्ष	बल्ब द्वारा	2,4,5-टी @ 2 किग्रा.	जुताई मिट्टी पलट हल से करें।

नियन्त्रण (Control)

इन पदार्थों की जगह पर निम्नीकरणीय पदार्थ उपयोग में लाना चाहिए। इनका उपयोग विशेषज्ञों की देखरेख में करना चाहिए।

बहुविकल्पीय प्रश्न

1. अपतृण नाशक (Herbicide) दखल देता है–
(*a*) CO_2अवशोषण में
(*b*) जल अवशोषण में
(*c*) शर्करा के स्थानान्तरण में
(*d*) जल के प्रकाशीय अघटन में

2. निम्नलिखित पेस्टीसाइड्स में से कौन लिपोफिलिक होते हैं?
(*a*) ट्राइएजिन्स (*b*) ऑर्गेनोक्लोरीन्स
(*c*) पायरीथ्रोइड्स (*d*) ऑर्गेनोफॉस्फेट्स

3. वे पेस्टीसाइड्स जिनमें अति अल्प जीव अपघटन तथा वसोतकों (Fat tissues) के लिए तीव्र सम्बन्ध होता है–
(*a*) ट्राइएजिन्स (*b*) ऑर्गेनोक्लोरीन्स
(*c*) पायरीथ्रोइड्स (*d*) ऑर्गेनोफॉस्फेट्स

4. निम्नलिखित में से कौन-सा यौगिक नीम के वृक्ष से निकाला जाता है, तो कीटों को दूर रखता है?
(*a*) ऐजाडायरैक्टिन (*b*) एल्डीकार्ब
(*c*) फिनायल कार्बेमेट (*d*) पायरीथ्रोइड्स

5. निम्नलिखित में से पेस्टीसाइड के किस घटक ने भोपाल गैस त्रासदी में सैकड़ों लोगों की जान ले ली?
(*a*) कार्बन टेट्राक्लोराइड
(*b*) मिथायल आइसोसायनेट
(*c*) गस्टर्ड गैस
(*d*) नाइट्स अम्ल

6. कीट नाशक जीवों के जैविक नियन्त्रण में आने वाली मुख्य कठिनाई यह है कि–
(*a*) कीटनाशियों के उपयोग की तुलना में यह विधि कम प्रभावी है
(*b*) परभक्षी अन्य भोजन पसंद करने लग जाता है और स्वयं एक नाशक जीव बन जाता है
(*c*) विशिष्ट क्षेत्रों में परभक्षी को प्रवेश कराने में व्यावहारिक कठिनाई आती है
(*d*) नये पर्यावरण में पहुँचाने पर परभक्षी हर बार जीवित नहीं रहता

7. यदि एक खाली सिलेन्डर का जिसे फीरोमोन से लेपा गया है ट्रेप की तरह प्रयोग किया जाये तब–
(*a*) Mottlery होगी
(*b*) सभी कीट आकर्षित होंगे
(*c*) केवल हानिकारक ही आकर्षित होंगे
(*d*) केवल नर कीट आकर्षित होंगे जिससे उनकी जनसंख्या कम हो जायेगी

8. मेलाथिओन, पेराथिओन तथा फेनिट्रोथिओन सम्बन्धित है–
(*a*) कार्बेमेट्स (*b*) ऑर्गेनोफास्फेट्स
(*c*) पायरीथ्रोइड्स (*d*) ट्राइएजिन्स

9. एन्डोसल्फान है एक–
(*a*) शाकनाशी (*b*) अपतृणनाशी
(*c*) कृन्तनाशी (*d*) पीड़कनाशी

10. बी. एच. सी. तथा डी. डी. टी. किस किस्म के कीटनाशी हैं?
(*a*) ऑर्गेनोफास्फेट्स
(*b*) आर्गेनोक्लोरीन
(*c*) कार्बेमेट्स
(*d*) ट्राइएजिन्स

11. बहुत निम्न जीव अपघटन एवं वसीय ऊतकों के प्रति तीव्र समानता वाले पेस्टीसाइड्स होते हैं–
(*a*) ऑर्गेनोफॉस्फेट्स (*b*) ऑर्गेनोक्लोरीन्स
(*c*) पायरीथ्रोइड्स (*d*) ट्राइएजिन्स

12. प्रथम जीव अपतृणनाशक था–
(*a*) जीवाणु अपतृणनाशक
(*b*) शैवाल अपतृणनाशक
(*c*) कवक अपतृणनाशक
(*d*) निमैटोड अपतृणनाशक

13. कीटनाशकों के लिए प्रतिरोधी पेस्ट्स में होती हैं/होते हैं–
(*a*) वसा में तेजी से टॉक्सिन को संग्रह करने की क्षमता
(*b*) उपापचयित होने वाले टॉक्सिन्स के लिए एन्जाइम्स
(*c*) कम पारगम्य अट्रीकिल्स
(*d*) उपरोक्त सभी लक्षण

14. निम्नलिखित में कौन-सा ऑर्गेनोक्लोरीन होता है?
(*a*) एल्ड्रिन (*b*) डी. डी. टी.
(*c*) मैलाथियोन (*d*) पेराथियोन

15. फिनिट (फ्लिट) का एक महत्त्वपूर्ण घटक होता है–
(*a*) बी. एच. सी. (*b*) पेराथियोन
(*c*) मेलाथियोन (*d*) फिर्नेथियोन

16. निम्नलिखित में से कौन-सा पीड़कनाशी ऐसीटाइल कोलीन एस्टरेज का संदमक (Inbibitor) है–
(*a*) एल्ड्रिन (*b*) γ-BHC
(*c*) एन्डोसल्फान (*d*) मेलाथियोन

17. नाशीजीवनाशी रसायनों के अवशेषों का सर्वाधिक जैव विवर्धन प्रायः उन पक्षियों में होता है जो केवल–
(*a*) कृमि खाते हैं (*b*) मांस खाते हैं
(*c*) मछली खाते हैं (*d*) बीज खाते हैं

18. डी. डी. टी. द्वारा पक्षियों के अण्डों के कवच का पतला हो जाना निम्न में से किसके संदमन हो जाने से होता है–
(*a*) Mg ATP_{ase} (*b*) कार्बोनिक ऐनहाइड ्रेज
(*c*) कैल्मोडुलिन (*d*) Ca ATP_{ase}

19. निम्नलिखित में से कौन-सा एक कीटनाशी पर्यावरण में अधि क स्थिर होता है–
(*a*) कैम्फीक्लोर (*b*) मैलाथियोन
(*c*) डी. डी. टी. (*d*) डाइऐजिनॉन

20. कौन-सा एक नाशीजीवनाशी रसायन स्तनी शरीर में तेजी से जमा होता जाता है और दीर्घकाल तक जमा रहता है–
(*a*) रोडेन्टनाशी
(*b*) क्लोरनित हाइड्रोकार्बन
(*c*) ऑर्गेनोफॉस्फोरस यौगिक
(*d*) कवकनाशी

21. प्रथम जैव कीटनाशी जो व्यापारिक स्तर पर उत्पन्न किया जाता हैं–
(*a*) स्पोरीन (*b*) क्यूनीन
(*c*) मोर्फीन (*d*) *फाइटोफ्लोरा* पाल्मीवोरा

22. पायरीथ्रिन प्राप्त किया जाता है–
(*a*) *एजाडिरेक्टा इन्डिका*
(*b*) पायरीथ्रियम
(*c*) *क्राइसनथीमम सिनेरेरीफोलियम*
(*d*) *हेलियन्थस एनस*

23. निम्न में से कौन-सा ऐल्केलॉयड पादप कीटनाशी है–
(*a*) पायरीथ्रम (*b*) सिनेरीन
(*c*) निकोटिन (*d*) उपरोक्त सभी

24. Nerve Gas संदमित करती है–
(*a*) प्रकाश तन्त्र को
(*b*) एसिटाइल कोलिन ऐस्टरेज को
(*c*) श्वसन को
(*d*) उपरोक्त में से कोई नहीं

25. प्रथम जैव शाकनाशी है–
(*a*) शैवालनाशी (*b*) जीवाणुनाशी
(*c*) निमेटोनाशी (*d*) कवकनाशी

26. बोर्डो मिक्सचर की खोज की थी–
(*a*) डी. बैरी ने (*b*) मिलरडेट ने
(*c*) टिलेट ने (*d*) ल्यूवेनहॉक ने

27. निम्नलिखित में से कौन-सा एक ऑर्गेनोफॉस्फेट है?
(*a*) एल्डि ्रन (*b*) एण्डोसल्फान
(*c*) बी. एच. सी. (*d*) फेनिट ्रोथियोन

28. कवकनाशकों (Fungicides) की भाँति प्रयोग होने वाले कार्बेमेट्स (Carbamates) होते हैं–
(*a*) डी. डी. टी. (*b*) थायोकार्बेमेट्स
(*c*) कार्बोफ्यूरान (*d*) कार्बोफ्यूरान तथा एल्डीकार्ब

29. रासायनिक नियंत्रण के बजाय कृष्य पेस्टों (हानिकारक कीटों) का जीव वैज्ञानिक नियन्त्रण होता है–
(*a*) अधिक खर्चीला (*b*) विषैला
(*c*) स्व-पर्पीचुएटिंग (*d*) प्रदूषणकारी

30. पेस्टीसाइड के रुप में डी. डी. टी. की प्रमुख कमी यह होती है कि–
(*a*) जीवधारियों में एकदम इसके लिए प्रतिरोध उत्पन्न हो जाता है
(*b*) यह अन्य कीटनाशकों की अपेक्षा कम प्रभावी होता है
(*c*) इसके उत्पादन की कीमत अधिक होती है
(*d*) यह प्रकृति में सरलता एवं तेजी के साथ निम्नीकृत नहीं होता है

31. यूरिया के व्युत्पन्न पेस्टीसाइड्स सम्बन्ध रखते हैं श्रेणी से–
(*a*) ट्राइएजिन्स की
(*b*) कार्बेमेट्स की
(*c*) ऑर्गेनोफॉस्फेट्स की
(*d*) ऑर्गेनो क्लोरीन्स की

32. बेगौन में उपस्थित रसायन होता है–
(*a*) एल्डीकार्ब (*b*) प्रपोक्सर
(*c*) कार्बोफ्यूरान (*d*) मैलाथियोन

33. व्यापारिक स्तर पर विकसित किया गया सबसे पहला जीव/कीटनाशक (Bioinsecticides) था-
(*a*) स्पोरीन (*b*) मौरफीन
(*c*) कुनेन (*d*) इनमें से कोई नहीं

34. मिथाइल आइसोसायनेट गैस का प्रयोग होता है, तैयार करने के लिए–
(*a*) एल्डि ्न (*b*) मिथाइल कार्बेरिल
(*c*) फ्लिट (*d*) डी. डी. टी.

35. मानव द्वारा प्रयोग में लाया गया सबसे पहला पेस्टीसाइड था–
(*a*) डी. डी. टी. (*b*) निकोटिन
(*c*) नीम की पत्तियाँ (*d*) पायरीथ्रम

36. पायरीथ्रिन प्राप्त होती है–
(*a*) *ऐजाडायरैक्टा इण्डिका* से
(*b*) *हेलिएन्थस एनस* से
(*c*) *क्राइसेन्थेमम सिनेरेरीफोलियम* से
(*d*) इनमें से कोई नहीं

37. हर्बीसाइड्स की तरह प्रयोग में लाये जाने वाले कार्बेमेट्स होते हैं–
(*a*) डाइथ्रायोकार्बेमेट्स
(*b*) फिनायल कार्बेमेट्स
(*c*) थायोकार्बेमेट्स
(*d*) फिनायल कार्बेमेट्स तथा थायोकार्बेमेट्स

38. डी. डी. टी. तथा 2, 4-D का प्रयोग हुआ था–
(*a*) प्रथम विश्वयुद्ध के दौरान
(*b*) प्रथम विश्वयुद्ध के तुरन्त पश्चात्
(*c*) द्वितीय विश्वयुद्ध के प्रारम्भ की ओर
(*d*) द्वितीय विश्वयुद्ध के अन्त की ओर

39. निम्नलिखित पेस्टीसाइड्स की क्रिया विधि होती है समान–
(*a*) ऑर्गेनोक्लोरीन्स तथा कार्बेमेट्स के
(*b*) ऑर्गेनोफॉस्फेट्स तथा कार्बेमेट्स के
(*c*) ऑर्गेनोक्लोरीन्स एवं ऑर्गेनोफॉस्फेट्स के
(*d*) डी. डी. टी. तथा ऑर्गेनोफॉस्फेट्स के

40. अधिकांश कीटनाशकों की सामान्य क्रियाविधि होती है आक्रमण के माध्यम से–
(*a*) तन्त्रिका तन्त्र पर (*b*) परिसंचरण तन्त्र पर
(*c*) श्वसन तन्त्र पर (*d*) पेशी तन्त्र पर

41. कार्बेमेट पेस्टीसाइड होता है–
(*a*) एट्रेजिन (*b*) सिमैजिन
(*c*) प्रपोक्सर (*d*) इनमें से कोई नहीं

42. स्पोरीन का विकास किस देश में हुआ था?
(*a*) यू. एस. ए. (*b*) इटली
(*c*) जर्मनी (*d*) फ्रांस

43. कशेरुकियों (Vertebrates) के लिए अत्यधिक विषैले पेस्टीसाइड्स होते हैं–
(*a*) कार्बेमेट्स (*b*) ऑर्गेनोक्लोरीन्स
(*c*) ऑर्गेनोफॉस्फेट्स (*d*) इनमें से कोई नहीं

44. बोर्डो मिक्सचर का नाम पड़ा–
(*a*) देश के पीछे (*b*) विश्वविद्यालय के पीछे
(*c*) वैज्ञानिक के पीछे (*d*) नगर के पीछे

45. दीमकों के आक्रमण से बचाव के लिए भवनों की नीवों में प्रयुक्त पेस्टीसाइड होता है–
(*a*) ऐल्ड्रिन (*b*) बी. एच. सी.
(*c*) एण्ड्रिन (*d*) डी. डी. टी.

46. स्पोरीन होता है, एक–
(*a*) मायकोहर्बीसाइड (*b*) बायोइन्सैक्टीसाइड
(*c*) हर्बीसाइड (*d*) पेस्टीसाइड

47. आयन परिवहन का संदमन करके स्पोरीन कीटों को मारती है–
(*a*) पाचन तन्त्र (Digestive System)में
(*b*) पूर्वान्त्र (Fore Gut) में
(*c*) मध्यान्त्र (Mid Gut)में
(*d*) पश्चान्त्र (Hind Gut) में

48. निम्नलिखित में कौन-सा ठीक तरह से मेल नहीं खाता हैं–
(*a*) पायरीथ्रोइड्स एट्रेजिन
(*b*) ऑर्गेनोक्लोरीन–डी. डी. टी.
(*c*) ऑर्गेनोफॉस्फैट–मेलाथियोन
(*d*) कार्बेमेट–कार्जेरिल

49. भारतीय लोगों के शरीर की वसा में होती है–
(*a*) डी. डी. टी. की 1-12 ppm
(*b*) डी. डी. टी. की 11-30 ppm
(*c*) डी. डी. टी. की 31-50ppm
(*d*) बिल्कुल भी डी. डी. टी. नहीं

50. कीटनाशी प्रायः प्रभावित करते हैं-
(*a*) श्वसन तन्त्र (*b*) तंत्रिका तन्त्र
(*c*) पेशी तन्त्र (*d*) रुधिर तन्त्र

51. प्रतिबन्धित रसायन है-
(*a*) ब्री. एच. सी. (*b*) फोरेट
(*c*) मैलाथियान (*d*) उपरोक्त सभी

52. Nerve Gas न्यूरोमस्कुलर क्रियाओं को प्रभावित करती हैं–
(*a*) एसिटाइलकोलिन रिसेप्टर स्थानों को बन्द करके
(*b*) एसिटाइल कोलिन के निकलने को संदमित करके
(*c*) एसिटाइल कोलिन ऐस्टरेज को संदमित करके
(*d*) एसिटाइल कोलिन के निकलने को बढ़ाकर

53. तीसरी पीढ़ी के पीड़क नाशी हैं–
(*a*) जूवेनाइल (Juvenile) हार्मोन के समान पदार्थ
(*b*) फीरोमोन्स
(*c*) शाकनाशी
(*d*) स्टेराइलोगेस्ट्रान

54. पीड़क नाशियों के उपयोग से पैदा होने वाली मुख्य समस्या क्या है–
(*a*) उनके अवशेष जल तथा पर्यावरण के अन्य घटकों में कायम बने रहते हैं
(*b*) मच्छर डी. डी. टी. के प्रति प्रतिरोधी हो गये हैं
(*c*) वे रेशम के कीड़ों को मार देते हैं
(*d*) ये कुछ मछलियों के गिलों को विकृत कर देते हैं

55. पीड़कनाशियों के बहुत ही निम्न स्तरों (लगभग 0.02ppm) से युक्त खनिज़ जल को लम्बी अवधियों तक पीते रहने से क्या हो सकता है–
(*a*) अधिकतर लोगों में ल्यूकीमिया (रक्त कैंसर) बन सकता है
(*b*) अंतड़ी का कैंसर बन सकता है
(*c*) देह वसा में पीड़कनाशी अवशेषों का जमाव हो सकता है
(*d*) मच्छरों के प्रति प्रतिरक्षा बन सकती है

56. निम्न में से किस कीटनाशक की खोज के लिये पॉल मुलर को नोबेल पुरस्कार दिया गया था?
(*a*) मैलाथिऑन (*b*) पैराथिऑन
(*c*) पायरीथ्रम (*d*) डी. डी. टी.

57. कवकनाशी की तरह प्रयोग होने वाला कार्बेमेट्स हैं–
(*a*) थार्योकार्बेट्स (*b*) डाइथायोकार्बेमेट
(*c*) कार्बोफ्यूरान (*d*) कार्बोफ्यूरान एल्डिकार्ब

58. Stored Grain Pests को नियन्त्रिण करने के लिये अच्छी तथा रक्षात्मक विधि है–
(*a*) रासायनिक पीड़कनाशी का कम मात्रा में प्रयोग
(*b*) कम विषालु पीड़कनाशी का प्रयोग
(*c*) पीड़कों का जैव नियन्त्रण
(*d*) धुआँ (Fumigation)

59. DDT मारता है–
(*a*) लाभदायक कीटों को
(*b*) सभी जन्तुओं को
(*c*) हानिकारक कीटों को
(*d*) हानिकारक व लाभदायक कीटों को

60. DDT है–
(*a*) कार्बोनेट (*b*) ऑर्गेनोक्लोरीन
(*c*) ट्राइआजीन (*d*) ऑर्गेनोफॉस्फेट

61. मिथाइल आइसोसाइनेट गैस क्या बनाने के काम आती है–

(*a*) एल्ड्रिन (*b*) डी. डी. टी.
(*c*) फिनिट (*d*) मिथाइल कार्बाराइल

62. कौन-सा पीड़कनाशी वसा स्नेही हैं–

(*a*) ऑर्गेनोफॉस्फेट्स (*b*) ट्राइएजिन्स
(*c*) ऑर्गेनोक्लोरीन्स (*d*) पायरीथ्रोइड्स

63. नागफनी के अत्यधिक फैलाव को रोकने के लिए किस कीट का प्रयोग किया गया–

(*a*) नियोडिप्रिओन
(*b*) थामेटोपिआ पिटायोकैम्पा
(*c*) कैक्टोब्लास्टिस कैक्टोर
(*d*) कोलियस यूरिथीन

64. सबसे पहले व्यवसायिक स्तर पर विकसित होने वाला जैव कीटनाशक हैं–

(*a*) मॉर्फीन (*b*) क्वीनीन
(*c*) पोरीन (*d*) फाइटोफ्थोरा

65. जैविक नियन्त्रण अधिक उपज के लिये महत्त्वपूर्ण है। निम्न में से कौन-सा तृतीय पीढ़ी पीड़कनाशी (Third Generation Pesticide) के रुप में प्रयोग किया जाता है–

(*a*) कीट हार्मोन एनालोग
(*b*) कीट प्रतिकर्षी
(*c*) फिरोमोन्स (Pheromones)
(*d*) रोग जनक (Pathogen)

66. निम्नलिखित में से कौन फसलों के कीट रोगों के जैव नियन्त्रण में प्रयुक्त होता है–

(*a*) *बैसिलस सबटाइलिस*
(*b*) *बैसिलस थुरिन्जिएन्सिस*
(*c*) *ऐग्रोवैक्टीरियम ट्यूमीफेशियेन्स*
(*d*) *जैन्थोमोनास मालवेसियेरम*

67. भारत में झील तथा तालाब में एक मारक रोग के लिए मांसाहारी गैम्बुसिया (Gambusia) मछली की पुनः स्थापना (Introduction) की जाती है क्योंकि यह लार्वा को खाती है–

(*a*) नेफेन्टीस (*b*) ड्रॅगन फ्लाई
(*c*) एनाफलीज (*d*) उपरोक्त सभी

68. बोर्डियक्स मिश्रण उपयोग में आता है–

(*a*) खाद के
(*b*) कवकनाशी के
(*c*) कृन्तनाशी के
(*d*) एक रसायन जो मृदा परीक्षण में उपयोग होता है

69. कोचीनियल कीट का प्रयोग किया जाता है, वृद्धि को नियन्त्रण करने के लिए–

(*a*) आइकोर्निया की (*b*) नागफनी की
(*c*) एफिडस की (*d*) स्क्रुवर्म की

70. एक प्राकृतिक कीटनाशी जो पौधों से प्राप्त किया जाता है–

(*a*) रोटेनॉन
(*b*) एजाडिरेक्टिन
(*c*) निकोटीन, सिनेरिन तथा पायरीथ्रम
(*d*) उपरोक्त सभी

71. रोटेनोन क्या होता है–

(*a*) एक जैव शाकनाशी
(*b*) एक कीट हार्मोन
(*c*) एक प्राकृतिक शाकनाशी
(*d*) एक प्राकृतिक कीटनाशी

72. प्रथम 1981 में उत्पन्न किया गया जैव शाकनाशी आधारित है–

(*a*) *एजाडिरेक्टा इन्डिका*
(*b*) *फाइटोफ्थोरा इंफेस्टेन्स*
(*c*) *फाइटोफ्थोरा पल्मीवोरा*
(*d*) *बैसीलस थूरिनजेनेसिस*

73. कीटनाशी सामान्यतः आक्रमण करते हैं–

(*a*) तंत्रिका तंत्र पर (*b*) पेशीय तंत्र पर
(*c*) श्वसन तन्त्र पर (*d*) परिवहन तंत्र पर

74. निम्न में से कौन-सा सुमेलित नहीं किया जाता है–

(*a*) कार्बोमेट–कार्बेराइल
(*b*) कार्बनिक क्लोरीन–डी. डी. टी.
(*c*) पायरीथ्रायड–एट्राजीन
(*d*) कार्बनिक फॉस्फेट–मेलाथियोन

75. प्राकृतिक कीटनाशी एजाडिरेक्टिन प्राप्त किया जाता है–

(*a*) कवक से (*b*) तम्बाकू से
(*c*) नीम से (*d*) शैवाल से

76. समाकलित पीड़क प्रबन्ध (Integrated Pest Management) में नहीं होता–
(*a*) यांत्रिक नियंत्रण
(*b*) जैविक नियंत्रण
(*c*) रासायनिक नियंत्रण
(*d*) उपरोक्त में से कोई नहीं

77. केक्टस के फैलाव को रोकने के लिए निम्न में से कौन-सा कीट प्रयोग किया गया था–
(*a*) *नीयोड्रिप्रिओन सरटिफिर*
(*b*) *केक्टटोब्लास्टिस केक्टोरम*
(*c*) *कॉलस्करीथिरम*
(*d*) उपरोक्त में से कोई नहीं

78. Confusion Technique में है–
(*a*) ट्रेप जिनमें फीरोमोन्स होते हैं
(*b*) Spraying Hydrophobic पेपर जिनमें फीरोमोन्स होते हैं
(*c*) नर द्वारा निकाले हुए संशय कीट
(*d*) उपरोक्त में से कोई नहीं

79. स्पोरीन है प्रथम–
(*a*) शाकनाशी (*b*) पीड़कनाशी
(*c*) जैव कीटनाशी (*d*) कवकनाशी

80. दीमक को रोकने के लिए मकानों की नींव में प्रयोग किया जाता हैं–
(*a*) डी. डी. टी. (*b*) एल्ड्रिन
(*c*) एन्ड्रिन (*d*) बी. एच. सी.

81. मानव द्वारा सबसे पहले प्रयोग किये जाने वाला पीड़कनाशी है–
(*a*) निकोटीन (*b*) डी. डी. टी.
(*c*) पायरीथ्रम (*d*) मार्गोस (नीम) पत्तियाँ

82. कीटनाशक मार देते हैं–
(*a*) केवल विशिष्ट कीटों को
(*b*) केवल पादप पेस्ट्स को
(*c*) हानिकारक कीटों को
(*d*) हानिकारक तथा लाभदायक दोनों प्रकार के कीटों को

83. डी. डी. टी. है एक–
(*a*) ट्राइयोजाइन
(*b*) कार्बेमेट
(*c*) कार्बनिक क्लोरीन
(*d*) कार्बनिक फॉस्फेट

84. निम्नलिखित में से कौन-सा एल्केलॉइड अच्छा पादप कीटनाशक है?
(*a*) निकोटिन (*b*) सिनेरिन
(*c*) पायरीथ्रम (*d*) उपरोक्त सभी

85. व्यापारिक स्तर पर प्रयुक्त प्रथम पेस्टीसाइड था–
(*a*) डी. डी. टी. (*b*) 2, 4-D
(*c*) बर्गेण्डी मिश्रण (*d*) बोर्डो मिश्रण

86. पेस्टीसाइड्स में सम्मिलित होते हैं–
(*a*) केवल कीटनाशक
(*b*) अपतृणनाशक तथा कीटनाशक
(*c*) कीटनाशक, निमैटोड नाशक तथा रोडेण्टीसाइड्स
(*d*) कीटनाशक, कवकनाशक, निमैटोडनाशक, रोडेण्टीसाइड्स एवं अपतृणनाशक

87. घरेलू पेस्ट नाशक (Pesticdes) होते हैं–
(*a*) डी. डी. टी.
(*b*) फिनिट (फ्लिट)
(*c*) फिनिट तथा बेगौन
(*d*) फिनिट, बेगौन, मच्छर भगाने वाले कुण्डल तथा टिक्कियाँ

88. बी. एच. सी. का पूर्ण नाम होता हैं–
(*a*) बेन्जीन हाइड्रोक्लोराइड
(*b*) बेन्जीन होमोक्लोराइड
(*c*) बेन्जीन हेक्साक्लोराइड
(*d*) बेन्जीन हेप्टाक्लोराइड

89. निम्नलिखित में से कौन-सा पेस्टीसाइड कोलिन्कएस्टरेज का संदमन नहीं करता है?
(*a*) मैलाथियोन (*b*) डी. डी. टी
(*c*) कार्बोफ्यूरान (*d*) पेराथियोन

उत्तरमाला

1	2	3	4	5	6	7	8	9	10
(*d*)	(*b*)	(*b*)	(*a*)	(*b*)	(*d*)	(*d*)	(*b*)	(*d*)	(*b*)
11	**12**	**13**	**14**	**15**	**16**	**17**	**18**	**19**	**20**
(*b*)	(*c*)	(*d*)	(*b*)	(*c*)	(*d*)	(*c*)	(*d*)	(*c*)	(*b*)
21	**22**	**23**	**24**	**25**	**26**	**27**	**28**	**29**	**30**
(*b*)	(*c*)	(*d*)	(*b*)	(*d*)	(*b*)	(*d*)	(*d*)	(*c*)	(*d*)
31	**32**	**33**	**34**	**35**	**36**	**37**	**38**	**39**	**40**
(*a*)	(*b*)	(*a*)	(*b*)	(*c*)	(*c*)	(*d*)	(*d*)	(*b*)	(*a*)
41	**42**	**43**	**44**	**45**	**46**	**47**	**48**	**49**	**50**
(*c*)	(*c*)	(*c*)	(*b*)	(*a*)	(*b*)	(*c*)	(*a*)	(*b*)	(*b*)
51	**52**	**53**	**54**	**55**	**56**	**57**	**58**	**59**	**60**
(*a*)	(*c*)	(*a*)	(*b*)	(*c*)	(*d*)	(*b*)	(*d*)	(*d*)	(*b*)
61	**62**	**63**	**64**	**65**	**66**	**67**	**68**	**69**	**70**
(*d*)	(*c*)	(*c*)	(*c*)	(*a*)	(*b*)	(*c*)	(*b*)	(*b*)	(*d*)
71	**72**	**73**	**74**	**75**	**76**	**77**	**78**	**79**	**80**
(*d*)	(*c*)	(*a*)	(*c*)	(*c*)	(*d*)	(*b*)	(*b*)	(*c*)	(*b*)
81	**82**	**83**	**84**	**85**	**86**	**87**	**88**	**89**	
(*d*)	(*d*)	(*c*)	(*d*)	(*d*)	(*d*)	(*d*)	(*c*)	(*b*)	

❑❑❑

CHAPTER 34

जैव-विविधता एवं इसका संरक्षण
BIODIVERSITY AND ITS CONSERVATION

- जैव-विविधता दो शब्दों के मेल से बना है, (Bio) 'बायो' का अर्थ है–जीव तथा 'डाइवर्सिटी' (Diversity) का अर्थ है–विविधता।
- साधारण शब्दों में, किसी निश्चित भौगोलिक क्षेत्र में पाए जाने वाले जीवों की संख्या और उनकी विविधता को जैव-विविधता कहते हैं। इसका संबंध पौधों के प्रकार, प्राणियों तथा सूक्ष्म जीवाणुओं से है। उनकी आनुवंशिकी और उनके द्वारा निर्मित पारितंत्र से है।
- यह पृथ्वी पर पाए जाने वाले जीवधारियों की परिवर्तनशीलता, एक ही प्रजाति तथा विभिन्न प्रजातियों में परिवर्तनशीलता तथा विभिन्न पारितंत्रों में विविधता से संबंधित है।
- जैव-विविधता सजीव संपदा है। यह विकास के लाखों वर्षों के इतिहास का परिणाम है।

जैव-विविधता को तीन स्तरों पर समझा जा सकता है–

(*i*) अनुवांशिक जैव-विविधता (Genetic biodiversity)

(*ii*) प्रजातीय जैव-विविधता (Species biodiversity)

(*iii*) पारितंत्रीय जैव-विविधता (Ecosystem biodiversity)

अनुवांशिक जैव-विविधता (Genetic biodiversity): जीवन निर्माण के लिए जीन (Gene) एक मूलभूत इकाई है। किसी प्रजाति में जीन की विविधता ही अनुवांशिक जैव-विविधता है। समान भौतिक लक्षणों वाले जीवों के समूह को प्रजाति कहते हैं। मानव अनुवांशिक रूप से *'होमोसेपियन'* (*Homosapiens*) प्रजाति से संबंधित हैं, जिसमें कद, रंग और अलग दिखावट जैसे शारीरिक लक्षणों में काफी भिन्नता है। इसका कारण अनुवांशिक विविधता है। विभिन्न प्रजातियों के विकास व फलने-फूलने के लिए अनुवांशिक विविधता अत्यधिक अनिवार्य है। हिमालय की विभिन्न श्रेणियों में उगने वाला औषधीय पादप राऊवोल्फीया वोमिटोरिया की आनुवंशिक विविधता उसके द्वारा उत्पादित सक्रिय रसायन रेसरपिन की क्षमता तथा सांद्रता से संबंधित हो सकती है। भारत में 50 हजार से अधिक आनुवंशिक रूप में भिन्न धान की तथा 1000 से अधिक आम की जातियाँ हैं।

प्रजातीय विविधता (Species diversity)

यह भिन्नता जाति स्तर पर है। यह प्रजातियों की अनेकरूपता को बताती है। यह किसी निर्धारित क्षेत्र में प्रजातियों की संख्या से संबंधित है। प्रजातियों की विविधता, उनकी समृद्धि, प्रकार तथा बहुलता से आँकी जा सकती है। कुछ क्षेत्रों में प्रजातियों की संख्या अधिक होती है और कुछ में कम। जिन क्षेत्रों में प्रजातीय विविधता अधिक होती है, उन्हें विविधता के 'हॉट-स्पॉट' (Hot spots) कहते हैं। उदाहरणार्थ-पश्चिमी घाट में उभयचर जातियों की विविधता पूर्वी घाट से अधिक है।

पारितंत्रीय विविधता (Ecosystem diversity)

यह विविधता पारितंत्र स्तर पर है, पारितंत्रों के प्रकारों में व्यापक भिन्नता और प्रत्येक प्रकार के पारितंत्रों में होने वाले पारितंत्रीय प्रक्रियाएं तथा आवास स्थानों की भिन्नता ही पारितंत्रीय विविधता बनाते हैं। पारितंत्रीय विविधता का परिसीमन करना मुश्किल और जटिल है, क्योंकि समुदायों (प्रजातियों का समूह) और पारितंत्र की सीमाएँ निश्चित नहीं हैं। उदाहरणार्थ-भारत के रेगिस्तान, वर्षा वन, मैंग्रोव, प्रवाल भित्ति (कोरल रीफ), आर्द्र भूमि, ज्वारनदमुख (एस्चुएरी) तथा एल्पाइन शाद्वल (मीडोज) की पारितंत्र विभिन्नता स्कैंडीनेवियाई देश नार्वे से अधिक है।

पृथ्वी तथा भारत में जातियों की संख्या

आई. यू. सी. एन. (इंटरनेशनल यूनियन फॉर कंजरवेशन ऑफ नेचर एंड नेचुरल रिसोर्सेस) 2004 के अनुसार; अब तक दर्शायी गई जंतु व पादपों की कुल संख्या 1.5 मिलियन से कुछ अधिक

है। आकलन में बहुत विभिन्नताएँ हैं तथा उनमें से कुछ शैक्षिक अनुमान मात्र है कि वर्गिकी समूह की जातियों की खोज उष्ण कटिबंधीय (ट्रॉपिकल) देशों की अपेक्षा शीतोष्ण (टेंपरेट) देशों में अधिक पूर्ण है। वैज्ञानिकों ने गहन रूप से अध्ययन किए गए कीटों के समूह की उष्ण कटिबंधीय व शीतोष्ण जातियों की सांख्यिकीय तुलना कर उनके परिणामों के अनुपात को जंतु व पादपों में अनुमानित कर पृथ्वी की कुल जातियों का आकलन किया। रोबर्ट मेए द्वारा दिया गया एक अधिक संतुलित तथा वैज्ञानिक रूप से शुद्ध आकलन वैश्विक जातीय विविधता को लगभग 70 लाख (7 मिलियन) तक मानता है। (चित्र 34.1)

- सभी आकलित जातियों में से 70 प्रतिशत से अधिक जंतु हैं,
- शैवाल, कवक, ब्रायोफाइट, आवृत्तबीजी तथा अनावृत्तबीजियों जैसे पादपों को मिलाकर 22 प्रतिशत से अधिक नहीं है।
- जंतुओं में कीट सबसे अधिक समृद्ध जातीय वर्ग समूह है, जो संपूर्ण जातियों के 70 प्रतिशत से अधिक है।
- संसार में कवक जातियों की कुल संख्या, मछली, उभयचर (एम्फीबिया), सरीसृप (रेप्टाइल) तथा स्तनधारियों (मैमल्स) से अधिक है।
- यद्यपि भारत का भूमि क्षेत्र विश्व का केवल 2.4 प्रतिशत है। लेकिन इसकी वैश्विक जातीय विविधता 8.1 प्रतिशत है।
- भारत में लगभग 45000 पादप जातियाँ तथा इससे दो गुना से अधिक जंतु जातियों को अभिलिखित किया जा चुका है।

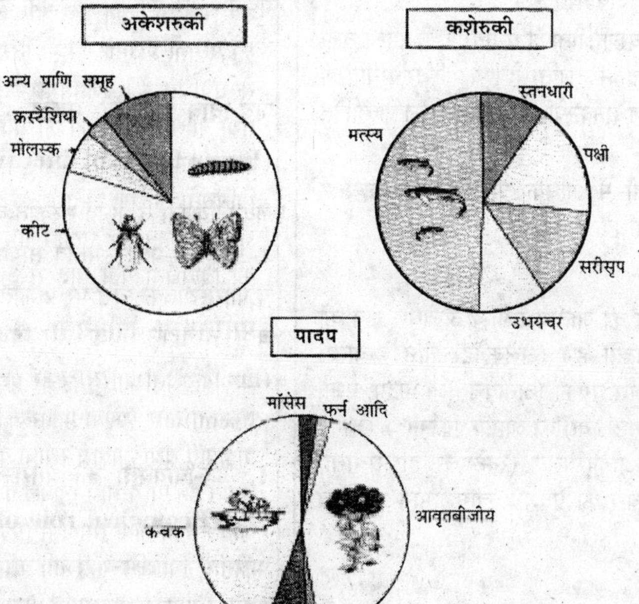

चित्र 34.1 वैश्विक जैव-विविधता का प्रतिनिधित्व

जैव-विविधता के प्रतिरूप (पैटर्न)

(क) अक्षांशीय प्रवणता

जंतु व पादपों की विविधता संपूर्ण विश्व में असमान वितरण दर्शाती है। सामान्यतः भूमध्य–रेखा से ध्रुवों की ओर जाने पर जातीय विविधता घटती जाती है। केवल कुछ अपवादों को छोड़कर उष्ण कटिबंधीय क्षेत्र (अक्षांशीय सीमा 23.5 डिग्री उत्तर से 23.5 डिग्री दक्षिण तक) में शीतोष्ण या ध्रुव प्रदेशों से अधिक जातियाँ पाई जाती हैं। भूमध्य रेखा के समीप स्थित कोलम्बिया में 1400 पक्षी जातियां हैं, जबकि न्यूयार्क, जो कि 41 डिग्री उत्तर में है, 105 पक्षी जातियाँ व ग्रीनलैंड के 71 डिग्री उत्तर में केवल 56 पक्षी जातियाँ हैं।

भारत में, जिसका अधिकतर भूभाग उष्ण कटिबंध क्षेत्र में है, 1200 से अधिक पक्षी जातियाँ हैं। इक्वाडोर के उष्ण कटिबंध ा के वन क्षेत्र में, जैसे कि इक्वाडोर, संवहनी पौधों की जातियाँ यू.एस.ए. के मध्य पश्चिम में स्थित शीतोष्ण क्षेत्र के वनों से 10 गुना अधिक है। दक्षिणी अमेरिका के अमेजन उष्ण कटिबंध वर्षा वनों की जैवविविधता पृथ्वी पर सबसे अधिक है। यहाँ पर 40 हजार पादप जातियाँ, 3000 मत्स्य, 1300 पक्षी, 427 स्तनधारी, 427 उभयचर, 378 सरीसृप तथा 1 लाख पच्चीस हजार से अधिक अकशेरुकी जातियों का आवास है।

उष्ण कटिबंध क्षेत्र में जैव-विविधता का मुख्य कारण निम्न है-

1. जाति उद्भवन (स्पीशिएशन) आमतौर पर समय का कार्य है। शीतोष्ण क्षेत्र में प्राचीन समय से बार-बार हिमनदन (ग्लेशिएशन) होता रहा जबकि उष्ण कटिबंध क्षेत्र लाखों वर्षों से अपेक्षाकृत अबाधित रहा है।
2. उष्ण कटिबंध पर्यावरण शीतोष्ण पर्यावरण, से भिन्न तथा कम मौसमीय परिवर्तन दर्शाता है। यह स्थिर पर्यावरण निकेत विशिष्टीकरण (निकस्पेशिएलाइजेशन) को प्रोत्साहित करता रहा है।
3. उष्ण कटिबंध क्षेत्रों में अधिक सौर ऊर्जा उपलब्ध है जिससे उत्पादन अधिक होता है।

(ख) जातीय क्षेत्र संबंध

कुछ सीमा तक किसी क्षेत्र की जातीय समृद्धि अन्वेषण क्षेत्र की सीमा बढ़ाने के साथ बढ़ती है। (अलेक्जैंडर वॉन हम्बोल्ट) वास्तव में, जाति समृद्धि और वर्गकों (अनावृत्तबीजी पादप, पक्षी, चमगादड़, अलवणजलीय मछलियाँ) की व्यापक किस्मों के क्षेत्र के बीच संबंध आयताकार अतिपरवलय (रेक्टेंगुलर हाइपरबोला) होता है। जातीय और संबंध का प्रदर्शनः लॉग पैमाने पर चित्र 34.2 में दर्शाया गया है।

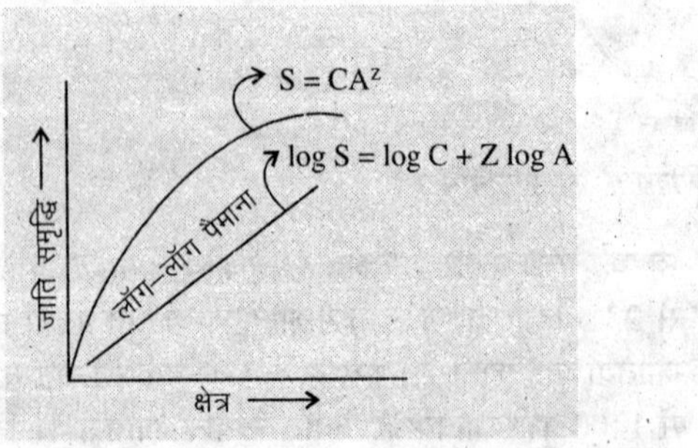

चित्र 34.2 जातीय और संबंध का प्रदर्शनः लॉग पैमाने पर संबंध रेखीय हो जाते हैं।

लघुगणक पैमाने पर यह संबंध एक सीधी रेखा दर्शाता है जो कि निम्न समीकरण द्वारा प्रदर्शित है–

$$\log S = \text{Log } C + Z \log A$$

जहाँ पर S = जातीय समृद्धि, A = क्षेत्र

Z = रेखीय ढाल (समाश्रयण गुणांक रिग्रेशन कोएफिशिएंट),

C = Y- अंतः खंड (इंटरसेट)

Z का मान 0.1 से 0.2 परास में होता है। समाश्रयण रेखा (रिग्रेसन लाइन) की ढलान आश्चर्यजनक रूप से एक जैसी होती है। लेकिन यदि हम किसी बड़े समूह, जैसे संपूर्ण महाद्वीप, के जातीय क्षेत्र संबंध का विश्लेषण करते हैं तब ज्ञात होता है कि समाश्रयण रेखा की ढलान तीव्र रूप से तिरछी खड़ी है (Z के मान की परास 0.6 से 1.2 है)। जाति समृद्धि उदाहरणार्थ-विभिन्न महाद्वीपों के उष्ण कटिबंध वनों के फलाहारी पक्षी तथा स्तनधारियों की रेखा की ढलान 1.15 है।

जैव-विविधता का महत्व
(Importance of biodiversity)

जैव-विविधता ने मानव संस्कृति के विकास में बहुत योगदान दिया है और इसी प्रकार, मानव समुदायों ने भी आनुवंशिक, प्रजातीय व पारिस्थितिक स्तरों पर प्राकृतिक विविधता को बनाए रखने में बड़ा योगदान दिया है। जैव-विविधता की पारिस्थितिक (Ecological), आर्थिक (Economic), और वैज्ञानिक (Scientific) भूमिकाएँ प्रमुख है।

1. जैव-विविधता की पारिस्थितिकीय भूमिका (Ecological role of biodiversity)

पारितंत्र में विभिन्न प्रजातियां कोई न कोई क्रिया करती हैं। पारितंत्र में कोई भी प्रजाति बिना कारण न तो विकसित हो सकती है और न ही बनी रह सकती है। अर्थात्, प्रत्येक जीव अपनी जरूरत पूरा करने के साथ-साथ दूसरे जीवों के पनपने में भी सहायक होता है। क्या आप बता सकते हैं कि मानव, पारितंत्रों के बने रहने में क्या योगदान देता है? जीव व प्रजातियाँ ऊर्जा ग्रहण कर उसका संग्रहण करती हैं, कार्बनिक पदार्थ उत्पन्न एवं विघटित करती हैं और पारितंत्र में जल व पोषक तत्त्वों के चक्र को बनाए रखने में सहायक होती हैं। इसके अतिरिक्त प्रजातियाँ वायुमंडलीय गैस को स्थिर करती हैं और जलवायु को नियंत्रित

करने में सहायक होती हैं। ये पारितंत्री क्रियाएँ मानव जीवन के लिए महत्त्वपूर्ण क्रियाएँ हैं। पारितंत्र में जितनी अधिक विविधता होगी प्रजातियों के प्रतिकूल स्थितियों में भी रहने की संभावना और उनकी उत्पादकता भी उतनी ही अधिक होगी। प्रजातियों की क्षति से तंत्र के बने रहने की क्षमता भी कम हो जाएगी। अधिक आनुवंशिक विविधता वाली प्रजातियों की तरह अधिक जैव-विविधता वाले पारितंत्र में पर्यावरण के बदलावों को सहन करने की अधिक सक्षमता होती है। दूसरे शब्दों में, जिस पारितंत्र में जितनी प्रकार की प्रजातियाँ होगी, वह पारितंत्र उतना ही अधिक स्थायी होगा। सभी मनुष्यों के लिए दैनिक जीवन में जैव-विविधता एक महत्वपूर्ण संसाधन है। जैव-विविधता का एक महत्वपूर्ण भाग 'फसलों की विविधता' (Crop diversity) है, जिसे कृषि जैव-विविधता भी कहा जाता है। जैव-विविधता को संसाधनों के उन भंडारों के रूप में भी समझा जा सकता है, जिनकी उपयोगिता भोज्य पदार्थ, औषधियाँ और सौंदर्य प्रसाधन आदि बनाने में है। जैव संसाधनों की ये परिकल्पना जैव-विविधता के विनाश के लिए भी उत्तरदायी है। साथ ही यह संसाधनों के विभाजन और बंटवारे को लेकर उत्पन्न नए विवादों का भी जनक है। खाद्य फसलें, पशु, वन संसाधन, मत्स्य और दवा संसाधन आदि कुछ ऐसे प्रमुख आर्थिक महत्त्व के उत्पाद हैं, जो मानव को जैव-विविधता के फलस्वरूप उपलब्ध होते हैं।

2. जैव-विविधता की वैज्ञानिक भूमिका (Scientific role of biodiversity)

जैव-विविधता इसलिए महत्वपूर्ण है, क्योंकि प्रत्येक प्रजाति हमें यह संकेत दे सकती है कि जीवन का आरंभ कैसे हुआ और यह भविष्य में कैसे विकसित होगा। जीवन कैसे चलता है और पारितंत्र, जिसमें हम भी एक प्रजाति हैं, उसे बनाए रखने में प्रत्येक प्रजाति की क्या भूमिका हैं इन्हें हम जैव-विविधता से समझ सकते हैं। हम सभी को यह तथ्य समझना चाहिए कि हम स्वयं जिएँ और दूसरी प्रजातियों को भी जीने दें। यह समझना हमारी नैतिक जिम्मेदारी है कि हमारे साथ सभी प्रजातियों को जीवित रहने का अधिकार है। अतः कई प्रजातियों को स्वेच्छा से विलुप्त करना नैतिक रूप से गलत है। जैव-विविधता का स्तर अन्य जीवित प्रजातियों के साथ हमारे संबंध का एक अच्छा पैमाना है। वास्तव में, जैव-विविधता की अवधारणा कई मानव संस्कृतियों का अभिन्न अंग है।

जैव-विविधता का ह्रास (Loss of biodiversity)

पिछले कुछ दशकों से, जनसंख्या वृद्धि के कारण, प्राकृतिक संसाधनों का उपभोग अधिक होने लगा है। इससे संसार के विभिन्न भागों में प्रजातियों तथा उनके आवास स्थानों में तेजी से कमी हुई है। उष्णकटिबंधीय वर्षा वाले वनों में पृथ्वी की लगभग 50 प्रतिशत प्रजातियाँ पाई जाती हैं और प्राकृतिक आवासों का विनाश पूरे जैवमंडल के लिए हानिकारक सिद्ध हुआ है। प्राकृतिक आपदाएँ पृथ्वी पर पाई जाने वाली प्राणिजात और वनस्पति जात को क्षति पहुंचाते हैं और परिणामस्वरूप संबंधित प्रभावित प्रदेशों की जैव-विविधता में बदलाव आता है। कीटनाशक और अन्य प्रदूषक, जैसे-हाइड्राकार्बन (Hydrocarbon) और विषैली भारी धातु (Toxic heavy metals), संवेदशील और कमजोर प्रजातियों को नष्ट कर देते हैं। वे प्रजातियाँ, जो स्थानीय आवास की मूल जैव प्रजाति नहीं हैं, लेकिन उस तंत्र में स्थापित की गई हैं, उन्हें 'विदेशज प्रजातियाँ' (Exotic species) कहा जाता है। विदेशज प्रजातियों के आगमन से पारितंत्र में प्राकृतिक या मूल जैव समुदाय को व्यापक नुकसान होता है। पिछले कुछ दशकों के दौरान, कुछ जंतुओं, जैसे-बाघ, चीता, हाथी, गैंडा, मगरमच्छ, मिंक और पक्षियों का, उनके सींग, सूँड़ व खालों के लिए निर्दयतापूर्वक अवैध शिकार किया जा रहा है। इसके फलस्वरूप कुछ प्रजातियाँ लुप्त होने के कगार पर आ गई हैं। प्राकृतिक संसाधनों व पर्यावरण संरक्षण की अंतर्राष्ट्रीय संस्था (IUCN) ने संकटापन्न पौधों व जीवों की प्रजातियों को उनके संरक्षण के उद्देश्य से तीन वर्गों में विभाजित किया है।

संकटापन्न प्रजातियाँ (Endangered species)

इसमें वे सभी प्रजातियाँ सम्मिलित हैं, जिनके लुप्त हो जाने का खतरा है। इंटरनेशनल यूनियन फॉर द कंजरवेशन ऑफ नेचर एंड नेचुरल रिसोर्सेस (IUCN) विश्व की सभी संकटापन्न प्रजातियों के बारे में रेड लिस्ट (Red list) के नाम से सूचना प्रकाशित करता है।

सुभेद्य प्रजातियाँ (Vulnerble species)

इसमें वे प्रजातियाँ सम्मिलित हैं, जिन्हें यदि संरक्षित नहीं, किया गया या उनके विलुप्त होने में सहयोगी कारक यदि जारी रहे तो

निकट भविष्य में उनके विलुप्त होने का खतरा है। इनकी संख्या अत्यधिक कम होने में कारण, इनका जीवित रहना सुनिश्चित नहीं है।

दुर्लभ प्रजातियाँ (Rare species)

संसार में इन प्रजातियों की संख्या बहुत कम हैं। ये प्रजातियां कुछ ही स्थानों पर सीमित हैं या बड़े क्षेत्र में विरल रूप में बिखरी हुई हैं।

मानव द्वारा प्रशांत उष्ण कटिबंधी द्वीपों पर आवासीय बस्तियाँ स्थापित करने से वहाँ के मूल पक्षियों की 2 हजार से अधिक जातियाँ विलुप्त हो गई हैं। आई. यू. सी. एन. की लाल सूची (Red list) 2004 के साक्ष्यों के अनुसार पिछले 500 वर्षों में 784 जातियां (338 कशेरुकी, 359 अकशेरुकी तथा 87 पादप) लुप्त हो गयी हैं। नयी विलुप्त जातियों में मॉरीशस की डोडो, अफ्रीका की क्वैगा, आस्ट्रेलिया की थाइलेसिन, रूस की स्लेटर समुद्री गाय एवं बाली, जावा तथा कैस्पियन के बाघ की तीन उपजातियाँ शामिल हैं। उभयचर समूह अधिक विलुप्त हुए हैं। विश्व की 15,500 से भी अधिक जातियाँ विलुप्ति के कगार पर हैं। इस समय 12 प्रतिशत पक्षी; 23 स्तनधारी, 32 प्रतिशत उभयचर तथा 31 प्रतिशत आवृत्तबीजी की जातियाँ विलुप्ति के कगार पर हैं। पारिस्थितिकविदों की चेतावनी है कि यदि यही दर जारी रही तो 100 वर्षों में ही पृथ्वी की आधी जातियाँ विलुप्त हो जायेंगी।

जैव विविधता की क्षति के कारण

(क) आवासीय क्षति तथा विखंडन

यह जंतु व पौधे के विलुप्तीकरण का मुख्य कारण है। उष्ण कटिबंधीय वर्षा-वनों से होने वाली आवासीय क्षति का सबसे अच्छा उदाहरण है। एक समय वर्षा वन पृथ्वी के 14 प्रतिशत क्षेत्र में फैले थे; लेकिन अब 6 प्रतिशत से अधिक क्षेत्र में नहीं है। विशाल अमेजन वर्षा-वन, (जिसे विशाल होने के कारण 'पृथ्वी का फेफड़ा' कहा जाता है) में संभवतः करोड़ों जातियाँ निवास करती हैं। आवासीय क्षति के अलावा प्रदूषण के कारण भी आवास में खंडन (फ्रैग्मैंटेशन) हुआ है, जिससे बहुत सी जातियों के जीवन को खतरा उत्पन्न हुआ है।

(ख) अतिदोहन

मानव द्वारा अति दोहन से पिछले 500 वर्षों में बहुत सी जातियाँ (स्टीलर समुद्री गाय, पैसेंजर कबूतर) विलुप्त हुई हैं। आज बहुत सारी समुद्री मछलियों आदि की जनसंख्या शिकार के कारण कम होती जा रही हैं जिसके कारण व्यावसायिक महत्त्व की जातियाँ खतरे में हैं।

(ग) विदेशी जातियों का आक्रमण

कुछ बाहरी जातियाँ आक्रामक होकर स्थानिक जातियों में कमी या उनकी विलुप्ति का कारण बन जाती हैं। जैसे जब नील नदी की मछली (नाइल पर्च) को पूर्वी अफ्रीका की विक्टोरिया झील में डाला गया तब झील में रहने वाली पारिस्थितिक रूप से बेजोड़ सिचलिड मछलियों की 200 से अधिक जातियाँ विलुप्त हो गईं। आप गाजर घास (पार्थेनियम), लैंटाना, और हायसिंथ (आइकार्निया) जैसी आक्रामक खरपतवार जातियों से पर्यावरण को होने वाली क्षति और हमारी देशज जातियों के लिए हुए खतरे से अच्छी तरह से परिचित हैं। मत्स्य पालन के उद्देश्य से अफ्रीकन कैटफिश **कलैरियस गैरीपाइनस** मछली को हमारी नदियों में लाया गया; लेकिन अब ये मछली हमारी नदियों की मूल अशल्कमीन (कैटफिश जातियों) के लिए खतरा पैदा कर रही हैं।

(घ) सहविलुप्तता

जब एक जाति विलुप्त होती है तब उस पर आधारित दूसरी जंतु व पादप जातियाँ भी विलुप्त होने लगती हैं। जब एक परपोषी मत्स्य जाति विलुप्त होती है तब उसके विशिष्ट परजीवियों का भी वही भविष्य होता है। दूसरा उदाहरण विकसित परागणकारी (पॉलिनेटर) सहोपकारिता (म्यूचुआलिज्म) का है जहाँ एक (पादप) के विलोपन से दूसरे (कीट) का विलोपन भी निश्चित रूप से होता है।

जैव-विविधता का संरक्षण (Conservation of biodiversity)

मानव के अस्तित्व के लिए जैव-विविधता अति आवश्यक है। किसी एक प्रजाति पर संकट आने से दूसरों में असंतुलन की स्थिति पैदा हो जाती है। यह अति अनिवार्य है कि पर्यावरण-मैत्री संबंधी पद्धतियों को अपनाई जाए, जो दूसरे जीवों के साथ समन्वित हो और सतत् पोषणीय (Sustainable) हो।

सन् 1992 में ब्राजील के रियो-डी-जेनेरियो (Rio-de-Janeiro) में हुए जैव-विविधता के सम्मेलन (Earth summit) में लिए गए संकल्पों का भारत अन्य 155 देशों सहित हस्ताक्षरी है। विश्व संरक्षण कार्य योजना में जैव-विविधता संरक्षण के निम्न तरीके सुझाए गए हैं:

(*i*) संकटापन्न प्रजातियों के संरक्षण के लिए प्रयास करने चाहिए।

(*ii*) प्रजातियों को लुप्त होने से बचाने के लिए उचित योजनाएँ व प्रबंधन अपेक्षित है।,

(*iii*) खाद्यान्नों की किस्में, चारे संबंधी पौधों की किस्में, इमारती लकड़ी के पेड़, पशुधन, जंतु व उनकी वन्य प्रजातियों की किस्मों को संरक्षित करना चाहिए।

(*iv*) प्रत्येक देश को अन्य जीवों के आवास को चिह्नित कर उनकी सुरक्षा को सुनिश्चित करना चाहिए।

(*v*) प्रजातियों के पलने-बढ़ने तथा विकसित होने के स्थान सुरक्षित व संरक्षित हों।

(*vi*) वन्य जीवों व पौधों का अंतर्राष्ट्रीय व्यापार, नियमों के अनुरूप हो।

भारत सरकार ने प्राकृतिक सीमाओं के भीतर विभिन्न प्रकार की प्रजातियों को बचाने, संरक्षित करने और विस्तार करने के लिए, वन्य जीव सुरक्षा अधिनियम 1972 (Wild life protection act, 1972), पारित किया है, जिसके अंतर्गत नेशनल पार्क (National parks), पशुविहार (Sanctuaries) स्थापित किये गए हैं तथा जीवमंडल आरक्षित क्षेत्र (Biosphere reserve) घोषित किये गए हैं। वह देश, जो उष्ण कटिबंधीय क्षेत्र में स्थित हैं, उनमें संसार की सर्वाधिक प्रजातीय विविधता पाई जाती है। उन्हें 'महा विविधता केंद्र' (Mega diversity centres) कहा जाता है। इन देशों की संख्या 12 है और उनके नाम हैं: मैक्सिको, कोलंबिया, इक्वेडोर, पेरू, ब्राजील, जायरे, मेडागास्कर, चीन, भारत, मलेशिया, इंडोनेशिया और आस्ट्रेलिया। इन देशों में समृद्ध महा-विविधता के केंद्र स्थित हैं। (चित्र 34.3)

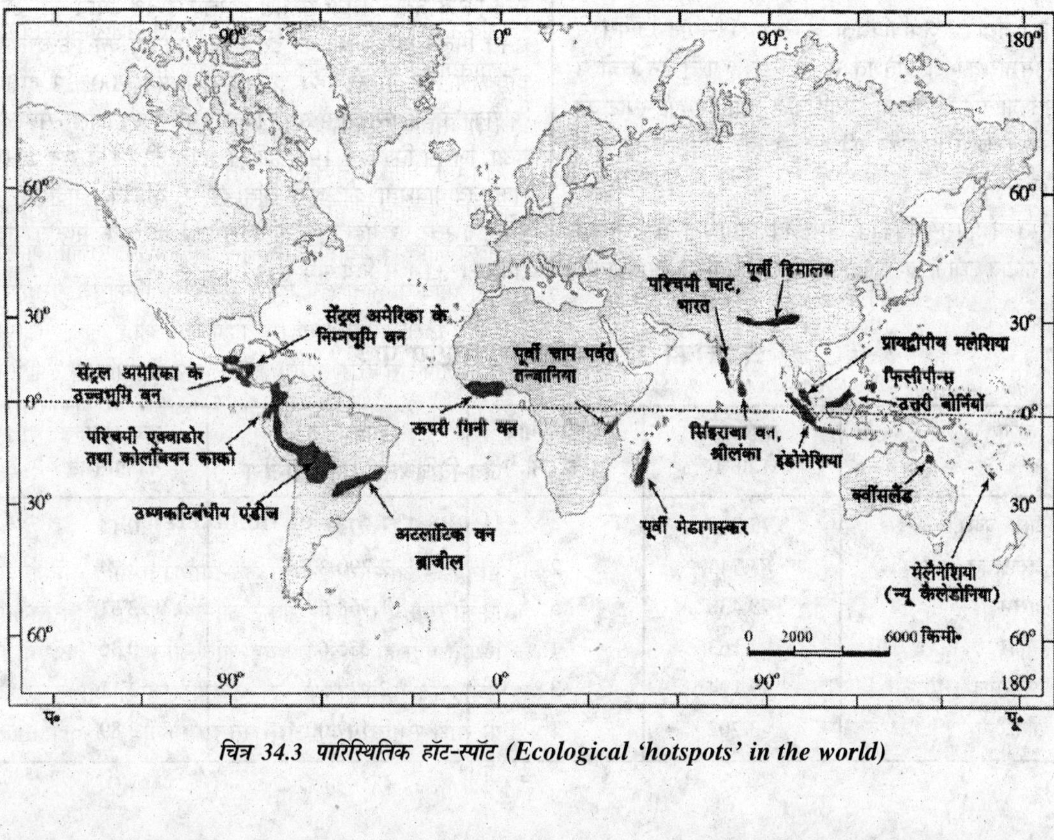

चित्र 34.3 पारिस्थितिक हॉट-स्पॉट (Ecological 'hotspots' in the world)

ऐसे क्षेत्र, जो अधिक संकट में हैं, उनमें संसाधनों को उपलब्ध कराने के लिए अंतर्राष्ट्रीय संरक्षण संघ (IUCN) ने जैव-विविधता हॉट-स्पॉट (Hot spots) क्षेत्र के रूप में निर्धारित किया है। हॉट-स्पॉट उनकी वनस्पति के आधार पर परिभाषित किये गए हैं। ये पादप महत्वपूर्ण है क्योंकि ये ही किसी पारितंत्र की प्राथमिक उत्पादकता को निर्धारित करते हैं। उदारहण के लिए मेडागास्कर में पाए जाने वाले कुल पौधों व जीवों में से 85 प्रतिशत पौधे व जीव संसार में अन्यत्र कहीं भी नहीं पाए जाते।

स्वस्थाने (*इन सिटू*) संरक्षण

कुछ श्रेष्ठ संरक्षणविदों ने अधिकतम सुरक्षा के लिए कुछ 'जैवविविधता हॉट-स्पॉट' पहचाने हैं। जैवविविधता हॉट-स्पॉट वे क्षेत्र होते हैं, जहाँ पर जातीय समृद्धि बहुत अधिक और उच्च स्थानिकता (एंडेमिज्म) होती है, ये जातियाँ अन्य स्थानों पर नहीं होती हैं। सर्वप्रथम 25 जैवविविधता हॉट-स्पॉट चिह्नित किए गए थे, तत्पश्चात इस सूची में 9 हॉट-स्पॉट और सम्मिलित किए गए। संसार में कुल 34 जैव विविधता हॉट-स्पॉट हैं। इनमें से तीन हॉट-स्पॉट पश्चिमी घाट और श्रीलंका, इंडो-वर्मा व हिमालय हैं जो हमारे देश की असाधारण रूप से उच्च जैवविविधता को दर्शाते हैं। यद्यपि जैवविविधता के सारे हॉट-स्पॉट आपस में मिलकर संसार का दो प्रतिशत से भी कम है परंतु इन क्षेत्रों में आवासित जातियों की संख्या अत्यधिक है तथा इन हॉट-स्पॉट की विशेष सुरक्षा द्वारा विलोपन की दर को 30 प्रतिशत तक कम किया जा सकता है।

भारत में पारिस्थितिकीय और जैव विविधता से - समृद्ध क्षेत्रों को राष्ट्रीय उद्यानों, वन्यजीव अभ्यारणों, जीवमंडल आरक्षितियों (बायोस्फीयर रिजर्व) के रूप में कूननी सुरक्षा प्रदान की गई है। अब भारत में 14 जीवमंडल संरक्षित क्षेत्र, 16 राष्ट्रीय उद्यान तथा 448 वन्य जीव अभ्यारण हैं।

बाह्यस्थाने (*एक्स सीटू*) संरक्षण

इस संरक्षण में संकटोत्पन्न पादपों तथा जंतुओं को उनके प्राकृतिक आवास से अलग एक विशेष स्थान पर सावधानी पूर्वक संरक्षित किया जाता है। जंतु उद्यान, वंनस्पति उद्यान तथा वन्य जीव सफारी पार्कों का यही उद्देश्य हैं। ऐसे बहुत से जंतु है जोकि बनों में विलुप्त हो गए हैं, लेकिन जंतु उद्यानों में सुरक्षित हैं। अब संकटग्रस्त जातियों के युग्मकों (गेमीट) को जीवित व जननक्षम स्थति में निम्नताप परीक्षण (क्रायोप्रिजरवेशन) तकनीकों के द्वारा लंबे समय तक परिरक्षित किया जा सकता है। अंडों को पात्रे (in vitro) निषेचित किया जा सकता है और पादपों का ऊतकीय संवर्धन विधि द्वारा प्रवर्धन (प्रोपेगेशन) किया जा सकता है। व्यापारिक महत्त्व के पौधों के विभिन्न आनुवंशिक प्रभेदों (स्ट्रेन) के बीज लंबे समय तक बीज बैंक में रखे जा सकते हैं।

वर्ष 1992 में रियो-डि-जेनेरियो में हुई 'जैवविविधता' पर ऐतिहासिक सम्मेलन (पृथ्वी) में सभी राष्ट्रों का आह्वान किया गया कि वे जैवविविधता संरक्षण के लिए उचित उपाय करें और उनसे मिलने वाले लाभों का इस प्रकार उपयोग करें कि वे लाभ दीर्घकाल तक मिलते रहें। इसी क्रम में सन् 2002 में दक्षिण अफ्रीका के जोहान्सबर्ग में सततू विकास पर विश्व शिखर-सम्मेलन हुआ, जिसमें विश्व के 190 देशों ने शपथ ली कि वे सन् 2010 तक जैवविविधता की जारी क्षति दर में, वैश्विक, प्रादेशिक व स्थानीय स्तर पर महत्त्वपूर्ण कमी लायेंगे। भारत के राष्ट्रीय पार्क तालिका 34.1 में दिये गये हैं।

तालिका 34.1 भारत के राष्ट्रीय पार्क

राज्य	राज्य का क्षेत्रफल	राष्ट्रीय पार्क (कि. मी.^{2})	आच्छादित क्षेत्रफल (कि. मी.^{2})	राज्य क्षेत्रफल का प्रतिशत
आंध्र प्रदेश	2,75,068	4	373.23	0.14
अरुणाचल प्रदेश	83,743	2	2,290.82	2.74
असम	78,438	5	1,968.60	2.51
बिहार	94.163	1	335.65	0.36
छत्तीसगढ़	1,35,194	3	2,929.50	2.17
गोवा	3,702	1	107.00	2.89

गुजरात	1,96,024	4	480.11	0.24
हरियाणा	44,212	2	117.13	0.26
हिमाचल प्रदेश	55,673	2	1,429.40	2.57
जम्मू और कश्मीर	222,235	4	4,680.25	2.11
झारखंड	79,714	1	231.67	0.29
कर्नाटक	1,91.791	5	2.435.14	1.27
केरल	38,863	4	549.34	1.41
मध्य प्रदेश	3,08,252	9	3,656.36	1.19
महाराष्ट्र	3,07,690	5	955.93	0.31
मणिपुर	22.327	1	40.00	0.18
मेघालय	22.429	2	267.48	1.19
मिजोरम	21,081	2	250.00	1.19
नागालैंड	16.579	1	202.02	1.22
उड़ीसा	1,55,707	2	990.70	0.64
पंजाब	50,362	0	0.00	0.00
राजस्थान	3,42,239	5	4,122.33	1.20
सिक्किम	7,096	1	1,784.00	25.14
तमिलनाडु	1,30,058	5	307.84	0.24
त्रिपुरा	10,486	0	0.00	0.00
उत्तर प्रदेश	2,40,926	1	490.00	0.20
उत्तराखंड	53,485	6	4,725.00	7.62
पश्चिम बंगाल	88.752	5	1.693.25	1.91

केंद्र शासित क्षेत्र

अंडमान और निकोबार द्वीप समूह	8,249	9	1,156.91	14.02
चंडीगढ़	114	0	0.00	0.00
दादर और नागर हवेली	491	0	0.00	0.00
दमन और दीव	112	0	0.00	0.00
राष्ट्रीय राजधानी क्षेत्र दिल्ली	1,483	0	0.00	0.00
लक्षद्वीप	32	0	0.00	0.00
पांडिचेरी	493	0	0.00	0.00
भारत	32,87,263	92	38,569.66	1.17

स्रोत : राज्य वन रिपोर्ट 2001

राज्य/केंद्र शासित क्षेत्रों में वनाच्छादन

तालिका 34.2 : 2007 में भारत में राज्य/केन्द्र शासित प्रदेशों का वनावरण

राज्य/केन्द्र शासित प्रदेश	भौगोलिक क्षेत्र (जी ए)	वनावरण				भौगोलिक क्षेत्र का प्रतिशत	वनावरण में परिवर्तन	स्क्रब
		काफी घना वन	औसत घना वन	खुला वन	कुल			
आन्ध्र प्रदेश	275,069	820	24,757	19,525	45,102	16.40	–129	10,372
अरूणाचल प्रदेश	83,743	20,858	31,556	14,939	67,353	80.43	–119	111
असम	78,438	1,461	11,558	14,673	27,692	35.30	–66	179
बिहार	94163	231	3248	3325	6,804	7.23	–3	134
छत्तीसगढ़	135,191	4,162	35,038	16,670	55,870	41.33	–59	107
दिल्ली	1,483	7	50	120	177	11.94	0	1
गोवा	3,702	511	624	1,016	2,151	58.10	–5	1
गुजरात	196022	376	5249	8995	14,620	7.46	16	1,463
हरियाणा	44212	27	463	1104	1.594	3.61	–10	145
हिमाचल प्रदेश	55673	3224	6383	5061	14,668	26.35	2	327
जम्मू और कश्मीर	222,236	4,298	8,977	9,411	22.686	10.21	–3	2036
झारखंड	79714	2590	9899	10405	22,894	28.72	172	683
कर्नाटक	191,791	1,777	20,181	14,232	36,190	18.87	–10	3,176
केरल	38,863	1,443	9,410	6,471	17,324	44.58	40	58
मध्य प्रदेश	308,245	6,647	35,007	36,046	77,700	25.21	–39	6,401
महाराष्ट्र	307,713	8,739	20,834	21,077	50,650	16.46	–11	4,157
मणिपुर	22,327	701	5,474	11,105	17,280	77,40	328	1
मेघालय	22,429	410	9,501	7,410	17,,321	77.23	116	211
मिजोरम	21.081	134	6,251	12,855	19,240	91.27	640	1
नगालैंड	16,579	1,274	4,897	7,293	13,464	81.21	–201	2
उड़ीसा	155,707	7,073	21,394	20,388	48,855	31.38	100	4,852
पंजाब	50362	0	733	931	1,664	3.30	4	20
राजस्थान	342,239	72	4,450	11,514	16,036	4.69	24	4,347

सिक्किम	7,096	500	2,161	696	3,357	47.31	0	356
तमिलनाडु	130,058	2,926	10,216	10,196	23,338	17.94	24	1.206
त्रिपुरा	10,486	111	4,770	3,192	8,073	76.99	–100	75
उत्तर प्रदेश	240,928	1626	4,563	8,152	14,341	5.95	–5	745
उत्तराखंड	53,483	4,762	14,165	5,568	24,495	45.80	2	271
पश्चिम बंगाल	88,752	2,987	4,644	5,363	12,994	14.64	24	29
अंडमान एवं निकोबार	8,249	3,762	2,405	495	6.662	80.76	–1	53
चण्डीगढ़	114	1	10	6	17	14.91	0	1
दादरा एवं नगर हवेली	491	0	114	97	211	42.97	–5	1
दमन एवं दीव	112	0	1	5	6	5.04	0	3
लक्षद्वीप	32	0	16	10	26	82.75	0	0
पुदुचेरी	480	0	13	31	44	9.14	2	0
कुल योग	**3,287,263**	**83,510**	**319,012**	**288,377**	**690,899**	**21.02**	**728**	**41,525**

'उपर्युक्त तालिका में परिवर्तन 2005 के संशोधित मूल्यांकन संबंधी क्षेत्र में हुए परिवर्तन से संबंधित है।

तालिका 34.3 जीव मंडल निचयों (रिजर्वो) की सूची

क्र. सं.	बायोस्फीयर रिजर्व का नाम एवं कुल भौगोलिक क्षेत्र (वर्ग किमी.)	नामोद्दिष्ट करने की तारीख	स्थान (राज्य)
1	नीलगिरी (5520)*	1.8.86	वायनाद का हिस्सा, नागरहोल, बांदीपुर तथा मदुमलाई, नीलांबुर, शांत घाटी तथा सिरूवानी पहाड़ी (तमिलनाडु, केरल एवं कर्नाटक)
2	नंदा देवी (6497.03)*	18.1.88	चमोली, पिथौरागढ़ एवं अल्मोड़ा जिलों के भाग तथा फूलों की घाटी, (उत्तराखंड)
3	नोकरेक (820)*	1.9.88	गारो पहाड़ियों के भाग (मेघालय)
4	मानस (2837)	14.3.89	कोकराझार, बोंगाइगांव, बरपेटा, नलबाड़ी, कामरूप एवं दरांग जिले (असम)
5	सुंदरवन (9630)*	29.3.89	गंगा और ब्रह्मपुत्र नदियों के डेल्टा के हिस्से (पश्चिम बंगाल)
6	मन्नार की खाड़ी (10,500)*	18.2.89	भारत एवं श्री लंका के मध्य स्थित मन्नार की खाड़ी का भारतीय भाग (तमिलनाडु)

7	ग्रेट निकोबार (885)	6.1.89	अंडमान एवं निकोबार (अंडमान एवं निकोबार द्वीप समूह) का दक्षिणी भाग
8	सिमलीपाल (4374)*	21.6.94	मयूरभंज जिले का भाग (उड़ीसा)
9	डिब्रु-साइखोवा (765)	28.7.97	डिब्रुगढ़ एवं तिनसुकिया जिले के भाग (असम)
10	देहांग देबांग (5111.5)	0.2.09.98	अरूणाचल प्रदेश के सियांग एवं देबांग घाटी के भाग
11	कंचनजंगा (2619.92)*	7.02.2000	उत्तर एवं पश्चिमी सिक्किम के भाग
12	पंचमढ़ी (4926.28)*	03.3.99	मध्य प्रदेश के बैतूल, होशंगाबाद एवं छिंदवाड़ा जिले के भाग
13	अगस्थ्यामलई (3500.36)	12.11.2001	तमिलनाडू के थिरूनेलवेली और कन्याकुमारी जिलों के भाग और केरल में तिरूवनंतपुरम, कोल्लम और पाथनमथिटरूटा जिले के भाग (तमिलनाडु और केरल)
14	अचानकमर-अमरकंटक (3835.51)	30.3.2005	मध्य प्रदेश के अनूपपुर और डिंडोरी जिलों के भाग तथा छत्तीसगढ़ राज्य के बिलासपुर जिले के भाग (मध्य प्रदेश और छत्तीसगढ़)
15	कच्छ (12, 454)	29.01.2008	गुजरात राज्य के कच्छ, राजकोट, सुरेन्द्रनगर और पाटन सिविल जिलों के भाग
16	कोल्ड डेजर्ट (7770)	28.08.09	हिमाचल प्रदेश स्थित पिनवैली राष्ट्रीय पार्क और आस-पास का क्षेत्र चन्द्रताल और सरचू और किब्बर वन्यजीव अभयारण्य

बायोस्फीयर रिजर्वों को यूनेस्कों के विश्वस्तरीय नेटवर्क में स्थान दिया गया है।

तालिका 34.4 — कुछ संकटग्रस्त पौधे
(Table — Some Endangered Plants)

वानस्पतिक नाम (Botanical Name)	कुल (Family)	लक्षण (Character)
1. *पैफिओपेडिलम फैरीएनम* (*Paphiopedilum faireyanum*)	Orchidaceae	यह जमीन पर उगने वाला आर्किड है जो भूटान तथा अरूणाचल प्रदेश में पाया जाता है।
2. *रोडोडेन्ड्रॉन ऐजवरथी* (*Rhododendron edgeworhii*)	Ericaceae	यह एक सुन्दर अधिपादप (epiphyte) है।
3. *ऐरीडिस क्रिस्पम* (*Aerides crispum*)	Orchidaceae	यह आकर्षित पुष्पों वाला भारतीय प्रायद्वीप का आर्किड है।
4. *डायस्कोरिया* (*Dioscorea*)	Dioscoreaceae	इसके कन्द (tubers) खाये जाते हैं। जिनमें गठियां रोग के उपचार के लिये स्टीरॉयड हार्मोन होता है।

5. *नेपेन्थीज खासीयाना* (*Nepenthes khasiana*)	Nepenthaceae	यह मेघालय की खासी पहाड़ियों पर पाये जाने वाले कीट भक्षी घटपर्णी हैं।
6. *सेप्रिया हिमालयाना* (*Sapria himalayana*)	Rofflessiaceae	यह पूर्ण जड़ परजीवी रैफ्लेसिया (*Rafflesia*) जैसा होता है।
7. *रावोल्फिया सर्पेन्टिना* (*Rauwolfia serpentina*)	Apocyanaceae	इस पौधे की जड़ से रिसर्पीन (Reserpine) नामक दवाई प्राप्त की जाती है जो उच्च रक्त चाप तथा मानसिक विकारों के उपचार के लिये प्रयोग की जाती है।
8. *बैलेनोफोरा बैन्घालेन्सिस* (*Balanophora benghalensis*)	Balanophoraceae	यह हिमालय में वृक्षों की जड़ों पर पाया जाता है।
9. *सेन्टेलम एल्बम* (*Santalum album*)	Santalaceae	यह सुगन्धित लकड़ी तथा वाष्पशील तेल के लिये प्रसिद्ध है।
10. *पाइनस जेरारडियाना* (*Pinus gerardiana*)	Pinaceae	इसके बीज खाने योग्य होते हैं जिन्हें चिलगोजा कहते हैं।
11. *कौमीफोरा वाईटाई* (*Commiphora wightii*)	Burseraceae	इससे प्राप्त होने वाले गुरगुल (Oleoresin) का उपयोग रक्त में कोलेस्टेरोल की मात्रा कम करने के लिये किया जाता है।
12. *ऐट्रोपा ऐक्यूमिनेटा* (*Atropa acuminata*)	Solanaceae	इससे एट्रोपीन ड्रग प्राप्त किया जाता है। जिसे आँख की बीमारियों में प्रयोग करते हैं।
13. *पोडोफिलम हेक्सेन्ड्रम* (*Podophyllum hexaridrum*)	Podophyllaceae	इसके प्रकन्दों से रेचक (Purgative) तथा उत्तेजक (Stimulant) दवाइयाँ प्राप्त की जाती हैं।
14. *डिस्चीडिया बेन्घालेन्सिस* (*Dischidia bengh alensis*)	Asclepiadaceae	यह आरोही घटपर्णी (Non-insectivorous pitcher plant) है जो नेपाल व सिक्किम में पाया जाता है।

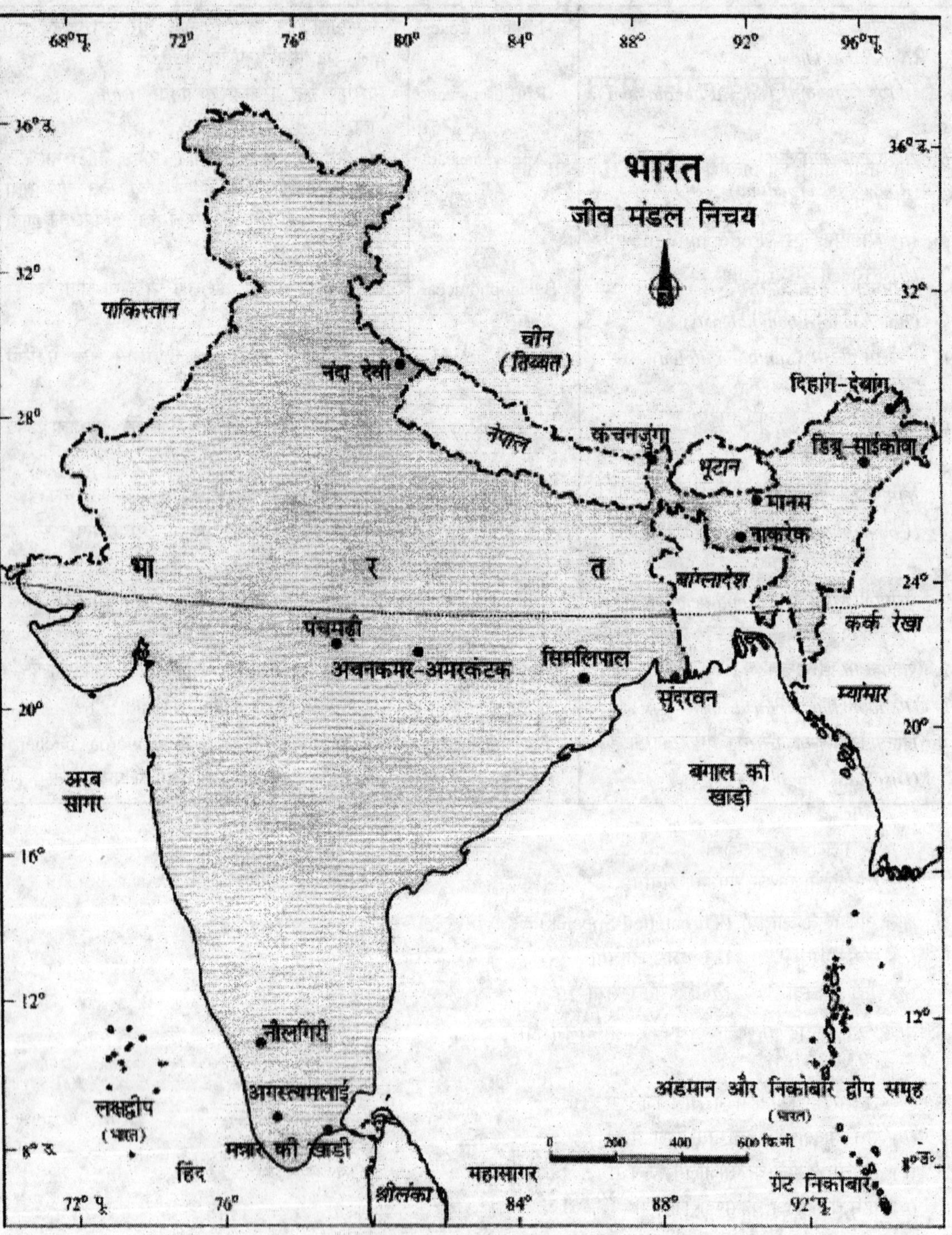

चित्र *34.4* जीव मंडल निचय

बहुविकल्पीय प्रश्न

1. वह पादप जाति, जो अत्यधिक उपयोग से विलुप्त होने के कगार पर है–
(*a*) पोडोफाइलम (Podophyllum)
(*b*) सेरीटेला (Ceritella)
(*c*) ग्लोरिओसा (Gloriosa)
(*d*) उपरोक्त सभी

2. वन्यजीवन का अर्थ है–
(*a*) जल तथा स्थलीय पादप
(*b*) वनों में जन्तु
(*c*) अपने प्राकृतिक आवासों में जीवधारी
(*d*) माँसाहारी जन्तु जैसे शेर, चीता, आदि

3. वन्य जीवन की आवश्यकता निहित है–
(*a*) जाति के सन्तुलन में
(*b*) प्राकृतिक चक्रों तथा इकोतंत्र के सन्तुलन को बनाने में
(*c*) संकरण विधियों की उपयोगिता में
(*d*) उपरोक्त सभी

4. जाति के विलुप्त होने का मुख्य कारण है–
(*a*) शिकार
(*b*) जंगल की आग
(*c*) आवासों का नष्ट होना
(*d*) उनका भोजन के रुप में उपयोग

5. क्षति आशंकित जातियाँ (Threatened Species) हैं–
(*a*) संकटाग्रस्त (*b*) दुर्लभ जातियाँ
(*c*) भेद्य जातियाँ (*d*) उपरोक्त सभी

6. वृक्षों की कटाई के लिये चिपको आन्दोलन प्रारम्भ हुआ–
(*a*) उत्तराखंड के टिहरी गढ़वाल जिले में
(*b*) उत्तर प्रदेश के पीलीभीत जिले में
(*c*) पश्चिम बंगाल के दार्जिलिंग जिले में
(*d*) हिमाचल प्रदेश के मण्ड़ी जिले में

7. इस समय जैव विविधता के कम होते जाने का सर्वाधिक महत्त्वपूर्ण कारण कदाचित क्या है–
(*a*) डी. डी. टी. का जैविक आवर्धन होना
(*b*) विश्वव्यापी गर्माहट बढ़ते जाना
(*c*) ओजोन परत में गिरावट आना
(*d*) आवास का नष्ट होना

8. किसी राष्ट्रीय उपवन में एक सुरक्षित प्राणी के उच्च घनत्व से क्या परिणाम हो सकते हैं–
(*a*) उत्प्रवास
(*b*) परभक्षण
(*c*) सहोपकारिता
(*d*) अंतः जातीय प्रतिस्पर्धा

9. वाइल्ड लाइफ (Wild life) की संख्या कम होने का मुख्य कारण है–
(*a*) माँसाहारी होना
(*b*) पेड़ों का कटना
(*c*) प्राकृतिक आवासों का समाप्त होना
(*d*) पीने के पानी की कमी होना

10. निम्न में से कौन-सा पादप उत्पाद साबुन का विस्थापन (Substitute) है–
(*a*) रुदाक्ष (*b*) रीठा
(*c*) तेंदु (*d*) उपरोक्त सभी

निर्देशः प्रश्न संख्या 11 से 15 में दो वाक्य हैं। एक को **कथन 'A'** कहा गया है तथा दूसरे को **कारण 'R'** कहा गया है। आपको दोनों वक्तव्यों का सावधानीपूर्वक परीक्षण करना है तथा उत्तर नीचे दिए गए कूट की सहायता से चुनना है।

कूटः
(*a*) A और R दोनों सही हैं और R, A का सही स्पष्टीकरण है।
(*b*) A और R दोनों सही हैं परन्तु R, A का सही स्पष्टीकरण नहीं है।
(*c*) A सही है परंतु R गलत है।
(*d*) A गलत है परंतु R सही है।

11. **कथन (A) :** बायो गैस की calorific value 23 -28 m.J/m^3 है।
कारण (R) : ब्राजील गन्ने से बायो गैस बनाता है।

12. **कथन (A) :** *एजोला* को जैव उर्वरक की तरह प्रयोग कियां जाता है।

कारण (R) : *एजोला* की पत्तियों में नाइट्रोजन स्थिरीकरण के लिये नीले हरे शैवाल एनाबिना पायी जाती है।

13. **कथन (A):** हाथियों का संरक्षण बाँदीपुर नेशनल पार्क में किया जाता है।

कारण (R) : बांदीपुर नेशनल पार्क कर्नाटक में स्थित है।

14. **कथन (A) :** मनुष्यों के वसा ऊतकों में DDT की मात्रा 13 -31 PPM है।

कारण (R) : DDT जैव आवर्धन दिखाते हैं।

15. **कथन (A) :** ट्रान्सजेनिक पौधे अन्तर्जीवीय जीन्स के प्रत्यारोपण से बनते हैं।

कारण (R) : ट्रान्सजेनिक पौधों को बनाना Molecular Farming कहलाता हैं।

16. निम्न में से किसे सही मिलाया गया है–

(*a*) गुलदाउदी–प्राकृतिक पॉपरीथ्रायड

(*b*) ल्यूसीना–रंग

(*c*) एकेसिया–आवश्यक तेल

(*d*) केजूराइना–जन्तु भोजन

17. गन्ने के लिये सबसे अधिक सक्रिय जैव खाद है–

(*a*) *क्लास्ट्रिडियम* (*b*) *ऐजेटोबेक्टर*

(*c*) *एसिटोबेक्टर* (*d*) *राइजोबियम*

18. नोरीन -10 है–

(*a*) गेहूँ का बौना जीन

(*b*) चावल का खुशबू वाला जीन

(*c*) मक्का का खुशबू वाला जीन

(*d*) गन्ने का अधिक पैदावार का जीन

19. उगाये जाने वाले पौधों के जंगली सम्बन्धी संरक्षित किये जाते हैं क्योंकि–

(*a*) खेती वाली फसलों की उत्पत्ति को समझने में इनकी आवश्यकता पड़ती है

(*b*) यह अनेक उपयोगी जीन्स को ले जाता है जो खेतो में उगने वाली फसलों में नष्ट हो जाते हैं

(*c*) यह अच्छे चारे वाले पौधों की भाँति कार्य करते हैं

(*d*) इनकी वृद्धि उपयुक्त होती है

20. निम्न में से किसका उद्‌गम केन्द्र सही नहीं हैं–

(*a*) *पार्थेनियम आर्जेन्टेटम*–अमेरिका व मेक्सिको के मरुस्थल

(*b*) *सिमोन्डसीया चाइनेन्सि*–मेक्सिको मरुस्थल

(*c*) *सोफोकार्पस टेट्रागोनों लोबस*–पेरु

(*d*) *ल्यूसीना ल्यूकोसिफेला*–केन्द्रीय अमेरिका

21. एलीलेपेथी लक्षण दर्शाने वाला नवीन फसल पादप है।

(*a*) *सोफोकार्पस टेट्रागोनोलोबस*

(*b*) *पार्थेनियम आर्जेन्टेटम*

(*c*) *सिमोन्डसीया चाइनेन्सिस*

(*d*) *ल्यूसीना ल्यूको सिफेला*

22. किरोसिन तेल, कोयला, पेट्रोल तथा एल. पी. जी. उदाहरण हैं–

(*a*) तरल ईंधन के (*b*) जीवाश्म ईंधन के

(*c*) जैव ईंधन के (*d*) उपरोक्त सभी के

23. जैव भार में उपस्थित लिग्निमा का पाचन या अपघटन नहीं होता है तो बायो गैस उत्पादन की दर को कौन नियंत्रित करता है –

(*a*) CO_2का उत्पादन

(*b*) सेल्यूलोज का पाचन

(*c*) हेमीसेल्यूलोज का पाचन

(*d*) एकलको का कार्बेनिक अम्लों में परिवर्तन

24. व्हेल शुक्राणु तेल के समकक्ष तरल मोम (Liquid Wax) किस पौधे के बीजों से प्राप्त करते हैं–

(*a*) सपक्ष सेम (*b*) ग्वायूल

(*c*) जोजोबा (*d*) ल्यूसीना

25. स्पर्श पीड़कनाशी का उदाहरण है–

(*a*) मिथाइल ब्रोमाइड (*b*) निकोटीन सल्फेट

(*c*) बेरियम कार्बोनेट (*d*) लेड अर्सीनेट

26. रेड पांडा (Red Panda, *Ailurus fulgens*) संरक्षित हैं–

(*a*) डचिग्रा नेशनल पार्क, जम्मू तथा कश्मीर

(*b*) ससन गिर नेशनल पार्क, गुजरात

(*c*) खांगचेंड जोंगा नेशनल पार्क सिक्किम

(*d*) सिमलिपाल नेशनल पार्क, उड़ीसा

27. जीवांश खादों में सर्वाधिक प्रयोग होता है–

(*a*) मूँगफली की खली का

(*b*) मछली की खाद का

(*c*) गोबर की खाद का

(*d*) रक्त की खाद का

28. चेन्नई का गिण्डी पार्क (Guindy Park) प्रख्यात है–
(*a*) काले बक्स (Black Bucks)
(*b*) चीतल (Chhetals)
(*c*) हिरण (Dears)
(*d*) उपरोक्त सभी

29. वन्यजीवन अभ्यारण्य के बारे में निम्नलिखित कथनों में कौन सही नहीं है–
(*a*) प्राणि समूह संरक्षित है
(*b*) पशु चराना निषेध है
(*c*) शिकार निषेध है
(*d*) वनस्पति समूह तथा वनोत्पाद का उपयोग किया जा सकता है

30. कार्बोहाइड्रेट्स में कार्बन, हाइड्रोजन तथा ऑक्सीजन का अनुपात होता है–
(*a*) 2 : 1 : 1 (*b*) 1 : 2 : 1
(*c*) 3 : 1 : 1 (*d*) 1 : 3 : 1

31. प्रोजेक्ट हाथी (Project Elephant) शुरु हुआ था–
(*a*) 1982 में (*b*) 1992 में
(*c*) 1972 में (*d*) 1962 में

32. भारत का राष्ट्रीय पशु तथा पक्षी है–
(*a*) चीता तथा बत्तख (*b*) टाइगर तथा मोर
(*c*) मोर तथा शेर (*d*) उपरोक्त सभी

33. अकेला एप (Ape) भारत में है–
(*a*) Gorilla
(*b*) Monkey
(*c*) हुलोक गिब्बन (Hoolock Gibbon)
(*d*) उपरोक्त में से कोई नहीं

34. पादप जीवन में Diversification उत्पन्न हुये–
(*a*) Evolutionary Changes के कारण
(*b*) अचानक उत्परिवर्तन के कारण
(*c*) पृथ्वी पर अचानक
(*d*) बीजों के प्रकीर्णन से

35. काजीरंगा नेशनल पार्क किस प्रदेश में है–
(*a*) केरल (*b*) कर्नाटक
(*c*) असम (*d*) पश्चिम बंगाल

36. साइबेरियन क्रेन हमेशा यात्री है–
(*a*) वेदान्थगोल (तमिलनाडु)
(*b*) लाल बाग (कर्नाटक)
(*c*) भरतपुर (राजस्थान)
(*d*) रंगनाथिटू (कर्नाटक)

37. वन महोत्सव कार्यक्रम कब शुरु किया गया–
(*a*) 1950 में (*b*) 1952 में
(*c*) 1972 में (*d*) 1927 में

38. खतरे में पड़ी जातियों की अवधारणा का अर्थ है–
(*a*) नरपक्षी जन्तु जातियाँ
(*b*) खतरनाक पशु जातियाँ
(*c*) विलुप्तप्राय जातियाँ
(*d*) इनमें से कोई नहीं

39. शिवपुरी पार्क स्थित है–
(*a*) उत्तर प्रदेश में (*b*) मध्य प्रदेश में
(*c*) केरल में (*d*) हिमाचल प्रदेश में

40. काजीरंगा अभ्यारण्य स्थित हैं–
(*a*) बंगाल में (*b*) केरल में
(*c*) असम में (*d*) गुजरात में

41. निम्न में से कौन-सा आरक्षित जीव मण्डल उत्तराखंड में स्थित है–
(*a*) कान्हा (*b*) सुन्दर वन
(*c*) काजीरंगा (*d*) फूलों की घाटी

42. संरक्षण के सम्बन्ध में WWF का अर्थ है–
(*a*) World Wrestling Federation
(*b*) World Wild life Federeation
(*c*) World Wild life Fund
(*d*) Water Wasteland and Forestry

43. जीवित संसाधनों का संरक्षण एक संगठित कार्य है तथा सम्बन्धित है–
(*a*) पादपों तथा जन्तुओं से
(*b*) सम्पूर्ण जीवित प्राणियों तथा अजीवित तत्वों से जिस पर वह निर्भर है
(*c*) वन्य जीवन तथा जंगलों का संरक्षण जहाँ वह पाये जाते हैं
(*d*) पादप, जन्तु तथा सूक्ष्म जीवों से

44. वे जातियाँ जिनकी संख्या कम है तथा जो विशेष पारिस्थितिक स्थानों पर पायी जाती हैं, कहलाती हैं–

(*a*) संकटाग्रस्त (*b*) दुर्लभ
(*c*) अनुक्षित (*d*) उपरोक्त सभी

45. किसी राष्ट्रीय पार्क (National Park) में सुरक्षा प्रदान की जाती है–
(*a*) केवल जन्तुओं के लिये
(*b*) केवल पादपों के लिये
(*c*) पादपों तथा जन्तुओं दोनों के लिये
(*d*) सम्पूर्ण पारितन्त्र के लिये

46. डीफोरेस्टेशन (Deforestation) के प्रभावों पर निम्नलिखित कथनों में से गलत कथन को पहचानिये–
(*a*) यह वन्य जन्तुओं के प्राकृतिक आवास को नष्ट करता है
(*b*) यह स्थानीय मौसम विधियों को परिवर्तित कर देता है
(*c*) इससे मृदा अपरदन होता है
(*d*) यह पोषकों के पुनर्चक्रण को तेज कर देता है

47. रणथम्भौर राष्ट्रीय उद्यान स्थित है–
(*a*) गुजरात में (*b*) महाराष्ट्र में
(*c*) राजस्थान में (*d*) उत्तर प्रदेश में

48. वे जातियाँ जिनकी संख्या बहुत कम हो गयी है और विलुप्तता के कगार पर है, कहलाती हैं–
(*a*) दुर्लभ जातियाँ
(*b*) संकटमयी जातियाँ
(*c*) क्षति आशंकित जतियाँ
(*d*) भेद्य जातियाँ

49. हमारे जैव स्रोत के मुख्य घटक हैं–
(*a*) कीट (*b*) वनीय जीवन
(*c*) पक्षी (*d*) निमैटोड्स

50. निम्न में से किस एक जोड़े में बाघ आरक्षण तथा उसके राज्य के नाम को सही मिलाया गया है?
(*a*) पलामू–उड़ीसा
(*b*) बाँदीपुर–तमिलनाडु
(*c*) कार्बेट–मध्य प्रदेश
(*d*) मानस–असम

51. पादप तथा जन्तुओं के संरक्षण हेतु बनाए गये संगठन को संक्षिप्त में कहते हैं–
(*a*) IUCN (*b*) MAB
(*c*) WWF (*d*) IBP

52. निम्न में से वह पौधा जो विलुप्त होने की दृष्टि से राजस्थान में संकटग्रस्त बताया गया है–
(*a*) कैपेरिस (*Capparis decidua*)
(*b*) कौमीफोरा (*Commiphora wightii*)
(*c*) नागफनी (*Opuntia*)
(*d*) प्रोसोपिस (*Prosopis*)

53. राजस्थान में विलुप्ती के कगार पर या संकटाग्रस्त पक्षी हैं–
(*a*) गुलाबी सिर की बत्तख
(*b*) श्वेत पंखों की वुड बत्तख
(*c*) गोडावण
(*d*) तेंदुआ

54. कान्हा राष्ट्रीय उद्यान किस राज्य में है?
(*a*) राजस्थान (*b*) उत्तर प्रदेश
(*c*) मध्य प्रदेश (*d*) असम

55. दुधवा राष्ट्रीय उद्यान किस राज्य में है?
(*a*) राजस्थान (*b*) उत्तर प्रदेश
(*c*) मध्य प्रदेश (*d*) असम

56. जीवित सबसे बड़ी Endangered Lemur Idri Idri पायी जाती है–
(*a*) श्री लंका में (*b*) भारत में
(*c*) मेडागास्कर में (*d*) मॉरीशस में

57. डचिग्राम अभयारण्य सम्बन्धित है संरक्षण से–
(*a*) Barking Deer (*b*) Rhino
(*c*) Hangul (*d*) दोनों (*a*) तथा (*b*)

58. कौन सी Endagered Species है–
(*a*) एकेसिया निलोटिका
(*b*) नेपेन्थीज
(*c*) कस्कुटा
(*d*) दोनों (*a*) तथा (*b*)

59. काजीरंगा नेशनल पार्क में जन्तु स्पीशीज संरक्षित है–
(*a*) *Panthera tigris*
(*b*) *Macaca mulatta*
(*c*) *Panthera leo*
(*d*) *Rhinoceros unicornis*

60. वह जन्तु जो हाल के वर्षों में भारत से विलुप्त हुआ है–
(*a*) नीलगाय (*b*) चीता
(*c*) सुनहरी लंगूर (*d*) हायना

61. वन्य जीव मण्डल की स्थापना की गयी–
(*a*) 1952 में (*b*) 1972 में
(*c*) 1887 में (*d*) 1927 में

62. चिपको आन्दोलन के प्रणेता हैं–
(*a*) हेमवती नन्दन बहुगुणा
(*b*) सुन्दर लाल बहुगुणा
(*c*) मदर टेरेसा
(*d*) महात्मा गाँधी

63. वनों को काटने का खतरनाक प्रभाव होगा–
(*a*) चरागाह क्षेत्र में वृद्धि
(*b*) प्रकाश की प्राप्ति
(*c*) अपतृप्त नियन्त्रण
(*d*) मृदा अपरदन

64. वन अनुसंस्थान संस्थान (FRI) स्थित है–
(*a*) शिमला में (*b*) चेन्नई में
(*c*) देहरादून में (*d*) कोलकाता में

65. साइलेन्ट वैली कहाँ स्थित है–
(*a*) तमिलनाडु में (*b*) उत्तर प्रदेश में
(*c*) राजस्थान में (*d*) केरल में

66. वनोन्मूलन किस बात के होने का मुख्य कारण है–
(*a*) आवास का मरुस्थलीकरण
(*b*) प्राकृतिक संसाधनों का खत्म होते जाना
(*c*) पर्यावरण प्रदूषण
(*d*) आनुवंशिक अपरदन

67. भारत में वन महोत्सव कार्यक्रम प्रारम्भ किया गया–
(*a*) उच्च कोटि की इमारती लकड़ी प्राप्त करने के लिये
(*b*) ईंधन प्राप्त करने के लिये
(*c*) वन्य जीवन की रक्षा के लिये
(*d*) मृदा अपरदन को रोकने के लिये

68. निम्न कौन सा वनों के संरक्षण से सम्बन्धित है?
(*a*) शान्त घाटी (*b*) भरतपुर
(*c*) काजीरंगा (*d*) इनमें से कोई नहीं

69. विरल एवं संकटापन्न घटपर्णी नेपेन्थीज खासियाना भारत में पाया जाता है–
(*a*) हिमाचल प्रदेश में
(*b*) मध्य प्रदेश में
(*c*) केरल में
(*d*) मेघालय में

70. 'लाल आँकड़े पुस्तक' (Red Data Book) के सम्बन्ध में निम्न में से कौन-सा कथन सत्य है–
(*a*) यह उन पादपों एवं प्राणियों की सूची है जो लाल समुद्र में विद्यमान है
(*b*) यह लाल वर्णक धारी पादपों की सूची है
(*c*) यह प्रकाश संश्लेषण पर लाल रंग के प्रभाव के आँकड़े प्रस्तुत करती है
(*d*) यह उन जातियों के सम्बन्ध में आँकड़े प्रस्तुत करती है जो विलोपन में संकटापन्न है

71. भारत में निम्न में से कौन-सा प्राणी विलुप्त हो चुका है–
(*a*) गैंडा (*b*) चीता
(*c*) हिम तेंदुआ (*d*) सिंह

72. नन्दन कानन अजायबघर (Zoo) जाना जाता है–
(*a*) हिप्पो
(*b*) नीलगिरी बिल्लियाँ
(*c*) सफेद चीता (White Tiger)
(*d*) व्हेल

73. भारत का विख्यात सांप पार्क (Snake Garden) स्थित है–
(*a*) मैसूर में (*b*) ऊटी में
(*c*) चेन्नई में (*d*) त्रिवेन्द्रम में

74. लेसिथिन्स पाये जाते हैं–
(*a*) अण्डा में (*b*) यकृत में
(*c*) सोया में (*d*) उपरोक्त सभी में

75. अपचायक शर्करायें अपचायित करती हैं–
(*a*) Cu^{++} को Cu^{+} में
(*b*) Cu^{+} को Cu^{++} में
(*c*) किसी को नहीं
(*d*) उपरोक्त सभी

उत्तरमाला

1	2	3	4	5	6	7	8	9	10
(*a*)	(*c*)	(*d*)	(*c*)	(*d*)	(*a*)	(*d*)	(*d*)	(*c*)	(*b*)
11	**12**	**13**	**14**	**15**	**16**	**17**	**18**	**19**	**20**
(*b*)	(*a*)	(*b*)	(*a*)	(*b*)	(*a*)	(*b*)	(*a*)	(*b*)	(*c*)
21	**22**	**23**	**24**	**25**	**26**	**27**	**28**	**29**	**30**
(*b*)	(*b*)	(*b*)	(*c*)	(*b*)	(*c*)	(*c*)	(*d*)	(*d*)	(*b*)
31	**32**	**33**	**34**	**35**	**36**	**37**	**38**	**39**	**40**
(*b*)	(*b*)	(*c*)	(*a*)	(*c*)	(*c*)	(*a*)	(*c*)	(*b*)	(*c*)
41	**42**	**43**	**44**	**45**	**46**	**47**	**48**	**49**	**50**
(*d*)	(*c*)	(*b*)	(*b*)	(*d*)	(*d*)	(*c*)	(*b*)	(*b*)	(*d*)
51	**52**	**53**	**54**	**55**	**56**	**57**	**58**	**59**	**60**
(*c*)	(*b*)	(*c*)	(*c*)	(*b*)	(*c*)	(*c*)	(*b*)	(*d*)	(*b*)
61	**62**	**63**	**64**	**65**	**66**	**67**	**68**	**69**	**70**
(*a*)	(*b*)	(*d*)	(*c*)	(*d*)	(*b*)	(*a*)	(*a*)	(*d*)	(*d*)
71	**72**	**73**	**74**	**75**					
(*b*)	(*c*)	(*b*)	(*d*)	(*a*)					

❑❑❑

CHAPTER 35

जैव-ऊर्जा तथा जैव-तकनीकी
BIOENERGY AND BIOTECHNOLOGY

जैव भार (Biomass)

- जैव भार वह कुल पदार्थ है जो पौधों एवं प्राणियों द्वारा उत्पन्न होता है।
- इसमें लकड़ी, फसलों के अवशेष, गोबर की खाद, मल एवं कृषि अवशेष आदि होते हैं।

जैव भार ऊर्जा के प्रकार

(1) कृषि सम्बन्धी एवं शहरी अवशेष जैव भार

फसलों के अवशेष, छिलका, खोई (गन्ने का अवशेष), नारियल के रेशे, मूंगफली के छिलके एवं कपास की डंडियाँ आदि भी जैव भार ऊर्जा के उदाहरण हैं। ब्राजील में 30% बिजली का उत्पादन गन्ने के छिलके को जलाकर किया जाता है। भारत के गाँवों में गोबर के उपले जलाकर ऊर्जा पैदा की जाती है।

पौधों एवं प्राणियों के अवशेषों को जलाने से वायु प्रदूषण होता है। इससे बहुत सी राख बची रह जाती है। गोबर जलाने से बहुत से पोषक तत्त्व जैसे-नाइट्रोजन एवं फास्फोरस भी नष्ट हो जाते हैं। इसलिए अधिक लाभ तब होगा जब इस जैव भार को जैविक गैस (Bio Gas) अथवा जैविक ईंधन (Bio Fuel) में परिवर्तित कर लिया जाए।

(II) वनस्पति

प्रकाश संश्लेषण द्वारा हरे पौधे सौर ऊर्जा को सोख कर उसे जैव भार ऊर्जा में परिवर्तित करते रहते हैं। तेज बढ़ने वाले पेड़-पौधे जैसे-सेमल, पोपलर तथा सुबबूल, झाड़ीनुमा घास, गन्ने जैसी फसलें अथवा ज्वार, चुकन्दर, जलीय पौधे जैसे-जल सम्बुल तथा समुद्री अपतृण कार्बोहाइड्रेट से भरे आलू एवं अनाज ऊर्जा देने वाली वनस्पतियाँ हैं। इनसे या तो सीधे जलाकर ऊर्जा प्राप्त की जा सकती है अथवा इनको संशोधित करके जलने वाली गैसें अथवा दूसरे ईंधन बनाए जा सकते हैं।

(III) पैट्रो फसलें

कुछ पौधों में दूध होता है, जैसे-यूफोर्बिया, कैक्टस, जैट्रोफा आदि अथवा खजूर जो हाइड्रोकार्बन से भरपूर होते हैं। इनसे एक तेल जैसा पदार्थ प्राप्त किया जाता है। इस तैलीय-पदार्थ को डीजल इंजनों में सीधे जलाया जा सकता है अथवा अधिक साफ करके गैसोलिन बनाया जा सकता है। ऐसे सभी पौधों को पैट्रो फसलें कहते हैं।

बायोमास ऊर्जा

बायोमास ऊर्जा का ग्रामीण क्षेत्रों में विशेष स्थान है। इससे विविध क्षेत्रों में ऊर्जा का उत्पादन किया जाता है। इनमें वन और कृषि उद्योग आधारित अवशिष्ट, ऊर्जा समर्पित वृक्षारोपण के अलावा दक्ष और आधुनिक तकनीकी परिवर्तन के माध्यम से वन और कृषि अवशिष्टों से ऊर्जा उत्पादन शामिल है। इन तकनीकों में दहन या भट्टी में डालना एवं गैसीकरण आदि शामिल हैं। इनके लिए बने संयंत्रों में गैस/भाप टर्बाइन, दोहरा ईंधन इंजन/गैस इंजन या इनका मिश्रण, जिनका उपयोग सिर्फ बिजली उत्पादन या ऊर्जा के एक से अधिक प्रकारों के सह-उत्पादन के लिए कैप्टिव उपयोग या ग्रिड बेचने के लिए किया जाता है।

उद्योगों में बायोमास तथा गन्ने की खोई से प्राप्त ऊर्जा

भारत एक कृषि प्रधान देश है। यहाँ की अधिकांश जनसंख्या ग्रामीण क्षेत्रों में निवास करती है। स्वाभाविक है कि जिस देश की

लगभग 72% जनता ग्रामीण है तथा मात्र 28% नगरीय है वहाँ कृषि क्षेत्रों को बढ़ावा मिलेगा। सरकार गन्ने की खोई से तथा बायोमास से औद्योगिक क्षेत्र में इस परियोजना का संचालन कर रही है। विभिन्न उद्योगों जैसे-पेपर मिल, चावल मिल तथा फेरस मिल आदि में ऊष्मा तथा ऊर्जा की जरूरत को पूरा करने के लिए 95 मेगावाट क्षमता की 19 परियोजनाएं शुरू की गई हैं।

जल ऊर्जा

नदी में बहने वाली पानी को बाँध-निर्माण से एक बड़े तालाब में इकट्ठा कर लिया गया है तथा इसे ऊँचाई से नीचे गिराया जाता है। बाँध के निचले भाग में लगे टरबाईनों के पंखे इस तेज पानी के बहाव से गति में आते हैं। यही टरबाईन फिर विद्युत उत्पादकों को बिजली उत्पन्न करने के लिए चलाती है। हम छोटे एवं लघु जल विद्युत संयन्त्र भी बना सकते हैं। पहाड़ी क्षेत्रों की नदियों पर ऐसे संयंत्रों का निर्माण करके छोटे स्तर पर बिजली पैदा की जा सकती है। छोटे संयंत्रों के लिए भी पानी कम-से-कम 10 मीटर की ऊँचाई से गिरना चाहिए। अनुमान है कि भारत में लगभग 4×10^{11} किलोवॉट प्रतिघंटा जल विद्युत उत्पन्न करने की क्षमता है। अभी तक हमने इस क्षमता का केवल 11% ही उत्पादन किया है।

ज्वारीय ऊर्जा

ज्वार की प्रक्रिया में आने वाले उछाल व गिरावट से ज्वारीय ऊर्जा का उपयोग किया जाता है। छोटे ज्वारीय शक्ति संयन्त्र चीन में बनाए गए हैं। ज्वारीय शक्ति का प्रयोग विशेषकर विद्युत उत्पादन में किया जाता है। भारत में ज्वारीय शक्ति के उपयोग के लिए संयन्त्र कच्छ की खाड़ी एवं सुन्दरवन में स्थापित किए गए हैं।

जैविक गैस

जैविक गैस मीथेन, कार्बन-डाईऑक्साइड, हाइड्रोजन एवं हाइड्रोजन सल्फाइड का मिश्रण होती है, जिसमें सर्वाधिक मात्रा मीथेन की होती है। यह गैस प्राणि अपशिष्टों (कभी-कभी वनस्पति अवशेषों) के ऑक्सीजन रहित (Anaerobic) विघटन से उत्पन्न की जाती है। इस क्रिया में पानी का भी प्रयोग करते हैं। ऑक्सीजन रहित विघटन बैक्टीरिया द्वारा होता है।

जैविक गैस के प्रमुख लाभ–

यह साफ, प्रदूषण रहित एवं सस्ती गैस है। प्लांट से गैस की सीधी सप्लाई होती है तथा इसे संचित करने की समस्या नहीं होती। गोबर गैस प्लांट से बचने वाले कचरे (Sludge) में सभी पोषक तत्त्व होते हैं तथा यह एक बहुत अच्छी खाद बनाता है। पशु अवशेषों के बन्द एवं ऑक्सीजन रहित विघटन से भी ऐसी स्वास्थ्य समस्या उत्पन्न नहीं होती जो गोबर के खुले इस्तेमाल में रोग फैलाने वाले कीटाणुओं एवं जीवों के कारण हो सकती है।

हमारे देश में दो प्रकार के जैविक गैस प्लांट प्रयोग किए जाते हैं-तैरते टैंक वाले जैविक गैस प्लांट एवं स्थाई गुम्बद वाला जैविक गैस प्लांट।

1. **तैरते टैंक वाले जैविक गैस प्लांट**–इसका डाइजेस्टर टैंक भूमिगत होता है और गैस अपशिष्ट के ऊपर जमा होती रहती है। गैस बर्तन ऊपर नीचे हो सकता है तथा इससे गैस की पाइप निकलती है जो एक वाल्व द्वारा नियन्त्रित होती है। डाइजेस्टर टैंक दो भागों में बंटा होता है। एक भाग में पाइप द्वारा गोबर, पानी इत्यादि का मिश्रण टैंक के अन्दर आता है। दूसरे भाग से यही कचरा विघटन के पश्चात् निकलता रहता है।

कई बार जंग लगने से स्टील का गैस बर्तन लीक करने लगता है तथा गैस बाहर निकलने लगती है। इसलिए इस टैंक को बार-बार पेंट करना पड़ता है। इससे इसकी सुरक्षा तो होती है, परन्तु यह कार्य महंगा पड़ता है।

2. **स्थाई गुम्बद वाला जैविक गैस प्लांट**–इसकी संरचना भी तैरते टैंक वाले जैविक गैस प्लांट जैसी ही होती है। अन्तर केवल यह होता है कि स्टील के गैस बर्तन के स्थान पर ईंटों तथा सीमेन्ट से बना एक स्थाई गुम्बद होता है। डाइजेस्टर टैंक में विभाजन के स्थान पर एक ही चैम्बर होता है। गोबर एवं जल को डालने और विघटित कचरे को निकालने के लिए अलग से व्यवस्था होती है। हमारा गैर-पारम्परिक ऊर्जा स्रोतों का मन्त्रालय बायो-गैस प्रोग्राम को बढ़ावा दे रहा है। ग्रामीण क्षेत्रों में KVIC जनता मॉडल, दीनबन्धु मॉडल, प्रगति मॉडल, गणेश मॉडल आदि बायो-गैस के मॉडल प्रचलित हैं, पर अभी भी बायो-गैस (गोबर-गैस) को अधिक लोकप्रिय बनाने की आवश्यकता है।

राष्ट्रीय बायो-गैस कार्यक्रम-राष्ट्रीय बायो-गैस विकास परियोजना का प्रारम्भ 1981-82 में किया गया। बायो-गैस विभिन्न रूपों में पर्याप्त मात्रा में उपलब्ध कार्बनिक अपशिष्ट से प्राप्त होने वाला वैकल्पिक ईंधन है। बायो-गैस संयंत्रों से प्राप्त होने वाली गैस में 55 से 65 प्रतिशत तक मीथेन, 35 से 40 प्रतिशत कार्बन-डाईऑक्साइड तथा अन्य गैसों की कुछ मात्रा होती है। पारिवारिक जरूरत के बायो-गैस संयंत्रों को बढ़ावा देने के लिए राष्ट्रीय बायो-गैस विकास परियोजना शुरू की गई थी। इसका उद्देश्य गांवों में स्वच्छ तथा सस्ते ऊर्जा स्रोत उपलब्ध कराना, समृद्ध जैविक खाद तैयार करना, सफाई व स्वच्छता की स्थिति सुधारना और स्त्रियों को शारीरिक श्रम से मुक्ति दिलाना है।

जैविक ईंधन

जैविक ईंधन का किण्वीकरण (Fermentation) करके एथनॉल (Ethanol) एवं मेथनॉल (Methanol) नामक एल्कोहल बनाए जा सकते हैं। कार्बोहाइड्रेट युक्त गन्ना एथनॉल उत्पन्न करने के लिए उपयोग में लाया जा सकता है। अल्कोहल स्वच्छ ईंधन है तथा इससे प्रदूषण भी नहीं होता परन्तु, पेट्रोल की तुलना में इसकी कैलोरी क्षमता कम होती है, जिससे ताप कम निकलता है।

गैसोहॉल

ब्राजील तथा जिम्बाब्वे में यह ईंधन कारों एवं बसों को चलाने के काम आता है। भारत में भी गैसोहॉल का इस्तेमाल कुछ स्थानों पर करने की योजना बनाई जा रही है। गैसोहॉल एथनॉल एवं गैसोलिन अथवा पेट्रोल का मिश्रण होता है।

मेथेनॉल

यह भी लाभदायक जैविक ईंधन हैं क्योंकि, यह पेट्रोल, डीज़ल से कम ताप पर ज्वलनशील है। इसके उपयोग से भारी भरकम रेडियेटर के स्थान पर कारों में हल्के रेडियेटर काम कर सकते है। मेथनॉल भी एक साफ तथा प्रदूषण रहित ईंधन है। मेथनॉल पेड़ों की लकड़ी से तथा एथनॉल अनाज अथवा शर्करा वाले पौधों से प्राप्त की जा सकती है।

हाइड्रोजन का ईंधन के तौर पर उपयोग–हाइड्रोजन ईंधन का मुख्य स्रोत है। यह वायु में ज्वलनशील है तथा इस क्रिया में ऑक्सीजन से मिलकर पानी (H_2O) बनाता है। इससे 150 किलो जूल प्रति ग्राम ऊर्जा निकलती है। अपनी सर्वाधिक कैलोरी क्षमता के कारण हाइड्रोजन एक बहुत अच्छा ईंधन साबित हो सकता है। इसके अतिरिक्त, यह ईंधन प्रदूषण पैदा नहीं करता तथा इसे आसानी से उत्पन्न किया जा सकता है। हाइड्रोजन को पानी के उष्मीय विघटन, प्रकाशीय अपघटन अथवा वैद्युत अपघटन से उत्पन्न किया जा सकता है चूँकि, हाइड्रोजन अति ज्वलनशील तथा विस्फोटक है इसीलिए इसके ईंधन के तौर पर उपयोग में सावधानी जरूरी है। इसे संचित करना तथा लाना एवं ले जाना भी कठिन है। बहुत हल्की होने से इसको बड़ी मात्रा में जमा रखना सम्भव होता है। आजकल द्रव्य की अवस्था में हाइड्रोजन अन्तरिक्ष यानों में प्रयोग की जाती हैं।

पुनर्स्थापित न किए जाने वाले ऊर्जा स्रोतों में जीवाश्म ईंधन जैसे-कोयला, पेट्रोलियम, प्राकृतिक गैस एवं आणविक ईंधन आते हैं।

द्रवित पेट्रोलियम गैस (एल. पी. जी.)

ब्यूटेन पेट्रोलियम गैस का मुख्य संघटक है तथा ईंधन एवं प्रोपेन इसके अन्य संघटक हैं। पेट्रोलियम गैस को आसानी से दबाव डालकर द्रव रूप में परिवर्तित किया जा सकता है। इसको एल. पी. जी. कहते हैं जो घरों में भोजन बनाने के लिए प्रयोग की जाती है।

प्राकृतिक गैस

इस गैस की उत्पत्ति पृथ्वी में दबे हुए मृत जीवों एवं पेड़-पौधों के सड़ने-गलने से होती है। इस गैस के अन्तर्गत प्रोपेन, ईथेन तथा मीथेन आते हैं। यह एक जीवाश्म ईंधन है। प्राकृतिक गैस के भंडार प्रायः पेट्रोलियम भंडारों के निकट ही विद्यमान होते हैं। यह गैस भी दबे हुए मृत जीवों एवं पौधों ही के गलने-राड़ने से उत्पन्न होती है। प्राकृतिक गैस सबसे साफ जीवाश्म ईंधन है तथा इसका पाइपों द्वारा वहन किया जा सकता है। इसकी कैलोरी क्षमता ऊँची (50 किलो जूल प्रति कि. ग्राम) होती है तथा यह धुआँ रहित है। इस समय विश्व में लगभग 80,450 ग्राम प्रति घन मीटर प्राकृतिक गैस के भंडार मौजूद हैं। रूस के पास सर्वाधिक (40%), ईरान (14%) तथा संयुक्त राज्य अमेरिका (7%) के पास ये प्राकृतिक गैस भंडार हैं।

कृत्रिम प्राकृतिक गैस (एस. एन. जी.)

यह गैस कार्बन-मोनोऑक्साइड एवं वैकल्पिक प्राकृतिक गैस के बीच की कड़ी है। कम ग्रेड के कोयले को गैसीकरण द्वारा कृत्रिम गैस में बदला जाता है तथा इसके पश्चात् उत्प्रेरक क्रिया से मीथेन बना ली जाती है।

संपीडित प्राकृतिक गैस (सी. एन. जी.)

वाहनों में इस गैस का प्रयोग पेट्रोल एवं डीजल के स्थान पर होने लगा है। दिल्ली में सभी बसें एवं आटो रिक्शा अब इसी से चलाए जाते हैं। सी. एन. जी. से शहर में वाहन प्रदूषण की समस्या काफी कम हो गई हैं।

जैव प्रौद्योगिकी के सिद्धांत

आधुनिक जैव प्रौद्योगिकी के विकास में निम्न दो प्रमुख तकनीकों का योगदान है जो कि निम्नलिखित हैं;

(क) अनुवांशिक इंजीनियरिंग

इस तकनीक द्वारा आनुवंशिक पदार्थो (डीएनए या आरएनए) के रसायन में परिवर्तन कर इसे परपोषी जीवों (होस्ट आर्गेनिज्म) में प्रवेश कराकर इसके समलक्षणी (फीनोटाइप) में परिवर्तन करते हैं।

(ख) रासायनिक इंजीनियरिंग प्रक्रमों में रोगाणुरहित (सूक्ष्म जीव संदूषण रहित) वातावरण बनाकर केवल वांछित सूक्ष्मजीवों/संकेंद्रकी कोशिकाओं में वृद्धिकर अधिक मात्रा में जैव प्रौद्योगिकी उत्पादों जैसे-प्रतिजैविकों (एंटीबॉयोटिक), टीके, एंजाइमों आदि का निर्माण किया जाता है।

अलैंगिक जनन आनुवंशिकी सूचनाओं को परिरक्षित रखता है जबकि लैंगिक जनन द्वारा विभिन्नता व विशिष्ट आनुवंशिक व्यवस्था के संयोजन के प्रतिपादन का अवसर मिलता है जो जीव या आबादी हेतु लाभकारी हो सकता है। लैंगिक जनन से विभिन्नता उत्पन्न होती है। परंपरागत संकरण की विधियाँ जो पौधों एवं जंतुओं के जनन में उपयोगी है, इनके द्वारा वांछित जीन के साथ-साथ अवांछित जीन का समावेश व गुणन भी हो जाता है। उपर्युक्त कमियों को दूर करने हेतु आनुवंशिक इंजीनियरिंग तकनीकों में **जीन क्लोनिंग** एवं **जीन स्थानांतरण** का उपयोग कर पुनर्योगज डीएनए (रीकॉम्बीनेंट डीएनए) का निर्माण किया जाता है जिससे, बिना अवांछित जीनों के केवल एक या एक से अधिक वांछित जीन को चुने हुए जीवों में स्थानांतरित करते हैं।

क्या आप जानते हैं कि विजातीय (एलियन) जीवों में किसी प्रकार से स्थानांतरित किए हुए डीएनए खंड का क्या भविष्य है? संभवतः यह डीएनए जीव की संतति कोशिकाओं में स्वयं गुणित नहीं हो पाएगा। किंतु, जब यह डीएनए आदाता (ग्राही) के जीनोम में जुड़ जाता है तब यह गुणित होकर परपोषी डीएनए के साथ वंशागत हो जाता है। यह विजातीय डीएनए खंड, गुणसूत्र का अंग हो जाता हैं जिसमें प्रतिकृति करने की क्षमता होती है। एक गुणसूत्र में एक विशिष्ट डीएनए अनुक्रम होती है। एक गूणसूत्र में एक विशिष्ट डीएनए अनुक्रम होता है जिसे **प्रतिकृतीयन (रेप्लिकेशन) का उत्पत्ति** कहते हैं और जो प्रतिकृतियन के लिए उत्तरदायी है। किसी भी जीव में किसी विजातीय डीएनए खंड के गुणन हेतु इसे गुणसूत्र का अंग होना आवश्यक है जिसमें एक विशिष्ट अनुक्रम मिलता है जिसे 'प्रतिकृति का मूल (औरिजिन ऑफ रेप्लीकेशन)' कहते हैं। इस प्रकार एक विजातीय डीएनए प्रतिकृति के मूल से जुड़ा रहता है, ताकि डीएनए का विजातीय खंड परपोषी जीव में प्रतिकृत व गुणित हो सके। इसे **क्लोनिंग** भी कह सकते हैं या किसी टेम्पलेट डीएनए की समान गुणित संरचना का निर्माण कह सकते हैं।

अब एक कृत्रिम पुनर्योगज डीएनए अणु के निर्माण के बारे में अध्ययन करेंगे। प्रथम पुनर्योगज डीएनए का निर्माण सालमोनेला टाइफीमूरियम के सहज प्लाज्मिड (यह गोलाकार गुणसूत्र बाह्य डीएनए है जो स्वतः प्रतिकृति करता है।) में प्रतिजैविक प्रतिरोधी कूटलेखन जीन के जुड़ने से हो सका था। स्टेनले कोहेन व हरबर्ट बोयर ने 1972 में उपर्युक्त कार्य प्लाज्मिड से डीएनए का टुकड़ा काटकर संपन्न किया जिनमें प्रतिजैविक प्रतिरोध प्रदान करने के लिए जिम्मेदार जीन था। आणविक कैंची कहे जाने वाले '**प्रतिबंधन एंजाइम्स**' (रिस्ट्रिक्सन एंजाइम) की खोज से डीएनए को विशिष्ट जगहों पर काटना संभव हो सका। कटे हुए डीएनए का भाग प्लाज्मिड डीएनए से जोड़ा जाता है। यह प्लाज्मिड डीएनए संवाहक (वेक्टर) की तरह कार्य करता है जो इससे जुड़े डीएनए को स्थानांतरित करता है। जैसा कि मच्छर, कीट संवाहक के रूप में मलेरिया परजीवी को मनुष्य शरीर में स्थानांतरित करता है। ठीक उसी तरह से प्लाज्मिड को संवाहक के रूप में प्रयोगकर विजातीय डीएनए के खंड को परपोषी जीवों में पहुँचाया जाता है। प्रतिजैविक प्रतिरोधी जीन को संवाहक के साथ जोड़ने का काम एंजाइम डीएनए लाइगेज के द्वारा होता है जो डीएनए अणु के कटे हुए भाग पर कार्य कर उसके किनारों को जोड़ने का काम करता है। इस संयोजन से पात्रे (*इन विट्रो*) नये गोलाकार स्वतः

प्रतिकृति बनाने वाले डीएनए का निर्माण होता है जिसे पुर्नयोगज डीएनए कहते हैं। जब यह डीएनए *एशरिकिआ कोलाई* (*ई.कोलाई*) (एक जीवाणु जो *सालमोनेल* से काफी मिलता-जुलता है) में स्थानांतरित किया जाता है तो यह नए परपोषी के डीएनए पॉलिमरेज एंजाइम का उपयोग कर अनेक प्रतिकृतियाँ बना लेता है। प्रतिजैविक प्रतिरोधी जीन की प्रति का *ई.कोलाई* में गुणन, *ई.कोलाई* में प्रति जैविक प्रतिरोधी जीन की क्लोनिंग कहलाता है।

जीव के आनुवंशिक रूपांतर में मूलभूत तीन चरण हैं-

(क) वांछित जीन युक्त डीएनए की पहचान

(ख) चिह्नित डीएनए का परपोषी में स्थानांतरण

(ग) स्थानांतरित डीएनए को परपोषी में सुरक्षित रखना तथा उसकी संतति में स्थानांतरित करना।

जैव–तकनीकी के अनुप्रयोग (Application of Biotechnology)

(*i*) डेक्सट्रान (Dextran)

व्यापारिक तौर पर यह सुक्रोज के अपघटन से *ल्यूकोनॉस्टॉक मेसेन्टेरॉयड्स* (*Leuconostoc mesenteroides*) नामक जीवाणु द्वारा बनाया जाता है।

$$\text{Sucrose} \xrightarrow[\text{Dextran Sucrose}]{\textit{Leuconostoc mesenteroides}} \text{Dextran + Fructose}$$

डेक्स्ट्रान का मुख्य उपयोग प्लाज्मा प्रत्यारोपण (transfusion) में किया जाता है।

(*ii*) मानव इन्सुलिन का जैव-संश्लेषण (Biosynthesis of human-insulin)

इन्सुलिन की कमी से मधुमेह (diabetes) का रोग हो जाता है। मधुमेह के रोगियों को कृत्रिम इन्सुलिन का इंजेक्शन दिया जाता है। यह कृत्रिम इन्सुलिन मानव इन्सुलिन जैसी ही होती है लेकिन कुछ side effects उत्पन्न करती है। वैज्ञानिक आजकल बिल्कुल मानव इन्सुलिन जैसी इन्सुलिन आनुवांशिक यांत्रिकी से बना रहे हैं। इस तरह की इन्सुलिन जिसे ह्यूमुलीन (Humulin) कहते हैं, एक अमरीकी संस्था eli lily ने आनुवंशिक अभियान्त्रिकी द्वारा पुन संयोजित *E.coli* से रांश्लेषित की है।

(*iii*) सोमाटोस्टेटिन का जैव-संश्लेषण (Biosynthesis of Somatostatin)

सोमाटोट्रोपिन या मानव वृद्धि हारमोन पिट्यूटरी ग्रन्थि की अग्रपालि द्वारा स्रावित होता है। यह 191 अमीनो अम्लों की इकाइयों का बना होता है। इसकी कमी से व्यक्ति बौना रह जाता है। इस हारमोन का जीन या DNA ई. कोलाई में β *galactosidase* एंजाइम को कोड करने वाले जीन के पास निवेश (introduced) किया गया।

यह *ई. कोलाई* कोशिकायें इस वृद्धि हारमोन का निर्माण करने लगती हैं।

(*iv*) इण्टरफेरोन का उत्पादन (Production of Interferons)

इण्टरफेरोन विषाणु प्रतिरोधी (antiviral) पदार्थ है। A. Issacs तथा J. Linderman ने बताया कि कोशिकाओं में विषाणु प्रतिरोधकता एक घुलनशील प्रोटीन के कारण होती है जिसे इण्टरफेरोन कहते हैं। यह जीवों में रोग प्रतिरोधकता पैदा करते हैं। इनको लिम्फोसाइट्स द्वारा कुछ एण्टीजनों या दोहरी शृंखला वाले RNA के प्रभाव से भी बनाया जा सकता है। इण्टरफेरोन निम्न प्रकार के होते हैं-

(*i*) एल्फा इण्टरफेरोन (α-Interferon)

(*ii*) बीटा इण्टरफेरोन (β-Interferon)

(*iii*) गामा इण्टरफेरोन (γ-Interferon)

(*v*) वैक्सीन या टीकों का उत्पादन (Production of Vaccines)

वैक्सीन एक द्रव है जिसमें मृत (dead) या (attenuated) रोगाणु या उनके एण्टीजन होते हैं। इसे जब स्वस्थ व्यक्ति को दिया जाता है तो इस व्यक्ति में उस विशेष बीमारी के लिये प्रतिरोधकता उत्पन्न होती है। यह विधि टीकाकरण (vaccination) कहलाती है। **एडवर्ड जेनर** (Edward Jenner) ने small pox के लिये टीका बनाया था। ऐसी वैक्सीन जो conventional technique से बनायी जाती है प्रथम पीढ़ी वैक्सीन (first generation vaccines) कहलाती है।

वे वैक्सीन जो DNA recombinant technique से बनायी जाती है द्वितीय पीढ़ी वैक्सीन (Second generation vaccines or Recombinant vaccines) कहलाती है। यह अधिक सुरक्षित, सरल तथा क्षमता वाली (Potent) होती है। यह second generation vaccines हिपेटाइटिस B विषाणु (Hepatitis B virus), के विरुद्ध बनायी गयी है। संश्लेषित वैक्सीन (Synthesized vaccines) को third generation vaccines कहा जाता है।

(*vi*) खाद्य सामग्री परिरक्षण की विधियाँ (Methods of Food Preservation)

- **उच्च ताप उपचार (High temperature treatment)** - खाद्य सामग्री को उच्च ताप पर गर्म करने से अधिकांश जीवाणु नष्ट हो जाते हैं। सूक्ष्म जीवों की मृत्यु होने में लगने वाले समय को ऊष्मीय मृत्यु काल (Thermal Death Time-TDT) कहते हैं।
- **निम्न ताप उपचार (Low temperature treatment)** - सूक्ष्म जीवियों को निम्न ताप के उपचार से सीमित किया जा सकता है। निम्न ताप उपचार से जीवाणु मृत नहीं होते लेकिन उनकी उपापचयी क्रियायें व वृद्धि अवरूद्ध हो जाती हैं। जिससे शीत संग्रहाकार (cold storage) में फल सब्जी आदि लम्बे समय तक ताजे रहते हैं।
- **पाश्चरीकरण (Pasteurization)** - इस विधि को सर्वप्रथम लुई पॉश्चर (Louis Pasteur) ने 1866 में उपयोग किया था। इस विधि को दो प्रकार से प्रयोग करते हैं-
  - **Low Temperature Holding Method (LTH)** - इसमें द्रव या दूध को 62.8° C (145° F) पर लगभग 30 मिनट तक गर्म करते हैं।
  - **High Temperature Short Time Method (HTST)** - इसमें द्रव या दूध को 71.7°C (161°F) पर 15 सेकण्ड तक गरम किया जाता है तथा शीघ्र ही ठण्डा किया जाता है। इससे सभी रोगकारी (Pathogenic) जीवाणु तथा इनके अन्तःबीजाणु (endospore) आदि नष्ट हो जाते हैं।
- **डिब्बाबन्दी (Canning)** - इसमें खाद्य सामग्री को भाप द्वारा उच्च दाब तथा ताप (high temperature) 120-126°C पर 15 से 90 मिनट तक गर्म करते हैं जिससे सभी सूक्ष्म जीवी नष्ट हो जाते हैं। अब इस खाद्य सामग्री को डिब्बों में भरकर वायुरोधी (air tight) रखकर लम्बे समय तक सुरक्षित रखा जाता है।
- **निर्जलीकरण (Dehydration)** - इस विधि में खाद्य पदार्थों को सुखाया जाता है जिससे इनमें रहने वाले सूक्ष्म जीवों की सक्रियता समाप्त हो जाती है।
- **हिमीकरण (Freezing)** - कम ताप पर जीवाणु की क्रियायें समाप्त हो जाती हैं इसलिये यह निष्क्रिय हो जाते हैं। डीप फ्रीजर (Deep freezer) का तापमान 0°C से कम होता है इसलिये इसमें माँस, मछलियाँ, अण्डे, आइसक्रीम, फल व सब्जियाँ सुरक्षित रहती हैं।

बहुविकल्पीय प्रश्न

1. पनीर के निर्माण में सूक्ष्मजीव महत्त्वपूर्ण होते हैं–
(*a*) केवल नष्ट होने (Spoilage) में प्रतिरोध के विकास के लिए
(*b*) केवल दूध को खट्टा करने के लिए
(*c*) खट्टा करने तथा पकाने की प्रक्रियाओं दोनों के लिए
(*d*) केवल पकाने के लिए

2. अगुणित पादपों को प्राप्त किया जा सकता है संवर्धन करके–
(*a*) शिशु पत्तियों का (*b*) भ्रूणपोष का
(*c*) पराग कणों का (*d*) मूलशीर्षो का

3. बीजों के बजाय कोशिकाओं द्वारा नये पादपों का जनन कहलाता है–
(*a*) जीव उर्वरक (*b*) ऊतक संवर्धन
(*c*) उत्परिवर्तन (*d*) प्रतिजैविक

4. जल के अपवाद के साथ औद्योगिक प्रक्रियाओं में सम्भवतः कौन-सा सहायक रासायनिक पदार्थ अत्यधिक महत्त्वपूर्ण होता हैं–
(*a*) पेट्रोलियम (*b*) रबड़
(*c*) ईथेनोल (*d*) द्रव नाइट्रोजन

5. जब यीस्ट ग्लूकोज का किण्वन करता है, तो उत्पाद होते हैं–

(*a*) ईथेनोल तथा CO_2
(*b*) जल तथा CO_2
(*c*) ईथेनोल तथा जल
(*d*) मीथेनोल तथा CO_2

6. कमरे के तापमान पर परिरक्षण के लिए फल, मांस, दूध इत्यादि सुखाये जाते हैं प्रक्रिया द्वारा–
(*a*) निर्जलीकरण (*b*) पाश्चरीकरण
(*c*) फ्रीजिंग (*d*) वसन्तीकरण

7. शीत गृह ऐसे स्थान है जहाँ वाणिज्यक स्तर पर खाद्य पदार्थों को संरक्षित किया जाता है इन वस्तुओं को किस ताप सीमा पर रखा जाता है–
(*a*) सदैव 0°F पर (*b*) सदैव 30°F पर
(*c*) 30°C से 40°F (*d*) 0°F से 30°F

8. किस तकनीकी द्वारा समुद्री मछली तथा झींगों का निर्यात किया जाता है–
(*a*) केनिंग (*b*) किरणन (Irradiation)
(*c*) प्रशीतन (*d*) शुष्कन

9. निर्जमीकरण की क्रिया में अधिकतर अम्ल वाले पौधों को किस ताप तक उबालते हैं–
(*a*) 312°F (*b*) 350°F
(*c*) 375°F (*d*) 250°F

10. फल परिरक्षण में परिरक्षक के रुप में प्रयोग होता है–
(*a*) पोटेशियम मेटाबाई सल्फेट
(*b*) कैल्शियम कार्बोनेट
(*c*) अमोनियम सल्फेट
(*d*) पोटेशियम नाइट्रेट

11. खाद्य पदार्थो गें उगस्थित जीवाणु निष्क्रिय हो जाते हैं–
(*a*) खाद्य उत्पादों को धोकर रखने पर
(*b*) खाद्य पदार्थों को डिब्बों में बन्द रखने पर
(*c*) खाद्य पदार्थों को 4°C - 10°C ताप पर रखने से
(*d*) खाद्य पदार्थों को पॉलीथीन के थैले में रखने से

12. हिपेटाइटिस बी (Hepatitis B) वैक्सीन हैं–
(*a*) प्रथम पीढ़ी वैक्सीन
(*b*) द्वितीय पीढ़ी वैक्सीन
(*c*) तृतीय पीढ़ी वैक्सीन
(*d*) एक इण्टरफेरोन

13. ऐटिबायोटिकों के विषय में कौन सी बात सही सही नहीं हैं?
(*a*) ऐंटिबायोटिक शब्द को सेल्मान वाक्समान ने सन 1942 में बनाया था
(*b*) प्रथम ऐंटिबायोटिक की खोज ऐलेक्जैंडर फ्लेमिंग ने की थी
(*c*) प्रत्येक ऐंटिबायोटिक किसी एक खास किस्म के रोगाणु के प्रति ही कारगर होती है
(*d*) कुछ लोगों में किसी एक खास ऐंटिबायोटिक के लिये ऐलर्जी होती है

14. रासायनिक दृष्टि से ऐंटीबाडी क्या होता है?
(*a*) लिपिड़ (*b*) न्यूक्लियो प्रोटीन
(*c*) प्रोटीन (*d*) लाइपो प्रोटीन

15. उच्च रक्त कोलेस्टेरॉल से ग्रस्त व्यक्तियों के लिये चिकित्सक किसके सेवन का परामर्श देते हैं–
(*a*) शुद्ध देशी घी या मक्खन
(*b*) वनस्पति तेल जैसे कि मूँगफली का तेल
(*c*) चर्बी की परतों से युक्त लाल मांस
(*d*) वनस्पति घी तथा मार्गेरीन

16. हैजे से ग्रस्त रोगी को सेलाइन ड्रिप इसलिये दी जाती है कि–
(*a*) Cl^- आयन रक्त प्लाज्मा के महत्त्वपूर्ण घटक हैं
(*b*) Na^+ आयन शरीर में पानी को धारण किये रखने में सहायता करते हैं
(*c*) झिल्ली के आर–पार पदार्थो के वहन में Na^+ आयन महत्त्वपूर्ण होते हैं
(*d*) Cl^- आयन आमाशय में पदार्थो के पाचन के लिये HCl के बनने में सहायता करते हैं

17. निम्नलिखित में से कौन आनुवंशिक इन्जीनियरी में महत्त्वपूर्ण है?
(*a*) विषाणु (*b*) केन्द्रकाय
(*c*) प्लाज्मिड (*d*) उपरोक्त में से कोई नहीं

18. कृषि क्षेत्र में जैव प्रौद्योगिकी का मुख्य ध्येय है–
(*a*) नाइट्रोजन यौगिकीकरण करने में समर्थ पौधों को उत्पन्न करना
(*b*) पौधों की प्रजातियों को संरक्षित रखना
(*c*) पौधों में नये जीनों का स्थानान्तरण कर उन्हें अत्योपयोगी बनाना
(*d*) उपरोक्त सभी

19. किस जीवाणु का योगर्ट बनाने में उपयोग होता है?
(*a*) *लेक्टोबैसीलस स्पी.*
(*b*) *स्ट्रेप्टोकोकस*
(*c*) *लेक्टोबैसीलस* और *स्ट्रेप्टोकोकस* स्पी.
(*d*) *कोरीने बैक्टीरियम* स्पी.

20. डिब्बा बन्दी एक तरीका है–
(*a*) मिट्टी से जीवाणु निकालने का
(*b*) खाद्य पदार्थो के परिरक्षण का
(*c*) पौधों को रोग मुक्त करने का
(*d*) खाद्य पदार्थो के दूषण का

21. किस जीवाणु का औद्योगिक स्तर पर ब्यूटेनोल बनाने के लिये उपयोग होता है?
(*a*) ऐसीटोबैक्टर (*b*) माइक्रोकोकस
(*c*) क्लास्ट्रिडियम (*d*) लेक्टोबैसिलस

22. अंकुरित जौ के बीज किसके निर्माण में प्रयोग होते हैं?
(*a*) पनीर (*b*) शराब
(*c*) बियर (*d*) लैक्टिक अम्ल

23. बीयर तैयार की जाती है–
(*a*) गेहूँ से (*b*) जौ से
(*c*) गन्ने से (*d*) अंगूर से

24. पाश्चराइजेशन वह विधि है जिसमें दूध को गर्म किया जाता है–
(*a*) 60°C पर 10 मिनट तक
(*b*) 63°C पर 20 मिनट तक
(*c*) 63°C पर 30 मिनट तक
(*d*) 72°C पर 10 मिनट तक

25. एल्कोहल बनाने में किसका उपयोग होता है–
(*a*) पेनिसिलियम (*b*) लेक्टोबैसिलस
(*c*) सेक्रोमाइसेजी (*d*) ऐसिटोबेक्टर

26. स्ट्रेप्टोमायसिन प्राप्त की जाती है–
(*a*) *स्ट्रेप्टोमायसिस ग्राइसियस* से
(*b*) *स्ट्रेप्टोमायसिस फ्रेडी* से
(*c*) *स्ट्रेप्टोमायसिस वेनेजुएली* से
(*d*) *स्ट्रेप्टोमायसिस राइमोसस* से

27. भोजन का परिरक्षण किया जा सकता है–
(*a*) निम्न तापमान द्वारा
(*b*) उच्च तापमान द्वारा
(*c*) परासरण दाब द्वारा
(*d*) तीनों के द्वारा

28. वायो गैस में होती है–
(*a*) 10—30% मीथेन (*b*) 30–40% मीथेन
(*c*) 50–70% मीथेन (*d*) 80–90% मीथेन

29. निम्नलिखित किस देश में एल्कोहल का प्रयोग सफलता के साथ मोटर ईंधन के रूप में होता है?
(*a*) ब्राजील (*b*) चीन
(*c*) जर्मनी (*d*) यू. एस. ए.

30. गैसोहोल का मिश्रण उपयोगी है-
(*a*) खाद के रूप में
(*b*) मोटर ईंधन के रूप में
(*c*) किण्वक के रूप में
(*d*) उपरोक्त सभी के आधार पर

31. निम्नलिखित में से कौन एक एल्कोहल के निर्माण में प्रयुक्त होता है?
(*a*) जीवाणु (*b*) जलीय मोल्ड
(*c*) यीस्ट (*d*) अवपक मोल्ड

32. कौन से एन्जाइम मक्का मण्ड (Starch) को उच्च फ्रक्टोज सीरप में बदलने के लिए प्रयुक्त होते है?
(*a*) ग्लूको आइसोमरेजेज
(*b*) ग्लूकोअमाइलेजेज
(*c*) अमाइलेजेज
(*d*) उपरोक्त सभी

33. वाक्समेन थे एक सुविख्यात–
(*a*) फायकोलोजिस्ट
(*b*) ब्रायोलोजिस्ट
(*c*) टेरिडोलोजिस्ट
(*d*) मृदा सूक्ष्म जीव वैज्ञानिक (Soil Microbiologist)

34. *स्ट्रेप्टोमाइसीज वेनेजुएली* का प्रयोग होता है प्राप्त करने में–
(*a*) क्लोरोमाइसिटिन को
(*b*) स्ट्रेप्टोमाइसिन को
(*c*) टेट्रासाइक्लिन को
(*d*) औरियोमाइसीन को

35. रुपान्तरित प्रतिजैविक बनाये जाते हैं तकनीक द्वारा–
(*a*) परानिस्पंदन की (*b*) अल्ट्रासेफ्यूगेशन की
(*c*) वसन्तीकरण की (*d*) आनुवंशिक अभियांत्रिकी की

36. *स्ट्रेप्टोमाइसीज ग्राइसियस* प्रदान करता है, प्रतिजैवी–
(*a*) स्ट्रेप्टोमाइसिन (*b*) क्लोरोमाइसिटिन
(*c*) टेरामाइसिन (*d*) पौलीमिक्सिन

37. प्रतिजैविक वृद्धि को संदमित करते हैं अथवा नष्ट कर देते हैं–
(*a*) जीवाणुओं तथा कवकों की
(*b*) जीवाणुओं तथा विषाणुओं की
(*c*) जीवाणुओं, शैवालों तथा विषाणुओं की
(*d*) जीवाणुओं, शैवालों कवकों तथा विषाणुओं की

38. किसी जीवधारी द्वारा उत्पादित एक यौगिक जो दूसरे सूक्ष्मजीवों की वृद्धि को संदमित करता है, कहलाता है–
(*a*) प्रतिजैविक (Antibiotic)
(*b*) एण्टीसेप्टिक (Antiseptic)
(*c*) प्रतिरक्षी (Antibodies)
(*d*) प्रतिस्कन्दक (Anticoagulant)

39. पाश्चुरीकरण (Pasteurization) भोज्य पदार्थों को मुक्त रखता है–
(*a*) जीवाणुओं के सभी कायिक रुपों से
(*b*) सभी रोगोत्पादक सूक्ष्मजीवों के कायिक रुपों से
(*c*) सभी सजीवों से
(*d*) सभी जीवाणुओं से

40. ए. फ्लेमिंग प्रसिद्ध हैं अपनी खोज के लिए–
(*a*) पेनीसिलिन की
(*b*) स्ट्रेप्टोमाइसिन की
(*c*) एक्टिनोमाइसिटिन की
(*d*) क्लोरोमाइसिटिन की

41. पृथक किया गया प्रथम प्रतिजैवी था–
(*a*) टेरामाइसिन (*b*) निओमाइसिन
(*c*) पेनीसिलिन (*d*) स्ट्रेप्टोमाइसिन

42. यदि फूलों के रसों को कुछ समय के लिए खुले स्थान में रख दिया जाये तो ये स्वाद में कड़वे हो जाते हैं–
(*a*) क्योंकि वायुमण्डल के जीवाणु रसों से क्रिया करते हैं
(*b*) यीस्ट द्वारा रस के किण्वन (Fermentation) के कारण
(*c*) कुछ आन्तरिक कारकों के कारण
(*d*) उपरोक्त सभी तीनों कथन सत्य हैं

43. अधिकांश सूक्ष्मजीव जो प्रतिजैविक को उत्पन्न करते हैं भूमि में रहते हैं क्योंकि–
(*a*) अन्धकार प्रतिजैविकों के संश्लेषण के अनुकूल होता है
(*b*) प्रतिजैविकता (Antibiosis) क्रिया द्वारा भूमि के सूक्ष्म पादपों के प्रतियोगितात्मक विश्व में इनकी वृद्धि, पोषण एवं उत्तरजीवी मूल्य बढ़ जाते हैं
(*c*) ये भूमि से बाहर रहकर पोषण ग्रहण नहीं कर सकते हैं
(*d*) कोई भी आसानी से अपने प्रतिजैविकों का दुरुपयोग नहीं करता है

44. विकर टी. पी. ए. (Enzyme TPA) का उपयोग होता है–
(*a*) स्फीति दाब को बनाये रखने में
(*b*) ऊतकों को शक्ति प्रदान करने में
(*c*) प्लाज्मा को बढ़ाने में
(*d*) रक्त के थक्कों (Clots) को घोलने में

45. बायो गैस उत्पादन के लिए गोबर के अलावा हमारे देश में निम्न कैसा खर-पतवार प्रयुक्त होता है?
(*a*) *आइक्रोर्निया क्रैसीपिस*
(*b*) *हाइड्रिला*
(*c*) *मेन्जीफेरा इण्डिका*
(*d*) *सोलेनम नाइग्रम*

46. ईंधन काष्ठ होता है–
(*a*) पेट्रोलियम उत्पादों का स्रोत
(*b*) ऊर्जा के पुनर्नवीनीकृत स्रोत
(*c*) बायो गैस का स्रोत
(*d*) एल्कोहल का स्रोत

47. पेट्रोल के स्थान पर निम्न में से कौन-सा पदार्थ प्रयुक्त हो सकता है–
(*a*) ईथेनोल (*b*) मीथेनोल
(*c*) ब्यूटेनोल (*d*) प्रोपेनोल

48. लकड़ी की पायरोलाइसिस (Pyrolysis) से उत्पन्न होता है–
(*a*) चारकोल (*b*) एल्कोहल
(*c*) चारकोल एवं गैस (*d*) चारकोल, गैस एवं तेल

49. कृष्य अपशिष्टों के अनॉक्सी किण्वन के फलस्वरुप उत्पन्न गैस होती है–
(*a*) कार्बन मोनोऑक्साइड
(*b*) मीथेन

(*c*) गोबर गैस
(*d*) बायो गैस

50. ऊर्जा के पुनर्नवीनीकरण योग्य (Renewable) स्रोत का सर्वश्रेष्ठ उदाहरण होता है–
(*a*) पेट्रोलियम (*b*) जीवाश्म ईंधन
(*c*) वृक्ष (*d*) बायो गैस

51. स्ट्रेप्टोमाइसिन को प्रथम बार 1944-45 में पृथक किया था–
(*a*) ल्यूवेनहॉक ने
(*b*) बुर्कहोल्डर ने
(*c*) अलेक्जेण्डर फ्लेमिंग ने
(*d*) वाक्समेन ने

52. यीस्ट का प्रयोग किया जाता है उत्पादन में–
(*a*) एसीटिक अम्ल के
(*b*) पनीर के
(*c*) दही के
(*d*) इथाइल एल्कोहल के

53. किण्वन (Fermentation) के लिए उत्तरदायी निम्न में से कौन-सा एन्जाइम यीस्ट द्वारा स्रावित किया जाता है?
(*a*) ईनोलेज (*b*) डीहाइड्रोजिनेज
(*c*) जाइमेज (*d*) इन्वर्टेज

54. दूध या किसी अन्य तरल को 65°C तापमान पर गर्म करना और तभी अकस्मात् ठण्डा करना (Cooling) कहलाता है–
(*a*) बन्ध्याकरण (Sterilization)
(*b*) पाश्चुरीकरण (Pasteurization)
(*c*) परिरक्षण (Preservation)
(*d*) किण्वन (Fermentation)

55. पावरोटी मुलायम तथा छिद्रयुक्त हो जाती है, जब यीस्ट कोशिकाएँ गेहूँ के गीले आटे में मिला दी जाती हैं, क्योंकि–
(*a*) यीस्ट बेन्जोइक अम्ल उत्पन्न करता है
(*b*) CO_2 का निकलना पावरोटी को स्पन्जी बना देता है
(*c*) यीस्ट मुलायम होता है और आटा भी मुलायम हो जाता है
(*d*) यीस्ट ऐसीटिक अम्ल तथा एल्कोहल उत्पन्न करता है को रोटी को मुलायम बनाते हैं

56. टेरामाइसिन प्राप्त होता है–
(*a*) *स्ट्रेप्टोमाइसीज वेनेजुएली* द्वारा
(*b*) *स्ट्रेप्टोमायसीज ग्राइसियस* द्वारा
(*c*) *स्ट्रेप्टोमायसीज रूमोसस* द्वारा
(*d*) *स्ट्रेप्टोमाइसीज ग्राइसियस* द्वारा

57. डिटर्जेण्ट्स (Detergents) के निर्माण के लिए कौन-से एन्जाइम प्रयुक्त होते हैं?
(*a*) प्रोटियेजेज (*b*) ग्लूकोअमाइलेजेज
(*c*) अमाइलेजेज (*d*) लैक्टेजेज

58. डायस्टेज एन्जाइम की पहचान की थी–
(*a*) एस. ए. वाक्समेन ने
(*b*) ए. फ्लेमिंग ने
(*c*) क्रिश्चियन हेसन ने
(*d*) पेयन तथा पर्सोज ने

59. एल्कोहल के तीव्र उत्पादन के लिए अगतिशील यीस्ट कोशिकाएँ रखी जाती हैं–
(*a*) सिलिका जेल में
(*b*) तार की जाली में
(*c*) पोर्सलीन के कॉलम में
(*d*) कैल्शियम एल्गीनेट के मूँगों (Beads) में

60. ह्यमुलिन को छोड़ा (Launched) गया था–
(*a*) एक अंग्रेजी फर्म द्वारा
(*b*) एक अमेरिकी फर्म द्वारा
(*c*) एक जर्मन फर्म द्वारा
(*d*) एक फ्रेन्च फर्म द्वारा

61. जीवअभिकर्त्ता (Bioreactor) होता है–
(*a*) किण्वन ताल
(*b*) एक उद्दीपन से अभिक्रिया करने वाले जीव
(*c*) जीववैज्ञानिक (Biological) अध्ययनों के लिए नाभिकीय अभिकर्ता
(*d*) जीव रासायनिक अभिक्रियाओं के लिए ताल

62. इनमें से कौन-सा डेक्सट्रान के निर्माण में भाग लेता है?
(*a*) *लेक्टोबेसिलस* (*b*) *ल्यूकोनोस्टोक*
(*c*) *स्यूडोमोनास* (*d*) *म्यूकर*

63. *टोरुलोप्सिस यूटिलिस* होता है–
(*a*) एक खाद्य यीस्ट
(*b*) साइट्रिक अम्ल के संश्लेषण हेतु काम में आने वाला

(*c*) एक महत्वपूर्ण आन्त्रीय सहजीवी,
(*d*) वह सूक्ष्म जीव जो तृतीय पीढ़ी के टीके उत्पन्न करता है

64. निम्नलिखित में से किसने टीकाकरण (Vaccination) का वैज्ञानिक आधार बताया?
(*a*) लुई पाश्चर ने
(*b*) एडवर्ड जेनर ने
(*c*) सेसर मिल्स्टीन ने
(*d*) जार्ज कोहलर ने

65. ह्यमुलिन (Humulin) होता है–
(*a*) काइटिन का एक रुप
(*b*) एक शक्तिशाली प्रतिजैवी
(*c*) एक नया पाचन एन्जाइम
(*d*) मानव इन्सुलिन

66. अंकुरित होने वाले जौ के बीजों का प्रयोग किया जाता है बनाने में–
(*a*) पनीर के (*b*) मदिरा के
(*c*) बीयर के (*d*) लैक्टिक अम्ल के

67. कैंसर वाले ट्यूमर्स से प्राप्त कोशिकाएँ कहलाती हैं–
(*a*) हाइब्रिडोमास (*b*) माइयेलोमास
(*c*) लिम्फोसाइट्स (*d*) मोनोक्लोनल कोशिकाएँ

68. किण्वन के अन्तर्गत प्रत्यक्ष रुप में विटामिन बी^{12} उत्पन्न होता है–
(*a*) *ऐशब्या गौसीपाई* से
(*b*) *राइजोपस स्टोलनीफर* से
(*c*) सेकरोमाइसीज से
(*d*) प्रोपियोनी जीवाणुओं से

69. निम्नलिखित में से कौन-सा बायोटेक्नोलोजी में प्रयुक्त होता है?
(*a*) पशु
(*b*) यीस्ट
(*c*) न तो पशु और न ही यीस्ट
(*d*) पशु तथा यीस्ट दोनों

70. आनुवंशिक रुप में अभियांत्रिक मानव इन्सुलिन बनाया जाता है, प्रयोग द्वारा–
(*a*) *स्यूडोमोनास* के (*b*) *ऐशब्या गौसीपाई* के
(*c*) *राइजोपस* के (*d*) *एशरीशिया कोलाई* के

71. पनीर उद्योग (Cheese Industry) में प्रयुक्त होने वाले रेनिन हैं–
(*a*) प्रतिजैविक (*b*) ऐल्केलॉयड
(*c*) एन्जाइम (*d*) संदमक

72. ऐसा यौगिक जो एक जीवधारी द्वारा उत्पन्न होता है तथा दूसरे जीवधारी की वृद्धि को संदमित करता है, कहलाता है–
(*a*) ऐन्टीजन (*b*) एण्टीबॉडी
(*c*) प्रतिजैविक (*d*) एण्टीएलर्जिक

73. व्यवसायिक स्तर पर साइट्रिक अम्ल उत्पादित किया जाता है–
(*a*) *एस्परजिलस नाइगर*
(*b*) *केंडिडा यूटिलिस*
(*c*) *एसिटोबेक्टर सबओक्सीडेंस*
(*d*) *स्ट्रेप्टोकोकस लैक्टिस*

74. क्या कारण है कि जीवाणुओं द्वारा होने वाली सभी बीमारियों की समस्याओं को प्रतिजैविक नहीं सुलझा पाते हैं–
(*a*) जीवाणुओं के एन्जाइम द्वारा प्रतिजैविक निष्क्रिय हो जाते हैं
(*b*) प्रतिरोधी तन्त्र की कम क्षमता के कारण
(*c*) उत्परिवर्तित जातियों के उत्पन्न होने के कारण जो प्रतिजैविकों से प्रतिरोधी होती है
(*d*) प्रतिजैविकों के लगातार प्रयोग से जीवधारी Insensitive हो जाता है।

75. ऐसा पहला देश, जहाँ पर एल्कोहल को ईंधन की तरह प्रयोग किया है–
(*a*) सऊदी अरेबिया (*b*) ईरान, ईराक
(*c*) ब्राजील (*d*) जापान

76. राक्वेफॉर्ट पनीर के निर्माण में कौन-सा सूक्ष्मजीव सहायक हैं–
(*a*) राइजोपस (*b*) यीस्ट
(*c*) पेनिसिलियम (*d*) एस्पर्जिलस

77. यदि संसार के सभी जीवाणु एवं कवक नष्ट हो जाएं तो–
(*a*) सभी जीवधारी अमर हो जायेंगे एवं संसार में कोई रोग नहीं रहेगा
(*b*) हम किसी प्रतिजैविक को प्राप्त करने में अयोग्य हो जायेंगे

(*c*) भूमि की मिट्टी से धीरे-धीरे सम्पूर्ण नाइट्रोजन विलोपित हो जायेगी

(*d*) संसार मृत कार्यों (Dead Bodies) एवं सभी प्रकार के सजीवों के उत्सर्जी पदार्थों से परिपूर्ण हो जाएगा

78. संवर्धनीय दशाओं के अन्तर्गत एक अकेले अंकुरण करने वाले पराग कण से विकसित पौधे को कहा जाता है--

(*a*) टेट्राप्लोइड पादप (*b*) अगुणित पादप

(*c*) द्विगुणित पादप (*d*) बहुगुणित पादप

79. वाक्समेन को नोबेल पुरस्कार दिया गया था खोज के लिए–

(*a*) क्लोरोमाइसिटिन के (*b*) निओमाइसिन के

(*c*) स्ट्रेप्टोमाइसिन के (*d*) पेनीसिलिन के

80. ट्रिपल प्रतिजन अथवा डी. डी. टी. का मतलब है–

(*a*) मलेरिया, टायफॉइड एवं कैंसर का टीका

(*b*) विषाणुओं का मिश्रण जो टिटेनस, डिप्थीरिया और कुकर खाँसी उत्पन्न करता है

(*c*) पोलियो, रैबीज तथा हिपेटाइटिस के विरुद्ध एक टीका

(*d*) टिटेनस, कुकर खाँसी और डिप्थीरिया के विरुद्ध एक टीका

81. रेस्ट्रक्शन एन्जाइम की खोज की थी–

(*a*) बर्ग ने (*b*) स्मिथ एवं नौर्थ ने

(*c*) वाक्समेन ने (*d*) अलेक्जेण्डर फ्लेमिंग ने

82. क्लोरोमाइसिटिन उत्पन्न किया जाता है–

(*a*) *बोर्डेटीजा पर्टूसिस* द्वारा

(*b*) *स्ट्रेप्टोमाइसीज वेनेजुएली* द्वारा

(*c*) *स्ट्रेप्टोमाइसीज रुमोसम* द्वारा

(*d*) *क्लोस्ट्रीडियम बोटूलिनम* द्वारा

83. हिपैटाइटिस बी टीका (Vaccine) होता है–

(*a*) प्रथम पीढ़ी का टीका

(*b*) द्वितीय पीढ़ी का टीका

(*c*) तृतीय पीढ़ी का टीका

(*d*) एक इण्टरफेरोन

84. सर्वप्रथम किसने स्ट्रेप्टोमायसीन को पृथक किया?

(*a*) ट्वोर्ट ने (*b*) ए. फ्लेमिंग ने

(*c*) एस. वाक्समेन ने (*d*) आर. कौच ने

85. पेनीसिलिन की खोज की थी–

(*a*) वाक्समेन ने (*b*) डुबोय ने

(*c*) रॉवर्ट कौच ने (*d*) ए. फ्लेमिंग ने

86. रेनेट (Rennet) एन्जाइम को शुद्धीकृत किया था–

(*a*) ए. फ्लेमिंग ने (*b*) एस. ए. वाक्समेन ने

(*c*) पेयन तथा पर्सोज ने (*d*) क्रिश्चियन हेसन ने

87. निम्नलिखित में से कौन सी ऊर्जा वाली फसलें हैं?

(*a*) गन्ना, आलू एवं टेपिओका

(*b*) बाजरा, केला एवं टमाटर

(*c*) गन्ना, आलू एवं टमाटर

(*d*) गन्ना, टेपिओका तथा फूल गोभी

88. निम्नलिखित में से कौन-सा द्रव हाइड्रोकार्बन होता है?

(*a*) रबड़ क्षीर (*b*) रेजिन

(*c*) टेनिन (*d*) गोंद

89. पृथ्वी पर रोजाना सूर्य का प्रकाश प्रति वर्ग मीटर प्रतिदिन पहुँचता हैं–

(*a*) 100 ग्राम कैलोरी (*b*) 400 ग्राम कैलोरी

(*c*) 4,000 किलो कैलोरी (*d*) 40,000 किलो कैलोरी

90. एच. एम. पी. (HMP) एक जैव ऊर्जा होती है जो प्राप्त की जाती है–

(*a*) ड्राउट जन्तु शक्ति से (*b*) जन्तु अपशिष्टों से

(*c*) मानव पेशी शक्ति से (*d*) इनमें से किसी से नहीं

91. एक पौधे के लिए ऊर्जा का मुख्य स्रोत होता है–

(*a*) प्रकाश (*b*) श्वसन

(*c*) प्रकाश संश्लेषण (*d*) श्वसनिक अंगक

92. जैव-ऊर्जा (Bioenergy) वह ऊर्जा है जो प्राप्त होती है–

(*a*) प्राकृतिक गैस से (*b*) बायो गैस से

(*c*) कोयले से (*d*) इनमें से किसी से नहीं

93. निम्नलिखित में से कौन-सा पेट्रोलियम पादप है?

(*a*) यूफोर्बिया (*b*) आलू

(*c*) गन्ना (*d*) मक्का

94. डी. ए. पी. (DAP) एक जैव-ऊर्जा है जो प्राप्त होती हैं–

(*a*) मानव पेशी शक्ति से (*b*) ड्राउट जन्तु शक्ति से

(*c*) जन्तु अपशिष्टों से (*d*) जीवाश्म ईंधन से

95. किसी स्रोत की कीमत आश्रित होती है–

(*a*) समाज के प्रकार एवं इसकी आवश्यकता पर
(*b*) स्रोत के गुण पर
(*c*) स्रोत की मात्रा पर
(*d*) उपरोक्त सभी पर

96. एल. पी. जी. कुकिंग गैस होती है–
(*a*) निम्न दाब वाली गैस
(*b*) बायो गैस
(*c*) जीवाश्म ईंधन
(*d*) निम्न मूल्य की गैस

97. बायो गैस उत्पादन की दर सीमित होती है–
(*a*) मीथेन से उत्पादन द्वारा
(*b*) सेल्यूलोज के पाचन द्वारा
(*c*) एकलकों (Monomers) के कार्बनिक अम्लों के परिवर्तन द्वारा
(*d*) इनमें से किसी के द्वारा नहीं

98. ईंधन-एल्कोहल के उत्पादन में अग्रणी देश हैं–
(*a*) सऊदी अरब (*b*) ईरान, ईराक
(*c*) ब्राजील (*d*) जापान

99. अ-पुनर्नवीनीकृत पदार्थ अथवा स्रोत होता हैं–
(*a*) प्लाक्टोन्स एवं मछलियाँ
(*b*) जीवाश्म एवं खनिज
(*c*) जन्तु एवं पौधे
(*d*) जन्तु एवं खनिज

100. बायो गैस उत्पादन में प्रथम पद (Step) होता है–
(*a*) मीथेन का जेनरेशन
(*b*) बहुलकों (Polymers) का ऑक्सीजन विखण्डन
(*c*) बहुलकों का अनॉक्सी विखण्डन
(*d*) एकलकों (Monomers) का कार्बनिक अम्लों में परिवर्तन

उत्तरमाला

1	2	3	4	5	6	7	8	9	10
(*c*)	(*c*)	(*b*)	(*d*)	(*a*)	(*a*)	(*d*)	(*a*)	(*a*)	(*a*)
11	**12**	**13**	**14**	**15**	**16**	**17**	**18**	**19**	**20**
(*c*)	(*b*)	(*c*)	(*c*)	(*b*)	(*b*)	(*c*)	(*d*)	(*c*)	(*b*)
21	**22**	**23**	**24**	**25**	**26**	**27**	**28**	**29**	**30**
(*c*)	(*c*)	(*b*)	(*c*)	(*c*)	(*a*)	(*d*)	(*b*)	(*a*)	(*b*)
31	**32**	**33**	**34**	**35**	**36**	**37**	**38**	**39**	**40**
(*c*)	(*d*)	(*d*)	(*a*)	(*d*)	(*a*)	(*a*)	(*a*)	(*b*)	(*a*)
41	**42**	**43**	**44**	**45**	**46**	**47**	**48**	**49**	**50**
(*c*)	(*b*)	(*b*)	(*d*)	(*a*)	(*b*)	(*a*)	(*d*)	(*d*)	(*c*)
51	**52**	**53**	**54**	**55**	**56**	**57**	**58**	**59**	**60**
(*d*)	(*d*)	(*c*)	(*b*)	(*b*)	(*c*)	(*a*)	(*d*)	(*d*)	(*b*)
61	**62**	**63**	**64**	**65**	**66**	**67**	**68**	**69**	**70**
(*a*)	(*b*)	(*a*)	(*a*)	(*d*)	(*d*)	(*b*)	(*d*)	(*d*)	(*d*)
71	**72**	**73**	**74**	**75**	**76**	**77**	**78**	**79**	**80**
(*c*)	(*c*)	(*a*)	(*c*)	(*c*)	(*c*)	(*d*)	(*b*)	(*c*)	(*d*)
81	**82**	**83**	**84**	**85**	**86**	**87**	**88**	**89**	**90**
(*b*)	(*b*)	(*b*)	(*c*)	(*d*)	(*d*)	(*a*)	(*a*)	(*c*)	(*c*)
91	**92**	**93**	**94**	**95**	**96**	**97**	**98**	**99**	**100**
(*a*)	(*b*)	(*a*)	(*b*)	(*a*)	(*c*)	(*b*)	(*c*)	(*b*)	(*c*)

□□□

CHAPTER 36

आर्थिक वनस्पति विज्ञान
ECONOMIC BOTANY

- आर्थिक वनस्पति विज्ञान के अन्तर्गत आर्थिक महत्व वाले फसलों, पेड़-पौधों तथा वनस्पतियों का अध्ययन किया जाता है।

(I) अनाज की फसलें (Cereals)

(1) गेहूँ (Wheat)

वानस्पतिक नाम — *ट्रिटिकम अस्टिवम*
(Botanical Name) (*Triticum aestivum*)
कुल (Family) — ग्रेमिनी या पोएसी
(Graminae or Poaceae)

भारत में आर्थिक दृष्टि से तीन प्रजातियाँ उपयोगी हैं।

— *Triticum aestivum* (Common bread wheat)
— *Triticum durum* (Durum or macaroni wheat)
— *Triticum dicoccum* (Emmer wheat)

- उपरोक्त तीनों में *Triticum aestivum* सर्वाधिक महत्वपूर्ण है।
- गेहूँ में ग्लूटिन की अधिक मात्रा पाये जाने के कारण बेकरी (Bakery) के लिए इस आटे का प्रयोग किया जाता है।
- भारत का क्षेत्रफल तथा उत्पादन में विश्व में चौथा स्थान है।
- कृषि में हरित क्रान्ति के जन्मदाता डॉ. नॉरमन ई. बोरलाग को कहते हैं। 1967 – 68 में हरित क्रान्ति का आगमन हुआ। जिसका मुख्य प्रभाव गेहूँ के उत्पादन पर पड़ा।
- भारत में गेहूँ की प्रचलित किस्में, कल्याण, सोना, सोनालिका, नर्मदा - 4, लर्मा रोजा, आर. आर. 21, एच. डी. 1982 आदि हैं।

(2) धान (Rice)

वानस्पतिक नाम — *ओराइजा सेटाइवा*
(Botanical Name) (*Oryza sativa*)
कुल (Family) — ग्रेमिनी (पोएसी)
Graminae (Poaceae)

- भारत की मुख्य खाद्य फसल चावल है।
- धान का क्षेत्रफल तथा उत्पादन की दृष्टि से गेहूँ के बाद विश्व में दूसरा स्थान है।
- विश्व में धान के अन्तर्गत सबसे अधिक क्षेत्रफल एशिया महाद्वीप में है।
- विश्व में क्षेत्रफल की दृष्टि से प्रथम तीन राष्ट्र - भारत, चीन तथा बांग्लादेश है।
- विश्व में उत्पादन की दृष्टि से प्रथम दो राष्ट्र - चीन तथा भारत है।
- बासमती चावल अधिकतर उत्तर प्रदेश में होता है।
- धान की प्रमुख किस्में- कावेरी, रत्ना, जया, आई. आर. 36, पंकज, मन्सूरी, गरीमा, कृष्णा आदि हैं।

(3) मक्का (Maize)

वानस्पतिक नाम — *जिया मेज*
(Botanical Name) — (*Zea mays L.*)

कुल (Family) — ग्रेमिनी/पोएसी (Gramineae/Poaceae)

- मक्का में 'Zein' नामक प्रोटीन पायी जाती है।
- विश्व में क्षेत्रफल की दृष्टि से प्रथम पाँच राष्ट्र- संयुक्त राज्य अमेरिका, ब्राजील, चीन, मैक्सिको, भारत।
- मक्का की खेती मुख्य रुप से तीन उद्देश्यों के लिए की जाती है
  (*i*) दाने के लिए
  (*ii*) चारे के लिए
  (*iii*) भुट्टे के लिए
- 'हाईस्टार्च हाइब्रिड' मक्का की प्रजाति औद्योगिक क्षेत्र के लिए उपयुक्त है।
- मक्का के दानों में 10% प्रोटीन पायी जाती है तथा थाइमिन अमीनो अम्ल की अधिकता होती है।
- मक्का की प्रचलित किस्में गंगा, अम्बर, जवाहर, विजय, विक्रम आदि हैं।

(4) ज्वार (Sorghum)

वानस्पतिक नाम — *सोरघम बाईकलर*
(Botanical Name)— (*Sorghum bicolor* L. Moench)
कुल (Family) — ग्रेमिनी (पोएसी) (Gramineae/ Poaceae)

- ज्वार भारत में तीसरी प्रमुख खाद्यान्न फसल है।
- ज्वार के दाने में 10-12% तक प्रोटीन पायी जाती है।
- विश्व में उत्पादन की दृष्टि से प्रथम दो राष्ट्र-संयुक्त राज्य अमेरिका, भारत।
- प्रचलित किस्में -वर्षा, टा.22, स्वर्ण आदि।

(5) जौ (Barley)

वानस्पतिक नाम — *होर्डियम वुल्गेयर*
(Botanical Name) — (*Hordeum vulgare*)

- जौ मनुष्य का सबसे पुराना भोजन है तथा इसके दानों से शराब बनायी जाती है।
- जौ की प्रमुख किस्में ज्योति, विजया, आजाद, रत्ना, करण-125, हिमानी आदि।

(II) दाल वाली फसलें (Pulse Crops)

(1) चना (Gram)

वानस्पतिक नाम — *साइसर एरिटिनम*
(Botanical Name) — (*Cicer arietinum*)
कुल (Family) — पैपिलियोनेसी (Papilionaceae)

- चने में प्रोटीन की लगभग 21% मात्रा होती है।
- प्रमुख किस्में - पूसा - 212, गौरव, के - 4, के-5 अतुल, अमर आदि।

(2) मसूर (Lentils)

वानस्पतिक नाम — *लेन्स कुलीनेरिस*
(Botanical Name) — (*Lens culinaris*)
कुल (Family) — पैपिलियोनेसी (Papilionaceae)

प्रमुख प्रजातियाँ - टाइप - 8, टाइप - 36, पन्त L - 209, पूसा - 4, पूसा - 6 आदि।

(3) मटर (Pea)

वानस्पतिक नाम — *पाइसम सटाइवम*
(Botanical Name) — (*Pisum sativum*)
कुल (Family) — पैपिलियोनेसी (Papilionaceae)

प्रमुख प्रजातियाँ - रचना, हंस, स्वर्णरेखा, पन्त उपहार, अर्का, अजीत, अपर्णा, पन्त – P-5 आदि।

मटर में लगभग 22.5% प्रोटीन पायी जाती है।

(4) अरहर (Cajan)

वानस्पतिक नाम — *केजनस कैजान*
(Botanical Name — (*Cajanus cajan*)
कुल (Family) — लैग्यूमिनेसी (Leguminaceae)

- प्रमुख प्रजाजियाँ - बसन्त, बहार, पूसा अगेती, लक्ष्मी आदि।
- अरहर में प्रोटीन की प्रतिशतता लगभग 22.3% होती है।

(5) मूँग (Green Gram)

वानस्पतिक नाम — *विगना रेडिएटा*
(Botanical Name) — (*Vigna radiata*)
कुल (Family) — लैग्यूमिनेसी
(Leguminaceae)

प्रमुख प्रजातियाँ - वर्षा, मोहिनी, पत्त मूँग - 2, जवाहर - 45, पूसा - 10, पन्तमूँग - 1 आदि।

- मूँग में प्रोटीन की प्रतिशतता लगभग 24% होती है।

(III) रेशा देने वाले पौधे (Fibre Yielding Plant)

(1) कपास (Cotton)

वानस्पतिक नाम — *गासिपियम*
(Botanica Name) — (*Gossypium sp.*)
कुल (Family) — मालवेसी
(Malvaceae)

प्रमुख प्रजातियाँ— लोहित, गंगा नगर - 1, पूसा - 761, सुजाता, लक्ष्मी, आदि।

(2) जूट (Jute)

वानस्पतिक नाम — *कोरकोरस केपसूलेरिस*
(Botanical Name) — (*Corchus capsularis*)
कुल (Family) — टिलियेसी
(Tiliaceae)

यह फ्लोएम से प्राप्त होता है तथा यह सेल्यूलोज, हेमीसेल्यूलोज तथा लिग्निन का बना होता है।

जूट का प्रयोग बोरियाँ, पैकिंग का कपड़ा, रस्सी तथा तन्तु बनाने के काम आता है।

प्रमुख प्रजातियाँ - सोनाली, सबुजसोना, श्यामली, संकरसी आदि।

(3) सनई (Sunnhemp)

वानस्पतिक नाम — *क्रोटोलेरिया जन्शिया*
(Botanical Name) — (*Crotolaria juncea*)
कुल (Family) — लैग्यूमिनेसी
(Leguminaceae)

रेशा इसके फ्लोएम से प्राप्त किया जाता है।

प्रमुख प्रजातियाँ - नालन्दा सनई, रमैये, एम - 19, एस. टी 119 आदि।

(4) पटसन (Patson)

वानस्पतिक नाम — *हिबिसकस सब्दरिफा*
(Botanical Name) — (*Hibiscus sabdarifa*)
कुल (Family) — मालवेसी
(Malvaceae)

- पटसन का प्रयोग रेशा, फल व पत्तियों का प्रयोग सब्जी व चारे के रूप में करते हैं।

(IV) शर्करा देने वाले पौधे (Sugar Yielding Plants)

(1) गन्ना (Sugar Cane)

वानस्पतिक नाम — *सैकेरम आफिसिनेरम*
(Botanical Name) — (*Saccharum officinarum*)
कुल (Family) — ग्रेमिनी (Graminae)

- गन्ना के तने से शक्कर तथा गुड़ प्राप्त किये जाते हैं।
- गन्ने का रस निकालने के बाद जो बचता है उसे खोई (Bagasse) कहते हैं जो कि ईधन की तरह प्रयोग होता है।
- मोलेसस (Molasses) का प्रयोग मदिरा बनाने, खाद की तरह तम्बाकू को खुशबू देने के लिए करते हैं।

प्रमुख प्रजातियाँ – Co. 5.687, UP-3, UP-5, Bo 107, Bo.91, Co. 453 तथा Co. 419 आदि।

(2) चुकन्दर (Beet root)

वानस्पतिक नाम — *बीटा वुलगेरिस*
(Botanical Name) — (*Beta vulgaris*)
कुल (Family) — चीनोपोडिऐसी
(Chenopodiaceae)

– विश्व में शक्कर का सबसे उत्तम स्रोत चुकन्दर है। इसमें चीनी लगभग 15 - 16% तक पाया जाता है।

प्रमुख प्रजातियाँ - मेरीबो मेरोकपोली, यू. एस - 75, पन्त कम्पोजिट 1, 3 व BGW - 674 आदि।

(3) खजूर (Date Palm)

वानस्पतिक नाम — *फोनिक्स डक्टाइलिफेरा*
(Botanical Name — (*Phoenix ductylifera*)
कुल (Family) — पामी (Palmae)
खजूर के फल की भित्ति से शक्कर प्राप्त की जाती है।

(V) रबर देने वाले पौधे (Rubber Yielding Plant)

सामान्यतयाः रबर कुछ पौधों के लेटेक्स से प्राप्त किया जाता है। रबर एक पॉलीटरपीन (Polyterpene) होता है।

रबर देने वाले कुछ प्रमुख पौधे

(*i*) वानस्पतिक नाम — *हेविया ब्रेसिलियेन्सिस*
(Botanical Name) — (*Hevea brasiliansis*)
कुल (Family) — यूफोरबियेसी (Euphorbiaceae)

विश्व का लगभग 90 प्रतिशत रबर इससे प्राप्त किया जाता है। हमारे देश में रबर केरल, तमिलनाडू तथा कर्नाटक राज्यों में उत्पन्न की जाती हैं।

(*ii*) वानस्पतिक नाम — *फाइकस इलास्टिका*
(Botanical Name) — (*Ficus elastica*)
कुल (Family) — मोरेसी (Moraceae)
गह भी रबर का उत्तम स्रोत है।

(VI) काष्ठ देने वाले पौधे (Timber Yielding Plants)

(1) टीक (Teak)

वानस्पतिक नाम — *टेक्टोना ग्रेण्डिस*
(Botanical Name) — (*Tectona grandis*)
कुल (Family) — वरबेनेसी (Verbanaceae)

टीक का काष्ठ बहुत टिकाऊ होता है। इसका उपयोग फर्नीचर, जहाज, पुलों आदि को बनाने में किया जाता है।

(2) शीशम (Shishum)

वानस्पतिक नाम — *दल्बर्जिया सिस्सो*
(Botanical Name) — (*Dalbergia sissoo*)

शीशम एक मजबूत एवं टिकाऊ काष्ठ है। फर्नीचर, गाड़ियों, नावों तथा स्तम्भों आदि बनाने में इसका प्रमुख रूप से उपयोग होता है।

(3) साल (Saal)

वानस्पतिक नाम — *शोरिया रोबस्टा*
(Botanical Name) — (*Shorea robusta*)

साल की लकड़ी वजनीय व मजबूत होती है। इसका प्रमुख उपयोग फर्नीचर, गाड़ियों, रेलवे स्लीपरों तथा पुलों आदि में किया जाता है।

(4) तून (Toon)

वानस्पतिक नाम — *सीड्रेला तूना*
(Botanical Name) — (*Cedrella toona*)
कुल (Family) — मेलिऐसी (Meliaceae)

तून बहुत हल्की काष्ठ होती है। इसका उपयोग फर्नीचर तथा पैकिंग बाक्सों, क्रिकेट बल्ले आदि के लिए किए जाते हैं।

(VII) पेय पदार्थ देने वाले पौधे (Beverages Yielding Plants)

(*a*) एल्कोहलीय पेय (Alcoholic Beverages)

- **किण्वनीय पेय (Fermented Beverages):** उदाहरण शराब, बीयर आदि।
- **आसवित पेय (Distilled Beverages):** उदाहरण व्हिस्की (Whisky), बीयर (Beer) आदि।

(*b*) एल्कोहलरहित पेय (Non-Alcoholic Beverages)

- **काफी (Coffee):** काफी पाउडर *कोफिया ऐराबिका* (*Coffea arabica*) कुल - रूबिएसी (Family – Rubiaceae) के बीजों से प्राप्त किया जाता है।
- **चाय (Tea):** *थिया साइनेसिस* (*Thea sinesis*) की सूखी पत्तियों से चाय बनती है।
  चाय में कैफीन तथा टैनिन होता है। चाय का उत्पादन विश्व में सबसे अधिक भारत में होता है।
- **कोको (Coco):** *थिओब्रोमा कोको* (*Theobroma coco*) के बीजों से प्राप्त किया जाता है।

– **कोला (Cola):** *कोला नाइटिडा* (*Cola nitida*) के बीजों से प्राप्त होता है। कोला का प्रयोग सॉफ्ट ड्रिंक (Soft drink) में किया जाता है।

(VIII) तेल देने वाले पौधे (Oils Yielding Plants)

(*a*) वसीय तेल (Fatty oils)

(1) सरसों का तेल (Mustard oil)

वानस्पतिक नाम — *ब्रेसिका कम्पेस्ट्रीस*
(Botanical Name) — (*Brassica compestris*)
कुल (Family) — क्रूसीफेरी (Crucifereae)

सरसों का तेल बीजों से प्राप्त किया जाता है। इसका मुख्य उपयोग खाना पकाने में किया जाता है।

(2) अरण्डी का तेल (Castor oil)

वानस्पतिक नाम — *रिसिनस कम्यूनिस*
(Botanical Name — (*Riccinus communis*)
कुल (Family) — यूफोर्बियेसी (Euphorbiaceae)

यह बीजों से प्राप्त होता है। दवाइयों में रेचक (lubricants) के रूप में तथा साबुन बनाने में इसका प्रयोग किया जाता है।

(3) मूँगफली का तेल (Groundnut oil)

वानस्पतिक नाम — *अराचिस हाइपोजिया*
(Botanical Name) — (*Arachis hypogea*)
कुल (Family) — पैपीलियोनेसी (Papilionaceae)

मूँगफली का तेल बीजों से प्राप्त किया जाता है।

(4) अलसी का तेल (Linseed oil)

वानस्पतिक नाम — *लाइनम यूसिटेटीसिमम*
(Botanical Name) — (*Linum usitattissimum*)
कुल (Family) — लाइनेसी (Linaceae)

अलसी का तेल बीजों से प्राप्त किया जाता है।

(5) नारियल का तेल (Coconut oil)

वानस्पतिक नाम — *कोकोस न्यूसीफेरा*
Botanical Name — (*Coccus nucifera*)

यह *कोकोस न्यूसीफेरा* के भ्रुणपोषीय बीजों से प्राप्त किया जाता है।

(*b*) वाष्पशील तेल (Essential oils)

(1) खस खस का तेल (Khuskhus oil)

वानस्पतिक नाम — *वेटिवेरिया जाइजानीवाइडेस*
(Botanical Name) — (*Vetiveria zizanioides*)
कुल (Family) — ग्रेमिनी (Graminae)

(2) पीपरमिन्ट का तेल (Pepperment oil)

वानस्पतिक नाम — *मेन्था पाइपराटा*
(Botanical Name) — (*Mentha piperata*)

पीपरमिन्ट का तेल पोदिना के तने, पत्तियों तथा पुष्पकम से निकाला जाता है।

(3) गुलाब का तेल (Rose oil)

वानस्पतिक नाम — *रोजा साइनेनसिस*
(Botanical Name) — (*Rosa sinensis*)
कुल (Family) — रोजेसी (Rosaceae)

गुलाब का तेल इसके फूलों से प्राप्त किया जाता है। इसका प्रयोग इत्र (Perfume) की तरह किया जाता है।

(IX) मसाला देने वाले पौधे (Spices Yielding Plants)

(1) धनिया (Coriander)

वानस्पतिक नाम — *कोरिएन्ड्रम सटाइवम*
(Botanical Name) — (*Coriandrum sativum*)
कुल (Family) — अम्बेलीफेरी (Umbelliferae)

(2) लाल मिर्च (Chillies)

वानस्पतिक नाम — *कैप्सिकम एनम*
(Botanical Name) — (*Capsicum annum*)
कुल (Family) — सोलेनेसी (Solanaceae)

(3) जीरा (Cumin)

वानस्पतिक नाम — *क्युमिनियम जेमिनम*
(Botanical Name) — (*Cuminium zeyminum*)

(4) दालचीनी (Cinnamon)

वानस्पतिक नाम — *सिनेमोमम जेलेनीकम*

(Botanical Name) — (*Cinnamomum zeylanicum*)
कुल (Family) — लारेसी (Lauraceae)

(5) काली मिर्च (Black Pepper)

वानस्पतिक नाम — *पाइपर नाइग्रम*
(Botanical Name) — (*Piper nigrum*)
कुल (Family) — पाइपरेसी (Piperaceae)

(6) इलायची (Cardamon)

वानस्पतिक नाम — *इलेटेरिया कार्डेमोमम*
(Botanical Name) — (*Elettaria cardamomum*)
कुल (Family) — जिंजिबरेसी (Zingiberaceae)

(7) लौंग (Cloves)

वानस्पतिक नाम — *शाइजियम एरोमेटिकम*
(Botanical Name) — (*Syzygium aromaticum*)
कुल (Family) — मिरटेसी (Myrtaceae)

(8) हल्दी (Turmeric)

वानस्पतिक नाम — *करकुमा लोंगा*
(Botanical Name) — (*Curcuma longa*)
कुल (Family) — जिर्गीबरेसी (Zingiberaceae)

(9) अदरक (Ginger)

वानस्पतिक नाम — *जिन्जीबर ओफिसिनेल*
(Botanical Name) — (*Zingiber officinale*)
कुल (Family) — जिर्गीबरेसी (Zingiberaceae)

(IX) उद्दीपक, धूम्रपान तथा चबाने के पदार्थ वाले पौधे (Narcotics, Fumicators and Masticators Plants)

(1) तम्बाकू (Tobacoo)

वानस्पतिक नाम — *निकोटियाना स्पेसीज*
(Botanical Name) — (*Nicotiana spp.*)
कुल (Family) — सोलेनेसी (Solanaceae)

- भारत में तम्बाकू की दो प्रजातियाँ उगाई जाती हैं।

(*i*) *निकोटियाना टोबेकम* (*Nicotiana tobacum*)

इसकी पत्तियों में 0.5-5.5% तक निकोटिन होता है।

(*ii*) *निकोटियाना रस्टिका* (*Nicotiana rustica*)

इसकी पत्तियों में 3.5-8.0% तक निकोटिन होती है। यह नशे के रुप में लेने पर स्वास्थ्य के लिए हानिप्रद है। कैंसर की बीमारी इसके कारण होती है।

(2) हेम्प (Hemp)

इसे गाँजा या भाँग भी कहते हैं। यह *कैनाबिस सटाइवा* (*Cannabis sativa*) पौधे के मादा पुष्प से प्राप्त किया जाता है। मादा पुष्प से निषेचन (Fertilization) के पूर्व एक द्रव का स्राव होता है जिसे चरस या हशिश कहते हैं। यह अति निद्राकारी होता है।

(3) पान (Betel)

वानस्पतिक नाम — *पाइपर बीटल*
(Botanical Name) — (*Piper betel*)
कुल (Family) — पाइपरेसी (Piperaceae)

(4) सुपारी (Areca nut)

वानस्पतिक नाम — *एरिका कटेचू*
(Botanical Name) — (*Areca catechu*)
कुल (Family) — पामी (Palmae)

(X) औषधिय पौधे (Medicinal Plants)

(1) अफीम (Opium)

वानस्पतिक नाम — *पेपेवर सोमनीफेरम*
(Botanical Name) — (*Papaver somniferum*)
कुल (Family) — पेपवरेसी (Papaveraceae)

अफीम में मॉर्फीन (Morphine), कोडेइन तथा नियोपीन नामक एल्केलायड पाया जाता है। मॉर्फीन तथा कोडेइन का प्रयोग निद्राकारी के रुप में अत्यधिक दर्द के समय दिया जाता है।

(2) रेसर्पिन (Reserpine)

वानस्पतिक नाम — *राउल्फिया सर्पेन्टाइना*
(Botanical Name) — (*Rauwolfia serpentina*)
कुल (Family) — एपोसाइनेसी (Apocynaceae)

इसका प्रयोग उच्च रक्तचाप तथा अधिक उत्तेजना को कम करने हेतु करते हैं।

(3) क्यूनीन (Quinine)

वानस्पतिक नाम — *सिन्कोना ओफिसीनेलिस*
(Botanical Name) — (*Cinchona officinalis*)
कुल (Family) — रुबियेसी
(Rubiaceae)

इसका प्रयोग मलेरिया रोग के उपचार में किया जाता है।

(4) कोकीन (Cocaine)

वानस्पतिक नाम — *इरिथ्रोजाइलोन कोका*
(Botanical Name) — (*Erythroxylon coca*)
कुल (Family) — इरिथ्रोजाइलेसी
(Erythroxylaceae)

इसका प्रयोग बेहोशी (Local anaesthesia) के लिये किया जाता है।

(5) इफेड्रिन (Ephedrine)

वानस्पतिक नाम — *इफेड्रा जिराडियाना*
(Botanical Name) — (*Ephedra geradiana*)
कुल (Family) — इफेड्रेसी
(Ephedraceae)

इसका उपयोग सर्दी, जुखाम तथा पेट सम्बंधित रोगों में किया जाता है।

(6) इपेकाक (Ipecac)

वानस्पतिक नाम — *सीफेलिस इपेकाकुंहा*
(Botanical Name) — (*Cephaelis ipecacunha*)
कुल (Family) — रुबियेसी
(Rubiaceae)

इसका प्रयोग पेट के रोगों में करते हैं।

(7) बैलाडोना (Belladona)

वानस्पतिक नाम — *एट्रोपा बैलाडोना*
(Botanical Name) — (*Atropa belladona*)
कुल (Family) — सोलेनेसी
(Solanaceae)

इसका प्रयोग दर्द में आराम के लिये किया जाता है। इसके अतिरिक्त अन्य औषधियाँ जैसे एकोनाइट, लिक्वाराइस, ईसबगोल, जिनसेन्ग, नक्सवॉमिका, स्ट्रामोनियम, डिजिटेलिस आदि।

कुछ महत्वपूर्ण औषधि पादपों का विवरण (Description of Some Important Medicinal Plants)

1. *राउल्फिया सर्पेन्टाइना* (*Rauwolfia serpentina*)

हिन्दी नाम — सर्पगन्धा
अंग्रेजी नाम — Serpent wood (Snake root)
वर्गीकरण (Classification) — आवृतबीजी (Angiosperms)
द्विबीजपत्री (Dicotyledons)
गैमोपैटेली (Gamopetalae)
बाइकार्पेलेटी (Bicarpellatae)
जेन्शियेनेल्स (Gentianales)
एपोसाइनेसी (Apocynaceae)
स्वभाव (Habit) — बहुवर्षीय क्षुप (Parennial shrub)
एल्कोलाइड्स व औषधकारी रसायन (Alkaloids and Medicinal Chemicals) — कुल लगभग 80 एल्कोलॉइड्स पाये जाते हैं जिनमें से मुख्य हैं– **Reserpine तथा Serpentine**
कुछ अन्य एल्कॅलॉइड्स हैं
Deserpidine
Reserpinine
Serpentinine
Ajmaline and
Rescinnamine
पादप अंग जिससे औषधियाँ प्राप्त होती हैं। — जड़ की छाल (Blank of root)
औषधीय उपयोग (Medicinal Use) — • उच्च रक्त दाब को कम करने (to reduce high blood pressure)

- उत्तेजना को कम करने तथा तनाव (hypertension) के लिये शामक (sedative) है।
- भय व क्रोध को कम तथा शाँत करने में।
- मिर्गी तथा अनिद्रा रोग उपचार में।
- तीव्र पागलपन को शांत करने में।
- विषैले कीटों के काटने पर, ज्वर तथा दस्त के उपचार में।
- सर्पदंश, मलेरिया ज्वर तथा उन्माद के उपचार हेतु।
- LSD (Lysergic acid diethylamide) के उपयोग से केन्द्रीय तन्त्रिका तन्त्र (Central nervous system) पर हुये कुप्रभाव को दूर करने में सहायक।
- प्रसव के समय इसका उपयोग करके गर्भाशय का संकुचन करवाया जाता है। जिससे अतिरिक्त रक्त प्रवाह बन्द हो जाता है।

2. *सिनकोना ऑफिसिनेलिरा* (*Cinchona offcinalis*)

हिन्दी नाम — कुनैन

अंग्रेजी नाम — Quinine, Jesuit's or peruvian bark

वर्गीकरण (Classification) — आवृतबीजी (Angiosperms)
द्विबीजपत्री (Dicotyledons)
गैमोपैटेली (Gamopetalae)
इनफरी (Inferae)
रूबियेल्स (Rubiales)
रूबियेसी (Rubiaceae)

स्वभाव (Habit) — मध्यम वृक्ष (Medium sized tree)

पादप अंग जिससे औषधि प्राप्त होती है — स्तम्भ तथा जड़ की छाल (Bark of stem and root)

एल्कोलॉइड्स व अन्य औषधकारी रसायन — इसका मुख्य एल्केलॉइड्स है - Quinine तथा अन्य एल्केलॉइड्स हैं– Quinidine, Cinchonine, Cinchonidine, Quinanine.

औषधीय उपयोग (Medicinal use) —
- मलेरिया के उपचार में।
- कीट विकर्षक (insect repellant) के रूप में। तथा अमीबिक पेचिस व निमोनिया में।
- कीटनाशी व जीवाणुनाशी के रूप में।

3. *पेपेवर सॉम्नीफेरम* (*Papaver somniferum*)

हिन्दी नाम — अफीम, पोस्त

अंग्रेजी नाम — Opium

वर्गीकरण (Classification) — आवृतबीजी (Angiosperms)
द्विबीजपत्री (Dicotyledons)
पोलीपेटेली (Polypetalae)
थैलेमीफ्लोरी (Thalamiflorae)
पेराइटेल्स (Parietales)
पेपेवरेसी (Papaveraceae)

स्वभाव (Habit) — एक वर्षीय उर्ध्व - शाक (Annual erect herb)

पादप अंग जिससे औषधि प्राप्त होती है — अपरिपक्व फल के पीले दूध से (latex of immature fruit)

एल्कोलॉइड्स व अन्य औषधकारी रसायन — मुख्य एल्केलॉइड हैं-Morphine दूसरे एल्केलॉइड्स हैं - Codeine, Papaverine, Thebaine, Narcotine, Narceine

औषधिय उपयोग (Medicinal use) —
- शारीरिक दर्द, चोट व मोच, हड्डी टूटने पर, जलने पर तथा गुर्दे (Kidney) इत्यादि के दर्द निवारक के रूप में उपयोगी है।

- बवासीर (Piles), अल्सर व गेस्ट्राइटिस (gastritis) में उपयोगी है।
- कोडीन खाँसी, नजला व जुकाम में अत्यधिक फायदेमंद है।
- इसके सेवन से चिंता, उत्तेजना, बैचेनी से मुक्ति मिलकर आ जाती है।

4. *करकूमा लोंगा* (*Curcuma longa*)

हिन्दी नाम — हल्दी

अंग्रेजी नाम — Turmeric

वर्गीकरण (Classification) — आवृतबीजी (Angiosperms)
एकबीजपत्री (Monocotyledons)
एपिगाइनी (Epigynae)
जिन्जीबरेसी (Zingiberaceae)

स्वभाव (Habit) — बहुवर्षीय शाक (Perennial herb)

पादप अंग जिससे औषधि प्राप्त होती है — भूमिगत प्रकन्द (Underground rhizome)

एल्कोलॉइड्स व अन्य औषधकारी रसायन — Zingeberine

औषधीय उपयोग (Medicinal use) —
- रक्त शोधन (blood purifier) के लिये उपयोग करते हैं।
- बाह्य व आन्तरिक चोट के उपचार में दूध के साथ सेवन करते हैं।
- सर्दी, खाँसी व जुकाम में तथा यकृत व मूत्र रोगों में उपयोगी। मसाले (spices) के रूप में तथा रंगने के काम में लेते हैं।
- तुष्टीकारक (tonic) व उद्दीपन के रूप में।
- यह कृमिहर (antihelmintic) व वायुनाशक (carminitive) है। पाचन को सुधारने में उपयोगी है।

5. *फेरूला आसाफोइटिडा* (*Ferula asafoetida*)

हिन्दी नाम — हींग

अंग्रेजी नाम — Asafoetida, Divil's drug

वर्गीकरण (Classification) — आवृतबीजी (Angiosperms)
द्विबीजपत्री (Dicotyledons)
पोलीपेटेली (Polypetalae)
कैल्सीफ्लोरी (Calyciflorae)
अम्बेलेल्स (Umbellales)
अम्बेलीफेरी या एपियेसी (Umbelliferae or Apiaceae)

स्वभाव (Habit) — बहुवर्षीय शाक (Perennial herb)

पादप अंग जिससे औषधि प्राप्त होती है — स्तम्भ तथा जड़ से राल जैसा पदार्थ निकलता है।

एल्कोलॉइड्स व अन्य औषधकारी रसायन — रेजिन में कार्बन डाई सल्फाइड, तथा वाष्पशील तेल होता है।

औषधिय उपयोग (Midicinal use) —
- पेट दर्द (Colic pain) व बदहजमी (indigestion) में उपयोगी है।
- श्वसन तथा तन्त्रिका तन्त्र को प्रभावित करती है।
- बच्चों में न्यूमोनिया के उपचार व श्वासनली शोध (bronchites) तथा मिर्गी (hysteria) में लाभदायक।
- पीलिया (jaundice), हैजा (cholera), कफ, दमा व कुंकर खाँसी (whooping caugh) के उपचार हेतु।
- मसाले के रूप में।

बहुविकल्पीय प्रश्न

1. सर्पगन्धा (*Rauwolfia serpentina*) निम्न में से किस रोग के उपचार में काम आता है–
(*a*) मलेरिया (*b*) हैजा
(*c*) उच्च रक्तचाप (*d*) अतिसार में

2. उत्केन्द्री मण्ड कण किसमें पाया जाता है–
(*a*) चावल (*b*) आलू
(*c*) जौ (*d*) मक्का

3. अफीम पौधे के किस भाग से प्राप्त की जाती है?
(*a*) पत्तियों से (*b*) फल से
(*c*) पुष्प से (*d*) जड़ से

4. भारत का राष्ट्रीय पुष्प है–
(*a*) कमल (*b*) सूरजमुखी
(*c*) डहेलिया (*d*) गुड़हल

5. मूँगफली भारत में कहाँ सर्वाधिक मात्रा में पैदा की जाती है–
(*a*) पश्चिमी बंगाल (*b*) गुजरात
(*c*) उत्तर प्रदेश (*d*) मध्य प्रदेश

6. गन्ना विश्व में सर्वाधिक कहाँ पैदा होता है–
(*a*) भारत (*b*) पाकिस्तान
(*c*) अमेरिका (*d*) आस्ट्रेलिया

7. कपास के पौधे के किस भाग से सर्वाधिक सेल्यूलोज तन्तु प्राप्त किये जा सकते हैं?
(*a*) गूल रोम (*b*) बीज रोम
(*c*) तने की सतह (*d*) पत्ती की सतह

8. पटसन के रेशे प्राप्त होते हैं–
(*a*) पत्ती से (*b*) मध्य फलभित्ति से
(*c*) फ्लोएम से (*d*) बीज चोल से

9. कपास के रेशे (Fibres) होते हैं–
(*a*) तने से निकाले गये तन्तु
(*b*) बीजों के अधिचर्मी रोम
(*c*) फलों के अधिचर्मी रोम
(*d*) जड़ों से निकाले गये तन्तु

10. निम्नलिखित में से कौन-सा अपने मुख्य आर्थिक महत्व में भिन्न होता है?
(*a*) *हेलिएन्थस एन्नस* (*b*) *ब्रेसिका जन्सिया*
(*c*) *एलियम सीपा* (*d*) *अरेकिस हाइपोजिया*

11. स्ट्रेमोनियम औषधि प्राप्त की जाती है पादप जाति से–
(*a*) ओसीमम की (*b*) राउवुल्फिया की
(*c*) धतूरा की (*d*) ऐस्फोडीलस की

12. एफेड्रा पौधे का कौन-सा भाग 'एफेड्रिन' औषधि उत्पन्न करता है?
(*a*) जड़ (*b*) तना
(*c*) पत्ती (*d*) पुष्प

13. सेफ्रोन या केसर प्राप्त की जाती है–
(*a*) तेन्दू पत्तियों से
(*b*) रेशेदार जड़ों से
(*c*) वर्तिका व वर्तिकाग्र से
(*d*) पराग से

14. हमारा राष्ट्रीय पुष्प है–
(*a*) कमल (*b*) गुलाब
(*c*) चमेली (*d*) गुलदाउदी

15. सबसे बड़ी पत्तियाँ पायी जाती हैं–
(*a*) *विक्टोरिया रिजिया* (*b*) कमल
(*c*) पाम (*d*) उपरोक्त में से कोई नहीं

16. सिनकोना के किस भाग से ड्रग प्राप्त की जाती है–
(*a*) पेरीकार्प (*b*) भ्रूणपोष
(*c*) पत्ती (*d*) छाल

17. नयी दुनिया का वह कौन-सा मसाला है जो भारतीय रसोई का एक अनिवार्य भाग बन गया है–
(*a*) लाल मिर्च (*b*) इलायची
(*c*) अदरक (*d*) काली मिर्च

18. निम्न में से कौन-सा पौधा सनहेम्प प्रदान करता है–
(*a*) *कैनाबिस* (*b*) *क्रोटेलेरिया*
(*c*) *कोरकोरस* (*d*) *हिबिस्कस*

19. एक उगाया जाने वाला पौधा जिसके बीज की अधिचर्म से बहुतायत में सेल्यूलोज के बने रोम उत्पन्न होते हैं और वस्त्र उद्योग एवं उत्तम किस्म के कागज के निर्माण में काम आते हैं, होता है–

(*a*) *कैनाबिस सटाइवा*
(*b*) *गौसीपियम हर्बेसियम*
(*c*) *लाइनम यूसिटैटीसीमम*
(*d*) *साल्मेलिया मालाबेरिका*

20. विभूषक पौधों का एक वंश (Genus) जो अपने सिप्सेला फलों से महत्वपूर्ण खाद्य तेल को निकालने के काम आता है, होता है–
(*a*) *हेलिएन्थस* (*b*) *ब्रेसिका*
(*c*) *सीसेमम* (*d*) *कोकम*

21. औद्योगिक उपयोग के सतही तन्तु प्राप्त होते हैं–
(*a*) *गौसीपियम से* (*b*) *एगेव से*
(*c*) *हेलियेन्थम से* (*d*) *सोलेनम से*

22. बास्ट रेशे प्राप्त होते हैं–
(*a*) *गौसीपियम से* (*b*) *कोकस से*
(*c*) *कोर्कोरस से* (*d*) *एगेव से*

23. टमाटर तथा आलू मूल-निवासी (Native) हैं–
(*a*) चीन के (*b*) दक्षिणी अमेरिका के
(*c*) कनाडा के (*d*) उत्तरी अमेरिका के

24. औद्योगिक महत्व वाली मूँगफली जिससे वनस्पति तेल प्राप्त होता है सम्बन्ध रखती है निम्न वंश (Genus) से–
(*a*) *फेसिओलस* (*b*) *पाइसम*
(*c*) *कैजेनस* (*d*) *एरेकिस*

25. निम्न में से कौन-सा पादप-समूह आर्थिक महत्व के तन्तु उत्पन्न करता है?
(*a*) *गौसीपियम, हिबिस्कस, क्रोटोलेरिया*
(*b*) *गौसीपियम, केसिया, लाइकोपर्सीकम*
(*c*) *गौसीपियम, ब्रेसिका, ग्लाइसीन*
(*d*) *गौसीपियम, एगेव, निकोटियाना*

26. सामाजिक वानिकी (Social forestry) में एक वृक्ष की जाति के लिये सर्वाधिक प्राथमिकता वाला पदार्थ होता है कि यह होना चाहिये–
(*a*) विभूषक
(*b*) आर्थिक दृष्टि से महत्वपूर्ण
(*c*) गहराई में प्रवेश करने वाले मूल तन्त्र युक्त
(*d*) तेजी से उगने वाला

27. मूँगफली (*अरेकिस हाइपोजिया*) में तेल संग्रहीत होता है–
(*a*) भ्रूणपोष में (*b*) बीजपत्रों में
(*c*) भ्रूण में (*d*) स्तम्भकन्द में

28. निम्न में से किस पौधे का प्रयोग माल्ट बनाने में होता है?
(*a*) नींबू (*b*) चावल
(*c*) गेहूँ (*d*) जौ

29. तन्तु, तेल एवं जन्तु-खाद्य सहित अनेक उपयोगी उत्पाद किस पौधे से उत्पन्न होते हैं?
(*a*) सनहेम्प (*b*) जूट
(*c*) कपास (*d*) सूर्यमुखी

30. कपास के रेशे विकसित होते हैं–
(*a*) फलभित्ति से (*b*) बीज चोल से
(*c*) बीज की अधिचर्म से (*d*) फलभित्ति से

31. रबड़ प्राप्त होता है–
(*a*) रेजिन से (*b*) कोशिका रस से
(*c*) रबड़क्षीर से (*d*) गोंद से

32. सर्वाधिक टिकाऊ (Durable) लकड़ी होती है–
(*a*) *शोरिया रोबस्टा* की
(*b*) *टेक्टोना ग्रैण्डिस* की (टीक वुड)
(*c*) *सीड्रस देवदारा*
(*d*) *डल्बजिया सिस्सू*

33. टीक की लकड़ी प्राप्त होती है–
(*a*) *टर्मीनेलिया अर्जुना* से
(*b*) *टेक्टोना ग्रैण्डिस* से
(*c*) *टैमेरिण्डस इण्डिका* से
(*d*) *थूजा* से

34. क्रिकेट के बल्ले (Bats) बनाने में निम्न से कौनसी लकड़ी प्रयुक्त होती है?
(*a*) *सैलिक्स पर्प्यूरिया* (विलो)
(*b*) *मोरम अल्बा* (शहतूत)
(*c*) *सीड्रस देवदारा* (देवदार)
(*d*) *टेक्टोना ग्रेण्डिस* (टीक)

35. दूध के समान वस्तु बनायी जा सकती है बीजों से–
(*a*) जौ के (*b*) चने के
(*c*) अंगूर के (*d*) सोयाबीन के

36. निम्न एक लकड़ी, कुल लेग्यूमिनोसी से सम्बन्धित है–
(*a*) टीक वुड
(*b*) महोगनी

(*c*) भारतीय गुलाब काष्ठ

(*d*) साल

37. निम्न में से, वह कुल जो अनेक सामान्य उपयोग वाली सब्जियां, ड्रग्स तथा नार्कोटिक्स उत्पन्न करता है, कहलाता है–

(*a*) सोलेनेसी कुल (*b*) माल्वेसी कुल

(*c*) क्रूसीफेरी कुल (*d*) कम्पोजिटी कुल

38. निम्न में से कौन-सा विटामिन 'A' का अच्छा स्त्रोत होता है?

(*a*) चना (*b*) गेहूँ

(*c*) केला (*d*) आम

39. कार्डेमोम बीज है–

(*a*) *प्रूनस पर्सिका* का

(*b*) *एलेटेरिया कार्डेमोमम* का

(*c*) *प्रूनस एमाइग्डेलस* का

(*d*) *कौफिया अराबिका* का

40. केसर के पौधे सम्बन्धित होते हैं, कुल–

(*a*) इरिडेसी से (*b*) एरेसी से

(*c*) जिंजीबरेसी से (*d*) लिलियेसी से

41. चूसने वाले गोंद (Chewing gum) का निम्न में से कौन-सा स्त्रोत है?

(*a*) *मूसा पैराडाइसियाका* का द्रव

(*b*) *ऐक्रस जैपोटा* का रबड़क्षीर

(*c*) गन्ने से प्राप्त शर्करा

(*d*) *अकेसिया* जाति का गोंद

42. केन्द्रीय तम्बाकू शोध संस्थान स्थित है–

(*a*) हैदराबाद में (*b*) राजामुन्दरी में

(*c*) बंगलोर में (*d*) नागपुर में

43. अधिकांश काजू आता है–

(*a*) केरल से (*b*) पाकिस्तान से

(*c*) अफगानिस्तान से (*d*) उपरोक्त किसी से नहीं

44. लौंग (Clove) होता है एक–

(*a*) फल

(*b*) पुष्प कलिका (शुष्क पुष्प कलिका)

(*c*) वर्धी कलिका

(*d*) बीज

45. फल शोध संस्थान स्थित है–

(*a*) सोलन में (*b*) नागपुर में

(*c*) देहरादून में (*d*) सबौर में

46. कोकोआ प्राप्त होता है–

(*a*) पत्ती से (*b*) छाल से

(*c*) बीजों से (*d*) जड़ से

47. निम्न में से कौन-सा पादप अधिक विकृति (Over exploitation) के कारण आप घातक मानेंगे?

(*a*) मक्का (*b*) *डायोस्कोरिया*

(*c*) चावल (*d*) गेहूँ

48. शकरकन्द रूपान्तरण होता है–

(*a*) तने का (*b*) कलिका का

(*c*) मूसला जड़ का (*d*) अपस्थानिक जड़ों का

49. बीजों की अधिचर्म से उत्पन्न अत्यधिक औद्योगिक महत्व का तन्तु होता है–

(*a*) कौयर (Coir) (*b*) कपास (Cotton)

(*c*) फ्लैक्स (Flax) (*d*) हेम्प (Hemp)

50. ट्रैवलर्स टी का वनस्पति नाम है–

(*a*) *मूसा टेक्सटाइलीस*

(*b*) *कैरिका पपाया*

(*c*) *एगेवा अमेरिकाना*

(*d*) *रेवेनाला मेडागास्केरेन्सिस*

51. प्राकृतिक रबर प्राप्त किया जाता है–

(*a*) *केलोट्रापिस प्रोसेरा* के लैटेक्स से

(*b*) *रिसिनस कोम्यूनिस* के लैटेक्स से

(*c*) *मेरियम इन्डीकम* के लैटेक्स से

(*d*) *हेतीया ब्राजिलियेन्सिस* के लैटेक्स से

52. रिसरपीन एल्केलॉयड प्राप्त किया जाता है–

(*a*) पैपेवर सोमनी फेरम की जड़ से

(*b*) जिन्जीवर आफिसिनेल की जड़ से

(*c*) हेमीडसमस इन्डिकस की जड़ से

(*d*) रॉवल्फिया सर्पेन्टाइना की जड़ से

53. मार्फीन का स्त्रोत है–

(*a*) *राउल्फिया सर्पेन्टाइना*

(*b*) *कैनाबिस सेटाइवा*

(*c*) *पैपेवर साम्नीफेरम*

(*d*) *कैजेनस कजान*

54. केन्द्रीय गन्ना प्रजनन शोध संस्थान स्थित है–
(*a*) लखनऊ में (*b*) कोयम्बटूर में
(*c*) जबलपुर में (*d*) भोपाल में

55. चाय उगायी जा सकती है–
(*a*) समुद्र के किनारे पर (*b*) उभरे हुए भूमि स्थलों पर
(*c*) शुष्क स्थलों में (*d*) समुन्द्र तल पर

56. सिरके के निर्माण से जुड़ा हुआ सूक्ष्म जीव होता है–
(*a*) लैक्टिक अम्ल जीवाणु
(*b*) यीस्ट
(*c*) पेनीसीलियम
(*d*) स्ट्रेप्टोकोकस

57. बगासे का सम्बन्ध है निर्माण से–
(*a*) गन्ने की शर्करा के (*b*) सेल्यूलोज के
(*c*) सिन्कोनीडिन के (*d*) रेजिन के

58. चुकन्दर (*Beta vulgaris*) सम्बन्ध रखता है–
(*a*) कुल एपोसायनेसी से
(*b*) कुल क्रूसीफेरी से
(*c*) कुल चीनोपोडियेसी से
(*d*) कुल एस्क्लीपियेडेसी से

59. मण्ड (Starch) की आधारिक इकाई होती है–
(*a*) ग्लूकोज
(*b*) फ्रक्टोज
(*c*) ग्लूकोज तथा फ्रक्टोज
(*d*) ग्लूकोज तथा गैलेक्टोज

60. पौधे के किस भाग से कॉफी प्राप्त होती है–
(*a*) पुष्पों से (*b*) बीजों से
(*c*) पत्तियों से (*d*) फलों से

61. निम्न में से कौन-सा जूट के तन्तु का मुख्य घटक होता है?
(*a*) लिग्निन (*b*) पेक्टिन
(*c*) सेल्यूलोज (*d*) हेमीसेल्यूलोज

62. रेशे उत्पन्न करने वाले एकबीजपत्री पौधे का उदाहरण है–
(*a*) क्लीमैटिस (*b*) कोर्कोरम
(*c*) क्रोटोलेरिया (*d*) *कोकस* (नारियल)

63. कुल लेग्यूमिनोसी महत्वपूर्ण है क्योंकि इसके सदस्य उत्पन्न करते हैं–
(*a*) रेशे (Fibres)
(*b*) दालें (Pulses)
(*c*) सब्जियाँ (Vegetables)
(*d*) तेल (Oils)

64. भारत में व्यापक स्तर पर उगाया जाने वाला फ्लोएम तन्तुओं का पौधा होता है–
(*a*) फ्लैक्स (*b*) जूट
(*c*) हेम्प (*d*) कपास

65. तन्तु प्राप्त होते हैं–
(*a*) हरित ऊतक से (*b*) दृढ़ोतक से
(*c*) मृदूतक से (*d*) स्थूल कोण ऊतक से

66. प्याज में भोजन संग्रहीत होता है, निम्न रूप में–
(*a*) शर्करा (*b*) माडी
(*c*) सेल्यूलोज (*d*) प्रोटीन

67. रेशम उद्योग (Silk industry) कहलाता है–
(*a*) एपीकल्चर (*b*) हौर्टीकल्चर
(*c*) सेरीकल्चर (*d*) पिसीकल्चर

68. पश्चिम बंगाल में कपड़े के तन्तुओं के अति महत्वपूर्ण स्त्रोत के रूप में निम्न में से कौन-सा उगाया जाता है?
(*a*) *लाइनम* (*b*) *कोर्कोरस* (जूट)
(*c*) *क्रोटोलेरिया* (*d*) *गौसीपियम*

69. केन्द्रीय जूट शोध संस्थान स्थित है–
(*a*) दार्जिलिंग में (*b*) शिलौंग में
(*c*) कटक में (*d*) कोलकाता में

70. शुष्क नारियल से प्राप्त हस्क तन्तु कहलाते हैं–
(*a*) फ्लैक्स (*b*) हेम्प
(*c*) कौयर (*d*) कोपड़ा

71. जूट एक पौधे से प्राप्त होता है जिसका सम्बन्ध है, कुल (Family)–
(*a*) स्टर्कुलियेसी से (*b*) टिलियेसी से
(*c*) यूफौर्बियेसी से (*d*) माल्वेसी से

72. कपास के तन्तु बने होते हैं–
(*a*) प्रोटीन के (*b*) सेल्यूलोज के
(*c*) वसाओं के (*d*) मण्ड के

73. मधुमक्खियों का पालन (Cultivation) कहा जाता है–
(*a*) लैक्सीकल्चर (*b*) एपीकल्चर
(*c*) सिल्वीकल्चर (*d*) सेरीकल्चर

74. सबसे बड़ा समाचार-पत्री उद्योग स्थित है–
(*a*) लखनऊ में (*b*) नेपानगर में
(*c*) दिल्ली में (*d*) मैसूर में

75. निम्न में से किससे कोकेइन बनता है?
(*a*) *क्राइसेन्थेमम* (*b*) *कैस्टिला*
(*c*) *एरिथ्रोजाइलोन* (*d*) *लाइनम*

76. भारत में रबड़ प्राप्त किया जाता है–
(*a*) *पार्थिनियम हिस्टरोफोरस* से
(*b*) *हेविया ब्रेसीलियेन्सिस* से
(*c*) *कैस्टिला इलास्टिका* से
(*d*) *फाइकस इलास्टिका* से

77. मैसूर में निम्न एक संस्थान पाया जाता है–
(*a*) वन शोध संस्थान
(*b*) केन्द्रीय भोजन तकनीकी शोध संस्थान
(*c*) राष्ट्रीय वानस्पतिक शोध संस्थान
(*d*) चावल शोध संस्थान

78. अधिकांश रबड़ के पौधे सम्बन्धित होते हैं–
(*a*) कुल केनेसी सें (*b*) कुल यूफौर्बियेसी से
(*c*) कुल कैक्टेसी से (*d*) कुल लोरेसी से

79. निम्न में से किसे भारतीय लाल लकड़ी व वृक्ष कहते हैं?
(*a*) *एम्लिका औफीसिनेलिस*
(*b*) *मैंजीफेरा इण्डिका*
(*c*) *डल्बर्जिया सिस्सू*
(*d*) *यूजीनिया कैरियोफाइलेटा*

80. भारतीय रबड़-वृक्ष (*फाइकस इलास्टिका*) सम्बन्धित होता है–
(*a*) कुल मोरेसी से (*b*) कुल यूफौर्बियेसी से
(*c*) कुल पैपेवरेसी से (*d*) कुल एस्क्लेपियेडेसी से

81. निम्न में से एक रबड़ का स्त्रोत होता है–
(*a*) *टेक्टोना ग्रैण्डिस*
(*b*) *सीड्रस देवदारा*
(*c*) *हीविया ब्रेसीलियोन्सिस*
(*d*) *मिकेलिया चम्पाका*

82. टैपिओका पौधा, जो बड़ी माँसल संग्रहकारी जड़ों में भोजन संग्रह करता है, सम्बन्धित है वंश (Genus)–
(*a*) *मेनीहौट* से (*b*) *आइपोमिया* से
(*c*) *डायोस्कोरिया* से (*d*) *सोलेनम* से

83. नेपा नगर है–
(*a*) एक समाचार-पत्र उद्योग
(*b*) एक पहाड़ी स्टेशन
(*c*) हिमाचल प्रदेश में एक शहर
(*d*) असम का एक शहर

84. भारत की सबसे सस्ती उच्च ऊर्जा वाले फलों की फसल होती है–
(*a*) केला (*b*) अमरूद
(*c*) सेब (*d*) आम

85. पाम तेल (Palm oil) प्राप्त होता है–
(*a*) *एलेइस ग्विनीन्सिस* से
(*b*) *गोसीपियम आर्बोरियम* से
(*c*) *कार्थेमस टिंक्टोरियस* से
(*d*) *ओलिया यूरोपिया* से

86. कोकोआ (स्टर्कुलियेसी का थियोब्रोम काकाओ) वास्तव में प्राप्त होता है–
(*a*) छाल से (*b*) जड़ से
(*c*) पत्ती से (*d*) बीजों से

87. एक पौधा जो मसाले तथा रंग के स्त्रोत के रूप में प्रयुक्त होता है, कहलाता है–
(*a*) हल्दी (*b*) लौंग
(*c*) कार्डेमम (*d*) नील

88. मौर्फीन निकाला जाता है–
(*a*) *सिन्कोना औफीसिनेलिस* से
(*b*) *पैपेवर सोम्नीफेरम* से
(*c*) *रोवोल्फिया सर्पेण्टाइना* से
(*d*) *एकोनिटम नैपेलस* से

89. निम्नलिखित में से कौन-सा तैल बीज होता है?
(*a*) गुलाब (*b*) गेंदा
(*c*) सूर्यमुखी (*d*) गुलदाउदी

90. मूँगफली का तेल होता है–
(*a*) अशुष्क तेल (*b*) वाष्पशील तेल
(*c*) शुष्क तेल (*d*) उपरोक्त में से कोई नहीं

91. कपास सम्बन्धित होता है, कुल–
(*a*) सोलेनेसी से (*b*) लेग्यूमिनोसी से
(*c*) कुकरबिटेसी से (*d*) माल्वेसी से

92. दालें सम्बन्धित होती हैं कुल–
(*a*) पेपिलियोनेसी से (*b*) सोलेनेसी से
(*c*) माल्वेसी से (*d*) ग्रेमिनी से

93. कौयर प्राप्त किया जाता है–
(*a*) *कोकस न्यूसीफेरा* के फलों की बाह्यभित्ति से
(*b*) *कोकस न्यूसीफेरा* के फलों की मध्य फलभित्ति से

(*c*) *कोकस न्यूसीफेरा* के फलों की अंतःभित्ति से

(*d*) *कोकस न्यूसीफेरा* के फलों के किसी भी भाग से

94. जूट प्राप्त किया जाता है–

(*a*) *लाइनम* जाति की पत्तियों से

(*b*) *कोर्कोरस* जाति के तने के द्वितीयक फ्लोएम से

(*c*) *लाइनम* ज़ाति के तने के द्वितीयक फ्लोएम से

(*d*) *कोर्कोरस* जाति की पत्तियों से

95. रूसी बाजरा (*डिजिटेरिया*) उगाया जाता है–

(*a*) राजस्थान में (*b*) कर्नाटक में

(*c*) मेघालय में (*d*) बिहार में

96. कौन-सा पौधा तेल, जन्तु-भोजन एवं रेशे सहित अनेक उपयोगी पदार्थ उत्पन्न करता है?

(*a*) जूट (*b*) कपास

(*c*) सूर्यमुखी (*d*) पटसन

97. *एट्रोपा बेलाडोना* के किस भाग से 'बेलाडोना' औषधि प्राप्त की जाती है?

(*a*) पत्तियों से (*b*) जड़ों से

(*c*) तनों से (*d*) पौधे के सभी भागों से

98. *एकोनिटम नैपेलस* का कौन-सा भाग औषधीय मूल्य का होता है?

(*a*) जड़ (*b*) तना

(*c*) पुष्प कलिकाएँ (*d*) पत्तियाँ

99. मध्य प्रदेश में चावल की खेती करने हेतु कौनसी कृषि विधि अत्यधिक प्रचलित है–

(*a*) सघन कृषि विधि (*b*) शुष्क कृषि विधि

(*c*) आर्द्र कृषि विधि (*d*) जुताई कृषि विधि

100. कोकीन निम्न में से किस पौधे से प्राप्त की जाती है–

(*a*) कॉफीया (*b*) एट्रोपा

(*c*) इरीथ्रोजाइलोन (*d*) थिओब्रोमा

उत्तरमाला

1	2	3	4	5	6	7	8	9	10
(*c*)	(*b*)	(*b*)	(*a*)	(*b*)	(*a*)	(*b*)	(*c*)	(*b*)	(*c*)
11	**12**	**13**	**14**	**15**	**16**	**17**	**18**	**19**	**20**
(*c*)	(*b*)	(*c*)	(*a*)	(*a*)	(*d*)	(*a*)	(*b*)	(*b*)	(*a*)
21	**22**	**23**	**24**	**25**	**26**	**27**	**28**	**29**	**30**
(*a*)	(*c*)	(*b*)	(*d*)	(*a*)	(*b*)	(*b*)	(*d*)	(*c*)	(*b*)
31	**32**	**33**	**34**	**35**	**36**	**37**	**38**	**39**	**40**
(*c*)	(*b*)	(*b*)	(*a*)	(*d*)	(*c*)	(*a*)	(*d*)	(*b*)	(*a*)
41	**42**	**43**	**44**	**45**	**46**	**47**	**48**	**49**	**50**
(*b*)	(*b*)	(*a*)	(*b*)	(*d*)	(*c*)	(*b*)	(*d*)	(*b*)	(*d*)
51	**52**	**53**	**54**	**55**	**56**	**57**	**58**	**59**	**60**
(*d*)	(*d*)	(*c*)	(*b*)	(*b*)	(*b*)	(*a*)	(*c*)	(*a*)	(*b*)
61	**62**	**63**	**64**	**65**	**66**	**67**	**68**	**69**	**70**
(*a*)	(*d*)	(*b*)	(*b*)	(*b*)	(*a*)	(*c*)	(*b*)	(*d*)	(*c*)
71	**72**	**73**	**74**	**75**	**76**	**77**	**78**	**79**	**80**
(*b*)	(*b*)	(*b*)	(*b*)	(*c*)	(*d*)	(*b*)	(*b*)	(*c*)	(*a*)
81	**82**	**83**	**84**	**85**	**86**	**87**	**88**	**89**	**90**
(*c*)	(*a*)	(*a*)	(*a*)	(*a*)	(*d*)	(*a*)	(*b*)	(*c*)	(*a*)
91	**92**	**93**	**94**	**95**	**96**	**97**	**98**	**99**	**100**
(*d*)	(*a*)	(*b*)	(*b*)	(*c*)	(*b*)	(*a*)	(*a*)	(*c*)	(*c*)

□□□

परिशिष्ट–I (ANNEXURE – I)

कुछ सामान्य पौधे तथा उनके वानस्पतिक नाम

SOME COMMON PLANTS AND THEIR BOTANICAL NAMES

वानस्पतिक नाम (Botanical Name)	हिन्दी नाम (Hindi Name)	अंग्रेजी नाम (English Name)	कुल (Family)
1	2	3	4
Abelmoschus esculentus	भिन्डी	Lady's finger, Okra	Malvaceae
Abrus precatorius	रत्ती	Jecquirity seeds	Papilionaceae
Acacia auriculiformis	–	Australian phyllode, Acacia	Mimosaceae
A. catechu.	कथ्था, खैर	Cutch, Catchu	Mimosaceae
A. nilotica	बबुल, किकर	Babul Acacia	Mimosaceae
A. rugata= A. coneinna	शिकाकाई	Soap pod	Mimosaceae
A. senegal	कुमटा	Gum Arabic Acacia	Mimosaceae
Adhatoda vasica	बसाक, अडुलसा	Malabar nut	Acanthaceae
Aegle marmelos	बेल	Bengal quince	Rutaceae
Agave americana	कांटाला	Century plant	Agavaceae
Albizia lebbeck	सिरिस	Lebbeck tree, Kokko	Mimosaceae
Allium cepa	प्याज	Onion	Alliaceae
A. sativum	लहसन	Garlic	Alliaceae
Aloe barbadense	घीकंबर	Barbados Aloe	Liliaceae
Althaea rosea	गुलखेरा	Hollyhock	Malvaceae
Alyssum maritimum	–	Basket of Gold Sweet Alyssum	Cruciferae
Amaranthus blitum	चौलाई	Amaranth	Amaranthaceae
Amomum aromaticum	बड़ी इलायची	Bengal cardamom	Zingiberaceae
Amorphophallus campanulatus	सुरन कंद	Elephant foot yam	Araceae
Anacardium occideniale	काजू	Cashew nut	Anacardiaceae
Ananas comosus	अनानास	Pineapple	Bromeliaceae
Anethum graveolens	सोया	Dill	Umbelliferae
Annona squamosa	शरीफा	Custard apple	Annonaceae

1	2	3	4
Antirrhinum majus	–	Snapdragon, Dog Flower	Scrophulariaceae
Apium graveolens	अजमूद	Garden celery	Umbelliferae
Arachis hypogaea	मूँगफली	Pea nut, Ground nut	Papilionaceae
Areca catechu	सुपारी	Betel nut palm, Areca nut	Palmae
Argemone mexicana	पीली कटेली	Prickly poppy	Papaveraceae
Arnebia hispidissima	रतनजोत	–	Boraginaceae
Artenisia maritima	किरमाला	Worm seed	Compositae
Artocarpus heterophyllus	कटहल	Jack fruit	Moraceae
Asparagus racemosus	सतावर	Asparagus	Lilaceae
Atropa belladonna	साग अंगूर	Deadly night shade; Belladonna	Solanaceae
Averrhoa carambola	कमरख	Carambola	Averrhoaceae
Azadirachta indica	नीम	Margosa tree	Meliaceae
Bambusa arundinacea	बांस	Thorny bamboo	Bambusaceae
Bauhinia variegata	कचनार	Variegated Bauhinia	Caesalpinlaceae
Beta vulgaris	चुकन्दर	Beet root	Chenopodiaceae
Betula alnoides	भोजपत्र	Indian birch	Betulaceae
Boehmeria nivea	कानखुरा	Ramie	Urticaceae
Bombax ceiba	सिमल	Red silk cotton	Bombacaceae
Bougainvillea spectabilis	बगनक्लिास	Bougainvillea	Nyctaginaceae
Brassica alba	सफेद राई	White mustard	Cruciferae
B. campestris	पीली सरसों	Indian colza	Cruciferae
B. oleracea var. botrytis	फूलगोभी	Cauliflower	Cruciferae
B. oleracea var. capitata	बन्द गोभी	Cabbage	Cruciferae
B. oleracea var. gongylodes	गाठगोभी	Kohlrabi, Knol-Khol	Cruciferae
B. rapa	शलजम	Turnip	Cruciferae
Butea monosperma	ढ़ाक, फ्लास, टेसू	Flame of the Forest	Papilionaceae
Caesalpinia pulcherrima	गुलमोहर	Peacock flower, Paradise flower	Caesalpiniaceae
Cajanus cajan	अरहर	Cajan pea, Pigeon pea, Red gram	Papilionaceae
Calendula officinalis	झेरगुल	Pot marigold	Compositae
Calotropis procera	सफेद आंक	Swallow-wart, Madar	Asclepiadaceae
Camellia sinensis	चाय	Tea	Theaceae
Canavalia ensiformis	बड़ा सेम	Horse bean, Jack bean	Papilionaceae
Canna orientalis	सब्बाजया	Indian shot	Cannaceae
Cannabis sativa	गांजा, भंग, चरस	Hemp	Cannabinaceae

1	2	3	4
Capparis spinosa	काब्रा	Caper bush	Capparidaceae
Capsicum annuum	लाल मिर्च	Red pepper, Chillies	Solanaceae
Carica papaya	पपीता	Papaya	Caricaceae
Carissa carandas	करौन्दा	Karanda	Apocynaceae
Carthamus tinctorius	कुसुम, करडी	Safflower	Compositae
Caryota urens	ताड़ी, नीरा	Toddy palm	Palmae
Cassia fistula	अमलतास	Golden shower	Caesalpiniaceae
Catharanthus roseus	सदाबहार	Periwinkle	Apocynaceae
Cedrus deodara	देवदार	Himalayan cedar	Pinaceae
Centella asiatica	ब्रम्ही	Asiatic pennywort	Hydrocotylaceae
Cestrum nocturnum	रात की रानी	Night jessamine	Solanaceae
Chenopodium album	बथुआ	Pigweed	Chenopodiaceae
Chrysanthemum coronarium	गुलदाऊदी	Garland chrysanthemum, Crown Daisy	Compositae
Cicer arietinum	चना	Gram, Chick pea	Papilionaceae
Cichorium intybus	कासनी	Chicory	Compositae
Cinchona calisaya	सिनकोना	Quinine	Rubiaceae
Cinnamomum camphora	कपूर	Camphor	Lauraceae
C. tamala	तेजपात	Indian cassia	Lauraceae
C. zeylanicum	दालचीनी	Cinnamon	Lauraceae
Curullus lanatus	तरबूज	Watermelon	Cucurbitaceae
C. lanatus var. fistulosus	टिण्डा	Round gourd	Cucurbitaceae
Citrus aurantifolia	कागजी नींबू	Lime	Rutaceae
C. limon	बड़ा नींबू	Lemon	Rutaceae
C. reticulata	संतरा	Mandarin	Rutaceae
C. sinensis	मुसंबी	Sweet orange	Rutaceae
Cocos nucifera	नारीयल	Coconut	Palmae
Codiaeum variegatum	क्रोटन	Croton	Euphorbiaceae
Coffea arabica	कॉफी	Arabian coffee	Rubiaceae
Coleus amboinicus	पत्थरचूर	Indian borage	Labiatae
Colocasia esculenta	अरबी, कचालू, घुईयाँ	Taro, Arum	Araceae
Commiphora wightii	गुग्गुल	Indian bdellium tree	Burseraceae
Corchorus capsularis	ज्यूट, पट	Jute	Tiliaceae
Coriandrum sativum	धनिया	Coriander	Umbelliferae
Crocus sativus	केसर, जाफरान	Saffron	Iridaceae
Crotalaria juncea	सन	Sunnhemp	Papilionaceae

1	2	3	4
Croton tiglium	जमालगोटा	Croton	Euphorbiaceae
Cucumis melo	खरबूजा	Muskmelon	Cucurbitaceae
C. melo var. *utilissimus*	ककड़ी		Cucurbitaceae
C. sativus	खीरा	Cucumber	Cucurbitaceae
Cucurbita maxima	सीताफल	Red pumpkin	Cucurbitaceae
Cuminum cyminum	जीरा	Cumin	Umbelliferae
Curcuma domestica	हल्दी	Turmeric	Zingiberaceae
Cyamposis tetragonoloba	गुवार	Cluster bean	Papilionaceae
Cyanara scolymus	हाथीचुक	Globe artichoke	Compositae
Cynodon dactylon	दूब	Bermuda grass	Gramineae
Cyperus rotundus	मेथी	Nut grass	Gramineae
Cuscuta reflexa	अमरबेल	Dodder	Convolvulaceae
Dalbergia latifolia	काला शीशम	Indian Rose wood	Papilionaceae
Dalbergia sisso	शीशम	Sisso	Papilionaceae
Datura stramonium	धतुरा	Thorn apple, Jimson weed	Solanaceae
Daucus carota	गाजर	Carrot	Umbelliferae
Delonix regia	गुलमोहर	Royal poinciana, peacock flower	Caesalpinlaceae
Delphinum ajacis	लाकस्पर	Larkspur	Rananculaceae
Dendrocalamus strictus	बांस का बन	Solid bamboo	Gramineae
Desmodium gyrans	बन-चल	Indian Telegraph Plant	Papilionaceae
Dianthus caryophyllus	कार्नेशन	Carnation, Pink	Caryophyllaceae
Digitalis purpurea	Fox glove	Scrophulariaceae	
Dillenia indica	चालता	Elephant apple	Dilleniaceae
Dioscorea alata	खमालू	White yam	Dioscoreaceae
Discorea bulbifera	रतालू	Potato yam	Dioscoreaceae
Diospyros ebenum	अबनस	Macassar ebony	Ebenaceae
Diospyros melanoxylon	तेण्डू	Coromandel ebony, Persimmon	Ebenaceae
Dipterocarpus indicus	गुर्जन	Gurjun	Dipterocarpaceae
Ecballium elatarium		Squirting cucumber	Cucurbitaceae
Eclipta prostrata	भांगड़ा		Compositae
Elaeis guineensis		Oil palm	Palmae
Elettaria cardamomum	छोटी इलायची	Cardamom	Zingiberaceae
Eleusine coracana	मंडल, रागी	Finger millet	Gramineae
Emblica officinalis	आंवला	Emblic, Indian gooseberry	Euphorbiaceae
Entada phaseoloides	गिल्ला	Nicker bean	Mimosaceae
Erianthus arundinaceus	सरकडा	Pin-reed-grass	Gramineae

1	2	3	4
Eriobotrya japonica	लौकाट	Loquat	Rosaceae
Eruca sativa	तरामीर	Rocker salad	Cruciferae
Erythrina indica	पंजीरा	Indian Coral tree	Papilionaceae
Eucalyptus citriodora	युकैलिप्टस	Lemon scented eucalyptus	Myrtaceae
Eulaliopsis binata	वाबनी	Bab grass	Gramineae
Euphorbia hirta	लाल दुधी	–	Euphorbiaceae
Euphorbia puleherrima	लालपत्ता	Poinsettia	Euphorbiaceae
Euryaleferox	मखाना	Gorgan nut	Euryalaceae
Ferrula assajoetida	हींग	Asafetida	Umbelliferae
Ficus benghalensis	बरगद	Banyan	Moraceae
Ficus carica	अंजीर	Fig	Moraceae
Ficus elastica	बेर	Indian or Assam rubber	Moraceae
Ficus glomerata	गुलर	Cluster fig	Moraceae
Ficus religiosa	पीपल	Peepul	Moraceae
Flacourtia jangomas	पानी आमला	Puneala	Flacourtiaceae
Foenicum vulgare	सौंफ	Fennel	Umbelliferae
Fragaria vesca	स्ट्राबेरी	Perpetual straw berry	Rosaceae
Gaillardia pulchella	–	Blanket flower	Compositae
Gureinia indica	कोकम	Kokam butter tree	Guttiferae
Garcinia mangostana	मूंगस्तान	Mangosteen	Guttiferae
Gardenia jasminoides	गंधराज	Cape jasmine	Rubraceae
Geranium nepalense	भान्ड	Nepal geranium	Geraniaceae
Gerbera jamesonti	–	Transvaal daisy	Compositae
Girardinia palmata	बिछुआ	Himalayan nettle	Urticaceae
Gladiolus	–		Iridaceae
Glycine max	भट	Soyabean	Papilionaceae
Gossypium arboreum	कपास	Egyptian cotton	Malvaceae
Grewia subinequalis	फालसा	Phalsa	Tiliaceae
Gynandropsis gynandra	हुलहुल		Capparidaceae
Haematoxylon campechianum	पतंग	Logwood	Mimosaceae
Hedera helix	–	English iry	Araliaceae
Helianthus annuus	सूरजमुखी	Sunflower	Compositae
Helianthus tuberosus	हाथीचुक	Jerusalem artichoke	Compositae
Helichrysum bracteatum	–	Straw flower, Paper flower	Compositae
Helictres isora	मरोड़फली	East Indian Screw Tree	Sterculiaceae
Heliotropium indicum	हाथीसुरा	Heliotrope	Boraginaceae
Herltiera fomes	सुन्द्री	Sundri	Sterculiaceae

1	2	3	4
Hevea brasiliensis	–	Para rubber	Euphorbiaceae
Hibiscus cannabinus	पटसन	Kenaf, Bimlipatam jute	Malvaceae
Hibiscus esculentus			*(see Abelmoschus escutentus)*
Hibiscus rosa-sinensis	गुड़हल	Shoe flower, China rose	Malvaceae
Hibiscus sabdariffa	पटवा	Roselle	Malvaceae
Hiptage benghalensis	माधवीलता	–	Malpighraceae
Holarrhena antidysenterica	खुरची	Easter tree Ivory tree	Apocynaceae
Hordeum vulgare	जौ	Barley	Gramineae
Humulus lupulus	–	Hop	Cannabinaceae
Hydnocarpus kurzii	चउलमोग्रा	Chaulmogra	Flacourtiaceae
Hydrocotyle asiatica			*(see Centella asiatica)*
Hyoseyamus niger	खुरासनी अजवायन	Henbane	Solanaceae
Iberis amara	–	Roket candytuft	Cruciferae
Impatiens balsamina	गुल मेहन्दी	Garden balsam	Balsaminaceae
Indigofera tinctoria	नील	Indigo	Papilionaceae
Inga dulcis			*(see Pithecello-bium dulce)*
Ipomoea batatas	शकरकन्द	Sweet potato	Convolvulaceae
Ipomoea reptans	कलमीसाग	Water spinach	Convolvulaceae
Ixora coccinea	रंगन	Jungle flame Ixora	Rubiaceae
Jacaranda mimosifolia	नीली गुलमोहर	Jacaranda	Bignoniaceae
Jasminium angustifolium	बनमल्लिका	Wild Jasmine	Oleaceae
Jasminium auriculatum	जुही	–	Oleaceae
Jasminium sambac	मोग्रा, बेला	Arabian Jasmine	Oleaceae
Jatrophu curcas	सफेद अरण्ड	Physic nut	Euphorblaceae
Jatropha gossypifolia	भेरेण्डा	Bellyache bush	Euphorbiaceae
Juglans regia	अखरोट	Walnut	Juglandaceae
Kaempferia galanga	चन्द्रमूल	–	Zingiberaceae
Kalanchoe laciniata	हमसागर	–	Crassulaceae
Kigelia pinnata	झाड़ फानूस	Sausage tree	Bignoniaceae
Kochia indica	बुई	Kochia	Chenopodiaceae
Lablab purpureus	सेम	Lablab bean, Hyacinth bean	Papilionaceae
Lactuca sativa	सलाद	Lettuce	Compositae
Lagenaria siceraria	लौकी	Bottle gourd	Cucurbitaceae
Lagerstroemia speciosa	जारुल	Queen crape myrtle	Lythraceae

1	2	3	4
Lathyrus aphaca	जंगली मटर	Yellow vetchling	Papilionaceae
Laythyrus odoratus	–	Sweet pea	Papilionaceae
Lathyrus sativus	खेसरी	Grass pea	Papilionaceae
Lavandula angustifolia	–	Lavender	Labiatae
Lawsonia inermis	मेहन्दी	Henna	Lythraceae
Lens culinaris	मसूर	Lentil	Papilionaceae
Leucaena leucocephala	सुबबूल	White popinac, Horse tamarind	Mimosaceae
Leucas lavandulaefolia	गुमा		Labiatae
Limonia acidissima	कैथ	Elephant apple, Wood apple	Rutaceae
Linum usitatissimum	अलसी	Flax	Linum
Litchi chinensis	लीची	Litchi	Sapindaceae
Lodoicea maldivica	दर्या का नारियल	Double coconut palm	Palmae
Luffa acutangula	काली तोरई	Ribbed or ridged gourd	Cucurbitaceae
Luffa aegyptiaca	घिया तोरई	Dish-cloth gourd, Vegetable sponge	Cucurbitaceae
Lycopersicon lycopersicum	टमाटर	Tomato	Solanaceae
Madhuca indica	महुआ	Mahua tree, Illipe butter	Sapotaceae
Magnolia grandiflora	हिम चम्पा	Bull bay, Great laurel Magnolia	Magnoliaceae
Majorana hortensis	मरवा	Sweet marjoram	Labiatae
Malva rotundifolia	खुबासी	Dwarf mallow	Malvaceae
Mangifera undica	आम	Mango	Anacardiaceae
Manihot esculenta	सकरकन्द	Tapioca	Euphorbiaceae
Manilkara kauki	खिरनी	Kauki	Sapotaceae
Maranta arundinaceae	आरारोट	West Indian Arrowroot	Marantaceae
Martynia annua	हाथजोरी	Devil's claw, Tiger claw	Martyniaceae
Matthiola incana	तोडरी सफेद	Stock	Cruciferae
Medicago sativa	विलायती गाउथ	Alfalfa, Lucerne	Papilionaceae
Melia azedarch	बकैन	Pride of India	Meliaceae
Melilotus indica	बनमेथी	Sweet clover	Papilionaceae
Mentha arvensis	पोदीना	Field mint	Labiatae
Mentha piperita	विलायती पोदीना	Peppermint	Labiatae
Mesembryanthemum crystallinum	बरफ	Ice plant	Aizoaceae
Mesua ferrea	नागकेसर	Iron wood	Guttiferae
Metroxylon rumphii	सागो	Sago palm	Palmae

1	2	3	4
Michelia champaca	चम्पा	Champac	Magnoliaceae
Mimosa pudica	लाजवती	Sensitive plant	Mimosaceae
Mirabilis jalapa	गुलाबास	Four o'clock plant	Nyctaginaceae
Momordica charantia	करेला	Bitter ground	Cucurbitaceae
Monotropa uniflora	–	Indian pipe	Monotropaceae
Monstera deliciosa	अमरफल	Ceriman	Araceae
Moringa oleifera	सैन्जन	Drumstick tree, Horse-radish tree	Moringaceae
Morus alba	शहतूत	White mulberry	Moraceae
Mucuna pruriens	कवच	Horse eye bean	Papilionaceae
Muechlenbeckia platyclada (=Cocoloba platyclada)	–	Centipede plant	Polygonaceae
Murraya koenigii	मीठा नीम	Curry-leaf tree	Rutaceae
Musa paradisiaca	केला	Banana	Musaceae
Mussaenda glabrata	बेदीना	Paper chase tree	Rubiaceae
Myrica esculenta	कायफल	Bay berry	Myricaceae
Myristica Fragrans	जायफल	Nutmeg	Myristicaceae
Narcissus tazetta	नारीगस	Narcissus	Amaryllidaceae
Nasturtium officinale	ब्रह्मी साग	Water cress	Cruciferae
Nelumbo nucifera	कमल	Sacred lotus	Nelumbonaceae
Nerium indicum	कनेर	Oleander	Apocynaceae
Nicotiana tabacum	तम्बाकू	Tobacco	Solanaceae
Nigella sativa	कलौजी	Black cumin	Ranunculaceae
Nyctanthes arbor-tristis	हरसिंगार	Tree of sorrow	Nyctanthaceae
Nymphaea alba	सफेद कमल	European white waterlily	Nymphaceaceae
Nymphaea stellata	नीलकमल	Indian blue waterlily	Nymphaeaceae
Ochroma pyramidale	–	Balsa, Corkwood	Bombacaceae
Ocimum basilicum	बनतुलसी	Sweet Basil	Labiatae
Olea europea	जैतून	Olive	Oleaceae
Opuntia elatior	नागफनी	Prickly pear	Cactaceae
Orobanche aegyptiaca	भटुआ घास	–	Orobanchaceae
Oroxylum indicum	सोनपथ	–	Bignoniaceae
Oryza sativa	चावल	Rice	Gramineae
Oxalis acetosella	खट्टी मीठी	Common wood sorret	Oxalidaceae
Oxalis corniculata	चम्पामेथी	Indian sorrel	Oxalidaceae
Paederia scandens	घंधाली	–	Rubiaceae
Palaquiun ellipticum	हलगन्ने	Indian gutta percha	Sapotaceae

1	2	3	4
Pandanus odoratissimus	केवड़ा	Screw pine	Pandanaceae
Panicum miliaceum	अनू	Proso millet	Gramineae
Papaver somniferum	अफीम	Opium poppy	Papaveraceae
Parkinsonia aculeata	विलायती किकर	Jerusalem thorn	Caesalpiniaceae
Paspalum notatum	–	Bahia grass	Gramineae
Paspalum scrobiculatum	कोडो	Kodo millet	Gramineae
Passiflora edulis	झुमकालता	Purple granadilla, Edible passion fruit	Passifloraceae
Passiflora foetida	–	Wild passion flower	Passifloraceae
Pelargonium capitatum	–	Geranium	Geraniaceae
Pennisetum typhoides	बाजरा	Pearl millet	Gramineae
Petunia axillaris	–	Large white petunia	Solanaceae
Phalaris canariensis	–	Canary grass	Gramineae
Phaseolus vulgaris	विलायती सेम	Kidney bean	Papilionaceae
Phlox drummondii		Annual phlox	Polemoniaceae
Phoenix dactylifera	पिंडखजूर	Date palm	Palmae
Phoenix sylvestris	खजूर	Wild date	Palmae
Phyllanthus emblica			*(see Emblica officinalis)*
Physalis peruviana	रसभरी	Cape goose-berry	Solanceae
Pinus gerardiana	चिलगोजा	Edible pine	Pinaceae
Pinus roxburghii	चीड़	Three leaved pine	Pinaceae
Piper betle	पान	Betel pipper	Piperaceae
Piper longum	पिपलामूल	Long pepper	Piperaceae
Piper nigrum	काली मिर्च	Black pepper	Piperaceae
Pistacia vera	पिस्ता	Green almond, Pistacio	Pistaciaceae
Pistia stratoites	जलखुंबी	Water lettuce, Tropical duckweed	Araceae
Pisum sativum	मटर	Garden pea	Papilionaceae
Pithecellobium dulce	जंगल जलेबी	Manila tamarind	Mimosaceae
Plantago ovata	इसबगोल	Blonde psyllium	Plantaginaceae
Plumbago zeylanica	चित्रक	–	Plumbaginaceae
Plwneria rubra	गुलाचीन, सफेद चम्पा	Temple or pagoda tree	Apocynaceae
Polianthes tuberosa	गुलशबा	Tuberose	Agavaceae
Polyalthia longifolia	देवदारू	–	Annonaceae
Polygonum aviculare	बनाटिया	–	Polygonaceae
Populus euphratica	बाहन	Indian poplar	Salicaceae

1	2	3	4
Partulaca grandiflora	कुल्फा	Rose moss	Portulacaceae
Pothos scandens	–	Money plant	Araceae
Prosopis juliflora	विलसायती किकर	Algaroba	Mimosaceae
Prunus amygdalus	बदाम	Almond	Rosaceae
Prunus armeniaca	खुबानी	Apricot	Rosaceae
Prunus domestica	अलूचा, आलू बुखारा	Plum	Rosaceae
Prunus persica	आड़ू	Peach	Rosaceae
Psidium guajava	अमरूद	Guava	Myrtaceae
Petrocarpus marsupium	बीजासार	Indian kino tree	Papilionaceae
Punica granatum	अनार	Pomegranate	Punicaceae
Pyrus communis	नाख	Pear	Rosaceae
Quercus suber–	–	Cork oak tree	Fagaceae
Quisqualis indica	रंगून की बेल	Rangoon creeper	Combretaceae
Ranunculus scleratus	जल धनिया	Blister butter cup Celery -leaved crowfoot	Ranunculaceae
Raphanus sativus	मूली	Radish	Cruciferae
Rauvolfia serpentina	चन्द्रभाग	Serpentine	Apocynaceae
Ravenala madagascariensis	–	Madagascar traveller's tree	Musaceae
Rhizophora mucronata	भूरा	True mangrove	Rhizophoraceae
Rhododendron arboreum	बूरंस	Tree Rhododendrons	Ericaceae
Ribes grossularia	बैकुंठी	European gooseberry	Grossulariaceae
Ribes nigrum	नाबर	European black currants	Grossulariaceae
Ricinus communis	एरन्डी	Castor	Euphorbiaceae
Rosa damascena	गुलाब	Damask rose	Rosaceae
Rosmarinus officinalis	रुसमारी	Rosemary	Labiatae
Rubia cordifolia	मंजित	Indian madder	Rubiaceae
Rubus lanatus	हिसालू	–	Rosaceae
Ruta grveolens	सदाब	Garden rue	Rutaceae
Saccharum officinarum	गन्ना	Sugarcane	Gramineae
Saccharum spontaneum	कांस	Thatch grass	Gramineae
Sagittaria sagittifolia	छोटाकूट	Old world arrow head	Alismaceae
Salix alba	बीस	White willow	Salicaceae
Salmalia malabarica		*(see Bombax ceiba)*	
Salvadora persica	छोटा पीलू	Mustard tree	Salvadoraceae
Salvia officinalis	साल्बिया सिफाकूस	Sage	Labiatae
Sansvieria roxburghiana	मुरहारी	Indian Bowstring Hemp	Agavaceae
Santalum album	सफेद चन्दन	White sandal wood	Santalaceae
Sapindus emarginatus	रीठा	Soapnut	Sapindaceae

1	2	3	4
Sapindus mukorossi	रीठा	Soap nut tree, Chinese soap berry	Sapindaceae
Saponaria officinalis	–	Soap wort	Caryophyllaceae
Saraca asoca	अशोक	Asoka tree	Caesalpiniaceae
Scirpus grossus	कसेरू	Bulrush	Cyperaceae
Secale cereale	राई	Rye	Gramineae
Semecarpus anacardium	भिलवा	Marking nut tree	Anacardiaceae
Sesamum indicum	तिल	Sesame, Gingelly	Pedaliaceae
Sesbania sesban	बालमोता	–	Paplilionaceae
Shorea robusta	साल	Sal	Dipterocarpaceae
Sida cordifolia	कंधी	Country mallow	Malvaceae
Smilax zeylanica	राम दातौन	Indian Sarsparilla	Smilaceae
Solanum melongena	बैंगन	Egg plant	Solanaceae
Solanum nigrum	मकोई	Black nightshade	Solanceae
Solanum tuberosum	आलू	Potato	Solanaceae
Sorghum vulgare	जोवार	Sorghum	Gramineae
Spinacea oleracea	पालक	Spinach	Chenopodiaceae
Stellaria aquatica	बदौला	Chickweed, Water starwort	Caryophyllaceae
Sterculia foetida	जंगली बदाम	Wild almond	Sterculiaceae
Sterculia urens	गुलू	Kateera gum	Sterculiaceae
Strychnos nux-vomica	कुचला	Nux-vomica	Loganiaceae
Swietenia mahagoni	महोगनी	West Indian Mahogani	Meliaceae
Syzygium aromaticum	लौंग	Clove	Myrtaceae
Syzygium cumini	जामून	Java plum Jambolana	Myrtaceae
Tabernaemontana divaricata	चान्दानी	Crape jasmine	Apocynaceae
Tagetes erecta	गैंदा	Big marigold	Compositae
Tamarindus indica	इमली	Tamarind	Caesalpiniaceae
Tamarix aphylla	लाल झाअु	Athel tamarisk	Tamariaceae
Taruxacum officinale	दूलाल	Common Dandelion	Compositae
Tectona grandis	सागवान	Teak	Verbenaceae
Tiphrosia purpurea	बन नील	Purple tephrosia	Papilionaceae
Terminalia arjuna	अर्जुन	Arjun	Combretaceae
Terminalia bellirica	बहेड़ा	Belleric myrobalan	Combretaceae
Terminalia chebula	हराड़	Chebulic myrobalan	Combretaceae
Theobroma cacao	कोको	Cocoa	Sterculiaceae
Thevetia peruviana	पीली कनेर	Yellow oleander	Apocynaceae
Tinospora cordifolia	गुलांचा	–	Menispermaceae
Toona ciliata	तून	Cederla tree, Red cedar	Meliaceae
Trachyspermum ammi	अजवायन	Ammi, Lovage	Umbelliferae
Trapa natans	सिंगाड़ा	Water chestnut	Trapaceae
Tribulus terrestris	गोखरू	Land caltrops	Zygophyllaceae

1	2	3	4
Trichosanthes anguina	चचिन्डा	Snake gourd	Cucurbitaceae
Trichosanthes dioica	परवल	Pointed gourd	Cucurbitaceae
Trifolium alexandrium	बरसीम	Egyptian clover	Papilionaceae
Trigonella foenum-graecum	मेथी	Fenugreek	Papilionaceae
Triticum aestivum (=T. vulgare, T. sativum)	गेंहू	Wheat	Gramineae
Tylophora indica	अन्तमूल	Emetic swallow wort	Asclepiadaceae
Typha australis	पटेर	Lesser Indian Reed-mace	Typhaceae
Typhonium trilobatum	घेकूल	–	Araceae
Urena lobata	विलायती सन	Aramina	Malvaceae
Urginea indica	जंगली प्याज	White spuill	Liliaceae
Urtica dioica	बिच्छू बूटी	Stinging nettle	Urticaceae
Utricularia sp.	–	Bladderwort	Lentibulariaceae
Vallisneria gigantea	–	–	Hydrocharitaceae
Vanda tessellata	बान्डा	–	Orchidaceae
Vanilla fragrans	वानिला	Vanilla	Orchidaceae
Verbena officinalis	–	Vervain	Verbenaceae
Vernonia cinerea	सहदेवी	Ash coloured fleabane	Compositae
Vetiveria zizanioides	खस	Vetiver	Gramineae
Vicia faba	बाकला	Broad bean	Papilionaceae
Victoria amazonica (=V. regia)	–	Royal waterlily	Euryalaceae
Vigna aconitifolia	मोठ	Moth bean	Papilionaceae
Vigna mungo	उड़द	Black gram	Papilionaceae
Vigna radiata	मूंग	Green gram	Papilionaceae
Vigna unguiculata	लोबिया	Cow pea	Papilionaceae
Vinca rosea			*(see Catharanthus roseus)*
Viscum album	बन	European mistletoe	Viscaceae
Vitis vinifera	अंगूर	Wine grape	Vitaceae
Wedelia chinensis	भंगरा	–	Compositae
Withania somnifera	असगंद	–	Solanaceae
Wrightia tomentosa	दूधी	–	Apocynaceae
Xanthium strumarium	आधाशिशी	Cocklebur	Compositae
Xylia xylocarpa	जम्बू	Pyinkado	Mimosaceae
Yucca gloriosa	–	Spanish dagger plant	Agavaceae
Zea mays	मक्का, भूट्टा	Maize, Corn	Gramineae
Zingiber officinale	अदरक	Ginger	Zingiberaceae
Zinnia elegans	जीनिया	Youth & old age	Compositae
Ziziphus mauritiana (= Z jujuba)	–	Jujube	Rhamnaceae

□□□

परिशिष्ट–II (ANNEXURE – II)

कुछ प्रसिद्ध भारतीय वनस्पतिशास्त्री

SOME FAMOUS INDIAN BOTANISTS

भारत के कुछ प्रमुख वनस्पतिशास्त्री

1. प्रोफेसर जगदीश चन्द्र बोस (Professor Jagdish Chandra Bose)

प्रोफेसर जगदीश चन्द्र बोस का जन्म 13 नवम्बर 1858 को बंगाल के रारी-खाल (वर्तमान में बंगला देश में) हुआ था। उन्होंने स्नातक तक का अध्ययन सेन्ट जेवियर कॉलिज कलकत्ता में किया। इसके पश्चात् उन्होंने कैम्ब्रिज विश्वविद्यालय, इंग्लैंड से बी. एस-सी. की उपाधि 1883 में प्राप्त की। प्रो. बोस 1858 में भारत लौट आये और प्रेसिडेन्सी कॉलिज कलकत्ता में फिजिक्स के प्रोफेसर का पद ग्रहण किया तथा लन्दन विश्वविद्यालय से 1895 में डी. एस-सी. (डॉक्टर ऑफ साइंस) की उपाधि प्राप्त की। सन् 1922 में प्रोफेसर बोस को रॉयल सोसाइटी ऑफ लन्दन का सदस्य (fellow) चुनकर सम्मानित किया गया।

रसारोहण (ascent of sap) का स्पष्टीकरण वनस्पति विज्ञान के क्षेत्र में उनका प्रमुख योगदान था। इसके अलावा पौधों की शरीरक्रियात्मक प्रक्रियाओं को समझने के लिये उन्होंने मैग्नैटिक क्रिस्कोग्राफ (magnetic cryscograph), प्रकाश संश्लेषण का रिकार्डर (photosynthetic recorder), ऑसिलेटिंग रिकार्डर (oscillating recorder), इत्यादि उपकरण बनाये।

प्रोफेसर बोस ने बोस इन्स्टीटयूट की स्थापना कलकत्ता में की। ब्रिटिश सरकार ने वनस्पति विज्ञान के क्षेत्र में उनके उल्लेखनीय योगदान के लिये उन्हें 'सर' (Sir) की उपाधि देकर सम्मानित किया।

2. प्रोफेसर शिव राम कश्यप (Professor Shiv Ram Kashyap)

प्रोफेसर शिव राम कश्यप का जन्म पुराने अविभाजित पंजाब के झेलम क्षेत्र में हुआ। उन्होंने बी-एस-सी. तथा एम-एस-सी. की उपाधियाँ पंजाब विश्वविद्यालय से प्राप्त की, उसके बाद प्रो. कश्यप उच्च शिक्षा के लिये कैम्ब्रिज विश्वविद्यालय, इंग्लैंड गये। इंग्लैंड से लौटने पर उन्होंने गवर्नमेन्ट कॉलिज, लोहार में सहायक प्राध्यापक का कार्यभार ग्रहण किया। कुछ समय पश्चात वे पंजाब विश्वविद्यालय में वनस्पति विज्ञान विभाग के प्राध्यापक पद पर नियुक्त हुए।

प्रोफेसर कश्यप का मुख्य काम लिवरवर्ट (ब्रायोफाइटा के सदस्य) पर हैं। हिमालय के पहाड़ों में बार-बार जाकर उन्होंने वहाँ के लिवरवर्ट इकट्ठे किये। इनका वर्णन उन्होंने अपनी प्रकाशित पुस्तक 'Liverworts of the Western Himalayas and Panjab Plains' (दो खण्डों) में किया है। यह पुस्तक वनस्पति विज्ञान का एक अत्यंत मूल्यवान ग्रंथ माना जाता है। इसके अतिरिक्त उन्होंने हिमालय के क्षेत्र से लिवरवर्ट की 4 नये वंश (genera) और 50 नई जातियों (species) का भी वर्णन किया है।

टेरिडोफाइटा की उत्पत्ति के विषय में उनके द्वारा दिया गया मार्केन्शिएलीज़ का लघुकरण वाद (reduction theory) विश्व प्रसिद्ध है। इसके अनुसार मार्केन्शिएलीज अथवा लिवरवर्ट, टेरिडोफाइटा से लघुकरण के कारण उत्पन्न हुये हैं न कि शैवालों के रूपान्तरण के कारण। प्रोफेसर कश्यप को उनके ब्रायोफाइटा के अध्ययन के प्रति सराहनीय योगदान के कारण **'भारतीय ब्रायोफाइटा विज्ञान के जनक (Father of Indian Bryology)'** कहते हैं।

प्रोफेसर कश्यम भारत में एम. एस-सी. (वनस्पति विज्ञान) की कक्षाएँ प्रारम्भ करने वाले प्रथम रहे। भारत के अनेक प्रमुख वनस्पति शास्त्री जैसे प्रोफेसर पी. एन. मेहरा, बीरबल साहनी, के. सी. मेहता, इत्यादि प्रोफेसर कश्यप के विद्यार्थियों में से हैं। भारत में इण्डियन बोटेनिकल सोसाइटी की स्थापना करने का महत्वपूर्ण योगदान प्रोफेसर कश्यप का रहा है। इस संस्था के वह प्रथम सचिव (secretary) रहे। सन् 1932 में प्रोफेसर कश्यप भारतीय साइन्स कांग्रेस के अध्यक्ष भी थे।

3. प्रोफेसर एम. ओ. पी. आयंगार (Professor M. O. P. Iyengar)

प्रोफेसर एम. ओ. पी. आयंगार का जन्म सन् 1886 में ट्रिप्लिकेन (चेन्नई) में हुआ। उन्होंने 1906 में प्रेसिडेन्सी कॉलिज, चेन्नई से स्नातक तथा 1909 में इसी संस्था से एम. ए. किया। तत्पश्चात उन्होंने मद्रास म्यूजियम में संग्रहालय अध्यक्ष (curator) के रूप में कार्य शुरू किया। प्रो. आयंगार ने 1911 में चेन्नई स्थित शिक्षक प्रशिक्षण महाविद्यालय में प्राकृतिक विज्ञान के अध्यक्ष का कार्य भार ग्रहण किया। उन्होंने विख्यात ब्रिटिश शैवाल वैज्ञानिक एफ. ई. फ्रीश्च के साथ लन्दन में शोध कार्य किया और लन्दन विश्वविद्यालय से पी. एच-डी. की डिग्री प्राप्त की।

प्रोफेसर आयंगार ने प्रेसिडेन्सी कॉलिज, चेन्नई में शैवालों का अनुसंधान केन्द्र की स्थापना की। इसी दौरान उन्होंने प्रसिद्ध शैवाल वैज्ञानिक डॉ. एफ. बोरजेसेन के साथ दक्षिण भारत के तटीय क्षेत्रों से समुद्री शैवालों को इकट्ठा किया। इसके अतिरिक्त उन्होंने इस क्षेत्र के वॉल्वोकेलीज (Volvocales) समूह का भी विस्तृत अध्ययन किया।

प्रोफेसर आयंगार शैवालों का अध्ययन करने वाले प्रथम भारतीय वैज्ञानिक थे। उनके महत्वपूर्ण एवं सर्वप्रथम योगदान के कारण उन्हें **'भारतीय शैवाल विज्ञान का जनक (Father of Indian Algology)'** कहा जाता है।

4. प्रोफेसर बीरबल साहनी (Professor Birbal Sahni)

प्रोफेसर बीरबल साहनी का जन्म पश्चिमी पंजाब के भेरा गांव में सन् 1891 में हुआ। उन्होंने प्रसिद्ध ब्रायोफाइटा वैज्ञानिक प्रोफेसर कश्यप के मार्गदर्शन में गवर्नमेन्ट कॉलिज, लाहौर में शिक्षा ग्रहण की। तत्पश्चात वे उच्च शिक्षा प्राप्त करने के लिये कैम्ब्रिज विश्वविद्यालय, इंग्लैंड गये। इंग्लैंड से लौटने के बाद प्रो. साहनी बनारस हिन्दू विश्वविद्यालय बनारस में वनस्पति-विज्ञान विभाग में प्राध्यापक बने। इसके बाद उन्होंने कुछ समय पंजाब विश्वविद्यालय में शिक्षण कार्य किया और अन्तः में लखनऊ विश्वविद्यालय में प्राध्यापक के रूप में नियुक्त हुये।

उन्हें केम्ब्रिज विश्वविद्यालय, इंग्लैंड ने फॉसिल-*विलियमसोनिया सिवार्डी* (*Williamsonia sewardii*) एवं *ग्लौसोप्टेरिस एन्गस्टीफोलिया* (*Glossopteris angustifolia*) के खोज के लिये पी. एच-डी. की डिग्री प्रदान की। उनके योगदानों में से जुरैसिक जिम्नोस्पर्म के नये समूह **पेन्टोजाइली (Pentoxylae)** का आविष्कार प्रमुख है। उन्होंने इस फॉसिल समूह को बिहार की राजमहल पहाड़ियों की निपानिया चर्ट में पाया।

उन्होंने जिम्नोस्पर्म को फिल्लोस्पर्म (phyllosperms) और स्टैकियोस्पर्म (stachyosperms) में विभक्त किया। जिसे विश्वभर के जिम्नोस्पर्म के वर्गिकी वैज्ञानिकों (taxonomists) ने स्वीकार किया।

प्रोफेसर साहनी ने 1946 में फॉसिल विज्ञान के विकास के लिये लखनऊ में एक संस्थान स्थापित किया जो कि आज **बीरबल साहनी इन्स्टीटयूट ऑफ पेलियोबॉटनी** (Birbal Sahni Institute of Palaeobotany) के नाम से जाना जाता है।

पौधे के फॉसिल के अनुसंधान में महत्वपूर्ण योगदान के लिये उन्हें **'भारतीय पादप फॉसिल विज्ञान के जनक (Father of Indian Palaeobotany)'** कहा जाता है।

5. प्रोफेसर के. सी. मेहता (Professor K. C. Mehta)

प्रोफसर के. सी. मेहता का जन्म सन् 1892 में पंजाब में अमृतसर में हुआ। उन्होंने प्रोफेसर एस. आर. कश्यप जैसे ख्याति प्राप्त वनस्पति-शास्त्री के मार्गदर्शन में गवर्नमेण्ट कॉलिज, लाहौर में एम. एस-सी. की शिक्षा ग्रहण की। इसके पश्चात् उन्होंने 1915 में आगरा कॉलिज, आगरा में बायोलोजी के सह प्राध्यापक (Associate Professor) का पदभार ग्रहण किया। कैम्ब्रिज विश्वविद्यालय, इंग्लैंड से उन्होंने पी. एच-डी. की डिग्री प्राप्त की। विदेश से लौटने के बाद उनकी नियुक्ति आगरा कॉलिज में वनस्पति विज्ञान विभाग के अध्यक्ष पद पर हुई। इसके बाद वे

इस कॉलिज के प्रिंसिपल बने और इसी पद पर वह 1950 में अपनी मृत्यु तक बने रहे।

प्रोफेसर मेहता के महत्वपूर्ण कार्यों में उत्तर भारत के मैदानी क्षेत्रों में गेहूँ के किट्ट (wheat rust) रोग का बारबार (recurrence) होने का स्पष्टीकरण था। उनके अनुसार किट्ट के यूरिडोबीजाणु (uredospores) पहाड़ों में अपने आप उगनेवाले गेहूँ के तथा कुछ अन्य घासों पर जीवित रहते हैं। अतः बीजाणु अगले ऋतु में बोई गई गेहूँ की नयी फसल को पुनः संक्रमित करते हैं। इस प्रकार गेहूँ की फसल किट्ट से प्रत्येक वर्ष प्रभावित होती रहती है। उन्होंने किट्ट रोग (rust disease) के नियंत्रण के लिये कुछ महत्वपूर्ण उपाय भी सुझाये। प्रोफसर मेहता भारतीय कृषि के आर्थिक व्यवस्था के लिये अत्यंत महत्वपूर्ण सिद्ध हुए।

प्रोफेसर मेहता को उनके इस महत्वपूर्ण खोज के लिये कैम्ब्रिज विश्वविद्यालय, इंग्लैंड ने डी. एस-सी. (D.Sc.) की डिग्री प्रदान की।

6. प्रोफेसर पी. माहेश्वरी (Professor P. Maheshwari)

प्रोफेसर पंचानन माहेश्वरी का जन्म 1904 में जयपुर में हुआ। उन्होंने एम. एस-सी. की उपाधि 1927 में ईवनिंग क्रिश्चियन कॉलिज, इलाहाबाद (उ. प्र.) से प्राप्त की। इसके पश्चात् उन्होंने उसी कॉलिज में डॉ. विनफील्ड डजियोन (Dr. Winfield Dudgeon) के साथ शोधकर्त्ता के रूप में काम किया। इसी कॉलिज में 1928 में उन्होंने शिक्षण कार्य आरंभ किया। इसके बाद 1930 में वह आगरा कॉलिज, आगरा में नियुक्त हुये। 1936 में प्रोफेसर माहेश्वरी जर्मनी गये और लौटने पर इलाहाबाद विश्वविद्यालय प्राचार्य कुल में सम्मिलित हुये तथा 1949 में वह दिल्ली विश्वविद्यालय में वनस्पति विज्ञान विभाग में अध्यक्ष पद पर नियुक्त हुये।

एन्जियोस्पर्म में भ्रूण कोषों का सूक्ष्म रूप से विवेचन (A Critical Review of the Embryo Sacs in Angiosperms) उनके महत्वपूर्ण योगदानों में से एक है। उनकी पुस्तक एन इन्ट्रोडक्शन टू द एम्ब्रियोलॉजी ऑफ एन्जियोस्पर्मस् (An Introduction to the Embryology of Angiosperms) वनस्पति विज्ञान में इस विषय पर एक मौलिक पुस्तक मानी जाती है।

प्रोफेसर माहेश्वरी को उनके महत्वपूर्ण कार्यों के लिये "रॉयल सोसाइटी लन्दन ने सदस्यता (Fellow of Royal Society)" देकर सम्मानित किया।

7. प्रोफेसर वी. पुरी (Professor V. Puri)

प्रोफेसर विश्वंभर पुरी का जन्म 1909 में उत्तर प्रदेश के नगीना में हुआ। उन्होंने बी. एस-सी. और एम. एस-सी. की शिक्षा आगरा कॉलिज, आगरा से प्राप्त की। आगरा विश्वविद्यालय से उन्होंने 1940 में डी. एस-सी. की उपाधि प्रोफेसर पंचानन माहेश्वरी के मार्गदर्शन में प्राप्त की।

प्रो. पुरी ने 1935 में मेरठ कॉलिज, मेरठ में इण्टरमीडिएट कक्षाओं में जीव विज्ञान का शिक्षण आरंभ किया। बाद में वह इसी कॉलिज के वनस्पति विज्ञान विभाग के अध्यक्ष बने। इसी कॉलिज में वे कुछ समय तक प्रिंसिपल के पद पर रहे और फिर नवनिर्मित मेरठ विश्वविद्यालय में वनस्पति विज्ञान विभाग के अध्यक्ष पद का कार्यभार संभाला। इसी पद से वह 1973 में सेवानिवृत्त हुये। मेरठ कॉलिज में उन्होंने प्लान्ट मार्फोलॉजी (Plant Morphology) में अनुसंधानशाला की स्थापना की।

प्रोफेसर पुरी 1949-50 में कॉर्नेल विश्वविद्यालय, अमेरिका गये और उन्होंने उस समय के विश्वविख्यात वनस्पतिज्ञ प्रोफेसर ए. जे. इम्स (Professor A. J. Eames) के साथ काम किया। उन्होंने दो मूल्यवान अनुसंधान पत्रों फूलों की शारीरिकी (Floral Anatomy), और बीजाण्डन्यास (Placentation), प्रकाशित किये। ये और उनके कुछ अन्य अनुसंधान बाह्य आकारिकी (Morphology) के क्षेत्र में मूलभूत विचार माने जाते हैं। उनका प्रमुख कार्य फूलों की शरीर पर था। उनके सर्वमान्य विचारों में से मार्सिलिया के स्पोरोकार्प की संरचना (morphological nature of sporocarp), क्रूसीफेरी का जायांग (crucifer gynoecia) और अधोवर्ती अंडाशय (inferior ovary) प्रमुख हैं।

8. प्रोफेसर आर. पी. रॉय (Professor R. P. Roy)

प्रोफेसर आर. पी. राय का जन्म 1920 में गंगापुर (बिहार) में हुआ। वह पटना विश्वविद्यालय, पटना (बिहार) में वनस्पति

विज्ञान विभाग के अध्यक्ष रहे। वह कोशिका आनुवंशिकी (cytogenetics), पौधों का संकरण (plant breeding) और ऊतक संवर्धन (tissue culture) के क्षेत्रों में उल्लेखनीय योगदान के लिये जाने जाते हैं।

प्रोफेसर रॉय ने *ऐजीलोप्स* (*Aegilops*) के जीनोम का अध्ययन किया और वर्तमान गेहूँ की उत्पत्ति और विकास से उसके संबंध का अनुमान लगाया। *कॉक्सिनिया इण्डिका* (*Coccinea indica*), कुकुरबिटेसी कुल के पौधे में उन्होंने लिंग गुणसूत्र (sex chromosome) की उपस्थिति को बताया। उन्होंने X और Y गुणसूत्रों का पौधों के लिंग निर्धारण (sex determination) में महत्व पर अध्ययन किया। इसके अतिरिक्त उन्होंने नर परिपक्वता और उर्वरता (male maturity and fertility) से संबन्धित गुणसूत्र के क्षेत्रों का भी विस्तृत अध्ययन किया। ऊतक संवर्धन के क्षेत्र में उनके द्वारा *शोरीया रोबस्टा* के अगुणित (haploids), असुगुणिता (aneuploids) और लिंग विपथी (sex aberrants) पर किया गया कार्य महत्वपूर्ण माना जाता है।

9. प्रोफेसर ए. के. शर्मा (Professor A. K. Sharma)

प्रोफेसर अरुण कुमार शर्मा का जन्म कलकत्ता में 1924 में हुआ। उन्होंने कलकत्ता, विश्वविद्यालय, कलकत्ता से 1955 में डी. एस-सी. (D. Sc.) की डिग्री प्राप्त की। इसके पश्चात् वह इसी विश्वविद्यालय में वनस्पति विज्ञान के अध्यक्ष बने। कोशिका आनुवंशिकी (cytogenetics) और आण्विक जैव विज्ञान (molecular biology) उनके अध्ययन अनुसंधान के प्रमुख क्षेत्र हैं।

प्रोफेसर शर्मा ने नयी तकनीकों का विकास करते हुये गुणसूत्रों के भौतिक और रासायनिक संरचनाओं का अध्ययन किया। उनके द्वारा विकसित ओरसीन (orcein) द्वारा पुनरावृत्ति डी. एन. ए. को स्टेन करने की विधि को एक उच्चतम तकनीक माना जाता है। उन्होंने यह भी पाया कि नये अंगों के निर्माण और जनन के समय गुणसूत्रों की रासायनिक संरचना में परिवर्तन होता है।

प्रोफेसर शर्मा ने 1981 में भारतीय विज्ञान कांग्रेस (Indian Science Congress) के अध्यक्ष पद को भी सुशोभित किया। भारत सरकार ने उन्हें 1983 में पद्म विभूषण की उपाधि देकर सम्मानित किया। वह 1992 में भारत की G-15 देशों के जीन बैंक की भारतीय सलाहकार समिति के अध्यक्ष रहे।

10. डॉ. एम. एस. स्वामीनाथन (Dr. M. S. Swaminathan)

डॉ. एम. एस. स्वामीनाथन का जन्म 1925 में तमिलनाडू में स्थित कुंभकोणम में हुआ। उन्होंने 1944 में ट्रावनकोर विश्वविद्यालय से बी. एस-सी. और 1947 में कोयम्बटूर कृषि महाविद्यालय से बी. एस-सी. (कृषि) की उपाधियाँ प्राप्त की। तत्पश्चात् 1949 में उन्हें भारतीय कृषि अनुसंधान संस्थान, नई दिल्ली (Indian Agricultural Research Institute, New Delhi) में जेनेटिक्स और प्लान्ट ब्रीडिंग विभाग में एसोसिएटशिप प्राप्त हुयी। उन्होंने पी. एच-डी. की उपाधि कैम्ब्रिज विश्वविद्यालय, इंग्लैंड से प्राप्त की।

डॉ. स्वामीनाथन भारत के **विकिरण आनुवंशिकी के जनक (Father of Indian Radiation Genetics)** माने जाते हैं। विश्व प्रसिद्ध डॉ. नार्मन बोरलॉग (Dr. Norman Borlaug) के साथ मिलकर उन्होंने गेहूँ की बौनी किस्मों का विकास किया। *सोनोरा 64, लर्मा रोजो 64, पूसा-लर्मा-K 68, मालविका, सोनालिका, शरबती सोनोरा* और *कल्याण सोना* इन किस्मों में से कुछ मुख्य हैं। डॉ. स्वामीनाथन ने गेहूँ की मेक्सिकन बौनी किस्मों की भारत के लिये उपयोगिता पहचानी और उन्हें उगाकर भारत में **हरित क्रान्ति** (Green Revolution) लाये।

डॉ. स्वामीनाथन 1972 से 1978 तक भारतीय कृषि अनुसंधान परिषद् नई दिल्ली (Indian Council of Agricultural Research, New Delhi) के महानिदेशक रहे। इसके पश्चात् वह अर्न्तराष्ट्रीय चावल अनुसंधान संस्थान, मनीला, फिलिपाइन (International Rice Research Institute, Manila, Philippines) के भी महानिदेशक रहे। भारत सरकार ने 1967 में उन्हें पद्मश्री और 1972 पद्मभूषण की उपाधियों से सम्मानित किया। 1971 में उन्हें रैमन मैगसेसे पुरस्कार (Ramon Magasaysay Award) से पुरस्कृत किया गया।

❑❑❑

परिशिष्ट–III (ANNEXURE – III)

वनस्पति विज्ञान से संबन्धित कुछ प्रमुख भारतीय संस्थाएँ

SOME IMPORTANT INDIAN INSTITUTIONS RELATED TO BOTANY

1. बोस संस्थान, कोलकाता, प. बंगाल
   (Bose Institute, Kolkata, West Bengal)
2. केन्द्रीय औषधि अनुसंधान संस्थान, लखनऊ, उ.प्र.
   (Central Drug Research Institute, Lucknow, U.P.)
3. भारतीय वानस्पतिक सर्वेक्षण, हावड़ा, प. बंगाल
   (Botanical Survey of India, Howrah, West Bengal)

   क्षेत्रीय स्टेशन
   (Field Stations)

   (1) अण्डमान और निकोबार मण्डल, पोर्ट ब्लेअर
   (Andaman and Nicobar Circle, Port Blair)

   (2) एरीड जोन मण्डल, जोधपुर, राजस्थान
   (Arid Zone Circle, Jodhpur, Rajasthan)

   (3) मध्य मण्डल, इलाहाबाद, उ.प्र.
   (Central Circle, Allahabad, U.P.)

   (4) पूर्वी मण्डल, शिलांग, मेघालय
   (Eastern Circle, Shillong, Meghalaya)

   (5) उत्तरी गण्डल, देहरादून, उत्तराखंड
   (Northern Circle, Dehradun, Uttarakhand)

   (6) सिक्किम हिमालय मण्डल, गगटोक, सिक्किम
   (Sikkim Himalayan Circle, Gangtok, Sikkim)

   (7) दक्षिणी मण्डल, कोयंबटूर, तमिलनाडु
   (Southern Circle, Coimbatore, Tamil Nadu)

   (8) अरुणाचल फील्ड स्टेशन, इटानगर, अरूणाचल प्रदेश
   (Arunachal Field Station, Itanagar, Arunachal Pradesh)
4. बीरबल साहनी पुरावनस्पति विज्ञान संस्थान, लखनऊ, उ.प्र.
   (Birbal Sahni Institute of Palaeobotany, Lucknow, U.P.)
5. केन्द्रीय खाद्य तकनीकी अनुसंधान संस्थान, मैसूर, कर्नाटक
   (Central Food Technological Research Institute, Mysore, Karnataka)
6. केन्द्रीय कपास अनुसंधान संस्थान, नागपुर, महाराष्ट्र
   (Central Institute for Cotton Research, Nagpur, Maharashtra)
7. कोशिकीय और अणुजैविकी केन्द्र, हैदराबाद, आंध्र प्रदेश
   (Centre for Cellular and Molecular Biology, Hyderabad, Andhra Pradesh)
8. केन्द्रीय रोपण फसल अनुसंधान संस्थान, कासरगोद
   (Central Plantation Crops Research Institute, Kasargod)
9. अन्तराष्ट्रीय अर्ध-शुष्क उष्णकटिबंधीय फसल अनुसंधान संस्थान, हैदराबाद, आंध्र प्रदेश
   (International Crops Research Institute for Semi-Arid Tropics, Hyderabad, Andhra Pradesh)
10. केन्द्रीय चावल अनुसंधान संस्थान, कटक, उड़ीसा
    (Central Rice Research Institute, Cuttack, Orissa)
11. उष्णकटिबंधीय वानस्पतिक उद्यान और अनुसंधान संस्थान, तिरुवनन्तपुरम, केरल
    (Tropical Botanical Garden and Research Institute, Thiruvananthapuram, Kerala)

12. केन्द्रीय कपास तकनीकी अनुसंधान संस्थान, मुंबई, महाराष्ट्र
(Central Institute for Research on Cotton Technology, Mumbai, Maharashtra)
13. वन अनुसंधान संस्थान, देहरादून, उत्तराखंड
(Forest Research Institute, Dehradun, Uttrakhand)
14. भारतीय कृषि अनुसंधान संस्थान, नई दिल्ली
(Indian Agricultural Research Institute, New Delhi)
15. केन्द्रीय आलू अनुसंधान संस्थान, शिमला, हिमाचल प्रदेश
(Central Potato Research Institute, Simla, Himachal Pradesh)
16. राष्ट्रीय पादप आनुवंशिक स्त्रोत ब्यूरो, नई दिल्ली
(National Bureau of Plant Genetic Resources, New Delhi)
17. राष्ट्रीय पादप अनुसंधान संस्थान, लखनऊ, उत्तर प्रदेश
(National Botanical Research Institute, Lucknow, Uttar Pradesh)
18. राष्ट्रीय विषाणुविज्ञान संस्थान, पुणे, महाराष्ट्र
(National Institute of Virology, Pune, Maharashtra)
19. भारतीय पाश्चर संस्थान, कुनूर, केरल
(Pasteur Institute of India, Coonoor, Kerala)
20. केंद्रीय तम्बाकू अनुसंधान संस्थान, राजामुन्द्री, महाराष्ट्र
(Central Tobacco Research Institute, Rajamundry, Maharashtra)
21. जी.बी. पंत हिमालयन पर्यावरण और विकास संस्थान, कोसी कटरामल, अल्मोड़ा, उत्तराखण्ड
(G.B. Pant Institute of Himalayan Environment and Development, Almora, Uttrakhand)
22. प्रदूषण नियंत्रण अनुसंधान संस्थान, कोयम्बटूर, तमिलनाडू
(Pollution Control Research Institute, Coimbatore, Tamil Nadu)
23. औद्योगिक विष अनुसंधान केन्द्र, लखनऊ (उत्तर प्रदेश)
(Industrial Toxicological Research Centre, Lucknow, Uttar Pradesh)
24. भारतीय सब्जी विज्ञान अनुसंधान संस्थान, वाराणसी (उत्तर प्रदेश)
(Indian Vegetable Science Research Institute, Varanasi, (Uttar Pradesh))
25. केन्द्रीय नारियल अनुसंधान संस्थान, केरल
(Central Coconut Research Institute, Kerala)
26. कोशिकीय एवं आणविक जीव विज्ञान केन्द्र, हैदराबाद (आन्ध्र प्रदेश)
(Centre for Cellular and Molecular Biology, Hyderabad, Andhra Pradesh)
27. राष्ट्रीय पर्यावरण अभियांत्रिकी अनुसंधान संस्थान, नागपुर, महाराष्ट्र
(National Environmental Engineering Research Institute, Nagpur, Maharashtra)
28. वन प्रबन्धन संस्थान, भोपाल, मध्य प्रदेश
(Institute of Forest Management, Bhopal (M.P.))
29. पर्यावरण शिक्षा केन्द्र, नागपुर, महाराष्ट्र
(Centre for Environment Education, Nagpur, Maharashtra)
30. केन्द्रीय मृदा एवं जल संरक्षण अनुसंधान केन्द्र, देहरादून, उत्तराखण्ड
(Central Soil and Water Conservation Research Centre, Dehradun, Uttarakhand)
31. भारतीय चरागाह एवं चारा अनुसंधान संस्थान, झाँसी, उत्तर प्रदेश
(Indian Grassland and Fodder Research Institute, Jhansi, Uttar Pradesh)
32. भारतीय कृषि अनुसंधान संस्थान, पूसा रोड, नई दिल्ली
(Indian Agricultural Research Institute (IARI) Pusa Road, New Delhi)
33. भारतीय कृषि अनुसंधान परिषद्, कृषि भवन, डा. राजेन्द्र प्रसाद रोड, नई दिल्ली
(Indian Council of Agricultural Research, Krishi Bhawan, Dr. Rajendra Prasad Road, New Delhi)

□□□